Die erste Auflage ist preisgekrönt vom Verein Deutscher Eisenbahn-Verwaltungen.

Die

Eisenbahn-Verkehrsordnung

vom 23. Dezember 1908

nebst den

Allgemeinen Ausführungsbestimmungen und Abfertigungsvorschriften

auf der Grundlage des Deutschen Handelsgesetzbuchs vom 10. Mai 1897

erläutert von

Dr. jur. Georg Eger,

Geheimer Regierungsrat.

Dritte Auflage.

Berlin 1910.

J. Guttentag, Verlagsbuchhandlung,

G. m. b. H.

Vorwort.

Die Eisenbahn-Verkehrsordnung vom 23. Dezember 1908 ist mit dem 1. April 1909 an die Stelle der Eisenbahn-Verkehrsordnung vom 26. Oktober 1899 getreten.

Für die Einführung der neuen Eisenbahn-Verkehrsordnung war die Erwägung maßgebend, daß die bisherige im wesentlichen noch auf den Betriebsreglements vom 11. Juni 1870 und vom 15. Mai 1874 beruhte, die wiederum aus den Betriebsreglements des Vereins Deutscher Eisenbahnverwaltungen vom 1. März 1865 hervorgegangen waren. Die Verkehrsordnungen vom 15. November 1892 und vom 26. Oktober 1899 beschränkten sich, abgesehen von einigen durch die Anforderungen des Verkehrs notwendig gewordenen Änderungen, in der Hauptsache darauf, die Vorschriften mit dem Internationalen Übereinkommen über den Eisenbahnfrachtverkehr vom 14. Oktober 1890 und dem Zusatzübereinkommen hierzu vom 16. Juni 1898 sowie mit dem Handelsgesetzbuche vom 10. Mai 1897 in Einklang zu bringen. Das Bedürfnis zu einer vollständigen Neubearbeitung ist indes mehr und mehr zutage getreten, schon weil die im Laufe der Zeit vorgenommenen Einschaltungen die Übersichtlichkeit erschwerten und auch die Anordnung des Stoffs darunter litt. Dazu kam, daß eine Reihe der von den Eisenbahnverwaltungen in den Tarifen getroffenen, an sich zweckmäßigen und zum Teil wichtigen Zusatzbestimmungen sich nicht zweifellos als Ergänzungen darstellen, sondern auch als Änderungen der Verkehrsordnung aufgefaßt werden können, weshalb es erwünscht schien, durch die Aufnahme dieser Vorschriften in die Ordnung selbst eine klare Rechtslage zu schaffen. Daß endlich auch die Bedürfnisse des innerhalb der letzten Jahre außerordentlich entwickelten Verkehrs zu einer Anpassung verschiedener Vorschriften an die neuen Verhältnisse drängten, lag in der Natur der Sache. Der Zeitpunkt für die Neubearbeitung war gegeben, als das neue internationale Zusatzübereinkommen vom 19. September 1906 weitere Änderungen notwendig machte und es sich herausstellte, daß die Vorschriften über die bedingungsweise zur Eisenbahnbeförderung zugelassenen Gegenstände auf einer neuen Grundlage umgearbeitet werden mußten.

Von diesen Gesichtspunkten aus hat die neue Eisenbahn-Verkehrsordnung nicht nur den vorbezeichneten Aufgaben entsprochen, sondern bedeutet auch insofern einen Fortschritt, als sie in Berücksichtigung dringender Wünsche der Verkehrskreise eine Reihe von Erleichterungen eingeführt hat, wenngleich denselben freilich auch viele neue, nicht unerhebliche Erschwerungen und Belastungen in Gestalt der Auferlegung von Gebühren, Kosten, Beschränkungen ꝛc. gegenüberstehen.

Gegen die neue Eisenbahn-Verkehrsordnung ist der Vorwurf erhoben worden, daß sie an zahlreichen Stellen von dem Wortlaute und der Fassung der ihr zugrunde liegenden Bestimmungen des Handelsgesetzbuchs und des Internationalen Übereinkommens ohne ausreichenden Grund abgewichen ist. Dieser Vorwurf ist berechtigt. Während in fast allen anderen, dem Internationalen Übereinkommen angehörigen Staaten und bisher auch im Deutschen Reiche, insbesondere bei der Einführung des neuen Handelsgesetzbuchs, das Bestreben obwaltete, die internen eisenbahntransportrechtlichen Bestimmungen, mit denen des Internationalen Übereinkommens tunlichst in Übereinstimmung zu setzen, weil die Gleichmäßigkeit und Einheitlichkeit beider der internationalen Richtung und dem Bedürfnisse des Eisenbahnverkehrs am besten entspricht und am zweckmäßigsten erscheint, weicht die neue Eisenbahn-Verkehrsordnung hiervon in auffallender Weise ab. Ohne ersichtlichen Grund und ohne genügenden Anlaß sind an vielen Stellen die Bestimmungen des Handelsgesetzbuchs und des Internationalen Übereinkommens abgeändert und diese Abänderungen in der Begründung ohne weiteres als „Vereinfachungen" oder „Verbesserungen" der gesetzlichen Fassung bezeichnet worden. Abgesehen davon, daß damit den zugrunde liegenden Gesetzen, vor allem dem in Fassung und Inhalt als vorzüglich anerkannten deutschen Handelsgesetzbuche, gewissermaßen der unberechtigte Vorwurf der Verbesserungsbedürftigkeit gemacht wird, erscheint es weder zweckmäßig noch richtig, in einer Ausführungsverordnung Verbesserungen der Fassung der bezüglichen Gesetze vorzunehmen, und zwar um so weniger, als nicht anzuerkennen ist, daß sie in der Tat Verbesserungen sind. Sie erscheinen vielmehr häufig als wesentliche Verschlechterungen. Es tritt hinzu, daß derartige Änderungen der Form und Fassung leicht die Frage entstehen lassen, ob darin nicht auch materiellrechtliche Änderungen liegen oder beabsichtigt sind, und hierdurch die von der Rechtsprechung und Literatur gefestigte Auslegung der Bestimmungen des Handelsgesetzbuchs und des Internationalen Übereinkommens unnötig in Zweifel gestellt, zum Gegenstande neuer Streitfragen gemacht und die Rechtssicherheit empfindlich gestört wird.

Es erscheint hiernach der Wunsch gerechtfertigt, daß diese Bedenken Berücksichtigung finden und in der Eisenbahn-Verkehrsordnung an den betreffenden Stellen der Wortlaut und die Fassung der zugrunde liegenden Gesetze wiederhergestellt wird.

Es sind ferner Bedenken gegen die Gültigkeit einer Reihe von Bestimmungen der neuen Eisenbahn-Verkehrsordnung mit Rücksicht auf § 471 HGB. geltend gemacht worden. Ob und inwieweit diese Bedenken begründet sind, ist bei Erläuterung der bezüglichen Bestimmungen erörtert worden.

Im Vergleich mit der alten Eisenbahn-Verkehrsordnung hat die neue Eisenbahn-Verkehrsordnung in der äußeren Anordnung und Form wie in ihrem Inhalte so wesentliche Änderungen erfahren, daß sie, wenn auch in Anlehnung und im Anschlusse an die bisherige, zu einer neuen Ordnung der Eisenbahnbeförderungsbedingungen geworden ist. Daher kann auch die vorliegende neue Auflage als eine völlig umgearbeitete und gänzlich veränderte bezeichnet werden. Hierbei haben die gesamte Rechtsprechung und Literatur, die Materialien des Handelsgesetzbuchs und der Verkehrsordnung, sowie die bezüglichen Gesetze, Verordnungen und Erlasse die sorgfältigste Berücksichtigung gefunden.

Als Anlagen sind die im Reichsgesetzblatt enthaltenen mitgeteilt, mit Ausnahme der Anlage C (früher B) zu § 54 Abs. 2 A: „Vorschriften über bedingungsweise zur Beförderung zugelassene Gegenstände", weil diese Anlage fortgesetzter Änderung und Ergänzung unterworfen ist [1]).

---

1) Die Anlage C ist nebst einem alphabetischen Verzeichnisse der betreffenden Gegenstände in der im Reichseisenbahnamte durchgesehenen Ausgabe der Eisenbahn-Verkehrsordnung enthalten. Änderungen und Ergänzungen werden im Reichsgesetzblatte und Reichsanzeiger veröffentlicht. Die Anlage C liegt in neuester Fassung stets bei den Güterabfertigungsstellen aus und ist im Gütertarif Teil I Abt. A enthalten.

Ferner ist als Anhang ein Auszug aus dem neuen Handelsgesetzbuche, betreffend die Abschnitte über das Frachtgeschäft und die Beförderung von Gütern und Personen auf den Eisenbahnen beigegeben. Auch ist ein genaues und sehr umfassendes Sachregister und Inhaltsverzeichnis beigefügt.

Wie in der früheren Auflage, sind auch in der vorliegenden den einzelnen Paragraphen der Verkehrsordnung die von der Generalkonferenz der deutschen Eisenbahnverwaltungen neu beschlossenen „Allgemeinen Ausführungsbestimmungen" im Wortlaute zugesetzt und ferner die vom deutschen Verkehrsverbande neu vereinbarten „Allgemeinen Abfertigungsvorschriften" sowie alle bezüglichen Verordnungen des Bundesrats und Erlasse des Reichseisenbahnamts eingehend benutzt, so daß sich bei jedem einzelnen Paragraphen der Verkehrsordnung das gesamte dazu gehörige Material übersichtlich vereinigt findet.

Der Verfasser hofft, daß auch die neue Auflage für alle Interessenten aus den Kreisen des Verkehrs, des Handels und der Industrie, der Verwaltung und Justiz, insbesondere aber für die Eisenbahnverwaltungen, -Behörden und -Beamten sich als ein nützliches Hilfsmittel für die Anwendung der neuen Eisenbahn-Verkehrsordnung erweisen wird.

Berlin im Oktober 1910.

Dr. Eger.

Inhaltsverzeichnis.

Anlagen zur Eisenbahn-Verkehrsordnung.

Anhang.

Abkürzungen und Zitate der Literatur[1]).

Abs. = Absatz.
Abschn. = Abschnitt.
A.HGB. = Allgemeines (Altes) Handelsgesetzbuch von 1861/1863.
Allg. AbfVorschr. = Allgemeine Abfertigungsvorschriften.
Allg. AusfBest. = Allgemeine Ausführungsbestimmungen.
Anschütz und v. Völderndorff = Kommentar zum allgemeinen deutschen Handelsgesetzbuch. 3 Bde. Erlangen 1867—1873.
Anw. = Anweisung.
AusfBest. = Ausführungsbestimmung.
BBO. = Eisenbahn-Bau- und -Betriebsordnung vom 4. XI. 1904.
Begr. = Begründung des Entwurfes der Eisenbahn-Verkehrsordnung.
Bek. = Bekanntmachung.
Beschl. = Beschluß.
Bes. ZusBest. = Besondere Zusatzbestimmungen.
Best. = Bestimmung.
BetrRegl. = Betriebsreglement.
BGB. = Bürgerliches Gesetzbuch.
BGBl. = Bundesgesetzblatt.
Bolze = Praxis des Reichsgerichts
Cosack = Lehrbuch des Handelsrechts. 5. Aufl.
D.EZ. = Zeitung des Vereins deutscher Eisenbahn-Verwaltungen (s. auch VZ.).
Denkschr. = Denkschrift zum Entwurf eines Handelsgesetzbuches.
D.JZ. = Deutsche Juristen-Zeitung.
Düringer-Hachenburg = Das deutsche Handelsgesetzbuch vom 10. V. 1897, auf Grundlage des BGB. erläutert. Bd. 3. Mannheim 1905.
EisenbArch. = Archiv für Eisenbahnwesen.
EVBl. = Eisenbahn-Verordnungsblatt.
E. = Eger, Eisenbahnrechtliche Entscheidungen und Abhandlungen, Zeitschrift für Eisenbahnrecht.
Eger = Das deutsche Frachtrecht. 3 Bde. 2. Aufl. Berlin 1888—1891.
Eger, J.Ü. = Das internationale Übereinkommen über den Eisenbahnfrachtverkehr. 3. Aufl. 1909.
Endemann, W. = Das deutsche Handelsrecht. 4. Aufl. 1887. Das Recht der Eisenbahnen. Leipzig 1886.
Endemann, F. = Lehrbuch des bürgerlichen Rechts. 8. u. 9. Aufl. Berlin 1903—1910.
EVO. = Eisenbahn-Verkehrsordnung.
Entsch. = Entscheidung.
Entw. = Entwurf.

---

1) Im nachstehenden Verzeichnisse sind nur die Abkürzungen für die häufig zitierten Werke, Sammlungen, Abhandlungen 2c. angegeben, die übrigen sind im Texte der Erläuterungen vollständig bezeichnet.

Erl. = Erlaß.
Fleck = Das Betriebsreglement für die Eisenbahnen Deutschlands. Berlin 1886.
Fritsch = Handbuch der Eisenbahngesetzgebung in Preußen und im Deutschen Reich. Berlin 1906.
Gerstner = Internationales Eisenbahnfrachtrecht. Berliu 1893.
Ges. = Gesetz.
GS. = Gesetzsammlung.
GerVerfGes. = Gerichtsverfassungsgesetz.
Göppert, H. = Zur rechtlichen Natur der Personenbeförderung auf Eisenbahnen. Berlin 1894.
Goldschmidt, L. = Handbuch des Handelsrechts (1864—1891).
Gorden, F. = Die Eisenbahn-Verkehrsordnung. Breslau 1900, 1909.
Gruchot, Beitr. = Beiträge zur Erläuterung des deutschen Rechts.
Hahn, Fr. = Kommentar zum allgemeinen deutschen Handelsgesetzbuch. 3. u. 4. Aufl.
HGB. = Handelsgesetzbuch.
Hertzer = Handkommentar zur Eisenbahn-Verkehrsordnung 1902.
Janzer und Burger = Eisenbahn-Verkehrsordnung vom 23. XII. 1908. Mannheim und Leipzig 1909.
Johow und Küntzel = Entscheidungen des Kammergerichts.
J.Ü. = Internationales Übereinkommen über den Eisenbahnfrachtverkehr.
JW. = Juristische Wochenschrift.
KG. = Kammergericht.
Keyßner, H. = Allgemeines deutsches Handelsgesetzbuch. Stuttgart 1878.
Koch, C. F. = Allgemeines deutsches Handelsgesetzbuch. Berlin 1863.
Leeb, J. = Über den Eisenbahn-Personentransportvertrag München 1895.
Lehmann, K. und Ring, V. = Das Handelsgesetzbuch für das Deutsche Reich. Berlin 1899 und 1901.
v. d. Leyen, A. = Über den Begriff der Ablieferung (ZHR. **16** 86ff.).
Makower = Das allgemeine deutsche Handelsgesetzbuch. 13. Aufl. Berlin 1907.
Min. = Minister.
Mot. = Motive.
N.HGB. = Neues Handelsgesetzbuch vom 10. V. 1897.
OTr. = Ober-Tribunal.
Pappenheim, M. = Das Transportgeschäft nach dem Entwurf eines Handelsgesetzbuches. Kiel und Leipzig 1896.
PersBefördVorschr. = Personen-Beförderungsvorschriften.
Pietsch, W. und Molsen, M. = Die Eisenbahn-Verkehrsordnung vom 23. XII. 1908. Berlin 1909.
Puchelt = Kommentar zum allgemeinen deutschen Handelsgesetzbuch. 3. Aufl. Leipzig 1882/85; 4. Aufl. herausgegeben von Förtsch 1892/94.
RAnz. = Reichs-Anzeiger.
REA. = Reichs-Eisenbahnamt.
Recht = Das Recht, Rundschau für den deutschen Juristenstand.
RG. = Reichsgericht.
RGes. = Reichsgesetz.
RGBl. = Reichsgesetzblatt.
RGZ. = Entsch. des Reichsgerichts in Zivilsachen.
ROHG. = Entscheidungen des Reichs-Oberhandelsgericht.
Reindl, M. = Das internationale Übereinkommen über den Eisenbahnfrachtverkehr. Breslau 1900, 1909.
Rinaldini = Kommentar zum österreichischen Eisenbahn-Betriebsreglement. Wien 1910.
Rosenthal = Das internationale Eisenbahnfrachtrecht. Jena 1894.
Ruckdeschel = Kommentar zum Betriebsreglement für die Eisenbahnen Deutschlands und Österreich-Ungarns, Bestimmungen für den Güterverkehr. Weiden 1880.

Rundnagel = Die Haftung der Eisenbahn für Verlust, Beschädigung und Lieferfristüberschreitung nach deutschem Eisenbahnfrachtrecht. 2. Aufl. Leipzig 1909.
RZBl. = Zentralblatt für das Deutsche Reich.
Schneeli = Die rechtliche Natur des Eisenbahnfahrscheines. Zürich 1890.
Schott = Das gewöhnliche Transportgeschäft und das Transportgeschäft der Eisenbahnen in Endemanns Handbuch des deutschen Handels- ꝛc. Rechts. Bd. 3. Leipzig 1885.
Schwab = Das internationale Übereinkommen über den Eisenbahnfrachtverkehr. Leipzig 1891.
Senckpiehl = Das Speditionsgeschäft nach deutschem Recht. Hannover 1907. Das Eisenbahntransportgeschäft nach deutschem Recht. Berlin 1909.
SeuffertArch. = Seufferts Archiv.
Staub = Kommentar zum Handelsgesetzbuch. 6. u. 7. Aufl., Bd. 2, Buch III. Berlin 1900. (8. Aufl. bearbeitet von Könige, Stranz und Pinner. Berlin 1906—1909.)
StGB. = Strafgesetzbuch.
Thöl, H. = Das Handelsrecht. 5. Aufl. Leipzig 1875/76.
VerBetrRegl. = Vereins-Betriebsreglement.
VZ. = Zeitung des Vereins deutscher Eisenbahn-Verwaltungen.
VZG. = Vereinszollgesetz.
Verf. = Verfügung.
Verord. = Verordnung.
Wehrmann, O. = Das Eisenbahn-Frachtgeschäft. Stuttgart 1880.
ZentrBl. f. d. D. R. = Zentralblatt für das Deutsche Reich.
ZHR. = Goldschmidts Zeitschrift für das gesamte Handelsrecht ꝛc.
ZirkErl. = Zirkularerlaß.
ZPO. = Zivilprozeßordnung.
ZusBest. = Zusatzbestimmung.
Z. = Zeitschrift für den internationalen Eisenbahntransport.

Bekanntmachung des Reichskanzlers,
betreffend die Eisenbahn-Verkehrsordnung[1]).
Vom 23. Dezember 1908.
(Reichs-Gesetzblatt 1909 Nr. 3 S. 93 ff.).

Gemäß dem vom Bundesrat in der Sitzung vom 17. Dezember 1908 auf Grund des Artikel 45 der Reichsverfassung gefaßten Beschlusse tritt mit dem **1. April 1909** an die Stelle der Eisenbahn-Verkehrsordnung vom 26. Oktober 1899 die nachstehende

Eisenbahn-Verkehrsordnung.

(Die allgemeinen Ausführungsbestimmungen sind in lateinischer Schrift gedruckt.)

I.
Eingangsbestimmungen[2]).

§ 1.
Geltungsbereich.

Die Eisenbahn-Verkehrsordnung (abgekürzte Bezeichnung: EVO.) gilt auf allen dem öffentlichen Verkehre dienenden Haupt- und Nebeneisenbahnen Deutschlands. Für den internationalen Verkehr gilt sie nur soweit, als er nicht durch besondere Bestimmungen geregelt ist[3]).

Die Bestimmungen der EVO. gelten auch in folgenden Fällen:

a) wenn ein Gut durch das Gebiet eines fremden, am Internationalen Übereinkommen über den Eisenbahnfrachtverkehr vom 14. Oktober 1890 beteiligten Staates befördert wird, seine Versand- und Bestimmungsstation im Gebiete des Deutschen Reichs liegen und die fremde Linie von einer deutschen Eisenbahnverwaltung betrieben wird;

b) wenn ein Gut von einer auf deutschem Gebiete gelegenen Station nach dem Grenzbahnhof eines am Internationalen

Übereinkommen über den Eisenbahnfrachtverkehr vom 14. Oktober 1890 beteiligten Nachbarstaats, wo die Zollbehandlung erfolgt, oder nach einer Station befördert wird, die zwischen diesem Bahnhof und der Grenze liegt, es sei denn, daß der Absender die Anwendung des Internationalen Übereinkommens über den Eisenbahnfrachtverkehr durch Aufgabe mit einem internationalen Frachtbriefe verlangt. Das Gleiche gilt für Sendungen in umgekehrter Richtung.

Alte EVO. EingBest. J.Ü. Art. 1 und Schlußprot. Ziff. 1. HGB. §§ 454, 473.

1) Die Bekanntmachung des Reichskanzlers, betreffend die EVO. vom 23. Dezember 1908 (RGBl. 1909 S. 93) setzt die neue EVO. an die Stelle der bisherigen EVO. vom 26. Oktober 1899 und ordnet daher zugleich die Aufhebung der letzteren mit dem Inkrafttreten der neuen EVO. an.

I. Die Bekanntmachung bestimmt als Zeitpunkt für das Inkrafttreten der EVO. den 1. April 1909. Mit diesem Tage hat die rechtliche Wirksamkeit derselben begonnen und ist die bisherige EVO. aufgehoben. Die EVO. hat, mangels einer Bestimmung hierüber, keine rückwirkende Kraft. Sie kommt nur zur Anwendung für diejenigen Eisenbahnfrachtverträge, welche vom 1. April 1909 an abgeschlossen worden sind.

II. Die EVO. zerfällt in 8 Abschnitte, von denen Abschnitt I (§§ 1, 2) Eingangsbestimmungen, II (§§ 3—9) Allgemeine Bestimmungen, III (§§ 10—29) Beförderung von Personen, IV (§§ 30—39) Beförderung von Reisegepäck, V (§§ 40—43) Beförderung von Expreßgut, VI (§§ 44—47) Beförderung von Leichen, VII (§§ 48—52) Beförderung von lebenden Tieren, VIII (§§ 53—100) Beförderung von Gütern, umfaßt. Da unter „Gütern" im weiteren Sinne alle Beförderungsgegenstände, also auch Reisegepäck, Expreßgut, Leichen, lebende Tiere rc. zu verstehen sind, so hat der Abschn. VIII betreffend die Beförderung von Gütern auch für die in den Abschn. III—VII behandelten Beförderungsgegenstände subsidiäre Bedeutung, d. h. ist auch für diese sinngemäß insoweit in Anwendung zu bringen, als nicht darüber in den Abschn. III—VII (§§ 11—52) besondere Bestimmungen getroffen sind. (Thöl III 94). Dies ist auch an verschiedenen Stellen der EVO. (§§ 35, 43, 52) ausdrücklich ausgesprochen.

III. Der EVO. ist durch das N.HGB. (§§ 454, 472 in Verbindung mit § 453 Abs. 1 Ziff. 3 u. Abs. 2, § 459 Ziff. 6, § 460 Abs. 1, §§ 462, 463 Abs. 1, § 465 Abs. 2, § 466 Abs. 2, § 471) sowohl für die Güter- wie für die Personenbeförderung der Charakter einer Rechtsverordnung des Reiches beigelegt worden (Laband I §§ 58, 65, Hänel §§ 43–48, Zorn §§ 6, 17, G. Meyer § 165, Arndt Verord. Recht 35ff., Makower 13. Aufl. S. 1575).

Daraus folgt:

1. Verletzungen der EVO. begründen die Revision (ZPO. § 549, RG. 15 147). Auch ist ein Irrtum über die Bestimmungen der EVO. als

Rechtsirrtum unerheblich (Erl. d. Pr. Min. d. öff. Arb. v. 26. XI. 1899 EVBl. Nr. 44). Schunck E. 26 109.

2. Die Vorschriften der EVO. dürfen die des Buchs 3 Abschn. 6 HGB. über das Frachtgeschäft ändern, sie haben im Verhältnis zu denselben derogierende Kraft, aber nur insoweit, als dadurch die Verpflichtungen der Eisenbahnen aus § 432 Abs. 1 u. 2, §§ 438, 439 weder ausgeschlossen noch beschränkt werden können.

3. Die Vorschriften der EVO. dürfen ebenso aber auch die des Buchs 3 Abschn. 7 HGB. über das Frachtgeschäft der Eisenbahnen ändern bezw. denselben derogieren, d. h. insoweit, als dadurch die Verpflichtungen der Eisenbahnen aus §§ 453, 455—470 weder ausgeschlossen noch beschränkt werden können. Dagegen verstoßende Vorschriften der EVO. sind nichtig.

4. Mit Rücksicht auf Art. 2 des Einführungsgesetzes zum N.HGB. vom 10. Mai 1897 (RGBl. S. 437) besitzen die Vorschriften der EVO. auch gegenüber den für die Eisenbahnbeförderung in Betracht kommenden Bestimmungen des BGB. derogatorische Kraft.

5. Nur soweit hiernach die EVO. nach den Abschn. 6 u. 7 Buch 3 HGB. zulässige Bestimmungen nicht enthält, finden die Bestimmungen dieser Abschnitte und des BGB. subsidiäre Anwendung, und zwar so, daß die des Buchs 3 Abschn. 7 HGB. denen des Abschn. 6 vorgehen.

6. Die EVO. und ihre Anlagen haben nicht die Eigenschaft eines auf Schadensverhütung gerichteten Polizeigesetzes (RG. 15 156).

2) Die Eingangsbestimmungen, welche den Abschn. I der EVO. bilden, regeln im § 1 die Grenzen — den Geltungsbereich — derselben und in § 2 die Voraussetzungen, unter welchen Ausführungsbestimmungen, Abweichungen und Änderungen einzelner Vorschriften der EVO. zulässig sind.

3) § 1 der Eingangsbestimmungen begrenzt den Geltungsbereich der EVO. und unterscheidet hierbei zwischen internem (Satz 1) und internationalem (Satz 2) Verkehre.

I. Der interne Verkehr ist derjenige, der sich ausschließlich, d. h. sowohl in betreff der Aufgabe- wie der Bestimmungsstation und in seinem ganzen Verlaufe in den Grenzen Deutschlands bewegt.

Doch findet in den im Abs. 1 der Allg. Ausf.Best. (S. 1, 2) bezeichneten Fällen die EVO. Anwendung.

II. Der internationale Verkehr ist derjenige, der mit durchgehendem Frachtbriefe aus dem Gebiete Deutschlands in das Gebiet eines anderen Staates oder umgekehrt übergeht oder Deutschland durchläuft.

Nach Abs. 1 der Eingangsbestimmungen findet die EVO. auf den internen Verkehr (I) unbedingt Anwendung, und zwar ausnahmslos auf jeden internen Verkehr, gleichviel welcher Art dieser Verkehr ist, ob Lokalverkehr, Verbandsverkehr, Verkehr von Bahn zu Bahn, Güter- und Personenverkehr (§§ 453, 472 HGB.) ꝛc. Dagegen findet die EVO. auf den internationalen Verkehr (II) nur insoweit Anwendung, als derselbe nicht durch besondere Bestimmungen geregelt ist. Durch besondere Bestimmung ist aber nur der dem I.Ü. über den

Eisenbahnfrachtverkehr (in der Fassung des Zusatzübereinkommens vom 19. September 1906, gültig vom 22. Dezember 1908) unterliegende Verkehr geregelt. Auf diesen findet hiernach die EVO. keine Anwendung (RG. 42, 24). Der sonstige internationale Verkehr dagegen ist, soweit er sich in den Grenzen Deutschlands bewegt bezw. Deutschland transitiert, den Bestimmungen der EVO. unterworfen, insoweit also auch jeder Verbandsverkehr.

Insoweit nach Vorstehendem die EVO. auf den Eisenbahnverkehr Anwendung findet, erstreckt sich dieselbe auf den Verkehr sämtlicher Eisenbahnen Deutschlands. Doch sind darunter nur die der reichsrechtlichen Regelung (Art. 41—47 der RV.) überhaupt unterliegenden Eisenbahnen zu verstehen, die Haupt- und die Nebeneisenbahnen, welche dem öffentlichen Verkehre dienen, d. h. eröffnet und übergeben sind, nicht aber die Kleinbahnen, Straßenbahnen, Lokalbahnen, Privatanschlußbahnen, Bahnen innerhalb privater Etablissements 2c. oder zur Verbindung mehrerer derselben, Industrie- und Hafenbahnen, noch nicht eröffnete Bahnen, auch nicht-deutsche Bahnen im Auslande. Für diejenigen, dem öffentlichen Verkehr dienenden Bahnen (Kleinbahnen), welche nicht der EVO. unterliegen. (Erl. d. Pr. Min. d. öff. Arb. v. 26./11. 1899 Ziff. 3 EVBl. Nr. 44. Art. 112 EG. z. BGB. § 871 ZPO.) gelten hiernach zwar ebenso wie für Haupt- und Nebenbahnen die Bestimmungen des HGB. Buch 3 Abschn. 6 (Frachtgeschäft) und Abschn. 7 (Beförderung von Gütern und Personen auf den Eisenbahnen), nicht aber die Bestimmungen der EVO., vielmehr treten nach § 473 HGB. für derartige Bahnen an die Stelle der EVO., wo auf diese in den §§ 453, 459, 460, 462—466 HGB. verwiesen ist, die Beförderungsbedingungen der betreffenden Bahnunternehmung. Insbesondere besteht für Kleinbahnen 2c. der wesentliche Unterschied von Haupt- und Nebenbahnen, daß ersteren die Pflicht zur Übernahme von Transporten nach Maßgabe des § 453 HGB. nur für ihre eigenen Bahnstrecken obliegt. (Erl. d. Pr. Min. d. öff. Arb. v. 26. XI. 1899 EVBl. Nr. 44 Ziff. 3.)

Für die bayrischen Eisenbahnen, auf welche Art. 45 der RV. keine Anwendung findet (s. Art. 46 Abs. 2 das.), ist eine besondere EVO. unterm 25. Januar 1909 erlassen. Dieselbe ist — abgesehen von einigen formellen Abweichungen — mit der EVO. vom 23. Dezember 1908 gleichlautend.

§ 2.

Ausführungsbestimmungen. Abweichungen. Vorläufige oder vorübergehende Änderungen.

(1) Ausführungsbestimmungen können von der Eisenbahn mit Genehmigung der Landesaufsichtsbehörde getroffen werden [4]).

(2) Abweichungen können in Berücksichtigung besonderer Verhältnisse von der Landesaufsichtsbehörde nach Zustimmung des Reichs-Eisenbahnamts für einzelne Bahnstrecken, Stationen, Fahrzeuge, Züge oder Zuggattungen, sowie für gewisse Abfertigungsarten genehmigt werden [5]).

(3) Solche Ausführungsbestimmungen und Abweichungen bedürfen zu ihrer Gültigkeit der Aufnahme in den Tarif [6]). Auch die Genehmigung muß aus dem Tarife zu ersehen sein [7]).

(4) Vorläufige oder vorübergehende Änderungen einzelner Vorschriften dieser Ordnung können, sei es allgemein, sei es nur für bestimmte Bahnstrecken oder Verkehrsbeziehungen, vom Reichs-Eisenbahnamt im Einverständnisse mit den beteiligten Landesaufsichtsbehörden verfügt werden [8]). Solche Verfügungen müssen im Reichs-Gesetzblatte veröffentlicht, auch sollen sie im Reichsanzeiger bekannt gemacht werden [9]).

HGB. § 471. Alte EVO. EingBest.

4) § 2 der Eingangsbestimmungen stellt als die wesentlichste Voraussetzung, unter welcher Ausführungsbestimmungen, Abweichungen, vorläufige oder vorübergehende Änderungen einzelner Vorschriften der EVO. zulässig sind (Anm. 2 S. 3), behördliche Genehmigung hin.

Abs. 1 des § 2 betrifft diejenigen Ausführungsbestimmungen zur EVO., welche von der Eisenbahn mit Genehmigung der Landesaufsichtsbehörde getroffen werden können. Es handelt sich hierbei nicht um gesetzesvertretende Vorschriften, sondern um vertragsmäßige, welche daher zu ihrer Gültigkeit der Aufnahme in die Tarife bedürfen (Abs. 3) und die EVO. selbst nicht ändern.

„Ausführungsbestimmungen" sind Vorschriften, welche zur Handhabung und Anwendung der EVO. erforderlich erscheinen; insbesondere in betreff derjenigen Punkte, welche die EVO. selbst nicht einheitlich regelt oder überhaupt unberücksichtigt läßt oder der Regelung der Landesrechte oder dem Ermessen der Eisenbahnverwaltungen überweist (z. B. §§ 40, 43, 47 Abs. 2, § 50 Ziff. 2, 3 usw.). Sie müssen sich grundsätzlich im Rahmen der EVO. und auf der Grundlage derselben bewegen, derartig, daß sie nur einen die EVO. ausführenden, d. h. die Handhabung ihrer Bestimmungen erleichternden oder erklärenden, ergänzenden und deklaratorischen Charakter tragen dürfen und daher ungültig sind, insoweit sie die EVO. abändern, derselben widersprechen und mit den Bestimmungen derselben nicht vereinbar sind. Dies würde insbesondere dann der Fall sein, wenn dem Publikum schwerere, lästigere oder andere Verpflichtungen auferlegt würden, als die in der EVO. bestimmten, und zwar selbst, wenn dies gegen entsprechende anderweite Erleichterungen geschehen sollte. Dagegen können für das Publikum günstigere Bestimmungen zulässigerweise stattfinden. Doch dürfen derartige Bestimmungen nur ergänzenden Charakter haben, d. h. nur neben den Bestimmungen der EVO. eingeführt werden, derartig, daß der Bestand und die Grundlage derselben nicht modifiziert, verringert oder beeinträchtigt wird, mithin die günstigeren Bestimmungen das Mehr bilden, welches die allgemeinen Bestimmungen der EVO. als das Weniger in sich schließt, also nicht statt oder im Widerspruch mit derselben und ohne jede Beschränkung der dem Publikum durch die EVO. gewährten Vorteile. (v. Hahn II 704, Puchelt II 558, Ruckdeschel 9. REA. 22. III. 1876 Nr. 1660 und Pr. Hand.Min. 9. IV. 1876 II 5657).

Zur Handhabung und Ergänzung der EVO. sind unter der Bezeichnung „Allgemeine Ausführungsbestimmungen“ (bisher Allgemeine Zusatzbestimmungen) von der Generalkonferenz der deutschen Eisenbahnverwaltungen Ausführungsvorschriften im Anschluß an die Paragraphen der EVO. beschlossen und veröffentlicht worden, welche für alle Verwaltungen tarifarisch gelten und dem Texte der EVO. in lateinischem Druck beigefügt sind. Die Veröffentlichung ist in 3 Teilen erfolgt:

1) Deutscher Eisenbahn-Personen- und Gepäcktarif, Teil I.
2) Deutscher Eisenbahn-Tiertarif, Teil I.
3) Deutscher Eisenbahn-Gütertarif, Teil I, Abt. A.

Hierzu treten für die Handhabung der EVO. und der Tarife seitens der Abfertigungsstellen die vom Deutschen Eisenbahn-Verkehrs-Verbande (dem die meisten deutschen Eisenbahnen angehören) erlassenen „Allgemeinen Abfertigungsvorschriften“, in 2 Teilen:

1. Teil I. Abfertigung von Personen, Reisegepäck, Expreßgut, Leichen und lebenden Tieren.

2. Teil II. Abfertigung von Eil- und Frachtgütern und für das Zugbegleitungspersonal 2c. Die „Vorschriften über die Beförderung von Personen und Reisegepäck (Personenbeförderungsvorschriften) sowie die Fahrdienstvorschriften“.

Sowohl zu den Allgemeinen Abfertigungsvorschriften wie zu den Personenbeförderungsvorschriften und den Fahrdienstvorschriften sind Zusatzbestimmungen für die Preußischen und Großherzogl. Hessischen Staatseisenbahnen erlassen.

Unter „Landesaufsichtsbehörde“ ist die mit der Aufsicht über die Eisenbahnen betraute Zentralbehörde des betr. Bundesstaates zu verstehen, also z. B. in Preußen der Minister der öffentlichen Arbeiten, in Bayern der Minister für Verkehrsangelegenheiten. Die Genehmigung muß ausdrücklich erteilt sein, wie aus der Schlußbestimmung des folgenden Abs. 4 hervorgeht (Anm. 9 S. 9).

5) Nach Abs. 2 des § 2 bedürfen Abweichungen der Genehmigung der Landesaufsichtsbehörde nach Zustimmung des Reichs-Eisenbahnamts.

Es ist also hier eine zwiefache Voraussetzung, die Genehmigung der Landesaufsichtsbehörde und die dieser Genehmigung vorausgehende Zustimmung des REA. erforderlich. Weder darf die erstere ohne Zustimmung des REA. Abweichungen verfügen, noch das REA. solche ohne Genehmigung der Landesaufsichtsbehörde anordnen. Früher war die Zulässigkeit von Abweichungen auf Nebenbahnen beschränkt. Nach Abs. 2 ist sie auch auf Hauptbahnen ausgedehnt. Sie können nur „in Berücksichtigung besonderer Verhältnisse“, z. B. bei Verbindungsbahnen, Stadtbahnen, Trajekten 2c. genehmigt werden. In anderen Fällen sind Abweichungen von der EVO. — soweit dies nicht durch die EVO. selbst ausdrücklich gestattet ist — nicht zulässig, auch nicht mit Genehmigung der genannten Behörden. Ob eine Abweichung durch besondere Verhältnisse bedingt ist, unterliegt lediglich dem Ermessen der zur Genehmigung legitimierten

Behörden. „Abweichungen" sind solche, welche mit den Normen der EVO. im Widerspruche stehen, d. h. dieselben nicht bloß ergänzen oder deklarieren (S. 5), sondern mit deren Inhalt an sich nicht vereinbar sind, demselben nach Form und Wesen entgegenstehen (S. 5). Aber auch mit Genehmigung der Landesaufsichtsbehörde und Zustimmung des REA. dürfen abweichende Bestimmungen nicht ergehen, wenn sie mit den zwingenden Normen des HGB. § 471 sich nicht im Einklange befinden. Denn die obligatorischen Vorschriften des HGB., welche die Grundlage der EVO. bilden, abzuändern, sind diese Behörden nicht befugt, eine solche Befugnis kann ihnen durch die EVO. nicht verliehen werden. Vgl. hierzu die Erl. des Pr. Minist. der öff. Arb. vom 15. Febr. 1893 (EVBl. S. 143) u. 13. Mai 1894 (EVBl. S. 116).

6) Abs. 3 Satz 1 erfordert neben der behördlichen Genehmigung als weitere Voraussetzung, unter welchen Ausführungsbestimmungen (Anm. 4) und Abweichungen (Anm. 5) zulässig sind, zu ihrer Gültigkeit der Aufnahme in den Tarif. Ohne diese Aufnahme sind sie ungültig und gelten als non scriptum, auch wenn die behördliche Genehmigung (Abs. 1 u. 2) erfolgt ist. Über die Veröffentlichung der Tarife: vgl. § 6 Abs. 1 Anm. 22. Einer besonderen Bekanntmachung der bezüglichen Ausführungsbestimmung oder Abweichung bedarf es hiernach zwar nicht. Vielmehr genügt die Aufnahme in die Tarife. Wohl aber steht der Aufnahme in dieselben die besondere, selbständige Veröffentlichung derartiger Spezialbestimmungen dann gleich, wenn die Publikation eine den Tarifen völlig gleiche, ordnungsmäßige und gehörige ist, denn „Tarif" ist nach der Ausdrucksweise der EVO. nicht auf den Begriff des Beförderungspreisverzeichnisses beschränkt, sondern in dem weiteren Sinne reglementarischer Bestimmungen zu nehmen (ROHG. 21 108. Thöl III 93, 94, v. Hahn II 696, 607, Puchelt II 558, 560, Schott, 471, 476, Endemann, Rechtsgrdl. 262 f., Ruckdeschel 9). Daß eine Ausführungsbestimmung oder Abweichung besteht und den Voraussetzungen der EVO. — behördliche Genehmigung (Abs. 1 u. 2) und Aufnahme in die Tarife (Abs. 3) — entspricht, hat derjenige, welcher daraus Rechte für sich ableitet, zu behaupten und zu beweisen (Entsch. d. Reichsger. vom 8. Juli 1880. (EisenbE. I 244).

Vgl. hierzu d. Erl. d. REA. vom 15. Febr. 1893 und des Pr. Min. d. öff. Arb. vom 25. Febr. 1893 (EVBl. S. 143) und 13. Mai 1894 (EVBl. S. 116).

7) Zu dem Erfordernis der Aufnahme der Ausführungsbestimmung und Abweichung in die veröffentlichten Tarife fügt Satz 2 Abs. 3 noch das weitere formelle Erfordernis hinzu, daß die Genehmigung ꝛc. die nach Abs. 2 u. 3 erforderliche behördliche Genehmigung (Anm. 5 u. 6) aus dem Tarife zu ersehen sein muß, d. h. in den Tarif ist nicht nur die gemäß Abs. 1 u. 2 genehmigte Bestimmung selbst aufzunehmen, sondern auch darin in geeigneter Weise ersichtlich zu machen, daß die Genehmigung erfolgt sei, sei es daß die Bestimmung ausdrücklich als behördlich genehmigt bezeichnet oder der Wortlaut der Genehmigung beigefügt wird ꝛc. (Vgl. hierzu Erl. d. Pr. Min. d. öff. Arb. v. 13. Mai 1894 EVBl. S. 116). Satz 2 des Abs. 3 knüpft aber nicht wie Satz 1 an die Nichtbeobachtung dieser Vorschrift des Präjudiz der Un-

gültigkeit der betreffenden Bestimmung. Ihre Außerachtlassung hat also zwar nicht die Ungültigkeit zur Folge, macht aber die Eisenbahn, weil sie damit eine Rechtsvorschrift verletzt hat, im Beschwerde- bzw. Aufsichtswege verantwortlich.

Bei den Tarifbekanntmachungen geschieht die Kennzeichnung der Genehmigung der Ausführungsbestimmungen und Abweichungen durch folgenden Vermerk: „Die Ausführungsbestimmungen sind gemäß § 2 EVO. genehmigt.“ Wird dieser Vermerk in das Vorwort des Tarifs (Nachtrags) selbst aufgenommen, so bedarf es in der Bekanntmachung eines Hinweises auf die Genehmigung nicht. (REA. 12. X. 00 Nr. 2554 V.)

8) Abs. 4 entspricht dem bisherigen Abs. 2. Da diese Vorschriften Ausnahmeverhältnisse behandeln, sind sie an den Schluß der Eingangsbestimmungen gesetzt (Begr.). Abs. 4 Satz 1 gibt dem REA. die Befugnis, im Einverständnis mit den beteiligten Landesaufsichtsbehörden vorläufige oder vorübergehende Änderungen einzelner Vorschriften der EVO. sei es allgemein, sei es nur für bestimmte Bahnstrecken oder Verkehrsbeziehungen zu verfügen. In dem bisherigen Abs. 2 war diese Verfügungsbefugnis des REVA. auf zwei Fälle beschränkt, auf Fälle eines dringenden Verkehrsbedürfnisses und zum Zwecke von Versuchen mit neuen Einrichtungen. „Da aber — wie die Begr. zum jetzigen Abs. 4 bemerkt — die Gründe, aus denen es erwünscht sein kann, zunächst eine vorläufige oder vorübergehende Änderung vorzunehmen, verschiedener Art sein können, so ist davon Abstand genommen, einzelne Fälle besonders anzuführen, vielmehr die Befugnis dem REA. für alle, ihm geeignet erscheinenden Fälle gegeben, und zwar „sei es allgemein“, d. h. für das ganze Gebiet der EVO. oder eines Bundesstaates, „sei es nur für bestimmte Bahnstrecken oder Verkehrsbeziehungen“.

Diese Befugnis des REA. ist eine sehr weitgehende, in die Privatrechtsnormen eingreifende und entbehrt überdies der Rechtsgültigkeit. (Reindl, E. 17 75; Hertzer 2; Makower 1576). Denn der EVO. ist der Charakter einer Rechtsverordnung beigelegt (S. 2), so daß ihre Normen Gesetzeskraft haben. Daher können derartige Verordnungen nur auf Grund einer durch formelles Gesetz erfolgten Delegation erlassen werden. Indem das HGB. in bestimmten Grenzen die Vorschriften der EVO. denjenigen des HGB. gleichstellt, hat es die Delegation ausschließlich derjenigen Instanz erteilt, welche zum Erlasse der EVO. an sich zuständig ist. Diese Kompetenz besitzt aber nur der Bundesrat. (Laband, Deutsch. Staatsr.[5] I § 58, 600 ff. und Anm. 4. Seydel, Komm. z. Reichsverf. 138, 141. G. Meyer, Staatsrecht 485. Zorn, Staatsr. d. Deutsch. Reichs[2] I § 6 174). Er ist nicht berechtigt, diese Befugnis auf eine andere Instanz, wie z. B. das REA., ganz oder teilweise zu übertragen. (Laband a. a. O. 604. Arndt, Verordnungsr. des Deutschen Reichs S. 109 ff. Zorn, Deutsch. Staatsr. a. a. O.). Und daraus folgt, daß die vom Bundesrate dem REA. im Abs. 4 des § 2 der EingBest. erteilte Delegation nicht rechtsbeständig ist und die auf Grund derselben vom REA. getroffenen Verfügungen nicht geeignet sind, die Vorschriften der EVO. gültig abzuändern. Wenn der Bundesrat sich auch in der neuen EVO. über diese Rechtsbedenken ohne weiteres hinweggesetzt hat, so werden doch die Gerichte sich denselben nicht verschließen.

Eine Beschränkung dieser vorstehend als nicht rechtsbeständig bezeichneten Befugnis des REA. scheint darin zu liegen, daß sich dieselbe nur auf einzelne Vorschriften der EVO. erstrecken soll. Indes ist diese Beschränkung eine ganz illusorische, da die EVO sich ja aus lauter einzelnen Vorschriften zusammensetzt, mithin nichts entgegensteht, auf Grund und nach Maßgabe dieser Bestimmung auch ganze Abschnitte der EVO. ergänzenden und abändernden Vorschriften zu unterwerfen. Denn wo und durch wen ist hier die Grenze zu ziehen?

Endlich kann die in Rede stehende Befugnis vom REA. nur im Einverständnis mit den beteiligten Landesaufsichtsbehörden (siehe Anm. 4 S. 6) ausgeübt werden. Vorschriften des REA., welche dieses Einverständnisses entbehren, sind also ungültig. Die Worte „beteiligten Landesaufsichtsbehörden" deuten darauf hin, daß das Einverständnis aller derjenigen Landesaufsichtsbehörden erfordert wird, deren Bahnen von den bezüglichen abändernden Vorschriften betroffen werden, sei es daß sich dieselben nur auf einen Bundesstaat, oder mehrere oder sämtliche Bundesstaaten beziehen. Das Einverständnis muß formell und ausdrücklich von der zuständigen Stelle erklärt und auch in der Veröffentlichung (Satz 2) erkennbar gemacht sein, weil es eine unbedingte Voraussetzung für die Legalität der bezüglichen Vorschrift bildet.

„Änderungen" sind solche Maßnahmen, welche von den bestehenden Normen der EVO. abweichen oder dieselben durch andere nach Form und Inhalt abweichende ersetzen, mithin die bisherigen Vorschriften nicht bloß ergänzen oder deklarieren (S. 5), sondern mit deren Inhalt an sich nicht vereinbar sind, denselben vielmehr modifizieren oder ihm entgegenstehen und widersprechen. Freilich darf aber auch das REA. im Einverständnis mit den beteiligten Landesaufsichtsbehörden nicht derartige Vorschriften erlassen, welche sich nicht mit den zwingenden Normen des HGB. (§ 471 Abs. 1) im Einklang befinden. Denn die obligatorischen Vorschriften des HGB., welche die Grundlage der EVO. bilden, abzuändern, ist das REA. ebensowenig wie der Bundesrat befugt (§ 471 Abs. 2 Satz 1 HGB.); eine solche Befugnis kann dem REA. durch die EVO. nicht verliehen werden.

Die Worte „vorläufige oder vorübergehende" sprechen aus, daß diese Änderungen einzelner Vorschriften der EVO. weder endgültig noch dauernd sein dürfen. Hierzu bedarf es der nachträglichen Zustimmung des Bundesrats. Immerhin sind aber die Begriffe „vorläufig und vorübergehend" so unbestimmt und dehnbar, daß damit dem REA. ein weiter, vom HGB. nicht beabsichtigter Spielraum gelassen ist (s. oben S. 8).

9) Wie die EVO. selbst als eine mit reichsgesetzlicher Kraft versehene Rechtsverordnung gemäß Art. 2 der RV., so sind auch nach Satz 2 die hier in Rede stehenden, nach Abs. 4 Satz 1 vom REA. zu erlassenden ändernden Vorschriften im Reichsgesetzblatte zu veröffentlichen. Um jeden Zweifel darüber zu beseitigen, daß auch diese Vorschriften des REA. der Veröffentlichung im RGBl. bedürfen, ist im Satz 2 die Veröffentlichung ausdrücklich

vorgeschrieben. Auch sollen sie, einem nicht unberechtigten Wunsche der Verkehrsinteressenten entsprechend (Begr.), im Reichsanzeiger bekannt gemacht werden.

Im übrigen gelten für die gemäß Abs. 4 vom RVA. zu erlassenden Verfügungen die Bestimmungen des Art. 2 Satz 2 u. 3 der Reichsverfassung. Darnach erhalten die bezüglichen Verfügungen des RVA. erst durch ihre Verkündung im RGBl. verbindliche Kraft, sind also, solange diese nicht oder nicht ordnungsmäßig oder auf andere Weise geschehen, nicht rechtsgültig. Ferner beginnt, sofern nicht in der solchergestalt publizierten Verfügung ein anderer Anfangstermin ihrer verbindlichen Kraft bestimmt ist, die letztere mit dem vierzehnten Tage nach dem Ablauf desjenigen Tages, an welchem das betreffende Stück des RGBl. in Berlin ausgegeben worden ist.

II.

Allgemeine Bestimmungen [10]).

§. 3.

Pflicht zur Beförderung.

(1) Die Beförderung kann nicht verweigert werden [11]), wenn

1. den geltenden Beförderungsbedingungen und den sonstigen allgemeinen Anordnungen der Eisenbahn entsprochen wird [12]);
2. die Beförderung nicht nach gesetzlicher Vorschrift oder aus Gründen der öffentlichen Ordnung verboten ist [13]);
3. die Beförderung mit den regelmäßigen Beförderungsmitteln möglich ist [14]);
4. die Beförderung nicht durch Umstände verhindert wird, die als höhere Gewalt zu betrachten sind [15]).

(2) Gegenstände, die sich nach der Anlage oder dem Betriebe der beteiligten Bahnen nicht zur Beförderung eignen, braucht die Eisenbahn zur Beförderung nicht anzunehmen [16]).

(3) Gegenstände, deren Ein- oder Ausladen besondere Vorrichtungen erfordert, braucht die Eisenbahn nur auf und nach solchen Stationen anzunehmen, wo die Vorrichtungen vorhanden sind [17]).

J.Ü. Art. 2 u. 5. HGB. § 453. Alte EVO. § 6. Allg. AbfVorschr. II §§ 1 u. 2.

10) Die Allgemeinen Bestimmungen, welche den Abschn. II der EVO. bilden, enthalten eine Reihe von Vorschriften, die sich auf alle in der EVO. geregelten Beförderungsarten (Abschn. III—VIII) gleichmäßig beziehen, insbesondere die Beförderungspflicht der Eisenbahn (§ 3), die zur Beförderung dienenden Züge (§ 4), Haftpflicht für die Leute (§ 5), Tarifgrundsätze (§ 6), Beschwerden und Entscheidungsbefugnis bei Meinungsverschieden-

heiten zwischen Publikum und Bediensteten (§§ 7, 8), die Entschädigungspflicht bei Beschädigung des Bahneigentums (§ 9) und die Zahlungsmittel (§ 10). Im Vergleiche mit den bezüglichen Vorschriften der bisherigen EVO. sind wesentliche Änderungen und Kürzungen eingetreten, insbesondere ist zweckmäßig und zutreffend der bisherige § 1 „Pflichten der Eisenbahnbediensteten" ganz weggelassen, weil er nur Dienstvorschriften enthält, die nicht in eine Rechtsverordnung gehören. Auch die polizeilichen Vorschriften der bisherigen §§ 2 u. 5 (Anordnungen der Bediensteten und Entscheidung der Streitigkeiten) sind mit Recht nicht mehr aufgenommen. Denn sie sollen nicht nur für Reisende und Verfrachter, sondern auch für jeden Dritten gelten und gehören deshalb in die BO., wo sie in den §§ 77 ff. behandelt sind (Begr.).

11) § 3 enthält im wesentlichen eine Wiederholung des in § 453 Nr. 1—5 HGB. ausgesprochenen wichtigen Prinzips der Beförderungspflicht der Eisenbahnen. Nach § 453 HGB. darf eine dem öffentlichen Güterverkehre dienende Eisenbahn die Übernahme von Gütern zur Beförderung nach einer für den Güterverkehr eingerichteten Station innerhalb des Deutschen Reiches unter den im Abs. 1 Nr. 1—5 angegebenen Voraussetzungen nicht verweigern.

Die Beförderungspflicht der Eisenbahnen — unter diesen Voraussetzungen — erstreckt sich nicht nur auf den Abschluß, sondern folgerichtig auch auf die Ausführung der Eisenbahnbeförderungsverträge; sie umfaßt ferner nicht nur das eigene Bahngebiet, sondern alle für den Güterverkehr eingerichteten Stationen innerhalb des Deutschen Reiches (§ 453 Abs. 1 HGB.). Jedoch sind darunter nur die Stationen derjenigen Eisenbahnen, auf welche die EVO. Anwendung findet, d. h. der Haupt- und Nebenbahnen, nicht auch der Kleinbahnen 2c. (§ 473 HGB. Abs. 1 EingBest. zur EVO.) zu verstehen (s. EVO. § 52). Die Beförderungspflicht der Haupt- und Nebenbahnen nach und von Stationen der Kleinbahnen, sowie die Beförderungspflicht der Kleinbahnen über ihre eigene Bahnstrecke hinaus, regelt sich nach den Bestimmungen der einzelnen Bundesstaaten (§ 473 HGB.).

Die EVO. erweitert die Beförderungspflicht der ihr unterworfenen Bahnen noch sachlich dadurch, daß § 3 diese Pflicht in Gemäßheit des § 472 HGB. auf alle Beförderungsobjekte, d. h. außer auf Sachen sc. Güter (einschließlich der Tiere, Fahrzeuge, Leichen und des Reisegepäcks) auch auf Personen ausdehnt. (So auch Janzer u. Burger 24).

Die Worte „kann nicht verweigert werden" bedeuten, daß die Eisenbahn zur Eingehung und Ausführung des Transportvertrages unter den nachfolgenden Voraussetzungen verpflichtet ist. Auch eine nur zeitweilige Weigerung ist nicht gestattet (v. Hahn II 700 § 2. Endemann, Rechtsgrdl. 215, Eger Frachtr. III 182, Schott 477). Hat die Eisenbahn aber eine Beförderung übernommen, zu der sie nicht verpflichtet ist, so ist sie dafür dem Absender 2c. haftpflichtig (v. Hahn II 704). Wegen Verweigerung der Beförderungspflicht ist die Bahn schadensersatzpflichtig (§ 453 Abs. 4 HGB., RGZ. 18 166, E. 5 377). Den Kläger trifft die Beweispflicht (v. Hahn a. a. O. § 4, Endemann 758 Anm. 17). Für den Schadensanspruch ist das Recht am Ort der Verweigerung maßgebend (RGZ. 57 145; E. 20 350, 21 47). Vgl. auch Coermann E. 22 204, Teubner V.Z. 1907 S. 263.

12) Abs. 1 Ziff. 1 des § 3 enthält — übereinstimmend mit Ziff. 1 Abs. 1 des § 453 HGB. — die erste Voraussetzung der Beförderungspflicht. Der Absender muß sich unterwerfen: 1. „den geltenden Beförderungsbedingungen" (§ 6 Abs. 1 Satz 1), nicht beliebigen, denn die Eisenbahnen genießen nicht unbeschränkte Vertragsfreiheit, ihre Autonomie ist beschränkt einerseits durch die privatrechtlichen Vorschriften des HGB., insbesondere der §§ 453—472, sowie der EVO., andererseits durch einschränkende Bestimmungen des öffentlichen Rechts. Nur innerhalb dieser Grenzen darf die Eisenbahn Bedingungen stellen (v. Hahn II 702 § 6). Soweit hiernach die betreffenden Bedingungen zu Recht bestehen, hat der Absender denselben zu entsprechen; 2. den sonstigen, „allgemeinen Anordnungen der Bahn", darunter sind im weiteren Sinne nicht die bloßen Vertragsbedingungen (s. ad 1), sondern alle anderen von der Eisenbahn, und zwar nicht allein der annehmenden, sondern auch den folgenden, erlassenen Anordnungen genereller Natur zu verstehen, welche sich auf die Beförderung beziehen: Tarife, Fahrpläne, Rollfuhrordnungen, Normen über das Spesen-, Aufnahme-, Wiege-, Verladungs- ꝛc. Verfahren (Wehrmann 81, Puchelt II 554, Schott 480). Ihre Gültigkeit beruht in der Regel auf der Genehmigung der zuständigen Staatsbehörden, welche entweder in allgemeinen Gesetzen, Konzessionsurkunden oder Verwaltungsvorschriften vorgeschrieben bzw. vorbehalten ist. Von Bedeutung ist das Wort „allgemein", d. h. es müssen Anordnungen sein, welche für alle Absender, für das ganze Publikum gleichmäßig gelten, also im Gegensatz zu etwaigen gegenüber dem betreffenden Absender erlassenen besonderen Anordnungen (Makower 1497). Aus diesem Grunde ist auch für diese Anordnungen der Eisenbahnen prinzipiell die öffentliche, allen zugängliche Publikation zur Vorschrift gemacht. Das ROHG. folgert die Publikationspflicht mittelbar aus Art. 422 A.HGB. — jetzt § 453 HGB. — (Erk. v. 9. Mai 1876 Entsch. 20 375). Und mit Recht bemerkt v. Hahn II 516 § 6, daß derartige allgemeine Anordnungen, auch wenn und soweit staatliche Genehmigung nicht erforderlich ist, die Eisenbahnverwaltung in der Art binden, daß sie vor Zurücknahme derselben den einzelnen auf Grund derselben offerierten Beförderungsvertrag nicht zurückweisen oder andere Bedingungen proponieren könne. Die Unterwerfung kann ausdrücklich oder durch konkludente Handlungen erfolgen, in der Regel durch die Frachtbriefunterschrift (Endemann 758 Anm. 19).

13) Abs. 1 Ziff. 2 enthält die zweite Voraussetzung der Beförderungspflicht und wiederholt wörtlich die Vorschrift der Ziff. 2 Abs. 1 des § 453 HGB., wonach die Beförderung nicht nach gesetzlicher Vorschrift oder aus Gründen der öffentlichen Ordnung verboten sein darf. Verboten nach gesetzlicher Vorschrift, d. h. nach reichs- oder landesgesetzlicher sind insbesondere die dem Postzwange unterworfenen Gegenstände, ferner die gegen die guten Sitten verstoßenden (BGB. §§ 134, 138) ꝛc. Unter Beförderungsverboten aus Gründen der öffentlichen Ordnung sind Verbote zu verstehen, welche das allgemeine Staatsinteresse betreffen, d. h. vornehmlich sich als sanitäts- oder sonstige staatspolizeiliche Maßregeln, Aus- und Einfuhrverbote, nationalökonomische oder finanzielle (Zoll-, Steuer- ꝛc.)

Maßnahmen darstellen. Es gehören hierher sowohl dauernde wie vorübergehende Verbote, z. B. zeitweise Beschränkungen der Beförderung von Kriegsmaterial, und — bei Absperrung der Landesgrenzen oder einzelner Bezirke gegen Viehseuchen — Viehbeförderungen, sowie die einer Ansteckung ausgesetzten tierischen Stoffe; unter Umständen auch Wild, Fische, Krebse rc. (s. AllgAbfVorschr. § 1 R. 1 u. 7, § 2).

14) Abs. 1 Ziff. 3 enthält die dritte Voraussetzung der Beförderungspflicht und wiederholt die Vorschrift der Ziff. 4 Abs. 1 des § 453 HGB. (s. Anm. 11 S. 11). „Beförderungsmittel" sind im weitesten Sinne des Wortes zu verstehen, also nicht allein die Waggons, Lokomotiven und Tender, sondern auch alle anderen zu der fraglichen Beförderung unbedingt erforderlichen Einrichtungen, Werkzeuge, Betriebsmaterialien, Geräte zum Wiegen, Verladen, Bedecken der Güter, sowie Vorräte, das Personal (v. Hahn II 702, Schott 481, Endemann 534, Lehmann-Ring 373, Düringer-Hachenburg 644).

Die „regelmäßigen" Beförderungsmittel der Bahn müssen ausreichen, d. h. die den gewöhnlichen Verkehrseinrichtungen und Bedürfnissen der Bahn entsprechenden und für die beantragte Beförderungsart geeigneten sein. Die Weigerung der Bahn würde somit begründet sein, wenn die regelmäßigen Beförderungsmittel nicht ausreichen und nur außergewöhnliche, für Ausnahmefälle (Mobilmachung, Krieg rc.) bestimmte und reservierte Beförderungsmittel vorhanden sind. Die Bahn erscheint auch nicht verpflichtet, zu einer das gewöhnliche Maß übersteigenden Beförderung ausnahmsweise Beförderungsmittel zu beschaffen (Thöl III § 74 S. 150) oder in Reserve zu halten. Wohl aber muß sie die für gewisse periodisch wiederkehrenden und im gewöhnlichen Laufe der Dinge zu gewärtigenden Zeiten stärkeren Verkehrs regelmäßig mehr beschafften (geliehenen rc.) Beförderungsmittel zur Verwendung bringen. Die regelmäßigen Beförderungsmittel sind nicht diejenigen, welche eine Bahn tatsächlich besitzt, beschafft und verwendet, sondern diejenigen, welche sie nach bestehenden Vorschriften und nach vernünftigen Verkehrs- und Verwaltungsanschauungen besitzen muß, um dem auf ihren Strecken in der Regel herrschenden Verkehrsbedürfnisse zu genügen (Staub § 453 Anm. 10, Makower 1497). Düringer-Hachenburg 644.

Sind die vorhandenen Beförderungsmittel für den gewöhnlichen Verkehr nach rationellen Prinzipien bezw. entgegen bestehenden Vorschriften ungenügend, so begründet die Weigerung der Bahn Schadensersatzansprüche im Sinne des letzten Absatzes des § 453 HGB. (Übereinstimmend Ruckdeschel 18, Makower 1497, Hertzer 6, Staub a. a. O., Janzer u. Burger 25. Handelsgericht Lüttich 21. I. 1897 u. AppellGer. Lüttich 12. I. 1898. E. 14 126; 15 52). Die Annahme, daß alsdann nur ein Einschreiten der Aufsichtsbehörde (Rosenthal, Internat. Eisenb.-Frachtr. 48, Reindl B.Z. 1897 S. 1045), nicht aber ein Schadensanspruch sich rechtfertige, erscheint nicht zutreffend.

Der Mangel regelmäßiger Beförderungsmittel rechtfertigt übrigens nur zeitweilige Verweigerung (v. Hahn II 703, Endemann, HR. 758 Anm. 20, Ruckdeschel 94, Eger III 190).

15) Abs. 1 Ziff. 4 enthält die dritte Voraussetzung der Beförderungspflicht und entspricht der Vorschrift der Ziff. 5 Abs. 1 des § 453 HGB. Es handelt sich auch hier sowohl um Umstände, welche die Übernahme der Beförderung, d. h. die Eingehung des Beförderungsvertrages, wie auch die Ausführung desselben verhindern. In betreff der Verhinderung des Antritts oder der Fortsetzung der Eisenbahnbeförderung von Gütern sind jedoch im § 73 EVO. noch weitere Bestimmungen getroffen. Über den Begriff der „höheren Gewalt“ s. § 84 Abs. 1 EVO. (Anm. 349). Im Streitfalle hat richterliches Ermessen zu entscheiden.

16) Abs. 2 steht im Einklang mit § 453 Abs. 1 Ziff. 3 HGB. (Art. 2 Ziff. 2 J.Ü.). Die Annahmeverweigerung ist nur zulässig, wenn bei der Beförderung Bahnen beteiligt sind, die sich ihrer Anlage und ihrem Betriebe nach zur Beförderung der betreffenden Gegenstände nicht eignen. Es handelt sich um Gegenstände, die durch ihren Umfang, ihr Gewicht (wie z. B. Hölzer von ungewöhnlichen Dimensionen, Riesengeschütze, Kolossalstatuen) rc. zur Beförderung für gewisse Bahnen nicht passen.

Die Worte „nach der Anlage und dem Betriebe“ deuten darauf hin, daß die Frage der Beförderungsfähigkeit eines Gutes von den individuellen und konkreten Verhältnissen der zur Beförderung bestimmten Bahnen abhängig ist. Es kommt einerseits auf äußere Form, Beschaffenheit, Umfang, Gewicht des Gutes, andererseits und im Vergleich damit auf die Beförderungsfähigkeit und Einrichtungen der betreffenden Bahnen (Tunnels, Brücken, Oberbau, Steigungen, Vorrichtungen zum Ein- und Ausladen, Rampen rc.) an.

Insoweit auch nur eine Bahn an der Beförderung beteiligt ist, welche sich für die Beförderung des betreffenden Gegenstandes nicht eignet, ist die Ablehnung der Beförderung gestattet. Hierüber wird die Annahmestelle unter Berücksichtigung der bezüglichen Bestimmungen der EVO. und der bestehenden Spezialvorschriften zu entscheiden haben, doch ist hierzu die Kenntnis der Beschaffenheit und Beförderungsfähigkeit der beteiligten Bahnen erforderlich. Es erscheint daher notwendig, die Annahmestellen hierüber zu informieren. Gegen etwaige Willkür der Annahmebeamten sind die Aufgeber jedenfalls dadurch geschützt, daß über die Frage, ob nach der Anlage und dem Betriebe der beteiligten Bahnen die Beförderung zugelassen war, also ob in der Beanstandung ungerechtfertigte Zurückweisung bzw. Annahmeverweigerung liegt, im Streitfalle der Richter zu entscheiden hat und die Bahnen durch ungerechtfertigte Zurückweisung ersatzpflichtig werden.

17) Auch Abs. 3 steht im Zusammenhang mit § 453 Abs. 1 Ziff. 3 HGB. und § 54 A Ziff. 2 EVO. Die Bestimmung bezieht sich auf außergewöhnlich große oder schwere Gegenstände, ferner auf größere Tiere, Fahrzeuge und Sprengstoffe, und ist hier zum Ausdruck gekommen, weil es sich nicht nur um den eigentlichen Güterverkehr, sondern auch um Beförderungsarten handelt, die sich an den Personenverkehr anschließen und in eigenen Abschnitten behandelt sind (s. Allg. AbfVorschr. § 2 N. 3).

§ 4.

Züge.

(1) Zur Beförderung dienen die regelmäßig nach bestimmtem Fahrplan und die nach Bedarf verkehrenden Züge[18]).

(2) Die Ausführung von Sonderfahrten auf Bestellung unterliegt dem Ermessen der Eisenbahn[19]).

Wegen der Gebühren für Sonderzüge zur Personenbeförderung vgl. Ausf.-Best. A 1—7 zu § 12. Diese Bestimmungen gelten auch für Sonderzüge von Kunstreitergesellschaften, Menagerien u. dgl. Unter welchen Bedingungen und gegen welche Gebühren Sonderzüge für die Beförderung von Leichen, Tieren und Gütern gestellt werden, bestimmen die Tarifteile II.

Alte EVO. § 10.

18) § 4 trifft Bestimmung über die zur Beförderung dienenden Züge und teilt dieselben in regelmäßige Züge und in Sonderfahrten. Die ersteren bestehen nach Abs. 1 in regelmäßig nach bestimmtem Fahrplan (§ 10) und in nach Bedarf verkehrenden Zügen. Über Aufstellung, Inhalt und Form (Druck, Farbe) der Fahrpläne s. § 10 Anm. 34 ff.

Unter „Zügen" sind sowohl die aus mehreren Fahrzeugen bestehenden Züge, wie auch einzeln fahrende Triebwagen zu verstehen.

19) Abs. 2 überläßt die Ausführung von Sonderfahrten auf Bestellung dem Ermessen der Eisenbahn (Schott S. 525, Endemann, R. d. E. S. 673), bei den Preuß.-Hess. Eisenb. den Kgl. Eisenbahndirektionen. Sie waren bisher im § 10 Abs. 2 nur für die Personenbeförderung vorgesehen, sind aber nunmehr bereits im Abschn. I (Allgemeine Bestimmungen) berücksichtigt, weil Sonderfahrten auch für Fahrzeuge und andere Güter gewährt werden (Güterzüge). Auf Personensonderzüge ist Abschn. III, auf Gütersonderzüge Abschn. VIII EVO., subsidiär des HGB. anzuwenden (E. 22 258). Nur darf in Rücksicht auf Abs. 1 des § 4 EVO. durch die Gewährung von Sonderfahrten die fahrplanmäßige Beförderung bei Vermeidung von Ersatzansprüchen nicht gestört werden.

Allg. AusfBest. zu § 12 betr. A. Sonderzüge, B. Personen-, Kranken- und Gepäckwagen.

Allg. AbfVorschr. § 11 (Abfertigung von Sonderzügen, sowie von einzelnen besonders bestellten Salon-, Schlaf- usw. Wagen.

Pers.Beförd.Vorschr. § 11.

Fahrdienstvorschr. §§ 64 ff.

§ 5.

Haftung der Eisenbahn für ihre Leute.

Die Eisenbahn haftet für ihre Leute und für andere Personen, deren sie sich bei Ausführung der Beförderung bedient[20]).

J.Ü. Art. 29. HGB. § 458. Alte EVO. § 9.

20) Dem Frachtführer liegt die Pflicht für die vertragsmäßige Ausführung der Beförderung ob; er hat dafür Sorge zu tragen, daß die Beförderung unversehrt und rechtzeitig an den Empfänger gelangt und haftet daher für den Schaden, der von der Annahme zur Beförderung bis zur Ablieferung durch Verlust, Beschädigung oder Verspätung entsteht. Aber während nach dem N.HGB. im Gegensatz zum A.HGB. (Art. 395) hierbei für den gewöhnlichen Frachtführer die Haftung dadurch erheblich gemildert ist, daß er nur insoweit zu haften hat, als der Verlust, die Beschädigung oder die Verspätung auf Umständen beruht, die durch die Sorgfalt eines ordentlichen Frachtführers nicht abgewendet werden konnten (§ 429), sind für die Eisenbahnen in bezug auf diese Haftpflicht in Übereinstimmung mit dem J.Ü. die bisherigen strengen Grundsätze des römischen receptum weiter beibehalten (§ 456) und nur in betreff der Verspätung abgeschwächt worden (§ 466).

Nach dem Prinzipe des receptum haftet der Frachtführer sowohl für seine eigenen Handlungen und Beförderungsmittel, wie auch für seine Leute 2c. unbedingt und ferner für die Handlungen Dritter und für Naturereignisse insoweit, als dieselben durch menschenmögliche Vorsicht abgewendet oder in ihren Folgen unschädlich gemacht werden können. Der Frachtführer vertritt mithin selbst Zufall bis an die Grenze der höheren Gewalt. Gegen die Schadensersatzklage stehen dem Frachtführer nur drei Einreden zu, nämlich: 1. die Einrede der höheren Gewalt, 2. des eigenen Verschuldens, 3. der natürlichen Beschaffenheit des Gutes (§ 84). Nur für Verspätung ist eine etwas mildere Haftpflicht zugelassen (§ 94).

Da der gewöhnliche Frachtführer nach dem HGB. (§ 429) für einen unverschuldeten Schaden nicht mehr einzustehen hat, so ist auch die Haftpflicht für seine Leute entsprechend gemildert worden (§ 431). Dagegen gibt bezüglich der Eisenbahnen, für welche das strenge Haftungsprinzip des receptum beibehalten worden ist (§ 456), das HGB. in Konsequenz desselben dem Grundsatze Ausdruck, daß die Eisenbahn für ihre Leute und für andere Personen, deren sie sich bei der Ausführung der Beförderung bedient, d. h. für ihr gesamtes, an der Ausführung derselben beteiligtes Dienst- und Hilfspersonal zu haften verpflichtet ist (§ 458).

§ 5 EVO. hat diesen Grundsatz des § 458 unverändert aufgenommen und noch insofern erweitert, als § 5 nach seiner Stellung unter den allgemeinen Bestimmungen nicht nur, wie § 458 HGB., für die Güterbeförderung, sondern auch für die Personenbeförderung Geltung hat, somit auf alle von der Eisenbahn übernommenen Beförderungen ausnahmslos zur Anwendung zu bringen ist; ferner sowohl auf Verlust und Beschädigung, wie auf

Verspätung. (Vgl. RG. 19. IV. 1904 JW. 358. E. 21 68 und 24. V. 1905 JW. 426. E. 22 165 und hierzu Makower 1590, 1591.)

Unter Eisenbahn ist hierbei jede Eisenbahn zu verstehen, welche an einer Beförderung innerhalb des Geltungsgebietes des HGB. bzw. der EVO. beteiligt ist. Der Umfang der Haftung der Eisenbahn für ihre Leute rc. ist bei Gütern durch die bezüglichen Bestimmungen des HGB. und der E.V.O., bei Personen durch die betreffenden Normen des allgem. bürgerl. Rechts und der EVO. begrenzt. Soweit die Eisenbahn hiernach selbst für eigene Handlungen zu haften hat, hat sie auch die ihrer Leute rc. zu vertreten und darf folgeweise auch nur diejenigen Einreden bezüglich deren schadenbringenden Handlungen und Unterlassungen erheben, die sie in betreff ihrer eigenen Handlungen rc. würde geltend machen können. Es genügt nicht, daß sie ihre Sorgfalt in der Auswahl und Aufsicht der Leute rc. nachweist, sie hat vielmehr unbedingt für dieselben aufzukommen, z. B. auch bei Streik (E. 17 321, 20 123, 22 276, 23 386), sog. passiver Resistenz (E. 23 372, 25 197). Sie kann sich auch durch den Einwand nicht befreien, daß irgendeine Arglist (Betrug, Veruntreuung) oder ein Verschulden ihrer Leute rc. den Schaden herbeigeführt habe (RG. 30. IX. 1882, ROHG. 7 127, Makower 1518, 1519).

Aus dem Wesen der Haftpflicht ergeben sich nur folgende Einschränkungen:

1. Die Haftpflicht des § 5 beschränkt sich auf diejenigen Organe, welche dem eigentlichen Beförderungsgewerbe der Eisenbahn angehören. „Ausführung der Beförderung" ist im engeren Sinne zu nehmen. Es ist darunter also nicht der gesamte Eisenbahndienst in allen seinen Zweigen und das darin angestellte und beschäftigte Personal zu verstehen, sondern nur der Dienst der eigentlichen Beförderungsverwaltung, das für die Ausführungsgeschäfte des Beförderungsbetriebes angestellte, die Beförderung vorbereitende, durchführende und vollendende Personal, also vornehmlich das Güterabfertigungspersonal, sowie die die Beförderungsmittel unterhaltenden und bedienenden Leute, nicht aber die in anderen Geschäftszweigen der Eisenbahnverwaltung (Kassen-, Rechnungs-, Buchhaltungs- rc. Dienst) beschäftigten Organe. Ohne Belang ist aber, ob sie Staats- oder Privatbeamte sind (E. 7 327, ROHG. 46 340). Die Eisenbahn ist nach § 5 nur für diejenigen Leute rc. verantwortlich, die in ihrem Frachtgewerbe angestellt sind, alle anderen sind nicht ihre Leute rc. in ihrer Eigenschaft als Frachtführer (ROHG. 7 126, E. 2 354, Schott 363, Ruckdeschel 171, Eger, Frachtrecht [1] 1428, Coermann BZ. 1895 Nr. 42 S. 377, Lehmann-Ring 330. A. M. Cosack 438, Makower 1517, Rundnagel 20, Düringer-Hachenburg 572, Hertzer BZ. 1906 Nr. 17).

2. Aber auch für diesen engeren Kreis von Angestellten haftet die Eisenbahn nach § 5 nur insoweit, als sie den Schaden in Ausübung ihrer Dienstfunktionen bzw. bei Gelegenheit derselben herbeigeführt haben, also für Handlungen, die mit ihren dienstlichen Verrichtungen im Zusammenhange stehen (ROHG. 7 128, v. Hahn II 626, 627, Puchelt II 482, Eger a. a. O. 429—432, Wehrmann 163, Ruckdeschel 171, Cosack 438, Düringer-Hachenburg 572. A. M. Makower 1518, Rundnagel 20, 21,

Rosenthal 179, RGZ. 7 127 und E. 2 355, 356). War dies nicht der Fall, befanden sie sich ganz außerhalb derselben (außerdienstlich) oder in einem anderen Gewerbebetriebe der Eisenbahn (Gasanstalt, Druckerei ꝛc.), so greift die Haftpflicht aus § 5 nicht Platz und stehen die betreffenden Organe der Eisenbahn jedem Dritten gleich.

3. Die Haftpflicht erstreckt sich nur auf die Zeit der Ausführung der Beförderung nach Maßgabe des Frachtvertrages, nicht auf diejenigen Handlungen, die entweder noch vor Abschluß des Frachtvertrages oder erst nach Erfüllung desselben schädigend auf das Gut eingewirkt haben, ebensowenig auf alle selbständigen Handlungen, eigenmächtigen Verpflichtungen, welche die Leute ꝛc. der Eisenbahn neben dem Frachtvertrage bzw. außerhalb desselben dem Absender gegenüber direkt übernommen haben; demgemäß haftet die Eisenbahn nicht für die Richtigkeit der von ihren Leuten ꝛc. ohne dienstliche Verpflichtung besorgten Frachtbriefausstellung, ferner nicht aus Ratschlägen ihrer Leute über erst abzuschließende Frachtverträge, unrichtige Auskunftserteilung über die gehörig publizierten Tarife (Z. 9 202, E. 20 161, 22 5, 25 8, Hertzer E. 22 407), aus Privatabreden ihrer Leute, wonach dieselben den Absendern eine geringere Fracht, schnellere Beförderung ꝛc. als die tarifmäßige, oder günstigere und leichtere Verpackungs-, Verladungs- ꝛc. Bedingungen als die reglementsmäßigen zusagen (E. 24 254). Janzer und Burger 29.

§ 5 unterscheidet zwei Kategorien des Hilfspersonals der Eisenbahn, nämlich „ihre Leute“ und „andere Personen“, deren sie sich bei Ausführung der Beförderung bedient. Wesentlich ist, daß es Personen sind, die in einem Unterordnungs- bzw. Abhängigkeitsverhältnisse zur Eisenbahn stehen (Coermann a. a. O. 377 und EisenbE. 12 167), also z. B. nicht Gepäckträger (EVO. § 38), selbständige Rollfuhrunternehmer (anders im Falle des § 78 Abs. 1 l. c.), Dampfschiffe, Anschlußbahnen ꝛc. — Dagegen ist ein begrifflicher Unterschied zwischen beiden Kategorien schwer zu finden. Dem gewöhnlichen Sprachgebrauch nach werden unter den „Leuten“ die dauernd angestellten Bediensteten, unter „anderen Personen“ ꝛc. die nur vorübergehend beschäftigten verstanden. Da für beide Kategorien die Haftpflicht der Eisenbahn nach Grund und Umfang die nämliche ist, so ist die Unterscheidung von wesentlicher Bedeutung nicht (A. M. Rosenthal S. 179, 180).

Über die Haftung für Gepäckträger s. § 38 Abs. 4 Anm. 153 und für Rollfuhrunternehmer s. § 78 Abs. 1 Anm. 304.

§ 6.

Tarife.

(1) Die Eisenbahn hat Tarife aufzustellen, die über alle für den Beförderungsvertrag maßgebenden Bestimmungen, über die Beförderungspreise und die Nebengebühren Auskunft geben [21]). Die Tarife bedürfen zu ihrer Gültigkeit der Veröffentlichung [22]). Sie sind bei Erfüllung der darin angegebenen Bedingungen für jedermann in derselben Weise anzuwenden [23]).

(2) Die Beförderungspreise müssen dem Betrage nach feststehen [24]).

(3) Jede Preisermäßigung oder sonstige Begünstigung gegenüber den Tarifen ist verboten und nichtig [25]).

(4) Für milde oder öffentliche Zwecke oder im dienstlichen Interesse der Eisenbahn sind Begünstigungen mit Genehmigung der Landesaufsichtsbehörde zulässig [26]).

(5) Die Tarife treten nicht vor ihrer Veröffentlichung in Kraft, Tariferhöhungen oder andere Erschwerungen der Beförderungsbedingungen frühestens 2 Monate nach der Veröffentlichung, wenn nicht der Tarif nur für eine bestimmte Zeit eingeführt war [27]).

21) Im § 6 sind die obersten Tarifgrundsätze für den Güter- und Personenverkehr gleichmäßig zum Ausdruck gelangt. Abs. 1 Satz 1 — sowie die in den folgenden Sätzen enthaltenen Normen — sind Konsequenzen des allgemeinen Prinzips, daß, wie in bezug auf die Zeit der Beförderung (§ 453 HGB.), so überhaupt in bezug auf alle für den Eisenbahnbeförderungsvertrag maßgebenden Bestimmungen, die Beförderungspreise und Nebengebühren kein Absender vor dem anderen bevorzugt werden soll.

Die Vorschrift der Aufstellung der Tarife, welche über alle für den Vertrag maßgebenden Bestimmungen, die Beförderungspreise und Nebengebühren Auskunft geben (Satz 1) in Verbindung mit der Veröffentlichung (Satz 2), gibt jedem die Möglichkeit der Kontrolle gleichmäßiger Behandlung. Daher ist diese Vorschrift obligatorisch. Nur Tarife mit dem im Satz 1 bezeichneten Inhalt, welche veröffentlicht sind, dürfen zur Anwendung kommen (über unrichtige Auskunft s. Anm. 20 S. 18). Aus Satz 1 ergibt sich, daß unter „Tarifen“ nicht bloß das eigentliche Verzeichnis der Fahr- und Frachtpreisansätze zu verstehen ist, sondern die Gesamtheit derjenigen Modalitäten, unter welchen eine Eisenbahnverwaltung die Beförderung von Personen und Gütern im öffentlichen Verkehre dem Publikum ankündigt (ROHG. 21, 208).

Die EVO. enthält keine Bestimmung über die materielle Bildung der Tarife selbst, weder Normen über die Höhe der Transportpreise noch über die sonstigen Modalitäten der Berechnung, sowie die Art und Form ihrer Feststellung und Genehmigung, sondern beschränkt sich lediglich auf die Vorschrift der Aufstellung und Veröffentlichung der Tarife. Die bisherige Bestimmung, daß die Tarife zu Recht bestehende sein müssen, ist in Fortfall gekommen. Denn es ist selbstverständlich und bedarf einer besonderen Bestimmung nicht, daß die zur Anwendung zu bringenden Tarife allen rechtlichen Voraussetzungen der Reichs- und Landesgesetzgebung (in bezug auf die Bildung, Form, Feststellung, Genehmigung ꝛc.) entsprechen müssen und die Anwendung von Tarifen ungültig ist und die im § 70 bezeichneten Folgen nach sich zieht, wenn sie nicht zu Recht bestehen.

In betreff der Aufstellung der Tarife hat das REA. folgende Bestimmungen getroffen: Jeder Tarif muß neben der Bezeichnung des Verkehrsgebietes, für das er gilt, ein bestimmtes Datum tragen. Auf Tarif-

Nachträgen muß sowohl das eigene Datum, als auch dasjenige des Tarifs, den sie ergänzen sollen, enthalten sein. Auf dem Titelblatte neuer Tarife sind diejenigen Tarife genau zu bezeichnen, die ganz oder teilweise ersetzt werden. Auf den Tarifen und Nachträgen muß, soweit sie nicht unentgeltlich an das Publikum abgegeben werden, der Verkaufspreis vermerkt sein. Den Tarifen und umfangreichen Nachträgen ist ein Inhaltsverzeichnis beizugeben. Jeder Tarif muß über diejenigen Bestimmungen Aufschluß geben, denen das Publikum beim Abschluß des Frachtvertrages unterworfen ist. (REA. 12. X. 00 Nr. 2554 V.)

22) Satz 2 des § 6 fordert die Veröffentlichung der Tarife für die Gültigkeit derselben. Die Veröffentlichung ist die Voraussetzung der Gültigkeit. Ohne Veröffentlichung sind sie ungültig. Daraus ergibt sich die Pflicht der Eisenbahnen zur Veröffentlichung ihrer Tarife. Der Grundsatz der Veröffentlichung erscheint hier als besondere Vorschrift, während er bisher nur mittelbar aus der Bestimmung, daß die Transportpreise nach Maßgabe der zu Recht bestehenden, gehörig veröffentlichten Tarife zu berechnen sind, gefolgert werden konnte. (Begr.)

a) Ihrem Umfange nach erstreckt sich die Veröffentlichungspflicht ausnahmslos auf alle Tarife, sowohl neu einzuführende, wie Änderungen, Ermäßigungen oder Erhöhungen bereits eingeführter Tarife, gleichviel ob und in welcher Weise ihre Feststellung und Genehmigung erfolgt ist und gleichviel welcher Art der Tarif ist, also sowohl Güter- wie Personen-Tarife, Lokal- wie direkte (Verbands-) Tarife, Normal- und Ausnahme-Tarife ꝛc. Sie umfaßt nicht nur die eigentlichen Frachtsätze, sondern auch Nebengebühren nebst den Bestimmungen über ihre Anwendung und Berechnung (Tarifvorschriften). Dagegen gehören Anschluß-, Anrücke-, Überfuhr- ꝛc. Gebühren auf Anschluß- und Nebengeleisen zur Verbindung der öffentlichen Verkehrsstrecken mit einzelnen industriellen Etablissements, Lagerplätzen, Magazinen ꝛc., Zechenfrachten bei der Verbindung mit Bergwerken, Hütten ꝛc. nicht hierher, weil das Kriterium des öffentlichen Verkehrs fehlt.

b) Über die Art und Form der Veröffentlichung enthält die EVO. nähere Bestimmungen nicht. Nur insoweit es sich hierbei um Ergänzungen oder Änderungen der EVO. handelt, finden die Eingangsbestimmungen derselben § 2 (Anm. 5 ff. S. 6 ff.) Anwendung. Soweit die Konzessionen, Statuten oder Landesgesetze und Verordnungen Bestimmungen nicht enthalten, wird nach dem Zwecke der Vorschrift die Veröffentlichung so vollständig, verständlich, umfassend und dem Publikum zugänglich und offenkundig erfolgen müssen, daß eine Unkenntnis der Tarife auf Seite der Beteiligten ohne deren eigene Verschuldung nicht anzunehmen ist. (Goldschmidt's Zeitschr. 4 594 f., ROHG. 21 108, Bering in Gruchots Beitr. 21 410.) Zur gehörigen Veröffentlichung genügt in der Regel nicht allein der Aushang in und bei den Abfertigungsstellen, Fahrkartenschaltern ꝛc. oder die Ankündigung in einem Lokalblatte, sondern es ist die Anzeige in hierzu geeigneten, in dem betreffenden Verkehrsgebiete verbreiteten Zeitungen, welche gewöhnlich von der betreffenden Verwaltung ein- für allemal benutzt werden, erforderlich.

Die Art der Veröffentlichung ist übrigens zumeist durch Gesetz oder auch Verordnungen und Vorschriften der betreffenden Aufsichtsbehörden geregelt worden. (Bering a. a. O. S. 358ff.) Veröffentlichungen über Gütertarife, sowie Änderungen dieser Tarife sind seitens der Verwaltungen des Vereins deutscher Eisenbahnverwaltungen vereinbarungsgemäß in dem Inseratenteile der Vereinszeitung zu veröffentlichen. Veröffentlichungen in Tarif- und Verkehrsangelegenheiten, welche die lediglich für Rechnung des Preußischen Staates verwalteten Bahnen betreffen, haben die Regierungs-Amtsblätter unentgeltlich aufzunehmen. (MinErl. vom 6. Mai 1881, EVBl. S. 164.) Die Veröffentlichung der Tarife und Tarifänderungen durch Einführung und Bekanntgabe im Instruktionswege ist unzureichend und vorschriftswidrig. (REA. 12. X. 1877, Nr. 9094.)

Die Öffentlichkeit der Tarife bedingt, daß die Bekanntmachung über Tarifänderungen in den im Vorworte der Tarife bezeichneten Pflichtblättern rechtzeitig erlassen werden. Sind mehrere Zeitungen vorgesehen, z. B. „Reichsanzeiger" und „Zeitung des Vereins deutscher Eisenbahnverwaltungen", so müssen die Fristen für sämtliche Blätter innegehalten werden. (REA. 1. VII. 04 Nr. 1598 V.) Soll hiervon abgewichen werden, so muß das im Tarif (Vorwort) besonders angegeben sein. Für die preußisch-hessischen Staatsbahnen werden Änderungen und Ergänzungen der Tarife im: „Deutschen Reichs- und Königlich Preußischen Staatsanzeiger", in der „Zeitung des Vereins deutscher Eisenbahnverwaltungen", sowie im „Tarif- und Verkehrsanzeiger der preußisch-hessischen Staatseisenbahnverwaltung" bekannt gemacht. Für die Gültigkeit der Tarifänderungen ist lediglich die Bekanntmachung durch den „Deutschen Reichs- und Königlich Preußischen Staatsanzeiger" entscheidend. (D. Eisenb.-Güt.-Tf. II A. Nachtrag 4.)

Bei der Veröffentlichung neuer Tarife müssen nicht nur diejenigen alten Tarife, welche beseitigt werden, genau bezeichnet werden, sondern auch in denjenigen Fällen, in welchen ältere Tarife nur teilweise aufgehoben werden oder in welchen ausnahmsweise die alten Tarife über Konkurrenzrouten noch in Geltung bleiben sollen, die betreffenden Verkehrsrelationen möglichst genau angegeben werden, um das Publikum über die geltenden Tarife nicht im Zweifel zu lassen. (Pr. MinErl. vom 14. März 1878, EVBl. S. 89.)

Als „Veröffentlichung" ist nicht das Datum der Bekanntmachung, sondern der Tag der wirklichen Veröffentlichung anzusehen (REA. 12. X. 00 Nr. 2553 V. und 1. VII. 1904 Nr. 1598 V.)

c) Da die Tarife zu ihrer Gültigkeit der Veröffentlichung bedürfen, so hat die unterlassene oder — was dem gleichsteht — die nicht ordnungsmäßige oder unvollständige Veröffentlichung eines Tarifs die Ungültigkeit desselben zur Folge. Demgemäß ist der Absender an die nicht oder nicht gehörig veröffentlichten Tarife nicht gebunden, sondern kann die Berechnung nach den bisherigen Tarifen verlangen und einen etwaigen höheren Betrag des neuen Tarifs ablehnen, bezw. bereits zu viel Bezahltes zurückfordern. (Erl. d. REA. 21. V. 1875 Nr. 3245. Bering, E. 13 86.)

Aus der Verpflichtung der Eisenbahn, die Tarife ordnungsgemäß, vollständig und richtig zu veröffentlichen, folgt auch ihre Verantwortlichkeit für

Druckfehler und sonstige Unrichtigkeiten in den veröffentlichten Tarifen (E 21 78). Daraus folgt einerseits, daß, wenn die Fracht infolge von Druckfehlern ꝛc. zu hoch berechnet war, die Eisenbahn das zuviel Gezahlte zurückzahlen muß. Andererseits ist sie zwar berechtigt, das aus gleichem Anlaß zu wenig Erhobene nachzufordern. Doch kann in diesem letzteren Falle dem Zahlungspflichtigen das Recht nicht versagt werden, den ihm durch irrige Veröffentlichung entstandenen Schaden compensando gegen die Eisenbahn geltend zu machen. (Eger, Frachtrecht[2] II 395, RG. v. 11. III. 1882, E. 2 236 f., Bering a. a. O. S. 86, 87. A. M. ObLG. Hamburg 16. III. 1891, E. 9 196).

Der Absender kann die Eisenbahn aber auch für den ihm unmittelbar entstandenen Schaden verantwortlich machen, wenn er z. B. nachzuweisen vermag, daß er durch die vorschriftswidrige Veröffentlichung höherer Tarifsätze, während Konkurrenten Kunde von dem zeitweiligen Fortbestehen eines Teiles der bisherigen niedrigen Tarifsätze erlangt hatten, hinsichtlich seines Geschäftsbetriebes in Schaden geraten sei. (ROHG. 20 375.) Aus der nicht gehörig oder nicht erfolgten Veröffentlichung eines Tarifs oder einer Tarifabänderung darf aber der Absender bzw. Empfänger nicht etwa den Einwand herleiten, er sei zur Frachtzahlung überhaupt nicht verpflichtet, weil eine Vereinbarung über den Frachtpreis zwischen ihm und der Bahn nicht vorliege. Vielmehr gilt alsdann präsumtiv der bisherige Tarif. Handelt es sich aber um einen ganz neuen Tarif (z. B. für eine neue Strecke, für eine neue Art von Gütern ꝛc.), so ist allerdings die Bahn mangels gehöriger Veröffentlichung nicht befugt, diesen ohne weiteres zur Anwendung zu bringen, keineswegs aber fällt ihre Frachtforderung ganz fort, sondern sie muß deren Angemessenheit speziell erweisen.

23) Im Satz 3 ist die gleichmäßige Anwendung der Tarife, die Allgemeingültigkeit derselben für jedermann nach dem Vorgange des Art. 11 des J.Ü. klar und unzweideutig zum Ausdruck gebracht. Indem jedermann ein Anspruch auf die Anwendung der veröffentlichten Tarife bei Erfüllung der darin angegebenen Bedingungen verliehen wird, wird die gleichmäßige Anwendung derselben allen der EVO. unterworfenen Bahnen zur Pflicht gemacht. Diese Bestimmung ist eine gesetzesgleiche, durch Vereinbarungen nicht abänderbare (§§ 454, 471 HGB.) und schließt jede von der Willkür der Eisenbahnen abhängige, verschiedene Behandlung der Interessenten in Beziehung auf die Tarife grundsätzlich aus. Die Anwendung eines Tarifs, welcher zwar gehörig veröffentlicht ist und auch dem bestehenden Rechte entspricht, würde doch verboten und unstatthaft sein, wenn sie nicht in gleicher Weise und unter gleichen Bedingungen auf jedermann erfolgte, sondern nur einzelnen Absendern zugute käme. Der Grundsatz der gleichmäßigen Anwendung der Tarife für alle Personen und Güter bedingt, daß niemandem höhere, aber auch nicht geringere als die allgemein bestimmten und veröffentlichten Sätze berechnet werden dürfen. Hält sich die Eisenbahn für berechtigt, höhere Sätze zu erheben, so liegt ihr die Beweislast für die bezüglichen Voraussetzungen ob (RG. 26. IX. 1906 RGZ. 64 123). Eine Erhöhung oder Ermäßigung für einzelne Personen und einzelne Transporte ist unzulässig.

Aus dem Grundsatze der gleichmäßigen Anwendung der Tarife auf jedermann folgt auch nach Satz 3, daß sie zwar von Bedingungen abhängig gemacht, aber diese Bedingungen im Tarife angegeben und daher für alle die gleichen sein müssen. Es darf daher z. B. trotz gleicher Qualität des Gutes ein verschiedener Tarifsatz aufgestellt werden, je nachdem das Gut in großen oder kleinen Mengen, verpackt oder unverpackt, in ungedeckten oder gedeckten Wagen, für das Inland oder zum Export nach dem Ausland bzw. als Durchgangs-(Transit)-gut aufgegeben wird. Es ist also an sich gestattet, daß für bestimmte größere Quantitäten aufgegebenen Gutes ein billigerer Frachtsatz festgesetzt ist, als in kleineren Quantitäten, daß für den Export gewisser Artikel in vorgeschriebener Qualität und Quantität Exportbonifikationen gewährt werden, daß für den Transport nach bestimmten Orten und Gegenden (Seehäfen, Festungen, Fabrikstädten rc.) besondere Frachtermäßigungen zugebilligt werden. Denn in allen diesen Fällen wird jedem Absender, wenn er die nämlichen im Tarife angegebenen Bedingungen erfüllt, d. h. das Gut in gleicher Menge, in gleicher Verpackung, auf derselben Route rc. aufgibt, auch der gleiche Tarif gewährt. (RG. 12. XI. 1898 JW. 1899 S. 9).

Dagegen sind erhöhte oder ermäßigte Tarifsätze, die in den veröffentlichten Tarifen nur einzelnen Absendern oder Empfängern vorgeschrieben — oder ohne Veröffentlichung — auf Grund privater Abrede erstellt werden, gesetzlich unstatthaft. Insbesondere ist die Gewährung von Refaktien, d. h. Frachtermäßigungen, welche einzelnen oder mehreren Absendern oder Empfängern von Gütern auf Grund besonderer, mit den allgemeinen Tarifsätzen nicht übereinstimmenden Vereinbarungen zugebilligt werden, gleichviel in welcher Form und unter welchem Namen — sei es unmittelbar (durch Gewährung niedriger Tarifsätze) oder mittelbar (durch Zubilligung sonstiger Vergünstigungen, welche zu diesem Ergebnisse führen), — absolut verboten (s. Abs. 3. Anm. 26).

25) Die Vorschrift des Abs. 2, wonach die Tarifsätze dem Betrage nach feststehen müssen, bezweckt, jeder Unbestimmtheit in der Angabe der Tarifsätze zu begegnen. Es sollen zweifelhafte, ziffermäßig nicht feststehende Angaben vermieden werden, es soll das in den Tarifen enthaltene Verzeichnis von Preisen wirklich feststehende Preise bieten. Tarife, die z. B. die Anwendung der jeweils auf einem der vorhandenen Verkehrswege geltenden billigsten Frachtsätze in Aussicht stellen (Begr.) oder von der Gestaltung der Marktpreise, des Umfangs der Zufuhr, der Höhe der Zölle rc. abhängig gemacht werden, genügen diesem Erfordernis nicht.

26) Abs. 3 ist eine selbstverständliche Konsequenz des im Abs. 1 ausgesprochenen Grundsatzes. Es sind sowohl die zahlenmäßigen Herabsetzungen der Tarife gemeint, wie auch jede, es sei unmittelbare oder auch nur mittelbare Vergünstigung eines oder mehrerer Absender vor den anderen in betreff der Beförderungsbedingungen, ob mit oder ohne Vertrag, sofort oder im Wege der Rückvergütung, d. h. die Gewährung von sog. „Refaktien" in jeder Form und unter jedweder Bezeichnung.

Jeder also, der in Hinsicht auf die vorgeschriebene Quantität und Qualität, Zeit und Ort der Aufgabe, Beförderungsrichtung (Route), Verpackung rc.

die Bedingungen des ermäßigten Tarifs erfüllt, muß zur gleichen Tarifermäßigung verstattet werden; es darf in keiner Hinsicht einem oder einigen Absendern ein Vorzug, eine vorteilhaftere, leichter zu erfüllende Bedingung eingeräumt, es dürfen nicht einzelne Absender allein zu der Tarifermäßigung überhaupt oder doch unter günstigeren, erleichterten Bedingungen zugelassen werden. (RG. 19. XI. 1898 E. 15 327.) Verboten ist daher auch die Einführung eines Ausnahmetarifs zwischen einer einzelnen Aufgabe- und einer einzelnen Bestimmungsstation, wenn es sich tatsächlich nur um Bewilligung einer Ermäßigung für eine einzelne größere Beförderung handelt.

Grundsätzlich sind nicht allgemein veröffentlichte Tarif-Ermäßigungen und sonstige Beförderungsvergünstigungen zugunsten einzelner Absender unzulässig. Dies gilt auch für Sendungen des Staates und des Reiches. Sendungen für Privatrechnung dürfen nicht ungünstiger behandelt werden als fiskalische Sendungen, und ebensowenig sind die Sendungen einer fiskalischen Station anders zu behandeln wie die anderer fiskalischen Stationen. Jede Preisermäßigung oder sonstige Begünstigung ist „verboten und nichtig". Das Wort „verboten" ist öffentlichrechtlich und weist darauf hin, daß jede derartige Abrede im Aufsichtswege zu rügen und zu beseitigen ist. Das Wort „nichtig" dagegen trifft die privatrechtliche Seite. Indem die Ermäßigung für nichtig erklärt wird, sind auch alle auf Grund derselben eingegangenen einzelnen Frachtgeschäfte in Hinsicht auf die unstatthafte Preisvereinbarung nichtig, d. h. rechtlich wirkungslos und anfechtbar und machen die Eisenbahn dritten Interessenten gegenüber schadensersatzpflichtig.

26) Abs. 4 enthält eine Ausnahme von der Bestimmung des Abs. 3 zugunsten der Beförderungen für öffentliche oder milde Zwecke oder im dienstlichen Interesse der Eisenbahn. Dahin gehören insbesondere die durch die Reichsverfassung oder Reichsgesetzgebung bestimmten Beförderungsermäßigungen und Erleichterungen zugunsten der Reichs-, Militär-, Post-, Telegraphen- und Zollverwaltung, ferner Begünstigungen bei den zum eigenen Bau, Unterhalt und Betrieb einer jeden Bahn erforderlichen Beförderungen, sowie für milde oder öffentliche Zwecke mit Genehmigung der Landesaufsichtsbehörde.

Vgl. die Dienstgut-Beförderungsordnung für die preuß.-hess. Staatsbahnen (EVBl. 1902 S. 351).

27) Abs. 5 faßt die Bestimmungen über das Inkrafttreten der Tarife zusammen (Begr.).

Satz 1 enthält den Grundsatz, daß Tarife nicht vor ihrer Veröffentlichung in Kraft treten, mithin keine rückwirkende Kraft besitzen, sich auch selbst keine rückwirkende Kraft beilegen dürfen (Begr.). Ist ausnahmsweise — wie unter Umständen bei Notstandstarifen — die Beilegung rückwirkender Kraft erforderlich, so kann dies nur auf dem im § 2 (Anm. 5) der Eingangsbestimmungen vorgeschriebenen Wege geschehen. Die Bestimmung des Satzes 1 bezieht sich — wie Satz 2 ergibt — sowohl auf ganz neue Tarife, z. B. für eine neue Strecke, eine neue Art oder Klasse von Gütern ꝛc., wie auch auf Tarif-Ermäßigungen bereits bestehender Tarife und sonstige Tarif-Änderungen ohne Tariferhöhungen oder anderweite Erschwerungen.

Satz 2 setzt für Tariferhöhungen oder sonstige Erschwerungen der Beförderungsbedingungen den Zeitpunkt des Inkrafttretens auf frühestens zwei Monate nach der Veröffentlichung fest. Nach der bisherigen EVO. (§ 7 Abs. 2) war die Veröffentlichungsfrist eine mindestens sechswöchige. Mit der Erhöhung auf eine frühestens zweimonatige wird nach der Begründung einem dringenden Wunsche der Verkehrsinteressenten entsprochen. Nach Satz 2 hat hiernach die öffentliche Bekanntmachung frühestens zwei Monate vor der Anwendung der Tariferhöhung rc. zu erfolgen. Eine noch frühere Bekanntmachung, z. B. drei Monate vorher, ist also zulässig. Es ist zur Vermeidung von Zweifeln noch die Bestimmung hinzugefügt, daß diese Frist fortfällt, wenn es sich um einen nur für eine bestimmte Zeit eingeführten Tarif rc. handelt.

Satz 2 umfaßt nicht nur Tarif-Erhöhungen, d. h. jede unmittelbare zahlenmäßige Heraufsetzung bestehender Beförderungspreise, sondern auch jede Erschwerung der Beförderungsbedingungen, wozu auch jede Zurückziehung von ohne Zeitbegrenzung gewährten Beförderungserleichterungen, jede Berichtigung publizierter Tarifsätze, welche dadurch eine Erhöhung erfahren, sowie jede Aufhebung und Einschränkung direkter Expeditionen, wenn damit eine Vermehrung der Beförderungskosten — auch nur mittelbar — verbunden ist, zu rechnen sind (vgl. Erl. REA. 20. II. 1881 Nr. 608, Pr. MinErl. 11. II. 1879 IV./II. T. 7362, EVBl. 1881 S. 131—134), nicht aber Änderungen der Fahrpreise, welche durch Fahrplanänderungen herbeigeführt werden (Erl. d. REA. zu § 7 Abs. 2) oder Druckfehlerberichtigungen, die dem Publikum als solche ohne weiteres erkennbar sind. (Pr. Min. d. öff. Arb. 11. XII. 1879 E.V.Bl. S. 197.)

Für die Berechnung der zweimonatigen Publikationsfrist ist nicht das Datum des Publikandums, sondern der Tag der wirklich erfolgten Publikation maßgebend (Erl. d. REA. 20. II. 1881, Pr. Min.Erl. 16. IV. 1881 EVBl. S. 132). Die Publikation der Tariferhöhung oder Erschwerung kann nur in dem Falle als den Anforderungen des § 6 entsprechend erachtet werden, wenn in der betreffenden Bekanntmachung ausdrücklich auf die Erhöhung der Tarife oder Erschwerung aufmerksam gemacht und die Bekanntmachung mindestens zwei Monate vor dem Termine, mit welchem inhaltlich der Bekanntmachung die bis dahin bestandenen niedrigeren Sätze, Erleichterungen rc. aufgehoben werden sollen nnd demnächst auch wirklich aufgehoben werden, erfolgt ist (Erl. d. REA. 20. II. 1881 Nr. 608, Pr. MinErl. 12. XI. 1875). Auch in den Fällen, in denen ein Tarif vorbehaltlich jederzeitigen Widerrufs ermäßigt worden ist, ist die Wiedererhöhung an die Frist von zwei Monaten geknüpft. Kann die Erhöhung in der Bekanntmachung nicht genau angegeben werden, so muß eine Stelle bezeichnet werden, wo Auskunft zu erhalten ist. (REA. 12. X. 1900 Nr. 2553 V.)

Änderungen direkter Einfuhrtarife müssen von den deutschen Empfangsbahnen auch dann bekannt gemacht werden, wenn es sich um Ausscheiden einer außerdeutschen Versandstation handelt. (REA. 26. XI. 1877 Nr. 10 550.)

Die Folgen einer unklaren Fassung der Tarifbestimmungen haben die Eisenbahnverwaltungen zu tragen. „Unter den durch die Tarifbestimmungen ein für allemal festgesetzten Bedingungen wird der Beförderungsvertrag geschlossen. Für diesen Vertrag ist lediglich das maßgebend, was in den Tarifsatzungen in einer für das Verkehrspublikum erkennbaren Weise bestimmt ist. Soweit die Erkennbarkeit fehlt, hat der in der Tarifsatzung ausgesprochene Wille der Eisenbahnverwaltung keine Geltung. Beim Beförderungsvertrag ist wie bei anderen Verträgen der Wille der einen Partei für die andere bloß dann verbindlich, wenn er gegen sie in einer ihr erkennbaren Weise ausgedrückt ist". (OLG. Dresden 25. V. 1904 E. 21 78.)

§ 7.

Beschwerden.

(1) Beschwerden können mündlich oder schriftlich angebracht werden [28]).

(2) Auf Beschwerden ist sobald wie möglich ein Bescheid zu erteilen [29]).

Alte EBO. § 4.

28) Der bisherige § 4 über die Anbringung von Beschwerden hat wesentliche Änderungen erfahren. Zunächst ist das Beschwerdebuch als eine veraltete und unzweckmäßige Einrichtung fortgefallen (Begr.).

Nach Abs. 1 bildet die Regel fortan die Anbringung mündlicher oder schriftlicher Beschwerden. Die Wahl ist dem Beschwerdeführer anheimgegeben. Auch die Bezeichnung der Dienststelle, bei welcher Beschwerden anzubringen sind, ist in Fortfall gekommen. Auf den Stationen wird dies in der Regel der diensttuende Stationsbeamte, der Stationsvorsteher oder Zugführer sein, während der Fahrt der Schaffner oder Zugführer, unbeschadet der Anrufung der höheren Instanzen. Jedenfalls war der bisherige Hinweis auf den „Dienstvorgesetzten" zu eng (Begr.).

29) Nach Abs. 2 soll auf Beschwerden „sobald wie möglich" ein Bescheid erteilt werden. Bedarf es voraussichtlich einer längeren Untersuchung 2c., so ist es gebräuchlich, daß vorerst ein Vorbescheid hierüber erteilt wird. (In der Pr. VerwO. ist dies vorgeschrieben.) Die bisherigen belehrenden Zusätze über genaue Bezeichnung des Beschwerdeführers sowie des Eisenbahnbediensteten, über welchen Beschwerde geführt wird, sind als selbstverständlich und bei dem heutigen Bildungsgrade des Publikums entbehrlich nicht aufgenommen worden.

§ 8.

Meinungsverschiedenheiten.

Meinungsverschiedenheiten zwischen dem Publikum und den Bediensteten entscheidet auf den Stationen der Aufsichtsbeamte, während der Fahrt der Zugführer [30]).

Alte EBO. § 3.

30) Vorbehaltlich weiterer Beschwerdeführung (§ 7). Der bisherige zu eng gefaßte Ausdruck „der Stationsvorsteher" ist hier und später überall durch „der Aufsichtsbeamte" ersetzt. Im Falle des § 22 bei Meinungsverschiedenheiten der Reisenden der Schaffner (Anm. 89).

§ 9.

Zahlungsmittel.

Außer den gesetzlichen Zahlungsmitteln ist, wo das Bedürfnis besteht, auch das in den Nachbarländern gesetzlichen Kurs besitzende Gold- und Silbergeld anzunehmen [31]). Den Annahmekurs hat die Eisenbahn festzusetzen und bei den Abfertigungsstellen durch Schalteraushang zu veröffentlichen [32]).

Alte EVO. § 8.

31) § 9 enthält die zur wesentlichen Erleichterung des Verkehrs gegebene Vorschrift, daß — außer den gesetzlichen Zahlungsmitteln, sc. den reichs- und landesgesetzlich zugelassenen — da, wo das Bedürfnis besteht, auch das in den Nachbarländern gesetzlichen Kurs besitzende Gold- und Silbergeld anzunehmen ist. Die Verpflichtung zur Annahme besteht also nicht unbedingt, sondern nach Maßgabe des Bedürfnisses, mithin vornehmlich in Grenzstationen, größeren Städten, Kurorten 2c. Sie erstreckt sich auf alle Arten und Sorten von Gold- und Silbergeld, welche in den betreffenden Ländern gesetzlichen Kurs haben, also auch auf Silberscheidemünze. Die bisherige Vorschrift, wonach auch letztere als Zahlungsmittel auf den Grenzstationen ausgeschlossen war, ist als unburchführbar gestrichen (Begr.).

Darüber, ob ein Bedürfnis vorhanden, entscheidet die Landesaufsichtsbehörde, event. das REA. Der Ausdruck „Nachbarländer" bezieht sich auf die an das Deutsche Reich angrenzenden ausländischen Staaten. Denn für die deutschen Bundesstaaten, welche einheitliche Währung besitzen, erübrigte sich eine bezügliche Vorschrift.

Vgl. Reichsmünzgesetz vom 9. VII. 1873 (RGBl. S. 333), RGes. betr. Ausprägung von Reichsgoldmünzen vom 4. XII. 1871 (RGBl. S. 404), BGes. über die Ausgabe von Papiergeld vom 16. VI. 1870 (BGBl. S. 507) und RGes. betr. die Ausgabe von Reichskassenscheinen vom 30. IV. 1874 (RGBl. S. 40); Ges. betr. Änderungen im Münzwesen vom 19. V. 1908 (RGBl. S. 212). Vgl. aber § 14 (3) Anm. 52.

Gesetzliche Zahlungsmittel sind Goldmünzen (10 und 20 M.-Stücke) und Scheidemünzen (Münzen aus Silber $^1/_2$, 1, 2, 3 und 5 M.-Stücke, sowie aus Nickel 5 und 10 Pf.-Stücke und aus Kupfer 1 und 2 Pf.-Stücke). Den gesetzlichen Zahlungsmitteln werden hinzugerechnet Reichskassenscheine (über 5, 10, 20 und 50 M. lautend) und Banknoten der Reichsbank (über 100 M. und darüber lautend). Gemäß Art. 9 des Münzgesetzes vom 9. VII. 1873 (RGBl. S. 233) ist niemand verpflichtet, Reichssilbermünze im

Betrage von mehr als 20 M. und Reichsnickel- und Kupfermünze im Betrage von mehr als 1 M. in Zahlung zu nehmen. Die Landes- und Reichskassen (also auch die Kassen der Staats- und Reichs-Eisenbahnen) sind indes verpflichtet, Zahlungen in Reichssilbermünzen in jeder Höhe anzunehmen.

32) Der Annahmekurs soll von der Eisenbahnverwaltung festgesetzt und bei der betreffenden Abfertigungsstelle durch Schalteraushang veröffentlicht werden. Die Festsetzung darf der Natur der Sache nach nicht willkürlich gegriffen, sondern muß tunlichst dem Börsenkurse entsprechend sein; gegen zu niedrige Festsetzung wird dem Publikum die Beschwerde bei der Aufsichtsbehörde zugestanden werden müssen. Etwaige gesetzliche Verbote (vgl. Art. 13 des Münzgesetzes vom 9. VII. 1873 RGBl. 1873 S. 233ff.) schließen die Annahme der bezüglichen Geldsorten aus. Eine Verausgabung und Umwechselung der fremdländischen Zahlungsmittel ist den Dienststellen untersagt (Pr. FinOrd. XI 12).

III.

Beförderung von Personen.

1. Unter Fahrkarten im Sinne dieses Tarifs sind Fahrausweise aller Art zu verstehen.
2. Die Vorschriften dieses Tarifs, die auf die IV. Klasse Bezug haben, gelten, wo diese Klasse nicht geführt wird, für die III. Klasse, soweit sie der IV. Klasse im Preis entspricht und nicht etwas anderes vorgeschrieben ist.

33) Die §§ 10—29, welche den Abschn. III der EVO. unter dem Titel

Beförderung von Personen

bilden, enthalten, wie diese Überschrift besagt, die Bestimmungen der EVO. über die Personenbeförderung.

Zur juristischen Charakterisierung des Personenbeförderungsvertrages sei folgendes vorausgeschickt: Mit dem Personenbeförderungsvertrage übernimmt der Frachtführer die Verbindlichkeit, Personen von einem Orte zum andern zu befördern. (RG. 27. I. 1887, E. 5 237, Leeb 8, Göppert 43ff.). Der Personenbeförderungsvertrag ist aber kein Frachtgeschäft im Sinne des HGB., denn er ist durch §§ 425, 453 HGB. von der Anwendung der Abschn. 6 Buch 3 l. c. ausgeschlossen, wenngleich er im Großbetriebe sich gemäß § 1 Abs. 2 Ziff. 5a, 343 HGB. als Handelsgeschäft charakterisiert (Schott 460, 461, Endemann, Rechtsgrundlagen 219, 220, 248, R. d. Eisenb. 672; Göppert 8, 15, 49ff.). Indes sind Personen- und Güterbeförderungsvertrag ungeachtet dieses im HGB. gemachten Unterschiedes ihrem Verkehrszwecke und Rechtscharakter nach eng verwandt. Denn Zweck beider Verträge ist die Übernahme der Beförderung von Ort zu

Ort. Bei beiden kommt es rechtlich nicht sowohl auf die Vollziehung der einzelnen Transporthandlungen, als vielmehr auf deren Resultat, die Anbringung an den Bestimmungsort, an, der eine wie der andere stellt sich also seinem Rechtsbegriffe nach nicht als locatio conductio operarum: Dienstvertrag (BGB. § 611), sondern loc. cond. operis: Werkvertrag (BGB. § 631), dar. (F. Endemann, BGB. I § 174 S. 793, Göppert 61, Staub 1581, 1582.)

Für den Güterbeförderungsvertrag sind jedoch bei Gestaltung des HGB. die Regeln der loc. cond. operis nicht allein bestimmend gewesen, es ist namentlich in Beziehung auf die Haftpflicht des Frachtführers für Verlust und Beschädigung des Gutes im alten HGB. das strengere Prinzip des receptum nautarum zc. (des Aufnahmevertrags) adoptiert und danach der Güterbeförderungsvertrag des HGB. durch die Verbindung der Grundsätze der loc. cond. operis und des receptum zu einem eigentümlichen und selbständigen Handelsgeschäfte geschaffen worden.

Der Personenbeförderungsvertrag dagegen hat im HGB. eine derartige eigentümliche Gestaltung nicht erfahren. Zwar enthält das neue HGB. insofern eine Änderung des alten HGB., als das letztere Bestimmungen über den Personenbeförderungsvertrag überhaupt nicht trifft, während das erstere nunmehr auch die Normierung der Personenbeförderung grundsätzlich aufgenommen und dadurch den Kreis der im HGB. enthaltenen Bestimmungen erweitert hat. Darin liegt auch der Grund, weshalb in formeller Hinsicht die auf die Eisenbahnen bezüglichen Vorschriften im N.HGB. nicht, wie im A.HGB., einen Unterabschnitt des Titels über das Frachtgeschäft, sondern einen besonderen Abschnitt: „Beförderung von Personen und Gütern auf den Eisenbahnen" bilden. (Pappenheim 17.) Materiell beschränkt sich aber die Normierung der Personenbeförderung auf den Eisenbahnen im N.HGB. lediglich auf die einzige allgemeine Vorschrift des § 472, wonach die Vorschriften über die Beförderung von Personen auf den Eisenbahnen durch die Eisenbahnverkehrsordnung getroffen werden. (Denkschr. S. 535.) Denn die Gepäckbeförderung (§§ 30ff.) gehört zur Güterbeförderung (§ 425 HGB.).

Die neue EVO. hat sich ebenso wie die bisherige, ohne besonderes System lediglich auf die Aufnahme einer Reihe aus dem praktischen Verkehrsbedürfnisse allmählich hervorgegangener und entwickelter Normen teils privatrechtlicher, teils administrativer und polizeilicher Natur (§§ 10—29) beschränkt. Soweit diese nicht Platz greifen oder nicht ausreichen, ist also der Personenbeförderungsvertrag als Handelsgeschäft zunächst nach den Vorschriften des HGB. (§ 345) und in deren Ermangelung nach den Vorschriften des BGB. zu beurteilen (EG. z. N.HGB. Art. 2 RG. E 22 179), d. h. prinzipiell nach den bezüglichen Regeln des Werkvertrages (BGB. § 316, F. Endemann BGB. I § 174 S. 193), mithin auch die Haftpflicht der Eisenbahn. (RG. 23 91, 62 121, J.W. 1905 S. 427, 484, E 22 179, Staub § 472 Anm. 9, Lehmann-Ring Nr. 6, Düringer-Hachenburg Anm. III, Beyersdorf E 20 80.)

Dem neuen HGB. selbst fehlen für die Personenbeförderung der Eisenbahnen die wichtigen für die Güterbeförderung im HGB. aufgestellten Prinzipien, daß die Eisenbahn die Eingehung eines Beförderungsgeschäfts bei

Erfüllung der gesetzlichen Voraussetzungen nicht verweigern (§ 453 Abs. 1, vgl. Göppert 29—43, Eger, D. Frachtr. III 181), daß sie hinsichtlich der Zeit der Beförderung nicht einen Interessenten vor dem anderen begünstigen darf (§ 453 Abs. 3), daß sie unter Ausschluß aller tarifarischen und reglementarischen Vereinbarungen nur den im HGB. bestimmten gesetzlichen Beschränkungen (§§ 459ff.) der Haftpflicht unterworfen ist. Freilich bietet die EVO. in Ausführung des § 472 HGB. dafür insofern einigermaßen Ersatz, als den Eisenbahnen die Eingehung von Personenbeförderungsverträgen (§ 3 f. Anm. 11—17), sowie die Haftung für ihre Leute und für andere Personen, deren sie sich bei Ausführung der von ihr übernommenen Beförderung bedient (§ 5 f. Anm. 20), die gleichmäßige Behandlung der Passagiere (§§ 11ff.) und der Ersatz für Schaden aus der Nichterfüllung des Vertrages in gewissem Umfange zur Pflicht gemacht sind. Immerhin vermögen aber diese vereinzelten Festsetzungen die vollständige und systematische Regelung des Personenbeförderungsgeschäfts der Eisenbahnen nicht zu ersetzen und bringen überdies obige für die Güterbeförderung angenommene Prinzipien keineswegs vollständig zum Ausdruck, so daß de lege ferenda die Normierung des Personenbeförderungsgeschäfts der Eisenbahnen sei es durch das HGB. selbst, sei es durch die EVO. mit dem wachsenden Verkehr ein immer dringender hervortretendes Bedürfnis geworden ist.

§ 10.

Fahrpläne.

Die Fahrpläne sind vor ihrem Inkrafttreten zu veröffentlichen und rechtzeitig auf den Stationen auszuhängen [34]). Aus ihnen müssen Gattung, Wagenklassen und Abfahrzeiten, für die größeren Übergangs- und die Endstationen auch die Ankunftszeiten der Züge sowie die wichtigeren Zuganschlüsse zu ersehen sein [35]). Die ausgehängten Fahrpläne des eigenen Verwaltungsbezirkes müssen auf hellgelbem, die anderer inländischer Verwaltungen auf weißem Papier gedruckt sein. Außer Kraft getretene Fahrpläne sind sofort zu entfernen [36]).

34) § 10 betrifft nur die regelmäßige Personenbeförderung. Der bisherige Abs. 2, welcher über Sonderfahrten Bestimmung traf, ist nach § 4 als Abs. 2 übernommen (f. Anm. 19 S. 15). Für die regelmäßige Personenbeförderung sind nach Satz 1 Fahrpläne aufzustellen, mit zwei Erfordernissen. Sie müssen — und zwar vor ihrem Inkrafttreten — 1. veröffentlicht und 2. auf den Stationen rechtzeitig ausgehängt werden (Art. 44 RV.) Die Bestimmung ist einerseits dem Staate gegenüber obligatorisch, indem die Eisenbahnen von den Aufsichtsbehörden zu dieser Veröffentlichung angehalten werden können, und andererseits dem Passagier gegenüber, indem ihm, falls die Beförderung nicht nach Maßgabe des vor Inkrafttreten veröffentlichten und auf den Stationen ausgehängten Fahrplanes erfolgt, ein zivilrechtlicher Schadensersatzanspruch zusteht. (Vgl.

§ 26 EVO. unten Anm. 94ff., Endemann, HR. 765 und Erl. d. Pr. Min. d. öff. Arb. v. 15. V. 1882, EVBl. S. 174.)

Denn die Eisenbahnen sind zur Beförderung der Personen nach Maßgabe der veröffentlichten Fahrpläne und der Fahrkarten verpflichtet, soweit nicht die im § 3 Ziff. 1—4 der EVO. bezeichneten Gründe entgegenstehen.

Die Fahrpläne sind rechtzeitig auf allen Stationen (sc. des eigenen Bezirks) auszuhängen — und zwar an einem allen zugänglichen Orte. Unter „Stationen" sind auch die Haltestellen mit Personenbeförderung zu verstehen. (REA. v. 4. Dez. 1878, EVBl. 1879 S. 2.)

35) Satz 2 trifft über einige obligatorische Erfordernisse des Inhalts der Fahrpläne Bestimmung. Zunächst müssen sie die Gattung der Züge enthalten. Denn für das Publikum ist es von größtem Interesse zu wissen, ob der zu benutzende bzw. zu wählende Zug ein gewöhnlicher Personenzug, ein Schnellzug, Luxuszug, ein Lokal- oder Durchgangszug, ein D-Zug, ein Personen- oder gemischter (Personen und Güter führender) Zug rc. ist. Es wird hiernach nicht genügen, lediglich kenntlich zu machen, ob es sich um gewöhnliche Personenzüge oder um Züge mit erhöhten Preisen handelt, sondern mangels einer Beschränkung in der Fassung deutlich und in geeigneter Weise anzugeben sein, welcher Art jeder Zug in den vorstehend bezeichneten Richtungen ist, derartig, daß der Charakter des Zuges keinem Zweifel unterliegt. Sodann muß der Fahrplan auch die Angabe der Wagenklassen enthalten, mit denen die einzelnen Züge fahren, d. h. es muß deutlich aus dem Fahrplane hervorgehen, welche Wagenklassen jeder Zug mit sich führt, da die Kenntnis hiervon wegen der Höhe der Beförderungskosten rc. für jeden Interessenten von Bedeutung ist. Weiter gehört zum obligatorischen Inhalt des Fahrplans die Angabe der Abfahrzeiten und — für Übergangs- und Endstationen — auch der Ankunftszeiten der Züge sowie die Bezeichnung der wichtigeren Anschlußzüge. Die Nichtbeobachtung dieser Vorschriften kann — abgesehen von der Verantwortlichkeit gegenüber den Aufsichtsbehörden — auch Schadensersatzansprüche des dadurch Geschädigten begründen. Auf allen größeren Stationen ist mindestens in den Warteräumen eine Tafel mit Angabe der Abfahrzeiten der verschiedenen Züge, tunlichst in Verbindung mit einer Bahnuhr oder doch derart anzubringen, daß eine solche leicht erblickt werden kann. (Luxus-, Schnell- und Eilzüge sind rot, Personenzüge schwarz zu bezeichnen.) (Min. öff. Arb. 3 I. 1898, EVBl. 1898 S. 12, und 8. IV. 1908 EVBl. 1908 S. 140.)

36) Nach Satz 3 sollen sich die zum Aushange bestimmten Fahrpläne des eigenen Verwaltungsbezirks von den übrigen in der Farbe dadurch genau unterscheiden, daß erstere auf hellgelbem, letztere auf weißem Papier zu drucken sind, damit das Publikum schnell und ohne eingehende Prüfung die Fahrpläne der eigenen und anderer Bahnen zu finden vermag. Satz 4 schreibt die sofortige Entfernung außer Kraft getretener Fahrpläne zur Vermeidung von Irrtümern vor. Die Nichtbeachtung dieser Vorschriften macht die Eisenbahn in gleicher Weise, wie bei Unregelmäßigkeiten in der Veröffentlichung von Tarifen, nicht nur der Aufsichtsbehörde, sondern auch den dadurch geschädigten Interessenten verantwortlich.

§ 11.

Von der Beförderung ausgeschlossene oder nur bedingungsweise zugelassene Personen.

(1) Personen, die die vorgeschriebene Ordnung nicht beachten, sich den Anordnungen der Bediensteten nicht fügen oder den Anstand verletzen, insbesondere betrunkene Personen, können von der Beförderung ausgeschlossen werden [37].

(2) Personen, die wegen einer Krankheit oder aus anderen Gründen Mitreisenden lästig fallen würden, sind von der Beförderung auszuschließen, wenn ihnen nicht ein besonderes Abteil angewiesen werden kann. Das Fahrgeld und die Gepäckfracht sind ihnen nach Abzug des Betrags für die durchfahrene Strecke zu erstatten [38].

(3) Pestkranke dürfen nicht befördert werden. An Aussatz (Lepra), Cholera (asiatischer), Fleckfieber (Flecktyphus), Gelbfieber oder Pocken (Blattern) erkrankte oder einer solchen Krankheit verdächtige Personen dürfen nur dann befördert werden, wenn der für die Zugangsstation zuständige beamtete Arzt die Zulässigkeit der Beförderung bescheinigt. Die an Aussatz erkrankten oder dieser Krankheit verdächtigen Personen sind in abgeschlossenem Abteile mit besonderem Aborte, die übrigen hier aufgeführten Personen in besonderem Wagen zu befördern [39].

(4) Personen, die an Typhus (Unterleibstyphus), Diphtherie, Ruhr, Scharlach, Masern oder Keuchhusten leiden, sind in abgeschlossenem Abteile mit besonderem Aborte zu befördern. Ist eine Person einer solchen Krankheit verdächtig, so kann die Eisenbahn die Vorlegung eines ärztlichen Zeugnisses verlangen, aus dem die Art der Krankheit hervorgeht [40].

(5) Für den besonderen Wagen oder das Wagenabteil ist die tarifmäßige Gebühr zu entrichten [41].

(6) Wegen Rückgabe des Gepäcks vgl. § 34 Abs. (4) und (5) [42].

Beim Ausschluß von Personen von der Beförderung gemäß Abs. (1) besteht kein Anspruch auf Ersatz des Fahrgeldes und der Gepäckfracht.

Alte EVO. § 20.

37) Abs. 1 enthält Bestimmungen über den Ausschluß ordnungswidrig, renitent oder unanständig sich benehmender, insbesondere trunkener Personen von der Beförderung.

Als Ausnahme von der im § 3 allgemein ausgesprochenen Beförderungspflicht der Eisenbahnen ist bestimmt, daß Personen von der Beförderung ausgeschlossen werden können (nicht müssen), d. h. die Eisenbahnen zur Ausschließung befugt — aber nicht verpflichtet — sind, wenn dieselben

1. die vorgeschriebene Ordnung nicht beachten, oder
2. sich den Anordnungen der Bediensteten nicht fügen, oder
3. den Anstand verletzen, insbesondere trunkene Personen.

Unter der „vorgeschriebenen Ordnung" sind alle für den Bahnbereich oder Teile desselben vorgeschriebenen allgemeinen Ordnungsvorschriften für das Publikum zu verstehen, unter den „Anordnungen der Bediensteten" die besonderen, im Einzelfalle zur Ordnung und Sicherheit des Betriebes und Verkehrs getroffenen Bestimmungen und Maßnahmen des zuständigen Personals. Nach § 77 BBO. haben die Reisenden und das sonstige Publikum den allgemeinen Anordnungen nachzukommen, die von der Bahnverwaltung zur Aufrechterhaltung der Ordnung innerhalb des Bahngebiets und im Bahnverkehr getroffen werden, und haben den dienstlichen Anordnungen der in Uniform befindlichen oder mit einem Dienstabzeichen oder mit einem sonstigen Ausweis über ihre amtliche Eigenschaft versehenen Bahnpolizeibeamten (RG. 5. IV. 1881 E 2 7) Folge zu leisten (Strafe: § 82 BBO.).

Zu den „allgemeinen Anordnungen" gehören insbesondere auch die in der EVO. enthaltenen Ordnungsvorschriften; s. Laband a. a. O. II 120 Anm. 1; RG. 5. IV. 1881 E 2 7, 24. III. 1884 3 203, 7. V. 1880 1 166. Die BBO. bestimmt in § 83, daß ein Abdruck der §§ 75 und 77 bis 82 der BBO., sowie der Bestimmungen der EVO. über die von der Mitnahme in Personenwagen ausgeschlossenen Gegenstände (§ 29 EVO.) in jedem Warteraume auszuhängen ist. Auch aus bestehenden Verträgen kann niemand ein Recht auf Nichtbefolgung bahnpolizeilicher Anordnungen herleiten. (OLG. Kolmar 3. II. 1888 E 6 251, 252.) Wenn daher auch ein Fahrgast durch das Lösen der Fahrkarte, sei es auf längere oder kürzere Zeit, die Befugnis erworben hat, sich in dem Wartesaale aufzuhalten, so ist doch diese Befugnis keine derart uneingeschränkte, daß sie nur im Einverständnisse mit dem Fahrgast wieder aufgehoben werden kann, da der von einem Reisenden wegen seiner Beförderung mit der Eisenbahn geschlossene Vertrag auf denjenigen Bestimmungen beruht, welche überhaupt den Betrieb der letzteren regeln und die Unterwerfung des Reisenden unter diese Bestimmungen zur selbstverständlichen Voraussetzung hat. (OLG. Naumburg 21. VI. 1883 E 7 12.)

Zu den „den Anstand verletzenden Personen" gehören ohne weiteres auch trunkene Personen, es genügt lediglich die Tatsache der Trunkenheit (Schott 525).

Der Ausschluß erfolgt ohne Erstattung des bezahlten Fahrgeldes und der etwa errichteten Gepäckfracht (arg. e contr. Abs. 2 S. 2). Nebenbei hat der Kontravenient etwa sonst verwirkte polizeiliche ꝛc. Strafen zu tragen (§ 82 BBO.). Die Bestimmung ist insofern wenig klar, als die Kontraventionsfälle ungenau bezeichnet sind. Im Streitfalle liegt die Entscheidung gemäß § 8 auf den Stationen dem Aufsichtsbeamten, während der Fahrt dem Zugführer ob. Jedenfalls bleibt dem Reisenden das Recht, auf richterliche Entscheidung zu provozieren und event. Schadensansprüche wegen ungerechtfertigten Ausschlusses geltend zu machen. Der Ausschluß von der Mit- oder Weiterreise kann sich nur auf den einzelnen konkreten Fall der Renitenz ꝛc. beschränken, es ist den Eisenbahnen nicht etwa gestattet, eine Person aus diesem Anlaß generell und dauernd auf längere Zeit von Eisenbahnfahrten überhaupt auszuschließen bzw. zurückzuweisen. Auch darf die Entfernung eines renitenten Passagiers nicht auf freier Strecke, sondern nur auf der nächsten Unterwegsstation erfolgen. (Erl. d. Pr. HM. vom 8. VI. 1874 II 11364.) Wenn Militärpersonen, welche zu einer geschlossenen Beförderung gehören und dem Kommando des Truppenführers übergeben sind, sich Ungehörigkeiten auf der Eisenbahn zuschulden kommen lassen, so sind die Kommandoführer um Abhilfe anzugehen. Wenn diese gar nicht oder nicht in genügendem Maße gewährt wird, so ist die Angelegenheit behufs weiterer Verfolgung bei der vorgesetzten Instanz zur Anzeige zu bringen. (Pr. Erl. vom 24. III. 1860 II 2121.) Eine Ausschließung einzelner auf dem Marsch befindlicher Militärpersonen von der Weiterfahrt darf in der Regel nur dann eintreten, wenn dieses im Interesse der Sicherheit des Betriebes oder zum Schutze anderer Mitreisenden gegen Ungehörigkeiten unvermeidlich erscheint. Im übrigen haben sich die Bahnbeamten bei Vergehen und Ordnungswidrigkeiten solcher Militärpersonen auf Konstatierung der Identität der Person und Anzeige bei der vorgesetzten Behörde zu beschränken. (Pr. Erl. vom 25. I. 1857 II 10584.)

Abgesehen von den durch die EVO. vorgesehenen Strafen können die bezüglichen Übertretungen auch strafrechtliche Folgen nach sich ziehen; insbesondere wegen Widerstands und tätlichen Angriffs (§ 113 RStGB.), Hausfriedensbruchs (§ 123 l. c.) und Beamtenbeleidigung (§ 196 l. c.). Die Frage, ob die §§ 183 u. 186 RStGB. auf Handlungen in Personenwaggons anzuwenden sind, ist vom Reichsgericht verneint worden (VZ. 1897 Nr. 46 S. 708, Nr. 51 S. 779, s. dagegen Coermann a. a. O. 1898 Nr. 56 S. 885). Die Praxis hat vornehmlich den Schutz des § 113 RStGB. auch den Bahnpolizeibeamten als Vollstreckungsbeamten zuerkannt, so insbesondere den Stationsbeamten: RG. 5. IV. 1881 E 2 7 (Widerstand bei Entfernung aus dem Abteil wegen Verweigerung des Vorzeigens der Fahrkarte), OLG. München 4. VII. 1882 E 3 255 (Widerstand bei der vorläufigen Festnahme wegen Beamtenbeleidigung), OLG. Rostock 7. V. 1888 E 6 294 (Widerstand durch tätlichen Angriff bei Einziehung einer Ordnungsstrafe). Und ferner ist Hausfriedensbruch angenommen worden in bezug auf die Perrons (Bahnsteige), RG. 29. I. 1881 E 1 375, 28. X. 1889 E 7 326, 5. XI. 1904 E 21 287), desgleichen auf den Bahnhof (RG. 4. V. 1885 E 4 156), die Empfangsgebäude, deren Flure ꝛc. (OLG. Rostock 25. VII. 1888 E 4 304—308), den Wartesaal (OLG. Naumburg 21. VI. 1888 E 7 12; s. auch RGSt. 36 188 und 37 260), die Schlafwagen (RG. 27. IV. 1908 Recht 12 Nr. 11 Beil. 2 S. 385, E 25 68), überhaupt die Bahnhofsräumlichkeiten E. 25 372.

38) Auch Abs. 2 macht von dem Prinzipe gleichmäßiger Anwendung der Bestimmungen der EVO. auf alle Personen, insbesondere der allgemein ausgesprochenen Beförderungspflicht (§ 3) eine Ausnahme in betreff solcher, welche wegen einer Krankheit oder aus anderen Gründen Mitreisenden lästig fallen würden (Schott S. 525). Von den Gründen des Ausschlusses ist nur der eine: „Krankheit" besonders hervorgehoben, im übrigen aber mit den

Worten „oder aus anderen Gründen" den Eisenbahnorganen der weiteste Spielraum gelassen. Unter „Krankheit" sind Krankheiten aller Art — äußere und innere — zu verstehen, welche geeignet sind, anderen lästig zu fallen. In betreff einer Reihe gefährlicher und ansteckender Krankheiten sind in den Abs. 3 und 4 besonders verschärfte Bestimmungen getroffen.

Die in Abs. 2 bezeichneten Personen sind von der Fahrt nicht unbedingt ausgeschlossen, wohl aber muß dieselbe von der Bedingung abhängig gemacht werden, daß ihnen ein besonderes Abteil angewiesen werden kann. Die Entscheidung über den Ausschluß steht den im § 8 bezeichneten Beamten zu, vorbehaltlich jedoch des Schadensanspruches, wenn sich der maßgebende Grund als unzureichend erweist. Bei Ausschluß ist das Fahrgeld und die Gepäckfracht nach Abzug des Betrages für die nicht durchfahrene Strecke zu erstatten.

Abs. 1 u. 2 sprechen im übrigen ganz evident dafür, daß die Eisenbahn schon vor Abschluß des Beförderungsvertrages die Persönlichkeit und die Individualität des zu befördernden Passagiers zu berücksichtigen berechtigt und verpflichtet ist, mithin die Fahrkarte, wie im § 13 (Anm. 46 S. 59) noch des näheren ausgeführt, kein Inhaberpapier, sondern lediglich eine legitimierende Quittung ist. Die persönlichen Eigenschaften der Reisenden darf und soll die Eisenbahn schon vor und bei Abschluß des Beförderungsvertrages (Lösung der Fahrkarte) in Betracht ziehen, soweit die eigenartigen Verhältnisse des Eisenbahnverkehrs eine Prüfung überhaupt gestatten. Es heißt ganz kategorisch: „Personen, welche . . . ., sind auszuschließen". Durchaus unrichtig ist die Annahme, daß es sich hier um ein Recht der Eisenbahn zum Rücktritt vom Vertrage handle (Schneeli S. 28ff., Göppert S. 69), denn Abs. 2 des § 12 setzt nach Wortlaut und Sinn ganz klar und zweifellos voraus, daß ein Beförderungsvertrag noch nicht abgeschlossen ist, sondern erst abgeschlossen werden soll, wenn den betreffenden Personen nicht „ein besonderes Abteil angewiesen werden kann". Dementsprechend bemerkt die Begründung des Entwurfs der neuen EVO. ganz zutreffend, daß die bisher im § 20 vorgesehenen Vorschriften über die von der Beförderung ausgeschlossenen oder nur unter gewissen Vorsichtsmaßregeln zugelassenen Personen an dieser Stelle eingefügt sind, weil sie schon vor der Lösung von Fahrkarten beachtet werden müssen! Hiernach ist evident, daß § 11 als Regel nicht das Recht des Rücktritts vom Vertrage, sondern das Recht, den Abschluß des Vertrages zu verweigern, wenn eine sichtliche Krankheit 2c. vorhanden ist, im Auge hat. Ebensowenig, wie von einer Fungibilität aller Eisenbahnfrachtgüter gesprochen werden kann und der Frachtbrief Inhaberpapier ist, darf man von einer „Fungibilität aller Reisenden" sprechen und die Fahrkarte als Inhaberpapier hinstellen.

39) Während es sich im Abs. 2 nur um die Beförderung von Personen handelt, die durch Krankheiten im allgemeinen oder aus anderen Gründen Mitreisenden lästig fallen würden, beziehen sich Abs. 3 u. 4 auf Personen, welche durch ansteckende Krankheiten den Mitreisenden gefährlich werden können. Die Bestimmungen der Abs. 3 u. 4 sind also sanitätspolizeilicher Natur. Es werden bei der Beförderung von Personen, welche mit ansteckenden Krankheiten behaftet sind, je nach der Intensivität der Gefahr vier Kate-

gorien unterschieden, nämlich: 1. Pestkranke, 2. Aussatz-(Lepra-)Kranke, 3. Cholera- (asiatische), Fleckfieber- (Flecktyphus-), Gelbfieber- oder Pocken-(Blattern-)Kranke, 4. Typhus- (Unterleibstyphus-), Diphtherie-, Ruhr-, Scharlach-, Masern- oder Keuchhustenkranke.

Nach Abs. 3 u. 4 sind die Beförderungsvorschriften für jede dieser vier Kategorien von Kranken verschieden:

1. Pestkranke dürfen überhaupt nicht befördert werden. Ihre Beförderung ist ausgeschlossen bzw. verboten.

2. Aussatz-(Lepra-)Kranke oder dieser Krankheit verdächtige Personen nur dann, wenn a) der für die Zugangstation zuständige beamtete Arzt die Zulässigkeit der Beförderung bescheinigt und b) die Beförderung in abgeschlossenem Abteile mit besonderem Abort erfolgt.

3. Cholera- (asiatische), Fleckfieber- (Flecktyphus-), Gelbfieber- oder Pockenkranke nur dann, wenn a) der für die Zugangstation beamtete Arzt die Zulässigkeit der Beförderung bescheinigt und b) die Beförderung in besonderem Wagen erfolgt.

4. Typhus- (Unterleibstyphus-), Diphtherie-, Ruhr-, Scharlach-, Masern- oder Keuchhustenkranke nur in abgeschlossenem Abteil mit besonderem Abort. Bei dieser Krankheiten verdächtigen Personen kann die Eisenbahn die Vorlegung eines ärztlichen Zeugnisses verlangen, aus dem die Art der Krankheit hervorgeht.

Diese Vorschriften sind obligatorisch; ihre Nichtbeobachtung zieht, da sie sanitätspolizeilicher Natur sind, für die betreffende Bahn bzw. ihre Organe nicht nur zivilrechtliche Schadensansprüche der Geschädigten, sondern auch — abgesehen von disziplinarer Ahndung im Aufsichtswege — polizei- und strafrechtliche Verfolgung nach sich. Dies gilt auch für die Passagiere, welche unter Verheimlichung der Erkrankung die Eisenbahn zur Beförderung benutzt haben. Sind besondere Wagen für die Kategorie 3 oder geschlossene Wagenabteile mit besonderem Abort für die Kategorien 2 und 4 zurzeit nicht vorhanden, so muß die Beförderung unterbleiben, bis entsprechende Beförderungsmittel herbeigeschafft worden sind. Die Beförderung von Pestkranken ist absolut verboten, darf also auch nicht etwa mit Extrazug, Packwagen 2c. geschehen. Der Abs. 3 spricht ebenso klar wie Abs. 2 dafür, daß die Eisenbahn bei bzw. schon vor dem Vertragsabschluß die persönlichen Eigenschaften der zu befördernden Personen zu berücksichtigen hat und die Fahrkarte ein Inhaberpapier daher nicht ist. Oder will man auch hier behaupten, daß die solchen Kranken erteilten Fahrkarten Inhaberpapiere und beliebig übertragbar seien? (s. Anm. 38 S. 35.)

Für alle vorbezeichneten Kategorien ist der Eisenbahn die Befugnis gegeben, bei Personen, die einer der vorbezeichneten Krankheiten verdächtig sind, die Beförderung von der Beibringung eines ärztlichen Attestes abhängig zu machen, d. h. es muß in dem ärztlichen Atteste ausgesprochen sein, ob die zu befördernde Person an einer der vorgenannten Krankheiten überhaupt leidet und event. an welcher, da hiervon die Art der Beförderung bzw. der Ausschluß von derselben abhängt. Bei den Kategorien 2 und 3 muß die Zulässigkeit der Beförderung, bei der Kategorie 4 im Falle des Krankheitsverdachtes die Art der Krankheit bescheinigt sein. Diese Bestimmungen sind sehr allgemein gehalten und lassen dem diskretionären Ermessen der Eisenbahn bzw. ihren Organen weiten Spielraum. Zunächst ist nicht bestimmt, welches Organ im Verdachtsfalle das ärztliche Attest zu verlangen und die Entscheidung über das Vorliegen eines Verdachtes und den ausreichenden Inhalt des Attestes zu treffen hat. Es muß angenommen werden, daß hierzu der Stationsaufsichtsbeamte kompetent ist (§ 8). Sodann ist nicht bestimmt, auf welche Momente und Umstände sich der Verdacht der Erkrankung gründen soll, und es bleibt jedenfalls, damit diese Befugnis der Bahn nicht etwa leichtfertig und chikanös ausgeübt wird, dem Reisenden, der ohne ausreichenden Grund in seiner Reise gestört oder davon ausgeschlossen worden ist, das Recht, auf richterliche Entscheidung zu provozieren und event. Schadensersatz zu fordern.

Für die Kategorien 2 u. 3 ist die Bescheinigung des für die Zugangsstation zuständigen beamteten Arztes erfordert, für die Kategorie 4 genügt bei Krankheitsverdacht ein ärztliches Attest. Mangels besonderer Bestimmung ist hier das Attest eines jeden im Deutschen Reiche approbierten und entsprechend legitimierten Arztes als ausreichend anzusehen, nicht dagegen das Attest eines ausländischen Arztes. Tritt die Erkrankung oder der Verdacht derselben unterwegs hervor, so dürfen der Natur der Sache nach die vorliegenden Bestimmungen nicht etwa sofort auf freier Strecke (z. B. Ausschluß bei Pestverdacht), sondern erst in der nächsten Station, wo ärztliche Hilfe zu haben oder zu erreichen ist, in Anwendung kommen.

41) Abs. 5 legt den erkrankten Reisenden die Pflicht zur Zahlung der tarifmäßigen Gebühr für den besonderen Wagen oder das Wagenabteil auf, also der nach den veröffentlichten Tarifen (§ 6) berechneten Gebühr. War die gesonderte Beförderung zu Unrecht verlangt und bewirkt, so kann — abgesehen von sonstigen Entschädigungsansprüchen — die Rückerstattung der erhobenen Gebühr unter Abzug des gewöhnlichen Beförderungspreises gefordert werden.

42) Abs. 6 verweist wegen Rückgabe des Gepäcks der nach Maßgabe der vorhergehenden Bestimmungen ausgeschlossenen Personen auf die Abs. 4 u. 5 des § 34, welche als Regel hinstellen, daß das Gepäck nur auf der Station auszuliefern ist, wohin es abgefertigt war, aber auf Verlangen des Reisenden, wenn Zeit und Umstände es gestatten und Zoll-, Steuer- und Polizeivorschriften nicht entgegenstehen, zulassen, daß das Gepäck gegen Rückgabe des Gepäckscheins und Vorzeigung der Fahrkarte auf der Aufgabestation zurückgegeben oder auf einer Zwischenstation aufgeliefert werden kann. Wird der Gepäckschein nicht beigebracht, so ist die Eisenbahn zur Auslieferung des Gepäcks nur verpflichtet, wenn die Empfangsberechtigung glaubhaft gemacht wird; auch kann Sicherheitsbestellung verlangt werden (Anm. 137).

§ 12.

Fahrpreise. Ermäßigung für Kinder.

(1) Auf jeder Station ist ein Tarifauszug auszuhängen oder auszulegen, der die Preise der dort verkäuflichen Fahrkarten enthält[43]).

(2) Kinder bis zum vollendeten vierten Lebensjahre, für die kein besonderer Platz beansprucht wird, sind frei zu befördern [44]. Kinder vom vollendeten vierten bis zum vollendeten zehnten Lebensjahr und jüngere Kinder, für die ein besonderer Platz beansprucht wird, sind zu ermäßigten Preisen zu befördern [45].

A. Sonderzüge.

1. (1) Als Gebühr für die Beförderung von Sonderzügen werden für das Tarifkilometer erhoben:

   a) für die Lokomotive . . . . 1,20 Mark,

   b) für jede Achse eines auf Verlangen gestellten Personenwagens . . . . . . 0,40 „

   c) für jede Achse eines auf Verlangen gestellten oder aus Betriebsrücksichten erforderlichen anderen Wagens . . . 0,20 „

   mindestens jedoch 4 Mark für das Tarifkilometer und 100 Mark im ganzen.

   (2) Die Gebühr unter (1) a) kann für Strecken, wo wegen der Belastungs- und Neigungsverhältnisse mehr als 1 Lokomotive verwendet wird, für jede Lokomotive erhoben werden.

   (3) Erfolgt Hin- und Rückfahrt des Sonderzuges innerhalb 24 Stunden, so gelten für die Berechnung des Mindestbetrags beide Fahrten als eine Fahrt.

2. Für die Beförderung von Sonderzügen über Verbindungsbahnen werden außerdem Überfuhrgebühren nach der Anlage I erhoben.

3. Werden Sonderzüge für die Nachtzeit auf Strecken bewilligt, auf denen mangels regelmäßigen Nachtdienstes keine Bewachung der Bahn stattfindet, so werden überdies 2 Mark für das Tarifkilometer als Bahnbewachungsgebühr erhoben. Die Bewachungsgebühr wird nur einmal erhoben, wenn mehrere Züge befördert werden.

4. (1) Werden auf Antrag des Bestellers besonders bezeichnete Wagen gestellt, so werden für ihre Beförderung auf Strecken, die der Sonderzug nicht befährt, sowohl für den Hinweg wie für den Rückweg 7 Pfennig für die Achse und das Tarifkilometer erhoben. Bei Berechnung dieser Gebühr wird, — wenn die Wagen auf einem anderen Wege als auf dem

Hinwege nach der Heimatstation zurückgeführt werden — die Streckenlänge, die die Wagen besetzt durchfahren haben, auf die Gesamtlänge der von den Wagen leer durchlaufenen Strecken angerechnet; nur für die hiernach verbleibende Mehrentfernung werden Gebühren erhoben.

(2) Die Gebühr wird auch erhoben, wenn der Wagen der Eisenbahn nicht gehört; sie wird in diesem Falle, und zwar für die Hin- und Rückfahrt auch dann berechnet, wenn der Wagen auf besonderes Verlangen vor oder nach der Verwendung zur Instandsetzung nach einer Werkstätte gesandt wird.

(3) Im übrigen bleibt vorbehalten, mit dem Besteller die weiteren Bedingungen zu vereinbaren, unter denen die gewünschten Wagen überlassen werden.

5. Für die Beförderung der Lokomotive und der Wagen nach der Abgangsstation des Sonderzugs sowie für ihre Rückbeförderung von der Bestimmungsstation des Sonderzugs sowie nach der Heimatstation wird, unbeschadet der Bestimmung unter Ziffer 4, nichts berechnet.

6. Der Beförderungspreis für den Sonderzug (Ziffern 1—4) ist auf der Abgangsstation vorauszubezahlen. Der Besteller erhält einen Abfertigungsschein, den er bei Beendigung der Fahrt abzugeben hat.

7. Im Falle der Abbestellung eines Sonderzugs sind der Eisenbahn die durch die Vorbereitung usw. erwachsenen Kosten zu erstatten.

8. In Sonderzügen, die von der Eisenbahn zur Erleichterung von Ferien- und ähnlichen Reisen für den allgemeinen Verkehr gestellt werden (Verwaltungs-, Feriensonderzüge) oder die die Eisenbahn auf Antrag zu gemeinschaftlichen Reisen größerer Gesellschaften gewährt (Gesellschaftssonderzüge), werden Reisende in der II. und III. Klasse nach folgenden Bestimmungen befördert:

a) Zu Feriensonderzügen werden, soweit in den Tarifteilen II nichts anderes bestimmt ist, Fahrkarten ausgegeben, die zur Hinfahrt mit dem Sonderzuge, zur Rückfahrt mit den fahrplanmäßigen Zügen einschließlich der Schnellzüge berechtigen. Die Fahrkarten haben eine Geltungsdauer von 2 Monaten, vom Abfahrtstage gerechnet. Die Rückreise muß mit Ablauf des letzten Geltungstags beendet sein.

b) Bei anderen Verwaltungssonderzügen und bei Gesellschaftssonderzügen können besondere für die Hin- und Rückfahrt gültige Fahrkarten ausgegeben werden, wenn beide Fahrten in Sonderzügen zurückgelegt werden. Soll die Rückfahrt mit fahrplanmäßigen Zügen stattfinden, so werden nur einfache Sonderzugkarten verabfolgt.

c) Kinder genießen die Fahrpreisermäßigung nach Ausführungsbestimmung C I.

d) Für Gesellschaftssonderzüge gelten die Ausführungsbestimmung 1 über die zu zahlende Mindestgebühr, sowie die Ausführungsbestimmungen 2 bis 5 und 7. Auch kann die Stellung der Gesellschaftssonderzüge von der Einzahlung eines die Mindestgebühr deckenden Betrags abhängig gemacht werden.

Im übrigen werden die Gebührensätze für Ferien- und Gesellschaftssonderzüge in den Tarifteilen II festgesetzt, diejenigen für andere Verwaltungssonderzüge dagegen, sowie sonstige Bedingungen für die Benutzung aller dieser Sonderzüge, von Fall zu Fall besonders veröffentlicht.

e) Fahrtunterbrechung ist im Sonderzug ausgeschlossen, auf Feriensonderzugkarten auf der Rückfahrt nach den Ausführungsbestimmungen zu § 25 gestattet.

B. Personen-, Kranken- und Gepäckwagen.

1. Wenn die Einstellung bahneigener oder Privaten gehöriger Salon-, Schlaf- oder sonstiger Personenwagen sowie besonders eingerichteter Krankenwagen gestattet wird, so sind für die Benutzung ohne Rücksicht auf die Achsenzahl Fahrkarten I. Klasse für so viel Personen, wie den Wagen benutzen, mindestens für 12 Personen für jeden eingestellten Wagen, zu lösen (s. jedoch Ziffer 5). Bei Einstellung von bahneigenen Schlafwagen wird daneben eine Gebühr für die Benutzung der Schlafplätze nicht erhoben.

2. Werden auf Verlangen zur Beförderung des Gepäcks besondere Wagen eingestellt, so wird hierfür eine Gebühr von 0,40 Mark für die Achse und das Tarifkilometer erhoben.

3. In jedem der nach Ziffer 1 gestellten Wagen wird 1 Begleiter (Wagenmeister) auf Grund eines von der vorgesetzten Dienststelle der den Wagen einstellenden Verwaltung auszufertigenden Ausweises auf den Benutzungs- und Leerfahrten des Wagens frei befördert. Der Ausweis berechtigt auch zur freien Fahrt mit einem anderen Zuge.

4. (1) Werden auf Antrag des Bestellers besonders bezeichnete Wagen gestellt, so werden für ihre Beförderung auf Strecken, die diese Wagen unbesetzt durchfahren, sowohl für den Hinweg wie für den Rückweg 7 Pfennig für die Achse und das Tarifkilometer erhoben. Bei Berechnung dieser Gebühr wird — auch wenn die Wagen auf einem anderen Wege als auf dem Hinwege nach der Heimatstation zurückgeführt werden — die Streckenlänge, die die Wagen besetzt durchfahren haben, auf die Gesamtlänge der von den Wagen leer durchlaufenen Strecken angerechnet; nur für die hiernach verbleibende Mehrentfernung werden Gebühren erhoben.

(2) Die Gebühr wird auch erhoben, wenn der Wagen der Eisenbahn nicht gehört; sie wird in diesem Falle, und zwar für die Hin- und Rückfahrt auch dann berechnet, wenn der Wagen auf besonderes Verlangen vor oder nach der Verwendung zur Instandsetzung nach einer Werkstätte gesandt wird.

(3) Im übrigen bleibt vorbehalten, mit dem Besteller die weiteren Bedingungen zu vereinbaren, unter denen die gewünschten Wagen überlassen werden.

5. (1) Wird für die Beförderung von Kranken ein Gepäck- oder Güterwagen, ein Wagen IV. Klasse oder ein Wagen III. Klasse mit herausgenommenen Sitzen eingestellt, so sind für die Kranken, ohne Rücksicht auf ihre Zahl, 6 Fahrkarten II. Klasse der betreffenden Zuggattung zu lösen.

(2) Bei Benutzung eines besonderen Krankenabteils in Wagen III. Klasse, deren übrige Abteile dem allgemeinen Verkehr dienen, sind für die Kranken, ohne Rücksicht auf

ihre Zahl, 4 Fahrkarten III. Klasse der betreffenden Zuggattung, mindestens aber für Eilzüge, zu lösen.

(3) 2 Begleiter werden in dem Krankenwagen oder besonderen Krankenabteile frei befördert; weitere in demselben Wagen oder Abteile mitreisende Begleiter haben je 1 Fahrkarte III. Klasse der betreffenden Zuggattung, mindestens aber für Eilzüge, zu lösen.

(4) Die zur Bequemlichkeit und Notdurft der Kranken während der Fahrt nötigen Gegenstände können in dem Wagen oder in dem Krankenabteilo gebührenfrei mitgeführt werden. Für das sonstige Reisegepäck ist die tarifmäßige Gepäckfracht zu entrichten.

6. Wenn für die Beförderung eines Kranken mit Transportbett ein Wagenabteil III. Klasse überlassen wird, so sind 2 Fahrkarten III. Klasse der betreffenden Zuggattung, mindestens aber für Eilzüge, und für jeden in dem Abteile mitfahrenden Krankenbegleiter 1 Fahrkarte III. Klasse der betreffenden Zuggattung, mindestens aber für Eilzüge, zu lösen.
7. Werden Wagen der in den Ziffern 1, 2 und 5 genannten Art über Verbindungsbahnen befördert, die der Zug, in den sie eingestellt sind, nicht befährt, so werden außerdem Überfuhrgebühren nach der Anlage I erhoben.
8. Bei Berechnung der Mindestgebühr in den Fällen zu 1, 5 und 6 werden 2 Fahrkarten zum halben Preise als 1 Fahrkarte gerechnet.
9. Die Gebühren zu 2, 4 und 7 sind auf der Abgangsstation vorauszubezahlen; der Besteller erhält einen Abfertigungsschein, den er bei Beendigung der Fahrt abzugeben hat.

C. Fahrpreisermäßigungen.

1. Bei Beförderung zum halben Preise wird der Preis für jede Fahrkarte, bei Kindern auch für die Schnellzugzuschlagkarte, auf 5 Pfennig abgerundet. Der Mindestpreis einer halben Fahrkarte beträgt 5 Pfennig.
2. Wo die Einheitssätze der III. Klasse für Personenzüge und für Eilzüge verschieden sind, wird in den unter IV—VIII aufgeführten Fällen der Preis nur auf den halben Eilzugpreis ermäßigt.

3. In den unter IV—IX aufgeführten Fällen ist der Übergang in eine höhere Klasse oder in einen Schnellzug nur zulässig, soweit die Preisermäßigung auch für diese Klasse und Zuggattung gewährt wird. Zusatzkarten sind zum halben, Schnellzugzuschlagkarten zum vollen Betrage zu lösen.

I. Für Kinder.

Für Kinder vom vollendeten vierten bis zum vollendeten zehnten Lebensjahre, sowie für jüngere Kinder, für die ein Platz beansprucht wird, ist eine Fahrkarte, auch Schnellzugzuschlagkarte, zum vollen Preise zu lösen. Für 2 solche Kinder kann 1 Fahrkarte zum halben Preise gelöst werden. Jedes Kind, für dessen Beförderung bezahlt wird, hat Anspruch auf einen ganzen Platz.

II. Für Inhaber von Zeitkarten.

Besondere Bestimmungen über die Ausgabe von Zeitkarten sind für jeden Verkehr in einem Teile II des Tarifs enthalten.

III. Für Arbeiter.

1. Nach den besonderen Vorschriften der einzelnen Verwaltungen werden Arbeiterkarten für die IV. und da, wo diese nicht besteht, für die III. Klasse zu ermäßigten Preisen an solche Personen ausgegeben, die außerhalb ihres Wohnorts mit mechanischen oder Handarbeiten beschäftigt sind, also zu den Arbeitern oder Arbeiterinnen im engeren Sinne des Wortes gehören.
2. Die Arbeiterkarten gelten für bestimmte, bekannt gemachte Züge.
3. Die mit Arbeiterkarten reisenden Personen haben die ihnen zugewiesenen Wagen oder Wagenabteile zu benutzen; auch kann weiter eine getrennte Unterbringung der weiblichen und männlichen Reisenden angeordnet werden.
4. Die Arbeiterkarten sind nicht übertragbar. Zu Unrecht benutzte Karten werden ohne Ersatz eingezogen.
5. Fahrtunterbrechung oder Übergang in eine höhere Wagenklasse ist unzulässig.

IV. Für Fahrten zu wissenschaftlichen und belehrenden Zwecken, für Schulfahrten und für Fahrten nach und von Ferienkolonien.

1. In Eil- und Personenzügen werden zum halben Preise befördert:

A. Studierende akademischer Anstalten, auch der Bergschulen, Kunstschulen und Kunstgewerbeschulen, sowie Schüler von Fachschulen (Baugewerkschulen, Maschinenbauschulen, Textilschulen, staatlichen oder staatlich unterstützten Handwerker- und ähnlichen Schulen) und die begleitenden Lehrer zu gemeinschaftlichen, unter Leitung von Lehrern zu wissenschaftlichen und belehrenden Zwecken unternommenen Ausflügen in der II. oder III. Klasse;

B. Schüler öffentlicher Schulen oder staatlich genehmigter und beaufsichtigter Privatschulen, auch der Fortbildungsschulen, Seminarien, Präparandenanstalten und Unterrichtsanstalten für Blinde und Taubstumme, und die begleitenden Lehrer und Schulinspektoren zu gemeinschaftlichen, unter Aufsicht der Lehrer unternommenen Ausflügen in der III. Klasse;

C. Kinder, die in Ferienkolonien entsendet werden, und die zur Aufsicht beigegebenen Begleiter, sowohl für die Reise nach der Ferienkolonie und zurück, als auch für die Ausflüge während des Aufenthaltes daselbst, in der III. Klasse, sofern die Kosten der Entsendung in die Ferienkolonie ganz oder teilweise und das Fahrgeld aller Begleiter von Vereinen oder Behörden getragen werden,

und zwar in den Fällen zu A und B bei einer Teilnehmerzahl von mindestens 10 Personen oder bei Zahlung für mindestens 10 Personen — wobei im Falle zu A sämtliche Teilnehmer dieselbe Klasse zu benutzen haben — im Falle zu C ohne Beschränkung auf eine Mindestzahl.

2. Ausnahmsweise kann auch die Benutzung von Schnellzügen zugelassen werden. Wird sie zugelassen, so wird für jeden Teilnehmer der tarifmäßige Schnellzugzuschlag berechnet.

3. In den Fällen zu Ziffer 1 B und 1 C wird die Vergünstigung zu Fahrten an Sonn- und Festtagen in der Regel nicht gewährt.

4. 2 Schüler der Klassen, die im allgemeinen von Kindern im Alter unter 10 Jahren besucht werden, werden für 1 Person gerechnet. Als solche Klassen sind anzusehen: die Vorschulklassen und die unterste ordentliche Klasse der Gymnasien, Realschulen, Lateinschulen und höheren Bürger- und Mädchenschulen sowie die untere Hälfte der Klassen einer Volksschule. Bei ungerader Klassenzahl gilt die größere Zahl als untere Hälfte. Für ein einzelnes Kind wird der halbe Fahrpreis ohne weitere Ermäßigung berechnet.

5. Die Ermäßigung ist bei der Abgangsstation (auch bei der für die Rückfahrt, sofern nicht ein Beförderungsschein für Hin- und Rückfahrt — vgl. Ziffer 6 — ausgestellt wird) schriftlich zu beantragen unter Angabe
des Reisezwecks,
des Tages der Reise,
des Reiseziels,
der zu benutzenden Züge,
der Wagenklasse, sowie
der Zahl der Teilnehmer, und zwar
im Falle der Ziffer 1 A von dem leitenden Lehrer,
" " " " 1 B " " Schulvorstand,
" " " " 1 C " der Behörde
oder dem Vereine, der die Entsendung vornimmt.

† Im Falle der Ziffer 1 C muß der Antrag außerdem die Erklärung enthalten, daß die Kosten für die Entsendung der Kinder ganz oder zum Teil und das Fahrgeld aller Begleiter von der Behörde oder von dem Vereine getragen werden. Für die Rückreise eines Begleiters vom Erholungsorte der Kinder nach der Abgangsstation, sowie für die Hinreise von der Abgangsstation zur Abholung der Kinder ist ein besonderer Antrag einzureichen, falls der Begleiter diese Reisen allein ausführt.

Die Anmeldung soll spätestens am Tage vor dem Ausflug erfolgen; sie wird aber noch bis 1 Stunde vor

Abgang des zu benutzenden Zuges berücksichtigt, wenn nicht etwa die Zahl der Teilnehmer die Anforderung besonderer Wagen oder verstärkter Zugkraft erheischt.

6. Die Abfertigung erfolgt mit Beförderungsschein, der auf Grund des Antragschreibens für einfache oder für Hin- und Rückfahrt ausgestellt und bei Beendigung der Fahrt abgenommen wird.

7. Alleinreisende Begleiter von Ferienkolonisten (1 C) erhalten Fahrkarten. Als Ausweis dient ihnen das Antragschreiben der Behörde oder des Vereins, der sie entsendet.

Das Antragschreiben wird von der Fahrkartenausgabestelle beim Antritt der Reise abgestempelt und dem Inhaber zurückgegeben, der es dem Fahrpersonal auf Verlangen vorzuzeigen hat. Bei Beendigung der Fahrt ist es mit der Fahrkarte abzugeben.

V. Zugunsten der öffentlichen Krankenpflege, der Magdalenenstifte und der Kriegskrankenpflege.

1. In der II. und III. Klasse werden zum halben Preis, in Schnellzügen außerdem gegen tarifmäßigen Zuschlag, befördert:

A. Angehörige der in Deutschland ansässigen weltlichen und geistlichen Vereine und Genossenschaften, die sich satzungsgemäß in Ausübung freier Liebestätigkeit der öffentlichen Krankenpflege widmen, einschließlich der Anstalten zur Pflege von Fallsüchtigen, Blödsinnigen und Schwachsinnigen (Idioten), und zwar:

a) die Vorstände und Vorstandsmitglieder bei Reisen zu Konferenzen,

b) das Pflegepersonal bei Reisen zur Ausübung der öffentlichen Krankenpflege und bei anderen Reisen, die durch die Ausübung der öffentlichen Krankenpflege veranlaßt sind,

c) das Pflegepersonal bei Reisen infolge von Versetzungen und zu Kur- und Erholungszwecken,

d) bei Reisen zu Revisionszwecken.

B. Vorstände und Pflegepersonal der Magdalenenstifte, d. h. solcher Vereine und Anstalten, die sich der Fürsorge für gefallene Frauen und Mädchen widmen, und zwar:

a) die Vorstände und Vorstandsmitglieder bei Reisen zu Konferenzen,

b) die begleitende Pflegerin bei Reisen zur Unterbringung der Gefallenen in einer der bezeichneten Anstalten oder zum Zwecke der Zuführung zu Verwandten oder in einen Dienst, sowie bei Rückreisen nach Ablieferung der Schützlinge am Bestimmungsorte,

c) das Pflegepersonal bei Reisen infolge von Versetzungen und zu Kur- und Erholungszwecken, wenn zur Erreichung dieser Zwecke eine mehrtägige ununterbrochene Abwesenheit vom Anstalts- oder Niederlassungsorte notwendig ist,

d) bei Reisen zu Revisionszwecken.

C. Teilnehmer an den der Förderung der Kriegskrankenpflege gewidmeten Zusammenkünften der freiwilligen Sanitätskolonnen für die Interessen der Landesverteidigung, wie Ärzte- und Führerversammlungen sowie Kolonnentagen, bei Reisen zu solchen Versammlungen, Übungen usw., die von den zuständigen Territorialdelegierten genehmigt sind.

2. Bei Reisen, die von Krankenpflegern auf Ansuchen von Privatpersonen oder zur Begleitung kranker Personen auf deren Kosten, und bei Reisen, die zum Zwecke des Eintritts in die der öffentlichen Krankenpflege dienenden Vereine und Genossenschaften unternommen werden, wird die Vergünstigung nicht gewährt.

3. Die Fahrkarten zum halben Preise werden von den Fahrkartenausgabestellen auf Grund der nach den vorgeschriebenen Mustern ausgestellten, in den Fällen der Ziffer 1 A und 1 B auch mit dem Abdrucke des Vereins- oder Anstaltsstempels versehenen Ausweise verabfolgt.

4. Die Ausweise sind in den Fällen 1 A und 1 B von den Vorständen der Vereine und Genossenschaften, Anstalten

und Zweigniederlassungen, im Falle zu 1 C von dem Führer der Sanitätskolonne auszustellen. Die Ausweise müssen enthalten:

Name und Stand der Reisenden,
Zweck und Ziel der Reise,
die zu benutzende Klasse,
die Zeit, für die der Ausweis gilt;

bei Reisen zur Pflege von Kranken außerhalb eines öffentlichen Krankenhauses und bei Reisen zur Begleitung kranker Personen auch

die Bestätigung, daß die Pflege unentgeltlich erfolgt;

bei Reisen im Falle der Ziffer 1 B c auch die Bestätigung für die Notwendigkeit der mehrtägigen ununterbrochenen Abwesenheit zu Kur- und Erholungszwecken,

bei Reisen im Falle der Ziffer 1 C auch

die Angabe, daß die Versammlung, Übung usw. von dem zuständigen Territorialdelegierten genehmigt ist.

5. Die Ausweise werden von den Fahrkartenausgabestellen bei jeder Lösung einer Fahrkarte abgestempelt und den Inhabern zurückgegeben, die sie dem Fahrpersonal auf Verlangen vorzuzeigen haben. Die Ausweise sind mit den Fahrkarten bei Beendigung der Fahrt, und wenn sie zugleich für die Rückreise ausgestellt waren, bei Beendigung der Rückfahrt abzugeben.

VI. Für mittellose Kranke und andere hilfsbedürftige Personen.

1. In der III. Klasse werden auf der Hinreise und auf der Rückreise zum halben Preis, in Schnellzügen außerdem gegen tarifmäßigen Zuschlag, befördert:

A. mittellose Personen bei Aufnahme in öffentliche Krankenhäuser, öffentliche Kliniken oder öffentliche Anstalten für Geisteskranke, bei Besuchsbehandlung in solchen Anstalten und bei dem Besuche von Kurorten, wo ihnen der Gebrauch der Bäder oder der sonstigen Kureinrichtungen unentgeltlich oder zu ermäßigtem Preise gestattet ist, sofern die an dem Kurorte liegende Kuranstalt eine öffentliche ist oder doch in erster Linie Kurzwecken dient und die erwähnten Vergünstigungen an mittellose Personen allgemein gewährt; ferner Kinder mittelloser Personen bei Aufnahme in die für kranke Kinder eingerichteten besonderen Heilstätten.

B. mittellose Zöglinge und Pfleglinge
   a) der öffentlichen Blinden- und Taubstummenanstalten,
   b) der öffentlichen Heil- und Pflegeanstalten für epileptische Kranke und für blöde Kinder,
   c) der unter Aufsicht des Staats stehenden Waisenanstalten

bei Unterbringung in eine dieser Anstalten, bei Urlaubsreisen zum Besuch ihrer Angehörigen und beim Wiederaustritt aus der Anstalt;

C. mittellose Blinde und Taubstumme zu vorübergehendem Besuch in Blinden- und Taubstummenanstalten, mittellose Taubstumme auch zum Besuch eines behördlich gebilligten oder überwachten Taubstummengottesdienstes;

D. Mitglieder von Krankenkassen im Sinne der reichsgesetzlichen Bestimmungen über die Krankenversicherung der Arbeiter (Gemeindekrankenversicherung, Ortskrankenkassen, Betriebs- [Fabrik-], Bau- und Innungskrankenkassen) und von Knappschaftskrankenkassen, versicherungspflichtige Mitglieder eingeschriebener Hilfskassen, sowie Versicherte der Landesversicherungsanstalten und der diesen gleichgestellten besonderen Kasseneinrichtungen bei Aufnahme in Heilstätten, bei Besuchsbehandlung in öffentlichen Krankenhäusern oder in öffentlichen Kliniken und bei dem Besuche von Kur- und Erholungsorten, sofern die Entsendung auf Kosten der genannten Kassen oder Anstalten erfolgt;

† E. je 1 Begleiter der unter A, B a und b, C und D aufgeführten Personen, bei Geisteskranken auch mehrere Begleiter, sofern ihre Zuziehung notwendig ist, und zwar sowohl bei Unterbringung der Schützlinge in

die Anstalt usw., wie bei ihrer Wiederabholung, sowie bei Urlaubsreisen mittelloser Zöglinge und Pfleglinge zum Besuch ihrer Angehörigen.

2. Zwei Kinder vom vollendeten vierten bis zum vollendeten zehnten Lebensjahre werden für 1 Person gerechnet; für 1 einzelnes Kind innerhalb der bezeichneten Altersgrenze ist ohne weitere Ermäßigung 1 halbe Fahrkarte zu lösen.

3. Die Fahrkarten zum halben Preise werden von den Fahrkartenausgabestellen auf Grund der nach den vorgeschriebenen Mustern ausgestellten Ausweise verabfolgt. In dringenden Fällen werden Ausweise anderer Art zugelassen.

4. Von den unter 1 A aufgeführten Personen werden als Ausweise verlangt:

a) Für die Hinreise und Rückreise:

eine Bescheinigung der Ortsbehörde über die Mittellosigkeit. In dieser Bescheinigung ist zu bestätigen, daß die Fürsorge anderer Verpflichteter, insbesondere nach Maßgabe der Reichsgesetze über die Kranken-, Invaliden- und Unfallversicherung, nicht eintritt. Die Bescheinigung kann für Pfleglinge der öffentlichen Anstalten für Geisteskranke auch von der Anstaltsleitung, für kranke Kinder auch von dem Vorstande des Vereins, der sie entsendet, ausgestellt werden.

Daneben

b) für die Hinreise:

bei Aufnahme in öffentliche Krankenhäuser, öffentliche Kliniken, öffentliche Anstalten für Geisteskranke oder in Kinderheilstätten

eine Aufnahmebescheinigung der Anstalt oder, in dringenden Fällen, eine Bescheinigung des behandelnden Arztes;

bei Besuchsbehandlung in öffentlichen Krankenhäusern oder öffentlichen Kliniken

ein ärztliches Zeugnis;

bei Besuch eines Kurorts

eine Aufnahmebescheinigung der Kuranstalt; in dieser Bescheinigung ist zu bestätigen, daß der Gebrauch der Bäder oder der sonstigen Kureinrichtungen unentgeltlich oder zu ermäßigtem Preise bewilligt worden ist und an mittellose Personen allgemein gewährt wird.

c) Für die Rückreise:

eine Bescheinigung der Anstalt über die Entlassung des Kranken oder über sein Erscheinen zur Besuchsbehandlung.

5. Von den unter 1 B und C aufgeführten Personen wird als Ausweis für die Hin- und Rückreise eine Empfehlung des Vorstandes der Anstalt oder (bei Reisen zum Taubstummengottesdienst) eine Empfehlung des den Gottesdienst leitenden Geistlichen oder Taubstummenlehrers verlangt.

6. Von den unter 1 D aufgeführten Personen werden als Ausweise verlangt:

a) für die Hin- und Rückreise:

eine Bescheinigung des Vorstandes der Kasse oder der Versicherungsanstalt über die Zugehörigkeit zur Kasse oder Anstalt und über die Entsendung in eine Heilanstalt, nach einem Erholungsort oder zur Besuchsbehandlung in einem öffentlichen Krankenhause oder einer öffentlichen Klinik. Aus den Bescheinigungen der eingeschriebenen Hilfskassen muß hervorgehen, daß das Kassenmitglied zur Versicherung gegen Krankheit verpflichtet ist.

b) Daneben für die Rückreise:

eine Bescheinigung der Anstalt über die Entlassung des Kranken oder über sein Erscheinen zur Besuchsbehandlung. Bei der Rückkehr von einem Erholungsorte kann an deren Stelle eine Bescheinigung der Ortsbehörde über die Beendigung des Aufenthalts treten.

7. Die gleichen Ausweise (Ziffer 4—6) dienen für die zugelassenen Begleiter; in den Fällen 1 A — soweit es sich

um Erwachsene handelt — und 1 D ist auch die Notwendigkeit der Begleitung durch ein ärztliches Zeugnis nachzuweisen.

8. Die Ausweise werden von den Fahrkartenausgabestellen bei jeder Lösung einer Fahrkarte abgestempelt und den Inhabern zurückgegeben, die sie auf Verlangen vorzuzeigen haben.

9. Die Ausweise sind mit den Fahrkarten bei Beendigung der Fahrt, und wenn sie zugleich für die Rückreise ausgestellt waren, bei Beendigung der Rückfahrt abzugeben.

VII. Zum Zwecke der Arbeitsvermittlung.

† 1. In der IV. Klasse und auf Bahnstrecken, wo keine IV. Klasse geführt wird, in der III. Klasse der Personenzüge werden zum halben Fahrpreise III. Klasse befördert:

Arbeiter, denen durch eine dem Verbande deutscher Arbeitsnachweise angehörende, von den Eisenbahnen anerkannte öffentliche oder gemeinnützige Arbeitsnachweisanstalt eine auswärtige Arbeitsstelle vermittelt worden ist.

2. Die Fahrkarten zum halben Preise werden von den Fahrkartenausgabestellen gegen Vorlage eines von der Arbeitsnachweisanstalt nach dem vorgeschriebenen Muster ausgefertigten Ausweises verabfolgt, in dem die Person des Arbeitsuchenden, die zu befahrende Strecke und der Reisetag angegeben und bescheinigt sein muß, daß dem Inhaber eine Arbeitsstelle vermittelt worden ist.

3. Der Ausweis wird von der Fahrkartenausgabestelle bei der Verabfolgung der Fahrkarte abgestempelt. Er ist bei der Fahrkartenprüfung vorzuzeigen und bei der Beendigung der Fahrt mit der Fahrkarte abzugeben.

4. Für Reisen von weniger als 25 Tarifkilometer wird die Ermäßigung nicht bewilligt.

5. Die Eisenbahn kann die Gewährung der Fahrpreisermäßigung für bestimmte Zeiten und Stationen oder für bestimmte Züge ausschließen.

VIII. Für deutsche Kriegsteilnehmer.

1. In der II. und III. Klasse werden auf der Hinreise und Rückreise zum halben Preis, in Schnellzügen außerdem gegen tarifmäßigen Zuschlag, befördert:
   Die vom Zentralkomitee der deutschen Vereine vom Roten Kreuz, von dem bayerischen Landeshilfsverein vom Roten Kreuz oder von dem bayerischen Frauenverein unterstützten Mitkämpfer der Feldzüge von 1864, 1866 und 1870/71, die von der Viktoria-National-Invalidenstiftung in Berlin unterstützten Kriegsteilnehmer von 1866 und die von der Kaiser-Wilhelm-Stiftung für deutsche Invaliden unterstützten Kriegsteilnehmer von 1870/71 bei Reisen zum Besuche von Kurorten.
2. Die Fahrkarten zum halben Preise werden von den Fahrkartenausgabestellen auf Grund der nach dem vorgeschriebenen Muster ausgestellten Ausweise verabfolgt. In dringenden Fällen werden Ausweise anderer Art zugelassen.
3. Als Ausweis wird verlangt:
   a) für die Hinreise und Rückreise
   eine auf den Namen lautende Bescheinigung des Zentralkomitees der deutschen Vereine vom Roten Kreuz, des bayerischen Landeskomitees für freiwillige Krankenpflege im Kriege, der Viktoria-National-Invalidenstiftung in Berlin oder der Kaiser-Wilhelm-Stiftung für deutsche Invaliden darüber, daß dem Kriegsteilnehmer von dem Aussteller eine Unterstützung und von der Kuranstalt der Gebrauch der Bäder oder der sonstigen Kureinrichtungen unentgeltlich oder zu ermäßigtem Preise zugestanden ist.
   b) daneben für die Rückreise
   eine Bescheinigung der Kuranstalt über die Entlassung des Kriegsteilnehmers.
4. Die Ausweise werden von den Fahrkartenausgabestellen bei jeder Lösung einer Fahrkarte abgestempelt und den Inhabern zurückgegeben, die sie dem Fahrpersonal auf Verlangen vorzuzeigen haben. Die Ausweise sind mit

den Fahrkarten bei Beendigung der Fahrt, und wenn sie zugleich für die Rückreise ausgestellt waren, bei Beendigung der Rückfahrt abzugeben.

IX. Für wehrpflichtige Angehörige der Österreichisch-Ungarischen Monarchie.

1. In der III. Klasse, ausgenommen der Schnellzüge, werden zu Militärfahrpreisen (ohne Gewährung von Freigepäck) befördert:

   Die zu militärischen Dienstleistungen einberufenen und in Deutschland lebenden österreichisch-ungarischen sowie bosnischen und herzegowinischen Wehrpflichtigen, mit Ausnahme derjenigen, die sich zur Musterung oder Aushebung gestellen müssen, bei Reisen nach dem heimatlichen Einberufungsorte.

2. Die Fahrkarten zu Militärfahrpreisen werden von den Fahrkartenausgabestellen auf Grund der Einberufungsschreiben verabfolgt.

3. Die Einberufungsschreiben werden von den Fahrkartenausgabestellen abgestempelt und den Inhabern zurückgegeben, die sie dem Fahrpersonal auf Verlangen vorzuzeigen haben.

43) Für die Fahrpreise der Personenbeförderung gelten die Tarifgrundsätze des § 6. Für die Veröffentlichung der Personenfahrpreise (§ 6 Abs. 1 Anm. 22 S. 20 ff.) schreibt Abs. 1 des § 12 eine besondere Veröffentlichungsweise vor. Danach soll auf jeder Station ein Tarifauszug ausgehängt oder ausgelegt werden, der die Preise der dort verkäuflichen — nicht nur der gedruckten, sondern auch der handschriftlich ausgefertigten Karten (sog. Blankokarten) — enthalten muß. Nicht der ganze Tarif ist auszuhängen oder auszulegen, sondern nur ein Tarifauszug, dessen Inhalt sich auf die vorbezeichneten Preise beschränkt.

Unter „Station“ sind auch Haltestellen und Haltepunkte zu verstehen. Auf Stationen, wo die Fahrkarten vom Zugführer verkauft werden, erteilt dieser Auskunft über die Fahrpreise (Pr. PersTar. II).

1. Nach den Allg. AusfBest. (s. vorstehend C I—IX S. 43—54) bestehen neun Kategorien von Fahrpreisermäßigungen. Hierzu tritt noch die Ermäßigung für Militärpersonen (Heer, Marine und Schutztruppen) auf Grund des Art. 47 RV. gemäß der Militär-Beförderungsordnung vom 18. I. 1899 (RGBl. S. 15).

Ferner freie Fahrt für folgende Personen:

I. Eisenbahnbeamte und Bedienstete nach Maßgabe der Freifahrtordnungen der einzelnen Eisenbahnverwaltungen (Pr. Min. d. öff. Arb. vom

15. X. 1907 EVBl. 1907 S. 373 ff.) Auch nicht unmittelbar zur Eisenbahnverwaltung gehörige Personen, z. B. Bahn- und Kassenärzte für Reisen in Ausübung ihres Berufes, soweit sie sich auf das Verhältnis zur Eisenbahn beziehen; ferner vielfach Privathandwerker zur Ausführung von Arbeiten für die Eisenbahnverwaltung (EVBl. 1902 S. 39 ff.).

II. Postbeamte: Art. 2 ff. des Eisenbahnpostges. vom 20. XII. 1875 RGBl. S. 318 und die Vollzugsbestimm. d. Reichskanzlers, sowie die Bestimm. betr. die Verpflichtungen der Eisenb. unterg. Bedeutg. f. d. Zwecke des Postdienstes vom 28. V. 1879.

III. Den mit der Anlage und Unterhaltung der Reichstelegraphenlinien beauftragten und hierzu legitimierten Telegraphenbeamten und deren Hilfsarbeitern ist behufs Ausübung ihrer Dienstgeschäfte die Benutzung eines Schaffnersitzes oder Dienstabteils auf allen Zügen — einschließlich der Güterzüge — gegen Lösung von Fahrkarten der III. Wagenklasse gestattet. (Verpflichtungen der Eisenbahnverwaltungen im Interesse der Bundes-[jetzigen Reichs-]Telegraphenverwaltung vom 7. I. 1869 Ziff. 2, § 339 der Prot. des Bundesrats vom 21. XII. 1868.)

IV. Wo die Zollverwaltung eine Begleitung der Wagenzüge durch Zollbeamte eintreten läßt, hat die Beförderung der Begleitungsbeamten unentgeltlich zu erfolgen und ist denselben ein Sitzplatz auf einem Wagen nach ihrer Wahl einzuräumen. (Vereinszollgesetz vom 1. VII. 1869 § 60 [BGBl. S. 317 ff.].)

V. Hinsichtlich der Beförderung von Gefangenen und Korrigenden (Gefangenen-Einzel- und Sammelbeförderungen) s. für Preußen Erl. d. Min. d. öff. Arb. vom 9. IV. 1886 EVBl. S. 340, Fahrplan-Vorschriften f. d. Pr. Staatsb. vom 1. V. 1900.

VI. Mitglieder des Reichstags für die Dauer der Sitzungsperiode sowie 8 Tage nach dem Schluß in beliebiger Wagenklasse auf sämtlichen deutschen Eisenbahnen. Beginn und Ende der Gültigkeitsdauer wird vom Reichsamt des Innern jedesmal besonders bekannt gegeben. Die Freikarten werden vom Staatssekretär des Innern ausgestellt. (Bek. d. RK. vom 27. VI. 1906 RGBl. S. 850.)

VII. Mitglieder des preußischen Herrenhauses während der Sitzungsperiode des Landtages sowie 8 Tage vor- und nachher in beliebiger Wagenklasse für Reisen von ihrem Wohnorte nach Berlin und zurück auf Strecken der für Staatsrechnung verwalteten Eisenbahnen. Die Freikarten werden vom Minister der öffentlichen Arbeiten ausgestellt. (Min. d. öff. Arb. 30. X. 1882 C. B. 2129.)

VIII. Mitglieder der Ersten Kammer der Stände des Großherzogtums Hessen (MinErl. vom 4. VIII. 1906). Die Freikarten werden ausgestellt vom Minister der öffentlichen Arbeiten.

IX. Mitglieder des Landeseisenbahnrats und die seitens des Ministers der öffentlichen Arbeiten zugezogenen Sachverständigen, ebenso auch die Mitglieder der Bezirkseisenbahnräte in beliebiger Wagenklasse nach und von dem Orte der Sitzung. (Ges. vom 1. VI. 1882 betr. die Einsetzung usw. EVBl. S. 243.)

X. Mitglieder des Ausschusses der Verkehrsinteressenten, etwa hinzugezogene Sachverständige zc., zur Teilnahme an den Beratungen der Ständigen Tarifkommission, in beliebiger Wagenklasse nach und von dem Orte der Sitzung (FreifO. 5).

XI. Kommissare und andere Angehörige deutscher Bundesstaaten auf Grund von Staatsverträgen. (Fahrausweise nach näherer Anordnung des Ministers der öffentlichen Arbeiten.)

2. Vgl. Perf.Beförd.Vorschr. (PBV.) § 6.

44) Abs. 2 Satz 1 gewährt die unentgeltliche Beförderung obligatorisch für alle Kinder bis zum vollendeten vierten Lebensjahre, wenn für dieselben ein besonderer Platz nicht beansprucht wird. Ist letzteres der Fall, so fällt zwar die freie Beförderung fort, aber sie genießen ebenso wie Kinder vom vollendeten vierten bis zum vollendeten zehnten Lebensjahre eine Fahrpreisermäßigung (s. Anm. 45). Meinungsverschiedenheiten in betreff des Alters werden gemäß § 8 entschieden, wodurch jedoch eine weitere nachträgliche Beweisführung im Wege der Reklamation nicht ausgeschlossen ist. Die bewußt unrichtige Angabe des Alters von Kindern zur rechtswidrigen Erlangung ermäßigter Fahrpreise involviert den Tatbestand des Betrugs.

45) Auch diese Vorschrift ist obligatorisch (s. Anm. 44). Die Höhe der Ermäßigung ist der Festsetzung durch die Tarife überlassen (s. Anm. 43 S. 54 und die dort alleg. Allg. AusfBest.).

Es sind Zweifel darüber entstanden, ob und welche Fahrpreisermäßigung bei Kindern einzutreten hat, wenn das betreffende Alter von vier bzw. zehn Jahren während der Fahrt bzw. bei Rückfahrkarten während ihrer Gültigkeitsdauer überschritten wird. Die einen nehmen an, daß die volle Ermäßigung in diesen Fällen bestehen bleibt, weil der Beförderungsvertrag ein einheitlicher sei (Gorden E. 23 98, Seckpiehl E. 23 210), während andere meinen, daß sobald die Voraussetzung der Altersgrenze nicht mehr bestehe, pro rata auch die Ermäßigung fortfalle (Eger DJZ. 1906 Nr. 11, Cohn DJZ. 1906 Nr. 15). Letztere Ansicht erscheint die richtigere, da die Voraussetzung auf wirtschaftlichen Gründen beruht und es der Absicht des Gesetzes nicht entspricht, die Ermäßigung fortbestehen zu lassen, wenn diese Gründe nicht mehr vorhanden sind. Überdies ist der Vertrag für Hin- und Rückfahrt kein einheitlicher, es liegen zwei Verträge vor, wenn sie auch uno actu abgeschlossen werden, ebenso wie beim Kauf mehrerer Grundstücke, der Miete mehrerer Wohnungen zc., so daß der eine gültig, der andere „ungültig" sein kann. Evident ergibt dies auch der Umstand, daß für Hin- und Rückfahrt je eine besondere Fahrkarte verabfolgt wird.

§ 13.

Fahrkarten[46]).

(1) Der Reisende muß vor Antritt der Fahrt eine Fahrkarte erwerben; der Tarif kann Ausnahmen zulassen[47]).

(2) Die Fahrkarte muß Strecke, Zuggattung, Wagenklasse und Fahrpreis angeben[48]).

(3) Die Geltungsdauer muß im Tarife festgesetzt werden[49]).

1. Eine auf den Namen einer bestimmten Person lautende Fahrkarte darf nur von dieser Person benutzt werden. Eine Fahrkarte, womit eine Fahrpreisermäßigung oder sonstige Vergünstigung verbunden ist, ist nur für die Person gültig, die damit die Reise begonnen hat.

2. Fahrkarten, die als zur Rückfahrt gültig gekennzeichnet sind, berechtigen nur zur Fahrt in der Richtung von der darin verzeichneten Bestimmungsstation nach der Ausgabestation.

3. Im Stadt-, Vorort-, Markt- und Ausflugverkehre, sowie im Verkehre mit Ostsee- und Nordseebädern, soweit Schiffs- oder Fuhrwerksstrecken in die Fahrkarten einbezogen sind, können besondere, zur Hin- und Rückfahrt gültige Fahrkarten nach den Bestimmungen der Tarifteile II ausgegeben werden.

4. Die Fahrkarten, auch die als zur Rückfahrt gültig gekennzeichneten, werden bei der Ausgabe mit dem Datum des ersten Geltungstags versehen. Die Fahrkarten zu einem fahrplanmäßig 12 Uhr nachts abgehenden Zug erhalten das Datum des anbrechenden Tages. Bei Fahrkarten, die vom Zugführer ausgegeben werden, kann die Abstempelung unterbleiben. Weitere Ausnahmen können in den Tarifteilen II festgesetzt werden.

5. (1) Die Geltungsdauer der Fahrkarten, auch der als zur Rückfahrt gültig gekennzeichneten, beträgt 4 Tage. Dies gilt auch, sofern in den Tarifteilen II nichts anderes bestimmt ist, für die zur Hin- und Rückfahrt gültigen Fahrkarten.

(2) Als erster Tag der Geltungsdauer wird der Tag gezählt, mit dessen Datum die Fahrkarte abgestempelt worden ist.

Unterbleibt die Abstempelung gemäß Ausführungsbestimmung 4, so wird der Anfang der Geltungsdauer in den Tarifteilen II festgesetzt. Die Reise kann an einem beliebigen Tag innerhalb der Geltungsdauer angetreten werden und muß spätestens um Mitternacht des letzten Geltungstags beendet sein.

(3) Die Bestimmung des Abs. (2) gilt auch für Fahrscheinhefte des Vereinsreiseverkehrs und der Reiseunternehmer, für die eine andere Geltungsdauer festgesetzt ist.

6. (1) Soweit die Fahrkarten nicht für alle Züge gelten, sind bei Benutzung von Schnellzügen Zuschlagkarten zu lösen.

(2) Der Zuschlag beträgt:

Für Tarifentfernungen

von	1— 75 km	0,50 M.	in I./II. Kl.,	0,25 M.	in III. Kl.
von	76—150 „	1,00 „	„ I./II. „	0,50 „	„ III. „
über	150 „	2,00 „	„ I./II. „	1,00 „	„ III. „

Abweichungen sind zulässig und werden in den Tarifteilen II veröffentlicht.

(3) Geht ein Reisender mit einer nicht für alle Züge gültigen Fahrkarte in eine niedrigere Klasse eines Schnellzuges über, so hat er die Schnellzugzuschlagkarte für die niedrigere Klasse zu lösen.

7. Schnellzugzuschlagkarten werden nur zugleich mit einer Fahrkarte oder gegen Vorlage einer solchen ausgegeben. Nach einer über die Bestimmungsstation der Fahrkarte hinaus gelegenen Station werden Zuschlagkarten nur verabfolgt, wenn der Reisende bis zu dieser Station eine Fahrkarte nicht erhalten kann und er eine Fahrkarte nach der zur Lösung neuer Fahrkarten geeigneten, weitestgelegenen Station löst. Die Zuschlagkarte wird in diesem Fall ausdrücklich bis zu der über die Bestimmungsstation hinaus gelegenen Station gültig geschrieben. Ihr Preis wird nach der Tarifentfernung zwischen der Ausgabe- und der Endstation berechnet. Die Zuschlagkarte ist nur für die Person gültig, die damit die Reise begonnen hat.

8. (1) Für die Benutzung der Fahrscheinhefte des Vereinsreiseverkehrs sind neben den Vorschriften dieses Tarifs die Bestimmungen des Vereins deutscher Eisenbahnverwaltungen maßgebend.

(2) Mit besonders bekannt gegebenen Fahrscheinen des Vereinsreiseverkehrs werden auch Fahrscheinhefte für Reisen zusammengestellt, die nicht zum Ausgangsorte zurückführen. Für diese Fahrscheinhefte gelten die gleichen Bestimmungen wie für Fahrscheinhefte des Vereinsreiseverkehrs mit der Maßgabe, daß ihre Geltungsdauer sich auf 45 Tage beschränkt.

9. (1) Scheine der Fahrscheinhefte des Vereinsreiseverkehrs können auf eine kürzere, dieselben Stationen verbindende Strecke umgeschrieben werden. Verschiedene Bahnhöfe desselben Ortes gelten hierbei als eine Station. Auf Wunsch des Reisenden kann auch das Gepäck über den neuen Weg abgefertigt werden.

(2) Auf dem neuen Weg ist Fahrtunterbrechung nur einmal nach den Ausführungsbestimmungen zu § 25 gestattet.

(3) Die Umschreibung ist auf der Abzweigestation oder einer vorgelegenen Station zu beantragen. Sie kann abgelehnt werden, wenn der Beamte sie bei ordnungsmäßiger Erfüllung seiner sonstigen Dienstpflichten und ohne Überschreitung der fahrplanmäßigen Aufenthaltszeit der Züge nicht vornehmen kann.

10. Besondere Bestimmungen über die Gültigkeit der Fahrkarten sowie die Überführung von Personen an Orten mit getrennten Bahnhöfen oder zwischen benachbarten Orten enthält die Anlage II.

11. Die in den Fahrplänen mit L bezeichneten (Luxus-) Züge können nur mit Fahrkarten, die zu Schnellzügen gelten, und gegen Entrichtung der in den besonderen Tarifen festgesetzten Preiszuschläge benutzt werden.

46) Die Fahrkarte ist nach der herrschenden Meinung begrifflich die Quittung über die Zahlung des Fahrpreises und damit zugleich die Legitimation zur Fahrt. Sie ist also nicht Trägerin der Obligation, nicht Vertragsurkunde oder Beweisurkunde über den Abschluß des Beförderungsvertrages — wie der Frachtbrief — und gehört hiernach auch nicht zu den Wert- oder Inhaberpapieren, da sie weder die Inhaberklausel, noch einen diese ersetzenden Vermerk trägt, sondern dient lediglich als Quittung über den Fahrpreis nach Abschluß des Beförderungsvertrages als „Bescheinigung, daß eine Leistung geschehen, für welche die Gegenleistung noch zu erwarten ist". Daher finden die §§ 807, 793, 794, 796, 935 Abs. 2 BGB. auf Eisenbahnfahrkarten keine Anwendung. (S. Förster Th. u. Pr.[2] I § 64 S. 346, Bekker in s. u. Muther's Jahrb. 1 271, 307 f., E. v. Stein, Österr. ZBl. 1886, S. 895: Beweis über die Zahlung des Preises, Renaud, Krit. Überschau 406, Ruckdeschel in Holtzendorffs Rechtslexik. II 277. Goldschmidt in seiner Zeitschrift f. HR. 4 597. F. Dahn, Handelsrechtl. Vortr., 125. W. Koch, Deutschlands Eisenb. II 104, 105. Eger, Deutsch. Frachtr. III 371 ff. Und ähnlich: Staub, A. D. HGB. z. Art. 271, 307 (Legitimationspapier), Gareis b. Busch 34 97, 103 (Legitimationszeichen), Gorden (zur Legitimation des Reisenden dienendes Kontrollzeichen) E. 23 101, 102, Beyersdorf E. 20 81

(Legitimationszeichen), Seelmann eod. 22 85, 221, Gareis in Buschs Arch. 34 97, 103).

A. M. Unger, Die rechtl. Natur der Inhaberpapiere, 95, Kuntze, Lehre v. d. Inhaberpapieren 498, Thöl, Handelsr.[6] I 669, Goldschmidt, System § 127, Brunner b. Endemann II 206, Endemann, Recht d. Eisenb. 675, Cosack, Bürgerl. Recht II 454, Lehmann-Ring II 463, Düringer-Hachenburg § 472 IV, Goldmann IV, Janzer u. Burger 34, 35, Pappenheim, Begriff u. Arten d. Papiere auf den Inhaber 82, Leeb 13, Göppert 76. RG. 24. 5. 1905 JW. 427 E. 22 165 (Inhaberpapier „im Sinne des § 807" BGB. — jedoch ohne jede Begr.).

Denn der Personenbeförderungsvertrag der Eisenbahnen kommt in analoger Weise wie der Güterbeförderungsvertrag dadurch zustande, daß die Eisenbahnverwaltung in den Reglements, Fahrplänen und Tarifen die Beförderungsbedingungen veröffentlicht, unter welchen sie — neben den bindenden Bestimmungen des HGB. und der EVO. (HGB. §§ 454, 471, 472) — Personenbeförderungsverträge schließen wolle, was lex contractus für jeden sein solle, der mit ihr einen Personenbeförderungsvertrag abschließt. Die Reglements, Fahrpläne und Tarife sind sonach Aufforderungen an das Publikum zur Vertragsofferte. Die Offerte selbst geht sodann vom Passagier aus, indem er, sei es selbst oder durch einen Beauftragten, durch Anbieten des Fahrpreises sich bereit erklärt, unter den publizierten Bedingungen einen Personenbeförderungsvertrag mit der Eisenbahn abzuschließen, und diese durch Annahme des Fahrpreises die Offerte akzeptiert. (Göppert 68. A. M. Staub § 472 Anm. 12.) Daß zwischen Eisenbahn und Passagier ein Beförderungsvertrag besteht, wird in der Theorie und Praxis fast übereinstimmend angenommen, insbesondere auch vom Reichsgericht in konstanter Praxis (22. IV 1881, E. 2 14; v. 27. I. 1887 5 237, v. 7. II 1887 5 243 [„zweiseitiger Beförderungsvertrag"], irrig Schott in Endemanns Handbuch des HR. § 364 S. 525 u. Endemann, R. d. Eisenb. 672, 675e). Vgl. auch Göppert 43—48.

Hiernach ist daran festzuhalten, daß die Fahrkarte die Quittung über den auf Grund des Beförderungsvertrages gezahlten Fahrpreis ist. Dies wird auch in der Praxis allgemein angenommen (LG. Dresden 19. IV. 1895 E. 12 312. — Berlin 10. XII. 1894 E. 12 117. — A. M. RG. 25. V. 1905, JW. 427, E. 22 166.) Auch der Umstand, daß die Fahrkarte den Namen des Berechtigten in der Regel nicht enthält (§ 13 Abs. 2), macht dieselbe nicht zum Inhaberpapier (richtig Göppert 79 gegen Schneeli 57, 69, Endemann, Recht d. E. 675 und Leeb 14). Aus diesem Grunde erscheint die Übertragung derselben seitens des ersten Nehmers an Dritte, wenngleich üblich und mangels eines materiellen Nachteils unter Konnivenz der Eisenbahnen häufig zugelassen, doch rechtlich an sich nicht statthaft, zumal die Eisenbahn beim Vertragsabschlusse die Persönlichkeit und die Individualität des Passagiers in Betracht zieht und in Betracht zu ziehen verpflichtet ist (vgl. §§ 11, 12 EVO. Anm. 37 ff. S. 32 ff. Dieses entscheidende Moment wird vom RG. und den Anhängern der Inhabertheorie nicht berücksichtigt, desgleichen nicht die Übertragung des mit der Fahrkarte verknüpften Rechts auf freie bzw. ermäßigte Gepäckbeförderung. Die Fahrkarte ist eine Quittung, kein Inhaberpapier, und daraus folgt, daß die Bahn sich gegenüber dem Wortlaut der Urkunde sowohl gegen den ersten, wie gegen jeden späteren Inhaber derselben auf den abweichenden Inhalt des Beförderungsvertrages berufen kann (z. B. in den Fällen der §§ 11, 12 EVO.). Die Leistung — die Beförderung einer Person mit Gepäck — ist dieser bestimmten Person für eine bestimmte Beförderungsstrecke und gegen einen bestimmten Fahrpreis vertraglich versprochen. Das Recht auf diese Leistung einer beliebigen dritten Person für die ganze oder für eine Teilstrecke oder nur für die Beförderung der Person bzw. nur für die Beförderung des Gepäcks zu übertragen, ist nach der Absicht und dem Wesen dieses Werkvertrages materiell nicht zulässig; auch würde hierzu formell die bloße Überlassung der Fahrkarte nicht ausreichen. Denn durch die Quittung über den Verkaufspreis erlangt der Dritte nicht die Vertragsrechte. Auch die Bestimmungen des § 20 Abs. 1 sprechen entschieden gegen die Inhaberpapiertheorie. Zu welchen für den Eisenbahnverkehr störenden und unüberwindlichen Schwierigkeiten die Annahme der Fahrkarte als Inhaberpapier führen würde, erweisen die Ausführungen Göpperts S. 74—93 recht evident!

Sind aber Eisenbahnfahrkarten ihrer Rechtsnatur nach lediglich Fahrpreisquittungen und als solche Legitimationszeichen, so folgt daraus, daß sie weder als einfache (d. h. für eine Fahrt), noch als Rückfahrkarten (für Hin- und Rückfahrt), noch für Teilstrecken übertragbar sind. Die Übertragung ist nicht nur zivilrechtlich unstatthaft, sondern die Benutzung der Fahrkarte durch den Dritten, da die Eisenbahnverwaltung in jedem Falle eine Vermögensschädigung erleidet, auch als Betrug strafbar, wenn nach Lage des konkreten Falles die bewußt rechtswidrige Absicht der Beteiligten erweislich ist, sich dadurch einen Vermögensvorteil zu verschaffen (§ 263 StGB.). Die von einer Staatsbahn ausgegebene Fahrkarte ist eine öffentliche Urkunde (RGSt. 8 409, 37 319, EisenbArch. 1883 S. 543.)

II. Wenn aber auch — was nach vorstehendem als unzutreffend bezeichnet werden muß — der Eisenbahnfahrkarte der Rechtscharakter eines Inhaberpapieres beigelegt wird, so würde zwar der Übertragung von einfachen und Rückfahrkarten, welche noch nicht benutzt sind, an sich rechtlich nichts entgegenstehen (Altsmann in GruchotsBeitr. 30 111, Westrum in der JW. 1886 S. 255, E. v. Stein, Öster. ZBl. 1886 Nr. 55 S. 895, Nr. 56 S. 901). Dagegen würde es auch bei dieser Annahme rechtlich nicht zulässig sein, einfache oder Rückfahrkarten, welche bereits teilweise benutzt worden sind, für die Weiterreise bzw. Rückreise an Dritte zu übertragen, weil es durchaus gegen die klar erkennbare Absicht des die Leistung versprechenden Schuldners, d. h. der Eisenbahnverwaltung ist, daß die Leistung auf mehrere Personen verteilt werde, d. h. die von dem einen begonnene Benutzung von dem anderen fortgesetzt werde. (De Jonge, Die Unübertragbarkeit der Retourbilletts, Cöln 1887, v. d. Leyen, Pr.EA. 1888 S. 299, Altsmann, GruchotsBeitr. 30 111—113, E. v. Stein 1886 S. 895, 902 f., 1887 S. 1297, Göppert 86 ff.)

III. Ist, wie in der Regel, mit der Gewährung der Rückfahrkarten eine Preisermäßigung verbunden, so tritt noch hinzu, daß in der Benutzung einer bereits teilweise zur Reise verwendeten Rückfahrkarte durch einen Dritten ein Betrug, in der Übertragung an den Dritten eine Beihülfe zum Betruge liegt, jedenfalls dann, wenn sich der Passagier ꝛc. nach Lage der Sache der Rechtswidrigkeit seiner Handlung bewußt ist, bzw. bewußt sein muß (s. Goldschmidt, System d. Handelsrechts § 127 S. 229, 230, Westrum a. a. O. S. 260, 261, E. v. Stein, Öster. ZBl. 1886 S. 903, 904 — 1887 S. 1298) — weil die Eisenbahnverwaltung dadurch, daß in ihren Fahrbeamten durch die Vorspiegelung einer falschen Tatsache (nämlich, daß der die Karte Vorzeigende der ursprüngliche Kartennehmer und berechtigte Inhaber sei) ein Irrtum erregt wird, Schaden an ihrem Vermögen erleidet, bestehend in der Differenz zwischen dem Preise einfacher Fahrkarten, welche der Dritte hätte lösen müssen, und dem Preise der Rückfahrkarte. Es bedarf hiernach an sich gar nicht erst des Verbots der Übertragung auf der Rückfahrkarte, um die betreffende Handlung als Betrug zu qualifizieren. Ist aber der Vermerk „unübertragbar" ausdrücklich der Rückfahrkarte beigefügt und dadurch auf die Rechtswidrigkeit der Übertragung besonders hingewiesen, so kann es keinem Zweifel unterliegen, daß die demungeachtet erfolgte Übertragung bzw. Benutzung der Rückfahrkarte durch einen Dritten den Tatbestand des Betruges darstellt, weil sich alsdann der Zuwiderhandelnde der Rechtswidrigkeit seiner Handlung bewußt sein muß (RG. v. 7. II. 1887 E. 5 243, LG. Düsseldorf 6. XI. 1886, E. 5 108 u. ObLG. München 10. II. 1888 E. 6 364. Ebenso auch das KG. Berlin in dem Erk. v. 15. XII. 1884 E. 3 429, 4 21, welches jedoch das ausdrückliche Verbot der Unübertragbarkeit in einem vorschriftsmäßig publizierten Reglement oder auf der Fahrkarte fordert und andernfalls die Übertragung für rechtlich zulässig und nicht strafbar erachtet). Vgl. hierzu auch Göppert 69 ff., 86 ff., Schneeli 47 ff., Gerh. Eger E. 25 213.

Was vorstehend über die Rückfahrkarten bemerkt ist, gilt aus gleichen Gründen auch für Saisonkarten, Abonnementskarten, Schüler-, Arbeiter-, Rundreise-, Freifahrkarten und -Scheine.

47) § 13, welcher im wesentlichen dem bisherigen § 12 entspricht, enthält im Abs. 1 eine neue Bestimmung über die Verpflichtung des Reisenden zum Erwerb einer Fahrkarte vor Antritt der Fahrt. Durch diese Bestimmung ist die Bedeutung der Fahrkarte als Grundlage des Beförderungsvertrages mehr als bisher in den Vordergrund gestellt (Begr.) und für die Vorschriften des § 16 der erforderliche Rückhalt gewonnen. Der Erwerb der Fahrkarte muß vor Antritt der Fahrt erfolgen, weil sie die Quittung über den auf Grund des Frachtvertrages gezahlten Beförderungspreis und damit das Beweismittel für die Vertragsleistung des Reisenden bildet, der als vertragliche Gegenleistung der Bahn die Beförderung zu fordern hat. Ein späterer Erwerb der Fahrkarte macht die Fahrt, soweit nicht der Tarif Ausnahmen zuläßt — was nach Satz 2 des Abs. 1 gestattet ist — bis zum Zeitpunkt des Erwerbes zu einer vertragslosen und zieht für den Reisenden die im § 17 bezeichneten Folgen nach sich. Durch den Tarif kann z. B. fest-

gesetzt werden, daß für bestimmte Stationen und Strecken die Verabfolgung der Fahrkarten im Zuge durch den Zugführer erfolgt.

48) Abs. 2 bestimmt den Inhalt der Fahrkarte. Die Fahrkarte muß enthalten: 1. die Strecke, für welche sie Geltung hat, 2. die Gattung des zu benutzenden Zuges, 3. die Wagenklasse, 4. den Fahrpreis. Die bisherige Vorschrift, daß die Preisangabe bei Valutaschwankungen wegfallen kann, ist als veraltet gestrichen (Begr.).

Der Inhalt ist obligatorisch. Der Reisende kann verlangen, daß jede Fahrkarte diesen Inhalt hat. Die Eisenbahn ist dafür sowohl im Rechts- wie im Aufsichtswege verantwortlich. Weitere ergänzende, abändernde oder abweichende Zusätze sind nur insofern zulässig, als sie dem § 2 der Eingangsbestimmungen (S. 6 ff.) entsprechen. Dieser Inhalt ist aber freilich für das Vertragsverhältnis zwischen Eisenbahn und Reisenden nicht ausschließlich maßgebend. Er gilt nur insoweit, als er nicht durch ordnungsmäßig veröffentlichte Bestimmungen der EVO., der Tarife und dazu ergangenen Zusatzbestimmungen modifiziert ist (LG. Berlin 10. XII. 1894 E. 12 117). Statt der früheren Bezeichnung der Stationen, von und bis zu welchen die Fahrt verlangt worden (alt. Regl. § 10 Abs. 1), genügt die Angabe der Strecke, für welche die Karte Geltung hat. Ebenso ist die Abstempelung der Fahrkarte bei der Ausgabe mit der Zeit oder dem Zuge, für welchen sie gültig ist (alt. Regl. § 10 Abs. 1), nicht mehr vorgeschrieben, kann also von den Bahnen beliebig geregelt werden.

1. Allg. AusfBest. Ziff. 1—11 (S. 57—59). 2. Allg. AbfVorschr. Teil I (AAV. I). § 1 (Fahrkarten, Allgemeines). § 2 (Vorschriften für besondere Abfertigungsarten). § 3 (Anforderung und Aufbewahrung der Fahrkarten). § 5 (Abstempelung der Fahrkarten). § 8 (Verstempelte Fahrkarten). 3. Personen-Beförderungsvorschriften (PBV.). § 1 (Allgemeine Bestimmungen). § 2 (Art und Farbe der Fahrkarten). § 3 (Geltungsdauer der Fahrkarten). § 4 (Benutzung von Schnellzügen). § 14 (Beförderung in Güterzügen).

Inwieweit ein bei der Lösung und Verabfolgung von Fahrkarten seitens der Eisenbahn oder des Reisenden vorgefallener Irrtum dem einen oder anderen Teile zum Nachteile gereicht, entscheidet sich mangels besonderer Vorschriften nach den Normen des BGB. (vgl. Leeb 15).

49) Abs. 3 schreibt zur Ausfüllung einer Lücke, der jetzigen Tariflage entsprechend, vor, daß die Geltungsdauer der Fahrkarten im Tarife festgesetzt werden muß. Diese Vorschrift ist obligatorisch. Ihre Nichtbeachtung macht die Eisenbahn nicht nur der Aufsichtsbehörde, sondern auch den dadurch geschädigten Interessenten verantwortlich. Die Aufsichtsbehörde darf keinen Tarif genehmigen, der nicht über die Geltungsdauer Bestimmung trifft.

§ 14.

Lösung der Fahrkarten.

(1) Die Fahrkartenschalter sind auf Stationen mit geringerem Verkehre mindestens $1/2$ Stunde, auf Stationen mit größerem Verkehre mindestens 1 Stunde vor der Abfahrzeit offen zu halten [50]).

(2) 5 Minuten vor der Abfahrzeit des Zuges erlischt der Anspruch auf Verabfolgung einer Fahrkarte [51]).

(3) Die Eisenbahn kann verlangen, daß das Fahrgeld abgezählt entrichtet wird [52]).

1. (1) Fahrkarten und Gepäckscheine können bei der Station, wo eine neue Abfertigung erfolgen soll, telegraphisch bestellt werden.

(2) Die Gebühr beträgt, wenn die Fassung des Telegramms dem Stationsbeamten überlassen wird, 25 Pfennig. Wird eine neue Abfertigung mehrmals erforderlich, so können die Telegramme gegen Zahlung von je 25 Pfennig sämtlich schon am Abgangsort aufgegeben werden. Für die telegraphische Bestellung von Fahrscheinheften des Vereinsreiseverkehrs werden die Privattelegrammgebühren erhoben.

(3) Wird bei räumlich getrennten Bahnhöfen desselben Ortes der vom Reisenden benutzte Zug nach dem Bahnhofe nicht überführt, wo die neue Abfertigung vorgenommen werden soll, so hat der Reisende für die Überführung seiner Person und seines Gepäcks von einem zum andern Bahnhofe selbst zu sorgen.

2. In gleicher Weise und gegen die gleiche Gebühr können auch Zusatzkarten zum Übergang in eine höhere Klasse und Schnellzugzuschlagkarten telegraphisch bestellt werden.

3. Wegen Bestellung von Bettkarten siehe Ausführungsbestimmungen 3 zu § 15.

50) § 14 trifft Bestimmung über die Lösung der Fahrkarten und gibt im wesentlichen den Inhalt der ersten beiden Absätze des bisherigen § 13 wieder.

Abs. 1 schreibt den Eisenbahnverwaltungen für den Verkauf der Fahrkarten Minimalfristen vor, innerhalb welcher die Fahrkartenschalter vor der Abfahrzeit eines jeden Zuges offen gehalten werden müssen. Die EVO. unterscheidet hierbei zwischen Stationen mit geringerem und mit größerem Verkehre, bei ersteren hat die Offenhaltung des Schalters mindestens 1/2 Stunde bei letzteren mindestens eine ganze Stunde vor der Abfahrzeit zu erfolgen. Aus Abs. 1 in Verbindung mit Abs. 2 und mit § 3 folgt, daß jedermann Anspruch auf Lösung der Fahrkarten während dieser Fristen — mit der in Abs. 2 bezeichneten Ausnahme — hat.

Die durch Verschulden des Kassierers überhaupt nicht oder nicht rechtzeitig vor Abgang eines Zuges erfolgte Eröffnung der Schalter verpflichtet die Eisenbahn zum Schadensersatze an jene Personen, welche mitfahren wollten, wofern dieselben ohne Fahrkarte zur Fahrt nicht zugelassen wurden (Entsch. d. Österr. Oberst. GerH. vom 3. VIII. 1876, Röll Nr. 190, Janzer und Burger 36). Die Fahrkartenausgabe findet an die sich Meldenden der Reihe nach statt (Allg. AbfVorschr. § 4 Ziff. 6). Auf Stationen, wo keine Fahrkartenausgabestelle vorhanden ist, verkauft der Zugführer die Fahrkarten (Pr. PersTar. II).

Besteht jedoch zwischen dem Abgange zweier in derselben Richtung abgehender Züge ein kürzerer Zwischenraum als 1 resp. $^1/_2$ Stunde, so kann für den später abgehenden Zug frühestens $^1/_2$ Stunde vor dessen Abfahrtszeit die Ausgabe von Fahrkarten gefordert werden. Die nicht rechtzeitige Eröffnung des Schalters zum Zwecke des Fahrkartenverkaufs macht die Eisenbahn denjenigen ersatzpflichtig, welche dadurch an der Mitfahrt verhindert worden sind und Schaden erlitten haben.

Zu den „Stationen" gehören auch die Haltestellen. Ungenau ist die Unterscheidung: Stationen von „geringerem" und „größerem" Verkehre. Im Streitfalle wird die Aufsichtsbehörde hierüber Bestimmung zu treffen haben. Der Annahme Leebs (18), daß richterliches Ermessen entscheide, kann nicht beigepflichtet werden, da es sich um eine rein administrative Ordnungsvorschrift handelt. Die in Abs. 1 bezeichnete Verkaufspflicht bildet die Minimalgrenze, unter welche nicht herabgegangen werden darf. Wohl aber ist es, wie das Wort „kann" ergibt, dem Ermessen einer jeden Eisenbahn vorbehalten, die Verkaufsfristen über diese Fristen hinaus zu verlängern, da dies für das Publikum günstiger ist.

Vgl. 1. Allg. AusfBest. Ziff. 1 u. 2 betr. die telegraphische Vorausbestellung von Fahrkarten, Gepäckscheinen und Zusatzkarten (S. 64).

2. Allg. AbfVorschr. § 4 (Verkauf von Fahrkarten), § 5 (Abstempelung der Fahrkarten), § 6 (Telegraphische Vorausbestellung von Fahrkarten, Gepäckscheinen und Bettkarten), § 8 (Verstempelte Fahrkarten), § 14 (Schluß des Fahrkartenverkaufs) und hierzu ZusBest. f. d. preuß.-hess. Staatsb. zu § 4 Ziff. I—X, § 5 Ziff. I u. II und zu § 6 Ziff. I.

51) Abs. 2 erklärt den Anspruch auf Verabfolgung einer Fahrkarte fünf Minuten vor Abgang des Zuges für erloschen — wenngleich der Schalter geöffnet ist. Dies hat darin seinen Grund, daß sich innerhalb dieser kurzen Frist die Bahn zur Abfertigung und Mitnahme der Reisenden nicht mehr verpflichten kann.

Solange jedoch die Möglichkeit der Beförderung vorliegt, sind auch noch später als 5 Minuten vor Abgang des Zuges Fahrkarten zu verabfolgen (Allg. AbfVorschr. § 4 Abs. 5). Die Reisenden sind auch berechtigt, noch nicht entwertete oder nicht nachweislich nur zum Betreten des Bahnsteigs benutzte Fahrkarten bis 5 Minuten vor Abfahrt des Zuges unter Ausgleich des Preisunterschiedes gegen andere umzutauschen (§ 21 Abs. 2).

52) Abs. 3 enthält lediglich eine den Zahlungsmodus betreffende, dem fakultativen Ermessen der Bahnverwaltungen anheimgegebene Ordnungsvorschrift („die Eisenbahn kann verlangen") (§ 3 Abs. 1 Ziff. 1 EVO. Anm. 12). Nach Allg. AbfVorschr. § 4 Ziff. 3 haben die Schalterbeamten für einen

ausreichenden Vorrat an Wechselgeld zu sorgen, da durch § 14 Abs. 3 EVO. nur unbilligen Ansprüchen und Verzögerungen bei dem Verkaufe begegnet werden soll.

Um den Zweck der Bestimmung klarer auszudrücken, ist an Stelle der bisherigen Worte „abgezählt bereitgehalten wird" gesetzt „abgezählt entrichtet wird" (Begr.), da es nicht sowohl auf das Bereithalten, als vielmehr auf die Zahlung des Betrages ohne Verzögerung durch Wechseln bzw. Zurückgeben zc. ankommt.

§ 15.

Vorausbestellung von Abteilen oder einzelnen Plätzen.

(1) Ganze Abteile sind den Reisenden auf Verlangen für den tarifmäßigen Preis zur Verfügung zu stellen, wenn keine Rücksichten des Betriebs oder des Verkehrs entgegenstehen. Die Bestellung muß mindestens 30 Minuten vor der Abfahrzeit erfolgen [53]).

(2) Für ein Abteil sind höchstens so viele Fahrkarten zu bezahlen, wie es Plätze enthält. In das Abteil dürfen nicht mehr Personen aufgenommen werden, als Fahrkarten bezahlt sind [54]).

(3) Bestellte Abteile müssen durch eine Aufschrift kenntlich gemacht werden [55]).

(4) Ob für einzelne Züge bestimmte Plätze bestellt werden können, hat der Tarif zu bestimmen [56]).

1. (1) Geschlossene ganze Abteile können in der I. Klasse schon gegen Lösung von 4, in der II. Klasse von 6, in der III. Klasse von 8 Fahrkarten überlassen werden. 2 Fahrkarten zum halben Preise werden hierbei als 1 Fahrkarte gerechnet. Mindestens ist für jede Person 1 Fahrkarte zu lösen.

(2) Die Befugnis zur Überlassung steht der Station zu. Bestellte Abteile werden mit der Aufschrift „Bestellt" versehen. Der Besteller erhält eine Bescheinigung.

(3) Ein Recht auf Freihaltung nicht bezahlter Plätze für die Dauer der ganzen Reise wird nicht eingeräumt, die nicht bezahlten Plätze dürfen im Bedarfsfalle zeitweise oder dauernd mit anderen Reisenden besetzt werden. Die Entscheidung hierüber steht auf den Stationen dem Aufsichtsbeamten, während der Fahrt dem Zugführer zu.

(4) Die Abteile können telegraphisch bestellt werden. Die Gebühr beträgt, wenn die Fassung des Telegramms dem Stationsbeamten überlassen wird, 50 Pfg.

2. In den Zügen, die in den Fahrplänen mit D (Durchgang) bezeichnet sind, werden den Reisenden, die Fahrkarten für den betreffenden Zug besitzen, bestimmte Plätze in den Wagen zugewiesen. Auf den Abgangsstationen dieser Züge ist auch die Vorausbestellung bestimmter Plätze zulässig.

3. (1) Die Benutzung der Schlafwagen ist, soweit Plätze vorhanden sind, den mit Fahrkarten I. und II. Klasse der betreffenden Zuggattung versehenen Reisenden gegen Zulösung von Bettkarten gestattet.

Reisende mit Fahrkarten I. Klasse können Bettkarten I. oder II. Klasse, Reisende mit Fahrkarten II. Klasse nur Bettkarten II. Klasse lösen.

(2) Für Kinder unter 4 Jahren, für die ein besonderes Bett nicht beansprucht wird, brauchen Bettkarten nicht gelöst zu werden. Im übrigen sind für Kinder die gleichen Bettkarten wie für Erwachsene zu lösen. Für 2 Kinder im Alter bis zu 10 Jahren, die zusammen 1 Bett benutzen, ist 1 Bettkarte zu lösen. Wird für 1 Kind unter 4 Jahren ein besonderes Bett beansprucht, so ist außer 1 Bettkarte zum vollen Preis auch 1 Fahrkarte zum halben Preise zu lösen.

(3) Die bestehenden Schlafwagenläufe und die Preise der Bettkarten sind bei den Stationen und Fahrkartenausgabestellen zu erfragen.

(4) Bettkarten können auf den Abgangsstationen der Schlafwagen bis 1 Stunde vor Abgang des Zuges bei den hierfür eingerichteten Ausgabestellen unter Entrichtung einer Vormerkungsgebühr oder in der letzten Stunde vor Abgang des Zuges bei dem auf dem Bahnhof anwesenden Schlafwagenwärter gelöst werden.

(5) Bettkarten können auch schriftlich sowie für die von den Verwaltungen besonders bestimmten Schlafwagenkurse durch Vermittelung der Stationen der am Schlafwagenkurse beteiligten Verwaltungen telegraphisch bestellt werden.

(6) In der Bestellung ist anzugeben, ob Bettplätze I. oder II. Klasse gewünscht werden, in welcher Anzahl und ob sie für einen Herrn, eine Dame oder eine Familie bestimmt sind.

(7) Der Bettkartenpreis und die Vormerkungsgebühr sind bei der schriftlichen Bestellung portofrei einzusenden, bei telegraphischer Bestellung vor Aufgabe des Bestelltelegramms zu bezahlen.

(8) Für die telegraphische Bestellung ist außerdem eine Gebühr zu entrichten, die, wenn die Fassung dem Stationsbeamten überlassen wird, für das Bestell- und Antworttelegramm zusammen ohne Rücksicht auf die Anzahl der bestellten Plätze 50 Pfg. beträgt. Diese Gebühr wird auch dann nicht erstattet, wenn kein Schlafwagenplatz freigehalten werden kann.

(9) Die zusagende Antwort auf die schriftliche oder telegraphische Bestellung dient dem Schlafwagenwärter gegenüber als Ausweis für den Anspruch auf die bestellten Plätze.

Wartet der Reisende den Eingang der Antwort nicht ab, so gilt dem Schlafwagenwärter gegenüber, wenn die Plätze freigehalten werden konnten, die Quittung über die entrichteten Gebühren als Ausweis.

Das Antworttelegramm oder die Quittung ist bei Überweisung des bestellten Platzes dem Schlafwagenwärter auszuhändigen.

(10) Ein Anspruch auf Überweisung eines telegraphisch oder schriftlich bestellten Platzes wird nach Zahlung der tarifmäßigen Gebühren erst durch die zusagende Antwort erworben.

(11) Haben bestellte Bettplätze nicht bereit gehalten werden können, so werden dem Besteller die eingezahlten Beträge abzüglich der Telegrammgebühr gegen Empfangsbescheinigung zurückgezahlt.

(12) Auf Unterwegsstationen, wo Bettkarten nicht aufliegen, können sie nur bei dem Schlafwagenwärter gelöst werden. Einzelne besonders bekannt gegebene Stationen nehmen Anmeldungen auf Bettplätze entgegen und erteilen hierüber unentgeltlich Anmeldescheine. Der Schlafwagenwärter gibt für die noch unbesetzten Plätze die Bettkarten nach der Nummerfolge dieser Scheine aus.

Alte EVO. §§ 13 und 17.

53) § 15 regelt die Vorausbestellung ganzer Wagenabteile und einzelner bestimmter Plätze und entspricht mit einigen Änderungen und Ergänzungen dem Abs. 3 des bisherigen § 13.

Abs. 1 gewährt den Reisenden den Anspruch auf ganze Abteile für den tarifmäßigen Preis, wenn keine Rücksichten des Betriebs oder des Verkehrs entgegenstehen. Die bisherige Vorschrift, daß auf Zwischenstationen Abteile nur beansprucht werden können, wenn unbesetzte Abteile in dem ankommenden Zuge vorhanden sind, ist fortgefallen, weil der allgemeine Grundsatz, daß die Stellung von Abteilen von den Rücksichten des Betriebs oder Verkehrs abhängig ist, sowohl für die Abgangs- wie für die Zwischenstationen genügt (Begr.). Für die Bestellung ist eine Minimalfrist von 30 Minuten vor der Abfahrzeit vorgeschrieben; die Bestellung kann also abgelehnt werden, wenn sie später erfolgt, ist aber an eine bestimmte Form nicht gebunden, darf mithin schriftlich, mündlich, telegraphisch ꝛc. geschehen.

54) Abs. 2 bestimmt sowohl für den tarifmäßigen Preis der Stellung eines Abteils (s. Abs. 1), wie für die Besetzung desselben eine Maximalgrenze. Nach Satz 1 sind höchstens so viel Fahrkarten zu bezahlen, als er Plätze enthält. Der tarifmäßige Preis darf also den Gesamtbetrag für die einzelnen Plätze des Abteils nicht übersteigen. Wohl aber kann der Preis geringer sein, d. h. für ein Abteil von 6 Plätzen sich auf den Preis von 4 Fahrkarten beschränken. Nach Satz 2 dürfen in das Abteil nicht mehr Personen aufgenommen werden, als Fahrkarten bezahlt sind. Die Aufnahme von mehr Personen ist verboten. Beläuft sich also der Preis für ein Abteil von 6 Plätzen nur auf den Betrag von 4 Fahrkarten, so dürfen nur 4 Plätze des Abteils besetzt werden und müssen 2 Plätze frei bleiben. Diese Vorschriften sind ihrer Fassung nach obligatorisch. Ein Verstoß gegen dieselben macht die Eisenbahnverwaltung bzw. den Reisenden verantwortlich.

Vgl. 1. Allg. AusfBest. Ziff. 1 u. 2 und über Benutzung von Schlafwagen und Bettkarten Ziff. 3. 2. Allg. AbfVorschr. § 11 (Abfertigung von Sonderzügen), § 12 (Bestellung von Wagenabteilen und ganzen Wagen), § 13 (Bestellung numerierter Plätze), § 6 (Telegraphische Bestellung von Fahrkarten, Gepäckscheinen und Bettkarten). ZusBest. d. pr.-hess. Staatsbahn zu § 11 Ziff. I—V, § 12 Ziff. III betr. Bestellung einzelner Wagenabteile. 3. Pers.Beförd.Vorschr. § 10 (Bestellung numerierter Plätze), § 11 (Beförderung in Sonderzügen, in besonderen Wagen oder Wagenabteilen), § 13 (Telegraphische Bestellung von Fahrkarten, Gepäckscheinen und Bettkarten).

55) Abs. 3 schreibt — gleichfalls obligatorisch — vor, daß bestellte Abteile durch eine Aufschrift kenntlich gemacht werden müssen. Diese Ordnungsvorschrift bezweckt, die Besitznahme der Plätze in diesen Abteilen durch Dritte zu verhindern und Streitigkeiten hierüber vorzubeugen.

56) Abs. 4 überläßt es lediglich der Bestimmung des Tarifs, ob für einzelne Züge bestimmte Plätze bestellt werden können. Die Vorschrift des bisherigen § 17 Abs. 1, daß dies nur für Züge mit besonderen Einrichtungen und für besonders ausgestattete Wagen zulässig sei, ist fortgefallen. Hauptsächlich

werden hierbei — wie vorher — Durchgangszüge (D-Züge) mit numerierten Plätzen, sowie Züge mit Schlafwagen in Betracht kommen.

§ 16.

Prüfung der Fahrkarten. Fahrpreiszuschläge. Bahnsteigkarten.

(1) Die Fahrkarte ist auf Verlangen beim Eintritte in den Warteraum, beim Betreten und beim Verlassen des Bahnsteigs, beim Einsteigen in den Wagen sowie jederzeit während der Fahrt vorzuzeigen und je nach den für die letzte Fahrstrecke bestehenden Einrichtungen kurz vor oder nach Beendigung der Fahrt abzugeben [57]).

(2) Ein Reisender, der keine gültige Fahrkarte vorweisen kann, hat für die von ihm zurückgelegte Strecke, wenn aber die Zugangsstation nicht sofort unzweifelhaft nachgewiesen wird, für die ganze vom Zuge zurückgelegte Strecke das Doppelte des Fahrpreises, mindestens jedoch 6 Mark zu entrichten. Dieser Betrag ist auch zu zahlen, wenn sich der Zug noch nicht in Bewegung gesetzt hat [58]). Wer unaufgefordert dem Schaffner oder Zugführer meldet, daß er keine Fahrkarte habe lösen können, hat einen Zuschlag von 1 Mark zu dem tarifmäßigen Preise, jedoch nicht mehr als das Doppelte dieses Preises zu zahlen [59]).

(3) Der Reisende, der die sofortige Zahlung verweigert, kann ausgesetzt werden. Der Ausgesetzte hat keinen Anspruch darauf, daß ihm sein Reisegepäck auf einer anderen als der Bestimmungsstation zur Verfügung gestellt wird [60]).

(4) Auf Stationen mit Bahnsteigsperre haben Personen, die nicht im Besitz einer gültigen Fahrkarte sind, vor Betreten der abgesperrten Teile der Station eine Bahnsteigkarte zu lösen. Die Karte ist beim Eintritte vorzuzeigen und beim Verlassen der abgesperrten Teile abzugeben. Wer ohne gültigen Ausweis die abgesperrten Teile einer Station betritt, hat 1 Mark zu zahlen [61]).

(5) Wer ohne die Absicht mitzureisen in einem zur Abfahrt bereitstehenden Zuge Platz nimmt, hat 6 Mark zu entrichten [62]).

(6) Den Eisenbahnen bleibt überlassen, mit Genehmigung der Landesaufsichtsbehörden nach Zustimmung des Reichs-Eisenbahnamts die Fälle durch den Tarif einheitlich zu regeln, wo aus Billigkeit von der Erhebung der in den Abs. (2), (4) und (5) bezeichneten Beträge ganz oder teilweise abgesehen wird [63]).

(7) In allen Fällen, wo eine Nachzahlung geleistet wird, ist eine Bescheinigung zu verabfolgen [64]).

1. Ob eine beschädigte Fahrkarte noch als gültig anzusehen ist, entscheidet auf der Station der Aufsichtsbeamte, während der Fahrt der Zugführer. Fahrkarten, deren Inhalt unbefugt geändert worden ist, werden als ungültig eingezogen.
2. Scheine von Fahrscheinheften aller Art und von Fahrkarten in Buchform, deren Umschlag nicht vorgezeigt werden kann, sowie außer der Reihe befindliche Scheine sind ungültig und werden dem Reisenden abgenommen.
3. Einen Zuschlag hat nicht zu zahlen:
   a) wer auf einer Anschlußstation wegen Verspätung des benutzten Zuges oder wegen kurzer Übergangszeit eine Fahrkarte zur Weiterfahrt nicht hat lösen können und dies dem Schaffner sofort unaufgefordert meldet,
   b) wer in demselben Zug über die Station, bis zu der seine Fahrkarte gilt, hinausfahren will, dort aber keine Zeit zur Lösung einer neuen Fahrkarte hat und die Absicht der Weiterfahrt spätestens auf der ursprünglichen Bestimmungsstation dem Schaffner meldet,
   c) wer in einem auf der Bestimmungsstation seiner Fahrkarte nicht haltenden Zug über diese hinausfahren will und dies dem Schaffner spätestens auf der letzten Haltestation vor der ursprünglichen Bestimmungsstation meldet.
4. Wenn ein Reisender gegen seinen Willen oder aus Unkenntnis eine Strecke mit einer für diese nicht gültigen Fahrkarte befahren oder einen seiner Fahrkarte nicht entsprechenden Zug mit höheren Fahrpreisen benutzt hat, so kann statt der in § 16 Abs. (2) bestimmten Beträge der einfache Fahrpreis oder der tarifmäßige Zuschlag für den Übergang erhoben werden, sofern der Reisende zur sofortigen Zahlung bereit ist.
5. Kinder bis zum vollendeten vierten Lebensjahre werden auf die Bahnsteige ohne Bahnsteigkarte zugelassen.

Alte EVO. § 21.

Pers. Bef. Vorschr. (PBV.) § 18. Prüfung der Fahrkarten. § 19. Reisende ohne gültige Fahrkarten. § 21. Abnahme der Fahrkarten bei Beendigung der Fahrt.

57) Abs. 1 des § 16 verpflichtet zunächst den Reisenden, die gelöste Fahrkarte beim Eintritt in den Warteraum, beim Betreten des Bahnsteigs (Perron) und — mit Rücksicht auf die fast allgemein eingeführte Bahnsteigsperre — auch

beim Verlassen des Bahnsteigs, sowie beim Einsteigen in den Wagen und jederzeit während der Fahrt vorzuzeigen [vgl. Erl. des Pr. Min. d. öff. Arb. vom 28. I. 1892 betr. die Fahrkartenprüfung an den Ausgängen der Bahnsteige auf den Berliner Fernbahnhöfen EVBl. 1892 S. 21, 22. IV. 1895 betr. Absperrung der Bahnsteige (S. 369) und 27. V. 1895 betr. Fahrkartenprüfung an den Bahnsteigen (S. 392)], jedoch nicht ohne weiteres, sondern nur auf Verlangen (sc. des hierzu legitimierten Bahnorgans). Die Weigerung begründet die Rückweisung bzw. — wenn unterwegs — den Ausschluß von der Fahrt (arg. § 11 Abs. 1). Außerdem kann eine bahnpolizeiliche Strafe (§§ 77, 82 BBO.) eintreten. Der Reisende ist demgemäß verpflichtet, die Fahrkarte sowie auch die etwaige Platzkarte während der Fahrt aufzubewahren und auf Verlangen jedem im Bahnzuge diensttuenden Eisenbahnbeamten, der als solcher durch Dienstabzeichen kenntlich ist oder sich sonst ausweist, vorzuzeigen. Die durch Verschulden des Kassierers überhaupt nicht oder nicht rechtzeitig vor Abgang eines Zuges erfolgte Eröffnung der Personenkasse verpflichtet aber die Eisenbahn zum Schadensersatze an diejenigen Personen, welche mitfahren wollten, aber ohne Karte nicht zugelassen wurden. (Oberst. Österr. Ger. vom 3. August 1876, Epstein 392, Röll 455, Janzer u. Burger 36.)

Sodann verpflichtet Abs. 1 den Reisenden, die Fahrkarte je nach den für die letzte Fahrstrecke bestehenden Einrichtungen kurz vor oder nach der Beendigung der Fahrt abzugeben, auch dies aber nicht von selbst, sondern nur auf Verlangen (sc. des hierzu legitimierten Bahnorgans), da sich diese Worte sowohl auf das Vorzeigen wie Abgeben der Fahrkarte beziehen. Die Forderung der Abgabe darf nur dann gestellt werden, wenn sie nach den für die letzte Fahrstrecke, also nicht einer früheren Fahrstrecke, bestehenden Einrichtungen gerechtfertigt ist. Die Einrichtung dient zur Kontrolle sowohl des Publikums, wie auch des Fahrpersonals. Bei Verweigerung der Abgabe der Fahrkarte kann zwar in diesem Stadium der Beförderung die Rückweisung bzw. der Ausschluß von der Fahrt (§ 11 Abs. 1) nicht mehr eintreten. Wohl aber macht sich der Reisende gemäß §§ 77, 82 BBO. strafbar. Auch zur Erfüllung dieser Pflicht liegt es dem Reisenden ob, die Fahrkarte bis zur Beendigung der Fahrt aufzubewahren. Da die Vorzeigung der Fahrkarte beim Verlassen des Bahnsteigs erfordert wird, darf selbstverständlich die Abgabe derselben kurz vor oder nach Beendigung der Fahrt nicht verlangt werden, sondern erst am Ausgange des Bahnsteigs. Dies hätte — weil anderenfalls in den Vorschriften des Abs. 1 ein Widerspruch liegt — de leg. fer. klar ausgesprochen werden müssen.

58) Abs. 2 des § 16 in Verbindung mit Abs. 3 enthält Bestimmungen über das Verfahren in betreff solcher Reisenden, die keine gültige Fahrkarte vorweisen können. Es ist hierbei unterschieden zwischen I solchen Reisenden, die dies nicht melden (Satz 1 u. 2) und II solchen Reisenden, die dies unaufgefordert melden (Satz 3). Der Abs. 2 der EVO. v. 1892 sprach von einem „Reisenden, welcher ohne gültige Fahrkarte betroffen wird". An Stelle dieser Worte ist in der EVO. v. 1899 die Fassung: „Wer ohne gültige Fahrkarte im Zuge Platz nimmt" gewählt. Man wollte damit einerseits auch den Fall treffen, daß Nichtreisende unbefugt im Zuge

Platz nehmen, sowie andererseits den Fall, daß das Fehlen der Fahrkarte erst nach der Beendigung der Fahrt festgestellt wird. Es sollte also weder darauf ankommen, daß der Kontravenient bereits eine Strecke befördert worden ist oder überhaupt die Absicht hat, mitzureisen, noch darauf, daß er gerade auf der Fahrt oder im Zuge ꝛc. in flagranti entdeckt wird, vielmehr die bloße Tatsache genügen, daß er sich im Zuge ohne gültige Fahrkarte erweislich befunden, d. h. darin Platz genommen hat, wenn dies auch erst später festgestellt wird. Die neue EVO. v. 1908 nähert sich wieder — wenn auch in etwas veränderter Fassung — der Bestimmung der EVO. v. 1892, indem zwischen Reisenden (Abs. 2) und solchen Personen unterschieden wird, die, ohne die Absicht mitzureisen, im Zuge Platz nehmen. Bei der Schwierigkeit dieser Unterscheidung, welche leicht zu Streitigkeiten führen kann, wäre es richtiger gewesen, nach dem Vorgange der bisherigen EVO. v. 1902 keinen Unterschied zu machen und alle Personen, welche sich unbefugt oder ohne gültige Fahrkarte im Zuge befinden, einheitlich zu behandeln (s. Abs. 6 Anm. 62).

I. Die sich nicht Meldenden haben nach Satz 1 und 2 für die ganze von ihnen zurückgelegte Strecke, und, wenn die Zugangsstation (sc. diejenige, auf welcher sie den Zug bestiegen) nicht sofort unzweifelhaft nachgewiesen wird — was dem betreffenden obliegt —, für die ganze vom Zuge zurückgelegte Strecke als Konventionalstrafe das Doppelte des Fahrpreises, mindestens aber den Betrag von 6 M. zu zahlen. Dieser Betrag ist auch dann zu zahlen, wenn der Zug sich noch nicht in Bewegung gesetzt hat. Das Fahrgeld ist nicht noch besonders zu entrichten. Mehr darf nicht gefordert werden. Insbesondere ist eine Abrundung des Preises über das Doppelte hinaus unzulässig. Nur das Doppelte des Fahrpreises d. h. des auf der Fahrkarte angegebenen Preises (§ 13 Abs. 2), nicht auch der Gepäckfracht (§ 32 Abs. 4) ist zu zahlen. Lediglich die Tatsache, daß der Reisende „eine gültige Fahrkarte nicht vorweisen kann", d. h. zu der Zeit, wo die Vorzeigung gemäß Abs. 1 von ihm verlangt wird, keine für die betreffende Person, Strecke, Zeit oder Klasse gültige oder eine bereits benutzte, gefälschte Fahrkarte ꝛc. begründet die Strafe. Der bloße Nichtbesitz einer Platzkarte (§ 15 S. 67) bedingt nicht die Ungültigkeit der Fahrkarte und berechtigt daher die Eisenbahn nicht zur Erhebung der Strafen aus § 16, sondern nur zur Forderung der Lösung einer Platzkarte. (LG. Berlin 10. XII 1894, E. 12 117.) Auch der Nachweis, daß die Fahrkarte gelöst, aber verloren gegangen sei (z. B. durch Vorlegung des betreffenden Gepäckscheins), kann von der Strafe nicht befreien, da es auf dolus oder culpa hier nicht ankommt; ebensowenig Irrtum über die Gültigkeit der Fahrkarte (A. M. Coermann, VZ. 1894 S. 121). Daher begründet streng genommen auch das spätere Wiederfinden der z. Z. der Revision verschuldet oder unverschuldet verlorenen Fahrkarte nicht eine Rückforderung des Strafbetrages (vgl. OLG. Hamburg 1. V. 1897, E. 24 241 und RG. 20. XII. 1897, eod. S. 353, auch Gorden E. 16. 77 ff.), wenngleich derselben aus Billigkeitsrücksichten wohl allseitig stattgegeben werden wird (Kühlwetter 17 Anm. 3). Die Streitfragen hierüber beruhten auf der bisherigen Fassung: „Wer ohne gültige Fahrkarte im Zuge Platz nimmt" (s. Gorden E. 20 196, Böthke eod. 21 90, Makower 1623) und sind durch die neue Fassung erledigt. Auch Schott 528 bezeichnet diese Verpflichtung als eine Strafverpflichtung, welche ohne Rücksicht darauf begründet sei, ob der Passagier niemals eine Fahrkarte gelöst oder aber die gelöste verloren oder die verlorene nach der Strafzahlung wiedergefunden habe. Dagegen sieht ein Erlaß des Preuß. Min. d. öff. Arb. v. 23. II. 1883 II. b. T. 1049 darin nicht die Festsetzung einer Geldstrafe, sondern die Normierung erhöhter, im Mindestbetrage auf 6 M. festgesetzter Fahrgelder für die mit einer gültigen Fahrkarte nicht versehenen Reisenden.

Vgl. Allg. AusfBest. z. § 16 EVO. (S. 71). Pers.Beförd.Vorschr. § 18 Prüfung der Fahrkarten, § 19 Reisende ohne gültige Fahrkarten, § 21 Abnahme der Fahrkarten nach Beendigung der Fahrt.

Neben der Kontravention gegen § 16 Abs. 2 EVO. kann aber auch noch eine Bahnpolizeikontravention (§§ 77, 82 BBO.) oder der Tatbestand des Betrugs, der Urkundenfälschung und der Bestechung vorliegen und strafrechtliche Verfolgung eintreten. Die eine Strafe schließt daher die andere nicht aus (Coermann, a. a. O. S. 122, Gerh. Eger E. 25 214, s. dort auch über Fahrkartenautomaten, Kinderfahrkarten und Bahnsteigkarten):

a) Betrug (§§ 263, 264 RStGB.) liegt vor:

1. bei der Fahrt ohne Fahrkarte in der rechtswidrigen Absicht, ohne Entgelt befördert zu werden, s. Oppenhoff z. § 263 StGB. Nr. 68, Hahn[a] 357 (RGSt. 4 295, 7 124). Dahin gehört auch falsche Angabe der Zugangsstation (RGSt. 17 217), Mitfahrt auf dem Trittbrett (24 218), Verhinderung der Entwertung, wenn auch im Einverständnis mit dem Zugpersonal (7 214, 17 217, 25 412). Durch Nachlösung der Fahrkarten wird die bereits mit Beginn der Fahrt eingetretene Vermögensbeschädigung der Eisenbahn nicht aufgehoben (RG. 14. V. 1889 E. 7 124), und zwar gleichviel, ob der betreffende Passagier nur heimlich (ohne Meldung) mitfährt oder auf Befragen eine irrtumerregende oder unrichtige Antwort gibt (Stadtger. Frankfurt a. M. 17. II. 1878, EBBl. 1878 S. 169, RG. I. StrafSen. 20. VI. 1881 E. 2 64, A. M. de Jonge, „Retourbillet und kein Ende" S. 21, v. Bar, Gerichtssaal 1888, Westrum, Magazin f. d. Recht VII). Erforderniș ist jedoch in allen Fällen, daß eine tatsächliche Irrtumserregung stattgefunden hat. Das heimliche Mitfahren in einem Zuge kann, weil eine Täuschung mangels Kenntnis der Beamten nicht vorliegt, als Betrug nicht angesehen werden (Olshausen, StGB.[5] 2 1022 u. 1034). Fehlt die rechtswidrige, auf Erzielung eines Vermögensvorteils gerichtete Absicht, waren z. B. die tatsächlichen Merkmale, welche die Ungültigkeit der Fahrkarte bedingen, dem Reisenden nicht bekannt, so liegt Betrug im Sinne des § 263 StGB. nicht vor, selbst wenn in dieser Unkenntnis ein Verschulden zu finden wäre (LG. München 7. XI. 1887);

2. bei bewußt rechtswidriger Benutzung einer nicht für den betr. Passagier bestimmten Fahrkarte (unübertragbaren Rückfahrkarte, Rundreisezeitkarte 2c.). Vgl. oben § 14 EVO. Anm. 46 S. 62 ff., ferner Westrum, JW. 1886 Nr. 29, 30, E. v. Stein, Österr. ZBl. 1886 Nr. 55, 56, 1887 Nr. 86, Endemann, R. d. E. § 132 S. 676, de Jonge, Unübertragbarkeit der Retourbillets, Cöln 1887, RG. 7. II. 1887 E. 5 243, LG. Düsseldorf 6. XI. 1886 E. 5 108, ObLG. München 10. II. 1888 E. 6 364, KG. Berlin 15. XII. 1884

E. 3 429, 4 21, LG. München 17. XI. 1887 E 6 90, Österr. OGH. v. 15. XII. 1887 E. 6 106, 3. IX. 1901 E. 18 262. A. M. v. JheringsJ., 23 327 f., Meili, internat. Eisenbahnvertr. S. 41. Betrug kann durch Benutzung einer ungültigen Fahrkarte auch im Einverständnis mit dem Schaffner begangen werden, wenn die Verwaltung durch das Einsteigen in den Wagen und die dadurch bewirkte Unterdrückung der Tatsache, daß Täter keine gültige Karte besitzt, getäuscht wird. (RG. 13. III. 1888 E. 6 263). Und zwar kann hierin vollendeter Betrug, nicht bloßer Betrugsversuch liegen, auch wenn späterhin das revidierende Fahrpersonal sich durch die Vorspiegelungen des Täters nicht täuschen ließ (RG. 8. VII. 1889 E. 6 215). Überhaupt schließt der Tatbestand der Bestechung des Schaffners den Tatbestand des Betrugs gegenüber der Eisenbahnverwaltung durch den ohne Karte die Eisenbahn benutzenden Passagier nicht aus. (RG. 4. VII. 1889 E. 7 214, 11 VI. 1894 E. 11 227).

b) Urkundenfälschung (§§ 267, 268 RStGB.) liegt vor: bei der Fälschung einer Fahrkarte, soweit sie in rechtswidriger Absicht geschieht und von beweiserheblicher Bedeutung ist. Dahin gehört die Änderung des Datums behufs Verlängerung der Gültigkeitsdauer (RG. 2. III. 1883 E. 8 48), nicht aber, wenn dies für die Gültigkeitsdauer ohne Bedeutung (RG. 19. IX. 1884 E. 8 394). Urkundenfälschung ist auch die fälschliche Änderung des Fahrpreises (ObLG. München 12. III. 1886 E. 5 146, RG. 11. I. 1886 E. 5 352), der Reiseroute (RG. 28. VI. 1886 E 5 60). Ist die gefälschte Fahrkarte von einer Staatseisenbahnbehörde ausgestellt, so liegt Fälschung einer öffentlichen Urkunde vor (RG. 21. III. 1883 E. 8 48, RGSt. 8 409, 12. XI. 1895 28 42, Olshausen[5] 1069, 1070). Der Umstand, daß Schriften urkundlichen Inhalts mechanisch vervielfältigt werden, nimmt ihnen den Charakter von Urkunden nicht (RG. 11. XII. 1885 E. 4 385). Ein Versuch der Urkundenfälschung liegt aber in der bloßen Herstellung eines Probedruckes falscher Fahrkarten noch nicht (RG. 17. XII. 1885 E. 4 387).

c) Bestechung (§§ 332, 333 RStGB.). Das Gesetz unterscheidet passive Bestechung (§ 332 l. c. Annahme, Forderung oder Sichversprechenlassen von Geschenken oder anderen Vorteilen für eine Handlung, die eine Verletzung einer Amts- oder Dienstpflicht enthält) und aktive Bestechung (§ 333 l. c. Anbieten von Geschenken ꝛc. zu gleichem Zwecke). Vgl. über passive und aktive Bestechung, insbesondere in Rücksicht auf die Personenbeförderung der Eisenbahnen und den Fahrkartenverkehr: E. 3 203, 4 385, RGSt. 10 325, E. 6 69, 7 214.

59) II. Die sich unaufgefordert Meldenden haben nach Satz 3 des Abs. 2 des § 16 falls sie anzeigen, daß sie keine Fahrkarte haben lösen können, nur zu dem tarifmäßigen Preise einen Zuschlag von 1 M. — keinesfalls jedoch mehr als das Doppelte dieses Preises — zu zahlen. Damit erlangt der Reisende das Recht auf Beförderung, auch ohne alsbaldige Lösung der Fahrkarte — ein weiterer Beweis, daß diese nicht Inhaberpapier und Träger der Obligation, sondern nur eine Quittung und Beweis für die Zahlung ist (LG. Dresden 19. IV. 1895 E. 12 313).

Voraussetzungen sind hier also, daß: 1. die Meldung unaufgefordert dem Schaffner oder Zugführer gemacht wird. — Das frühere Erfordernis (alt. Regl. § 14 Abs. 3 Satz 2), daß dies „gleich beim Einsteigen" geschehen muß, ist fortgefallen. Wohl aber hat die Meldung vor der Aufforderung, also freiwillig und aus eigener Initiative zu erfolgen; 2. Zu dem tarifmäßigen Preise ein Zuschlag von 1 M. (in maximo das Doppelte dieses Preises) gezahlt wird.

Fehlt eine dieser Voraussetzungen, so tritt die Bestrafung nach Satz 1 und 2 dieses Absatzes ein. Siehe noch über die Befreiung von der Zahlung eines Zuschlags in den in Allg.AusfBest. z. § 16 Ziff. 3a—c (oben S. 71) angeführten Fällen.

60) Abs. 3 verordnet im Satz 1, daß — in beiden im Abs. 2 bezeichneten Fällen — der Reisende bei Weigerung sofortiger Zahlung (sc. des Fahrgeldes nebst Strafe bzw. Zuschlag), wenn nicht die Ausnahmefälle der Abs. 4 und 6 (Anm. 61 und 63) vorliegen, ausgesetzt werden kann — selbstredend nicht auf freier Strecke, sondern auf irgendeiner Station oder Haltestelle (s. Erl. d. Pr. HM. v. 8. VI. 1874 2 11364). Es ist damit wohl die nächste hierzu geeignete, d. h. mit genügender Aufenthaltszeit gemeint. Ist er fluchtverdächtig oder vermag er sich nicht auszuweisen, so kann er vorläufig festgenommen werden (BBO. § 75 Abs. 4).

Satz 2 enthält eine bisher fehlende Vorschrift über die Behandlung des Reisegepäcks des ausgesetzten Reisenden. Danach hat er nicht das Recht, daß ihm dasselbe auf einer anderen als der Bestimmungsstation zur Verfügung gestellt bzw. verabfolgt wird. Auf das Handgepäck (§ 28) bezieht sich Satz 2 nicht. Dasselbe wird also sofort mit ausgesetzt. Bei Reisegepäck ist die auf dem Gepäckschein (§ 32 Abs. 5) bezeichnete oder — im Falle des § 32 Abs. 6 — bei der Annahme als Ziel angegebene Station die Bestimmungsstation. Es bleibt dem Ermessen der Eisenbahn vorbehalten, das Reisegepäck auf der Aufgabe- oder einer Zwischenstation zurückzugeben (§ 34 Abs. 1). In keinem Falle hat der ausgesetzte Reisende Anspruch auf Rückzahlung der entrichteten Gepäckfracht (§ 32 Abs. 4).

61) Abs. 4 bestimmt im Satz 1 die Voraussetzungen für die Verpflichtung zur Lösung einer Bahnsteigkarte (s. über die Rechtsnatur, Rechte und Pflichten aus der Bahnsteigkarte: Weber im Sonderheft zu E. 25 122, Brückner, das Recht 1905 S. 330, Kalckbrenner, E. 26 211 und RG. 9. I. 1908 E. 24 382). Die Verpflichtung besteht nur für Stationen mit Bahnsteigsperre, ferner nur für Personen, die nicht im Besitze einer gültigen Fahrkarte (s. Anm. 47 S. 62) sind, und die Lösung hat vor Betreten der abgesperrten Teile eines Bahnhofes zu erfolgen. Für Stationen ohne Bahnsteigsperre darf die Lösung von Bahnsteigkarten nicht angeordnet werden. Personen mit gültiger Fahrkarte sind davon befreit, und zwar auch dann, wenn der Fahrpreis weniger beträgt, als der Preis der Bahnsteigkarte (VZ. 1907 S. 964, 1908 S. 206, 593. A. M. VZ. 1908 S. 345. Vgl. noch Caspers D. JZ. 1907 S. 1320, Herz im „Recht" 11 1895, Gerh. Eger E. 25 218). Wer erst nach Betreten der abgesperrten Teile die Karte löst, ist der Strafe des Satzes 3 verfallen, gleichviel ob die nachträgliche Lösung freiwillig oder erzwungen geschieht. Denn lediglich die Tatsache des Eintritts ohne Karte ist entscheidend.

Satz 2 schreibt vor, daß die Bahnsteigkarte beim Eintritt in die abgesperrten Teile vorzuzeigen und bei deren Verlassen abzugeben ist. Wird die Karte beim Eintritt nicht vorgezeigt, so erfolgt Zurückweisung. Wird die

Vorzeigung auf Erfordern auf den abgesperrten Teilen oder die Abgabe der Karte beim Verlassen derselben verweigert und auch eine andere Legitimation nicht vorgewiesen, so erfolgt Einziehung der im Satz 3 vorgesehenen Geldstrafe, weil alsdann der Nichtbesitz der Karte bzw. eines anderen gültigen Ausweises zum Betreten des Bahnsteigs angenommen werden muß. Außerdem sind beide Vorschriften Ordnungsvorschriften im Sinne des § 77 BBO., und es kann die Übertretung gemäß § 82 BBO. auch bahnpolizeilich verfolgt werden, falls nicht der Tatbestand des Betrugs oder der Urkundenfälschung &c. vorliegt (s. Anm. 58 S. 74, 75).

Satz 3 bestimmt die Geldstrafen (Konventionalstrafen) für das Betreten der abgesperrten Teile eines Bahnhofes ohne gültigen Ausweis. Die Worte „abgesperrten Teile eines Bahnhofes" gehen weiter, als das Wort „Bahnsteig", sie umfassen auch andere dem Publikum &c. ohne besondere Legitimation nicht zugängliche und abgesperrte Räume &c. der Stationen. Wer diese ohne Befugnis, d. h. ohne Bahnsteigkarte oder anderweite Legitimation betritt bzw. sich dort aufhält, hat eine Geldbuße von 1 M. verwirkt. Durch die allgemeine Fassung „ohne gültigen Ausweis" ist die vorliegende Strafbestimmung auch auf diejenigen Stationen anwendbar, wo nur der Zutritt, nicht auch der Austritt durch die Bahnsteigkarte kontrolliert wird. Zu der Strafe von 1 M. tritt ferner noch die Pflicht zur Entrichtung des Betrages der Bahnsteigkarte bzw. der im Abs. 2 vorgesehenen Beträge, wenn festgestellt wird, daß der Betroffene ohne gültige Fahrkarte einen Zug benutzt hat. In letzterem Falle sind also die Beträge aus Abs. 2 und die Geldbuße von 1 M. zusammen zu entrichten. Die eine Strafe schließt die andere nicht aus, wenn dies auch nicht — wie in der EBO. von 1899 § 22 Abs. 5 — ausdrücklich bestimmt ist.

Zu diesen Zivilbußen können noch die bahnpolizeilichen (§§ 77, 82), sowie die Strafen wegen Betruges, Urkundenfälschung &c. hinzutreten (s. Anm. 58 S. 74, 75), wenn der bezügliche Tatbestand erwiesen ist.

Nach den Allg.AusfBest. z. § 16 Ziff. 5 werden Kinder bis zum vollendeten vierten Lebensjahre auf die Bahnsteige ohne Bahnsteigkarte zugelassen (S. 71).

62) Abs. 5 bezweckt die Bestrafung derjenigen Personen, die ohne die Absicht mitzureisen, in einem zur Abfahrt bereiten Zuge Platz nehmen. Sie haben 6 M. zu entrichten (H. Neumann, VZ. 1903 S. 101). Es sollen damit nur diejenigen getroffen werden, die mit Bahnsteigkarten im Wagen Platz nehmen, um Reisende und Beamte über die Besetzung des Abteils zu täuschen, und so ihren abreisenden Angehörigen eine bequeme Fahrt zu sichern (Begr.). Indes findet das Platznehmen im abfahrtbereiten Zuge ohne Reiseabsicht häufig nicht zum Zwecke der Täuschung, sondern aus anderen Gründen, z. B. um Abschied zu nehmen, dem Abreisenden noch eine dringende Nachricht zu überbringen &c. statt. Auch ist es, wie oben Anm. 58 S. 73 erörtert, schwierig festzustellen, ob die Absicht mitzureisen vorliegt oder nicht, und es hätte sich daher empfohlen, von dieser Unterscheidung abzusehen und — wie in der EBO. v. 1892 — beide Kategorien einheitlich zu behandeln, zumal der Strafbetrag der gleiche ist. Auf Stationen mit Bahnsteigsperre

sind, wenn eine Bahnsteigkarte nicht gelöst worden ist, überdies die Beträge des Abs. 4 zu entrichten.

63) Abs. 6 gestattet den Eisenbahnverwaltungen Bestimmungen, welche von den Vorschriften der Abs. 2, 4 u. 5 (Anm. 58 ff.) abweichen, in den Tarifen mit Genehmigung der Landesaufsichtsbehörden nach Zustimmung des Reichseisenbahnamts einheitlich zu treffen, und stellt sich hiernach als eine Ausführungsvorschrift zu § 2 Abs. 2 u. 3 der Eingangsbestimmungen dar. Abs. 6 ist aus der Erwägung hervorgegangen, daß es Fälle gibt, in welcher die Anwendung der Abs. 2, 4 u. 5 zu Härten führen würde, weil die Absicht der Hinterziehung fehlt. Es war daher angezeigt, durch die Aufnahme einer besonderen Bestimmung in den § 16 den Eisenbahnverwaltungen unter den Voraussetzungen des § 2 Abs. 2 u. 3 der Eingangsbestimmungen die bezügliche Befugnis zur Aufnahme derartiger Bestimmungen in die Tarife ausdrücklich zu erteilen. Dies ist durch Abs. 6 des § 16 geschehen. Den Eisenbahnverwaltungen ist es überlassen, die Fälle, in welchen aus Billigkeitsrücksichten von der Erhebung der in den Abs. 2, 4 u. 5 bezeichneten Beträge ganz oder teilweise abgesehen wird, durch den Tarif einheitlich zu regeln. Wie alle von den allgemeinen Bestimmungen der EVO. abweichende Bestimmungen bedürfen hiernach auch die hier vorgesehenen sowohl der Genehmigung der Landesaufsichtsbehörden, wie der Zustimmung des Reichseisenbahnamtes, ferner der Aufnahme in die Tarife und der Kenntlichmachung der Genehmigung in der Veröffentlichung der Tarife. Es wird in betreff aller dieser Voraussetzungen auf die Erörterung des § 2 Abs. 2 und 3 der EingBest. (Anm. 5 ff.) Bezug genommen. Durch die Vorschrift der einheitlichen tarifarischen Regelung unter Genehmigung der Landesaufsichtsbehörden und des Reichseisenbahnamtes ist zweckmäßig dagegen Vorkehrung getroffen, daß etwa ohne genügenden inneren Grund in den Lokaltarifen untereinander abweichende Bestimmungen bezüglich der betr. Beträge getroffen werden, auch wenn solche nach Maßgabe des § 2 der Eingangsbestimmungen an sich gestattet sein sollten. Nach der Fassung des Abs. 6 ist nur eine Ermäßigung oder Aufhebung, nicht eine Erhöhung der bezüglichen Beträge gestattet.

64) Die Bestimmung des Abs. 7 über die Verabfolgung einer Bescheinigung soll für alle Fälle der Nachzahlung, also in den Fällen der Abs. 2, 4 u. 5 gelten, und ist daher an den Schluß des § 16 gestellt (Begr.). Da es sich bei den Strafen nicht um eine Nachzahlung handelt, so wäre das Wort „Zahlung" richtiger gewesen. Die Bescheinigung dient insbesondere bei Beschwerden als urkundlicher Nachweis über die erfolgte Zahlung (Quittung).

§ 17.

Warteräume.

(1) Die Warteräume sind mindestens 1 Stunde vor der Abfahrzeit des Zuges zu öffnen[65]).

(2) Auf Übergangsstationen ist es den angekommenen Reisenden gestattet, sich in dem Warteraume der Bahn, die sie zur Weiterreise be-

nutzen wollen, bis zur Abfahrt ihres Zuges aufzuhalten. Sie können aber nicht beanspruchen, daß der Warteraum ihretwegen in der Zeit von 11 Uhr Abends bis 6 Uhr Morgens offen gehalten wird. Nur wenn die Zeit von der Ankunft des letzten bis zum Abgang des ersten Zuges weniger als 4 Stunden beträgt, müssen auf Übergangsstationen oder auf Stationen, wo Züge über Nacht stehen bleiben, die Warteräume für angekommene Reisende, die weiterfahren wollen, geöffnet sein[66]).

(3) Den im § 11 aufgeführten Personen kann untersagt werden, sich in den Warteräumen aufzuhalten[67]).

(4) Das Rauchen in den Warteräumen kann verboten werden[68]).

Alte EBO. § 15.

65) Die Vorschrift des Abs. 1 des § 17 gilt ausnahmslos für alle Stationen und Haltestellen. Nachteile aus der Nichtbeobachtung dieser Vorschrift sind im Rechts- und Aufsichtswege verfolgbar. Der mit Fahrkarte Versehene hat Anspruch auf Benutzung der Warteräume während der bestimmungsmäßigen Zeit der Offenhaltung derselben (s. Anm. 81 S. 87, Goldschmidt, Syst. 230). Aus dem Vertragsverhältnisse entspringt für die Eisenbahn auch die Pflicht, die dem Fahrkartennehmer angewiesenen Räume, ihren Zu- und Abgang in einem den Aufenthalt bzw. das Durchgehen ohne Gefahr gestattenden Zustand zu erhalten und für etwaigen Schaden aus der Verletzung dieser Pflicht aufzukommen. (RGZ. 4 192, E. 2 14, 5 237, RGZ. 55 335, E. 20 252, 21 68, 22 40, 24 43, 49, 25 32, EisenbArch. 1908 S. 485; Haftung des Pächters der Bahnwirtschaft E. 21 386, JW. 1905 S. 48.) Für Preußen: „Der Stationsvorsteher hat die genaue Befolgung der Bestimmungen über das Offenhalten der Wartesäle, Fahrkarten- und Gepäckexpeditionen zu überwachen und für Ordnung und Reinhaltung sämtlicher Bahnhofsräume 2c. Sorge zu tragen" (Pr. Dienstanweis. f. Stat.-Beamte §§ 26, 27). Über Reinhaltung und Lüftung der zum Aufenthalte des Publikums bestimmten Räume, Desinfektion der Bedürfnisanstalten, Beschaffung ausreichenden und gesunden Trinkwassers (s. Erl. vom 2. VII. 1884 EVBl. S. 319, 17. VIII. 1887 EVBl. S. 352, 26. VI. 1889 EVBl. S. 215, Wascheinrichtungen auf den Stationen Erl. vom 17. X. 1885 II. b. T. 4844, Reinigung und Desinfektion der Wartesäle, Bahnsteige Erl. vom 1. IV. 1898 EVBl. S. 81 vom 23. II. 1900 betr. Reinhaltung und Desinfektion der Bedürfnisanstalten auf den Bahnhöfen, EVBl. S. 100). Bedienung der Reisenden an den Bahnhofbüffets (Erl. vom 23. VIII. 1890 EVBl. S. 214). Einer mißbräuchlichen Benutzung der Wartesäle von seiten anderer Personen wird der Stationsvorsteher durch entsprechende Ausübung des ihm zustehenden Aufsichtsrechts vorbeugen können (Erl. vom 30. V. 1878 II. T. 1009 und 15. III. 1881 II. b. T. 1435).

Vgl. hierzu § 78 BBO., wonach — außerhalb der bestimmungsmäßig dem Publikum geöffneten Räume — niemand die Station ohne Erlaubniskarte betreten darf, mit Ausnahme der im § 78 bezeichneten Beamten 2c. Zu diesen Räumen gehören auch die Perrons (Bahnsteige), soweit sie nicht bestimmungsmäßig geöffnet sind. Auf dieselben findet daher § 123 StGB. (Hausfriedensbruch) Anwendung (RG. 29. I. 1881 E. 1 375), desgleichen auf den Bahnhof (RG. 4. V. 1885 E. 4 156), die Empfangsgebäude, deren Flure zc.; insbesondere sind Dienstmänner oder sonstige Gewerbetreibende nicht berechtigt, sich in diesen Räumen aufzustellen (OLG. Rostock 25. VII. 1885 E. 4 304—308), in Bayern auch nicht auf den zu diesen Räumen führenden, dem Eisenbahnfiskus gehörigen Straßen und Plätzen (OLG. München 1. VI. 1886 E. 5 41), den Wartesaal (OLG. Naumburg 21. VI. 1888 E. 7 12), auch die Schlafwagenabteile (RG. 27. IV. 1908 E. 25 68). Das Hausrecht steht der Eisenbahnverwaltung und ihren Organen zu, kann aber auch bezüglich der Wirtschaftsräume auf den Bahnhofswirt zur Mitwahrnehmung übertragen werden (RG. 23. III. 1903 RGSt. 36 188, E. 20 151, 22. IX. 1904 RGSt. 37 260).

66) Abs. 2 des § 18 dehnt im Satz 1 die bisher nur den auf Übergangsstationen angekommenen Reisenden mit durchgehender Fahrkarte gegebene Erlaubnis zum Aufenthalt im Warteraum im Interesse des Publikums auf alle Weiterreisende aus (Begr.). Nach wie vor ist also Voraussetzung, daß der Reisende auf einer Übergangsstation angekommen ist. Dagegen ist eine durchgehende Fahrkarte nicht mehr erforderlich. Die Erlaubnis ist jedoch beschränkt 1. auf die Frist bis zur Abfahrt ihres Zuges, d. h. des ihrer Fahrkarte entsprechenden Zuges, und 2. auf den Warteraum derjenigen Bahn, die sie zur Weiterreise benutzen wollen.

Ferner bestimmt Satz 2 als Regel, daß den Reisenden ein Recht zum Aufenthalt im Warteraum während der Zeit von 11 Uhr abends bis 6 Uhr morgens nicht zusteht. Die Eisenbahn ist also nicht verpflichtet, zu diesem Behufe den Warteraum offen zu halten. Sie kann, aber sie braucht es nicht zu tun. Sind aber die Warteräume während dieser Zeit aus anderen Gründen an sich geöffnet (aus dienstlichen Anlässen, wegen ankommender oder abgehender Züge zc.), so kann auch den Reisenden der Aufenthalt nicht versagt werden.

Von der Regel des Satzes 2 macht jedoch Satz 3 aus Billigkeitsrücksichten eine Ausnahme zugunsten angekommener Reisender für den Fall 1. daß die Zeit von der Ankunft des letzten bis zum Abgang des ersten Zuges weniger als 4 Stunden beträgt; 2. daß es sich um Übergangsstationen oder Stationen handelt, wo Züge über Nacht stehen bleiben, und 3. die angekommenen Reisenden weiterfahren wollen. In diesem Falle müssen zum Aufenthalt derselben die Warteräume auch während der in Satz 2 bezeichneten Nachtstunden geöffnet sein, damit die Reisenden nicht genötigt sind, für diese kurze Zeit einen Gasthof aufzusuchen. Die Eisenbahn ist zur Offenhaltung verpflichtet und anderenfalls den Reisenden ersatzpflichtig, z. B. für die Kosten eines Nachtquartiers.

67) Die im neu hinzugefügten Abs. 3 der Eisenbahn erteilte Befugnis, den gemäß § 11 von der Beförderung ausgeschlossenen oder nur bedingungsweise zugelassenen Personen auch den Aufenthalt in den Warteräumen zu untersagen, beruht auf den für die Bestimmungen des § 11 maßgebenden Erwägungen und dient zur Vermeidung von Unzuträglichkeiten (Begr.), s. über Hausrecht bzw. Hausfriedensbruch Anm. 65 S. 79 ff.

68) Die neu aufgenommene Bestimmung des Abs. 4, welche den Eisenbahnen gestattet, das Rauchen in den Warteräumen zu verbieten, ist einem mehrfach hervorgetretenen Bedürfnis entsprungen (Begr.). Das Verbot kann auch auf einen Teil der Warteräume oder auf bestimmte Tageszeiten beschränkt werden (BBO. §§ 77, 82).

Die Bahnhofsautomaten gehören zum Gewerbebetriebe der Eisenbahnen und sind daher der GewO. gemäß § 6 derselben entzogen, gleichviel ob außerhalb oder innerhalb der Bahnsteigsperre. (RG. 22. XI. 1906 EisenbArch. 1907 S. 1252, E. 24 122 und die dort angeführte Rechtsprechung.) Die polizeilichen Bestimmungen über den Gewerbebetrieb an Sonn- und Festtagen finden auf sie keine Anwendung. Dies gilt auch für die Bahnhofswirtschaften und die Polizeistunde, soweit es sich um Gäste handelt, die zum reisenden Publikum gehören (RG. 22. IX. 1904 RGSt. 37 260, KG. 12 183, 20 8) und ebenso für den Bahnhofsbuchhandel. Zwar haben die MinErl. vom 25. VII. und 27. VII. 1905 (MinBl. d. i. V. S. 134, 136) hinsichtlich des Bahnhofsbuchhandels und der Bahnhofswirtschaften jenen Unterschied eingeführt. Aber diese Verwaltungsbestimmungen haben für die richterliche Entscheidung keine bindende Bedeutung und sind weder analog noch allgemein anzuwenden, zumal es Bahnhöfe ohne Bahnsteigsperre gibt. (RG. 22. XI. 1906 E. 24 123.) Vgl. hierzu noch Seydel, VZ. 1904 S. 906, 1390; Gerstberger, VZ. 1905 S. 455; Weber, VZ. 1905 S. 709; Holzbecher, VZ. 1907 S. 1421.

§ 18.

Frauen- und Nichtraucherabteile.

(1) Jeder Zug muß mindestens je ein Frauenabteil zweiter und dritter Klasse enthalten, wenn er drei oder mehr Abteile der betreffenden Klasse führt [69]).

(2) In Frauenabteile dürfen Männer nicht zugelassen werden, selbst wenn es die darin fahrenden Frauen zugeben. Die Mitnahme von Knaben bis zum vollendeten zehnten Lebensjahre ist gestattet [70]).

(3) In der ersten Wagenklasse darf, soweit nicht besondere Abteile für Raucher und Nichtraucher eingerichtet sind, nur mit Zustimmung aller Reisenden desselben Abteils geraucht werden [72]). In Zügen, die Abteile zweiter und dritter Klasse führen, müssen Abteile zweiter und, soweit es die Beschaffenheit der Wagen gestattet, auch dritter Klasse für Nichtraucher vorhanden sein [72]). In den übrigen Abteilen dieser Klassen und in der vierten Klasse ist das Rauchen gestattet, sofern nicht auch für die vierte Klasse Nichtraucherabteile eingerichtet sind [73]).

(4) Nichtraucher- und Frauenabteile sind durch eine Aufschrift kenntlich zu machen [74]).

(5) In Nichtraucher- und Frauenabteilen darf selbst mit Zustimmung der Mitreisenden nicht geraucht, auch dürfen solche Abteile nicht mit brennenden Zigarren, Zigaretten oder Tabakspfeifen betreten werden [75]).

(6) In Zügen, in denen sich keine Wagen mit geschlossenen Abteilen befinden, ist für gesonderte Unterbringung von Nichtrauchern und von Frauen tunlichst Sorge zu tragen [76]).

Alte EVO. §§ 17, 18.

69) Abs. 1 enthält die obligatorische Bestimmung, daß in jedem Zuge mindestens je ein Frauenabteil für die zweite und dritte Wagenklasse enthalten sein muß. Mehr als ein Abteil kann nicht verlangt werden. Die vierte Klasse hat auf ein solches überhaupt keinen Anspruch. Auch ist die Gewährung der besonderen Abteile von der Voraussetzung abhängig, daß in dem Zuge mindestens drei Abteile der betreffenden Wagenklasse sich befinden. Für Nichtbefolgung der Vorschrift des Abs. 1 ist die Eisenbahn im Aufsichts- und Rechtswege verantwortlich.

Die Fahrdienstvorschriften § 91 Nr. 1 bestimmen: Bei der Einstellung der Personenwagen ist darauf zu achten, daß Frauen-, Nichtraucher- und Raucherabteile in der vorgeschriebenen Anzahl vorhanden und die äußere Bezeichnung mit der maßgebenden inneren Bezeichnung übereinstimmt.

70) Abs. 2 Satz 1 enthält „wegen wiederholt vorgekommener Unzuträglichkeiten" (Begr.) das Verbot, in Frauenabteilen Männer zuzulassen. Das Verbot ist absolut und die Zulassung daher auch bei Zustimmung sämtlicher Frauen des Abteils nicht gestattet. Wer das Verbot nicht beachtet, setzt sich den Folgen des § 11 Abs. 1 aus. Die Eisenbahn ist für Nichtbeachtung der Bestimmung des Abs. 2 im Aufsichts- und Rechtswege verantwortlich. Die einzige Ausnahme besteht in der Mitnahme von Knaben bis zum vollendeten zehnten Lebensjahre.

„Die Schaffner haben streng darauf zu halten, daß die Damenabteile nur von Damen benutzt werden" (Dienstanweisung für die im preuß. Staatseisenbahndienst beschäftigten Schaffner). Vgl. den Erl. d. Pr. HandMin. vom 16. V. 1878 EVBl. 1878 S. 160, betr. die Zulänglichkeit der Damenabteile, und Erl. d. Pr. Min. d. öff. Arb. vom 1. XI. 1880, betr. deren Einrichtung in der vierten Klasse durchgehender Züge, EVBl. 1880 S. 520. Vgl. noch die Erl. vom 7. II. 1885 II. b. (a) 1657 und 7. III. 1885 II. a. 3713 IV. 431, betr. die Bezeichnung der Abteile für Frauen, und vom 25. III. 1881 II. a. 3483, betr. die Einstellung von Frauenabteilen bei der Berliner Stadt- und Ringbahn.

71) Abs. 3 Satz 1 macht in der I. Wagenklasse das Tabakrauchen von der Zustimmung sämtlicher in demselben Abteil mitreisenden Personen abhängig. Sind jedoch, wie Satz 1 gestattet, besondere Abteile für Raucher und Nichtraucher eingerichtet, so bedarf es in den Raucherabteilen dieser Zustimmung selbstredend nicht, während in den Nichtraucherabteilen, ebenso wie in den Frauenabteilen, das Rauchen selbst mit Zustimmung der Mitreisenden verboten ist (s. Abs. 5 Anm. 75).

Zuwiderhandeln gegen diese Verbote kann die in § 11 Abs. 1 EVO. u. §§ 77, 82 BBO. angedrohten Strafen zur Folge haben. „Die Schaffner haben streng darauf zu halten, daß die Abteile für Nichtraucher nur von nichtrauchenden Personen benutzt werden" (DAnw. für die im Pr. Staatseisenbahndienst beschäftigten Schaffner vom 1. IV. 1884 § 12 Ziffer 6). Das Fahrpersonal hat gegen vorschriftswidriges Rauchen in Nichtraucherabteilen selbständig einzuschreiten und nicht erst Beschwerden der Mitreisenden abzuwarten (Pr. Erl. vom 10. VIII. 1880 [EVBl. S. 434]); auch ist zu verhüten, daß Nichtraucherabteile mit brennenden Zigarren oder Pfeifen bestiegen werden (Erl. v. 18. XI. 1885 [EVBl. S. 372]) (s. § 18 Abs. 5 Satz 3) u. Fahrpl.-Vorschr. f. d. Pr. Staatsb. v. 1. V. 1900 Abschn. III § 17 Ziffer 2g. (Abs. 5 Anm. 75.)

In der I. Klasse sind auf Verlangen einzelner im Besitz entsprechender Fahrkarten befindlicher Reisenden die rauchenden Mitreisenden von Amtswegen zur Einstellung des Rauchens zu veranlassen. Reisende I. Klasse haben unbedingt das Recht, die Anweisung eines Platzes in einer Abteilung zu verlangen, in welcher nicht geraucht wird. Sind daher keine besonderen Abteile für Nichtraucher im Zuge vorhanden, so haben die Eisenbahnbeamten die Pflicht, auf Verlangen des Reisenden dafür zu sorgen, daß in dem Abteil, in welchem demselben ein Platz angewiesen ist, das Rauchen eingestellt wird und unterbleibt. Den Reisenden zuzumuten, hierfür selbst zu sorgen und sich den damit möglicherweise verbundenen Unannehmlichkeiten auszusetzen, ist durchaus unstatthaft. Das Publikum ist durch Anschlag in allen Abteilen I. Klasse auf die Bestimmung der EVO. hinzuweisen (Erl. vom 24. V. 1869 II 8365).

72) Abs. 3 schreibt im Satz 2 obligatorisch vor, daß in allen Zügen, welche II. u. III. Klasse führen, Abteile II. und, falls die Beschaffenheit der Wagen es gestattet, auch III. Klasse für Nichtraucher vorhanden sein müssen. Für die II. Klasse ist also diese Vorschrift ganz absolut, für die III. Klasse von der Beschaffenheit der Wagen abhängig. Befolgt die Verwaltung die Vorschrift nicht, so wird daraus nicht gefolgert werden können, daß alsdann das Rauchen in diesen Wagenklassen nur mit Zustimmung der Mitreisenden zulässig ist. Wohl aber macht sich die zuwiderhandelnde Bahn im Aufsichts- und auch im Rechtswege verantwortlich.

Über die Obliegenheiten der Verwaltung bzw. des Dienstpersonals in betreff der Nichtraucher-Abteile, sowie der Bezeichnung derselben s. Anm. 71 S. 82.

In den D-Zügen ist das Rauchen in den Gängen der Wagen für Nichtraucher und solcher, die Raucher- und Nichtraucherabteile führen, unbedingt untersagt. In den Schlafwagen darf während der Stunden von 10 Uhr abends bis 7 Uhr morgens überhaupt nicht geraucht werden, sonst nur bei Zustimmung aller in demselben Abteil mitreisenden Personen und bei geschlossenen Türen (nicht in den Gängen) (VZ. 1907 S. 629).

Die Fahrdienstvorschriften bestimmen § 94 Nr. 2: Wegen Mangels an Plätzen für Raucher dürfen die Züge nicht verstärkt werden, solange noch Plätze für Nichtraucher vorhanden sind. § 91 Nr. 10. a) In den Personenzügen sind die Hälfte der Wagen oder Abt. I., II. u. III. Klasse ohne Einrechnung der Frauenabteile und bei ungeraden Zahlen auch die überschießenden Abteile für Nichtraucher zu bestimmen und demgemäß innen und außen zu bezeichnen. b) Die in einzelnen Speisewagen befindlichen Abteile für den gewöhnlichen Verkehr sind für Nichtraucher zu bestimmen. c) Führt ein Zug nur ein Abteil I., II. oder III. Klasse, so ist darin ein Aushang anzubringen, wonach im Abteil nur unter Zustimmung aller Mitreisenden geraucht werden darf. d) Nichtraucherabteile dürfen innerhalb der vorgeschriebenen Zahl nicht zu Raucherabteilen umgewandelt werden, auch wenn die Raucherabteile nicht ausreichen. Ausnahmen sind für Vorort- nnd Nebenbahnzüge zulässig und werden von der Eisenbahndirektion bekannt gegeben. Wenn in der IV. Klasse Nichtraucherabteile zu führen sind, wird dies im Zugbildungsplan bekannt gegeben.

73) Abs. 3 bestimmt im Satz 3, daß in allen übrigen, d. h. nicht gemäß Satz 2 für Nichtraucher oder Frauen (Abs. 5) bestimmten Abteilen der II. u. III. Klasse sowie in der IV. Klasse das Rauchen gestattet ist. Aber auch in der IV. Klasse ist das Rauchen gleichfalls auf die Raucherabteile beschränkt, wenn auch für diese Klasse Nichtraucherabteile eingerichtet sind — was die EVO. im Gegensatz zur II. und III. Klasse nicht vorschreibt, mithin dem Ermessen der Verwaltungen überläßt.

74) Die Vorschrift des Abs. 4 über die Kenntlichmachung bzw. Bezeichnung der Nichtraucher- und Frauenabteile ist neu und durch das Bedürfnis geboten. Sie muß in Form einer Aufschrift — sc. an den Seiten und im Innern des Abteils — erfolgen, ohne daß daneben andere Kennzeichen ausgeschlossen sind.

75) Zuwiderhandlungen gegen die Bestimmungen des Abs. 5 ziehen für den Reisenden die Strafen des § 11 Abs. 1 bzw. der §§ 77, 82 BBO. nach sich. Das Zugpersonal ist verpflichtet, zu verhindern, daß Nichtraucher- und Frauenabteile oder Nichtraucherwagen mit brennender Zigarre, Zigarrette oder Pfeife bestiegen werden. In den Abteilen für „Frauen" und „Nichtraucher" ist das Rauchen — auch mit Zustimmung aller in demselben mitreisenden Personen — nicht gestattet. Gegen das Rauchen in Frauen- und Nichtraucherabteilen muß das Zugpersonal selbständig und nicht erst auf Beschwerde der Reisenden einschreiten. (Vgl. auch Erl. v. 13. XI. 1885 und 13. IX. 1892 EVBl. S. 372 bzw. 287 und 4. VII. 1895 EVBl. S. 513.)

76) Diese Bestimmung bezieht sich auf Wagen nach dem sog. amerikanischen System, s. Fahrplan-Vorschr. für die pr. Staatsb. v. 1. V. 1900 Abschn. III § 17 lit. a. Satz 2.

§ 19.

Einsteigen und Anweisung der Plätze.

(1) Auf größeren Stationen ist in den Warteräumen zum Einsteigen abzurufen [77]).

(2) Die Bediensteten sind berechtigt und auf Verlangen verpflichtet, den Reisenden die Plätze anzuweisen [78]).

(3) Die mit durchgehenden Fahrkarten angekommenen Reisenden haben den Vorzug vor neu hinzutretenden [79]).

(4) Der Reisende darf beim Einsteigen für sich und für jede mit ihm reisende Person je einen Platz belegen. Wer seinen Platz verläßt, ohne ihn zu belegen, verliert den Anspruch darauf (vergleiche jedoch § 15 Abs. (4) [80]).

Auf Stationen, wo nicht abgerufen wird, wird dies durch Aushang in den Warteräumen bekannt gemacht.

Alte EVO. §§ 16, 17, 24.

77) Die EVO. geht grundsätzlich davon aus, daß es besonderer Zeichen und Aufforderungen zum Einsteigen in die Wagen bei der vorgeschrittenen Reisegeübtheit des Publikums nicht mehr bedarf. Das früher vorgeschriebene Abläuten ist daher ganz fortgefallen und das Abrufen nach Abs. 1 des § 19 nur noch für die Warteräume größerer Stationen beibehalten worden, „weil es hier für das weniger reisegewandte Publikum immerhin von Wert ist" (Begr.). Durch die Worte „größerer Stationen" ist den Verwaltungen ein erheblicher Spielraum in betreff der Anwendung dieser Vorschrift gelassen (s. über Stationen mit größerem und geringerem Verkehr § 14 Abs. 1 Anm. 50). Unterlassenes oder unrichtiges Abrufen berechtigt den Reisenden zur Schadensersatzforderung (s. auch Janzer u. Burger 43). Für kleinere Stationen fällt nunmehr jedes Zeichen zum Einsteigen fort. Es ist Sache der Reisenden, rechtzeitig nach Maßgabe der Abfahrtszeit ohne weitere Aufforderung einzusteigen.

78) Abs. 2 überträgt auf das Dienstpersonal das Recht und die Pflicht zur Anweisung der Plätze. Im Streitfalle, namentlich in bezug auf Abs. 2, greift § 8 Platz. Vgl. hierzu Personenbeförderungsvorschriften § 7 (Anweisung der Plätze, Ausschluß von der Fahrt) und Fahrdienstvorschriften § 40 Abs. 3.

79) d. h. diesen Reisenden sind gemäß Abs. 2 in erster Reihe Plätze zu gewähren bzw. die innegehabten zu belassen. Sie haben darauf einen im Rechts- und Aufsichtswege verfolgbaren Anspruch.

80) Abs. 4 gestattet nur beim Einsteigen, aber — nicht vorher — das Belegen der Plätze und erstreckt sich nur auf die eigene Person und mitreisende Personen, nicht auf Dritte. Wird der Platz auf Zwischenstationen verlassen, ohne gehörig belegt zu sein, so muß sich der Betreffende, wenn der Platz inzwischen anderweitig besetzt ist, mit einem anderen Platze begnügen. Des Anspruchs auf den bisherigen Platz geht er verlustig. Durch das Belegen des Platzes — gleichviel ob auf der Zugangs- oder einer Zwischenstation — wahrt er sich den Anspruch auf denselben. Nach dem Erl. d. Min. d. öff. Arb. v. 18. II. 1899 (EStB. 93) ist das Belegen von Sitzplätzen den Reisenden IV. Klasse nicht gestattet. Diese Vorschrift ist jedoch mit der ganz allgemein und daher für Reisende aller Klassen geltenden Bestimmung des § 19 Abs. 4 nicht vereinbar. (Vgl. Huber, Das Recht auf den belegten Platz. Schweiz. JZ. VI 252.)

Über das Verhalten der Reisenden bestimmt § 81 BBO.: Die Reisenden dürfen nur an den dazu bestimmten Stellen und nur an der dazu bestimmten Seite der Züge ein- und aussteigen. Solange ein Zug sich in Bewegung befindet, ist das Öffnen der Wagentüren, das Ein- und Aussteigen, der Versuch oder die Hilfeleistung dazu, das Betreten der Trittbretter und Plattformen, soweit der Aufenthalt hier nicht ausdrücklich gestattet ist, verboten. Es ist untersagt, Gegenstände aus dem Wagen zu werfen, durch die ein Mensch verletzt oder eine Sache beschädigt werden könnte (Strafe für Zuwiderhandlungen: § 82 BBO.).

Vgl. hierzu noch Fahrdienstvorschriften: § 9 Abs. 3, § 26 und § 40 (Ein- und Aussteigen der Reisenden, Anweisung der Plätze).

§ 20.

Rücknahme und Umtausch von Fahrkarten.

(1) Der Reisende hat nur dann Anspruch auf Beförderung in der Wagenklasse, für die seine Fahrkarte gilt, wenn ihm dort ein Platz angewiesen werden kann[81]). Erhält er weder hier, noch — wenigstens zeitweilig — in einer höheren Klasse einen Platz, so kann er Beförderung in einer niedrigeren Klasse, in der noch Plätze frei sind, und Erstattung des Preisunterschiedes verlangen oder die Fahrt unterlassen und das Fahrgeld sowie die Gepäckfracht zurückfordern. Eine Entschädigung steht ihm nicht zu[82]).

(2) Auf der Zugangsstation darf der Reisende bis 5 Minuten vor der Abfahrzeit des Zuges seine Fahrkarte, wenn sie noch nicht durchlocht oder nachweislich nur zum Betreten des Bahnsteigs benutzt ist, unter Ausgleich des Preisunterschiedes gegen eine andere umtauschen[83]).

(3) Für Teilstrecken kann, soweit der Tarif nichts anderes bestimmt, gegen Zahlung des tarifmäßigen Zuschlags eine höhere Klasse oder ein Zug mit höheren Fahrpreisen benutzt werden[84]).

1. Fahrkarten, die noch nicht durchlocht sind oder nachweislich nur zum Betreten des Bahnsteigs benutzt wurden, werden auch in Fällen eines Irrtums oder einer Erkrankung oder aus sonstigen Billigkeitsgründen vor oder unmittelbar nach Abgang des betreffenden Zuges an der Fahrkarten-Ausgabestelle zurückgenommen. Auf Stationen, deren Bahnsteige abgesperrt sind, wird jedoch, wenn nicht einer der in § 20 Abs. (1) und in § 26 Abs. (2) bezeichneten Fälle vorliegt oder die Reise wegen erheblich verspäteter Abfahrt des Zuges aufgegeben wird, der Preis einer zum Betreten des Bahnsteigs benutzten Fahrkarte nur mit Abzug des Preises einer Bahnsteigkarte zurückgezahlt.

2. Beim Übergang in die nächsthöhere Klasse haben als Zusatzkarten zu lösen:

Reisende mit ganzen Fahrkarten eine halbe Fahrkarte der Klasse, in die sie übergehen,

Reisende mit halben Fahrkarten eine halbe Fahrkarte der Klasse, aus der sie übergehen.

3. Beim Übergang in eine noch höhere Klasse sind diese Zusatzkarten von Klasse zu Klasse zu lösen.

4. Bei Benutzung von Schnellzügen ist außerdem der Schnellzugzuschlag für die höhere Klasse zu entrichten, wobei die bereits gezahlten Zuschläge angerechnet werden.

Alte EVO. § 14.

81) Abs. 1 bestimmt im ersten Satze, daß der Reisende nur dann Anspruch auf Beförderung in der Wagenklasse, für die seine Fahrkarte gilt, hat, wenn ihm dort ein Platz angewiesen werden kann. Der Passagier hat weder auf eine höhere, noch auf eine niedrigere Klasse Anspruch (vgl § 13). Es ist damit einem der aus dem Beförderungsvertrage folgenden Rechte der Passagiere Ausdruck gegeben. Es gehört dazu nicht nur der Anspruch auf sichere Fahrt, sondern auch auf die Gewähr sicheren Zugangs zum Zuge und Ausgangs vom Zuge, ferner sicheren Aufenthalts in den Bahnhofs- und Warteräumen, sowie sicheren Einsteigens am Abfahrts- und sicheren Aussteigens am Ankunftsorte (vgl. Erk. d. RG. v. 22. IV. 1881, RGZ. 4 192, E. 2 14; 27. I. 1887 E. 5 237f., 5. X. 1903 RGZ. 55 335, 23. I. 1908 E. 24 389, JW. 1904 S. 484; 1905 S. 185, S. 426; 14. I. 1908 E. 25 32. Erk. d. AppG. Cöln v. 17. XII. 1869, RheinArch. 62 200, OLG. Dresden v. 21. II. 1883 E. 3 12, Kühlwetter 10, Schott 527, Endemann, R. d. E. S. 676, 678) und auf Beförderung von Freigepäck (wo solches gewährt wird, vgl. § 32), Goldschmidt, System 220, Leeb 19, 20). Der Anspruch auf Freigepäck ist ein Akzessorium des Anspruchs auf Beförderung der Person (Endemann, R. d. E. 681) und daher von letzterem nicht trennbar. Der Zuwiderhandelnde macht sich nicht nur zivilrechtlich, sondern auch — im Falle des Bewußtseins der Rechtswidrigkeit — strafrechtlich verantwortlich (vgl. de Jonge im EisenbArch. 1888 S. 486f. A. M. B. Fleischer in der Gerichtshalle Oktober 1887 und v. Bar, Gerichtssaal 1888).

§ 20 Abs. 1 enthält Bestimmungen über den Umfang und die Umgrenzung der Plätze nicht, überläßt dies also der administrativen Verfügung. Die subsidiäre Anwendung der zivilrechtlichen Normen (BGB. §§ 631, 634), z. B. im Falle der Anweisung eines ungenügenden Platzes oder der Überfüllung, ist mit Rücksicht auf § 472 BGB., §§ 20, 21, 25 EVO. und die Eigenartigkeit des Eisenbahnverkehrs streitig; daher auch die Frage des Rücktritts oder der ganzen und teilweisen Rückforderung des Fahrpreises (Eger, D.JZ. 7 23, Holzbecher, VZ. 1902 S. 791, LG. Berlin VZ. 1902 S. 2, Hertzer, EVO. S. 25, DJZ. 1902 S. 218, VZ. 1909 S. 111, Gorden,

E. 18 290). Es ist in der DJZ. a. a. O. S. 24 bereits darauf hingewiesen, daß positive Vorschriften hierüber de leg. fer. notwendig erscheinen (s. Huber, Schweiz. JZ. VI 253).

82) Der Anspruch des Reisenden auf Beförderung in der Wagenklasse, für die seine Fahrkarte gilt, ist also kein unbedingter, vielmehr von der Möglichkeit der Anweisung eines Platzes in dieser Klasse abhängiger. Damit aber der Passagier durch diese aus Betriebsrücksichten notwendige Beschränkung nicht geschädigt werde, ist ihm für den Fall des Mangels entsprechender Plätze durch Satz 2 des Abs. 1 die Wahl gelassen, entweder Beförderung in einer niedrigeren Klasse, in welcher noch Plätze frei sind, und Erstattung der Differenz zu verlangen, oder die Fahrt unter Rückempfang des bezahlten Fahrgeldes und der Gepäckfracht zu unterlassen (Endemann, R. d. E. 674, Goldschmidt, System 230). Es folgt daraus, daß ein unbedingtes Recht zur Mitfahrt durch die Lösung einer Fahrkarte überhaupt nicht erworben wird. Denn, falls auch in der niedrigeren Klasse Plätze nicht mehr vorhanden sind, bleibt dem Passagier nur noch das Recht, die Fahrt unter Rückforderung des Fahrgeldes und der Gepäckfracht zu unterlassen. Es ist ihm hiernach nur ein bedingtes bzw. ein Rücktrittsrecht gewährt, dagegen ein Anspruch auf Entschädigung — sei es für wirklichen Schaden oder für entgangenen Gewinn — aus der Nichtbeförderung durch Satz 3 ausdrücklich versagt. „Die Unterbringung einzelner Reisenden in Wagenabteilen höherer Klasse, als der auf der Fahrkarte bezeichneten, darf der Zugführer nur ausnahmsweise gestatten, wenn die vorhandenen Plätze der letzterwähnten Klasse schon sämtlich besetzt sind oder wenn dem Bedürfnis an Plätzen für Damen und Nichtraucher auf andere Weise nicht genügt werden kann. Können die Reisenden in der ihrer Fahrkarte entsprechenden Wagenklasse nicht untergebracht werden, so hat der Schaffner dies dem Zugführer zu melden" (DAnw. für die im Pr. Staatseisenbahndienst beschäftigten Zugführer § 9 und für Schaffner § 12 Ziff. 7).

Vgl. Allg.AusfBest. Ziff. 1 z. § 14 EVO. (S. 86) betr. die Zurücknahme von Fahrkarten.

83) Abs. 2 handelt von dem Umtausch gelöster Fahrkarten. Dieser Umtausch ist dem Reisenden unbeschränkt gegen eine andere Fahrkarte, also sowohl gegen Fahrkarten höherer oder niedrigerer Klassen wie auch nach einer anderen (weiteren) Station unter folgenden vier Voraussetzungen gestattet, daß: 1. der Umtausch auf der Zugangsstation erfolgt; 2. der Umtausch bis 5 Minuten vor der Abfahrzeit des Zuges geschieht; 3. der Preisunterschied ausgeglichen wird; 4. die Fahrkarte noch nicht durchlocht ist oder nachweislich nur zum Betreten des Bahnsteiges benutzt wurde. Die letztere Bestimmung ist an die Stelle der früheren: „daß die Fahrkarte noch nicht entwertet ist", mit Rücksicht darauf getreten, daß überall da, wo die Einrichtung der Bahnsteigsperre getroffen ist, die Fahrkarte bereits beim Betreten des Bahnsteigs durchlocht (kupiert) wird.

Aber nur Umtausch, nicht Rückgabe der Fahrkarte ist gestattet, wenngleich dieselbe aus Billigkeitsrücksichten in der Regel zugestanden wird. Allg.AusfBest. Ziff. 1 z. § 14 (S. 86.)

Freilich ist bei dem Umtausch auch vorausgesetzt, daß noch Plätze in der betreffenden Klasse frei sind. Dies läßt sich beim Umtausch am Fahrkartenschalter und bei der Kürze der Zeit in der Regel nicht vorher feststellen. Sind Plätze nicht frei, so findet Abs. 1 des § 20 Anwendung (Anm. 81, 82).

Vgl. Allg. AusfBest. Ziff. 2—4 z. § 14 EVO. (S. 87). Allg. AbfVorschr. § 7 (Zurücknahme und Umtausch gelöster Fahrkarten, Fahrgelderstattung). Personenbeförderungsvorschriften § 5 (Übergang in eine höhere Wagenklasse). § 20 (Lochung der Fahrkarten).

84) Für Teilstrecken (also nicht nur bis zur Bestimmungsstation, sondern für beliebige Teile der ganzen Strecke, für welche die Fahrkarte gelöst ist), gestattet Abs. 3 ein Übergehen auf einen anderen Platz — sei es in einer höheren Klasse oder in einem Zuge mit höheren Fahrpreisen, und sowohl auf den Zugangs-, wie auch auf Zwischenstationen — jedoch nur unter drei Voraussetzungen:

1. Es kann nur der Übergang auf Plätze einer höheren Klasse oder eines Zuges mit höheren Fahrpreisen erfolgen.

2. Es ist ein tarifmäßiger Zuschlag zu entrichten.

3. Der Tarif darf nichts anderes bestimmen.

Die Voraussetzung unter 3 ist neu hinzugefügt, um klarzulegen, daß die Eisenbahn berechtigt ist, für gewisse Fahrkarten (Schülerkarten, Arbeiterkarten u. dgl.) den Übergang in die höhere Wagenklasse auszuschließen (Begr.).

Aus Abs. 2 wird aber hier ergänzt werden müssen, daß der Übergang nur zulässig ist, wenn derselbe rechtzeitig vorher beansprucht wird, die Fahrkarte noch nicht durchlocht 2c. ist und in der höheren Klasse oder in dem Zuge mit höheren Fahrpreisen noch Plätze frei sind.

§ 21.

Abfahrt. Versäumnis der Abfahrt durch den Reisenden.

(1) Nach dem Abfahrzeichen darf niemand mehr zur Mitfahrt zugelassen werden [85]).

(2) Wer die Abfahrt versäumt, hat keinen Anspruch auf Erstattung des Fahrgeldes oder auf eine Entschädigung [86]).

(3) Will er einen späteren Zug benutzen, für den seine Fahrkarte nicht ohne weiteres gilt, so hat er sie ohne Verzug dem Aufsichtsbeamten vorzulegen, der sie für den gewählten Zug gültig schreibt. Die Geltungsdauer der Fahrkarten wird hierdurch nicht verlängert. Bei Benutzung eines Zuges mit höheren oder niedrigeren Fahrpreisen ist der Unterschied auszugleichen [87]).

(4) Wegen Rückgabe des Gepäcks (Abs. (2)) gelten sinngemäß die Vorschriften im § 34 Abs. (4) und (5).

Werden Fahrkarten, die durchlocht, aber zur Fahrt nicht benutzt sind, wieder gültig geschrieben, so wird die Bahnsteiggebühr nicht erhoben, selbst wenn die Fahrkarte gegen

eine Fahrkarte für einen Zug mit höheren oder niedrigeren Fahrpreisen umgetauscht wird.

Alte EVO. § 19. Fahrdienstvorschriften § 24 Abs. 2, 9, § 50 Abs. 1, 6.

85) Abs. 1 verbietet die Zulassung zur Mitreise, nachdem das Abfahrtszeichen (§ 65 Abs. 1, 6 u. 7 BBO.) gegeben ist. Das Verbot ist ein unbedingtes — auch wenn der Zug sich noch nicht in Bewegung gesetzt hat — während nach der Fassung des alten Reglements (§ 16 Abs. 1 Satz 1: „kann niemand mehr zugelassen werden") dem Personal die Zulassung noch bis zum Momente der Ingangsetzung der Wagen gestattet war. Sowohl der Reisende, welcher durch Aufspringen nach dem Abfahrtszeichen die Zulassung erzwingt, wie das Personal, welches dieselbe, obwohl sie verhindert werden konnte, gestattet, macht sich strafbar und verantwortlich. (Vgl. § 19 Anm. 77 S. 85.) (Eigenes Verschulden: § 1 RHaftpflG., Eger[6] 157, 160, 183).

86) Abs. 2 erklärt den Reisenden, welcher die Abfahrtszeit (Stationsuhr: § 26 Abs. 2, § 49 Abs. 3 BBO.) versäumt, des Anspruches auf Rückerstattung des Fahrgeldes oder auf eine Entschädigung verlustig. Er ist also an sich nicht zur Benutzung eines späteren Zuges berechtigt, muß sein bereits im Zuge befindliches Gepäck event. auf seine Kosten zurückexpedieren lassen rc. Ausgenommen ist der Fall, daß der Reisende durch Verschulden der Bahnverwaltung die Abfahrtszeit versäumt, z. B. weil die Billetkasse überhaupt nicht oder nicht rechtzeitig geöffnet wurde (§ 14 Abs. 1), das Abrufen oder das Abfahrzeichen überhaupt nicht oder nicht rechtzeitig erfolgt ist (§ 29 Abs. 1, § 21 Abs. 1), eine Zugverspätung stattgefunden hat (§ 26 Abs. 2 ff.).

Ausgenommen sind ferner die im § 21 Abs. 3 bezeichneten Fälle (s. Anm. 87).

87) Abs. 3 enthält im Satz 1 eine Ausnahme von der Regel des Abs. 2. Trotz der Versäumnis der Abfahrtzeit ist der Reisende, der einen späteren Zug benutzen will, für den seine Fahrkarte nicht ohne weiteres gilt (Zug mit höheren Fahrpreisen, Expreßzug, Luxuszug, Sonderzug rc.), berechtigt, sich des späteren Zuges unter Anrechnnng des entrichteten Fahrpreises zu bedienen. Voraussetzung ist 1. daß er seine Fahrkarte ohne Verzug dem Stationsvorsteher — sc. der Zugangsstation — vorlegt und 2. dieser sie für den gewählten Zug gültig schreibt. Letzteres darf der Stationsvorsteher ohne triftigen Grund nicht ablehnen. Diese ausnahmsweise Vergünstigung hat aber nach Satz 2 eine Verlängerung der tarifarisch festgesetzten Geltungsdauer der Fahrkarte (§ 14 Abs. 3) nicht zur Folge. Gilt also z. B. die Fahrkarte nur zwei Tage, so darf der Reisende nur einen während dieser beiden Tage fahrenden späteren Zug an Stelle des versäumten wählen. War der versäumte Zug der letzte vor Ablauf der Frist benutzbare, so kann die Vergünstigung aus Abs. 3 nicht beansprucht werden. Vgl. hierzu noch die Allg. AusfBest. zu § 21 (S. 89).

Nach Satz 3 hat der Reisende bei Benutzung eines Zuges mit höheren Fahrpreisen den Preisunterschied nachzuzahlen, bei Benutzung eines Zuges mit niedrigeren Fahrpreisen wird ihm der Preisunterschied erstattet. In beiden Fällen ist der Unterschied auszugleichen.

§ 22.

Öffnen der Fenster.

Nur mit Zustimmung aller in demselben Abteile reisenden Personen dürfen die Fenster auf beiden Seiten des Wagens gleichzeitig geöffnet sein. Im übrigen entscheidet, wenn sich die Reisenden über das Öffnen und Schließen der Fenster nicht verständigen, der Schaffner [88]).

Alte EVO. § 22.

88) Über Öffnen und Schließen der Fenster haben sich grundsätzlich die Reisenden zu verständigen, anderenfalls entscheidet der Schaffner (Satz 2). Ausgenommen hiervon ist jedoch das Verbot des Satzes 1, wonach nur mit Zustimmung aller in demselben Abteil reisenden Personen die Fenster auf beiden Seiten des Wagens gleichzeitig geöffnet sein dürfen. Sind hierüber die Mitreisenden nicht einig, so muß auf der einen — vom Schaffner event. zu bestimmenden Seite — die Schließung unter allen Umständen erfolgen. Der Schaffner darf also in diesem Falle nicht die Öffnung auf beiden Seiten anordnen, sondern nur fakultativ auf der einen, wohl aber kann er die Schließung auf beiden Seiten bestimmen.

An die Nichtbeachtung dieser Vorschriften knüpft zwar § 22 kein besonderes Präjudiz, es kann aber bei etwaiger Renitenz der Ausschluß von der Fahrt gemäß § 11 EVO. und überdies als Verstoß gegen § 77 BBO. die Strafe des § 82 BBO. eintreten. Ebenso in den Fällen der §§ 80, 81 BBO. über das Verhalten der Reisenden während der Fahrt.

§ 23.

Beschädigung von Fahrzeugen oder Ausrüstungsstücken.

Die durch Beschädigung oder Verunreinigung der Fahrzeuge oder Ausrüstungsstücke entstandenen Kosten sind zu erstatten. Die Eisenbahn kann sofortige Zahlung oder Sicherheitsleistung verlangen. Die Entschädigung ist, wenn die Eisenbahn dafür feste Sätze bestimmt hat, nach diesen zu bemessen [89]).

1. Für das Zertrümmern von Fensterscheiben werden, soweit nicht für Wagen besonderer Bauart höhere Sätze festgesetzt sind, für I. und II. Klasse 3 Mark, für III. und IV. Klasse 2 Mark für jedes Fenster erhoben.
2. Für die Verunreinigung eines Wagens wird 1 Mark erhoben.
3. Für Beschädigungen oder Verunreinigungen anderer Art sind die Ersatzkosten auf Grund vorgenommener Abschätzung oder nach den von jeder Verwaltung erhobenen bestimmten festen Sätzen zu leisten.

4. Bei vorsätzlicher Beschädigung oder Verunreinigung tritt außerdem gerichtliche Verfolgung ein.

Alte EVO. § 23.

89) § 23 behandelt die Ersatzpflicht der Reisenden für den durch Beschädigung oder Verunreinigung der Wagen oder ihrer Ausrüstung verursachten Schaden. (Vgl. hierzu § 80 BBO., §§ 303, 304, 315 RStGB.) Für Nichtreisende gelten die Bestimmungen des § 23 nicht, weil sie nicht in einem Vertragsverhältnis mit der Eisenbahn stehen. Auf sie finden die Vorschriften des BGB. Anwendung (a. M. Janzer und Burger 47). Die Normen des § 23 sind jedoch nicht vollständig und bedürfen der Ergänzung durch Bestimmungen der einzelnen Bahnverwaltungen (EingBest. § 2). Denn es ist zwar allgemein die Pflicht des Reisenden zum Ersatz des Schadens aus der Beschädigung 2c. der Wagen 2c. ausgesprochen, sowie das Recht der Eisenbahn, sofortige Zahlung oder Sicherstellung zu verlangen. Soweit aber für die Ersatzleistung ein Tarif nicht besteht (s. Allg. AusfBest. Ziff. 1, 2 zu § 23) — was bei der großen Verschiedenheit in der Art und im Umfange der Beschädigungen wohl zumeist der Fall sein wird — fehlen ausreichende Bestimmungen darüber, wem die Feststellung des Schadensbetrages zusteht (s. Allg. AusfBest. Ziff. 3 zu § 23). Ebensowenig ist bestimmt, wem die Feststellung der Beschädigung, des Schuldigen sowie die Einziehung des Betrages bzw. der Kaution obliegt. Aber auch wenn hierüber von den Bahnverwaltungen Bestimmungen getroffen sind, z. B. derartig, daß das Dienstpersonal (Schaffner, Zugführer, Stationsvorsteher) den Schaden, den Schuldigen sowie den Ersatzbetrag selbständig festzustellen und letzteren oder Sicherstellung sofort einzuziehen habe, würde es doch mit den allgemeinen Rechtsregeln nicht vereinbar sein, diese einseitigen Feststellungen der Bahnorgane als endgültige zu betrachten. Vielmehr muß dem Herangezogenen sowohl über die Feststellung des Schadens und der Schuldfrage, wie des Ersatzbetrages durch das Bahnpersonal die Beschwerde bei der vorgesetzten Behörde und event. der Rechtsweg vorbehalten bleiben (Schott 528). Es ist daher anzunehmen, daß der Eisenbahn ein gewisses Pfändungs- bzw. Retentionsrecht, die Befugnis vorläufiger Feststellung und Einziehung des Schadensbetrages nur vorbehaltlich definitiver Feststellung im Rechtswege zustehen soll.

Vgl. hierzu Allg. AusfBest. zu § 23 Ziff. 1—4. Ferner Erl. d. Pr. Min. d. öff. Arb. vom 27. II. 1892 betr. Beschädigung der Aushänge in den Personenwagen (EVBl. 1892 S. 49).

Für die Entdeckung oder Verhütung von Schäden und für die Ermittelung der Urheber von Bahnfreveln und Diebstählen werden Prämien gewährt. (Min. d. öff. Arb. 18. XII. 1901 EVBl. 1901 S. 353; FO. XII. D d.) Auch in anderen Bundesstaaten, z. B. Württemberg, Baden, Sachsen, sind Prämien für solche Fälle festgesetzt. Pietsch und Molsen 57.

§ 24.

Verfahren auf Zwischenstationen. Anhalten auf freier Bahn.

(1) Bei Ankunft auf einer Station sind ihr Name und der etwa stattfindende Wagenwechsel auszurufen, außerdem die Dauer des Auf-

enthalts, wenn dieser mehr als 4 Minuten beträgt. Sobald der Zug stillsteht, haben die Bediensteten die Türen der Wagen zu öffnen, aus denen Reisende auszusteigen verlangen [90]).

(2) Wird ausnahmsweise außerhalb einer Station längere Zeit angehalten, so dürfen die Reisenden nur mit ausdrücklicher Bewilligung des Zugführers aussteigen. Sie müssen sich sofort von dem Bahngleis entfernen und auf das erste Zeichen des Zugführers ihre Plätze wieder einnehmen [91]).

Jeder Reisende hat selbst dafür zu sorgen, daß er auf den Übergangsstationen in den richtigen Zug gelangt, sowie daß er am Ziele seiner Reise den Wagen verläßt.

Alte EBO. § 24.

Fahrdienstvorschriften §§ 26, 58—60.

Personen-Beförderungsvorschriften § 8 (Verfahren auf Zwischenstationen), § 9 (Verhalten während der Fahrt).

90) § 24 Abs. 1 bestimmt die Pflichten, welche dem Bahnpersonal bei Ankunft auf einer Station obliegen: Der Name derselben, der etwaige Wagenwechsel, sowie die Dauer des Aufenthalts, wenn dieser mehr als 4 Minuten beträgt, sind auszurufen (Verf. des REA. vom 18. XII. 1874 REBl. 1875 S. 45, vgl. Erl. d. Pr. Min. d. öff. Arb. vom 2. VIII. 1879 EBBl. S. 142, 18. VIII. 1881 II./IV. 5173 und 16. VIII. 1889 EBBl. S. 251). Auf den dem Personenverkehr dienenden Stationen ist der Name in einer den Reisenden in die Augen fallenden Weise anzubringen (BBO. § 26). „Auch sind auf frequenteren Stationen und namentlich auf den Schnellzugs- und Knotenstationen zu beiden Seiten des Empfangsgebäudes und in angemessener Entfernung von demselben Tafeln mit dem Stationsnamen (Pr. Erl. v. 25. I. 1870 II 20520) anzubringen."

Ferner haben bei Stillstehen des Zuges die Bediensteten die Türen derjenigen Wagen zu öffnen, aus denen Reisende auszusteigen verlangen. Nach der Fassung ist es zweifelhaft, ob das Verlangen schon bei der Abfahrt bzw. beliebig unterwegs oder erst bei der Ankunftsstation geäußert werden darf. Nimmt man ersteres an, so hat der Schaffner bei größerem Verkehre die immerhin nicht leichte Aufgabe, sich die Wagenabteile genau zu merken, in welchen die qu. Passagiere sich befinden, und die Stationen, wo sie auszusteigen verlangen. Ist aber letzteres gemeint, dann ist es für das Publikum schwierig, namentlich bei Stationen mit kurzem Aufenthalt, bei schwer sich öffnenden oder vereisten Fenstern, größerer Ausdehnung des Zuges ꝛc. rechtzeitig dem Schaffner das Verlangen des Aussteigens zu äußern. Auch kann in beiden Fällen leicht Streit darüber entstehen, ob das Verlangen überhaupt bzw. rechtzeitig kundgegeben worden ist.

Sodann würde aus der Fassung der in Rede stehenden Bestimmung gefolgert werden können, daß die Bediensteten nicht verpflichtet sind, die Türen der Wagen zu öffnen, aus denen Reisende nicht endgültig aussteigen wollen, sondern zu beliebigen anderen Zwecken, z. B. zum Hinausreichen von Handgepäck, zur Entgegennahme von Erfrischungen, zur Abfertigung eines Briefes oder einer Depesche oder zum nur zeitweiligen Verlassen des Wagens während der Aufenthaltsdauer die Öffnung der Türen wünschen. Eine derartige Beschränkung ist jedoch unverkennbar nicht beabsichtigt. Es wäre daher richtiger gewesen, ganz allgemein zu bestimmen, daß jeder Reisende berechtigt ist, sobald der Zug stillsteht, die Wagentüren selbst zu öffnen oder deren Öffnung von den Bediensteten zu verlangen.

Schäden, welche Passagiere durch Nichtbeobachtung der Vorschriften dieses Absatzes erleiden, können im Rechts- und im Aufsichtswege geltend gemacht werden. Insbesondere erscheint, wenn der Reisende dadurch genötigt wurde, über die Bestimmungsstation ohne eigenes Verschulden hinauszufahren, der Anspruch auf unentgeltliche Rückbeförderung nach dieser sowie auf Ersatz sonstiger Schäden gerechtfertigt (vgl. Epstein 11, Waruschon-Jarociewicz 9, 10). Zur Verhütung von Unfällen bei dem Aussteigen aus den Personenwagen außerhalb des Bahnsteigs ist darauf zu halten, daß seitens der Schaffner beim Öffnen der Wagentüren zu besonderer Vorsicht aufgefordert und nötigenfalls beim Absteigen in zuvorkommender Weise Hilfe geleistet werde (Pr. Erl. vom 17. X. 1881 EVBl. S. 313). Im übrigen hat jeder Reisende selbst dafür zu sorgen, daß er auf den Wagenwechsel-Stationen und auf solchen Stationen, in welchen Züge nach verschiedenen Richtungen halten, in den richtigen Zug gelangt, sowie daß er am Ziel seiner Reise den Wagen verläßt. (Allg. AusfBest. zu § 24 EVO. s. S. 93.)

91) Abs. 2 enthält Verhaltungsvorschriften für die Reisenden im Falle außergewöhnlichen Anhaltens auf freier Bahn. Es ist ihnen ein Aussteigen nur mit ausdrücklicher Bewilligung des Zugführers gestattet — nicht irgendeines anderen, wenngleich höheren Organs — (vgl. über die dabei zu treffenden Vorsichtsmaßregeln: Erl. d. Pr. Min. d. öff. Arb. vom 17. X 1881 EVBl. S. 313 und die Dienstanweisung für die im pr. Staatseisenbahndienst beschäftigten Zugführer vom 1. IV. 1884 § 14 i. f.); sie müssen sich dann sofort vom Bahngeleise entfernen und auf das erste Zeichen des Zugführers ihre Plätze wieder einnehmen. Ein Zeichen anderer Bediensteten, z. B. des Lokomotivführers, des Schaffners, ist nicht maßgebend. Doch haben der Natur der Sache nach auch die Schaffner dafür zu sorgen, daß sofort eingestiegen wird (Begr.). Auf den Reisenden, der das Zeichen nicht beachtet, finden die Bestimmungen des § 21 Anwendung.

§ 25.

Unterbrechung der Fahrt auf Zwischenstationen.

Der Tarif muß bestimmen, wie oft, wie lange und unter welchen Bedingungen der Reisende die Fahrt auf Zwischenstationen unterbrechen darf [92]).

1. Auf Fahrkarten für eine einfache Fahrt darf die Fahrt nur einmal, auf Fahrkarten für Hin- und Rückfahrt je

einmal auf der Hinfahrt und der Rückfahrt unterbrochen werden, soweit im Tarife nichts anderes bestimmt ist.

Die Geltungsdauer der Fahrkarten wird durch eine Fahrtunterbrechung nicht verlängert. Im übrigen unterliegt die Fahrtunterbrechung einer zeitlichen Beschränkung nicht.

Auf Fahrscheinhefte des Vereinsreiseverkehrs oder der Reiseunternehmer darf, abgesehen von dem in der Ausführungsbestimmung 9 (2) zu § 13 geregelten Falle, die Reise innerhalb der Geltungsdauer des Heftes beliebig oft und beliebig lange unterbrochen werden.

2. Die unterbrochene Reise kann auch von einer anderen, der Bestimmungsstation näher gelegenen Station desselben Bahnwegs fortgesetzt werden.
3. Wird auf Fahrkarten, die wahlweise für mehrere Wege gelten, die Fahrt auf einem dieser Wege unterbrochen, so darf sie nur auf demselben Wege fortgesetzt werden.
4. Als Fahrtunterbrechung wird nicht angesehen das lediglich durch den Fahrplan bedingte Erwarten des nächsten Anschlußzuges, selbst im Falle der Übernachtung. Hierzu gehört auch der Übergang aus einem Zuge, der in der Bestimmungs- und Unterbrechungsstation nicht hält, in den nächsten dort anhaltenden Anschlußzug sowie der Übergang in einen Zug, mit dem das Reiseziel früher oder billiger erreicht werden kann, als mit dem vorher benutzten Zuge.

Alte EVO. § 25.

92) Der bisherige § 25 gewährte dem Reisenden zwar das Recht der einmaligen Fahrtunterbrechung, gestattete aber zugleich, in den Tarifen Ausnahmen zuzulassen. Mit Rücksicht hierauf, sowie auf die inzwischen erfolgte Reform der Personentarife, bestimmt der neue § 25 allgemein und grundsätzlich, daß die Zahl, die Dauer und die Bedingungen der Fahrtunterbrechung auf Zwischenstationen vom Tarife bestimmt werden müssen. Die Vorschrift ist obligatorisch, ein Tarif ohne diese Bestimmungen ist ungültig, darf daher weder von der Eisenbahnverwaltung der zuständigen Behörde vorgelegt, noch von dieser genehmigt werden. Für den Ausschluß der Fahrtunterbrechung in besonderen Fällen bedarf es der Genehmigung der Landesaufsichtsbehörde nach Zustimmung des REBA. (§ 2 Abs. 2). Wird zur Weiterfahrt ein Zug mit höheren Fahrpreisen oder eine höhere Klasse benutzt, so findet § 20 Abs. 3 Anwendung. Mangels einer entgegenstehenden Bestimmung ist die Annahme

berechtigt, daß, wie bisher, die Unterbrechung der Fahrt eine Verlängerung der Gültigkeitsdauer der Fahrkarte nicht zur Folge hat, es müßte denn sein, daß der Tarif eine Verlängerung ausdrücklich zuläßt.

Vgl. hierzu: 1. AllgAusfBest. z. § 25 Ziff. 1–4 (oben S. 94, 95). 2. Allg.Abf.Vorschr. § 9 (Fahrtunterbrechung. 3. PersBefördVorschr. § 17 (Fahrtunterbrechung).

§ 26.

Verspätung oder Ausfall von Zügen. Betriebsstörungen.

(1) Die verspätete Abfahrt oder Ankunft oder das Ausfallen eines Zuges begründen keinen Anspruch auf Entschädigung [93]).

(2) Wird infolge einer Zugverspätung der Anschluß an einen anderen Zug versäumt oder fällt ein Zug ganz oder teilweise aus, so kann der Reisende das Fahrgeld und die Gepäckfracht für die nicht durchfahrene Strecke zurückfordern [94]).

(3) Gibt der Reisende in einem solchen Falle die Weiterfahrt auf und kehrt mit dem nächsten, günstigsten Zuge ohne Fahrtunterbrechung zur Abgangsstation zurück, so ist ihm Fahrgeld und Gepäckfracht zu erstatten, auch freie Rückbeförderung in der für die Hinreise bezahlten Wagenklasse zu gewähren; führt der Zug diese nicht, in der nächsthöheren Klasse. Seine Ansprüche hat der Reisende bei Vermeidung des Verlustes unter Vorlegung der Fahrkarte sogleich nach Ankunft auf der Station, wo er die Reise aufgibt, und bei Rückkehr auf der Abgangsstation dem Aufsichtsbeamten zu melden. Auf beiden Stationen ist die Meldung dem Reisenden zu bescheinigen [95]).

(4) Die Eisenbahn hat den Reisenden, der auf Ersatz des Fahrgeldes und auf freie Rückbeförderung verzichtet, nebst seinem Gepäck ohne Preiszuschlag mit dem nächsten, günstigsten, auf der gleichen oder auf einer anderen Strecke nach derselben Bestimmungsstation fahrenden, dem Personenverkehr dienenden Zuge zu befördern, wenn hierdurch die Ankunft auf der Bestimmungsstation beschleunigt wird. Der Rückgriff der Bahnen untereinander wird dadurch nicht berührt [96]).

(5) Die Eisenbahn ist berechtigt, durch den Tarif einzelne Züge oder Zuggattungen von der hilfsweisen Benutzung auszuschließen [97]).

(6) Wenn Naturereignisse oder andere zwingende Umstände die Fahrt auf einer Strecke verhindern, so hat die Eisenbahn für die Weiterbeförderung bis zur fahrbaren Strecke tunlichst auf andere Weise zu sorgen [98]).

(7) Den Eisenbahnen bleibt überlassen, weitere Erleichterungen mit Genehmigung der Landesaufsichtsbehörden nach Zustimmung des Reichs-Eisenbahnamts durch den Tarif einheitlich festzusetzen [99]).

(8) Zugverspätungen, die mehr als 15 Minuten betragen, und Betriebsstörungen sind durch Anschlag bekannt zu machen [100]).

1. (1) In den Fällen des § 26 Abs. (4) hat die Station, von der die Weiterreise nach der Bestimmungsstation erfolgt, wenn erforderlich, die Anschlußversäumnis oder den Zugausfall auf der Fahrkarte zu bescheinigen und sie für eine andere Strecke, für einen Zug mit höheren Fahrpreisen oder für eine höhere Klasse gültig zu schreiben.

   (2) Nach Überholung des Zuges, an den der Anschluß versäumt war, haben die Reisenden auf diesen Zug überzugehen.

2. Ist der Betrieb auf einzelnen Strecken vorübergehend unterbrochen, so kann die Benutzung einer Hilfsstrecke nach § 26 Abs. (4) auch solchen Reisenden gestattet werden, die die Fahrt nach einer auf dem geraden Wege nicht erreichbaren Station erst antreten wollen.

3. Die Benutzung der in den Fahrplänen mit L bezeichneten (Luxus-) Züge ist in den Fällen des § 26 Abs. (3) und (4) ausgeschlossen.

4. Wenn infolge von Anschlußversäumnis usw. die Fahrt über eine Hilfslinie ausgeführt werden soll, wird das Gepäck der Reisenden auf Wunsch über diese oder über den ursprünglichen Bahnweg weiter befördert. Bei räumlich getrennten Bahnhöfen hat der Reisende für Überführung seines Gepäcks nach dem Anschlußbahnhofe selbst zu sorgen.

Alte EVO. § 26.

98) § 26 regelt die Verpflichtungen der Bahn bei Verspätung sowie bei Ausfall der Züge, bei Verhinderung der Fahrt durch Naturereignisse oder andere zwingende Umstände und bei Betriebsstörungen. (Nicht für Gütertransport: E. 22 258.)

Abs. 1 stellt das Prinzip auf, daß verspätete Abfahrt oder Ankunft sowie das Ausfallen eines Zuges (d. h. ausnahmslos aller Züge) keinen Anspruch auf Entschädigung gegen die Eisenbahnverwaltung begründen. Wohl aber berechtigt verfrühte Abfahrt zu einem Entschädigungsanspruche (Janzer u. Burger 50). Die Leistungen, welche den Eisenbahnen in den

Abs. 2—4 aus Anlaß der Verspätung oder des gänzlichen oder teilweisen Ausfallens von Zügen gegenüber den Reisenden auferlegt sind, sollen nicht den Charakter von Schadensersatzleistungen haben (Sorben 8), sondern sich teils als Rückerstattung des aus dem Beförderungsvertrage vom Reisenden vorgeleisteten Fahrpreises, teils als eine andere Art (subsidiäre) der Vertragserfüllung darstellen. Um dem deutlich und zweifellos Ausdruck zu geben, sind in die bisherige Fassung: „.... begründen keinen Anspruch gegen die Eisenbahn" die Worte „auf Entschädigung" eingefügt und ferner mit Bezug auf Abs. 4 die Worte: „sowie das Ausfallen eines Zuges" hinzugesetzt. Es darf hiernach weder Ersatz des wirklichen Schadens (damnum emergens), z. B. für Zeitversäumnis, Zehrungskosten, Nachtquartier 2c., noch des entgangenen Gewinns (lucrum cessans), z. B. aus vereitelten Geschäftsabschlüssen, Lieferungen 2c. gefordert werden (§§ 249—252 BGB.), sondern nur die im folgenden bestimmten Leistungen der Eisenbahn. Befreiung der Eisenbahnen von jeder Schadensersatzpflicht ist zwar gemäß § 472 HGB. statthaft (s. S. 29). Indes darf sich die Eisenbahn auf Abs. 1 nicht berufen, wenn die Verspätung durch ihren oder ihrer Leute Vorsatz herbeigeführt ist, weil nach allgemeinen Rechtsregeln ein Ausschluß des Vorsatzes ohne rechtliche Wirkung ist (BGB. § 276 Abs. 2, Endemann, BGB. I § 8 III). Auch legen die Eisenbahnaufsichtsbehörden den Eisenbahnen zumeist die Pflicht nahe, wenn irgend tunlich, für die Ausgleichung der Folgen des verfehlten Anschlusses durch Ablassung eines besonderen Zuges oder durch Zulassung der Reise auf einer anderen Route oder auf Güterzügen Sorge zu tragen (s. Abs. 6).

94) Abs. 2 bestimmt in Verbindung mit Abs. 3 und 4 die Leistungen der Eisenbahn bei Versäumnis des Anschlusses infolge einer Zugverspätung sowie bei gänzlichem oder teilweisem Ausfallen eines Zuges. Bisher waren diese Leistungen verschieden bemessen, je nachdem es sich um eine Zugverspätung oder um einen Zugausfall handelte. Die neue EVO. gibt diese Unterscheidung mit Recht auf und regelt in Anlehnung an die bestehenden Tarifvorschriften die Leistungen und das Verfahren gleichmäßig, „weil beide Vorkommnisse dieselben Folgen für den Reisenden haben" (Begr.). Die Regelung erstreckt sich auf drei Fälle, je nachdem der Reisende weder die sofortige Rückfahrt noch Weiterfahrt (Abs. 2) oder die sofortige Rückfahrt (Abs. 3) oder die sofortige Weiterfahrt (Abs. 4) antritt.

Abs. 2 trifft Bestimmung für den ersten Fall, daß der Reisende bei Anschlußversäumnis durch Zugverspätung oder Zugausfall weder die Rückfahrt nach der Abgangsstation (Abs. 3), noch die Weiterfahrt nach der Bestimmungsstation (Abs. 4) mit dem nächsten, günstigsten Zuge unternimmt. Dieser Fall setzt also lediglich voraus:

1. daß infolge der Verspätung eines Zuges der Anschluß an einen anderen Zug versäumt wird, oder
2. daß ein Zug ganz oder teilweise ausfällt.

Liegt eine dieser beiden Voraussetzungen vor, ohne daß die Voraussetzungen der Abs. 3 oder 4 hinzutreten, so ist der Reisende berechtigt, das Fahrgeld und die Gepäckfracht für die nicht durchfahrene Strecke zurückzufordern, d. h. für die ganze Strecke, wenn die Anschlußversäumnis oder der Zugausfall bereits auf der Abgangsstation, für die nicht durchfahrene Teilstrecke, wenn das Vorkommnis auf einer Zwischenstation eingetreten ist. Zur Begründung der Rückbeförderung bedarf es einer besonderen Bescheinigung nicht. Es genügt die Vorlegung der Fahrkarte, da die Verspätung oder der Zugausfall von der Bahnverwaltung ohne weiteres festgestellt werden können.

95) Abs. 3 regelt den zweiten Fall (s. Anm. 94 S. 98), wenn bei Anschlußversäumnis infolge Zugverspätung oder bei gänzlichem oder teilweisem Zugausfall der Reisende 1. die Weiterfahrt aufgibt und 2. mit dem nächsten, günstigsten Zuge ohne Fahrtunterbrechung bis zur Abgangsstation zurückkehrt. Sind diese beiden Voraussetzungen vollständig erfüllt und tritt 3. noch die im Satz 2 und 3 vorgeschriebene Meldung bei dem Aufsichtsbeamten hinzu, so hat nach Satz 1 der Reisende einen zwiefachen Anspruch, nämlich a) auf Erstattung des Fahrgeldes und der Gepäckfracht, und zwar auch für die nicht durchfahrene Strecke, also von der Abgangs- bis zur Bestimmungsstation und b) auf freie Rückbeförderung in der für die Hinreise bezahlten oder, wenn der Zug diese nicht führt, in der nächsthöheren Wagenklasse, sowohl für die Person, wie für das Gepäck. Der Reisende kann zur Rückkehr jeden Zug wählen, der zeitlich der nächste und zugleich den Umständen gemäß für ihn beste ist, soweit nicht nach Abs. 5 die Benutzung ausgeschlossen ist.

Nach Satz 2 und 3 sind die vorbezeichneten Ansprüche des Reisenden noch davon abhängig gemacht, daß er sie unter Vorlegung der Fahrkarte sogleich nach Ankunft auf der Station, wo er die Reise aufgibt, und bei Rückkehr auf der Abgangsstation dem Aufsichtsbeamten meldet, der die Meldung zu bescheinigen hat. Die Vorschrift hat präklusivischen Charakter, d. h. die Ansprüche aus Satz 1 gehen verloren, wenn nicht sogleich die Meldung erfolgt, dagegen ist mit der mangelnden Bescheinigung der Verlust nicht verbunden. Ist die Bescheinigung unterblieben, vom Aufsichtsbeamten verweigert rc., so kann der Reisende die rechtzeitige Meldung auf andere Weise dartun. Daß die Bescheinigung auf der Fahrkarte erfolgen muß, ist nicht vorgeschrieben.

96) Abs. 4 behandelt den dritten Fall (s. Anm. 94 S. 98), wenn bei Anschlußversäumnis infolge Zugverspätung oder bei gänzlichem oder teilweisem Zugausfall der Reisende 1. die Fahrt bis zur Bestimmungsstation fortsetzt und 2. auf Ersatz des Fahrgeldes und auf freie Rückbeförderung verzichtet. Unter diesen beiden Voraussetzungen hat der Reisende Anspruch auf Beförderung a) ohne Preiszuschlag, auch wenn ein Zug mit höheren Fahrpreisen benutzt wird, b) mit dem nächsten, günstigsten auf der gleichen oder auf einer anderen Strecke nach derselben Bestimmungsstation fahrenden, dem Personenverkehr dienenden Zuge. Erfordernis ist, daß hierdurch die Ankunft auf der Bestimmungsstation beschleunigt wird. Kann der Reisende die Bestimmungsstation mit einem Zuge ohne Preiszuschlag oder auf derselben Strecke ebenso schnell erreichen, so hat er keinen Anspruch auf Beförderung mit einem höher tarifierten Zuge oder auf einer anderen Strecke. Vgl. zu § 26 Abs. 1—4. 1. Allg. AusfBest. zu § 26 Ziff. 1—4 (s. oben S. 97), 2. Allg. AbfVorschr. § 15 (Verfahren bei Betriebsstörungen und Zugverspätungen), 3. Pers.-

BefördVorschr. § 13 (Benutzung von Hilfslinien bei Zugverspätungen und Betriebsstörungen. § 14 (Beförderung in Güterzügen). § 16 (Bescheinigung über Nichtausnutzung und Umschreibung von Fahrkarten).

97) Abs. 5 beschränkt den Anspruch des Reisenden, in den Fällen der Abs. 3 und 4 zur Rück- bzw. Weiterfahrt den nächsten, günstigsten Zug zu benutzen, durch die neu eingefügte Bestimmung, daß die Eisenbahn zum Ausschluß einzelner Züge oder Zuggattungen (Extrazüge, Expreßzüge, Luxuszüge 2c.) durch den Tarif berechtigt ist. Der Zweck ist, im Verkehrsinteresse derartige Sonderzüge mit beschränkter Platz- und Wagenzahl nicht unverhältnismäßig zu belasten. Das bezügliche Recht darf von der Bahn nicht beliebig ausgeübt werden, sondern nur auf Grund tarifarischer Festsetzung.

98) Abs. 6 legt für den Fall, daß Naturereignisse oder andere zwingende Umstände (z. B. Kriegs-, Mobilmachungs-, Notstands-Beförderungen, außergewöhnliche Verkehrsstockungen 2c.) die Fahrt auf einer Strecke der Bahn verhindern, der Bahnverwaltung die Pflicht auf, für andere Fahrgelegenheit bis zur fahrbaren Strecke tunlichst und unentgeltlich zu sorgen. Die bisherige Bestimmung, daß der Bahn die Mehrkosten dafür — im Vergleiche mit dem entsprechenden Teile des Fahrgeldes — von dem Reisenden zu erstatten sind, ist im Verkehrsinteresse und zugunsten der Reisenden fortgefallen (Begr.). Über die Rechtsnatur dieser Verpflichtung s. Weber VZ. 1902 S. 147.

99) Abs. 7 überläßt den Eisenbahnverwaltungen, weitere Erleichterungen — sc. als die bereits durch Abs. 2—4 gewährten — mit Genehmigung der Landesaufsichtsbehörden nach Zustimmung des Reichseisenbahnamtes durch den Tarif einheitlich festzusetzen, und bildet hiernach eine Ausführungsvorschrift zu § 2 Abs. 1—3 (EingBest.). Abs. 6 ist aus der Erwägung hervorgegangen, daß es zahlreiche Fälle gibt, in welchen die durch Abs. 2—4 den Eisenbahnen auferlegten Leistungen für die den Reisenden gegen die durch Zugverspätung und Ausfall der Fahrt entstehenden Inkonvenienzen und Nachteile keine ausreichende Erleichterung gewähren. Es war daher angezeigt, durch die Aufnahme einer besonderen Bestimmung in den § 26 den Eisenbahnverwaltungen unter den Voraussetzungen des § 2 Abs. 1—3 (EingBest.) die bezügliche Befugnis zur Aufnahme derartiger Bestimmungen in die Tarife ausdrücklich zu erteilen. Dies ist durch Abs. 7 des § 26 geschehen. Wie alle von den allgemeinen Bestimmungen der EVO. abweichenden Bestimmungen bedürfen hiernach auch die hier vorgesehenen sowohl der Genehmigung der Landesaufsichtsbehörden, wie auch der Zustimmung des Reichseisenbahnamtes, ferner der Aufnahme in die Tarife und der Kenntlichmachung der Genehmigung in der Veröffentlichung der Tarife. Es wird in betreff aller dieser Voraussetzungen auf die Erörterung des § 2 Abs. 1—3 (EingBest. Anm. 4ff.) Bezug genommen. Durch die Vorschrift der einheitlichen tarifarischen Festsetzung unter Genehmigung der Landesaufsichtsbehörden und des Reichseisenbahnamtes ist zweckmäßig die Einheitlichkeit der bezüglichen Vorschriften gesichert.

100) Abs. 8 verpflichtet die Bahnen, Zugverspätungen, die mehr als 15 Minuten betragen, und Betriebsstörungen auf den Stationen durch Anschlag bekannt zu machen, eine Vorschrift, die mit der Verpflichtung aus § 10

in engem Zusammenhange steht. In Übereinstimmung mit den Fahrdienstvorschriften ist die bisherige Verpflichtung der Bahnen zur Bekanntmachung aller Zugverspätungen auf solche über 15 Minuten eingeschränkt (Begr.), Erl. d. Min. d. öff. Arb. v. 20. IX. 1899, betr. Form und Inhalt der Bekanntmachungen über Betriebsstörungen (EVBl. 1899 S. 285).

§ 27.

Mitnahme von Tieren in die Personenzüge.

(1) Tiere dürfen in die Personenwagen nicht mitgenommen werden [101]).

(2) Ausgenommen sind kleine Hunde und andere kleine Tiere, die auf dem Schoße getragen werden, wenn ihrer Mitnahme in das Abteil von den Mitreisenden nicht widersprochen wird. Hunde jeder Größe dürfen mitgeführt werden, wenn ihren Besitzern ein besonderes Abteil zur Verfügung gestellt werden kann [102]).

(3) Im übrigen gelten für Hunde, die von Reisenden mitgeführt werden, folgende Vorschriften [103]):

1. Hunde in genügend sicheren Behältern kann die Eisenbahn zur Beförderung in den Gepäck- oder Güterwagen zulassen.
2. Nicht in Behältern verwahrte Hunde sind in besonderen Wagenräumen zu befördern. Sind solche nicht vorhanden oder schon besetzt, so kann die Beförderung nicht verlangt werden.
3. Für das Ein- und Ausladen sowie für das Umladen der Hunde auf Übergangsstationen hat der Reisende zu sorgen.
4. Die Eisenbahn ist nicht verpflichtet, Hunde, die nicht sofort nach Ankunft auf der Bestimmungsstation abgeholt werden, zu verwahren.
5. Eine Angabe des Interesses an der Lieferung ist nicht gestattet.

(4) Im Tarif ist zu bestimmen, ob und für welche Tiere der Reisende eine Beförderungsgebühr zu bezahlen hat. Über die Zahlung ist ihm ein Ausweis zu erteilen [104]).

(5) Für jedes gebührenpflichtige Tier, das ohne solchen Ausweis mitgeführt wird, ist zu entrichten:

bei rechtzeitiger Meldung (§ 16 Abs. (2)) ein Zuschlag von 1 Mark zu dem tarifmäßigen Preise, jedoch nicht mehr als das Doppelte dieses Preises; ohne solche Meldung das Doppelte des Preises, jedoch mindestens 6 Mark.

In anderen als den im Abs. (2) erwähnten Fällen ist das Tier aus dem Personenwagen zu entfernen. Die Vorschrift im § 16 Abs. (6) gilt sinngemäß [105].

(6) Wegen sonstiger Beförderung von Tieren siehe §§ 30 (Abs. (3), 40 ff. und 48 ff.[106]).

1. (1) Für Hunde, die von den Reisenden mitgeführt werden, sind Hundekarten gegen die tarifmäßige Gebühr zu lösen. Das Mindestfahrgeld für einen Hund beträgt 10 Pfennig.

(2) Für kleine Vögel in Käfigen, die von den Reisenden mitgeführt werden, ist eine Beförderungsgebühr nicht zu bezahlen.

(3) Ob und für welche andere Tiere eine Beförderungsgebühr zu bezahlen ist, bestimmen die Tarifteile II.

2. Ausnahmsweise kann Jägern gestattet werden, mit ihren Hunden in Gepäck- oder Güterwagen Platz zu nehmen, wenn kein Bedenken wegen der darin verladenen Gepäckstücke und Güter oder wegen der persönlichen Sicherheit der Reisenden besteht. (s. § 57 der Eisenbahn-Bau- und Betriebs-Ordnung.)

Alte EVO. § 27.

101) § 27 trifft einige besondere Bestimmungen über die Beförderung von Tieren, welche als Begleiter von Reisenden in Personenzügen mitgenommen werden. Für die mit Güterzügen beförderten Tiere gelten die allgemeinen Bestimmungen der §§ 48 ff. über die Beförderung lebender Tiere (s. § 27 Abs. 5). Für die Beförderung von Tieren als Reisegepäck ist § 30 Abs. 3 maßgebend; in Packwagen §§ 40 ff. (s. Abs. 6).

Abs. 1 des § 27 verbietet prinzipiell die Mitnahme von Tieren in den Personenwagen. Hiervon sind nur die im Abs. 2 aufgeführten Ausnahmen zugelassen. Zuwiderhandeln gegen dieses Verbot kann die in der EOV. § 12 und in der BBO. § 82 vorgesehenen Strafen zur Folge haben. Auch steht den Mitreisenden sowohl der Beschwerdeweg wie der Rechtsweg offen.

102) Die Ausnahmen des Abs. 2 von dem Verbot des Abs. 1 betreffen kleine Hunde und andere kleine Tiere.

Kleine Hunde und andere kleine Tiere (kleine Vögel 2c.) dürfen nur unter der Voraussetzung in den Personenwagen mitgenommen werden, daß sie 1. auf dem Schoße getragen werden, 2. der Mitnahme in das Abteil von den Mitreisenden desselben nicht widersprochen wird. Reisende anderer Abteile sind zum Widerspruch nicht berechtigt. Hunde jeder Größe nur unter der Voraussetzung, daß ihren Besitzern ein besonderes Abteil zur Verfügung gestellt werden kann.

Bei Erfüllung dieser Voraussetzungen muß die Mitnahme gestattet werden. Ob der Hund zu den kleinen gehört, wird im Zweifel nach § 8 entschieden. In allen Fällen sind aber die tarifarischen Fahrpreise zu entrichten (Abs. 4). Die Schadensersatzpflicht für Hunde in besonderen Hundeabteilen z. B. im Falle des Entweichens, richtet sich mangels besonderer Bestimmungen nach §§ 276, 278 BGB. (OLG. Cassel 9. III. 1908 E 24 400), sonst, d. h. im Falle der Richtaufgabe, nach § 465 Abs. 3 BGB.

Hierher gehört noch die weitergehende Vergünstigung der Allg. Ausf.-Best. Ziff. 2, wonach Jägern mit ihren Hunden die Beförderung im Gepäck- oder Güterwagen unter den dort vorgesehenen Voraussetzungen ausnahmsweise gestattet werden kann.

103) Abs. 3 enthält — abgesehen von den in Abs. 2 enthaltenen Ausnahmevorschriften — die für von Reisenden mitgeführte Hunde allgemein geltenden Bestimmungen. Danach wird in Ziff. 1 und 2 zwischen Hunden in genügend sicheren Behältern und ohne solche unterschieden. Erstere können zur Beförderung in Gepäck- oder Güterwagen zugelassen werden. Sie können, aber sie müssen nicht, die Zulassung ist in das Ermessen der Bahn gestellt. Die letzteren dagegen müssen in besonderen Wagenräumen befördert werden und ihre Beförderung kann daher nicht verlangt werden, wenn solche Räume nicht vorhanden oder schon besetzt sind. Dies ist im sicherheits- und sanitätspolizeilichen Interesse obligatorisch und daher der Abänderung im Wege der Vereinbarung nicht fähig. Für beide Kategorien bestimmt Ziff. 3, daß das Ein-, Aus- und Umladen der Reisende zu besorgen hat. Die Eisenbahn ist weder hierzu noch gemäß Ziff. 4 zur Verwahrung im Falle nicht sofortiger Abholung auf der Bestimmungsstation verpflichtet und hat eine Angabe des Lieferungsinteresses nicht zuzulassen (Ziff. 5). Haftung: E. 24 400.

Den Ausschluß der Verwahrungspflicht hat Thöl (HR. III § 57 S. 118) ohne nähere Begründung für ungültig erklärt. Jedoch erscheint dies nicht zutreffend. Denn die auf die Beendigung der Beförderung bei Verzug des Empfängers eintretende Verwahrungspflicht des Frachtführers entspringt nicht aus dem Frachtvertrage, sondern aus der allgemeinen Pflicht des Frachtführers als Kaufmann, Sorgfalt zu prästieren. Einer vertraglichen Abänderung dieser Pflicht steht daher das Verbot des § 471 (früher Art. 122) HGB. nicht entgegen. Für die Gültigkeit erklären sich aus im wesentlichen gleichen Gründen: Steinbach 205, W. Koch, VZ. 1883 S. 497, Schott 519 Anm. 20, Drilling 45/47.

104) Neu ist die Vorschrift des Abs. 4, wonach im Tarife bestimmt werden muß, ob überhaupt und für welche Tiere der Reisende eine Beförderungsgebühr zu zahlen hat. Diese kann also auch im Falle des Abs. 2 Satz 1 festgesetzt werden. An Stelle des bisherigen Beförderungsscheins ist die Erteilung eines Ausweises über die Zahlung der Beförderungsgebühr vorgeschrieben. Sie unterbleibt in den Fällen, in welchen nach dem Tarife eine Gebühr nicht zu zahlen ist.

105) Abs. 5 bestimmt die Strafen für die Mitführung eines Tiers ohne Zahlungsausweis. Es ist hier zwar nicht, wie im § 16 Abs. 2, bei den Reisenden selbst „ohne gültige Fahrkarte“ gesagt, sondern kurzweg „ohne Ausweis“, aber es kann keinem Zweifel unterliegen, daß Abs. 5 in gleicher Weise sich auch auf ungültige Ausweise bezieht, d. h. diese den gänzlich fehlenden gleichstehen.

Analog dem § 16 Abs. 2 bemißt auch Satz 1 des Abs. 5 des § 27 den Strafbetrag verschieden, je nachdem die Meldung erfolgt oder unterblieben ist.

a) Bei rechtzeitiger Meldung hat der Kontravenient den Zuschlag von 1 M. zu dem tarifmäßigen Preise zu bezahlen, jedoch nicht mehr als das Doppelte dieses Preises. Es ist also derselbe Satz gewählt, wie beim Fehlen einer gültigen Fahrkarte (§ 16 Abs. 2). Voraussetzung ist die richtige Meldung. Dem entsprechenden § 16 Abs. 2 fehlt die Bezeichnung rechtzeitig, doch ist durch die Parenthese (vgl. § 16 Abs. 2) darauf hingewiesen, daß hier dasselbe gemeint sei. Hiernach ist die Meldung so lange rechtzeitig, als sie unaufgefordert an den Schaffner oder Zugführer erfolgt ist. Daß sie — wie in früheren Reglements bestimmt — gleich beim Einsteigen geschieht, ist nicht erforderlich. Aber sie verliert den Charakter der Rechtzeitigkeit, sobald sie erst nach ausdrücklicher Aufforderung erfolgt.

b) Ohne solche sc. rechtzeitige Meldung ist das Doppelte des tarifmäßigen Preises, jedoch mindestens 6 M. zu bezahlen, d. h. der letztere Betrag in allen Fällen, in welchen das Doppelte des tarifmäßigen Preises weniger beträgt.

Satz 2 des Abs. 5 schreibt vor, daß in anderen als den in Abs. 2 (Anm. 102) erwähnten Fällen der ausnahmsweisen Belassung in Personenwagen das Tier aus diesen entfernt werden muß. Es ist also sobald wie möglich in die für Tiere bestimmten Wagenräume zu bringen.

Dem § 27 Abs. 5 fehlen die im § 16 noch hinzugefügten Bestimmungen, daß dem Reisenden in allen Fällen der Nachzahlung eine Bescheinigung zu erteilen ist (§ 16 Abs. 7), sowie daß Aussetzung erfolgen kann, wenn die sofortige Zahlung verweigert wird (§ 16 Abs. 3). Aber es ist anzunehmen, daß diese Bestimmungen auch in den Fällen des § 27 Abs. 5 analoge Anwendung zu finden haben, da die ratio legis die gleiche ist (vgl. Anm. 60 und 64) und die Tierausweisscheine nur einen Appendix der Fahrkarten bilden.

Aus gleichem Grunde schreibt auch Satz 3 die sinngemäße Anwendung der Bestimmung des § 16 Abs. 6 vor, wonach den Eisenbahnverwaltungen überlassen bleibt, die Fälle, in welchen aus Billigkeit von einem Zuschlag ganz oder teilweise abzusehen ist, mit Genehmigung der Landesaufsichtsbehörden nach Zustimmung des Reichseisenbahnamts durch den Tarif einheitlich zu regeln. Es wird in dieser Hinsicht auf die Ausführung zu § 16 Abs. 6 (Anm. 63 S. 78) Bezug genommen.

106) Abs. 6 verweist in betreff der „sonstigen“, d. h. nicht als Begleiter von Reisenden erfolgenden Beförderung von Tieren, auf die Bestimmung des § 30 Abs. 3 (Reisegepäck), und, soweit die Beförderung in Packwagen oder in Güterzügen erfolgt, auf die allgemeinen Bestimmungen der §§ 40 ff. 48 ff. über die Beförderung von Expreßgut oder lebenden Tieren.

§ 28.

Mitnahme von Handgepäck in die Personenwagen.

(1) Leicht tragbare Gegenstände (Handgepäck) dürfen in die Personenwagen mitgenommen werden, wenn die Mitreisenden dadurch nicht

belästigt werden und keine Zoll-, Steuer- oder Polizeivorschriften entgegenstehen [107]).

(2) In der ersten, zweiten und dritten Wagenklasse steht dem Reisenden nur der Raum über und unter seinem Sitzplatze für Handgepäck zur Verfügung. Auf den Sitzplätzen darf Handgepäck nicht untergebracht werden [108]).

(3) In die vierte Klasse dürfen auch Handwerkszeug, Tornister, Traglasten in Körben, Säcken oder Kiepen und ähnliche Gegenstände mitgenommen werden, wie sie ein Fußgänger tragen kann [109]).

(4) Der Reisende hat die von ihm mitgeführten Sachen selbst zu beaufsichtigen. Die Eisenbahn haftet dafür nur, wenn sie ein Verschulden trifft [110]).

1. In der IV. Klasse darf jeder Reisende nur eine Traglast mit sich führen. Sie kann auch aus mehreren Stücken bestehen. Gegenstände, die infolge ihres Umfangs, ihres Gewichts oder ihrer Anzahl ein einzelner Fußgänger nicht zu tragen vermag, werden auch dann nicht als Traglasten zugelassen, wenn mehrere Fahrkarten vorgezeigt werden.
2. Als Traglasten dürfen auch kleinere Tiere mitgenommen werden; Hunde s. jedoch AusfBest. 1 zu § 27.
4. Ob und unter welchen Bedingungen auf Strecken ohne IV. Klasse die Mitführung von Traglasten den Reisenden in der III. Klasse gestattet ist, ergeben die besonderen Bestimmungen der Tarifteile II.
4. Fahrräder — gleichviel ob zerlegt oder unzerlegt — dürfen in die Personenwagen nicht mitgenommen werden.

Alte EVO. § 28, HGB. § 465.

107) § 28 trifft Bestimmung über die Mitnahme von Handgepäck. Abs. 1 Satz 1 definiert den Begriff des Handgepäcks als des in die Personenwagen mitgenommenen (nicht aufgegebenen) Gepäcks — im Gegensatze zu dem der Gepäckabfertigungsstelle gegen Gepäckschein aufgelieferten, dem aufgegebenen (§ 30 Abs. 5 u. 6, § 32, § 35 Abs. 1) oder unter Vorbehalt späterer Abfertigung beförderten oder auf Stationen ohne Gepäckabfertigung angenommenen. Über den insbesondere für die Frage der Haftpflicht wichtigen Unterschied zwischen nicht aufgegebenem und aufgegebenem Gepäck (§ 465 HGB.) s. § 35 Anm. 139. Als Handgepäck gelten leicht tragbare Gegenstände. Die Reisenden sind befugt, solche in die Personenwagen mitzunehmen unter der Voraussetzung:

1. daß diese Gegenstände nicht die Mitreisenden belästigen (s. § 29 Abs. 1),
2. daß nicht Zoll-, Steuer- oder Polizeivorschriften der Mitnahme entgegenstehen, und — was hier nicht speziell ausgesprochen, aber aus § 29, § 30 Abs. 4 EVO. ersichtlich —
3. daß die betreffenden Gegenstände nicht zu denjenigen gehören, welche von der Mitnahme überhaupt ausgeschlossen sind bzw. nach § 30 Abs. 3, 4 u. 5 auch als Reisegepäck nicht aufgegeben werden dürfen. (Vgl. noch Anm. 111.)

Es sind die für Güter überhaupt geltenden Zoll-, Steuer- oder Polizeivorschriften gemeint (s. § 65 Anm. 111 ff.).

Über von der Mitnahme ausgeschlossene Gegenstände s. § 29 Anm. 205 ff., § 30 Anm. 119, § 54 Anm. 315 ff.

Vgl. Pers.Beförd.Vorschr. § 23 (Mitnahme von Handgepäck in die Personenwagen).

Unzulässig und verboten ist daher auch die Mitnahme aller Gegenstände, deren Beförderung durch die Eisenbahn durch allgemeine oder Spezialgesetze untersagt ist. Dahin gehören die in § 3 Abs. 1 Ziff. 2 (Anm. 13 S. 12) bezeichneten Gegenstände, insbesondere auch die postzwangspflichtigen. Zulässig ist jedoch die Mitnahme postzwangspflichtiger Sachen (z. B. Zeitungspakete) durch einen Expreßboten als gewöhnliches Handgepäck im bestimmungsmäßigen Umfange (§ 24 Abs. 2) RGSt. **35** 220; nicht aber, daß der Expreßbote mehrere Plätze oder ein ganzes Abteil bezahlt und die von ihm nicht gebrauchten Plätze mit Zeitungspaketen belegt (RGSt. **37** 98) oder als Reisegepäck oder Expreßgut aufgibt (RGSt. **3** 300). E. **19** 138.

108) Nach Abs. 2 sind die aus Abs. 1 folgenden Befugnisse der Reisenden der I., II. und III. Wagenklasse dahin begrenzt, daß einem jeden nur der über und unter seinem Sitzplatze befindliche Raum zur Unterbringung von Handgepäck zur Verfügung steht und eine Verwendung der Sitzplätze hierzu nicht gestattet ist. (Vgl. Erl. d. Pr. Min. d. öff. Arb. vom 22. XII. 1893 EVBl. S. 366.) Für die IV. Klasse besteht diese Beschränkung nicht, auch wenn in derselben Sitzplätze angebracht sind. Das Verbot der Verwendung von Sitzplätzen zur Unterbringung von Handgepäck in den ersten drei Klassen erstreckt sich mangels einer Einschränkung auch auf den eigenen Sitzplatz eines jeden Reisenden; auch der eigene Sitzplatz darf dauernd nicht mit Handgepäck belegt werden, während eine vorübergehende Belegung gestattet ist (vgl. § 20 Abs. 4). Reisen mehrere Personen gemeinsam (z. B. eine Familie), so steht ihnen zur Unterbringung ihres Handgepäcks ungeteilt so viel von dem in Abs. 2 bezeichneten Raume zur Verfügung, als sie laut Fahrkarten Sitzplätze haben. Bei Meinungsverschiedenheiten gilt das im § 8 Gesagte.

109) Nach Abs. 3 ist Reisenden der IV. Klasse, um den unteren Bevölkerungsklassen die Benutzung der Bahn zu erleichtern, auch — d. h. abgesehen von den in Abs. 1 allgemein bezeichneten — die Mitführung umfangreicherer Sachen: wie Handwerkszeug, Tornister, Tragelasten in Körben, Säcken, Kiepen 2c. und ähnlicher Gegenstände gestattet, welche ein Fußgänger tragen kann.

Über die Mitnahme von Traglasten in der IV. Klasse und mangels derselben in der III. Klasse sowie von Fahrrädern s. Allg. AusfBest. zu § 28 Ziff. 1—4 (oben S. 105) und Pers.Beförd.Vorschr. § 23.

Nach Maßgabe dieser Bestimmungen wird es in der Regel keinem Bedenken unterliegen, z. B. einem Drehorgelspieler die Mitnahme seiner Drehorgel, sofern dieselbe von ihm allein getragen wird, zu gestatten; desgleichen einer Gemüse- oder Obsthändlerin ihren Korb mit Obst, Früchten rc., welchen sie gewöhnlich auf den Schultern trägt, einem Handelsmann (Hausierer) seinen Sack (Quersack, Rucksack) oder seinen an einem Tragriemen befestigten Warenkasten, einem Tagelöhner oder Knecht sein Arbeitszeug. Dagegen erscheint für Reisende IV. Klasse die Mitnahme großer Reisekoffer, kaufmännisch verpackter Kisten und Warenballen von erheblichem Umfange nicht statthaft. Denn entscheidend ist, daß nach einem mittleren Maßstabe und der Üblichkeit die qu. Last von einem Fußgänger getragen werden kann.

110) Abs. 4 legt im Satz 1 dem Reisenden die Pflicht auf, die von ihm mitgeführten Sachen selbst zu beaufsichtigen, und folgeweise im Satz 2 der Eisenbahn die Haftung dafür nur dann, wenn sie ein Verschulden trifft.

Aus der Bestimmung des Satzes 1 folgt keineswegs, daß in betreff des Handgepäcks ein Frachtvertrag überhaupt nicht vorliege. Vielmehr ist ein solcher auch für das Handgepäck abgeschlossen, wenngleich formlos und ohne speziellen Übergabeakt. Andernfalls würde von einer Haftung für nicht aufgegebenes Reisegepäck (§ 465 Abs. 3 HGB.) überhaupt nicht die Rede sein können. Denn die Haftung setzt ein Vertragsverhältnis voraus, auf welches sie sich gründet. Durch den vom Reisenden für seine Person durch Lösung der Fahrkarte abgeschlossenen Beförderungsvertrag erwirbt derselbe zugleich das vertragsmäßige Recht auf Mitnahme seines Handgepäcks im Abteil. RG. 1. V. 1902 EisenbArch. 1135, E. 19 138. Unklar und unzutreffend ist aber die Annahme, es liege in der Beförderung des im Personenabteil mitgenommenen Gepäcks nur ein „Nebengegenstand des Personenbeförderungsvertrages" vor bzw. eine Ausführung der zu diesem gehörenden Verpflichtung oder ein erweiterter Personenbeförderungsvertrag (s. Makower 1486, 1607, Düringer-Hachenburg § 465 IV 1 RGSt. 35 226). Aber auch diese Annahme stellt ein Vertragsverhältnis nicht in Frage. Es ist ein mit dem Personenbeförderungsvertrag verbundener Güterbeförderungsvertrag (so auch Lehmann-Ring 394). Das Handgepäck ist „nicht aufgegebenes" Gepäck, es findet daher auf dasselbe § 465 Nr. 3 HGB. Anwendung, nicht aber § 465 Nr. 1 (bzw. § 36 Abs. 1 EVO.). Konkurriert also bei mangelnder Aufsicht des Reisenden ein Verschulden der Bahn oder ihrer Leute, so kann diese haftpflichtig werden (BGB. § 254).

Satz 2 wiederholt in betreff des Verlustes und der Beschädigung von nicht aufgegebenem Reisegepäck (§ 28 Abs. 1) die Bestimmung derjenigen Beschränkung der gesetzlichen Haftpflicht, welche im § 465 Abs. 3 HGB. enthalten ist (s. EVO. § 35 Anm. 39 S. 141).

Die Voraussetzung dieser Haftbeschränkung ist also, daß nicht zur Beförderung aufgegebenes Reisegepäck, d. h. von dem Reisenden in den Wagen — ohne Gepäckschein — mitgeführtes und selbst beaufsichtigtes sog. Handgepäck (§ 28 Abs. 1) — ebenso wie in Fahrzeugen belassene Gegenstände (§ 35 Abs. 3) in Verlust geraten oder beschädigt worden ist.

Ist diese Voraussetzung vorhanden, so haftet die Eisenbahn nur, wenn ihr bzw. ihren Leuten (HGB. § 458 EVO. § 5) ein Verschulden an dem Verluste oder der Beschädigung zur Last fällt. Die Eisenbahn ist in diesem Falle von jeglicher Haftbarkeit für Verlust und Beschädigung des Reisegepäcks befreit — ausgenommen den Fall, daß ihr eigenes Verschulden oder solches ihrer Leute nachgewiesen wird. Es ist demnach im übrigen gleichgültig, welche Ursache der Schaden hatte, ob er durch höhere Gewalt, gewöhnlichen Zufall, schlechte Verpackung, Verschulden der Mitreisenden, natürliche Beschaffenheit des Inhalts ꝛc. herbeigeführt wurde.

Aber auch im Falle eines Verschuldens ist sie von jeder Beweislast befreit. Mit einem Schadensersatzanspruche vermag der Reisende nur durchzubringen, wenn er der Eisenbahn nachweist, daß ihr oder ihrer Leute Verschulden den Verlust oder die Beschädigung herbeigeführt habe.

Häufig wird das alleinige Verschulden der Bahn oder ihrer Leute klar zutage liegen, z. B. wenn der Schaden durch eine auf Schuld der Bahnorgane beruhende Entgleisung, durch Mängel der Transportmittel, der Heizungs-, Beleuchtungseinrichtungen ꝛc. herbeigeführt ist. Häufig aber wird, insbesondere bei konkurrierendem Verschulden des Passagiers und der Bahn, die Frage eine zweifelhafte sein und vom Richter aus der gesamten Sachlage heraus entschieden werden müssen, wessen Verschulden ganz oder anteilig den Schaden verursacht hat, z. B. bei Abhandenkommen des Gepäcks aus dem Abteil, Herausfallen ungenügend beaufsichtigter Sachen aus schlecht verschlossenen Wagen, Zusammenstoß von Zügen, Inbrandgeraten, Diebstahl durch Leute der Eisenbahn ꝛc. Hier ist daran festzuhalten, daß ein Frachtvertrag in Gemäßheit der §§ 425 ff. HGB. vorliegt (s. Anm. 107 S. 105 ff.) und daher die Eisenbahn den Gewahrsam und folglich auch die custodia an dem nicht aufgegebenen Reisegepäck an sich hat. Denn anderenfalls würde nicht ersichtlich sein, auf welchem Titel überhaupt ihre Haftung beruht (s. § 28 Abs. 1 Anm. 107 S. 105). Aber diese custodia wird dadurch modifiziert, daß das nicht aufgegebene Reisegepäck als begleitetes Gut gilt bzw. demselben gleichsteht, d. h. mit der nach § 459 Ziff. 6 HGB. bestimmten Nichthaftung wegen solcher Verluste, Beschädigungen ꝛc., welche die Begleitung abwenden konnte (Thöl III 200), und dazu gehören vornehmlich solche aus mangelnder Beaufsichtigung. Von diesem Gesichtspunkte aus ist im Einzelfalle zu beurteilen, ob bzw. inwieweit die Eisenbahn für Entwendungen oder Beschädigungen des Reisegepäcks durch Mitreisende oder durch Nichtmitreisende oder nicht in dasselbe Abteil gehörende Personen aufzukommen hat. Wenn v. Hahn (II 739) meint, es werde die Verpflichtung zu einer „gewissen" (?) custodia z. B. gegen Entwendung durch nicht mitreisende Personen anzunehmen sein, es könne aber „der tatsächlichen Natur des Verhältnisses nach" nicht beansprucht werden, daß diese custodia auch gegen Entwendung ꝛc. durch Mitreisende gerichtet werde, so liegt diese höchst unsichere und schwankende Annahme in einer irrigen Auffassung des ganzen Vertragsverhältnisses. (Auch Schott 1497 ist aus gleichem Grunde hier unklar und steht im übrigen zum Teil im Widerspruche mit v. Hahn. Vgl. Thöl § 98 S. 201, Reyßner in Buschs Arch. 10 60f., Ackermann in Buschs Arch. 12 463f., Hillig 63, Erk. d. HandAppG. München vom 1. VI. 1873, Busch, Arch. 86 341. Über konkurrierendes Verschulden: Eger, Haftpflichtges.[6] S. 189ff., Entsch. d. ROHG. 16 111 und VZ. 1877 S. 305.)

Streitig ist die Frage der Haftpflicht der Schlafwagengesellschaft für die in die Schlafwagen eingebrachten Sachen der Reisenden. Fuld (DJZ. 1900 S. 227 und E. 24 324), Planck (Vorbem. zu BGB. § 701 unter III), Oertmann (Anm. 16 zu § 701 BGB.) nehmen an, daß der Gesellschaft die Haftung des Gastwirts (BGB. § 701) obliege, Dernburg (Bürg. R. II § 353 Anm. 4), Langen (Gastaufnahmevertr. S. 6), Mittelstein, Miete § 6 unter 8, Reindl (E. 18 375, 24 324), Goldmann-Lilienthal (BGB.[2] I 720), OLG. Cöln 17. I. 1907 (E. 24 196) die Haftpflicht des Frachtführers (Beförderungsvertrag), während in der VZ. 1900 Nr. 45 S. 692 dieser Annahme widersprochen und die Ansicht vertreten wird, daß der Vertrag zur Benutzung des Schlafwagens sich nur als ein Zusatz zum Eisenbahnbeförderungsvertrage darstelle, der in der Haftpflicht des Eisenbahnunternehmers nichts ändere. Diese letztere Ansicht erscheint zutreffend. Vom Gastwirt unterscheidet sich die Schlafwagengesellschaft wesentlich dadurch, daß ihr Betrieb nicht auf die Beherbergung von Personen gerichtet ist, ferner daß der Schlafwagen ein öffentliches Verkehrsmittel ist, auch die Benutzung gegen die Gebühr nicht versagt werden darf, soweit Plätze vorhanden. Auch würde sich alsdann die Haftung für das Gepäck der Schlafwagenreisenden anders gestalten als für die übrigen Reisenden — was nicht beabsichtigt und mit dem Prinzipe der gleichen Behandlung aller Reisenden nicht vereinbar ist. Eisenbahn-Beförderungsunternehmer oder Mitunternehmer kann die Schlafwagengesellschaft nicht sein, weil sie die Eisenbahnkonzession nicht besitzt. Der in Rede stehende Vertrag ist also weder ein Herbergs- noch ein Beförderungsvertrag, sondern ein Vertrag auf Miete einer Schlafstelle, der akzessorisch neben dem Eisenbahn-Beförderungsvertrage herläuft und den Vermieter — gleichviel ob er zugleich der Eisenbahnunternehmer oder ein besonderer Schlafwagenunternehmer ist — lediglich zur Gewährung des Schlafraums und des Schlaflagers verpflichtet. Für die eingebrachten Sachen übernimmt der Vermieter keine Gewähr. Die Haftung des Eisenbahnunternehmers für das Gepäck — als nicht aufgegebenes — gemäß HGB. § 465 Abs. 3, EVO. § 28 Abs. 4, § 35 Abs. 3 wird dadurch nicht berührt. Ob ihm der Schlafwagenunternehmer bei Inanspruchnahme durch den Reisenden für Verlust oder Beschädigung regreßpflichtig wird, hängt von den Bestimmungen des zwischen Eisenbahn- und Schlafwagenunternehmer bestehenden Vertrages und mangels solcher von den allgemeinen Bestimmungen des BGB. ab.

§ 29.

Von der Mitnahme ausgeschlossene Gegenstände.

(1) Gefährliche Gegenstände, insbesondere geladene Schußwaffen, ferner explosionsgefährliche, leicht entzündliche, ätzende, übelriechende Stoffe und dergleichen, sind von der Mitnahme ausgeschlossen [111]).

(2) Der Zuwiderhandelnde haftet für jeden hieraus entstandenen Schaden und verwirkt außerdem die bahnpolizeilich festgesetzte Strafe [112]).

(3) Die Bediensteten sind berechtigt, sich von der Beschaffenheit der mitgenommenen Gegenstände zu überzeugen [113]).

(4) Personen, die in Ausübung des öffentlichen Dienstes eine Schußwaffe führen, sowie Jäger und Schützen dürfen Handmunition mitnehmen. Den Begleitern von Gefangenen, die mit diesen in besonderen Wagen oder Wagenabteilen fahren, ist gestattet, geladene Schußwaffen mitzuführen [114]).

Alte EVO. § 29.

111) § 29 trifft über die von der Mitnahme — sc. in den Personenwagen — ausgeschlossenen Gegenstände Bestimmung.

Abs. 1 schließt die Mitnahme aller gefährlichen Gegenstände, unter beispielsweiser Aufzählung einiger derartiger Gegenstände (geladene Schußwaffen, explosionsgefährliche, leicht entzündliche, ätzende, übelriechende Stoffe u. dgl.) aus. Vgl. §§ 77, 82, 83 BBO. Die im bisherigen Abs. 1 aufgeführten „feuergefährlichen" Gegenstände sind gestrichen, weil sie unter die „leichtentzündlichen" fallen. Dagegen sind die ätzenden und die übelriechenden Stoffe hinzugefügt, da es sich nicht allein um die Gefahr für Leben und Gesundheit, sondern auch für die Sachen Dritter handelt. Fortgefallen sind als zu weit gehend die Worte, „welche auf irgendeine Weise Schaden verursachen können". Aber auch das Wort „gefährlich" ist unbestimmt genug, da es überaus viele Gegenstände gibt, die man für gefährlich erachten kann, z. B. Scheren, Messer, Zündhölzchen. Das Verbot ist daher in einer dem Verkehrszweck angemessenen, die Reisenden nicht ungebührlich belästigenden Weise auszulegen. Andererseits steht dasselbe mit der Vorschrift des § 28 Abs. 1 im engen Zusammenhange, wenn es auch nicht sämtliche vom Güterverkehr ausgeschlossenen oder nur bedingungsweise zu demselben zugelassenen Gegenstände umfaßt, so doch jedenfalls alle, welche nach steuer-, zollpolizeilichen oder gesetzlichen Bestimmungen von der Beförderung ausgeschlossen sind, z. B. auch postpflichtige. Es handelt sich im § 29 nur um nicht aufgegebenes, d. h. Handgepäck, während im § 30 Abs. 4 EVO. über das aufgegebene Gepäck Bestimmung getroffen ist.

112) Nach Abs. 2 ist der Zuwiderhandelnde sowohl zivil- wie strafrechtlich verantwortlich:

1. zivilrechtlich für jeden Schaden an dem Gepäck Dritter und für sonstigen Schaden, d. h. an den Betriebsmitteln, an Personen und Sachen (Schott 258). Die Konventionalstrafe bzw. der Frachtzuschlag aus § 60 findet hier keine Anwendung, weil sie sich nur auf zur Beförderung aufgegebene Güter bezieht (§ 30 Abs. 4);
2. strafrechtlich durch Verfall in die in der BBO. §§ 77, 82, 83 bestimmte Strafe; d. h. Geldstrafe bis zu 100 M., sofern nicht nach den allgemeinen Strafbestimmungen eine härtere Strafe verwirkt ist (s. §§ 303 ff., §§ 306 f., §§ 315, 316, § 367 Nr. 5, 6, 9 StGB.). § 29 EVO.

ist eine polizeiliche Bestimmung im Sinne des § 9 des RGes. v. 9. VI. 1884 (Sprengstoffgesetz), RG. 15. III. 1893, E. 10 185. — 10. X. 1895, 12 325.

113) Abs. 3 gewährt den Eisenbahnbediensteten sc. den dienstlich bei dem Zuge beschäftigten das Recht, sich von der Beschaffenheit der mitgenommenen Gegenstände zu überzeugen. Hierbei liegt es im Sinne dieser Bestimmung, daß die Bahnbediensteten pflichtmäßig nur bei begründetem Verdachte der Übertretung des Verbots des Abs. 1 zu Visitationen schreiten und nicht ohne jeden Grund den Reisenden lästig fallen dürfen. Anderenfalls steht letzteren das Recht der Beschwerdeführung (§ 7) zu.

Vgl. die in dieser Hinsicht in betreff der Abfertigung von Reisegepäck gegebene Vorschrift in den Allg. AbfVorschr. § 16 Abs. 3.

114) Abs. 4 macht von dem Verbote des Abs. 1 zwei Ausnahmen.

a) Zunächst im Satze 1 zugunsten von Jägern, Schützen und im öffentlichen Dienste stehenden Personen. Diesen ist die Mitführung der Handmunition gestattet. Unter Jägern sind nicht bloß berufsmäßige Jäger und Forstleute, sondern auch Jagdherren und Jagdliebhaber zu verstehen, unter Schützen, die den Schützengilden ꝛc. angehörigen Mitglieder. Als im öffentlichen Dienste stehend gelten Militärpersonen, Polizei-, Zoll- und andere Beamte des Staates und der Gemeinden. Nur „Handmunition", d. h. die zum Laden des Gewehres erforderlichen Quantitäten an Pulver, Patronen, Kugeln, Schrot ꝛc., nicht aber geladene Schußwaffen. Der Begriff „Handmunition" richtet sich nach den einzelnen Landesverordnungen bzw. Usancen. Dieselbe darf nur in den Personenwagen mitgenommen, nicht als Reisegepäck aufgegeben werden und muß im übrigen den Bestimmungen des § 28 über das Handgepäck entsprechen.

b) Sodann ist im Satz 2 eine Ausnahme gemacht für Begleiter von Gefangenen. Diesen Personen ist die Mitführung geladener Schußwaffen gestattet, jedoch nur unter der Voraussetzung, daß die Beförderung — sc. der Begleiter und der Gefangenen — in besonderen Wagen oder Wagenabteilen erfolgt.

Im Falle des Abs. 4 macht sich der Zuwiderhandelnde in gleicher Weise zivil- und strafrechtlich verantwortlich, wie im Falle des Abs. 1 (s. Anm. 111, 112) vgl. §§ 77, 82, 83 BBO.

IV.

Beförderung von Reisegepäck[115]).

Die nachstehend für „Fahrzeuge" getroffenen Bestimmungen gelten, soweit sie von denen für Reisegepäck abweichen, nur für solche Fahrzeuge, die nicht im Packwagen untergebracht werden können, sowie für Motorfahrräder. Für einsitzige Motorzweiräder, deren Brennstoffbehälter mit Ablaßhähnen versehen und entleert sind, gelten jedoch die Bestimmungen für Reisegepäck.

§ 30.

Begriff.

(1) Der Reisende kann Gegenstände, deren er zur Reise bedarf, zur Beförderung als Reisegepäck aufgeben [116]).

(2) Das Reisegepäck muß durch seine Verpackung — in Koffer, Reisekörbe, Reisetaschen, Hutschachteln, handliche Kisten oder dergleichen — als solches kenntlich sein [117]).

(3) Ob und unter welchen Bedingungen Gegenstände, die nicht zum Reisebedarf zu rechnen sind, sowie Tiere in genügend sicheren Behältern und Fahrzeuge als Reisegepäck angenommen werden, muß der Tarif einheitlich bestimmen [118]).

(4) Die von der Beförderung als Frachtgut ausgeschlossenen und die im § 29 aufgeführten Gegenstände dürfen bei Vermeidung der im § 60 festgesetzten Folgen nicht als Reisegepäck aufgegeben werden [119]).

(5) Ob und unter welchen Bedingungen die im § 54 Abs. (2) B Ziff. 1 genannten Gegenstände als Reisegepäck angenommen werden, muß der Tarif bestimmen [120]).

1. Als Reisegepäck gemäß Abs. (3) werden angenommen:
   a) Fahr- und Rollstühle, die Kranke oder Gelähmte mit sich führen,
   b) Kinderwagen für den Gebrauch mitreisender Kinder,
   c) Ausrüstungsgegenstände der freiwilligen Sanitätskolonnen, soweit sie sich nach Gewicht und Größe zur Beförderung in Packwagen eignen,
   d) Musikinstrumente in Kasten, Futteralen oder anderen Umschließungen, sofern sie unzweifelhaft zum persönlichen Gebrauche des Aufgebers dienen, sowie Geräte von Artisten und Schaustellern, soweit sie sich nach Gewicht und Größe zur Beförderung in Packwagen eignen,
   e) Meßinstrumente bis zu 5 m Länge und Handwerkszeug,
   f) Fahrräder, auch einsitzige Motorzweiräder, deren Brennstoffbehälter mit Ablaßhähnen versehen und entleert sind (wegen der übrigen Motorfahrräder vgl. Ausf-

Best. 11 zu § 32), ferner Handschlitten bis zu 4 m Länge und 40 kg Einzelgewicht, Schneeschuhe und Schlittschuhsegel, sofern diese Gegenstände unzweifelhaft zum persönlichen Gebrauche des Aufgebers dienen und nicht Gegenstände des kaufmännischen Verkehrs bilden,

g) Warenproben (Muster), die Geschäftsreisende für Geschäftszwecke mit sich führen, und die nach der Verpackungsart als Proben erkennbar sind,

h) Marktwaren und Hausiererwaren nur in Personenzügen, sofern sie Gewicht und Größe einer Traglast nicht überschreiten (vgl. AusfBest. 1 zu § 28),

i) kleine Tiere, sowie Jagdhunde in Käfigen, Kisten, Körben, Säcken u. dgl. (vgl. § 3 der Anlage B zur EVO.).

2. Wegen der Annahme und Beförderung von Land-(Straßen-) Fahrzeugen und Wasserfahrzeugen als Reisegepäck vgl. AusfBest. 11 zu § 32.

3. Die im § 54 Abs. (2) B Ziff. 1 bezeichneten Gegenstände werden zur Gepäckbeförderung unter folgenden Bedingungen zugelassen:

a) die Gepäckstücke müssen fest verschlossen sein;

b) der Inhalt der Gepäckstücke und der Wert, welcher den Höchstbetrag der Entschädigung bilden soll, sind anzugeben und im Gepäckschein zu vermerken.

Wird der Wert oder das Interesse an der Lieferung mit mehr als 500 M. angegeben, so werden die Gegenstände zur Gepäckbeförderung nicht angenommen.

Alte EVO. § 30, HGB. § 465.

115) Die §§ 30—39, welche den Abschn. IV der EVO. unter dem Titel „Beförderung von Reisegepäck" bilden, enthalten die Bestimmungen der EVO. über die Reisegepäckbeförderung. Diese Bestimmungen gelten auch für Fahrzeuge, sofern sie ausnahmsweise nicht als eigentliche Frachtgüter, sondern im Anschluß an den Personentransport befördert werden; sie sind alsdann wie Reisegepäck abzufertigen.

Die §§ 30—39 umfassen zum Teil die eisenbahnseitigen Beförderungsbedingungen für Reisegepäck im Anschluß an die §§ 425—473 HGB., insbesondere § 465 l. c. und in Ergänzung bzw. Modifikation der für die Haftpflicht bei Beschädigung von Gütern im allgemeinen geltenden Bedingungen und Abreden des Abschn. VIII (s. § 35 Abs. 1), zum Teil aber auch eine Reihe von Sicherheits- und Ordnungsvorschriften, welche mit der Gepäckbeförderung im Zusammenhange stehen. Streng genommen gehören hierher auch die Bestimmungen des § 28 über das Handgepäck, welches eine Kategorie des nicht aufgegebenen Reisegepäcks bildet; sie sind ohne ausreichenden Grund dem vorangehenden Abschn. III (Personenbeförderung) eingefügt worden. (Über das nicht aufgegebene Reisegepäck § 28 Anm. 107 ff.).

Der Gepäckbeförderungsvertrag ist, wie bei § 35 Anm. 139 noch des näheren erörtert ist — gleichviel ob es sich um zur Beförderung aufgegebenes Reisegepäck (HGB. § 465 Abs. 1 u. 2, EVO. §§ 30ff.) oder nicht aufgegebenes (HGB. § 465 Abs. 3, EVO. § 28, sog. Handgepäck) handelt — lediglich eine besondere Kategorie des Güterfrachtvertrages, welcher in der Regel mit einem Personenfrachtvertrage verknüpft und daher in der EVO. vom gewöhnlichen Güterfrachtvertrage zum Teil (s. jedoch in betreff der Haftpflicht § 35 Abs. 1) abweichend normiert ist, demungeachtet aber, wie letzterer, den Bestimmungen der §§ 425—473 HGB. unterliegt (ROHG. 12 198, RGSt. 35 223). Hinsichtlich der juristischen Natur dieses Beförderungsvertrages wird des näheren auf die Erörterungen zum § 35 verwiesen. (Endemann, HR. 766, R. d. E. 455, 681, Wehrmann 124, Lehmann-Ring II 393, 394, Holländer, Der Eisenbahnfrachtvertrag über Passagiergut.)

116) § 30 Abs. 1 definiert den Begriff des zur Aufgabe gelangenden Reisegepäcks — im Gegensatze zum nicht aufgegebenen Handgepäck, welches in den Personenwagen mitgenommen wird (§ 28). Der Begriff des Reisegepäcks ist wichtig für die Aufgabe und Abfertigung zur Beförderung mit den Personenzügen (§ 32ff.), insbesondere auch für die Frage des Freigepäcks (bei Freifahrausweisen, Militärfahrkarten § 32). Unter „Reisegepäck", von welchem — in der Regel wenigstens — nur im Zusammenhange mit der Beförderung eines Reisenden die Rede sein kann, versteht § 30 Abs. 1 grundsätzlich diejenigen Gegenstände, deren der Reisende zur Reise bedarf. Die Zulassung zur Aufgabe nach den Normen für die Behandlung von Reisegepäck (§§ 31—39) ist jedoch abhängig von der im Abs. 2 angegebenen Voraussetzung. Über die ausnahmsweise Zulassung noch anderer Gegenstände als Reisegepäck bedarf es tarifarischer Bestimmung (Abs. 3 u. 5). Unter Reisegepäck werden hiernach begrifflich im allgemeinen alle diejenigen Sachen verstanden, welche getrennt vom Körper des Reisenden als von demselben zum Reisezweck mit sich geführt befördert werden. Zunächst und in der Regel sind es daher solche Gegenstände, welche der Reisende zu seinem und seiner Angehörigen Reisebedürfnisse mit sich führt, namentlich Kleidung, Wäsche, Toilettegegenstände rc. § 30 Abs. 1 erwähnt zwar nicht mehr — wie das alte Regl. § 24 Abs. 1 — das Reisebedürfnis der Angehörigen ausdrücklich, indes kann es schon in Rücksicht auf die Schwierigkeiten einer Unterscheidung keinem gegründeten Zweifel unterliegen, daß auch das Reisegepäck der Angehörigen hierher gehört (Lehmann-Ring II 393). Dies ergibt sich auch aus den Allg. AusfBest. Ziff. 3 zu § 32. Diese Gegenstände dürfen daher, falls nicht mangelhafte Verpackung vorliegt (§ 459 Ziff. 2 HGB., § 31 EVO.), von der Beförderung nicht zurückgewiesen werden (arg. § 453 Ziff. 1 HGB.). Der Begriff ist nicht abstrakt. Es kommt auf die Zwecke der einzelnen Reisenden und der einzelnen Reise an (z. B. die Instrumente eines Arztes, die Akten eines

Anwalts rc.). „Der Begriff Reisezweck — bemerkt de Jonge (PrEA. 1888 S. 488) zutreffend — hat eine umfassende Bedeutung, so daß unter Reisegegenständen sowohl Gebrauchsgegenstände, die der Vergnügungsreisende, als auch z. B. Warenproben, die der Geschäftsreisende mit sich führt, zu begreifen sind. Die Begriffserweiterung und Ausdehnung auf das Reisegepäck der Angehörigen erschien vom gesetzgeberischen Standpunkt aus schon deshalb geboten, weil bei einer Familienreise sehr häufig gemeinschaftliches Gepäck mitgeführt wird, das den Bedürfnissen aller Reisegenossen dient, wodurch die Feststellung und Aussonderung des dem einzelnen Reisenden gehörigen Gepäcks sehr erschwert sein würde. Von diesem Ausgangspunkte aus ist dann offenbar die Eigenschaft als persönliches Gepäck allem Gepäck, auch dem Sondergepäck mitreisender Angehöriger beigelegt worden. Nach dem so festgestellten Begriffsinhalt ist es klar, daß die Beziehung zwischen dem Reisenden und dem Gepäck keineswegs notwendig ein Eigentumsverhältnis sein muß. Das Reisegepäck kann geliehen, gemietet, gestohlen usw. sein, aber es muß dem Reisezwecke des Passagiers dienen, zu seinen Reisebedürfnissen gehören."

Festzuhalten ist somit, daß nur diejenigen Gegenstände des Reisenden und seiner Angehörigen zum Reisegepäck begrifflich gehören, welche ihrem Reisezweck dienen, mithin Reisebedürfnisse sind, nur ausnahmsweise (s. Abs. 3 u. 5) können auch andere Gegenstände zugelassen werden; dementsprechend werden auch die in den Allg. AusfBest. Ziff. 1a—i aufgeführten Gegenstände als Reisegepäck angenommen (s. oben S. 112, 113).

Die Allg. AbfVorschr. § 16 Abs. 3 geben hierbei die Direktive, daß bei der Beurteilung der Frage, ob die Abfertigung als Reisegepäck zulässig sei, den Reisenden möglichst entgegenzukommen und deshalb auch von jeder näheren Untersuchnng ohne weiteres abzusehen ist, wenn die äußere Beschaffenheit, Verpackung oder sonstige Umstände dafür sprechen, daß die Gegenstände zum persönlichen Gebrauch während der Reise bestimmt sind.

Der Reisende, d. h. der mit einer gültigen Fahrkarte versehene, „kann", d. h. er ist berechtigt, die hiernach zu seinem Reisebedarf gehörigen Gegenstände als Reisegepäck aufzugeben, die Beförderung derselben nach den für Reisegepäck gegebenen Normen (§§ 32—39) zu verlangen. Aber nur der Reisende hat dieses Recht, nicht ein beliebiger Dritter. Daher können Inhaber von Fahrausweisen, welche das Recht auf Freigepäck besitzen, von diesem Rechte nur Gebrauch machen, wenn sie dies mit einer Reise verbinden. Es ist unzulässig, ohne diese Voraussetzung Gegenstände als Reisegepäck aufzugeben. Der Eisenbahn liegt die Beförderungspflicht (Beförderungszwang) ob. Eine Zurückweisung des Reisegepäcks macht die Eisenbahn entschädigungspflichtig. Nimmt aber die Eisenbahn Gegenstände als Reisegepäck zur Beförderung an, ohne dazu verpflichtet zu sein, so haftet sie nach den für Reisegepäck geltenden Bestimmungen (OLG. Wien 5. X. 1870, Röll Nr. 61). Die Benutzung desselben Zuges kann nicht verlangt werden. Der Reisende darf auch das Reisegepäck mit einem früheren Zuge voranschicken.

117) Abs. 2 macht die Zulassung zur Aufgabe des Reisegepäcks von der Voraussetzung abhängig, daß dasselbe durch seine Verpackung als solches kenntlich sei. Diese Voraussetzung ist obligatorisch: es muß

als solches kenntlich sein, anderenfalls ist die Eisenbahn zur Zurückweisung berechtigt und verpflichtet. Kenntlich gemacht wird es durch die übliche Art der Verpackung, beispielsweise sind angeführt: Koffer, Reisekörbe, Reisetaschen, Hutschachteln, handliche Kisten oder dgl. Ist also der Reisebedarf nicht in dieser oder ähnlicher Art verpackt, so ist er als Reisegepäck nicht kenntlich — z. B. in Ballen, Fässern, Tonnen, Schränken ꝛc. oder ganz ohne Verpackung, lose Wäsche, Kleidungsstücke ꝛc. — und von der Beförderung als solches auszuschließen.

118) Abs. 3 macht eine Ausnahme von der Regel der Abs. 1 u. 2 durch die Vorschrift, daß einheitlich durch den Tarif bestimmt werden muß, ob und unter welchen Bedingungen nicht zum Reisebedarf zu rechnende Gegenstände, Tiere und Fahrzeuge als Reisegepäck angenommen werden. Nach dem bisherigen § 30 Abs. 2 u. 3 war dies dem Ermessen der Bahn bzw. des abfertigenden Beamten überlassen. Sie „konnten zugelassen werden, wenn sie zur Beförderung mit Personenzügen geeignet waren". Durch die am 1. V. 1908 eingeführte und in die neue EVO. übergegangene Fassung ist dagegen einheitliche Tarifbestimmung vorgeschrieben. Abweichungen von derselben sind unzulässig. Der Tarif kann also auch derartige Gegenstände ganz ausschließen.

Vgl. hierzu über die Abfertigung von Fahrzeugen (Land- und Wasserfahrzeugen): Allg. AusfBest. zu § 32 Nr. 11 u. 12, Allg. AbfVorschr. § 30. Ferner wegen der Abfertigung von unverpackten einsitzigen Zweirädern § 29. Wegen der Abfertigung anderer Fahrzeuge als Reisegepäck vgl. § 30 Ziff. 1. Wegen der zu einer Leiche gehörenden, in dem Wagen, in den die Leiche verladen ist, mitzubefördernden Gegenstände vgl. § 45 EVO. Allg. Ausf.-Best. 1 und § 38 Ziff. 5. Wegen des Gepäcks der Viehbegleiter vgl. § 48 EVO. Allg. AusfBest. VI.

Nach den ZusBest. d. pr.-hess. Staatsb. I u. II zu § 16 Allg. AbfVorschr. sind auch frisch geschossenes Wild, das von den Jägern sogleich mitgenommen wird, und Krankenkörbe anläßlich der Erkrankung von Arbeitern als Reisegepäck anzusehen.

119) Abs. 4 bestimmt, daß 1. die von der Beförderung als Frachtgut ausgeschlossenen (s. § 54 Anm. 208) und 2. die im § 29 aufgeführten Gegenstände auch als Reisegepäck nicht aufgegeben werden dürfen. Die Zuwiderhandlung zieht die im § 60 festgesetzten Folgen, d. h. einen Frachtzuschlag von 12 Mark für jedes Bruttokilogramm des ganzen Versandstücks nach sich. Außerdem treffen den Zuwiderhandelnden die in der BBO. §§ 77, 82, sowie im StGB. vorgesehenen Strafen.

Vgl. Allg. AbfVorschr. § 16 Abs. 2.

120) Abs. 5 erfordert tarifarische Bestimmung darüber, ob und unter welchen Bedingungen die im § 54 Abs. 2B Ziff. 1 der EVO. bezeichneten Gegenstände als Reisegepäck angenommen werden. Abs. 5 trägt dem Umstande Rechnung, daß es unbillig sein würde, der Eisenbahn ohne weiteres die Haftung für die etwa beim Reisegepäck befindlichen Gelder, Kostbarkeiten u. dgl. zuzumuten. Jedoch sollen die Bedingungen tarifarische sein. (Erläut. des

REA.) Dieselben sind in den Allg. AusfBest. zu § 30 Nr. 3 enthalten (s. oben S. 113).

§ 31.

Verpackung. Entfernung älterer Beförderungszeichen.

(1) Das Reisegepäck muß sicher und dauerhaft verpackt sein[121]). Unverpacktes oder mangelhaft verpacktes Gepäck kann zurückgewiesen werden[122]). Wird es gleichwohl zur Beförderung angenommen, so ist die Eisenbahn berechtigt, auf den Gepäckschein (§ 32) einen entsprechenden Vermerk zu setzen. Die Annahme des Gepäckscheins mit dem Vermerke gilt als Anerkenntnis dieses Zustandes[123]).

(2) Ältere Bezeichnungen (Eisenbahnbeförderungszeichen, Postbeförderungszeichen oder andere Zeichen, die mit Eisenbahnbeförderungszeichen verwechselt werden könnten) müssen von den Gepäckstücken entfernt sein[124]).

1. **Unverpackte oder ungenügend verpackte Gepäckstücke werden von den Gepäckabfertigungsstellen angenommen, wenn sie sich nach dem Ermessen des abfertigenden Beamten zur Beförderung eignen.**
2. **Wegen der Annahme unverpackter Fahrräder vgl. Ausf.-Best. 7 zu § 32.**

Alte EVO. § 31.

121) Abs. 1 bestimmt in Satz 1, daß das Reisegepäck sicher und dauerhaft verpackt sein muß. Und zwar liegt, wie beim Frachtgut dem Absender (§ 62 Abs. 1), so beim Reisegepäck dem Reisenden diese Verpackungspflicht ob (s. § 62 Anm. 271 ff.). Auch ist in Gemäßheit des § 35 Abs. 1 zu ergänzen, daß dem Reisenden diese Pflicht nur insoweit auferlegt ist, als das Reisegepäck seiner Natur nach zum Schutz gegen Verlust oder Beschädigung auf der Beförderung eine Verpackung erfordert (arg. HGB. § 459 Ziff. 2 und EVO. § 62 Abs. 1). Denn zum Reisegepäck können auch Gegenstände gehören, welche — wie Fahr- und Rollstühle, Kinderwagen, Fahrräder, Handwerkszeug rc., s. Allg. AusfBest. Ziff. 1 z. § 30 Abs. 1—4 — eine Verpackung überhaupt nicht nötig machen. Vgl. hierzu Allg. AbfVorschr. § 16 Ziff. 4 u. 5.

122) Aus der Pflicht des Reisenden, das Reisegepäck — soweit eine Verpackung erforderlich — sicher und dauerhaft verpackt zur Beförderung aufzugeben, folgt die im Satz 2 ausgesprochene Befugnis der Eisenbahn, das Reisegepäck bei fehlender oder mangelhafter Verpackung von der Annahme zur Beförderung zurückzuweisen. Über die Notwendigkeit und die Art der Verpackung entscheiden, abgesehen von den Vorschriften der §§ 29 u. 30, die Bestimmungen der Gepäckabfertigungsstelle und, mangels solcher, die Organe der Abfertigungsstelle. Gegen ungebührliche und chikanöse Anforderungen, welche eine Beförderungsverweigerung involvieren (§ 3), kann Schadensersatz

im Rechtswege gefordert werden. Vgl. hierzu Allg. AusfBest. Nr. 1 z. § 31 (s. oben S. 117).

123) Der Verpackungspflicht des Reisenden entspricht die Obliegenheit der Eisenbahn, eine Prüfung vorzunehmen, ob derselbe diese Pflicht erfüllt hat. Dies kann sie aber nach der Natur des Eisenbahnbetriebes nur bei äußerlich erkennbaren Mängeln der Verpackung. Bei äußerlich nicht erkennbaren Mängeln haftet sie dem Absender nicht, ist dieser vielmehr für allen daraus entstehenden Schaden verantwortlich (§ 62 Abs. 3 u. 4, §§ 84, 86). Dagegen ist die Eisenbahn bei äußerlich erkennbaren Mängeln haftbar, weil sie alsdann ihre Prüfungspflicht versäumt hat und kann sich auf Verschulden der Reisenden um so weniger berufen, als ihr die Befugnis zur Rückweisung zusteht. Häufig ist es aber im Interesse des Absenders wie des Reisenden gelegen, das Gut bzw. Gepäck trotz der mangelhaften Verpackung auf eigenes Risiko (Vermeidung eines Verzugs, zur Kostenersparnis 2c.) befördern zu lassen, und so die Bahn von der Haftung zu befreien bzw. auf Ersatz zu verzichten. Demgemäß ist nach § 459 Ziff. 2 HGB. und § 86 Ziff. 2 EVO. bei — nach Erklärung des Absenders auf dem Frachtbriefe — nicht gehörig verpackten Gütern die Haftpflicht für den Schaden ausgeschlossen, welcher aus der mit dem Mangel oder der mangelhaften Beschaffenheit der Verpackung verbundenen Gefahr entsteht, und es wird alsdann zugunsten der Eisenbahn vermutet, daß ein eingetretener Schaden, wenn er den Umständen nach aus der hiermit verbundenen Gefahr entstehen konnte, auch wirklich aus dieser Gefahr entstanden ist. In Rücksicht hierauf bestimmt nach Analogie des § 62 Abs. 2 der Satz 3 des Abs. 2 § 31, daß, wenn derartiges Gepäck zur Beförderung angenommen wird, die Eisenbahn berechtigt ist, auf den Gepäckschein (§ 32) einen entsprechenden Vermerk zu machen, und Satz 4, daß die Annahme des Gepäckscheins mit dem Vermerke als Anerkenntnis dieses Zustandes durch den Reisenden gilt. Wie bei Frachtgut durch § 62 Abs. 2, hat die Eisenbahn also auch bei Reisegepäck durch § 31 Abs. 1 einen zwiefachen Weg, um sich von der Haftpflicht für Schäden aus der mangelhaften Verpackung zu befreien. Sie kann entweder gemäß Satz 2 das Reisegepäck zurückweisen, d. h. die Annahme zur Beförderung verweigern oder, wenn sie dies nicht tut, ist sie gemäß Satz 3 berechtigt, auf dem Gepäckschein einen entsprechenden Vermerk zu machen, welchen der Absender durch Annahme des Scheins als zutreffend anerkennt. Die nach § 459 Ziff. 2 HGB. erforderliche Erklärung des Absenders auf dem Gepäckscheine, welcher hier den Frachtbrief ersetzt, weicht in ihrer Form von der im § 62 Abs. 2 EVO. für Frachtgut vorgeschriebenen zwar insofern ab, als die Erklärung nicht vom Reisenden, sondern von der Eisenbahn auf den Gepäckschein gesetzt, und durch die anstandslose Annahme des letzteren seitens des Reisenden bestätigt wird. Die Wirkung dieser durch die andere Art der Abfertigung und Beförderung des Reisegepäcks als zweckmäßig gebotenen Erklärung ist aber in Gemäßheit des § 35 Abs. 1 der EVO. die nämliche, wie die im § 62 Abs. 1 für Frachtgut vorgeschriebene, d. h. sie befreit die Eisenbahn von der Haftung für Verlust und Beschädigung des derartig aufgegebenen Reisegepäcks, wenn der eingetretene Schaden den Umständen nach aus der hiernach nicht übernommenen Gefahr entstehen konnte. (HGB.

§ 459 Abs. 1 Ziff. 2 u. Abs. 2. Zustimmend Janzer und Burger 59. A. M. Makower 1597 und Düringer-Hachenburg § 459 Anm. II zu Ziff. 2.) Die Eisenbahn ist zur Annahme mangelhaft verpackten Gepäcks gegen das entsprechende Anerkenntnis des Reisenden berechtigt, aber nicht verpflichtet. Der Reisende ist also nicht befugt, gegen Abgabe des qu. Anerkenntnisses die Beförderung zu verlangen. Die Eisenbahn kann vielmehr, auch wenn sich der Reisende zu dem Anerkenntnisse erbietet, das Gepäck zurückweisen; sie muß dies sogar, wenn polizeiliche oder Vorschriften über von der Beförderung ausgeschlossene oder nur bedingungsweise zur Beförderung zugelassene Gegenstände der Annahme entgegenstehen (§§ 29, 30 EVO.). (Vgl. hierzu Allg.AbfVorschr. § 16 Abs. 4.)

Es könnte zweifelhaft erscheinen, ob das Anerkenntnis des Reisenden in der Form des § 31 Abs. 1 EVO. der im § 459 Ziff. 2 HGB. vorgeschriebenen Erklärung entspricht. Indes ist dieser Zweifel nicht begründet, da der Vermerk der Eisenbahn auf dem Gepäckscheine und die unbeanstandete Annahme desselben durch den Reisenden eine ausreichende, im Gepäckscheine zum Ausdruck gebrachte Willenserklärung des Reisenden darstellt. (Übereinstimmend Reindl, E. 17 361 ff.). Wenngleich nun im § 31 nicht, wie im § 62 ausdrücklich ausgesprochen ist, daß die Wirkung dieser Erklärung die im § 459 Ziff. 2 HGB., § 86 Ziff. 2 EVO. bestimmte, d. i. die Nichthaftung der Bahn für den aus dieser Gefahr entstandenen Schaden sein soll, so kann dies doch mit Rücksicht auf § 35 Abs. 1 EVO. keinem Bedenken unterliegen. Denn andernfalls wäre das gemäß § 31 Abs. 1 erklärte Anerkenntnis des Reisenden im Hinblick auf §§ 456, 471 HGB. ohne jede Rechtswirkung auf die Haftung der Bahn, während es doch ohne Zweifel in der Absicht der vorliegenden Bestimmung liegt, die Haftung der Bahn in diesem Falle auszuschließen bzw. zu beschränken. Es ist daher auf § 31 Abs. 1 auch analog (arg. § 35 Abs. 1) die Vorschrift des § 62 Abs. 3 anzuwenden, wonach für derartig anerkannte sowie für solche Mängel der Verpackung, welche äußerlich nicht erkennbar sind, der Reisende zu haften hat. Ist die Abgabe des Anerkenntnisses gemäß § 31 Abs. 1 Satz 3 u. 4 nicht erfolgt, so haftet der Reisende für äußerlich erkennbare Mängel der Verpackung nur, wenn ihm ein arglistiges Verfahren zur Last fällt. Es wird hinsichtlich dieser Bestimmungen auf die ausführlichen Erörterungen zu § 62 Abs. 4 Anm. 279 verwiesen.

124) Abs. 2 schreibt im Anschluß an Abs. 1 vor, daß ältere Bezeichnungen (Eisenbahn-Postbeförderungszeichen oder andere Zeichen, die mit Eisenbahnbeförderungszeichen verwechselt werden könnten) von den Gepäckstücken entfernt sein müssen. In Hinsicht auf den engen Zusammenhang dieser Vorschrift mit den Bestimmungen des Abs. 1 ist die Annahme gerechtfertigt, daß in derartigen Zeichen auf den Gepäckstücken ein zur Vermeidung jedes Zweifels besonders hervorgehobener, äußerlich erkennbarer Mangel der Verpackung liegt, auf welchen Abs. 1 Anwendung findet.

Der Schlußsatz des bisherigen Abs. 2, daß, wenn infolge der Nichtbeachtung der Vorschrift, betreffend die Entfernung der Zeichen, das Gepäck verschleppt wird, die Eisenbahn nicht für den daraus erwachsenen Schaden haftet, ist weggelassen worden, weil nach der Begr. seine Rechtsgültigkeit von namhaften

Rechtslehrern (Thöl, ER. § 54 S. 111, Schott III 486, 520, Hahn II 721 u. a.) zutreffend angefochten wird. Es handle sich bei einer durch die Nichtbeachtung der Vorschrift eintretenden Verschleppung nicht um eine Versäumung, die die Eisenbahn weder herbeigeführt hat, noch abzuwenden vermochte (HGB. § 466 Abs. 1). Die Eisenbahn könne sich daher nicht von der Haftpflicht befreien. Diese Begründung erscheint jedoch nicht zutreffend. Es haben sich ebenso namhafte Rechtslehrer, insbesondere Goldschmidt (Zeitschr. f. d. ges. HR. 26 611, 28 454), ferner Steinbach (GrünhutsZ. 10 203), W. Koch (VZ. 1883 S. 229, 481 u. a.), für die Gültigkeit der in Rede stehenden Bestimmung erklärt. Auch bezieht sich dieselbe nicht allein auf Schaden durch Verspätung, sondern auch auf Verlust. Die Frage findet ihre richtige Lösung in der Annahme, daß es sich um einen äußerlich erkennbaren Mangel der Verpackung (§ 456 Abs. 1, § 459 Abs. 1 Ziff. 2 HGB.) handelt, auf welchen die Bestimmungen des Abs. 1 des § 31 EVO. anzuwenden sind (s. Anm. 122 u. 123). Die Haftung regelt sich nach § 62 Abs. 3 EVO. (vgl. Fuld, E. 22 412).

§ 32.

Auflieferung. Gepäckschein.

(1) Das Reisegepäck ist innerhalb der für die Lösung der Fahrkarten festgesetzten Zeit bei der Abfertigungsstelle aufzuliefern; indes kann die Annahme von Gepäck abgelehnt werden, das nicht spätestens 15 Minuten vor Abgang des Zuges aufgeliefert wird. Der Tarif muß einheitlich bestimmen, ob bei der Auflieferung des Gepäcks die Fahrkarte vorzuzeigen ist [125].

(2) Will der Reisende das Interesse an der Lieferung angeben, so muß dies unter Zahlung der tarifmäßigen Gebühr spätestens $1/2$ Stunde vor Abgang des Zuges erfolgen. Ist die Ersatzpflicht nach § 35 Abs. (2) auf einen Höchstbetrag beschränkt, so ist eine Angabe des Interesses an der Lieferung über diesen Betrag hinaus unzulässig [126].

(3) Als Reisegepäck zugelassene Fahrzeuge, die nicht im Packwagen untergebracht werden können, sind auf der Anfangsstation des Zuges mindestens 2 Stunden, auf anderen Stationen mindestens 24 Stunden vor der Abfahrtszeit anzumelden und spätestens 1 Stunde vorher aufzuliefern [127].

(4) Die Gepäckfracht ist bei der Aufgabe zu entrichten [128].

(5) Bei der Annahme ist dem Reisenden ein Gepäckschein auszuhändigen und im Falle der Angabe des Interesses an der Lieferung darin auch die angegebene Summe zu vermerken, andernfalls hat die Angabe keine rechtliche Wirkung [129].

(6) Wird in dringenden Fällen Gepäck ausnahmsweise unter Vorbehalt späterer Abfertigung befördert oder wird Gepäck auf Stationen ohne

Gepäckabfertigung angenommen, so gilt es gleichwohl mit dem Zeitpunkte der Annahme als zur Beförderung übernommen[130]).

(7) Für die Beförderung von Fahrrädern können durch den Tarif besondere Vorschriften getroffen werden[131]).

1. (1) **Reisegepäck wird zu den Sätzen des Gepäcktarifs nur gegen Vorlage von Fahrkarten angenommen, die für die Strecke, für die die Gepäckabfertigung verlangt wird, gültig sind.**

(2) Reisegepäck wird auch nach einer über die Bestimmungsstation der vorgelegten Fahrkarten hinaus gelegenen Station angenommen, wenn der Reisende mangels durchgehender Fahrkarten bis zu dieser Station Fahrkarten nach der zur Lösung neuer Fahrkarten geeigneten weitestgelegenen Station gelöst hat. In diesem Falle wird die Fracht nach der Tarifentfernung zwischen der Aufgabe- und der Endstation berechnet.

2. **Die Gepäckfrachtsätze ergeben sich aus der nachfolgenden Tabelle. Abweichungen sind zulässig und werden in den Tarifteilen II veröffentlicht.**

Gepäcktarif.

Auf Tarifentfernungen von (Zonen)	Gewichtsstufen:								
	Vorstufe	1	2	3	4	5	6	7	8
	Gepäckfracht für Sendungen im Gewichte von								
	1 bis 25 kg	26 bis 35 kg	36 bis 50 kg	51 bis 75 kg	76 bis 100 kg	101 bis 125 kg	126 bis 150 kg	151 bis 175 kg	176 bis 200 kg
	Mark								
Nahzone 1 bis 25 km	0,20	0,20	0,40	0,60	0,80	1,00	1,20	1,40	1,60
Zone I 26 „ 50 „	0,20	0,25	0,50	0,75	1,00	1,25	1,50	1,75	2,00
„ II 51 „ 100 „	0,50	0,50	1,00	1,50	2,00	2,50	3,00	3,50	4.00
„ III 101 „ 150 „	0,50	0,75	1,50	2,25	3,00	3,75	4,50	5,25	6,00
„ IV 151 „ 200 „	0,50	1,00	2,00	3,00	4,00	5,00	6,00	7,00	8,00
„ V 201 „ 250 „	0,50	1,25	2,50	3,75	5,00	6,25	7,50	8,75	10,00
„ VI 251 „ 300 „	0,50	1,50	3,00	4,50	6,00	7,50	9,00	10,50	12,00
„ VII 301 „ 350 „	1,00	1,75	3,50	5,25	7,00	8,75	10,50	12.25	14,00
„ VIII 351 „ 400 „	1,00	2,00	4,00	6,00	8,00	10,00	12.00	14,00	16,00
„ IX 401 „ 450 „	1,00	2,25	4,50	6,75	9,00	11,25	13,50	15,75	18,00
„ X 451 „ 500 „	1,00	2,50	5,00	7,50	10,00	12,50	15,00	17,50	20,00
„ XI 501 „ 600 „	1,00	3,00	6,00	9,00	12,00	15,00	18,00	21,00	24,00
„ XII 601 „ 700 „	1,00	3,50	7,00	10,50	14,00	17,50	21,00	24,50	28,00
„ XIII 701 „ 800 „	1,00	4,00	8,00	12,00	16,00	20,00	24,00	28,00	32,00
„ XIV über 800 „	1,00	5,00	10,00	15,00	20,00	25,00	30,00	35,00	40 00

Bei höherem Gewicht als 200 kg werden die Frachtsätze durch Zusammenstoß der Sätze der vorstehenden Tabelle für je 200 kg und für das überschießende Gewicht ermittelt.

3. (1) Wird das Reisegepäck mehrerer zusammengehörender und nach einer Bestimmungsstation reisender Personen auf einen Gepäckschein aufgegeben, so wird, falls das Gesamtgewicht 200 kg nicht übersteigt, die Gepäckfracht in der Weise berechnet, daß auf die um eins verminderte Anzahl der vorgewiesenen Fahrkarten je 25 kg des vorhandenen Gepäckgewichts nach den Sätzen der Gewichtsstufe für 1—25 kg (Vorstufe) gerechnet, für etwaiges Restgewicht aber die Sätze der zutreffenden Gewichtsstufe angewendet werden. Beträgt dieses Restgewicht 26—35 kg, so ist dafür der Satz der Gewichtsstufe 36—50 kg (Stufe 2) anzuwenden.

Abweichend hiervon wird bei Reisegepäck im Gewichte von 26—35 kg die Gepäckfracht ohne Rücksicht auf die Anzahl der Fahrkarten nach dem Gesamtgewichte berechnet, wenn diese Berechnungsweise sich billiger stellt.

Zwei halbe Fahrkarten gelten als eine Fahrkarte, eine einzelne halbe Fahrkarte wird als volle Fahrkarte angesehen.

(2) Bei Reisegepäck von zusammen mehr als 200 kg findet die Berechnung nach Abs. (1) nicht statt.

(3) Wird Reisegepäck unabgefertigt mitgenommen, so tritt bei der nachträglichen Abfertigung, selbst wenn mehrere Fahrkarten vorgezeigt werden, die Berechnungsweise des Abs. (1) nur ein, wenn bei der Übernahme des Gepäcks die Anzahl der Fahrkarten festgestellt worden ist.

4. Gilt die Fahrkarte wahlweise nach verschiedenen Stationen oder über verschiedene Wege, so hat der Reisende bei Aufgabe des Gepäcks anzugeben, nach welcher Station und über welchen Weg es befördert werden soll.

5. Zu den Sätzen des Expreßguttarifs wird Reisegepäck auch ohne Vorlage von Fahrkarten auf Entfernungen von mehr als 25 Tarifkilometer nach Stationen angenommen, für die in den Tarifteilen II Frachtsätze für Expreßgut bestehen.

6. Als Gebühr für Angabe des Interesses an der Lieferung werden für unteilbare Einheiten von je 10 M. und 10 Tarifkilometer 0,2 Pf. berechnet. Die geringste zur Erhebung kommende Gebühr beträgt für die Beförderungsstrecke von der Versand- bis zur Bestimmungsstation 40 Pf. Überschießende Beträge werden auf 10 Pf. abgerundet.

7. (1) Für unverpackte Fahrräder, die als Reisegepäck aufgegeben werden, werden zum Zwecke der Frachtberechnung als Normalgewichte angenommen:

1. für einsitzige Motorzweiräder 70 kg,
2. für sonstige Fahrräder
   a) für Zweiräder, und zwar einsitzige 20 kg, zweisitzige 30 kg,
   b) für Dreiräder, und zwar einsitzige 40 kg, zweisitzige 50 kg.

Wird indessen Verwägung ausdrücklich verlangt und kann sie mittels der Stationswage erfolgen, so wird das hierbei ermittelte Gewicht der Frachtberechnung zugrunde gelegt.

Werden ein oder mehrere unverpackte einsitzige Zweiräder für sich allein oder zusammen mit anderem Gepäck auf Gepäckschein abgefertigt, so werden als Mindestfracht der ganzen Sendung 30 Pf. für jedes Rad erhoben.

(2) Werden Fahrräder unverpackt aufgegeben, so ist die Laterne und das am Rade befestigte Gepäck mit Ausnahme der Satteltasche und der innerhalb des Rahmens befestigten Gepäcktasche abzunehmen.

8. Auf Entfernungen bis zu 100 Tarifkilometer werden unverpackte einsitzige Zweiräder — ausschließlich Motorfahrräder — nach Wahl des Reisenden auch gegen Lösung von Fahrradkarten zum Einheitspreis von 20 Pf. für jedes Rad als Gepäck abgefertigt.

Für die Abfertigung auf Fahrradkarte gelten folgende besondere Beförderungsbedingungen:

a) der Reisende ist verpflichtet, das Rad auf der Abgangsstation nach dem Packwagen zu bringen, es beim Zugwechsel auf Unterwegsstationen von Packwagen zu

Packwagen zu überführen und auf der Bestimmungsstation am Packwagen in Empfang zu nehmen.

b) Vor der Aufgabe des Rades hat der Reisende die Fahrradkarte nach Abtrennung des Abschnitts fest an der Lenkstange anzubinden. Den Abschnitt der Karte hat er bei Übergabe des Rades am Packwagen zur Quittungsleistung vorzuzeigen und dann an sich zu nehmen. Die Annahme des Abschnitts ersetzt das Anerkenntnis des Reisenden über das Fehlen der Verpackung.

c) Auf eine Fahrkarte darf nicht mehr als ein Rad aufgegeben werden, doch ist die gleichzeitige Aufgabe anderen Reisegepäcks zulässig.

d) Das Rad wird gegen Rückgabe des Abschnitts ausgehändigt. Im Falle der Überführung auf einen anderen Zug wird dem Reisenden der Abschnitt bei der Aushändigung des Rades abgenommen und bei der Aufgabe am Packwagen des anschließenden Zuges zurückgegeben.

e) Wird das Rad auf der Bestimmungsstation oder Zugwechselstation am Packwagen nicht abgeholt, so ist eine besondere Ausladegebühr von 20 Pf. zu entrichten.

f) Die Abfertigung von Fahrrädern auf Fahrradkarte über Orte mit mehreren Bahnhöfen hinaus kann in den Tarifteilen II ausgeschlossen oder besonders geregelt werden.

g) Die nachträgliche Abfertigung unabgefertigt mitgenommener Fahrräder auf Fahrradkarten ist ausgeschlossen.

Im übrigen gelten auch für die auf Fahrradkarte abgefertigten Zweiräder die allgemeinen Bestimmungen.

9. Wegen telegraphischer Vorausbestellung von Gepäckscheinen vgl. AusfBest. 1 zu § 14.

10. Besondere Bestimmungen über die Abfertigung des Gepäcks nach gewissen Stationen und über die Überführung an Orten mit getrennten Bahnhöfen oder zwischen benachbarten Orten enthält die Anlage II.

11. Land-(Straßen-)Fahrzeuge und Wasserfahrzeuge, die im Packwagen untergebracht werden können, werden auf Gepäckschein zur Gepäckfracht abgefertigt, sofern sie sich zur Beförderung mit Zügen für den Personenverkehr eignen. Motorfahrräder. mit Ausnahme der einsitzigen Motorzweiräder, deren Brennstoffbehälter mit Ablaßhähnen versehen und entleert sind, sind jedoch von der Beförderung auf Gepäckschein zur Gepäckfracht ausgeschlossen und werden nur nach der AusfBest. 12 (1) zu § 32 abgefertigt. Der Aufgeber eines zur Gepäckbeförderung zugelassenen Motorzweirades ist auf Verlangen verpflichtet, beim Ein-, Um- und Ausladen zu helfen.

12. (1) Auf Beförderungsschein werden in Personen-, Eil- und Schnellzügen befördert

1. Equipagen (Kutschwagen), zur Beförderung von Personen dienende Motorwagen und Schlitten, Krankenwagen, Rennbote und Feuerspritzen, auf Rädern laufende, sämtlich unbeladen, wenn sie im Packwagen nicht untergebracht werden können;
2. Motorfahrräder, mit Ausnahme der einsitzigen Motorzweiräder, deren Brennstoffbehälter mit Ablaßhähnen versehen und entleert sind (vgl. AusfBest. 11 zu § 32).

Die Beförderung findet in solchen Zügen nur statt, wenn sie nach den zur Wahrung der Sicherheit und ordnungsmäßigen Führung des Betriebs getroffenen Bestimmungen und mit Rücksicht auf die Belastung der Züge zulässig erscheint. Die Beförderungsgebühr beträgt für das Tarifkilometer und den verwendeten Eisenbahnwagen 0,40 M. in Personenzügen und 0,60 M. in Eil- und Schnellzügen, in beiden Fällen mit Zuschlag einer Abfertigungsgebühr von 6 M. für den verwendeten Eisenbahnwagen.

(2) Sofern den Fahrzeugen Begleiter beigegeben werden, dürfen sie während der Fahrt nicht in ihren Fahrzeugen bleiben, dagegen ist es ihnen gestattet, Reisegepäck darin zu belassen, sofern nicht Zoll- oder Steuervorschriften entgegenstehen. Gegenstände, die von der Beförderung ausgeschlossen oder nur bedingungsweise zugelassen sind,

dürfen bei Vermeidung der im § 60 Abs. (1) und im § 96 festgesetzten Folgen in den Fahrzeugen nicht untergebracht werden. Die Begleiter haben eine Fahrkarte für die zu benutzende Wagenklasse zu lösen.

(3) Die Beförderungspreise für die in Abs. (1) bezeichneten Fahrzeuge werden nach den in den Tarifteilen II enthaltenen Entfernungen berechnet. Die bei der Beförderung über Verbindungsbahnen zu erhebenden Gebühren enthält die Anlage II.

(4) Wird die durchgehende Abfertigung in Stationsverbindungen verlangt, für die Entfernungen in den Tarifteilen II nicht enthalten sind, oder wünscht der Absender einen abweichenden Bahnweg, so wird die Gesamtstreckenlänge durch Zusammenrechnung von Teilentfernungen ermittelt. Die Abfertigungsgebühr wird auch in diesem Falle nur einmal erhoben.

(5) Bei der Auflieferung nach Orten mit mehreren Bahnhöfen ist der Bahnhof zu bezeichnen, nach dem die Sendung befördert werden soll; ebenso der Bahnweg, wenn in einer Stationsverbindung verschiedene Wege zur Wahl gestellt sind.

(6) Inwieweit die Abfertigung solcher Fahrzeuge nach und von einzelnen Stationen ausgeschlossen oder beschränkt ist, ist bei den Abfertigungsstellen zu erfahren.

(7) a) Die Anmeldung der Fahrzeuge ist in der Regel schriftlich bei derjenigen Station, auf welcher verladen werden soll, anzubringen. Sie hat die Anzahl und Gattung der erforderlichen Wagen, die Bezeichnung der zu verladenden Gegenstände, die Bestimmungsstation, den Tag des Gebrauchs, den Personenzug, welcher benutzt werden soll, und die Unterschrift des Bestellers zu enthalten.

b) Falls der Besteller nicht in der durch Anschlag an den Abfertigungsstellen für den Güterverkehr vorgeschriebenen Frist die Beladung ordnungsmäßig bewirkt und die zu verladenden Fahrzeuge zur Abfertigung bringt, wird von ihm Wagenstandgeld erhoben, welches für je angefangene

24 Stunden und für jeden verwendeten Eisenbahnwagen beträgt:

für die ersten 24 Stunden . . . 2 M.,
für die zweiten 24 Stunden . . 3 „
für jede weiteren 24 Stunden . 4 „

(8) Zum Auf- und Abladen der Fahrzeuge ist die Eisenbahn nicht verpflichtet. Erfolgt die Aufladung durch den Absender, so hat er auch die ordnungsmäßige Befestigung der Fahrzeuge auf den Eisenbahnwagen auf eigene Kosten zu bewirken. Für die Verladung von Fahrzeugen sind die Vorschriften in der Anlage III maßgebend. Übernimmt die Eisenbahn das Auf- und Abladen, so werden erhoben:

a) an Ladegebühren für jedes Fahrzeug 1,00 M.,
b) bei Benutzung eines Krans neben der Gebühr zu a) an Krangeld . . . . 0,75 „

Wird dem Absender bzw. dem Empfänger, um das Auf- oder Abladen selbst auszuführen, die Benutzung eines Krans gestattet, so wird nur das zu b) festgesetzte Krangeld erhoben.

(9) Soweit es die Sicherheit des Eisenbahnbetriebs nach dem Ermessen der Versandstation gestattet, können 2 oder mehrere Fahrzeuge auf einem Eisenbahnwagen verladen werden.

(10) Übernimmt die Eisenbahn auf Antrag der Absender die Bedeckung der Fahrzeuge mittels Decken der Eisenbahn, so werden an Deckenmiete für je angefangene 100 Tarifkilometer der ganzen Beförderungsstrecke und für jeden Wagen erhoben:

a) bei Verwendung von höchstens 2 Decken 1,50 M.,
b) für jede weitere Decke . . . . . . 0,50 „

mit einem Mindestsatze von 2 M.

(11) Wenn die Rückgabe der Decken durch den Empfänger nicht spätestens bei Ablauf der Entladefrist erfolgt, ferner wenn der Absender die bestellten Decken unbenutzt zurückliefert oder die Sendung, zu der sie verwendet worden, erst nach Ablauf der Beladefrist zur Beförderung aufgibt, so wird für jede Decke und für jeden angefangenen

Tag der Verspätung eine Verzögerungsgebühr von 0,50 M. erhoben. Die Verzögerungsgebühr bleibt für diejenigen Tage außer Berechnung, für die Standgeld von den betreffenden Wagen erhoben wird.

Alte EVO. §§ 32 u. 34.

§ 32 handelt von den Rechten und Pflichten der Eisenbahn und der Reisenden bei Auflieferung des Reisegepäcks, wozu auch Fahrzeuge, welche zur Beförderung mit Personenzügen geeignet sind, und Fahrräder gehören (Hertzer, VZ. 1907 S. 379 ff.).

125) Abs. 1 Satz 1 enthält die Bestimmung, daß die Auflieferung des Reisegepäcks innerhalb der im § 15 Abs. 1 EVO. (Anm. 50 S. 64) für die Lösung der Fahrkarten festgesetzten Zeit zu erfolgen hat. Vor Abgang eines jeden zur Beförderung von Personen bestimmten Zuges müssen daher Gepäckschalter und Gepäckwage so zeitig bedient sein, daß die Abfertigung des Gepäcks gleichzeitig mit der Eröffnung des Fahrkartenverkaufs beginnen kann. Bei starkem Verkehr ist mit der Annahme schon vor der festgesetzten Zeit zu beginnen (Allg. AbfVorschr. § 18 Abs. 1). Wird durch Verschulden der abfertigenden Beamten die Abfertigung und Mitnahme des Reisegepäcks verhindert, so ist die Eisenbahn dem Reisenden zum Ersatze des daraus erwachsenden Schadens verpflichtet.

Die EVO. überläßt es der einheitlichen Bestimmung des Tarifs, ob bei der Auflieferung des Gepäcks die Fahrkarte vorzuzeigen ist (Abs. 1 Satz 3). Nach den Allg. AusfBest. Nr. 1 (S. 121) wird Reisegepäck zu den Sätzen des Gepäcktarifs nur gegen Vorlage von Fahrkarten angenommen, dagegen nach Nr. 5 (S. 122) zu den Sätzen des Expreßguttarifs auch ohne Vorlage von Fahrkarten. Vgl. Allg. AbfVorschr. § 18 (Gepäckabfertigung. Allgemeines, insbesondere Verwägung; Antrag auf Zurückgabe aufgelieferter Gepäckstücke). § 21 (Gepäckabfertigung auf Freifahrausweise). § 22 (Zoll-, Steuer- und sonstige Vorschriften: Wildpret als Gepäck — Militärgepäck — in besonders gestellten Gepäckwagen — auf Hilfswegen — Ausstellungsgegenstände).

Abs. 1 erklärt im Satz 2 im Einklang mit den Erfordernissen des Betriebs die Eisenbahn nicht für verpflichtet, Gepäck mitzunehmen, welches nicht spätestens 15 Minuten vor Abgang des Zuges bei der Gepäck-Abfertigungsstelle aufgeliefert ist. Daraus folgt, daß der Reisende bei rechtzeitiger Auflieferung ein Recht auf Beförderung seines Reisegepäcks hat (Schott 526, 527). Diese Bestimmung steht im Zusammenhange mit § 14 Abs. 1.

Die Allg. AbfVorschr. § 18 Abs. 3 bestimmen ferner in betreff einer kulanten Anwendung des § 32 Abs. 1 Satz 2: „Die Bestimmung in § 32 Abs. 1 EVO., wonach die Abfertigung von Gepäck, welches nicht spätestens 15 Minuten vor Abgang des Zuges bei der Gepäck-Abfertigungsstelle aufgeliefert ist, nicht beansprucht werden kann, hat lediglich den Zweck, unbilligen Anforderungen der Reisenden begegnen zu können. Für die abfertigenden Beamten ist hingegen der Grundsatz maßgebend, daß das Gepäck so lange abzufertigen ist, als dessen Mitgabe noch tunlich ist, ohne den Abgang des Zuges über die fahrplanmäßige Zeit aufzuhalten. Bei starkem Verkehr ist mit der Annahme schon vor der festgesetzten Zeit zu beginnen."

Durch Satz 3, welcher neu aufgenommen ist, ist eine einheitliche Bestimmung im Tarif darüber vorgeschrieben, ob bei der Auflieferung des Gepäcks die Fahrkarte vorzuzeigen ist. Die Bestimmung muß eine einheitliche sein und durch den Tarif erfolgen. Andere bezügliche Vorschriften sind wirkungslos. Sie soll die Aufgabe von Gepäck auch ohne Lösung von Fahrkarten ermöglichen (Begr.).

126) Für die Bemessung des Schadensersatzes im Falle des Verlustes, der Minderung oder Beschädigung des Reisegepäcks gelten nach dem im § 35 Anm. 139 Erörterten grundsätzlich die Normen der §§ 88—93 EVO., auf deren Anmerkungen verwiesen wird. Wie bei Frachtgut auf Grund des § 461 HGB., so können auch bei Reisegepäck gemäß § 465 Abs. 2 HGB. (s. Anm. 140 S. 143) die Eisenbahnen im Falle des Verlustes oder der Beschädigung einen Höchstbetrag festsetzen. Ferner kann der Absender das Interesse an der Lieferung, welche das Wert- und Verzugsinteresse zugleich umfaßt und auch den entgangenen Gewinn in sich schließt (HGB. § 436, § 466 Abs. 2), angeben. Die EVO. trifft demgemäß wie für Frachtgut (§§ 92, 93, 94), so auch für Reisegepäck über die Beschränkung der Entschädigung auf einen Höchstbetrag (§ 35 Abs. 2) und über die Angabe des Interesses an der Lieferung (§ 32 Abs. 2 u. 5 § 94) entsprechende Bestimmungen. Danach kann der Reisende auch bei Aufgabe seines Reisegepäcks das Interesse an der Lieferung gegen Entrichtung eines tarifmäßigen Zuschlages angeben (§ 92 Abs. 1).

Hat die Angabe des Interesses an der Lieferung stattgefunden, so kann der Reisende im Falle des Verlustes, der Minderung oder der Beschädigung außer der normalen Entschädigung (§ 80) noch einen weiteren Schadensersatz bis zur Höhe des in der Angabe festgesetzten Betrages beanspruchen. Doch hat er das Vorhandensein und die Höhe dieses weiteren Schadens zu erweisen. — Die Angabe des Interesses an der Lieferung ist eine Deklaration nur des Mehrwerts, nicht des Gesamtwerts, d. h. sie begreift nur den die normale Entschädigung übersteigenden Mehrbetrag.

Satz 1 des Abs. 2 enthält für Reisegepäck eine in formeller Beziehung von den Bestimmungen der §§ 92, 93 EVO. abweichende Vorschrift. Die Angabe des Interesses an der Lieferung ist spätestens eine halbe Stunde vor Abgang des Zuges unter Zahlung des im § 92 festgesetzten tarifmäßigen Frachtzuschlages abzugeben. Eine spätere Angabe braucht die Eisenbahn nicht anzunehmen. Nimmt sie dieselbe jedoch an, so ist die Angabe in vollem Umfange rechtswirksam. Freilich setzt dies voraus, daß die Gepäckabfertigungsstelle eine halbe Stunde vor Abgang des Zuges geöffnet und zur Ausstellung des Gepäckscheins bereit war. Anderenfalls wird sie die Annahme einer späteren Erklärung nicht verweigern können. Ist der Schaden durch Vorsatz oder grobe Fahrlässigkeit der Eisenbahn herbeigeführt, so kann in allen Fällen der Ersatz des vollen Schadens gefordert werden (HGB. § 457 Abs. 3, § 466 Abs. 4 EVO. § 95).

Satz 2 des Abs. 2 erklärt im Anschluß an § 463 Abs. 2 HGB. für den Fall, daß die Ersatzpflicht gemäß § 35 Abs. 2 (Anm. 140 S. 143) auf einen

Höchstbetrag beschränkt ist, eine Angabe des Interesses an der Lieferuug über diesen Betrag hinaus für unzulässig (EVO. § 92 Abs. 4).

127) Nach Abs. 3 müssen Fahrzeuge, welche nach § 30 Abs. 3 EVO. zur Beförderung als Reisegepäck zugelassen werden (s. Anm. 118 S. 116) und nicht im Packwagen untergebracht werden können, mit Rücksicht auf die für die Abfertigung entstehenden besonderen Schwierigkeiten, wenn die Beförderung von der Zugangsstation erfolgen soll, mindestens zwei Stunden, auf anderen Stationen mindestens 24 Stunden vor der Abfahrtszeit angemeldet und spätestens eine Stunde vorher aufgeliefert werden.

Vgl. Allg. AusfBest. zu § 32 Nr. 7 u. 8 (Abfertigung von Fahrrädern), Nr. 11 (Land- und Wasserfahrzeugen, welche im Packwagen untergebracht werden können), Nr. 12 (Fahrzeugen, welche nicht im Packwagen untergebracht werden können und Motorfahrräder). Allg. AbfVorschr. § 30 (Abfertigung und Auslieferung von Fahrzeugen).

128) Abs. 4 verpflichtet den Reisenden, die Gepäckfracht bei der Abfertigung zu entrichten. Die Entrichtung muß alsbald — Zug um Zug — erfolgen. Die Pflicht der Gepäckfrachtentrichtung liegt aber dem Reisenden nur dann ob, wenn die Beförderung des Gepäcks gegen besondere Vergütung zu erfolgen hat. Ob die Beförderung des Reisegepäcks mit oder ohne Vergütung zu erfolgen hat, richtet sich nach den tarifarischen Bestimmungen über Freigepäck (Freifahrausweise, Militärfahrkarten). Insoweit Gebührenfreiheit gewährt wird, wird das Reisegepäck als Freigepäck bezeichnet. Da aber zum Reisegepäck begrifflich nur die zu den persönlichen Reisebedürfnissen des Passagiers (bzw. seiner Angehörigen) dienenden Gegenstände gehören (s. oben Anm. 116 S. 114ff. und Anm. 139 S. 141ff.), so ist das Recht auf Freigepäck weder ganz noch teilweise auf dritte Personen übertragbar, sondern an die Person des Freifahrtberechtigten geknüpft (s. de Jonge PrEA. 1888 S. 486f., a. M. Fleischer, Wiener Gerichtshalle vom 31. X. 1887). Eine bewußt rechtswidrige Übertragung des Rechts auf Freigepäck auf dritte Personen unter Täuschung des Eisenbahn-Abfertigungspersonals kann daher den Tatbestand des Betruges bilden.

Vgl. Allg. AusfBest. zu § 32 Nr. 2—4 (Gepäckfrachtsätze bei Vorlage der Fahrkarte), Nr. 5 (ohne Vorlage der Fahrkarte), Nr. 6 (Gebühr für Angabe des Interesses an der Lieferung), Nr. 7 u. 8 (Fahrräder), Nr. 11 u. 12 (Fahrzeuge und Motorfahrräder). Allg. AbfVorschr. § 19 (Gepäckfrachtberechnung).

129) Abs. 5 legt der Abfertigungsstelle zwei Verpflichtungen auf:

1. Bei der Annahme des Reisegepäcks ist dem Reisenden ein Gepäckschein auszuhändigen. Der Reisende ist zur Forderung eines Gepäckscheins berechtigt. Ob die Eisenbahn hierzu die Vorzeigung der Fahrkarte verlangen kann, hat nach Abs. 1 Satz 3 der Tarif zu bestimmen (Anm. 125 S. 129).

Der Gepäckschein gehört, wie der Frachtbrief und der Ladeschein, zur Kategorie der Beförderungspapiere. Von ersterem unterscheidet er sich dadurch, daß er nicht vom Absender der Eisenbahn als Begleitbrief des Guts ausgestellt (§ 426 HGB.), sondern, gerade umgekehrt, von der Eisenbahn dem

Absender sowohl als Bescheinigung über den Empfang des Gepäcks und der Gepäckfracht (Quittung) und als Beweisurkunde über den Abschluß des Frachtvertrages, zugleich aber auch als Legitimationspapier für dessen Rückgabe verabfolgt wird (Schott 521). Er ähnelt hiernach mehr dem Ladescheine (§§ 444 ff. HGB.), wenngleich er sich auch von diesem sehr wesentlich durch den ganz anderen Verkehrszweck und in den Rechtswirkungen unterscheidet (s. § 446 HGB.); s. über die Rechtsnatur des Gepäckscheins als Empfangsbekenntnis und Legitimationspapier § 34 Anm. 133 S. 136. Der Gepäckschein einer Staatsbahn ist eine öffentliche Urkunde (RG. 28. XI. 1904 E. 21 385, RGSt. 37 318, JW. 1905 S. 244). Betrug durch Benutzung einer fremden Fahrkarte: E. 21 170.

Vgl. Allg. AbfVorschr. § 17 (Gepäckschein, Form, Inhalt, Ausfüllung und sonstige Behandlung), § 20 (Ausfertigung der Gepäckscheine und Beklebung der Gepäckstücke), § 21 (Gepäckabfertigung auf Freifahrtausweisen), § 22 (Zoll-, Steuer- und sonstige Vorschriften), § 23 (Vereinfachte Gepäckabfertigung).

Auf die telegraphische Vorausbestellung von Gepäckscheinen finden die oben § 14 mitgeteilten Vorschriften Anwendung (s. Allg. AusfBest. Ziff. 9 zu § 32 EVO. und Allg. AbfVorschr. §§ 6 u. 12).

Bezüglich der Abfertigung von Militärgepäck wird auf die Militär-Eisenbahnordnung I. Teil und die dazu erlassenen besonderen Dienstvorschriften hingewiesen. (Allg. AbfVorschr. § 22 Abs. 6.)

2. Im Falle der Angabe des Interesses an der Lieferung ist im Gepäckschein auch die angegebene Summe zu vermerken, anderenfalls hat die Angabe keine rechtliche Wirkung. Die Eintragung der Summe muß im Gepäckscheine an der dafür vorgesehenen Stelle mit Buchstaben erfolgen (§ 92 Abs. 2). Die Bestimmung in den Allg. AbfVorschr. (§ 20 Abs. 1g), daß die Eintragung in Zahlen zu bewirken ist, ist unzulässig. Der Reisende hat sich beim Empfang des Gepäckscheins von der Richtigkeit des Vermerks zu überzeugen. Nimmt der Reisende den Gepäckschein ohne diesen Vermerk entgegen, so hat er auf den erhöhten Schadensersatz keinen Anspruch. Beide Bestimmungen sind rechtsgültig, weil sie aus Rücksichten des Eisenbahnverkehrs geboten sind. Es kann für die Ungültigkeit nicht geltend gemacht werden, daß sie eine Erschwerung der Angabe und damit einen Verstoß gegen §§ 463, 471 HGB. involvieren (Goldschmidt, Zeitschr. f. d. ges. HR. 28 612, 613, 28 455, Puchelt II Art. 427 S. 580, v. Hahn Art. 427 § 4 — dagegen Thöl III § 107 S. 218 und Handelsrechtl. Erört. S. 21).

Vgl. Allg. AbfVorschr. § 20 Ziff. 1 lit. g (Angabe des Interesses an der Lieferung).

130) Abs. 6 bestimmt, daß, wenn in dringenden Fällen Gepäck ausnahmsweise unter Vorbehalt späterer Abfertigung befördert oder auf Stationen ohne Gepäckabfertigung angenommen wird, es gleichwohl mit dem Zeitpunkte der Annahme als zur Beförderung übernommen gilt, d. h. es ist auch in betreff solchen Gepäcks ein Frachtvertrag abgeschlossen und dasselbe, wenngleich die ordnungsmäßige formelle Abfertigung unterblieben ist, rechtlich in betreff der Ablieferung, Haftpflicht (§ 465 Abs. 1 u. 2 HGB., § 30 Abs. 1 EVO. Anm. 116) dem aufgegebenen und

abgefertigten Reisegepäck ganz gleich zu behandeln. Damit ist die frühere Bestimmung des § 32 Abs. 5, wonach derartiges Gepäck als zur Beförderung aufgegeben nicht angesehen wird, abgeändert, weil — wie die Begr. zutreffend bemerkt — mit Rücksicht darauf, daß die Eisenbahn bei der nachträglichen Abfertigung die Fracht von der Ablieferungsstation erhebt, die neue Regelung billig erschien.

Vgl. Allg. AbfVorschr. § 24 (Mitnahme unabgefertigten Gepäcks), § 25 (Nachsendung nicht abgenommener Gepäckstücke).

Die Zulassung von unabgefertigtem Reisegepäck kann erfolgen, sie braucht aber nicht und ist in das Ermessen des abfertigenden Beamten gestellt. Der Reisende hat keinen Anspruch darauf. Sie soll mit Rücksicht auf die damit verbundenen Schwierigkeiten nur ausnahmsweise erfolgen und nur in dringenden Fällen, eine Voraussetzung, welche der abfertigende Beamte festzustellen hat. Auch geschieht die Zulassung stets nur unter Vorbehalt späterer Abfertigung, welche sobald wie angängig und tunlichst vor Übergang in einen anderen Verwaltungsbezirk und jedenfalls vor Aushändigung an den Reisenden nachträglich vorgenommen werden muß.

131) Abs. 7 gewährt den Eisenbahnen die Befugnis, für die Abfertigung von Fahrrädern durch die Tarife besondere Vorschriften zu treffen. Da derartige besondere Tarifbestimmungen für die Abfertigung von Fahrrädern eine Abweichung von den allgemeinen Abfertigungsvorschriften der EVO. involvieren würden, so mußte mit Rücksicht auf Abs. 3 der EingBest. den Bahnen die Befugnis hierzu durch die EVO. selbst erteilt werden. Daraus folgt aber, daß nunmehr solche tarifarische Abfertigungsvorschriften für Fahrräder, weil sie durch § 32 Abs. 7 ausdrücklich zugelassen sind, sich nicht als Abweichungen im Sinne des § 2 Abs. 2 der EingBest. darstellen, sondern den Bestimmungen der EVO. entsprechen. Es bedarf daher auch nicht der besonderen Bewilligung der Landesaufsichtsbehörde und der Zustimmung des REA., sondern genügt die Beobachtung der für tarifarische Vorschriften der betr. Bahn bestehenden Voraussetzungen.

Vgl. Allg. AusfBest. zu § 32 Nr. 7 u. 8 (Frachtberechnung und Abfertigung von Fahrrädern), Nr. 12 (Motorfahrräder).

§ 33.

Zoll- oder steueramtliche, polizeiliche Abfertigung.

Die Reisenden sind verpflichtet, der zoll- oder steueramtlichen und der polizeilichen Abfertigung ihres Gepäcks beizuwohnen. Für eine durch Nichtbeachtung dieser Vorschrift verursachte Überschreitung der Lieferfrist (§ 37) wird kein Schadensersatz gewährt [132]).

Vgl. Allg. AbfVorschr. § 22 (Zoll-, Steuer- und sonstige Vorschriften). § 26 Ziff. 5.

132) § 33 ist in die EVO. neu aufgenommen, weil die Aufnahme einem Bedürfnisse entspricht (Begr.). Bei Frachtgütern ist der Absender bzw. Empfänger zwar für berechtigt, aber nicht für verpflichtet erklärt, der Zoll- rc.-

Behandlung beizuwohnen, weil die Eisenbahn in den vom Absender beizugebenden Begleitpapieren die erforderliche Information für die Zollbehörde findet (EVO. § 65). Bei Reisegepäck dagegen werden Begleitpapiere nicht erfordert, die Information ist vielmehr vom Reisenden gegebenenfalls persönlich zu erteilen. Aus diesem Grunde legt § 33 im Satz 1 dem Reisenden — dem Bedürfnis entsprechend — die Verpflichtung auf, der Zoll- ꝛc.- Abfertigung ihres Gepäcks beizuwohnen. Andernfalls hält mangels der nötigen Aufklärungen die Zollbehörde das Gepäck so lange zurück, bis diese erfolgt sind.

Nach Satz 2 haftet für die hierdurch verursachte Lieferfristüberschreitung (§ 37 Abs. 1 u. 2) die Eisenbahn den Reisenden nicht, d. h. die Zurückhaltung des Gepäcks durch die Zollbehörde infolge der Nichtbeobachtung der Vorschrift des Satzes, wird als ein Ereignis bezeichnet, das die Eisenbahn weder herbeigeführt hat, noch abzuwenden vermochte (§ 37 Abs. 3). Der Eisenbahn liegt gegen die Forderung aus der Lieferfristüberschreitung der Beweis ob, daß dieselbe durch die Nichtbeobachtung der Vorschrift des Satzes 1 verursacht ist, dem Reisenden der Gegenbeweis, daß nicht hierdurch, sondern durch ein anderes, von der Eisenbahn zu vertretendes Ereignis die Überschreitung herbeigeführt ist.

Nach den Allg.AbfVorschr. § 22 Ziff. 1 haben die Gepäckabfertigungsstellen darauf zu sehen, daß hinsichtlich zoll- und steuerpflichtiger Gepäckstücke die bestehenden Vorschriften nicht umgangen werden. Vornehmlich kommen in Betracht: das Vereinszollgesetz vom 1. Juli 1869 (§§ 59—73, 95, 96, 131, 133, 136, 143, 153) und das Regulativ für die zollamtliche Behandlung der Güter- und Effektenbeförderung auf den Eisenbahnen v. 1. II. 1870 nebst Ergänzungs- und Abänderungsbestimmungen.

Vgl. auch die Bestimmungen über die zollamtliche Abfertigung der zur unmittelbaren Durchfuhr durch das deutsche Zollgebiet mit der Eisenbahn bestimmten Passagiereffekten, vom 30. I. 1892 (ZBl. f. d. D. R. S. 472, Pr. EVBl. S. 149), und die vom Verkehrsverbande herausgegebene Zusammenstellung der im Eisenbahnverkehr zu berücksichtigenden Zoll-, Steuer- und polizeilichen Vorschriften (Kundmachung 6, Teil I, Abschn. III). Werden Gegenstände, die hiernach reichs- oder landessteuerpflichtig sind, zur Beförderung als Gepäck angenommen, so hat der Auslieferer die erforderlichen Steuerpapiere beizubringen, die wie im Güterverkehr zu behandeln sind.

§ 34.
Auslieferung.

(1) Das Gepäck wird gegen Rückgabe des Gepäckscheins ausgeliefert. Die Eisenbahn ist nicht verpflichtet, die Berechtigung des Inhabers zu prüfen [133]).

(2) Der Inhaber ist berechtigt, auf der Bestimmungsstation die Auslieferung des Gepäcks an der Ausgabestelle zu verlangen, sobald nach Ankunft des Zuges, zu dem es aufgegeben war, die zur Bereitstellung und etwa zur zoll- oder steueramtlichen oder polizeilichen Abfertigung erforderliche Zeit abgelaufen ist. Müssen Fahrzeuge, die nicht

im Packwagen verladen werden können, unterwegs auf einen anderen Zug übergehen, so kann ihre Weiterbeförderung erst mit dem nächsten Personenzuge verlangt werden [134]).

(3) Werden Gepäckstücke nicht innerhalb 24 Stunden, Fahrzeuge nicht innerhalb 2 Stunden nach Ankunft des Zuges abgeholt, so ist das tarifmäßige Lagergeld oder Standgeld zu entrichten. Kommt das Fahrzeug nach 6 Uhr abends an, so wird die Abholungsfrist vom nächsten Morgen 8 Uhr ab gerechnet [135]).

(4) In der Regel ist das Gepäck nur auf der Station auszuliefern, wohin es abgefertigt war. Auf Verlangen des Reisenden kann es jedoch, wenn Zeit und Umstände dies gestatten und keine Zoll-, Steuer- oder Polizeivorschriften entgegenstehen, gegen Rückgabe des Gepäckscheins und Vorzeigung der Fahrkarte auf der Aufgabestation zurückgegeben oder auf einer Zwischenstation ausgeliefert werden [136]).

(5) Wird der Gepäckschein nicht beigebracht, so ist die Eisenbahn zur Auslieferung des Gepäcks nur verpflichtet, wenn die Empfangsberechtigung glaubhaft gemacht wird; auch kann Sicherheitsleistung verlangt werden [137]).

(6) Der Reisende, dem das Gepäck nicht rechtzeitig ausgeliefert wird, kann verlangen, daß ihm auf dem Gepäckscheine Tag und Stunde der Abforderung bescheinigt werden [138]).

1. Gepäck, das nach Stationen abgefertigt ist, auf denen keine Gepäckabfertigungsstelle besteht, hat der Reisende unmittelbar nach Ankunft an dem Bestimmungsort am Zug abzunehmen. Erfolgt die Abnahme nicht, so wird es bis zur nächsten Station, auf der sich eine Gepäckabfertigungsstelle befindet, weiterbefördert und dort zur Abnahme bereit gehalten. Für die Strecke, auf der das Gepäck unabgefertigt mitgenommen worden ist, wird die Gepäckfracht besonders berechnet.

2. Das Lagergeld für Reisegepäck, welches länger als 24 Stunden nach der Ankunft lagert, beträgt für je auch nur angefangene 24 Stunden nach Ablauf der Abholungsfrist und jedes Stück 20 Pf.

3. Verlangt ein Reisender bei Auslieferung des Gepäcks dessen Verwägung, so ist dem Antrage zu entsprechen. Ergibt die Nachwägung kein von der Eisenbahnverwaltung zu vertretendes Fehlgewicht, so wird eine Wägegebühr von

5 Pfennig für je, wenn auch nur angefangene 100 kg erhoben.

4. (1) Wird der Antritt oder die Fortsetzung der Eisenbahnbeförderung ohne Verschulden des Absenders zeitweilig verhindert, so kann der Inhaber des Beförderungsscheins die Auslieferung der Fahrzeuge verlangen, muß aber die Eisenbahn, sofern derselben kein Verschulden zur Last fällt, für die Kosten der Vorbereitung der Beförderung und die Ansprüche in Beziehung auf den etwa bereits zurückgelegten Beförderungsweg entschädigen.

(2) Außer der Fracht für die etwa zurückgelegte Strecke wird solchenfalls eine Gebühr von 1 M. für jede Achse der zur Verladung benutzten Eisenbahnwagen erhoben.

(3) Wenn die Fortsetzung der Beförderung auf einem anderen Wege stattfinden kann, so ist, unbeschadet der aus Rücksichten des allgemeinen Verkehrs ergehenden Anordnungen der Aufsichtsbehörde, der Eisenbahn die Entscheidung überlassen, ob es dem Interesse des Absenders entspricht, das Gut auf einem anderen Wege dem Bestimmungsorte zuzuführen oder es anzuhalten und den Absender um anderweitige Anweisung anzugehen.

(4) Die Auslieferung der Fahrzeuge erfolgt gegen Rückgabe des bei der Aufgabe ausgefertigten Beförderungsscheins an dessen Inhaber.

(5) Wird die Zurückgabe der Fahrzeuge nach der Auflieferung, aber vor Erreichung der Bestimmungsstation beansprucht, ohne daß die in der Ausführungsbestimmung 4 (1) bezeichnete Veranlassung vorliegt, so sind neben der Fracht für die von der Sendung etwa zurückgelegte Strecke an Kosten zu entrichten:

a) im Falle der AusfBest. 11 zu § 32 für 100 kg 0.20 M.

b) im Falle der AusfBest. 12 zu § 32 für den Eisenbahnwagen . . . . 3,00 M.

Diese Kosten werden nicht berechnet, wenn das Gut von der Unterwegsstation unter Frachtberechnung nach der Versandstation zurück- oder nach einer anderen Station befördert wird.

(6) Werden die Fahrzeuge von der Bestimmungsstation oder von einer Unterwegsstation nach der Versandstation zurück- oder nach einer anderen Station befördert, so wird außer der Fracht für die Beförderung bis zur ursprünglichen Bestimmungsstation oder bis zu der Unterwegsstation, auf welcher die Fahrzeuge angehalten werden, im ersten Falle die Rückfracht bis zur Versandstation, im zweiten Falle die Fracht von der ursprünglichen Bestimmungsstation oder von der Unterwegsstation bis zur neuen Bestimmungsstation, für jede Abfertigungsstrecke mit voller Abfertigungsgebühr, erhoben.

5. (1) Nach Ablauf der vorgeschriebenen Abholezeit wird an Standgeld für Land-(Straßen-)Fahrzeuge sowie Wasserfahrzeuge erhoben:

für jedes Fahrzeug und jede angefangene Stunde 0,50 M.

(2) Die Gebühr wird erhoben, gleichviel ob die Fahrzeuge sich noch auf den zur Beförderung benutzten Eisenbahnwagen befinden oder abgeladen sind. Ein besonderes Wagenstandgeld für die längere Benutzung der zur Beförderung verwendeten Eisenbahnwagen wird nicht erhoben.

Alte EVO. §§ 33 u. 34.

183) § 34 trifft über die Auslieferung des Gepäcks Bestimmung. Abs. 1 legt dem Gepäckscheine eine den Inhaberpapieren eigene Wirkung insofern bei, als bestimmt ist, daß dem Inhaber des Scheines, ohne daß die Verwaltung dessen Legitimation zu prüfen verpflichtet ist, das Gepäck, und zwar nur gegen Rückgabe des Scheins bzw. diese ersetzende Kautelen (Abs. 5) ausgeliefert wird. Gerät also der Gepäckschein in fremde Hände und wird das Gepäck an einen unredlichen zc. Inhaber des Schein ausgeliefert, so ist die Bahn dafür nicht verantwortlich (Epstein 17, Schott 521, Endemann, R. d. E. 683). Aus dieser singulären, dem Bedürfnisse des Eisenbahnverkehrs entsprechenden Bestimmung ist aber nicht mit Thöl III § 54 S. 113, Wehrmann 125, Goldschmidt, Syst. 230 und Endemann a. a. O. 683 zu folgern, daß auf den auf Inhaber lautenden Gepäckschein die Rechtssätze über Inhaberpapier anzuwenden seien, da der Zweck des Gepäckscheins keineswegs darauf gerichtet ist, als negoziables Verkehrspapier zu dienen, und Abs. 1 nur den speziellen Zweck hat, die Eisenbahnen von einer nach den Verkehrsverhältnissen undurchführbaren Prüfungspflicht zu liberieren. Es ist vielmehr die Annahme berechtigt, daß der Gepäckschein nicht die Natur eines Inhaberpapiers hat, sondern ebenso wie die Fahrkarte (§ 13 Anm. 46 S. 59) lediglich die Quittung über den Empfang des Gepäcks und Zahlung der Gepäckfracht sowie die Legitimation zur Rückgabe darstellt (Gumprecht E. 33 309,

413, Koch 104, Fuchs 25, Planck II 568, Lehmann-Ring § 426 Nr. 18, Cosack, BGB. II 418, Janzer u. Burger 62, 64, Makower 1492, 1493). Der Besitz des Gepäckscheins seitens der Eisenbahn begründet aber nur eine durch Gegenbeweis widerlegbare Präsumtion, daß das Gepäck ausgeliefert worden ist (Goldschmidt, Z. 19 620). Übergibt ein Passagier den Gepäckschein einem Beamten ohne Empfangnahme des Gepäcks, damit dieser im Interesse des nicht sofort auffindbaren Gepäcks weiter tätig sei, so erteilt er dem Beamten einen privaten Auftrag und kann die Bahn nicht verantwortlich machen, wenn dieser später das Gepäck an eine nicht legitimierte Person ausliefert (ObAppGer. Rostock 2. II. 1868, BZ. 1868 S. 577).

Nach den Allg. AusfBest. Ziff. 3 z. § 34 ist, wenn ein Reisender bei Auslieferung seines Gepäcks dessen Verwägung verlangt, dem Antrage zu entsprechen. Ergibt die Nachwiegung kein von der Eisenbahnverwaltung zu vertretendes Fehlgewicht, so wird eine Wägegebühr von 5 Pfennig für je wenn auch nur angefangene 100 kg erhoben.

Die Allg. AbfVorschr. § 28 Ziff. 15 bestimmen, daß, wenn der Reisende bei Auslieferung seines Gepäcks die Nachwiegung beantragt, die etwa zu erhebende Wägegebühr auf dem Gepäckschein zu vermerken ist.

134) Nach Abs. 2 Satz 1 hat der Inhaber des Gepäckscheins das Abnahmerecht, d. h. er ist berechtigt, am Bestimmungsorte (s. jedoch Abs. 4 Anm. 136) die sofortige Auslieferung des Gepäcks an der Ausgabestelle zu verlangen, sobald nach Ankunft des Zuges, zu welchem das Gepäck aufgegeben wurde, die zur ordnungsmäßigen Bereitstellung sowie zur etwaigen zoll- oder steueramtlichen oder polizeilichen Abfertigung erforderliche Zeit abgelaufen ist. Den Ablauf dieser Zeit muß der Gepäckscheininhaber abwarten. Nach dieser Zeit ist er aber zur Forderung auf sofortige Auslieferung befugt und darf nicht etwa auf die Ausgabe während bestimmter Abfertigungsstunden verwiesen werden. Jeder Verzug in der Auslieferung macht die Bahnverwaltung für den daraus entstehenden Schaden haftbar.

Die Allg. AbfVorschr. § 28 Abs. 1 bestimmen, daß die Auslieferung des Gepäcks gegen Rückgabe des Gepäckscheins gemäß § 34 Abs. 1 EVO. im Geschäftsraum der Gepäckabfertigung oder, soweit nicht Zoll- oder Steuervorschriften oder örtliche Einrichtungen entgegenstehen, auf Wunsch des Reisenden nach ordnungsmäßiger Entladung am Gepäckwagen stattfindet.

Nach den Allg. AbfVorschr. § 28 Abs. 14 und 12 ist, falls Gepäckstücke fehlen, beschädigt eingehen oder überzählig sind, nach den „Vorschriften über das Ermittlungsverfahren" zu verfahren.

Bei der Auslieferung zollpflichtiger Gepäckstücke haben die Gepäckabfertigungsstellen ebenso wie bei der Auflieferung darauf zu sehen, daß die deshalb bestehenden Vorschriften nicht umgangen werden. Gepäckstücke, die unter Zollverschluß stehen oder zu denen Zoll- oder Steuerpapiere vorhanden sind, dürfen nur mit besonderer Genehmigung des Abfertigungsbeamten ausgeliefert werden (Allg. AbfVorschr. § 22 Ziff. 1, § 28 Ziff. 1).

Satz 2 ist mit Rücksicht auf die im Falle des Übergangs von Fahrzeugen unterwegs in einen anderen Zug erforderlichen Manipulationen des Betriebs notwendig geworden und für den Beginn der im Abs. 3 für Fahrzeuge vorgeschriebenen Abholungsfrist von Bedeutung (s. Anm. 135). Nach der bisherigen EVO. brauchten Fahrzeuge, die unterwegs auf einen anderen Zug übergehen mußten, allgemein erst mit dem nächstfolgenden Personenzug einzutreffen. Durch die jetzige Fassung ist diese Vorschrift dahin eingeschränkt, daß die spätere Auslieferung sich nur auf solche Fahrzeuge erstreckt, die nicht im Packwagen, sondern in einem besonderen Wagen verladen sind, und deren Übergang in den nächsten Anschlußzug daher mit Verschiebearbeiten verbunden ist (Begr.).

135) Nach Abs. 3 hat der Reisende die Abnahmepflicht, d. h. er ist verpflichtet, Gepäckstücke innerhalb 24 Stunden, Fahrzeuge innerhalb 2 Stunden nach Ankunft des Zuges abzuholen, — widrigenfalls er das tarifmäßige Lagergeld oder Standgeld zu entrichten hat. Nur bei Fahrzeugen tritt mit Rücksicht auf die Kürze der Abholungspflicht die Vergünstigung ein, daß, wenn dieselben nach 6 Uhr abends ankommen, die Abholungsfrist erst vom nächsten Morgen 8 Uhr ab gerechnet wird. Die Eisenbahn hat die einstweilige Verwahrungspflicht während der lagergeldfreien Zeit als Teil des Frachtvertrages.

Wie das Abnahmerecht (Abs. 2 s. Anm. 134), so beginnt auch die Abnahmepflicht des Reisenden mit der Ankunft des Gepäcks bzw. Fahrzeugs auf der Bestimmungsstation und soll innerhalb der nächsten 24 Stunden bzw. 2 Stunden ausgeübt werden. Mit Ablauf derselben kommt der Reisende ohne weiteres in Verzug, da er wegen seines Unbekanntseins nicht besonders gemahnt werden kann. Daß er erst nach Ablauf der 14-tägigen Reklamationsfrist (EVO. § 36 Abs. 1 Anm. 142) in Verzug gerate, wie Thöl III 196 N. 5 meint, ist unbegründet (Schott 498). Die Bahnverwaltung ist dem Passagier, welcher sich wegen Nichtausfolgung seiner bei ihr in Verwahrung befindlichen Gepäckstücke an der Weiterreise gehindert sieht, nur dann zum Ersatze des betr. Schadens verpflichtet, wenn die Ausfolgung des Gepäcks innerhalb der reglementsmäßig bestimmten Abfertigungsstunden begehrt worden ist (Österr. Oberst. Ger.H. 3. VIII 1876 Z. 7143 Röll Nr. 190). Der Reisende kann also z. B. nicht während der Nacht- oder Mittagsstunden, wo die Abfertigungsstelle bestimmungsmäßig geschlossen ist, die Auslieferung fordern. Voraussetzung für die Lager- bzw. Standgeldpflichtigkeit des Reisenden ist, daß das Gepäck bzw. Fahrzeug mit dem Aufgabezug zugleich anlangt. Denn kommt es verspätet (mit einem späteren Zuge) an, so kann es nicht Sache des Reisenden sein, den Moment der Ankunft abzuwarten und von da ab die 24- bzw. 2-stündige Frist innezuhalten. Nur wenn gemäß Abs. 2 Satz 2 (s. Anm. 134) Fahrzeuge unterwegs in einen anderen Zug übergehen müssen, brauchen sie erst mit dem nächstfolgenden Personenzuge am Bestimmungsorte einzutreffen und muß der Reisende ꝛc. event. die Ankunft dieses Zuges abwarten. Die 2-stündige Abholungsfrist beginnt in diesem Falle selbstredend erst mit Ankunft des das Fahrzeug mitbringenden Zuges.

Allg. AusfBest. Ziff. 2 z. § 34 EVO. (Lagergeld für Reisegepäck) und Ziff. 5 (Standgeld für Land-(Straßen-)Fahrzeuge sowie Wasserfahrzeuge (s. oben S. 134, 136).

Nach den Allg. AbfVorschr. § 28 Ziff. 8 sind die von den Reisenden nicht sogleich abgenommenen Gepäckstücke den besonderen Bestimmungen entsprechend sicher aufzubewahren. Dem Antrage des Reisenden auf nur teilweise Abnahme seines Gepäcks ist zu entsprechen. In solchen Fällen sind die sofort zur Auslieferung gelangenden Gepäckstücke nach Anzahl und Gewicht als abgegeben auf der Rückseite des Gepäckscheins zu vermerken; dieser ist sodann dem Reisenden zum Zwecke der späteren Empfangnahme der übrigen Gepäckstücke zurückzugeben. Nach den ZusBest. der pr.-hess. Staatsbahnen Ziff. 3 ist das etwa erhobene Lagergeld unter Angabe der Lagerzeit auf dem Gepäckschein zu vermerken.

136) Abs. 4 stellt zwar als Regel hin, daß das Gepäck nur auf der Bestimmungsstation verabfolgt werden soll, gestattet aber zur Verkehrserleichterung auch ausnahmsweise auf Verlangen des Reisenden die Ausfolgung des Gepäcks (wohl auch teilweise) auf der Aufgabestation oder unterwegs, d. h. auf einer Zwischenstation (natürlich ohne Rückvergütung der Beförderungskosten, Jaruschon-Jarociewicz 11), jedoch unter den Voraussetzungen: 1. daß Zeit und Umstände dies gestatten sowie Zoll-, Steuer- und Polizeivorschriften nicht entgegenstehen, 2. der Reisende bei der Auslieferung den Gepäckschein zurückgibt und die Fahrkarte vorzeigt.

Die Allg. AbfVorschr. § 28 Ziff. 10—12 bestimmen hierzu: „Werden unter Erfüllung der im § 34 Abs. (4) EVO. festgestellten Bedingungen Gepäckstücke schon auf der Aufgabestation oder einer anderen vor dem Bestimmungsorte gelegenen Station verabfolgt, so ist der auf der Fahrkarte aufgedruckte Gepäckstempel zu durchstreichen und die letztere mit dem Vermerk: „Gepäck in .... (Station) ausgehändigt", zu versehen. Bei Verabfolgung des Gepäcks auf einer anderen vor der Bestimmungsstation gelegenen Station ist der dem Reisenden abgenommene Gepäckschein dem Packmeister auszuhändigen, der ihn an die Abfertigungsstelle der Bestimmungsstation, mit entsprechendem Vermerk auf der Rückseite versehen, an Stelle des Gepäcks abzugeben hat.

Wird das Gepäck später bei Fortsetzung der Reise wieder aufgegeben, so ist es von neuem abzufertigen und die Fracht ohne Anrechnung der bereits gezahlten zu berechnen. Kann demgemäß zurückverlangtes Gepäck einem Reisenden dort, wo er dies Verlangen stellt, nicht ausgehändigt werden, so hat die Gepäckabfertigung dem Reisenden auf Antrag eine Bescheinigung über die Abfertigung seines Gepäcks zu erteilen."

Über die Befugnis des Absenders von Fahrzeugen für den Fall, daß der Antritt oder die Fortsetzung der Eisenbahnbeförderung ohne sein Verschulden zeitweilig verhindert wird, die Auslieferung der Fahrzeuge zu verlangen, und über die hierbei an die Eisenbahn zu entrichtenden Entschädigungen und sonstigen Modalitäten treffen die Allg. AusfBest. Ziff. 4 Abs. 1—4 zu § 34 EVO. Bestimmung. Ferner regeln für den Fall, daß die Zurückgabe der Fahrzeuge nach der Auflieferung, aber vor Erreichung der Bestimmungsstation beansprucht wird, ohne daß eine zeitweilige, vom Absender nicht verschuldete Beförderungsverhinderung vorliegt, sowie für den Fall, daß die Fahrzeuge von der Bestimmungsstation oder von einer Unterwegsstation nach der Versandstation zurück- oder nach einer anderen Station befördert werden, die Allg. AusfBest. Ziff. 4 Abs. 5 und 6 z. § 34 EVO. die Gebührenfrage.

137) Abs. 5 verpflichtet die Bahn in Ergänzung des Abs. 1, wenn der Gepäckschein nicht beigebracht wird, das Gepäck nur unter folgenden Voraussetzungen auszuhändigen: 1. nach Glaubhaftmachung der Empfangsberechtigung, 2. auf ihr Verlangen nach Sicherheitsleistung. Es müßte eigentlich heißen „verpflichtet und berechtigt", denn die Bahn ist nicht nur zur Aushändigung nach Erfüllung dieser Voraussetzungen verpflichtet, sondern sie ist auch nur unter diesen Kautelen hierzu berechtigt, wenn sie sich dem sich nachträglich meldenden legalen Inhaber des Gepäckscheins nicht ersatzpflichtig machen will. Über die Art der Sicherheit ist in der EVO. nichts bestimmt.

Die Sicherheit kann durch schriftliche Bürgschaftsleistung oder Hinterlegung baren Geldes bestellt werden. Von der Bestellung einer Sicherheit ist, falls dies mit Rücksicht auf die Persönlichkeit des Reisenden unbedenklich erscheint, abzusehen. Anderenfalls genügt die Bürgschaftsleistung einer sicheren Person. Wenn die Hinterlegung einer Geldsumme als Sicherheit für erforderlich erachtet wird, so ist deren Höhe nach dem vollen Werte der Gepäcksendung zu bemessen. (Allg. AbfVorschr. § 28 Ziff. 5—7.)

Vgl. hierzu ZusBest. f. d. pr.-hess. Staatsb. Ziff. I.

138) Durch Abs. 6 ist — um den Reisenden ein ausreichendes Beweismittel für die erfolgte Anforderung zu sichern (s. Anm. 134) — den Gepäckabfertigungsstellen die Pflicht auferlegt, dem Reisenden auf sein Verlangen auf dem Gepäckscheine Tag und Stunde der geschehenen Anforderung des Gepäcks zu bescheinigen (Puchelt II 575, Schott 521). Kann das Gepäck nur zum Teil ausgeliefert werden, so wird hierüber gleichfalls eine entsprechende Bescheinigung zu erteilen sein. Die Eisenbahn ist dem Reisenden, welcher sich wegen Nichtausfolgung seines Gepäcks an der Weiterreise gehindert sieht, nur dann ersatzpflichtig, wenn die Ausfolgung des Gepäcks innerhalb der reglementarischen Abfertigungsstunden begehrt worden ist (Österr. Oberst. Ger. 3. VIII. 1876, Röll 455, Epstein 392).

§ 35.

Haftung der Eisenbahn für Verlust, Minderung oder Beschädigung.

(1) Für Reisegepäck haftet die Eisenbahn, soweit nicht in diesem Abschnitt Abweichungen vorgesehen sind, nach den Vorschriften über die Haftung für Güter (Abschnitt VIII) [139].

(2) Bei besonderen Betriebsverhältnissen kann die Eisenbahn mit Genehmigung der Landesaufsichtsbehörde nach Zustimmung des Reichseisenbahnamts die bei Verlust, Minderung oder Beschädigung von Reisegepäck zu leistende Entschädigung im Tarif auf einen Höchstbetrag beschränken. Wegen Beschränkung der Höhe des Schadensersatzes bei Gegenständen des § 54 Abs. (2) B Ziffer 1 gilt § 89 Abs. (2). Wenn Vorsatz oder grobe Fahrlässigkeit vorliegt, kann die Beschränkung auf den Höchstbetrag nicht geltend gemacht werden [140].

(3) Für Verlust, Minderung oder Beschädigung von Gegenständen, die in beförderten Fahrzeugen (§ 30 Abs. (3)) belassen sind, haftet die Eisenbahn nur, wenn ihr ein Verschulden zur Last fällt[141]).

Alte EVO. § 39, HGB. §§ 462, 465.

139) Der § 35 handelt von der Haftung der Eisenbahn für Reisegepäck. Den Normen des § 35 liegt der § 465 HGB. zugrunde. Den Eisenbahnen ist grundsätzlich durch § 471 HGB. verboten, die ihnen durch den § 432 Abs. 1, 2 und die §§ 438, 439, 453, 455—470 auferlegten gesetzlichen Verpflichtungen durch die EVO. oder durch Verträge auszuschließen oder zu beschränken. Alle dem zuwiderlaufende Bestimmungen sind nichtig.

In betreff des Reisegepäcks beschränkt § 465 HGB. die Haftung der Eisenbahnen durch folgende Bestimmungen: „Für den Verlust von Reisegepäck, das zur Beförderung aufgegeben ist, haftet die Eisenbahn nur, wenn das Gepäck binnen 8 Tagen nach der Ankunft des Zuges, zu welchem es aufgegeben ist, auf der Bestimmungsstation abgefordert wird. Inwieweit für den Fall des Verlustes oder der Beschädigung von Reisegepäck, das zur Beförderung aufgegeben ist, die zu leistende Entschädigung auf einen Höchstbetrag beschränkt werden kann, bestimmt die EVO. Ist der Schaden durch Vorsatz oder grobe Fahrlässigkeit der Eisenbahn herbeigeführt, so kann die Beschränkung auf den Höchstbetrag nicht geltend gemacht werden. Für den Verlust oder die Beschädigung von Reisegepäck, das nicht zur Beförderung aufgegeben ist, sowie von Gegenständen, die in beförderten Fahrzeugen belassen sind, haftet die Eisenbahn nur, wenn ihr ein Verschulden zur Last fällt."

Die EVO. wiederholt im § 36 Abs. 1, § 28 Abs. 4 u. § 35 Abs. 3 im wesentlichen die Bestimmungen des § 465 Abs. 1 u. 3 des HGB. Die Wiederholung ist an sich nicht notwendig, sie ist aber unverkennbar deshalb erfolgt, weil § 465 HGB. im Abs. 2 die Zulässigkeit der Beschränkung der Entschädigung für verlorenes oder beschädigtes Reisegepäck der Bestimmung der EVO. überläßt (§ 35 Abs. 2 EVO.) und im Zusammenhange damit die Wiederholung der Abs. 1 u. 3 des § 465 HGB. zweckmäßig erschien.

Aus der Fassung und Stellung des § 465 HGB. ergibt sich, daß das Reisegepäck an sich und prinzipiell denselben Haftpflichtbestimmungen unterliegt, wie alle anderen Güter, und daß es nicht in der Absicht lag, durch die Bestimmungen des § 465 eine vollständige Regelung der Haftpflicht der Eisenbahnen für das Reisegepäck herbeizuführen, sondern lediglich unter Berücksichtigung der eigentümlichen und verschiedenartigen Formen, in welchen sich die Beförderung des Reisegepäcks im Eisenbahnverkehre vollzieht, die mehrfach streitig gewordenen Grenzen zu bestimmen, welche bezüglich der Haftpflicht für Reisegepäck maßgebend sein sollen. Hierbei kam nun einerseits das zur Beförderung aufgegebene Reisegepäck (§ 465 Abs. 1 u. 2), — andererseits das nicht zur Beförderung aufgegebene Reisegepäck, wozu auch das in beförderten Fahrzeugen belassene gehört (§ 465 Abs. 3), in Betracht. Für ersteres hielt man es für angezeigt, die Haftung der Eisenbahn bei Verlust nur dann eintreten zu lassen, wenn das Gepäck binnen einer vierzehntägigen Frist nach Ankunft des Zuges, zu welchem es aufgegeben ist, auf der Bestimmungsstation abgefordert wird (§ 36 Abs. 1), für letzteres, die Eisenbahn von jeglicher Haftbarkeit bei Verlust oder Beschädigung, Verschulden der Eisenbahn ausgenommen, zu befreien (§ 28 Abs. 4, § 35 Abs. 3). Aus der Stellung des § 465 im HGB. sowie aus dem Zusammenhange mit den vorhergehenden Paragraphen ergibt sich ferner, daß sowohl in betreff des zur Beförderung besonders aufgegebenen, wie auch des nicht aufgegebenen Reisegepäcks stets ein Frachtvertrag vorliegt, aus welchem den Eisenbahnen die gesetzliche Haftpflicht gemäß §§ 465ff. an sich obliegt, und daß somit § 465 für beide Kategorien des Reisegepäcks Ausnahmebestimmungen zu den allgemeinen Bestimmungen über die Güterhaftpflicht enthält. (Vgl. übereinstimmend bezüglich des Art. 425 A.HGB. Thöl III, § 97 S. 198ff., Brix 607 o., Kräwel 607, Gad, HR. 141, Reyßner (Busch 10 60f.), Förster, Betr.Regl. I 35, Eger, Deutsch. Frachtrecht[2] III §§ 237—239 S. 348—363, und zu § 465 HGB. Lehmann-Ring 393, 394, a. M. v. Hahn II 738f., Puchelt II 574, Schott 461, Staub 1008, Endemann, R. d. E. 680, Göppert 62ff.)

Bezüglich der Haftung für Reisegepäck unterscheidet hiernach das HGB. zwei Hauptkategorien, nämlich:

1. Reisegepäck, welches zur Beförderung aufgegeben ist (Abs. 1 u. 2 § 465).

2. Reisegepäck, welches zur Beförderung nicht aufgegeben ist (Abs. 3 § 465), oder kürzer: aufgegebenes und nicht aufgegebenes Reisegepäck.

Unter „aufgegebenem" Reisegepäck wird solches verstanden, welches bei der Eisenbahngepäckabfertigungsstelle gegen Empfangsschein (Gepäckschein) besonders aufgeliefert (§ 32 Abs. 1—4 EVO.) oder in dringenden Fällen ausnahmsweise unter Vorbehalt späterer Abfertigung befördert oder auf Stationen ohne Gepäckabfertigung angenommen wird (§ 32 Abs. 6 EVO.). Unter „nicht aufgegebenem" Reisegepäck dagegen solches, welches von den Reisenden in den Wagen — ohne Gepäckschein — mitgeführt und selbst beaufsichtigt wird, sog. Handgepäck (§ 28), sowie die in beförderten Fahrzeugen (§ 30 Abs. 3) belassenen Gegenstände (§ 35 Abs. 3).

Beide Kategorien des Reisegepäcks — das aufgegebene und das nicht aufgegebene — sind durch einen mit dem Personenbeförderungsvertrag verbundenen (akzessorischen), d. h. nicht besonderen Güterbeförderungsvertrag, mithin vertragsmäßig zur Beförderung übernommenes Gut (so auch Lehmann-Ring II 394, Makower 1486, Düringer-Hachenburg § 465 IV 1, RG. E. **19** 140, **21** 151, RGSt. **35** 226, **37** 102), und es finden demgemäß auf beide Kategorien sowohl in betreff des Grades der Haftpflicht wie des Umfangs des Schadensersatzes die Normen des HGB. §§ 425—471 über die Eisenbahngüterbeförderung grundsätzlich Anwendung, soweit einerseits die eigenartigen im Abschn. 4 der EVO. normierten Beförderungsweisen des Eisenbahnreisegepäcks die Anwendung dieser Normen überhaupt zulassen und andererseits nicht die besonderen Haftbeschränkungen des § 465 zutreffen (§ 36 Abs. 1 — § 35 Abs. 2 — § 28 Abs. 4 — § 35 Abs. 3 EVO.).

Bezüglich des zur Beförderung aufgegebenen Reisegepäcks bestimmt in diesem Sinne § 35 Abs. 1 noch außerdem, daß die Eisenbahn für dasselbe nach den Vorschriften über die Haftung für Güter (Abschn. VIII) haftet, soweit nicht im vorliegenden Abschn. 4 Abweichungen vorgesehen sind.

Daraus folgt, daß die Bestimmungen des Abschn. VIII über die Beförderung von Gütern auch in betreff der Haftung von aufgegebenem Reisegepäck soweit Geltung haben, als sie der Natur der Sache nach und in Rücksicht auf die abweichende Abfertigungs- und Beförderungsweise (s. insbesondere die Übernahme und Auslieferung: §§ 28, 32 — §§ 61, 63; Verpackung: § 31 — § 62; Ablieferung: § 34 — §§ 76–81) auf Reisegepäck Anwendung finden können und im Abschn. IV nicht ausdrücklich über die Haftung für derartiges Reisegepäck besondere Bestimmungen getroffen sind; d. h. die Bestimmungen des Abschn. VIII über die Haftung von Gütern finden subsidiäre Anwendung auf die Haftung für aufgegebenes Reisegepäck (Thöl III S. 94). Die besonderen Bestimmungen für Reisegepäck beziehen sich aber — abgesehen von den bereits in den vorangehenden Paragraphen erörterten — einerseits auf den Umfang des Schadenersatzes (§ 32 Abs. 2, 5, § 36 Abs. 2), andererseits auf den Grad bzw. die Beschränkung der Haftpflicht (§ 36 Abs. 1 — § 35 Abs. 2 — § 34 Abs. 6). Dagegen gelten für die Haftung von nicht aufgegebenem Reisegepäck die Bestimmungen des Abschn. VIII EVO. nicht, auch nicht subsidiär, sondern nur die §§ 425—471 HGB. in Verbindung mit den Vorschriften des Abschn. IV EVO. Vgl. noch über die Haftung der Schlafwagengesellschaft für Reisegepäck Anm. 110 S. 109.

140) Abs. 2 Satz 1 EVO. ist eine AusfBest. des § 465 Abs. 2 Satz 1 HGB. Die Festsetzung eines Höchstbetrages der im Falle des Verlustes oder der Beschädigung zu leistenden Entschädigung ist den Eisenbahnen durch § 461 Abs. 1 in Ausnahmetarifen unter der Voraussetzung zwar allgemein gestattet, daß diese Tarife veröffentlicht werden, eine Preisermäßigung für die ganze Beförderung gegenüber den gewöhnlichen Tarifen der Eisenbahn enthalten und der gleiche Höchstbetrag auf die ganze Beförderungsstrecke Anwendung findet (EVO. § 89). Für Reisegepäck erschien indes die Festsetzung eines Höchstbetrages unter diesen dem Frachtgüterverkehr angepaßten Voraussetzungen nicht geeignet. Um für Reisegepäck in zweckmäßiger Weise die Beschränkung der Haftung auf einen Höchstbetrag zu ermöglichen, ist daher mit Rücksicht auf die schnell wechselnden Bedürfnisse des Reiseverkehrs der EVO. im § 465 Abs. 2 Satz 1 HGB. die Bestimmung darüber überlassen worden, inwieweit für den Fall des Verlustes oder der Beschädigung von Reisegepäck, das zur Beförderung aufgegeben ist, die zu leistende Entschädigung auf einen Höchstbetrag beschränkt werden kann.

Demgemäß hat die EVO. auf Grund des § 465 Abs. 1 Satz 1 HGB. in den § 35 Abs. 2 als Satz 1 die Bestimmung aufgenommen, daß die bei Verlust, Minderung oder Beschädigung von Reisegepäck zu leistende Entschädigung bei besonderen Betriebsverhältnissen auf einen Höchstbetrag beschränkt werden kann, jedoch nur unter den drei Voraussetzungen, daß diese Beschränkung 1. mit Genehmigung der Landesaufsichtsbehörde, 2. nach Zustimmung des REA., 3. im Tarife erfolgt. Es sind also, um die Einheitlichkeit dieser Beschränkungen auf einen Höchstbetrag tunlichst zu wahren, die gleichen Voraussetzungen vorgeschrieben, welche § 2 Abs. 2 u. 3 EVO. für abweichende Bestimmungen erfordert, und es kann dieserhalb auf die Erörterung Anm. 5ff. S. 6, 7 Bezug genommen werden. Die EVO. trifft aber nach Vorstehendem nicht selbst über die Beschränkung auf einen Höchstbetrag Bestimmung, sondern überläßt dies den Tarifen der Eisenbahnen. Diese Regelung erscheint jedoch mit der Vorschrift des § 465 Abs. 2 sowie des § 471 Abs. 1 HGB. nicht vereinbar. (Vgl. § 89 Abs. 2 Anm. 480). (Zustimmend Hertzer 51. A. M. Makower 1608, Düringer-Hachenburg 680.)

Nach Satz 2 des Abs. 2 gilt wegen Beschränkung der Höhe des Schadensersatzes bei Gegenständen des § 54 Abs. 2 B Ziff. 1 (Gold- und Silberwaren, Geld, Edelsteine; Kostbarkeiten rc.) die Bestimmung des § 89 Abs. 2, wonach die Eisenbahn bei Verlust, Minderung oder Beschädigung dieser Gegenstände die zu leistende Entschädigung im Tarif auf einen Höchstbetrag beschränken kann. (Über die Unzulässigkeit dieser Bestimmung s. § 89 Anm. 480).

Wie § 465 Abs. 2 HGB. bestimmt, daß wenn der Schaden durch Vorsatz oder grobe Fahrlässigkeit der Eisenbahn herbeigeführt ist, die Beschränkung auf den Höchstbetrag nicht geltend gemacht werden kann, so enthält auch Satz 3 Abs. 2 § 34 EVO. die entsprechende Vorschrift, d. h. es ist in diesem Falle die Forderung auf Ersatz des vollen Schadens — also unter Fortfall der Beschränkung auf einen Höchstbetrag — zugelassen.

141) Da die in beförderten Fahrzeugen belassenen Gegenstände — ganz ebenso wie die in den Personenwagen mitgeführten Sachen (Handgepäck § 28 Abs. 1) — zu dem nicht aufgegebenen Reisegepäck gehören, so wiederholt in betreff des Verlustes, der Minderung oder Beschädigung jener Gegenstände Abs. 3 die Bestimmung derjenigen Beschränkung der gesetzlichen Haftpflicht, welche im § 465 Abs. 3 HGB. enthalten ist (Anm. 139 S. 141). Die Voraussetzung ist, daß in beförderten Fahrzeugen (§ 30 Abs. 3) belassene Gegenstände in Verlust geraten, vermindert oder beschädigt worden sind. Ist diese Voraussetzung vorhanden, so haftet die Eisenbahn nur, wenn ihr bzw. ihren Leuten (HGB. § 458, EVO. § 5) ein Verschulden zur Last fällt. Es wird hierbei auf die Erläuterungen zu § 28 Abs. 4 Anm. 110 S. 107 Bezug genommen.

§ 36.

Verlust von Reisegepäck.

(1) Für den Verlust von Reisegepäck haftet die Eisenbahn nur, wenn das Gepäck binnen 14 Tagen nach der Ankunft des Zuges, zu dem es aufgegeben war, auf der Bestimmungsstation abgefordert wird [142]).

(2) Ein fehlendes Gepäckstück gilt nach Ablauf von 3 Tagen nach Ankunft des Zuges, zu dem es aufgegeben war, als verloren [143]).

(3) Wird das Gepäck später wiedergefunden, so ist der Reisende, wenn sich sein Aufenthalt ermitteln läßt, hiervon zu benachrichtigen.

Er kann innerhalb 30 Tagen nach Empfang der Nachricht verlangen, daß ihm das Gepäck gegen Rückzahlung des Ersatzbetrags nach Abzug des gemäß § 37 für Überschreitung der Lieferfrist zu gewährenden Schadensersatzes auf einer inländischen Station kostenfrei ausgehändigt werde. Bei der Rückgabe auf der Abgangsstation ist dem Reisenden die Fracht zu erstatten[144]).

HGB. § 465. Alte EVO. § 34 Abs. 3, § 35.

142) Abs. 1 des § 36 enthält für Verlust von zur Beförderung aufgegebenem Reisegepäck die Wiederholung derjenigen Haftbeschränkung, welche bereits im § 465 Abs. 1 HGB. enthalten ist, jedoch mit der Änderung im Interesse des Publikums, daß die dort vorgesehene Frist von 8 auf 14 Tage verlängert ist. Hiernach haftet die Eisenbahn für den Verlust von Reisegepäck nur, wenn es binnen vierzehn Tagen nach der Ankunft des Zuges (§ 34), zu welchem es aufgegeben ist, auf der Bestimmungsstation abgefordert wird. Der Tag, an welchem der Zug ankommt, wird nicht mitgerechnet. Fällt der letzte Tag auf einen Sonn- oder Feiertag, so tritt an seine Stelle der nächstfolgende Werktag (BGB. § 187, HGB. § 359).

Die Voraussetzung ist die Beförderung von Reisegepäck, welches zur Beförderung aufgegeben ist (Anm. 139 S. 141 ff.). Nur für das aufgegebene Reisegepäck gibt § 465 Abs. 1 HGB. die Haftpflichtbeschränkung. Auch bezieht sich dieselbe nur auf den Verlust (auch teilweisen), nicht auch auf die Beschädigung des Reisegepäcks (Prot. z. A.HGB. S. 5010 f., v. Hahn II S. 744, Thöl III S. 195, Schott 408, Lehmann-Ring 393). Mithin muß die Eisenbahn für Beschädigung auch dann Ersatz leisten, wenn die 14-tägige Frist des Abs. 1 verstrichen ist. Im Falle der Beschädigung sind für die Geltendmachung von Schadensersatzansprüchen lediglich die allgemeinen Bestimmungen über die Güterbeförderung bzw. die nach § 464 HGB. (§§ 97, 98 EVO.) zulässigen und festgesetzten Fristen maßgebend. (Prot. 5014, Puchelt II 574, Wehrmann 126, v. Hahn 744 § 7, Anschütz und v. Völderndorff III S. 474, Endemann, R. d. E. S. 686). Demgemäß bestimmt auch § 36 Abs. 1 EVO. nur, daß die Verwaltung von jeder Verantwortlichkeit für den Verlust von Reisegepäck frei ist, wenn es nicht innerhalb 14 Tagen nach Ankunft des Zuges (§ 34) auf der Bestimmungsstation abgefordert wird. Der Annahme Thöls (III 195 und Anm. 3), daß diese Bestimmung ungültig sei, weil sie auch Beschädigung mitumfasse, kann nicht beigepflichtet werden, da ausdrücklich nur die Verantwortung für den Verlust, nicht auch für die Beschädigung ausgeschlossen ist.

Weiter ist die Frage entstanden, ob unter „Verlust“ jegliche Art von Verlust zu verstehen sei oder nur solcher Verlust, welcher mit der Zeit der Abforderung im Zusammenhange steht, d. h. darauf zurückzuführen ist, daß das Gepäck nicht innerhalb der bestimmten Frist nach der Ablieferungszeit abgefordert worden ist. Für letztere Auffassung entscheidet sich Thöl III § 96 S. 196 und Schott 499. Dem kann jedoch nicht beigetreten werden. Vielmehr ist unter „Verlust“ — mangels jeder Einschränkung des Begriffs im

Wortlaute des Gesetzes oder in den Materialien — jegliche Art von Verlust zu verstehen, gleichviel ob sie mit der verspäteten Abforderung in Zusammenhang steht oder nicht. Richtig ist, daß die rechtzeitige (fristgemäße) Abforderung des Gepäcks als die Voraussetzung der Geltendmachung des Anspruchs aus § 456 HGB. gedacht werden muß (v. Hahn II 743, Endemann, HR. 767 Anm. 89, Schott 498) und nicht als Bedingung der Entstehung dieses Anspruches, wie C. F. Koch 434 Anm. 80 gestützt auf eine Bemerkung in den Beratungen (Prot. 5011) meint. Soviel ist aber aus dem klaren und uneingeschränkten Wortlaute des Gesetzes, sowie aus den Materialien ersichtlich, daß § 465 Abs. 1 HGB. ausnahmslos auf jegliche Art des Verlustes ausgedehnt werden darf, wenn die Abforderung nicht fristgemäß erfolgt ist. Der Anspruch auf Auslieferung des aufgegebenen Reisegepäcks und event. Verlustersatz ist zwar durch den Frachtvertrag gemäß § 456ff. HGB. an sich begründet, aber er kann nicht geltend gemacht werden, wenn die Abforderung des Gepäcks nicht rechtzeitig stattgefunden hat.

Das Gepäck muß aber wirklich in Verlust geraten, auf irgendwelche Weise untergegangen oder verloren sein, es muß zur Zeit der Abforderung fehlen und bis dahin die bestimmte Frist verstrichen sein. Darauf, ob das Gepäck unterwegs (während der Beförderung) oder nach Eingang am Bestimmungsort (in den Gepäckräumen) verloren gegangen ist, kommt es nicht an. Entscheidend ist lediglich, daß zur Zeit der Abforderung der Verlust eingetreten und die Abforderungsfrist verstrichen ist. (So auch v. Hahn II 744.)

Ist das Gut zu dieser Zeit noch vorhanden, so kann die Eisenbahn die Auslieferung nicht unter dem Vorwande verweigern, daß die Abforderung verspätet erfolgt sei. Denn Voraussetzung ihrer Nichthaftung ist der wirkliche Verlust des Gutes. Ist dieser nicht vorhanden, so ist der vertragsmäßige und gesetzliche Aushändigungsanspruch (§ 435 HGB.) begründet, selbst nach gezahlter Entschädigung. Die Abforderung des vorhandenen oder später wiedererlangten Gutes ist durch Ablauf der Frist nicht ausgeschlossen (Wehrmann 126, Anschütz und v. Völderndorff III 434, Lehmann-Ring 393, 394, Makower 1608, Janzer und Burger 69).

Nach Art. 425 Ziff. 2 A.HGB. konnte die Haftung für Verlust nur für den Fall ausgeschlossen werden, daß das Gepäck binnen einer bestimmten Frist nach der Ablieferungszeit nicht abgefordert wird. Nach § 34 EVO. ist das Reisegepäck nach Ankunft des Zuges, zu dem es aufgegeben war, auf der Bestimmungsstation nach Ablauf der zur Bereitstellung, sowie zur etwaigen steueramt-, zoll-steueramtlichen oder polizeilichen Abfertigung erforderlichen Zeit von der Ausgabestelle bereitzuhalten (§ 34 Abs. 2 EVO.). Dieser Moment der Bereitstellung ist also die eigentliche Ablieferungszeit. Da derselbe aber sich nicht ganz genau bestimmen läßt und in der Regel nur um weniges mit der Ankunftszeit des betreffenden Zuges auseinanderfällt, so ist sowohl nach dem HGB. wie nach der EVO. die Ankunft des Zuges, zu welchem das Gepäck aufgegeben ist, auf der Bestimmungsstation als Anfangspunkt der Abforderungsfrist bestimmt.

Was schließlich die Beweislast im Falle des § 465 Abs. 1 HGB. bzw. § 36 Abs. 1 EVO. anlangt, so ist daran festzuhalten, daß der Eisenbahn an sich und ursprünglich die gesetzliche Pflicht obliegt, das Reisegepäck nach Ankunft am Ort der Ablieferung dem legitimierten Empfänger auszuhändigen (§ 435) und für Verlust oder Beschädigung von der Empfangnahme bis zur Ablieferung zu haften (§ 456). Fordert mithin nach Ankunft am Bestimmungsorte der Passagier die Aushändigung des aufgegebenen Reisegepäcks (§§ 435, 456 HGB.) und wendet die Eisenbahn gegen diesen Aushändigungsanspruch ein, daß das Gepäck verloren gegangen und sie für den Verlust auf Grund des § 465 Abs. 1 (sc. § 36 Abs. 1 EVO.) nicht haftpflichtig sei, so hat sie die tatsächlichen Voraussetzungen dieses Einwandes zu beweisen, nämlich: 1. daß das Gepäck in Verlust geraten und 2. daß es nicht binnen 14 Tagen nach Ankunft des Zuges, zu welchem es aufgegeben, abgefordert worden sei (Thöl III § 96 S. 197, 198, Schott 499, Lehmann-Ring 394).

Den Beweis des Verlustes kann die Eisenbahn vornehmlich führen durch vergebliche Revision des zur Aufbewahrung von Reisegepäck bestimmten Lokals, der Verspätung der Reklamation durch die Ankunftszeit des betreffenden Zuges, woraus sich der Ablauf der 14-tägigen Frist ergibt (Schott 499). Den Gegenbeweis für die Rechtzeitigkeit der Abforderung kann sich der Reisende dadurch sichern, daß er sich gemäß § 34 Abs. 6 EVO. (s. Anm. 138) auf dem Gepäckschein Tag und Stunde der geschehenen Abforderung von der Gepäckabfertigungsstelle bescheinigen läßt.

143) Abs. 2 des § 36 stellt für den Verlust von Reisegepäck eine Präsumtion auf, indem bestimmt ist, daß ein fehlendes Gepäckstück erst nach Ablauf von 3 Tagen nach Ankunft des Zuges, zu dem es aufgegeben war, als verloren gilt. Die Gültigkeit dieser von Thöl (HR. III § 101 und Handelsrechtl. Erört. S. 18, 19) für ungültig erachteten Bestimmung wird jetzt nicht mehr bezweifelt (s. Goldschmidt, Zeitschr. 26 612, v. Hahn II 719, 720, Wehrmann 133, Eger, Frachtr. III 416, 417).

Die Allg. AbfVorschr. § 28 Abs. 14 bestimmen: „Wenn Gepäckstücke fehlen, beschädigt eingehen oder überzählig sind, ist nach den Vorschriften über das Ermittelungsverfahren (Anh. 6) zu verfahren."

Vgl. hierzu ZusBest. d. pr. Staatseisenb. Ziff. VII, enthaltend Ausführungsvorschriften, betreffend das Verfahren beim Fehlen und Überzähligsein von Reisegepäck, und Erl. d. Pr. Min. d. öff. Arb. vom 30. VIII. 1891 EVBl. S. 130.

144) Abs. 3 des § 36 verpflichtet die Eisenbahn, wenn das verloren gegangene Gepäckstück später gefunden wird, den Reisenden, sofern sein Aufenthalt sich ermitteln läßt, davon zu benachrichtigen (auch wenn er bereits Entschädigung erhalten hat), und dieser hat das Recht, innerhalb 30 Tagen nach Empfang der Nachricht zu verlangen, daß ihm das Gepäck gegen Rückzahlung des Ersatzbetrages nach Abzug des gemäß § 37 für Überschreitung der Lieferungsfrist zu gewährenden Schadensersatzes auf einer inländischen Station kostenfrei ausgehändigt, sowie bei Rückgabe auf der Abgangsstation die Fracht erstattet werde.

Der Reisende hat hiernach ein dreifaches Recht: Er ist berechtigt zu verlangen: I. Benachrichtigung über das Wiederauffinden des Gutes, II. innerhalb 30 Tagen nach erhaltener Nachricht kostenfreie Aushändigung des Gutes gegen Rückzahlung des Ersatzbetrages abzüglich der Lieferfristentschädigung auf einer inländischen Station und III. Erstattung der Fracht bei Rückgabe auf der Abgangsstation.

I. Das erste Recht (der Benachrichtigung) hängt von zwei Voraussetzungen ab:

1. daß das Gepäckstück später wiedergefunden wird. Es ist ganz allgemein „später“ gesagt und daher mangels jeder Einschränkung die Benachrichtigungspflicht der Eisenbahn eine zeitlich unbegrenzte. Selbst wenn sich das Gepäckstück erst nach Jahren wiederfindet, liegt der Eisenbahn diese Pflicht ob. Dies erscheint jedoch zu weitgehend, und es würde sich de lege ferenda empfehlen, eine Frist zu bestimmen, nach deren Ablauf das Recht auf Benachrichtigung und demgemäß auf Rückforderung fortfällt. (Die Annahme von Janzer und Burger 70, daß die Verjährung des § 98 Platz greife, ist nicht zutreffend.)

2. daß der Aufenthalt des Reisenden sich ermitteln läßt. Diese Voraussetzung ist eine sehr unbestimmte. Jedenfalls liegt es der Eisenbahn ob, bei der Aufenthaltsermittelung die Sorgfalt eines ordentlichen Frachtführers zu prästieren und darzutun. Beweist der Reisende demgegenüber, daß dies nicht der Fall gewesen, so ist ihm die Eisenbahn für den daraus entstandenen Schaden verantwortlich.

II. Das zweite Recht (der kostenfreien Aushändigung auf einer inländischen Station) hängt gleichfalls von zwei Voraussetzungen ab:

1. daß das Verlangen auf Aushändigung des wiedergefundenen Gepäckstückes innerhalb 30 Tagen nach Empfang der Nachricht gestellt wird und

2. daß der erhaltene Ersatzbetrag nach Abzug der Lieferfristentschädigung zurückgezahlt wird.

Der Reisende kann die Verabfolgung des Gepäckstückes alsdann verlangen. Er kann, aber er braucht es nicht. Tut er es nicht unter den angegebenen Modalitäten oder überhaupt nicht, so kann die Eisenbahn nach Maßgabe des § 91 Abs. 3 EVO. über das aufgefundene Gepäckstück frei verfügen. Die Forderung steht ihm nur innerhalb 30 Tagen nach erhaltener Nachricht zu. Daher ist es für beide Teile wichtig, den Empfang der Nachricht, gleichviel ob dieselbe mündlich oder schriftlich rc. erfolgt, in geeigneter Weise festzustellen. Das Verlangen muß der Natur der Sache nach an dasjenige Organ der Eisenbahn gerichtet sein, von welchem dem Berechtigten die Nachricht zugegangen ist. In betreff der Station der Aushändigung hat der Berechtigte die Wahl, jedoch mit der Maßgabe, daß er nur eine inländische Station wählen darf. Er kann die Auslieferung kostenfrei auf der Bestimmungsstation oder auf der Abgangsstation verlangen. Verlangt aber der Berechtigte die Rücklieferung auf einer anderen Station, so entsteht ein neuer Frachtvertrag und hat der Berechtigte die Gepäckfracht zu zahlen und die sonstigen Rechte und Pflichten des neuen Vertrages. Dagegen geschieht die Beförderung an die Bestimmungs- oder Ausgangsstation nicht auf sein Risiko, denn er hat lediglich die unversehrte Lieferung auf einer dieser Stationen kostenfrei zu fordern. Endlich hat die Auslieferung Zug um Zug und nur gegen Rückerstattung des dem Berechtigten bezahlten Ersatzbetrages zu geschehen, jedoch nach Abzug der ihm für versäumte Lieferfrist gebührenden Entschädigung. Auch die infolge der Angabe des Interesses an der Lieferung (§ 32 Abs. 2 u. 5, § 37 Abs. 1 lit. b) oder wegen Vorsatz oder grober Fahrlässigkeit (§ 95) erhöhte Entschädigung muß daher mangels einer einschränkenden Bestimmung voll zurückerstattet werden, wenngleich in dieser nicht nur der Wert des Gutes, sondern auch der weitere Schaden (z. B. Konventionalstrafe, Verzugs- und geschäftliche Nachteile ꝛc.) vergütet worden ist und eine Rückerstattung der darauf entfallenden Beträge nicht der Billigkeit entspricht.

III. Das dritte Recht (Erstattung der Fracht) hängt — abgesehen von den beiden Voraussetzungen ad II — von der weiteren Voraussetzung ab, daß der Reisende die Aushändigung auf der Abgangsstation wählt. Denn in diesem Falle genügt die kostenfreie Aushändigung auf der Abgangsstation für sich allein als Entschädigung nicht. Vielmehr gibt er damit zu erkennen, daß die Zahlung der Fracht von der Abgangsstation bis zur Bestimmungsstation zwecklos war und er die Gegenleistung der Eisenbahn — Beförderung nach der Bestimmungsstation — infolge des zeitweiligen Abhandenkommens des Gepäcks nicht in Anspruch nimmt.

Hat der Reisende von seinem Rechte aus Abs. 3 keinen Gebrauch gemacht, so findet § 91 Abs. 3 sinngemäße Anwendung.

§ 37.

Haftung der Eisenbahn für Überschreitung der Lieferfrist.

(1) Bei Überschreitung der Lieferfrist[145]) hat die Eisenbahn den nachgewiesenen Schaden zu ersetzen, und zwar:

a) wenn das Interesse an der Lieferung nicht angegeben ist, für je angefangene 24 Stunden der Fristüberschreitung — höchstens aber für 3 Tage — bis zum Betrage von 20 Pfennig für jedes Kilogramm des ausgebliebenen Gepäcks, bei Fahrzeugen bis zum Betrage von 30 Mark für jedes ausgebliebene Fahrzeug;

b) wenn das Interesse an der Lieferung angegeben ist, bis zum angegebenen Betrage. Ist dieser niedriger als die unter a) bestimmte Entschädigung, so kann letztere beansprucht werden[146]).

(2) Ist ein Schaden nicht entstanden oder nicht nachgewiesen, so hat die Eisenbahn zu zahlen:

a) wenn das Interesse an der Lieferung nicht angegeben ist, für je angefangene 24 Stunden der Fristüberschreitung — höchstens aber für 3 Tage — 10 Pfennig für jedes Kilogramm des ausgebliebenen Gepäcks, bei Fahrzeugen 15 Mark für jedes ausgebliebene Fahrzeug;

b) wenn das Interesse an der Lieferung angegeben ist, für je angefangene 24 Stunden der Fristüberschreitung — höchstens aber für 3 Tage — 20 Pfennig für jedes Kilogramm des ausgebliebenen Gepäcks, bei Fahrzeugen 30 Mark für jedes ausgebliebene Fahrzeug, jedoch nicht mehr als den angegebenen Betrag. Ist dieser niedriger als die unter a) bestimmte Entschädigung, so kann letztere beansprucht werden [147].

(3) Die Haftung der Eisenbahn ist ausgeschlossen, wenn die Fristüberschreitung von einem Ereignisse herrührt, das die Eisenbahn weder herbeigeführt hat, noch abzuwenden vermochte [148].

(4) Wegen der Fälle, in denen voller Ersatz zu leisten ist, vgl. § 95 [149].

HGB. §§ 463, 466. Alte EVO. § 36.

145) Der § 37 EVO. handelt im Anschluß an § 466 HGB. von der Haftung der Eisenbahn für Überschreitung der Lieferfrist bei der Beförderung des Reisegepäcks, und zwar ist in den Abs. 1 u. 2 über den Umfang der Haftung und die Höhe des Schadens, in Abs. 3 über den Grad der Haftung Bestimmung getroffen, während Abs. 4 auf die generelle Bestimmung des § 95 EVO. verweist.

Abs. 1 des § 37 trifft ebenso wie Abs. 2 (Anm. 147) nur Bestimmung über die Haftung der Eisenbahn „bei Überschreitung der Lieferfrist". Die Haftpflicht für den Schaden aus Verlust, Minderung oder Beschädigung des Reisegepäcks ist im § 35 normiert. „Überschreitung der Lieferfrist" liegt vor, wenn nach Ankunft des Zuges, zu welchem das Gepäck aufgegeben war, die zur ordnungsmäßigen Bereitstellung und etwa zur zoll- oder steueramtlichen oder polizeilichen Abfertigung erforderliche Zeit abgelaufen ist, ohne daß die Auslieferung des Gutes an der Ausgabestelle erfolgen kann (§ 34 Anm. 134), gleichviel ob und wann später abgeliefert worden ist. Auch wenn das Gepäck in Verlust geraten oder aus anderen Gründen nicht fristzeitig oder überhaupt nicht angelangt ist (§ 36), findet Versäumung der Lieferfrist statt. Denn daß die Lieferfrist nicht innegehalten, d. i. versäumt ist, wenn das Gut überhaupt nicht am Bestimmungsort eintrifft bzw. dort nicht zur Ablieferung gelangt, kann logisch keinem Zweifel unterliegen. Daher begründet auch der Verlust des Gepäcks unterwegs eine Versäumung der Lieferfrist und es kann die Eisenbahn in diesem Falle kumulativ für Verlust ebenso wie für Minderung oder Beschädigung und für Versäumung der Lieferfrist haftpflichtig werden; wie auch die Angabe des Interesses an der Lieferung Schäden aus Verlust und Beschädigung wie aus Versäumung der Lieferfrist zusammen begreift. Die Bestimmung des § 94 Abs. 3 EVO. findet hier sinngemäße Anwendung (Anm. 498, a. M. Janzer und Burger 73).

Die Beweislast ist derartig verteilt, daß der Reisende die Existenz und die Höhe des Schadens, sowie den kausalen Zusammenhang desselben mit der Versäumung darzutun hat, und sodann die Eisenbahn einredeweise den Beweis führen muß, daß die Versäumung von einem Ereignisse herrührt, welches sie weder herbeigeführt hat, noch abzuwenden vermochte. (Vgl. § 37 Abs. 3 Anm. 148.)

146) Was den Umfang der Haftung für verspätete Auslieferung des Reisegepäcks bzw. die Höhe des Schadensersatzes anlangt, so spricht § 466 Abs. 1 HGB. und in Übereinstimmung damit § 37 Abs. 1 u. 2 EVO. ganz allgemein von der Haftung für den Schaden, welcher durch Versäumung der Lieferfrist bzw. verspätete Auslieferung des Reisegepäcks entsteht. Die Eisenbahn haftet im Versäumnisfalle — mangels jeder Einschränkung — grundsätzlich für allen Schaden, sowohl den wirklichen Schaden (damnum emergens) wie den entgangenen Gewinn (lucrum cessans), soweit sie sich nicht durch den vorbezeichneten Beweis (Anm. 148 S. 153) befreien kann. (Vgl. des näheren § 94 Anm. 495 ff., BGB. §§ 249 ff.)

Nur insofern erleidet jedoch die Regel, daß für Verspätung voller Schadensersatz zu leisten ist, eine Einschränkung, als das HGB. im Abs. 2 des § 466 bzw. die EVO. im § 27 Abs. 1 und 2 die Angabe des Interesses an der Lieferung und Normalsätze vorsehen, welche die Maximalgrenzen für den Umfang des Schadensersatzes bilden. Nur in diesen Grenzen kann der Ersatz des vollen Schadens beansprucht werden. Die bezüglichen Bestimmungen des § 466 Abs. 2 HGB. entsprechen den Art. 38, 40 des J.Ü. Nach § 466 Abs. 2 HGB. wird unterschieden, ob eine Angabe des Interesses an der Lieferung (HGB. § 463, EVO. § 32 Abs. 2, § 92) stattgefunden hat oder nicht. Der Schaden wird nur insoweit ersetzt, als er den in dem Frachtbriefe, dem Gepäckscheine oder dem Beförderungsscheine als Interesse an der Lieferung nach Maßgabe der Eisenbahnverkehrsordnung angegebenen Betrag und in Ermangelung einer solchen Angabe den Betrag der Fracht nicht übersteigt. Für das Reisegepäck kann an Stelle der Fracht durch die EVO. ein anderer Höchstbetrag bestimmt werden. Diese bestimmt auch, inwieweit ohne den Nachweis eines Schadens eine Vergütung zu zu gewähren ist (HGB. § 466 Abs. 3).

In Ausführung dieser Bestimmungen des § 466 Abs. 2 u. 3 HGB. unterscheidet Abs. 1 u. 2 des § 37 EVO. zwischen Ersatzleistung für Versäumung der Lieferfrist bei Nachweis eines Schadens (Abs. 1) und ohne Nachweis oder Entstehung eines Schadens (Abs. 2), und in beiden Fällen, je nachdem das Interesse an der Lieferung angegeben ist oder nicht.

Ist der Schaden nachgewiesen, so ist derselbe nach Abs. 1 lit. a und b zu ersetzen.

Voraussetzung des Schadensersatzanspruches ist ein Schaden, welcher durch Versäumung der Lieferzeit entstanden ist (§ 466 Abs. 1 HGB., § 34 Abs. 2 EVO.). Der Reisende, welcher einen Schadensersatzanspruch gemäß § 37 Abs. 1 erhebt, hat mithin nachzuweisen: 1. daß eine Versäumung der Lieferzeit stattgefunden hat, d. h. die im § 34 Abs. 2 bezeichnete Zeit abgelaufen ist, ohne daß ihm auf sein Verlangen das Gepäck ausgeliefert worden ist; 2. daß ihm ein Schaden entstanden ist, welcher mit dieser Versäumung der Lieferzeit in ursächlichem Zusammenhange steht.

Hat er diese beiden Tatsachen, sowie die Höhe des Schadens nachgewiesen, so ist ihm von der Eisenbahn nach Maßgabe des § 37 Abs. 1 Schadensersatz zu leisten, sofern dieselbe sich nicht durch die ihr nach § 37 Abs. 3 gegebene Einrede zu befreien vermag.

Der Schaden wird in Gemäßheit des § 466 Abs. 1 HGB. voll berechnet (Anm. 495, 499). Ist das Interesse an der Lieferung nicht angegeben, so bildet der im Abs. 1 lit. a angegebene Normalsatz die Maximalgrenze der zu gewährenden Entschädigung. Dies wird durch die Worte „bis zum Betrage von 20 Pfennig für jedes Kilogramm" bzw. „bis zum Betrage von 30 Mark für jedes Fahrzeug" ausdrücklich ausgesprochen. Der Normalsatz wird für die ganze Beförderungsstrecke zusammen berechnet, nicht für jede einzelne Bahn oder verbandweise. Ist das Gepäck als in Verlust geraten zu betrachten (§ 36 Anm. 142), so tritt Schadensersatz nach § 35 ein und kann ein darüber hinausgehender Ersatz für Versäumung der Lieferzeit nur beim Nachweise eines besonderen, durch letztere entstandenen Schadens beansprucht werden (§ 94 Abs. 3). Im Hinblick auf § 36 Abs. 2 sind zur Beseitigung von Zweifeln die Worte „höchstens aber für drei Tage" eingeschaltet worden (Begr.). — Ist das Interesse an der Lieferung angegeben, so bildet der angegebene Betrag — wie die Worte „bis zum angegebenen Betrage" klar ergeben — die Maximalgrenze der zu gewährenden Entschädigung. Der deklarierte Betrag ist also ebensowenig wie der Normalsatz das ein für allemal vereinbarte Quantum der Entschädigung, sondern bildet lediglich die Grenze, innerhalb deren der nachgewiesene Schaden ersetzt wird. Dieser muß stets seiner Existenz und Höhe nach erwiesen werden und wird nur insoweit vergütet, als dieser Beweis geführt ist. Überschreitet er die Maximalgrenze, so wird das Mehr nicht ersetzt. Ist er aber niedriger, als die unter lit. a bestimmte Entschädigung, so kann letztere beansprucht werden.

Der Normalsatz ist im § 37 Abs. 1 lit. b durch die EVO. zahlenmäßig bestimmt und bedarf daher einer weiteren speziellen (durch Erklärung auf dem Gepäckschein 2c.) oder generellen (durch Aufnahme in die Tarife 2c.) Angabe nicht. Dagegen sind für die Angabe des Interesses an der Lieferung die im § 32 Abs. 2 EVO. vorgeschriebenen Formen erforderlich (Anm. 126 S. 129). Danach muß sie einerseits zu einer bestimmten Zeit, d. h. mindestens ½ Stunde vor Abgang des Zuges, mit welchem die Beförderung geschehen soll, an der Gepäckabfertigungsstelle abgegeben werden. Eine spätere Abgabe der Erklärung braucht nicht angenommen zu werden. Wird sie aber später angenommen, so ist sie gültig. Übrigens setzt dies voraus, daß die Gepäckexpedition ½ Stunde vor Abgang des Zuges geöffnet und zur Ausstellung des Gepäckscheins bereit war. Sonst wird sie die Annahme einer späteren Erklärung nicht verweigern können. Andererseits ist als Form für die Angabe vorgeschrieben, daß sie von der Gepäckabfertigungsstelle im Gepäckschein vermerkt sein muß, um rechtsverbindliche Wirkung zu haben. Ohne diese Form ist die Deklaration mithin ungültig (s. oben Anm. 129 S. 131 und dagegen Thöl § 112 S. 228 Anm. 3).

147) Ist ein Schaden nicht nachgewiesen oder — was dem gleichsteht — nicht entstanden (dieser Fall ist zur schnelleren Abwicklung neu vorgesehen: Begr.), so ist von der Eisenbahn eine Zahlung gemäß Abs. 2 lit. a und b zu leisten.

Voraussetzung der Zahlungspflicht ist in diesen Fällen nur der Nachweis des Reisenden, daß eine Versäumung der Lieferzeit stattgefunden hat. Hat er diesen Nachweis geführt, so hat er gemäß lit. a und b des Abs. 2 einen Anspruch auf Zahlung, auch wenn er einen Schaden nicht nachgewiesen hat oder ein solcher überhaupt nicht entstanden ist. Diese Bestimmung ist neu und der entsprechenden Bestimmung für Frachtgüter (§ 94 Abs. 2) nachgebildet. Wie dort, so bedeuten auch hier die Worte „Ist ein Schaden nicht nachgewiesen", daß die Zahlung in der angegebenen Höhe schlechthin und unbedingt unter Ausschluß jeden Gegenbeweises über Existenz und Höhe des Schadens gefordert werden darf. Um hierüber jeden Zweifel zu beseitigen, sind die Worte „Ist ein Schaden nicht entstanden" hinzugefügt, die entgegenstehende Bestimmung des § 87 Abs. 2 der bisherigen EVO. war nichtig, weil sie dem § 466 HGB. widersprach und ist fortgefallen (s. § 94 Anm. 495—497).

In betreff der Nichtangabe oder Angabe des Lieferungsinteresses und der sich danach verschieden gestaltenden Vergütung wird auf Anm. 146 verwiesen. Der Schlußsatz des Abs. 2 lit. b ist zur Vermeidung ungerechtfertigter Härten neu hinzugefügt (Begr.). S. hierüber § 94 Anm. 497.

148) In betreff des Grades der Haftpflicht ist für Versäumung der Lieferzeit für den gewöhnlichen Frachtführer im § 429 HGB., wie im Art. 397 A.HGB., der Grundsatz der Haftung nach Maßgabe der Sorgfalt eines ordentlichen Frachtführers beibehalten worden. Dagegen ist für die Eisenbahn sowohl bezüglich der Frachtgüter wie des Reisegepäcks nach dem Vorgange des J.Ü. (Art. 39) im § 466 HGB. diese Haftung durch die Bestimmung verschärft, daß die Eisenbahn für den Schaden, welcher durch Versäumung der Lieferfrist entsteht, haftet, es sei denn, daß die Verspätung von einem Ereignisse herrührt, welches sie weder herbeigeführt hat, noch abzuwenden vermochte. Dieser Nachweis liegt im Schadensfalle der Eisenbahn ob (s. hierüber ausführlich § 94 Anm. 499).

149) Die Einschränkungen des Schadensersatzes auf den Normalsatz oder den Betrag des Verzugsinteresses fallen nach § 466 Abs. 4 HGB. fort, und es kann der Ersatz des vollen Schadens gefordert werden, wenn die Versäumung der Lieferfrist durch Vorsatz oder grobe Fahrlässigkeit herbeigeführt ist. Demgemäß verweist auch die EVO. durch Abs. 4 des § 37 auf die bezügliche allgemeine Bestimmung des § 95, welche entsprechend zur Anwendung zu bringen ist (s. Anm. 501, 502).

§ 38.

Gepäckträger.

(1) Auf Stationen, wo das Bedürfnis besteht, sind Gepäckträger zu bestellen, die das Reise- und Handgepäck innerhalb des Bahnhofsbereichs nach den von den Reisenden bezeichneten Stellen zu bringen haben [150]).

(2) Die Gepäckträger müssen durch Dienstabzeichen erkennbar sein und eine gedruckte Dienstanweisung nebst Gebührentarif bei sich tragen.

Sie haben auf Verlangen den Tarif vorzuzeigen, auch eine mit ihrer Nummer versehene Marke zu verabfolgen [151]).

(3) Der Tarif muß an den Gepäckannahme- und ausgabestellen und in den zur Gepäckaufbewahrung dienenden Räumen aushängen [152]).

(4) Für das den Gepäckträgern nach Abs. (1) übergebene Gepäck haftet die Eisenbahn wie für das ihr zur Beförderung übergebene Reisegepäck [153]).

Alte EVO. § 37.

150) Durch die Bestimmung des Abs. 1 „Auf Stationen, wo das Bedürfnis besteht, sind Gepäckträger zu bestellen", ist den Eisenbahnen die Bestellung von Gepäckträgern zur Pflicht gemacht. Freilich ist den Eisenbahnen diese Verpflichtung nur auf Stationen auferlegt, „wo das Bedürfnis dafür besteht". Die Bestellung ist also nicht allgemein für alle Stationen angeordnet, sondern nur für solche, wo die Größe des Verkehrs, lokale Verhältnisse, Mangel an anderem geeigneten Personal rc. dies notwendig macht (Holzbecher, VZ. 1900 Nr. 12). Ob also überhaupt die Bestellung stattzufinden hat und event. in welcher Zahl, soll sich nach dem Bedürfnisse im einzelnen Falle richten. Indes hat, wenn die Eisenbahn diesem Bedürfnisse nicht entspricht, hierüber auf Grund eigener Initiative oder infolge von Beschwerden rc. die Aufsichtsbehörde Anordnungen zu treffen und zu entscheiden, bzw. die Eisenbahn zu der erforderlichen Bestellung mit den gegebenen Zwangsmitteln anzuhalten. Ist die Eisenbahn der behördlichen Anordnung nicht nachgekommen, so kann der Reisende für ihm dadurch entstandenen Schaden Ersatz verlangen.

Im Abs. 1 sind ferner die Verrichtungen der Gepäckträger genau bezeichnet. Es liegt ihnen ob, „das Reise- und Handgepäck innerhalb des Bahnhofsbereichs nach den von den Reisenden bezeichneten Stellen zu bringen", damit sind alle dem Verkehre des Publikums zugänglichen Stellen gemeint. Also nicht allein die Beschaffung des Gepäcks nach und von den Abfertigungsstellen — wie nach § 37 Abs. 2 der EVO. v. 1892 —, also des aufzugebenden oder aufgegebenen Gepäcks haben sie zu besorgen, sondern auch nach und von den Wagen usw. (z. B. von und nach den Aufbewahrungsräumen, Restaurationszimmern, Wartesälen, Droschken rc.), also auch des nicht aufzugebenden bzw. nicht aufgegebenen Gepäckes. Hierbei ist unter „Reise- und Handgepäck" das in den §§ 28 u. 30 EVO. bezeichnete Gepäck zu verstehen (Allg. AusfBest. 1 zu § 30), also nicht das von der Mitnahme ausgeschlossene (§ 29), und der Gepäckträger ist weder berechtigt noch verpflichtet, Gegenstände der letzteren Art zu übernehmen, wie z. B. gefährliche Gegenstände, insbesondere geladene Schußwaffen, explosionsgefährliche, leicht entzündliche rc. Stoffe, soweit ihm nach Lage der Sache diese Eigenschaft äußerlich leicht erkennbar ist (Holzbecher a. a. O.). Eine eingehende mit Aufenthalt verknüpfte Prüfung vorzunehmen, ist er der Natur der Sache nach weder berechtigt noch verpflichtet. Auch ist diese Tätigkeit des Gepäckträgers nur auf den Bahnhofsbereich beschränkt, sie erstreckt sich dienstlich nicht über den Bahnhofsbereich hinaus, d. h. nicht über das Gebiet, welches der Bahnhof nebst allen zugehörigen, dem Personen- und Gepäckverkehr gewidmeten Anlagen, Anfahrtsrampen, zur Bahn gehörigen Vorplätzen 2c. umfaßt (Reindl, E. 17 364 Anm. 2, Düringer u. Hachenburg 662). Der Begriff ist freilich dehnbar und nicht absolut zu bestimmen, sondern muß nach Maßgabe der lokalen Verhältnisse begrenzt werden. Holzbecher a. a. O. nimmt an, es sei der Bereich gemeint, auf welchem die Eisenbahn die Bahnpolizei ausübt. Dies trifft aber nicht zu, weil die Bahnpolizei auch auf denjenigen Stationsanlagen (Bahnkörper 2c.) ausgeübt wird, welche dem Verkehre des Publikums und der Gepäckträger entzogen sind. Die Frage ist für die Haftung der Eisenbahn von wesentlicher Bedeutung, weil sich die Verantwortlichkeit derselben nur auf die Verträge der Gepäckträger insoweit erstreckt, als sie innerhalb des Bahnhofsbereichs auszuführen sind. Will man nicht in verwickelte Streitfragen geraten, so muß man streng daran festhalten, daß die Tätigkeit der Gepäckträger und daher auch die Verantwortlichkeit der Eisenbahn ausschließlich auf den Bahnhofsbereich beschränkt ist und dieser die lokale Grenze für alle Verlust-, Beschädigungs- und Verspätungsfälle bildet. Übernimmt also der Gepäckträger z. B. die Beförderung des Gepäcks von und nach den Hotels oder Wohnungen 2c. des Reisenden, so hat die Eisenbahn nur für innerhalb des Bahnhofsbereichs eintretenden Verlust 2c. zu haften. Sache des Reisenden ist es, den Beweis hierfür zu erbringen. (Zustimmend Reindl, E. 17 364, 365).

Aber auch im Bahnhofsbereiche ist die bahnamtliche Tätigkeit der Gepäckträger streng auf die Beförderung des Gepäcks nach den bezeichneten Stellen und die damit notwendig verbundenen Verrichtungen beschränkt, erstreckt sich also nicht auf irgendwelche andere Funktionen, z. B. nicht auf die Aufbewahrung des Gepäcks — soweit sich diese nicht aus der Verbringung des Gepäcks von Ort zu Ort, z. B. von einem Zuge zum anderen, notwendig von selbst ergibt — ebensowenig auf Beaufsichtigung, Umpackung, Reparatur 2c. (OLG. Kiel 7. V. 1903 E. 20 164). Für derartige Leistungen bzw. Verträge haftet die Eisenbahn nicht (Abs. 4).

151) Abs. 2 enthält, wenngleich die Gepäckträger nicht zu den Leuten 2c. der Eisenbahn im Sinne des § 458 HGB., § 5 EVO. gehören (s. Abs. 4 Anm. 153), doch mit Rücksicht darauf, daß die Bestellung, Beaufsichtigung und Haftung der Eisenbahn obliegt, mehrere Ordnungsvorschriften betreffs des Verhältnisses der Reisenden zu den Gepäckträgern: 1. Pflicht zur Tragung von Dienstabzeichen, 2. zur Vorhaltung einer gedruckten Dienstanweisung nebst Gebührentarif, 3. zur Vorzeigung des Tarifs sowie zur Verabfolgung einer mit ihrer Nummer versehenen Marke auf Verlangen der Reisenden.

152) Durch Abs. 3 ist den Eisenbahnen vorgeschrieben, den Tarif an den Gepäckannahme- und -Ausgabestellen und in den zur Gepäckaufbewahrung (§ 39) dienenden Raum auszuhängen. Den Eisenbahnen liegt die Durchführung dieser Vorschriften bzw. deren Überwachung ob. Sie können hierzu im Aufsichtswege angehalten, auch für Schäden, die den Reisenden aus der mangelhaften Überwachung entstehen, diesen ersatzpflichtig gemacht werden

(Erl. des Pr. HandMin. v. 20. II. 1878 EVBl. S. 41 u. 24. X. 1885 eod. S. 362).

153) Nach Abs. 4 haftet die Eisenbahn für das den Gepäckträgern, und zwar den von ihr bestellten, nach Abs. 1 übergebene Gepäck wie für das ihr zur Beförderung übergebene Reisegepäck, also nach den Bestimmungen des § 35. Die Fassung dieses Absatzes läßt je nach der Rechtsstellung, die dem Gepäckträger gegeben wird, eine zwiefache Deutung zu. Es kann einerseits angenommen werden, daß die Gepäckträger „Leute der Eisenbahn oder Personen, deren sie sich zur Ausführung der Beförderung bedient" im Sinne des § 458 HGB., § 5 EVO. sind und lediglich als Organe der Bahn in deren Namen und für deren Rechnung Beförderungsverträge abschließen und ausführen, und aus diesem Grunde die Eisenbahn für das ihnen übergebene Gepäck so haftet, wie wenn es ihr selbst übergeben worden ist, oder andererseits, daß sie sich zwar als selbständige Frachtführer und Gewerbetreibende (HGB. § 425) qualifizieren und in eigenem Namen Beförderungsverträge abschließen, jedoch mit der besonderen Maßgabe, daß die Haftung dafür der Eisenbahn obliegt. Gegen die erstere Annahme spricht, daß kein Grund vorgelegen haben würde, die Gepäckträger, falls dies beabsichtigt war — gleich den Rollfuhrunternehmern § 78 Abs. 1 — ausdrücklich in der EVO. als Leute und Bedienstete der Eisenbahn im Sinne des § 458 HGB., § 5 EVO. zu bezeichnen, für welche sie als Frachtführer zu haften hat. Dies auszusprechen ist aber im § 38 EVO. vermieden worden. Nur insoweit, als sie im Auftrage der Eisenbahn nach Abschluß des Eisenbahnbeförderungsvertrages Gepäck von und nach den Abfertigungsstellen oder Gepäckwagen schaffen, sind sie für diese Handlungen als Leute der Bahn (§ 5) anzusehen (Coermann, E. 12 166). Es erscheint daher die zweite Annahme begründet, daß die Gepäckträger selbständige Frachtführer und Gewerbetreibende (Dienstmänner) sind, welche in eigenem Namen und für eigene Rechnung Frachtverträge abschließen und ausführen, d. h. gewerbemäßig die Beförderung des Gepäcks übernehmen (HGB. § 425), jedoch derartig, daß die volle Vertretung aus den Beförderungsverträgen, welche innerhalb des Bahnhofsbereichs auszuführen sind (Abs. 1), den Reisenden gegenüber die Eisenbahn übernimmt. Dafür spricht, daß das ökonomische Ergebnis des Geschäfts — die Beförderungsgebühr — jenen allein und direkt zufließt, die Eisenbahn weder an der Einnahme teilnimmt, noch an dem Abschluß und der Ausführung des Geschäfts irgendwie beteiligt ist. Es läßt sich dagegen auch nicht einwenden, daß nach Abs. 2 des § 38 für die Gepäckträger Dienstabzeichen, eine Dienstanweisung nebst Gebührentarif und Kontrollmarken vorgeschrieben sind, denn analoge Einrichtungen sind mehr oder weniger auch für andere selbständige Gewerbetreibende getroffen, welche im Bereiche der Bahn- oder anderer Verwaltungen zu einer bestimmten Tätigkeit zugelassen sind (Bahnhofsrestaurateure, Buchhändler, Zeitungsverkäufer rc.). Die Gepäckträger schließen hiernach prinzipiell selbständig mit den Reisenden Beförderungsverträge ab, welche dem eigentlichen Eisenbahnfrachtvertrage entweder vorangehen oder nachfolgen, für welche aber — zur Sicherung des Publikums — abweichend von den allgemeinen Haftungsgrundsätzen, wie dem

Reisenden aus der Vorschrift der EVO. beim Abschluß bekannt ist, die Eisenbahn, nicht der Gepäckträger, die Haftung nach Maßgabe der Haftung für aufgegebenes Reisegepäck im Sinne des § 35 von vornherein in vollem Umfange übernimmt. Der Gepäckträger steht gewissermaßen zur Eisenbahn in einem analogen Verhältnisse wie der Spediteur, welchem sie gemäß § 65 Abs. 2 EVO. die Erfüllung der Zoll- 2c. Vorschriften unterwegs unter ihrer eigenen Verantwortlichkeit überträgt, oder wie der Spediteur gemäß § 413 HGB. zum Versender, der durch Dritte ihm das Gut übergibt. Es handelt sich nach der Absicht des Gesetzes nicht um eine bloße Bürgschaft oder um eine Regreßübernahme derartig, daß die Eisenbahn für Verlust und Schaden nur aufzukommen hat, wenn der Gepäckträger den Ersatz nicht zu leisten vermag, sondern um eine unmittelbare Haftung, ein Delkrederestehen der Eisenbahn für den Gepäckträger. Der bezügliche Beförderungsvertrag wird von vornherein von beiden Teilen mit der Abrede eingegangen, daß die alleinige Verantwortlichkeit gemäß § 35 EVO. die Eisenbahn zu tragen hat. Der Gepäckträger kann also vom Reisenden für die vorbezeichneten, innerhalb des Bahnhofsbereichs auszuführenden Beförderungsverträge überhaupt nicht in Anspruch genommen werden, der Reisende hat nur den Anspruch bzw. die Klage gegen die Eisenbahn, der Gepäckträger kann ihn mit dem Einwande der mangelnden Passivlegitimation an die Eisenbahn verweisen. Diese hat weder die Einrede der Teilung noch Vorausklage, aber es steht ihr als Auftraggeber der Regreß gegen den Gepäckträger zu. A. M. Reindl (E. 17 361, 19 81, vgl. auch Düringer-Hachenburg z. § 458 HGB. III 3c u. Goldmann Nr. 4), welcher solidarische Haftung des Gepäckträgers (§§ 428—430 HGB.) und der Eisenbahn annimmt, und Gorden (E. 18 182, 19 285) und Hertzer (Komm. z. § 37 u. Z. 1901 S. 139 ff.), welche die Gepäckträger als „Leute der Eisenbahn" im Sinne des § 9 (jetzt 5) der EVO. betrachten. Beide Annahmen verkennen jedoch die Absicht des Gesetzes und führen insbesondere für die sich über den Bahnhofsbereich hinaus erstreckenden Verträge der Gepäckträger zu verwickelten Streitfragen und unbefriedigenden Ergebnissen.

Soweit der Gepäckträger außerhalb des Bahnhofsbereichs tätig ist (s. oben S. 154, 155), ist er Frachtführer und haftet allein als solcher (OLG. Hamburg 29. VII. 1900, OLG. Rechtspr. 2 100).

Freilich ist die Substantiierung eines Schadensanspruches des Reisenden gegen die Eisenbahn mit Rücksicht auf die Formlosigkeit und Schnelligkeit des Vertragsabschlusses eine schwierige, da weder — wie beim aufgegebenen Gepäck — die Tatsache und der Zeitpunkt der Übergabe, noch das Gewicht und die ordnungsmäßige Verpackung durch den Gepäckschein und die Bücher der Abfertigungsstelle erwiesen werden können, und ebensowenig, ob es sich um zur Beförderung zugelassene Gegenstände handelt (§§ 30—32). Dem Reisenden liegt nicht nur der Nachweis der Person des Gepäckträgers ob, sondern auch der Art und des Umfanges des Verlustes bzw. Schadens sowie des Eintritts desselben im Bahnhofsbereiche. Indes diese Schwierigkeit des Schadensnachweises liegt auch in anderen Fällen, z. B. bei Verlust von nicht aufgegebenem Gepäck durch Verschulden der Eisenbahn (§ 465 Abs. 3 HGB., § 35 Abs. 3 EVO.), dem

Reisenden ob. Die Schwierigkeit des Beweises für den Reisenden darf nicht etwa dazu führen, die Beweislast der Eisenbahn aufzuerlegen. Die freie Würdigung des Beweises und das freie Ermessen des Richters bei der Feststellung der Existenz und Höhe eines Schadens (§§ 286, 287 ZPO.) wird immerhin diese Schwierigkeit des Beweises wesentlich erleichtern können.

Für das dem Gepäckträger zur Beförderung im Bahnhofsbereiche übergebene Gepäck haftet die Eisenbahn wie für das ihr zur Beförderung übergebene Gepäck, d. h. gemäß § 35 EVO., soweit sich diese Bestimmungen sinngemäß anwenden lassen. Die Anwendung wird vornehmlich dadurch modifiziert daß der Beweis für die Übernahme des Gepäcks, den Zeitpunkt der Übernahme, das Gewicht und die ordnungsmäßige Verpackung, welcher bei aufgegebenem Gepäck durch den Gepäckschein und die Bücher der Abfertigungsstelle geführt werden kann, hier in anderer Weise, durch Zeugen rc. erbracht werden muß. Abgesehen hiervon, haftet aber die Eisenbahn in gleicher Weise wie für aufgegebenes Gepäck, für Verlust, Beschädigung, Verminderung und Verspätung.

Auch wenn ein Gepäckträger es z. B. unterläßt, das ihm übergebene Handgepäck rechtzeitig vor Abgang des Zuges in das Abteil zu reichen, wird hierdurch eine Ersatzpflicht der Eisenbahnverwaltung begründet, desgleichen wenn er das ihm vom Reisenden übergebene Reisegepäck oder den Gepäckschein verliert, beschädigt, verwechselt, unrichtig instradieren läßt rc., nicht aber, wenn er andere, zur Beförderung des Gepäcks nicht erforderliche Leistungen übernimmt, z. B. im Einverständnis mit dem Reisenden das Gepäck für einige Zeit in Aufbewahrung nimmt, es sich also nicht um die mit der Ausführung der Beförderung notwendig verbundene Verwahrung handelt (OLG. Kiel 7. V. 1903 E. 20 164).

§ 39.

Aufbewahrung des Gepäcks.

Auf den Stationen, wo Reisegepäck abgefertigt wird, sind tunlichst Vorkehrungen zu treffen, die es dem Reisenden ermöglichen, sein Gepäck gegen eine durch Aushang bekannt zu machende Gebühr zu vorübergehender Aufbewahrung niederzulegen [154]). Die Eisenbahn haftet in diesem Falle als Verwahrer [155]).

1. (1) Auf Stationen, wo Gepäckstücke zur vorübergehenden Aufbewahrung unter Haftung der Eisenbahn angenommen werden, wird dies durch Aushang bekannt gemacht.

(2) Die Aufbewahrung erfolgt gegen Aushändigung eines Hinterlegungsscheins auf die Dauer von 8 Tagen, darüber hinaus nur auf ausdrücklichen Antrag des Aufgebers.

(3) Gelder, Wertpapiere und Kostbarkeiten sowie leicht verderbliche, feuergefährliche und übelriechende Gegenstände dürfen nicht zur Aufbewahrung übergeben werden.

(4) Gepäck, das nicht oder nur mangelhaft verpackt ist, kann zurückgewiesen werden. Wird es angenommen, so wird auf dem Hinterlegungsschein ein entsprechender Vermerk gemacht. Die Annahme des Scheines mit dem Vermerke gilt als Anerkenntnis der fehlenden oder mangelhaften Verpackung.

Für die in unverschlossenen Gegenständen, namentlich in Röcken, Mänteln, Reisedecken u. dgl. enthaltenen Sachen wird nicht gehaftet.

(5) Der Inhaber des Hinterlegungsscheins kann die hinterlegten Gegenstände jederzeit innerhalb der für die Annahme und Auslieferung von Gepäck bestimmten Zeiten zurückfordern. Die Auslieferung erfolgt nur gegen Rückgabe des Hinterlegungsscheins und Entrichtung der Aufbewahrungsgebühren. Wird der Hinterlegungsschein nicht beigebracht, so ist die Eisenbahn zur Auslieferung nur nach vollständigem Nachweise der Empfangsberechtigung gegen Ausstellung eines Reverses und unter Umständen gegen Sicherheit verpflichtet.

(6) Nach Ablauf der Aufbewahrungsfrist werden die aufbewahrten Gegenstände als Fundsachen nach den für diese geltenden Bestimmungen behandelt.

(7) Für Verlust, Minderung, Beschädigung oder verspätete Auslieferung der aufbewahrten Gegenstände wird der nachgewiesene Schaden, jedoch nur bis zum Höchstbetrage von 100 M. für das Stück, ersetzt.

2. Soweit auf Stationen, wo besondere Aufbewahrungsstellen nicht eingerichtet sind, die vorübergehende Aufbewahrung von Gepäckstücken laut Bekanntmachung durch hiermit beauftragte andere Personen stattfindet, geschieht dies unter deren eigener Verantwortlichkeit, aber im übrigen unter entsprechender Anwendung der vorstehenden Bestimmungen.

Alte EVO. § 38.

154) Der § 38 der EVO. vom 15. XI. 1892, welcher über die im örtlichen Bezirk der Eisenbahn oder in den Wagen zurückgelassenen Gegenstände Bestimmung traf, war bereits in die EVO. vom 26. X. 1899 nicht mehr aufgenommen worden. Die Aufnahme bezüglicher Bestimmungen erübrigt sich, nachdem die Regelung in betreff der in den Geschäftsräumen oder den Beförderungsmitteln einer öffentlichen Behörde oder einer dem öffentlichen Ver-

kehre dienenden Verkehrsanstalt aufgefundenen Sachen durch die §§ 978—982 des am 1. I. 1900 in Kraft getretenen BGB. allgemein und vollständig erfolgt ist und nur die hierbei vorgeschriebenen Bekanntmachungen (§§ 980, 981) den Vorschriften des Bundesrates bzw. den Zentralbehörden der Bundesstaaten überlassen sind. Eine weitergehende Verwahrungspflicht hinsichtlich der von den Reisenden in den Wagen zurückgelassenen Sachen liegt der Eisenbahn und ihren Leuten (Schaffnern ꝛc.) nicht ob, da ihr diese Sachen nicht speziell übergeben sind und sie zur custodia nicht verpflichtet ist (Anm. 139 S. 142). Die §§ 278, 831 BGB. finden daher hier keine Anwendung. Für die den Eisenbahnbediensteten gesetzlich obliegenden allgemeinen Verpflichtungen aus den §§ 978 ff. BGB. hat die Eisenbahn nicht aufzukommen, da sie nicht zu den vertraglichen gehören. Die gegenteilige Annahme des OLG. Dresden in dem Erk. vom 27. V. 1904 (E. 22 11, s. auch BZ. 1905 S. 1273, Rehse eod. 1057, 1514) ist unzutreffend.

Der vorliegende § 39, welcher an die Stelle des § 38 der bisherigen EVO. getreten ist, regelt die Aufbewahrung des Gepäcks auf den Stationen.

Satz 1 verpflichtet die Eisenbahnen auf allen Stationen, wo Reisegepäck abgefertigt wird (früher nur unbestimmt „auf größeren Stationen") tunlichst Vorkehrungen zu treffen, welche dem Reisenden gegen eine durch Aushang bekannt zu machende Gebühr die Niederlegung seines Gepäcks zur vorübergehenden Aufbewahrung ermöglichen. Die Eisenbahn hat hiernach sowohl für geeignete Persönlichkeiten, welchen das Gepäck zur Aufbewahrung übergeben werden kann, wie auch für angemessene Räumlichkeiten zur Niederlegung, Festsetzung eines Gebührentarifs, Verabfolgung von Empfangsscheinen über das niedergelegte Gepäck ꝛc. Sorge zu tragen und kann hierzu im Aufsichtswege angehalten werden. Die Pflicht der Eisenbahnen erstreckt sich auf „alle Stationen, wo Reisegepäck abgefertigt wird". Damit ist zwar an sich die Unbestimmtheit, die mit der früheren Vorschrift „auf größeren Stationen" verbunden war, behoben. Indes ist durch die nunmehrige Bestimmung, daß die Vorkehrungen nur „tunlichst" zu treffen seien, die bezügliche Verpflichtung der Eisenbahnen noch mehr ins Ungewisse gestellt und auf jeder Station von den lokalen ꝛc. Verhältnissen abhängig gemacht. Jedenfalls hat hierüber im Zweifel die Aufsichtsbehörde zu entscheiden, und, wenn sie eine bezügliche Anordnung getroffen hat, hat die Eisenbahn für Schaden aus der Unterlassung dem Reisenden Ersatz zu leisten. Ob die bezüglichen Verrichtungen — Übernahme, Aufbewahrung, Empfangsbestätigung, Wiederherausgabe ꝛc. des Gepäcks — den Leuten und Organen der Eisenbahn, z. B. Bediensteten der Gepäckabfertigungsstelle, Portiers ꝛc., oder dritten hierzu bestellten Personen, Garderobiers, Gepäckträgern, Bahnhofswirten ꝛc. übertragen werden, ist der Eisenbahnverwaltung überlassen. Die EVO. erfordert nur allgemein „Vorkehrungen", welche dem Reisenden die Möglichkeit der Niederlegung zur vorübergehenden Aufbewahrung gewähren. Dem Zwecke der Einrichtung gemäß muß die Aufbewahrungsstelle während der Tagesdienstzeit ununterbrochen und auch während der Nacht entsprechende Zeit vor und nach Abgang der Züge geöffnet sein.

155) Satz 2 legt „in diesem Falle", d. h. wenn der Reisende von der im Satz 1 vorgesehenen Vorkehrung Gebrauch gemacht hat, der Verwaltung die Haftung als Verwahrer auf. Bestimmter als durch § 38 ist hier das Rechtsverhältnis zwischen der Verwaltung und dem Reisenden klargestellt. Gleichviel ob die Aufbewahrung durch Leute (Organe, Beamte) der Eisenbahn oder durch von ihr zu diesem Behufe bestellte dritte Personen bewirkt wird, in jedem Falle haftet sie für das Gepäck als Verwahrer, d. h. in Gemäßheit der §§ 688—700 BGB., und zwar unmittelbar, also weder solidarisch mit dem Beauftragten, noch subsidiär. Es gilt dasselbe, was oben Anm. 153 S. 156 über das Verhältnis zum Gepäckträger gesagt ist. Es handelt sich nicht um die Haftung aus dem Eisenbahnbeförderungsvertrage — denn dieser hat noch nicht begonnen oder ist bereits beendet — also auch nicht um die Haftpflicht der Eisenbahn als Frachtführer, sondern um einen dem Eisenbahnbeförderungsvertrage vorangehenden oder nachfolgenden Verwahrungsvertrag nach Analogie der einstweiligen Verwahrung von Frachtgütern im Sinne des § 453 Abs. 2 Satz 2 HGB., § 64 Abs. 1 u. 2 EVO.

Aber nur für die gemäß Satz 1 von der Eisenbahnverwaltung mit der vorübergehenden Aufbewahrung bestimmungsmäßig beauftragten Personen oder Dienststellen haftet sie als Verwahrer. Hat der Reisende das Gepäck anderen hiermit eisenbahnseitig nicht betrauten Personen bzw. Stellen zur vorübergehenden Aufbewahrung übergeben, so haftet die Eisenbahn aus § 39 Satz 2 nicht. Allg. AusfBest. Ziff. 1 u. 2 (Aufbewahrung). Allg. Abf.-Vorschr. zu § 28 Ziff. 8 und Pr.-hess. ZusBest. § 28a Ziff. 1—19.

Ihre Haftung als Verwahrer (BGB. §§ 688 ff.) darf die Eisenbahn durch Vereinbarungen gemäß § 471 Abs. 2 nicht beschränken. Die näheren Bestimmungen über den Umfang der Haftung sind hier nicht dem Tarife überlassen. Wäre es den Eisenbahnen gestattet, die Haftung als Verwahrer durch die Tarife oder anderweite Vereinbarungen zu beschränken, so könnten sie auf diesem Wege die ihnen durch § 39 auferlegte Haftung als Verwahrer überhaupt illusorisch machen (s. über diese Frage Holzbecher, VZ. 1900 S. 173, Reindl, VZ. 1901 S. 533, 932, Hertzer, VZ. 1901 S. 729, 1117 und Komm. S. 56, 57, Rundnagel, E. 28 275). Daher sind die Allg. AusfBest. zu § 39 Ziff. 1 Abs. 3 — soweit die dort aufgeführten Gegenstände als Reisegepäck zugelassen sind — ferner Abs. 6 u. 7, sowie Ziff. 2 nichtig.

Auch bei längerer Dauer liegt nach der klaren Bestimmung des § 39 Satz 2 ein Lagergeschäft nicht vor. (Cosack, HR. § 101 Nr. I, Staub, HGB. § 416 Anm. 9. A. M. Sendpiehl, E. 27 113, Makower 1458.)

V.

Beförderung von Expreßgut[156]).

§ 40.

Annahme.

(1) Gegenstände, die sich zur Beförderung in Packwagen eignen, sind nach näherer Bestimmung des Tarifs als Expreßgut anzunehmen[157]).

(2) Jedes Frachtstück muß die genaue und dauerhaft befestigte Adresse des Empfängers tragen. Soll die Sendung dem Empfänger nicht zugeführt werden, so muß der Adresse jedes Frachtstücks noch der Vermerk „Zur Selbstabholung“ oder „Bahnlagernd“ beigefügt sein [158]).

(3) Expreßgut ist bei den von der Eisenbahn bestimmten Abfertigungsstellen während der durch Aushang bekannt zu machenden Dienststunden aufzuliefern [159]).

(4) Die Eisenbahn ist verpflichtet, bei Annahme der Sendung das Gewicht gebührenfrei festzustellen. Dem Absender oder dessen Beauftragten steht frei, der Feststellung beizuwohnen [160]).

(5) Auf Verlangen des Absenders ist die Annahme des Gutes in einer von der Versandbahn zu bestimmenden Form zu bescheinigen [161]).

1. Gegenstände, die sich zur Beförderung im Packwagen eignen, werden mit den nachstehenden Ausnahmen zur Beförderung als Expreßgut von und nach solchen Stationen angenommen, die für den Gepäckverkehr eingerichtet sind und zwischen denen in den Tarifteilen II direkte Sätze bestehen.

2. Das Expreßgut wird auf Eisenbahn-Paketadresse abgefertigt. Ihre Ausfüllung liegt dem Absender ob.

   Die in § 40 Abs. (2) erwähnten Angaben auf den Adressen der Frachtstücke müssen auch auf der Eisenbahn-Paketadresse vermerkt sein. Auf eine Eisenbahn-Paketadresse können bis zu 5 Stücke aufgeliefert werden.

3. Die Annahme ist ausgeschlossen:

   a) hinsichtlich der im § 54 Abs. (1) und (2) A und B 2 und 3 verzeichneten Gegenstände;
   b) nach Stationen jenseits einer Grenzzollabfertigungsstelle;
   c) wenn an dem Beförderungsweg Orte mit getrennten Bahnhöfen gelegen sind, zwischen denen von der Eisenbahn Gepäck nicht überführt wird.

4. Die im § 54 Abs. (2) B 1 verzeichneten Gegenstände werden unter folgenden Bedingungen zur Expreßgutbeförderung zugelassen:

   a) die Stücke müssen fest verschlossen sein;
   b) der Inhalt der Stücke und der Wert, der den Höchstbetrag für die zu zahlende Entschädigung bilden soll, sind auf der Eisenbahn-Paketadresse anzugeben.

Wird der Wert oder das Interesse an der Lieferung auf mehr als 500 M. angegeben, so werden die Gegenstände zur Expreßgutbeförderung nicht angenommen.

5. Gegenstände, die ihrer Natur nach zum Schutze gegen Verlust oder Beschädigung bei der Beförderung einer Verpackung bedürfen, aber unverpackt oder mangelhaft verpackt sind, können zurückgewiesen werden. Sie werden angenommen, wenn sie sich nach dem Ermessen des abfertigenden Beamten zur Beförderung eignen. In diesem Falle hat der Absender die fehlende oder mangelhafte Verpackung schriftlich anzuerkennen.
6. Expreßgut wird nur frankiert zur Beförderung angenommen.
7. Die für die Überführung von Gepäck an Orten mit getrennten Bahnhöfen festgesetzten Überfuhrgebühren (s. Anlage II) werden auch bei der Annahme von Expreßgut erhoben.
8. Nachnahmen auf Expreßgut werden nicht zugelassen.
9. Die Aufgabe von Expreßgut erfolgt bei den Gepäckabfertigungsstellen zu den für die Annahme von Gepäck bestimmten Zeiten.

Alte EVO. §§ 39, 40.

156) Die §§ 40—43 der EVO., welche den Abschn. V derselben unter dem Titel „Beförderung von Expreßgut" bilden, fehlten den älteren Reglements und sind dem Verkehrsbedürfnisse entsprechend erst neu in die EVO. vom 15. XI. 1892 und 26. X. 1899 aufgenommen und in der EVO. vom 28. XII. 1908 beibehalten worden. Es hatte sich schon unter der Herrschaft des alten Reglements bei der Mehrzahl der Verwaltungen die Praxis herausgebildet, Güter bzw. Gepäckstücke, welche sich nach Form und Inhalt zur Beförderung in den Packwagen eignen und eine besonders schnelle Beförderung erfordern, auch ohne Zugehörigkeit zu Reisenden, zu einer dem Reisegepäck gleichen Beförderungsweise zuzulassen. Das bezügliche Verfahren wurde, mangels allgemeiner reglementarischer Bestimmungen, durch Tarifvorschriften der einzelnen Verwaltungen, und zwar nicht immer übereinstimmend, geregelt. Der Zweck des Abschn. V (§§ 40—43) ist, durch Feststellung des Begriffes des Expreßgutes, sowie durch Aufnahme einiger allgemeiner reglementarischer Bestimmungen das Verfahren und die Beförderungsbedingungen für Expreßgut einheitlich zu gestalten und dadurch den betreffenden Tarifvorschriften der einzelnen Bahnen die erforderliche Unterlage zu geben. Bei der verhältnismäßigen Neuheit dieser Beförderungsart hat man sich nur mit Aufstellung einiger grundlegenden Bestimmungen begnügt und im übrigen unter Bezugnahme auf die Anwendung der Vorschriften des Abschn. IV bzw. VIII (§ 43) den weiteren Ausbau der den Expreßgutverkehr regelnden Bestimmungen dem Tarife überlassen (Begr.).

157) Abs. 1 des § 40 definiert den Begriff des Expreßguts und verpflichtet zugleich die Eisenbahnen, dasselbe nach näherer Bestimmung des Tarifs zur Beförderung anzunehmen. Nach der bisherigen EVO. (§ 39 Abs. 1) war die Zulassung fakultativ (die Eisenbahnen können ....), durch § 40 der jetzigen EVO. ist sie für obligatorisch erklärt („sind anzunehmen"). (Janzer und Burger 78, a. M. Pietsch und Molsen 88.) Die Annahme darf nur nach näherer Bestimmung im Tarife geschehen. Ohne bezügliche Bestimmung ist die Annahme unzulässig. Die Eisenbahnen können zu tarifarischen Bestimmungen im Aufsichts- oder Rechtswege veranlaßt werden.

Ihrem Begriffe nach sind Expreßgüter solche Güter, welche sich zur Beförderung im Packwagen eignen, worüber mangels tarifarischer 2c. Vorschriften die Abfertigungsstelle entscheidet. Güter, deren Beförderung nur im Eisenbahngüterwagen angängig ist, Wagenladungsgüter, wie überhaupt alle Güter, welche wegen ihres Umfangs, Gewichts oder ihrer sonstigen Beschaffenheit zur Beförderung in Packwagen ungeeignet sind, können nicht als Expreßgut zugelassen werden. Es liegt ferner im Begriffe der Expreßgüter, daß sie nicht als Reisegepäck, d. h. nicht als zu einem Reisenden gehörig, nicht in Verbindung mit einem Personenbeförderungsvertrage, also nicht mit der Fahrkarte, dem Freifahrtschein 2c., sondern selbständig zur Aufgabe gelangen, und endlich, daß sie nicht mit Frachtbrief befördert werden.

Das Expreßgut ist hiernach ein neugeschaffenes Mittelglied zwischen Frachtgut und Reisegepäck. Mit ersterem ist ihm gemeinsam, daß es selbständig, nicht als Zubehör eines Reisenden, zur Aufgabe und Beförderung gelangt, mit letzterem dagegen, daß die Beförderung im Packwagen, also mit Personenzügen, und nicht mit Frachtbrief erfolgt.

Allg. AbfVorschr. § 31 Ziff. 2 (Zeitungen), Ziff. 3 (Wildpret), Ziff. 7 (Genaue Prüfung der Verpackung).

158) Abs. 2 enthält zwei obligatorische Vorschriften für die Annahme von Expreßgut: 1. Jedes Stück muß die genaue und dauerhaft befestigte Adresse des Empfängers tragen und 2. die Adresse muß — wenn Zuführung an den Empfänger nicht erfolgen soll — den Vermerk „Zur Selbstabholung" oder „Bahnlagernd" tragen. Beide Bestimmungen dürfen durch den Tarif nicht abgeändert oder aufgehoben werden. Über die Adresse des Empfängers s. § 56 Abs. 1 lit. a (Anm. 217). Die Abfertigung des Expreßgutes erfolgt auf Eisenbahn-Paketadresse (Allg. AusfBest. Ziff. 2), auf welcher die im § 40 Abs. 2 bezeichneten Angaben vermerkt sein müssen, doch darf die Paketadresse nicht zu Mitteilungen an den Empfänger benutzt werden, weil dies gegen das Postgesetz verstößt. Es besteht Frankaturzwang und Verbot der Nachnahmebelastung (Allg. AusfBest. Ziff. 6 u. 8, Allg. AbfVorschr. § 32 Ziff. 10, 11 [Frankierung]).

Allg. AbfVorschr. § 31 Ziff. 8 u. 9 (Prüfung der Adresse), § 32 Ziff. 1—4 (Paketadresse).

159) Abs. 3 enthält die dem Expreßgut mit dem Stückgut gemeinsame Vorschrift, daß die Auslieferung bei den verwaltungsseitig bestimmten Abfertigungsstellen und während der durch Aushang bekannt zu machenden

Dienststunden zu erfolgen hat (vgl. § 63 Abs. 2 Anm. 288). Allg. AbfVorschr. § 31 Ziff. 4 (Annahme), § 32 (Abfertigung), Ziff. 7 (Selbstabfertigung).

160) Abs. 4 verpflichtet die Bahn, das Gewicht des Expreßgutes ganz ebenso wie das des Stückgutes gebührenfrei festzustellen und gewährt zugleich dem Absender das Recht, der Feststellung beizuwohnen. Vgl. hierzu § 58 Abs. 2 Satz 1 u. 2 (Anm. 241, 242). Allg. AbfVorschr. § 32 Ziff. 5 (Wägung).

161) Abs. 5 schreibt obligatorisch vor, daß dem Absender über die Annahme des Gutes eine Bescheinigung zu erteilen ist. Diese Empfangsbescheinigung ist aber nicht ohne weiteres und in allen Fällen, sondern nur auf Verlangen des Absenders zu geben. Die Form derselben hat die Versandbahn zu bestimmen. Sie kann hierzu die Form des Gepäckscheines, aber auch jede beliebige andere Form wählen. Ist dem Absender eine Annahmebescheinigung ausgestellt, so wird das Gut gegen Rückgabe desselben ausgeliefert, wenngleich dies hier nicht — wie beim Reisegepäck (§ 34 Abs. 1 Anm. 133) — ausdrücklich ausgesprochen ist (vgl. § 40 Satz 2 der bisherigen EVO.).

Allg. AbfVorschr. § 32 Ziff. 6 (Bescheinigung).

§ 41.

Beförderung.

(1) Expreßgut wird wie Gepäck befördert. Wird für einzelne Züge die Beförderung beschränkt oder ausgeschlossen, so sind diese bekannt zu machen [162]).

(2) Wird der Zug, mit dem das Gut befördert werden soll, nicht bei der Aufgabe vom Absender bezeichnet, so ist es mit dem nächsten geeigneten Zuge zu befördern [163]).

Die Beförderung von Expreßgut mit einem bestimmten Zuge kann nur dann beansprucht werden, wenn es spätestens $^1/_4$ Stunde vor dessen Abgang aufgeliefert wird. (Vgl. auch AusfBest. 5 zu § 43.)

Alte EVO. § 40.

162) Anschließend an die Annahmevorschriften des § 40 enthält § 41 mehrere die Beförderung regelnde grundlegende Bestimmungen. An die Spitze ist im Abs. 1 Satz 1 der Grundsatz gestellt, daß Expreßgut wie Gepäck befördert wird. Es finden also, soweit Abschn. V nicht abweichende Vorschriften enthält, die Beförderungsbestimmungen des Abschn. IV sinngemäße Anwendung. Insbesondere hat die Abfertigung, die Beförderung und die Beaufsichtigung im Packwagen, die Benutzung der Personenzüge in derselben Weise wie bei Gepäck zu erfolgen.

Satz 2 schreibt vor, daß, wenn für einzelne — dem Gepäckdienste ꝛc. gewidmete — Züge die Beförderung von Expreßgut beschränkt oder ausgeschlossen wird, diese Züge bekanntzumachen sind. Mangels besonderer Bestimmung haben die Bekanntmachungen in der für die Verwaltung üblichen Weise zu erfolgen (Allg. AbfVorschr. § 33 Ziff. 1, 2).

163) Abs. 2 gewährt dem Absender das Recht, den Zug, mit dem das Gut befördert werden soll, bei der Aufgabe zu bezeichnen. Dies folgt aus der Fassung des Abs. 2, wonach, wenn diese Bezeichnung nicht erfolgt ist, das Gut mit dem nächsten geeigneten Zuge zu befördern ist (Allg. AbfVorschr. § 33 Ziff. 3, 4). Geschieht die Beförderung nicht mit dem vom Absender bezeichneten bzw. dem nächsten geeigneten Zuge, so ist die Eisenbahn schadensersatzpflichtig.

§ 42.

Auslieferung.

(1) Der Empfänger ist berechtigt, auf der Bestimmungsstation die Auslieferung des Expreßgutes bei der Abfertigungsstelle zu verlangen, sobald nach Ankunft des Zuges, womit es zu befördern war, die zur ordnungsmäßigen Bereitstellung erforderliche Zeit verstrichen ist[164]).

(2) Holt der Empfänger das Gut nach Ankunft des Zuges nicht ab und ist das Gut nicht bahnlagernd gestellt, so wird es nach dem Tarife der Empfangsbahn dem Empfänger angemeldet oder zugeführt. Zur Selbstabholung bestimmtes Gut ist dem Empfänger stets anzumelden. Die Anmeldung oder Zuführung muß innerhalb der Fristen erfolgen, die in den §§ 78 und 79 für Eilgut vorgesehen sind[165]).

1. Der Nachweis der Berechtigung zur Empfangnahme des Gutes kann verlangt werden. Ob bei der Auslieferung eine Empfangsbescheinigung zu erteilen ist, richtet sich nach den Bestimmungen der Empfangsbahn.
2. Wird eine Sendung nicht innerhalb 24 Stunden nach der Anmeldung oder, wenn das Gut „bahnlagernd" gestellt ist, nicht innerhalb 24 Stunden nach Ankunft des Zuges, in den für den Gepäckdienst bestimmten Abfertigungsstunden in Empfang genommen, so ist für je auch nur angefangene 24 Stunden nach Ablauf der Abholungsfrist und jedes Stück 20 Pfg. Lagergeld zu entrichten. Für die Art der Benachrichtigung über die Ankunft des Gutes und für den Zeitpunkt, in dem die Benachrichtigung als bewirkt anzusehen ist, gilt § 79 Abs. (1), (3) und (4) nebst Ausführungsbestimmungen.

Alte EVO. § 40.

164) § 42 enthält die Regelung des Auslieferungsverfahrens, welche in der bisherigen EVO. (§ 40 letzter Satz) den Tarifen überlassen war. Abs. 1 stellt für die Berechtigung des Empfängers, die Auslieferung auf der Bestimmungsstation zu verlangen, im wesentlichen den gleichen Grundsatz auf

wie § 34 Abs. 2 für Reisegepäck. Das Recht wird existent, sobald nach Ankunft des zur Beförderung bestimmten Zuges die zur ordnungsmäßigen Bereitstellung erforderliche Zeit verstrichen ist. Daß hierzu auch die für die zoll- rc. amtliche Abfertigung nötige Zeit gehört, ist aus § 34 zu ergänzen (Anm. 134 S. 137). Allg. AbfVorschr. § 34 Ziff. 3, 4 (Empfangsbescheinigung).

165) Abs. 2 schreibt für den Fall, daß das Gut weder fristgemäß abgeholt, noch bahnlagernd gestellt ist, Anmeldung (Avisierung) oder Zuführung an den Empfänger vor. Soweit der Tarif hierüber nähere Bestimmungen nicht enthält, finden die §§ 78 und 79 sinngemäße Anwendung. Ausdrücklich ist bestimmt, daß die Anmeldung oder Zuführung innerhalb der Fristen erfolgen muß, welche in den §§ 78 und 79 für Eilgut vorgesehen sind. Besondere Fristen sind freilich bei Eilgut nur für die Benachrichtigung (§ 79 Abs. 2), nicht für die Zuführung vorgesehen. Ist das Gut zur Selbstabholung bestimmt (§ 78 Abs. 2), so muß es dem Empfänger stets angemeldet werden, es sei denn, daß er sich die Benachrichtigung schriftlich verbeten hat (§ 79 Abs. 5). Allg. AbfVorschr. § 34 Ziff. 5 (Anmeldung und Zuführung), Ziff. 6 (Nachträgliche Verfügungen).

§ 43.
Weitere Vorschriften.

Der Tarif muß einheitlich bestimmen, ob und inwieweit für das Expreßgut neben den hierfür zu treffenden besonderen Vorschriften die Bestimmungen für Reisegepäck (Abschn. IV) oder für Güter (Abschn. VIII) gelten [166]).

1. Soweit nicht im Abschn. V besondere Bestimmungen getroffen sind, gelten für die Beförderung von Expreßgut die Bestimmungen über die Beförderung von Reisegepäck (Abschn. IV).
2. Die Lieferfrist läuft ab:
   a) bei Sendungen, die „bahnlagernd" gestellt sind, oder deren Empfänger sich alsbald nach Ankunft des Zuges zur Empfangnahme meldet, nach Ankunft des Zuges, mit welchem die Beförderung zu geschehen hat, und nach Ablauf der Zeit, welche erforderlich ist, um das Gut ordnungsgemäß auszuladen und zur Abholung bereit zu stellen;
   b) bei Sendungen, die dem Empfänger anzumelden oder zuzuführen sind, nach Ankunft des Zuges, mit welchem die Beförderung zu geschehen hat, und nach Ablauf der in § 42 Abs. (2) für die Anmeldung oder Zuführung festgesetzten Fristen;

c) bei einer Sendung, die von einem Zug auf einen anderen überzugehen hat, den Übergang durch Zugverspätung aber nicht erreicht, mit der Ankunft des Zuges, womit die Sendung unter Berücksichtigung dieser Verspätung befördert werden konnte. Motorfahrräder, die unterwegs in einen anderen Zug übergehen müssen, brauchen nicht mit dem anschließenden Zuge, sondern erst mit dem nächstfolgenden Personenzug am Bestimmungsort einzutreffen.

3. Wird die Annahme von Expreßgut am Bestimmungsorte verweigert, erfolgt die Abnahme der dem Empfänger angemeldeten oder der „bahnlagernd" gestellten Sendungen nicht binnen 3 Tagen, oder ist bei den Gütern, die dem Empfänger anzumelden oder zuzuführen sind, die Anmeldung oder Zuführung nicht möglich, so hat die Bestimmungsstation dem Absender durch Vermittelung der Versandstation die Ursache des Hindernisses ohne Verzug mitzuteilen und seine Anweisung einzuholen. In keinem Falle darf das Gut ohne ausdrückliches Einverständnis des Absenders zurückgesandt werden. Die erwähnte Frist von 3 Tagen beginnt dann, wenn das Gut „bahnlagernd" gestellt ist, mit der Ankunft des Zuges, womit die Beförderung erfolgt ist, bei der Anmeldung mit dieser. Die Kosten der Benachrichtigung hat der Absender zu ersetzen. Im übrigen ist bei Ablieferungshindernissen nach Maßgabe des § 81 Abs. (2) bis (5) zu verfahren.

4. Die Eisenbahn ist von jeder Haftung für den Verlust von Expreßgut frei, wenn es nicht binnen 8 Tagen nach der Ankunft des Zuges, womit die Beförderung erfolgt ist, auf der Bestimmungsstation abgefordert wird.

5. Der Absender kann auf der Eisenbahn-Paketadresse das Interesse an der Lieferung angeben. Die Angabe muß spätestens $^1/_2$ Stunde vor Abgang des Zuges, womit die Beförderung geschehen soll, bei der Gepäckabfertigungsstelle gegen Zahlung der für Reisegepäck festgesetzten Gebühr (AusfBest. 6 zu § 32) erfolgen.

6. (1) Expreßgut kann von dem Absender vor der Auslieferung zurückgenommen oder einem anderen Empfänger

am Bestimmungsort überwiesen oder nach einem anderen Orte weitergesandt werden.

(2) Die Rückbeförderung oder Weitersendung kann aber nur verlangt werden, wenn zwischen der Station, von der die Rückbeförderung oder Weiterbeförderung stattfinden soll, und der neuen Bestimmungsstation Expreßgutverkehr nach den Ausführungsbestimmungen 1, 3 b und 3 c zu § 40 zulässig ist.

(3) Jede derartige Verfügung muß sich auf die sämtlichen, auf eine Eisenbahnpaketadresse aufgelieferten Stücke erstrecken und daher für alle Stücke die gleiche sein.

(4) Die Verfügungen können durch Vermittelung der Versandstation oder unmittelbar bei der Bestimmungsstation erfolgen. Die Kosten trägt der Absender.

(5) Die Rückbeförderung oder Weitersendung erfolgt unter Frachtberechnung. Die Rückerstattung eines Teiles der bereits im voraus bezahlten Fracht findet auch dann nicht statt, wenn das Expreßgut auf einer vor dem Bestimmungsorte liegenden Zwischenstation zur Rückbeförderung oder Weitersendung gekommen ist. Dagegen wird, wenn die Sendung auf der Versandstation noch nicht abgegangen war, bei der Zurückziehung die Fracht von der Annahmestelle gegen Quittung erstattet.

Alte EVO. § 41.

166) Die §§ 40 bis 42 enthalten nur einige grundlegende Bestimmungen über die Annahme, Beförderung und Auslieferung des Expreßgutes. Nach § 41 der bisherigen EVO. sollten im übrigen, d. h. subsidiär auf die Beförderung derselben die Bestimmungen des Abschn. IV (Reisegepäck) sinngemäße Anwendung finden, soweit nicht durch die Tarife die Anwendung des Abschn. VIII (Güter) vorgesehen ist. Diese Regelung gab insbesondere wegen der sinngemäßen Anwendung der Bestimmungen des Abschn. IV zu Zweifeln Anlaß. Durch § 43 ist hierin insoweit eine wesentliche Änderung eingetreten, als nunmehr vorgeschrieben ist, daß der Tarif einheitlich bestimmen muß, ob und inwieweit für das Expreßgut neben den hierfür zu treffenden besonderen Vorschriften (§ 40 Abs. 1, 5) die Bestimmungen für Reisegepäck (Abschn. IV) oder für Güter (Abschn. VIII) gelten. Der Tarif hat also einheitlich und positiv zu bestimmen sowohl die zu treffenden besonderen Vorschriften, wie auch die allgemeinen Vorschriften des Abschn. IV oder VIII, welche auf die Annahme, Beförderung und Auslieferung von Expreßgut Anwendung zu finden haben. Diese Vorschriften müssen in den Tarif aufgenommen oder genau bezeichnet sein.

Allg. AusfBest. Ziff. 2 (Ablauf der Lieferfrist), Ziff. 3 (Ablieferungshindernisse), Ziff. 4 (Abforderungsfrist), Ziff. 5 (Angabe des Lieferungsinteresses), Ziff. 6 (Nachträgliche Verfügungen).

Allg. AbfVorschr. § 35 (Ablieferungshindernisse), § 36 (bei fehlenden, beschädigten oder überzähligen Expreßgütern ist nach den Vorschriften über das Ermittlungsverfahren zu verfahren).

VI.

Beförderung von Leichen[167]).

§ 44.

Auflieferung.

(1) Leichen sind zur Beförderung mit den dem Personenverkehre dienenden Zügen anzunehmen; die Benutzung von Schnellzügen kann versagt werden[168]).

(2) Leichensendungen müssen auf der Anfangsstation des Zuges mindestens 6 Stunden, auf anderen Stationen mindestens 12 Stunden vor der Abfahrzeit angemeldet werden[169]).

(3) Jede Leiche muß in einem widerstandsfähigen Metallbehälter luftdicht verschlossen und dieser in einen hölzernen Behälter so fest eingesetzt sein, daß er sich darin nicht verschieben kann[170]).

(4) Bei der Aufgabe ist der Eisenbahn ein Leichenpaß nach dem Muster der Anlage A zu übergeben, der bei Auslieferung der Leiche dem Empfänger ausgefolgt wird. Bei Leichensendungen aus ausländischen Staaten, mit denen eine Vereinbarung wegen gegenseitiger Anerkennung der Leichenpässe abgeschlossen ist, genügt ein Leichenpaß der zuständigen ausländischen Behörde. Die zur Ausstellung von Leichenpässen befugten in- und ausländischen Behörden werden besonders bekannt gemacht. Der Leichenpaß gilt für den ganzen Beförderungsweg[171]).

(5) Leichen sind auf einen Beförderungsschein abzufertigen, der von der Eisenbahn auszustellen und dem Absender auszuhändigen ist[172]).

(6) Das Verladen hat der Absender zu besorgen[173]).

(7) Die Fracht ist bei der Aufgabe zu entrichten. Wer Leichen unter unrichtiger Bezeichnung aufliefert, hat den Frachtunterschied von der Aufgabe- bis zur Bestimmungsstation nachzuzahlen und das Vierfache der Gesamtfracht als Frachtzuschlag zu entrichten[174]).

1. Über die Behörden, die zur Ausstellung von Leichenpässen befugt sind, erteilen die Versandstationen auf Verlangen Auskunft.

2. Die Abfertigung von Leichen auf Beförderungsschein erfolgt bei den Gepäckabfertigungsstellen.
3. Die Beförderungsscheine unbegleiteter Leichen (vgl. § 46 Abs. (1) sind mit der vollen Adresse des Empfängers zu versehen, damit dieser von dem Eintreffen der Sendung ohne Verzug benachrichtigt werden kann.
4. Bei der Auflieferung von Leichen nach Orten mit mehreren Bahnhöfen ist der Bahnhof zu bezeichnen, nach dem die Sendung befördert werden soll, ebenso der Bahnweg, wenn in einer Stationsverbindung verschiedene Wege zur Wahl gestellt sind.
5. Inwieweit die Abfertigung von Leichen nach und von einzelnen Stationen ausgeschlossen oder beschränkt ist, ist bei den Gepäckabfertigungsstellen zu erfahren.
6. Für eine oder mehrere auf einen Beförderungsschein aufgegebene und in einem Wagen verladene Leichen wird an Fracht für das Tarifkilometer erhoben:

   bei Beförderung mit Personenzügen . . . 0,40 M.
   bei Beförderung mit Eil- und Schnellzügen 0,60 „

   in beiden Fällen unter Zuschlag einer Abfertigungsgebühr von 6 M. für den Wagen. Wenn eine Leiche teils mit Personenzügen, teils mit Eil- und Schnellzügen befördert werden soll, so werden der für die Gesamtentfernung zum Personenzugsatze berechneten Fracht 0,20 M. für jedes Tarifkilometer der Eil- und Schnellzugstrecke zugerechnet.
7. (1) Die Fracht für Leichen wird nach den in den Tarifteilen II enthaltenen Entfernungen berechnet. Bei der Beförderung über Verbindungsbahnen zu erhebende Gebühren enthält die Anlage I.

   (2) Wird die durchgehende Abfertigung in Stationsverbindungen verlangt, für die Entfernungen in den Tarifteilen II nicht vorgesehen sind, oder wünscht der Absender einen abweichenden Bahnweg, so wird die Gesamtstreckenlänge durch Zusammenrechnung von Teilentfernungen ermittelt. Die Abfertigungsgebühr wird auch in diesem Falle nur einmal erhoben.
8. Wenn die Leichen vor dem Abgange des Zuges vom Absender zurückgenommen werden, oder wenn die Beladung

der bereitgestellten Wagen nicht innerhalb der für den Güterverkehr festgesetzten Frist bewirkt wird, so werden 2 M. für jeden Wagen und angefangenen Tag der Fristversäumung erhoben.

Alte EVO. § 42 u. 43.

167) Die §§ 44—47 der EVO., welche den Abschn. VI derselben unter dem Titel:

Beförderung von Leichen

bilden, enthalten, wie diese Überschrift besagt, die Bestimmungen der EVO. über die Leichenbeförderung und umfassen einerseits Beförderungsbedingungen für Leichen im Anschluß an die §§ 425—471 HGB., sowie — in Rücksicht auf die eigentümliche, sanitäre 2c. Sicherheitsmaßregeln erheischende Natur dieses Beförderungsgegenstandes — Sicherheits- und Ordnungsvorschriften, welche die Leichenbeförderung erfordert, andererseits Vorschriften über die Art der Auflieferung und Abfertigung (§ 44), sowie der Beförderung (§ 45) und Auslieferung (§ 46), sowie Ausnahmebestimmungen für die Beförderung nach dem Bestattungsplatze und zu Lehrzwecken (§ 47). Die Leiche ist zwar an sich kein Beförderungsgut im Sinne des HGB., da sie einen Vermögenswert nicht hat (arg. §§ 430, 457 HGB., Keyßner 437, a. M. Thöl III § 3 S. 3 u. Anm. 1 und Schott 515 Anm. 13), wie denn auch folgerichtig der EVO. Bestimmungen über die Haftpflicht bei Beschädigung, Verlust und Verspätung von Leichenbeförderungen fehlen, die Leiche wird aber durch die in der EVO. § 44 Abs. 3 geforderte Umhüllung (Sarg 2c.) zu einem Beförderungsgute und der über ihre Beförderung abgeschlossene Vertrag zum Frachtvertrage (Kühlwetter 24, Thöl III § 55 S. 114 u. Anm. 1, Schott 515, Endemann, R. d. E. 663, Rechtsgrundl. 251, a. M. Keyßner 437), so daß, mangels besonderer reglementarischer Bestimmungen, hinsichtlich der Haftpflicht für Verlust, Beschädigung und Verspätung die Vorschriften des HGB. (§§ 456 ff., 466) zur Anwendung zu bringen sein werden. Die Gründe, weshalb die Bestimmungen über die Leichenbeförderung sich unmittelbar an den über die Personenbeförderung und das Expreßgut anschließen, liegen nahe (Schott 514, Endemann, R. d. E. 663), zumal für Leichenbeförderungen Personenbegleitung in der Regel obligatorisch ist (§ 45 Abs. 2). Es tritt hinzu, daß die Beförderung von Leichen nur mit Personenzügen (§ 44 Abs. 1) und der Abschluß des Beförderungsvertrages in der Regel nicht, wie bei gewöhnlichem Frachtgut, auf Frachtbrief, sondern auf Beförderungsschein erfolgt (§ 44 Abs. 5).

168) § 44, der von der Auflieferung der Leichen handelt, enthält als Abs. 1 die Vorschrift, daß die Annahme zur Beförderung nur mit Personenzügen zu erfolgen hat. Die Beförderung in Güterzügen ist nicht zulässig, außer bei den im § 47 Abs. 2 bezeichneten Leichen zu Lehrzwecken. Aber auch die Benutzung von Schnellzügen ist nur fakultativ, sie kann versagt werden, sei es tarifarisch oder durch übliche Bekanntmachung.

169) Abs. 2 verpflichtet den Absender einer Leiche, deren Beförderung vorher anzumelden, und zwar

1. mindestens 6 Stunden vor der Abfahrtszeit auf der Anfangstation des Zuges,
2. mindestens 12 Stunden vor der Abfahrtszeit auf anderen Stationen. Später angemeldete Leichenbeförderungen kann die Eisenbahn zwar annehmen, ist aber dazu nicht verpflichtet.

Die preußischen Ministerialbestimmungen über die Beförderung von Leichen auf Eisenbahnen vom 6. IV. 1888 verordnen hierzu: Ist der Tod im Verlauf einer der nachstehend genannten Krankheiten: Pocken, Scharlach, Flecktyphus, Diphtherie, Cholera, Gelbfieber oder Pest erfolgt, so ist die Beförderung der Leiche mittels der Eisenbahn nur dann zuzulassen, wenn mindestens ein Jahr nach dem Tode verstrichen ist.

Ferner die Allg. AbfVorschr. § 38 Ziff. 4 (Bestellung, Anforderung und Zuweisung der Wagen) und Ziff. 11 (Zurücknahme zur Beförderung aufgegebener Leichen und Verzug bei der Beladung bereitgestellter Wagen).

Vgl. Erl. d. Pr. Min. d. öff. Arb. vom 11. X. 1890, betr. die Verwendung besonderer Sorgfalt und Pünktlichkeit bei der Abfertigung und Beförderung von Leichen und rücksichtsvolles und entgegenkommendes Verhalten gegen die Aufgeber und Begleiter (EVBl. S. 231).

170) Abs. 3 macht dem Absender eine bestimmte Umhüllung (Verpackung) der Leiche zur Pflicht. Es wird erfordert, daß die Leiche in einem widerstandsfähigen Metallbehälter luftdicht eingeschlossen und dieser in einen hölzernen Behälter so fest eingesetzt sei, daß er sich darin nicht verschieben kann.

Hierzu verordnet der Erl. d. REA. vom 26. II. 1898: „Holzsärge, die an der inneren Wand mit Zinkblech (etwa mittels Eisenstiften) nur ausgekleidet sind, entsprechen den Vorschriften nicht. Dagegen ist es angängig, solche Einsargung vorzunehmen, bei der dem Holzsarge eine luftdichte Zinkumhüllung der Leiche eingefügt ist, die an der inneren Wand fest anliegt, aber selbst einen Behälter darstellt".

Ferner die preußischen Ministerialbestimmungen vom 6. IV. 1888: „Der Boden des Sarges muß mit einer mindestens 5 cm hohen Schicht von Sägemehl, Holzkohlenpulver, Torfmüll oder dgl. bedeckt, und es muß diese Schicht mit 5-proz. Karbolsäurelösung reichlich besprengt sein. In besonderen Fällen, z. B. für eine Beförderung von längerer Dauer oder in warmer Jahreszeit, kann nach dem Gutachten des Kreisphysikus eine Behandlung der Leiche mit fäulniswidrigen Mitteln verlangt werden. Diese Behandlung besteht gewöhnlich in einer Einwicklung der Leiche in Tücher, die mit 5-proz. Karbolsäurelösung getränkt sind. In schweren Fällen muß außerdem durch Einbringen von gleicher Karbolsäurelösung in die Brust- und Bauchhöhle oder dgl. für Unschädlichmachung der Leiche gesorgt werden". — Ferner erklärt der Erl. d. Pr. Min. d. Inn. u. d. geistl. Angel. vom 23. IX. 1897 (MinBl. d. i. V. 1897 S. 198) Holzsärge, welche an der inneren Wand mit Zinkblech bloß ausgekleidet sind, für unzulässig, dagegen eine Einsargung für statthaft, bei welcher dem Holzsarg eine luftdichte Zinkumhüllung der Leiche eingefügt ist, die an der inneren Holzwand fest anliegt, zugleich aber einen selbständigen Behälter darstellt, welcher nicht nur durchweg von dem Holzsarge umschlossen ist, sondern auch jederzeit zur Kontrolle des hermetischen Verschlusses herausgenommen werden kann.

Allg. AbfVorschr. § 38 Ziff. 7 ZusBest. der pr.-hess. Staatsbahnen: Asche von Leichen, die in Krematorien verbrannt worden sind, muß in gut verschlossenen Behältnissen verpackt sein.

In diesen Bestimmungen liegen sanitätspolizeiliche Vorschriften, von deren Erfüllung die Eisenbahn bei eigener Verantwortung Abweichungen nicht zulassen darf.

171) Im Abs. 4 Satz 1 ist festgesetzt, daß bei der Aufgabe ein Leichenpaß nach dem Muster der Anlage A der Eisenbahn übergeben werden muß, der bei Auslieferung der Leiche dem Empfänger ausgefolgt wird. Die Annahme der Leiche ohne den vorschriftsmäßigen Leichenpaß ist unzulässig und zu verweigern. Ebenso darf die Ausfolgung derselben nicht früher als bei Auslieferung der Leiche und nur an den Empfänger geschehen.

Nach Satz 2 genügt bei Leichensendungen, welche aus ausländischen Staaten kommen, mit welchen eine Vereinbarung wegen gegenseitiger Anerkennung der Leichenpässe abgeschlossen ist, die Beibringung eines Leichenpasses der zuständigen ausländischen Behörde.

Des weiteren ist im Satz 3 bestimmt, daß die zur Ausstellung von Leichenpässen befugten in- und ausländischen Behörden besonders bekannt gemacht werden (im Zentralbl. f. d. Deutsche Reich), und im Satz 4, daß der Leichenpaß für den ganzen Beförderungsweg Geltung hat.

Allg. AusfBest. Ziff. 1 (Auskunft über die zur Ausstellung von Leichenpässen befugten Behörden).

Allg. AbfVorschr. § 38 Ziff. 7 (Prüfung des Vorhandenseins des Leichenpasses), Ziff. 8 (Verzeichnis der zuständigen Behörden), Ziff. 9 (Leichensendungen aus dem Reichsauslande), Ziff. 10 (im Verkehr nach dem Reichslande).

Pr. MinBest. vom 6. IV. 1888 Ziff. 1, 2 und 6: über die Voraussetzungen für die Ausstellung eines Leichenpasses.

Allg. AbfVorschr. § 38 Ziff. 15 u. 16: „Nach § 1 der AusfBest. zum internationalen Übereinkommen über den Eisenbahnfrachtverkehr werden im Verkehr der Vertragsstaaten Leichen zur internationalen Beförderung (mit dem internationalen Frachtbrief) unter folgenden Bedingungen zugelassen: a) Die Beförderung erfolgt als Eilgut. b) Die Beförderungsgebühren sind bei der Aufgabe zu entrichten. c) Die Leiche muß während der Beförderung von einer dazu beauftragten Person begleitet sein. d) Die Beförderung unterliegt im Gebiete jedes einzelnen Staates den daselbst in polizeilicher Beziehung geltenden Gesetzen und Verordnungen, soweit nicht unter den beteiligten Staaten besondere Abmachungen getroffen sind. Im wechselseitigen Verkehr der Eisenbahnen Deutschlands und Österreichs und Ungarns, sowie Deutschlands und Luxemburgs ist außerdem nach getroffener Sonderabmachung dieser Staaten die Beförderung von Leichen auf Grund von Beförderungsscheinen zugelassen. Im Verkehr nach den vorstehend nicht genannten Ländern ist die Abfertigung von Leichen auf Grund eines durchgehenden Beförderungsscheines oder Frachtbriefes ausgeschlossen, soweit nicht etwa in den Tarifen etwas anderes bestimmt ist."

Verzeichnis der zur Ausstellung von Leichenpässen ermächtigten Behörden: Allg. AbfVorschr. Anl. V.

172) Abs. 5 regelt die Art der Abfertigung von Leichen. Sie hat grundsätzlich auf einen Beförderungsschein zu erfolgen (nur ausnahmsweise bei Leichen zu Lehrzwecken auf Frachtbrief: § 47 Abs. 2). Dieser Beförderungsschein ist von der Eisenbahn auszustellen und dem Absender auszuhändigen. Die Rückgabe des Beförderungsscheines bei der Auslieferung der Leiche ist nicht vorgeschrieben. Sie wird durch die im § 46 Abs. 3 vorgesehene Empfangsbescheinigung des Empfängers ersetzt.

Allg. AusfBest. § 44 Ziff. 2—5 S. 171.

Die Allg. AbfVorschr. § 38 Ziff. 2 verweisen bezüglich des Beförderungsscheines auf die im § 30 Ziff. 4—6 gegebenen Vorschriften. § 38 Ziff. 1 l. c. schreibt für den Beförderungsschein ein besonderes Muster vor. (Vgl. in betreff der weiteren Behandlung der Beförderungsscheine: § 38 Ziff. 3 und bezüglich der Bestellung nnd Anforderung der Wagen: § 38 Ziff. 4 l. c.) Ferner bestimmt § 38 Ziff. 11: „Wenn zur Beförderung aufgegebene Leichen vor dem Abgange des Zuges vom Absender zurückgenommen werden, oder wenn die Ladung der bereitgestellten Wagen nicht innerhalb der für den Güterverkehr festgesetzten Frist bewirkt wird, ist das im § 44 EVO. AusfBest. 8 festgesetzte Wagenstandgeld zu erheben. Vgl. ferner über die Leichenbeförderung an öffentliche Lehranstalten: Allg. AbfVorschr. § 38 Ziff. 13 (s. Anm. 183 S. 180) und im internationalen Verkehre l. c. § 39 Ziff. 15 und 16 (Anm. 171 S. 174).

173) Abs. 6 verpflichtet den Absender zur Verladung der Leiche. Bahnseitige Verladung kann er nicht verlangen.

174) Abs. 7 enthält im Satz 1 die Vorschrift, daß die Fracht bei der Aufgabe zu entrichten ist. Es besteht hiernach für Leichenbeförderungen unbedingter Frankaturzwang.

Allg. AusfBest. Ziff. 6 u. 7 (Erhebung und Berechnung der Fracht), Ziff. 8 (im Falle der Zurücknahme der Leiche und nicht fristzeitiger Beladung bereitgestellter Wagen).

Allg. AbfVorschr. § 38 Ziff. 3 (Frachtberechnung), Ziff. 6: „Werden Leichen unter unrichtiger Bezeichnung aufgegeben, so ist nach den Vorschriften über die Erhebung von Frachtzuschlägen (Anh. B) zu verfahren. Auch hier ist wegen des mit der richtigen Deklaration verknüpften öffentlichen Interesses anzunehmen, daß die Vorschrift polizeilichen und daher obligatorischen Charakter hat. Auch kann außerdem strafrechtliche Verfolgung eintreten." (Endemann, R. d. E. 664 N. 5, Pr. ObTrib. 11. VI. 1877, VZ. S. 766, 982, 1128).

Der Frachtzuschlag hat privatrechtlichen Charakter (Konventionalstrafe), er ist weder polizeilicher noch strafrechtlicher Natur. Die Zahlung hat an alle beteiligten Bahnen zu erfolgen, und zwar — mangels eines etwa vereinbarten Verteilungsmodus — nach Maßgabe der Frachtanteile, da er sich an die Fracht anschließt.

§ 45.
Beförderung.

(1) Leichen sind in bedeckten Wagen zu befördern. Die Beiladung von Gütern, die nicht zur Leiche gehören, ist verboten. Mehrere Leichen, die gleichzeitig von derselben Versandstation nach derselben Bestimmungsstation aufgegeben werden, können zusammen in einen Wagen verladen werden. Leichen, die in rings umschlossenen Leichenfuhrwerken aufgeliefert werden, dürfen in offenen Wagen befördert werden[175]).

(2) Jeder Sendung ist ein Begleiter beizugeben, der eine Fahrkarte zu lösen und denselben Zug zu benutzen hat. Begleitung ist nicht erforderlich, wenn der Bestimmungsort eine Eisenbahnstation ist und der Absender bei der Aufgabestation die schriftliche oder telegraphische Erklärung des Empfängers hinterlegt, daß er die Sendung sofort nach Empfang der Nachricht von ihrem Eintreffen abholen lassen werde. Bei Sendungen an Beerdigungs- und an Leichenverbrennungsanstalten ist diese Erklärung nicht erforderlich[176]).

(3) Leichen dürfen unterwegs nicht ohne Not umgeladen werden. Sie sind möglichst schnell und ohne Unterbrechung zu befördern. Läßt sich auf einer Station ein längerer Aufenthalt nicht vermeiden, so ist der Wagen mit der Leiche tunlichst auf ein abseits liegendes Gleis zu stellen. Wird die Beförderung einer unbegleiteten Leiche mit den in Aussicht genommenen Zügen unmöglich, so hat die Station, wo das Hindernis eintritt, dem Empfänger kostenfrei telegraphisch mitzuteilen, zu welchem Zuge die Beförderung erfolgt[177]).

1. Zur Leiche gehörige Gegenstände werden bis zu einem Höchstgewichte von 500 kg in dem Wagen, in welchem die Leiche verladen ist, unentgeltlich mitbefördert. Eine Haftpflicht für diese Gegenstände übernimmt die Eisenbahnverwaltung nicht.
2. Begleiter von Leichen haben, wenn sie in den Wagen Platz nehmen, in welchen die Leichen verladen sind, Fahrkarten der im Zuge befindlichen niedrigsten Wagenklasse, sonst Fahrkarten der zu benutzenden Wagenklasse zu lösen.

Alte EVO. § 42.

175) § 45 umfaßt die Beförderungsvorschriften für Leichen. Abs. 1 schreibt die Beförderung der Leiche in einem besonderen, bedeckt gebauten Güterwagen vor und gestattet zugleich, daß mehrere Leichen von und nach gleichem Abgangs- und Bestimmungsort in demselben Güterwagen

verladen werden können. Nur bei Beförderung der Leiche in einem rings umschlossenen Leichenwagen darf ein offener Güterwagen benutzt werden. Neu hinzugefügt ist das Verbot der Beiladung von Gütern, die nicht zur Leiche gehören (Ausnahme: § 47 Abs. 2). Allg. AbfVorschr. § 38 Ziff. 2 (Bestellung, Anforderung und Zuweisung der Wagen und der von den Begleitern zu lösenden Fahrkarten). Ferner bestimmt Ziff. 11, daß, wenn zur Beförderung aufgegebene Leichen vor dem Abgange des Zuges vom Absender zurückgenommen werden oder wenn die Verladung der bereitgestellten Wagen nicht innerhalb der für den Güterverkehr festgesetzten Frist bewirkt wird, das im Nebengebührentarife bestimmte Wagenstandgeld zur Erhebung kommt.

176) Abs. 2 schreibt im Satz 2 vor, daß jeder Sendung ein Begleiter beizugeben ist, der eine Fahrkarte zu lösen und denselben Zug zu benutzen hat. Auch diese Vorschrift hat polizeilichen und daher obligatorischen Charakter. Sie stellt zwar die Leichen unter die Kategorie der begleiteten Güter, ohne aber damit einen Befreiungsvertrag im Sinne des § 459 Nr. 6 HGB., § 86 Ziff. 6 EVO. zu verknüpfen.

Hierzu verordnen die Pr. MinBest. vom 6. IV. 1888 Ziff. 5: „Als Begleiter sind von der den Leichenpaß ausstellenden Behörde nur zuverlässige Personen zuzulassen.“ Ferner Allg. AusfBest. Ziff. 1 (unentgeltliche Beförderung der zur Leiche gehörenden Gegenstände), Ziff. 2 (Lösung von Fahrkarten) und Allg. AbfVorschr. § 38 Ziff. 5.

Der neu zugefügte Satz 2 gestattet den Fortfall der Begleitung unter zwei Voraussetzungen: 1. daß der Bestimmungsort eine Eisenbahnstation ist und 2. der Absender bei der Aufgabestation die schriftliche oder telegraphische Erklärung des Empfängers hinterlegt, daß er die Sendung sofort nach der Avisierung abholen lassen werde. Ist der Empfänger eine Beerdigungs- oder Leichenverbrennungsanstalt, so ist nach Satz 3 diese Erklärung nicht erforderlich.

177) Abs. 3 enthält Bestimmungen zur Sicherung einer tunlichst schleunigen Beförderung. Auf der Fahrt soll die Leiche nicht ohne Not ausgeladen; die Beförderung möglichst schnell und ununterbrochen bewirkt und — wo ein längerer Aufenthalt nicht vermeidlich — der Wagen mit der Leiche tunlichst auf ein abseits im Freien gelegenes Geleise geschoben werden. Auch soll bei unbegleiteten Leichen dem Empfänger kostenfrei telegraphisch von der Station, wo ein Hindernis eintritt, der Zug mitgeteilt werden, welcher an Stelle des in Aussicht genommenen benutzt wird, damit bei der Auslieferung Verzögerungen vermieden werden.

§ 46.

Auslieferung.

(1) Die Ankunft einer unbegleiteten Leiche am Bestimmungsort ist dem Empfänger auf seine Kosten ohne Verzug durch Telegramm, Fernsprecher oder besonderen Boten mitzuteilen[178]).

(2) Die Auslieferung von Leichen kann zu dem im § 34 Abs. (2) bestimmten Zeitpunkte verlangt werden [179]).

(3) Über die Empfangnahme der Leiche hat der Empfänger eine Bescheinigung auszustellen [180]).

(4) Der Empfänger hat innerhalb 6 Stunden nach Ankunft des Zuges auf der Bestimmungsstation die Sendung auszuladen und abzuholen. Geschieht dies nicht, so kann die Leiche der Ortspolizeibehörde überwiesen werden. Kommt die Leiche nach 6 Uhr abends an, so wird die Frist vom nächsten Morgen 8 Uhr ab gerechnet. Bei Überschreitung der Abholungsfrist ist die Eisenbahn berechtigt, das tarifmäßige Wagenstandgeld zu erheben [181]).

Bei nicht rechtzeitiger Abholung oder Entladung von Leichen werden 2 M. für jeden Wagen und angefangenen Tag der Fristversäumung erhoben.

Alte EVO. § 43.

178) § 46 regelt die Auslieferung der Leichen.

Abs. 1 schreibt im Anschluß an die neu zugelassene Beförderung unbegleiteter Leichen (§ 45 Abs. 2 Anm. 176) im Interesse beschleunigter Abnahme der Sendung unverzügliche Mitteilung der Ankunft am Bestimmungsorte an den Empfänger vor. Die Mitteilung soll zu diesem Behufe durch Telegramm, Fernsprecher oder besonderen Boten erfolgen. Der Empfänger wird dadurch in die Lage versetzt, die Auslieferung tunlichst bald zu verlangen (Abs. 2) und die im Abs. 4 bestimmte Auslade- und Abholungsfrist möglichst vollständig auszunutzen. Für begleitete Leichen erübrigt sich diese Mitteilung, da dem Begleiter die erforderlichen Schritte obliegen.

179) Abs. 2 berechtigt den Empfänger, die Auslieferung in dem für Gepäck bestimmten Zeitpunkte zu verlangen — wie sich aus der Bezugnahme auf § 34 Abs. 2 ergibt, d. h. sobald nach Ankunft des Zuges die zur Bereitstellung und etwa zur Zoll- 2c. Behandlung erforderliche Zeit abgelaufen ist (s. Anm. 134 S. 137).

180) Die Bestimmung des Abs. 3, wonach der Empfänger zur Empfangsbescheinigung verpflichtet ist, ist neu. Die frühere Bestimmung, daß die Auslieferung gegen Rückgabe des Beförderungsscheins erfolgt, ist fortgefallen, weil, wenn dieser nicht zur Stelle, die Auslieferung der Leiche im Interesse der Beschleunigung, von der Rückgabe des Beförderungsscheins doch nicht abhängig gemacht werden kann. Aus diesem Grunde ist nach der Begr. als Ausweis über die Ablieferung die Empfangsbescheinigung vorgeschrieben.

Nach Abs. 4 Satz 1 ist der Empfänger verpflichtet, innerhalb 6 Stunden nach Ankunft des Zuges auf der Bestimmungsstation die Sendung auszuladen und abzuholen. Dies gilt, gleichviel ob die Beförderung mit Personen- oder anderen Zügen (§ 47 Abs. 2) erfolgt ist. Nur wenn die Leiche erst nach 6 Uhr abends ankommt, erweitert sich die Frist insofern, als sie erst vom nächsten Morgen 8 Uhr ab gerechnet wird (Satz 3), s. Anm. 135. Mit Rücksicht darauf, daß es sich hier nicht um eine bloße Ordnungsvorschrift, sondern eine sanitätspolizeiliche Maßregel handelt, ist damit das Präjudiz verknüpft, daß, wenn die Abholung nicht in der bestimmten Frist erfolgt, die Leiche nach der Verfügung der Ortspolizeibehörde überwiesen werden kann. Die Eisenbahnverwaltung hat in diesem Falle dafür Sorge zu tragen, daß die Ortspolizeibehörde von der nicht fristzeitigen Abholung der Leiche nach Ablauf der Frist in Kenntnis gesetzt wird. Sie kann überdies nach Satz 4 bei Überschreitung der Abholungs- oder Entladefrist Wagenstandgeld erheben; und zwar wird nach den Allg. AusfBest. zu § 46 2 M. für jeden Wagen und angefangenen Tag der Fristversäumnis erhoben. Erfüllt der Empfänger seine Abholungsfrist nicht, so ist er überdies der Eisenbahn schadensersatzpflichtig.

Bei der Auslieferung ist der Leichenpaß dem Empfänger auszufolgen (Allg. AbfVorschr. § 38 Ziff. 12).

§ 47.

Ausnahmebestimmungen.

(1) Für die Beförderung von Leichen nach dem Bestattungsplatze des Aufgabeorts kann die Eisenbahn mit Genehmigung der Landesaufsichtsbehörde abweichende Bestimmungen erlassen [182]).

(2) Bei Leichen, die von Polizeibehörden, Strafanstalten, Krankenhäusern oder dergleichen an öffentliche höhere Lehranstalten gesandt oder von diesen weiterversandt werden, ist Begleitung nicht erforderlich. Sie dürfen in dicht verschlossenen Kisten aufgeliefert und in offenen Wagen mit Güterzügen befördert werden. Güter von fester Beschaffenheit (Holz, Metall oder dergleichen) oder in fester Verpackung (Kisten, Fässern oder dergleichen) dürfen beigeladen werden, es ist aber Fürsorge zu treffen, daß die Leichenkisten nicht beschädigt werden. Von der Beiladung sind ausgeschlossen: Nahrungs- und Genußmittel sowie deren Rohstoffe, ferner die in der Anlage C aufgeführten Gegenstände. Von der Beibringung eines Leichenpasses kann mit Genehmigung der Landesaufsichtsbehörde abgesehen werden. Solche Leichen sind auf Frachtbrief abzufertigen [183]).

Die Abfertigung von Leichen auf Frachtbrief erfolgt bei den Güterabfertigungsstellen.

Alte EVO. § 42.

182) § 47 enthält Ausnahmebestimmungen zu den die Leichenbeförderung regelnden Vorschriften der §§ 44—46, und zwar im Abs. 1 für nach dem Bestattungsplatze des Aufgabeortes, im Abs. 2 zu Lehrzwecken aufgegebene Leichen.

Abs. 1 berechtigt die Eisenbahnen, für die Beförderung von Leichen nach dem Bestattungsplatze des Aufgabeortes mit Genehmigung der Landesaufsichtsbehörde abweichende Bestimmungen zu erlassen. Bisher war nur negativ bestimmt, daß auf diese Sendungen die Bestimmungen der EVO. über die Beförderung von Leichen nicht Anwendung finden, die Regelung also den Eisenbahnen überlassen. Dies geschah mit Rücksicht auf die durch die RGewO. nicht aufgehobenen Exklusivberechtigungen der Kirchengemeinden, s. 2. Aufl. S. 188. Aus der Bestimmung, daß zu abweichenden Bestimmungen die Genehmigung der Landespolizeibehörde erforderlich ist, ergibt sich, daß, wenn die Eisenbahn von ihrer Befugnis keinen Gebrauch macht, die Bestimmungen der §§ 44—46 unverändert auch auf diese Sendungen Anwendung finden. Wird aber davon Gebrauch gemacht, so dürfen später die Exklusivberechtigungen der Kirchengemeinden dadurch nicht beeinträchtigt werden (RG. 28. I. 1889, RGZ. 23 22 f.). Die EVO. darf auch als Rechtsverordnung dieselben nicht aufheben.

183) Abs. 2 bestimmt, daß bei der Beförderung von Leichen, welche von Polizeibehörden, Strafanstalten, Krankenhäusern usw. an öffentliche höhere Lehranstalten gesandt oder von diesen weiterversandt werden, es einer Begleitung nicht bedarf. Auch genügt es, wenn solche Leichen in dichtverschlossenen Kisten aufgegeben werden. Die Beförderung kann in offenen Güterwagen mit Güterzügen erfolgen. Es ist zulässig, solche Güter in den Wagen mitzuverladen, welche von fester Beschaffenheit (Holz, Metall u. dgl.) oder in fester Verpackung (Kisten, Fässer u. dgl.) sind. Bei der Verladung ist mit besonderer Vorsicht zu verfahren, damit jede Beschädigung der Leichenkiste vermieden wird. Von der Beiladung sind ausgeschlossen: Nahrungs- und Genußmittel einschließlich der Rohstoffe, aus welchen Nahrungs- oder Genußmittel hergestellt werden, sowie die in Anlage C aufgeführten Gegenstände. Von der Beibringung eines Leichenpasses, kann abgesehen werden, wenn die Landesaufsichtsbehörde dies genehmigt. Die Beförderung der im Abs. 2 bezeichneten Leichen hat ausschließlich auf Frachtbrief zu erfolgen, nicht auf Beförderungsschein (§ 44 Abs. 5). Die Abfertigung erfolgt bei den Güterabfertigungsstellen (Allg. AusfBest. z. § 47). Im übrigen richtet sich die Abfertigung und Auslieferung dieser Leichen nach den besonderen Bestimmungen jeder Verwaltung (Allg. AbfVorschr. § 38 Ziff. 13).

VII.

Beförderung von lebenden Tieren[184]).

§ 48.

Auflieferung.

(1) Die Eisenbahn hat bekannt zu machen, mit welchen Zügen Tiere befördert werden. Die Beförderung einzelner Stücke kann abgelehnt werden, wenn im Zuge kein geeigneter Raum vorhanden ist, es sei

denn, daß die Tiere mindestens 24 Stunden vorher angemeldet worden sind [185]).

I. Über die Züge, womit je nach Art und Richtung der Sendungen von der Versandstation aus die Beförderung in der Regel stattfindet, geben die Dienststellen auf den Stationen Auskunft.

II. 1. Bei Zügen, die für die Beförderung von Tieren überhaupt oder für die Beförderung der in Betracht kommenden Tierart nicht bestimmt sind, kann die Eisenbahn auf Antrag des Absenders — auf Unterwegsstationen auch des Begleiters — nach ihrem Ermessen die Beförderung von Tieren gegen Zahlung eines Zuschlags (vgl. Abschn. B) zulassen.

2. Der Antrag ist in den Eilfrachtbrief oder den Beförderungsschein aufzunehmen oder sonst schriftlich zu stellen. Wird er nicht auf einzelne, bestimmt bezeichnete Züge oder Strecken beschränkt, so hat er zu lauten:

„Mit Beförderung in zuschlagpflichtigen Zügen einverstanden."

(2) An Sonn- und Festtagen werden Tiere nicht angenommen. Ausnahmen sind durch Aushang an den Abfertigungsstellen bekannt zu machen [186]).

(3) Die Beförderung kranker Tiere kann abgelehnt werden [187]).

(4) Zur Beförderung wilder Tiere ist die Eisenbahn nur verpflichtet, wenn die von ihr im Interesse der Sicherheit vorzuschreibenden Bedingungen erfüllt sind [188]).

III. Die in den Tarifen nicht genannten Tiere, insbesondere wilde Tiere und ganze Menagerien, werden zur Beförderung angenommen, wenn die Gefahr einer Beschädigung von Menschen, Tieren und Gütern durch die Art und Weise der Verpackung oder Verladung nach dem Ermessen der Versandstation ausgeschlossen ist. Bei Einzelsendungen von Raubtieren sind die zur Verpackung verwendeten Käfige oder Kisten außen mit der Bezeichnung „Raubtier" in auffallender Schrift zu versehen. Wegen der Beförderungsgebühren für Menagerien in Sonderzügen vgl. AusfBest. A 1—7 zu § 12.

(5) Die Tiere müssen rechtzeitig, einzelne Stücke mindestens 1 Stunde vor Abgang des Zuges, auf die Station gebracht werden [189]).

IV. 1. Die Bestellung von Wagen zur Verladung von lebenden Tieren ist — in der Regel schriftlich — an die Versandstation zu richten. In der mit Datum und Unterschrift zu versehenden Bestellung sind die Anzahl und Gattung der Wagen — bedeckte oder offene, Stallungs-, Vieh- oder mehrbödige Wagen — die Bestimmungsstation, der Tag sowie tunlichst sowohl die Stunde der Verladung wie die Zahl und Gattung der zu verladenden Tiere und die Größe der Wagen anzugeben.

2. Verlangt der Absender die ausschließliche Benutzung eines Wagens für die Beförderung einzelner Stücke, so ist dies schriftlich — tunlichst schon bei der Bestellung — zu erklären.

(6) Der Absender muß das Einladen der Tiere und ihre sichere Unterbringung im Wagen besorgen, auch die erforderlichen Befestigungsmittel beschaffen [190]).

V. Für alle außergewöhnlichen, d. h. nicht als natürliche Abnutzung anzusehenden Beschädigungen, die durch Tiere an den Eisenbahnfahrzeugen oder Bahnanlagen bei der Ein-, Um- oder Ausladung oder während der Beförderung angerichtet werden, haftet der Absender, sofern nicht ein Verschulden der Eisenbahn vorliegt. Durch den Eintritt in den Frachtvertrag geht die Haftung auf den Empfänger über.

VI. Das während der Beförderung zur Fütterung der Tiere erforderliche Futter und die zu der Wartung notwendigen Geräte, sowie das vor der Verladung der Tiere benutzte Geschirr, auch wenn es ihnen während der Bahnfahrt abgenommen ist, und das Handgepäck der Viehbegleiter werden unentgeltlich im Viehwagen mitbefördert (vgl. § 28). Diese Sachen sind von den Viehbegleitern selbst zu beaufsichtigen. Sonstiges Gepäck oder Güterstücke dürfen von dem Absender in den mit Vieh beladenen Wagen nicht untergebracht werden, sind vielmehr behufs regelrechter Abfertigung der Versandstation zu übergeben. Bei der Aufgabe als Eilgut sind derartige Güter auf Antrag tunlichst mit den zur Beförderung des Viehes benutzten Zügen zu befördern. Wenn unzulässigerweise Gepäck oder Güterstücke mitgeführt werden, so ist hierfür das Doppelte der Eilgutfracht für die ganze Beförderungsstrecke und, wenn die Einladestation nicht nachgewiesen werden kann, das Doppelte der Eilgutfracht für die ganze von der Viehsendung zurückgelegte Strecke als Frachtzuschlag zu entrichten.

(7) Die Eisenbahn ist berechtigt, Begleitung der Tiersendungen zu fordern. Bei kleinen Tieren, die in tragbaren, gut verschlossenen Behältern aufgegeben werden, kann Begleitung nicht verlangt werden[191]).

VII. 1. Großvieh in Wagenladungen wird nur mit Begleitung angenommen; für je drei zu einer Sendung gehörige Wagen muß mindestens ein Begleiter gestellt werden. Bei Aufgabe von Kleinvieh (Schweinen, Kälbern, Schafen, Ziegen, Gänsen usw.) in Wagenladungen sowie von einzelnen Stücken Groß- und Kleinvieh kann von der Beigabe eines Begleiters nach dem Ermessen der Versandstation abgesehen werden.

Wenn mehrere Wagen von verschiedenen Sendungen eines Absenders nach derselben Bestimmungsstation unterwegs in einem Zuge vereinigt werden, so kann die Zurückziehung so vieler Begleiter zugelassen werden, daß auf jeden verbleibenden Begleiter nicht mehr wie drei Wagen entfallen. Der Fahrgeldunterschied wird nachträglich auf Antrag erstattet.

2. Die Haftpflicht der Eisenbahn für Verlust oder Beschädigung wird nicht geändert, falls von der Beigabe eines Begleiters abgesehen wird. Die Eisenbahn haftet insbesondere nicht für den Schaden, für den sie bei Begleitung nicht aufzukommen gehabt hätte.

(8) Die Begleiter haben die Tiere während der Beförderung zu warten. Der Aufsichtsbeamte hat den Begleitern auf Verlangen einen Platz im Packwagen oder in einem Personenwagen anzuweisen. Ist zur Abwendung von Betriebsgefahren ihre Gegenwart im Viehwagen

notwendig, so müssen sie sich auf Verlangen des Aufsichtsbeamten oder des Zugführers darin aufhalten [192]).

VIII. 1. Zu jeder Sendung und, wenn die Sendung aus mehr als einer Wagenladung besteht, zu jedem Wagen wird ein Begleiter zugelassen. Diese Begleiter haben ein Fahrgeld von 2 Pfg. für das Tarifkilometer zu zahlen, wenn sie im Viehwagen, im Packwagen oder in der niedrigsten Klasse des Zuges fahren, sonst das Fahrgeld der benutzten Klasse.

2. Über diese Zahl hinaus werden Begleiter zur Fahrt in den Güter-, Eilgüter- und Viehzügen zugelassen, soweit Platz vorhanden ist. Diese Begleiter haben, wenn sie im Viehwagen oder im Packwagen fahren, ein Fahrgeld von 2 Pfg. für das Tarifkilometer, wenn Personenwagen gestellt werden, das Fahrgeld der benutzten Klasse zu zahlen.

IX. Wenn sich Stroh, Heu oder andere leicht entzündliche Stoffe in den Viehwagen befinden, so ist das Rauchen darin verboten und dürfen brennende Zigarren, Zigaretten oder Tabakspfeifen beim Einsteigen nicht mitgenommen werden.

(9) Tiersendungen sind je nach Vorschrift des Tarifes auf Beförderungsschein, den die Eisenbahn stellt, oder auf Eilfrachtbrief abzufertigen [193]).

X. Die Dienststelle, wo die Auflieferung zu erfolgen hat, wird von der Versandbahn bestimmt.

XI. 1. Tiere ohne Begleitung werden nur auf Grund von Eilfrachtbriefen befördert, sofern nicht Aufgabe als Gepäck erfolgt.

2. Im Beförderungsschein oder Eilfrachtbrief ist die Stückzahl der aufgegebenen Tiere anzugeben.

3. Als Fahrausweis der Begleiter dienen nach näherer Bestimmung der Eisenbahnverwaltungen entweder die Beförderungsscheine oder besondere Fahrscheine oder Fahrkarten.

XII. Der Preis der Vordrucke, die bei Aufgabe von Zuchttieren zu verwenden sind (s. die Anlage), sowie die

Verkaufspreise von anderen Vordrucken und die Gebühren für deren Ausfüllung und Abstempelung sind im Nebengebührentarif (Abschn. C) festgesetzt.

XIII. Wegen

a) der Gebühren für die Ausführung nachträglicher Verfügungen (§ 73);

b) der Gebühren für die Vorbereitung der Beförderung und das Wiederausladen bei Beförderungshindernissen (§ 74)

siehe den Nebengebührentarif (Abschn. C).

(10) Die Angabe des Interesses an der Lieferung hat bei den auf Beförderungsschein abgefertigten Tieren nur dann rechtliche Wirkung, wenn sie von der Abfertigungsstelle der Abgangsstation im Beförderungsscheine vermerkt ist [194]).

XIV. Wegen der Gebühr für Angabe des Interesses an der Lieferung s. den Nebengebührentarif (Abschn. C).

(11) Vorausbezahlung der Fracht kann gefordert werden [195]).

XV. Bei den auf Beförderungsschein abgefertigten Tiersendungen ist die Fracht vorauszubezahlen und Nachnahmebelastung ausgeschlossen. Bei Frachtbriefsendungen ist dem Ermessen der Eisenbahnverwaltungen überlassen, unfrankierte Aufgabe und Nachnahmebelastung zuzulassen.

Näheres ist bei den Abfertigungsstellen zu erfahren.

Alte EVO. §§ 44, 45, 46 u. 48.

184) Die §§ 48—52 der EVO., welche den Abschn. VII derselben unter dem Titel „Beförderung von lebenden Tieren" bilden, enthalten in Gemäßheit dieser Überschrift die Bestimmungen der EVO. über die Beförderung lebender Tiere. Sie umfassen zum Teil die eisenbahnseitigen Beförderungsbedingungen für lebende Tiere im Anschluß an §§ 425—471 HGB. und in Ergänzung und Modifikation der für die Haftpflicht bei Gütern im allgemeinen geltenden Bestimmungen (s. § 52), zum Teil aber auch Sicherheits- und Ordnungsvorschriften, die mit der Expedition und Beförderung lebender Tiere in Verbindung stehen. Tote Tiere werden als Güter nach Abschn. VIII befördert.

Der Tierbeförderungsvertrag ist seiner juristischen Natur nach lediglich eine besondere Kategorie des Güterfrachtvertrages und daher wie dieser den Bestimmungen der §§ 425—471 HGB. unterworfen. Nur gewisse Eigentümlichkeiten dieser Beförderungsobjekte und die dadurch bedingte besondere Expeditions- und Beförderungsweise haben zu mehrfachen Abweichungen von den allgemeinen

Bestimmungen des Abschn. VIII EVO. über Güterbeförderung geführt. Dahin gehören vornehmlich besondere Bestimmungen über die Quantität und Qualität der Tiere, über Ein- und Ausladung, Begleitung, Annahme und Ausführung, Form des Vertragsabschlusses, Lieferfrist usw. Diese Abweichungen, sowie der Umstand, daß die Beförderung von lebenden Tieren (namentlich Pferden, Hunden) zumeist mit der Personenbeförderung in Verbindung steht, haben ersichtlich die Aufnahme der bezüglichen Vorschriften in den besonderen Abschn. VII der EVO. zur Folge gehabt (Schott 514).

Besondere Bestimmungen über die Haftpflicht für Tiere (Verlust, Beschädigung, Versäumung der Lieferzeit) enthält Abschn. VII nicht. Es finden — soweit nicht die Aufgabe als Gepäck erfolgt (§ 30 Abs. 3) oder für die von Reisenden mitgeführten Hunde besondere Bestimmungen gegeben sind (§ 27) — lediglich die bezüglichen Bestimmungen des Abschn. VIII über die Beförderung von Gütern sinngemäße Anwendung (§ 52).

185) § 48 trifft Bestimmung über die Auflieferung lebender Tiere. Abs. 1 Satz 1 setzt fest, daß die Eisenbahn verpflichtet ist, die Züge, mit welchen Tiere befördert werden, bekannt zu machen. Die Bekanntmachung muß eine öffentliche und gehörige sein (S. 20—22). Das Reichseisenbahnamt hat hierzu verfügt: Die Züge, welche zur Beförderung von Pferden und anderen Tieren bestimmt sind, sind für einen längeren Zeitabschnitt bzw. für die Dauer der Fahrplanperiode ein für allemal festzusetzen und durch Anschlag in den Expeditionslokalen oder durch Bekanntmachung in den Zeitungen zur allgemeinen Kenntnis zu bringen, damit die Viehversender rechtzeitig ihre Dispositionen treffen können und nicht dem Belieben der Expeditionen anheimgegeben sind. Auch sind bei der Einrichtung direkter Verkehre mit anderen Bahnen Vereinbarungen über diejenigen Züge zu treffen, mit denen das zum Übergang auf andere Bahnen bestimmte Vieh befördert werden soll. Bei der Auswahl der Züge ist darauf Bedacht zu nehmen, daß ein mit den Zwecken der direkten Expedition nicht im Einklang stehender Aufenthalt auf den Übergangsstationen vermieden wird. Über das Veranlaßte ist bei der Vorlage der Fahrpläne Anzeige zu machen (Verf. d. REA. vom 13. IV. 1875 Nr. 2808). Vgl. den analogen Erl. d. Pr. Min. d. öff. Arb. vom 22. X. 1890, betr. die schleunige Beförderung von Fischsendungen (EVBl. S. 235), und 14. I. 1892, betr. Beförderung von Viehsendungen im Fall einer Zugverspätung.

Die Bekanntmachung erfolgt durch Aushang. Dieser enthält nach den für den Eisenbahn-Verkehrsverband getroffenen Vorschriften: a) die wichtigsten Vorschriften für die Viehbeförderung, b) eine Zusammenstellung der für die Viehbeförderung freigegebenen Personenzüge, c) die besonderen Viehzüge (regelmäßige und Bedarfszüge), d) eine Zusammenstellung der für den wichtigeren Fernverkehr bestimmten Viehzüge. Der Eisenbahn-Verkehrsverband hat auch angeordnet, daß jede Verwaltung, in deren Bezirk regelmäßig Sendungen lebender Fische zur Aufgabe gelangen, Aushänge über die hierfür hauptsächlich in Betracht kommenden Zugverbindungen und Verkehrsbeziehungen vornimmt (Pietsch und Molsen § 48).

Allg. AusfBest. Ziff. I (Pflicht der Dienststellen zur Auskunftserteilung über die Züge für Tierbeförderung), Ziff. II (Zulassung zu anderen Zügen).

Nach Satz 2 kann die Beförderung einzelner Stücke abgelehnt werden, wenn im Zuge kein geeigneter Raum vorhanden ist, außer bei Anmeldung mindestens 24 Stunden vorher. Eine beliebige Ablehnung aus Mangel an geeignetem Raum ist der Eisenbahn mit Rücksicht auf § 453 HGB., § 3 EVO. nicht gestattet. Wohl aber kann die Annahme an allgemein geltende Bedingungen geknüpft werden. Da bei der Verschiedenheit der Tiergattungen es nicht möglich ist, für eine jede in jedem zur Tierbeförderung bestimmten Zuge geeigneten Raum bereit zu halten, so ist die Annahme einzelner Stücke an die Bedingung geknüpft, daß das Tier mindestens 24 Stunden vorher, d. h. vor Abfahrt des Zuges, anzumelden ist. Dieser Zeitraum ist für die Eisenbahn ausreichend, um für geeigneten Raum im Zuge Sorge zu tragen (Begr.). Mangels einer beschränkenden Bestimmung ist anzunehmen, daß unter dieser Bedingung auch die Annahme auf Unterwegsstationen zu erfolgen hat.

186) Abs. 2 schließt grundsätzlich die Beförderung von Tieren an Sonn- und Festtagen aus. Ausnahmen müssen durch Aushang an den Abfertigungsstellen — wie bei Frachtgut — bekannt gemacht werden. Bisher waren die bezüglichen Bestimmungen den Tarifen überlassen. Abs. 2 bezieht sich nicht auf die Mitnahme von Hunden rc. in die Personenwagen und auf die Beförderung von Hunden und anderen Tieren als Gepäck; für diese gelten die Vorschriften in §§ 27 u. 30 EVO. Unter „Festtagen" sind die gesetzlichen, nicht die kirchlichen zu verstehen (Endemann, Recht d. Eisenb. 550, Eger, Frachtr. II 233, 235), d. h. die als allgemeine bürgerliche Feiertage staatlich anerkannten Festtage; in Übereinstimmung mit § 366 Nr. 1 RStGB. (vgl. Oppenhoff, Komm. Anm. 1 ff., Erl. d. Pr. HandMin. vom 7. X. 1875, 10. III. 1883, 21. I. 1884), s. ferner EVO. § 63 Abs. 3 Anm. 289 und § 75 Abs. 8 Anm. 379.

187) Im Gegensatz zu dem älteren Reglement (§ 40 Abs. 2 S. 1), welches die Annahme kranker Tiere ausschließt und die Ablehnung derartiger Beförderungen den Eisenbahnen zur Pflicht macht (Schott 479, Thöl III § 57 S. 116), bestimmt Abs. 3 nur, daß die Beförderung kranker Tiere abgelehnt werden kann. Hiernach ist dieselbe nicht unbedingt ausgeschlossen, vielmehr dem Ermessen bzw. den Spezialvorschriften der einzelnen Verwaltungen überlassen, ob und unter welchen Bedingungen sie — unter Beobachtung der staatlichen Sicherheitsvorschriften — kranke Tiere zur Beförderung verstatten wollen. Die früher sich hieran anschließende selbstverständliche Vorschrift wegen Ausschlusses der Tiere von der Beförderung bei Seuchengefahr ist auch im Hinblick auf die Bestimmung unter § 3 Abs. 1 Ziff. 2 entbehrlich. Ob „verletzte" Tiere als krank anzusehen, entscheiden die Eisenbahnen nach Maßgabe des einzelnen Falles. Vgl. Allg. AbfVorschr. § 39 Ziff. 26.

188) In Milderung der Bestimmung des alten Reglements (§ 40 Abs. 3), welches die Eisenbahn grundsätzlich für nicht verpflichtet zur Beförderung wilder Tiere erklärt, bestimmt Abs. 4, daß die Eisenbahn zur Beförderung wilder Tiere nur bei Beachtung der von ihr im Interesse der Sicherheit vorzuschreibenden Bedingungen verpflichtet ist. Die Beförderung wilder Tiere ist also nicht lediglich von dem Belieben der Eisenbahnen abhängig; sie sind vielmehr gehalten, Sicherheitsvorschriften be-

kannt zu geben und zur Beförderung verpflichtet, wenn der Aufgeber die bezüglichen Vorschriften erfüllt.

Hiernach erscheint es zweifelhaft, ob die Allg. AusfBest. III (s. oben S. 181) zulässig ist, weil diese ganz generell die Beförderung wilder Tiere ꝛc. nur zuläßt, wenn die Art und Weise der Verpackung oder Verladung nach dem Ermessen der Versandstation die Gefahr einer Beschädigung von Menschen ꝛc. ausschließt. Denn nach § 48 Abs. 4 EVO. hat die Eisenbahn bestimmte Bedingungen vorzuschreiben und muß die Beförderung übernehmen, wenn diese erfüllt sind.

189) Abs. 5 trifft Bestimmung über die Zeit der Auflieferung. Über die Zeit der Auflieferung ist bestimmt, daß die Tiere rechtzeitig, einzelne mindestens eine Stunde vor Abgang des Zuges auf die Station gebracht werden müssen. Das Wort „rechtzeitig“ ist zu unbestimmt und daher geeignet, zu Streitigkeiten Anlaß zu geben. Es hätte sich empfohlen, eine Maximalfrist für die Auflieferung festzusetzen.

Die Allg. AusfBest. (S. 182) regeln unter Ziff. IV die Bestellung von Wagen zur Verladung von lebenden Tieren nnd verweisen unter XIII in betreff der Gebühren für Ausführung nachträglicher Verfügungen (§ 73 EVO.), der Gebühren für die Vorbereitung der Beförderung und das Wiederausladen bei Beförderungshindernissen auf den Nebengebührentarif (C).

Allg. AbfVorschr. § 39 Ziff. 1 u. 2, Pr.-Hess. ZusBest. I—III.

190) Abs. 6 legt dem Absender die Pflicht auf, das Einladen der Tiere in die Wagen, sowie deren sichere Unterbringung im Wagen zu besorgen und die erforderlichen Befestigungsmittel zu beschaffen. Hiernach gilt hier die in § 459 Ziff. 3 HGB. und § 86 Ziff. 3 EVO. vorgesehene Haftbeschränkung, d. h. die Eisenbahn haftet nicht für den Schaden, welcher für die beförderten Tiere aus der mit dem Aufladen oder mit einer mangelhaften Verladung verbundenen Gefahr entsteht (vgl. Anm. 459 zu § 86 Ziff. 3 EVO.).

Siehe hierzu die Allg. AusfVorschr. V (Beschädigung der Fahrzeuge und Anlagen durch Tiere), VI (Beförderung von Futter, Geschirr, Gepäck der Begleiter ꝛc.).

Bezüglich der Verladung und Beförderung von lebenden Tieren auf Eisenbahnen s. Anlage B der EVO.

Vgl. Allg. AbfVorschr. § 39 Ziff. 27.

191) Abs. 7 schreibt vor, daß die Eisenbahn bei der Beförderung lebender Tiere Begleitung zu fordern berechtigt ist (Satz 1) — abgesehen von kleinen Tieren, in tragbaren, gut verschlossenen Behältern (Satz 2). Die Berechtigung, Begleitung zu fordern, erstreckt sich — abgesehen von der erwähnten Ausnahme, auf alle lebenden Tiere, also insbesondere auch auf kranke und wilde (Abs. 2 u. 3).

Vgl. in bezug auf die Beschränkung der Haftpflicht bei begleiteten Tieren: § 459 Abs. 1 Ziff. 6 und Abs. 2, 3 HGB., § 86 Abs. 1 Ziff. 6 Abs. 2, 3 EVO. (Anm. 461—464).

Vgl. ferner über die Erfordernisse der Begleitung, Befugnisse und Pflichten der Begleiter: Allg. AusfBest. VII, VIII u. IX (oben S. 183 ff.). Nach der Allg. AusfBest. VII ist die Beigabe von Begleitung nur bei Sendungen von Großvieh in Wagenladungen durchaus erforderlich, während bei Sendungen von Großvieh in einzelnen Stücken, sowie von Kleinvieh (in Wagenladungen wie in einzelnen Stücken) nach dem Ermessen der Versandstation von der Beigabe eines Begleiters, jedoch ohne Änderung der Haftpflicht, abgesehen werden kann. Wegen der Beförderung der Begleiter vgl. Allg. AusfBest. VIII und Allg. AbfVorschr. § 41 (Begleitung) (S. 184).

192) Abs. 8 legt den Begleitern die Verpflichtung auf, die Tiere während der Beförderung zu warten. Dies liegt eigentlich schon im Zweck der Begleitung, ist aber zur Beseitigung aller Zweifel und Streitigkeiten ausdrücklich ausgesprochen.

Allg. AusfBest. VIII u. IX (S. 184) u. III zu § 49 (S. 191).

Allg. AbfVorschr. § 39 Ziff. 14 (Gebühr für Material zum bestreuen der Fußböden und für Umladung), Ziff. 10 (Verrechnung der Auslagen und Gebühren für Füttern und Tränken). Für die persönliche Mühewaltung der Bediensteten darf eine Anrechnung nicht erfolgen (Erl. d. Pr. Min. d. öff. Arb. v. 2. II. 1891 EVBl. S. 9). Dem dringenden Wunsche der deutschen Viehhändler entsprechend, sollen die Viehbegleiter auf ihr Verlangen im Packwagen oder in einem Personenwagen befördert werden; nur zur Abwendung von Betriebsgefahren soll ihr Aufenthalt im Viehwagen gefordert werden können. Die in dem Abs. 4 des bisherigen § 44 zur Abwendung einer Feuersgefahr vorgesehenen, sehr ins einzelne gehenden Vorschriften sind weggelassen, weil sie in eine Rechtsverordnung nicht passen und weil andere Gesetzesvorschriften, z. B. § 368 StGB. Ziff. 5 u. 6, einen ausreichenden Schutz gewähren (Begr.).

193) Abs. 9 trifft über die Art der Abfertigung von Tiersendungen Bestimmung. Es sind zwei Arten der Abfertigung vorgeschrieben, nach welchen die Abfertigung je nach der Vorschrift des Tarifs zu erfolgen hat: auf Grund von Beförderungsscheinen oder auf Grund von Eilfrachtbriefen. Erfolgt die Abfertigung auf Beförderungsschein, so ist er von der Eisenbahn auszustellen. Dies ist obligatorisch und darf durch Tarifvorschriften nicht abgeändert werden. Erfolgt die Abfertigung auf Eilfrachtbrief, so greifen die Bestimmungen des § 56 EVO. Platz. Die Wahl zwischen diesen beiden Arten der Abfertigung überläßt Abs. 9 der Vorschrift der Tarife. Vgl. hierzu Allg. AusfBest. X—XIII. Die Verwendung von Eilfrachtbriefen — anstatt wie bisher von Frachtbriefen — ist vorgeschrieben, damit die Abfertigungsstellen in augenfälliger Weise auf die beschleunigt zu befördernden Tiersendungen aufmerksam gemacht werden (Begr.), abgesehen von der Aufgabe von Hunden in Begleitung von Reisenden und von Kleinvieh und wilden Tieren in Käfigen, als Gepäck, werden Tiersendungen mit Begleitung auf Beförderungsschein nach dem in den Allg. AbfVorschr. bestimmten Muster, Sendungen ohne Begleitung auf Eilfrachtbrief abgefertigt (s. auch Allg. ZusBest. XI zu § 48 EVO.). — Sofern nicht Ausnahmen unter den Verwaltungen besonders vereinbart sind, ist bei der Abfertigung einer Sendung auf Beförderungsschein für jeden Wagen ein besonderer Beförderungsschein auszustellen. Bezüglich des Beförderungsscheines gelten die im § 17 Ziff. 3—5

der Allg. AbfVorschr. gegebenen Vorschriften. Bei der Auflieferung mit Eilfrachtbrief werden a) Kleinvieh (einschl. Hunde) in Käfigen, Kisten, Säcken u. dgl., sowie einzelne wilde Tiere in Käfigen, soweit die Frachtberechnung nach dem Eilstückgutsatze zu erfolgen hat, auf Eilfrachtkarte; b) alle sonstigen lebenden Tiere auf Tierfrachtkarte nach (anliegendem) Muster abgefertigt. Die Tierfrachtkarten sind besonders, und zwar ohne Rücksicht auf die Kartenschlußstation, fortlaufend zu numerieren.

Die Allg. AbfVorschr. § 39 Ziff. 2 weisen darauf hin, daß vor der Annahme sich die Abfertigungsstelle mit dem Absender nach dem von diesem gewählten Wege über die Abfertigungsweise und über die zu benutzenden, nach Vorschrift der Verwaltung zur Tierbeförderung zugelassenen Züge zu verständigen hat. Vgl. ferner in betreff der Abfertigungsmodalitäten von Tierbeförderungen die Allg. AbfVorschr. § 39 Ziff. 3—14, 22, 23 u. 24 (u. Pr.-Hess. ZusBest. IV—VI) insbesondere Ziff. 4 Tiersendungen im internationalen Verkehr.

194) Abs. 10 enthält für Tiere in formeller Beziehung eine von den im übrigen anzuwendenden Bestimmungen der §§ 92 u. 93 der EVO. (Angabe des Interesses an der Lieferung s. Anm. 488—494) abweichende Vorschrift. Die Angabe des Interesses an der Lieferung (§ 92) hat bei den auf Beförderungsschein abgefertigten Tieren (s. § 48 Anm. 93 S. 189) nur dann eine rechtliche Wirkung, wenn sie von der Abfertigungsstelle der Abgangsstation im Beförderungsschein vermerkt ist. Nimmt der Absender den Beförderungsschein ohne diesen Vermerk entgegen, so hat er auf den erhöhten Schadensersatz keinen Anspruch. Die Bestimmung, deren Rechtsgültigkeit mit Rücksicht auf Art. 423, 427 A.HGB. (§ 471 N.HGB.) von Thöl III § 108 S. 220 und Handelrechtliche Erörterungen S. 21 bestritten ist, muß aus den in der Anm. 129 u. f. S. 131 ff. angeführten Gründen für gültig erachtet werden. (Vgl. auch Goldschmidt, Zeitschr. f. d. ges. HR. 26 612 u. 613, 28 455, Puchelt II Art. 427 S. 580, v. Hahn Art. 427 § 4). Die Bestimmung bezieht sich nur auf die Abfertigung mit Beförderungsschein. Erfolgt die Abfertigung mit Frachtbrief, so findet § 92 Abs. 2 Anwendung. Aber auch auf den Vermerk im Beförderungsschein ist § 92 Abs. 2 (arg. § 52) insofern anzuwenden, als der Vermerk im Beförderungsschein an der dafür vorgesehenen Stelle mit Buchstaben einzutragen ist.

Allg. AusfBest. Ziff. XIV verweisen wegen der Gebühr auf den Nebengebührentarif (Abschn. C).

195) Abs. 11. Während nach dem alt. Regl. (§ 41 Abs. 6, § 43 Abs. 2) die Vorausbezahlung des Beförderungspreises bei Tierbeförderungen obligatorisch, d. h. der Frankaturzwang generell eingeführt war, ist nach Abs. 11 des § 48 EVO. die Vorausbezahlung nur fakultativ, und die Vorausbezahlung kann gefordert werden, aber sie braucht es nicht. Die Eisenbahn ist zur Forderung der Vorausbezahlung berechtigt, aber nicht verpflichtet.

Die Allg. AusfBest. Ziff. XV unterscheiden hierbei Abfertigung auf Beförderungsschein und auf Frachtbrief. Bei ersterer besteht Frankaturzwang und ist Nachnahmebelastung ausgeschlossen. Bei letzterer ist es in die Wahl der Eisenbahnen gestellt, unfrankierte Sendungen und Nachnahmebelastung zuzulassen.

Die Allg. AbfVorschr. § 39 Ziff. 16 verweisen auf die vorstehende Ziff. XV der Allg. AusfBest. und überlassen es den besonderen Vorschriften, ob und unter welchen Bedingungen in einzelnen Verkehren lebende Tiere, welche mittels Frachtbriefes zur Aufgabe gelangen, unfrankirt und mit Nachnahmebelastung zugelassen und abgefertigt werden.

Die ZusBest. der Pr.-Heff. Staats-Eisenb. Ziff. VII zum § 39 Ziff. 16 cit. gestatten im Verkehre der Pr.-Heff. Staatsbahnen, sowie im Verkehre derselben mit den dort bezeichneten Bahnen, welche sich dieser Einrichtung angeschlossen haben, die Beförderung lebender Tiere, welche mittelst Eilfrachtbriefs zur Aufgabe gelangen, auch unfrankiert oder mit Nachnahmebelastung — in diesen Fällen auch mit Begleitung — unter den a. a. O. angeführten Bestimmungen.

§ 49.

Beförderung.

(1) Der Absender darf den Beförderungsweg vorschreiben. Solche Vorschriften muß die Eisenbahn beachten, sie kann aber die Fracht für den vorgeschriebenen Weg verlangen [196]).

I. Die Vorschrift ist in den Frachtbrief unter „Zulässige oder vorgeschriebene Erklärungen“ aufzunehmen. Sie wird auch in den Beförderungsschein eingetragen. Die Fracht wird für den vorgeschriebenen Weg erhoben.

(2) Die näheren Bestimmungen über die Beförderung von lebenden Tieren sind in der Anlage B enthalten [197]).

II. Als leicht entzündliche Stoffe im Sinne des § 3 Abs. (6) der Anlage B sind anzusehen und daher nicht zu verwenden: Stroh, Spreu und grasartige Streu; dagegen darf mit Wasser besprengtes Sägemehl, mit oder ohne Zusatz von Sand, sowie Torfstreu, wenn sie vorher mit Wasser mäßig angefeuchtet ist, verwendet werden. Zu den offenen Wagen im Sinne dieser Bestimmung gehören auch solche Wagen, die zwar eine feste Decke haben, deren Wände aber aus Latten bestehen (Etagewagen).

III. Auf Wunsch der Absender wird auf geeigneten Stationen zum Tränken der Tiere in den Wagen Wasser am Zuge bereit gehalten, wenn der Zugaufenthalt zum Tränken der Tiere genügend Zeit bietet. Für die Verabreichung des Wassers werden die im Nebengebührentarif (Abschn. C) ersichtlichen Gebühren erhoben.

Die zum Tränken der Tiere geeigneten Stationen sind bei den Abfertigungsstellen zu erfragen.

Alte EVO. § 44.

196) § 49 trifft über den Weg und die Art der Beförderung von Tiersendungen Bestimmung.

Abs. 1 räumt dem Absender das Recht ein, den Beförderungsweg vorzuschreiben, welches er bisher nicht besaß. Nach § 67 Abs. 2 ist es für Frachtgüter nur dann gewährt, wenn sie mit Eilfrachtbrief aufgegeben werden. Abs. 1 des § 49 gibt es für Tiersendungen unbeschränkt, gleichviel ob sie auf Beförderungsschein oder Eilfrachtbrief (§ 48 Abs. 9 Anm. 193) abgefertigt werden. Doch ist mit der Pflicht der Eisenbahn, die Routenvorschrift zu beobachten, auch folgerichtig ihr Recht verbunden, die Fracht für den vorgeschriebenen Weg zu verlangen. Ein Anspruch auf billigere Fracht, wenn ein billigerer Weg besteht, steht dem Absender nicht zu.

Vgl. hierzu Allg. AusfBest. I und Allg. AbfVorschr. § 39 Ziff. 20

197) Abs. 2 verweist — entsprechend dem bisherigen § 44 Abs. 7 — in betreff der näheren Bestimmungen über die Beförderung von lebenden Tieren auf die Anlage B der EVO.

Vgl. hierzu Allg. AusfBest. II und III und Allg. AbfVorschr. § 39 Ziff. 15.

Direkt abgefertigte Tiersendungen, welche eine Verzögerung in der fahrplanmäßigen Beförderung erleiden — sei dies infolge einer Zugverspätung oder Laufunfähigkeit von Viehwagen oder infolge Unfahrbarkeit einer Zwischenstrecke oder aus einem anderen, von dem Versender oder Viehbegleiter nicht herbeigeführten Grunde — sind mit denjenigen zur Viehbeförderung überhaupt zugelassenen Zügen ohne Berechnung eines 50-proz. Zuschlags zu befördern, die die Tiersendungen am schnellsten dem Bestimmungsorte zuführen. (M. d. öff. Arb. 14. I. 1892, EVBl. 1892, S. 9).

§ 50.

Auslieferung.

(1) Tiersendungen sind nach Ankunft auf der Bestimmungsstation mit tunlichster Beschleunigung zur Abnahme bereitzustellen. Meldet sich nach Eintreffen unbegleiteter Tiersendungen auf der Bestimmungsstation kein zum Empfange Berechtigter, so ist der Empfänger unverzüglich, jedenfalls aber innerhalb der für Eilgut festgesetzten Frist (§ 79 (2)), zu benachrichtigen [198]. Der Empfänger hat die Tiere spätestens 2 Stunden nach der Bereitstellung auszuladen und abzutreiben. Diese Frist beginnt, wenn der Empfänger benachrichtigt werden muß, frühestens 2 Stunden nach der Benachrichtigung (§ 79 (3)). Nach

Ablauf der Frist kann die Eisenbahn auf Gefahr und Kosten des Verfügungsberechtigten die Tiere in Verpflegung geben oder, wenn sie deren ferneren Aufenthalt im Wagen oder auf dem Bahnhofe gestattet, das tarifmäßige Standgeld erheben. Die Frist ruht während einer zoll- oder steueramtlichen oder polizeilichen Abfertigung, soweit diese nicht durch den Absender, Empfänger oder Begleiter verzögert wird [199]).

(2) Der Beförderungsschein ist bei Empfang der Sendung an die Eisenbahn zurückzugeben. War die Sendung auf Eilfrachtbrief abgefertigt, so ist dieser dem Empfänger gegen Bescheinigung über den Empfang der Sendung auszuhändigen [200]).

I. Die Dienststelle, wo die Ablieferung erfolgt, wird von der Empfangsbahn bestimmt.

II. Für die Desinfektion der Eisenbahnwagen, die zur Beförderung von Pferden, Maultieren, Eseln, Rindvieh, Schafen, Ziegen, Schweinen oder lebendem Geflügel verwendet sind, und der bei der Beförderung benutzten Gerätschaften werden die aus dem Nebengebührentarif (Abschn. C) ersichtlichen Gebühren erhoben.

III. Das Standgeld ist im Nebengebührentarif (Abschn. C) festgesetzt.

198) § 50 enthält die Vorschriften über die Auslieferung von Tiersendungen.

An die Spitze stellt Abs. 1 im Satz 1 den Grundsatz, daß — ihrem Inhalte entsprechend — Tiersendungen nach Ankunft auf der Bestimmungsstation mit tunlichster Beschleunigung zur Abnahme bereitzustellen sind. Die im Satz 2 enthaltene Vorschrift, daß bei unbegleiteten Sendungen, wenn sich kein Empfangsberechtigter meldet, der Empfänger unverzüglich jedenfalls in der für Eilgut im § 79 Abs. 2 (Anm. 410) festgesetzten Frist zu benachrichtigen ist, ist dem Verkehrsbedürfnisse folgend, neu in die EVO. aufgenommen worden. Auch sonst sind die Avisierungsvorschriften des § 79 sinngemäß zur Anwendung zu bringen. Verstößt die Eisenbahn gegen dieselben, so ist sie dem Berechtigten ersatzpflichtig.

Vgl. Allg. AusfBest. I.

199) Abs. 1 Satz 3 u. 4 bestimmen die Dauer und den Beginn der Frist, innerhalb deren der Empfänger nach erfolgter Benachrichtigung die Ausladung und Abtreibung der Tiere zu bewirken hat. Der Empfänger hat die Tiere spätestens 2 Stunden nach der Bereitstellung auszuladen und abzutreiben. Diese Frist beginnt, wenn der Empfänger benachrichtigt werden muß, 2 Stunden nach der Benachrichtigung (§ 79 Abs. 3). Binnen 2 Stunden nach der Benachrichtigung muß das Ausladen und Abtreiben beendet sein. Wäre dies

nicht gemeint, so würde eine Frist für die Beendigung fehlen und die Vorschrift zwecklos sein. Dies ergibt auch der folgende Satz 5, nach welchem die Bahn nach Ablauf dieser Frist nach ihrer Wahl das Recht hat, entweder die Tiere auf Gefahr und Kosten des Verfügungsberechtigten in Verpflegung zu geben (s. § 81 Abs. 3 Anm. 429 ff.), oder bei Gestattung des weiteren Aufenthalts der Tiere im Wagen oder auf dem Bahnhofe das tarifmäßige Standgeld zu erheben. Standgeld darf also nur dann erhoben werden, wenn es im Tarife festgesetzt ist (Allg. AusfBest. III). Die vorgängige Einholung der Verfügung des Absenders — wie bei Frachtgütern (§ 81 Abs. 1) — ist nicht vorgeschrieben. Nur dann ruht nach Satz 6 die Frist, also auch das Recht der Bahn zur Erhebung des Standgelds, wenn die zoll- oder steueramtliche oder polizeiliche Abfertigung ohne Verschulden des Empfängers, Absenders oder Begleiters verzögert wird. Indem dem Empfänger — wie durch § 48 Abs. 6 das Einladen — durch § 50 Abs. 1 auch das Ausladen zur Pflicht gemacht ist, gilt die im § 459 Ziff. 3 HGB. und § 86 Ziff. 3 EVO. vorgesehene Haftbeschränkung, d. h. die Eisenbahn haftet nicht für den Schaden, welcher für die beförderten Tiere aus der mit dem Abladen oder mit mangelhafter Abladung verbundene Gefahr entsteht (Anm. 459 zu § 86 Ziff. 3 EVO.).

Die Allg. AbfVorschr. § 42 Abs. 1, 2, 4 u. 5 bestimmen ergänzend:

1. Die Empfangsstation hat die Tiersendungen und zugehörigen Begleitpapiere (Karten zu den Beförderungsscheinen oder Tierfrachtkarten) vom Zugbeamten zu übernehmen und bei Feststellung von Beschädigungen der Betriebsmittel oder Ausrüstungsgegenstände, sowie des Verlustes von letzteren nach § 48 EVO. AusfBest. V zu verfahren. Im übrigen sind für die Auslieferung die Vorschriften des § 50 EVO. maßgebend.

2. Die Auslieferung von Viehsendungen hat auch an den Sonn- und Festtagen zu erfolgen, soweit nicht polizeiliche Bestimmungen ausdrücklich die Entladung untersagen. Ein etwaiges Verbot des Viehtreibens über Straßen und öffentliche Plätze an Sonn- und Festtagen hindert die Auslieferung nicht.

3. Meldet sich nach Eintreffen der auf Frachtbrief abgefertigten Tiersendungen auf der Bestimmungsstation kein zur Empfangnahme Berechtigter, so ist der im Frachtbrief bezeichnete Empfänger unverzüglich, in jedem Falle innerhalb der für Eilgut festgesetzten Frist, zu benachrichtigen. Über die Auslieferung derartiger Sendungen ist vom Empfänger in der für den Güterverkehr vorgeschriebenen Weise zu quittieren.

4. Wegen der Reinigung der mit lebenden Tieren beladenen Wagen wird auf die Desinfektionsvorschriften (Kundmachung 7 der EVO.) verwiesen.

Vgl. Allg. AusfBest. II (Desinfektionsgebühren).

200) Abs. 2 bestimmt — den beiden zulässigen Abfertigungsarten auf Beförderungsschein oder Eilfrachtbrief entsprechend — daß bei Abfertigung auf Beförderungsschein dieser bei Empfang der Sendung an die Eisenbahn zurückzugeben, bei Abfertigung auf Eilfrachtbrief derselbe dem Empfänger gegen Bescheinigung über den Empfang der Sendung auszuhändigen ist (§ 76 Abs. 10). Kann der Beförderungsschein nicht zurückgegeben oder der eingelöste Eilgutfrachtbrief nicht vorgezeigt werden, so ist es Sache der Eisenbahn, wenn der Empfänger seine Legitimation zur Empfangnahme nicht in anderer Weise gehörig zu führen vermag, nach Maßgabe der Bestimmungen des Abs. 1 Satz 5 des § 50 bzw. des § 81 mit der Sendung zu verfahren.

§ 51.

Lieferfrist.

(1) Die Lieferfristen dürfen nachstehende Höchstfristen nicht überschreiten:

bei einer Entfernung bis zu 150 Tarifkilometer 1 Tag,

bei größeren Entfernungen für weitere angefangene je 300 Tarifkilometer 1 weiteren Tag [201]).

(2) Die Lieferfrist beginnt für Sendungen, die mit einem vormittags abgehenden Zuge befördert werden, um 12 Uhr Mittags, bei Sendungen, die mit einem Nachmittags abgehenden Zuge befördert werden, mit der auf die Annahme folgenden Mitternacht. Sie ist gewahrt, wenn vor ihrem Ablaufe die Tiere auf der Bestimmungsstation zur Abnahme bereitgestellt sind [202]).

(3) Der Lauf der Lieferfrist ruht außer in den Fällen des § 75 Abs. (7) auch für die Dauer des Aufenthalts auf den Tränkstationen und für die Dauer der ärztlichen Viehbeschau [203]).

(4) Die Auslieferung der mit Personenzügen beförderten Pferde und Hunde kann zu dem im § 34 Abs. (2) bestimmten Zeitpunkte verlangt werden. Müssen die Pferde jedoch unterwegs auf einen anderen Zug übergehen, so kann ihre Weiterbeförderung erst mit dem nächsten Personenzuge verlangt werden [204]).

Als Lieferfristen gelten, sofern nicht besondere kürzere Fristen veröffentlicht sind, die vorstehend festgesetzten Höchstfristen mit Zurechnung der von den einzelnen Eisenbahnen mit Genehmigung ihrer Aufsichtsbehörden veröffentlichten Zuschlagsfristen.

Alte EVO. § 47.

201) § 51 handelt von der Lieferfrist für Tiere, und zwar Abs. 1 (in Verbindung mit Abs. 4) von der Dauer, Abs. 2 Beginn und Wahrung, Abs. 3 Ruhen der Frist. Über die Pflicht zur Veröffentlichung und die Form derselben ist hier zwar nichts bestimmt. Doch unterliegt es mit Rücksicht auf § 52 keinem Zweifel, daß auch die Lieferfristen für Tiere gemäß § 75 Abs. 4 durch die Tarife festgesetzt und veröffentlicht werden müssen.

Während nach Abs. 1 des bisherigen § 47 die Lieferfrist für Tiersendungen sich aus Abfertigungs- und Beförderungsfrist zusammensetzte, ist dem Verlangen der landwirtschaftlichen Vertretungen nach kurzen Lieferfristen für Tiersendungen im Interesse des Gesundheitszustandes derselben entsprechend durch Abs. 1 des § 51 insofern eine Verkürzung eingetreten, als die Abfertigungsfrist ganz in Fortfall gebracht, dagegen die Beförderungsfrist für den ersten Beförderungstag von 300 auf 150 km herabgesetzt ist. Diese Änderung ist damit begründet, daß bei Tiersendungen die bisherige Abfertigungsfrist von 1 Tag keine innere Berechtigung hat, weil bei ihr die Abfertigungsmanipulationen, die Wagenstellung, Verladung und bei der Abfertigung auf Beförderungsschein sogar die Frachtberechnung vor Beginn der Lieferfrist erfolgen. Um aber der Eisenbahn einen billigen Ausgleich für den Wegfall der Abfertigungsfrist zu gewähren, soll die Beförderungsfrist insofern aufgebessert werden, als am ersten Beförderungstage nicht mehr, wie jetzt, 300 sondern nur 150 km zu leisten sind (Begr.).

Wie der Satz: „Die Lieferfristen dürfen nachstehende Höchstfristen nicht überschreiten" erkennen läßt, sind diese Fristen ebenso wie im § 75 Höchstfristen, d. h. jede Bahn ist an diese ihr vorgeschriebene Grenze gebunden und darf nicht darüber hinausgehen, wohl aber geringere Fristen normieren. Längere Lieferfristen sind selbst dann nicht gestattet, wenn andere günstige Bedingungen dafür gewährt werden. Noch weniger ist es zulässig, die Lieferfristen etwa ganz aufzuheben. Es wird hierbei auf die Erläuterungen zum § 75 EVO. Anm. 372 verwiesen, ferner über die Berechnung der Fristen, wenn die Beförderung sich auf mehrere Bahnen erstreckt (Anm. 373), die Festsetzung und Veröffentlichung der Abfertigungs-, Beförderungs- und Zuschlagfristen (Anm. 374, 375).

Vgl. hierzu Allg. AusfBest. z. § 51 S. 195.

202) Abs. 2 trifft über Beginn und Wahrung der Lieferfrist Bestimmung. Die Lieferfrist beginnt für Sendungen, die mit einem vormittags abgehenden Zuge befördert werden, um 12 Uhr mittags, bei Sendungen, die mit einem nachmittags abgehenden Zuge befördert werden, mit der auf die Annahme folgenden Mitternacht. Die Bestimmung ist insofern für die Absender &c. günstiger, als die bisherige des § 47 Abs. 2, als letztere für Güter, gleichviel ob sie vormittags oder nachmittags abgehen, erst die folgende Mitternacht als Beginn der Frist bestimmte, die neue Bestimmung mithin die Lieferfrist für vormittags abgehende Güter abkürzt (s. auch § 75 Abs. 5 Anm. 376). Aber Abs. 2 des § 51 ist unbestimmt und unklar, weil als Beginn der Frist die Beförderung mit einem vormittags bzw. mit einem nachmittags abgehenden Zuge festgesetzt ist. Es kann aber nicht auf die Beförderung ankommen, weil dieselbe lediglich in das Ermessen der Bahn gestellt ist, sondern allein auf den Zeitpunkt der Auflieferung durch den Empfänger (s. § 75 Abs. 5), bzw. die die Auflieferung bestätigende unverzügliche Abstemplung des Frachtbriefs (§ 61 Abs. 2). Daher hätte es sich empfohlen, die bisherige Bestimmung, daß die Frist mit der auf die Abstemplung des Frachtbriefes oder Aushändigung des Beförderungsscheins folgenden Mitternacht

(oder Mittagsstunde) beginnt, zu belassen. Die Neuerung ist geeignet, zu Zweifeln und Streitigkeiten zu führen.

In beiden Fällen ist die Frist gewahrt, d. h. die Beförderung noch in der Lieferfrist beendet, wenn innerhalb derselben das Vieh auf der Bestimmungsstation zur Abnahme bereitgestellt ist. Es gelten mithin hier dieselben Normen wie für Güter, welche bahnlagernd gestellt sind oder deren Empfänger sich die Avisierung schriftlich verbeten hat (§ 75 Abs. 6). Die durch Abs. 8 u. 9 des § 75 festgesetzten Verlängerungen der Lieferfrist bei hineinfallenden Sonn- und Festtagen gelten für Tierbeförderungen nicht, da diese — wie die Fristbestimmungen des § 51 Abs. 1 zeigen — den Eilgütern gleichgestellt sind, die Abs. 8 und 9 des § 75 aber nur auf gewöhnliches Gut Anwendung finden.

203) Abs. 3 stellt für das Ruhen des Fristenlaufes vier Fälle hin:

Zunächst die beiden allgemeinen, für alle Güter gemäß § 75 Abs. 7 geltenden: für die Dauer der zoll- oder steueramtlichen oder polizeilichen Abfertigung und für die Dauer einer ohne Verschulden der Eisenbahn eingetretenen Betriebsstörung, durch die der Beginn oder die Fortsetzung der Beförderung zeitweilig verhindert wird, sodann auch für die Dauer einer durch nachträgliche Verfügung des Absenders verursachten Verzögerung. Während dieser Hindernisse ruht der Fristenlauf, d. h. er wird nicht vollständig und derartig unterbrochen, daß die ganze Frist von dem Aufhören des Hindernisses an von neuem zu laufen beginnt, sondern sie ruht nur während der Zeit des Hindernisses dergestalt, daß die Zeit, welche vor dem Hindernisse liegt, mit der Zeit nach dem Wegfalle desselben zusammengerechnet wird, und bloß die Zwischenzeit, in welcher das Hindernis besteht, unberücksichtigt bleibt (s. Anm. 278 zu § 75 Abs. 7).

Hierzu treten noch zwei besondere, nur den Tierbeförderungen eigentümliche Fälle des Ruhens. Der Lauf der Lieferfrist soll ferner ruhen für die Dauer des Aufenthaltes auf den Tränkestationen (§ 48 Anm. 192 Bek. d. RK. vom 13. VII. 1879 Zentralbl. S. 479 ff. EVBl. S. 142 ff.) und für die Dauer der ärztlichen Viehbeschau.

204) Abs. 4 enthält im Satz 1 von den Regeln des Abs. 1 nur insofern eine Ausnahme, als die Auslieferung von Pferden und Hunden, welche mit Personenzügen befördert werden, nicht nach Maßgabe der in Abs. 1 bestimmten Frist, sondern in der in § 34 Abs. 2 für Gepäck bzw. Fahrzeuge bestimmten Frist (s. Anm. 134 S. 137, Anm. 138 S. 140) verlangt werden kann. Voraussetzung ist die Beförderung mit Personenzügen, auch gilt die Ausnahme nur für Pferde und Hunde.

Durch Satz 2 ist im Interesse pünktlicher Durchführung der Personenzüge für die mit diesen zu befördernden Pferde, ebenso wie es für die als Reisegepäck aufgelieferten Fahrzeuge im § 34 Abs. 2 (Anm. 134 S. 137) geschehen, eine Vorschrift neu aufgenommen, wonach die Weiterbeförderung, wenn unterwegs ein Übergang auf einen anderen Zug stattfinden muß, erst mit dem nächsten Personenzuge verlangt werden kann (Begr.).

§ 52.

Weitere Vorschriften.

Im übrigen gelten für die Beförderung von Tieren sinngemäß die Vorschriften im Abschn. VIII [205]).

I. Wegen des Verfahrens bei Überlastung eines mit Tieren beladenen Wagens vgl. § 60 (1) d.

II. Erleiden Tiersendungen deshalb eine Verzögerung, weil die zur Erfüllung etwa bestehender Zoll-, Steuer- oder Polizeivorschriften erforderlichen Begleitpapiere ohne Verschulden der Eisenbahn fehlen oder unzulänglich sind, so wird für den hierdurch entstehenden Mehraufenthalt das Standgeld oder Wagenstandgeld nach dem Nebengebührentarif (Abschn. C) erhoben.

III. Die Gebühren für die Mitwirkung der Eisenbahn bei der zollamtlichen Abfertigung und der Untersuchung durch den Grenztierarzt, die Ladegebühren und die Provision für bare Auslagen der Eisenbahn sind im Nebengebührentarif (Abschn. C) festgesetzt.

Alte EVO. § 48.

205) Nach § 52 gelten „im übrigen", d. h. insoweit nicht Abschn. VII besondere bzw. abweichende Vorschriften enthält, die Vorschriften des Abschn. VIII für die Beförderung von Tieren sinngemäß. Damit ist den gesamten Normen des Abschn. VIII subsidiäre Bedeutung für die Beförderung von Tieren verliehen (vgl. hierzu die Ausführungen der Anm. 139, 140 S. 141, 143 ff. in betreff des Reisegepäcks). Es ist festgesetzt, daß, insoweit nicht über die Beförderung von Tieren in den §§ 48—51 Besonderes bestimmt ist, die Normen des Abschn. VIII über die Beförderung von Gütern eine die Eigenartigkeit der Tierbeförderung berücksichtigende, d. h. sinngemäße Anwendung auf dieselbe zu finden haben. Dieser Grundsatz ist ganz allgemein gehalten, er erstreckt sich nicht allein auf die Form des Vertragsabschlusses (§§ 56—58, 61), die Modalitäten der Annahme und Ablieferung einschließlich der zoll- und steueramtlichen zc. Behandlung (§§ 62—65, §§ 66, 67), sondern auch auf die Vorschriften über Fracht und Nachnahme (§§ 68—72), Lieferfrist (§ 75), Verfügungsrecht (§ 73), Haftpflicht für Verlust, Minderung, Beschädigung und Lieferfristversäumnis, Beschränkungen der Haftung (§§ 87—92), insbesondere in Rücksicht auf § 86 Abs. 1 Ziff. 1, 3, 5 u. 6, Höhe des Schadensersatzes (§§ 88, 89, 93), Erlöschen und Verjährung der Schadensersatzansprüche (§§ 97 u. 98) zc. Überall, wo nicht Abschn. VII etwas Abweichendes speziell bestimmt, greifen die Normen des Abschn. VIII subsidiär und sinngemäß Platz.

Die gesamten Vorschriften über die Bekämpfung von Tierseuchen sind in der Beilage I zu dem im REA. bearbeiteten Eisenbahn-

Tierseuchenanzeiger (1908) abgedruckt, welcher regelmäßig die den Eisenbahnverkehr betreffenden Maßnahmen zur Bekämpfung von Tierseuchen veröffentlicht und durch die Postanstalten zu beziehen ist.

VIII.

Beförderung von Gütern [206]).

§ 53.

Durchgehende Beförderung.

Die Eisenbahn ist verpflichtet, Güter zur Beförderung von und nach allen für den Güterverkehr eingerichteten Stationen und Güternebenstellen anzunehmen, ohne daß es für den Übergang von einer Bahn auf die andere einer Vermittelungsadresse bedarf [207]).

Alte EVO. § 49. HGB. § 453. J.Ü. Art. 5.

206) Der Abschn. VIII der EVO., welcher die §§ 53—100 derselben umfaßt, enthält die Bestimmungen für die Beförderung von Gütern. Diese Bestimmungen gelten zugleich für die Beförderung von Reisegepäck (Abschn. IV), Expreßgut (Abschn. V), Leichen (Abschn. VI) und lebenden Tieren (Abschn. VII) subsidiär, d. h. soweit diese Abschnitte nicht besondere Vorschriften enthalten und die bezüglichen Beförderungsgegenstände die sinngemäße Anwendung zulassen (s. § 35 Anm. 139, § 43 Anm. 166, § 52 Anm. 205).

Wie aus der Einleitung und aus § 454 des HGB. sich klar ergibt, sind die dem öffentlichen Güterverkehre dienenden Eisenbahnen in betreff der Beförderung von Gütern insoweit den allgemeinen Vorschriften des Buches 3 Abschn. 6 (§§ 425—452) des HGB. über das Frachtgeschäft unterworfen, als nicht im Abschn. 7 (§§ 453—473) oder in der EVO. in Rücksicht auf die Eigenartigkeit der Beförderung der Eisenbahnen und ihre Machtstellung gegenüber den Mitkontrahenten besondere Bestimmungen über die Beförderung von Gütern auf den Eisenbahnen getroffen sind. Diese Bestimmungen sollen der Gefahr begegnen, daß die Eisenbahnen ihr tatsächliches Monopol mißbrauchen und die Beförderungsinteressenten, die genötigt sind, mit ihnen Frachtverträge abzuschließen, zwingen, daß sie in ungünstige Abänderungen der an sich dispositiven Bestimmungen des Frachtrechts willigen. Zu diesem Behufe ist im § 471 HGB. bestimmt, daß die nach den Vorschriften des § 432 Abs. 1, 2, der §§ 438, 439, 453, 455—470 begründeten Verpflichtungen der Eisenbahnen weder durch die EVO., noch durch Verträge ausgeschlossen oder beschränkt werden können, und daß Bestimmungen, welche dieser Vorschrift zuwiderlaufen, ebenso nichtig sind, wie Vereinbarungen, die mit den Vorschriften der EVO. im Widerspruche stehen.

207) Zu den die Vertragsfreiheit der Eisenbahnen ausschließenden und auch durch die EVO. nicht abänderbaren gesetzlichen Verpflichtungen der Eisenbahnen

gehört insbesondere die im § 453 des HGB. ausgesprochene gesetzliche Beförderungspflicht, d. h. die Pflicht, die Übernahme von Gütern zur Beförderung nach einer für den Güterverkehr eingerichteten Station innerhalb des Deutschen Reiches — abgesehen von den gleichfalls gesetzlich normierten Ausnahmefällen — nicht zu verweigern.

Der § 49 der EVO. von 1899 hat ebenso wie der § 53 der neuen EVO. sich lediglich darauf beschränkt, die im § 453 HGB. ausgesprochene gesetzliche Vorschrift über die Beförderungspflicht der deutschen Eisenbahnen zu wiederholen, nur unter Fortlassung der hier selbstverständlichen Bestimmung „innerhalb des Deutschen Reichs" und unter Hinzufügung der den Verkehr wesentlich erleichternden Vorschrift, daß es für den Übergang von einer Bahn auf die andere einer Vermittelungsadresse nicht bedarf, sowie der im Güterverkehr den Güterstationen gleichstehenden „Güternebenstellen".

Diese Vorschrift dehnt aber nicht nur die Grenzen der Beförderungspflicht der deutschen Eisenbahnen über das eigene Gebiet hinaus auf das Gebiet sämtlicher innerhalb des Deutschen Reiches liegenden, der EVO. unterworfenen Eisenbahnen aus, sondern hat durch §§ 432, 469, 471 HGB., § 100 EVO. eine viel weitergehende Bedeutung erlangt. Denn danach haftet jede Bahn, wenn sie zur gänzlichen oder teilweisen Ausführung der von ihr übernommenen Beförderung das Gut mit dem Frachtbrief anderen Bahnen übergibt, auch für diese bis zur Ablieferung als Frachtführer, und umgekehrt haften die letzteren, wenn sie das Gut mit dem ursprünglichen Frachtbriefe übernehmen, in gleicher Weise für die vorangehenden. Ist es nun auch hinsichtlich des gewöhnlichen Frachtführers an sich Tatfrage, ob, wie weit und für welche Strecke eine Beförderung als übernommen gilt, so ist es bei Eisenbahnen doch unzweifelhaft, daß die das Gut mit durchgehendem Frachtbriefe annehmende Eisenbahn die Beförderung bis zu dem darin bezeichneten Bestimmungsort übernimmt und sich auch gemäß § 471 HGB. von der ihr hiernach für die ganze Beförderung und alle nachfolgenden Eisenbahnen obliegenden Haftpflicht als Frachtführerin ebensowenig befreien kann, wie die letzteren, wenn sie das Gut mit dem durchgehenden Frachtbriefe übernehmen, von der Haftflicht für die vorangehenden Bahnen (Puchelt II 374, Wehrmann 169). Nun bestimmt § 53 EVO., daß die Beförderung mit durchgehendem Frachtbriefe nicht abgelehnt werden darf, gleichviel, ob die betreffende Bahn mit anderen Bahnen im Verbandsverkehre steht oder nicht (v. Hahn II 700, Ruckdeschel 20, Schott 478, Endemann, R. d. E. 531), und verwirklicht damit für den Güterverkehr die in Art. 44 der Reichsverfassung den Eisenbahnen, wenngleich in sehr unbestimmter Fassung, auferlegte Verpflichtung zur Einrichtung direkter Abfertigung. Und daraus folgt:

1. Die in Art. 422 Abs. 1 A.HGB. nur auf die eigene Strecke beschränkte Beförderungspflicht ist durch § 453 HGB., § 53 EVO. für alle denselben unterworfenen Bahnen über den eigenen Bahnbezirk hinaus auf das ganze Geltungsgebiet des HGB. bzw. der EVO. obligatorisch ausgedehnt, derartig, daß die Beförderung mit durchgehendem Frachtbriefe nach jeder für den Güterverkehr eingerichteten Station dieses Gebietes übernommen werden muß, wenn nicht für die in Betracht kommende Strecke die im § 453 HGB. bzw. in

der EVO. bezeichneten Beförderungshindernisse entgegenstehen (§ 6 s. Anm. 11ff. S. 11ff., so auch Makower 1578).

2. Die Annahmebahn und alle folgenden an der Beförderung mit durchgehendem Frachtbriefe beteiligten Bahnen tragen für die ganze Beförderungsstrecke die Haftpflicht des Frachtführers in Gemäßheit der §§ 432, 469 HGB., § 100 EVO.

Die Eisenbahn ist also zur Annahme behufs Beförderung auch dann verpflichtet, wenn zwischen der Versand- und Bestimmungsstation direkte Tarifsätze nicht bestehen (s. § 69 Abs. 7 EVO.) und ebenso in den, in den Allg. AusfBest. lit. a und b zum § 1 EVO. angeführten Fällen (s. S. 1, 2).

Die „für den Güterverkehr eingerichteten Stationen und Güternebenstellen" werden durch die ordnungsmäßigen Bekanntmachungen der einzelnen Bahnen bestimmt. „Güterverkehr" steht im Gegensatze zum „Personenverkehr". Die ZusBest. f. d. pr.-hess. Staatsb. zu d. Allg. AbfVorschr. unterscheiden in ihren Allg. Best. I Ziff. 1 Güter- und Eilgut-Abfertigungsstellen.

Auf Stationen und Güternebenstellen, die für den Güterverkehr nicht eingerichtet sind, findet § 53 nicht Anwendung. Auch bei für Güterverkehr eingerichteten ist zu unterscheiden, ob die Einrichtung nur für Wagenladungs- oder nur für Stückgüter oder für beides besteht. Frachtbriefe nach Stationen 2c. der nicht der EVO. unterworfenen Eisenbahnen sind, falls direkte Tarife nicht bestehen, nur dann zur Annahme geeignet, wenn nach der Bestimmungsstation eine ununterbrochene Schienenverbindung führt und der Annahme sonstige Bedenken nicht entgegenstehen. In den zutreffenden Fällen ist den Auflieferern die event. Wahl einer Vermittelungsadresse auf der Grenzstation der der EVO. unterworfenen Eisenbahnen unter Hinweis darauf anheimzugeben, daß für die Weiterbeförderung des Gutes von dieser Station eine Zusage nicht gegeben werden kann. Vgl. über den Verkehr mit Kleinbahnen: Erl. d. Pr. Min. d. öff. Arb. vom 9. VI. 1894 (EVBl. S. 146), 22. IV. 1895 (S. 369), 14. IX. 1896 (S. 273), 4. II. 1897 (S. 36), 26. II., 9. V., 13. IX. 1898 (Zeitschr. f. Kleinb. S. 244, 315, 545), 22. II. 1899 (S. 256), 7. V. 1900 (S. 345), 21. V. 1900 (S. 378), 12. X. 1900 (S. 560), 22. V. 1901 (S. 412), 18. VII. 1903 (S. 401), 14. VII. 1904 (S. 538), 13. XII. 1905 (1906 S. 25).

Im Verkehre mit dem Auslande ist zu unterscheiden:

I. Handelt es sich um Beförderungen nach Eisenbahnen, welche dem I.Ü. angehören, so ist jede deutsche diesem unterworfene Eisenbahn zur Annahme und zur Beförderung mit dem durchgehenden internationalen Eisenbahnfrachtbrief (Art. 1, 6 I.Ü. §§ 39, 44 Ver. BetrRegl.) verpflichtet.

II. Handelt es sich um Beförderungen nach Eisenbahnen, welche dem I.Ü. nicht angehören, so sind, soweit dieselben zu Verbänden gehören, welche durchgehenden Verkehr mit bezüglichen Frachtbriefen vereinbart haben, die Eisenbahnen zur Annahme und zur Beförderung mit den bezüglichen durchgehenden Frachtbriefen nach den Güterstationen der Verbandsbahnen verpflichtet. Anderenfalls darf die Annahme und die durchgehende Beförderung nur bis zur deutschen Grenzstation erfolgen.

Die Allg. AbfVorschr. § 9 Ziff. 1—5 bestimmen hierzu:

1. Bei der Übernahme ist zunächst zu prüfen, ob es sich um eine Sendung handelt, auf die die EVO. oder das J.Ü. Ziff. 1 anzuwenden ist, oder ob die Bestimmungsstation der Sendung weder im Geltungsbereiche der EVO. noch in dem des J.Ü. liegt.

2. Der durch die EVO. vorgeschriebene Frachtbrief ist anzuwenden, wenn

a) eine Sendung, deren Abgangs- und Endstation im Gebiete des Deutschen Reiches liegt, das Gebiet eines außerdeutschen Staates bei der Beförderung überhaupt nicht berührt oder auf einer Linie nur durchläuft, die von einer deutschen Eisenbahnverwaltung betrieben wird;

b) eine Sendung von irgendeiner Station der Eisenbahnen Deutschlands nach dem Grenzbahnhofe eines außerdeutschen Nachbarstaates, in dem die Zollbehandlung erfolgt, oder nach einer Station befördert wird, die zwischen diesem Bahnhofe und der Grenze liegt, es sei denn, daß der Absender für eine solche Sendung die Anwendung des J.Ü. durch Aufgabe mit einem internationalen Frachtbriefe verlangt. Das Gleiche gilt auch für Sendungen von dem Grenzbahnhofe oder einer der bezeichneten Zwischenstationen nach Stationen der deutschen Eisenbahnen.

3. Der durch das J.Ü. vorgeschriebene Frachtbrief ist anzuwenden, wenn die Bestimmungsstation einer Sendung in dem Gebiet eines außerdeutschen, diesem Übereinkommen beigetretenen Staates liegt. Wird Sendungen, für die das J.Ü. maßgebend ist, nicht der für die internationale Eisenbahnbeförderung vorgeschriebene Frachtbrief beigegeben, so darf die Sendung nicht angenommen werden. Das J.Ü. liegt im besonderen dem Betriebsreglement des Vereins Deutscher Eisenbahnverwaltungen zugrunde und ist nebst den zugehörigen Ausführungsbestimmungen in diesem wörtlich enthalten.

4. In den unter das J.Ü. fallenden Auslandsverkehren, in denen die Anwendung des direkten Tarifes von der Benutzung des darin vorgesehenen mehrsprachigen Frachtbriefformulars abhängig gemacht ist, muß auf Verwendung dieses Formulars bestanden werden, wenn der Absender die Abfertigung auf Grund jenes Tarifes verlangt. Ist dagegen in dem Auslandstarif zwar ein mehrsprachiges Frachtbriefformular vorgesehen, dessen Benutzung aber nicht ausdrücklich zur Bedingung für die Anwendung des direkten Tarifes gemacht, wie z. B. im deutsch-schweizerischen, deutsch-italienischen Tarif, so ist auf die Verwendung des in dem Tarif vorgesehenen Frachtbriefformulars hinzuwirken, und zwar durch den Hinweis auf die Nachteile, die aus der Verwendung eines nur in deutscher Sprache abgefaßten Frachtbriefformulars in Ländern, in denen diese Sprache nicht Geschäftssprache ist, entstehen können. Besteht jedoch der Absender auf Verwendung eines nur in deutscher Sprache abgefaßten Frachtbriefformulars, so darf die Annahme des Gutes und die Abfertigung auf Grund des direkten Tarifes nicht verweigert werden.

5. Liegt die Bestimmungsstation weder im Geltungsbereich der EVO. noch in dem des J.Ü., so wird die Sendung zur Beförderung mit durchgehendem Frachtbriefe angenommen, wenn sie auf Grund eines für den betreffenden Verkehr bestehenden Tarifes abgefertigt werden kann oder doch eine ununterbrochene Schienenverbindung nach der Bestimmungsstation führt. Im ersten

Falle muß der Sendung der in dem Tarife vorgeschriebene Frachtbrief beigegeben sein. In dem anderen Falle ist sie in dem Verkehr abzufertigen, der den Weg zur Bestimmungsstation vermittelt. Es ist dann der für diesen Verkehr vorgeschriebene Frachtbrief anzuwenden. Ist weder ein direkter Tarif noch eine ununterbrochene Schienenverbindung vorhanden, so ist dem Absender die Ausstellung des Frachtbriefes an eine Vermittelungsadresse auf einer geeigneten Station zu überlassen. Sendungen mit Frachtbriefen, auf denen als Bestimmungsstation eine Station einer spanischen oder portugiesischen Eisenbahn angegeben ist, sind trotz der bestehenden ununterbrochenen Schienenverbindung nicht anzunehmen. Soweit es nach Vereinbarung zwischen den beteiligten Eisenbahnen zugelassen wird, Sendungen mit direkten Frachtbriefen nach überseeischen Orten unter Bezeichnung einer Station des Ausgangsseehafens in der Frachtbriefadresse anzunehmen, wird dies den Dienststellen bekanntgegeben.

Das Umladen von Vollspurwagen in Schmalspurwagen oder umgekehrt wird durch die Eisenbahn besorgt. Zur Beförderung angenommene Güter, die nach den bestehenden Bestimmungen auf die Schmalspurbahn nicht übergehen können, werden den Empfängern auf der Übergangsstation zur Schmalspurbahn zur Verfügung gestellt (D. EisenbGütTar. II A).

Vgl. noch Allg. AbfVorschr. § 1 (Auflieferung und Annahme von Gütern im allgemeinen).

§ 54.

Von der Beförderung ausgeschlossene oder nur bedingungsweise zur Beförderung zugelassene Gegenstände.

(1) Von der Beförderung ausgeschlossen sind[208]:

A. die dem Postzwang unterliegenden Gegenstände;

I. Die einschlagenden Bestimmungen des Gesetzes über das Postwesen des Deutschen Reiches lauten, wie folgt:

§ 1 (Gesetz vom 28. Oktober 1871). Die Beförderung

1. aller versiegelten, zugenähten oder sonst verschlossenen Briefe;

2. aller Zeitungen politischen Inhalts, welche öfter als einmal wöchentlich erscheinen, gegen Bezahlung von Orten mit einer Postanstalt nach anderen Orten mit einer Postanstalt des In- oder Auslandes auf andere Weise als durch die Post ist verboten. Hinsichtlich der politischen Zeitungen erstreckt dieses Verbot sich nicht auf den zweimeiligen Umkreis ihres Ursprungsorts.

Wenn Briefe und Zeitungen (Nr. 1 und 2) vom Auslande eingehen und nach inländischen Orten mit einer Postanstalt bestimmt sind oder durch das Gebiet des Deutschen Reiches transitieren sollen, so müssen sie bei der nächsten inländischen Postanstalt zur Weiterbeförderung eingeliefert werden.

Unverschlossene Briefe, welche in versiegelten, zugenähten oder sonst verschlossenen Paketen befördert werden, sind den verschlossenen Briefen gleich zu achten. Es ist jedoch gestattet, versiegelten, zugenähten oder sonst verschlossenen Paketen, welche auf andere Weise als durch die Post befördert werden, solche unverschlossene Briefe, Fakturen, Preiskurante, Rechnungen und ähnliche Schriftstücke beizufügen, welche den Inhalt des Pakets betreffen.

§ 1 a*). Die §§ 1 usw. dieses Gesetzes finden auch Anwendung auf verschlossene und solchen gleich zu achtende Briefe, die innerhalb der Gemeindegrenzen ihres mit einer Postanstalt versehenen Ursprungsortes verbleiben.

B. soweit nicht in Abs. (2) A Ziff. 1 Ausnahmen zugelassen sind:
1. explosionsgefährliche Gegenstände**):
a) Sprengstoffe***),
b) Munition,
c) Zündwaren und Feuerwerkskörper,
d) verdichtete und verflüssigte Gase,
e) Stoffe, die in Berührung mit Wasser entzündliche oder die Verbrennung unterstützende Gase entwickeln;
2. selbstentzündliche Stoffe.

(2) Bedingungsweise sind zur Beförderung zugelassen [209]):
A. nach den in der Anlage C enthaltenen Vorschriften:
1. die in der Anlage C unter I und II aufgeführten explosionsgefährlichen Gegenstände und selbstentzündlichen Stoffe (Abs. (1) B);
2. die in der Anlage C unter III bis VI aufgeführten brennbaren Flüssigkeiten, giftigen, ätzenden und fäulnisfähigen Stoffe.

*) Durch Gesetz vom 20. Dezember 1899 hinzugefügt.

) Zu den explosions gefährlichen Gegenständen im Sinne dieses Paragraphen gehören alle explosions fähigen Substanzen, vgl. jedoch Anm. *.

***) Explosionsfähige Substanzen, die nicht Schieß- oder Sprengzwecken dienen, durch Flammenzündung nicht zur Explosion gebracht werden können und gegen Stoß und Schlag nicht empfindlicher sind, als Dinitrobenzol, gehören nicht zu den Sprengstoffen im Sinne dieses Paragraphen.

Solche Gegenstände dürfen miteinander oder mit anderen Gegenständen nur dann zusammengepackt werden, wenn dies in der Anlage C zugelassen ist.

B. außerdem:

1. Gold- und Silberbarren, Platina, Geld, Münzen und Papiere mit Geldwert, Dokumente, Edelsteine, echte Perlen, besonders wertvolle Spitzen und besonders wertvolle Stickereien sowie andere Kostbarkeiten, ferner Kunstgegenstände, wie Gemälde, Bildwerke, Gegenstände aus Erzguß, Kunstaltertümer.

   Die Beförderungsbedingungen für diese Gegenstände hat der Tarif zu bestimmen.

   Als Papiere mit Geldwert sind nicht zu behandeln: Postfreimarken, Stempelbogen und Stempelmarken sowie ähnliche amtliche Wertzeichen.

II. (1) Gold- und Silberbarren, Platina, Geld und Münzen mit Geldwert aus edlen Metallen, Papiere mit Geldwert, Dokumente, Edelsteine und echte Perlen werden nur als Eilgut zur Beförderung angenommen und dürfen nicht bahnlagernd gestellt werden.

(2) Sie müssen in festverschlossenen Fässern oder Kisten, die einzeln nicht unter 25 kg wiegen dürfen, gut verpackt sein. Silberbarren werden jedoch auch angenommen, wenn sie bei Aufgabe in Wagenladungen unverpackt oder bei Aufgabe als Stückgut in Leinwand verpackt sind und der Absender das Fehlen oder die Mängel der Verpackung gemäß § 62 (2) anerkennt. Gemünztes Geld wird gegen dieses Anerkenntnis auch in feste Säcke verpackt zur Beförderung angenommen.

(3) Die Beförderung findet nur in besonderen Wagen, in die andere Güter nicht verladen werden dürfen, mit den von der Eisenbahn zu bestimmenden Zügen statt.

(4) Für jeden Wagen muß vom Absender ein Begleiter gestellt werden, der in dem Wagen unentgeltlich fahren und ihn unter Verschluß halten kann. Weitere Begleiter, die in dem Wagen Platz nehmen, haben Fahrkarten der niedrigsten im Zuge befindlichen Wagenklasse zu lösen. Wenn die Begleiter in einem Personenwagen Platz nehmen, haben sie das tarifmäßige Fahrgeld zu zahlen.

(5) Das Einladen liegt dem Absender, das Ausladen dem Empfänger ob.

(6) Die Beförderung in Sonderzügen unterliegt besonderer Vereinbarung zwischen dem Absender und der Eisenbahn.

III. (1) Kostbarkeiten, namentlich Waren aus Gold, Silber oder Platina, auch in Verbindung mit Edelsteinen oder echten Perlen, neu oder gebraucht, besonders wertvolle Spitzen und besonders wertvolle Stickereien, ferner Geld und Münzen mit Geldwert aus unedlen Metallen, sowie Kunstgegenstände, wie Gemälde, Bildwerke, Gegenstände aus Erzguß und Kunstaltertümer, müssen als solche im Frachtbrief ausdrücklich bezeichnet werden und dürfen nicht bahnlagernd gestellt werden. Der Wert, der den Höchstbetrag einer Entschädigung bilden soll, muß in der Spalte „Inhalt" angegeben werden.

(2) Wenn der Wert oder das Interesse an der Lieferung bei Kostbarkeiten oder bei Geld und Münzen mit Geldwert aus unedlen Metallen mit mehr als 500 M., bei Kunstgegenständen mit mehr als 5000 M. angegeben ist, so werden sie nur als Eilgut zur Beförderung angenommen und müssen in festverschlossenen Fässern oder Kisten, die einzeln nicht unter 25 kg wiegen dürfen, gut verpackt sein, sofern nach der Art der Frachtstücke nicht von einer Verpackung abgesehen werden kann. Auch gelten für solche Sendungen die Bestimmungen unter II Abs. (3) bis (6).

2. Gegenstände, deren Verladung oder Beförderung nach der Anlage oder dem Betrieb einer beteiligten Bahn außergewöhnliche Schwierigkeit verursacht.

Ihre Beförderung kann die Eisenbahn von besonders zu vereinbarenden Bedingungen abhängig machen.

3. Eisenbahnfahrzeuge, die auf eigenen Rädern befördert werden sollen.

Sie müssen sich in lauffähigem Zustande befinden. Lokomotiven, Tender, Dampf- und Kraftwagen müssen von einem sachverständigen Beauftragten des Absenders begleitet sein.

IV. (1) Eisenbahnfahrzeuge, die auf eigenen Rädern befördert werden sollen, werden zur Beförderung nur angenommen, wenn ihre Lauffähigkeit von einer Eisenbahnverwaltung geprüft worden und durch einen Prüfungsvermerk an den Fahrzeugen oder in einer besonderen Bescheinigung bestätigt ist.

(2) Die Beladung der Eisenbahnfahrzeuge bedarf besonderer Genehmigung. Für die verladenen Gegenstände ist die tarifmäßige Fracht zu zahlen.

(3) Eisenbahnfahrzeuge, die auf eigenen Rädern befördert werden sollen, werden nicht als Eilgut angenommen.

(4) Das Schmieren der Lokomotiven, Tender, Dampf- und Kraftwagen liegt dem Begleiter ob.

(5) Anderen Eisenbahnfahrzeugen kann ein Begleiter beigegeben werden. Dieser hat das Schmieren zu besorgen. Ist kein Begleiter beigegeben, so übernimmt die Eisenbahn das Schmieren auf Kosten des Absenders.

(6) Die Begleiter von Eisenbahnfahrzeugen werden frei befördert und haben auf oder in den begleiteten Fahrzeugen Platz zu nehmen. Ausnahmsweise kann ihnen der zeitweilige Aufenthalt im Packwagen oder in einem Wagen III. Klasse vom Zugführer gestattet werden.

Alte EVO. § 50. HGB. § 453. J.Ü. Art. 2, 3. AusfBest. § 1.

208) § 54 EVO. trifft ergänzende Bestimmungen zu der in § 453 Abs. 1 Ziff. 3 HGB. enthaltenen Vorschrift, daß die dem öffentlichen Güterverkehre dienenden Eisenbahnen die Übernahme von Gütern zur Beförderung nach einer für den Güterverkehr eingerichteten Station innerhalb des Deutschen Reiches nicht verweigern dürfen, sofern die Güter nach der EVO. oder den gemäß derselben erlassenen Vorschriften und, soweit diese keinen Anhalt gewähren, nach der Anlage und dem Betriebe der beteiligten Bahnen sich zur Beförderung eignen; d. h. insbesondere nach ihrer eigentlichen Beschaffenheit oder sonstigen Eigenschaft (Qualität, Form, Gewicht, Umfang ꝛc.) (s. § 3 Anm. 11 S. 11, Thöl III § 50 S. 95).

Vgl. Allg. AbfVorschr. § 2 Ziff. 1 (interner Verkehr), Ziff. 6 (internationaler Verkehr).

Der § 54 zerfällt in zwei Absätze. Er bestimmt im

Abs. 1 die von der Beförderung ausgeschlossenen Gegenstände, welche in zwei Gruppen bestehen:

A. die dem Postzwang unterliegenden Gegenstände,

B. die explosionsgefährlichen und selbstentzündlichen Stoffe (abgesehen von den im Abs. 2 A zugelassenen Ausnahmen).

Abs. 2. Die bedingungsweise zur Beförderung zugelassenen Gegenstände, die sich gleichfalls in zwei Gruppen teilen:

A. die nach den Vorschriften der Anlage C zugelassenen und dort unter I und II aufgeführten explosionsgefährlichen und selbstentzündlichen Stoffe, sowie die unter III bis VI aufgeführten brennbaren Flüssigkeiten und giftigen 2c. Stoffe,

B. die geldwerten, kostbaren und Kunstgegenstände, die besonders schwierig zu verladenden Güter und die auf eigenen Rädern zu befördernden Eisenbahnfahrzeuge.

Die zum § 54 als Anlage C beigefügten Vorschriften über bedingungsweise zur Beförderung zugelassene Gegenstände sind der Natur der Sache nach fortgesetzt vielfachen Änderungen durch Nachträge unterworfen. Gemeinsam ist allen in der Anlage C aufgeführten Gegenstände, daß sie nicht bahnlagernd gestellt werden dürfen (§ 56 Abs. 1 lit. k Anm. 226 S. 229).

Abs. 1. Folgt man der vorstehend angegebenen Einteilung des § 54, so werden zunächst nach Abs. 1 als „von der Beförderung ausgeschlossen" zwei Gruppen bezeichnet, nämlich A. die dem Postzwange unterliegenden Gegenstände, B. die explosionsgefährlichen und selbstentzündlichen Stoffe.

„Ausgeschlossen" bedeutet unbedingt im Gegensatze zu Abs. 2 und unter allen Umständen verboten, selbst wenn sich der Absender zur Ausstellung eines Anerkenntnisses oder einer allgemeinen Erklärung im Sinne des § 62 Abs. 2 bereit erklärt. Denn soweit die EVO. positive und ausdrückliche Vorschriften über die Annahme, Verpackungsart 2c. enthält, greift das Ermessen der Bahnorgane hierüber nicht Platz. Auch besteht kein Unterschied zwischen Güter- und Personenzügen.

A. „Die dem Postzwang unterliegenden Gegenstände". Diese sind deshalb von der Eisenbahnbeförderung ausgeschlossen, weil die Postverwaltungen auf deren Beförderung ein ausschließliches Recht haben (Endemann, R. d. E. 127 ff.). Das Gesetz über das Postwesen des Deutschen Reiches vom 28. X. 1871 (RGBl. S. 347) §§ 1, 2, sowie das RGes. vom 20. XII. 1899 (RGBl. S. 715) Art. 2 bezeichnen die betreffenden Gegenstände.

Siehe hierzu Allg. AusfBest. I (S. 203) Allg. AbfVorschr. § 2 Ziff. 2: „Postzwangspflichtige Briefe und Zeitungen, die vom Auslande eingehen und im Inlande verbleiben oder durch das Gebiet des Deutschen Reiches hindurchgehen sollen, müssen bei der nächsten inländischen Postanstalt zur Weiterbeförderung aufgeliefert werden. Sind Sendungen nach dem Auslande zur Beförderung angenommen, die dort dem Postzwange unterliegen, so hat sie die Grenzstation unter Erhebung der bis dahin entstandenen Fracht und sonstigen Kosten an einen Spediteur zur Weiterbeförderung mit der Post auf Gefahr des Absenders abzugeben."

B. Die explosionsgefährlichen Gegenstände und die selbstentzündlichen Stoffe. Die Aufführung dieser beiden Kategorien entspricht der Anordnung der neuen Anlage C (I u. II). Die explosionsgefährlichen und selbstentzündlichen Stoffe sind in Rücksicht darauf von der Beförderung ausgeschlossen, daß sie die Betriebsmittel, das Personal und andere Güter in besondere Gefahr setzen, die durch den Dampfbetrieb der Bahn noch erhöht wird. Indes ist die Vorschrift keine unbedingte. Gewisse Kategorien der der Selbstentzündung oder Explosion unterworfenen Gegenstände können durch zweckmäßige Umhüllung, Verpackung, Verladung 2c. zur Beförderung geeignet gemacht werden und sind daher im Abs. 2 A des § 54 den bedingungsweise zugelassenen Gegenständen beigefügt. (Vgl. RG. E. 5 138.)

Lit. B 1 zählt unter a—e (anschließend an Anlage C unter Ia—e) fünf Kategorien explosionsgefährlicher Gegenstände auf. Die Anm. 1 und 2 (zum Text des § 54 Abs. 1 B) wurden erforderlich, damit gewisse Substanzen, die nur unter besonderen Umständen, z. B. durch Initialzündung, zur Explosion gebracht werden können, regelmäßig aber nicht explosionsgefährlich sind, z. B. Mono- und Dinitrotoluol, auch künftig bedingungslos befördert werden können (Begr.).

Die Herstellung, der Vertrieb und der Besitz von Sprengstoffen, sowie ihre Einführung aus dem Auslande ist nach § 1 des Gesetzes gegen den verbrecherischen und gemeingefährlichen Gebrauch von Sprengstoffen vom 9. VI. 1884 (RGBl. S. 61) nur mit polizeilicher Genehmigung zulässig. AusfVerordn. hierzu vom 11. IX. 1884 (MinBl. d. i. V. S. 237) regelt unter anderem die Behandlung der Gesuche und die Führung der Register, ergänzt die Verordn. vom 4. VII. 1885 (ebenda S. 186) und 19. IX. 1894 (ebenda S. 191). Begriff der Schießmittel: Bek. d. RK. vom 13. III. 1885 (RGBl. S. 78), 16. IV. 1891 (RGBl. S. 105), 11. VIII. 1896 (RGBl. S. 698), 29. IV. 1903 (RGBl. S. 211).

Den Verkehr mit Sprengstoffen regelt in Preußen die MinPolizeiVerordn. vom 14. IX. 1905 (MinBl. d. i. V. S. 542), deren Bestimmungen jedoch auf den Eisenbahnverkehr keine Anwendung finden. Für diesen gelten die Vorschriften der EVO. Wegen der Strafbestimmungen für Nichtbefolgung s. StGB. § 367,5. (Vgl. Pietsch und Molsen 112, 113.)

Allg. AbfVorschr. § 2 Ziff. 5.

Lit. B 2 führt generell selbstentzündliche Stoffe auf. Es sind mangels jeder Einschränkung oder spezieller Aufzählung alle selbstentzündlichen Stoffe zu verstehen, mit Ausnahme der in der Anlage C II Ziff. 1—11 ausdrücklich bezeichneten, die gemäß Abs. 2 A 1 des § 54 unter den in der Anlage vorgeschriebenen Bedingungen zur Beförderung zugelassen sind.

Darüber, ob ein Gegenstand der Selbstentzündung oder Explosion unterworfen ist, entscheidet zunächst der abfertigende Beamte, im Zweifel nach Einholung des Gutachtens Sachverständiger. Gegen ungerechtfertigte Rückweisung der Beförderung steht dem Absender der Beschwerde- und der Rechtsweg offen. (Vgl. Allg. AbfVorschr. § 8 Ziff. 5—8.)

209) Abs. 2 führt als „bedingungsweise zur Beförderung zugelassen" gleichfalls zwei Gruppen an, nämlich unter

A 1 die nach den Vorschriften der Anlage C zugelassenen und dort unter I und II aufgeführten, explosionsgefährlichen und selbstentzündlichen Stoffe, sowie 2. die danach unter III bis VI aufgeführten brennbaren Flüssigkeiten und giftigen, ätzenden und fäulnisfähigen Stoffe. Die Teilung in zwei Ziffern war nötig, um den zwischen beiden Kategorien bestehenden Unterschied hervorzuheben. Denn explosionsgefährliche und selbstentzündliche Stoffe sind von der Beförderung ausgeschlossen, wenn sie nicht in Nr. I u. II der Anlage C unter besonderen Bedingungen zugelassen sind. Dagegen sind Gegenstände der in Nr. III bis VI aufgeführten Klassen an sich unbeschränkt zur Beförderung zugelassen; sollen also einzelne dieser Gegenstände nur bedingungsweise befördert werden, so müssen sie in die Anlage C ausdrücklich aufgenommen werden (Begr.).

In einem besonderen Zusatze ist zur Beseitigung mehrfach hervorgetretener Zweifel vorgeschrieben, daß die Gegenstände der Anlage C miteinander oder mit anderen Gütern nur zusammengepackt werden dürfen, wenn es in dieser Anlage zugelassen ist.

Die Anlage C ist nebst einem alphabetischen Verzeichnis der bedingungsweise zur Beförderung zugelassenen Gegenstände in der im REA. durchgesehenen Ausgabe der EVO. enthalten. Änderungen und Ergänzungen der Anlage C verfügt das REA. Sie müssen im RGBl. veröffentlicht, auch sollen sie im Reichsanzeiger bekannt gemacht werden.

B. 1. Die geldwerten, die kostbaren und Kunstgegenstände; 2. die besonders schwierig zu verladenden Gegenstände; 3. die auf eigenen Rädern zu befördernden Eisenbahnfahrzeuge.

1. Die geldwerten, kostbaren und Kunstgegenstände.

Diese Gegenstände lassen sich — abgesehen von Geld und Wertpapieren — unter dem generellen Begriffe der „Kostbarkeiten" zusammenfassen, wie auch § 429 Abs. 2, § 462 HGB. nur „Kostbarkeiten, Kunstgegenstände, Geld und Wertpapiere" aufführen. Unter „Kostbarkeiten" (s. BGB. §§ 372, 702, 1667, 1818, 1960) sind alle Sachen zu verstehen, welche im Verhältnis zu ihrem Umfang oder Gewicht einen außerordentlich und ungewöhnlich hohen Wert haben (Schott 322, v. Hahn II 608, Cosack 406, Lehmann-Ring 326, Staub 1862, Düringer-Hachenburg 560). Dahin gehören vornehmlich edle Metalle, wie Gold, Silber, ferner Juwelen, Diamanten und andere Edelsteine, kostbare Perlen, Uhren, Kunstgegenstände von ungewöhnlichem Werte, Antiken ꝛc. Der Begriff läßt sich nach der Natur der Sache nicht näher definieren, der Richter wird daher im einzelnen Falle nach den tatsächlichen Verhältnissen, unter Berücksichtigung der Verkehrsanschauungen, die Entscheidung zu treffen haben. Jedenfalls ist der Gegensatz zu gewöhnlichen Handels-(Kaufmanns-)Gütern festzuhalten. Letztere können bloß deshalb, weil sie teuer sind, wie z. B. Seide, feine Gewebe, Delikatessen, schon nach dem gewöhnlichen Sprachgebrauche, wie auch der ratio legis, nicht hierher gerechnet werden. Bei vielen Gegenständen hängt es lediglich von der Höhe und dem Werte der darauf verwendeten Kunst ꝛc. ab, ob sie als Kostbarkeiten erscheinen oder nicht, z. B. echte oder gewöhnliche Spitzen, Ölgemälde oder Öldruckbilder usw., oder auch von ihrer Seltenheit (Handschriften: Lehmann-Ring 326). Andererseits ist es nicht gerade erforderlich, daß das Material, der Stoff, aus welchem die Sache besteht, ein besonders kostbarer sei (Silber, Gold, Edelsteine ꝛc.). Vielmehr können auch Gemälde, Statuen usw. unter den Begriff der „Kostbarkeiten" fallen, obwohl das Material, aus welchem sie gefertigt sind, ein billiges ist (v. Hahn II 608, RG. 30. IX. 1882 RGZ. **7** 125, E. **2** 354, 355, 7. III. 1885 RGZ. **13** 36, E. **3** 450), ebenso Bijouterien in Masse verschickt (OLG. Hamburg Zeitschr. f. HR. **40** 538). Dagegen nicht Pelzwaren (z. B. Zobelpelze), wenngleich sie wertvoll sind (Landger. Danzig 12. V. 1909, E. **26** 171).

„Kunstgegenstände" sind hiernach Werke der bildenden Kunst, welchen durch eine künstlerische Gestaltung — im Gegensatz zur handwerks- oder fabrikmäßigen — ein besonders hoher Wert innewohnt. Nicht auf den Stoff kommt es hier an, sondern auf den Kunstwert. „Kunstaltertümer" sind solche Gegenstände, welche durch ihr Alter und Beschaffenheit ein historisches, kulturhistorisches oder sonst bedeutendes Interesse für die Kunst bieten und dadurch einen besonderen Wert repräsentieren. Die Bezeichnung muß dies klar erkennen lassen. Die bloße Bezeichnung, z. B. „Denkmalgypsstudien", entspricht nicht den Erfordernissen des § 54 EVO., weil daraus nicht hervorgeht, ob es sich um einen Kunstgegenstand handelt (OLG. München 14. XII. 1900 E. 17 357). Vgl. Muschweck, Sped. u. Schiffztg. 13 Nr. 43—49, 15 Nr. 22—32). Die Annahme, es genüge, daß der Gegenstand seiner Gattung nach in das Gebiet der Kunst fällt, wenn er auch noch so schlecht ist, ist unzutreffend. (Richtig Rundnagel 63. A. M. Makower 1570, Cosack 406, Staub 1862, Düringer-Hachenburg § 429 Anm. VI 1 b).

Unter „Geld", „Münzen mit Geldwert" sind alle Arten laufender Münze, in- und ausländische, ohne Rücksicht auf die Größe und den Wert der zur Beförderung aufgegebenen Summen (also auch Kupfer-, Nickelmünze) zu verstehen; auch Papiergeld, außer Kurs gesetztes (Lehmann 326. A. M. Makower 1510, Düringer-Hachenburg § 429 VI 1 c).

Auch der Begriff „Papiere mit Geldwert" ist im weitesten Sinne zu nehmen. Der Ausdruck (vgl. A.HGB. Art. 271 Nr. 1, HGB. § 1) involviert, wie v. Hahn zu diesem Artikel (§ 7) zutreffend ausführt, keinen juristischen Begriff, sondern umfaßt verschiedene Rechtsbegriffe. Wertpapier ist nicht bloß das Kreditpapier (Wechsel, kaufmännische Anweisung), sondern auch Aktie, Pfandbrief, Staatspapier, Kupon). Nicht Wertpapiere sind Urkunden, welche lediglich zum Beweise oder zur Legitimation dienen (Keyßner 255, Puchelt II 5, Goldschmidt, Handb. I § 47 Anm. 21, Staub § 429 Anm. 21 A. M. Schott 333, Lehmann-Ring 326, Düringer-Hachenburg VI 1 c), unter Umständen aber Kostbarkeiten (Makower 1510). In der EVO. Abs. 2 B 1 Satz 3 ist in negativer Weise der Begriff dahin deklariert, daß als Papiere mit Geldwert nicht zu behandeln sind: „Postfreimarken, Stempelbogen und Stempelmarken, sowie ähnliche amtliche Wertzeichen".

Unter welchen Bedingungen alle diese vorbezeichneten Gegenstände zur Beförderung angenommen werden, ist nicht, wie bei Abs. 2 A durch die EVO. bestimmt, sondern der Bestimmung durch die Tarife überlassen, welche aber die gesetzlichen Haftpflichtnormen hierbei nicht verletzen dürfen.

Für die Annahme und Beförderung von Gold- und Silberbarren, Platina, Geld und Münzen mit Geldwert aus edlen Metallen, Papier mit Geldwert, Dokumenten, Edelsteinen und echten Perlen gelten die Allg. AusfBest. II 1, für die Annahme und Beförderung von Pretiosen und anderen Kostbarkeiten die Allg. AusfBest. III 1 u. 2 zum § 54 der EVO. (s. S. 205, 206).

Über die Beförderung dieser Gegenstände als Gepäck vgl. Allg. Ausf.-Best. Ziff. 3 zum § 30 EVO. (S. 113.)

2. „Gegenstände, deren Verladung oder Beförderung nach der Anlage und dem Betrieb einer beteiligten Bahn außergewöhnliche Schwierigkeiten verursacht." Es sind solche Gegenstände gemeint, denen

nach Umfang, Gewicht, Form rc. die gewöhnlichen Betriebseinrichtungen (Verladevorrichtungen, Personal, Betriebsmittel) der an der Beförderung beteiligten Bahnen nicht gewachsen sind, bzw. welche außerordentliche Anstrengungen zur Folge haben oder durch deren Verladung das Ladegewicht oder die für die Beförderungsstrecke in Betracht kommenden Lademaße überschritten werden würden (vgl. Allg. AbfVorschr. § 2 Ziff. 3). Ob dies der Fall, ist nach dem Ermessen der übernehmenden Verwaltung (v. Hahn II 708) zu beurteilen, eventuell tritt richterliche Feststellung ein. Die Beförderungsbedingungen sind bei derartigen Gütern nicht durch Reglement oder Tarif generell vorgeschrieben, sondern in jedem einzelnen Falle besonders zu vereinbaren (also bezüglich der Lieferfrist, Fracht, Verladungsweise rc.), dürfen aber die gesetzlichen Haftpflichtnormen nicht verletzen.

3. Eisenbahnfahrzeuge, die auf eigenen Rädern befördert werden sollen. Obligatorisch ist ausnahmslos für alle Eisenbahnfahrzeuge, daß sie sich in lauffähigem Zustande befinden. (Vgl. hierzu Allg. AusfBest. zu § 54 Nr. IV S. 206.)

Eisenbahnfahrzeuge sind nach den Allg. TarVorschr. d. deutschen Eisenb.-Gütertarifs Teil I Abt. B: 1. Eisenbahnlokomotiven, Tender und Dampfwagen, 2. Eisenbahnwagen aller Art: a) Personen-, Gepäck-, Güter- und Kohlenwagen, b) Bahnmeisterwagen und Draisinen, c) Straßenbahnwagen, d) Kipp- und Förderwagen, 3. Eisenbahn-Wagenkrahne, 4. Eisenbahn-Schneepflüge.

§ 55[210]).

Frachtbrief; seine Form.

(1) Jede Sendung muß von einem Frachtbriefe begleitet sein, der für gewöhnliches Frachtgut dem Muster der Anlage D, für Eilgut dem Muster der Anlage E zu entsprechen hat[211]).

(2) Zu den Frachtbriefen ist weißes Schreibpapier in der vom Reichseisenbahnamte festgesetzten Beschaffenheit zu verwenden. Alle Güterabfertigungsstellen sind verpflichtet, Frachtbriefe zu den im Tarife festzusetzenden Preisen zu verkaufen[212]).

(3) Die Frachtbriefe müssen zum Nachweise, daß sie den Vorschriften entsprechen, den Prüfungsstempel einer inländischen Eisenbahn tragen. Die Stempelung der nicht für Rechnung der Eisenbahn gedruckten Frachtbriefe erfolgt gegen eine im Tarife festzusetzende Gebühr; sie kann abgelehnt werden, wenn nicht gleichzeitig mindestens 100 Frachtbriefe vorgelegt werden[213]).

Die Preise der Frachtbriefe und die Gebühr für die Stempelung der nicht für Rechnung der Eisenbahn gedruckten Frachtbriefe sind in dem Nebengebührentarif (Teil I Abteilung B) festgesetzt.

(4) Die stark umrahmten Teile des Musters sind für die Eintragungen der Eisenbahn, die übrigen für die Eintragungen des Absenders bestimmt (vgl. jedoch § 56 Abs. (1) f.) [214]).

(5) Für regelmäßig wiederkehrende Sendungen zwischen bestimmten Orten und für Sendungen, die zur Weiterbeförderung über See bestimmt sind, kann die Landesaufsichtsbehörde nach Zustimmung des Reichseisenbahnamts Abweichungen von den vorstehenden Bestimmungen genehmigen [215]).

210) Das HGB. erfordert weder für die Gültigkeit des Frachtvertrages, noch zum Beweise seines Inhalts eine schriftliche Abfassung oder die Ausstellung einer Urkunde. Aber die Ausstellung einer solchen ist üblich (ROHG. 12 196). Sie wird im Verkehre als „Frachtbrief" bezeichnet. Der Frachtbrief ist ein vom Absender an den Empfänger gerichtetes offenes Begleitschreiben, welches bis zur Ankunft des Gutes am Bestimmungsort in der Hand des Frachtführers verbleiben und dort zusammen mit dem Gute an den Empfänger abgeliefert werden soll und den Abschluß sowie den Inhalt des Frachtvertrages, die Bedingungen desselben ꝛc. zum Gegenstande hat (Goldschmidt 733, Thöl III 17).

Die Bestimmung des A.HGB. (Art. 391), daß der Frachtbrief als Beweis über den Vertrag zwischen dem Frachtführer und dem Absender dient, ist in dem N.HGB. (§ 426) nicht enthalten, weil sich dies von selbst ergibt und im Gesetze nicht besonders ausgesprochen zu werden braucht (Denkschrift 517). Der Frachtbrief bildet zwar nicht das alleinige Beweismittel für den Vertragsinhalt. Aber er macht doch — in Ermangelung anderer Beweismittel — an sich Beweis über den Inhalt des Frachtvertrages für und gegen die Beteiligten (v. Hahn II 580, Schott 299). Die Beweiskraft kann aber freilich sowohl durch ausdrückliche, dieselbe beschränkende Klauseln im Frachtbriefe, wie auch durch Gegenbeweis gegen den positiven Inhalt des Frachtbriefes beschränkt oder beseitigt werden. Da der Frachtvertrag gesetzlich einer bestimmten Form nicht bedarf, so würden — mangels einer besonderen Abrede — weder Absender noch Empfänger befugt sein, die Ausstellung eines Frachtbriefes zu verlangen. Im Verkehrsinteresse ist jedoch diese Befugnis dem Frachtführer gesetzlich verliehen worden. Das HGB. (§ 426 Abs. 1) bestimmt, daß der Frachtführer die Ausstellung eines Frachtbriefes verlangen kann. Daraus folgt, daß der Absender eine gleiche gesetzliche Befugnis an sich nicht hat. Die bloße Ausstellung seitens des Absenders genügt aber nicht, um gegen den Frachtführer Beweis zu machen, es muß vielmehr noch irgendeine Willenserklärung des Frachtführers hinzukommen, aus welcher sich mit Sicherheit sein Einverständnis mit dem Inhalte des Frachtbriefes ergibt. Diese Erklärung ist an eine Form nicht gebunden, sie kann ausdrücklich oder stillschweigend durch konkludente Handlungen erfolgen. Eine solche liegt in der anstandslosen Annahme des vom Absender ausgestellten Frachtbriefes.

Im HGB. (§ 426 Abs. 2) ist der gewöhnliche und wesentliche Inhalt des Frachtbriefes bezeichnet. Diese Angabe ist an sich nur instruktiver, nicht obligatorischer Natur (Goldschmidt I 2, S. 737 Nr. 7, 8; v. Hahn II S. 82). Ein Frachtbrief, welcher weniger enthält, verliert seinen Charakter als Frachtbrief nicht (Endemann, HR. S. 720 Nr. 7), aber er kann an seiner Beweiskraft Einbuße erleiden im Vergleiche mit dem nach § 426 Abs. 2 HGB. vollständigen Frachtbrief. Nur insofern, als § 426 Abs. 2 HGB. zur Ergänzung des § 426 Abs. 1 dient, ist er dispositiver Natur, d. h. bezeichnet er den Inhalt des Frachtbriefes, welchen der Frachtführer gesetzlich zu verlangen befugt ist, wenn er sich nicht vertragsmäßig mit Geringerem begnügt hat (Thöl III 15). Nach dem HGB. § 426 Abs. 2 soll der Frachtbrief enthalten: 1. den Ort und Tag der Ausstellung; 2. den Namen und den Wohnort des Frachtführers; 3. den Namen dessen, an welchen das Gut abgeliefert werden soll (des Empfängers); 4. den Ort der Ablieferung; 5. die Bezeichnung des Guts nach Beschaffenheit, Menge und Merkzeichen; 6. die Bezeichnung der für eine zoll- oder steueramtliche Behandlung oder polizeiliche Prüfung nötigen Begleitpapiere; 7. die Bestimmung über die Fracht, sowie im Falle ihrer Vorauszahlung einen Vermerk über die Vorausbezahlung; 8. die besonderen Vereinbarungen, welche die Beteiligten über andere Punkte, namentlich über die Zeit, innerhalb welcher die Beförderung bewirkt werden soll, über die Entschädigung wegen verspäteter Ablieferung und über die auf dem Gute haftenden Nachnahmen, getroffen haben; 9. die Unterschrift des Absenders; eine im Wege der mechanischen Vervielfältigung hergestellte Unterschrift ist genügend.

Im wesentlichen anschließend an diese Bestimmungen des HGB. enthält die EVO. zunächst im § 55 Vorschriften über die Pflicht des Absenders zur Beifügung eines Frachtbriefs für jede Sendung und im Zusammenhange damit über die Form desselben, während § 56 über den Inhalt des Frachtbriefs, § 57 über die Haftung für die Frachtbriefangaben Bestimmung trifft.

211) Abs. 1 des § 55 bestimmt in seinem ersten Satze grundsätzlich, daß jede Sendung von einem Frachtbriefe begleitet sein muß. Der Absender ist danach verpflichtet, jeder Sendung einen Frachtbrief beizufügen. Die Ausstellung ist obligatorisch. Jede Sendung muß von einem Frachtbrief von bestimmtem Inhalt (§ 56 Anm. 216ff.) und in vorgeschriebener Form (§ 55 Anm. 211 ff.) begleitet sein. Damit ist von dem durch § 426 Abs. 1 HGB. jedem Frachtführer gegebenen Rechte Gebrauch gemacht (S. 213). Der rechtlichen Natur der EVO. gemäß (HGB. §§ 454, 471 f. oben S. 2) ist durch Abs. 1 die Beigabe eines Eisenbahnfrachtbriefs in der durch § 55 bestimmten Form als derartig bindend vorgeschrieben, daß die Eisenbahn die Beigabe zu verlangen berechtigt und verpflichtet ist, und eine Sendung ohne Eisenbahnfrachtbrief oder mit einem jener Form nicht entsprechenden Frachtbrief zurückzuweisen hat. Wird dennoch eine Sendung ohne Eisenbahnfrachtbrief oder mit einem vorschriftswidrigen Frachtbrief angenommen, so ist ein Eisenbahnfrachtvertrag als solcher nicht abgeschlossen (arg. § 54 Abs. 1), es finden daher auf eine derartige Sendung die Vorschriften des

HGB. §§ 453—471 und der EVO. keine Anwendung, und es kann nur in Frage kommen, ob ein nach den §§ 425—452 HGB. zu beurteilendes gewöhnliches Frachtgeschäft vorliegt.

Hierzu bestimmen die Allg. AbfVorschr. § 9 Ziff. 2: Der durch die EVO. vorgeschriebene Frachtbrief ist anzuwenden, wenn

a) eine Sendung, deren Abgangs- und Endstation im Gebiete des Deutschen Reiches liegt, das Gebiet eines außerdeutschen Staates bei der Beförderung überhaupt nicht berührt oder auf einer Linie nur durchläuft, die von einer deutschen Eisenbahnverwaltung betrieben wird;

b) eine Sendung von irgendeiner Station der Eisenbahnen Deutschlands nach dem Grenzbahnhofe eines außerdeutschen Nachbarstaates, in dem die Zollbehandlung erfogt, oder nach einer Station befördert wird, die zwischen diesem Bahnhofe und der Grenze liegt, es sei denn, daß der Absender für eine solche Sendung die Anwendung des J.Ü. durch Aufgabe mit einem internationalen Frachtbriefe verlangt. Das gleiche gilt auch für Sendungen von dem Grenzbahnhofe oder einer der bezeichneten Zwischenstationen nach Stationen der deutschen Eisenbahnen.

Im zweiten Satze ist bezüglich der Form des Eisenbahnfrachtbriefs bestimmt, daß derselbe für gewöhnliches Frachtgut dem Muster der Anlage D, für Eilgut dem Muster der Anlage F zu entsprechen hat. Diese Vorschrift ist obligatorisch derartig, daß davon in Form, Fassung und Inhalt abweichende Frachtbriefe sowohl von der Versand- wie von jeder folgenden Bahn zurückgewiesen werden können und müssen.

Nach den Anlagen D und F müssen Frachtbriefe für gewöhnliche Fracht auf weißes, für Eilfracht gleichfalls auf weißes Papier, jedoch mit einem auf der Vorder- und Rückseite oben und unten am Rande anzubringenden karminroten Streifen gedruckt sein. Dies ist obligatorisch und dient wesentlich zur Erleichterung des Verkehrs. Die nach § 51 lit. g der bisherigen EVO. erforderliche Frachtbriefangabe, ob das Gut in Eilfracht oder in gewöhnlicher Fracht zu befördern ist, ist als überflüssig fortgefallen. Diese Angabe liegt nach § 67 Abs. 1 stillschweigend in der Wahl der Farbe des Frachtbriefs. Hat also der Absender dem Gute einen weißen Frachtbrief mit karminrotem Streifen beigefügt, so hat er damit den Willen ausgesprochen, dasselbe als Eilgut — also auch zu den tarifmäßig höheren Gebühren dieser Beförderungsart — befördern zu lassen, und wird daher in Rücksicht auf die ausdrückliche reglementarische Bestimmung diese Kosten selbst dann zahlen müssen, wenn er im Frachtbriefe das Gut als gewöhnliches Frachtgut bezeichnet bzw. gewöhnliche Beförderung verlangt hat. Bis auf den Unterschied der Farbe sind beide Arten von Frachtbriefen in Form und Inhalt vollständig gleich. Über den Prüfungsstempel s. Abs. 3 Anm. 213 S. 216.

212) Abs. 2 Satz 1 bestimmt, daß für die Frachtbriefe Schreibpapier (nicht Druckpapier) zu verwenden ist, welches die von dem REA. festzusetzende Beschaffenheit besitzt. Bezüglich der Beschaffenheit des zum Frachtbrief zu verwendenden Papiers ist durch Verfügung des REA. vom 13. X. 1892 Nr. 9762 I (RGBl. 1892 S. 632, Pr. EVBl. 1892 S. 339) besondere Bestimmung getroffen. Die Vorschrift des Abs. 2 gilt nicht für Fracht-

briefduplikate, wenn sie den Aufdruck „Frachtbrief-Duplikat“ tragen und so für Originalfrachtbriefe unverwendbar sind. Sonst müssen auch die Duplikate hinsichtlich Größe, Vordruck usw. den Vorschriften der EVO. entsprechen (REA. 25. V. 1893, Nr. 4839 I, RZBl. 1893 S. 154).

Durch Satz 2 ist allen Güterabfertigungsstellen die Pflicht auferlegt, Frachtbriefe zu den im Tarife festzusetzenden Preisen zu verkaufen. Sowohl der Verkauf wie die Festsetzung der Verkaufspreise im Tarif sind hiernach obligatorisch und dienen dazu, den Gebrauch der vorgeschriebenen Formulare dem Publikum zu erleichtern. Es sind ausnahmslos alle Güterabfertigungsstellen gemeint, also auch Güternebenstellen und Haltestellen, welche für die Güterabfertigung eingerichtet sind. (Vgl. noch über Frachtbriefe und Fahrscheine bei Militärbeförderungen: § 32 Militär-Beförd.-Ordn. vom 18. I. 1899 (RGBl. S. 38ff.) und Dienstvorschriften zum § 32 (Kundmachung 27).

213) Die Herstellung der vorgeschriebenen Formulare auf privatem Wege, welche teils wegen der größeren Billigkeit, teils auch wegen der Möglichkeit, einige eingedruckte Zusätze zu machen (s. Abs. 5), im Interesse des Handelsstandes lag, ist zwar nirgends untersagt. Indes bot die erforderliche Feststellung der Übereinstimmung solcher Formulare mit dem vorgeschriebenen so viel Schwierigkeiten und das von den einzelnen Verwaltungen hierbei beobachtete Verfahren war ein so ungleichmäßiges, daß einheitliche Vorschriften hierüber zum Bedürfnisse wurden. Diese sind im Abs. 3 dahin gegeben, daß derartige Frachtbriefe 1. zum Nachweise, daß sie den Vorschriften entsprechen, den Prüfungsstempel einer inländischen Eisenbahn tragen müssen, 2. daß diese Stempelung gegen eine im Tarife festzusetzende Gebühr erfolgen soll (s. Allg. AusfBest. S. 212), 3. daß — um die Bahnverwaltung nicht mit Einzelanträgen zu überlasten — die Stempelung abgelehnt werden kann, wenn nicht gleichzeitig mindestens 100 Frachtbriefe vorgelegt werden. Dieser Prüfungsstempel ist nicht etwa zu verwechseln mit dem im § 61 Abs. 1 und 2 erwähnten Annahmestempel der Abfertigungsstelle.

Die Abstempelung durch Privatpersonen mit dem Eisenbahnstempel (zur Umgehung der Stempelgebühr) qualifiziert sich den Eisenbahnen gegenüber als Betrug. Denn die den Frachtbriefformularen beigedruckten Stempel sind als öffentliche Beglaubigung im Sinne des § 360 Nr. 4 und 5 des StGB. zu betrachten. Die Anfertigung und der Abdruck eines Stempels, welcher zu solchen Beglaubigungen dienen kann, fällt daher, soweit er ohne schriftlichen Antrag einer Behörde stattfindet, unter den § 360 Nr. 4 resp. 5 StGB. (Erkenntnis des Ober-Trib. vom 15. X. 1878, EVBl. 1878 S. 274).

Über die Genehmigung der Benutzung des amtlichen Frachtbriefstempels durch zuverlässige Privatdruckereien (Min. d. öff. Arb. 27. III. 1901, EVBl. S. 119). Von Kleinbahnen abgestempelte Frachtbriefe werden auf den Übergangsstationen der Haupt- und Nebenbahnen nicht angenommen.

214) Abs. 4 schreibt genau nach Maßgabe der Form des Frachtbriefes vor, welche Angaben in demselben von der Eisenbahn und welche vom Absender auszufüllen sind, und zwar dahin, daß die stark umrahmten Teile des Musters für die Eintragungen der Eisenbahn, d. h. der Abfertigungsstelle, die übrigen für den Absender bestimmt sind. Die vom Absender auszufüllenden

Angaben sind im § 56 EVO. (s. Anm. 216) bezeichnet (vgl. Allg. Abf.-Vorschr. § 10 Ziff. 1). Insoweit die Frachtbriefangaben von der Eisenbahn gemäß Abs. 4 auszufüllen sind, hat der Absender für die Richtigkeit der Frachtbriefangaben nicht zu haften und erfährt der Grundsatz des § 57 (Anm. 240 S. 236) eine in der Natur der Sache liegende Modifikation. Dies gilt auch für Änderungen der Frachtbriefangaben seitens der Eisenbahnbediensteten (RG. 14. III. 1896 E. 13 65). Vgl. § 57 Anm. 240 S. 237. „Abgeänderte Frachtbriefe sind nur anzunehmen, wenn der Änderung die Unterschrift des Absenders beigesetzt ist. Frachtbriefe, in denen Angaben überklebt sind, dürfen nicht angenommen werden. Eine bahnseitige Änderung von Frachtbriefen ist, wenn sie nicht ausdrücklich zugelassen ist, unstatthaft" (Allg. Abf.-Vorschr. § 10 Ziff. 34, 35). Eine auf Grund nachträglicher Verfügung des Absenders verwaltungsseitig vorzunehmende Abänderung des Frachtbriefs ist von der Güterabfertigungsstelle auf demselben mit dem Vermerk: „Zufolge nachträglicher Verfügung des Absenders geändert" (Ort, Name, Tag, Ausstellung) zu versehen. (Allg. AbfVorschr. § 30 Ziff. 12).

Grundsätzlich hat die Ausfüllung sowohl seitens der Eisenbahn, wie des Absenders zwar handschriftlich zu erfolgen, soweit nicht die Ausfüllung in den verschiedenen Stempeln der Eisenbahn besteht. Aber die Allg. AbfVorschr. § 10 Ziff. 1 bestimmen:

„Alle vom Absender in den Frachtbrief einzutragenden Angaben und Erklärungen müssen in deutscher Sprache mit deutscher oder lateinischer Schrift deutlich geschrieben und unterzeichnet sein. Die handschriftlichen Eintragungen müssen mit Tinte geschrieben sein. Jede der erforderlichen Angaben und zulässigen Erklärungen kann jedoch auch gedruckt oder gestempelt angebracht werden (vgl. § 56 Abs. 10 EVO. nebst Ausf.-Best. XIII)."

Übernimmt ein Organ der Eisenbahn aus Gefälligkeit rc. die dem Absender obliegende Ausfüllung, so geschieht dies lediglich im Namen und Auftrage des Absenders und ohne Obligo für die Eisenbahn, so daß der Absender die Folgen dieser Eintragungen in Gemäßheit des § 57 ganz ebenso trägt, wie wenn er selbst dieselben bewirkt hätte. Die Ausfüllung kann auch gegen Entrichtung einer tarifmäßigen Gebühr von der Annahmeabfertigungsstelle bewirkt werden. Jedoch ist selbstverständlich auch in diesem Fall die Unterschrift vom Absender zu leisten. Der abfertigende Beamte kann dies nicht für ihn übernehmen, da er beim Abschluß des Vertrages nicht beide Teile gültig vertreten darf.

215) Abs. 5 enthält im Verkehrsinteresse eine Ausnahme von der grundsätzlichen und obligatorischen Bestimmung des Abs. 1 betr. die Verwendung der reglementarisch vorgeschriebenen Frachtbriefformulare. Es können Abweichungen von den Vorschriften der ersten 4 Absätze zugelassen werden, jedoch nur unter drei Voraussetzungen: 1. daß es sich um regelmäßig wiederkehrende Beförderungen zwischen bestimmten Orten (z. B. Kohlen, Kalk, Getreide, Milch rc.), oder Sendungen, welche zur Weiterbeförderung über See bestimmt sind, handelt; 2. die Landesaufsichtsbehörde die Abweichung gestattet; 3. das Reichseisenbahnamt der Genehmigung der

Landesaufsichtsbehörde zustimmt. Nach der bisherigen EVO. durfte bei diesen Sendungen nur von der „Form" der Frachtbriefe abgewichen werden. Die jetzigen Ausnahmebestimmungen gehen etwas weiter, um für gewisse Sendungen, z. B. Milch, die ohne Beigabe von Begleitpapieren aufgegeben werden, eine rechtliche Grundlage zu schaffen (Begr.).

§ 56.

Inhalt des Frachtbriefs [216]).

(1) Der Absender hat in den Frachtbrief einzutragen:

a) den Namen und den Wohnort dessen, an den das Gut abgeliefert werden soll (des Empfängers) [217]);

I. Der Frachtbrief darf nur an einen Empfänger gerichtet sein.

II. Frachtbriefe, die an die Güterabfertigungsstelle der Bestimmungsstation gerichtet sind, werden nur angenommen, wenn die Berechtigung zur Benutzung dieser Adresse nachgewiesen wird oder aus dem Tarif hervorgeht. Vgl. im besonderen die Bestimmungen über die Beförderung der Privatwagendecken und der nicht der Eisenbahn gehörenden Ladegeräte in Abschn. IV der Allgemeinen Tarifvorschriften (Teil I Abteilung B).

b) die Eisenbahnstation oder Güternebenstelle, bis zu der das Gut befördert werden soll (Bestimmungsstation) [218]);

III. Bei Wagenladungen kann der Absender ohne Verbindlichkeit für die Eisenbahn im Frachtbrief unter „zulässige oder vorgeschriebene Erklärungen" die gewünschte Entladestelle der Bestimmungsstation bezeichnen.

c) den Bestimmungsort, wenn dieser ein anderer ist als die Bestimmungsstation [219]);

d) die Bezeichnung der Sendung nach ihrem Inhalte, bei Stückgut auch Anzahl, Art der Verpackung und Adresse (oder statt dieser das Zeichen und die Nummer) der Frachtstücke. Die Eisenbahn kann auch bei Wagenladungen die Bezeichnung des Inhalts nach Anzahl und Verpackungsart verlangen, wenn die Beschaffenheit der Ladung es zuläßt. Die in der Anlage C aufgeführten Gegenstände sind mit der dort gebrauchten Bezeichnung zu benennen [220]);

IV. (1) Der Inhalt der Frachtstücke ist im Frachtbrief genau zu bezeichnen. Für die in den Allgemeinen Tarifvorschriften und in der Güterklassifikation (Teil I Abteilung B) aufgeführten Güter sind die dort gebrauchten, für alle übrigen die handelsgebräuchlichen Benennungen anzuwenden. Frachtbriefe mit allgemeinen Bezeichnungen, wie „ätherische Öle, Chemikalien, Effekten, Kalisalze, Kaufmannsgut, künstliche Düngemittel, Meßgut, Steuergut, Teerabfälle usw.“, werden zurückgewiesen.

(2) Die Inhaltsangabe „Drogen“ oder „chemische Präparate zum wissenschaftlichen Gebrauche“ wird zugelassen, wenn der Absender im Frachtbriefe erklärt, daß die Frachtstücke keinen Gegenstand enthalten, der nach den Bestimmungen der EVO. von der Beförderung ausgeschlossen oder nur bedingungsweise zur Beförderung zugelassen ist. Für regelmäßige Sendungen solcher Güter ist auch die Hinterlegung einer allgemeinen Erklärung nach Anlage I bei der Versandstation statthaft. Auf diese Erklärung ist bei jeder einzelnen Sendung im Frachtbriefe Bezug zu nehmen.

e) das Gewicht der Sendung (vgl. jedoch § 58 Abs. (2) und (3)) oder statt dessen eine den Vorschriften der Versandbahn entsprechende Angabe[221]);

f) bei Gütern, die er selbst verladen hat, die Nummer und die Eigentumsmerkmale des Wagens[222]);

g) im Falle der Vorausbezahlung der Fracht den Freivermerk[223]);

V. Vgl. § 69 nebst AusfBest.

h) den etwaigen Antrag auf Ausstellung eines Frachtbriefduplikats oder Aufnahmescheines[224]);

VI. Die Ausstellung eines Frachtbriefduplikats ist durch Eintragung des Wortes „ja“ an der im Frachtbrief hierfür vorgesehenen Stelle zu beantragen. Ob Aufnahmescheine ausgestellt werden und in welcher Form die Ausstellung eines Aufnahmescheines zu beantragen ist, ist in den Tarifteilen II bestimmt.

i) die etwaige Angabe des Interesses an der Lieferung und der auf dem Gute lastenden Nachnahme[225]);

k) das etwaige Verlangen, daß das Gut bahnlagernd zu stellen ist. Bei den in der Anlage C aufgeführten Gegenständen ist ein solches Verlangen unzulässig[226]);

VII. Vgl. auch § 54 AusfBest II (1) und III (1).

l) die genaue Bezeichnung der zur Erfüllung der Zoll-, Steuer- oder Polizeivorschriften beigegebenen Begleitpapiere (§ 65 Abs. (1)) [227]);

m) bei Sendungen, die einer zoll- oder steueramtlichen Abfertigung unterliegen, die zu berührende Abfertigungsstelle, wenn er eine solche zu bezeichnen wünscht (§ 67 Abs. (2)) [228]);

n) den Ort und den Tag der Ausstellung [229]);

o) die Unterschrift mit Namen oder Firma unter Angabe der Wohnung. Die Beifügung der Telegrammadresse und Fernsprechnummer ist gestattet [230]).

VIII. Auf Antrag des Absenders übernehmen die Güterabfertigungsstellen die Ausfüllung der Frachtbriefe gegen die im Nebengebührentarif (Teil I Abteilung B) festgesetzte Gebühr, vgl. die AusfBest. zu § 57.

(2) Die Eisenbahn kann verlangen, daß jeder Wagenladung ein besonderer Frachtbrief beigegeben wird [231]).

IX. Jeder Wagenladung ist ein besonderer Frachtbrief beizugeben, soweit nicht in den Tarifteilen II Ausnahmen zugelassen sind.

(3) Mehrere Gegenstände dürfen in denselben Frachtbrief aufgenommen werden, wenn sie nach ihrer Beschaffenheit ohne Nachteil zusammengeladen werden können und keine Zoll-, Steuer- oder Polizeivorschriften entgegenstehen [232]).

X. (1) Es wird empfohlen, für Begleitscheingüter besondere Frachtbriefe auszustellen, weil sonst die zollfreien Güter erst nach der oft zeitraubenden zollamtlichen Behandlung der Begleitscheingüter weiter gesendet werden können.

(2) Im Verkehr von Deutschland nach dem Zollauslande dürfen unter Zoll- oder Steuerkontrolle stehende Güter mit Gütern, die aus dem freien Verkehr stammen, nach dem Ermessen der Eisenbahn verladen und auf einen Frachtbrief aufgegeben werden. Den Frachtbriefen ist vom Absender ein Verzeichnis dieser Güter mit Angabe der Anzahl, der Verpackungsart, des Rohgewichts und des Inhalts beizufügen.

(4) Den vom Absender aufzuladenden oder vom Empfänger abzuladenden Gütern sowie den nach § 54 Abs. (2) bedingungsweise zugelassenen Gütern sind besondere, andere Gegenstände nicht umfassende

Frachtbriefe beizugeben. Eine Ausnahme hiervon ist nur statthaft, wenn die Gegenstände der Anlage C nach den dort getroffenen Vorschriften mit anderen Gütern zusammengepackt aufgegeben werden. In dem gemeinsamen Frachtbriefe müssen dann aber die nur bedingungsweise zugelassenen Güter besonders aufgeführt und durch Hinzufügung des Wortes „(bedingungsweise)“ gekennzeichnet sein[233]).

(5) Reicht der für die Beschreibung der Güter vorgesehene Raum auf der Vorderseite des Frachtbriefes nicht aus, so ist die Rückseite zu benutzen; nötigenfalls sind dem Frachtbriefe gleichgroße Blätter anzuheften und dann besonders zu unterzeichnen. Im Frachtbrief ist auf sie zu verweisen. Wird das Gesamtgewicht einer solchen Sendung angegeben, so ist es im Frachtbrief an der hierfür vorgesehenen Stelle einzutragen. Bei Gütern verschiedener Tarifklassen ist, wenn getrennte Frachtberechnung verlangt wird, das Gewicht für jede Tarifklasse besonders anzugeben[234]).

(6) Der Absender darf im Frachtbriefe vorschreiben, daß die Güter auf der Bestimmungsstation nachgezählt und nachgewogen werden; hierfür ist die tarifmäßige Gebühr zu bezahlen[235]).

(7) Bei Aufgabe von Gütern nach einem Bestimmungsorte, wo keine für den Güterverkehr eingerichtete Eisenbahnstation oder Güternebenstelle vorhanden ist, kann der Absender im Frachtbrief über die Weiterbeförderung des Gutes von der Bestimmungsstation bis zum Bestimmungsorte Verfügung treffen (vgl. § 76 Abs. (9))[236]).

(8) Auf der Rückseite des Frachtbriefes darf die Firma des Ausstellers gedruckt werden. Auch können dort die Sendung betreffende Vermerke für den Empfänger nachrichtlich angebracht werden, z. B. „von Sendung des N. N.“, „im Auftrage des N. N.“, „zur Verfügung des N. N.“, „zur Weiterbeförderung an N. N.“, „für Dampfer N. N.“, „versichert bei N. N.“, „zur Ausfuhr nach N. N.“. Für die Eisenbahn sind diese Vermerke unverbindlich[237]).

(9) Die Aufnahme anderer Erklärungen in den Frachtbrief und die Beifügung anderer Schriftstücke zum Frachtbriefe sind unzulässig, soweit es nicht durch diese Ordnung oder — mit Genehmigung der Landesaufsichtsbehörde nach Zustimmung des Reichs-Eisenbahnamts — im Tarife vorgeschrieben oder für statthaft erklärt ist. Die Erklärungen und Schriftstücke dürfen nur das Frachtgeschäft betreffen[238]).

XI. Vorschriften in den Frachtbriefen über die Verladungs- oder Beförderungsweise, z. B. „Tonnen aufrecht zu stellen“ oder

„Gut vor Sonne zu schützen" sind für die Eisenbahn nicht verbindlich.

XII. Die Vorschrift, auf einer Station vor der im Frachtbriefe angegebenen Bestimmungsstation das Gut auszuladen oder den Wagen auszusetzen, ist unzulässig.

(10) Alle Eintragungen im Frachtbriefe müssen in deutscher Sprache geschehen; sie dürfen auch durch Druck oder Stempel bewirkt werden[239]).

XIII. Alle Eintragungen im Frachtbriefe müssen mit deutscher oder lateinischer Schrift geschehen und deutlich sein. Die handschriftlichen Eintragungen müssen mit Tinte geschrieben sein.

XIV. Versiegelte, verschlossene oder überklebte Frachtbriefe werden nicht angenommen. Frachtbriefe mit geänderten Eintragungen werden nur dann angenommen, wenn der Änderung die Unterschrift des Absenders beigesetzt ist. Änderungen von Ziffern müssen in Buchstaben wiederholt werden.

Alte EVO. §§ 50 C, 51, 52 u. 68. HGB. § 426. J.Ü. Art. 6 AusfBest. 2.

216) Für den Inhalt des Eisenbahnfrachtbriefes ist eine Reihe von Angaben vorgeschrieben, welche die Eisenbahn vom Absender verlangen kann, jedoch nur insoweit, als für den konkreten Fall die erforderlichen Angaben überhaupt erforderlich sind. Dieselben haben daher zum Teil nur eventuale Natur (z. B. das Verzeichnis der Zoll- ꝛc. Papiere § 56 lit. l bei einer nicht zollpflichtigen Sendung). Auch bedürfen die vom Absender zu machenden Angaben noch in mehreren Beziehungen der Ergänzung durch die Eisenbahn, z. B. das abgerundete Gewicht, die Wagennummer (außer im Fall des § 56 Abs. 1 EVO.), Frachtkartennummer, Stempel der Versandstation, Wiegestempel, Stempel der Empfangsstation, Betrag der Frankatur, die Nota, so daß der vollständige Frachtbrief sich aus beiderlei Angaben zusammensetzt. Allg. AbfVorschr. § 10 (Inhalt des Frachtbriefes), § 23 (Behandlung des Frachtbriefes durch die Versandabfertigung).

Die Allg. AbfVorschr. § 23 Ziff. 1 erfordern in formaler Beziehung, daß seitens der Station und der Abfertigungsstellen sämtliche Eintragungen in den Frachtbrief mit Tinte oder Tintenstift deutlich und ohne Abkürzungen zu bewirken sind. In betreff der vom Absender einzutragenden Angaben s. § 55 Anm. 214 S. 217. Ferner ist zu beachten, daß die stark umrahmten Teile des Frachtbriefmusters ausschließlich für die bahnamtlichen Eintragungen bestimmt sind. Eine Ausnahme findet nur statt bezüglich der Angabe der Wagenbezeichnung bei Wagenladungsgütern (§ 56 Abs. 1 lit. f. EVO.).

217) Als erstes Erfordernis des Inhalts des Frachtbriefes bezeichnet Abs. 1 lit. a: den Namen und Wohnort dessen, an den das Gut abgeliefert werden soll (des Empfängers). Die EVO. bezeichnet den Adressaten, Destinatär ꝛc. als den Empfänger, d. h. denjenigen, der das Gut

empfangen, an den es abgeliefert werden soll. Dieser muß also eine bestimmte, namentlich bezeichnete Person sein (Allg. AusfBest. I). Als solche gelten auch Handlungsfirmen, Vorstände von Gesellschaften, Behörden (Allg. AbfVorschr. § 10 Ziff. 5, 31); Frachtbriefe, welche an mehrere Empfänger gerichtet sind, sind zurückzuweisen. Auch der Absender selbst kann als Empfänger bezeichnet d. h. beide können identisch sein; nicht aber ist die Bezeichnung „an Ordre" oder andere unbestimmte Bezeichnung statthaft. Vorname und Stand des Empfängers sind anzugeben, soweit dies zur richtigen Ablieferung erforderlich. An die Güterabfertigung der Bestimmungsstation gerichtete Frachtbriefe sind nur zuzulassen, wenn die Berechtigung zur Benutzung dieser Adresse nachgewiesen wird oder aus dem Tarife hervorgeht (Allg. AbfVorschr. § 10 Ziff. 7). Lit. a verlangt nur die Eintragung des Namens und Wohnorts des Empfängers, nicht die Unterschrift. Die Eintragung kann daher entweder vom Absender oder von jedem Dritten (auch den abfertigenden Eisenbahnorganen) in dessen Namen in den Frachtbrief eingetragen sein. Sie kann geschrieben, lithographiert, gedruckt, gestempelt, überhaupt in jeder beliebigen, wenn nur deutlich erkennbaren Form angebracht sein, sie kann ferner die im Geschäftsverkehre gebräuchlichen und bekannten Abkürzungen haben. Ist der Empfänger eine Firma, so ist dieselbe vollständig nebst dem Geschäftsdomizil anzugeben. Erfordernis ist aber möglichste Genauigkeit (Allg. AbfVorschr. § 10 Ziff. 4—6).

Die Eisenbahn hat, insoweit nicht Spezialreglements ein anderes vorschreiben, nach der Art und dem Wesen ihres Verkehrs prinzipiell nicht die Pflicht, dem Empfänger das Gut in seine Wohnung zuzuführen (EVO. § 78), derselbe ist vielmehr gehalten, das Gut von der Bestimmungsstation abzuholen. Als Ort der Ablieferung gilt daher auch nach § 76 Abs. 3 an sich die vom Absender bezeichnete Bestimmungsstation oder Güternebenstelle. Die Vorschrift, daß im Frachtbrief die Bezeichnung des Empfängers nach Namen und Wohnort zu bezeichnen sei, hat somit in erster Reihe nicht den Zweck, die Eisenbahn zur Zuführung des Gutes nach dem Wohnort des Empfängers zu verpflichten, sondern der Eisenbahn als Frachtführerin den Adressaten bekannt zu geben. Der Eisenbahn wird durch diese Angabe vom Absender der Dritte bezeichnet, an welchen sie vertragsmäßig das Gut abzuliefern hat. Sie wird dadurch in den Stand gesetzt, diesem nach der Ankunft des Gutes auf der Bestimmungsstation hiervon Kenntnis zu geben (ihm das Gut zu „avisieren") (§ 79), und berechtigt und verpflichtet, sobald er sich zur Empfangnahme meldet, gegen Bezahlung ihrer durch den Frachtvertrag begründeten Forderungen und gegen Bescheinigung des Empfangs (§ 76 Abs. 10) den Frachtbrief und das Gut auszuhändigen (§ 76 Abs. 1). — Nur da, wo die Spezialreglements die Zuführnng in das Haus bzw. Geschäftslokal des Empfängers vorschreiben, dient die Wohnungsangabe auch dazu, der Eisenbahn die Erfüllung dieser Pflicht zu ermöglichen. Das Frachtbriefformular enthält im Eingange beginnend mit dem Worte „An" diejenige Stelle, wo der Name und der Wohnort des Empfängers einzutragen ist.

Die Allg. AbfVorschr. § 10 Ziff. 4—7 bestimmen hierzu: Der Name und Wohnort des Empfängers muß so deutlich und genau angegeben sein, daß Verwechselungen nicht vorkommen können. Namentlich ist bei Sendungen nach größeren Städten auf die Angabe der Wohnung, des Standes und Vornamens des Empfängers hinzuwirken. Bei Behörden, Handelsfirmen, Gesellschaftsvorständen, Gasthöfen, Gutsverwaltungen u. dgl. genügt deren Bezeichnung allein. Unbestimmte Bezeichnungen des Empfängers, etwa „an Ordre" oder „an den Vorzeiger des Frachtbriefduplikats" oder „an Herrn N. vermittelst des Herrn P." oder Angabe mehrerer Empfänger sind unzulässig, soweit nicht in bestimmten Verkehren etwas anderes vorgeschrieben ist. An die Güterabfertigung der Bestimmungsstation gerichtete Frachtbriefe sind nur zuzulassen, wenn die Berechtigung zur Benutzung dieser Adresse nachgewiesen wird oder aus dem Tarife hervorgeht.

218) Zweitens gehört zum Inhalt des Frachtbriefs lit. b: „Die Eisenbahnstation oder Güternebenstelle, bis zu der das Gut befördert werden soll (Bestimmungsstation)". Die „Bestimmungsstation", auch Empfangsstation genannt, ist diejenige Station der Empfangsbahn, nach welcher das Gut auf Grund des Frachtvertrages befördert werden soll. Diese ist nicht immer identisch mit dem Ablieferungsorte, d. h. dem Orte, an welchem das Gut an den Empfänger abzuliefern ist, z. B. nicht, wenn, wie bei bahnlagernden Sendungen, keine Ablieferung, sondern Weitersendung eintritt, oder das Gut nur bis zu einem an der Bahn gelegenen Orte, nicht bis zu dem seitwärts belegenen Wohnorte des Empfängers geschafft werden soll (die Angabe mehrerer Bestimmungsstationen ist unstatthaft). Das Frachtbriefformular enthält eine besonders markierte Stelle zur Angabe der Bestimmungsstation. Vgl. über die Angabe von Bestimmungsstationen, deren Eröffnung für den Güterverkehr der Abfertigungsstelle nicht bekannt ist: Allg. AbfVorschr. § 10 Ziff. 13.

Die Allg. AbfVorschr. § 10 Ziff. 8—11 bestimmen hierzu: Es ist darauf zu achten, daß die Bezeichnung der Bestimmungsstation genau der tarifmäßigen Bezeichnung entspricht und daß im internationalen Verkehr auch die Empfangsbahn an der hierfür vorgesehenen Stelle dann eingetragen wird, wenn es sich um Sendungen handelt: a) nach Orten mit Bahnhöfen verschiedener Bahnverwaltungen oder b) nach Orten, deren Namensbezeichnung derjenigen anderer Orte gleich oder ähnlich ist. Frachtbriefe, die diesen Erfordernissen nicht entsprechen, dürfen nicht angenommen werden. Bei Aufgabe von Gütern nach einem Bestimmungsorte, wo keine für den Güterverkehr eingerichtete Eisenbahnstation oder Güternebenstelle vorhanden ist (§ 56 Abs. 7 EVO.) hat der Absender die Eisenbahnstation anzugeben, bis zu der die Beförderung erfolgen soll. Die Abfertigungsstellen haben auf Grund des Stationsverzeichnisses, der Eisenbahnkarten und der Tarife bereitwilligst Auskunft zu erteilen.

219) Drittes Erfordernis ist die Angabe lit. c: Der Bestimmungsort, wenn dieser ein anderer ist, als die Bestimmungsstation. Die Angabe des Bestimmungsortes ist eine Eventualangabe, d. h. sie ist nicht unbedingt, sondern nur für den bereits in Anm. 218 erörterten Fall erforderlich, daß die Bestimmungsstation nicht identisch ist mit dem Bestimmungsort, sondern verschieden von letzterem. Alsdann muß außer der Bestimmungs-

station auch der Bestimmungsort bezeichnet sein, der Frachtbrief enthält zu diesem Behufe unter der Rubrik „Bestimmungsstation" noch eine Rubrik „Bestimmungsort" mit dem Vermerke in Parenthese: („Nur anzugeben, wenn er ein anderer ist, als die Bestimmungsstation").

220) Ein weiteres Erfordernis des Frachtbriefs ist lit. d die Bezeichnung der Sendung. Während bei Wagenladungsgut die Bezeichnung nach ihrem Inhalt in der Regel (s. lit. d Satz 2 S. 227) genügt, tritt bei Stückgut noch die Angabe der Anzahl, der Verpackungsart und Adresse (oder statt dieser Zeichen und die Nummer) der Frachtstücke als erforderlich hinzu (E. 19 55, Senckpiehl, Die Deklaration des Frachtguts, Sped.- u. Schiff.-Ztg. 15 Nr. 52). Die Bezeichnung muß im Frachtbriefe selbst erfolgen. Die Bezeichnung in den Begleitpapieren (lit. l) genügt nicht (E. 22 378).

Satz 1. Was zunächst die Bezeichnung der Sendung nach ihrem Inhalte anlangt, so ist damit die Angabe der Beschaffenheit gemeint. Das Gut muß nach Stoff, Art, Gattung 2c., d. h. nach seiner Qualität begrifflich bestimmt und genau benannt sein (Allg. Ausf.Best. IV 1, s. S. 218ff.). Es genügt also nicht, das Gut im Frachtbriefe nur als „Sache", „Gegenstand" zu bezeichnen. Ebensowenig genügt es, nur die Emballage ohne Inhaltsangabe zu nennen, z. B. „eine Kiste", „ein Packet", „ein Faß" (abgesehen von dem Falle, wo etwa die leere Emballage in der Tat das Beförderungsobjekt bildet), zumal der Eisenbahn nicht zugemutet werden kann, mangels der Inhaltsangabe die Emballagen öffnen und nach Feststellung des Inhalts wieder schließen zu lassen. Es ist also, gleichviel ob das Gut offen oder verpackt versendet, ob der Inhalt von außen kenntlich ist oder nicht, im Frachtbriefe die Beschaffenheit (Kaffee, Zucker, Wolle, Glas) genau zu bezeichnen. Dagegen genügt es aber auch andererseits, daß der Absender die Beschaffenheit der Ware bezeichnet, er ist nicht verpflichtet, ihre sonstigen, schon aus der Natur der Ware sich von selbst ergebenden und aus ihrem Namen ersichtlichen Eigenschaften (Flüssigkeit, Zerbrechlichkeit) zu deklarieren. So ist es z. B. nicht seine Pflicht, notorisch zerbrechliches Frachtgut (Glas 2c.) als zerbrechlich besonders zu deklarieren.

Mangelhafte, absichtlich oder versehentlich unrichtige Angaben des Inhalts befreien die Eisenbahn von der Vertretung für allen daraus erwachsenden Schaden in der Beförderungsart, Behandlung des Guts 2c. und verpflichten andererseits den Absender — abgesehen von der Nachzahlung der etwaigen Frachtdifferenz und dem Ersatze des entstandenen Schadens sowie den durch strafgesetzliche und polizeiliche Bestimmungen vorgesehenen Strafen — einen Frachtzuschlag an die an der Beförderung beteiligten Eisenbahnen zu zahlen, dessen Höhe sich nach § 60 EVO. bestimmt. Unrichtig ist aber nicht jede der Güterklassifikation nicht entsprechende, sondern nur eine wahrheitswidrige Inhaltsangabe (E. 21 9). Unrichtige Angaben und Bezeichnungen, welche durch Unklarheit der Tarife verursacht sind, hat die Eisenbahn zu verantworten (E. 21 15, 78, § 915 BGB.). Bei Inhaltsangaben des Absenders im Frachtbriefe ist die in Klammern etwa beigesetzte als Erläuterung der übrigen Angaben zu verstehen (E. 21 136). Die Inhaltsangabe auf dem Frachtbriefe ist für die Tarifierung maßgebend und verpflichtet den Absender bzw. Empfänger zu der sich danach ergebenden Fracht (E. 21 352, 376, 23 237, 251, 257). Nur die Angabe in der dafür bestimmten Frachtbriefrubrik ist entscheidend (E. 21 360). Es bedarf nicht der wörtlich genauen Übereinstimmung mit dem Tarife, sondern es genügt eine Bezeichnung, aus der sich die Eisenbahn genau informieren kann (E. 23 137), die nach der allgemeinen Verkehrsanschauung nicht als falsch erscheint (E. 24 291). Vgl. ferner noch betreffs der Beweiskraft der Frachtbriefangabe über Gewicht und Anzahl der Stücke bei selbstverladenen Gütern: § 61 Abs. 4 EVO. Anm. 266.

Bei Stückgut tritt außerdem noch hinzu: 1. die Angabe der Anzahl der auf einen Frachtbrief verladenen Güter (Kisten, Tonnen ꝛc.), 2. die Angabe der Art der Verpackung. Bei Angabe der Verpackungsart ist ein möglichst bezeichnender Ausdruck zu wählen (Faß, Sack, Korb), nicht der allgemeine Ausdruck „Kollo"; 3. die Angabe der Adresse (oder statt dieser des Zeichens und der Nummer) der Frachtstücke. (Sped.- u. Schiff.-Ztg. 12 Nr. 27, 15 Nr. 26, 28, Muschweck, Signieren der Güter 10 Nr. 50, 52). Unter „Zeichen" ist jedes äußerlich sichtbare, auch auf dem Gute bzw. seiner Verpackung angebrachte besondere Merkmal zu verstehen, durch welches das betreffende Gut von anderen behufs Unterscheidung kenntlich gemacht werden soll. Ist das Zeichen nur im Frachtbriefe, nicht aber auf dem Gute enthalten, so würde es selbstverständlich seinen Zweck verfehlen. Das Zeichen kann in Buchstaben, Figuren, Stempeln, Firmenzeichen, Schutzmarken ꝛc. bestehen. Nur muß es den Charakter eines eigens zum Zwecke der Bezeichnung dem Frachtbriefe und Gute beigefügten Merkmals tragen. Daher sind die bloßen Angaben einer eigentümlichen Verpackungsart oder Gestalt des Gutes oder Bezeichnungen wie: Glas!, Vorsicht!, Zündstoff ꝛc. oder einfache Striche, Kreuze, Kreise u. dgl. nicht als hinlängliche Merkzeichen anzusehen, außer, wenn eine besondere Signatur nicht üblich ist. Neben dem Zeichen dient zur noch deutlicheren Individualisierung der Sendung die Beifügung einer Nummer, d. h. einer beliebigen Zahl, welche gleichfalls sowohl auf dem Frachtbriefe, wie auf dem Gute anzubringen ist.

Das Frachtbriefformular enthält — entsprechend dem § 56 Abs. 1 lit. d — besondere Rubriken für die Adresse oder Zeichen und Nummer, Anzahl, Art der Verpackung, Inhalt, wirkliches Rohgewicht.

Die Allg. AbfVorschr. § 10 Abs. 15—23 bestimmen ergänzend: Als Art der Verpackung sind die genauen Bezeichnungen: Faß, Sack, Korb, Kiste, Kasten, Ballen, Ballon u. dgl. zu wählen; die Anwendung der allgemeinen Bezeichnung „Kollo" oder „Kolli" ist unzulässig. Hinsichtlich der Inhaltsbezeichnung ist darauf zu achten, daß für die in der Anlage C zur EVO., den Allgemeinen Tarifvorschriften und der Güterklassifikation D. EGT. I Abt. B aufgeführten oder nach den sonst maßgebenden Tarifbestimmungen zu ermäßigten Sätzen zu befördernden Gegenstände die daselbst gebrauchten, für alle übrigen Güter die handelsgebräuchlichen Benennungen angewendet werden. (Vgl. AusfBest. IV zu § 56 EVO. S. 231.) Bei Sendungen nach dem Auslande ist die Inhaltsbezeichnung möglichst mit der Warenbezeichnung des Gesetzes vom 7. II. 1906, betreffend die Statistik des Warenverkehrs ꝛc. in Übereinstimmung zu bringen. Liegt lediglich eine ungenaue, den

Bestimmungen unter Ziff. 16 nicht entsprechende Inhaltsangabe vor, bei der ein Frachtzuschlag nicht erhoben werden kann, so ist der Absender zur Berichtigung der Inhaltsangabe zu veranlassen. Ist dies nicht zu erreichen, so sind in Gegenwart des Absenders oder zweier unbeteiligter Zeugen Proben zu entnehmen und ist danach der Inhalt genau festzustellen. Die Dienststelle hat sich der Änderung des Frachtbriefes zu enthalten, jedoch die genaue Inhaltsangabe in Klammer unter der Frachtbriefangabe zu vermerken. Vgl. noch über Frachtbriefe mit allgemeinen Bezeichnungen wie Chemikalien, Droguen: Allg. AusfBest. IV S. 219. Frachtbriefe über Wagenladungen, die aus Gütern verschiedener Art bestehen — Sammelladungen — können, wenn nicht Zoll- oder Steuervorschriften oder das Gesetz vom 7. II. 1906, betr. die Statistik des Warenverkehrs ꝛc. nebst AusfBest. entgegenstehen, unter der Bezeichnung „Sammelgut“ ohne ein genaues Verzeichnis der einzelnen Frachtstücke nach Inhalt, Gewicht oder Zeichen angenommen werden, jedoch muß der Frachtbrief mit folgendem Vermerk versehen sein: „Sendung enthält keine Güter, welche nach § 54 der EVO. von der Beförderung ausgeschlossen oder nur bedingungsweise zur Beförderung zugelassen sind, und deren Zusammenladen mit anderen Gütern nicht gestattet ist.“ Befinden sich unter den Sammelgütern bedingungsweise zur Beförderung zugelassene Gegenstände, die nach der Anlage C zur EVO. mit anderen Gegenständen zu einem Frachtstücke vereinigt werden dürfen, so müssen diese im Frachtbriefe einzeln unter Hinzufügung des Wortes („bedingungsweise“) aufgeführt werden. (Vgl. § 56 Abs. 4 EVO.)

Satz 2 gewährt der Eisenbahn das Recht, auch bei Wagenladungsgütern — für welche nach Satz 1 als Regel nur die Bezeichnung nach Inhalt und Gewicht vorgeschrieben ist — die detaillierten Angaben, nach Anzahl und Verpackungsart Zeichen und Nummer (Anm. 220 S. 226) zu verlangen. Voraussetzung ist aber, daß die Beschaffenheit der Ladung es zuläßt. Hierüber entscheidet zunächst das Ermessen der Abfertigungsstelle, eventuell der Richter. Die Eisenbahn ist zu dem qu. Verlangen berechtigt, aber nicht verpflichtet. Auch wird ein derartiges Verlangen generell publiziert werden müssen, da anderenfalls bei beliebiger Anforderung im einzelnen Falle außerordentliche Verzögerungen in der Abnahme der Güter zum Nachteile des Publikums erfolgen würden.

Die Bestimmung des Satzes 3, daß die in der Anlage C aufgeführten Gegenstände mit der daselbst gebrauchten Bezeichnung zu benennen sind, ist obligatorisch; sie dient dazu, die Abfertigungsstelle darauf hinzuweisen, daß es sich um nur bedingungsweise zur Beförderung zugelassene Güter handelt — was bei anderweitigen verschiedenartigen Bezeichnungen nicht erkennbar sein würde.

221) Hierzu tritt unter lit. e: das Gewicht der Sendung.

Die Bezeichnung nach dem Gewicht schreibt die Angabe der Schwere des Frachtguts nach dem geltenden Gewichtssystem (Kilogramm) vor (Frachtbriefformular: Wirkliches Rohgewicht). Die Angabe des Gewichts kann, bzw. muß ersetzt werden durch eine den Vorschriften der Versandstation entsprechende Angabe. Wenn also nach den Vorschriften der Versandstation gewisse Arten von Gütern statt des Gewichts oder neben dem Gewichte nach der Stückzahl, nach dem Längen- oder Raummaß, nach Gebinden rc. zu benennen sind, so sind diese Vorschriften zu beobachten. Auch hier zieht mangelhafte, absichtlich oder versehentlich unrichtige Deklaration die oben bezeichneten Folgen nach sich (§ 60 EVO. E. 19 44).

Durch die Parenthese „(vgl. jedoch § 58 Abs. 2 u. 3)" wird darauf hingewiesen, daß bei von der Eisenbahn verladenen Stückgütern die Feststellung und Angabe der Anzahl und des Gewichts gebührenfrei der Eisenbahn obliegt, und ebenso bei allen anderen Sendungen auf Antrag oder bei Fehlen der Gewichtsangabe, gegen eine tarifmäßige Gebühr, wenn es die Wägevorrichtungen der Station und die Beschaffenheit der Güter gestatten, anderenfalls auf einer anderen Station (§ 58 Anm. 242, 243).

222) Nach lit. f: die Nummer und die Eigentumsmerkmale des Wagens bei Gütern, die der Absender selbst verladen hat. Grundsätzlich liegt die Angabe der Nummer und der Eigentumsmerkmale des Wagens (s. § 55 Abs. 4 Anm. 214) der Eisenbahn ob. Hiervon macht jedoch, wie bereits a. a. O. bemerkt, die EVO. für den Fall eine Ausnahme, daß Selbstverladung der Güter erfolgt ist. Alsdann ist der Absender zu dieser Angabe verpflichtet.

223) Die Notwendigkeit der Angabe lit. g: des Freivermerks (HGB. § 426 Abs. 2 Ziff. 7) — einer Eventualangabe „im Falle der Vorausbezahlung der Fracht" — ergibt sich aus den Bestimmungen des § 69. Nach § 69 Abs. 2 werden — abgesehen von den Fällen des § 69 Abs. 1 — nach Wahl des Absenders die Frachtgelder entweder bei der Angabe des Gutes zur Beförderung berichtigt (Franko-Fracht) oder sie gelten als auf den Empfänger angewiesen (unfrankierte Fracht), welcher gemäß § 76 Abs. 1, 4 u. 5 im letzteren Falle die Frachtbriefbeträge gegen Empfang des Gutes zu zahlen hat. Wenn im Falle der Frankierung der Betrag der Gesamtfracht beim Versand nicht genau bestimmt werden kann, so kann die Versandbahn die Hinterlegung des ungefähren Frachtbetrages, d. h. einen Frankaturvorschuß fordern (§ 69 Abs. 7). Sowohl zur Orientierung der Eisenbahn über die Art der Frachtzahlung (ob frankiert oder unfrankiert), sowie zur Information des Empfängers ist hiernach die Angabe des Freivermerks erforderlich, für welche das Frachtbriefformular auf der rechten Seite oben über der Rubrik „Nachnahme" eine besondere Rubrik: „Freivermerk" enthält.

Vgl. auch Allg. AbfVorschr. § 10 Ziff. 29 (Teilfrankaturen).

224) Da nach § 455 HGB., § 61 Abs. 5 bzw. § 73 Abs. 5 EVO. — wie dort (Anm. 267, 361) des näheren erörtert ist — die Ausstellung eines Frachtbriefduplikats oder Aufnahmescheines in die Wahl des Absenders gestellt ist, und die Eisenbahn zur Ausstellung nur auf Verlangen des Absenders verpflichtet ist, so bedarf es eines ausdrücklichen Antrages des letzteren auf Ausstellung dieser Papiere. § 56 Abs. 1 bezeichnet unter lit. h als Erfordernis der Frachtbriefangaben, „den etwaigen Antrag auf Ausstellung eines Frachtbriefduplikats oder Aufnahmescheines". Das Frachtbriefformular enthält rechts oben die Rubrik: „Duplikat (Aufnahmeschein) beantragt?" (s. Allg. AusfBest. VI S. 219) und zugleich — der Bestimmung des § 61 Abs. 5 Satz 2 gemäß, wonach die Ausstellung eines Duplikats auf

dem Frachtbriefe durch Stempelaufdruck zu beurkunden ist — unten rechts eine stark umrahmte Stelle für den Duplikat- ꝛc. Stempel der Eisenbahn.

225) Ferner ist erforderlich lit. i: die etwaige Angabe des Interesses an der Lieferung — gleichfalls wie bei h eine Eventualangabe für den Fall, daß der Absender das Lieferungsinteresse überhaupt deklarieren will. Wie das HGB. §§ 463, 466 nach Analogie des J.Ü., so unterscheidet auch die EVO. nicht zwischen Wert- und Lieferfrist-Interessenangabe, kennt vielmehr für beide Fälle nur eine Angabe: die Angabe des Interesses an der Lieferung (s. § 92). Diese Angabe gilt sowohl für die Fälle des § 88, wie für die des § 94. Der § 92 EVO., welcher demgemäß auch für § 94 gilt, setzt fest, daß der Betrag, der das Interesse an der Lieferung darstellt, in den Frachtbrief an der dafür vorgesehenen Stelle mit Buchstaben eingetragen werden muß. Bei der Eintragung sind also drei Formalitäten zu beachten: 1. Eintragung im Frachtbriefe selbst, 2. auf der dafür vorgesehenen (schraffierten) Stelle und 3. mit Buchstaben. Ist eine dieser Formalitäten nicht beachtet, so braucht die Eisenbahn die Angabe als gültig nicht anzuerkennen.

Vgl. Allg. AbfVorschr. § 10 Ziff. 26.

Aus der Pflicht der Eisenbahn zur Einkassierung der Nachnahmen (§ 72 Abs. 3—5) und aus der Zahlungspflicht des Empfängers, welche sich nur auf die im Frachtbriefe ersichtlich gemachten Beträge erstreckt (§ 76), ergibt sich auch das Erfordernis der Angabe der auf dem Frachtgute lastenden Nachnahmen im Frachtbriefe (HGB. § 426 Abs. 2 Ziff. 8). Auch diese Angabe ist nur eine Eventualangabe, d. h. nur im Falle der Auflegung von Nachnahmen erforderlich. Beide Arten von Nachnahmen sind im Frachtbriefe zu verzeichnen, da nach § 72 Abs. 4 die Eisenbahn, welche das Gut ohne Einziehung der Nachnahme abliefert, für den Schaden bis zum Betrage der Nachnahme haftet und denselben dem Absender sofort, vorbehaltlich ihres Rückgriffes gegen den Empfänger, zu ersetzen hat (E. 17 40, 21 140). Das Frachtbriefformular enthält demgemäß auf der linken Seite unter der Rubrik für die Deklaration des Lieferungsinteresses noch zwei besondere (schraffierte) Rubriken für Barvorschüsse und für Nachnahmen nach Eingang. Diese Beträge sind nach der Vorschrift auf dem Frachtbriefe in Buchstaben anzugeben. Dieser Eintrag ist auch bei einer Abweichung von einem Eintrag in Ziffern maßgebend (§ 72 Abs. 6 EVO.).

§ 72 Abs. 6 EVO. erfordert die Eintragung in Buchstaben. Vgl. Allg. AbfVorschr. § 10 Ziff. 27, 28.

226) Sodann lit. k: Das etwaige Verlangen, daß das Gut bahnlagernd zu stellen ist, bedarf der Angabe, weil hiervon das Ablieferungsverfahren, insbesondere die Benachrichtigung des Empfängers von der Ankunft des Gutes abhängt, welche bei bahnlagernd gestellten Gütern unterbleibt, wenn der Absender sie im Frachtbriefe nicht ausdrücklich vorgeschrieben hat (§ 79 Abs. 5 Anm. 413). Eine Ausnahme bilden nur die in Anlage C aufgeführten Gegenstände, bei welchen in Rücksicht auf die mit längerer Bahnlagerung verbundene Gefahr ꝛc. ein derartiges Verlangen unzulässig ist.

227) Die Angabe lit. l: „Die genaue Bezeichnung der zur Erfüllung der Zoll-, Steuer- oder Polizeivorschriften beige-

gebenen Begleitpapiere" HGB. § 426 Abs. 2 Ziff. 6, § 427. § 65 EVO. ist nur eine Eventualangabe, d. h. für den Fall, daß die Sendung überhaupt solcher Begleitpapiere bedarf. Lit. l hängt mit der im § 65 Abs. 1 ausgesprochenen Verpflichtung des Absenders zusammen. Mit Rücksicht hierauf ist eine genaue Bezeichnung der bezüglichen Begleitpapiere aus dem zwiefachen Grunde erforderlich: 1. damit die Eisenbahn — soweit sie hierzu imstande und obwohl ihr nach § 65 Abs. 1 Satz 2 eine Prüfungspflicht nicht obliegt -- übersehen kann, ob die Papiere nach ihrem Ermessen vollständig sind, und 2. damit im Streitfalle festzustellen ist, welche Papiere der Absender dem Frachtbriefe beigefügt hat, mithin der Behauptung begegnet werden kann, es seien mehr oder weniger Papiere beigefügt gewesen. Das Frachtbriefformular enthält dementsprechend eine Rubrik „Zulässige oder vorgeschriebene Erklärungen", in welcher insbesondere auch auf die Zoll- und Steuerabfertigung hingewiesen ist.

Die Vorschrift unter l schließt stillschweigend das Präjudiz in sich, daß die Eisenbahn für Begleitpapiere nicht zu haften hat, welche im Frachtbriefe nicht bezeichnet sind. Ferner ist aus jener Vorschrift ersichtlich, daß die Begleitpapiere der Eisenbahn mit dem Frachtbriefe offen (nicht verschlossen) übergeben werden müssen. Denn die Bahn hat als die nach den meisten Zollgesetzen zunächst verantwortliche, wenn auch nicht die Pflicht (§ 65 Abs. 1 Satz 2), so doch das Recht, die Begleitpapiere bei der Übergabe zu prüfen. Sie kann daher verlangen, daß ihr dieselben offen übergeben werden, weil sie sich anderenfalls von der Genauigkeit der Bezeichnung im Frachtbriefe nicht würde überzeugen können. Für diese ihr übergebenen Begleitpapiere ist die Eisenbahn verantwortlich (E. 10 192).

Die Allg. AbfVorschr. § 11 Ziff. 1 bestimmen: „Die Güterabfertigung hat darauf zu achten, daß dem Frachtbriefe die zur Erfüllung der Zoll-, Steuer-, Polizei- und statistischen Vorschriften erforderlichen Begleitpapiere beigegeben und in ihm verzeichnet sind", und § 1 Ziff. 4: „Güter, welche unter Zoll- oder Steuerkontrolle stehen, sind nur dann anzunehmen, wenn der amtliche Verschluß unverletzt ist" (vgl. noch § 1 Ziff. 5, 6, § 10 Ziff. 37 und § 11).

228) Lit. m unterscheidet Sendungen, die einer zoll- oder steueramtlichen Abfertigung unterliegen, und Sendungen anderer Art. Bei ersteren ist der Absender berechtigt, die zu berührende Abfertigungsstelle vorzuschreiben, und die Eisenbahn ist verpflichtet, eine derartige Vorschrift zu befolgen, mithin für alle nachteiligen Folgen aufzukommen, die dem Absender aus der Nichtbefolgung der Vorschrift entstehen. Der Absender ist hiernach nicht berechtigt, unbedingt den ganzen Beförderungsweg vorzuschreiben, sondern nur insoweit, daß die Zollabfertigungsstelle berührt wird. Berühren also mehrere Beförderungswege die Abfertigungsstelle, so hat die Eisenbahn unter diesen die Wahl (Reindl, VZ. 1898 Nr. 76 S. 1165, 1899 Nr. 14 S. 213, Nr. 39 S. 681 und Hannover, eod. S. 449). Allg. AbfVorschr. § 10 Ziff. 14.

229) Als weiteres Erfordernis des Inhaltes des Frachtbriefes ist lit. n: „Ort und Tag der Ausstellung" aufgestellt, d. h. der Ort und Tag, wo der Absender oder für ihn ein Dritter den Frachtbrief ausstellt. Beides wird

häufig mit dem Orte und Tage der Auflieferung des Gutes identisch sein, kann aber auch damit auseinanderfallen, z. B. wenn die Aufnahme des Gutes in den Lagerräumen der Eisenbahn mangels disponibler Beförderungsmittel nur vorläufig, die Aufdrückung des Abfertigungsstempels auf den Frachtbrief (§ 61 Abs. 1) und die Annahme zur Beförderung erst später erfolgt (s. § 64 Abs. 1 EVO. Anm. 303). In solchen Fällen kann die Bezeichnung des Datums der Ausstellung auf dem Frachtbriefe nicht als Beweis für das Datum des Vertragsabschlusses bzw. für den Beginn der Haftpflicht dienen. Dafür ist vielmehr der Moment der Aufdrückung des Abfertigungsstempels (§ 61 Abs. 1) anzusehen. Das Frachtbriefformular sieht eine besondere Stelle links unten für die Angabe des Ortes und Tages der Ausstellung vor. Allg. Abf.-Vorschr. § 10 Ziff. 30: „Tag und Ort der Ausstellung des Frachtbriefes brauchen mit Tag und Station der Auflieferung nicht übereinzustimmen."

Die Vorschrift lit. l der bisherigen EVO., wonach auch die Versandstation einzutragen war, ist fortgelassen, weil diese durch Abstempelung des Frachtbriefes mit dem Lagerstempel der Abfertigungsstelle kenntlich gemacht wird (Begr.).

230) Während für die Angabe der Versandbahn und des Empfängers die bloße Bezeichnung derselben genügt, ist für die Angabe des Absenders prinzipiell nach lit. o die Unterschrift mit seinem Namen oder seiner Firma, sowie die Angabe seiner Wohnung für erforderlich erklärt (in Übereinstimmung mit HGB. § 426 Abs. 2 Ziff. 9). Doch kann gemäß Abs. 10 (Anm. 239) an Stelle der Unterschrift die gedruckte oder gestempelte Zeichnung der Unterschrift („eine im Wege der mechanischen Vervielfältigung hergestellte Unterschrift") des Absenders treten. Es ist also fakultativ in das Ermessen des Absenders gestellt, ob er den Frachtbrief mit seiner Unterschrift oder einer gedruckten oder gestempelten Zeichnung seines Namens versehen will. In beiden Fällen tritt noch die Angabe der Wohnung des Absenders hinzu. Auch ist die Beifügung der Telegrammadresse und Fernsprechnummer gestattet (Abs. 9 Anm. 238).

Die Allg. AbfVorschr. § 10 Ziff. 31, 36 bestimmen hierzu: Der Frachtbrief ist durch eine bestimmte, namentlich bezeichnete Person, als welche auch Behörden, Gesellschaftsvorstände und Handelsfirmen gelten, zu unterzeichnen. Der Firmeninhaber hat lediglich die Firma, der Prokurist neben der letzteren den sein Verhältnis zu derselben kennzeichnenden Vermerk („pp. = per procura") und seinen Namen, der Handlungsbevollmächtigte dagegen seinen Namen mit dem Vermerk „Als Bevollmächtigter der Handlung N. N." zu unterzeichnen. Die von Behörden und Gesellschaftsvorständen ausgestellten Frachtbriefe müssen mit deren Firma unterzeichnet sein. Im übrigen ist die Frachtbriefunterzeichnung „für (pro) N. N." nicht genügend. Ist der Absender am Stationsorte nicht ansässig, so hat er der Unterschrift seinen Wohnort beizufügen. Bei nicht bekannten Absendern muß auch die Wohnung angegeben sein. Werden auf mündlichen Antrag Frachtbriefe bahnseitig ausgestellt, so sind sie gleichwohl von dem Absender zu unterschreiben. Ist dieser dazu nicht imstande, so hat er an der für die Unterschrift bestimmten Stelle sein Handzeichen zu setzen, welches vom Ausfertiger mit dem Zusatze

„für N. N." zu unterzeichnen ist. Bei schriftlichem Antrage ist der Frachtbrief mit dem Namen des ausstellenden Beamten und dem Zusatze: „im schriftlichen Auftrage des N. N. usw." zu unterzeichnen, der Antrag aber aufzubewahren. Vgl. hierzu § 57 EVO. AusfBest.

231) Hieran reiht Abs. 2 die Befugnis (nicht Pflicht) der Bahn, für jeden Wagen einen besonderen Frachtbrief zu fordern, — auch hier aus Zweckmäßigkeitsgründen, weil anderenfalls die Trennung mehrerer durch einen Frachtbrief verbundener Wagen nicht angängig wäre, obwohl aus Betriebsrücksichten oder um den Verfügungen des Verfügungsberechtigten zu genügen (§ 73), dies häufig geschehen muß. In gewissen Fällen wird die Bahn von dieser Befugnis nicht wohl Gebrauch machen können, z. B. bei Langholz und sonstigen Sendungen, welche wegen ihrer Länge 2c. mehr als einen Wagen erfordern, oder wenn in Ermangelung eines Wagens von bestimmter Tragkraft deren mehrere von geringerer Tragfähigkeit gestellt werden müssen.

Vgl. Allg. AbfVorschr. § 10 Ziff. 3, § 11 Ziff. 4ff. und Pr.-Hess. Zus.-Best. Ziff. 1.

Vgl. Allg. ZusBest. IX (S. 220).

232) Nach Abs. 3 dürfen überhaupt und grundsätzlich mehrere Gegenstände nur dann in einen und denselben Frachtbrief aufgenommen werden, wenn 1. das Zusammenladen derselben nach ihrer Beschaffenheit ohne Nachteil erfolgen kann und 2. Zoll-, Steuer- und Polizeivorschriften nicht entgegenstehen. Wo auch nur eine dieser beiden Voraussetzungen nicht zutrifft, ist die Aufnahme mehrerer Gegenstände in einen Frachtbrief verboten und eisenbahnseitig abzulehnen. Es liegt zwar im gleichmäßigen Interesse der Versender und einer geregelten Geschäftsführung bei den Eisenbahnen, daß solche Güter, welche zu demselben Frachtbriefe gehören, zusammen expediert, in demselben Wagen verladen und befördert werden. Es ist aber nicht angängig, solche Gegenstände, die ein Zusammenladen ihrer Beschaffenheit nach gestatten (z. B. andere Güter durch Nässe, Geruch 2c. infizieren) oder besondere Zoll-, Steuer- 2c. Manipulationen erfordern, in denselben Frachtbrief mit anderen Gütern aufzunehmen. Vgl. hierzu Allg. ZusBest. X (S. 220) und Allg. AbfVorschr. § 10 Ziff. 2 und § 11 Ziff. 4ff.

233) Abs. 4 Satz 1 führt zwei Fälle an, in welchen grundsätzlich besondere, andere Gegenstände nicht umfassende Frachtbriefe beigegeben werden müssen: 1. den vom Absender aufzuladenden oder vom Empfänger abzuladenden, sowie 2. den nach § 54 Abs. 2 bedingungsweise zur Beförderung zugelassenen Gütern.

Auch bei dieser Vorschrift war der Gesichtspunkt maßgebend, daß es zu erheblichen Schwierigkeiten der Expedition führen würde, Güter, die vom Absender bzw. Empfänger selbst auf- und abzuladen sind (Wagenladungsgüter), oder, als bedingungsweise zugelassen, besondere Sicherheitsmaßregeln erfordern und daher einer anderen Expeditionsweise unterliegen, namentlich besondere Wagen erhalten, mit Gütern auf einen Frachtbrief zu bringen, die eisenbahnseitig auf anderen Wagen (als Stück- 2c. Gut) ver- und entladen werden. Abs. 4 spricht nur ganz allgemein von „den vom Absender aufzuladenden oder vom Empfänger abzuladenden" oder „den nach § 54 Abs. 2 bedingungsweise zugelassenen" Gütern, ohne die Bestimmungen, welche beide hierzu verpflichten, des näheren anzugeben. Dies erscheint auch nicht erforderlich, da die Voraussetzungen, unter welchen die Pflicht zur Selbstverladung und Selbstentladung vorliegt, in der EVO. ausdrücklich bezeichnet und die bedingungsweise zur Beförderung zugelassenen Güter in der Anlage C zur EVO. aufgeführt sind. Im übrigen enthält der Gütertarif Teil I die für das Auf- und Abladen maßgebenden Bestimmungen. Der in der bisherigen EVO. § 52 Abs. 7 Satz 5 enthaltene Zusatz „nach den Vorschriften dieser Ordnung oder des Tarifes oder nach besonderer Vereinbarung mit dem Absender aufzuladenden .... Güter" konnte daher als überflüssig in Fortfall kommen.

Von dem vorstehend erörterten Grundsatz ist durch Satz 2 nur eine Ausnahme gestattet, wenn die Gegenstände der Anlage C nach den dort getroffenen Vorschriften mit anderen Gütern zusammengepackt aufgegeben werden. Ist nach den Vorschriften der Anlage C eine Zusammenpackung von bedingungsweise zugelassenen Gegenständen mit anderen Gütern für zulässig erklärt, dann ist auch die Beigabe eines die letzteren mitumfassenden Frachtbriefes erlaubt.

Für den Ausnahmefall des Satzes 2 verlangt aber Satz 3 die besondere Aufführung der nur bedingungsweise zugelassenen Güter in dem gemeinsamen, d. h. andere Güter mitumfassenden Frachtbriefe und die ausdrückliche Kennzeichnung der ersteren durch Hinzufügung des Wortes „bedingungsweise". Ist dies nicht geschehen, so ist die Eisenbahn zur Zurückweisung des Frachtbriefes und Gutes bei der Entdeckung (§ 58 Abs. 1) berechtigt und verpflichtet, und den Absender treffen für den Fall der Unterlassung die Folgen der §§ 57 und 60 EVO.

234) Abs. 5 trifft Bestimmung für den Fall, daß der auf der Vorderseite des Frachtbriefes für die Beschreibung der Güter vorgesehene Raum nicht ausreicht. Alsdann sollen die Rückseite und nötigenfalls dem Frachtbriefe anzuheftende gleichgroße Blätter benutzt und besonders unterzeichnet werden. Auch muß im Frachtbriefe auf diese Blätter verwiesen werden. Alle diese Vorschriften sind obligatorisch und berechtigen und verpflichten die Eisenbahn zur Zurückweisung des Frachtbriefes und Gutes, wenn der Absender sie nicht beobachtet hat, bzw. zu dem Verlangen auf entsprechende Änderung und Ergänzung.

Die Bestimmung der bisherigen EVO. (§ 52 Abs. 4), daß den beigegebenen Blättern der Abfertigungsstempel der Versandstation aufzudrücken ist, ist fortgefallen. Wichtig sind die in den beiden Schlußsätzen dieses Absatzes enthaltenen Vorschriften, daß 1. wenn das Gesamtgewicht einer solchen Sendung angegeben wird, dasselbe im Frachtbrief an der hierfür vorgesehenen Stelle einzutragen ist (also einschließlich der auf den angehefteten Blätter aufgeführten Güter) und 2. daß bei Gütern verschiedener Tarifklassen, wenn getrennte Frachtberechnung verlangt wird, das Gewicht für jede Tarifklasse besonders anzugeben ist. Dies dient wesentlich zur Erleichterung der Frachtberechnung.

235) Abs. 6, welcher einem Verkehrsbedürfnisse entsprechend neu aufgenommen ist, gewährt dem Absender das Recht, im Frachtbriefe die Nach-

zählung und Nachwiegung der Güter auf der Bestimmungsstation gegen eine tarifmäßige Gebühr vorzuschreiben. Das Recht, die Nachzählung oder Nachwiegung zu verlangen, stand bisher dem Absender gemäß § 61 Abs. 4 nur auf der Versandstation, dem Empfänger nur auf der Bestimmungsstation (§ 97 Abs. 2 Ziff. 4 und Abs. 3) und beiden am Bestimmungsorte gemäß § 82 Abs. 1 und § 97 Abs. 2 Ziff. 4 nur unter den dort angegebenen Voraussetzungen, insbesondere der Verfügungsberechtigung und der Behauptung eines Mangels zu. Durch die Vorschrift des Abs. 6 ist der Absender berechtigt, ohne weitere Voraussetzungen schon im Frachtbriefe die Nachwiegung oder Nachzählung auf der Bestimmungsstation vorzuschreiben, welche demgemäß auszuführen ist, auch wenn er bei der Ankunft des Gutes nicht mehr verfügungsberechtigt und ein Mangel weder vermutet noch behauptet ist. Dadurch ist der Absender in die Lage versetzt, sich für alle Fälle, etwaigen Bemängelungen des Empfängers gegenüber, über Gewicht und Zahl alsbald bei der Ankunft des Gutes eine bahnamtliche Feststellung zu verschaffen. Freilich kann damit unter Umständen eine den Empfänger schädigende Verzögerung bei der Ablieferung verbunden sein. Vgl. Allg. AbfVorschr. § 7 Ziff. 15.

236) Abs. 7 gibt für den Fall, daß am Bestimmungsorte keine für den Güterverkehr eingerichtete Eisenbahnstation oder Güternebenstelle vorhanden ist, dem Absender die Befugnis, im Frachtbrief über die Weiterbeförderung des Gutes von der Bestimmungsstation bis zum Bestimmungsorte Verfügung zu treffen. Diese Verfügung ist von der Eisenbahn — wenn ausführbar — in erster Reihe zu beachten. In der bisherigen EVO. war im § 51 Abs. 1c bestimmt, daß für den vorliegenden Fall der Empfänger für die Weiterbeförderung zu sorgen hat, wenn nicht die Eisenbahn bezügliche Einrichtungen getroffen hat, und ferner im § 64 Abs. 4, daß mangels solcher Einrichtungen und entsprechender Verfügungen des Absenders oder Empfängers die Eisenbahn entweder letzteren zu benachrichtigen oder die Güter mittels eines Spediteurs nach dem Bestimmungsorte zu befördern hat. Gegenüber diesen wenig klaren Vorschriften wird durch den Abs. 7 des § 56 der neuen EVO. klargestellt, daß in erster Reihe der Absender im Frachtbriefe über die Weiterbeförderung Verfügung treffen kann. Nur wenn diese Verfügung fehlt, greifen daher die Bestimmungen des § 78 Abs. 1 u. 2 bzw. § 76 Abs. 9 Platz (s. Begr.).

Vgl. Allg. AbfVorschr. § 10 Ziff. 10.

237) Abs. 8 gestattet einige Zusätze und Erklärungen, welche zwar für die bahnseitige Behandlung nicht notwendig, aber für die Verkehrsbeziehungen förderlich sind. Dies sind:

1. Aufdruck der Firma des Ausstellers auf der Rückseite des Frachtbriefs. Die Allg. AbfVorschr. § 10 Ziff. 32 bestimmen, daß der Firmenaufdruck nur aus der Benennung der Firma, und zwar in der im Handelsregister eingetragenen Form, der Angabe etwaiger Titel und Charakterbezeichnungen (Hoflieferant, Hofspediteur 2c.), sowie der Geschäftszweige und des Wohnsitzes des Absenders bestehen darf. Anpreisende Zusätze, wie Geschäftsempfehlungen, Angabe des Besitzes von Preismedaillen usw. sind unzulässig.

2. Anbringung von nachrichtlichen Vermerken jeder Art für den Empfänger, wenn sie die Sendung betreffen, wie z. B. „von Sendung des N. N.“ — „im Auftrage des N. N.“ — „zur Verfügung des N. N. — „zur Weiterbeförderung an N. N.“ — „versichert bei N. N.“ — „für Dampfer N. N.“ — „zur Ausfuhr nach N. N.“ ꝛc. Die Anbringung dieser Vermerke kann schriftlich, durch Stempel oder Druck geschehen (Allg. AbfVorschr. § 10 Ziff. 32). Stempel der Versicherungsgesellschaften oder Vermerke über Versicherungen sind nur auf der Rückseite des Frachtbriefes zuzulassen (a. a. O. § 10 Ziff. 33).

Daß diese Vermerke nicht ungebührlich lang sein dürfen, geht aus den gewählten Beispielen hervor. Die bisherige, nicht gerechtfertigte Beschränkung, daß die Vermerke sich auf die ganze Sendung beziehen müssen, ist weggelassen. Durch den Schlußsatz: „Für die Eisenbahn sind diese Vermerke unverbindlich“ ist die Haftung der Bahn in bezug auf die Ausführung und Befolgung derselben ausgeschlossen.

238) Um den Wert und die Übersichtlichkeit des Frachtbriefs als Beweisurkunde zu sichern und zu erhöhen und zugleich die Vertragsfreiheit der Bahnen, die bei Einzelstipulationen in den Frachtbriefen leicht zum Mißbrauch (Forderung von Reversen ꝛc.) führen kann, einzuschränken, untersagt Abs. 9 die Aufnahme anderer Erklärungen in den Frachtbrief und die Beifügung anderer Schriftstücke zum Frachtbriefe, gestattet vielmehr solche Erklärungen und Schriftstücke nur insofern, als sie durch die EVO. oder im Tarife vorgeschrieben oder für zulässig erklärt sind. Demgemäß faßt Abs. 9 zwei Verbotsvorschriften zusammen. Er verbietet — falls nicht ausdrückliche Zulässigkeitserklärung durch die EVO. oder Vorschrift oder Gestattung im Tarife — mit Genehmigung der Aufsichtsbehörde nach Zustimmung des REA. — vorliegt: I. die Aufnahme anderer Erklärungen in den Frachtbrief, II. die Beifügung anderer Schriftstücke zum Frachtbriefe. 1. Erstens ist hiernach für unzulässig erklärt: „die Aufnahme anderer Erklärungen in den Frachtbrief“, d. h. „als der im § 56 Abs. 1—8 aufgeführten.“ Diese Bestimmung enthält ein absolutes Verbot. Jede dagegen verstoßende Erklärung im Frachtbriefe ist rechtlich wirkungslos, außer wenn die behördlich genehmigten Tarife derartige Erklärungen gestatten sollten (§ 2 Abs. 2 u. 3 EingBest.). Die Vorschrift gilt sowohl gegen die Eisenbahnen wie gegen den Absender. Auch der letztere darf nicht die Ausstellung von Erklärungen im Frachtbriefe fordern, welche nach der EVO. oder den Tarifen nicht gestattet sind (E. 23 3).

Für statthaft erklärt sind durch die EVO. folgende Erklärungen im Frachtbriefe: §§ 56 (5) bis (8); 59 (1); 62 (2) u. (4); 64 (1) u. (2); 65 (1) u. (4); 66; 67 (2); 75 (6); 79 (5); 80 (3); 81 (1); 86 (1) Ziff. 1, 2, 3 u. 6 und 89 (1). Vgl. hierzu noch Allg. ZusBest. XI u. XII (s. oben S. 221, 222) und Allg. AbfVorschr. § 10 Ziff. 32, 33.

2. Zweitens ist für unzulässig erklärt „die Beifügung anderer Schriftstücke zum Frachtbriefe“. Danach ist vornehmlich unstatthaft die Beifügung der sog. „Ursprungsfrachtbriefe“, d. h. solcher Frachtbriefe,

welche das Gut vor der Übergabe an die Bahn bei dem etwa vorangegangenen Landfuhrwerk-, Fluß- oder Seebeförderung begleitet haben.

Zulässig ist zum bzw. neben dem Frachtbriefe nur die Beifügung folgender Schriftstücke: a) Zoll-, Steuer-, polizeiliche zc. Begleitpapiere (§ 56 lit. l, § 65 Abs. 1); b) Beweisstücke über die im Frachtbrief ersichtlich gemachten Auslagen (§ 68 Abs. 2); c) Erklärung über das Fehlen oder die Mängel der Verpackung (§ 62).

239) Abs. 10 schreibt im Satz 1 zur Vermeidung von Unzuträglichkeiten für alle Eintragungen im Frachtbriefe die deutsche Sprache vor (entweder in deutscher oder lateinischer Schrift), also insbesondere auch für die Stations- und Ortsnamen, die Bezeichnung und das Gewicht der Güter, den Freivermerk, die im Abs. 8 vorgesehenen nachrichtlichen Vermerke zc. Satz 2 gestattet, gleichfalls für alle Eintragungen — an Stelle der handschriftlichen — Stempel oder Druck. Nur eine gedruckte oder gestempelte Eintragung ist aber zulässig. Eine bloß (von dritter Hand) geschriebene oder lithographierte zc. ist ausgeschlossen. Die gestempelte oder gedruckte ist an Stelle oder auch neben der handschriftlichen in das Belieben des Absenders gestellt. Die Eisenbahn darf also von ihm eine handschriftliche nicht verlangen, wenn die Eintragung sich gestempelt oder gedruckt auf dem Frachtbriefe befindet. Durch Abs. 10 Satz 2 ist die im § 51 Abs. 1 lit. m der bisherigen EVO. nur für die Unterschrift des Absenders gestattete Gebrauch des Stempels oder Drucks auf alle Frachtbriefeintragungen ausgedehnt.

§ 57.

Haftung für die Angaben im Frachtbriefe.

Der Absender haftet der Eisenbahn für die Richtigkeit und die Vollständigkeit der in den Frachtbrief aufgenommenen Angaben und Erklärungen und trägt alle Folgen, die aus unrichtigen, ungenauen oder ungenügenden Eintragungen entspringen [240].

Die Haftung des Absenders ändert sich nicht, wenn die Güterabfertigungsstelle auf seinen Antrag den Frachtbrief ausfüllt.

240) Aus der Pflicht des Absenders zur Ausstellung und Beigabe des Frachtbriefs (Anm. 211 S. 212) ergibt sich folgerichtig die weitere Verbindlichkeit desselben, für die Richtigkeit und Vollständigkeit der Frachtbriefangaben und -Erklärungen zu haften. Entsprechend den bezüglichen Bestimmungen im § 426 Abs. 3 HGB. (Art. 7 J.Ü.) trifft demgemäß § 57 Bestimmung über die Haftung des Absenders für die Richtigkeit und Vollständigkeit der in den Frachtbrief aufgenommenen Angaben und Erklärungen, sowie über den Umfang dieser Haftung des Absenders (s. Senckpiehl, Sped.- u. SchiffZtg. XV Nr. 52).

Nach § 57 haftet der Absender für die Richtigkeit und Vollständigkeit der in den Frachtbrief aufgenommenen Angaben und Erklärungen ohne Rücksicht auf Verschulden. Es genügt die Tatsache der unrichtigen Angabe. Der Absender haftet also auch, wenn ihm ein Verschulden nicht zur Last fällt. Es ist nicht bestimmt, daß seine Haftung durch ein Verschulden der Eisenbahn beseitigt wird. Doch ist bei konkurrierendem Verschulden der Eisenbahn die Anwendung des § 254 BGB. nicht ausgeschlossen (Staub § 426 Anm. 16, Düringer-Hachenburg V 3, Rundnagel 85). Der Absender trägt alle Folgen, welche aus unrichtigen, ungenauen oder ungenügenden Erklärungen entspringen. Diese Folgen können zwiefacher Art sein, entweder unmittelbar den Absender treffen (Verluste, Beschädigungen des Gutes, die er von der Eisenbahn nicht ersetzt verlangen darf, Verspätung, Konventionalstrafen, polizeiliche und kriminelle Strafen), oder unmittelbar die Eisenbahn (Verluste, Frachtverkürzungen, Beschädigungen der Beförderungsmittel, Zollstrafen 2c., Beschädigung der Güter Dritter), welche alsdann berechtigt ist, von dem Absender Entschädigung zu verlangen (E. **18** 261, **19** 10). Übrigens haftet billigerweise der Absender nicht für alle in den Frachtbrief aufgenommenen Angaben, sondern nur für die von ihm herrührenden, mithin nicht für die eisenbahnseitig erfolgten (s. Anm. 216 S. 222) oder ohne sein Wissen hinzugefügten. Für unzutreffende Änderungen der Frachtbriefangaben seitens eines Bediensteten der Eisenbahn hat also diese zu haften, seitens eines Beauftragten des Absenders dagegen der letztere (RG. 14. III. 1896 E. **13** 65). Vgl. noch über Abänderung von Frachtbriefen: § 55 Anm. 214 S. 217 und Allg. AbfVorschr. § 10 Ziff. 34, 35. Läßt sich aber der Absender auf sein Verlangen den Frachtbrief von Eisenbahnbediensteten ausfertigen, so haftet die Eisenbahn dafür nicht, vielmehr gelten dieselben als Beauftragte des Absenders (Allg. AusfBest. I zu § 57 S. 236, E. **20** 161, s. über die Frage der rechtlichen Zulässigkeit dieser Vertretung: Anm. 214). Der Absender kann auch aus Fehldirigierungen, Verspätungen, Verwechslungen, unrichtigen Ablieferungen 2c. keinen Ersatzanspruch herleiten, muß im Gegenteile noch der Bahn für allen ihr oder anderen entstandenen Schaden haften, wenn diese Schäden durch unrichtige, ungenaue oder undeutliche Angaben im Frachtbriefe, mangelhafte Adresse entstanden sind. Soweit allerdings der Eisenbahn selbst die Ausfüllung des Frachtbriefes obliegt, trägt sie die Verantwortlichkeit für Unrichtigkeiten, ebenso für Angaben aus undeutlichen oder unklaren Bestimmungen der Tarife (E. **19** 55, **20** 178, **21** 15). Da die Angabe des Gewichts und Inhalts des Gutes für die Tarifierung bzw. Frachtberechnung wesentlich ist, so muß der Absender der Eisenbahn die Frachtdifferenz ersetzen bzw. nachzahlen, wenn er infolge unrichtiger Angabe des Inhalts oder Gewichts zu wenig Fracht gezahlt hat (E. **21** 9, **23** 137, 237, **24** 291, **25** 120). Überdies kann in derartigen unrichtigen Angaben, wenn sie absichtlich zur Täuschung der Bahn behufs Erlangung geringerer Fracht geschehen, auch der Tatbestand des Betruges bzw. der Urkundenfälschung liegen. Wird die Eisenbahn infolge solcher unrichtiger Angaben in Strafe genommen, z. B. dadurch selbst zu falschen zolldeklaratorischen 2c. Angaben, zur Übertretung polizeilicher Vorschriften veranlaßt, so hat der Absender der Eisenbahn die bezüglichen Strafen zu ersetzen. Dem Absender liegt die Haftung ob, gleichviel ob das Gut verpackt oder unverpackt aufgegeben ist (E. **24** 290) und selbst bei offensichtlicher

Nichtübereinstimmung der unrichtigen Angabe mit der Wirklichkeit (a. M. RGZ. 37 12), jedenfalls aber nicht, wenn zur Feststellung besondere technische Kenntnisse gehören (E. 23 114). Sie ist zur Nachprüfung der Frachtbriefangaben nicht verpflichtet (ROHG. 23 307, Österr. Oberst. Ger. 10. VI. 1908 E. 26 253, OLG. Wien E. 16·14, Makower 1498, a. M. Rundnagel 84).

§ 58.

Prüfung des Inhalts der Sendung. Feststellung von Anzahl und Gewicht.

(1) Die Eisenbahn ist berechtigt, die Übereinstimmung der Sendung mit dem Frachtbriefe nach Stückzahl, Gewicht und Inhalt jederzeit zu prüfen. Gebühren dürfen hierfür nicht erhoben werden. Zur Prüfung des Inhalts ist der Verfügungsberechtigte einzuladen, wenn sie nicht auf Grund polizeilicher Maßregeln stattfindet, die der Staat im Interesse der Sicherheit oder der öffentlichen Ordnung zu ergreifen berechtigt ist. Erscheint der Berechtigte nicht, so sind zwei Zeugen zuzuziehen. Etwa entstehende Auslagen sind der Eisenbahn zu ersetzen, wenn die Frachtbriefangaben sich als unrichtig erweisen[241]).

(2) Bei Stückgütern, die von der Eisenbahn verladen werden (§ 59 Abs. (1)), ist diese verpflichtet, Anzahl und Gewicht bei der Annahme gebührenfrei festzustellen. Dem Absender oder dessen Beauftragten steht frei, der Feststellung beizuwohnen. Die Eisenbahn kann von der Verwägung absehen oder — bei gleichartigen Stücken — Probeverwägungen vornehmen, wenn der Absender das Gewicht in den Frachtbrief eingetragen und die Nachwägung im Frachtbriefe nicht verlangt hat[242]).

(3) Bei allen anderen Sendungen ist die Eisenbahn auf Antrag des Absenders im Frachtbriefe verpflichtet, das Gewicht und die Stückzahl festzustellen, es sei denn, daß die vorhandenen Wägevorrichtungen nicht ausreichen oder die Beschaffenheit des Gutes oder die Betriebsverhältnisse eine Feststellung der Stückzahl nicht gestatten. Das Gewicht hat die Eisenbahn auch ohne Antrag festzustellen, wenn es im Frachtbriefe nicht angegeben ist. Für diese Feststellungen ist die tarifmäßige Gebühr zu zahlen. Ist die Feststellung des Gewichts auf der Versandstation nicht angängig, so erfolgt sie auf einer anderen Station[243]).

(4) Der Absender kann bei der Aufgabe verlangen, daß ihm Gelegenheit geboten werde, der Feststellung der Stückzahl und des Gewichts beizuwohnen, wenn sie auf der Versandstation erfolgt. Stellt er ein solches Verlangen nicht oder versäumt er die ihm gebotene Gelegenheit,

so hat er die tarifmäßige Gebühr nochmals zu zahlen, wenn die Feststellung auf seinen Antrag wiederholt wird [244]).

(5) Die Eisenbahn kann die Verwägung der Wagenladungsgüter auf der Gleiswage vornehmen und der Gewichtsberechnung das an den Eisenbahnwagen angeschriebene Eigengewicht zugrunde legen. Jedoch ist einem Antrage des Verfügungsberechtigten auf Verwägung des leeren Wagens zu entsprechen, wenn es die Betriebsverhältnisse gestatten. Ob und welche Gebühr zu erheben ist, hat der Tarif zu bestimmen [245]).

I. Ergibt die bahnamtliche Nachwägung von Wagenladungen auf der Gleiswage keine größere Abweichung von dem im Frachtbrief angegebenen Gewicht als 2 Proz., so wird das im Frachtbrief angegebene Gewicht als richtig angenommen.

II. Ergibt die von dem Verfügungsberechtigten beantragte Feststellung des Eigengewichts eines Wagens keine größere Abweichung von dem angeschriebenen Eigengewicht als 2 Proz., so wird Wägegeld erhoben.

(6) Die Feststellung des Gewichts und der Stückzahl hat die Eisenbahn auf dem Frachtbriefe zu bescheinigen. Erfolgt die Feststellung auf der Versandstation, so ist die Bescheinigung auch auf das Frachtbriefduplikat oder auf den Aufnahmeschein zu setzen [246]).

III. Die Feststellung des Gewichts oder der Stückzahl wird von der Eisenbahn handschriftlich oder durch Stempel bescheinigt. Wird das Gewicht durch Probeverwägung ermittelt, so ist dies in der Bescheinigung auszudrücken.

IV. Das Wägegeld und die Zählgebühr sind im Nebengebührentarif (Teil I Abt. B) festgesetzt.

Alte EVO. § 53. J.Ü. Art. 7.

241) In Verbindung mit dem im § 57 ausgesprochenen Grundsatze der Haftung des Absenders für die Frachtbriefangaben trifft § 58 Bestimmung über die korrelaten Befugnisse der Eisenbahn zur Prüfung und Ermittelung der Richtigkeit der Frachtbriefangaben und zur Erhebung von Frachtzuschlägen (Geldbußen) für unrichtige oder ungenaue Angaben des Inhalts der Sendungen, für zu niedrige Angaben des Gewichts von Wagenladungen und für Überlastung selbstverladener Wagen (vgl. VZ. 1894 Nr. 29).

Nach Abs. 1 ist die Eisenbahn berechtigt, jederzeit die Übereinstimmung der Sendung mit dem Frachtbriefe nach Stückzahl, Gewicht und Inhalt zu prüfen, und zwar gleichviel, ob die Sendung in Stück- oder in anderen Gütern (Wagenladungsgütern ꝛc.) besteht. Jede an der Beförderung beteiligte Eisenbahn hat das Recht, also nicht nur die Annahme- bzw. Versandbahn, sondern auch die Empfangs- bzw. Bestimmungsbahn und jede in der Mitte liegende

Bahn, und zwar jederzeit, während der ganzen Beförderung, nicht aber nach bereits erfolgter Ablieferung.

Satz 1 gibt aber der Eisenbahn nur das Recht — nicht die Pflicht — die Übereinstimmung zu prüfen. Eine Pflicht konnte der Eisenbahn schon um deshalb nicht auferlegt werden, weil bei vielen Gütern nach der Art ihrer Verpackung ꝛc. und mit Rücksicht auf die Schleunigkeit des Eisenbahnverkehrs die Ausübung dieser Pflicht nicht durchführbar sein würde. Die Prüfung ist daher in das Ermessen der Eisenbahn gestellt und sie wird in der Regel nur bei vorliegendem Verdachte unrichtiger Angaben vorgenommen werden. Hat aber eine derartige Prüfung nicht stattgefunden, so liegt allerdings — außer bei selbstverladenen Gütern — in der unbemängelten Annahme des Frachtbriefes ein Anerkenntnis der Angaben desselben, welches nur durch Gegenbeweis der Eisenbahn in späteren Streitfällen widerlegt werden kann. Dieser steht ihr auch zu, wenn sie das Gewicht irrtümlich unrichtig ermittelt und in den Frachtbrief eingetragen hat (E. 20 317).

Nach § 8 Ziff. 1 Allg. AbfVorschr. soll die Eisenbahn von der nach § 58 Abs. 1 EVO. zustehenden Berechtigung, die Übereinstimmung des Inhalts der Sendungen mit den Angaben des Frachtbriefes zu prüfen, unverzüglich Gebrauch machen, wenn der Verdacht vorliegt, daß ein von der Beförderung überhaupt ausgeschlossenes oder zu derselben nur bedingungsweise zugelassenes Gut unter unrichtiger Inhaltsangabe oder unter Außerachtlassung der vorgeschriebenen Sicherheitsmaßregeln aufgegeben wird, oder eine Frachthinterziehung durch falsche Inhaltsangabe beabsichtigt wird. In anderen Fällen, in denen eine unrichtige Inhaltsangabe vermutet wird, ist der Absender zunächst auf die Folgen aufmerksam zu machen und zur ordnungsmäßigen Angabe aufzufordern. Kommt der Absender dieser Aufforderung nicht nach, so ist eine Prüfung des Inhalts vorzunehmen. Erweist sich die Angabe des Inhalts als unrichtig oder sind die in der Anlage C zur EVO. vorgeschriebenen Sicherheitsmaßregeln nicht beachtet, so ist nach den Vorschriften über die Erhebung von Frachtzuschlägen usw. (Anhang B) und nach § 8 der Dienstvorschrift zur Anlage C der EVO. zu verfahren. Wenn es sich lediglich um eine ungenaue, die Erhebung eines Frachtzuschlages nicht begründende Inhaltsangabe handelt, so findet § 10 Ziff. 19 Anwendung. Wird das Gut von der Beförderung ausgeschlossen, so ist es dem Absender zur Verfügung zu stellen oder es ist mit dem Gute nach der Bestimmung der vorgesetzten Verwaltungsstelle zu verfahren. Soweit es sich nicht um Gegenstände handelt, deren alsbaldige Entfernung vom Bahngebiete im Interesse der Eisenbahn liegt, darf das Gut erst nach Zahlung des Frachtzuschlages ausgehändigt werden. Eine Prüfung des Inhalts ist zuzulassen, wenn die Polizei sie im Interesse der öffentlichen Ordnung für geboten erachtet. Von allen Fällen falscher Inhaltsangabe, bei denen eine Zuwiderhandlung gegen strafgesetzliche oder polizeiliche Bestimmungen vorliegt (vgl. § 60 Abs. 1 EVO.), ist der vorgesetzten Verwaltungsstelle Anzeige zu erstatten (Gerh. Eger, ZStW. 29 799).

Satz 2, wonach die Prüfung des Inhalts der Sendungen durch die Eisenbahn gebührenfrei erfolgt, ist der Vollständigkeit wegen aufgenommen

(s. jedoch Satz 5). Eine Abänderung dieser Bestimmung ist nur nach Maßgabe des § 2 Abs. 2—4 angängig.

Satz 3 u. 4 enthalten Vorschriften über das Prüfungsverfahren, d. h. über die Art und Form, in welcher die Prüfung zu erfolgen hat. Danach ist der Verfügungsberechtigte, d. h. derjenige, dem zurzeit der Prüfung die Rechte aus dem Frachtvertrage zustehen (§§ 73, 76), event. auch sein Vertreter, Bevollmächtigter, zur Prüfung des Inhalts einzuladen. Dies ist obligatorisch, muß also — abgesehen von der im folgenden berührten Ausnahme — in allen Fällen der Prüfung geschehen. Eine Prüfung ohne Beobachtung dieser Vorschrift braucht mithin der Berechtigte nicht anzuerkennen bzw. nicht gegen sich gelten zu lassen. Über die Form der Einladung ist nichts bestimmt; aber es liegt in der Natur der Sache, daß sie gehörig erfolgen muß, d. h. so, daß der Berechtigte rechtzeitig und bestimmt über Zeit und Ort der Prüfung in Kenntnis gesetzt ist. Sie muß jedenfalls so zeitig geschehen, daß der Berechtigte in der Lage ist, selbst oder durch einen Bevollmächtigten der Prüfung beizuwohnen. Für den Fall, daß der Berechtigte nicht erscheint, verordnet Satz 3 — gleichfalls obligatorisch — die Beiziehung zweier Zeugen (Allg. AbfVorschr. § 8).

Nur in einem Ausnahmefalle entbindet Satz 2 die Eisenbahn von der Einladung des Berechtigten bzw. der Beiziehung zweier Zeugen, nämlich „wenn die Prüfung auf Grund polizeilicher Maßregeln, die der Staat im Interesse der Sicherheit oder der öffentlichen Ordnung zu ergreifen berechtigt ist, stattfindet." Unter „polizeilichen Maßregeln" sind aber nicht etwa die allgemeinen polizeilichen Sicherheits- und Ordnungsvorschriften zu verstehen, welche das Publikum und die Eisenbahn stets und regelmäßig bei Eisenbahnbeförderungen nach den bestehenden Gesetzen und Reglements zu beobachten haben. Vielmehr sind im Gegensatz zu den allgemeinen bahnpolizeilichen ꝛc. Sicherheits- und Ordnungsvorschriften besondere polizeiliche Maßregeln gemeint, welche der Staat aus speziellen Anlässen (Seuche, Krieg ꝛc.) im Interesse der öffentlichen Sicherheit oder der öffentlichen Ordnung ergreift, und welche wegen der besonderen Wichtigkeit ihres Zwecks und der damit verbundenen Beschleunigung das immerhin leicht mit Verzögerungen verknüpfte Verfahren der Zuziehung des Berechtigten nicht gestatten.

Wenn auch nach Satz 2 die im Satz 1 zugelassene Prüfung gebührenfrei erfolgt, so sind doch nach Satz 5 die etwa entstehenden Auslagen der Eisenbahn zu ersetzen, wenn die Frachtbriefangaben sich als unrichtig erweisen. Diese Bestimmung erscheint der Billigkeit entsprechend und gerechtfertigt. Ersatzpflichtig ist der aus dem Frachtvertrage Berechtigte.

242) In betreff der Pflicht der Eisenbahn zur Feststellung des Gewichts und der Stückzahl einer Sendung unterscheidet § 58 im Abs. 2 u. 3 zwischen Stückgütern, die von der Eisenbahn verladen werden (§ 59 Abs. 1) und anderen Sendungen.

Nach Abs. 2 Satz 1 ist bei Stückgütern, die von der Eisenbahn verladen werden (§ 59 Abs. 1), der Eisenbahn die Pflicht auferlegt, Anzahl und Gewicht bei der Annahme ohne Antrag des Absenders gebührenfrei festzustellen. Bei derartigen Stückgütern bedarf es also eines Antrages nicht.

Der Absender oder dessen Beauftragter ist nach Satz 2 berechtigt, der Feststellung beizuwohnen. Zu einer Einladung — wie im Falle des Abs. 1 — ist die Eisenbahn aber nicht verpflichtet. Hat der Absender das Gewicht in den Frachtbrief nicht eingetragen, so muß die Eisenbahn unbedingt das Gewicht feststellen und eintragen. Hat dagegen der Absender das Gewicht in den Frachtbrief eingetragen und eine Nachwägung im Frachtbriefe nicht verlangt, so hat die Eisenbahn nach Satz 3 die Wahl, ob sie die Eintragung des Absenders anerkennen und von einer Verwägung absehen oder dieselbe bewirken und erforderlichenfalls nach dem Ergebnis berichtigen will. Auch kann sie in letzterem Falle, wenn die Sendung aus gleichartigen Stücken besteht, sich bei der Gewichtsfeststellung auf Probeverwägung (sc. einzelner Stücke) beschränken (Allg. AbfVorschr. § 6 Feststellung der Anzahl und des Gewichts der Stückgüter).

243) Nach Abs. 3 Satz 1 ist die Eisenbahn bei allen anderen Sendungen (d. h. außer den bahnseitig zu verladenden Stückgütern, Abs. 2) verpflichtet, das Gewicht und die Stückzahl auf Antrag des Absenders im Frachtbriefe festzustellen. Diese Verpflichtung fällt nur dann fort, wenn 1. die vorhandenen Wägevorrichtungen nicht ausreichen oder 2. die Beschaffenheit des Gutes oder 3. die Betriebsverhältnisse (z. B. kurzer Aufenthalt des betreffenden Zuges) eine Feststellung der Stückzahl nicht gestatten. Nur unter diesen Voraussetzungen ist die Eisenbahn von der Pflicht zur Feststellung des Gewichts und der Stückzahl entbunden. Die im Frachtbriefe bescheinigte Feststellung (s. Satz 6) muß sie als Beweis gegen sich gelten lassen, gleichviel ob eisenbahnseitige oder Selbstverladung stattgefunden hat. Zu beachten ist hierbei aber, daß, wo nur die Stückzahl, nicht aber das Gewicht oder umgekehrt festgestellt ist, die Eisenbahn nur das wirklich Festgestellte zu vertreten hat. Ist die Feststellung der Stückzahl bahnseitig erfolgt, so geschieht die Bescheinigung der Stückzahl im Frachtbrief durch den mit dem Tagesstempel zu versehenden Vermerk: „.... Stück bahnseitig festgestellt". Der Antrag des Absenders auf bahnseitige Feststellung des Gewichts oder der Stückzahl kann entweder bezüglich einer einzelnen Sendung, eines Teiles einer Sendung oder ein für allemal gestellt werden, und zwar in diesem Falle mittels einer schriftlichen, bei der Abfertigungsstelle aufzubewahrenden Erklärung. Soll nur ein Teil einer Sendung nachgewogen oder nachgezählt werden, so sind auch die Wäge- oder Zählgebühren nur für diesen Teil zu berechnen. Allg. AbfVorschr. § 7 (Feststellung der Stückzahl und des Gewichts bei Wagenladungsgütern).

Satz 2 verpflichtet die Eisenbahn, das Gewicht auch ohne Antrag festzustellen, wenn es im Frachtbriefe nicht angegeben ist. Aus der Nichtangabe des Gewichts wird also der Antrag auf Gewichtsfeststellung gefolgert bzw. präsumiert. Die Nichtangabe ersetzt den Antrag. Dies ist aber nur für die Feststellung des Gewichts, nicht der Stückzahl vorgeschrieben. Die Nichtangabe der Stückzahl verpflichtet die Eisenbahn nicht zur Feststellung der Stückzahl. Aus Satz 2 folgt e contr., daß wenn das Gewicht im Frachtbriefe angegeben ist, die Eisenbahn nicht berechtigt ist, dasselbe gebührenpflichtig festzustellen (Satz 3). Tut sie es zum Zwecke der Prüfung (Abs. 1 Satz 1), so finden Satz 2 u. 5 des § 58 Anwendung.

Nach Satz 3 ist hier — im Gegensatze zu den Fällen des Abs. 2 (Anm. 142) — für die Feststellungen, gleichviel ob mit oder ohne Auftrag des Absenders, die tarifmäßige Gebühr zu zahlen, d. h. die gemäß § 6 festgestellte.

Satz 4 fügt die neue Bestimmung hinzu, daß die Feststellung des Gewichts, wenn sie auf der Versandstation nicht angängig ist, auf einer anderen Station zu erfolgen hat. Die bezügliche Pflicht und Befugnis der Eisenbahn ist durch die Worte „auf einer anderen Station" eine sehr weitgehende. Es ist damit mangels einer Einschränkung jede auf dem Beförderungswege befindliche Station gemeint, also auch dann, wenn dem Absender an der Feststellung auf einer anderen Station (z. B. der Bestimmungsstation) nichts gelegen ist oder sogar seinem Interesse zuwiderläuft.

244) Der Absender oder dessen Beauftragter ist nach Abs. 2 Satz 2 berechtigt, der Feststellung der Anzahl und des Gewichts bahnseitig zu verladender Stückgüter beizuwohnen. Bei allen anderen Sendungen (Abs. 3) ist dem Absender ein gleiches Recht nicht gegeben. Wohl aber berechtigt Abs. 4 Satz 1 den Absender bei der Aufgabe zu dem Verlangen, daß ihm, und zwar mangels einer Einschränkung sowohl bei Stück- wie bei anderen Gütern (Abs. 2 und 3), Gelegenheit geboten werde, der Feststellung der Stückzahl und des Gewichts beizuwohnen, wenn sie auf der Versandstation erfolgt. Es genügt nicht allein, ihn zur Feststellung zuzulassen, sondern es muß ihm seitens der Eisenbahn hierzu Gelegenheit geboten werden durch Benachrichtigung, Einladung oder auf anderem geeigneten Wege. Daß dies geschehen, hat die Eisenbahn im Streitfalle zu beweisen. War ihm die Gelegenheit nicht geboten oder sogar die Beiwohnung untersagt, so braucht er die Feststellung nicht gegen sich gelten zu lassen. Indes ist diese Berechtigung des Absenders von zwei Voraussetzungen abhängig: Erstens muß das Verlangen des Absenders bei der Aufgabe — nicht früher und nicht später — der Eisenbahn gegenüber ausgesprochen werden. Zweitens kann er dasselbe nur geltend machen, wenn die Feststellung auf der Versandstation erfolgt. Dem Absender dieses Recht auch dann zu geben, wenn die Feststellung anderwärts geschieht, würde zu Verzögerungen und Schwierigkeiten führen. Daher ist die Beschränkung auf die Versandstation zur Vermeidung von Unzuträglichkeiten und Mißverständnissen ausdrücklich ausgesprochen (Begr.).

Satz 2 verpflichtet den Absender, wenn er von seinem Rechte aus Satz 1 keinen Gebrauch gemacht oder die ihm gebotene Gelegenheit versäumt hat (Satz 1) und nunmehr — mit dem Ergebnis nicht einverstanden — eine wiederholte Feststellung beantragt, in Rücksicht auf die lediglich durch ihn verursachte Bemühung zur nochmaligen Zahlung der tarifmäßigen Gebühr (Abs. 3 Satz 3). Aber der Antrag des Absenders zur wiederholten Feststellung ist erforderlich. Die Eisenbahn ist also nicht befugt, auch ohne solchen Antrag die Feststellung unter Berechnung der Gebühr zu wiederholen.

245) Die Bestimmungen des Abs. 5, betreffend die Befugnis der Eisenbahn, die Wägung der Wagenladungsgüter auf der Gleiswage vorzunehmen und der Gewichtsberechnung das an den Eisenbahnwagen angeschriebene Eigengewicht zugrunde zu legen, sowie die Pflicht der Eisenbahn, einem Antrage des Verfügungsberechtigten auf Verwägung des leeren Wagens zu entsprechen,

wenn die Betriebsverhältnisse es gestatten, und die Bestimmung der Gebühr durch den Tarif, waren bisher nur in den Tarifvorschriften vorgesehen und sind nunmehr zweckmäßig in die EVO. übernommen.

246) Abs. 6 bestimmt, daß die Feststellung des Gewichts und der Stückzahl in allen Fällen (Abs. 2 u. 3) auf dem Frachtbriefe zu bescheinigen ist. Nicht nur das Gewicht, sondern auch die Stückzahl ist zu bescheinigen. Abs. 6 unterscheidet aber Feststellung auf der Versand- und auf anderen Stationen.. Bei der Feststellung auf der Versandstation genügt die Bescheinigung auf dem Frachtbriefe allein nicht, vielmehr muß sie auch auf das Frachtbriefduplikat oder den Aufnahmeschein (§ 61 Abs. 5 und 7) gesetzt werden. Bei der Feststellung auf anderen Stationen reicht die Bescheinigung auf dem Frachtbriefe aus, da in der Regel Duplikat oder Aufnahmeschein hier nicht zur Stelle sind. Die Bescheinigung war gemäß § 53 Abs. 5 der bisherigen EVO. durch den Wägestempel vorgeschrieben. Dies ist fortgefallen, da die Bescheinigung auch auf die Stückzahl ausgedehnt ist. Sie kann daher auch in anderer Form erfolgen. Jedenfalls ist die Bestimmung des Abs. 6 obligatorisch. Verweigert oder unterläßt die Eisenbahn die Bescheinigung, so ist sie dem Berechtigten für die Folgen verantwortlich. Der Absender kann alsdann die Feststellung auf Kosten der Eisenbahn in anderer Weise dartun.

Vgl. noch Allg. AbfVorschr. § 7 Ziff. 4 u. 10.

§ 59.

Beladung der Wagen. Ladegewicht. Tragfähigkeit.

(1) Ob die Güter durch die Eisenbahn oder durch den Absender zu verladen sind, hat der Tarif zu bestimmen, soweit nicht diese Ordnung Vorschriften darüber enthält oder eine besondere Vereinbarung zwischen dem Absender und der Eisenbahn im Frachtbriefe getroffen ist[247].

I. Welche Güter durch die Eisenbahn und welche durch den Absender zu verladen sind, ist im Abschn. II der Allgemeinen Tarifvorschriften (Teil I Abteilung B) bestimmt.

(2) Für die Beladung der Wagen ist das daran vermerkte Ladegewicht maßgebend. Eine Belastung bis zu der an den Wagen angeschriebenen Tragfähigkeit ist zulässig, wenn nach der natürlichen Beschaffenheit des Gutes nicht zu befürchten ist, daß die Belastung infolge von Witterungseinflüssen während der Beförderung die Tragfähigkeit überschreiten werde. Eine die Tragfähigkeit überschreitende Belastung — Überlastung — ist in keinem Falle gestattet. Bei außerdeutschen Wagen, die nur eine, die zulässige Belastung kennzeichnende, dem Ladegewicht der deutschen Wagen entsprechende Anschrift

tragen, darf die angeschriebene Gewichtsgrenze bis zu 5 Proz. überschritten werden[248]).

II. (1) Bei Überlastung eines Wagens wird das Übergewicht von der Eisenbahn abgeladen. Für das auf dem Wagen verbleibende Gewicht wird die Fracht von der Versand- bis zur Bestimmungsstation berechnet. Die Fracht für das abgeladene Gewicht wird für die durchlaufenen Strecken nach den Tarifsätzen der Hauptsendung berechnet. Der abgeladene Teil wird auf Lager genommen und dem Absender zur Verfügung gestellt.

Falls es von einer Unterwegsstation abgenommen ist und nach der Bestimmung des Absenders weitergesandt werden soll, ist es als besondere Sendung zu behandeln und die tarifmäßige Fracht zu erheben. Verlangt der Absender dagegen die Rückbeförderung des Übergewichts nach der Versandstation, so wird die Fracht für die Beförderung von der Unterwegsstation nach der Versandstation nach der Tarifklasse der Hauptsendung berechnet.

(2) Dem Absender kann die Zuladung des abgenommenen Übergewichts zu einer anderen, von derselben Versandstation kommenden, die Unterwegsstation berührenden Ladung gestattet werden, wenn die Verwägung ausdrücklich oder durch Unterlassung der Gewichtsangabe im Frachtbriefe beantragt war, jedoch mangels einer geeigneten Wägevorrichtung nicht ausgeführt werden konnte. Der Absender muß dann den zweiten Wagen um dasjenige Gewicht, das er auf der Unterwegsstation zuladen will, weniger belasten und das Anhalten auf der Unterwegsstation im Frachtbriefe beantragen. Die Fracht wird in diesem Falle für die ganze Ladung, also einschließlich des unterwegs zuzuladenden Teils, von der Versand- bis zur Bestimmungsstation berechnet.

(3) Für das Ab- und Aufladen des Übergewichts werden die tarifmäßigen Gebühren berechnet. Erleidet der Wagen durch das Auf- und Abladen Aufenthalt, so wird das tarifmäßige Wagenstandgeld erhoben.

(4) Für die Einlagerung des abgeladenen Übergewichts wird erhoben:

a) Platzgeld für das auf einer Unterwegsstation abgenommene Übergewicht, wenn es im Freien lagert und die Verwägung der Sendung ausdrücklich oder durch Unterlassung der Gewichtsangabe im Frachtbriefe beantragt war, jedoch mangels einer geeigneten Wägevorrichtung auf der Versandstation nicht ausgeführt werden konnte;

b) Lagergeld in allen anderen Fällen.

III. (1) Muß eine Wagenladung ohne Verschulden des Absenders umgeladen oder anderweit verladen werden, so wird dies durch die Eisenbahn kostenlos bewirkt und ein etwa entladener Teil der Sendung ohne besondere Frachtberechnung weiterbefördert. Ist jedoch die Umladung oder anderweite Verladung vom Absender durch mangelhafte Verladung veranlaßt, so hat der Absender oder Empfänger die Kosten zu tragen. Ein etwa abgeladener Teil der Sendung ist nach der AusfBest. II (1), (3) und (4b) zu behandeln.

(2) Enthält der umzuladende Wagen Güter, deren Umladung besondere Sorgfalt oder Sachkenntnis erfordert (z. B. lose verladenes Obst, unvervacktes Glas, Porzellan oder Steingut, Bier in Eispackung u. dgl.), so ist die Eisenbahn berechtigt, vom Absender Anweisung über die Umladung einzuholen.

(3) Der Absender kann die Umladung übernehmen und haftet dann für die ordnungsmäßige Ausführung nach § 86 (1) Ziff. 3. Hat der Absender die Umladung durch mangelhafte Verladung veranlaßt, so kann er den Ersatz seiner Kosten nicht verlangen; anderenfalls werden ihm die tarifmäßigen Ladegebühren als Entschädigung gewährt.

(4) Ist die Umladung oder anderweite Verladung vom Absender durch mangelhafte Verladung veranlaßt, so wird für den Aufenthalt, den der Wagen erleidet, das tarifmäßige Wagenstandgeld erhoben.

IV. Die Ladegebühren, das Lagergeld, Platzgeld und Wagenstandgeld sind im Nebengebührentarif (Teil I Abteilung B) festgesetzt.

Alte EVO. §§ 53 u. 56. J.Ü. AusfBest. § 3.

247) Abs. 1 des § 59 regelt die Frage, durch wen die Güter zu verladen sind, bzw. wem die Pflicht und das Recht der Verladung obliegt, der Eisenbahn oder dem Absender. Soweit die EVO. darüber bindende Vorschriften enthält, sind diese in erster Reihe maßgebend, sodann die besonderen Vereinbarungen, welche im Frachtbriefe zwischen dem Absender und der Eisenbahn getroffen sind. Soweit beide fehlen, entscheiden die Bestimmungen des Tarifs.

248) Abs. 2 trifft Bestimmung über das Maß der Belastung bei der Beladung von Wagen. Es werden hierbei drei Arten der Belastung unterschieden, die unbedingt zulässige, die nur bedingt zulässige, und die unzulässige.

1. Unbedingt zulässig ist nach Satz 1 die Belastung der Wagen bis zu dem daran vermerkten Ladegewicht, zieht also auch dann keine nachteiligen Folgen für den Absender nach sich, wenn sich etwa späterhin während der Beförderung durch Witterungseinflüsse das Gewicht des Gutes so vermehren sollte, daß eine Überlastung (s. ad 2 u. 3) eintritt.

2. Bedingt zulässig ist nach Satz 2 die Belastung der Wagen bis zu der daran angeschriebenen Tragfähigkeit, nämlich nur insoweit, als nach der natürlichen Beschaffenheit des Gutes (z. B. bei Holz, Häuten ꝛc.) nicht zu befürchten ist, daß infolge von Witterungseinflüssen während der Beförderung die Belastung über die Grenze der Tragfähigkeit hinausgehen werde. Es ist Sache des Absenders, dies zu beurteilen. Er muß also, wenn später infolge derartiger Einflüsse eine Überlastung durch Überschreitung der Tragfähigkeit eingetreten und festgestellt ist, dafür aufkommen, auch wenn er bona fide und ohne Verschulden gewesen ist.

3. Unzulässig ist nach Satz 3 jede die Tragfähigkeit überschreitende Belastung, welche daher § 59 PVO. als „Überlastung" bezeichnet. Diese ist in keinem Falle gestattet und daher unbedingt straffällig.

Während die deutschen Wagen durchweg sowohl den Vermerk des Ladegewichts wie den Vermerk der Tragfähigkeit haben, ist dies bei den außerdeutschen Wagen nicht immer der Fall. Es bedurfte also hier einer besonderen Bestimmung für solche außerdeutschen Wagen, die nur eine, die zulässige Belastung kennzeichnende, dem Ladegewichte der deutschen Wagen entsprechende Anschrift tragen. Bezüglich dieser Wagen ist im Satz 4 des Abs. 2 vorgeschrieben, daß die angeschriebene Gewichtsgrenze bis zu 5 Proz. überschritten werden darf. Bis zu dieser Grenze ist die Belastung zulässig, darüber hinaus liegt Überlastung vor. Das Verbot setzt aber voraus, daß das Ladegewicht oder die Tragfähigkeit auf dem Wagen vermerkt ist. Wo dieser Vermerk etwa fehlen sollte, werden die Folgen dem Absender nicht zur Last gelegt werden können. Dagegen ist es seine Sache, da Wagenladungsgüter an sich von der Bahn nicht verwogen werden, sich über das Gewicht der zu verladenden Güter so zu informieren, daß er die Tragfähigkeit nicht überschreitet. Eventuell muß er im Frachtbriefe den Antrag auf bahnamtliche Verwiegung gegen Entrichtung des tarifarischen Wägegeldes stellen. Hat er diesen Antrag gestellt, so wird weder bei unrichtiger Gewichtsangabe, noch bei Überlastung ein Frachtzuschlag erhoben.

Vgl. noch Allg. AusfBest. II (S. 245) und Allg. AbfVorschr. § 7.

§ 60.

Frachtzuschläge.

(1) Bei unrichtiger Angabe des Inhalts, des Gewichts oder der Stückzahl einer Sendung sowie bei Außerachtlassung der Sicherheits-

vorschriften in Anlage C sind ohne Rücksicht darauf, ob ein Verschulden des Absenders vorliegt oder nicht, Frachtzuschläge zu entrichten, für die folgende Bestimmungen gelten [249]):

a) Wenn die im § 54 Abs. (1) B und Abs. (2) A aufgeführten Gegenstände unter unrichtiger Inhaltsangabe zur Beförderung aufgegeben oder wenn die Sicherheitsvorschriften in Anlage C außer acht gelassen werden, beträgt der Frachtzuschlag für jedes Kilogramm Rohgewicht des Versandstücks, worin ein solcher Gegenstand enthalten war,

bei den gemäß § 54 Abs. (1) B von der Beförderung ausgeschlossenen sowie bei den in Anlage C unter I und II aufgeführten explosionsgefährlichen und selbstentzündlichen Gütern: 12 Mark,

bei den in Anlage C unter III, IV und V aufgeführten brennbaren Flüssigkeiten, giftigen und ätzenden Stoffen: 3 Mark,

bei den in Anlage C unter VI aufgeführten fäulnisfähigen Stoffen: 1/2 Mark [250]).

b) In anderen Fällen unrichtiger Inhaltsangabe beträgt der Frachtzuschlag, wenn sie keine Frachtverkürzung herbeiführen kann, 1 Mark für den Frachtbrief, sonst das Doppelte des Unterschieds zwischen der infolge der unrichtigen Angabe entstandenen und der richtig berechneten Fracht von der Aufgabe- bis zur Bestimmungsstation. Sind Güter verschiedener Tarifklassen zu einer Sendung vereinigt, und kann ihr Einzelgewicht ohne besondere Schwierigkeit festgestellt werden, so ist der Ermittlung des Frachtzuschlags getrennte Frachtberechnung zugrunde zu legen, sofern sie sich billiger stellt. Mindestens wird 1 Mark erhoben [251]).

c) Bei unrichtiger Angabe der Stückzahl oder des Gewichts einer vom Absender verladenen Sendung, wenn hierdurch eine Frachtverkürzung herbeigeführt werden kann, beträgt der Frachtzuschlag das Doppelte des Unterschieds zwischen der infolge der unrichtigen Angabe entstandenen und der richtig berechneten Fracht von der Aufgabe- bis zur Bestimmungsstation [252]).

d) Bei Überlastung eines Wagens beträgt der Frachtzuschlag das Sechsfache der Fracht von der Aufgabe- bis zur Bestimmungsstation für das Gewicht, das die im § 59 Abs. (2) festgesetzten

Belastungsgrenzen übersteigt. Diese Bestimmung gilt sinngemäß auch für Gegenstände, deren Fracht nicht nach dem Gewichte berechnet wird. Ist z. B. die Fracht nach der Ladefläche zu berechnen, so wird der Frachtzuschlag derart ermittelt, daß die nach der Ladefläche des verwendeten Wagens berechnete Fracht als Fracht für das zulässige höchste Belastungsgewicht angesehen, danach die Fracht für das Übergewicht berechnet und der gefundene Betrag sechsfach genommen wird [253]).

e) Die unter a) bis d) festgesetzten Frachtzuschläge werden nebeneinander erhoben, wenn gegen mehrere dieser Vorschriften gleichzeitig verstoßen wird. Trifft unrichtige Inhaltsangabe, die eine Frachtverkürzung herbeiführen kann, mit unrichtiger Angabe der Stückzahl oder des Gewichts der Sendung zusammen, und handelt es sich nicht um Gegenstände der im § 54 Abs. (1) B und Abs. (2) A genannten Art, so beträgt der Frachtzuschlag das Doppelte des Unterschieds zwischen der Fracht für die angegebene Stückzahl oder das angegebene Gewicht und den angegebenen Inhalt einerseits und der Fracht für die ermittelte Stückzahl oder das ermittelte Gewicht und den ermittelten Inhalt andererseits [254]).

Außerdem ist der Frachtunterschied nachzuzahlen und der entstandene Schaden zu ersetzen, auch sind die durch andere gesetzliche oder polizeiliche Bestimmungen vorgesehenen Strafen verwirkt [255]).

(2) Der Tarif muß einheitlich die Grundsätze bestimmen, nach denen etwa von Erhebung der im Abs. (1) festgesetzten Frachtzuschläge aus Billigkeit abgesehen wird oder geringere Zuschläge erhoben werden [256]).

I. Die Eisenbahn kann von Erhebung der Frachtzuschläge absehen oder geringere Zuschläge erheben,

wenn der Verstoß gegen die Vorschriften auf entschuldbarem Versehen beruht, ein Schaden für die Eisenbahn nicht oder nicht in Höhe des Frachtzuschlags entstanden, und eine erhebliche Gefährdung der Betriebssicherheit nicht herbeigeführt worden ist,

wenn die Höhe des Zuschlags eine unverhältnismäßige Härte in sich schließt oder

wenn andere Billigkeitsgründe vorliegen.

(3) Ein Frachtzuschlag darf nicht erhoben werden [257]):

a) bei unrichtiger Gewichtsangabe oder bei Überlastung, wenn die Eisenbahn zur Verwägung verpflichtet war;

b) bei einer während der Beförderung eingetretenen Gewichtszunahme ohne Überlastung, wenn der Absender nachweist, daß die Gewichtszunahme auf Witterungseinflüsse zurückzuführen ist;

c) bei einer während der Beförderung durch Witterungseinflüsse verursachten Überlastung, wenn der Absender nachweist, daß er bei der Beladung des Wagens das angeschriebene Ladegewicht nicht überschritten hat.

II. Wird einer der in Abs. (3) b) und c) aufgeführten Gründe für Nichterhebung des Frachtzuschlags geltend gemacht, aber der erforderliche Nachweis vom Absender nicht bis zur Einlösung des Frachtbriefs erbracht, so ist die Eisenbahn berechtigt, Hinterlegung in Höhe des Frachtzuschlags zu fordern.

(4) Der Frachtzuschlag ist verwirkt, sobald der Frachtvertrag abgeschlossen ist (§ 61). Zur Zahlung des Zuschlags ist der Absender verpflichtet. Hat der Empfänger den Frachtbrief und das Gut angenommen, so haftet er gemäß § 76 Abs. (4) neben dem Absender als Gesamtschuldner für den Zuschlag [258]).

(5) Der Anspruch auf Zahlung oder Rückzahlung des Frachtzuschlags verjährt in einem Jahre. Die Verjährung beginnt bei Ansprüchen auf Zahlung des Frachtzuschlags mit der Zahlung der Fracht oder wenn eine Fracht nicht zu zahlen war, mit der Auflieferung des Gutes; bei den Ansprüchen auf Rückzahlung beginnt sie mit der Zahlung des Zuschlags. Gehemmt oder unterbrochen wird die Verjährung gemäß den Bestimmungen im § 71 Abs. (2) [259]).

Alte EVO. § 53. J.Ü. Art. 7. AusfBest. z. J.Ü. §§ 3 u. 11.

249) Abs. 1 des § 60 gibt im Satz 1 der Eisenbahn das Recht zur Erhebung von Frachtzuschlägen in vier Fällen: 1. bei unrichtiger Angabe des Inhalts, 2. des Gewichts, oder 3. des Inhalts, sowie 4. bei Außerachtlassung der Sicherheitsvorschriften in Anlage C — und zwar ohne Rücksicht darauf, ob ein Verschulden des Absenders vorliegt oder nicht — und nach Maßgabe der unter lit. a bis c des Abs. 1 aufgeführten Bestimmungen. Der Frachtzuschlag ist an die an der Beförderung beteiligten Eisenbahnen zu zahlen, und zwar in den lit. a bis e näher bestimmten Beträgen. Der Frachtzuschlag ist privatrechtlicher Natur und hat den Charakter einer Vertrags-(Konventional-)Strafe. Dies wird in der Rechtsprechung und Literatur — wie für das J.Ü. über den Eisenbahnfrachtverkehr (Art. 7) — so auch für die EVO. fast übereinstimmend angenommen: RG. 29. I. 1887 und 10 X. 1900 (RGZ. 20 33, 47 37, E. 17 331, 18 11), 3. VI. 1905 (E. 22 74), 14. XI. 1906

RGZ. 64 284, E. 23 296), Österr. ObGH. 18. III. 1905 (Allg. TarAnz. 24 Nr. 23, 24), ObLG. Hamm 11. VII. 1904 (Z. 13 214, E. 22 16) und Frankfurt 15. XI. 1905 (E. 22 296). Düringer-Hachenburg III 691, Makower 1499, Rinaldini 132, Reindl, J.Ü. 6, Schmidt, E. 22 199, Senckpiehl, E. 26 352. A. M. Gerstner 142, Rosenthal 75, Hilscher 71.

Lediglich die Tatsache der unrichtigen Angabe oder der Außerachtlassung der Sicherheitsvorschriften in Anlage C ist für die Verbindlichkeit zur Zahlung des Frachtzuschlags entscheidend. Darauf, ob ein Schaden entstanden ist, kommt es hierbei ebensowenig an, wie auf den Umstand, ob ein Verschulden des Absenders vorliegt. Dies ergibt sich aus den §§ 339 ff. BGB. Allerdings hat das Reichsgericht in den vorstehend zitierten Entscheidungen v. 29. I. 1887 u. 3. VI. 1905 angenommen, daß zwar zur Begründung des Anspruchs auf Zahlung des Frachtzuschlags eine objektive unrichtige Angabe des Inhalts genüge, der Absender sich aber durch den Nachweis des Nichtverschuldens befreien könne. Dieser Annahme kann jedoch nicht beigetreten werden (Schmidt, E. 22 330). Auch wenn der Absender kein Verschulden bei der unrichtigen Angabe ꝛc. begangen hat, hat er den Frachtzuschlag als Vertragsstrafe zu zahlen. Lediglich der objektive Tatbestand entscheidet. Verschulden des Zuwiderhandelnden bildet eine Voraussetzung nicht (Endemann, Bürg. Recht[8] I § 133 S. 764 Anm. 11). Nur dann, wenn die Eisenbahn gegen Treu und Glauben die Zuwiderhandlung sc. die unrichtige Angabe des Absenders selbst veranlaßt hat, kann sie die Vertragsstrafe nicht verlangen (Dernburg, Bürg. Recht II § 103 Nr. 2). Um aber — in Rücksicht auf die entgegenstehenden Entscheidungen des Reichsgerichts — jeden Zweifel hierüber zu beseitigen, sind in den Abs. 1 des § 60 die Worte „ohne Rücksicht darauf, ob ein Verschulden vorliegt oder nicht" eingefügt worden. Es reicht also die bloße Tatsache der unrichtigen Angabe aus, gleichviel ob sie aus Verschulden, böser Absicht, Vorsatz, Fahrlässigkeit oder Irrtum (verschuldetem oder nicht verschuldetem) oder Zufall beruht (Z. 3 91), ob der Absender selbst oder seine Leute ꝛc. die Schuld tragen. Auch Mitverschulden der Bahn befreit von der Zahlung des Zuschlags nicht, wohl aber, wenn die Bahn allein die unrichtige Angabe ꝛc. verschuldet oder dieselbe gekannt hat. Der Zuschlag ist auch bei Gutgläubigkeit des Absenders verwirkt (Z. 9 50, 108, 109, Reindl, BZ. 1899, Nr. 75 S. 1226). Der Geschäftsherr hat den Zuschlag auch bei unrichtigen Angaben seiner Gehülfen und Vertreter zu zahlen und kann sich nicht mit der Einrede schützen, daß dieselbe ohne sein Wissen und Willen erfolgt sei (E. 1 246). Es ist Deklaration im Frachtbriefe erforderlich; die bloße Aufschrift auf dem Kollo selbst genügt nicht (RG. 10. XI. 1897, E. 14 345).

Der Zuschlag erfolgt nur in den vier vorbezeichneten Fällen. Für andere Fälle, z. B. solche, auf welche die Bestimmungen unter a—e des Abs. 1 nicht zutreffen, oder unrichtige Angaben in bezug auf die übrigen Erfordernisse des Frachtbriefs kann der Zuschlag nicht erhoben werden.

250) Lit. a normiert die Höhe der zu erhebenden Frachtzuschläge: „wenn die im § 54 Abs. 1 B und Abs. 2 A aufgeführten Gegenstände unter unrichtiger Inhaltsangabe zur Beförderung aufgegeben oder wenn die Sicherheitsvorschriften in Anlage C außer acht gelassen werden". In diesen Fällen wird

der Frachtzuschlag für jedes Kilogramm Rohgewicht des Versandstücks erhoben, worin ein solcher Gegenstand enthalten war, d. h. das Rohgewicht des ganzen Versandstücks, nicht bloß das Gewicht des darin befindlichen unrichtig angegebenen 2c. Gegenstandes ist für die Berechnung des Frachtzuschlages für maßgebend erklärt. Bei der Fassung des § 53 Abs. 8 der bisherigen EVO. nahm die herrschende Meinung mit Rücksicht auf die anderenfalls häufig unverhältnismäßige Höhe der Strafe an, daß nur nach dem Gewicht des betreffenden Gegenstandes der Zuschlag zu berechnen sei (RG. 6. VII. 1883, E. Z 87, Eger, Dtschs. Frachtr.[2] II 240, Rosenthal 78, Ruckdeschel 37). Durch die nunmehrige Fassung des § 60 Abs. 1 lit. a ist aber klargestellt, daß das Rohgewicht des ganzen Versandstücks in Betracht kommt. Indes ist aus Billigkeitsrücksichten, um bei minder gefährlichen Gegenständen die Strafe nicht unverhältnismäßig hoch zu bemessen, der Betrag des Frachtzuschlags nach dem Grade der Gefährlichkeit abgestuft. Der Zuschlag beträgt danach nur bei den gemäß § 54 Abs. 1 B von der Beförderung ausgeschlossenen sowie bei den in Anlage C unter I und II aufgeführten explosionsgefährlichen und selbstentzündlichen Gütern für jedes Kilogramm 12 M., ist dagegen bei den in Anlage C unter III, IV und V aufgeführten brennbaren Flüssigkeiten, giftigen und ätzenden Stoffen auf 3 M., und bei den in Anlage C unter VI aufgeführten fäulnisfähigen Stoffen auf 1/2 M. ermäßigt. Auch ist aus gleichen Rücksichten im Gegensatz zu der bisherigen Vorschrift bestimmt, daß der Frachtzuschlag nur bei „unrichtiger" Inhaltsangabe erhoben wird; die frühere Vorschrift, wonach er auch bei „ungenauer" Inhaltsangabe zu erheben war, hat oft zu Zweifeln und bisweilen auch zu ungerechtfertigten Härten geführt. In den Fällen, wo eine wirkliche Beförderungsgefährdung vorliegt, ist anzunehmen, daß die „ungenaue" Angabe wohl immer auch eine „unrichtige" sein wird (Begr.). Die unrichtige Angabe des Inhalts erstreckt sich auf jede erweislich falsche Bezeichnung, sowohl nach der äußeren, wie nach der inneren Beschaffenheit des Guts (E. 22 176), Art, Stoff, Verwendung, dagegen nicht auf die Emballage oder die Herkunft, falls diese nicht tarif- oder usancemäßig für die Beschaffenheit maßgebend ist. Auch wird nicht zwischen verpackten und unverpackten Gütern unterschieden.

251) Lit. b umfaßt alle anderen in lit. a nicht erwähnten Fälle unrichtiger Inhaltsangabe. In diesen wird wie im Abs. 9 des § 59 der bisherigen EVO. unterschieden, ob die unrichtige Inhaltsangabe eine Frachtverkürzung herbeiführen kann oder nicht. In letzterem Falle beträgt nach Satz 1 der Frachtzuschlag nur 1 M. für den Frachtbrief, im ersteren Falle, d. h. bei der Möglichkeit einer Frachtverkürzung, dagegen das Doppelte des Unterschieds zwischen der richtig berechneten Fracht von der Aufgabe- bis zur Bestimmungsstation und der infolge der unrichtigen Angabe entstandenen Fracht.

Satz 2 wurde aus Billigkeitsrücksichten neu eingefügt. Es war die Erwägung leitend, daß nach Satz 1 mitunter sehr hohe Frachtzuschläge erhoben werden müßten, die sich billigerweise nicht aufrecht erhalten ließen. Sei z. B. einer Wagenladung von Gütern einer ermäßigten Tarifklasse nur ein Frachtstück einer höheren Klasse ohne besondere Angabe des Inhalts und Gewichts beigeladen, so müsse die Fracht und der Zuschlag für die ganze Sendung nach dem Satze der höheren Tarifklasse berechnet werden. Um diesem Übelstande abzuhelfen, ist Satz 2 aufgenommen, wonach, wenn tunlich, bei Gütern verschiedener Tarifklassen in einer Sendung der Ermittelung des Frachtzuschlages getrennte Frachtberechnung zugrunde zu legen ist, falls sie sich billiger stellt.

Satz 3 setzt, wie bisher, das Minimum des zu erhebenden Betrages auf 1 M. fest.

Mangels einer Einschränkung ist dieser Zuschlag auch dann zu erheben, wenn die Sendung nicht bis zum Bestimmungsorte gegangen, unterwegs angehalten, konfisziert, ganz oder teilweise vernichtet oder zurückbeordert 2c. worden ist. Auch hier genügt lediglich die Tatsache der unrichtigen Angabe, gleichviel ob dieselbe mit oder ohne Schuld des Absenders erfolgt und ob ein Schaden daraus erwachsen ist oder nicht.

252) Lit. c regelt den Frachtzuschlag bei unrichtiger Angabe der Stückzahl oder des Gewichts einer vom Absender verladenen Sendung und setzt denselben — wenn dadurch eine Frachtverkürzung herbeigeführt werden kann — ganz übereinstimmend mit den bezüglichen Fällen der lit. b auf das Doppelte des Unterschiedes zwischen der infolge der unrichtigen Angabe entstandenen und der richtigen Fracht von der Aufgabe- bis zur Bestimmungsstation fest. Es wird daher auf die bezüglichen Ausführungen zu lit. b (Anm. 251) verwiesen (vgl. Reindl, VZ. 1899 Nr. 1 S. 55). Kann durch die unrichtige Angabe eine Frachtverkürzung nicht herbeigeführt werden, so wird ein Frachtzuschlag nicht erhoben, ebensowenig bei den von der Eisenbahn verladenen Sendungen (§ 58 Abs. 2 u. 3). Die bisher nur auf unrichtige Gewichtsangabe beschränkte Bestimmung ist auf die unrichtige Angabe der Stückzahl ausgedehnt, da die Fracht für Vieh auch nach der Stückzahl berechnet wird und dabei falsche Angaben vorkommen (Begr.).

253) Lit. d setzt in Satz 1 den Frachtzuschlag für die im § 59 Abs. 2 definierte Überlastung eines vom Absender selbst beladenen Wagens auf das Sechsfache der Fracht von der Aufgabe- bis zur Bestimmungsstation für das die im § 59 Abs. 2 festgesetzten Belastungsgrenzen übersteigende Gewicht fest. Die Belastungsgrenzen sind im § 59 Abs. 2 sowohl für deutsche wie für außerdeutsche Wagen bestimmt. (Vgl. noch Reindl, E. 20 357.)

Satz 2 schreibt vor, daß die Bestimmung des Satzes 1 auch für solche Gegenstände sinngemäß gilt, deren Fracht tarifmäßig nicht nach Gewicht berechnet wird, also z. B. Tiersendungen. Es wird vornehmlich für den Fall, daß die Fracht nach der Ladefläche zu berechnen ist, erläutert, in welcher Weise die analoge Anwendung der Bestimmung des Satzes 1 rechnerisch zu erfolgen hat.

254) Lit. e Abs. 1 gibt im Satz 1 der Vorschrift Ausdruck, daß bei gleichzeitigem Verstoße gegen mehrere der in lit. a—d enthaltenen Vorschriften die dort festgesetzten Frachtzuschläge nebeneinander zu erheben sind, also unabhängig voneinander bestehen und nicht einer durch den anderen absorbiert oder kompensiert wird. Es sollen also, wie die Kontraventionen selbst ver-

schiedene und voneinander unabhängige sind, auch die Strafen selbständig und zugleich beansprucht und erhoben werden.

Satz 2 trifft zur Vermeidung von Zweifeln darüber Bestimmung, wie der Frachtzuschlag zu berechnen ist, wenn unrichtige Inhaltsangabe, die eine Frachtverkürzung herbeiführen kann (lit. b), mit unrichtiger Angabe der Stückzahl oder des Gewichts (lit. c) zusammentrifft und es sich nicht um Gegenstände der im § 54 Abs. 1 B und Abs. 2 B genannten Art (lit. a) handelt. In diesem Falle beträgt der Frachtzuschlag das Doppelte des Unterschieds der Fracht für die angegebenen und ermittelten Beträge der Stückzahl und des Gewichts sowie für den angegebenen und ermittelten Inhalt.

255) Lit. e bestimmt in seinem Abs. 2, daß außer der Zahlung der unter lit. a—d festgesetzten Frachtzuschläge 1. der Frachtunterschied nachzuzahlen, 2. der entstandene Schaden zu ersetzen und 3. die durch andere gesetzliche oder polizeiliche Bestimmungen vorgesehenen Strafen verwirkt sind.

1. Daß außer den Frachtzuschlägen der sich aus der unrichtigen Inhalts-, Stückzahl- und Gewichtsangabe oder aus der Überlastung ergebende „Frachtunterschied" nachgezahlt werden muß, liegt in der Natur des Frachtvertrages und folgt aus § 68 in Verbindung mit § 70 EVO. Die Frachtforderung bleibt von der Konventionalstrafenforderung unberührt.

2. Ebenso haftet unabhängig von der Konventionalstrafe der Kontravenient für den aus der unrichtigen Inhalts-, Stückzahl- und Gewichtsangabe oder Überlastung „entstandenen Schaden". Dies ist die zivilrechtliche Schadensersatzpflicht für die gesetzwidrige Handlungsweise (Senckpiehl, E. 26 352). Es ist hier nur die Haftung gegen die Eisenbahn gemeint für Schäden an Beförderungsmitteln, Personal oder Gütern Dritter, die die Bahn zu tragen hat. Ein Dritter kann aus § 60 lit. e Abs. 2 gegen den Kontravenienten direkt Ansprüche nicht erheben. In der Natur der Sache liegt es, daß die Bahn dem Kontravenienten für den aus der Übertretung an den eigenen Gütern entstandenen Schaden nicht aufzukommen braucht, dagegen würde die Annahme unrichtig sein, daß bei einer derartigen Übertretung überhaupt kein Frachtvertrag vorliege und die Bahn daher jeder Haftpflicht enthoben sei. Unrichtigkeiten in jenen Angaben überheben aber nicht nur die Bahn der bezüglichen Schadensersatzpflicht gegen den Absender, sondern machen sogar diesen der Bahn regreßpflichtig. Er kann der Eisenbahn nicht entgegenhalten, sie habe einen Frachtbrief mit unrichtigen Angaben nicht annehmen dürfen und befinde sich also im Mitverschulden. Denn die Eisenbahnverwaltung ist dem Aufgeber von Frachtstücken gegenüber nicht zu einer Untersuchung verpflichtet, ob darin Gegenstände, welche von der Eisenbahnbeförderung gänzlich oder bedingt ausgeschlossen sind, sich befinden. Ebensowenig ist die Einrede statthaft, daß der Frachtbrief von den Eisenbahnbediensteten ausgefertigt sei, denn die Eisenbahn haftet nicht für die von ihren Leuten ohne dienstliche Verpflichtung besorgte Frachtbriefausfertigung. Nur wenn die Eisenbahn die Unrichtigkeit oder Ungenauigkeit der Deklaration (oder die Nichtbeachtung der vorgeschriebenen Sicherheitsmaßregeln) gekannt und dennoch die Beförderung übernommen hat; macht sie bzw. der annehmende Beamte sich wegen Verletzung der reglementarischen und polizeilichen Vor-

schriften sowohl der Aufsichtsbehörde gegenüber, wie auch polizei- und strafrechtlich verantwortlich und kann je nach der Lage des konkreten Falles des Konventionalstrafen- und Regreßrechts gegen den Absender verlustig gehen.

3. Endlich treffen den Kontravenienten außer der Vertragsstrafe noch die „durch andere gesetzliche oder polizeiliche Bestimmungen vorgesehenen Strafen", z. B. des Betrugs (E. 8 242, JW. 1891 S. 234, Z. 3 143, 4 440), der Urkundenfälschung (E. 1 334), der Körperverletzung (Z. 4 211). Der Frachtzuschlag und die strafgesetzliche oder polizeiliche Strafe sind nicht etwa alternativ, sondern nebeneinander und zusammen zur Anwendung zu bringen. Es liegt hierin keine Doppelstrafe, weil die eine zivilrechtlicher, die andere kriminalrechtlicher Natur ist. Die polizeiliche und gesetzliche Strafe darf aber nur einmal in Anwendung kommen und kann nur den Absender, nicht auch den Empfänger treffen (s. Abs. 4 Anm. 158. Vgl. Gerh. Eger ZStW. 29 799ff.).

256) Abs. 2 gibt den Eisenbahnen die Ermächtigung zu Abweichungen von den Vorschriften des Abs. 1 für solche Fälle, in denen es der Billigkeit entspricht, von Erhebung der im Abs. 1 festgesetzten Frachtzuschläge ganz abzusehen oder geringe Zuschläge zu erheben. Indes ist dies nicht dem Belieben der Eisenbahnen überlassen, sondern nach dem Vorgange des § 17 Abs. 6 und § 27 Abs. 5 vorgeschrieben, daß diese Fälle einheitlich durch den Tarif, also nach Maßgabe des § 2 Abs. 2 u. 3 EVO. zu regeln sind. Es bedarf also der Genehmigung der Landesaufsichtsbehörde wie der Zustimmung des REA., sowie der Aufnahme in die Tarife und der Kenntlichmachung der Genehmigung in der Veröffentlichung der Tarife. (Vgl. § 17. Abs. 6 Anm. 63 S. 78.) Nach der Begründung erscheint diese Ermächtigung der Eisenbahnen erforderlich, um ihnen die rechtliche Grundlage für Nachlässe aus Billigkeitsrücksichten zu gewähren. Durch geeignete Fassung der Tarife werden sich die Bahnen auch die erforderliche Bewegungsfreiheit sichern können. Vgl. hierzu Allg. AusfBest. I (S. 249).

257) Abs. 3 bezeichnet diejenigen Ausnahmefälle, in welchen sowohl bei unrichtiger Gewichtsangabe oder Überlastung, wie auch bei einer während der Beförderung eingetretenen Gewichtszunahme ohne Überlastung ein Frachtzuschlag nicht erhoben werden darf. Eine Erhebung ist unzulässig derartig, daß, wenn der Zuschlag den Bestimmungen des Abs. 3 zuwider eisenbahnseitig erhoben wird, der in Anspruch Genommene sowohl im Beschwerde- wie im Rechtswege die Forderung auf Rückzahlung geltend zu machen berechtigt ist.

Die Fälle, in welchen der Frachtzuschlag in Ausnahme von der Regel des Abs. 1 nicht erhoben werden darf, sind folgende:

a) Bei unrichtiger Gewichtsangabe oder bei Überlastung — sc. eines vom Absender beladenen Wagens — wenn die Eisenbahn zur Verwägung verpflichtet war.

Diese Ausnahme von der Regel des Abs. 1 bezieht sich sowohl auf unrichtige Gewichtsangabe, wie auch auf Wagenüberlastung. Sie entspricht der Billigkeit. Es ist hier die Erwägung maßgebend gewesen, daß in denjenigen Fällen, in welchen der Eisenbahn selbst die Pflicht der Verwägung obliegt — d. h. sowohl bei Stückgütern, die von der Eisenbahn verladen werden (§ 58 Abs. 2, § 59 Abs. 1), wie auch bei allen anderen Sendungen, wenn der Absender die Verwägung beantragt und die Wägevorrichtungen ausreichen (§ 58 Abs. 3) — es überhaupt einer Gewichtsfeststellung des Absenders nicht bedarf, und daher dem Absender für unrichtige Gewichtsangabe oder Überlastung füglich ein Zuschlag nicht auferlegt werden kann. Dem Absender ist es häufig nicht möglich, das Gewicht des Gutes genau festzustellen bzw. eine genaue Verwiegung des selbstverladenen Wagens herbeizuführen. Wenn er hierzu aber nicht in der Lage und die Eisenbahn nicht schon an sich zur Feststellung des Gewichts verpflichtet ist (§ 58 Abs. 2), so liegt es ihm ob, die Feststellung von der Eisenbahn zu verlangen und damit seine bona fides darzutun (§ 58 Abs. 3, Allg. AbfVorschr. § 7). Es wird also in dem Verlangen der Verwiegung ein Umstand gesehen, welcher die in der Überlastung des Wagens etwa liegende dolose oder kulpose Handlungsweise ausschließt und zugunsten des Absenders spricht. Das bezügliche Verlangen des Absenders nach Verwiegung muß aber im Frachtbriefe ausdrücklich und deutlich ausgesprochen werden. Das Frachtbriefformular verweist auf die Rubrik „Zulässige oder vorgeschriebene Erklärungen". Ein nicht im Frachtbriefe selbst ausgesprochenes Verlangen genügt nicht und hindert nicht die Erhebung des Zuschlages. Der Grund liegt darin, daß man zur Vermeidung von Zweifeln und Streitigkeiten einen sicheren urkundlichen Beweis für den Verwiegungsantrag des Absenders schaffen wollte.

Freilich ist die Bestimmung des § 60 Abs. 3 lit. a der neuen EVO. für den Absender ungünstiger als die des § 53 Abs. 13 lit. a der bisherigen EVO. Denn während nach der letzteren der Absender vom Zuschlage in allen Fällen frei war, in welchen er im Frachtbriefe die Verwägung beantragt hatte, ist dies nach der ersteren nur dann der Fall, wenn die Eisenbahn zur Verwägung verpflichtet ist. Verpflichtet ist die Eisenbahn aber nach § 59 Abs. 3 auf Antrag des Absenders nur dann, wenn die Wägevorrichtungen ausreichen (s. auch Allg. AbfVorschr. § 7 Ziff. 1). Reichen sie nicht aus, so ist die Eisenbahn zur Verwägung nicht verpflichtet, wenngleich der Absender sie beantragt hat. In diesem Falle muß also der Absender trotz des Antrages haften, während er nach der bisherigen Bestimmung bei erfolgtem Antrage unter allen Umständen frei wird, gleichviel ob die Wägevorrichtungen ausreichen oder nicht. Dies bedeutet also eine Verschlechterung des Rechtszustandes des Absenders, die für ihn um so empfindlicher ist, als er, wenn die Eisenbahnvorrichtungen zur Verwägung nicht ausreichen, in den meisten Fällen nicht in der Lage sein wird, auf andere Weise eine richtige Verwägung herbeizuführen.

b) Bei einer während der Beförderung eingetretenen Gewichtszunahme ohne Überlastung, wenn der Absender nachweist, daß die Gewichtszunahme auf Witterungseinflüsse zurückzuführen ist.

Diese Ausnahme entspricht dem zweiten Berner Zusatzübereinkommen (Art. 7 lit. d) und füllt eine häufig empfundene Lücke aus. Denn es erscheint nicht gerechtfertigt, auch in solchen Fällen einen Frachtzuschlag zu erheben, da für die Frage der richtigen Gewichtsangabe füglich nur der Zeitpunkt der Aufgabe der Güter maßgebend sein kann, und es der Billigkeit nicht entsprechen würde, den Absender für nachträglich ohne sein Verschulden entstandene Veränderungen des Gutes verantwortlich zu machen, gegen die er dasselbe nicht zu schützen vermag.

c) Bei einer während der Beförderung durch Witterungseinflüsse verursachten Überlastung, wenn der Absender nachweist, daß er bei der Beladung des Wagens das vorgeschriebene Ladegewicht nicht überschritten hat.

Auch diese Ausnahme von der Regel des Abs. 1 hat aus Rücksichten der Billigkeit Aufnahme gefunden. Denn es war als eine Härte empfunden worden, daß dem Absender die Verantwortung für jede während der Beförderung durch Witterungseinflüsse entstandene Überlastung oblag. Nunmehr hat er die Überlastung aus diesem Grunde, als insbesondere durch Gewichtszunahme infolge von Nässe (Regen, Schnee, Nebel z. B. bei Holz, Tierhäuten, Schwämmen 2c.) nur dann zu vertreten, wenn er nicht nachzuweisen vermag, daß er bei der Beladung des Wagens sich innerhalb der Grenze des daran vermerkten Ladegewichts gehalten hat. Dieser Nachweis liegt dem Absender ob, und es ist daher seine Sache, sich bei derartigen Gütern die erforderlichen Beweise zu sichern. Hat er erweislich das Ladegewicht nicht überschritten, so kann wegen Überlastung ein Frachtzuschlag von ihm nicht erhoben werden, auch wenn sich später infolge von Witterungseinflüssen eine Überlastung, d. h. eine die Grenzen der Tragfähigkeit überschreitende Belastung herausstellen sollte. Hat er aber das Ladegewicht überschritten, so liegt zwar bis zur Grenze der Tragfähigkeit an sich keine Überlastung vor. Wenn jedoch in diesem Falle späterhin während der Beförderung infolge von Witterungseinflüssen eine Überschreitung der Tragfähigkeit eintritt, so hat er den Frachtzuschlag verwirkt. Die Überschreitung des Ladegewichts geschieht also auf seine Gefahr, und es schützt ihn der Einwand nicht, daß zurzeit der Beladung nach der natürlichen Beschaffenheit der Güter eine Überschreitung der Tragfähigkeit infolge von Witterungseinflüssen nicht zu befürchten gewesen sei.

Bei außerdeutschen Wagen, welche nur eine, die zulässige Belastung kennzeichnende, dem Ladegewicht der deutschen Wagen entsprechende Anschrift tragen (§ 59 Abs. 2 Satz 4 Anm. 248 S. 247), darf der Frachtzuschlag bei Überlastung durch Witterungseinflüsse nicht erhoben werden, wenn der Absender nachweist, daß er bei der Beladung das daran vermerkte Ladegewicht oder, wenn dieser Vermerk fehlt, die daran vermerkte Tragfähigkeit nicht überschritten hat. Hat er bei der Beladung das Ladegewicht bzw. die Tragfähigkeit überschritten, so liegt zwar, wenn die Überschreitung nicht mehr als 5 Proz. betragen hat, eine Überlastung nicht vor. Tritt eine solche aber infolge von Witterungseinflüssen während der Beförderung dadurch ein, daß die Überschreitung 5 Proz. übersteigt, so hat er den Frachtzuschlag zu tragen, selbst wenn bei der Beladung nach der Beschaffenheit des Gutes eine derartige Überschreitung nicht zu befürchten war.

Vgl. zu Abs. 3 lit. b und c: Allg. AusfBest. II S. 250.

258) Abs. 4 bestimmt im Satz 1, daß der Frachtzuschlag (Abs. 1) verwirkt ist, sobald der Frachtvertrag abgeschlossen, d. h. das Gut mit dem Frachtbriefe von der Abfertigungsstelle zur Beförderung angenommen ist (§ 61 Abs. 1), und zwar auch dann, wenn die Eisenbahn das Frachtstück bei gehöriger Sorgfalt nicht hätte zur Beförderung annehmen dürfen (RGZ. 47 40). Daß eine Beförderung tatsächlich bereits stattgefunden hat, ist nicht erforderlich, es genügt der Abschluß des Frachtvertrages, die vertragsmäßige Aufgabe zur Beförderung, Auflieferung, Eingabe und Annahme des Gutes mit dem Frachtbriefe zur Beförderung. Daher ist im Falle der vorläufigen Einlagerung (§ 64 Abs. 1 Satz 1) der Frachtzuschlag noch nicht verwirkt, sondern erst wenn die Annahme zur Beförderung erfolgt ist (§ 64 Abs. 1 Satz 2). Daß die Tatsache der unrichtigen Angabe oder der Nichtbeachtung der in Anlage C vorgeschriebenen Sicherheitsmaßregeln bei dem Vertragsabschlusse genügt und es weder auf Verschulden des Absenders, noch auf Entstehung eines Schadens ankommt, ist oben Anm. 249 S. 251 bereits erörtert worden.

Vgl. noch Eger, J.Ü. 3. Aufl. S. 92/93.

Der § 53 der bisherigen EVO. läßt die Frage offen, wer den Frachtzuschlag zu zahlen hat, der Absender oder Empfänger. Es konnte aber keinem Zweifel unterliegen und ist daher konstant angenommen worden, daß die Frachtzuschläge ebenso wie die Frachtbeträge, Nebengebühren und baren Auslagen der Eisenbahnen zu den durch den Frachtvertrag begründeten Forderungen derselben gehören und daher die Zahlung bis zum Eintritt des Empfängers in den Frachtvertrag (§ 73 Abs. 9, § 76) dem Absender, von da ab dem Empfänger obliegt. In der Pariser Revisionskonferenz von 1906 wurde dies ausdrücklich anerkannt. Um aber jeden Zweifel darüber zu beseitigen, bestimmt Abs. 4 des § 60 der neuen EVO. im Satz 2, daß zur Zahlung des Zuschlags — prinzipaliter — der Absender verpflichtet ist. Wenn aber im Satz 3 des weiteren bestimmt ist, daß nach Annahme des Gutes mit dem Frachtbrief der Empfänger neben dem Absender als Gesamtschuldner für den Zuschlag haftet, so ist dies unrichtig und, weil im Widerspruch mit § 471 HGB., ungültig. Die Zahlungsverbindlichkeiten des Absenders werden dadurch zugunsten der Eisenbahn erweitert und der Grundsatz des § 436 HGB. verletzt. Auch die Bezugnahme auf § 76 Abs. 4 bzw. § 70 Abs. 2 rechtfertigt die weitere Zahlungspflicht des Absenders nicht. Vielmehr ist — gleichviel welche Rechtskonstruktion dem Verhältnis zwischen Absender, Eisenbahn und Empfänger gegeben wird (s. § 73 Anm. 351) — der letztere nach Annahme des Gutes und Frachtbriefs, d. h. nach Eintritt in den Frachtvertrag der allein zur Zahlung der Frachtvertragsforderungen nach Maßgabe des Frachtbriefs Verpflichtete (HGB. § 436), und kann von einem Gesamtschuldverhältnis mit dem Absender bzw. einer Zahlungspflicht desselben nicht mehr die Rede sein. Mit Annahme des Gutes und des Frachtbriefs liegt die Zahlung des Frachtzuschlags dem Empfänger allein ob. Ist also nach Eintritt des Empfängers in den Frachtvertrag der Empfänger insolvent oder verweigert er die Zahlung des Frachtzuschlags, so kann der Absender nicht mehr in Anspruch genommen werden.

259) Abs. 5 führt durch Satz 1 im Anschluß an Art. 7 Abs. 6 J.Ü. und übereinstimmend mit § 71 Abs. 1 und § 98 Abs. 1 für den Anspruch sowohl auf Zahlung, wie auf Rückzahlung des Frachtzuschlags eine kurze einjährige Verjährungsfrist ein und läßt in seiner Fassung klar erkennen, daß es sich um eine Verjährungs-, nicht um eine Präklusivfrist handelt. Der Grund für die Aufnahme dieses neuen Absatzes liegt darin, daß sich hinsichtlich der Verjährung des Anspruches auf Frachtzuschläge je nach dem Rechtscharakter, welcher dem Frachtzuschlage beigelegt wurde (Anm. 249 S. 250) verschiedene Rechtsanschauungen geltend gemacht hatten und danach insbesondere auch die Frage der Verjährung streitig geworden war (Reindl, D.JZ. 1903 S. 100, Annalen S. 547, Bl. f. Rechtsanw. 1907 S. 514, Eger, D.JZ. 1903 S. 123, s. noch E. 22 34, 295, 23 132, 296, Sped.- u. Schiff.Ztg. 1908 S. 2, Z. 1907 S. 183, Schmidt, E. 22 423ff., Düringer-Hachenburg 691). Um den sich daraus ergebenden Zweifeln zu begegnen, ist in Übereinstimmung mit § 71 Abs. 1 und § 98 Abs. 1 die einjährige Verjährungsfrist durch Abs. 5 des § 60 festgesetzt worden. Die in dem entsprechenden Abs. 6 des Art. 7 J.Ü. vorgesehene Bestimmung, daß die unter den Parteien durch Anerkenntnis, Vergleich oder gerichtliches Urteil festgestellten Ansprüche von der Verjährung ausgeschlossen sind, ist als selbstverständlich weggelassen (Begr.). Eine vertragsmäßige Beschränkung der Verjährungsfrist ist den Eisenbahnen nicht gestattet (§ 471 HGB.), wohl aber eine Verlängerung. Die Verjährung findet nicht nur auf Ansprüche im Wege der Klage, sondern auch der Widerklage und Einrede Anwendung.

Satz 2 trifft über den Beginn der Verjährung Bestimmung. Die einjährige Verjährungsfrist beginnt: 1. bei Ansprüchen aus Zahlung von Frachtzuschlägen mit der Zahlung der Fracht, d. h. sie läuft von dem Tage, an welchem die Fracht an die Eisenbahnkasse gezahlt worden ist; 2. in den Fällen, in welchen eine Fracht nicht zu zahlen war, z. B. bei Frankofracht ꝛc., mit der Auflieferung der Güter, d. h. bei sukzessiver Auflieferung mit deren Beendigung; 3. bei Ansprüchen auf Rückzahlung von Frachtzuschlägen mit der Zahlung der Zuschläge.

Satz 3 erklärt auf die Hemmung und Unterbrechung der Verjährung die Bestimmungen des § 71 Abs. 2 für anwendbar, d. h. die Verjährung wird gehemmt durch die schriftliche Anmeldung des Anspruchs bei der Eisenbahn (Reklamation). Diese Vorschrift kann der Natur der Sache nach nur auf Erstattungs-(Rückzahlungs-)Ansprüche des Berechtigten wegen zu viel erhobener Zuschläge Anwendung finden. Die Verjährung wird unterbrochen nach Maßgabe der allgemeinen gesetzlichen Vorschriften (§§ 208 ff. BGB.). Dieser Grundsatz gilt mangels jeder Einschränkung sowohl für Ansprüche auf Zahlung wie auch auf Rückzahlung von Frachtzuschlägen, d. h. auf Ansprüche der Eisenbahn wie gegen dieselbe.

Vgl. zu Abs. 5 die Anm. 239 f. zu § 71 und die Anm. 416 ff. zu § 98

§ 61.

Abschluß des Frachtvertrags [260]).

(1) Der Frachtvertrag ist abgeschlossen, sobald die Abfertigungsstelle das Gut mit dem Frachtbriefe zur Beförderung angenommen hat [261]). Als Zeichen der Annahme ist dem Frachtbriefe der Tagesstempel der Abfertigungsstelle aufzudrücken [262]). Mit diesem Stempel ist auch jedes der nach § 56 Abs. (5) dem Frachtbrief etwa angefügten Blätter zu versehen [263]).

(2) Die Abstempelung hat nach vollständiger Auflieferung des im Frachtbriefe verzeichneten Gutes und nach Entrichtung der vom Absender vorauszubezahlenden Beträge unverzüglich, auf Verlangen des Absenders in seiner Gegenwart, zu erfolgen [264]).

(3) Der abgestempelte Frachtbrief dient als Beweis für den Frachtvertrag [265]).

(4) Bei den vom Absender verladenen Gütern dienen die Angaben des Frachtbriefs über das Gewicht und die Anzahl der Stücke nur dann als Beweis gegen die Eisenbahn, wenn sie die Stücke nachgewogen oder nachgezählt und dies im Frachtbrief beurkundet hat [266]).

(5) Die Eisenbahn ist verpflichtet, auf Verlangen des Absenders die Annahme des Gutes unter Angabe des Tages, an dem es zur Beförderung angenommen ist, auf einem ihr mit dem Frachtbriefe vorgelegten Frachtbriefduplikat, das als solches zu bezeichnen ist, zu bescheinigen. Die Ausstellung eines Duplikats ist auf dem Frachtbriefe durch Stempelaufdruck zu beurkunden [267]).

(6) Das Duplikat hat nicht die Bedeutung des Frachtbriefs oder eines Ladescheins [268]).

(7) Bei Gütern, die nicht in ganzen Wagenladungen aufgegeben werden, kann mit Zustimmung des Absenders an Stelle des Duplikats ein Aufnahmeschein ausgestellt werden, der dieselbe rechtliche Bedeutung wie das Duplikat hat [269]).

Die Gebühr für die Ausstellung von Aufnahmescheinen ist in dem Nebengebührentarif (Teil I Abt. B) festgesetzt. Vgl. auch AusfBest. VI zu § 56.

(8) Auf Verlangen des Absenders ist die Annahme des Gutes auch in anderer Form, z. B. durch Unterstempelung eines Eintrags in einem Quittungsbuch oder dergleichen zu bescheinigen. Eine solche Bescheinigung hat nicht die Bedeutung eines Frachtbriefduplikats [270]).

Alte EVO. § 54. HGB. § 455. J.Ü. Art. 8.

260) Der Frachtvertrag begründet die Beförderungsverpflichtung. Nach dem HGB. (§ 425) ist der Frachtvertrag ein Vertrag, durch welchen die Ausführung der Beförderung von Gütern gewerbsmäßig übernommen wird. Der Frachtführer verpflichtet sich dem Absender gegenüber zur Beförderung des Gutes an eine dritte Person, den Empfänger, gegen Entgelt, die Fracht. Der Frachtvertrag ist ein entgeltlicher (ROHG. 13 135, Schott 296) Konsensualvertrag, der durch die Willensübereinstimmung der Kontrahenten über die Leistung (Beförderung) und Gegenleistung (Fracht) zustande kommt (Goldschmidt, HR. I § 75, v. Hahn II 580, ROHG. 12 198). Daher ist der Bestimmungs- und Ablieferungsort des Gutes der Erfüllungsort (RG. 11. I. 1905, E. 21 390). Die Essentialien sind hiernach das Anbieten und die Übernahme der Beförderungsausführung und die Vereinbarung einer Vergütung für dieselbe (Endemann 719). Der Frachtvertrag ist Werkvertrag im Sinne des § 631 Abs. 2 BGB., nicht Dienstvertrag; er wird zwischen dem Frachtführer und Absender mit der Abrede geschlossen, daß das Gut am Bestimmungsorte an den Empfänger abgeliefert werden soll. Subjekte (Personen) des Frachtvertrages sind daher der Frachtführer (Eisenbahn), der Absender und der in den Vertrag eingetretene Empfänger (Destinatär, Adressat). Der Frachtvertrag als Handelsvertrag ist vom HGB. an eine bestimmte Form nicht gebunden; er ist an sich formlos und daher gültig abgeschlossen, sobald über die Essentialien Willenseinigung besteht (Endemann, HR. 719, Goldschmidt I 2, 734, 738, Puchelt II 378, Schott 299, Reindl, VZ. 1897 Nr. 12).

261) Für den Eisenbahnfrachtvertrag ist durch die EVO. eine bestimmte Form eingeführt. § 61 Abs. 1 Satz 1 EVO. bestimmt, daß der Frachtvertrag abgeschlossen ist, sobald die Abfertigungsstelle das Gut mit dem Frachtbriefe zur Beförderung angenommen hat. Hier ist die Gültigkeit an diese Form geknüpft (s. Anm. 261). Nach der Rechtsnatur der Verkehrsordnung ist diese Norm eine absolute Formvorschrift. In anderer Weise als durch diesen Akt kann also der Eisenbahnfrachtvertrag nicht abgeschlossen werden, bzw. durch eine andere Form kommt derselbe nicht zustande. Der Abschluß des Frachtvertrags ist maßgebend, sowohl für den Beginn der Eisenbahnhaftpflicht, wie der Lieferfrist und die Berechnung nach den geltenden Tarifen (Neumann, Allg. TarAnz. XIII Nr. 8 ff., Senckpiehl, Sped.- u. SchiffZtg. X Nr. 5).

Die von der EVO. vorgeschriebene Form des Vertragsabschlusses besteht in der Hingabe des Gutes mit dem Eisenbahnfrachtbriefe zur Beförderung vom Absender an die Abfertigungsstelle und die entsprechende Annahme seitens der letzteren. Denn die Annahme setzt notwendig die Hingabe voraus, durch Hingabe und Annahme wird der Eisenbahnfrachtvertrag abgeschlossen. Die bloße Annahme des Guts ohne den in der EVO. (§§ 55, 56 und Anlage D und E zur EVO., s. Anm. 211 S. 214 ff.) vorgeschriebenen Frachtbrief genügt ebensowenig, wie die bloße Annahme des Frachtbriefs ohne Gut zum Abschluß eines Eisenbahnfrachtvertrages (vgl. § 55 Abs. 1 Anm. 211 S. 214). Die Annahme muß von der Abfertigungsstelle erfolgt sein, d. h. den hierzu legitimierten Organen derselben, und zur Beförderung.

Eine Annahme, die nicht zu diesem Zwecke, sondern zur vorläufigen Verwahrung erfolgt (EVO. § 64, s. Anm. 303, 304), hat nicht den Abschluß des Eisenbahnfrachtvertrages zur Folge, sondern eines diesem vorangehenden Verwahrungsvertrages. Vor Annahme des Guts zur Beförderung oder — was dasselbe ist — vor Abschluß des Frachtvertrages kann daher eine Haftpflicht der Eisenbahn auf Grund des Eisenbahnfrachtvertrages überhaupt nicht bestehen. Auch kann der Abschluß eines Eisenbahnfrachtvertrages nur in den Räumen des Versandbahnhofes erfolgen. Wird von der Eisenbahn die Zufuhr (Abholung) aus der Behausung des Absenders durch von ihr bestellte Rollfuhrunternehmer oder ihre Leute übernommen, so finden auf diese Beförderung, da sie vor Abschluß des Eisenbahnfrachtvertrages geschieht, die für diesen maßgebenden Vorschriften keine Anwendung, sondern die Bestimmungen des gewöhnlichen Frachtvertrages (Rundnagel 10. A. M. Makower 1592ff., Düringer-Hachenburg 661, s. unter § 78 Anm. 404).

262) Daran knüpft Satz 2 dieses Absatzes die den Beweis für den Vertragsabschluß erleichternde Vorschrift, daß als Zeichen der Annahme dem Frachtbriefe der Tagesstempel der Abfertigungsstelle aufzudrücken ist (vgl. Allg. AbfVorschr. § 12 Ziff. 3, 4 u. die ZusBest. f. d. Pr. Staatsb. Ziff. I). Die Aufdrückung kann vom Absender verlangt werden; die Abfertigungsstelle ist hierzu verpflichtet. Die Aufdrückung bildet ein Zeichen der Annahme, sie ist ein Beweis für dieselbe. Aber sie ist immerhin nur ein einzelnes beweisendes Zeichen, der Beweis für die Annahme kann auch in anderer Weise geführt werden. Das Fehlen des Datumstempels hat daher nicht zur Folge, daß der Vertrag als nicht geschlossen gilt, sondern nur, daß die Annahme in anderer Weise dargetan werden muß. Die Aufdrückung des Stempels ist also für den Abschluß des Frachtvertrages nicht wesentlich. Auch beim Fehlen des Stempels ist der Abschluß an sich perfekt. Die Abstempelung ist aber ein formales Zeichen der Annahme, welches einen weiteren Beweis derselben erübrigt. Andererseits ist ungeachtet der geschehenen Abstemplung der Nachweis statthaft, daß nicht eine Annahme zur Beförderung, sondern nur eine Annahme zur Verwahrung (§ 64 EVO.) erfolgt ist (RG. 20. V. 1905, E. 22 162). Daher ist auch der Zeitpunkt der Abstemplung nicht notwendig entscheidend für die Frage, wann die Annahme zur Beförderung erfolgt ist (OLG. Marienwerder 23. V. 1905, E. 22 357, Makower 1487). § 61 Abs. 1 Satz 2 enthält nur eine durch Gegenbeweis zu widerlegende Vermutung (E. 22 362, 23 392).

263) Satz 3 des Abs. 1 schreibt im Anschluß an die Bestimmung des § 56 Abs. 5, wonach, wenn der für die Beschreibung der Güter vorgesehene Raum auf der Vorderseite des Frachtbriefs nicht ausreicht, die Rückseite zu benutzen und nötigenfalls durch die Anheftung gleich großer, vom Absender besonders zu unterzeichnender Blätter zu ergänzen ist (Anm. 234 S. 233), vor, daß mit dem Tagesstempel der Abfertigungsstelle auch jedes dieser Blätter zu versehen ist. Diese Vorschrift ist wichtig und zweckmäßig, um die Zugehörigkeit der Blätter als integrierender Teile des Frachtbriefs durch die Annahmestelle zu beurkunden.

264) Abs. 2 bestimmt in betreff des Zeitpunktes der Abstempelung, daß dieselbe unverzüglich nach vollständiger Auflieferung des im Frachtbriefe verzeichneten Gutes und nach Entrichtung der vom Absender vorauszubezahlenden Beträge, auf Verlangen des Absenders in dessen Gegenwart, erfolgen soll. Der Auflieferung und Zahlung hat die Abstempelung unverzüglich zu folgen. Dies ist obligatorisch. Die Abfertigungsstelle ist aber zur Abstempelung erst nach vollständiger Auflieferung des in demselben Frachtbriefe bezeichneten Gutes und Entrichtung der Franko- rc.-Beträge verpflichtet (— bei Wagenladungsgütern nach vollständiger Verladung —), mithin nicht nach nur teilweiser, aber alsdann unverzüglich, d. h. sofort und unmittelbar nach der Auflieferung und Zahlung (Allg. AbfVorschr. § 12 Ziff. 3: „Wird die Zollabfertigung des Gutes von der Eisenbahn besorgt, so hat die Abstempelung des Frachtbriefs sogleich nach beendeter Auflieferung des Gutes und nicht erst nach Beendigung der zollamtlichen Behandlung zu erfolgen"). Es darf die Auflieferung von Gütern, welche der Absender zur nämlichen Zeit etwa auf andere Frachtbriefe aufgibt, nicht abgewartet werden. Mit der Auflieferung des in dem zu expedierenden Frachtbriefe verzeichneten Gutes hat vielmehr die Abstempelung zu erfolgen. § 54 Abs. 2 der bisherigen EVO. sagte zur Verdeutlichung „des in demselben Frachtbriefe verzeichneten Gutes". Dies ist auch hier gemeint, aber der Vereinfachung wegen fortgelassen. Daraus ergibt sich, daß jeder Frachtbrief einen selbständig für sich bestehenden Frachtvertrag darstellt, was sowohl für den Beginn der Haftpflicht und Lieferfrist, wie auch für die Berechnung der Fracht bei der Aufgabe von Frachtgütern seitens desselben Absenders auf mehrere Frachtbriefe von Wichtigkeit ist. In letzterer Beziehung ist anzunehmen, daß so viele Frachtkontrakte abgeschlossen sind, als Frachtbriefe ausgestellt sind.

Der Absender (oder sein Bevollmächtigter) kann verlangen, daß die Abstempelung in seiner Gegenwart geschieht, aber er braucht es nicht und kann hierzu nicht angehalten werden. Unterläßt aber die Abfertigungsstelle trotz des Verlangens des Absenders die Zuziehung oder verzögert oder versäumt sie die Abstempelung, so hat sie ihm für den daraus entstehenden Schaden aufzukommen. Über die Form, in welcher der Absender das Verlangen zu stellen hat, ist nichts bestimmt. Es ist daher jeder in gehöriger Weise bei der Versandexpedition, sei es mündlich, schriftlich, telegraphisch, vom Absender angebrachte Antrag zulässig.

265) Das A.HGB. (Art. 391) bestimmte, daß der Frachtbrief als Beweis über den Vertrag zwischen dem Frachtführer und dem Absender dient. Das N.HGB. § 426 hat zwar diese Bestimmung in Fortfall gebracht, weil sie sich von selbst ergibt und im Gesetze nicht ausgesprochen zu werden braucht (Denkschr. S. 517). Die EVO. aber hat in den § 61 als Abs. 3 den Satz aufgenommen, daß der abgestempelte Frachtbrief als Beweis über den Frachtvertrag dient. Der Frachtbrief der EVO. hat jedoch eine wesentlich andere Bedeutung als der Frachtbrief des A.HGB., denn während letzterer nur eine Beweisurkunde über den Frachtvertrag ist, hat der Eisenbahnfrachtbrief eine doppelte Funktion: Erstens ist seine Aufstellung und Annahme wesentlich für den Abschluß des

Eisenbahnfrachtvertrages, er ist Vertragsurkunde. Und zweitens ist er zugleich Beweisurkunde, indem der abgestempelte Frachtbrief nach Abs. 3 als Beweis für den Frachtvertrag dient. Offenbar ist er also schon in seiner Eigenschaft als Vertragsurkunde zugleich eine Beweisurkunde, denn er beweist, wenn er mit dem Gute von der Abfertigungsstelle angenommen ist, den Abschluß und Inhalt des Frachtvertrages. Es fragt sich somit, welchen Sinn hat die Bestimmung des Abs. 3, daß der abgestempelte Frachtbrief als Beweis über den Frachtvertrag dient? Soll dies heißen, der nicht abgestempelte Frachtbrief diene nicht als Beweis über den Frachtvertrag? Dies kann nicht sein. Denn auch der nicht gestempelte (von der Eisenbahn angenommene) Frachtbrief ist für den Abschluß des Frachtvertrages beweisend. Hiernach kann der Abs. 3 nur folgende Bedeutung haben:

Es ist zu unterscheiden zwischen dem gestempelten und dem nicht gestempelten Frachtbrief. Der gestempelte macht als eine von beiden Parteien — dem Absender und der Eisenbahn — gezeichnete Urkunde den vollständigen Beweis, welchen eine von beiden Teilen vollzogene Vertragsurkunde macht (E. 21 16). Der nicht gestempelte (aber angenommene) Frachtbrief beweist zwar an sich gleichfalls den Abschluß des Frachtvertrages, aber er macht nur den Beweis, den eine nur von einer Seite vollzogene, von der anderen Seite nur durch stillschweigende Annahme agnoszierte Urkunde macht. Dies ist der Unterschied in der Beweiskraft zwischen dem gestempelten und ungestempelten Eisenbahnfrachtbrief (E. 16 258).

Der Eisenbahnfrachtbrief ist hiernach sowohl gemäß Abs. 1 Vertragsurkunde, wie gemäß Abs. 3 Beweisurkunde. Seine Urkundenqualität — auch im strafrechtlichen Sinne — ist außer Zweifel (Olshausen, StGB. II 1065 c; Gerh. Eger, Zeitschr. f. d. ges. Strafr. 29 804, E. 23 181). Die Beweiskraft erstreckt sich nicht nur auf die Eisenbahn und den Absender, sondern auch auf den Empfänger, der durch Annahme des Gutes und des Frachtbriefs in den Frachtvertrag eingetreten ist (§ 73 Abs. 9, § 76 Abs. 2). Die Beweiskraft des Frachtbriefs kann beschränkt bzw. beseitigt werden einerseits durch ausdrückliche Erklärungen (Klauseln) im Frachtbriefe, soweit solche nach § 56 Abs. 9 zulässig sind, andererseits aber auch durch Gegenbeweis gegen den positiven Inhalt des Frachtbriefs. Es können gegen denselben alle diejenigen Einwendungen geltend gemacht werden, welche überhaupt gegen die Beweisfähigkeit einer Urkunde zulässig sind, also vornehmlich die Einrede mangelnder Vertragsfähigkeit, Willensfreiheit, die Einrede des wesentlichen Irrtums in der Person oder Sache, die Unmöglichkeit, Gesetzwidrigkeit rc. (E. 22 162.)

266) Abs. 4 enthält eine Ausnahme von der Regel des Abs. 3 über die Beweiskraft des Frachtbriefes. An sich dient der Frachtbrief über den ganzen Inhalt des Frachtvertrages (Anm. 265), also insbesondere auch über die Angaben des Gewichts und der Stückzahl der Güter zum Beweise. Es erschien aber gerechtfertigt, die Beweiskraft des Frachtbriefs für diese Angaben auszuschließen, wenn die Güter vom Absender selbst verladen sind. Über Selbstverladung § 86 Ziff. 3 EVO. Der vom Absender auf den Frachtbrief gesetzte Vermerk „Selbst verladen“, verbunden mit eigener Verladung und

bahnseitiger Übernahme genügt auch ohne vorherige Vereinbarung ihrer Selbstübernahme (RG. 12. XII. 1903 E. 22 336). Denn in diesem Fall, d. h. wenn nicht die Leute der Eisenbahn, sondern die des Absenders die Verladung bewirken, fehlt ersterer die Möglichkeit, eine Kontrolle über die Richtigkeit bezüglicher Angaben des Absenders in betreff des Gewichts und der Stückzahl des Gutes im Frachtbriefe auszuführen. Nur dann ist diese Kontrolle vorhanden und die Beweiskraft des Frachtbriefs auch bei der Selbstverladung des Absenders der Eisenbahn gegenüber gegeben, wenn die Eisenbahn die Stücke bei der Verladung nachgewogen oder nachgezählt und dies im Frachtbriefe beurkundet hat.

Voraussetzung des Fortfalls der Beweiskraft des Frachtbriefes in bezug auf die Gewichts- und Stückzahlangabe ist hiernach, daß das Aufladen der Güter — nicht von der Eisenbahn — sondern vom Absender besorgt wird. Unter dieser Voraussetzung machen die Angaben des Frachtbriefes über das Gewicht und die Anzahl der Stücke gegen die Eisenbahn keinen Beweis. Indes kann die Eisenbahn dann einen bezüglichen Einwand hieraus nicht entgegenstellen, wenn unter Zuziehung ihrer Organe oder durch dieselben bei oder nach der Verladung eine Ermittelung der Stückzahl oder eine Verwiegung besonders stattgefunden hat und dies auf dem Frachtbriefe beurkundet ist, d. h. die Richtigkeit der Angaben des Frachtbriefs von der Absendestation bescheinigt ist. Durch eine derartige besondere Ermittelung und Beurkundung ist das sonst bei der Selbstverladung ausgeschlossene Anerkenntnis der Eisenbahn über Gewicht oder Zahl ausdrücklich geschaffen. Zu beachten ist aber, daß zum Ausschlusse jenes Einwandes der Bahn zwei Erfordernisse: die Verwiegung bzw. Zählung und die Beurkundung des Resultats auf dem Frachtbriefe gehören. Eines allein genügt nicht. Die Angabe des Gewichts und die Menge des Gutes macht keinen Beweis gegen die Eisenbahn, wenn der Absender die Aufladung selbst besorgt hat. Dies gilt nicht bloß von dem Falle, wenn die Fracht nach dem Inhalte des Frachtbriefes selbst irrig berechnet ist, sondern auch, wenn diese Berechnung dem Inhalte des Frachtbriefes entspricht. Und zwar hat letzteres seinen Grund darin, daß die Notierung der Fracht überhaupt nicht zum Abschlusse des Eisenbahnfrachtvertrages gehört (RG. 6. V. 1881 E. 2 25, 27). Die Nachwiegung oder Nachzählung muß durch ein hierzu legitimiertes Organ der Eisenbahn erfolgt und beurkundet sein (E. 19 328). Für die sich ergebende Differenz muß ein strikter Beweis erbracht werden (E. 23 357). Eine bloße Vermutung genügt nicht (E. 19 157).

Die Bestimmung des Abs. 4 beschränkt sich auf das Aufladen durch den Absender. Auf das Selbstabladen durch den Empfänger findet diese Ausnahmebestimmung keine Anwendung.

267) Die Eisenbahn ist nicht nur gemäß Abs. 1 und 2 verbunden, den Frachtbrief als Zeichen der Annahme mit dem Tagesstempel der Abfertigungsstelle ohne Verzug nach vollständiger Auflieferung des Gutes und nach Entrichtung der vom Absender vorauszubezahlenden Beträge und auf Verlangen des Absenders in dessen Gegenwart zu versehen, sondern auch dem Absender über die richtige und vertragsmäßige Auflieferung des Gutes

eine Empfangsbescheinigung auszustellen. Abs. 5 Satz 1 verpflichtet die Eisenbahn, auf Verlangen des Absenders die Annahme des Gutes unter Angabe des Tages, an dem es zur Beförderung angenommen ist, auf einem ihr mit dem Frachtbriefe vorgelegten, als solches zu bezeichnenden Duplikate des Frachtbriefes zu bescheinigen. Diese Verpflichtung der Eisenbahn bzw. das korrelate Recht des Absenders, sich ein Frachtbriefduplikat ausstellen zu lassen, beruhte früher nur auf den Bestimmungen der EVO. Mit Rücksicht aber auf die praktische Bedeutung dieser Einrichtung und den großen Wert, der in den Kreisen des Handelsstandes darauf gelegt wird, sind die wesentlichsten Vorschriften über das fragliche Recht des Absenders und über die mit der Ausstellung eines Frachtbriefduplikats verbundenen Wirkungen in das HGB. selbst (§ 455) aufgenommen worden (Denkschr. S. 539). Das Frachtbriefduplikat ist, wenn es auf Verlangen des Absenders ausgestellt ist, von rechtlicher Bedeutung nicht nur als Empfangsbescheinigung, sondern auch in betreff des Verfügungsrechts des Absenders (HGB. § 455 Abs. 2, EVO. § 73), des Anweisungsrechts desselben bei Beförderungshindernissen (s. § 74), sowie der gerichtlichen Geltendmachung der aus dem Eisenbahnfrachtvertrage gegenüber der Eisenbahn entspringenden Rechte (s. § 99). Die Ausstellung einer Empfangsbescheinigung auf dem Frachtbriefduplikat ist jedoch nicht, wie nach Art. 8 Abs. 5 J.Ü., obligatorisch für alle Fälle, sondern den Eisenbahnen nur dann zur Pflicht gemacht, wenn der Absender es verlangt (s. über die Form: Satz 2 § 56 Abs. 1a).

Zu bescheinigen ist „die Annahme des Gutes", und dies setzt voraus, daß die Bescheinigung erst auszustellen ist und beansprucht werden kann nach erfolgter, d. h. vollständiger Übergabe des Gutes. Von dem zugrunde liegenden Wortlaute des Art. 455 HGB.: „Empfang des Gutes" ist wohl nur deshalb abgewichen, um die Übereinstimmung mit Abs. 1 aufrecht zu erhalten. Einen rechtlichen Unterschied bedeutet dies nicht. Die Bescheinigung muß ferner erfolgen auf einem der Eisenbahn mit dem Frachtbriefe vorgelegten Frachtbriefduplikate, welches als solches zu bezeichnen ist. Ohne gleichzeitige Vorlegung des Originals braucht also die Eisenbahn die Bescheinigung nicht auszustellen. Der Absender hat Original und Duplikat bereits ausgefüllt einzureichen. Der Bahn liegt nur ob, die Übereinstimmung beider Schriftstücke zu prüfen und das Duplikat mit dieser Bezeichnung dem Absender, d. h. von der Expedition gestempelt oder unterschrieben, zurückzugeben. Ein solches vollzogenes Frachtbriefduplikat hat den Charakter und Beweiswert einer Urkunde. Zu beachten ist aber, daß Abs. 5 des § 61 EVO. übereinstimmend mit § 455 Abs. 1 HGB. nicht bloß die Ausstellung eines Duplikats, sondern die Bescheinigung der Annahme des Gutes auf einem Duplikate vorschreibt. Die bloße Ausstellung eines Duplikats, d. h. einer vollzogenen Abschrift des Originals ist daher noch keine legale Empfangsbescheinigung. Letztere muß vielmehr expressis verbis auf dem Duplikate des Frachtbriefes enthalten sein, d. h. das Duplikat muß somit mehr enthalten als der Originalfrachtbrief, nämlich eine vollzogene Abschrift desselben und eine darauf befindliche Empfangsbescheinigung.

Die Bescheinigung der Annahme des Gutes soll erfolgen „unter Angabe des Tages, an dem es zur Beförderung angenommen ist". Wird also — wie im Falle des § 64 — das Gut nur vorläufig von der Eisenbahn in Verwahrung, aber noch nicht zur Beförderung angenommen, so kann eine Empfangsbescheinigung durch Duplikat gemäß Abs. 5 noch nicht ausgestellt werden, weil das Datum der Annahme zur Beförderung sich noch nicht angeben läßt. In solchen Fällen muß also die Empfangsbescheinigung vorläufig in anderer Form ausgestellt werden (s. § 64 Abs. 1 Anm. 303).

Satz 2 des Abs. 5 schreibt vor, daß die Ausstellung eines Duplikats auf dem Frachtbriefe durch Stempelausdruck zu beurkunden ist. Diese Beurkundung auf dem Frachtbriefe ist erforderlich wegen der Rechtswirkungen, die mit der Ausstellung eines Duplikats verbunden sind (s. Anm. 268). Die Beurkundung soll durch Stempelausdruck erfolgen. Doch berührt eine andere Form der Beurkundung die Wirkung des Duplikats nicht.

Hierzu bestimmen die Allg. AbfVorschr. § 12 Ziff. 5, 6, 7, 9: Wird gemäß § 61 Abs. 5 EVO. mit dem Frachtbriefe ein Duplikat vorgelegt, so hat der Annahmebeamte zunächst sich zu überzeugen, daß der Antrag auf Erteilung des Duplikats auf dem Frachtbriefe selbst vermerkt und das Duplikat als solches bezeichnet ist. Erst nach Erfüllung dieser Erfordernisse und nachdem die Übereinstimmung des Duplikats mit dem Frachtbriefe festgestellt worden ist, hat auf diesem die Ausdrückung des Duplikatstempels (Duplikat erteilt) zu erfolgen. Das Frachtbriefduplikat ist wie die Urschrift mit dem Tagesstempel der Abfertigungsstelle und zutreffendenfalls auch mit dem Wägestempel, der Unterschrift des Annahme- und Wiegebeamten, sowie mit der Bescheinigung über die festgestellte Stückzahl zu versehen. Vom Absender bezahlte Frachtgebühren sind im Frachtbriefduplikat in Übereinstimmung mit dem Frachtbriefe einzeln aufzuführen (§ 69 Abs. 6 EVO.). Die vorstehenden Bestimmungen finden sinngemäße Anwendung, wenn an Stelle des Duplikats ein als solcher zu bezeichnender Aufnahmeschein zugelassen ist. Die Erteilung eines Frachtbriefduplikats oder Aufnahmescheines ist unzulässig, wenn der Frachtbrief selbst nicht mehr vorliegt (s. im Falle der Nichtübereinstimmung von Frachtbrief und Duplikat: E. 26 182).

268) Abs. 6 bestimmt zwar nicht positiv, welchen Rechtscharakter diese Duplikate besitzen, aber doch negativ insofern, als ihnen ausdrücklich die Bedeutung des Originalfrachtbriefes oder eines Ladescheines abgesprochen wird. Das Duplikat hat also weder die Rechtswirkung eines Frachtbriefes noch eines Ladescheines. Daß das Duplikat nicht die Wirkung des das Gut begleitenden Originalfrachtbriefes hat, liegt in der Natur des letzteren als eines Begleitbriefes. Ein in den Händen des Absenders zurückbleibender, vom Gute getrennter Frachtbrief ist rechtlich nicht denkbar. Daher ist keine der Rechtswirkungen, welche das HGB. nnd die EVO. an den Besitz und die Übergabe des Originalfrachtbriefes knüpft (§ 432 Abs. 2, §§ 433, 435, 436 HGB., §§ 73, 76, 99 EVO.) dem Duplikate beizulegen. Ebensowenig aber hat dasselbe die Wirkung eines Ladescheines, d. h. einer Urkunde, durch welche sich der Frachtführer zur Auslieferung des Gutes nur an den legitimierten Inhaber des Empfangscheines oder des Frachtbriefduplikates gegen Rückgabe bzw. auch nach

Maßgabe desselben verpflichtet (§§ 444 ff. HGB.). Eine derartige Verpflichtung mit ihren Rechtsfolgen ist in dem bloßen Duplikate nicht enthalten. Wird daher das Duplikat weiterbegeben (durch Indossament, Zession), so ist die Eisenbahn weder verpflichtet noch berechtigt, dem Inhaber des Duplikats das Gut auszuliefern, darf dasselbe vielmehr nur dem im Frachtbriefe bezeichneten Empfänger übergeben. Ein Dritter kann sich nicht darauf berufen, z. B. nicht auf Vorweisung des Frachtbriefduplikats einen Vorschuß erteilen (RG. 25. IV. 1896 E. 13 160). Aus diesem Grunde schreibt die EVO. auch nicht die Rückgabe des Duplikats bei der Ablieferung des Gutes an den Adressaten vor (§ 76), s. Makower 1584 und Z. 17 226, 260.

Wenngleich aber das Duplikat weder die rechtliche Bedeutung des Originalfrachtbriefes noch eines Ladescheines besitzt, so ist doch nach den Vorschriften des HGB. (§ 455 Abs. 2) und der EVO. das Duplikat nicht auf die Wirkung einer bloßen Quittung über den Empfang beschränkt bzw. als bloßes Beweis- und Legitimationspapier über die erfolgte Übergabe des Gutes an die Eisenbahn anzusehen. Das im HGB. (§§ 433 u. 455) und in der EVO. angenommene System über den Umfang der Verfügungsrechte des Absenders und Empfängers in betreff des Gutes (§§ 73, 74) legt dem Duplikate eine höhere rechtliche Bedeutung bei, indem es von dem Besitze eines Duplikats einen wesentlichen Teil der Verfügungsrechte des Absenders über das Gut, sowie die gerichtliche Geltendmachung seiner Ansprüche aus dem Frachtvertrage abhängig macht, derartig, daß er über die Zurückgabe des Gutes auf der Versandstation, das Anhalten desselben unterwegs, die Zurückhaltung auf der Bestimmungsstation oder die Auslieferung an einen anderen als den im Frachtbriefe bezeichneten Empfänger am Bestimmungsorte oder einer Zwischenstation oder auf einer über die Bestimmungsstation hinaus oder seitwärts gelegenen Station, ferner wegen nachträglicher Auflage, Erhöhung, Minderung oder Zurückziehung von Nachnahmen, sowie wegen nachträglicher Frankierung nur bei Vorzeigung des Duplikats und schriftlicher Erklärung auf demselben verfügen (§ 73 Abs. 1, 2, 5), ferner bei Beförderungshindernissen in den nach § 74 Abs. 3 zu treffenden anderweitigen Dispositionen weder die Person des Empfängers noch den Bestimmungsort ohne den Besitz des Duplikats abändern (§ 74 Abs. 3) und endlich Ansprüche aus dem Eisenbahnfrachtvertrage gegenüber der Eisenbahn nur mit Zustimmung des Empfängers, geltend machen darf, wenn er das Duplikat des Frachtbriefes bzw. den Aufnahmeschein (s. Anm. 269) oder eine Bescheinigung der Versandstation, daß eine solche Urkunde nicht ausgestellt ist, nicht beizubringen vermag, es wäre denn, daß er nachweist, daß der Empfänger die Annahme verweigert hat (§ 99 Abs. 2). Vgl. § 73 Anm. 362.

Das Frachtbriefduplikat hat, wenn es von einer Privateisenbahn ausgestellt ist, den Charakter und Beweiswert einer Privaturkunde, wenn von einer Staatseisenbahn, den einer öffentlichen Urkunde (E. 1 334, 3 48, 4 352).

Vgl. noch Allg. AbfVorschr. § 12 Ziff. 10—14.

269) Abs. 7 gestattet bei solchen Gütern, welche nicht in ganzen Wagenladungen aufgegeben werden, mit Zustimmung des Absenders an Stelle des Duplikats die Ausstellung eines Aufnahmescheines, welcher dieselbe rechtliche Bedeutung wie das Duplikat hat. Voraussetzung ist zunächst, daß der Frachtvertrag Güter betrifft, die nicht in ganzen Wagenladungen aufgegeben werden. Auf Güter in Wagenladungen findet mithin Abs. 7 keine Anwendung. Ein Aufnahmeschein kann in diesem Falle an Stelle des Duplikats ausgestellt werden, aber muß es nicht. Die Eisenbahn ist dazu befugt, doch nicht verpflichtet, auch nicht auf Verlangen des Absenders. Sodann ist die Zustimmung des Absenders vorausgesetzt. Denn prinzipaliter ist er berechtigt, ein Duplikat zu verlangen. Es liegt im Sinne der in Rede stehenden Bestimmung, daß ihm der Ersatz des Duplikats durch einen Aufnahmeschein nicht aufgenötigt werden darf, sondern in seine Wahl gestellt ist (HGB. § 471 Abs. 1). Dem Aufnahmescheine ist die gleiche rechtliche Bedeutung wie dem Duplikate beigelegt. Es gilt also alles über die rechtliche Bedeutung des Duplikats in Anm. 168 Bemerkte auch für den Aufnahmeschein. Über Form und Inhalt des Aufnahmescheines ist weder in der EVO. noch in den Allg. AbfVorschr. nähere Bestimmung getroffen. Aber es liegt in der Natur und im Zwecke desselben, daß er eine vollständige Anerkennung des Empfanges der Sendung unter Bezeichnung des Inhaltes und Gewichts, des Absenders, Empfängers und Datums enthalten muß.

270) Nach Abs. 8 ist zwar auf Verlangen des Absenders die Annahme des Gutes auch in anderer Form als durch Ausstellung eines Duplikats (Abs. 5 und 6) oder Aufnahmescheines (Abs. 7), z. B. durch Unterstempelung eines Eintrages in einem Quittungsbuch oder dgl. zu bescheinigen. Eine solche Bescheinigung hat aber nicht die Bedeutung eines Frachtbriefduplikats. Sie hat vielmehr nur die Geltung einer Quittung, insbesondere also nicht die in Anm. 268 erörterte Bedeutung für die Geltendmachung des Verfügungsrechts (S. 267); demgemäß ist — wie die Allg. AbfVorschr. § 12 Ziff. 11 zutreffend bestimmen — bei nachträglicher Verfügung des Absenders die Vorzeigung einer derartigen Bescheinigung nicht zu erfordern. (Fälschung: E. 24 353.)

§ 62 [271]).

Verpackung und Bezeichnung.

(1) Das Gut muß, soweit es seine Natur erfordert, gegen Verlust, Minderung oder Beschädigung sicher verpackt sein [272]).

(2) Ist dies nicht der Fall, so kann die Eisenbahn die Annahme des Gutes ablehnen oder verlangen, daß der Absender im Frachtbriefe das Fehlen oder die Mängel der Verpackung anerkennt [273]). Pflegt ein Absender gleichartige der Verpackung bedürftige Güter unverpackt oder mit den gleichen Mängeln der Verpackung auf derselben Station aufzugeben, so kann er ein für allemal eine Erklärung nach dem Muster der Anlage F abgeben. In diesem Falle muß der Frachtbrief einen Hinweis auf die allgemeine Erklärung enthalten [274]).

I. Der Preis des Vordruckes nach Anlage F ist im Nebengebührentarif (Teil I Abteilung B) festgesetzt.

II. Nur mit Anerkenntnis oder Erklärung nach Abs. 2 werden z. B. angenommen: unverpackte, nur verschnürte Felle, Zucker in losen Broten und gefüllte Fässer, deren Beschaffenheit wegen Schmutzes oder aus anderen Gründen nicht erkennbar ist, namentlich beschmutzte Öl- und Sirupfässer.

(3) Inwieweit die Eisenbahn für den Schaden haftet, der infolge eines im Frachtbrief anerkannten oder äußerlich nicht erkennbaren Mangels der Verpackung entsteht, ist in den §§ 86 und 84 bestimmt [275]). Ist ein äußerlich erkennbarer Mangel der Verpackung nicht im Frachtbrief anerkannt, so ist die Eisenbahn von der Haftpflicht nur dann befreit, wenn der Absender arglistig handelt [276]).

(4) Die Verpackung muß ferner so beschaffen sein, daß das Gut bei ordnungsmäßiger Behandlung durch die Eisenbahn keinen Schaden verursachen kann [277]). Anderenfalls ist die Eisenbahn berechtigt, wenn sie das Gut trotzdem zur Beförderung annimmt, ein Anerkenntnis im Frachtbriefe nach Maßgabe des Abs. (2) zu verlangen [278]). Für den Schaden, der aus so bescheinigten oder aus äußerlich nicht erkennbaren Mängeln der Verpackung entsteht, haftet der Absender. Ist ein äußerlich erkennbarer Mangel der Verpackung nicht anerkannt, so haftet der Absender nur, wenn er arglistig handelt [279]).

(5) Die Eisenbahn kann verlangen, daß kleine Stückgüter (Kleineisenzeug oder dergleichen), deren Annahme und Verladung nicht ohne erheblichen Zeitverlust möglich ist, durch Verbindung oder Verpackung zu größeren Einheiten zusammengefaßt werden [280]).

(6) Den Eisenbahnen bleibt überlassen, für Güter, die nicht zu den in § 54 Abs. (2) A aufgeführten gehören, die aber wegen ihrer Eigenschaften Unzuträglichkeiten während der Beförderung herbeiführen können, mit Genehmigung der Landesaufsichtsbehörden nach Zustimmung des Reichs-Eisenbahnamts durch den Tarif einheitliche Vorschriften über die Verpackung und Verladung zu treffen [281]).

III. Vorschriften über die Verpackung und Verladung bestimmter Güter, über die Beladung offener Güterwagen und über die Verladung von Fahrzeugen (auch fahrbaren Maschinen) auf offenen Wagen, sind in den Anlagen II, III und IV enthalten.

(7) Die Stückgüter sind haltbar, deutlich und in einer Verwechselungen ausschließenden Weise zu bezeichnen. Diese Bezeichnungen müssen mit den Angaben im Frachtbrief übereinstimmen [282]). Ältere

Bezeichnungen (Eisenbahnbeförderungszeichen, Postbeförderungszeichen oder andere Zeichen, die mit den Eisenbahnbeförderungszeichen verwechselt werden könnten), müssen entfernt sein[283]).

IV. Hat der Absender Stückgüter nicht oder nicht genügend bezeichnet, so wird die Signierung von der Eisenbahn gegen die im Nebengebührentarif (Teil I Abteilung B) vorgesehene Gebühr ausgeführt. Als ungenügende Signierung ist es auch anzusehen, wenn alte Bezeichnungen nicht entfernt worden sind.

(8) Die Eisenbahn kann verlangen, daß Stückgüter vom Absender mit dem Namen der Bestimmungsstation dauerhaft bezeichnet werden, wenn es ihre Beschaffenheit ohne besondere Schwierigkeit zuläßt[284]).

V. (1) Hat der Absender Stückgüter mit dem Namen der Bestimmungsstation nicht oder nur undeutlich bezeichnet, obgleich es ihre Beschaffenheit ohne besondere Schwierigkeit zuläßt, so wird die Bezeichnung von der Eisenbahn gegen die im Nebengebührentarif (Teil I Abteilung B) vorgesehene Gebühr ausgeführt.

(2) Bei Stückgütern, die in Seehafenplätzen aufgegeben werden, ist die Bezeichnung mit der Bestimmungsstation nicht erforderlich, wenn sie ohne Mitwirkung des Absenders unmittelbar aus den Seeschiffen in die Eisenbahnwagen übergeladen werden.

Alte EVO. § 58. HGB. §§ 456, 459 Ziff. 2. J.Ü. Art. 9. AusfBest. z. J.Ü. § 4.

271) Es gehört zur ordnungsmäßigen Auflieferung des Gutes und liegt daher dem Absender ob, das Gut in vorschriftsmäßiger bzw. angemessener und ausbedungener Verpackung und Bezeichnung aufzuliefern. § 62 EVO. enthält die näheren Bestimmungen über die Pflicht des Absenders zur Verpackung und Bezeichnung des Gutes und setzt zugleich die Rechtsfolgen fest, welche die Verletzung dieser Pflicht nach sich zieht.

272) Abs. 1 bestimmt, daß das Gut, soweit es seine Natur erfordert, gegen Verlust, Minderung oder Beschädigung sicher verpackt sein muß. Zur Beförderungspflicht der Eisenbahn gehört nur die Beförderung, nicht die Verpackung des Gutes. Die Beförderung nicht gehörig verpackten Gutes kann sie daher verweigern. Mithin ist der Absender zur Besorgung der Verpackung — soweit dieselbe notwendig — verpflichtet. Es ist jedenfalls eine Verpackung erforderlich, welche der Eisenbahnbeförderung entspricht (Rundnagel² 132 ff., RGZ. 15 151 E. 19 21, 20 37). Über die Notwendigkeit und Art der Verpackung entscheiden, insofern nicht für die nur bedingungsweise zugelassenen Güter die Anlage C zur EVO. Anordnungen enthält bzw. die Allg. AusfBest. II zu § 54 EVO. oder die Zollvorschriften Platz greifen, die Bestimmungen der Versandstation und mangels solcher, die Organe der Bahn-

verwaltung auf Grund ihrer eigenen Erfahrungen und nach allgemeinen bewährten Handelsgebräuchen eventuell unter Zuziehung Sachverständiger nach Maßgabe der Einrichtungen und Benutzungsweise der Bahn, im Streitfalle aber richterliches Ermessen (RG. E. 19 193, 20 37). Kenntnisse, die nur einem Fachmann des betreffenden Geschäftszweigs eigen sind, können hierbei von der Eisenbahn nicht verlangt werden (E. 24 241). Die Prüfung der Verpackung hat in Gegenwart des Aufgebers zu erfolgen (Allg. AbfVorschr. § 5 Ziff. 1, 8). (S. Zusammenstellung der Verpackungsvorschriften Muschweck, Sped.- und SchiffZtg. IX Nr. 44—49).

273) Der Absender hat die Pflicht, für die sichere Verpackung des Gutes Sorge zu tragen. Die Eisenbahn ist ihrerseits dagegen gehalten, eine Prüfung eintreten zu lassen, ob der Absender diese Verpflichtung erfüllt hat. Nach der Natur des Eisenbahnbetriebs vermag sie dies aber nur, insoweit die Mängel der Verpackung äußerlich erkennbar sind (s. über diesen Begriff § 84 Anm. 450) und dem Absender nicht ein arglistiges Verfahren zur Last fällt (Abs. 3 u. 4). Soweit die Mängel äußerlich nicht erkennbar sind, haftet die Eisenbahn nicht (§ 84), der Absender hat vielmehr für alle daraus entstehenden Schäden aufzukommen (Abs. 4 Anm. 179). Soweit sie aber äußerlich erkennbar sind und der Absender nicht etwa arglistig gehandelt hat (Lehmann-Ring, HGB. § 459 Anm. 8, Düringer-Hachenburg § 459 II, Klein 43, Albrecht 48, arg. § 123, 157 BGB. A. M. nur Rundnagel 135), verletzt die Eisenbahn ihre Prüfungspflicht und macht sich selbst einer Negligenz schuldig, wenn sie demungeachtet derartige Güter zur Beförderung annimmt (E. 19 193). Sie kann sich daher, da sie bei gehöriger Prüfung und Entdeckung der Mängel die Übernahme des Gutes verweigern durfte, in diesem Falle auf das Verschulden des Absenders nicht berufen und ist für die aus der fehlenden oder mangelhaften Verpackung entstehenden Schäden verantwortlich (E. 21 261). Sie hat also zu beweisen, daß der Schaden durch die mangelhafte Verpackung entstanden ist und der Mangel bei der Annahme nicht erkennbar war. Häufig liegt es aber im Interesse des Absenders, das Gut in der mangelhaften 2c. Verpackung auf eigenes Risiko (sei es zur Beschleunigung der Beförderung, sei es zur Kostenersparnis 2c.) befördern zu lassen und so die Bahn von der Haftung dafür zu befreien bzw. auf den Ersatzanspruch für die infolge des Mangels etwa entstehenden Schäden zu verzichten. Prinzipiell ist nun zwar den Eisenbahnen durch § 471 N.HGB. ein derartiges Paktieren über die Haftpflicht untersagt. Es ist aber durch § 459 Abs. 1 Ziff. 2 HGB. § 86 Abs. 1 Ziff. 2 EVO. bei — nach Erklärung des Absenders auf dem Frachtbriefe — nicht ordnungsmäßig 2c. verpackten Gütern die Haftpflicht für den Schaden ausgeschlossen, welcher aus der mit dem Mangel der Verpackung 2c. verbundenen Gefahr entstanden ist, und es gilt sodann gemäß Abs. 2 a. a. O. bis zum Nachweise des Gegenteils zugunsten der Eisenbahn die Vermutung, daß ein eingetretener Schaden, wenn er den Umständen nach aus dem Mangel oder der Mangelhaftigkeit der Verpackung entstehen konnte, aus derselben wirklich entstanden ist.

In Rücksicht hierauf bestimmt Satz 1 Abs. 2 des § 62, daß, wenn der Absender der Verpflichtung für sichere Verpackung (Abs. 1 § 62) nicht nachgekommen ist, die Eisenbahn einen zweifachen Weg hat, um sich von der Haftpflicht für Schäden aus der mangelhaften Verpackung zu befreien. Sie kann entweder die Annahme des Gutes ablehnen, oder, wenn sie dies nicht tut, ist sie berechtigt, zu verlangen, daß der Absender im Frachtbriefe das Fehlen oder die Mängel der Verpackung anerkennt. Auf die in dem entsprechenden § 58 Abs. 2 der bisherigen EVO. enthaltene Beigabe einer besonderen Erklärung über die Mängel der Verpackung ist verzichtet, weil die Eisenbahn durch das Anerkenntnis im Frachtbriefe ausreichend geschützt ist (Begr.). Die Erklärung des Absenders auf dem Frachtbriefe ist im § 459 Abs. 1 Ziff. 2 HGB., § 86 Abs. 1 Ziff. 2 EVO. vorgeschrieben, damit der Mangel ausdrücklich und formell konstatiert werde und Empfänger und Empfangsbahn sofort Kenntnis darüber erhalten.

Der Absender hat aber nicht das Recht, gegen Abgabe des bezüglichen Anerkenntnisses ꝛc. die Beförderung zu verlangen. Die Eisenbahn kann vielmehr, auch wenn sich der Absender zu dem Anerkenntnisse ꝛc. erbietet, die Annahme verweigern; sie muß dies sogar, wenn es sich um polizeiliche, um Zoll- ꝛc. Vorschriften oder um Vorschriften über ausgeschlossene oder nur bedingungsweise zur Beförderung zugelassene Gegenstände handelt. (EVO. § 54 Anm. 208, 209 S. 208, 209 ff.)

Das Anerkenntnis des Fehlens oder der Mängel der Verpackung muß im Frachtbrief selbst geschehen. Ein Anerkenntnis in anderer Form ist nichtig. Die Erklärung, daß das Gut mangelhaft verpackt sei, ist an sich genügend. Es bedarf nicht einer speziellen Bezeichnung der Mängel. Aber die Eisenbahn ist nach Satz 1 des Abs. 2 berechtigt, dies zu verlangen (die Mängel der Verpackung), und es liegt zur Erleichterung des Nachweises, daß der Schaden aus bestimmten Mängeln der Verpackung entstanden sei, in ihrem Interesse, die spezielle Angabe zu fordern und im Weigerungsfalle die Annahme des Guts abzulehnen (Rundnagel 137, 138).

Besteht Streit darüber, ob das Anerkenntnis abgegeben ist, z. B. bei Verlust des Frachtbriefs, so liegt der Eisenbahn der Beweis ob, denn sie hat den Haftbefreiungsgrund (§ 459 Abs. 1 Ziff. 2 HGB.) zu beweisen und ist verpflichtet, bei Abschluß des Vertrages sich vom Absender den Mangel ꝛc. anerkennen zu lassen (Reindl, Jahrb. d. d. R. 5 720. A. M. Rundnagel 139 Anm. 5).

Vgl. hierzu Allg. AusfBest. zum § 62 Abs. 1 EVO. Ziff. 1 S. 269 und Allg. AbfVorschr. § 5 Ziff. 8 u. 10:

8. Ist es nach dem Ermessen der Versandabfertigung gemäß § 62 Abs. 2 EVO. angezeigt oder nach der AusfBest. II zu § 62 EVO. (S. 270) erforderlich, daß der Absender das Fehlen oder die Mängel der Verpackung anerkennt, so hat dies im Frachtbriefe unter „zulässige oder vorgeschriebene Erklärungen“ zu geschehen. Hierbei sind die Mängel der Verpackung einzeln zu bezeichnen. Diese Vermerke sind daher etwa, wie folgt, zu fassen:

a) bei unverpackten Gütern: wenn die ganze Sendung unverpackt aufgegeben wird, „Sendung unverpackt“, wenn nur einzelne Stücke der Sendung nicht verpackt sind, „2 Stück, Zeichen A. S. Nr. 15 und 16 unverpackt“;

b) bei mangelhaft verpackten Gütern: „Frachtstücke nur zum Teil mit Stroh umwickelt" oder „Frachtstücke nur in Papier verpackt" oder „Pack A. S. Nr. 4 nur in Karton verpackt" usw.

10. Ist das Anerkenntnis nach Ziff. 8 im Frachtbrief nicht vorgedruckt oder nicht mit der gleichen Handschrift wie der Frachtbrief ausgestellt, so ist die unterschriftliche Vollziehung durch den Absender erforderlich. Fehlt das Anerkenntnis oder der Hinweis, so ist die Annahme des Gutes bis zur Nachholung des Fehlenden abzulehnen.

274) Satz 2 und 3 des Abs. 2 entsprechen einem lebhaften Bedürfnisse des Verkehrs. Der Absender ist hiernach befugt, an Stelle der besonderen Erklärung für jede Sendung (Satz 1) im Frachtbriefe, ein für allemal eine allgemeine Erklärung abzugeben, und die Annahmestelle verpflichtet, dieselbe zuzulassen bzw. entgegenzunehmen. Vorausgesetzt ist aber: 1. daß der Absender gleichartige, der Verpackung bedürftige Güter, wie z. B. Möbel, Felle, Zucker in losen Broten ꝛc., unverpackt oder mit den gleichen Mängeln der Verpackung auf derselben Station aufzugeben pflegt. Das Aufgeben muß also ein häufiges sein, sich auf Güter von gleicher Art beschränken und von derselben Station aus erfolgen. Für seltene Fälle, ungleichartige, d. h. ihrer Gattung nach nicht übereinstimmende Güter oder verschiedene Stationen darf also diese Befugnis vom Absender nicht ausgeübt werden; 2. daß die allgemeine Erklärung (der Generalrevers) nach dem in der Anlage F zur EVO. vorgeschriebenen Mustern abgegeben wird, und 3. daß der Frachtbrief einen Hinweis (Vermerk) auf diese allgemeine Erklärung enthält. Die allgemeine Erklärung ersetzt die besondere Erklärung im Frachtbriefe nicht, wenn eine dieser Voraussetzungen fehlt, und braucht alsdann von der Annahmestation nicht zugelassen zu werden.

Über die Ausstellung dieser allgemeinen Erklärungen (Generalreverse) bestimmen die Allg. AbfVorschr. § 5 Abs. 9 folgendes: „Die allgemeine Erklärung über die Verpackung des Gutes gemäß Anlage F EVO. darf sich nur auf ein der Gattung nach ganz genau bezeichnetes Gut beziehen und hat entweder nur das Fehlen der Verpackung oder nur dieselben regelmäßig wiederkehrenden Mängel der Verpackung unter Angabe ihrer Art zu bezeichnen. Die Annahmestellen haben in jedem Falle sorgfältig zu prüfen, ob Gattung und Verpackungsart des Gutes mit den Angaben der allgemeinen Erklärung übereinstimmen". Im übrigen gelten auch für die allgemeinen Erklärungen die oben Anm. 273 S. 273ff. mitgeteilten Vorschriften der Abs. 8 u. 10 des § 5 der Allg. AbfVorschr. in betreff der besonderen Erklärungen.

275) Abs. 3 Satz 1 verweist in betreff der Frage, inwieweit die Eisenbahn für den Schaden haftet, der infolge eines im Frachtbrief anerkannten oder äußerlich nicht erkennbaren Mangels der Verpackung entsteht, auf die §§ 86 u. 84 EVO., welche gleichlautend sind mit §§ 459 u. 456 HGB. Die Begr. (S. 109) bezeichnet es mit Recht als zweckmäßig, lediglich auf die maßgebenden §§ 86 u. 84 zu verweisen. Denn aus den Sondervorschriften des § 58 der alten EVO. konnte leicht auf Abweichungen von den §§ 86 u. 84 geschlossen werden, obwohl solche nicht beabsichtigt waren.

276) Es ist (Anm. 273) der Grundsatz erörtert worden, daß die Bahnverwaltung für äußerlich erkennbare Mängel der Verpackung, welche sie sich nicht durch Anerkenntnis des Absenders hat bescheinigen lassen, haftet, weil sie entweder die Annahme zu verweigern oder sich durch das Verlangen eines derartigen Anerkenntnisses von der Haftpflicht zu befreien berechtigt ist, und daß sie, indem sie von beiden Befugnissen keinen Gebrauch macht, der Vermutung Raum gibt, daß sie auf die Haftung des Absenders verzichte, und sich gewissermaßen in Verschulden setzt. Hiervon schafft Satz 2 des Abs. 3 eine Ausnahme, indem bestimmt ist, daß, obwohl die Ausstellung eines Anerkenntnisses nicht erfolgt ist, die Eisenbahn von der Haftpflicht befreit ist, „wenn der Absender arglistig handelt". Diese Bestimmung entspricht der allgemeinen Rechtsregel, wonach niemand aus einem arglistigen Verfahren einen Vorteil ziehen darf. Unter „arglistigem Verfahren" ist nur der dolus, die böse Absicht, zu verstehen, dagegen nicht bloße culpa (Verschulden), auch nicht culpa lata (grobes Verschulden). Die Befreiung der Bahn von der Haftpflicht im Falle der nicht erfolgten Bescheinigung äußerlich erkennbarer Mängel (Abs. 2) tritt aber nur in diesem einen Falle (des arglistigen Verfahrens) ein, wie die Worte: „so ist die Eisenbahn von der Haftpflicht nur dann befreit" aussprechen, in allen anderen Fällen ist bei nicht erfolgter Bescheinigung die Bahn haftpflichtig. Der Absender hat im Falle arglistiger Handlungsweise den Schaden an seinem Gute selbst zu tragen und kann von der Eisenbahn Schadensersatz aus Mängeln oder Fehlern der Verpackung nicht verlangen. Auch der Schadensanspruch des Empfängers gegen die Bahn ist bei Arglist des Absenders beseitigt. Er kann sich nur an diesen halten.

277) Die bisherige EVO. hat die beiden Fälle, daß durch mangelhafte oder fehlende Verpackung das Gut des Absenders oder dritte Personen und Güter beschädigt werden, völlig gleichgestellt und in ihrem § 58 Abs. 3 unterschiedslos bestimmt, daß für vom Absender anerkannte oder äußerlich nicht erkennbare Mängel der Verpackung der Absender zu haften und jeden daraus entstehenden Schaden zu tragen bzw. der Bahnverwaltung zu ersetzen hat. Diese Bestimmung war unklar. Denn die Art und Beschaffenheit der Verpackung kann zwar zum Schutze des Gutes des Absenders selbst gegen Verlust ꝛc. genügen (Abs. 1), nicht aber zur Sicherung dritter Personen und Güter. Die neue EVO. hat daher beide Fälle getrennt, um den Grundsatz klarer zum Ausdruck zu bringen, daß der Absender auch für Schäden haftet, die durch nicht genügende Verpackung Personen treffen oder an anderen Gütern oder an Betriebsmitteln entstehen (Begr.). Demgemäß ist zunächst durch Abs. 4 Satz 1 des § 62 bestimmt, daß die Verpackung „ferner" so beschaffen sein muß, daß das Gut bei ordnungsmäßiger Behandlung durch die Eisenbahn keinen Schaden verursachen kann. Es soll hiernach nicht eine Verpackung genügen, welche das Gut selbst schützt (Abs. 1), sondern — wie das Wort „ferner" erkennen läßt, muß die Beschaffenheit der Verpackung auch derartig sein, daß das Gut seinerseits bei ordnungsmäßiger Behandlung durch die Eisenbahn keinen Schaden verursachen kann. Ein solcher Schaden kann eintreten einerseits dadurch, daß infolge der nicht genügenden Verpackung die Leute, Betriebsmittel, Materialien, Magazine der Eisenbahn beschädigt, verletzt,

vernichtet (z. B. verbrannt, durch Geruch infiziert, verfettet, durchnäßt, mit Insekten behaftet 2c.) oder ihr Betrieb beeinträchtigt und verhindert werden, andererseits dadurch, daß sie nach der ihr gemäß §§ 84 ff. obliegenden Haftpflicht genötigt ist, dritten Personen — Bediensteten, Passagieren oder Versendern von Gütern — Schadensersatz zu leisten. Das Erfordernis, welches nach Abs. 4 die Schadensersatzpflicht des Absenders ausschließt, ist nicht dasselbe, wie das des Abs. 1. Zum Schutz gegen Beschädigung dritter Personen und Güter kann bezüglich der Verpackung des Gutes mehr oder anderes erforderlich sein, als zum Schutze gegen eigenen Schaden. Aber es ist ordnungsmäßige Behandlung des Gutes, d. h. die übliche und erfahrungsmäßige bzw. vorschriftsmäßige vorausgesetzt. Weist der Absender nach, daß nicht die Beschaffenheit der Verpackung, sondern die ordnungswidrige Behandlung des genügend verpackten Gutes den Schaden verursacht hat, so ist er nicht haftpflichtig. (Vgl. hierzu Senckpiehl, E. 26 350.)

278) Wie im Falle des Abs. 1 u. 2, so ist auch im Falle des Abs. 4 die Eisenbahn gemäß Satz 2 berechtigt, entweder die Annahme des nicht genügend verpackten und dadurch Dritten schadendrohenden Gutes abzulehnen oder zu verlangen, daß, wenn sie es trotzdem zur Beförderung nimmt, ein Anerkenntnis im Frachtbrief nach Maßgabe des Abs. 2 zu verlangen. Es wird hier auf die Erläuterungen zum Abs. 2 (Anm. 273 u. 274) verwiesen.

279) Satz 3 erklärt den Absender für den Schaden, der aus so bescheinigten oder aus äußerlich nicht erkennbaren Mängeln der Verpackung entsteht (s. S. 272), uneingeschränkt haftpflichtig. Für diese Haftpflicht gelten nicht analog die Normen der Eisenbahnhaftpflicht, sondern die allgemeinen Bestimmungen des BGB. über Schadensersatz. Festzuhalten ist aber hierbei, daß dem Absender diese Haft- bzw. Schadensersatzpflicht nur obliegt für den Schaden aus äußerlich erkennbaren Mängeln, welche auf dem Frachtbriefe anerkannt sind, und aus äußerlich nicht erkennbaren Mängeln der Verpackung. Die Haftpflicht der Eisenbahn hört also nicht etwa gänzlich auf, sondern bleibt für alle anderen Fälle gemäß §§ 84 fortbestehen. Satz 4, welcher im Falle nicht erfolgten Anerkenntnisses eines äußerlich erkennbaren Mangels der Verpackung den Absender nur dann haften läßt, wenn er arglistig handelt, entspricht der analogen Bestimmung des Abs. 3 Satz 2, auf deren Erläuterung in Anm. 276 Bezug genommen wird.

280) Die Bestimmung des Abs. 5, welche die Eisenbahn zu dem Verlangen berechtigt, daß kleine Stückgüter, deren Annahme und Verladung erhebliche Zeit in Anspruch nimmt, durch Verbindung oder Verpackung zu größeren Einheiten zusammengefaßt werden, ist neu und soll zur Beschleunigung der Abfertigung und zur Vermeidung von Unzuträglichkeiten dienen (Begr.). Über den Umfang dieser Einheiten wird in den lokalen Verpackungsvorschriften Bestimmung zu treffen sein, keinesfalls dürfen dieselben über das im Geschäftsverkehr übliche Maß hinausgehen oder sich mit diesem in Widerspruch setzen. Auch darf ein kleineres Quantum, wenn es die ganze Sendung bildet, nicht etwa zurückgewiesen werden. Allg. AbfVorschr. § 5 Ziff. 4.

281) Auch Abs. 6 gewährt den Eisenbahnen eine neue Befugnis, welche eine Ergänzung der im Abs. 2 A des § 54 vorgesehenen Befugnisse bildet. Es

handelt sich um an sich ungefährliche Artikel, die durch Geruch, Staubentwicklung ꝛc. lästig fallen oder leicht entzündlich sind (Stroh, Heu). Für derartige Artikel waren bezügliche Verpackungsvorschriften bisher uneinheitlich teils in den Tarifen, teils in der Verkehrsordnung vorgesehen. Es erschien aber im Verkehrsinteresse geboten, ein gleichmäßiges Verfahren herbeizuführen (Begr.). Daher wird durch Abs. 6 den Eisenbahnen gestattet, über die Verpackung und Verladung derartiger Güter mit Genehmigung der Landesaufsichtsbehörden nach Zustimmung des REA. durch den Tarif einheitliche Vorschriften zu treffen (§ 2 Abs. 3 Anm. 6, 7). Allg. AusfBest. III (S. 270).

282) Abs. 7 u. 8 des § 62 enthalten Bestimmungen über die Bezeichnung (Signierung) von Stückgütern (nicht aller Güter, denn Wagenladungsgüter bedürfen keiner äußeren Bezeichnung) und dienen dem Zwecke, die häufigen, insbesondere bei starkem Verkehre vorkommenden Verschleppungen zu verhindern. (Sped. u. Schiff. Ztg. XVII, Nr. 28.)

Nach Abs. 7 Satz 1 u. 2 sind Stückgüter haltbar, deutlich und in einer Verwechslungen ausschließenden Weise genau übereinstimmend mit den Angaben im Frachtbriefe zu bezeichnen (signieren). Diese Vorschrift ist obligatorisch (s. dagegen Abs. 8), so daß weder die Eisenbahnen, noch die Absender von derselben absehen dürfen (Allg. AusfBest. IV (S. 271). Allg. AbfVorschr. § 1 Ziff. 8—20 (Signierung der Stückgüter).

283) Satz 3 des Abs. 7 ist neu und konform mit § 31 Abs. 2 aufgenommen. Um Verwechslungen und Verschleppungen vorzubeugen, ist die Entfernung älterer Beförderungszeichen vorgeschrieben (Begr.). Es wird auf die Erläuterungen zu § 31 Abs. 2 Anm. 124 S. 119 Bezug genommen (Allg. AbfVorschr. § 1 Ziff. 17).

284) Abs. 8 gewährt der Eisenbahn das Recht, zu verlangen, daß Stückgüter vom Absender mit dem Namen der Bestimmungsstation dauerhaft bezeichnet werden, wenn es ihre Beschaffenheit ohne besondere Schwierigkeit zuläßt. Diese Vorschrift ist — im Gegensatz zu derjenigen des Abs. 7 — nur fakultativ; die Eisenbahn kann es vom Absender verlangen, aber sie braucht es nicht und ist dazu nicht verpflichtet. Wohl aber muß der Absender die Bezeichnung bewirken, wenn es die Eisenbahn verlangt (Thöl III 120, Schott 479, Endemann, R. d. E. 533). Diese Bestimmungen werden aber vorschriftsmäßig für alle Stückgüter durchgeführt, mit der Maßgabe, daß der Absender die Bezeichnung mit der Bestimmungsstation zwar unterlassen darf, ohne daß die Annahme des Gutes deshalb verweigert werden soll, daß aber alsdann die Bezeichnung von der Güterabfertigungsstelle der Annahmestation gegen Erhebung einer tarifarisch festgesetzten Gebühr ausgeführt wird, wenn die Beschaffenheit der Güter dies ohne besondere Schwierigkeiten gestattet. Bei den in den Seehafenplätzen zum Versande gelangenden Gütern besteht die Verpflichtung, die Güter mit der Bestimmungsstation zu bezeichnen, jedoch nicht, soweit nicht die besonderen Bestimmungen einzelner Bahnen dies vorschreiben (Allg. AusfBest. V zu § 62 EVO. s. S. 271, Allg. AbfVorschr. § 1 Ziff. 8 (Bezeichnung der Bestimmungsstation) Ziff. 14, 19, 20).

§ 63.

Annahme[285]).

(1) Die Eisenbahn ist nur insoweit verpflichtet, Güter zur Beförderung anzunehmen, als die Beförderung sofort erfolgen kann[286]). Wenn es notwendig wird, die Annahme von Sendungen allgemein oder für bestimmte Versandbezirke oder für bestimmte Arten von Gütern einzustellen, weil zwingende Gründe des Eisenbahnbetriebes oder das öffentliche Interesse die sofortige Beförderung nicht gestatten, so bedarf es der Genehmigung der Landesaufsichtsbehörde[287]).

(2) Die Güter müssen während der Dienststunden aufgeliefert werden, die von der Eisenbahn festzusetzen und durch Aushang bekannt zu machen sind[288]).

(3) An Sonn- und Festtagen braucht die Eisenbahn Frachtgut nicht anzunehmen; Eilgut anzunehmen ist sie verpflichtet, wenn seiner zoll- oder steueramtlichen Behandlung kein Hindernis entgegensteht[289]).

I. An Sonn- und Festtagen wird Frachtgut nicht angenommen.

(4) Wird die Annahme einer durch die Eisenbahn zu verladenden Sendung vom Absender dadurch verzögert, daß er nicht alle zum Frachtbriefe gehörenden Güter binnen 24 Stunden aufliefert oder daß er den wegen Unrichtigkeit oder Unvollständigkeit beanstandeten Frachtbrief nicht binnen 24 Stunden nach Beginn der Auflieferung berichtigt übergibt oder bei Freivermerk die vorauszuzahlenden Frachtbeträge und Gebühren nicht innerhalb derselben Frist begleicht, so kann die Eisenbahn für das eingelagerte Gut das tarifmäßige Lagergeld erheben[290]).

II. Zur Ansammlung von Wagenladungen oder zur vorübergehenden Niederlegung nach der Entladung kann die Lagerung von Gütern auf verfügbaren Plätzen der Bahnhöfe im Freien gestattet werden. In solchen Fällen wird statt des Lagergeldes Platzgeld erhoben.

Lagergeld und Platzgeld sind im Nebengebührentarif (Teil I Abteilung B) festgesetzt.

(5) Die Bereitstellung der Wagen für Güter, die der Absender zu verladen hat, muß unter Angabe des Gutes, des ungefähren Gewichts und der Bestimmungsstation für einen bestimmten Tag nachgesucht werden. Können die Wagen nicht bereitgehalten werden, so ist der Besteller, soweit tunlich, hiervon kostenfrei zu benachrichtigen[291]). Werden schriftlich zugesagte Wagen nicht rechtzeitig gestellt, so hat die Eisenbahn

die Kosten der vergeblich verursachten Auflieferung, mindestens aber den Betrag des Wagenstandgeldes, für einen Tag zu erstatten [292]. Wird ein Wagen erst nach der Bereitstellung, aber vor Ablauf der Beladefrist (Abs. (6)) wieder abbestellt, so hat der Besteller eine im Tarif festzusetzende Gebühr zu entrichten, die jedoch das Wagenstandgeld für einen Tag nicht übersteigen darf. Geschieht die Abbestellung erst nach Ablauf der Beladefrist, so ist das tarifmäßige Wagenstandgeld zu zahlen. Bei Bestellung eines Wagens kann die Eisenbahn eine Sicherheit in Höhe der bezeichneten Gebühr verlangen [293].

III. (1) Die Bestellung von Wagen ist in der Regel schriftlich an die Versandstation und, wenn dort eine besondere Güterabfertigungsstelle besteht, an diese zu richten, es sei denn, daß für Massengüter, wie Kohlen, Erze usw. die Annahme und Ausführung der Wagenbestellung anderen Dienststellen übertragen ist.

(2) Bei der Bestellung ist anzugeben, wie viel Wagen und ob bedeckte oder offene gewünscht werden.

Ferner ist die gewünschte Länge der Wagen zu bezeichnen.

IV. Die Gebühr für die Abbestellung von Wagen und das Wagenstandgeld sind in dem Nebengebührentarif (Teil I Abteilung B) festgesetzt.

(6) Die Verladung durch den Absender hat in der Regel während der Dienststunden zu erfolgen; sie muß innerhalb der von der Eisenbahn durch Aushang bekannt zu machenden Frist vollendet sein [294]. Wird die Frist überschritten oder wird der wegen Unrichtigkeit oder Unvollständigkeit beanstandete Frachtbrief nicht innerhalb der Ladefrist berichtigt übergeben oder werden bei Freivermerk die vorauszuzahlenden Frachtbeträge und Gebühren nicht innerhalb derselben Frist beglichen, so hat der Absender das tarifmäßige Wagenstandgeld zu zahlen [295]. Für Sonn- und Festtage ist Wagenstandgeld nur dann zu zahlen, wenn die Ladefrist schon am Tage vorher, nachmittags 2 Uhr abgelaufen ist. Folgen mehrere Sonn- und Festtage aufeinander, so ist nur für einen Tag Wagenstandgeld zu erheben [296]. Die Eisenbahn kann, wenn die Ladefrist um mehr als 24 Stunden überschritten wird, auf Kosten und Gefahr des Absenders das Gut ausladen und auf Lager nehmen oder einem Spediteur oder öffentlichen Lagerhaus übergeben [297].

(7) Der Lauf der Fristen in den Abs. (4) und (6) ruht an Sonn- und Festtagen sowie für die Dauer einer zoll- oder steueramtlichen oder

polizeilichen Abfertigung, soweit diese nicht durch den Absender verzögert wird [298]).

(8) Die Eisenbahn kann die Stückgüter innerhalb des Stationsortes oder von benachbarten Orten gegen eine durch Aushang bekannt zu machende Gebühr selbst anfahren oder Rollfuhrunternehmer dafür bestellen. Die hierbei verwendeten Personen gelten als Leute der Eisenbahn im Sinne des § 5. Die Rollfuhrleute haben ihren Gebührentarif bei sich zu tragen und auf Verlangen vorzuzeigen [299]).

(9) Den Absendern steht frei, von dieser Einrichtung Gebrauch zu machen oder die Güter selbst anzufahren oder sie durch andere Unternehmer anfahren zu lassen [300]).

(10) Für die Abfertigung von Gütern kann die Eisenbahn Güternebenstellen einrichten [301]).

(11) Die Eisenbahn kann im Tarife vorschreiben, daß das Überladen von Gütern, die auf der Versandstation von Schiffen unmittelbar auf die Eisenbahn übergehen sollen, gegen Zahlung der im Tarif oder durch Aushang bekannt zu machenden Gebühren von ihr selbst oder durch besondere Unternehmer ausgeführt wird. Die hierbei verwendeten Personen gelten als Leute der Eisenbahn im Sinne des § 5 [302]).

V. Ob das Überladen von Gütern von Schiffen auf die Eisenbahn von der Eisenbahnverwaltung oder durch Unternehmer ausgeführt wird, ist in den Tarifteilen II bestimmt.

Alte EVO. § 55, 56, 60, 68. HGB. § 453 Abs. 2. J.Ü. Art. 5 Abs. 2.

285) § 63 der EVO. trifft Bestimmung über die Annahme und Auflieferung des Gutes. Im allgemeinen sind hierfür folgende Grundsätze maßgebend: Zu den bereits an früherer Stelle erörterten Voraussetzungen der gesetzlichen Beförderungspflicht der Eisenbahnen gehört nach § 453 Abs. 1 Ziff. 4 HGB. und § 3 Abs. 1 Ziff. 3 EVO., daß „die Beförderung mit den regelmäßigen Beförderungsmitteln möglich ist" (s. Anm. 14 S. 13). Der Natur der Sache nach begreift die Beförderung nicht die vorangehende Aufbewahrung der Güter in sich, wenigstens nicht länger, als zur unmittelbaren Überführung auf die bereiten Beförderungsmittel erforderlich ist (s. § 64 Anm. 303). Daraus folgt, daß die Bahnen, welchen unter der vorerörterten Voraussetzung die Pflicht zur Eingehung von Frachtgeschäften obliegt, gesetzlich nicht verpflichtet sind, die Güter zu diesem Behufe eher anzunehmen, bis die Voraussetzung bzw. die Möglichkeit für die unmittelbare Ausführung der Beförderung der Güter vorliegt, d. h. wie § 453 Abs. 2 HGB. ausdrücklich ausspricht, „bis die Beförderung derselben sofort erfolgen kann". Inhalt und Wesen des Frachtvertrages erfordern es, daß der Absender das Gut dem Frachtführer zur Beförderung einhändigt, ausliefert, bevor letzterer zur Erfüllung des Frachtvertrages schreiten kann. Die Auflieferung des Gutes seitens des

Absenders zur Beförderung ist also die unbedingt erforderliche Vorleistung (Thöl III 23, Schott 395, Endemann, R. d. Eisenb. 547). Die Pflicht zur Auflieferung des Gutes liegt dem Absender nur ob, wenn ein Frachtvertrag abgeschlossen ist. Der Abschluß des Frachtvertrages ist mithin die Voraussetzung der Auflieferungspflicht des Absenders. Auflieferung ist derjenige Akt, durch welchen der Absender sich seines Gewahrsams an dem Gute mit ausdrücklicher oder stillschweigender Einwilligung des Frachtführers zum Zwecke der Beförderung entledigt. Geschieht dies nicht zur Beförderung, sondern, wenn diese nicht erfolgen kann, zur einstweiligen Verwahrung, so liegt eine Auflieferung in diesem Sinne nicht vor (EVO. § 64). Erst nachdem der Frachtführer vollständig in den Gewahrsam des ganzen, in dem Frachtvertrage bezeichneten Gutes gesetzt worden ist, ist die Auflieferung begrifflich als vollzogen zu betrachten. Das allmähliche Heranliefern der einzelnen Teile des Gutes (sukzessive Auflieferung) ist daher noch nicht Auflieferung im Rechtssinne. Der Absender ist verpflichtet, das Gut dem Frachtführer selbst oder den hierzu bestellten und legitimierten Organen (Leuten) desselben aufzuliefern. Die Auflieferung muß ferner am rechten Orte erfolgen. In der Regel ist dies das Domizil und Betriebslokal des Frachtführers, also bei der Eisenbahn der Güterbahnhof, das Gütermagazin und die Güterabfertigungsstelle. Es kann aber auch durch Spezialreglements 2c. bedungen sein, daß die Eisenbahn das Gut aus der Behausung 2c. des Absenders abzuholen hat (Thöl III 23, Schott 325). Sodann liegt es dem Absender ob, das Gut dem Frachtführer zur rechten Zeit aufzuliefern, d. h. zur usancemäßigen bzw. durch Reglement oder Vertrag bestimmten Zeit. Liefert der Absender das Gut vorzeitig oder zur Unzeit auf, so kann der Frachtführer die Annahme ablehnen oder für das vorzeitig angenommene Gut Lagergeld berechnen. Liefert der Absender das Gut verspätet auf, so kann er die Beförderung mit dem bereits abgehenden Transporte oder besondere Nachbeförderung nicht verlangen, sondern muß den nächsten regelmäßigen Transport abwarten. Überdies hat er dem Frachtführer den Schaden zu ersetzen, der diesem durch die Vorbereitung der Beförderung, Bereitstellung der Beförderungsmittel 2c. erwächst.

Die EVO. enthält im Anschluß an diese allgemeinen Rechtsgrundsätze im § 63 eine Reihe ergänzender Bestimmungen, welche sich auf Zeit und Ort der Annahme und Auflieferung und der damit in Verbindung stehenden Bereitstellung der Wagen, Verladung, Anfuhr usw. beziehen.

286) Dem vorerörterten Grundsatze, daß die Eisenbahn nicht verpflichtet ist, die Güter zur Beförderung eher anzunehmen, als bis die Voraussetzung bzw. die Möglichkeit für die unmittelbare Ausführung der Beförderung vorliegt, gibt wie § 453 Abs. 2 HGB. so übereinstimmend die EVO. im § 63 Abs. 1 in der Bestimmung Ausdruck: „Die Eisenbahn ist nur insoweit verpflichtet, die Güter zur Beförderung anzunehmen, als die Beförderung sofort erfolgen kann." Diese Bestimmung hat den Zweck, einer zu weitgehenden Auffassung des Begriffes der gesetzlichen Beförderungspflicht der Eisenbahnen vorzubeugen. Der Natur der Sache nach begreift die Beförderung nicht die vorangehende Aufbewahrung der Güter in sich, wenigstens nicht länger, als zur unmittelbaren Überführung auf die bereiten Beförderungsmittel erforderlich ist. Daraus

folgt, daß die Bahnen, welchen gemäß § 453 Abs. 1 HGB., § 3 EVO. (s. Anm. 14 S. 13) die Pflicht zur Eingehung von Frachtgeschäften obliegt, nicht verpflichtet sind, die Güter zu diesem Behufe eher anzunehmen, bis die Voraussetzungen bzw. die Möglichkeit für die unmittelbare Ausführung der Beförderung der Güter vorliegen. Sie darf dieselben bis dahin zurückweisen.

Im § 55 der bisherigen EVO. war diesem Satze (Abs. 1) zugleich zutreffend die Ausnahmebestimmung (Abs. 2) beigefügt, daß die Eisenbahn solche Güter, deren Beförderung nicht sofort erfolgen kann, verpflichtet ist, soweit die Räumlichkeiten es gestatten, in einstweilige Verwahrung zu nehmen. Im § 63 der neuen EVO. ist dagegen nur die Regel angeführt, dagegen die Ausnahme in den folgenden § 64 verwiesen. Diese Trennung erscheint jedoch nicht zweckmäßig, weil die Ausnahme unmittelbar zur Regel gehört. Zum mindesten hätte § 63 Abs. 1 einen Hinweis auf die Ausnahme des § 64 enthalten müssen.

287) Um Zweifel und Streitigkeiten darüber vorzubeugen, ob ein triftiger Grund für die Einstellung der Annahme von Gütern zur Beförderung vorliegt bzw. die Eisenbahn hierbei nicht willkürlich verfährt, ist einem praktischen Bedürfnis gemäß (Begr.) Satz 2 neu hinzugefügt, wonach es, wenn die Maßnahme der Einstellung der Annahme aus zwingenden Gründen des Eisenbahnbetriebes oder im öffentlichen Interesse notwendig wird, der Genehmigung der Landesaufsichtsbehörde bedarf. Diese Genehmigung ist erforderlich, gleichviel ob die Einstellung allgemein, d. h. ausnahmslos für alle Güter oder nur für bestimmte Versandbezirke oder für bestimmte Arten von Gütern (Stückgütern, Massenartikel ꝛc.) angeordnet werden soll. Die Zustimmung des REA. ist nicht vorgeschrieben. Wird die Einstellung ohne Genehmigung der Landesaufsichtsbehörde vorgenommen, so macht sich die Eisenbahn schadensersatzpflichtig (HGB. § 453 Abs. 4).

288) Abs. 2 bestimmt in betreff der Zeit der Auflieferung, daß die Güter während der Dienststunden aufgeliefert werden müssen, die von der Eisenbahn festzusetzen und durch Aushang bekannt zu machen sind. Damit ist der bereits oben (Anm. 285) generell erörterte Grundsatz ausgesprochen, daß der Empfänger vorleisten, d. h. die Güter durch die Auflieferung zur Beförderung offerieren müsse, bevor die Pflicht der Eisenbahn zur Beförderung beginnt. Allerdings ist nicht außer acht zu lassen, daß im Eisenbahnverkehre diese Vorleistung — im Gegensatze zum gewöhnlichen Frachtverkehre — außerhalb des Frachtvertrages liegt bzw. dem Abschlusse desselben vorangeht, da nach § 61 Abs. 1 EVO. der Frachtvertrag erst abgeschlossen ist, sobald die Abfertigungsstelle das Gut mit dem Frachtbriefe zur Beförderung angenommen hat. Es handelt sich also hier nicht um eine die Ausführung des Frachtvertrages betreffende Vorschrift, sondern um eine Weisung für den Empfänger, zu welchen Tageszeiten er Güter aufzuliefern hat, wenn er den Abschluß eines Frachtvertrages mit der Bahn herbeiführen will.

Es ist in Rücksicht auf die allgemeine und öffentlich rechtliche Beförderungspflicht der Eisenbahnen (§ 453 HGB., s. auch § 3 EVO.) die Ordnungsvorschrift erteilt, daß, wenn der Absender den Abschluß eines Vertrages nachsuchen will, er die Auflieferung der Güter in der verwaltungsseitig vorgeschriebenen Geschäftszeit, „in den Dienststunden, welche von der Eisenbahn festzusetzen sind", bewirken muß, mithin zu anderer Zeit die Annahme des Gutes zur Beförderung von der Bahn nicht verlangen darf. Dies ist aus dem Worte „müssen" zu entnehmen. Epstein (69, 70) bemerkt mit Recht, daß eine generelle Anordnung des Verwaltungsvorstandes (der Direktion 2c.) gemeint ist, welche nach einem möglichst gleichmäßigen Modus die Dienststunden zu bestimmen hat, damit dieselben nicht der beliebigen Festsetzung der einzelnen Stationsvorstände anheimgestellt sind.

Neu ist die Vorschrift, daß die festgesetzten Dienststunden durch Aushang bekannt zu machen sind. Diese Vorschrift war notwendig, da die bloße Festsetzung nicht genügt, jeder Interessent vielmehr ein Recht hat, von den festgesetzten Dienststunden Kenntnis zu erhalten, insbesondere auch dann, wenn eine Abänderung der einmal festgesetzten oder üblichen Dienststunden stattfindet. Die Bekanntmachung muß durch Aushang bei der Abfertigungsstelle erfolgen. Die Veröffentlichung in Zeitungen oder durch Zirkular 2c. reicht nicht hin und kann den Aushang nicht ersetzen.

Die Vorschrift des Abs. 2 bezieht sich uneingeschränkt auf alle Güter, welche „aufgeliefert werden". Dazu gehören auch diejenigen, welche die Bahn selbst oder durch die von ihr bestellten Rollführer anfahren läßt (vgl. Abs. 8), weil anderenfalls derartige Güter eine Begünstigung erfahren würden, welche sich mit § 453 HGB. und § 3 EVO. im Widerspruch befindet.

289) Abs. 3 unterscheidet in betreff der Annahme von Gütern an Sonn- und Festtagen zwischen „Frachtgut" und „Eilgut". Die bloße Bezeichnung „Frachtgut" im Gegensatz zu „Eilgut" ist ungenau, da auch Eilgut zum Frachtgut gehört und nach § 55 Abs. 1 zwischen „gewöhnlichem Frachtgut" und „Eilgut" zu unterscheiden ist. Gewöhnliches Frachtgut braucht die Eisenbahn nach Satz 1 an Sonn- und Festtagen nicht anzunehmen. Sie braucht es nicht, d. h. sie ist dazu nicht verpflichtet, es ist in ihr Ermessen gestellt. Will sie es aber tun, so darf sie es nicht etwa gunstweise einem oder mehreren Absendern gewähren, sondern muß es gleichmäßig und ausnahmslos allen Absendern zulassen und hierfür Dienststunden gemäß Abs. 2 festsetzen und bekannt machen. Unter „Festtagen" sind die gesetzlichen, nicht die kirchlichen zu verstehen (Eger II 233, 235, Endemann, R. d. E. 550), d. h. die als allgemeine bürgerliche Feiertage staatlich anerkannten Festtage; in Übereinstimmung mit § 366 Nr. 1 RStGB. (vgl. Oppenhoff, Komm. z. StGB. § 366 Anm. 1ff.).

Eilgut ist nach Satz 2 die Eisenbahn auch an Sonn- und Festtagen anzunehmen verpflichtet, jedoch nur unter der Voraussetzung, daß seiner zoll- oder steueramtlichen Behandlung kein Hindernis entgegensteht. Damit ist in Rücksicht auf den besonderen Zweck des Eilguts zugunsten des Publikums eine Ausnahme von der Regel gemacht, welche die Eisenbahn von der Pflicht der Annahme an Sonn- und Festtagen entbindet. Irgendeinen angemessenen Zeitraum für die Annahme 2c. von Eilgut an diesen Tagen muß jede Bahnverwaltung bestimmen und bekanntmachen (Abs. 2). Dagegen ist die Dauer der Zeit ihrem Ermessen anheimgestellt. „Eilgut" ist das vorzugsweise und schleunig zu befördernde und als solches im Frachtbriefe und durch denselben besonders zu deklarierende. Abs. 3 sagt ganz allgemein „Eilgut", begreift also ausnahmslos und ohne Einschränkung alle Kategorien von Eilgut. Nur darf kein Hindernis der Annahme in der zoll- oder steueramtlichen Behandlung vorliegen. Ist diese erforderlich, sind aber die betreffenden Dienststellen an Sonn- und Festtagen außer Tätigkeit, ihre Diensträume geschlossen, die Begleitpapiere 2c. nicht zu beschaffen 2c., so fällt die Annahmepflicht der Eisenbahn als zwecklos fort. Die Bekanntmachung der betreffenden Annahmestunden durch Aushang genügt (Abs. 2). Die bisherige Vorschrift der Bekanntmachung auch durch ein Lokalblatt ist fortgefallen, weil diese Annahmezeiten nur selten geändert werden (Begr.).

Über die Ablieferung der Güter an Sonn- und Festtagen s. § 76 Anm. 319.

290) Abs. 4 trifft über diejenigen Fälle Bestimmung, in welchen die Eisenbahn wegen Verzögerung der Annahme durch Schuld des Absenders Lagergeld zu erheben berechtigt ist. Es handelt sich hier nur um Sendungen bzw. Güter, welche von der Eisenbahn zu verladen sind, während bei Gütern, welche der Absender selbst zu verladen hat, unter gleichen Voraussetzungen, nicht Lagergeld, sondern Wagenstandgeld gemäß Abs. 6 Satz 2 zu entrichten ist.

a) Der erste Fall ist, daß der Absender nicht alle zum Frachtbriefe gehörigen Güter binnen 24 Stunden aufliefert. Ist die Verzögerung nicht vom Absender, sondern auf andere Weise, durch Zufall 2c. herbeigeführt, so darf ein Lagergeld nicht erhoben werden. Die Zeit wird a momento ad momentum berechnet, also einschließlich der Nachtstunden, wenn auch eine Auflieferung während dieser nicht möglich ist (Ruckdeschel 143). Dagegen werden Sonn- und Festtage, insoweit sie in die ersten 24 Stunden fallen, nicht mitgerechnet.

b) Der zweite Fall ist, daß der Absender den wegen Unrichtigkeit oder Umvollständigkeit beanstandeten Frachtbrief nicht binnen 24 Stunden nach Beginn der Auflieferung berichtigt übergibt. Die Vervollständigung und Berichtigung der Frachtbriefe ist strikte an die Frist von 24 Stunden, vom Beginn der Auflieferung an gerechnet, geknüpft. Alsdann tritt die Lagergeldpflicht ein und ist nicht von der weiteren Bedingung abhängig, daß bei den Bemühungen um Berichtigung 2c. der Frachtbriefe eine Verzögerung ersichtlich ist. Diese Frist ist vielmehr obligatorisch; sie beginnt nicht etwa mit dem Momente, wo die Güterabfertigungsstelle die Mangelhaftigkeit des Frachtbriefs moniert und denselben zurückweist, sondern gleichfalls mit dem Momente der Auflieferung. Dafür spricht der Wortlaut der Vorschrift. Auch würde anderenfalls der Absender, wenn er zunächst die 24-stündige Auflieferungsfrist für sich in Anspruch nimmt und sodann erst eine gleiche Frist für Richtigstellung 2c. des Frachtbriefes, die freie Lagerzeit über die Gebühr ausdehnen. Er ist also verpflichtet, innerhalb der ersten 24 Stunden sowohl für die vollständige Auflieferung des Gutes, als auch eventuell für die Richtigstellung des Frachtbriefes zu sorgen.

c) Der dritte Fall ist, daß der Absender bei Freivermerk die vorauszuzahlenden Frachtbeträge und Gebühren nicht innerhalb 24 Stunden nach Beginn der Auflieferung begleicht. Vgl. über Freivermerk (§ 69 Anm. 330). Auch hier beginnt die Frist strikte mit dem Zeitpunkt der Auflieferung. In dieser Frist müssen sämtliche Frankaturbeträge beglichen, d. h. gezahlt oder kreditiert sein (s. § 69 Anm. 331).

d) In den drei vorbezeichneten Fällen kann nach Verlauf von 24 Stunden die Eisenbahn für das eingelagerte Gut das tarifmäßige Lagergeld erheben. Nur für das eingelagerte Gut, sobald die Einlagerung aus irgendwelchen Gründen aufhört, z. B. wegen Zurücknahme des Gutes rc., fällt der Lagergeldanspruch fort. Die Eisenbahn kann Lagergeld erheben, aber sie braucht es nicht. Die Erhebung ist also in das Ermessen der Bahn gestellt, nur fakultativ, nicht obligatorisch. Die Lagergeldpflicht beginnt mit Ablauf der 24 Stunden. Sie dauert bis zur vollständigen Erledigung der Verzögerung, das Lagergeld muß tarifmäßig, d. h. im Tarif festgesetzt sein. Für die Erhebung des Lager- und Platzgeldes gelten die Bestimmungen des Nebengebührentarifs (Teil I Abt. B, s. Allg. AusfBest. II S. 278). Bis zur vollständigen Auflieferung des Gutes bzw. Berichtigung des Frachtbriefs, Begleichung der Frankaturbeträge und zur Abstempelung des Frachtbriefs haftet die Bahn für das aufgelieferte Gut nur als Verwahrer, nicht als Frachtführer (s. oben S. 262, 263 u. Ruckdeschel 143).

291) Abs. 5 handelt von der Bereitstellung der Wagen, die der Absender zu verladen hat, und zwar vom Inhalt der Bestellung, von der nicht rechtzeitigen Gestellung und der Abbestellung.

Satz 1 u. 2 des Abs. 5 betreffen die Bestellung der Wagen. Vgl. über das Verhältnis der Bahn zur Bestellung: Rundnagel 8, 9.

Nach Satz 1 muß die Bereitstellung unter Angabe des Gutes, des ungefähren Gewichts und der Bestimmungsstation für einen bestimmten Tag nachgesucht werden. Diese vier Angaben in dem Ersuchen sind obligatorisch. Fehlen dieselben ganz oder teilweise, so ist es zurückzuweisen bzw. nicht zu berücksichtigen. Insbesondere ist die Angabe eines bestimmten Tages erforderlich, für welchen die Bereitstellung erfolgen soll. Die Zeit, wie lange vorher die Nachsuchung seitens des Absenders um Gestellung von Wagen erfolgen muß, ist nicht bestimmt. Das Gesuch muß jedenfalls so zeitig eingehen, daß die Station bei Mangel eigenen Vorrats in der Lage ist, die Wagen beschaffen zu können. Auch bedingt das Nachsuchen von Wagen für einen bestimmten Tag durchaus nicht die Gewißheit der Gestellung. Diese ist erst dann gegeben, wenn die Gestellung der Wagen bahnseitig schriftlich zugesagt ist, s. Abs. 5 Satz 3, s. jedoch Satz 2. Vgl. Erl. d. Pr. Min. d. öff. Arb. v. 30. X. 1898 betr. Ladefristen für Güter, die vom Publikum zu ver- und entladen sind (EVBl. S. 271).

Über die Form der Bestellung ist in der EVO. nichts bestimmt; sie kann also an sich beliebig, schriftlich, mündlich, telephonisch, telegraphisch erfolgen. Ebenso ist nicht vorgeschrieben, bei welcher Dienststelle die Bestellung zu erfolgen hat.

Die Allg. AusfBest. III S. 279 schreiben als Regel die schriftliche Bestellung bei der Versandstation vor, ferner Angabe der Zahl, Art (ob bedeckte oder offene) und der Länge der Wagen.

Die Allg. AbfVorschr. § 3 enthalten über die Bestellung und Überweisung der Wagen ergänzende ausführliche Bestimmungen.

Satz 2 verpflichtet die Eisenbahn, wenn Wagen auf Bestellung (Satz 1) nicht bereitgehalten werden können, den Besteller, soweit tunlich, hiervon kostenfrei zu benachrichtigen. Diese Bestimmung ist neu im Interesse des Publikums und der Billigkeit entsprechend (Begr.) eingefügt worden, damit der Besteller nicht etwa aus dem Mangel einer Benachrichtigung schließt, daß die Bereitstellung erfolgt sei, und anderweite Disposition über sein Gut treffen kann. Freilich verschaffen die Worte „soweit tunlich", dem Besteller keine unbedingte Gewißheit. Und einen Entschädigungsanspruch hat er nur dann, wenn die Benachrichtigung ohne triftigen Grund unterblieben ist oder der Fall des Satzes 3 vorliegt (Anm. 292). Die Form der Benachrichtigung steht der Eisenbahn frei, jedenfalls muß sie kostenfrei sein.

292) Satz 3 des Abs. 5 macht die Eisenbahn ersatzpflichtig, wenn sie dem Besteller schriftlich zugesagte Wagen nicht rechtzeitig stellt. Die Ersatzpflicht der Bahn für diesen Fall folgt allerdings schon aus dem Bestellungsvertrage bzw. aus der festen Zusage, die Bestellung zu effektuieren. Nichtsdestoweniger hat sich die ausdrückliche Aufnahme der Vorschrift zur Vermeidung aller Zweifel empfohlen. Voraussetzungen der Entschädigungspflicht der Bahn sind, 1. daß sie die Wagen schriftlich zugesagt, 2. daß sie dieselben nicht rechtzeitig gestellt hat.

Ad 1 genügt also nicht die bloß allgemein gehaltene Äußerung oder Zusicherung irgendeines Bahnbediensteten, es werde tunlichst für die Bereitstellung der gewünschten Wagen gesorgt werden 2c. Die Worte „schriftlich zugesagt" bedeuten vielmehr, daß das bestimmte und ausdrückliche Versprechen des hierzu kompetenten Organs, die Wagen würden zur erforderten Zeit gestellt werden, vorausgesetzt ist. Um Differenzen hierüber möglichst zu beseitigen, sind die bisherigen Worte „fest zugesagt" in „schriftlich zugesagt" abgeändert worden (ROHG. 8 204, 7 192). Der Einwand, daß das Erfordernis der Schriftlichkeit nicht zulässig sei, weil bei Handelsgeschäften die Gültigkeit nicht von der schriftlichen Abfassung abhänge, wurde von den bayerischen Gerichten für unbegründet erklärt, da Art. 317 A.HGB. niemanden zwingen will, nur mündliche Verträge zu vereinbaren, die Parteien vielmehr auf Anwendung dieser Bestimmung verzichten können (Ruckdeschel 144). Dies gilt auch für das HGB. bzw. das BGB.

Ad 2 sind die Wagen dann als „nicht rechtzeitig gestellt" zu erachten, wenn ihre Stellung nicht an dem Tage bzw. zu der Stunde, zu dem Zuge 2c. erfolgte, zu welchem sie fest zugesagt waren. Zur „Stellung" gehört nicht bloß, daß die Wagen auf dem betreffenden Bahnhofe angelangt, sondern auch, daß sie für den Besteller laderecht gestellt sind. Vgl. Allg. Abf.-Vorschr. § 3 Ziff. 11—15.

Sind die beiden Voraussetzungen vorhanden, so ist die Bahn verpflichtet, den Besteller der Wagen zu entschädigen. Die Entschädigung besteht in der Erstattung der Kosten der vergeblich versuchten Auflieferung, welche der Besteller nachzuweisen hat, d. h. bei eigenem Fuhrwerk Versäumniskosten, Löhne für die Wagenführer, Arbeiter, Chausseegelder 2c., bei gemietetem Fuhrwerk Mietsbeträge 2c. Den Mindestbetrag der Entschädigung bildet der Betrag des Wagenstandgeldes für einen Tag. Begnügt sich der Besteller mit diesem, so braucht er seine Unkosten nicht nachzuweisen. Neben denselben darf nicht noch ein weiterer Ersatzanspruch erhoben werden, also nicht für entgangenen Geschäftsgewinn, Beschädigung und Verderb der Güter rc. Fraglich könnte nur sein, ob die Bahn auch dann haftpflichtig ist, wenn sie nachweist, der Besteller sei zur Zeit des Eintritts der Säumnis auch seinerseits nicht zur Beladung fertig und imstande gewesen. Man wird aber diese Frage bejahen müssen. Der Besteller hat ein Recht auf die rechtzeitige Stellung der Wagen, gleichviel ob er sofort verladen konnte oder wollte. Wie und wann er die Verladung bewirken will, hat die Bahn nicht zu kontrollieren, sofern es nur in der vorgeschriebenen Frist geschieht.

Mit Recht führt Rundnagel (8, 9) aus, daß die Wagenbestellung und Zusage kein Vorvertrag des Frachtvertrages ist und weder die Eisenbahn noch den Besteller zum Abschluß eines solchen verpflichtet, vielmehr nur die Bestellung und die Gestellung der Wagen zum Gegenstande hat, daher besteht bis zum Abschluß des Frachtvertrages eine frachtvertragliche Haftung der Eisenbahn nicht.

298) Satz 4, 5 u. 6 des Abs. 5 haben die Abbestellung der bestellten Wagen (Satz 1) zum Gegenstande. 1. Erfolgt die Abbestellung noch vor der Bereitstellung, so hat der Besteller eine Entschädigung an die Bahn nicht zu leisten. 2. Geschieht aber die Abbestellung erst nach der Bereitstellung, aber vor Ablauf der Beladefrist (Abs. 6), so besteht nach Satz 4 die Entschädigung der Bahn in einer im Tarif festzusetzenden Gebühr, die jedoch das Wagenstandgeld für einen Tag nicht übersteigen darf. Die Gebühr muß also in diesem Fall im Tarif festgesetzt sein, und ihren Höchstbetrag bildet das Wagenstandgeld für einen Tag. 3. Tritt endlich die Abbestellung erst nach Ablauf der Beladefrist (Abs. 6) ein, so hat der Besteller gemäß Satz 5 das tarifmäßige Wagenstandgeld zu entrichten, d. h. für die ganze Zeit bis zur Abbestellung ohne eine Grenze in bezug auf die Höhe des Betrages oder die Zeitdauer. Die Sätze 4 u. 5 sind neu aufgenommen worden, weil es bei Wagenmangel nicht selten vorgekommen ist, daß die Bestellung über den wirklichen Bedarf hinausging. Hiergegen soll die Gebühr Schutz gewähren (Begr. 110). Vgl. Allg. AbfVorschr. § 3 Ziff. 20.

Um der Bahn eine Sicherheit für die Zahlung dieser Entschädigungen zu ermöglichen, gibt ihr Satz 6 das Recht, eine Sicherheit in Höhe der bezeichneten Gebühr (Satz 4, 5) zu verlangen. Diese Höhe der Sicherheit ist in Rücksicht auf die der Bahn zustehende Abladebefugnis ausreichend (Anm. 297). Das Sicherungsmittel der Kaution ist hier der Bahn ausnahmsweise gestattet, weil sie bei Bestellung der Wagen vorleisten muß und nicht, wie in allen anderen Fällen, zur Sicherung für etwaige Forderungen das Gut bereits ganz oder teilweise in Händen hat. Benutzt also der Besteller die bestellten Wagen nicht, so würde die Bahn anderenfalls eine Deckung für ihre Ersatzbzw. Strafforderung nicht besitzen. Die Kautionsforderung ist gleichfalls durch die Worte „kann verlangen“ in das Ermessen der Bahn gestellt und wird in der Regel wohl nur dann erhoben werden, wenn der Besteller der Verwaltung (den Abfertigungsstellen bzw. Stationsvorständen) nicht die erforderliche Sicherheit für die eventuelle Erlegung des Standgeldes bietet (Rudbeschel 144).

Hierzu bestimmen die Allg. AbfVorschr. § 3 Ziff. 19: Eine Sicherheitsstellung für bestellte Wagen (§ 63 Abs. (5) EVO.) hat in der Regel nicht stattzufinden. Wenn jedoch ein Besteller verfallenes Wagenstandgeld zu zahlen sich weigert, so braucht seinen künftigen Bestellungen erst Folge gegeben zu werden, nachdem er für jeden bestellten Wagen die im Nebengebührentarif festgesetzte Gebühr für Abbestellung von Wagen als Sicherheit hinterlegt hat. Ist die Beladung rechtzeitig erfolgt, so ist der hinterlegte Betrag zurückzuzahlen oder auf die Fracht anzurechnen; er verfällt, wenn die gestellten Wagen nicht beladen werden.

294) Abs. 6 enthält die Vorschriften über die Verladung durch den Absender und stellt an die Spitze in Satz 1 zwei Vorschriften:

1. Die Verladung durch den Absender hat in der Regel während der Dienststunden zu erfolgen Es kann hier auf die konforme Bestimmung des Abs. 2 (Anm. 288) verwiesen werden, insbesondere in betreff der Festsetzung und Bekanntmachung der Dienststunden. Nur ist durch die Worte „in der Regel" die Möglichkeit offen gelassen, in Ausnahmefällen die Verladung auch außerhalb der Dienststunden zu bewirken. Freilich wird dies der Genehmigung der zuständigen Dienststelle bedürfen.

2. Die Verladung muß innerhalb der von der Eisenbahn durch Aushang bekannt zu machenden Frist vollendet sein. Die bisherige Vorschrift, daß diese Frist auch in einem Lokalblatt bekannt zu machen ist, ist fortgefallen, weil nach den gemachten Erfahrungen der Aushang genügt (Begr. 110). Die Frist kann nach dem Ermessen der Eisenbahn bestimmt werden. Um aber der Willkür und einer das Publikum beschwerenden Ungleichmäßigkeit vorzubeugen, bestimmt Satz 1 die öffentliche Bekanntmachung durch Aushang. Es ist hierdurch zwar nicht ausgeschlossen, daß je dem Bedürfnis und Stand des Wagenparks (Wagenmangel — Wagenüberfluß) entsprechend die Frist verringert oder verlängert werden darf. Aber durch das Erfordernis der Publikation dieser Frist sind die Absender einerseits gegen eine ungleichmäßige Behandlung, andererseits gegen zu häufige und ungerechtfertigte Abänderungen geschützt. Von der Genehmigung der Aufsichtsbehörde ist die Festsetzung bzw. Abänderung der Frist nicht abhängig, auch bestimmt Abs. 6 eine Minimalfrist nicht. Indes bildet der Natur der Sache nach derjenige Zeitraum die Minimalgrenze, in welchem es vernünftigerweise überhaupt möglich ist, die Verladung eines Wagens zu bewirken. Weist also der Absender nach, daß die Eisenbahn unter diese Frist herabgegangen ist, so wird er sich mit Erfolg gegen die Forderung eines Wagenstandgeldes (s. Satz 2 Anm. 195) schützen können.

Hierzu verordnen die Allg. AbfVorschr. § 4 Ziff. 1:

Die für die Verladung festgesetzte Frist ist durch Aushang bei den Abfertigungsstellen bekannt zu machen. Sie beginnt mit dem Zeitpunkt, von dem an der Wagen zur Verfügung des Bestellers steht, und ist gewahrt, wenn die Ladung innerhalb der Frist in ordnungsmäßigem Zustande mit vollständigem und vorschriftsmäßigem Frachtbriefe der Abfertigung übergeben ist.

Wegen des bei Überschreitung der Frist zu erhebenden Wagenstandgeldes, wegen des Ruhens des Fristenlaufes an Sonn- und Festtagen sowie für die Dauer einer zoll-, steueramtlichen oder polizeilichen Abfertigung vgl. § 63 Abs. 6 u. 7 EVO. Wegen des Wagenstandgeldes für Privatwagen wird auf die Kundmachung 8 verwiesen.

S. noch Pr.-hess. ZusBest. I u. II.

295) Satz 2 des Abs. 6 führt diejenigen Fälle auf, in welchen der Absender infolge Nichteinhaltung der Ladefrist (Satz 1) bei der Selbstverladung zur Zahlung des tarifmäßigen Wagenstandgeldes an die Eisenbahn verpflichtet ist.

a) Der erste Fall ist, daß er die im Satz 1 bestimmte Ladefrist überschreitet, d. h. die von ihm zu verladenden Güter nicht innerhalb dieser Frist verladet.

Die erste Voraussetzung ist hierbei die Bestellung von Eisenbahnwagen zur Beförderung von Gütern, deren Verladung der Absender zu besorgen hat. Für die Verzögerung in der Auflieferung nicht bestellter Wagen kann hiernach ein derartiges Standgeld nicht erhoben werden, sondern nur ein Lagergeld in Gemäßheit des § 63 Abs. 4, wenn die Auflieferung 24 Stunden überschreitet. Desgleichen nicht, wenn zwar der Absender die Wagen bestellt, aber die Bahn die Verladung zu bewirken hat, weil hierbei der Natur der Sache nach dem Versender eine Verzögerung in der Verladung ꝛc. nicht zur Last gelegt werden kann. Wohl aber, wenn sich der Absender zur Verladung der Leute der Eisenbahn für eigene Rechnung bedient.

Die zweite Voraussetzung ist die Verzögerung der ordnungsmäßigen Verladung in der vorgeschriebenen Frist. Zwar enthält Abs. 6 Satz 2 nicht — wie § 60 Ziff. 2 des alten Regl. — das Wort „ordnungsmäßig". Aber es liegt in der Natur der Sache, daß die Verladung eine ordnungsmäßige sein muß. Die bloße Verladung in dieser Frist genügt also nicht. Sie muß „ordnungsmäßig" bewirkt sein, wofür — abgesehen von den Vorschriften der EVO. (vgl. S. 278 ff.) — auch die besonderen Bestimmungen des deutschen Verkehrsverbandes, der einzelnen Verbände und Verwaltungen (z. B. bei Holz, Spiritus, Wolle ꝛc.) maßgebend sind. Als Verzögerung ist es daher auch anzusehen, wenn die Abfertigungsstelle infolge der nicht ordnungsmäßigen und vorschriftswidrigen Verladung eine mit Zeitverlusten verknüpfte Umladung des Gutes bewirken muß.

Treffen diese beiden Voraussetzungen zu, so hat der Absender das nach den Bestimmungen des Nebengebührentarifs (Teil I Abt. B) zu erhebende Wagenstandgeld zu zahlen. Ein weiterer Ersatzanspruch als das Wagenstandgeld steht der Bahn nicht zu. „Wagenstandgeld, welches bis zum Abgang des Zuges nicht entrichtet wurde, ist auf das Gut nachzunehmen. Ist dies unterblieben und verweigert der Absender die nachträgliche Zahlung des Wagenstandgeldes, so ist der vorgesetzten Verwaltungsstelle Anzeige zu erstatten" (Allg. AbfVorschr. § 4 Ziff. 2).

b) Der zweite Fall ist, daß der Absender den wegen Unrichtigkeit oder Unvollständigkeit beanstandeten Frachtbrief nicht innerhalb der Ladefrist berichtigt übergibt. Es gilt hier das in Anm. 290 b (S. 284) Gesagte.

Vgl. über die Unvollständigkeit und Unrichtigkeit der Frachtbriefe § 57 Anm. 240 ff. S. 236 ff. Die Vervollständigung und Berichtigung der Frachtbriefe ist streng an die festgesetzte Ladefrist (s. Abs. 4 Anm. 290 S. 284) geknüpft. Alsdann tritt die Wagenstandgeldpflicht ein und ist nicht von der weiteren Bedingung abhängig, daß bei den Bemühungen um Berichtigung rc. der Frachtbriefe eine Verzögerung ersichtlich ist. Diese Frist ist vielmehr obligatorisch. Nach ihrem Ablaufe (Satz 1 Anm. 294 S. 288) ist das nach dem Nebengebührentarife zu erhebende Wagenstandgeld zu bezahlen.

c) Der dritte Fall ist, daß der Absender bei Freivermerk die vorauszuzahlenden Frachtbeträge und Gebühren nicht innerhalb der Ladefrist (Satz 1) begleicht. Es gilt hier das in Anm. 290 c Gesagte.

d) Wie im Falle a), ist auch in den Fällen b) und c) der Absender nach Ablauf der Ladefrist verpflichtet, das tarifmäßige Wagenstandgeld zu zahlen. Vgl. über die Zahlung S. 289. Die Verpflichtung beginnt mit Ablauf der Ladefrist und dauert so lange, bis die Anstände beseitigt sind. Die Eisenbahn kann aus Billigkeits- oder anderen Gründen von der Erhebung des Wagenstandgeldes ganz oder teilweise absehen. Bis zur Abstempelung des Frachtbriefes haftet sie nur als Verwahrer, nicht als Frachtführer (s. oben S. 285).

296) Satz 3 und 4 beschränken in betreff der Ladefrist die Erhebung des Wagenstandgeldes für Sonn- und Festtage. Bisher wurden nach Ablauf der Ladefrist Sonn- und Festtage bei der Berechnung von Wagenstandgeld voll eingerechnet. Satz 3 verfügt den Fortfall desselben für Sonn- und Festtage, wenn die Ladefrist erst nach mittags 12 Uhr am Tage (Werktage) vorher abgelaufen ist. Nur wenn die Ladefrist schon um 12 Uhr abgelaufen ist, ist auch für die darauf folgenden Sonn- und Festtage das Wagenstandgeld zu entrichten. Aber auch wenn es für Sonn- und Festtage zu zahlen ist, soll nach Satz 4 die Zahlung sich nur auf einen Tag erstrecken, wenn mehrere Sonn- und Festtage aufeinander folgen. Diese Beschränkung trägt nach der Begründung einem dringenden Wunsche der Interessenten Rechnung (s. konform betr. der Entladefrist § 80 Abs. 6 Anm. 421).

297) Satz 5 gewährt ferner im Falle der Überschreitung der Ladefrist um mehr als 24 Stunden der Eisenbahn die Berechtigung, nach Ablauf dieser Zeit auf Kosten und Gefahr des Absenders das Gut auszuladen und auf Lager zu nehmen oder einem Spediteur oder öffentlichen Lagerhaus zu übergeben. Die Ausübung dieser Befugnisse hängt von dem Ermessen der Eisenbahn ab (Schott 396, Endemann 551). Sie kann also den bestellten Wagen beliebig über die vorgeschriebene Frist hinaus zur Verfügung des Bestellers stehen und es bei Erhebung der entsprechenden Standgelder bewenden lassen. Will oder kann sie dies aber im Interesse des Wagenverkehrs, anderweiter Bestellungen rc. nicht, so darf sie den Wagen nach Ablauf der Beladungsfrist der Verfügung des Bestellers entziehen. Hatte die Verladung noch nicht begonnen, ist also der bestellte Wagen noch leer, so ist diese Entziehung sehr einfach durch anderweite Verwendung desselben bewirkt. Ist der Wagen aber schon ganz oder teilweise beladen, so bedarf es hierzu weitergehender Maßregeln, nämlich der Entladung und Lagerung des verladenen Gutes. Da ein Frachtvertragsverhältnis in der Regel noch nicht besteht (§ 61 Abs. 1), so

bestimmt die EVO. alsbald zur Vermeidung von Streitigkeiten, daß die Folgen dieser durch Schuld des Bestellers erforderlichen Maßregeln der letztere zu tragen hat. Sowohl die Ausladung wie die Lagerung des Gutes erfolgt auf Kosten und Gefahr des Absenders, gleichviel ob ein Frachtvertrag bereits abgeschlossen ist oder nicht. Beides soll nicht nur auf Kosten („gegen ein Lagergeld"), sondern auch auf Gefahr des Absenders erfolgen. Demungeachtet können aber die Worte „auf Gefahr" keineswegs dahin verstanden werden, daß die Bahn nunmehr für das Entladene überhaupt nicht mehr verantwortlich sei und sich darum nicht weiter zu kümmern brauche. Vielmehr besteht ein Verwahrungsvertrag, und die Bahn hat die Pflichten eines Verwahrers. Will oder kann sie dieselben nicht selbst ausüben, z. B. aus Mangel geeigneter Lagerräume, so muß sie mit dem Entladenen in Gemäßheit des § 81 Abs. 3 verfahren, wozu sie durch Satz 5 ausdrücklich für berechtigt erklärt wird. Alsdann wird sie, wenn sie die Überführung in ein öffentliches Lagerhaus oder an einen bewährten Spediteur mit der Sorgfalt eines ordentlichen Frachtführers bewirkt hat, von jeder weiteren Verantwortung frei.

„Von der im § 63 Abs. 6 EVO. der Eisenbahn eingeräumten Befugnis, das Gut nach Überschreitung der Ladefrist um mehr als 24 Stunden auf Kosten und Gefahr des Absenders auszuladen und auf Lager zu nehmen oder zu geben, ist nur bei anderweitigem dringenden Bedarf an Wagen der in Betracht kommenden Gattung oder dann Gebrauch zu machen, wenn der Absender trotz ausdrücklicher Aufforderung nicht innerhalb der von der Abfertigungsstelle gestellten Frist die ordnungsmäßige Aufgabe des Gutes vollzieht. In diesem Fall ist außer dem Wagenstandgeld für die Lagerung des Gutes auf dem Güterboden oder im Freien das tarifmäßige Lager- oder Platzgeld und für das Abladen die tarifmäßige Abladegebühr zu erheben" (Allg. Abf.-Vorschr. § 4 Ziff. 3) s. Pr.-Hess. ZusBest. IV.

298) Die Bestimmung des Abs. 7, wonach der Lauf der in den Abs. 4 und 6 vorgesehenen Auflieferungs- und Verladungsfristen, sowohl an Sonn- und Festtagen, wie auch für die Dauer einer zoll- oder steueramtlichen oder polizeilichen Abfertigung ruht, soweit diese nicht durch den Absender verzögert wird, entspricht der Billigkeit und ist nach Analogie des § 80 Abs. 4 EVO. zugunsten des Absenders hier hinzugefügt, um eine fühlbar gewordene Lücke auszugleichen.

Es tritt nur ein Ruhen des Fristenlaufes ein, d. h. der Lauf wird nicht vollständig und derartig unterbrochen, daß etwa die ganze Frist nach dem Sonn- und Festtage 2c. von neuem zu laufen beginnt, sondern nur so, daß die Zeit vorher und nachher zusammengerechnet wird und die dazwischenfallenden Sonn- und Festtage hierbei unberücksichtigt bleiben. Über den Begriff der Sonn- und Festtage s. § 63 Abs. 3 Anm. 289 S. 283. Daß der Absender die zoll- oder steueramtliche oder polizeiliche Abfertigung verzögert habe, wird nicht vermutet, muß also von der Eisenbahn einwandsweise behauptet und bewiesen werden. Die bisherige Vorschrift, daß dem Absender der Nachweis der Dauer der Abfertigung obliegt, ist als schwer erfüllbar weggelassen (Begr.). Er ist zu diesem Nachweise nicht mehr verpflichtet.

299) Abs. 8 regelt die Einrichtung der Anfuhr von Stückgütern durch die Eisenbahn selbst oder von ihr bestellte Rollfuhrunternehmer (konform der Zufuhr: § 78) und faßt im wesentlichen die Bestimmungen des bisherigen § 56 Abs. 1 Satz 4, § 60 Abs. 3 und § 68 Abs. 3 hier zusammen. Abs. 8 — in Verbindung mit Abs. 9 des § 63 — hat den Zweck, die Einrichtung der Güteranfuhr, ebenso wie § 78 die Einrichtung der Güterzufuhr, sowohl durch die Eisenbahn selbst, wie durch von ihr bestellte Rollfuhrunternehmer, welche sich namentlich in größeren Städten und bei entfernt vom Stationsort belegenen Bahnhöfen als dringendes Verkehrsbedürfnis herausgestellt und entwickelt hatte, bestimmten Regeln zu unterwerfen und dadurch die Unsicherheit, welche hinsichtlich der Befugnis der Verwaltungen zur Selbstanfuhr sowie zur Bestellung derartiger Rollfuhrunternehmer und ihrer rechtlichen Stellung zur Verwaltung und zum Publikum bestand, zu beseitigen.

Satz 1 verleiht der Eisenbahn in betreff der Güteranfuhr eine zweifache Berechtigung, sie kann dieselbe entweder selbst bewirken oder Rollfuhrunterunternehmer dafür bestellen. Im Vergleich mit den bisherigen Bestimmungen (§ 68 Abs. 3 alte EBO.) ist diese Befugnis insofern erheblich erweitert, als sie nach diesen nur in der Ermächtigung zur Bestellung von Rollfuhrunternehmern bestand, während sie nunmehr auf die Eisenbahn selbst ausgedehnt ist. Andererseits hat die Befugnis eine wesentliche Beschränkung erfahren, indem sie nur für Stückgüter gegeben ist, während sie bisher ausnahmslos und ganz allgemein für Güter aller Art, mithin auch für Wagenladungsgüter, bestand. Es ist auffallend, daß die Begründung des Entwurfes (S. 110) diese beiden wichtigen Änderungen nicht erwähnt und den Abs. 8 lediglich als eine Zusammenfassung der in den § 56 Abs. 1 letzter Satz, § 60 Abs. 3 und § 68 Abs. 3 der bisherigen EBO. zerstreuten Vorschriften über die Anfuhr der Güter bezeichnet. Für Wagenladungsgüter besteht hiernach die Anfuhrbefugnis nicht mehr und darf auch auf Rollfuhrunternehmer nicht übertragen werden.

Die Einrichtung ist an sich an eine Genehmigung der Aufsichtsbehörde nicht gebunden, sondern lediglich von dem Ermessen der Verwaltung abhängig, kann daher auch jederzeit von dieser aufgehoben bzw. wieder eingeführt werden. Es ist nur eine Befugnis, nicht eine Pflicht der Eisenbahn, sie kann diese Veranstaltung treffen, aber sie braucht und muß es nicht und kann hierzu nicht gezwungen werden. Auch schließt diese Befugnis der Bahn das Recht des Absenders nicht aus, die Anfuhr selbst zu besorgen (§ 63 Abs. 9).

Die Befugnis ist aber örtlich beschränkt auf die Anfuhr „innerhalb des Stationsortes oder von benachbarten Orten". Sie erstreckt sich also nicht auf beliebige Entfernungen und Orte, wenngleich die Worte „Stationsort" und „benachbarte Orte" einen gewissen Spielraum lassen. „Stationsort" begreift wohl im allgemeinen den kommunalen Bezirk, zu welchem die Station (Haltestelle ꝛc.) gehört. Indes wird bei der häufig aus technischen Gründen vom eigentlichen Verkehrszentrum entfernten Lage der Bahnhöfe die genaue Bestimmung der Grenzen dem Ermessen der Bahnverwaltung anheimgestellt bleiben müssen, desgleichen auch die der „benachbarten Ortschaften" (vgl. § 468

HGB., § 78 Abs. 1, § 85 Abs. 2 EVO.). Es sind darunter nicht bloß die unmittelbar angrenzenden, sondern auch andere, in der Nähe des Stationsortes im einem nahen Umkreise belegene Orte gemeint.

Das REA. empfiehlt den Bahnen zur Bequemlichkeit des Publikums überall dort, wo Rollfuhren eingerichtet sind, und solche auch die Anfuhr (aus der Behausung der Absender nach den Bahnhöfen) bewirken, durch periodische Bekanntmachungen oder kurze Notizen in den Lokalblättern auf die Art und Weise, wie Eisenbahnversandgüter zur Abholung aus der Behausung der Absender anzumelden sind, hinzuweisen (Erl. des REA. vom 22. XII. 1874 Nr. 7951).

Die Eisenbahn ist berechtigt, für die Anfuhr eine Gebühr festzusetzen, und zwar sowohl für die Selbstzuführung, wie auch für die Zuführung durch Rollfuhrunternehmer, welche durch Aushang (s. Anm. 188) bekannt zu machen ist. In betreff dieser Gebühr ist also ausnahmsweise die Bekanntmachung durch Aushang (bei der Abfertigungsstelle) der Aufnahme in den Tarif gleichgestellt.

Satz 2 bestimmt, daß die hierbei sc. bei der Anfuhr verwendeten Personen als Leute der Eisenbahn im Sinne des § 5 „gelten", und bezweckt mit dieser Bestimmung die Haftpflicht der Eisenbahn sowie der von ihr bestellten Rollfuhrunternehmer nach Maßgabe der eisenbahnfrachtrechtlichen Bestimmungen zu regeln. Indes ist die fragliche Bestimmung hierzu nicht geeignet.

Soweit es sich um die Selbstanfuhr der Eisenbahn handelt, kommt in Betracht, daß die Eisenbahn einen Eisenbahnfrachtvertrag nach Maßgabe des § 61 Abs. 1 u. 2 erst durch die Abfertigungsstelle und auf dem Versandbahnhofe abschließen kann. Übernimmt also die Eisenbahn das Selbstanfahren der Güter aus der Behausung oder den Geschäftsräumen des Absenders (§ 63 Abs. 8), so können auf diese Beförderung, welche vor Abschluß des Eisenbahnfrachtvertrages geschieht, die eisenbahnfrachtrechtlichen Bestimmungen (§§ 453ff.) keine Anwendung finden, sondern nur die des gewöhnlichen Frachtgeschäfts (§§ 425ff.) Platz greifen. Mithin kann in diesem Falle die Eisenbahn auch für ihre Leute nur nach allgemeinem Frachtrecht (§ 431 HGB.), nicht nach § 458 HGB., § 5 EVO. haften, denn § 458 HGB., § 5 EVO. setzen den Abschluß eines Eisenbahnfrachtvertrages voraus (s. auch Rundnagel[2] 10, A. M. Makower 1592, ROHG. 24 303).

Dasselbe gilt für die von der Eisenbahn bestellten Rollfuhrunternehmer. Sie sind ebensowenig wie ihr Besteller — die Eisenbahn — befugt, in der Behausung oder den Geschäftsräumen des Absenders einen Eisenbahnfrachtvertrag abzuschließen, sondern können nur einen gewöhnlichen Frachtvertrag vereinbaren, der dem Eisenbahnfrachtvertrag vorangeht. Da sie als selbständige Unternehmer weder zu den Leuten der Bahn gehören, noch zu denjenigen Personen, deren diese sich bei der Ausführung der Eisenbahnbeförderung bedient, so sind die von ihnen geschlossenen Anfuhrverträge gewöhnliche Frachtverträge, aus denen sie nach Maßgabe der §§ 425ff. HGB. haften. Erst nach Ankunft in der Station kann der Rollfuhrunternehmer im Auftrage des Absenders mit der Eisenbahnabfertigungsstelle einen Eisenbahnfrachtvertrag gemäß § 61 Abs. 1 u. 2 EVO. über die Eisenbahnbeförderung der angefahrenen Güter schließen. Hiernach gelangt man zu dem Ergebnisse, daß die Worte: „die hierbei verwendeten Personen“ sich nur auf die eigenen zur Selbstanfuhr benutzten Leute der Eisenbahn beziehen, nicht aber auf den zur Anfuhr bestellten Rollfuhrunternehmer. Wird aber angenommen, daß die fraglichen Worte auch den Rollfuhrunternehmer und seine Leute umfassen, so kann der Absender sich an zwei Haftpflichtige halten, nämlich einerseits an den Rollfuhrunternehmer, der mit ihm einen Frachtvertrag von der Behausung bis zum Bahnhof abgeschlossen, und andererseits an die Eisenbahn, welche gemäß § 63 Abs. 8 EVO. die Haftung aus diesem Frachtvertrage auch für den Rollfuhrunternehmer übernommen hat.

Ob diese Konsequenz beabsichtigt ist, geht weder aus der kurzen und unzureichenden Begründung des § 63 Abs. 8 Satz 2 (S. 110), noch aus der unklaren Fassung des Satzes hervor. Es wäre richtiger gewesen, lediglich die allgemeinen Bestimmungen auch für diese Fälle gelten zu lassen, da die Sondervorschrift des Satzes 2 zu Zweifeln und Streitigkeiten führen muß.

Vgl. im übrigen die entsprechende Bestimmung des § 78 Abs. 1 Satz 2 (betr. die Zufuhr) und die Erläuterungen zu demselben Anm. 404.

Satz 3, welcher vorschreibt, daß die Rollfuhrleute ihren Gebührentarif (Satz 1) bei sich zu tragen und auf Verlangen vorzuzeigen haben, enthält eine zweckmäßige Ordnungsvorschrift, die zur Ergänzung der im Satz 1 u. 2 getroffenen Bestimmungen für den Fall der Bestellung bahnamtlicher Rollfuhrunternehmer dient und Zweifeln und Streitigkeiten begegnen soll.

300) Abs. 9 gibt dem Grundsatze Ausdruck, daß durch die der Eisenbahn im Abs. 8 gewährte Befugnis die Absender in ihrem Rechte, das Gut auf beliebige Weise selbst anzufahren oder anfahren zu lassen, nicht beschränkt sind und auch nicht beschränkt werden dürfen. Es steht ihnen daher ein dreifacher Weg zur Verfügung: Sie können sich 1. der Einrichtung der Eisenbahn zur Anfuhr gemäß Abs. 8 bedienen oder 2. die Güter selbst anfahren oder 3. sie durch andere Unternehmer anfahren lassen. Das Recht der Absender zur Selbstanfuhr darf nicht — wie das Recht zur Selbstabholung gemäß § 78 Abs. 2 — im allgemeinen Verkehrsinteresse vorübergehend oder, wenn besondere Verhältnisse es erfordern, dauernd beschränkt oder aufgehoben werden, auch nicht mit Genehmigung der Landesaufsichtsbehörde. Eine Beeinträchtigung dieses Rechts der Anfuhr macht die Eisenbahn schadensersatzpflichtig. Auf Anregung der Interessenten wurde das Anfuhrrecht des Absenders ausdrücklich anerkannt (Begr.).

301) Abs. 10 gestattet in Übereinstimmung mit der Vorschrift des bisherigen § 68 Abs. 3 der Eisenbahn zur Erleichterung der Abfertigung von Gütern Güternebenstellen einzurichten. Dies setzt voraus, daß die in denselben fungierenden Beamten die Einrichtung zum Abschluß von Eisenbahnfrachtverträgen (§ 61 Abs. 1 u. 2 EVO.) besitzen. (Über die vom Verkehr nach und von Güternebenstellen ausgeschlossenen Güter: D. Eisenb.-Güt.-Tar. II D. 4.)

302) Abs. 11 gewährt im Satz 1 der Eisenbahn die weitere Befugnis, im Tarif vorzuschreiben, daß das Überladen von Gütern, die auf der Versandstation von Schiffen unmittelbar auf die Eisenbahn übergehen sollen, von ihr selbst oder durch besondere Unternehmer ausgeführt wird. Die Vorschrift muß im Tarif erfolgen und nur unter der Voraussetzung des unmittelbaren Übergangs der Güter von Schiffen auf die Eisenbahn auf der Versandstation. Ist der Übergang kein unmittelbarer (z. B. durch Vermittlung Dritter, Spediteure rc.), oder nicht auf der Versandstation oder nicht von Schiffen, sondern von anderen Beförderungsmitteln, so ist die Eisenbahn zu der bezüglichen Vorschrift nicht befugt. Sie muß im Tarife erfolgen, dagegen können die dafür zu zahlenden Gebühren entweder im Tarife oder durch Aushang bekannt gemacht werden. Der Aushang (an der Abfertigungsstelle) ist also hier der Veröffentlichung durch den Tarif gleich und in die Wahl der Eisenbahn gestellt (vgl. Allg. AusfBest. V S. 280).

Nach Satz 2 gelten die hierbei sc. bei der Überführung der Güter vom Schiff auf die Eisenbahn verwendeten Personen als Leute der Eisenbahn im Sinne des § 5 EVO. Es wird auf Anm. 299 S. 292 ff. Bezug genommen.

§ 64.

Vorläufige Einlagerung des Gutes.

(1) Güter, die nicht sofort befördert werden können, hat die Eisenbahn, soweit es die Räumlichkeiten gestatten, gegen Empfangsbescheinigung einstweilen in Verwahrung zu nehmen. Dabei kann sie vorbehalten, daß die Annahme zur Beförderung erst erfolgt, wenn die Beförderung möglich ist. Der Absender hat sein Einverständnis auf dem Frachtbriefe zu erklären und auf dem Duplikate zu wiederholen. In diesem Falle haftet die Eisenbahn bis zum Abschlusse des Frachtvertrags (§ 61 Abs. (1)) nach den Grundsätzen für entgeltliche Verwahrung. Die Verwahrung leicht verderblicher Güter und der im § 54 Abs. (2) aufgeführten Gegenstände kann abgelehnt werden [303]).

I. Leicht verderbliche Güter und die in § 54 (2) aufgeführten Gegenstände werden zur Verwahrung nicht aufgenommen.

II. Das Einverständnis des Absenders mit der Verwahrung ist im Frachtbrief unter „Zulässige oder vorgeschriebene Erklärungen“ auszusprechen.

(2) Wenn die Eisenbahn Wagenladungsgüter, die nicht sofort befördert werden können, gleichwohl zur Beförderung annimmt, so ist sie mit Genehmigung der Landesaufsichtsbehörde berechtigt, mit dem Ab-

sender zu vereinbaren, daß die Lieferfrist von dem Tage an läuft, an dem die Absendung erfolgt. Der Absender hat sein Einverständnis auf dem Frachtbriefe zu erklären und auf dem Duplikate zu wiederholen. Die Eisenbahn ist verpflichtet, den Zeitpunkt der Absendung auf dem Frachtbriefe durch einen besonderen Stempel ersichtlich zu machen und diesen Zeitpunkt dem Absender ohne Verzug mitzuteilen [304]).

Alte EVO. § 55. HGB. § 453 Abs. 2. J.Ü. Art. 5 Abs. 2.

303) Wenngleich die Eisenbahn nach § 63 Abs. 1 nur insoweit verpflichtet ist, Güter zur Beförderung anzunehmen, als die Beförderung sofort erfolgen kann, so hat doch Abs. 1 des § 64 der EVO. entsprechend der ihr durch § 453 Abs. 2 Satz HGB. gewährten Ermächtigung: „Inwieweit die Eisenbahn verpflichtet ist, Güter, deren Beförderung nicht sofort erfolgen kann, in einstweilige Verwahrung zu nehmen, bestimmt die Eisenbahnverkehrsordnung", der Eisenbahn zugunsten des Publikums in gewissem Umfange auch eine vorangehende Verwahrungspflicht auferlegt, indem bestimmt ist, daß die Eisenbahn verpflichtet ist, Güter, deren Beförderung nicht sofort erfolgen kann, soweit die Räumlichkeiten es gestatten, gegen Empfangsbescheinigung mit dem Vorbehalte einstweilen in Verwahrung zu nehmen, daß die Annahme zur Beförderung (§ 61 Abs. 1, 2 Anm. 261 ff. S. 261), erst erfolgt, wenn die Beförderung möglich ist. Der Absender hat auf dem Frachtbriefe sein Einverständnis zu erklären und auf dem Duplikate zu wiederholen. Auch der Verwahrungsvertrag ist also, wie der Eisenbahnfrachtvertrag, ein Formalvertrag, der nur zustande kommt durch Übergabe des diese Erklärung enthaltenden Frachtbriefs (Rundnagel 11, RG. in Sped.- u SchiffZtg. 14 11, OLG. Dresden E. 21 248). In diesem Falle haftet die Eisenbahn bis zum Abschluß des Frachtvertrages (§ 61 Abs. 1) nach den Grundsätzen für entgeltliche Verwahrung. Nur die Verwahrung leicht verderblicher Güter und der im § 54 Abs. 2 aufgeführten Gegenstände kann abgelehnt werden. (Vgl. Wolf-Eppinger, Der Verwahrungsvertrag als Vorvertrag des Eisenbahnfrachtvertrages. JBl. Wien, Jahrg. 22 S. 448, 459; Gorden, E. 15 75—81; Makower 1579; Düringer-Hachenburg 645).

Über das Verfahren, insbesondere die Einverständniserklärung des Absenders auf dem Frachtbriefe und die Empfangsbescheinigung der Eisenbahn: s. Allg. AusfBest. I u. II zu § 64 EVO. (S. 295) und Allg. AbfVorschr. § 13 Ziff. 1—4. Letztere bestimmen: 1. „Sollen Güter gemäß § 64 EVO. zur vorläufigen Einlagerung angenommen werden, so hat der Absender sein Einverständnis hiermit im Frachtbriefe an der für „vorgeschriebene oder zulässige Erklärungen" vorgesehenen Stelle auszusprechen und auf dem Duplikate zu wiederholen (vgl. § 64 EVO. AusfBest. II S. 295). Die Abfertigungsstelle hat alsdann die Übereinstimmung der Angaben des Frachtbriefes mit dem einzulagernden Gute zu prüfen und dem Absender eine Empfangsbescheinigung folgenden Wortlautes zu erteilen:

Herr .... hat eine Sendung, die im Frachtbriefe bezeichnet ist, wie folgt: ....

....

....

(Bezeichnung des Gutes nach Zeichen und Nummer, Anzahl, Art der Verpackung, Inhalt, Rohgewicht und Adresse) heute auf dem Bahnhofe gemäß § 64 EVO. einlagert.

(Ort, Tag, Unterschrift, Stempel).

2. Bei Gütern, deren Verladung dem Absender obliegt, ist diesem Mitteilung zu machen, sobald die Verladung möglich ist.

3. Leicht verderbliche und nur bedingungsweise zur Beförderung zugelassene Güter sind von der vorübergehenden Einlagerung auszuschließen.

4. Wird bei der Einlagerung bahnseitige Feststellung des Gewichts oder der Stückzahl verlangt, so ist diesem Verlangen gegen Erhebung der tarifmäßigen Gebühren möglichst zu entsprechen. Diese Feststellungen sind jedoch für die etwa nachfolgende Frachtberechnung nicht maßgebend." (Vgl. hierzu Wolf-Eppinger 449, Gorden E. 15 77).

Hat der Absender die Einverständniserklärung nicht erteilt, so haftet die Bahn nicht als Verwahrer für etwa auf dem Bahnhof abgeladene Güter (OLG. Dresden 29. III. 1905 E. 22 248). Auch daraus, daß die Bahn auf ihren Gleisen dem Absender einige Wagen zur Verladung stellt, kann nicht der stillschweigende Abschluß eines Verwahrungsvertrages hergeleitet werden. Denn dieser setzt die Übergabe an den Verwahrer voraus. Daher haftet die Bahn in diesem Falle nicht für Diebstahl (OLG. Hamburg 10. IV. 1906 E. 23 54, s. auch OLG. Marienwerder 23. V. 1905, E. 22 356). Die Verwahrungspflicht gemäß Abs. 1 ist keine unbedingte. Sie ist vielmehr nur insoweit vorhanden, als die Räumlichkeiten es gestatten, d. h. soweit die der Eisenbahn zur Verfügung stehenden Räumlichkeiten nicht für den Betrieb in Anspruch genommen werden müssen. „Unter Räumlichkeiten" sind nicht nur gedeckte Räume (Magazine, Schuppen), sondern auch die freien Terrains (Lagerplätze) der Bahn zu verstehen, falls sie sich zur Lagerung des betreffenden Gutes eignen. Unberechtigte Zurückweisung macht die Bahn ersatzpflichtig (HGB. § 453 Abs. 4, § 471, Gorden E. 15 76).

Die Verpflichtung zur Verwahrung ist ferner nicht identisch mit der Verpflichtung zur Beförderungsannahme, und ihre Eingehung zieht daher auch nicht die strenge Haftpflicht der Eisenbahn ex recepto HGB. § 456 EVO. § 84), sondern nur die gewöhnlichen Wirkungen des Verwahrungsvertrages (BGB. §§ 688 ff.) nach sich. Die Eisenbahn hat daher zwar die Güter „gegen Empfangsbescheinigung" zu übernehmen und dafür mit der Sorgfalt eines Verwahrers bis zum Abschluß des Frachtvertrages zu haften, nicht aber als Frachtführer. Denn es handelt sich hier um einen Vorvertrag, der erst später, wenn die Beförderung möglich geworden, durch einen zweiten, vom ersten ganz unabhängigen Vertrag, den Frachtvertrag, ersetzt wird, „um ein selbständiges, dem Frachtvertrage vorhergehendes Aufbewahrungsgeschäft" (RG. 9. VII. 1880 E. 1 251, 253). Sobald der Zeitpunkt der Möglichkeit der Beförderung eintritt, findet daher ein neuer Vertragsabschluß statt, d. h. erst dann wird das Gut zur Beförderung angenommen, und demgemäß ist die Eisenbahn nur gehalten, das Gut unter dem Vorbehalt in Verwahrung zu nehmen, daß der Abschluß des Frachtvertrages, d. h. die Annahme zur Beförderung erst erfolgt, wenn die Beförderung möglich ist. Zur Vermeidung jedes Zweifels hierüber hat der Absender im Frachtbriefe sein Einverständnis mit diesem Verfahren zu erklären und auf dem Duplikate zu wiederholen (Thöl 154, Schott 481). Dieser Zeitpunkt ist entscheidend für die Haftpflicht der Bahn (HGB. §§ 456, 458), die Lieferfrist (EVO. § 75) und den Frachtsatz (§ 69 l. c.), sowie die Ansprüche des Empfängers (§ 76 l. c.) und die Verjährung (§ 98 l. c.), Gorden E. 15 78—80.

Vgl. Allg. AbfVorschr. § 15, betreffend die Lagerung der zur Beförderung übernommenen Güter.

304) Abs. 2 ist nach den Erläuterungen des REA. im Hinblick auf gewisse Handelsübungen hinzugefügt, um den Aufgebern die Möglichkeit zu gewähren, ihre Sendungen auf Grund der Frachtbriefduplikate und Aufnahmescheine bald nach der Auflieferung beleihen zu lassen oder von den Empfängern Zahlung zu erhalten, wozu ein bloßer Hinterlegungsschein nicht für genügend erachtet wird. Sollte aber die Eisenbahn in die Lage versetzt werden, Wagenladungsgüter, deren sofortige Beförderung nicht möglich ist, nicht zur vorläufigen Verwahrung gegen bloßen Hinterlegungsschein, sondern zur Beförderung gegen Frachtbriefduplikate oder Aufnahmeschein anzunehmen, so mußte ihr notwendig das Recht verliehen werden, sich gegen die Konsequenzen, namentlich in betreff der Berechnung der Lieferfrist, zu schützen, welche die EVO. § 75 mit der Annahme zur Beförderung verbindet. Denn danach beginnt die Lieferfrist mit der auf die Annahme des Gutes nebst Frachtbrief (§ 61 Abs. 1) folgenden Mitternacht. Demgemäß gewährt Abs. 2 der Eisenbahn in Ausnahme von der Regel des § 75 Abs. 5 (s. Anm. 376) das Recht, im Falle sie Wagenladungsgüter, deren sofortige Beförderung nicht möglich ist, gleichwohl zur Beförderung annimmt, mit dem Absender zu vereinbaren, daß für die Sendung die Lieferfrist von dem Tage an läuft, an welchem die Absendung erfolgt.

Das Recht der Eisenbahn aus Abs. 3, derartige Vereinbarungen zu treffen, ist aber von der — generellen oder speziellen — Genehmigung der Landesaufsichtsbehörde abhängig. Die Regel wird wohl eine ein für allemal erteilte generelle Genehmigung bilden, da die Einholung einer speziellen Genehmigung in jedem einzelnen Falle zu umständlich und zeitraubend sein und den Zweck der Maßnahme zumeist vereiteln würde. Auch darf sich die Vereinbarung nur auf die Lieferfrist, nicht auf die Haftpflicht beziehen. Letzteres würde gemäß § 471 HGB. unzulässig sein. Für derartige Güter hat also die Eisenbahn, da sie dieselben zur Beförderung, nicht zur Verwahrung annimmt, die Haftpflicht als Frachtführer gemäß § 84 EVO., nicht als bloßer Verwahrer zu tragen (Wolf-Eppinger 460, Gorden E. 15 80, 81).

In formeller Hinsicht bestimmen Satz 2 und 3, daß der Absender sein Einverständnis auf dem Frachtbriefe zu erklären und auf dem Frachtbriefduplikate zu wiederholen hat. Die Eisenbahn ist verpflichtet, den Zeitpunkt der Absendung auf dem Frachtbriefe durch Aufdrückung eines besonderen Stempels ersichtlich zu machen und diesen Zeitpunkt dem Absender ohne Verzug mitzuteilen. Das Erfordernis eines besonderen Stempels setzt voraus, daß alsbald bei der Annahme zur Beförderung die im § 61 Abs. 1 vorgeschriebene Aufdrückung des Tagesstempels und sodann bei der Absendung die Aufdrückung eines besonderen, mit dem Absendungsdatum versehenen Stempels erfolgt. Auch gegen den abgestempelten Frachtbrief ist der Beweis zulässig, daß das Gut nur zur Verwahrung übernommen wurde (RG. 20. V. 1905, E. 22 162).

§ 65.

Zoll-, Steuer-, Polizei- und statistische Vorschriften[305]).

(1) Der Absender ist verpflichtet, dem Frachtbrief alle Begleitpapiere beizugeben, die zur Erfüllung der Zoll-, Steuer- oder Polizeivorschriften vor der Ablieferung an den Empfänger erforderlich sind; sie sind im Frachtbriefe genau zu bezeichnen[306]). Die Eisenbahn ist nicht verpflichtet, diese Papiere auf ihre Richtigkeit und Vollständigkeit zu prüfen[307]). Der Absender haftet der Eisenbahn, sofern sie nicht ein Verschulden trifft, für alle Folgen, die aus dem Mangel, der Unzulänglichkeit oder der Unrichtigkeit der Papiere entstehen; auch hat er für die Dauer eines hierdurch verursachten Aufenthalts in der Beförderung von mehr als 48 Stunden das tarifmäßige Lager- oder Standgeld zu zahlen[308]).

I. Güter, deren zoll- oder steueramtlicher Verschluß verletzt oder mangelhaft ist, werden nicht angenommen.

II. Güter mit Begleitscheinen des deutschen Zollgebietes, deren Frachtbriefe auf eine außerhalb des deutschen Zollgebietes gelegene Bestimmungsstation lauten, werden nur angenommen, wenn der Begleitschein auf das Ausgangszollamt gestellt ist.

III. Bei Gütern, die unter Zoll- oder Steuerverschluß in offenen Wagen befördert werden sollen, hat der Absender für eine den zoll- oder steueramtlichen Vorschriften genügende Deckung der Wagen zu sorgen, es sei denn, daß die Zoll- oder Steuerverwaltung die Verwendung offener Wagen ohne Decken gestattet.

(2) Die Zoll-, Steuer- und Polizeivorschriften sind, solange das Gut unterwegs ist, gegen die tarifmäßigen Gebühren von der Eisenbahn zu erfüllen. Sie kann diese Aufgabe unter ihrer Verantwortlichkeit

auf Kosten des Verfügungsberechtigten einem Spediteur übertragen. In beiden Fällen hat sie die Pflichten eines Spediteurs [309]).

IV. Die Gebühren für die Erfüllung der Zoll-, Steuer- und Polizeivorschriften durch die Eisenbahn sind im Nebengebührentarif (Teil I Abt. B) festgesetzt.

(3) Wenn der Absender eine unzulässige oder unausführbare Art der Abfertigung beantragt hat, so hat die Eisenbahn die Abfertigung zu veranlassen, die sie als die vorteilhafteste für den Absender erachtet. Dieser ist hiervon zu benachrichtigen [310]).

(4) Der Absender kann im Frachtbrief erklären, daß er selbst oder ein namhaft gemachter Bevollmächtigter der Zoll- oder Steuerbehandlung beiwohnen wolle. Auf Antrag und gegen Erstattung der Kosten ist der Absender oder sein Bevollmächtigter von der Ankunft des Gutes auf der Station, wo diese Behandlung stattfindet, zu benachrichtigen. Der Absender oder sein Bevollmächtigter ist berechtigt, die nötigen Aufklärungen über das Gut zu geben. Das Gut in Besitz zu nehmen oder die Zollbehandlung selbst zu betreiben, sind sie nicht befugt [311]).

V. (1) Die Erklärung des Absenders ist im Frachtbrief unter: „Zulässige oder vorgeschriebene Erklärungen" in folgender Form auszusprechen:

Der $\frac{\text{Zoll-}}{\text{Steuer-}}$behandlung in ....

werde ich .... (genaue Wohnungsangabe) wird .... in .... beiwohnen. [Ich beantrage Benachrichtigung von der Ankunft des Gutes auf dieser Station.]

Unterschrift.

(2) Wenn der Absender oder sein Bevollmächtigter der Zoll- oder Steuerbehandlung beiwohnen, können sie den Zoll- oder Steuerbetrag bezahlen und die Zoll- oder Steuerquittung übernehmen. Der Empfang der Quittung ist auf dem Frachtbrief in folgender Form zu bestätigen:

$\frac{\text{Zoll-}}{\text{Steuer-}}$quittung übernommen.

Unterschrift.

(5) Auf der Bestimmungsstation kann der Empfänger die zoll- oder steueramtliche Behandlung betreiben, wenn der Absender im Fracht-

briefe nichts anderes bestimmt hat. Wird diese Behandlung weder durch den Empfänger noch gemäß einer Erklärung im Frachtbriefe durch den Absender oder einen Dritten betrieben, so hat die Eisenbahn sie zu veranlassen; auch kann die Eisenbahn damit unter ihrer Verantwortlichkeit auf Kosten des Verfügungsberechtigten einen Spediteur beauftragen [312]).

VI. Die Vorführung von Gütern unter zoll- oder steueramtlichem Verschluß und von Gütern mit Begleitschein I wird dem Empfänger oder dem Absender oder dem von diesem beauftragten Dritten nur gegen Sicherheitsleistung gestattet.

VII. Güter, die auf einen von der Eisenbahn ausgewirkten Begleitschein II abgefertigt sind, werden nur ausgeliefert, wenn die Erledigung des Begleitscheins durch Vorlegung der Zoll- oder Steuerquittung nachgewiesen wird.

(6) Bei den über die Grenzen des deutschen Zollgebiets ein-, aus- oder durchzuführenden Gütern hat der Absender oder der Empfänger die nach den Bestimmungen über die Statistik des Warenverkehrs vorgeschriebenen Anmeldescheine zu beschaffen. Werden sie von der Eisenbahn beschafft, so sind hierfür die tarifmäßigen Gebühren zu entrichten. Anmeldescheine, die nicht den Stempel des Kaiserlichen Statistischen Amtes tragen, hat die Eisenbahn gegen die tarifmäßige Gebühr auf ihre Übereinstimmung mit dem vorgeschriebenen Muster zu prüfen und abzustempeln [313]).

VIII. Der Preis der statistischen Anmeldescheine und die Gebühren für ihre Ausfüllung oder Abstempelung sind in dem Nebengebührentarif (Teil I Abt. B) festgesetzt.

Alte EVO. § 59. HGB. § 427. J.Ü. Art. 10.

305) § 65 enthält die für die Eisenbahnbeförderung maßgebenden Bestimmungen über die Beobachtung der Zoll-, Steuer-, Polizei- und statistischen Vorschriften. Nach dem HGB. gehört weder die Beschaffung der Zoll-, Steuer-, Polizei- und statistischen Begleitpapiere, noch die Besorgung der zoll- und steueramtlichen Behandlung des Gutes zu den Pflichten des Frachtführers. Demgemäß bestimmt das HGB. (§ 427 Satz 1), daß der Absender verpflichtet ist, dem Frachtführer die Begleitpapiere zu übergeben, welche zur Erfüllung der Zoll-, Steuer- oder Polizeivorschriften vor der Ablieferung an den Empfänger erforderlich sind (v. Hahn II 585, Thöl III § 12, § 63, Schott 397, Düringer-Hachenburg, Staub, Lehmann-Ring zu § 427 HGB., Muschweck, Sped.- u. SchiffZtg. 11 Nr. 24—33). Aus dieser Verbindlichkeit ergibt sich aber die des weiteren im HGB. (§ 427 Satz 2)

dem Absender auferlegte Pflicht, dem Frachtführer, sofern nicht diesem ein Verschulden zu Last fällt, für alle Folgen, die aus dem Mangel, der Unzulänglichkeit oder der Unrichtigkeit der Papiere entstehen, zu haften (Anschütz und v. Völderndorff III 430, Makower 1500, Staub, Art. 393 §§ 2, 3). Es war notwendig, diese Folgerung ausdrücklich auszusprechen, weil nach den meisten Zollgesetzgebungen unmittelbar der Frachtführer als der Produzent der unrichtigen oder unzulänglichen Begleitpapiere, nicht aber der Absender, den ersterer nur vertritt, zur Verantwortung gezogen und mit der gesetzlichen Strafe belegt wird, und zwar ohne Rücksicht darauf, ob er wirklich der Schuldige ist oder nicht, und Zweifel darüber entstehen könnten, ob dem Frachtführer ein Regreß gegen den Absender zustehe, namentlich wenn auch dieser frei von Schuld ist.

§ 65 EVO. ergänzt einerseits diese Pflichten des Absenders in bezug auf die Begleitpapiere, weist aber auch andererseits der Eisenbahn in Anlehnung an Art. 10 J.Ü. die ihr nach dem HGB. nicht zustehende Obliegenheit zu, die Zoll-, Steuer- und Polizeivorschriften unterwegs zu erfüllen.

Auf die Eisenbahn, welche mit durchgehendem Frachtbriefe das Gut mit den Begleitpapieren der folgenden Bahn übergibt, ist § 427 HGB., § 65 EVO. nicht anwendbar (ROHG. 24 213).

306) Nach Abs. 1 Satz 1 ist der Absender verpflichtet, dem Frachtbriefe alle Begleitpapiere beizugeben, welche zur Erfüllung der Zoll-, Steuer- oder Polizeivorschriften vor der Ablieferung an den Empfänger erforderlich sind, und sie im Frachtbrief genau zu bezeichnen (§ 56 lit. l Anm. 227). Vgl. hierzu Allg. AusfBest. zum § 65 II—VIII (S. 299, 301). Ferner bestimmen die Allg. AbfVorschr. § 11 Ziff. 1, 2 und 4, daß die Güterabfertigung darauf zu achten hat, daß die zur Erfüllung der Zoll-, Steuer-, Polizei- und statistischen Vorschriften erforderlichen Begleitpapiere dem Frachtbriefe beigegeben und in ihm verzeichnet sind. Die Begleitpapiere sind mit dem Frachtbriefe sicher zu verbinden. Soweit tarifarische Vorschriften nicht entgegenstehen, ist jeder unter Zoll- oder Steuerkontrolle stehenden Wagenladung ein besonderer Frachtbrief und eine besondere Deklaration (Ladungsverzeichnis usw.) beizugeben. Als eine Wagenladung im Sinne dieser Bestimmung haben auch solche Ladungen zu gelten, die wegen der Natur des Gutes (Langholz usw.) die Verladung auf mehr als einen Wagen erfordern, oder die beim Mangel von Wagen mit 10000 kg Ladegewicht auf zwei Wagen mit geringerem Ladegewicht verladen worden sind. Dementsprechend ist dahin zu wirken, daß auch von der Zoll- oder Steuerverwaltung zu jedem Wagen eine besondere Zoll- oder Steuerurkunde (Begleitzettel, Begleitschein usw.) ausgefertigt wird, soweit nicht bei Zucker- und Salzsendungen eine Ausnahme zugelassen ist (vgl. Abs. 5, 6 eod.). Es ist darauf zu achten, ob nach dem Gesetze, betr. die Statistik des Warenverkehrs mit dem Auslande vom 7. II. 1906 dem Frachtbriefe ein Anmeldeschein beizufügen ist. Zutreffendenfalls ist er zu fordern. Ferner ist zu prüfen, ob der Anmeldeschein inhaltlich mit dem Frachtbriefe oder sonstigen der Sendung beigegebenen Papieren übereinstimmt und formell den

Vorschriften entspricht. Soweit erforderlich, ist der Absender zur Berichtigung oder Vervollständigung des Anmeldescheins anzuhalten (vgl. § 6 des genannten Gesetzes und § 42 der AusfBest. zum Gesetz).

Die Aushändigung der Begleitpapiere an die Eisenbahn muß nach Satz 1 bei der Übergabe des Frachtbriefes geschehen. Sie sind „dem Frachtbriefe beizugeben". Die Übergabe der Begleitpapiere darf also nicht früher oder später, sondern muß gleichzeitig mit der Übergabe des Frachtbriefes erfolgen. Die bloße Absendung der Begleitpapiere an die Eisenbahn genügt nicht. Die Annahme des Frachtbriefes ohne die erforderlichen Begleitpapiere kann daher verweigert werden (v. Hahn II 585), und jedenfalls braucht die Eisenbahn vor erfolgter Übergabe derselben mit der Beförderung nicht zu beginnen (Makower 1500). Desgleichen darf die Annahme von Frachtgütern verweigert werden, wenn sie inhaltlich der Begleitpapiere unter Zollverschluß gelegen haben und dieser mangelhaft oder verletzt ist (Allg. AusfBest. I zum § 65 EVO.), ferner solcher Güter, welche nicht binnen der durch die Zollpapiere festgesetzten Frist die zur Erledigung bestimmte Station erreichen können. Nimmt die Eisenbahn die ihr zugesandten bzw. zur Übergabe angebotenen ordnungsmäßigen Begleitpapiere nicht an, so gerät sie in Annahmeverzug bzw. sie verweigert die Beförderung (HGB. § 453, EVO. § 3) und wird gemäß § 453 Abs. 4 HGB. schadensersatzpflichtig. Bei Gütern, welche unter Zoll- oder Steuerverschluß in offenen Wagen befördert werden, hat der Absender für Deckung der Wagen in einer den zoll- und steueramtlichen Vorschriften genügenden Weise zu sorgen, es sei denn, daß die Zoll- und Steuerverwaltung die Verwendung offener Wagen ohne Decken gestattet (Allg. AusfBest. III S. 299).

Die Eisenbahn ist, wenn ihr die Papiere nicht in gehöriger Form und rechtzeitig mit dem Frachtbriefe zugestellt werden, nicht verpflichtet, die Beförderung zu übernehmen (Puchelt II 456, Thöl III 20). Hierbei sind für die Erfüllung der Zoll-, Steuer-, Polizei- und statistischen Vorschriften des § 65 EVO. nebst ZusBest., ferner die Zusammenstellung der im Eisenbahnverkehr zu berücksichtigenden Zoll-, Steuer- und polizeilichen Vorschriften (Kundm. 6 d. D. EisenbVerkVerb.) und die besonderen Bestimmungen der einzelnen Verwaltungen maßgebend (Allg. AbfVorschr. § 11 Ziff. 12). Andererseits dürfen die Bahnen aber auch nicht weitergehende Anforderungen stellen, als sie in den Zollgesetzen gegeben sind. So hat z. B. das REA. bestimmt, daß, wenn von ausländischen Zollgesetzen die Zolldeklaration auf dem Frachtbriefe in der bezüglichen ausländischen Sprache vorgeschrieben ist, der Absender diese Vorschrift zu erfüllen hat. Ist dies jedoch nicht vorgeschrieben, so sind die Eisenbahnverwaltungen zu dem Verlangen der Deklaration in ausländischer Sprache nicht befugt (REA. 1. IV. 1877 Nr. 2004). Damit hängt die Pflicht des Absenders eng zusammen, die Begleitpapiere im Frachtbriefe genau zu bezeichnen (EVO. § 56 Abs. 1 Anm. 127). Die Pflicht erstreckt sich auf die Papiere zur Erfüllung aller Zoll-, Steuer- und Polizeivorschriften, sowohl des Inlandes wie des Auslandes, und jeder Art (sanitäts-, wohlfahrtspolizeiliche ꝛc.) und an jedem Orte vor der Ablieferung an den Empfänger (Versandstation, unterwegs, Bestimmungsstation), nicht aber nach der Ablieferung an denselben. Die für den Eisenbahnverkehr Deutschlands in Betracht kommenden Zoll- und Steuervorschriften enthalten: a) das Vereinszollgesetz vom 1. VII. 1869 (§§ 59—73, 95, 96, 131, 133, 136, 143, 153); b) das Regulativ für die zollamtliche Behandlung der Güter- und Effektenbeförderung auf den Eisenbahnen vom 1. II. 1870; c) das Begleitscheinregulativ vom 1. II. 1870 nebst Ergänzungsbestimmungen; d) das Niederlageregulativ vom 1. II. 1870; e) das Zolltarifgesetz vom $\frac{15.\ VII.\ 1879}{22.\ V.\ 1885}$ mit den von den einzelnen Verwaltungen hierzu erlassenen Erläuterungsbestimmungen; f) das Gesetz vom 18. IV. 1886, betr. einen Zusatz zu § 5 des Zolltarifgesetzes vom $\frac{15.\ VII.\ 1879}{22.\ V.\ 1885}$. Hinsichtlich der Anmeldescheine bei Gütern, welche über die Grenzen des deutschen Zollgebietes ein-, aus- oder durchgeführt werden und der Anmeldepflicht unterliegen, wird auf das Gesetz vom 7. II. 1906, betr. die Statistik des Warenverkehrs mit dem Auslande, sowie auf die von den Verwaltungen hierzu erlassene Instruktion verwiesen. Wegen Ermittelung des zollpflichtigen Gewichts der in Wagenladungen einhergehenden Massengüter vgl. den Erl. d. REA. vom 21. III. 1884 (EVBl. S. 226). Vgl. Allg. AbfVorschr. § 11 Ziff. 12 und die dort angeführte Kundm. 6 d. Deutschen EisenbVerkVerb. betr. Zusammenstellung der im Eisenbahnverkehr zu berücksichtigenden Zoll-, Steuer- und polizeilichen Vorschriften (Troje, Vereinszollgesetz [5]).

307) Nach Abs. 1 Satz 2 liegt der Eisenbahn eine Prüfung der Richtigkeit und Vollständigkeit der Begleitpapiere nicht ob. Mithin kann aus der Unterlassung oder mangelhaften Ausführung der Prüfung ein Verschulden der Bahn nicht hergeleitet werden. Sie verletzt ihre Pflicht nicht, wenn sie unrichtige oder unvollständige Papiere annimmt. Sie ist aber zur Prüfung berechtigt und kann unvollständige und unrichtige Papiere zurückweisen. Dagegen sind die weiteren Verbindlichkeiten der Eisenbahn betreffs der Begleitpapiere nicht abgelehnt. Sie hat somit die sich aus dem Wesen des Frachtvertrages ergebende Pflicht, die Begleitpapiere zu verwahren und dafür zu sorgen, daß dieselben in Begleitung der bezüglichen Güter bleiben und an die zuständige Stelle zur Ablieferung gelangen. Haben also ihre Leute die richtig übergebenen Papiere vergessen, von den Gütern getrennt, beschädigt, verloren ꝛc., so geht die Bahn ihres Regreßrechtes verlustig und haftet umgekehrt dem Absender für den ihm daraus entstehenden Schaden (Allg. AbfVorschr. § 11 Ziff. 7). Auch ist sie nicht von der Pflicht entbunden, auf Befragen den Absendern mit der Sorgfalt eines ordentlichen Frachtführers Auskunft oder Belehrung zu erteilen oder die ihr zur Mitteilung an das Publikum aufgegebenen Vorschriften diesem bekannt zu machen. Und zwar ist sie nach der Vertragsregel von Treu und Glauben verpflichtet, wenn sie bzw. ihre Leute bei der Annahme den Mangel, die Unzulänglichkeit oder Unrichtigkeit der Begleitpapiere erkennen, den Absender darauf aufmerksam zu machen und die Ergänzung herbeizuführen (Makower 1501, Rundnagel 84, E. 24 42). (Nach den Allg. AbfVorschr. § 11 Ziff. 2 sind die in den Begleitpapieren vorgefundenen

Mängel oder Unvollständigkeiten vor der Übernahme von dem Absender zu beseitigen.)

308) Nach Abs. 1 Satz 3 haftet der Absender der Eisenbahn, sofern derselben nicht ein Verschulden zur Last fällt, für alle Folgen, welche aus dem Mangel, der Unzulänglichkeit oder Unrichtigkeit dieser Papiere entstehen. „Mangel" bezeichnet das vollständige Fehlen, „Unzulänglichkeit" das Nichtgenügen, „Unrichtigkeit" die Unstimmigkeit der Begleitpapiere mit den darin bekundeten Tatsachen (Makower 1500). Neu hinzugefügt ist noch die Vorschrift, daß der Absender für die Dauer eines hierdurch verursachten Aufenthaltes in der Beförderung von mehr als 48 Stunden das tarifmäßige Lager- oder Standgeld zu zahlen hat. Diese Strafe trifft ihn also nur dann, wenn die Verzögerung nachweislich durch die Mangelhaftigkeit der Papiere, nicht durch andere Ursachen entstanden ist; ferner nur für die 48 Stunden überschreitende Zeit.

Zur Begründung der neuen Vorschrift wird ausgeführt, sie sei verursacht, um die Beigabe ordnungsmäßiger Begleitpapiere zu sichern und dadurch Güteranhäufungen auf den Zollstationen zu vermeiden. Durch die Gewährung einer 48-stündigen Frist sei den Interessenten Gelegenheit geboten, Anstände zu beseitigen, ohne daß ihnen Kosten erwachsen. Immerhin erschwert die neue Vorschrift die bisherige Lage der Absender und steht mit der Behauptung nicht im Einklange, daß die neue EVO. keine Erschwerungen für das Publikum enthalte.

Was die Haftung des Absenders anlangt, so hat er nicht nur selbst allen daraus entstehenden Schaden (Konfiskation ꝛc.) zu tragen (E. 24 41), sondern muß der Bahn auch den erwachsenen Schaden (Strafen, Verzug, Konfiskation, Kosten der Ausladung ꝛc.) ersetzen. Der Absender hat der Eisenbahn die Zollstrafe zu erlegen, ohne daß diese den Beweis der Zahlung zu führen hat, denn sie hat den Befreiungsanspruch und braucht die Zollstrafe nicht vorzuschießen (ROHG. 13 6). Von besonderer Wichtigkeit ist hier das Vereinszollgesetz vom 1. VII. 1869 (BundGesBl. 1869 Nr. 30 S. 317), vornehmlich §§ 59—73, 94—96, 143—165. Dasselbe setzt in seinen §§ 134—152 die Strafen wegen Zuwiderhandlungen gegen die das Zollwesen betreffenden gesetzlichen und Verwaltungsvorschriften fest, gibt sodann im § 153 eine allgemeine Bestimmung über die subsidiäre Haftpflicht der Dienstherren, Eisenbahnverwaltungen, Dampfschifffahrtsgesellschaften ꝛc. für Geldbußen, Zollgefälle und Prozeßkosten und läßt in den §§ 154—157 einige besondere Bestimmungen über Konfiskation folgen.

Betreffs der Feststellung des Tatbestandes von Zollvergehen und ihrer Bestrafung geht das Vereinszollgesetz im allgemeinen von dem Prinzipe aus (§ 137), daß das Dasein der in Rede stehenden Vergehen und die Anwendung der Strafe derselben lediglich durch die im Gesetze bezeichneten Tatsachen begründet wird. Kann jedoch der Angeschuldigte nachweisen, daß er eine Kontrebande oder Defraudation nicht habe verüben können oder eine solche nicht beabsichtigt gewesen sei, so findet nur eine Ordnungsstrafe (§ 52) statt, und zwar genügt es, daß der Angeschuldigte dartut, er selbst habe eine Zolldefraude nicht beabsichtigt; es bedarf nicht noch des weiteren

Beweises, daß überhaupt von keiner Seite, insbesondere auch nicht von seiten seines Auftraggebers, eine Defraudation beabsichtigt gewesen sei (E. 2 461). Die Strafe aus § 137 Abs. 2 wird aber lediglich durch die Tatsache der unrichtigen Deklaration verwirkt; sie trifft zunächst den zur Deklaration verpflichteten Warenführer (§ 23), welcher auch für die ihm vom Befrachter mitgegebenen unrichtigen Frachtbriefe usw. der Zollstelle verantwortlich ist und seinen Schutz, soweit es sich um Bevollmächtigte der Eisenbahnverwaltung handelt (§ 63), im § 59 EVO. finden muß, wonach der Absender der Eisenbahn — Vereinszollgesetz § 153 Ziff. 2 — für die Geldstrafen haftet, welche dieselbe wegen Unrichtigkeit oder Mangel der Begleitpapiere treffen (HGB. § 427, RG. E. 4 82, 177, 391). Die Eisenbahn ist nach § 153 Ziff. 2 subsidiär verhaftet für die Geldbußen, Zollgefälle und Prozeßkosten, welche ihre Angestellten und Bevollmächtigten aus der Verletzung der Zollgesetze ꝛc. treffen. Weist sie nach, daß das Zollvergehen ohne ihr Wissen verübt worden, so haftet sie nur für die Zollgefälle. Auch erstreckt sich ihre subsidiäre Haftung nicht auf die an die Stelle der Konfiskation tretenden Geldverurteilungen (§ 155) (ROHG.-Entsch. 16 30). Ist der Inhalt unbekannt geblieben, so ist nur Konfiskation oder Werterſatz aus § 155, nicht aber die Verurteilung zu einer Geldbuße aus § 135 möglich (RG. E. 5 44). (Vgl. noch die Pr. Verordn. vom 29. IX. 1897, betr. das Verwaltungsstreitverfahren bei Zuwiderhandlungen gegen die Zollgesetze ꝛc., JustMinBl. S. 249 und der Allerh. Erl. vom 26. IX. 1897, betr. die Übertragung von Strafniederschlagungen und Strafbefugnissen in Zoll- und Steuersachen, GS. S. 402.)

Im Eisenbahnverkehre hat derjenige Angestellte die Funktion eines Warenführers, welcher namens der Eisenbahn den Gegenstand der Beförderung in seinem Gewahrsam hat. Sind an einer Eisenbahnbeförderung nacheinander verschiedene Bevollmächtigte der Bahnverwaltung beteiligt, so trägt der Warenführer für die Unverletztheit des zollamtlichen Verschlusses auf so lange die Verantwortlichkeit, als er nicht den Bestimmungen der Eisenbahn gemäß die Ware einem anderen bevollmächtigten Warenführer übergeben oder dem Zollamte zugeführt hat. Für die Anwendung des § 153 VZG. ist in jedem einzelnen Falle zu prüfen, welcher der Eisenbahnangestellten nach der von der Bahnverwaltung generell oder speziell getroffenen Anordnung im entscheidenden Zeitpunkte als Bevollmächtigter der Bahnverwaltung den Gewahrsam an den zollpflichtigen Gegenständen hatte. Für die Frage, wer als letzter Warenführer anzusehen ist, kann nur der Zeitpunkt der Schlußabfertigung und, bei vorheriger Entdeckung der Verletzung des Verschlusses, der Zeitpunkt der Entdeckung maßgebend sein. Danach ist nicht notwendig, daß stets der letzte Zugführer oder Packmeister verantwortlich ist (RG. E. 4 41).

Nach § 159 tritt, wenn eine Kontrebande oder Zolldefraudation mittels Fälschung eines amtlichen Warenverschlusses verübt wird, neben der Strafe des verübten Zollvergehens die durch die Landesgesetze für die Fälschung öffentlicher Urkunden festgesetzte Strafe ein. Danach fällt der zollamtliche Warenverschluß (z. B. Plombenverschluß) unter den Begriff der öffentlichen Urkunde, und die fälschliche Herstellung oder Verfälschung eines solchen ist Urkundenfälschung (§ 267 StGB. RG. E. 4 347).

Die Haftung des Absenders ist nicht auf ein Verschulden desselben beschränkt, auch wenn ihm kein Verschulden zur Last fällt, das Verschulden einen Dritten trifft oder ein Zufall vorliegt, haftet der Absender (ROHG. 24 213, Staub Anm. 3, Lehmann Nr. 6, Düringer-Hachenburg, Anm. III 1 zu § 427 HGB). Die Haftpflicht des Absenders fällt nur fort, wenn der Eisenbahn selbst ein Verschulden zur Last fällt, z. B. wenn sie die ihr vollständig und richtig beigegebenen Papiere vergißt, schlecht bewahrt, beschädigt, vernichtet, die ihr nach Maßgabe des konkreten Falles mit der Sorgfalt eines ordentlichen Frachtführers zu erteilende Belehrung und Auskunft nicht erteilt, ihr zur Mitteilung an das Publikum aufgegebene Vorschriften nicht bekannt macht ꝛc. Alles dies ist Tatfrage, eventuell entscheidet richterliches Ermessen. Im Falle des Verschuldens der Bahn haftet ihr der Absender nicht, sondern muß sie diesem haften und kann den ihr entstandenen Schaden nicht von ihm ersetzt verlangen (Hahn II 586, Staub a. a. O. § 3, Thöl III 20). Für die Ablieferung der Begleitpapiere sowie der Zolltaschen und Zollpakete an die zuständige Stelle ist die Eisenbahn verantwortlich (Allg. AbfVorschr. § 11 Ziff. 7).

Bei konkurrierendem Verschulden der Bahn und des Absenders ist nach § 254 BGB. über die Haftpflicht zu entscheiden (ebenso Staub, HGB. § 427 Anm. 5, E. 24 41). Bei Zufall oder höherer Gewalt haftet der Absender, da ihn nur Verschulden der Bahn von der Haftung befreit. Im übrigen entbindet der Umstand, daß der Absender der Eisenbahn für Strafen und Schäden aus der Unrichtigkeit und Unzulänglichkeit der Begleitpapiere haftet, diese nicht von der Haftung (§ 84) für die Obhut des ihr anvertrauten Gutes (z. B. Schutz gegen Nässe ꝛc.). (OLG. Hannover 5. III. 1895 E. 14 105.) Der Absender kann sich auch nicht damit entschuldigen, daß seine Leute, für die er sonst nicht verantwortlich ist, die Schuld trifft.

309) Während die Beschaffung und Beigabe der erforderlichen Begleitpapiere Sache des Absenders ist, sind gemäß Abs. 2 die Zoll-, Steuer- und Polizeivorschriften, solange das Gut sich unterwegs befindet, von der Eisenbahn zu erfüllen. Sie kann diese Aufgabe unter ihrer eigenen Verantwortlichkeit auf Kosten des Verfügungsberechtigten einem Spediteur übertragen oder gegen die tarifmäßigen Gebühren selbst übernehmen. Zur Erfüllung dieser Vorschriften ist die Eisenbahn allein sowohl berechtigt wie verpflichtet (E. 23 383), jedoch unter der sich aus Abs. 1 von selbst ergebenden Voraussetzung, daß sie diese Verpflichtung nur so weit zu erfüllen braucht, als ihr richtige und vollständige Begleitpapiere vom Absender übergeben sind (vgl. Allg. AbfVorschr. § 11 Ziff. 1 u. 2 Anm. 307 S. 304). Ferner besteht die Verpflichtung nur, so lange das Gut unterwegs ist, d. h. von der Annahme zur Beförderung bis zur Ablieferung an den Empfänger, also weder vorher noch nachher (E. 21 254). Die Eisenbahn ist für die Erfüllung dieser Pflicht verantwortlich, gleichviel ob sie dieselbe selbst durch ihre Leute, Bevollmächtigte ꝛc. übernimmt oder auf einen Spediteur überträgt. Eine Übertragung auf andere Personen, auf den Absender oder Empfänger ist ausgeschlossen, abgesehen von dem im § 65 Abs. 5 bezeichneten Falle (Anm. 312 S. 309). In beiden Fällen — bei Selbstübernahme oder Übertragung auf

einen Spediteur — hat die Eisenbahn die Verpflichtung eines Spediteurs nach Maßgabe des HGB. (§§ 407 ff.), aber auch die Rechte eines solchen z. B. auf Erstattung der Auslagen, Kosten, Zolleistungen usw. (HGB. § 407, E. 18 34). Dem Absender ꝛc. haftet nur die Eisenbahn, gleichviel ob sie die Aufgabe selbst übernommen oder einem Spediteur übertragen hat. Die Allg. AbfVorschr. § 11 Ziff. 3 bestimmen: Frachtbriefvorschriften, die die Übertragung der auf Unterwegsstationen erforderlichen zoll- und steueramtlichen Behandlung an eine Mittelsperson bezwecken, sind auf der Versandstation nicht zuzulassen und bei den aus dem Auslande eingehenden Frachtbriefen nicht zu beachten.

310) Abs. 3 bestimmt, daß wenn der Absender eine unzulässige oder unausführbare Art der Abfertigung beantragt hat, die Eisenbahn diejenige Abfertigung zu veranlassen hat, welche sie für den Absender als die vorteilhafteste erachtet. Der Absender ist hiervon zu benachrichtigen. Die Eisenbahn ist zu diesen Maßnahmen berechtigt und verpflichtet; sie kann und muß einen derartigen unzulässigen oder unausführbaren Antrag unberücksichtigt lassen und anstatt der beantragten diejenige Abfertigung für den Absender wählen, welche sie nach ihrem Ermessen für ihn als die vorteilhafteste (d. h. billigste, kürzeste ꝛc.) hält. Die Eisenbahn ist also weder an den von ihr als unzulässig oder unausführbar erkannten Antrag des Absenders gebunden, noch hat sie ihm aus diesem Grunde das Gut zurückzustellen oder einen anderen Antrag von ihm einzuholen. Sie ist vielmehr beauftragt, für ihn zu handeln, und hat ihm von dem Veranlaßten nur Kenntnis zu geben, ohne daß ihr aus einer tatsächlich nicht vorteilhaften Wahl ein Vorwurf gemacht werden darf. Für die Wahl hat sie nur die Haftpflicht des Spediteurs (§§ 407 ff. N.HGB.) zu prästieren.

Befolgt die Eisenbahn Anweisungen des Empfängers über die Zollbehandlung, die von denen des Absenders abweichen, so haftet sie für den dadurch dem Absender erwachsenen Schaden (RG. 11. XII. 1896 RGZ. 38 26, E. 14 46).

311) Abs. 4, welcher im wesentlichen mit dem bisherigen Abs. 5 übereinstimmt (Begr.) gewährt dem Absender das Recht, unterwegs den Zoll- oder Steuerbehörden entweder selbst oder durch einen Bevollmächtigten beizuwohnen, und die nötigen Aufklärungen über das Gut zu geben. Zu diesem Behufe ist er nach Satz 1 befugt, im Frachtbriefe zu erklären, daß er selbst oder ein namhaft gemachter Bevollmächtigter der Zoll- oder Steuerbehandlung beiwohnen wolle. Da nach der Begr. (S. 111) Abs. 4 im wesentlichen mit dem bisherigen Abs. 5 übereinstimmt und eine grundsätzliche Änderung oder Verschlechterung der Lage des Absenders hiernach nicht beabsichtigt ist, so ist anzunehmen, daß der Absender selbst der zoll- oder steueramtlichen Behandlung auch dann beizuwohnen berechtigt ist, wenn er seinen Willen hierzu nicht ausdrücklich im Frachtbriefe erklärt (s. Satz 3). Nur der Bevollmächtigte muß im Frachtbriefe namhaft gemacht sein, wenn der Absender die Zuziehung desselben wünscht.

Die neu hinzugefügte Bestimmung des Satzes 2, daß auf Antrag und gegen Erstattung der Kosten der Absender oder sein Bevollmächtigter von der Ankunft auf der Station, wo diese Behandlung stattfindet, zu benachrichtigen ist, entspricht einem dringenden Wunsche der Verkehrsinteressenten. Denn das Recht der Beiwohnung wird häufig für den Absender illusorisch sein, wenn er nicht weiß, wo die zoll- oder steueramtliche Behandlung stattfindet. Daher ist es Sache der Eisenbahn, dem Absender, der einen Antrag nach Satz 2 gestellt hat, rechtzeitig die betreffende Station mitzuteilen, und sie macht sich schadensersatzpflichtig, wenn sie die rechtzeitige Benachrichtigung unterläßt. Daß der Antrag im Frachtbriefe gestellt sein muß, wie die Begr. (S. 111) hervorhebt, ist im § 65 nicht zum Ausdruck gelangt. Der Antrag kann also auch in beliebiger anderer Form schriftlich, telegraphisch, telephonisch gestellt werden. Die Begründung steht hier mit dem Texte der EVO. in unverkennbarem Widerspruche. Wie der Antrag, so kann auch die Benachrichtigung in beliebiger Form erfolgen.

Nach Satz 3 ist der Absender oder sein — im Frachtbrief namhaft gemachter — Bevollmächtigter berechtigt, die nötigen Aufklärungen über das Gut zu geben. Die Eisenbahn darf ihn daran nicht hindern bzw. sich der Zoll- oder Steuerbehörde gegenüber für allein berechtigt zur Abgabe derartiger Erklärungen hinstellen. Hat der Absender nicht einen Antrag gemäß Satz 2 gestellt, so ist er nicht von Amts wegen zuzuziehen, vielmehr ist es dann seine Sache, sich zur Zoll- oder Steuerbehandlung zu melden und derselben beizuwohnen. Auf den Besitz des Frachtbriefduplikats kommt es hierbei nicht an, da eine Anweisung gemäß § 73 nicht in Frage steht.

Nach Satz 4 begründet das Beiwohnungsrecht nicht auch die Befugnis, das Gut in Besitz zu nehmen oder die Zollbehandlung selbst zu betreiben. Diese Befugnisse hat vielmehr allein die Eisenbahn. Sein Recht beschränkt sich auf die Abgabe von Erklärungen im Sinne des Satzes 3. Erst auf der Bestimmungsstation erlangt nach Abs. 5 der Absender das Recht, die zoll- oder steueramtliche Behandlung selbst zu betreiben. Selbstredend werden durch Satz 4 die Verfügungsrechte des Absenders aus § 73 nicht berührt. Satz 4 will nur besagen, daß die besondere im Satz 3 gewährte Befugnis für ihn das Recht der Inbesitznahme des Gutes oder der Vornahme der Zollbehandlung nicht begründe.

Vgl. hierzu Allg. AusfBest. Ziff. V (S. 300) und Allg. AbfVorschr. § 11 Ziff. 3.

312) Nach Abs. 5 Satz 1 steht auf der Bestimmungsstation dem Empfänger das Recht zu, die zoll- und steueramtliche Behandlung zu betreiben, wenn der Absender im Frachtbriefe nichts anderes bestimmt hat. Dies ist die einzige Ausnahme von der Regel, daß die Erfüllung der Zoll-, Steuer- und Polizeivorschriften der Eisenbahn obliegt, solange das Gut sich auf dem Wege befindet, also von der Annahme bis zur Ablieferung an den Empfänger. Der Empfänger soll schon vorher, nämlich auf der Bestimmungsstation, berechtigt sein, die zoll- und steueramtliche Behandlung mangels entgegenstehender Bestimmung im Frachtbriefe zu besorgen. Das Recht des Empfängers ist nicht von dem Verfügungsrecht abhängig, es beschränkt sich ferner auf die zoll- und steueramtliche Behandlung, erstreckt sich mithin nicht auf die Erfüllung der Polizei- und statistischen Vorschriften. Das Recht hat der Empfänger auch, wenn der Frachtbrief keinen Antrag im Sinne des Abs. 4 enthält oder

Zufuhr zum Hause des Empfängers ausdrücklich auf dem Frachtbriefe verlangt ist. Das Recht kann nur durch eine entgegenstehende Festsetzung im Frachtbriefe fortfallen.

Das Recht steht dem Empfänger auf der Bestimmungsstation zu. Bisher war bestimmt „bei der Ankunft des Gutes am Bestimmungsort". Diese Änderung kann nicht als eine Verbesserung angesehen werden. Denn während es nach der bisherigen Bestimmung klar war, wann der Empfänger sein Recht auszuüben und die Eisenbahn im Falle der Nichtausübung die Behandlung zu übernehmen hatte, ist durch die neue Bestimmung dieser Zeitpunkt zweifelhaft geworden, insbesondere, ob der Empfänger sich über die Ausübung seines Rechts sofort bei der Ankunft, wie bisher, erklären muß oder dies auch noch später, z. B. erst bei Beginn der Zollbehandlung oder im Verlaufe derselben tun darf. Da die Motive nicht darauf hinweisen, daß eine Änderung in dieser Hinsicht bezweckt sei, so ist anzunehmen, daß der Empfänger nach wie vor sofort bei der Ankunft des Gutes auf der Bestimmungsstation sein Recht wahrnehmen muß, widrigenfalls die Eisenbahn die Zoll- 2c. Behandlung zu betreiben berechtigt und verpflichtet ist (s. Satz 2). Dies ist auch allein zweckmäßig, da ein beliebig späteres Eingreifen des Empfängers zu Verwirrungen und Unzuträglichkeiten führen, auch von der Zoll- und Steuerbehörde nicht zugelassen werden würde.

Abs. 5 weist dem Empfänger nur das Recht, nicht auch die Pflicht zu, die zoll- und steueramtliche Behandlung auf der Bestimmungsstation zu betreiben, während die Eisenbahn nach Abs. 1 sowohl das Recht wie die Pflicht hierzu hat. Macht also der Empfänger — was ganz in seiner Wahl steht — von dem qu. Rechte keinen Gebrauch, so bleibt die Eisenbahn zur zoll- und steueramtlichen Behandlung bis zur Ablieferung an den Empfänger weiter berechtigt und verpflichtet. Diese Berechtigung und Verpflichtung erlischt nicht mit Ankunft des Gutes am Bestimmungsort. Um jeden Zweifel über diese streitig gewordene Frage zu beseitigen, ist — entsprechend dem Abs. 5 des Art. 5 des J.Ü. als Satz 2 die Bestimmung neu hinzugefügt, daß wenn die zoll- oder steueramtliche Behandlung weder durch den Empfänger, noch gemäß einer Erklärung im Frachtbriefe durch den Absender oder einen Dritten betrieben wird, die Eisenbahn sie zu veranlassen hat und damit auch unter ihrer Verantwortlichkeit auf Kosten des Verfügungsberechtigten einen Spediteur beauftragen kann.

Weder die Eisenbahn noch die Zollbehörde sind verpflichtet, den Empfänger zur Ausübung seines Rechtes aufzufordern, vielmehr ist es lediglich seine Sache, dasselbe geltend zu machen, sobald das Gut am Bestimmungsorte, d. h. auf der Bestimmungsstation anlangt, und zu diesem Behufe die Eisenbahn rechtzeitig davon zu unterrichten, daß er von seinem Rechte Gebrauch machen wolle.

Das Recht des Empfängers zur Besorgung der zoll- und steueramtlichen Behandlung ist, wie das Beiwohnungsrecht des Abs. 4, von dem Verfügungsrechte, d. h. von dem Eintritt des Empfängers in den Frachtvertrag abhängig. Abs. 5 gibt zwar ganz allgemein das Besorgungsrecht dem Empfänger auf der Bestimmungsstation, obwohl er zu dieser Zeit verfügungsberechtigt gemäß

Abs. 9 des § 73 noch nicht ist. Denn dies wird er erst durch Übergabe des Frachtbriefes oder Zustellung der auf Übergabe des Guts- und Frachtbriefes gerichteten Klage nach Ankunft des Gutes am Bestimmungsorte. Es muß aber angenommen werden, daß der Empfänger Rechte aus dem Frachtvertrage nicht eher ausüben, mithin auch die Zollbehandlung nicht früher übernehmen darf, als bis er in den Frachtvertrag gemäß § 73 Abs. 9, § 76 Abs. 1, 2 EVO. eingetreten ist. Bis dahin kann also auch der Absender durch nachträgliche Disposition hierüber anderweitige Bestimmung treffen.

313) Abs. 6 verweist bezüglich der Güter, welche über die Grenzen des deutschen Zollgebietes ein-, aus- oder durchgeführt werden, auf die Beachtung der reichsgesetzlichen Bestimmungen, betreffend die Statistik des Warenverkehrs und der dazu erlassenen Ausführungsvorschriften. (Es wird hinsichtlich derselben auf Anm. 306 S. 303 Bezug genommen; vgl. auch Allg. AbfVorschr. § 11 Ziff. 1ff. oben S. 302 und Gesetz, betr. die Statistik des Warenverkehrs, v. 7. II. 1906 (RGBl. S. 104) und AusfBest. und Dienstanweisung v. 9. II. 1906 RGBl. S. 137). Es ist ferner in Übereinstimmung mit Abs. 1 (S. 302) der Grundsatz ausgesprochen, daß auch die Beschaffung der nach diesem Gesetze erforderlichen Anmeldescheine in betreff der Ein-, Aus- und Durchfuhr dem Absender bzw. Empfänger — also nicht der Eisenbahn — obliegt. Es gelten mithin die bereits bei Abs. 1 S. 302 ff. erörterten Normen auch hier. Aus der grundsätzlichen Verpflichtung des Absenders ꝛc. zur Beschaffung dieser Scheine folgt, daß, wenn die Eisenbahn dieselbe übernimmt, der Absender ꝛc. die im Tarife festzusetzende Gebühr (s. Allg. Ausf.-Best. VIII S. 301) zu entrichten hat. Die Gebühr muß aber im Tarife festgesetzt sein; anderenfalls darf eine solche nicht erhoben werden. Dasselbe gilt für die bahnseitige Feststellung der Übereinstimmung solcher Anmeldescheine mit dem vorgeschriebenen Formular, welche mit dem Stempel des Kaiserlichen Statistischen Amtes nicht versehen sind.

§ 66.

Verwendung bedeckter oder offener Wagen.

(1) Der Absender ist, wenn nicht Bestimmungen dieser Ordnung oder Zoll-, Steuer- oder Polizeivorschriften oder zwingende Gründe des Betriebes entgegenstehen, berechtigt, im Frachtbriefe zu verlangen:

1. daß Güter in bedeckten Wagen befördert werden, für die der Tarif offene Wagen vorsieht;
2. daß Güter in offenen Wagen befördert werden, für die der Tarif bedeckte Wagen vorsieht [314]).

(2) Im ersteren Falle kann die Eisenbahn eine im Tarife festzusetzende höhere Fracht erheben [315]).

(3) Ob und unter welchen Bedingungen Decken für offene Wagen mietweise überlassen werden, hat der Tarif zu bestimmen [316]).

Die Bestimmungen über die Beförderung der Güter in bedeckten oder offenen Wagen, über die Frachtberechnung für Güter, die auf Verlangen des Absenders in bedeckten Wagen befördert werden und über die Überlassung von Wagendecken finden sich in Abschn. III der allgemeinen Tarifvorschriften (Teil I Abt. B). Die Deckenmiete und die Verzögerungsgebühr für verspätete Rückgabe von Decken sind im Nebengebührentarif (Teil I Abt. B) festgesetzt.

Alte EVO. § 57. J.Ü. Art. 5.

314) § 66 gewährt im Abs. 1 in betreff der Beförderung der Güter in bedeckten oder in offenen Wagen dem Absender zwei wichtige Befugnisse. Er ist, sofern nicht eine Bestimmung der EVO., oder Zoll-, Steuer- oder Polizeivorschriften oder zwingende Gründe des Betriebes entgegenstehen, berechtigt, im Frachtbriefe zu verlangen: 1. daß Güter in bedeckten Wagen befördert werden, für die der Tarif offene Wagen vorsieht, 2. daß Güter in offenen Wagen befördert werden, für die der Tarif bedeckte Wagen vorsieht.

Die Frage, ob Güter in bedeckten oder in offenen Wagen zu befördern sind, hängt sonach in erster Reihe davon ab, ob eine positive Bestimmung der EVO. (s. insbesondere Anlage zu derselben), oder Zoll-, Steuer- oder Polizeivorschriften (EVO. § 65) oder zwingende Gründe des Betriebes (s. § 67 Abs. 3 Anm. 321) die eine oder andere Art der Beförderung bedingen. Ist dies nicht der Fall, so hat der Absender das Recht, im Frachtbriefe hierüber Bestimmung zu treffen. Hat der Absender dies nicht getan oder nicht ordnungsmäßig getan (z. B. nur mündlich oder zwar schriftlich, aber nicht im Frachtbriefe), so steht der Eisenbahn die Bestimmung zu, sei es im Einzelfalle, sei es durch allgemeine tarifarische bzw. reglementarische Vorschriften (vgl. Allg. Ausf.-Best. zu § 66).

Die allgemeinen Tarifvorschriften des Deutschen Eisenbahn-Güter-Tarifs, Teil I Abt. B § 50 ff. bestimmen hierüber: Ob Güter in offen gebauten, in gedeckt gebauten oder in offen gebauten Wagen mit Decke befördert werden, regelt sich 1. in erster Reihe nach den Bestimmungen der EVO., nach polizeilichen Vorschriften oder nach zwingenden Gründen des Betriebes, 2. nach dem Verlangen der Zoll- oder Steuerbehörde, 3. nach der ausdrücklichen Vorschrift des Absenders im Frachtbriefe. Falls keine der vorstehenden Voraussetzungen zutreffen, werden A 1. Stückgüter, 2. Güter der allgemeinen Wagenladungsklasse, 3. die im besonderen Verzeichnisse aufgeführten Güter der Spezialtarife für Wagenladungsgüter in gedeckt gebauten Wagen; B 1. die in dem besonderen Verzeichnis nicht aufgeführten Güter der Spezialtarife für Wagenladungsgüter, 2. Gegenstände, welche in gedeckt gebauten Wagen durch die Seitentüren nicht verladen werden können (diese auch bei Aufgabe als Stückgut oder Eilstückgut), in offen gebauten Wagen befördert.

Verlangt der Absender in Gemäßheit des § 66 Abs. 1 Ziff. 2, daß bei Gütern, die nach dem Tarife in bedeckten Wagen befördert werden, die Beförderung in offenen Wagen stattfinde, so unterliegt er den in diesem Falle für die Eisenbahn eintretenden Beschränkungen der Haftpflicht (s. EVO. § 86 Abs. 1 Ziff. 1 Anm. 456, 457. — HGB. § 459 Abs. 1 Ziff. 1).

315) Abs. 2 berechtigt die Bahn im Falle des Abs. 1 Ziff. 1 (Verlangen des Absenders, daß die Beförderung von Gütern, für welche der Tarif offene Wagen vorsieht, in bedeckten erfolge) eine im Tarife festzusetzende höhere Fracht zu erheben. Dies rechtfertigt sich durch die Verwendung des teuereren Beförderungsmittels. Die Eisenbahn kann eine solche höhere Fracht erheben, sie ist dazu befugt, aber sie braucht es nicht. Will sie aber von ihrem Rechte Gebrauch machen, so muß die höhere Fracht im Tarife festgesetzt sein. Ohne die tarifarische Festsetzung ist ihr die Erhebung nicht gestattet. Vgl. Allg. AusfBest. zu § 66, wonach Abschn. III der Allg. Tarifvorschr. Teil I Abt. B des D. EisenbGütTar. zur Anwendung kommt.

316) Erfolgt die Beförderung, sei es nach Maßgabe der allgemeinen tarifarischen Vorschriften, sei es auf besonderes Verlangen des Absenders (Abs. 1 Ziff. 2) in offenen Wagen, so ist die Eisenbahn an sich durch die EVO. nicht verpflichtet, die offenen Wagen zum Schutze des Gutes mit Decken zu versehen oder solche dem Absender auf dessen Verlangen mietweise zu überlassen. Wohl aber verpflichtet Abs. 3 des § 66 die Eisenbahnen, im Tarife zu bestimmen, ob überhaupt Decken mietweise überlassen werden, und bejahendenfalls unter welchen Bedingungen. Der Tarif muß also hierüber irgendeine Bestimmung enthalten; aber diese Bestimmung kann sich eventuell auf den Satz beschränken, daß Decken überhaupt nicht gestellt werden. Enthält aber der Tarif die Bestimmung, daß Decken mietweise überlassen werden, so müssen zugleich auch weiter die Bedingungen im Tarife enthalten sein, unter welchen dies geschieht. Die bisherige Bestimmung, daß es hierzu des im Frachtbriefe zu stellenden Antrages des Absenders bedürfe, ist nach der Begr. (S. 111) fortgelassen, um der Eisenbahn die Grundlage zu geben, Deckenmiete auch dann zu erheben, wenn die Bedeckung zwar nicht im Frachtbriefe beantragt, aber aus Zollrücksichten erforderlich ist.

Die Allg. AusfBest. S. 312 verweisen in betreff der mietweisen Hergabe von Decken auf die Bestimmungen im Abschn. III der Allg. Tarifvorschr. Teil I Abt. B und in betreff der Deckenmiete und der Verzögerungsgebühr für verspätete Rückgabe von Decken auf die Bestimmungen des Nebengebührentarifs (Teil I Abt. B der D. EisenbGütTar.).

Die Haftung der Eisenbahn für dem Absender mietweise überlassene Decken regelt sich nach den Grundsätzen des Mietvertrages (§§ 536 ff. BGB.), wobei in Betracht kommt, daß es sich zugleich um einen Nebenvertrag des Frachtvertrages handelt (Senckpiehl, EisenbTranspGesch. 257, E. 26 89 ff. OLG. Darmstadt 7 14. A. M. Rundnagel 170). Dem steht die Entsch. des RG. vom 18. IV. 1891 E. 8 324 nicht entgegen. Hiernach haftet die Eisenbahn dem Absender für den Schaden aus mangelhaften Decken, außer wenn der Absender die Mängel beim Vertragsschluß kennt oder ohne grobe Fahrlässigkeit kennen mußte (Senckpiehl a. a. O. 92, 93, RG. 11. XI. 1905 E. 22 293, Makower 1598).

Vgl. hierzu noch Reindl, VZ. 1908 Nr 83, OLG. Kolmar E. 14 49, RG. Bolze, Prax. 12 237, Kgl. Tafel Budapest E. 24 141, Rinaldini 158.

Nicht selten wird beiderseitiges Verschulden vorliegen und § 254 BGB. Anwendung zu finden haben (Sendpiehl 94, Rundnagel 169, 170). Daß die Bedeckung offener Wagen mit Decken nicht den bedeckten Wagen in Hinsicht auf die Haftpflicht der Eisenbahn gleichsteht, vielmehr für Sendungen in offenen Wagen mit Decken dieselbe Haftpflichtbeschränkung gilt, wie für Sendungen in offenen Wagen (§ 459 Abs. 1 Ziff. 1 HGB., § 86 Ziff. 1 EVO.) ist unter Anm. 456 zum § 86 des näheren erörtert.

§ 67.

Art und Reihenfolge der Beförderung.

(1) Das Gut ist je nach dem gewählten Frachtbriefmuster als Frachtgut oder als Eilgut zu befördern [317]). Im Tarife kann mit Genehmigung der Landesaufsichtsbehörden nach Zustimmung des Reichs-Eisenbahnamts einheitlich bestimmt werden, ob und unter welchen Bedingungen Eilgut zu beschleunigter Beförderung anzunehmen ist (beschleunigtes Eilgut, Schnellzugsgut) [318]).

I. Der Antrag auf beschleunigte Beförderung von Eilgut ist durch den Eintrag „Beschleunigtes Eilgut“ im Frachtbrief unter „Zulässige oder vorgeschriebene Erklärungen“ zu stellen. Die Bestimmungen über beschleunigtes Eilgut finden sich im Abschnitt I der Allgemeinen Tarifvorschriften (Teil I Abteilung B).

II. Das Verlangen, eine Sendung nur auf einem Teile der Beförderungsstrecke als Eilgut zu befördern, ist unzulässig.

III. Zur Beförderung als Eilstückgut werden nur solche Güter angenommen, die nach Form, Umfang, Gewicht und sonstiger Beschaffenheit hierzu geeignet sind. Über die Annahme der in Anlage C verzeichneten Gegenstände als Eilstückgut vgl. die Ausführungsbestimmungen zur Anlage C.

(2) Die Eisenbahn hat die Abfertigung vorzunehmen, die nach den Tarifen den billigsten Frachtsatz und, bei gleichen Frachtsätzen über mehrere Wege, die günstigsten Beförderungsbedingungen bietet [319]). Der Absender kann im Frachtbriefe das Zoll- oder Steueramt für die zoll- oder steueramtliche Abfertigung, bei Eilgütern auch den Beförderungsweg vorschreiben. Solche Vorschriften muß die Eisenbahn beachten, sie kann aber die Fracht für den vorgeschriebenen Weg verlangen. Andere Wegevorschriften sind ungültig [320]).

IV. Wird im Frachtbrief das Zoll- oder Steueramt für die zoll- oder steueramtliche Abfertigung, bei Eilgütern der Beförderungsweg vorgeschrieben, so wird die Fracht für den vorgeschriebenen Weg erhoben.

V. Frachtbriefe mit unzulässigen Wege- oder Abfertigungsvorschriften werden dem Absender oder seinem Beauftragten zur Streichung dieser Vorschriften und unterschriftlichen Bestätigung der Streichung zurückgegeben. Ist die Rückgabe nicht tunlich, so streicht die Versandstation jene Vorschriften und bemerkt dazu: „Von Amts wegen gestrichen".

(3) Die Güter sind in der Reihenfolge zu befördern, in der sie zur Beförderung angenommen wurden, wenn nicht zwingende Gründe des Eisenbahnbetriebs oder das öffentliche Interesse eine Ausnahme rechtfertigen[321]). Eine Zuwiderhandlung gegen diese Vorschriften begründet den Anspruch auf Ersatz des daraus entstehenden Schadens[322]).

Alte EVO. §§ 51, 56. HGB. §§ 453, 471. J.Ü. Art. 5, 6.

317) Nach Abs. 1 Satz 1 erfolgt die Beförderung je nach dem gewählten Frachtbriefmuster als Frachtgut oder als Eilgut. Die Bestimmung braucht also nicht in Worten, d. h. nicht mit der ausdrücklichen Bezeichnung „Eilgut" oder „Frachtgut" zu geschehen, sondern dokumentiert sich durch das gewählte Frachtbriefmuster, indem Eilgut auf weißem Papier mit karminrotem Streifen, Frachtgut nur auf weißem Papier aufzugeben ist (s. § 55 Anm. 211 S. 215). Im Zweifel ist die Farbe allein entscheidend. Die Allg. AusfBest. II erklären das Verlangen der Beförderung nur auf einem Teile der Strecke als Eilgut für unzulässig (S. 314).

In betreff der Zulässigkeit der Beförderung der Güter (einschließlich der nur bedingungsweise zur Beförderung auf den Eisenbahnen zugelassenen Gegenstände) als Eilgut entscheidet nach pflichtmäßigem Ermessen auf Grund der gesetzlichen und der vorstehenden Bestimmungen die Güterabfertigungsstelle der Annahmestation. Die Anschlußbahnen sind zur Zurückweisung von Eilgutsendungen, welche von einer Vorbahn zur Übernahme angeboten werden, nicht befugt, es sei denn, daß ausdrückliche Vorschriften über Verpackung rc. unbeachtet geblieben wären.

318) Abs. 1 Satz 2 schafft nach der Begr. (S. 111) eine rechtliche Grundlage für die Beförderung des beschleunigten Eilguts. „Beschleunigtes Eilgut", sog. „Schnellzugsgut" ist dasjenige Gut, dessen Beförderung mit Zügen gewünscht wird, mit welchen die Bestimmungsstation am schnellsten erreicht wird. Bisher fehlte es an einer Regelung dieser Beförderungsweise in der EVO. Durch Satz 2 sind für die Beförderung als beschleunigtes Eilgut (Schnellzugsgut) als Grundsatz eingeführt, daß nur der Tarif einheitlich bestimmen kann, ob überhaupt und, gegebenenfalls, unter welchen Bedingungen Eilgut zu beschleunigter Beförderung anzunehmen ist. Es genügt also nicht die Zulassung in anderer Form, als die durch den Tarif festgesetzte. Und ferner muß die tarifarische Festsetzung einheitlich sein, sich nicht allein auf die

Zulassung überhaupt beschränken, sondern auch die Bedingungen enthalten, unter welchen diese Beförderung stattfindet. Endlich bedarf es der Genehmigung der Landesaufsichtsbehörden nach Zustimmung des Reichs-Eisenbahnamtes (Anm. 5 S. 6).

In den Allg. AusfBest. zu § 67 Ziff. I—III sind die näheren Bestimmungen über die Beförderung von beschleunigtem Eilgut (Schnellzugsgut) enthalten. Es wird zugleich in Ziff. I auf den bezüglichen Abschn. I der Allg. Tarifvorschr. (Teil I Abt. B des D. EisenbGütTar.) verwiesen (S. 314).

319) Abs. 2 trifft Bestimmung über die Abfertigung des Gutes, besonders den Beförderungsweg (Instradierung). Satz 1 stellt an die Spitze den Grundsatz, daß zwar die Eisenbahn die Abfertigung und den Beförderungsweg zu bestimmen hat, jedoch mit der Maßgabe, daß sie diejenige Abfertigung vornehmen muß, welche 1. nach den Tarifen den billigsten Frachtsatz und 2. wenn für mehrere Routen der gleiche Frachtsatz besteht, die günstigsten Beförderungsbedingungen bietet. Die bisherige entsprechende Vorschrift (§ 51 Abs. 1 l) verlangte die Wahl der Route, welche nach den Tarifen den billigsten Frachtsatz und die günstigsten Beförderungsbedingungen bietet. Dies war dann nicht ausführbar, wenn die eine Route den billigsten Frachtsatz, die andere Route die günstigsten Beförderungsbedingungen bot. Mit Recht ist in der neuen EVO. die Fassung den tatsächlichen Verhältnissen entsprechend geändert, weil sich beide Fälle nicht immer decken. Nach der neuen Fassung entscheidet bei mehreren Routen in erster Reihe der billigste Frachtsatz und, wenn mehrere Wege den gleichen Frachtsatz haben, in zweiter Reihe die günstigsten Beförderungsbedingungen (sc. für den Absender). Wenn die Eisenbahn dieser Vorschrift zuwiderhandelt und die im Verkehre erforderliche Sorgfalt nicht beobachtet, macht sie sich dem Interessenten für die nachgewiesene Differenz an Fracht und für sonstige Schäden ersatzpflichtig.

Über die Frage, ob die Bahn von Amtswegen eine Umkartierung vornehmen muß, wenn dadurch eine billigere Fracht erreicht wird vgl. RG. 21. IX. 1898 (E. 15 255). Vgl. noch E. 21 83, 23 237 und dagegen E. 19 153.

320) Von der Regel des Satzes 1, wonach die Eisenbahn die Abfertigung und den Beförderungsweg zu bestimmen hat, schafft Satz 2 des Abs. 2 zwei Ausnahmen. Erstens ist der Absender berechtigt, die Zoll- oder Steuerart für die zoll- oder steueramtliche Abfertigung vorzuschreiben, und insoweit muß die Eisenbahn den Weg nehmen, auf welchem das vorgeschriebene Zoll- oder Steueramt liegt, und zwar auch hier, wenn es mehrere Wege gibt, unter Beachtung der Bestimmungen des Satzes 1. Zweitens kann der Absender im Frachtbriefe bei Eilgütern den Beförderungsweg vorschreiben, und zwar unbedingt, gleichviel ob es der teuerere, ungünstigere 2c. Weg ist. Das Vorschreiben des Beförderungsweges bei Eilgütern war dem Absender schon bisher durch den Tarif gestattet; nunmehr wird dieses Recht durch die EVO. festgestellt (Begr.). In beiden Ausnahmefällen bedarf es aber der Vorschrift auf dem Frachtbriefe. Vorschriften in anderer Weise sind unzulässig und von der Eisenbahn nicht zu beachten. Im Satz 3 ist folgerichtig bestimmt und in den Allg. AusfBest. zum § 67 Ziff. IV ausführlicher wiederholt, daß die Eisenbahn, wenn der Absender Routenvorschriften

gemäß Satz 2 trifft, sie zwar zu beachten hat, aber auch die Fracht für den vorgeschriebenen Weg verlangen kann, also auch wenn die Fracht höher ist, als auf einem anderen, nicht vorgeschriebenen Wege. Beachtet die Eisenbahn die dem Absender gemäß Satz 2 zugelassenen Routenvorschriften nicht, so hat sie dem Absender für alle nachteiligen Folgen aufzukommen, die ihm aus der Nichtbefolgung der Vorschrift entstehen (vgl. noch Reindl, VZ. 1898 Nr. 76 S. 1165, 1899 Nr. 14 S. 213, Nr. 39 S. 681 und Hannover, eod. S. 449). Die Vorschriften des Absenders sind im Frachtbriefe in der Rubrik „Vorgeschriebene oder zulässige Erklärungen" zu machen.

Satz 4 bekräftigt die Regel des Satzes 1, daß andere Vorschriften als die im Satz 2 enthaltenen, ungültig sind. Sie sind von der Eisenbahn nicht zu befolgen, ihre Nichtbeachtung macht sie nicht schadensersatzpflichtig, sie kann im Gegenteil aus der Befolgung derselben verantwortlich werden. In den Allg. AusfBest. zu § 67 Ziff. V wird bestimmt, wie die Eisenbahn mit unzulässigen Vorschriften verfahren soll. Sie hat die Frachtbriefe zur Streichung der betreffenden Vorschriften zurückzugeben und, wo dies nicht tunlich, selbst die Streichung unter entsprechendem amtlichen Vermerk zu bewirken.

Die Allg. AbfVorschr. § 22 Ziff. 2, 4, 5 u. 6 bestimmen hierzu: „Nach § 67 Abs. (²) EVO. kann der Absender bei allen Sendungen, die einer zoll- oder steueramtlichen Abfertigung unterliegen, die Station vorschreiben, auf der diese Abfertigung vorgenommen werden soll. Diese Vorschrift ist selbst dann zu beachten, wenn sich auf dieser Station keine Zoll- oder Steuerstelle befindet und daher die Abordnung eines Zoll- oder Steuerbeamten dorthin erforderlich wird. Der Absender kann ferner bei Eilgütern den Beförderungsweg vorschreiben, auch diese Vorschrift ist für die Eisenbahn verbindlich. Dagegen dürfen Wegevorschriften, die nach vorstehendem nicht ausdrücklich zugelassen sind, nicht berücksichtigt werden; hierbei ist die AusfBest. V zu § 67 EVO. zu beachten. Wenn der Absender den Beförderungsweg nicht vorgeschrieben hat, oder der von ihm vorgeschriebene Weg nach den vorstehenden Bestimmungen nicht zu beachten ist, so ist das Gut auf dem in den Tarifen oder Leitungsvorschriften angegebenen Wege zu befördern. Jede Sendung ist von der Versandstation bis zu der im Frachtbriefe bezeichneten Bestimmungsstation unmittelbar abzufertigen, wenn direkte Tarife vorhanden sind und nicht tarifarische Bestimmungen oder Steuervorschriften Abweichungen bedingen. Anderenfalls ist in der Regel die Abfertigung auf die in der Beförderungsrichtung weitestgelegene Station, nach der direkte Sätze vorhanden sind, oder auf die in der Beförderungsrichtung nächstgelegene Station, von der nach der Bestimmungsstation direkte Tarife bestehen, zu bewirken, die dann die Sendung weiter abzufertigen hat."

821) Abs. 3 Satz 1 gibt der Verpflichtung der Eisenbahn Ausdruck, in betreff der Beförderung der Güter keinen Absender vor dem anderen zu bevorzugen, d. h. die Beförderung der Güter in der Reihenfolge stattfinden zu lassen, in welcher sie zur Beförderung angenommen worden sind, sofern nicht zwingende Gründe des Eisenbahnbetriebs oder das öffentliche Interesse eine Ausnahme rechtfertigen. Abs. 3 Satz 1 wiederholt hierbei wörtlich die Vorschrift des § 453 Abs. 3 HGB. (Schott 482,

Endemann, R. d. E. 531). Die Absicht der Bestimmung geht dahin, die gleichmäßige Ausübung der Beförderungspflicht zu sichern; es soll die Beförderung des Einen nicht zu Gunsten des Anderen rechtswidrig aus persönlichen Gründen verzögert werden. Sowohl ausnahmsweise frühe wie späte Beförderung der Güter einzelner Absender ist verboten (Coermann, E. 22 324, Makower 1580). Hierbei kommt nicht allein die eigentliche Beförderung, die Fortbewegung der Güter, in Betracht, sondern Annahme, Verwahrung, Beförderung und Ablieferung, überhaupt jeder zur Eingehung und Ausführung der Frachtverträge erforderliche Akt (Puchelt II 555, v. Hahn II 713 § 23). Daher bezieht sich der Abs. 3 nicht allein auf bereits abgeschlossene Frachtverträge, sondern auch auf das Verhältnis der Annahme der Anmeldungen von Gütern, auf die Vertragsofferten. Und aus diesem Grunde haben die in einstweilige Verwahrung genommenen Güter (§ 64 Abs. 1 EVO.) den Vorrang vor später zur Beförderung angenommenen, sobald die Beförderung der ersteren möglich ist. (Zutreffend Makower 1580, Düringer-Hachenburg Anm. 5. A. M. Staub Anm. 14, Lehmann-Ring Nr. 15 zu § 453 HGB.) Würde man dies nicht annehmen, dann könnten die Eisenbahnen bereits bei der Annahme (HGB. § 453 Abs. 2, EVO. § 3) in betreff der Reihenfolge willkürlich verfahren und die Absicht des § 453 Abs. 3 HGB., § 67 Abs. 3 EVO. illusorisch machen.

Der Grundsatz, daß die Priorität über die Zeit der Beförderung entscheidet, erleidet nur insoweit eine Ausnahme, als die vorstehenden, vom HGB. bzw. der EVO. besonders bezeichneten Gründe sachlich — nicht persönlich — eine Bevorzugung bedingen.

Der erste Grund liegt hiernach in zwingenden Gründen des Eisenbahnbetriebs, nicht in beliebigen, sondern der ratio legis nach in solchen, welche durch die allgemeine wirtschaftliche Betriebsweise der Bahnen geboten sind und Abweichungen von der Beförderung nach Maßgabe der Reihenfolge bedingen, z. B. wenn für einzelne Verkehre (Transit-, Lokal-, Verbandsverkehr) oder für einzelne Güterarten (Kohlen, Getreide, Explosivstoffe 2c.) bestimmte Güterzüge eingerichtet oder für die einzelnen Güterzüge ein für allemal bestimmte Anordnungen getroffen sind, und die Abfertigung der bezüglichen Güter dementsprechend geschieht; wenn gewisse Arten von Gütern nach besonderen Tarifvorschriften schneller als andere Güter befördert werden (leicht verderbliche, insbesondere frische Früchte, Gemüse, Fische 2c.), wenn andere Arten von Gütern mit Personenzügen überhaupt nicht befördert werden oder von der Beförderung als Eilgut ausgeschlossen sind oder bestimmte Güter nur an gewissen Tagen mit den dazu bestimmten Zügen befördert werden. Es gehören hierher überhaupt alle Einrichtungen, welche aus rationell wirtschaftlichen Gründen bezwecken, Güter verschiedener Art, welche verschiedene Beförderungsmittel erfordern (Kalk-, Vieh-, Kohlenwagen), nach Maßgabe des regelmäßigen Gebrauchs der letzteren zu befördern, so daß danach ein später aufgegebenes Gut ohne jede parteiische Begünstigung schneller zur Beförderung gelangt, als ein früher aufgegebenes (Keyßner 181, Ruckdeschel 101, Schott 482). Nur müssen die bezüglichen Einrichtungen allgemeiner Natur, d. h. unter gleichen Voraussetzungen allen Absendern zugänglich sein

(v. Hahn II 712 § 20, Lehmann-Ring § 453 Anm. 15, Janzer-Burger 147). Hierher sind ferner auch die Umstände zu rechnen, welche sich aus dem Bau, den Anschlüssen, dem Rechte der Ausnutzung fremder Wagen und den mit der Verwendung derselben verbundenen Beschränkungen rc. ergeben und auf die Zeit der Beförderung von Einfluß sind (Schott 482, Endemann, R. d. E. 532).

Der zweite Grund beruht im öffentlichen Interesse im Gegensatz zum Privatinteresse, und zwar im weitesten Sinne, also vornehmlich im Interesse der Landesverteidigung während der Mobilmachung und des Krieges, nicht aber in Friedenszeiten im Interesse gewöhnlicher Militärbeförderungen, ferner im Interesse des Gemeinwohls bei Hungers-, Wassers- oder Feuersnot, bei Aufständen rc. (v. Hahn II 712 § 22, Endemann, R. d. E. 532). Nicht jedes öffentliche Interesse kann jedoch eine Beförderungsbevorzugung in Anspruch nehmen, denn anderenfalls würden überhaupt alle Staats- rc.-Beförderungen den Privatbeförderungen vorgehen müssen, was nicht in der ratio legis liegt, es muß vielmehr ein derartig zwingendes öffentliches Interesse vorhanden sein, daß die Bevorzugung dadurch geboten und gerechtfertigt erscheint. Die Postsendungen sind deshalb nicht hierher zu rechnen, weil der Postverwaltung ein besonderer gesetzlicher Anspruch auf Beförderung in allen regelmäßigen Zügen verliehen ist (Art. 1 des Reichsges. vom 20. XII. 1875). Daß die zum eigenen Betriebsbedarfe erforderlichen Materialien (Kohlen, Öl rc.) von der Bahn zuerst befördert werden dürfen, liegt in der Natur der Sache, da ohne Vorhaltung dieser Materialien die Beförderung der Güter Dritter überhaupt nicht möglich sein würde (Ruckdeschel 102, Wehrmann 84).

322) Die Pflicht der Eisenbahn aus Abs. 3 Satz 1 ist nicht nur öffentlichrechtlicher Natur und im Wege der Beschwerde bei den Aufsichtsbehörden verfolgbar (Schott 483, Endemann, R. d. E. 535), sondern zugleich dadurch zu einer privatrechtlichen Verbindlichkeit gemacht, daß nach § 453 Abs. 4 des HGB. und in Übereinstimmung damit nach Satz 2 Abs. 3 § 67 EVO. Zuwiderhandlungen gegen dieselbe den Anspruch auf Ersatz des daraus entstehenden Schadens begründen, und zwar nach dem Rechte des Ortes, wo die Zuwiderhandlung, Beförderungsverweigerung rc. stattgefunden hat (E. 20 350, 21 47). Jede derartige Zuwiderhandlung involviert die Verletzung einer gesetzlichen Pflicht (obligatio ex lege), nicht nur eine Vertragsverletzung, und begründet daher die daraus gegebene gesetzliche Schadensklage (v. Hahn II 713, Thöl III 152, 155, Rosenthal 48). Die Zuwiderhandlung braucht daher auch nicht auf Vorsatz oder grobem Verschulden zu beruhen; zur Begründung des Schadensanspruches genügt vielmehr die Tatsache der Zuwiderhandlung (Makower 1581, Düringer-Hachenburg Anm. VI. Unzutreffend: Puchelt II 566 Nr. 12, Staub Anm. 15, Lehmann-Ring Nr. 16, Eörmann E. 22 326, Janzer-Burger 147). Alle derartigen Zuwiderhandlungen begründen den Anspruch auf Ersatz des daraus entstehenden Schadens. Der Anspruch ist unbeschränkt für allen Schaden gegeben, erstreckt sich also gemäß §§ 249, 251, 252 BGB. sowohl auf den wirklichen Schaden, wie auf den entgangenen Gewinn (Thöl III 152, 153, Endemann 535, E. 21 47). Der Beweis der Zuwiderhandlung, ferner der Existenz und der Höhe

des Schadens, sowie des Kausalnexus zwischen der Zuwiderhandlung und dem Schaden liegt dem Betroffenen ob, der den Schadensanspruch erhebt.

Die Begründung der Klage bietet dadurch Schwierigkeiten, daß der Kläger die Voraussetzungen der Beförderungspflicht beweisen muß, welche sich aus § 453 HGB. ergeben, und dieser Beweis häufig die Kenntnis interner Verhältnisse der Eisenbahn bedingt, die der Kläger nur schwer erlangen kann (Wehrmann 84). Ebenso bietet der Beweis der Existenz eines Schadens und der Höhe desselben hier besondere Schwierigkeiten. Indes darf dieser Umstand nicht etwa dazu führen, die allgemeinen Regeln der Beweislast zu verschieben und den Beweis an Stelle des Klägers der verklagten Eisenbahn aufzuerlegen (v. Hahn II 701, 714. A. M. Schott 483).

Der bisherige Abs. 5 des entsprechenden § 56 der EVO., wonach die Eisenbahn Maßregeln zur Feststellung der Reihenfolge bei der Güterabfertigung zu treffen hat, ist nach der Begr. (S. 111) weggelassen, weil solche Maßregeln bei dem jetzt allgemein üblichen Abfertigungsverfahren schwer durchführbar, aber auch entbehrlich sind. Diese Streichung kann nicht gebilligt werden, sie bildet, da der an sich schon sehr schwierige Nachweis der Nichtbeobachtung der Reihenfolge seitens der Bahn, dem Absender bei Erhebung eines Schadensanspruches obliegt, eine erhebliche Verschlechterung der Lage des Publikums. Der Umstand, daß die Maßnahme für die Eisenbahn schwer durchführbar ist, rechtfertigt nicht, daß nunmehr dem Absender die Möglichkeit, jenen Nachweis zu erbringen, in den meisten Fällen überhaupt genommen wird. Auch ist nicht ersichtlich, daß die qu. Maßregeln entbehrlich sind. Sie waren bisher durchführbar und im Interesse der Absender zweckmäßig und wichtig. Es lag kein ausreichender Grund vor, diese für das Publikum wichtige Bestimmung zu streichen.

§ 68.

Berechnung der Fracht, Nebengebühren und Auslagen [323]).

(1) Die tarifmäßigen Beträge für Fracht und für die in dieser Ordnung oder im Tarife zugelassenen Nebengebühren sind von der Eisenbahn in den Frachtbrief einzutragen [324]).

I. Die Grundsätze für die Frachtberechnung, die Güterklassifikation und den Nebengebührentarif enthält Teil I Abt. B.

(2) Außer diesen Beträgen darf die Eisenbahn nur bare Auslagen in Rechnung stellen, z. B. von ihr bezahlte Aus-, Ein- oder Durchgangsabgaben, Kosten für Überführung, Ausgaben für notwendige Ausbesserungen oder für andere Arbeiten zur Erhaltung des Gutes [325]). Auch diese Beträge sind unter Beifügung der Beweisstücke im Frachtbrief ersichtlich zu machen [326]).

(3) Die Eisenbahn darf für bare Auslagen die tarifmäßige Gebühr (Provision) erheben; ausgenommen sind die von der Eisenbahn verauslagten Rollgelder, die Fracht, die Nebengebühren und die Beträge für Porto und Frachturkundenstempel [327]).

II. Die Provision ist im Nebengebührentarif (Teil I Abt. B) festgesetzt.

III. Die Provision für bare Auslagen und die Nachnahmeprovision (vgl. § 72, AusfBest. IV) werden getrennt berechnet. Erwachsen für eine Sendung auf mehreren Stationen bare Auslagen, so wird die Provision von jeder Station gesondert berechnet.

IV. Bei Umbehandlung einer Sendung oder bei Änderung der Bestimmungsstation auf nachträgliche Verfügung des Absenders wird die Provision für bare Auslagen nicht nochmals erhoben.

V. Provisionsfrei sind auch die Gebühren für Ausfüllung der Frachtbriefe und für Signierung der Frachtstücke, wenn der Rollfuhrunternehmer die Ausfüllung oder Signierung im Namen der Eisenbahn besorgt.

VI. Für die von der Eisenbahn entrichteten Zoll- oder Steuerbeträge wird keine Provision erhoben, wenn der Absender den voraussichtlichen Betrag bei der Versandstation hinterlegt hat, und diese einer deutschen Verwaltung untersteht.

VII. Die von der Eisenbahn verauslagten Beträge für statistische Gebühren sind provisionsfrei.

Alte EVO. § 60. J.Ü. Art. 11 Abs. 2, 3.

323) Der Frachtvertrag ist seinem Wesen nach ein entgeltlicher Vertrag. Die Eisenbahn verpflichtet sich dem Absender gegenüber zur Beförderung des Gutes an eine dritte Person, den Empfänger, gegen Entgelt. Das Entgelt besteht in dem eigentlichen Beförderungspreise, der Fracht, welcher noch die Vergütung für besondere Leistungen (Nebengebühren) und der Ersatz der aufgewendeten baren Auslagen hinzutreten. Die Fracht wird nach den von der Eisenbahn aufzustellenden Tarifen berechnet, welche zu ihrer Gültigkeit der Veröffentlichung bedürfen (§ 6 Abs. 1 u. Anm. 21, 22).

Nach den Allg. AusfBest. I sind die Grundsätze für die Frachtberechnung, die Güterklassifikation und den Nebengebührentarif im Teil I Abt. B des Eisenb-Güt.-Tar. enthalten (Allg. AbfVorschr. § 16 Ziff. 1).

324) Abs. 1 des § 68 trifft die bisher nur in den Abfertigungsvorschriften enthaltene Bestimmung, daß die tarifmäßigen Beträge für Fracht und für die in der EVO. oder im Tarife zugelassenen Nebengebühren von der Eisenbahn in den Frachtbrief einzutragen sind (Begr.).

1. Die Berechnung der Fracht nach den Bestimmungen der Tarife liegt der Güterabfertigungsstelle der Versandstation ob, nachdem der Absender den Frachtbrief mit den im § 56 EVO. vorgeschriebenen Angaben ausgefüllt hat und deren Prüfung (Inhalt, Gewicht rc.) gemäß § 55 durch die Güterabfertigungsstelle erfolgt ist. Diese hat sich zur Berechnung der auf der rechten Seite des Frachtbriefformulares befindlichen schwarz umrahmten Rechnung (Note) zu bedienen, wobei zuerst die aufgegebene Nachnahme in die Note zu übertragen und die Provision dafür auszuwerfen, demnächst die eigentliche Fracht unter Angabe des Einheitssatzes für 100 kg nebst dem Frachtzuschlage für das Interesse an der Lieferung zu berechnen, und zuletzt die etwa zur Erhebung kommenden Nebengebühren auszuwerfen sind. Die Güterabfertigungsstelle ist verpflichtet, dafür zu sorgen, daß die Rechnung (Note) des Frachtbriefs sowohl die bei der Frankierung erhobenen, als auch die sämtlichen vom Empfänger einzuziehenden Beträge deutlich und vollständig nachweist; die Frachten sind in dem Frachtbriefe genau auszuwerfen, damit dem Empfänger nicht die Möglichkeit entzogen wird, eine Prüfung der in Ansatz gebrachten Frachten vorzunehmen. (Erl. d. Pr. HandMin. v. 28. Juni 1873, II 12245). Insbesondere darf der Einheitsfrachtsatz und bei gebrochener Kartierung der Vermerk der Stationen, bis zu welcher die einzelnen Sätze, aus welchen sich die Gesamtfracht zusammensetzt, berechnet werden, nicht fehlen. (Reskr. des REA. v. 8. XII. 1874, Nr. 8967). Dagegen soll der Frachtbrief zu anderen, als den reglementarisch zulässigen Aufzeichnungen nicht benutzt werden (z. B. zur Ausrechnung von Frachtbeträgen), da seine Beweisfähigkeit dadurch beeinträchtigt wird. (Reskr. des REA. v. 3. IV. 1876 Nr. 3174 und des Pr. HandMin. v. 8. V. 1876, II 7765, V. 3922. Allg. AbfVorschr. § 10). Über die Rechtsfolgen irrtümlicher (zu hoher oder zu niedriger) Frachtberechnung s. § 70 Abs. 1 Anm. 335 ff. S. 333 ff. Zur Fracht gehört auch der tarifmäßige Frachtzuschlag für das deklarierte Interesse an der Lieferung (EVO. § 92 Anm. 490).

Für die Frachtberechnung kommen lediglich die Frachtsätze der zur Zeit des Abschlusses des Frachtvertrages (§ 60 EVO.) ordnungsmäßig veröffentlichten Tarife zur Anwendung. Weder darf also die Eisenbahn die während der nur vorläufigen Lagerung des Gutes in ihren Räumlichkeiten (§ 64 EVO.) geltenden höheren Sätze verlangen, noch der Zahlungspflichtige die Berechnung nach den damals etwa geltenden niedrigeren Sätzen beanspruchen (vgl. über den Zeitpunkt der Rechtsgiltigkeit der anzuwendenden Tarife: § 6 Anm. 20 u. Schlesinger, VZ. 1897 Nr. 82 S. 785 ff.).

Die Allg. AbfVorschr. § 16 Ziff. 2, 3 u. 11 bestimmen erläuternd: Werden Güter aufgeliefert, deren Umfang und Menge es zweifelhaft erscheinen lassen, ob die Berechnung der Stückgutfracht oder der Wagenladungsfracht sich günstiger stellt, so ist der Aufgeber ausdrücklich zu befragen, ob die Abfertigung als Stückgut oder als Wagenladung erfolgen soll. Nötigenfalls ist der Aufgeber über die Verschiedenheit der Frachtberechnung zu belehren und darauf hinzuweisen, daß die Abfertigung als Stückgut von Erfüllung der für die Stückgutbeförderung vorgeschriebenen Bedingungen, Signierung der einzelnen Frachtstücke, ihre Bezeichnung mit der Bestimmungsstation, Verpackung usw. abhängig ist. Wurde verabsäumt, den Absender hiernach zu befragen, und ist dies in Kürze nicht nachzuholen, lassen auch sonst die begleitenden Umstände nicht die bestimmte Absicht des Absenders erkennen, die eine oder die andere Abfertigungsart zu wählen, so ist stets die Wagenladungsfracht zu berechnen, wenn die Sendung tatsächlich nur in einen Wagen verladen ist, und wenn die Stückgutfracht sich teurer stellt, als die Wagenladungsfracht nebst Wiege- und etwaiger Ladegebühr und Frachturkundenstempel. Verlangt der Absender mittels schriftlichen Antrages im Frachtbriefe die Verwendung eines besonderen Wagens, obwohl die Fracht nach der Stückgutklasse billiger wäre, als die zu berechnende Wagenladungsfracht, so ist in der Rechnung des Frachtbriefs zu vermerken: „Besonderer Wagen vom Aufgeber verlangt". Die Frachtberechnung für Militärgut hat nach den Bestimmungen der Militäreisenbahnordnung und den dazu erlassenen besonderen Dienstvorschriften (vgl. Kundmachung 9) zu erfolgen. Sendungen der Militärdienststellen an Zivilpersonen oder an nichtmilitärische Strafanstalten, oder umgekehrt, unterliegen den gewöhnlichen Gütertarifen, sofern nicht der Frachtbrief mit dem im § 32 Ziff. 11 der Militäreisenbahnordnung vorgeschriebenen Vermerke versehen ist. Vgl. nach Ziff. 4 (Wagenladung aus Gütern verschiedener Tarifklassen), Ziff. 5 (Gestellung bedeckter Wagen statt offener), Ziff. 6 (Berechnung der Deckenmiete), Ziff. 10 (Umladung zc. wegen Überschreitung des Lademaßes), Ziff. 6 (Gebühr für die Angabe des Interesses an der Lieferung).

2. Die Erhebung von Nebengebühren, d. h. von Vergütungen für besondere Leistungen aller Art ist gestattet, insofern dieselben im Tarife vorgesehen sind, weil hierin die Garantie behördlicher Prüfung und Genehmigung, sowie gleichmäßiger Anwendung auf alle Beteiligten liegt. Es dürfen daher auch nicht Gebühren für Leistungen (z. B. für Auf- und Abladen zc.) erhoben werden, die tatsächlich nicht vorgenommen worden sind. Nicht im Tarife vorgesehene Vergütungen dürfen nicht erhoben, dem ungeachtet erhobene also zurückgefordert werden (§ 70 Abs. 1 Anm. 335 ff.). Die Nebengebühren bedürfen, wie die Frachtsätze selbst, der für die Tarife vorgeschriebenen gehörigen Veröffentlichung. Solange dieselbe nicht ordnungsmäßig erfolgt ist, darf eine Vergütung nicht erhoben werden. Die Art der „besonderen Leistungen" ist je nach der Lage der in Betracht kommenden konkreten Verhältnisse verschieden. Die gewöhnlich in den Tarifen vorgesehenen besonderen Vergütungen (Gebühren) erstrecken sich auf Abstempelung der Frachtbriefformulare, Ausfüllungsgebühr, Verkaufspreis der Formulare, Signieren der Kolli, Wägegeld, Zählgebühr, Nachnahmeprovision (§ 72 Abs. 7 Satz 1 Anm. 350), Kosten der Vorbereitung der Beförderung, Auflieferung, Umexpedition, Umladung, Wiederausladung bei zeitweiser Beförderungsverhinderung, Lager- und Standgelder, Reugeld (Vergütung an Fracht für die Teilstrecke), Deckenmiete, Rollgelder (für Abholung und Überbringung), Entschädigungsgelder für Überladung der Wagen, Auf- und Abladegebühren, Krangeld, Gebühren für die Besorgung der steuerlichen Abfertigung und Desinfektion. Jedoch ist die Zahl der besonderen Leistungen dadurch nicht erschöpft und kann nach der Entwicklung und den Bedürfnissen des Verkehrs sich vermehren.

325) Satz 1 Abs. 2 des § 68 bestimmt — im wesentlichen dem bisherigen Abs. 2 des § 60 entsprechend — daß „außer diesen Beträgen", d. h. der tarifmäßigen Fracht und den in der EVO. oder im Tarife zugelassenen Nebengebühren (Abs. 1), „nur bare Auslagen" von der Eisenbahn in Rechnung gestellt werden dürfen, und zwar diese auch wenn sie, wie es in der Natur der Sache liegt, in den Tarifen nicht vorgesehen sind, da sich nicht voraussehen läßt, welcher Art und welchen Umfanges die notwendig werdenden Barauslagen sein werden, tarifmäßige Normalsätze sich also dafür füglich nicht bilden lassen (Endemann, R. d. E. S. 638, Thöl III 126, Schott 379). Der Eisenbahn liegt hierbei der Beweis der wirklichen Verauslagung, sowie der Notwendigkeit, Nützlichkeit und Angemessenheit der Auslagen ob (Ruckdeschel 79, Epstein 60). Unter den notwendig oder nützlich aufgewendeten Auslagen und Kosten zum Zwecke der Versendung können nur solche verstanden werden, welche durch die übliche Art der Versendung und das übliche Maß der hierfür erforderlichen Aufwendungen ihre Rechtfertigung finden. Es handelt sich dabei um die Bestreitung der Kosten und Auslagen für die Beförderungshandlungen. Die Kosten und Auslagen müssen objektiv aus diesen hervorgehen, resp. in denselben ihren rechtmäßigen Grund haben (ROHG. 20 87). Das bloß faktische Hervortreten von Ansprüchen, welche sich der Ausführung oder Fortführung der Beförderung hindernd entgegenstellen, genügt nicht. Daher gehören z. B. Ansprüche aus der Beschädigung von Wagen durch das Gut rc. nicht hierher (E. 20 64) und können nicht nach § 68 Abs. 2 EVO. erhoben werden (E. 20 163). § 68 Abs. 2 führt eine Reihe der gewöhnlichen baren Auslagen an, jedoch nur beispielsweise und ohne damit den Kreis dieser Auslagen irgendwie zu begrenzen. Es sind dies in erster Reihe die Aus-, Ein- und Durchgangsabgaben, überhaupt alle Zoll- und Steuergefälle, welche die Bahn vorschriftsmäßig verlegt hat (vgl. Ruckdeschel 79, Schott 379). Selbst wenn in dem Frachtbriefe derartige Auslagen nicht vermerkt sind und das Gut an den Empfänger ohne deren Erstattung ausgeliefert ist, ist dieser zur Nachzahlung verpflichtet und kann sich nicht mit dem Einwande schützen, es sei auf dem Frachtbriefe diese Auslage nicht notiert gewesen; auch nicht damit, daß der Zoll zu Unrecht erhoben worden sei (E. 18 34). Denn durch die Bezugnahme des Frachtbriefs auf die EVO. ist er zur Erstattung aller Barauslagen verpflichtet, auch wenn sie sich nicht aus dem Frachtbriefe direkt ergeben, und überdies sind Zoll- und Steuergefälle gesetzlich vorgeschriebene Zahlungen, deren Verlegung dem Empfänger an sich bekannt sein muß. Ferner gehören hierher die Kosten für Überführung, Ausgaben für notwendige Ausbesserungen, welche zur Enthaltung der Güter infolge ihrer eigenen äußeren oder inneren Beschaffenheit erforderlich werden, desgleichen gehören aber auch hierher die Ausgaben für andere infolge der Beschaffenheit des Gutes oder höherer Gewalt notwendig gewordene Erhaltungskosten, z. B. Umstechen, Umschütten feucht oder heiß gewordenen Getreides (Begr. S. 111), Vergraben (Kartoffeln, Rüben) gegen Frost, Umpacken, Umfüllen gegen Gärung rc., ferner Ausbessern mangelhafter Verpackung, Versicherungsgebühren, statistische Gebühren, auf das Gut geleistete Vorschüsse und Nachnahmen, Kosten der Ausführung der im § 73 Abs. 1 EVO. vorgesehenen

nachträglichen Verfügungen des Absenders — insoweit die Verfügung nicht etwa durch eigenes Verschulden der Eisenbahn veranlaßt worden ist (§ 73 Abs. 8 Anm. 364) — sowie die Kosten der Avisierung (Telegrammgebühr, Botenlohn, Postporto ꝛc. Allg. AbfVorschr. § 34). Nicht aber können die Eisenbahnen die gewöhnlichen Konservierungskosten des Gutes erstattet verlangen, welche nicht durch die besondere Beschaffenheit ꝛc. des Gutes bedingt sind, z. B. Bewachung, Begleitung der Güter, Befestigung durch Hölzer, Stricke, Strohseile gegen die rüttelnden Bewegungen der Wagen ꝛc.

Auch für bare Auslagen der Eisenbahn ist die Berechnung einer Provision gestattet (s. § 68 Abs. 3 Anm. 327).

326) Abs. 2 Satz 2 des § 68 schreibt in bezug auf die vorbezeichneten baren Auslagen zweierlei vor: 1. Diese Auslagen sind in dem Frachtbriefe ersichtlich zu machen, und 2. es sind dem Frachtbriefe die Beweisstücke darüber beizufügen (Allg. AbfVorschr. § 16 Ziff. 1 Satz 2). Da diese baren Auslagen der Natur der Sache nach nicht in die Tarife aufgenommen werden können und daher der behördlichen Prüfung und Feststellung entbehren, so bedurfte es anderer Maßnahmen zum Schutze des Publikums gegen willkürliche Anrechnung derartiger Auslagen. Diese Schutzvorschriften enthält Satz 2.

1. Zunächst sind die baren Auslagen im Frachtbriefe ersichtlich zu machen; also nicht in einer besonderen Anlage, sondern im Frachtbriefe, d. h. in der Frachtberechnung selbst; jedoch nicht als Nachnahmen, denn solche darf nur der Absender ꝛc., nicht die Bahn, auf das Gut legen. Auch ist die Nachnahme auf den Wert des Gutes beschränkt (§ 72 Abs. 1 Anm. 344), während die Erhebung der Auslagen Sache der Eisenbahn und von dem Werte des Gutes unabhängig ist. Die Auslagen bilden vielmehr einen integrierenden Teil der Gesamtfracht und haben nicht den Charakter der Nachnahme.

2. Sodann sind dem Frachtbriefe die Beweisstücke beizufügen, und zwar sowohl über die faktisch erfolgte Ausgabe wie über ihre Notwendigkeit und Angemessenheit (durch Fakturen, Rechnungen, Quittungen, Preislisten, Sachverständigen-Gutachten ꝛc.). Diese Beweisstücke gehören zu denjenigen Schriftstücken, deren Beifügung zum Frachtbriefe hiermit ausdrücklich für statthaft erklärt ist (§ 56 Abs. 9 EVO. Anm. 238 S. 235, 236).

327) Abs. 3 des § 68 bestimmt — entsprechend dem § 62 Abs. 2 der bisherigen EVO., — daß der Eisenbahn auch für bare Auslagen (Abs. 2) die Erhebung der tarifmäßigen Gebühr (Provision) gestattet ist. Auch diese muß also im Tarife bestimmt sein (s. Satz 1 l. c. und oben Anm. 324 S. 323). Unter den „baren Auslagen" sind die im § 68 Abs. 2 EVO. (s. oben S. 324) bezeichneten Auslagen zu verstehen (Schott 418 Anm. 31, Thöl III 128 Anm. 6, Endemann 639). Abs. 3 schließt aber von der Provisionspflichtigkeit ausdrücklich aus: die von der Eisenbahn verauslagten Rollgelder, die Fracht, die Nebengebühren und die Beträge für Porto und Frachturkundenstempel. Alle diese Beträge sind provisionsfrei (vgl. auch Thöl III 129, Schott 419, Endemann 638).

Nach dem entsprechenden § 62 Abs. 2 Satz 3 der bisherigen EVO. waren auch die Rollgelder der von der Bahnverwaltung bestellten Fuhrunternehmer für provisionsfrei erklärt. Dies ist im Interesse einer gleichmäßigen Behandlung aller Spediteure geändert. Es sollen auch die von den Bahnspediteuren nachgenommenen Kosten für die Anfuhr von Gütern ihrer Privatkunden fortan gebührenpflichtig werden. Diese Regelung entspricht einem langjährigen, nicht unbilligen Wunsche der Privatspediteure (Begr. S. 111, 112).

Der Frachturkundenstempel wird nicht für die bloße Ausstellung des Frachtbriefs, sondern für die Versendung des Gutes erhoben. Liegt dieser ein Kaufgeschäft zugrunde, so fällt, da die Versendungskosten der Käufer zu tragen hat, diesem der Stempel zur Last (RG. 28. II. 1908, RGZ. 68 43, E. 24 398).

Nach Ziff. IV—VII der Allg. AusfBest. zu § 68 (S. 321) wird auch in den dort angeführten Fällen keine Provision erhoben.

§ 69.

Zahlung der Fracht.

(1) Bei Gütern, die nach dem Ermessen der Versandbahn schnell verderben oder deren Wert die Fracht nicht sicher deckt, kann Vorausbezahlung der Fracht verlangt werden. Die Eisenbahn ist ferner berechtigt, bei Sendungen, die zu ermäßigten Frachtsätzen (Ausnahmetarifen) befördert werden sollen, im Tarife zu bestimmen, ob die Fracht bei Aufgabe des Gutes zu bezahlen oder ob sie auf den Empfänger zu überweisen ist[328].

I. Für Güter, die schnell verderben oder deren Wert die Fracht nicht sicher deckt, muß die Fracht vorausbezahlt werden, sofern nicht dem Absender von der Verwaltung der Versandbahn die unfrankierte Auflieferung gestattet worden ist. Als solche Güter sind z. B. anzusehen: Eis, frische Fische, frisches Fleisch, frisches Gemüse, gebrauchte leere Kisten, Körbe und Ballons in Körben, geschlachtetes Geflügel, Hefe, lebende Pflanzen, Seeschaltiere, Wildbret, ferner frisches Obst bei Aufgabe in der Zeit vom 1. Oktober bis zum 30. April.

II. Wegen der Vorausbezahlung der Fracht für lose Privatwagendecken vgl. Abschn. IV der allgemeinen Tarifvorschriften (Teil I Abt. B). Im übrigen ist in den Tarifteilen II bestimmt, ob für Sendungen, die nach Ausnahmetarifen abgefertigt werden sollen, die Fracht vorauszubezahlen ist.

(2) In allen anderen Fällen hat der Absender die Wahl, ob er die Fracht bei Aufgabe des Gutes bezahlen oder auf den Empfänger überweisen will. Es ist gestattet, auf die Fracht einen beliebigen Teil anzuzahlen[329].

III. Der Teil der Fracht, der angezahlt werden soll, muß in einer bestimmten Summe angegeben werden.

(3) Will der Absender die Fracht bezahlen, so hat er dies im Frachtbrief an der vorgeschriebenen Stelle zu erklären (Freivermerk) [330].

(4) Fügt der Absender dem Freivermerke keine Einschränkung bei, so verpflichtet er sich zur Bezahlung der ganzen Fracht einschließlich aller Nebengebühren und Auslagen, die auf der Versandstation bis zur Annahme des Gutes erwachsen (unbeschränkter Freivermerk) [331].

(5) Auf Nebengebühren und Auslagen, die erst nach der Annahme des Gutes zur Beförderung erwachsen, bezieht sich der Freivermerk nicht. Will der Absender die Zahlung auch dieser Kosten übernehmen, so hat er es im Frachtbriefe besonders zu erklären [332].

IV. Es ist gestattet, Nebengebühren oder Auslagen ohne die Fracht zu frankieren.

V. Der Freivermerk hat, wie folgt, zu lauten:

1. wenn er unbeschränkt sein soll: „frei“,

2. wenn ein Teil der Fracht angezahlt werden soll: „frei . . . (Zahl in Buchstaben) Mark . . . Pfennig“,

3. wenn Nebengebühren oder Auslagen, die von dem unbeschränkten Freivermerk getroffen werden sollen, oder

4. Nebengebühren oder Auslagen, die von dem unbeschränkten Freivermerk nicht getroffen werden, frankiert werden sollen, oder

5. Nebengebühren oder Auslagen, ohne die Fracht frankiert werden sollen:

„frei“ mit einem Zusatz, in dem die Nebengebühren, oder Auslagen bezeichnet werden, z. B.:

zu 3: „frei ausgenommen Nachnahmeprovision“,

zu 4: „frei einschließlich Zoll“, „frei einschließlich aller Nebengebühren und Auslagen“,

zu 5: „frei Gebühr für Angabe des Interesses an der Lieferung“, „frei Zoll“.

(6) Die vom Absender übernommenen Beträge hat die Versandstation außer im Frachtbrief auch im Duplikat oder im Aufnahmeschein einzeln aufzuführen [333].

(7) Wenn der nach dem Freivermerke des Absenders zu zahlende Betrag bei der Aufgabe des Gutes nicht berechnet werden kann, so ist die Versandstation berechtigt, die Hinterlegung einer diesem Betrage

voraussichtlich entsprechenden Sicherheit zu verlangen. Ebenso kann für die vom Absender übernommenen Zollkosten und dergleichen Sicherheit verlangt werden [334]).

VI. Die Hinterlegung einer Sicherheit für Frankaturen, deren Betrag bei der Aufgabe des Gutes nicht berechnet werden kann, sowie für die vom Absender übernommenen Zollkosten usw. wird verlangt. Die Abrechnung erfolgt nach Feststellung der zu zahlenden Beträge.

Alte EVO. § 61. J.Ü. Art. 12. AusfBest. z. J.Ü. § 5.

328) Wie im § 76 Anm. 382 des näheren erörtert ist, ist die Eisenbahn berechtigt, die Erfüllung aller durch den Frachtvertrag begründeten Forderungen, insbesondere die Fracht, die Gebühren für besondere Leistungen und die baren Auslagen (§ 68 Anm. 324ff. S. 321ff.) vom Absender und, soweit dieser nicht bereits Erfüllung geleistet hat, von dem in den Frachtvertrag eingetretenen Empfänger zu verlangen. Auf Grund dieses Rechtes der Eisenbahn werden die Frachtgelder entweder bei der Aufgabe des Gutes zur Beförderung vom Absender berichtigt oder auf den Empfänger angewiesen. Dies sind die beiden im Eisenbahnverkehre in Betracht kommenden Formen der Frachtzahlung: Berichtigung bei der Aufgabe (durch Freivermerk in Frankatur, frankiert) oder Anweisung auf den Empfänger (ohne Freivermerk in Nichtfrankatur, unfrankiert, in Überweisung). Der Absender hat zwischen beiden Formen die Wahl (Abs. 2) — abgesehen von den in Abs. 1 aufgeführten Ausnahmefällen — er ist befugt, entweder zu frankieren oder auf den Empfänger die Fracht anzuweisen (Allg. AbfVorschr. § 18 Ziff. 1).

§ 69 führt im Abs. 2 den maßgebenden Grundsatz, im Abs. 1 die Ausnahmefälle an, im Gegensatz zum § 61 der alten EVO., und Art. 12 J.Ü., welche im Abs. 1 den Grundsatz, im Abs. 2 die Ausnahmen regeln. Weshalb § 69 der neuen EVO. diese Umstellung vorgenommen hat, ist aus der Begr. nicht ersichtlich. Die Anordnung ist nicht zu billigen, da es der einfachen Logik entspricht, den Grundsatz bzw. die Regel voranzustellen und die Ausnahmen folgen zu lassen.

Während gemäß Abs. 2 grundsätzlich und der Regel nach der Absender die Wahl hat zwischen Frankierung oder Anweisung der Fracht auf den Empfänger, ist der Eisenbahn durch Abs. 1 ausnahmsweise die Befugnis gewährt, dem Absender dieses Wahlrecht zu nehmen und Frankierung vorzuschreiben, und zwar in drei Fällen: wenn die Güter nach dem Ermessen der Versandbahn schnell verderben, oder deren Wert die Fracht nicht sicher deckt, oder bei Sendungen, die zu ermäßigten Frachtsätzen (Ausnahmetarifen) befördert werden sollen (Frankaturzwang: Allg. AbfVorschr. § 18 Ziff. 2). Denn in den beiden ersten Fällen würde die Frachtforderung der Eisenbahnen nicht gesichert sein, auch nicht durch das ihnen gemäß §§ 440ff. HGB. zustehende Pfandrecht. Der dritte Fall ist neu hinzugefügt und trägt nach der Begr. (S. 112) „einem hervorgetretenen Bedürfnisse Rechnung". Welcher Art dieses

Bedürfnis ist, sagt die Begr. nicht und ist nicht ersichtlich. Jedenfalls liegt darin eine bisher nicht bestehende Belastung des Publikums zugunsten der Bahnen. Die Befugnis der Eisenbahn ist auf diese drei Fälle beschränkt und darf durch partikuläre Bestimmungen weder erweitert noch verringert werden. Maßgebend für das Vorhandensein dieser Voraussetzungen ist das Ermessen der annehmenden Bahn. Auch sind Vereinbarungen der Bahnen über Güter, welche erfahrungsmäßig die vorbezeichneten Eigenschaften besitzen, zulässig.

Die Allg. AusfBest. I (S. 326) führen beispielsweise eine Reihe von Gütern an, welche schnell verderben oder deren Wert die Fracht nicht sicher deckt.

Die Allg. AbfVorschr. § 18 Ziff. 2 bezeichnen die Fälle, in welchen Befreiung vom Frankaturzwang gewährt werden kann. Hierzu bestimmt noch Ziff. 4: „Gehen Sendungen, welche an sich dem Frankaturzwange unterliegen, unfrankiert über den Bereich der annehmenden Bahn hinaus, so dürfen dieselben von den auf dem Beförderungswege nachfolgenden Bahnen nicht zurückgewiesen werden.“ Indes trägt die Versandbahn das Risiko, wenn ein Frachtausfall — ohne Verschulden der anderen Verwaltungen — entsteht. Verweigert die folgende Bahn die Weiterbeförderung, so befreit dies die Versandbahn nicht von der Haftung für rechtzeitige Lieferung (E. 17 338). Im Streitfalle entscheidet richterliches Ermessen über die Frage, ob nach den Voraussetzungen des § 69 Abs. 1 die Forderung der Frankatur oder Zurückweisung geboten war. Denn anderenfalls würde das Ermessen der annehmenden Bahn in Willkür übergehen und die gesetzliche Beförderungspflicht in ungerechtfertigter Weise beschränkt werden können.

329) Abs. 2 spricht, wie bereits in Anm. 328 vorausgeschickt, im Satz 1 den Grundsatz für die Frachtzahlung aus, daß — abgesehen von den Ausnahmen des Abs. 1, d. h. in allen anderen, im Abs. 1 nicht aufgeführten Fällen — der Absender die Wahl hat, ob er die Fracht bei der Aufgabe des Gutes bezahlen oder auf den Empfänger überweisen will. Diese Wahl übt er dadurch aus, daß, wenn er nicht an der im Frachtbrief vorgeschriebenen Stelle erklärt, die Fracht bezahlen zu wollen, dieselbe als auf den Empfänger überwiesen gilt (Abs. 3 Anm. 330). Dies wird freilich bei Fehlen der Erklärung auf dem Frachtbriefe dann gleichfalls anzunehmen sein, wenn der Absender tatsächlich laut Inhalt des Frachtbriefes die Fracht gezahlt hat.

Nach Satz 2 des Abs. 2 ist es gestattet, auf die Fracht einen beliebigen Teil anzuzahlen. Diese Bestimmung ist als für den Verkehr unentbehrlich neu aus dem J.Ü. Art. 12 Abs. 1 Satz 2 und den Allg. ZusBest. IV zu § 61 der bisherigen EVO. aufgenommen worden (Begr. 112). Gestattet ist entweder die Zahlung einer bestimmten Summe oder Zahlung der Fracht bis zu einer bestimmten, im Tarife genannten Unterwegsstation. In jedem Falle aber muß nach den Allg. AusfBest. III der Teil der Fracht, der ausgezahlt werden soll, in einer bestimmten Summe angegeben werden. Der Betrag der Teilfrankatur muß im Frankaturvermerk angegeben sein (Allg. AbfVorschr. § 18 Ziff. 8).

Eil- und Frachtstückgutsendungen und die nach dem Eilguttarif abzufertigenden Tiersendungen, für welche die Frachtgebühren

1 M. und weniger betragen, werden im Güterverkehr zwischen Stationen der Verwaltungen des D. EisenbVerkVerb. unter Verwendung von Eisenbahnmarken abgefertigt.

Vgl. Allg. AbfVorschr. § 18 Ziff. 16—22 (Eisenbahnmarken).

Die Ablieferungsbahn ist für die Einziehung der auf den Empfänger angewiesenen Beträge verantwortlich, wenn sie das Gut ohne Einziehung derselben abliefert. Sie kann sie nicht mehr vom Absender beanspruchen, sondern sich nur an den Empfänger halten (HGB. § 440, E. 18 334). Über die Frage der Frachtzahlung beim Untergange des Gutes unterwegs: Reindl, VZ. 1903 Nr. 82 und 1904 Nr. 68, Boethke, E. 25 302, 404.

Das Frachtbriefformular (EVO. § 55 Anlage D und E) macht in der Rechnung äußerlich kenntlich (links: „bezahlt" — rechts „zu erheben"), ob die Fracht vom Absender bezahlt oder vom Empfänger zu berichtigen ist. Durch den Freivermerk (rechts oben) gibt der Absender seine Absicht zu erkennen, die Fracht bei der Aufgabe zu bezahlen. Die Zahlung der Frankatur hat, sofern der Absender nicht Frachtstundung genießt, sofort bei der Aufgabe zu erfolgen. Wird die Frankatur nicht bezahlt, so ist dem Absender, sofern er nicht den Freivermerk streicht, das Gut zur Verfügung zu stellen. Über die erfolgte Zahlung ist dem Absender auf Verlangen Quittung zu erteilen. Die vom Absender erhobene Fracht ist in der Spalte „vom Absender bezahlt" der Frachtbriefrechnung zu vermerken (Allg. AbfVorschr. § 18 Ziff. 12—14). Es ist nicht obligatorisch bestimmt, daß Frankierung oder Anweisung an den Absender erfolgen muß, sondern nur, daß, wenn ersteres nicht geschieht, letzteres als geschehen gilt, es ist also eine Rechtsvermutung aufgestellt, die Eisenbahn ist aber nicht befugt, das Wahlrecht des Absenders zu hindern bezw. eine der beiden Formen ausschließlich vorzuschreiben, außer in den unter Abs. 1 dargestellten Fällen (Anm. 328 S. 328).

Will der Absender eine unfrankiert aufgegebene Sendung nachträglich frankieren, so muß dies mit schriftlicher und vom Absender unterzeichneter Erklärung nach dem Muster der Anlage VI zum D. EisenbGütTar. Teil I Abt. A erfolgen (vgl. § 73 Abs. 1 Satz 2 EVO. und AusfBest. II). Die Versandabfertigung hat, wenn anzunehmen ist, daß die Auslieferung der Sendung noch nicht stattgefunden hat, unverzüglich die Empfangsabfertigung zu benachrichtigen, welche die Auslieferung an den Empfänger frei bewirkt und den auf der Frachtkarte in Überweisung gestellten Betrag als Nachnahme ohne Provisionsberechnung auf die Versandabfertigung zurückkartiert. Ist ein Frachtbriefduplikat oder Aufnahmeschein erteilt, so darf die Anweisung des Absenders wegen nachträglicher Frankierung nur dann zugelassen werden, wenn diese Verfügung auf dem vorzulegenden Duplikat oder Aufnahmeschein vermerkt wird. Nachträgliche Anweisungen des Absenders mittelst Fernsprechers sind stets zurückzuweisen (Allg. AbfVorschr. § 18 Ziff. 23). Vgl. noch über die Behandlung der Frankaturrechnungen Allg. AbfVorschr. § 19.

330) Der Abs. 3 entspricht dem § 56 Abs. 1 lit. g (s. Anm. 223 S. 228). Durch den Freivermerk an der betreffenden Frachtbriefstelle gibt der Absender seine Absicht zu erkennen, die Fracht bei der Aufgabe zu bezahlen. Trägt also

der Frachtbrief den Frankaturvermerk, so ist der Empfänger von der Bezahlung der Fracht frei, da er nur die im Frachtbrief ersichtlich gemachten Beträge der Eisenbahn zu zahlen hat (§ 76). Auch nachträglich belastete Zoll- usw. Auslagen hat er bei Ablieferung der Bahn ohne Vorbehalt nicht zu zahlen (Z. 9 326). Indes ist bei § 76 Abs. 4 (Anm. 387) ausgeführt, daß der Empfänger alle sich aus dem Frachtvertrage ergebenden Verpflichtungen zu erfüllen hat, auch wenn sie nicht unmittelbar aus dem Frachtbriefe ersichtlich sind (§ 76 Abs. 1 Anm. 382). Daraus folgt, daß er auch bei Frankatur die zu wenig vom Absender erhobenen Frachtbeträge und Gebühren nachzuzahlen hat und die Eisenbahn im Falle der Ablehnung der Zahlung der Differenz die Aushändigung des Gutes und des Frachtbriefes verweigern kann. Auch nach Kleinbahnstationen, mit denen direkte Tarife nicht bestehen, ist der Freivermerk gestattet (Allg. AbfVorschr. § 18 Ziff. 1).

Wegen der auf den pr.-heff. Eisenbahnen gültigen Bedingungen über Frachtstundung s. VZ. 1908 S. 1058.

331) § 69 unterscheidet streng zwischen Freivermerk ohne Einschränkung (Abs. 4: unbeschränkter Freivermerk) und mit Einschränkung (Abs. 5 Satz 2: beschränkter Freivermerk). Vgl. hiernach über die Fassung des Freivermerks: Allg. AusfBest. V (S. 327). Nach Abs. 4 ist unter „unbeschränktem Freivermerk“ (Frankofracht) die Verpflichtung zur Bezahlung nicht allein der ganzen Fracht, sondern auch der Betrag aller tarifarischen Nebengebühren und der baren Auslagen zu verstehen, die auf der Versandstation bis zur Annahme des Gutes erwachsen.

Hierzu bestimmen die Allg. AbfVorschr. § 18 Ziff. 6—10: „Die Bezeichnung „frei“ begreift in sich: a) die Fracht einschließlich der auf der Versandstation etwa entstehenden Nebenfrachten (Hafen-, Zechen- oder Zweigbahnfracht, Überführungsgebühr, Kaigebühr, Rangiergebühr u. dgl.), sowie der Zuschlag- und Anstoßfrachten (einschließlich der Umladegebühren) im Deutschen EisenbGütTar. Teil II Gemeinsamen Heft für den Wechselverkehr deutscher Eisenbahnen untereinander (Abschn. F III); b) die Gebühr für die Angabe des Interesses an der Lieferung; c) die Nachnahmeprovision; d) die sonstigen Nebengebühren, die nach der EVO. und dem Tarif auf der Versandstation bis zur Annahme des Gutes erwachsen, als: Signiergebühr, Wägegeld, Zählgebühr, Lager- und Platzgeld, Wagenstandgeld, Deckenmiete, Gebühren für die zoll- und steueramtliche Abfertigung, Ladegebühren, Krangeld, Rollgeld“.

332) Im Abs. 5 Satz 1 ist ausdrücklich ausgesprochen, daß auf Nebengebühren, die erst nach der Annahme des Gutes zur Beförderung erwachsen, sich der Freivermerk nicht bezieht, also insbesondere nicht auf die erst während der Beförderung entstehenden, wie Zollkosten, Reparaturkosten für Gebinde, Umstechen unterwegs heiß gewordenen Getreides rc. (Allg. AbfVorschr. § 18 Ziff. 7).

Will der Absender mehr oder weniger frankieren, als unter „frei“ (Abs. 4) zu verstehen ist, insbesondere auch die nach der Annahme des Gutes zur Beförderung erwachsenden Nebengebühren und Auslagen tragen, so hat er nach Abs. 5 Satz 2 dies mit so bestimmten Worten im Frachtbriefe auszudrücken, daß ein Zweifel über deren Bedeutung nicht entstehen kann, z. B. „frei Zoll", „frei einschließlich Zoll" oder „frei ausgenommen Nachnahmeprovision" u. dgl. (vgl. Allg. AbfVorschr. § 18 Ziff. 8). Hierbei wird bemerkt, daß unter „frei Zoll" außer den durch die Zollbehörden erhobenen Beträgen die für die Zollbehandlung seitens der Eisenbahn zur Erhebung kommenden Gebühren und Spesen zu verstehen sind, während „frei einschließlich Zoll" sowohl die vorstehend aufgeführten Kosten als auch die Zollkosten umfaßt. Die Vorschriften „Freie Fracht", „Frei Haus", „Frei einschließlich Rollgeld" sind im Verkehr mit deutschen Bahnen überhaupt nicht, im Verkehr mit außerdeutschen nur dann statthaft, wenn sie durch die Tarife zugelassen werden (Allg. Abf.-Vorschr. § 18 Ziff. 9—11).

333) Nach dem Vorgange der AusfBest. § 5 Abs. 1 zum J.Ü. Art. 12 ist auch hier als Abs. 6 des § 69 die Vorschrift hinzugefügt, daß die Versandstation außer im Frachtbrief auch im Duplikat oder im Aufnahmeschein die vom Absender übernommenen Beträge einzeln aufzuführen hat. Es war hierbei die Erwägung leitend, daß die Herstellung vollständiger Übereinstimmung des Frachtbriefes und des Duplikats sowohl für den Vordruck als auch für den geschriebenen Teil notwendig ist. Soweit es sich um eine frankierte Sendung handelt, welche auf Grund eines direkten Tarifes aufgegeben war, kennt die Versandstation die Gebühren bis zur Bestimmungsstation. Es steht daher nichts im Wege, in den Frachtbrief und in das Duplikat die zur Einhebung gelangten frankierten Gebühren einzutragen. Besteht dagegen kein direkter Tarif und erfolgt die Expedition auf Grund von Anstoßtarifen nur bis zu einer Umkartierungsstation, so kann die Versandstation in den Frachtbrief wie in das Duplikat nur das eingehobene Frankaturdepot (§ 69 Abs. 7) bzw. die Frachtgebühren von der Versandstation bis zur ersten Umkartierungsstation eintragen. Es ist daher die Verpflichtung der Versandstation zur Spezifizierung der frankierten Gebühren im Frachtbriefduplikate auf diejenigen beschränkt, welche von ihr in den Frachtbrief eingetragen wurden. Durch Abs. 6 soll der Absender alsbald in die Lage versetzt werden, die Richtigkeit der Gebühren an der Hand der Spezifikation zu prüfen und eventuell zu viel Berechnetes gemäß § 70 zurückzufordern.

Ferner kann, wenn der Absender die Zahlung der erst nach der Annahme erwachsenen Nebengebühren und Auslagen übernommen (Abs. 5 Satz 2) hat, die Versandstation die „Beträge" derselben nicht einzeln aufführen, sondern nur die einzelnen Kategorien. Der Ausdruck „Beträge" ist daher unrichtig und hätte — wie in der bisherigen EVO. — „Gebühren" lauten müssen.

334) Zur Sicherung der Eisenbahn einerseits in den in Abs. 1 (Anm. 328) bezeichneten Fällen, andererseits auch, um Schwierigkeiten bei der Ablieferung durch Nachforderung an dem Empfänger zu vermeiden, dient ferner die Bestimmung des Abs. 7 Satz 1, daß wenn der nach dem Freivermerke des Absenders zu zahlende Betrag bei der Aufgabe des Gutes nicht berechnet werden kann, die Versandstation die Hinterlegung einer diesem Betrage voraussichtlich entsprechenden Sicherheit zu fordern berechtigt ist. Diese Berechtigung steht der Bahn bei allen Arten der Frankierung (Voll- und Teilfrankierung, frei-

willige oder vorgeschriebene) zu, nach Satz 2 auch bei Zollkosten u. dgl., bei Zollfrankaturen. Sie tritt überall ein, wo sich der Betrag der Gesamtfracht beim Versand nicht genau bestimmen läßt, die berechnende Expedition nicht im Besitze des hierzu erforderlichen Tarifmaterials ist. Unter Hinterlegung ist der Natur der Sache nach nicht die gerichtliche, sondern eine Vorschußzahlung (Frankaturvorschuß) zur Kasse der Annahmeabfertigungsstelle behufs vorläufiger Asservation gemeint. Dieselbe hat nach dem ihr zu Gebote stehenden Material und Erfahrungssätzen annähernd den zu hinterlegenden Frachtbetrag zu bestimmen. Schädigt die Bahn doloser- oder kulposerweise den Absender durch unverhältnismäßig hohe Vorschußforderungen (an Zinsen zc.), so ist sie schadensersatzpflichtig. Im übrigen ist das Verfahren nicht allgemein geregelt, mithin der partikulären Regelung überlassen (Zeit, Ort der Hinterlegung, definitive Berechnung, Rückzahlung und Nachzahlung zc.). Vgl. hierzu die Allg. Ausf.-Best. VI zu § 69 EVO. (S. 328) und die Allg. AbfVorschr. § 19 (Frankaturrechnung) Ziff. 1—9.

Mangels besonderer Vorschriften ist für die spätere Zu- oder Rückzahlung das Verfahren bei Rückzahlung zu viel bzw. Nachforderung zu wenig gezahlter Fracht (§ 70) maßgebend (E. 19 204), doch beginnt die Verjährungsfrist erst mit der definitiven Abrechnung, nicht schon mit der Hinterlegung des Frankaturvorschusses (E. 16 135).

§ 70.

Ansprüche wegen unrichtiger Frachtberechnung.

(1) Ist der Tarif unrichtig angewendet worden oder sind Fehler bei Berechnung der Fracht oder der Nebengebühren vorgekommen, so ist das zu wenig Geforderte nachzuzahlen, das zu viel Erhobene zu erstatten. Der Verpflichtete oder der Berechtigte ist unverzüglich zu benachrichtigen [335]).

(2) Die Nachzahlung hat der Absender zu leisten, wenn der Frachtbrief nicht eingelöst wird. Erfolgt die Einlösung, so haftet er für die Nachzahlung nur nach Maßgabe seines Freivermerks. Im übrigen ist der Empfänger zur Nachzahlung verpflichtet (§ 76 Abs. (4)) [336]).

(3) Zur Empfangnahme erhobener Mehrfracht und zur Geltendmachung von Frachterstattungsansprüchen ist berechtigt, wer die Mehrzahlung an die Eisenbahn geleistet hat [337]).

(4) Für die gerichtliche Geltendmachung der Frachterstattungsansprüche gegen die Eisenbahn bewendet es bei den Vorschriften des § 100 [338]).

Alte EVO. § 61. HGB. § 470. J.Ü. Art. 12.

335) § 70 trifft Bestimmung über die Geltendmachung der Nach- und Rückzahlungsforderungen in den Fällen unrichtiger Anwendung des Tarifs oder bei fehlerhafter Berechnung der Fracht-

oder Nebengebühren, während § 71 die Verjährung dieser Ansprüche regelt (J.Ü. Art. 12 Abs. 4 u. AusfBest. § 5), HGB. (§ 470). (Reindl, VZ. 1899 Nr. 32 u. E. 21 318, 347. Frachtnachzahlung und Rückvergütung, Sped.- u. SchiffZtg. 1897 Nr. 2, Muschweck das. 10 Nr. 19—27, 30, Burmeister, VZ. 1904 Nr. 31, 32 u. Z. 176. Aufrechnung verjährter Frachtgegenforderungen der Eisenbahn gegen Frachtforderung der Absender usw., Epstein, E. 21 95).

Der Empfänger ist zur Zahlung der tarif- bzw. reglementsmäßigen Fracht und Gebühren verpflichtet. Die gehörig veröffentlichten Tarife sind gemäß § 6 Abs. 1 für die Frachtberechnung allein und ausschließlich maßgebend und bilden die lex contractus. Daher enthält § 70 im Abs. 1 folgerichtig den eigentlich selbstverständlichen Satz, daß, wenn der Tarif unrichtig angewendet wurde oder Rechnungsfehler bei der Berechnung der Fracht- oder der Nebengebühren vorgekommen sind, das zu wenig Geforderte nachzuzahlen, das zu viel Erhobene zu erstatten und zu diesem Zwecke der Verpflichtete oder Berechtigte unverzüglich zu benachrichtigen ist. Zur Beseitigung von Zweifeln, die sich aus § 76 EVO. ergeben könnten, ist jedoch dieser Satz — nach dem Vorgange des Art. 12 Abs. 4 Satz 1 J.Ü. — hier ausdrücklich ausgesprochen. Die Nach- bzw. Rückforderung bei unrichtiger Anwendung des Tarifs oder Rechnungsfehlern geschieht mit der condictio indebiti und bezieht sich nicht nur auf die Fracht, sondern auch auf die Nebengebühren und baren Auslagen. Die Beweislast in betreff der unrichtigen Anwendung des Tarifs rc. liegt demjenigen ob, der die Nachzahlung oder Erstattung fordert. (A. M. LG. Hannover 28. IX. 1895 E. 13 100). Unrichtige Anwendung des Tarifs liegt auch in der Anwendung eines nicht zu Recht bestehenden oder nicht gehörig publizierten Tarifs, Anwendung auf nicht darunter fallende Routen, Güter, Qualitäten und Quantitäten; Rechnungsfehler sind nicht bloß kalkulatorische, sondern auch solche, die auf tatsächlich falscher Grundlage, z. B. unrichtiger Angabe der Qualität oder Quantität des Gutes beruhen (E. 19 55, 22 176, Senckpiehl, E. 22 305, Sped.- u. SchiffZtg. 15 Nr. 30, 32, Neumann, Allg. TarAnz. 26 Nr. 13, Richter, 27 Nr. 5), es müßte denn sein, daß die unrichtige Deklaration durch vorsätzliche Herbeiführung eines Irrtums bewirkt ist (E. 22 74. A. M. E. 16 237 u. 20 3; über den Begriff der unrichtigen Angabe: E. 24 291), oder wenn die Bahn — mangels ausdrücklicher Vorschrift des Absenders — den für diesen nicht vorteilhaftesten (billigsten usw.) Tarif angewendet hat (Z. 6 744, 7 25, 322, 396, E. 20 59), also auch unrichtige Routenwahl, wenn diese für den anzuwendenden Tarif maßgebend ist (a. M. E. 21 289). Auch die Anwendung eines nicht gehörig publizierten Tarifs (E. 21 387) oder die irrige Auslegung eines Tarifs (Z. 4 327, 5 655, E. 15 30) oder Nichtanwendung der vorgeschriebenen direkten Frachtsätze (E. 20 59, 21 128) oder unrichtige Erhebung von Mehrbeträgen (E. 21 165) oder Frachtzuschlägen (Z. 13 217, E. 22 16, 34, 23 134, 296) oder Gebühren für Desinfektion, welche nicht stattgefunden hat (E. 21 114), oder erhöhte Fracht, welche dadurch entstanden ist, daß die Bahnbediensteten den Absender an der vollen Ausnützung der Wagen bei der Verladung gehindert haben (E. 23 356; s. noch Hertzer, VZ. 1902 S. 533), ist eine unrichtige im Sinne des § 70, ebenso Fehler bei im voraus festgesetzten ungefähren Frachtbeträgen gemäß § 69 Abs. 7 (E. 19 204).

Die Annahme, daß die Frachtzahlung nur unter dem Vorbehalte der richtigen Anwendung des Tarifs erfolge und daher im Falle der Rückerstattungsklage die Bahn den Beweis richtiger Frachtberechnung zu führen habe (Z. 4 367—368, 6 659), ist unzutreffend. Wohl aber liegt, wenn das Gut bei der Annahme bahnamtlich gewogen ist und sich bei der Ablieferung ein höheres Gewicht ergibt, der Bahn im Falle einer Nachforderung der Nachweis ob, daß die Aufgabestation das Gewicht irrtümlich festgestellt und das Gut tatsächlich ein höheres Gewicht hat (Z. 8 437), ebenso bei irrtümlich zu hoch festgestelltem Gewicht (E. 20 317). Beruft sich der die Rückerstattung Fordernde nicht auf die unrichtige Anwendung des Tarifs, sondern auf Ermäßigungen durch privaten Vertrag, so findet § 70 keine Anwendung (E. 22 70). Auch ein irrtümlicher Frankaturvermerk trifft den Absender (E. 18 208), ebenso die Berechnung der Fracht nach einem zu hohen Tarifsatz, wenn der Absender das Gut ungenau oder unrichtig deklariert hat (E. 20 3, 64, 21 352, 376, 22 295). Liegt dies aber in der unklaren Fassung der Tarife, so hat die Eisenbahn die nachteiligen Folgen zu tragen und die Auslegung zugunsten des Absenders zu geschehen (E. 21 30, 78).

Auch auf Druckfehler und sonstige Unrichtigkeiten gehörig publizierter Tarife findet die vorliegende Bestimmung Anwendung (RG. 11. III. 1882 RGZ. 6 100, E. 2 236). Doch kann, wenn hierbei Verschulden der Bahn vorliegt, der Absender ꝛc. der Nachzahlungsforderung seine etwaige Schadensforderung entgegenhalten, wie überhaupt bei allen durch Verschulden der Bahn entstandenen Irrtümern (Schott 380 Anm. 36, Rosenthal 109, Eger, D. Frachtr. II 423, a. M. OLG. Hamburg E. 9 196 u. 24 184, Österr. ObGer. 19 214, Hand. u. Wechselger. Budapest 22 393), nicht aber auch andere Beträge (RG. E. 14 42). Die zu wenig berechnete Fracht kann von dem zur Nachzahlung gemäß Abs. 2 Verpflichteten nachgefordert werden; und in jedem Falle kann sich die Bahn an das Gut kraft ihres Pfandrechts (§ 440 ff. HGB.) halten (vgl. Hahn II 658, Schott 380, 412, ROHG. 9 71). Der Empfänger kann sich auch bei zu wenig erhobener Fracht gegen die Frachtnachforderung nicht auf eine Privatabrede berufen, wonach der Güterexpedient ihm oder dem Absender die geringere Fracht zugesagt hat (ROHG. BZ. 1872 S. 957 u. 1877 S. 88, 1112). Eine Nachforderung kann nur dann nicht erhoben werden, wenn sich aus den Tatumständen das ausdrückliche oder stillschweigende Einverständnis der Eisenbahnverwaltung ergibt, das Gut zu einem niedrigeren Frachtsatze zu befördern (RG. E. 1 304, 2 25, 236).

Das Verfahren, wie die Nach- und Rückzahlung zu fordern und zu bewirken ist, ist in der EVO. nicht geregelt, mithin der partikulären Regelung der einzelnen Bahnverwaltungen überlassen. (Über die Bestimmungen wegen Einziehung der zugesetzten und Rückzahlung der abgesetzten Beträge s. Allg. AbfVorschr. § 31 Ziff. 6—14). Jedenfalls ist aber nach Satz 2 der Verpflichtete oder der Berechtigte unverzüglich zu benachrichtigen.

336) Die Abs. 2, 3 und 4 des § 70 dienen zur Beseitigung von Zweifeln über die Frage, ob der Absender oder der Empfänger zur Rückforderung zu viel erhobener Fracht und Gebühren berechtigt (aktivlegitimiert) und zur Nachzahlung zu wenig erhobener verpflichtet (passivlegitimiert) sei.

Dem Wesen des Frachtvertrages hätte es allein entsprochen, diese Frage lediglich von dem Besitze des Verfügungsrechts über das Gut (§§ 73, 99 EVO., §§ 433, 455 HGB.) abhängig zu machen. Indes drang bereits bei der Beratung der bisherigen EVO. die Auffassung durch, daß die im § 99 Abs. 1 getroffenen allgemeinen Bestimmungen über die Geltendmachung der aus dem Eisenbahnfrachtvertrage gegenüber der Eisenbahn entspringenden Rechte nach der denselben zugrunde liegenden Absicht zur Anwendung auf solche Ansprüche, die sich auf die Berichtigung eines Irrtums in der Frachtberechnung gründen, nicht geeignet seien. Es wurde vielmehr dem Wesen dieses Rechtsverhältnisses für entsprechender erachtet, den Anspruch auf Erstattung zuviel bezahlter Fracht demjenigen zuzugestehen, welcher die Mehrzahlung geleistet hat, und ebenso denjenigen als zur Nachzahlung zu wenig erhobener Fracht- und Gebührenbeträge nach Auslieferung des Gutes für verpflichtet zu erklären, welcher die Fracht bezahlt bzw. hinterlegt hat (§ 61 Abs. 4 der bisherigen EVO., OLG. Hamburg 2. X. 1907, E. 25 136). Diese Bestimmungen haben durch die Abs. 2—4 des § 70 der neuen EVO. nur die unwesentliche Veränderung erfahren, daß die Verpflichtung zur Nachzahlung nicht von der tatsächlichen Zahlung der Fracht, sondern von der Verpflichtung zur Frachtzahlung (§ 70 Abs. 2) abhängig gemacht ist. Ob diese Bestimmungen jedoch zweckmäßig und mit dem HGB. vereinbar sind, erscheint in hohem Grade zweifelhaft. Denn die aus unrichtiger Anwendung des Tarifs oder aus Rechnungsfehlern bei der Festsetzung der Fracht und Gebühren geltend zu machenden Forderungen entspringen unzweifelhaft aus dem Frachtvertrage — ebenso wie z. B. Forderungen aus Fehlern des Kontokorrents aus dem Kontokorrentvertrage entspringen — und es liegt daher kein Grund vor, diese Forderungen abweichend von den im § 73 und § 99 Abs. 1 EVO. bezeichneten in betreff der Aktiv- und Passivlegitimation zu behandeln.

Abs. 2 macht die Verpflichtung zur Nachzahlung von der Verpflichtung zur Frachtzahlung abhängig und folgert daraus, daß 1. der Absender die Nachzahlung zu leisten hat, wenn der Frachtbrief nicht eingelöst (die Annahme verweigert rc.) wird (Satz 1), 2. im Falle der Einlösung der Absender für die Nachzahlung nur nach Maßgabe seines Freivermerks (§ 69 Abs. 3—5) haftet (Satz 2), 3. im übrigen, d. h. außer in den Fällen der Sätze 1 u. 2, der Empfänger zur Nachzahlung verpflichtet ist, wobei auf § 76 Abs. 4 EVO. sc. § 436 HGB. Bezug genommen ist (Satz 3). Abgesehen davon, daß diese kasuistischen Bestimmungen an die Stelle des klaren Grundsatzes, wonach für die Nachzahlungspflicht das Verfügungsrecht entscheidet (s. oben), gesetzt sind, steht auch Satz 2 mit dem HGB. nicht im Einklange. Denn Satz 2 würde den Empfänger nach erfolgter Einlösung des Frachtbriefs von der Nachzahlungspflicht insoweit entbinden, als der Freivermerk des Absenders reicht. Dies steht aber mit § 435 Abs. 1 u. § 440 Abs. 1 HGB. im Widerspruch (s. hierüber § 76 Abs. 1 Anm. 382).

337) Abs. 3 erklärt zur Empfangnahme erhobener Mehrfracht und zur Geltendmachung von Frachterstattungsansprüchen denjenigen für berechtigt, der die Mehrzahlung an die Eisenbahn geleistet hat. Zur Legitimation genügt hiernach lediglich der Nachweis, daß der Fordernde die Mehrzahlung

geleistet hat. Auch diese Bestimmung weicht von dem Grundsatze des § 99 Abs. 1 EVO., wonach zur Geltendmachung der Rechte aus dem Frachtvertrage gegenüber der Eisenbahn nur der befugt ist, dem das Verfügungsrecht über das Gut zusteht, ohne ausreichenden Grund ab, obwohl der neue Abs. 4 (s. Anm. 338) die Frachterstattungsansprüche gegen die Eisenbahn ausdrücklich als Frachtvertragsansprüche hinstellt. Es tritt hinzu, daß die Bestimmung des Abs. 3 in hohem Grunde unpraktisch und häufig undurchführbar ist. Denn insbesondere bei Teilfrankaturen (§ 69 Abs. 2 Satz 2) wird es zumeist nicht möglich sein, zu eruieren, auf welchen Teil der Fracht der Tarif- oder Rechenfehler entfällt und wer hiernach die Mehrzahlung an die Eisenbahn geleistet hat.

338) Abs. 4, welcher für die gerichtliche Geltendmachung der Frachterstattungsansprüche gegen die Eisenbahn, auf die Vorschriften des § 100 verweist, ist neu hinzugefügt, um nach der Begr. „eine Meinungsverschiedenheit über die rechtliche Natur derartiger Frachterstattungsansprüche zutreffend dahin zu entscheiden, daß diese „Ansprüche aus dem Frachtvertrage sind" (S. 112). Indes wären sie nicht in der Tat ihrer Rechtsnatur nach Ansprüche aus dem Frachtvertrage, so würden sie durch die Bestimmung des Abs. 4 nicht dazu gemacht werden können, denn der Bundesrat ist nicht dazu berufen und nicht befugt, in der EVO. über die Rechtsnatur von Ansprüchen, welche sich auf die Eisenbahnbeförderung beziehen, Entscheidung zu treffen. Immerhin ist es von Wert, daß der Bundesrat sich der herrschenden Meinung anschließt. Frachterstattungsansprüche können danach nicht gegen jede an der Beförderung beteiligte Bahn, sondern nur gegen die im § 100 bezeichneten Bahnen und unter den dort vorgesehenen Modalitäten geltend gemacht werden (E. 21 67).

§ 71.

Verjährung der Ansprüche wegen unrichtiger Frachtberechnung.

(1) Ansprüche der Eisenbahn auf Nachzahlung zu wenig erhobener Fracht oder zu wenig erhobener Nebengebühr sowie Ansprüche gegen die Eisenbahn auf Erstattung zu viel erhobener Fracht oder Nebengebühren verjähren in einem Jahre, sofern der Anspruch auf eine unrichtige Anwendung des Tarifs oder auf Fehler bei der Berechnung gestützt wird. Die Verjährung beginnt mit dem Ablaufe des Tages, an dem die Zahlung erfolgt ist [339]).

(2) Die Verjährung des Anspruchs auf Erstattung wird durch die schriftliche Anmeldung des Anspruchs bei der Eisenbahn gehemmt [340]). Ergeht auf die Anmeldung ein abschlägiger Bescheid, so läuft die Verjährungsfrist von dem Tage ab weiter, an dem die Eisenbahn ihre Entscheidung dem Anmeldenden schriftlich bekannt macht und ihm die der Anmeldung etwa angeschlossenen Beweisstücke zurückstellt [341]). Weitere Gesuche, die an die Eisenbahn oder an die vorgesetzten Behörden ge-

richtet werden, hemmen die Verjährung nicht [342]). Wegen der Unterbrechung der Verjährung bewendet es bei den allgemeinen gesetzlichen Vorschriften [343]).

Alte EVO. § 61. HGB. § 470. J.Ü. Art. 12, 45.

339) § 71 regelt die Verjährung der im § 70 bezeichneten Nach- und Rückforderungen, und zwar trifft Abs. 1 über die Dauer und den Beginn der Verjährung, Abs. 2 über die Hemmung (das Ruhen) und die Unterbrechung der Verjährung Bestimmung.

Abs. 1 führt für die Ansprüche auf Nachzahlung zu wenig oder Rückzahlung zu viel berechneter Fracht und Gebühren (Anm. 335 S. 333 ff.) übereinstimmend mit § 98 (Anm. 516 ff.) eine kurze einheitliche Verjährungsfrist ein. Dahin gehört auch der Anspruch auf Zahlung oder Rückzahlung von Frachtzuschlägen. Der bisherige Streit hierüber (E. 22 34, 295, 23 296) ist durch Abs. 5 des § 60 beseitigt. Für andere Beträge, z. B. Anrückegebühren ꝛc. (s. Anm. 324 S. 323 ff.) gilt diese kurze Verjährungsfrist nicht (RG. 8. XII. 1896, E. 14 42, 15 208). Die frühere Fassung: „Ein derartiger Anspruch kann nur binnen Jahresfrist vom Tage der Zustellung an geltend gemacht werden", ließ es zweifelhaft, ob unter der einjährigen Frist eine Präklusiv- oder eine Verjährungsfrist zu verstehen sei. Zur Beseitigung dieses Zweifels spricht Abs. 1 Satz 1 nach dem Vorgange des J.Ü. Art. 12 Abs. 4 Satz 2 und das HGB. § 470 Abs. 1 Satz 1 ausdrücklich aus, daß eine Verjährungsfrist wie in den Fällen des § 98 gemeint ist.

Die Geltendmachung nur einer Forderung (z. B. aus unrichtiger Anwendung der Tarife) hält die Verjährung der übrigen Forderungen (z. B. aus Rechnungsfehlern bei der Fracht oder bei den Gebühren) nicht auf. Denn jede Kategorie besteht selbständig für sich und die Geltendmachung der einen berührt die andere nicht. Wohl aber reicht die Geltendmachung eines Teils der Forderung zur Wahrung derselben in ihrem gesamten Umfange hin, da im Zweifel in ihr eine Manifestation der auf Erhaltung des Gesamtrechts gerichteten Absicht liegt (RGZ. 34 263, 39 220).

Die kurze Verjährungsfrist ist — wie bei der Verjährung von Entschädigungsforderungen wegen Verlusts, Minderung, Beschädigung oder Verspätung (§ 91) — auf ein Jahr bemessen, sie beginnt mit dem Ablaufe des Tages, an welchem die Zahlung erfolgt ist (HGB. § 470 Abs. 1 Satz 2), d. h. an welchem die irrtümlich zu hoch oder zu niedrig berechneten Frachtgelder oder Gebühren bezahlt worden sind (übereinstimmend mit § 187 BGB.). Bei Frankaturvorschüssen kann diese Frist nicht vom Zeitpunkte der Hinterlegung des Vorschusses, sondern erst vom Zeitpunkte der definitiven Abrechnung an berechnet werden (s. § 69 Abs. 7 Anm. 334 S. 332). Mit Ablauf dieser Frist ist weder die Eisenbahn berechtigt, zu niedrig berechnete Beträge nachzufordern, noch der Absender bzw. Empfänger, zu hoch berechnete Beträge zurückzufordern. Die kurze Verjährungsfrist findet nicht nur auf Ansprüche, die im Wege der Klage, sondern auch auf solche, die im Wege der Widerklage oder Einrede geltend gemacht werden, Anwendung. Vgl. in betreff der Aufrechnung der Ansprüche nach der Vollendung der Verjährung: HGB § 439 bzw. § 414 Abs. 3 (E. 26 162).

340) Abs. 2 führt für die Verjährung des Anspruchs auf Rückerstattung zu viel erhobener Fracht oder Gebühren nach Maßgabe des Art. 12 Abs. 4 Satz 3 bzw. Art. 45 Abs. 4 J.Ü. und § 470 Abs. 2 HGB. — in gleicher Weise wie dies für die Verjährung der Entschädigungsforderungen aus Verlust, Minderung, Beschädigung oder verspäteter Ablieferung des Gutes durch § 98 Abs. 3 EVO. geschehen — eine Hemmung (Ruhen) des Fristenlaufs durch schriftliche Anmeldung des Anspruchs bei der Eisenbahn ein, d. h. zu den allgemeinen Vorschriften des BGB. über Hemmung der Verjährung tritt der im § 71 Abs. 2 bestimmte Hemmungsgrund. Die Hemmung der Verjährung durch schriftliche Anmeldung ist auf den Anspruch auf Rückerstattung zu viel erhobener Fracht und Gebühren, also auf die Rückforderungen des Absenders bzw. Empfängers beschränkt, mithin nur auf Ansprüche gegen die Eisenbahn.

Satz 1 des Abs. 2 gibt in wörtlicher Übereinstimmung mit § 470 Abs. 2 Satz 1 HGB. dem Grundsatze Ausdruck, daß die Verjährung des Anspruchs auf Rückerstattung zu viel erhobener Fracht oder Gebühren durch die schriftliche Anmeldung des Anspruchs bei der Eisenbahn gehemmt wird, d. h. der Lauf der Frist ruht, und beginnt erst wieder mit dem Tage der Erteilung eines abschlägigen Bescheides (Satz 2 Anm. 341) weiter zu laufen. Die vor der Einreichung der Anmeldung und nach Erteilung des abschlägigen Bescheides laufende Zeit wird zusammengerechnet und nur, wenn diese beiden Zeiträume ein Jahr ergeben, ist der Anspruch verjährt. Die dazwischen liegende Zeit wird nicht mitgerechnet. Aber nur die von dem nach § 70 Legitimierten ausgehende Anmeldung hat diese hemmende Wirkung. Eingehende Formvorschriften über die Art der Einbringung und Fassung der Anmeldung sind nicht gegeben. Obligatorisch ist nur, daß sie schriftlich (auch zu vollzogenem Protokoll) bei der Eisenbahn eingereicht und der Natur der Sache nach der Anspruch individuell genau bezeichnet ist (E. 20 344). Es ist nicht erforderlich, daß der Frachtbrief oder eine Bescheinigung über den Wert des Gutes beigefügt wird, wie gemäß § 99 Abs. 3. Mündliche Anmeldungen haben die bezeichnete Wirkung nicht. Die schriftliche Anmeldung muß „bei der Eisenbahn" eingereicht sein, d. h. bei einer zur Erledigung dieser Ansprüche zuständigen Dienststelle einer an der fraglichen Beförderung beteiligten Eisenbahn, nicht gerade nur bei den im § 100 bezeichneten drei Eisenbahnen. (A. M. Rundnagel 258). Die bloße Absendung der Anmeldung an die Eisenbahn genügt nicht, erst vom Tage des Empfanges der schriftlichen Anmeldung seitens der hierzu zuständigen Stelle der Eisenbahn beginnt die Hemmung der Verjährung. Von diesem Tage laufen auch die Verzugszinsen des Entschädigungsbetrages (E. 19 149, 24 24).

341) Satz 2 des Abs. 2 trifft über den Wiederbeginn des Laufes der Verjährungsfrist nach erfolgter schriftlicher Anmeldung des Anspruches bei der Eisenbahn Bestimmung. Der Wiederbeginn des Verjährungslaufes erfolgt erst wieder von dem Tage ab, an welchem die Eisenbahn dem Anmeldenden den schriftlichen abschlägigen Bescheid nebst Be-

weisstücken zugestellt hat. Daraus folgt, daß auf andere Weise diese Wirkung nicht herbeigeführt wird. Erkennt die Eisenbahn den Anspruch an und befriedigt zugleich denselben, so ist die Forderung überhaupt erledigt, und es kommt die Verjährungsfrage nicht weiter in Betracht. Befriedigt die Eisenbahn den von ihr anerkannten Anspruch nicht, so wirkt das Anerkenntnis als Unterbrechung der Verjährung, d. h. die Hemmung verwandelt sich in Unterbrechung (Satz 4 Anm. 343). Bloße Zwischenbescheide oder Rückfragen, durch welche der Anspruch nicht endgültig abgelehnt wird, sind nicht geeignet, die Hemmung zu beseitigen; ebensowenig eine bloß teilweise oder bedingte Ablehnung oder Bemängelung des Anspruches. Solange die Eisenbahn nicht einen endgültigen, den ganzen angemeldeten Anspruch versagenden Bescheid dem Anmeldenden unter Rückgabe der etwa beigefügten Beweisstücke schriftlich erteilt, ruht vielmehr der Fristenlauf. Erst mit Erteilung eines derartigen Bescheides beginnt der weitere Lauf wieder, und zwar auch dann, wenn die Eisenbahn zur Zurückhaltung der Beweisstücke berechtigt war (E. 23 357). Materiell ist hierzu erforderlich, daß der Bescheid eine bestimmte Ablehnung des genau bezeichneten Anspruches enthält. Formell ist vorgeschrieben, daß, wie die Anmeldung, so auch der abschlägige Bescheid schriftlich sein muß — eingeschriebene oder amtliche Zustellung ist nicht erforderlich — ferner, daß der schriftliche Bescheid dem Anmeldenden, d. h. dem nach Satz 1 Legitimierten, dessen Vertreter oder Rechtsnachfolger bekannt gemacht, d. h. zugestellt, behändigt oder in sonst geeigneter Weise in seinen Besitz gebracht ist, und endlich, daß ein gleiches auch in betreff der etwa der Anmeldung angeschlossenen Beweisstücke geschehen ist. Darüber lassen die Worte „schriftlich bekannt macht" und „zurückstellt" keinen Zweifel. „Mit dem Tage" bedeutet, daß der Zustellungstag mitgerechnet wird. Der schriftliche Bescheid darf nicht von irgendeiner beliebigen Eisenbahn ausgehen, sondern nur von einer an der Beförderung beteiligten oder sonst bestimmungsmäßig zur Regulierung des bezüglichen Anspruchs legitimierten Eisenbahn. Klagt der Reklamant vorzeitig, so hat er die Prozeßkosten zu tragen (Z. 8 284, 288), anderenfalls die Eisenbahn (Z. 12 312, E. 21 130).

342) Satz 3 des Abs. 2 beschränkt die Wirkung der Hemmung der Verjährung auf die erste schriftliche Anmeldung. Weitere Gesuche an die Eisenbahnen, Beschwerden und Eingaben an vorgesetzte Behörden haben diese Wirkung nicht. Vorausgesetzt ist, daß es sich um denselben Anspruch handelt und die folgenden Anmeldungen nicht andere, wenngleich vielleicht mit der ersten zusammenhängende Ansprüche betreffen. Entscheidend ist der Frachtbrief. Die Fassung der vorliegenden Bestimmung könnte zu der Annahme verleiten, als seien auch direkte Anmeldungen bzw. Gesuche an die vorgesetzten Behörden, wenn sie erstmalig erfolgen, geeignet, den Verjährungslauf zu hemmen. Dies würde aber nach dem klaren Wortlaute der vorangehenden Sätze unzutreffend sein. Nur die erste schriftliche Anmeldung bei der hierzu legitimierten Eisenbahn selbst hemmt den Verjährungslauf und nur die von ihr ausgehende schriftliche Bekanntmachung des abschlägigen Bescheides kann den Wiederbeginn des Fristenlaufes herbeiführen.

343) Satz 4 des Abs. 2 bestimmt, daß hinsichtlich der Unterbrechung der Verjährung es bei den allgemeinen gesetzlichen Vorschriften

bewendet. Für diese Unterbrechung der Verjährung sind hiernach seit dem 1. I. 1900 ausschließlich die bezüglichen Vorschriften des BGB. (§§ 208 ff.) maßgebend. Während die Hemmung der Verjährung nur ein Ruhen des Fristenlaufes zur Folge hat (S. 339), **vernichtet die Unterbrechung** der Verjährung die Wirkung der ganzen bis zum Unterbrechungsakt abgelaufenen Verjährungszeit, so daß die bis dahin abgelaufene Zeit überhaupt nicht mitgerechnet wird, mithin die Verjährung vollständig verloren ist. Eine neue Verjährung kann erst nach Beendigung der Unterbrechung beginnen (§ 217 BGB.).

Die **Ausschließung oder Erschwerung** der Verjährung durch **Rechtsgeschäft** ist nach dem BGB. nicht zulässig (BGB. § 225 Satz 1). Denn die Verjährung dient der allgemeinen Rechtssicherheit und ihre Normen haben daher den Charakter des zwingenden Rechts. § 470 HGB. erklärt nicht, wie § 439, die Vorschriften des § 414 auf die hier in Rede stehenden Ansprüche für anwendbar. Daher kann eine Verlängerung der kurzen Verjährungsfrist im Vertragswege nicht ausbedungen werden, ebensowenig der Fortfall der Unterbrechungsakte oder die Erschwerung der Hemmungsgründe. Aber auch die Erleichterung der Verjährung (BGB. § 225 Satz 2) insbesondere der Verjährungsfrist, also die Abkürzung derselben 2c. durch Rechtsgeschäft zugunsten der Bahn, ist hier mit Rücksicht auf § 471 HGB. **nicht** gestattet.

§ 72.

Nachnahme nach Eingang. Barvorschuß.

(1) Der Absender kann das Gut bis zur Höhe des Wertes mit Nachnahme nach Eingang belasten [344]).

I. Ob eine Nachnahme in der angegebenen Höhe zulässig ist, entscheidet die Versandabfertigungsstelle.

(2) Als Bescheinigung über die Belastung mit Nachnahme dient der abgestempelte Frachtbrief, das Duplikat oder die sonst zugelassene Bescheinigung über die Auflieferung des Gutes. Auf Verlangen sind außerdem besondere Nachnahmescheine gebührenfrei auszuhändigen [345]).

(3) Die Eisenbahn hat, sobald die Nachnahme bezahlt ist, den Absender zu benachrichtigen und ihm die Nachnahme auszuzahlen. Ist die Auszahlung im Tarife vom Ablauf einer bestimmten Frist abhängig gemacht, so ist keine besondere Benachrichtigung erforderlich [346]).

II. (1) Nachnahmen im Betrage von 150 M. oder mehr, Nachnahmen auf Frachtgüter (nicht auch Eilgüter), für welche nach § 69 (1) Vorausbezahlung der Fracht verlangt werden kann, und Nachnahmen auf bahnlagernde Güter werden erst ausgezahlt, wenn die Versandstation die Anzeige der Bestimmungsstation über die Zahlung der Nachnahme durch den Empfänger erhalten hat.

(2) Alle anderen Nachnahmen werden, falls die Bestimmungsstation nicht Einspruch erhoben hat, nach Ablauf einer mit dem Tage der Aufgabe beginnenden Frist ausgezahlt, die bei einer Beförderungsstrecke bis 1000 Tarifkilometer 2 Wochen, bei einer längeren Beförderungsstrecke 3 Wochen beträgt. Vor Ablauf dieser Frist werden sie ausgezahlt, wenn die Versandstation die Anzeige der Bestimmungsstation über die Zahlung der Nachnahme durch den Empfänger erhalten hat oder der Absender eine Einzahlungsbenachrichtigung der Bestimmungsstation nach dem in Anlage V vorgeschriebenen Vordruck vorlegt.

(3) Die in Abs. 2 erwähnte Einzahlungsbenachrichtigung wird dem Absender von der Bestimmungsstation durch die Post übersandt, wenn er im Frachtbrief unter „Zulässige oder vorgeschriebene Erklärungen" folgenden Antrag gestellt hat:

„Ich beantrage Benachrichtigung von der Einzahlung der Nachnahme durch die Bestimmungsstation."

Die Gebühr für die Benachrichtigung ist im Nebengebührentarif (Teil I Abt. B) festgesetzt.

(4) Ist das Gut ohne Einziehung der Nachnahme ausgeliefert worden, so hat die Eisenbahn dem Absender den Schaden bis zum Betrage der Nachnahme zu ersetzen, vorbehaltlich ihres Anspruches gegen den Empfänger [347]).

(5) Die Eisenbahn kann einen Barvorschuß gewähren, wenn er nach dem Ermessen der Versandstation durch den Wert des Gutes sicher gedeckt wird [348]).

III. Barvorschüsse werden bis zur Höhe von 10 M. für eine Sendung gewährt, wenn sie nach dem Ermessen der Versandstation durch den Wert des Gutes sicher gedeckt sind. Auf Güter, wofür nach § 69 (1) Vorausbezahlung der Fracht verlangt werden kann, und auf bahnlagernde Güter werden keine Barvorschüsse gewährt.

(6) Der Betrag der Nachnahme und des etwa gewährten Barvorschusses ist vom Absender in den Frachtbrief an der hierfür vorgesehenen Stelle mit Buchstaben einzutragen. Dieser Eintrag ist auch bei einer Abweichung von einem Eintrag in Ziffern maßgebend [349]).

(7) Für die Belastung einer Sendung mit Nachnahme oder mit Barvorschuß darf die Eisenbahn die tarifmäßige Gebühr (Provision) erheben[350]).

IV. Die Provision ist im Nebengebührentarif (Teil I Abt. B) festgesetzt.

V. Bei Umbehandlung einer Sendung oder bei Änderung der Bestimmungsstation auf nachträgliche Verfügung des Absenders wird die Nachnahmeprovision nicht nochmals erhoben.

Alte EVO. § 51 k und § 62. J.Ü. Art. 13.

344) § 72 handelt von der Nachnahme. Nachnahmen im engeren Sinne sind Geldbeträge, welche durch ein mit dem Frachtvertrage verbundenes Inkassomandat vom Absender auf das Gut gelegt, im Auftrage desselben durch die Eisenbahn vom Empfänger gegen Ablieferung des Gutes eingezogen und nach erfolgter Einziehung (nach Eingang) an den Absender ausgezahlt werden (eigentliche Nachnahmen). (Thöl III 19, 127f., Dernburg II § 206 S. 586, Epstein 64, Ruckdeschel 92. A. M. Schott § 347 S. 414, 415). Unter Nachnahmen werden aber auch im weiteren Sinne bare Vorschüsse verstanden, welche auf Grund eines mit dem Frachtvertrage verbundenen Darlehns- bzw. Kreditvertrages die Eisenbahn sogleich bei der Aufgabe (im voraus, im vorhinein) dem Absender auf das Gut leistet, wie bare Auslagen, Fracht- und Nebengebühren, welche sie für denselben erlegt bzw. ihm kreditiert und gegen Ablieferung des Gutes vom Empfänger einzieht (uneigentliche Nachnahmen). (Endemann, R. d. E. 638, Ruckdeschel 92). Diese Barvorschüsse 2c. entsprechen nicht dem eigentlichen Begriffe der Nachnahme (Entnahme nach Eingang), sondern sind streng genommen Vorausnahmen (Entnahmen im vorhinein). (E. 17 39, 40, Knittel, Die Nachnahme im Sped.- und Frachtgesch. 1886, Muschweck, Sped.- und Schiff-Ztg. 16 Nr. 8 bis 20.)

Die Allg. AbfVorschr. § 20 Ziff. 1 u. 2 bestimmen: Unter Nachnahmen des Absenders werden alle Geldbeträge verstanden, mit denen Güter bei der Aufgabe zur Bahn nach den Angaben im Frachtbriefe belastet werden und die durch die Empfangsabfertigung von dem Empfänger bei Auslieferung des Gutes einzuziehen und durch die Versandabfertigung an den Absender zu zahlen sind. Die Nachnahmen sind entweder Barvorschüsse, d. h. solche, die dem Absender bereits bei der Aufgabe ausgezahlt werden, oder Nachnahmen nach Eingang, d. h. solche, deren Zahlung erst erfolgt, nachdem die Empfangsabfertigung die Einzahlung des Betrages durch den Empfänger angezeigt hat oder nachdem die in den Tarifen bezeichnete Frist nach der Abfertigung verflossen ist.

Ihrem Rechtscharakter nach unterscheiden sich somit beide Arten der Nachnahme dadurch wesentlich voneinander, daß die eigentliche Nachnahme auf einem Inkassomandat, einem Auftrage des Absenders an die Eisenbahn beruht, die auf das Gut gelegten Beträge gegen Ablieferung desselben für ihn vom Empfänger einzuziehen und an ihn abzuführen, während die uneigentliche

Nachnahme sich auf ein Darlehns- resp. Kreditgeschäft gegen Pfand gründet, indem die Eisenbahn dem Absender auf den Wert des Gutes einen baren Vorschuß macht oder in Höhe der baren Auslagen, Fracht- und Nebengebühren einen Kredit gewährt und das Gut nur gegen Tilgung der Vorschuß- bzw. Kreditforderung an den Empfänger ausliefert (Epstein 64. A. M. Ruckdeschel 92 und Thöl 127 f., welche in beiden Fällen, sowohl bei Spesen- wie Wertnachnahmen, ein Inkassomandat, Schott 414, 415, der eine „Verstrickung" des Gutes, Dernburg 586, der eine „Zahlungsanweisung" annimmt).

Das A.HGB. enthielt über die Nachnahmen keine Normen. Das N.HGB. erwähnt dieselben nur insofern, als § 426 Nr. 8 bestimmt, daß der Frachtbrief auch diejenigen Vereinbarungen enthalten soll, welche die Beteiligten über die auf dem Gute haftenden Nachnahmen getroffen haben (EVO. § 56 i Anm. 225 S. 229). Die EVO. § 72 regelt dagegen ausführlich die eigentliche Nachnahme, während sie in betreff der uneigentlichen Nachnahme, auf welche die Normen der eigentlichen Nachnahmen sinngemäße Anwendung finden, nur einige vereinzelte Bestimmungen (§ 72 Abs. 5—7) trifft.

Abs. 1 gestattet dem Absender, das Gut mit Nachnahme nach Eingang zu belegen; er ist dazu berechtigt, mithin die Eisenbahn verpflichtet, mit ihm einen Inkassomandatsvertrag des vorbezeichneten Inhalts einzugehen. Die Worte „nach Eingang" fehlten der entsprechenden Bestimmung des § 62 Abs. 1 Satz 1 der bisherigen EVO. und sind hinzugefügt, um den Gegensatz zu den Barvorschüssen (Abs. 5) deutlicher hervorzuheben (Begr. S. 112). Das Recht steht nur dem Absender bzw. seinen Vertretern, keinem Dritten, zu. Allg. AbfVorschr. § 20 Ziff. 3, 6, 21: „Außer dem Absender darf niemand ein Gut mit einer Nachnahme belegen. Privatspediteuren darf bei Sendungen, die sie nicht in ihrem eigenen Namen aufgeben, die Nachnahme ihrer Spesen nur dann gestattet und der Nachnahmebetrag nur dann unmittelbar ausgezahlt werden, wenn der Absender hierzu schriftliche Ermächtigung erteilt hat. Es ist zulässig, bahnseitige Forderungen, welche durch die Sendung selbst veranlaßt sind und von dem Absender nicht sofort erlegt werden, oder welche erst auf einer Zwischenstation entstehen, im Wege der Nachnahme zu erheben. Hierzu gehören auch die auf die Sendung nachgenommenen Rollgelder der für die Anfuhr bestellten bahnamtlichen Rollfuhrunternehmer. Solche Nachnahmen dürfen niemals in dem schraffierten Raume des Frachtbriefes, sondern nur in der Frachtbriefrechnung, und zwar unter Beisetzung der Veranlassung zur Nachnahme vermerkt werden."

Das Recht, das Gut mit Nachnahme zu belegen, wird in der Regel bei der Aufgabe des Gutes ausgeübt (E. **20** 17). Doch ist auch die nachträgliche Belastung der Sendung mit Nachnahme durch Vermittlung bzw. unter Zustimmung der Aufgabestation so lange zulässig, als der Absender das Verfügungsrecht besitzt (§ 73 Abs. 1 u. 8 EVO., E. **21** 65). Die Allg. AbfVorschr. § 21 Ziff. 1 u. 2 bestimmen: „Die nachträgliche Belastung eines bereits abgegangenen Gutes mit Nachnahme oder die nachträgliche Erhöhung des bei der Aufnahme nachgenommenen Betrages durch den Absender ist nach § 73 EVO. unter den nachstehenden Bedingungen zuzulassen: a) Der Absender hat den Antrag bei der Versandabfertigungsstelle durch Vollziehung der vorgeschriebenen Erklärung (vgl. § 64 Abs. 6 und Anlage G EVO.) anzubringen. Unter Benutzung des Fernsprechers gestellte Anträge sind zurückzuweisen. b) Die Verfügung des Absenders wegen der nachträglichen Auflage der Nachnahme muß im Falle der Erteilung eines Frachtbriefduplikats oder Aufnahmescheines auf dieser vom Absender vorzulegenden und ihm zurückzugebenden Urkunde wiederholt sein. Die Versandabfertigungsstelle hat der Empfangsabfertigungsstelle auf Kosten des Absenders unverzüglich die nachträglich erfolgte Nachnahmebelastung mitzuteilen und den Betrag der letzteren nebst der tarifmäßigen Provision, nötigenfalls durch Vermittlung der Umkartierungsstation, mit besonderer Frachtkarte unter Beifügung eines Nachnahmebegleitscheines zu bescheinigen und diesen sodann an die Versandabfertigung zurückzusenden".

Unter dem „Werte des Gutes" ist der Wert des Versandortes, nicht des Ablieferungsortes zu verstehen. Denn die Annahmebahn vermag nur den ersteren Wert sofort und richtig festzustellen. Demgemäß bestimmen auch die Allg. AusfBest. I zu § 72 EVO.: „Ob eine Nachnahme in der angegebenen Höhe zulässig ist, entscheidet die Versandstation. Hat die Abfertigungsstelle die Überzeugung, daß die in den Frachtbriefen eingetragenen Nachnahmebeträge über den Wert des aufgegebenen Gutes hinausgehen, so hat sie die Annahme der Sendung von entsprechender Ermäßigung des Nachnahmebetrages abhängig zu machen (Allg. AbfVorschr. § 20 Ziff. 4). Abgesehen von diesem Falle, unterliegt im Verkehr mit den dem Ver. DEV. angehörenden Bahnen die Höhe der Nachnahmen nach Eingang keiner Beschränkung. In den übrigen Verkehren bestimmt sich der Höchstbetrag der zulässigen Nachnahmen nach den tarifarischen Vorschriften" (Allg. AbfVorschr. § 20 Ziff. 5).

Nach Abs. 1 Satz 2 des § 62 der bisherigen EVO. war die Verpflichtung der Eisenbahn zur Gestattung von Nachnahmen bei denjenigen Gütern ausgeschlossen, für welche die Eisenbahn Vorausbezahlung der Fracht zu verlangen berechtigt ist. Bei denjenigen Gütern, welche nach dem Ermessen der annehmenden Bahn schnellem Verderben unterliegen oder wegen ihres geringen Wertes die Fracht nicht sicher decken, konnte also die Eisenbahn die Belastung mit Nachnahme verweigern. Diese Bestimmung ist nach dem Vorgange des J.Ü. (Art. 13) weggelassen (s. Eger, Komm. zum J.Ü.[3] 158, 159).

345) Die auf das Gut gelegten Nachnahmen und Barvorschüsse sind gemäß Abs. 6 vom Absender an der hierfür vorgesehenen Stelle, d. h. in den beiden getrennten Rubriken des Frachtbriefformulars für Nachnahme, von welchen die untere für die eigentliche Nachnahme (nach Eingang), die obere für die uneigentliche Nachnahme (Barvorschüsse 2c.) bestimmt ist, mit Buchstaben einzutragen. Diese Eintragung ist für den Abschluß und Umfang des Nachnahmevertrages als eines akzessorischen Teiles des Frachtvertrages nach § 61 Abs. 3 EVO. beweisend (Thöl III 30) und auch bei einer Abweichung von einem Eintrag in Ziffern maßgebend. Da die eigentliche Nachnahme nicht sogleich bei der Aufgabe ausgezahlt, sondern ihr Eingang abgewartet wird, so muß dem erst nach Eingang bezugsberechtigten Absender irgendeine Bescheini-

gung eisenbahnseitig gewährt werden, durch welche er die Auflegung und die Höhe der Nachnahme darzutun vermag. Dieser Nachweis wird gemäß Abs. 2 Satz 1 in der Regel durch Vorlegung des „abgestempelten Frachtbriefes", welcher vom Empfänger zu diesem Behufe dem Absender zurückgeschickt wird, oder durch die anderweit in der EVO. gestatteten Bescheinigungen über die Aufgabe von Gütern (§ 54 Abs. 5, 8, d. h. entweder Aufnahmescheine oder Frachtbriefduplikate oder Quittungsbücher) geführt (s. E. 26 146).

Im Anschluß an die Bestimmung des Satzes 1 ist indes gemäß Abs. 2 Satz 2 die Eisenbahn auch verpflichtet, dem nachnehmenden Absender auf Verlangen außerdem (d. h. neben jenen Bescheinigungen) besondere Nachnahmescheine auszuhändigen. Diese Nachnahmescheine enthalten nur die Bescheinigung darüber, daß und welche Nachnahme der Absender nachgenommen hat. Ihre Erteilung hat gebührenfrei zu erfolgen. (Allg. AbfVorschr. § 20 Ziff. 13; und über Nachnahme-Begleitscheine: Ziff. 15 u. 16 l. c.). Thöl III § 62 S. 130, Schott 419, Rießer 101, 102, Endemann 638. An Stelle einzelner Nachnahmescheine pflegen bei größeren Versendern (Spediteuren) Nachnahme-Gegenbücher zu treten, in welchen die Nachnahmen vermerkt und auf Grund deren nach Eingang die Auszahlungen bewirkt werden (Allg. AbfVorschr. § 20 Ziff. 14).

346) Satz 1 Abs. 3 verpflichtet die Eisenbahn, sobald der Betrag der Nachnahme von dem Empfänger bezahlt ist, den Absender hiervon zu benachrichtigen und demselben die Nachnahme auszuzahlen. Über den Empfang der Nachnahme ist Quittung zu leisten im Nachnahmebuch oder durch besondere Ausstellung (Allg. AbfVorschr. § 20 Ziff. 19), s. Verfahren bei teilweiser Zurückziehung der Nachnahme (a. a. O. § 21 Ziff. 3—5), Nichtannahme des Gutes (§ 20 Ziff. 22), Ablieferungshindernissen (Ziff. 23). Da der Empfänger den eingegangenen Nachnahmebetrag von der Eisenbahn abzuholen verpflichtet ist, so muß ihn die Eisenbahn von dem Eingange besonders in Kenntnis setzen. (Avisierung eingegangener Nachnahmen: Schott 418, Thöl III 129, Endemann 638, Allg. AbfVorschr. § 20 Ziff. 17—19). Die Benachrichtigung und Auszahlung hat ohne Verzug, sobald die Nachnahme eingegangen ist, zu erfolgen. Eine Verzögerung berechtigt den Absender zu Schadensersatzansprüchen (Verzugszinsen 2c.) und zur Beschwerde bei der Aufsichtsbehörde (Schott 419) — außer wenn die Verzögerung berechtigt ist, z. B. bei gerichtlichem Arrest auf die Nachnahme, welcher bis zur Auszahlung auf dieselbe gelegt werden kann. Die kurze einjährige Verjährung aus § 98 EVO. findet auf Ansprüche aus dem Nachnahmeverhältnis keine Anwendung. Die Eisenbahnen pflegen daher durch besondere Einrichtungen dafür Sorge zu tragen, daß die abliefernde (Empfangs-)Bahn die Versandbahn von dem Eingange der Nachnahme alsbald in Kenntnis setzt. (Nachnahme-Begleitscheine 2c. Allg. AbfVorschr. § 20 Ziff. 15, 16.) Vor dem Eintreffen der bezüglichen Anzeige der Empfangsstation bei der Aufgabestation über den Eingang der Nachnahme ist diese in der Regel nicht auszuzahlen. Die Form der Benachrichtigung sowie die Auszahlung und Quittungsleistung richtet sich nach den besonderen Vorschriften der Versandstation. Ist vorschriftsmäßig avisiert und

die Auszahlung offeriert, so gerät der Absender in Annahmeverzug und ist die Eisenbahn befugt, mit dem Nachnahmebetrage nach Maßgabe der allgemeinen gesetzlichen Bestimmungen zu verfahren.

Der Nachnahmebetrag ist nur an den Absender als den Inkassomandanten oder dessen Bevollmächtigten zu zahlen. Ein Dritter ist, wenn er sich auch im Besitze des Frachtbriefduplikats, Aufnahme- oder Nachnahmescheines befindet, zur Erhebung der Nachnahme nicht berechtigt. Denn diese Papiere dienen zwar als Bescheinigung über die Auflegung der Nachnahme und deren Höhe, aber nicht als Legitimation der Empfangsberechtigung. Da der Absender befugt ist, bei der Aufgabestelle schriftlich auf die Einziehung der nachgenommenen Beträge zu verzichten (Allg. AbfVorschr. § 21 Ziff. 3), so zessiert in diesem Falle auch die Pflicht der Eisenbahn zur Auszahlung ganz oder teilweise, während die Provision demungeachtet von der ganzen aufgegebenen Nachnahme berechnet wird (Anm. 350 S. 349). Eine solche Verfügung des Absenders wird jedoch, wenn ein Frachtbriefduplikat oder Aufnahmeschein ausgestellt ist, nur zugelassen, wenn sie auf der betreffenden, vom Absender vorzulegenden Urkunde vermerkt wird. Die Aufgabestelle hat von der Zurückziehung oder Minderung der Nachnahme die Empfangsstelle ohne Verzug zu unterrichten (Allg. AbfVorschr. § 21 Ziff. 3, 4). Ist ein Teil einer mit Nachnahme belasteten Sendung in Verlust geraten, so ist die Eisenbahn nicht verpflichtet, einem Wunsche des Empfängers auf Herabsetzung der Nachnahme nachzukommen. Auch besteht für den Empfänger keine rechtliche Verpflichtung zur Annahme der Sendung unter Zahlung der vollen Nachnahmesumme (Z. 1908 S. 294).

Die Vorschrift im bisherigen § 62 Abs. 4, wonach das über die Auszahlung von Nachnahme Gesagte auch für die von den Spediteuren nachgenommenen Auslagen gilt, die vor der Aufgabe für das Frachtgut gemacht sind, ist als selbstverständlich weggelassen (Begr. 112).

Es ist bei kleineren Nachnahmebeträgen bis zu einer bestimmten Maximalgrenze üblich, im Tarife zu vereinbaren, daß die Auszahlung der Nachnahme nicht von der Benachrichtigung des tatsächlichen Eingangs, sondern vom Ablauf einer bestimmten Frist nach erfolgter Aufgabe abhängig gemacht wird, indem alsdann der richtige Eingang vermutet wird. Satz 2 bestimmt, daß, wenn eine derartige Abrede im Tarife getroffen ist, eine besondere Benachrichtigung nicht notwendig ist; es ist alsdann vielmehr Sache des Absenders, nach Ablauf der Frist sich den Nachnahmebetrag ohne weiteres abzuholen. Allg. AusfBest. II zu § 72 EVO.: insbesondere Nachnahmen unter 150 M. nach Ablauf von 14 Tagen, vom Tage der Aufgabe an gerechnet. Ist die Beförderungsstrecke jedoch länger als 1000 TarKm., so beträgt die Frist drei Wochen (Allg. AbfVorschr. § 20 Ziff. 18).

347) Abs. 4 gibt dem Grundsatze Ausdruck, daß, wenn das Gut ohne Einziehung der Nachnahme abgeliefert worden, die Eisenbahn für den Schaden bis zum Betrage der Nachnahme haftet und denselben dem Absender sofort zu ersetzen hat. Denn die Eisenbahn hat bei der Ablieferung alle durch den Frachtvertrag begründeten Forderungen einzuziehen, ins-

besondere auch die auf dem Gute haftenden Nachnahmen; sie hat wegen aller dieser Forderungen ein Pfandrecht am Gute (HGB. §§ 440 ff). Verabsäumt die Eisenbahn diese Einziehungspflicht, so ist sie dem Absender schadensersatzpflichtig. Voraussetzung ist aber, daß der Absender die Nachnahme an der im Frachtbriefe bezeichneten Stelle notiert hat (Anm. 245 u. 249 E. 20 18) und ferner, daß dem Absender ein Schaden entstanden ist. Bei einem Ablieferungshindernis und Verkauf des Gutes findet Abs. 4 keine Anwendung (E. 23 261). Auch reicht die Haftpflicht der Eisenbahn nur bis zum Betrage der Nachnahme. Ist also der Schaden höher als dieser Betrag, so kann das Mehr von der abliefernden Bahn nicht gefordert werden. Ist aber der Schaden geringer, so ist nur der wirkliche Betrag desselben zu zahlen. Der Schadensersatz muß sofort geleistet werden, da die Eisenbahn aus der Verletzung des Einziehungsmandates haftet. Sie hat weder das Recht, den Absender mit seinem Anspruche an den Absender zu verweisen, noch die Ersatzleistung hinauszuziehen, bis sie den Nachnahmebetrag nachträglich vom Empfänger eingezogen hat. Dagegen bleibt der Eisenbahn der Rückgriff gegen den Empfänger, denn dieser wird dadurch, daß die Eisenbahn die Einziehung der Nachnahme bei der Ablieferung verabsäumt hat, von der ihm nach § 436 HGB. § 76 EVO. (Anm. 382, 387) obliegenden Zahlungspflicht nicht frei. Insoweit also die Eisenbahn dem Absender Ersatz leisten muß, ist sie zum Rückgriffe gegen den Empfänger berechtigt. Aber auch der Rückgriff reicht nur bis zum Betrage der Nachnahme. Gegen die auf den Besitz des Frachtbriefs gestützte Behauptung des Empfängers, die Nachnahme bezahlt zu haben, ist Gegenbeweis zulässig (E. 20 6). Aber nur gegen den Empfänger selbst, nicht gegen dessen Hintermann 2c. hat die Bahn die Rückforderungsklage (E. 19 305, 26 146).

348) Nach Abs. 5 ist die Eisenbahn zur Zulassung von Barvorschüssen, d. h. solchen Beträgen, welche dem Absender bereits bei der Aufgabe ausbezahlt werden (sog. uneigentlichen Nachnahmen: Anm. 344 S. 343 Allg. AbfVorschr. § 20 Ziff. 2) nicht verbunden. Sie können aber zugelassen werden. Die Eisenbahn ist zur Zulassung berechtigt, nicht verpflichtet. Doch hängt die Zulassung von der Voraussetzung ab, daß die Barvorschüsse nach dem Ermessen der Versandstation durch den Wert des Gutes sicher gedeckt sind. Die Allg. AusfBest. III zu § 72 l. c. bestimmen: „Barvorschüsse werden bis zur Höhe von 10 M. für eine Sendung gewährt, wenn sie nach dem Ermessen der Versandstation durch den Wert des Gutes sicher gedeckt sind. Auf Güter, wofür nach § 69 (¹) Vorausbezahlung der Fracht verlangt werden kann, und auf bahnlagernde Güter werden keine Barvorschüsse gewährt." Diese Beschränkung beruht auf der Erwägung des Risikos, welches mit der Leistung von Vorschüssen für die Bahn verbunden ist. Die Schätzung der Versandstation erstreckt sich nicht allein darauf, daß das mit Vorschuß zu belastende Gut einen Wert in Höhe des Vorschusses hat, sondern einen solchen, welcher bei einer teilweisen Wertverringerung und bei dem Hinzutritt von Bahnspesen aller Voraussicht nach die Deckung des geleisteten Vorschusses nicht gefährdet erscheinen läßt. Aus diesem Grunde sind Vorschüsse auf Güter, welche dem Frankaturzwange unterliegen, und auf bahnlagernde Güter über-

haupt unzulässig. Der Beamte, welcher Vorschüsse, die durch den Wert des Gutes nicht sicher gedeckt werden, kulposerweise zuläßt, wird regreßpflichtig (Ruckdeschel 92). Andererseits darf, wenn nach den Spezialreglements und Tarifen Barvorschüsse zugelassen sind, die Versandstation trotz sicherer Deckung nicht willkürlich ablehnen und dadurch die zugunsten des Publikums zugelassene Gewährung von Vorschüssen illusorisch machen. Sie würde damit die von ihr vertretene Verwaltung Schadensansprüchen und dem Einschreiten der Aufsichtsbehörde aussetzen. Das „Ermessen" ist nicht „Willkür" und unterliegt im Streitfalle der richterlichen Kognition (Thöl III § 61 S. 121). Im übrigen fällt bei Barvorschüssen, da sie sofort bei der Aufgabe ausgezahlt werden, die Notwendigkeit einer Bescheinigung über die Auflegung der Nachnahme fort (§ 72 Abs. 2 Anm. 345), denn alsdann bedarf es einer Legitimation zur Empfangnahme nicht mehr. Ferner entfällt die Pflicht der Eisenbahn, den Absender, sobald der Betrag der Nachnahme vom Empfänger bezahlt ist, hiervon zu benachrichtigen. Denn die eingegangene Nachnahme fließt der vorschießenden Bahn zu, der Absender hat eine Auszahlung nicht mehr zu erwarten, es erübrigt sich also die Avisierung. Und endlich zessiert auch die Haftpflicht der Eisenbahn, wenn sie das Gut ohne Einziehung der Nachnahme abgeliefert hat. Der Absender ist im voraus befriedigt. Die Eisenbahn schädigt mithin durch die Ablieferung des Gutes ohne Einziehung der Nachnahme nur sich, nicht den Absender.

349) Vgl. § 56 Abs. 1 lit. i (Anm. 225 S. 229).

350) Gemäß Abs. 7 darf für die Belastung einer Sendung mit Nachnahme oder Barvorschuß die Eisenbahn die tarifmäßige Gebühr (Provision) erheben. (Allg. AusfBest. IV zu § 72 EVO., Allg. AbfVorschr. § 20 Ziff. 10, Thöl III 129, Schott 419, Endemann 638, 639). Für die Gebührenforderung der Eisenbahn genügt es, daß die Aufgabe der Nachnahme erfolgt ist, gleichviel ob dieselbe verabfolgt oder vom Empfänger verweigert oder ob sie vom Absender ganz oder teilweise zurückgezogen worden ist. Die Berechnung erfolgt also in jedem Falle, sobald die Aufgabe erfolgt ist, in voller Höhe, falls nicht im Tarife anders bestimmt ist. Es darf aber nur die tarifmäßige Gebühr berechnet werden. Die Höhe derselben ist im Nebengebührentarife (Teil I Abt. B) festgesetzt (Allg. AusfBest. IV zu § 72 EVO.). Die Gebühr ist für jede Frachtbriefsendung nur einmal für die ganze Beförderung zu erheben, auch im Falle der Rücksendung (z. B. bei Nachnahmeverweigerung), der Umbehandlung oder Änderung der Bestimmungsstation (Allg. AusfBest. V zu § 72 EVO., Allg. AbfVorschr. § 20 Ziff. 11 u. 12). Sie ist — mangels besonderer Vorschrift — wie die Fracht vom Absender bei der Aufgabe zu berichtigen oder gilt als auf den Empfänger angewiesen; sie wird also, falls sie nicht vom Absender entrichtet worden, vom Empfänger des Gutes eingezogen (Ruckdeschel 93).

Die Barauslagen der Eisenbahn tragen nicht den Charakter von Nachnahmen, sondern sind integrierende Teile der Gesamtfracht. Die Provision für Barauslagen (§ 68 Abs. 3) wird daher getrennt von den Nachnahmegebühren berechnet (Allg. AusfBest. III zu § 68).

§ 73.

Nachträgliche Verfügungen des Absenders [351]).

(1) Der Absender kann verfügen, daß das Gut auf der Versandstation zurückgegeben, unterwegs angehalten, auf der Bestimmungsstation zurückgehalten oder an einen anderen Empfänger oder an einem anderen Orte ausgeliefert oder nach der Versandstation zurückgesandt werde [352]). Ebenso kann der Absender verfügen, daß eine Nachnahme nach Eingang nachträglich aufgelegt, erhöht, gemindert oder zurückgezogen, sowie daß die Sendung fracht- und gebührenfrei abgeliefert werde [353]). Die Eisenbahn darf die Ausführung solcher Verfügungen nur dann ablehnen oder hinausschieben oder die Verfügung in veränderter Weise ausführen, wenn durch ihre Befolgung der regelmäßige Güterverkehr gestört werden würde [354]). Sie hat in diesem Falle den Absender unverzüglich zu benachrichtigen [355]).

(2) Verfügungen anderer Art können durch den Tarif einheitlich zugelassen werden [356]).

I. Der Absender ist berechtigt, neben der Rücksendung des Gutes die Streichung der Angabe des Interesses an der Lieferung in der „Nachträglichen Verfügung" zu beantragen.

(3) Die Verfügungen müssen sich auf die ganze Sendung beziehen. Sie sind schriftlich unter Verwendung eines von der Eisenbahn durch den Tarif einheitlich festzusetzenden Musters bei der Versandstation einzureichen. Die Unterschrift darf auch durch Druck oder Stempel bewirkt werden. Die Versandstation hat die Verfügung sobald wie möglich, auf Wunsch des Absenders unter den im Tarif einheitlich festzusetzenden Bedingungen, auch durch Telegramm oder Fernsprecher, weiterzugeben [357]).

II. (1) Die Verfügung des Absenders muß für alle Teile der Sendung die gleiche sein.

(2) Die Weitergabe durch Telegramm oder Fernsprecher ist vom Absender in der „Nachträglichen Verfügung" zu beantragen.

(3) Die Gebühren der Weitergabe (Porto, Telegramm- und Fernsprechgebühren, Botenlöhne) hat der Absender auf Verlangen sofort zu entrichten.

(4) Für die nachträgliche Verfügung ist der Vordruck in Anlage VI zu verwenden. Der Verkaufspreis ist im Nebengebührentarif (Teil I, Abt. B) festgesetzt.

(4) Einem bei der Bestimmungsstation unmittelbar gestellten Antrage, die Sendung zurückzuhalten, kann vorläufig entsprochen werden. Der Absender hat jedoch die vorgeschriebene Verfügung innerhalb einer angemessenen Frist beizubringen. Andernfalls ist nach § 76 zu verfahren [358]).

III. (1) Einem bei der Bestimmungsstation unmittelbar gestellten Antrage wird auf Kosten des Absenders vorläufig entsprochen, wenn kein Zweifel besteht, daß er vom Absender herrührt.

(2) Im übrigen bleiben nachträgliche Verfügungen des Absenders, die nicht durch Vermittelung der Versandstation gegeben werden, unbeachtet.

(5) Im Falle der Ausstellung eines Frachtbriefduplikats oder eines Aufnahmescheins steht dem Absender das Verfügungsrecht nur zu, wenn er diese Urkunden vorlegt und auch darin die Verfügungen einträgt [359]). Befolgt die Eisenbahn die Verfügungen des Absenders, ohne die Vorlegung des Duplikats oder Aufnahmescheins zu verlangen, so ist sie für den daraus entstehenden Schaden dem Empfänger, dem der Absender die Urkunde übergeben hat, haftbar [360]). Ist ein Frachtbriefduplikat oder ein Aufnahmeschein nicht ausgestellt, so kann die Eisenbahn verlangen, daß sich der Absender entsprechend ausweist [361]).

(6) Verweigert der Empfänger die Annahme des Gutes, so steht dem Absender das volle Verfügungsrecht auch dann zu, wenn er das Frachtbriefduplikat oder den Aufnahmeschein nicht vorweisen kann [362]).

(7) Verfügt der Absender, daß die Sendung unterwegs angehalten oder auf der Bestimmungsstation zurückgehalten wird, so ist die Eisenbahn berechtigt, für jede Verzögerung über 6 Stunden das tarifmäßige Stand- oder Lagergeld zu erheben. Beträgt die Verzögerung mehr als 24 Stunden, so kann die Eisenbahn das Gut auf Gefahr und Kosten des Absenders ausladen und auf Lager nehmen oder einem Spediteur oder öffentlichen Lagerhaus übergeben [363]).

IV. Bei Verzögerungen über 6 Stunden wird das im Nebengebührentarif (Teil I Abt. B) festgesetzte Lager-, Platz- und Wagenstandgeld, sowie das Standgeld für Eisenbahnfahrzeuge auf eigenen Rädern erhoben.

(8) Die Eisenbahn kann, wenn die nachträgliche Verfügung nicht durch ihr Verschulden veranlaßt ist, für deren Ausführung neben Erstattung der erwachsenden Frachtkosten, Nebengebühren und Auslagen

eine im Tarife festzusetzende Gebühr verlangen. Bei leichtverderblichen Gütern sowie bei Sendungen, deren Wert die entstehenden Frachtkosten, Nebengebühren und Auslagen nicht deckt, kann Vorausbezahlung verlangt werden[364]).

V. Für die Ausführung einer nachträglichen Verfügung des Absenders werden folgende Frachtbeträge neben den etwa erwachsenden Nebengebühren, Auslagen und Gebühren erhoben:

a) wenn das Gut auf einer Unterwegsstation angehalten und ausgeliefert wird, die Fracht bis zu dieser Unterwegsstation;

b) wenn das Gut von der Bestimmungsstation oder von einer Unterwegsstation nach der Versandstation zurück- oder nach einer anderen Station befördert wird, außer der Fracht für die Beförderung bis zur ursprünglichen Bestimmungsstation oder bis zu der Unterwegsstation, auf welcher das Gut angehalten wird, die Rückfracht bis zur Versandstation oder die Fracht bis zur neuen Bestimmungsstation.

VI. Die Gebühren für die Ausführung nachträglicher Verfügungen sind im Nebengebührentarif (Teil I Abt. B) festgesetzt. Sie werden nur erhoben, wenn das Gut auf der Versandstation vor der Beförderung zurückgegeben oder auf einer Unterwegsstation angehalten und ausgeliefert wird.

Die nachträgliche Frankierung und die nachträgliche Minderung oder Zurückhaltung von Nachnahmen sind kostenfrei, während die bereits berechnete Nachnahmeprovision unverändert bleibt. Bei nachträglicher Auflage oder Erhöhung von Nachnahmen wird die im Nebengebührentarif (Teil I Abt. B) festgesetzte Provision berechnet, bei Erhöhung für den zugesetzten Betrag besonders.

(9) Das Verfügungsrecht des Absenders erlischt, wenn nach der Ankunft des Gutes am Orte der Ablieferung der Frachtbrief dem Empfänger übergeben oder wenn von dem Empfänger gemäß § 76 Abs. (2) Klage gegen die Eisenbahn erhoben wird. Die Eisenbahn hat dann nur die Anweisungen des Empfängers zu beachten; verletzt sie diese Verpflichtung, so ist sie dem Empfänger für das Gut verhaftet[365]).

Alte EVO. § 64. — HGB. §§ 433 und 455 Abs. 2. — J.Ü. Art. 15. — AusfBest. z. JÜ. § 7.

351) Nach dem Wesen des Frachtvertrages ist der Absender an sich berechtigt, während der Ausführung des Transports über das Gut zu verfügen, und der Frachtführer verpflichtet, den Verfügungen des Absenders Folge zu leisten. Denn der Frachtführer hat kein Recht, auf der Ausführung des Frachtvertrages zu bestehen; seine Befugnis geht nicht weiter, als daß ihm die vereinbarte Gegenleistung, d. h. die Fracht ꝛc. nicht entzogen werden darf. (Schott 387, Eger, Frachtr.[2], I 178, OLG. Hamburg 7. VII. 1894, E. 11 316.) Unter dieser Voraussetzung sowie unter der weiteren, daß die Rechtslage des Frachtführers dadurch nicht verschlechtert wird, steht daher dem Absender die freie und volle Verfügung über das Gut zu. Dieses Verfügungsrecht des Absenders wird erst durch den Eintritt des Empfängers in den Frachtvertrag beendet. Es entspricht sowohl dem Interesse des Rechts, wie dem Bedürfnisse des Verkehrs, daß die bezüglichen Rechte des Absenders und des Empfängers genau bestimmt und voneinander abgegrenzt sind (s. auch Reindl, VZ. 1897, Nr. 12). Vgl. über die juristische Konstruktion des Rechtsverhältnisses nach dem System des HGB: Goldschmidt, Hdbch. II 743ff., Eger, Frachtrecht II 86ff., Schott III 402ff., Lehmann-Ring, HGB. II 341, Staub § 434 Anm. 1, Düringer-Hachenburg § 433 Anm. IV, Goldmann Nr. 3, Cosack HR.[6] 433, Hellwig, Vertr. auf Leistung an Dritte 478, Leutke, VerfügR. 65, Vogel, DisposR. 28, Höhn, VerfügR. 4ff.

Im HGB. ist dies im Zusammenhange mit der Regelung des gesamten Rechtsverhältnisses zwischen Absender, Frachtführer und Empfänger (s. § 76 Anm. 381) durch die §§ 433, 435 in folgender Weise geschehen: Der Absender hat so lange alle Rechte und Pflichten aus dem Frachtvertrage und die ausschließliche Befugnis zur Verfügung über das Gut, bis nach der Ankunft am Ablieferungsorte der Frachtführer den Frachtbrief dem Empfänger übergeben oder dieser gegen den Frachtführer die Klage auf Übergabe des Frachtbriefs und Frachtguts angestellt hat. Der Empfänger erlangt alle Rechte und Pflichten aus dem Frachtvertrage und die ausschließliche Befugnis zur Verfügung über das Gut, wenn nach der Ankunft am Ablieferungsorte der Frachtführer den Frachtbrief ihm übergeben oder er gegen den Frachtführer die Klage auf Übergabe des Frachtbriefs und des Frachtguts angestellt hat. (Rundnagel 87ff. A. M. Makower 1528.)

Das auf diesen Grundsätzen beruhende System, welches bereits dem AHGB. zugrunde lag, ist auch für das internationale Eisenbahnfrachtrecht mit nur einer wesentlichen Modifikation angenommen worden. Man hielt es nämlich im Verkehrsinteresse für geboten, die Möglichkeit zu schaffen, das Verfügungsrecht des Absenders auch während des Transports in markanter Weise zu beschränken, ohne daß jedoch dadurch die Grundsätze inbetreff des Verfügungsrechts des Empfängers eine Abänderung erfahren oder irgendein Dritter Verfügungsrechte an dem Gute erlangt. Diese markante Form ist durch die obligatorische Ausstellung und den Besitz des Frachtbriefduplikats eingeführt worden. (Art. 8 Abs. 5, Art. 15 Abs. 2 J.Ü.) Dem Frachtbriefduplikat ist zwar die Bedeutung und Rechtswirkung eines Konnossements (Ladescheins) nicht beigelegt (Art. 8 Abs. 6 l. c.). Dasselbe besitzt nicht die Eigenschaft eines Dispositionspapiers über das rollende Gut. Aber es soll die Möglichkeit gewähren, den Absender bereits während des Transports in der Verfügung über das Gut zu beschränken. Zu diesem Behufe ist obligatorisch vorgeschrieben, daß der Absender zugleich mit dem Frachtbriefe ein Frachtbriefduplikat der Eisenbahn vorzulegen und diese auf demselben den Empfang des Frachtguts zu bescheinigen hat. Das System des internationalen Eisenbahnfrachtrechts ist danach in folgender Weise aufgestellt: Der Absender hat so lange die volle Dispositionsbefugnis, als er das Frachtbriefduplikat besitzt und bis nach Ankunft des Gutes am Bestimmungsort der Frachtbrief dem Empfänger übergeben oder von diesem die Klage auf Übergabe des Frachtbriefs und Frachtguts der Eisenbahn zugestellt ist. Der Absender ist, wenn er das Frachtbriefduplikat nicht mehr besitzt, in seiner Dispositionsbefugnis insofern beschränkt, als er Anweisungen über die Rückgabe des Gutes auf der Versandstation, Anhalten unterwegs oder Ablieferung an einen anderen als den im Frachtbrief bezeichneten Empfänger am Bestimmungsorte oder einer Zwischenstation nicht erteilen darf, und derartige Anweisungen nichtig sind. Nur im Falle der Annahmeverweigerung des Empfängers ist dem Absender ausnahmsweise das volle Verfügungsrecht auch dann eingeräumt, wenn er das Frachtbriefduplikat nicht vorweisen kann (J.Ü. Art. 25 Abs. 1). Der Empfänger erlangt die Dispositionsbefugnis nach der Ankunft des Guts am Bestimmungsort mit der Übergabe des Frachtbriefs und Gutes, gleichviel ob er das Frachtbriefduplikat besitzt oder nicht.

Das HGB. § 455 und die EVO. § 73 haben einen Mittelweg eingeschlagen. Sie lassen dem Absender zwischen beiden Systemen die Wahl. Der Absender bzw. Empfänger ist, je nachdem ein Frachtbriefduplikat (bzw. ein diesem gleichstehender Aufnahmeschein) ausgestellt ist oder nicht, in bezug auf das Verfügungsrecht den Rechtswirkungen der §§ 433, 435 HGB. oder des § 455 HGB. unterworfen. Die Ausstellung des Frachtbriefduplikats bzw. Aufnahmescheines ist nicht, wie im internationalen Eisenbahnfrachtverkehr, eine obligatorische, sondern nur eine fakultative, die Ausstellung erfolgt nur „auf Verlangen" des Absenders (§ 455 Abs. 1 HGB., § 61 Abs. 5 EVO. s. Anm. 267 S. 266). Daher sagen § 455 Abs. 2 HGB. und § 73 Abs. 5 EVO. „im Falle" der Ausstellung eines Frachtbriefduplikats (oder Aufnahmescheines) (s. Anm. 359 S. 364). Ist aber die Ausstellung erfolgt, so greifen die im HGB. § 455 Abs. 2 vorgesehenen Rechtswirkungen Platz (§ 73 Abs. 5 EVO.).

Auch hier hat zwar — wie nach Art. 25 Abs. 1 J.Ü. — die EVO. nur im Falle der Annahmeverweigerung des Empfängers ausnahmsweise dem Absender das volle Verfügungsrecht auch dann zugestanden, wenn er das Frachtbriefduplikat nicht vorweisen kann (§ 73 Abs. 6 EVO.). Aber diese Bestimmung des Abs. 6 § 73 der EVO. ist nichtig, weil sie gegen § 435 Abs. 2 und § 471 Abs. 1 HGB. verstößt (§ 73 Abs. 6 Anm. 362 S. 365, 366).

352) Wie in der vorangehenden Anm. 351 ausgeführt, besitzt der Absender bis zum Eintritt des Empfängers in den Frachtvertrag an sich das volle, uneingeschränkte Verfügungsrecht über das Gut. Er darf in den Grenzen des vereinbarten Frachtvertrages, d. h. ohne Erschwerung der kontraktlichen Lage des Frachtführers, jede beliebige Verfügung treffen und jede das Gut anlangende Maßregel anordnen (v. Hahn II 632, Goldschmidt

745, Anschütz III 444, Wehrmann 70f., Ruckdeschel 122, Endemann, R. d. E. 596, Staub, Art. 402 § 1 und E. 12 177, RGZ. 15 157). Der Absender ist nicht nur befugt, Verfügungen wegen Rückgabe des Gutes auf der Versandstation, Anhaltens unterwegs, Ablieferung an seine eigene Person oder an einen anderen als den im Frachtbriefe bezeichneten Empfänger am Bestimmungsorte oder auf einer Zwischenstation zu treffen, sondern überhaupt jede beliebige Verfügung betreffs des Gutes zu geben, das Gut bei der Aufgabe oder nachträglich mit Nachnahme zu belasten (EVO. § 72) oder davon zu entlasten, sowie zu frankieren, er ist berechtigt, Verordnungen in betreff der Behandlung des Gutes bei der Beförderung zu treffen, Sicherheitsmaßregeln in betreff des Gutes anzuordnen, die Lagerung, Ver- und Abladung, Verwiegung, Verzollung rc. vorzuschreiben (ROHG. 12 107, 196, Makower 1525, Reyßner 446 Nr. 9, Wehrmann 76, Ruckdeschel 122f., Schott 393, Staub E. 12 177), ferner bei Verhinderung der Beförderung durch Zufall oder höhere Gewalt anderweitige Disposition über das Gut zu treffen (§ 74 Abs. 2 u. 3), der Zollbehandlung unterwegs selbst oder durch einen Bevollmächtigten beizuwohnen und dabei Aufklärung rc. zu erteilen (§ 65 Abs. 4), die Vertragsrechte, insbesondere bei Verlust, Beschädigung und Verspätung, die Entschädigungsrechte, gerichtlich wie außergerichtlich, geltend zu machen rc. (§ 99).

Abs. 1 des § 73 hat aber im Anschluß an § 433 HGB. aus diesen allgemeinen Vertrags- und Verfügungsrechten des Absenders dem Verkehrsbedürfnisse entsprechend mehrere wesentliche Kategorien von Befugnissen herausgehoben und deren Ausübung durch den Absender — da § 471 HGB. eine Beschränkung der aus § 433 l. c. folgenden Verpflichtungen der Eisenbahn durch die Verkehrsordnung nicht verbietet — teils zur Sicherstellung des Empfängers, teils im Interesse der Eisenbahnen an besondere Voraussetzungen und Formen (§ 73 Abs. 3—8) geknüpft, bei deren Fehlen der Absender in der Ausübung jener Befugnisse beschränkt ist; sie bilden gewissermaßen im Gegensatz zu dem allgemeinen, auf dem Frachtvertrage an sich beruhenden Verfügungsrechte des Absenders ein spezielles, besonders geregeltes Verfügungsrecht desselben. Danach hat der Absender allein das Recht, die Verfügung zu treffen, daß das Gut 1. auf der Versandstation zurückgegeben, 2. unterwegs angehalten, 3. auf der Bestimmungsstation zurückgehalten, 4. oder an einen anderen Empfänger, 5. oder an einem anderen Orte ausgeliefert, 6. oder nach der Versandstation zurückgesandt, 7. oder eine Nachnahme nach Eingang nachträglich aufgelegt, erhöht, gemindert oder zurückgegangen, 8. oder die Sendung fracht- und gebührenfrei abgeliefert werde. Vgl. hierzu Allg. AbfVorschr. § 30 Ziff. 1.

Der bisherige Unterschied, daß die Eisenbahn zur Ausführung der Verfügungen 1—6 verpflichtet, dagegen die Ausführung der Verfügungen 7 und 8 in ihr Ermessen gestellt war, ist fortgefallen. Sie ist in allen acht Fällen zur Ausführung verpflichtet.

Die Worte „der Absender kann verfügen" bedeuten, daß bis zum Eintritt des Empfängers in den Frachtvertrag (§ 73 Abs. 9) nur der Absender diese acht Befugnisse auszuüben berechtigt ist, also weder der Empfänger noch irgendeine dritte Person, selbst wenn letztere in der Lage sind, die Voraussetzungen, an welche § 73 Abs. 3 f. die Ausübung dieser Befugnisse für den Absender knüpft, zu erfüllen, d. h. das Frachtbriefduplikat besitzen rc. Der Absender allein bzw. sein Bevollmächtigter oder rechtlicher Vertreter darf die bezeichneten Befugnisse ausüben (E. 19 144, 21 65, 127).

Dagegen ist aus den Worten „der Absender kann verfügen rc." nicht etwa zu folgern, daß dem Absender nur diese acht Verfügungsbefugnisse aus dem Frachtvertrage zustehen und er anderweite Vertrags- bzw. Verfügungsrechte aus demselben nicht besitze (s. S. 354, 360).

Demgemäß ist auch der bisherige Schlußsatz des Abs. 1, daß nachträgliche Verfügungen oder Anweisungen anderen als des angegebenen Inhalts unzulässig sind, fortgefallen, weil dies im Widerspruch stehen würde mit mehreren Bestimmungen der EVO., welche nachträgliche Verfügungen und Anweisungen anderen Inhalts als des im Abs. 1 des § 73 angegebenen ausdrücklich zulassen (S. 355). An seine Stelle ist der Abs. 2 getreten, welcher bestimmt, daß Verfügungen anderer Art durch den Tarif einheitlich zugelassen werden können. Bedeutet diese Bestimmung auch einen dem Verkehrsbedürfnisse entsprechenden Fortschritt, so läßt sie doch nicht erkennen, daß noch an anderen Stellen der EVO. Verfügungen des Absenders zugelassen sind, welche weder zu den im Abs. 1 bezeichneten gehören, noch der einheitlichen Zulassung durch den Tarif bedürfen. Unberührt bleibt das Recht des Absenders auf Widerruf des Frachtvertrages, ferner das etwaige Verfolgungsrecht (KO. § 44).

Die zeitliche Grenze (das Erlöschen) der Verfügungsbefugnisse des Absenders aus Abs. 1 des § 73 ist im Abs. 9 dieses Paragraphen festgesetzt, die übrigen Voraussetzungen und Beschränkungen in betreff der Ausübung sind in den Abs. 3—8 des § 73 bestimmt. Quantitativ bestimmt Abs. 3 Satz 1, daß jede Verfügung des Absenders sich auf die ganze Sendung erstrecken muß (s. Anm. 357 S. 361 E. 18 161).

§ 73 Abs. 1 unterscheidet folgende acht Verfügungsbefugnisse des Absenders:

Nach Satz 1:

1. Der Absender kann verfügen, daß das Gut auf der Versandstation zurückgegeben werde, und zwar Stück- und Wagenladungsgut (Allg. AbfVorschr. § 30 Ziff. 6). Unter Zurückgabe ist nicht nur die an den Absender, sondern auch an dritte Personen zu verstehen. Es ist hier vorausgesetzt, daß noch keine Beförderung stattgefunden hat (s. Ziff. 6 S. 358).

2. Der Absender kann verfügen, daß das Gut unterwegs angehalten werde, und zwar gleichviel aus welchen Gründen. Dieses Recht ist freilich dadurch wesentlich beschränkt, daß nach § 67 Abs. 2 die Wahl des Beförderungsweges (abgesehen von Zollabfertigungsstellen und bei Eilgut) dem Ermessen der Eisenbahn überlassen ist (Anm. 319 S. 316). „Unterwegs" bedeutet nicht etwa „auf freier Strecke", wohl aber auf jeder für den Güterdienst eingerichteten Station, Güternebenstelle, Haltestelle rc. des Beförderungsweges, also sowohl auf der Versandstation, den Zwischenstationen, seitwärts oder über die Bestimmungsstation hinaus gelegenen Stationen rc., wie auch auf der Bestimmungsstation. Die Verfügung darf aber nicht mehr ausgeführt werden, wenn

das Gut die bezeichnete Anhaltestation bereits passiert hat (E. 26 456). In betreff der Stückgüter: Allg. AbfVorschr. § 30 Ziff. 6.

3. Der Absender kann verfügen, daß das Gut auf der Bestimmungsstation zurückgehalten werde.

Diese Bestimmung ist einem Verkehrsbedürfnisse entsprechend neu hinzugefügt worden. Vgl. hierzu noch § 73 Abs. 4.

4. Der Absender kann verfügen, daß das Gut an einen anderen Empfänger ausgeliefert werde, d. h. an einen anderen als den im Frachtbriefe bezeichneten Empfänger (§ 56 Abs. 1a Anm. 217 S. 222), und zwar gleichviel an welchem Orte, ob am Versandorte, auf einer Zwischenstation, oder auf einer über die Bestimmungsstation hinaus oder seitwärts gelegenen Station, oder am Bestimmungsorte. Solange der Empfänger nicht durch einen der das Vertragsverhältnis des Absenders beendenden Akte — Übergabe des Frachtbriefes oder Zustellung der Klage — nach Ankunft des Gutes am Bestimmungsorte in den Frachtvertrag eingetreten ist (s. S. 353), hat hiernach der Absender das Recht, die Ablieferung des Gutes auch noch am Bestimmungsorte an einen anderen Empfänger zu verfügen (E. 20 314). Bis dahin kann der Absender auch wiederholt in der Bezeichnung des Empfängers wechseln, d. h. an Stelle der ersten Anweisung eine zweite erlassen usw. Liefert die Eisenbahn irrtümlich an den ursprünglichen Empfänger aus, so hat sie gegen ihn ein Rückforderungsrecht (RG. 3 80, E. 1 133).

5. Der Absender kann verfügen, daß das Gut an einem anderen Orte ausgeliefert werde, d. h. an einem anderen als dem im Frachtbriefe bezeichneten (§ 56 Abs. 1b u. c Anm. 218, 219 S. 224) Bestimmungsorte, gleichviel ob auf der Versandstation, auf einer Zwischenstation oder auf einer über die Bestimmungsstation hinaus oder seitwärts gelegenen Station. Der Absender kann nicht nur, wie im Falle der Ziff. 4, Ablieferung an einen anderen Empfänger verfügen, sondern auch an einem anderen Ort. Dieser Ort kann entweder die Versandstation sein (§ 56 Abs. 1c Anm. 229 S. 224) oder eine „Zwischenstation", d. h. eine auf dem Beförderungswege zwischen Versand- und Bestimmungsstation belegene Station, oder auch eine über die Bestimmungsstation hinaus, d. h. auf einer sich an diese anschließenden Route belegene Station, oder eine seitwärts, d. h. auf einer Seitenroute gelegene Station sein. Hierher gehört auch die nachträgliche Berichtigung einer irrtümlich falsch bezeichneten Bestimmungsstation (E. 16 14). Die Verfügung Ziff. 5 kann auch mit der Verfügung Ziff. 2 verbunden, d. h. zuerst das Anhalten des Gutes unterwegs und sodann die Ablieferung daselbst an einen anderen als den ursprünglich designierten Empfänger verfügt werden. Die vorangehenden Worte „an einen anderen zc." (Ziff. 4) lassen e contrario die Folgerung zu, daß die Verfügung sich nicht auf die Ablieferung an dem im Frachtbriefe bezeichneten Empfänger auf der Zwischenstation erstrecken dürfe. Indes liegt dies unverkennbar nicht in der Absicht des Gesetzes. Der Absender soll befugt sein, die Ablieferung unterwegs an jeden Dritten, also auch an den im Frachtbriefe bezeichneten Empfänger zu verfügen.

Demgemäß bestimmen die Allg. AbfVorschr. § 30 Ziff. 1: „Nachträgliche Verfügungen sind nur zulässig: a) wegen Zurückgabe des Gutes auf der

Versandstation an den Absender, b) wegen Anhaltens des Gutes unterwegs und Zurückbeförderung nach der Versandstation, c) wegen Anhaltens des Gutes unterwegs und Auslieferung auf der Unterwegsstation, d) wegen Anhaltens des Gutes unterwegs und Beförderung nach einer anderen seitwärts oder rückwärts gelegenen Station, e) wegen Zurückbeförderung des Gutes von der Bestimmungsstation nach der Versandstation, f) wegen Zurückhaltens des Gutes auf der Bestimmungsstation, g) wegen Weiterbeförderung des Gutes von der ursprünglichen Bestimmungsstation nach einer anderen Station, h) wegen Auslieferung des Gutes in den Fällen unter b bis g an einen anderen als den im Frachtbriefe bezeichneten Empfänger, i) wegen Streichung der Angabe des Interesses an der Lieferung in den Fällen unter b und e. Verfügt der Absender die Weiter- und Rücksendung des Gutes, so ist dieser Verfügung zu entsprechen, wenn die dadurch entstehenden, auf dem Gute haftenden Mehrkosten durch den Wert des Gutes sicher gedeckt werden; anderenfalls ist Vorauszahlung der Fracht und der sonstigen Kosten zu fordern. Von der Forderung eines neuen Frachtbriefes ist abzusehen, wenn nicht im Verkehr nach dem Auslande der anzuwendende Tarif die Benutzung eines anderen (Auslands-) Frachtbriefes vorschreibt."

Bei Stückgütern sind Verfügungen wegen Anhaltens des Gutes unterwegs und Zurückbeförderung nach der Versandstation oder Auslieferung auf der Anhaltestation oder auf einer anderen, seitwärts oder rückwärts gelegenen Station nur dann anzunehmen, wenn die Versandstation nach pflichtgemäßer Prüfung zu der Überzeugung gelangt, daß das Anhalten auf einer Unterwegsstation mit Sicherheit und ohne Schwierigkeit erfolgen kann, und daß insbesondere eine Verzögerung in der Beförderung anderer Güter hierdurch nicht eintritt. Dem Absender ist jedoch ausdrücklich zu eröffnen, daß eine Gewähr für die Ausführung dieser Verfügung, über welche erst die Unterwegsstation endgültig zu befinden in der Lage sei, nicht übernommen werde. Wird die nachträgliche Verfügung abgelehnt, so ist der Absender unverzüglich zu benachrichtigen (Allg. AbfVorschr. § 30 Ziff. 6).

Vgl. im übrigen über das Verfahren bei Ausführung der Verfügungen: Allg. AbfVorschr. § 30 Ziff. 16a—f; bei der verwaltungsseitig vorzunehmenden Abänderung des Frachtbriefes: § 30 Ziff. 12 und Ausstellung eines neuen Frachtbriefes: § 30 Ziff. 13.

6. Der Absender kann verfügen, daß das Gut nach der Versandstation zurückgesandt werde.

Diese Bestimmung ist nach dem Vorgang des J.Ü. (Art. 15 Abs. 1) und einem Verkehrsbedürfnis entsprechend neu hinzugefügt worden. Nach dem Wesen des Frachtvertrages ist an sich die Eisenbahn zur Zurückbeförderung des Gutes nach der Versandstation nicht verpflichtet (Wehrmann 71, Endemann, R. d. Eisenb. 597), die Eisenbahn war vertragsmäßig nur verbunden, den Beförderungsweg einmal zurückzulegen. Der Absender durfte also die Rückbeförderung des Gutes behufs Rückgabe am Versandorte nicht verlangen. Eine Anweisung auf Rückbeförderung setzte den Abschluß eines neuen Frachtvertrages voraus (Ruckdeschel 122, Schott 393, Entsch. d. ROHG. 16 195, v. Hahn II 632, Keyßner 455, Puchelt II 490, Thöl III § 15 N. 26).

Um die damit verbundenen Schwierigkeiten zu vermeiden, ist im Verkehrsinteresse bestimmt, daß der Absender berechtigt ist, den Vertrag durch nachträgliche Verfügung auch auf die Zurücksendung nach der Versandstation auszudehnen. Hat er diese Verfügung getroffen, so ist die Eisenbahn in gleicher Weise wie für die Hinbeförderung für Verlust, Beschädigung und Verspätung des Gutes haftpflichtig, ebenso wie ihr der Absender zur Zahlung der Rückfracht verpflichtet ist. Hat die Eisenbahn ohne besondere Weisung das Gut an den Absender zurückbefördert, so ist sie diesem hierfür schadensersatzpflichtig. Doch ist die unbeanstandete Annahme des zurückbeförderten Gutes seitens des Absenders als nachträgliche Genehmigung der Rückbeförderung anzusehen (Reindl, E. 16 13, ROHG. 16 196).

Gibt der Absender keine Verfügung darüber, ob das Gut als Eilgut oder Frachtgut zurückgesandt werden soll, so hat die Eisenbahn die für den Hinweg vorgeschriebene Beförderungsart auch für den Rückweg einzuhalten (s. auch Z. 1906 S. 253).

Die Allg. AbfVorschr. § 30 Ziff. 15 bestimmen: „Nachträglichen Verfügungen des Absenders, Eilgut als Frachtgut oder Frachtgut als Eilgut zurück- oder weiterzusenden, ist nur dann zu entsprechen, wenn der Absender der Abfertigungsstelle entweder einen neuen Frachtbrief übersendet oder sie um Ausstellung eines solchen ersucht." Das Verlangen, eine Sendung auf einem Teile der Strecke als Eilgut zu senden, ist unzulässig.

353) Satz 2:

7. Der Absender kann verfügen, daß eine Nachnahme nach Eingang nachträglich aufgelegt, erhöht, gemindert oder zurückgezogen werde.

Die Ausführung dieser Verfügungen war in der bisherigen EVO. dem Ermessen der Eisenbahn überlassen. Im Verkehrsinteresse ist sie nunmehr — wie bei den sechs vorangehenden Verfügungen — zur Ausführung für verpflichtet erklärt. Immerhin enthält die Bestimmung eine wesentliche Beschränkung des Verfügungsrechtes des Absenders. Denn während es ihm — nach der richtigen und der Natur des Frachtvertrages entsprechenden Annahme — an sich vollständig freisteht, über die Auflage, Erhöhung, Minderung oder Zurückziehung von Nachnahmen Verfügung zu treffen, ohne an die formalen Voraussetzungen des § 73 gebunden zu sein (vgl. Staub, E. 12 177), sind ihm durch Satz 2 Beschränkungen auferlegt. (Vgl. noch über das Verfahren bei nachträglicher Belastung eines bereits aufgegebenen Gutes mit Nachnahme oder die nachträgliche Erhöhung des bei der Aufgabe nachgenommenen Betrages durch den Absender, sowie auf nachträglichen gänzlichen oder teilweisen Verzicht auf die Einziehung nachgenommener Beträge: Allg. AbfVorschr. oben Anm. 344 S. 344, 345. Über das Klagerecht, wenn nach Abtretung des Nachnahmescheines Zurückziehung der Nachnahme durch den Absender erfolgt: E. 21 65.)

Die Verfügungen erstrecken sich nur auf Nachnahmen nach Eingang, nicht auf Barvorschüsse.

8. Der Absender kann verfügen, daß die Sendung fracht- und gebührenfrei abgeliefert werde, d. h. es ist die nachträgliche Freimachung

durch Verfügung des Absenders zugelassen (§ 69 Abs. 4 u. 5). Es ist anzunehmen, daß die Verfügung sich auch auf nur einen Teil der Fracht beschränken darf (§ 69 Abs. 2 Satz 2). Auch hier gilt das vorstehend zu Ziff. 7 Gesagte. „Will der Absender eine unfrankiert aufgegebene Sendung nachträglich frankieren, so muß dies mit schriftlicher und von ihm unterzeichneter Erklärung nach dem Muster der Anlage VI zum D. EisenbGütTar. Teil I Abt. A geschehen (vgl. Allg. AusfBest. II). Die Versandabfertigung hat, wenn anzunehmen ist, daß die Sendung noch nicht ausgeliefert ist, unverzüglich die Empfangsabfertigung zu benachrichtigen, die die Auslieferung an den Empfänger frei bewirkt und den auf dem Frachtbriefe in Überweisung gestellten Betrag als Nachnahme ohne Provisionsberechnung auf die Versandabfertigung zurückrechnet. Ist ein Frachtbriefduplikat oder Aufnahmeschein erteilt, so darf die Verfügung des Absenders wegen nachträglicher Frankierung nur dann zugelassen werden, wenn sie auf dem vorzulegenden Duplikat oder Aufnahmeschein vermerkt wird. Ist eine Annahmebescheinigung im Quittungsbuch ausgestellt, so ist auf deren Berichtigung hinzuwirken. Nachträgliche Verfügungen des Absenders durch Fernsprecher sind zurückzuweisen" (Allg. AbfVorschr. § 18 Ziff. 23). Vgl. noch § 69 Abs. 6 EVO.

354) Die Eisenbahn hat die in Rede stehenden Anweisungen des Absenders ohne Verzug und unweigerlich, sowie unverändert auszuführen, widrigenfalls sie für den Schaden haftet. Von dem Gesichtspunkte aus, daß sie durch derartige Anweisungen ihre vertragliche Lage nicht verschlechtern und insbesondere die ihr obliegende Aufrechterhaltung des regelmäßigen Beförderungsverkehrs nicht gestört werden darf, erleidet jedoch billigerweise jener Grundsatz dann eine Ausnahme, wenn durch die Befolgung der Anweisung eine solche Störung eintreten würde. Demgemäß bestimmt Abs. 1 Satz 3 des § 73, daß die Eisenbahn die Ausführung der im Satz 1 u. 2 (S. 356 ff.) vorgesehenen Anweisungen nur dann ablehnen oder hinausschieben, oder solche Anweisungen in veränderter Weise ausführen darf, wenn durch ihre Befolgung der regelmäßige Güterverkehr gestört würde. Ob dies der Fall, hängt vom Ermessen der Bahn und im Streitfalle von richterlicher Entscheidung ab (vgl. Allg. AbfVorschr. § 30 Ziff. 6).

355) Abs. 1 Satz 4, welcher neu hinzugefügt ist, enthält eine für den Absender wertvolle Vorschrift, wonach er unverzüglich (Anm. 425) benachrichtigt werden muß, wenn die Eisenbahn seine Verfügung nicht ausführen kann (Begr. 113). Vgl. Allg. AbfVorschr. § 30 Ziff. 6.

356) Abs. 2 ist neu in den § 73 aufgenommen werden, damit die Eisenbahnen in der Lage sind, den hervortretenden Bedürfnissen des Verkehrs ohne weiteres zu entsprechen (Begr. 113). Die bisherige Bestimmung, wonach andere, als die in Abs. 1 vorgesehenen Verfügungen für unzulässig erklärt sind, beschränkte ohne ausreichenden Grund den Verkehr und war überdies auch unzutreffend, weil die EVO. dem Absender noch an mehreren anderen Stellen nachträgliche Verfügungen und Anweisungen — ohne die Beobachtung der im bisherigen § 64 (jetzt 73) vorgeschriebenen Formalitäten und Voraussetzungen — zu erfordern gestattet. Es gehören dahin: 1. die dem Verfügungsberechtigten erteilte Befugnis bei der Zollbehandlung (§ 65 Abs. 4), 2. die

Befugnis des Absenders zur Belastung des Gutes mit Nachnahme auf der Versandstation (§ 72 Abs. 1), 3. die Befugnis des Absenders zu anderweitigen Dispositionen über das Gut bei Beförderungshindernissen (§ 74 Abs. 2 u. 3), 4. die Befugnis des Absenders bzw. Empfängers zur Geltendmachung der aus dem Eisenbahnfrachtvertrage gegenüber der Eisenbahn entspringenden Rechte (§ 99).

Auch würde, wenn jene Bestimmung vollständig zutreffend gewesen wäre, die Vorschrift der Dispositionseinholung beim Absender (§ 81 Abs. 1) — gleichviel ob dieser das Frachtbriefduplikat besitzt oder nicht — unverständlich sein.

Abgesehen hiervon, ist aber die Beschränkung des freien Verfügungsrechts des Absenders durch die Vorschrift des Abs. 2, wonach es dem Ermessen der Eisenbahnen anheimgestellt ist, Verfügungen anderer Art, als der im Abs. 1 vorgesehenen, nur durch den Tarif einheitlich zuzulassen und nur unter den Voraussetzungen der Abs. 3—8 des § 73 eine dem Wesen des Frachtvertrages nicht entsprechende, wie bereits oben S. 356 des näheren ausgeführt worden ist.

357) Abs. 3 faßt eine Reihe formeller Vorschriften zusammen, welche bisher größtenteils in den Abs. 3 u. 6 des alten § 64 enthalten waren. Zunächst im Satz 1 die wichtige, bisher nur in den Allg. ZusBest. enthaltene Vorschrift, daß die Verfügungen sich auf die ganze Sendung beziehen müssen. Sie müssen daher für alle Teile der Sendung — auch wenn dieselben trennbar sind, z. B. aus einzelnen Kisten, Tonnen, Säcken rc. bestehen — gleich sein (Allg. AusfBest. zu § 73 II Abs. 1, vgl. hierzu Allg. AbfVorschr. § 30 Ziff. 2). Dies gilt insbesondere auch für Sammelgut. Auch Nachnahme- und Freimachungsverfügungen dürfen sich nur auf die ganze Sendung erstrecken. Satz 2 schreibt die schriftliche Einreichung der Verfügung nach durch den Tarif einheitlich festzusetzendem Muster bei der Versandstation vor:

1. „schriftlich" (auch ganz oder teilweise lithographiert gedruckt) — nicht mündlich, telegraphisch oder telephonisch rc. (über die Weitergabe der Verfügung s. Satz 4) und demgemäß vom Absender unterzeichnet (über die Unterschrift s. Satz 3).

2. „unter Verwendung eines von der Eisenbahn durch den Tarif einheitlich festzusetzenden Musters". Bisher war das Muster (Formular) durch die EVO. selbst als Anlage G allgemein vorgeschrieben. Hiervon hat die neue EVO. Abstand genommen und die Festsetzung des Musters (Formulars) der nachträglichen Verfügungen mit Rücksicht auf die in Abs. 2 (Anm. 356) den Eisenbahnen erteilte Ermächtigung dem Tarife überlassen (Begr. 113). In diesem aber muß das Muster einheitlich festgesetzt werden. Über die Eintragung der Verfügungen auch in das Frachtbriefduplikat oder den Aufnahmeschein, wenn solche ausgestellt sind, s. Abs. 5 Anm. 359. Nach den Allg. AbfVorschr. § 30 Ziff. 11—13 ist von der Forderung eines neuen Frachtbriefes abzusehen, wenn nicht im Verkehr nach dem Auslande der anzuwendende Tarif die Benutzung eines anderen (Auslands-) Frachtbriefes vorschreibt. Die Güterabfertigungsstelle der Bestimmungs- oder Unterwegsstation hat, wenn ein neuer Frachtbrief nicht ausgefertigt wird, den ursprünglichen Frachtbrief der Verfügung gemäß zu ändern und mit folgendem Vermerk zu versehen: „Zufolge nachträglicher Verfügung des

Absenders geändert (Ort, Name, Tag, Amtsstellung)." Der geänderte Frachtbrief begleitet das Gut bis zur neuen Bestimmungsstation. Die die Abänderung begründenden Beläge und Schreiben verbleiben auf der Station, welche die Abänderung bewirkt hat. Wird ein neuer Frachtbrief ausgestellt, so ist er auf der Station abzustempeln, auf der das Gut zur anderweiten Beförderung angehalten worden ist. Die Abstempelung hat auf den Tag zu lauten, an dem der neue Frachtbrief mit den etwa erforderlichen Beilagen bei dieser Station eingeht oder, wenn der Absender den Frachtbrief nicht selbst ausstellt, von ihr ausgefertigt wird. Wenn das Gut noch nicht eingegangen ist, ist der neue Frachtbrief auf den Tag des Eingangs des Gutes abzustempeln. Der alte Frachtbrief begleitet die Sendung bis zur neuen Bestimmungsstation, ist aber nicht dem Empfänger auszuhändigen, sondern zurückzubehalten und aufzubewahren.

Vgl. im übrigen über das bei Ausführung der Verfügungen zu beobachtende Verfahren: Allg. AbfVorschr. § 30 Ziff. 16 a–f.

3. „bei der Versandstation". Die Einreichung muß bei der Versandstation erfolgen. Gleichviel ob ein Frachtbriefduplikat oder Aufnahmeschein ausgestellt ist oder nicht (s. Abs. 5 Anm. 359), in allen Fällen ist die Eisenbahn die Verfügungen des Absenders zu beachten nur verpflichtet, wenn die Einreichung der schriftlichen Verfügung bei der Versandstation erfolgt ist — abgesehen von der Ausnahme des § 73 Abs. 4 Anm. 358: vorläufige Zurückhaltung auf Antrag bei der Bestimmungsstation und des § 81 Abs. 1 Satz 2: wenn für den Fall von Ablieferungshindernissen die Einholung der Anweisung durch Telegramm oder Post im Frachtbriefe vorgeschrieben ist. Der Grund ist, daß erfahrungsmäßig nur die Versandstation in der Lage ist, die Legitimation des Anweisenden genau zu prüfen. Die Vorschrift bezieht sich aber nur auf Anweisungen des Absenders (nicht des Empfängers) und nur auf Anweisungen der im Abs. 1 (Anm. 352, 353) bezeichneten Art, nicht auf andere Verfügungen. Für die Eisenbahn ist diese Vorschrift fakultativ, sie kann auch Anweisungen ohne Vermittlung der Versandstation beachten, aber sie braucht es nicht. Nach den Allg. AusfBest. III Abs. 2 bleiben sie unbeachtet. Unterwegsstationen dürfen Verfügungen des Absenders, die ihnen unmittelbar — ohne Vermittelung der Versandstation — zugehen, niemals beachten. Trifft eine schriftliche oder telegraphische Verfügung des Absenders unmittelbar bei der Bestimmungsstation ein, so ist ihr, wenn kein Zweifel besteht, daß sie vom Absender herrührt, insoweit Folge zu geben, als mit der Auslieferung des Gutes vorläufig zurückgehalten und der Absender zur schleunigen Erteilung einer vorschriftsmäßigen Verfügung durch Vermittlung der Versandstation aufzufordern ist (s. Allg. AusfBest. III und Allg. AbfVorschr. § 30 Ziff. 7 u. 8). Bloß schriftliche, telegraphische rc. Anweisungen von dem Versandorte aus genügen nicht, es bedarf der Inanspruchnahme der Versandstation für die Ausführung der Anweisung. Diese ist zur Annahme und Weitergabe verpflichtet, die anderen Stationen können dieselbe ablehnen.

Satz 3 gestattet, daß die Unterschrift des Absenders unter die schriftliche Verfügung auch durch Druck oder Stempel bewirkt wird und ist damit motiviert, daß dies auch für die Unterzeichnung des Frachtbriefs selbst zugelassen ist (Begr. 113) (§ 56 Abs. 10 Anm. 239 S. 239) und daher auch zweckmäßig für die nachträglichen Verfügungen gelten soll.

Satz 4 verpflichtet die Versandstation, die Verfügung sobald wie möglich weiterzugeben, und zwar auf Wunsch des Absenders unter den im Tarif einheitlich festzusetzenden Bedingungen auch durch Telegramm oder Fernsprecher. Dies liegt im Interesse der Beschleunigung und entspricht einem Wunsche des Handelsstandes (Begr. 113). In der Regel erfolgt die Weitergabe mit möglichster Beschleunigung (d. h. nach Beseitigung etwaiger Anstände gemäß dem Geschäftsgange unverzüglich) durch Eisenbahndienstschreiben, sofern nicht die Beförderung durch die Post schneller bewirkt werden kann. Wünscht der Absender die Weitergabe durch Telegramm oder Fernsprecher, so hat er dies in der nachträglichen Verfügung zu beantragen. Die Gebühren der Weitergabe hat der Absender auf Verlangen sofort zu entrichten. Für die nachträgliche Verfügung ist der Vordruck in Anlage VI (D. EisenbGütTar.) zu verwenden (s. Allg. AusfBest. II Ziff. 2—4 u. Allg. AbfVorschr. § 30 Ziff. 4, 5 u. 9).

Die bisherige EVO. § 64 Abs. 7 erklärte — übereinstimmend mit Art. 15 Abs. 7 J.Ü. — jede den Formvorschriften des vorangehenden Abs. 6 nicht entsprechende Verfügung des Absenders für nichtig. Diese Bestimmung ist im § 73 der neuen EVO. fortgefallen. Aus dem Fortfall ergibt sich, daß Anweisungen, welche den Formvorschriften des § 73 nicht entsprechen, zwar zurückgewiesen werden können. Sind sie aber angenommen, so sind sie nicht nichtig, sondern die Eisenbahn ist zu ihrer Ausführung verpflichtet. Nur insofern sie nicht durch Vermittlung der Versandstation gegeben werden, finden die Allg. AusfBest. III zu § 73 Anwendung.

358) Abs. 4 ist neu hinzugenommen. Die Einfügung ist auf dringenden Antrag der Interessenten erfolgt. Die früher ausnahmslos vorgeschriebene Vermittlung der Versandstation erforderte einen solchen Zeitaufwand, daß der Zweck der Verfügungen nicht selten vereitelt wurde (Begr. 113). Dies zeigte sich z. B. in Fällen, in welchen dem Absender nach der Aufgabe des Gutes die Insolvenz des Empfängers oder ein Irrtum in der Adresse desselben ꝛc. bekannt wurde. Abs. 4 bildet, wie bereits in Anm. 357 S. 362 hervorgehoben, eine Ausnahme von der Regel des Abs. 3, daß die nachträgliche Verfügung bei der Versandstation einzureichen ist. Sie kann ausnahmsweise auch unmittelbar bei der Bestimmungsstation gestellt, und es kann von dieser dem Antrage vorläufig entsprochen werden. Es kann, aber es braucht nicht, doch bestimmen die Allg. AbfVorschr. (§ 30 Ziff. 8), daß, wenn eine schriftliche oder telegraphische Verfügung des Absenders unmittelbar bei der Bestimmungsstation eintrifft, ihr, wenn kein Zweifel besteht, daß sie vom Absender herrührt, insoweit Folge zu geben, als mit der Auslieferung des Gutes vorläufig zurückgehalten und der Absender zur schleunigen Erteilung einer vorschriftsmäßigen Verfügung durch Vermittlung der Versandstation aufzufordern ist.

Die ausnahmsweise Beachtung des Antrags bei der Bestimmungsstation ist nach Abs. 4 von folgenden Modalitäten abhängig:

1. Der Antrag kann nur bei der Bestimmungsstation gestellt werden. Unterwegsstationen dürfen Verfügungen des Absenders, die ihnen unmittelbar — ohne Vermittlung der Versandstation — zugehen, unter keinen Umständen beachten (Allg. AbfVorschr. § 30 Ziff. 7).

2. Der Antrag darf sich nur auf die Zurückhaltung der Sendung (s. Abs. 1 Satz 1 Anm. 352 S. 357) beziehen, nicht andere Verfügungen zum Gegenstande haben.

3. Die Beachtung der Verfügung ist nur eine vorläufige. Der Absender muß daher nach Satz 2 des Abs. 4 die im Abs. 3 (Anm. 357) formell vorgeschriebene Verfügung innerhalb einer angemessenen Frist beibringen. Über die Dauer der Frist ist nähere Bestimmung nicht getroffen. Doch wird sie so zu beachten sein, daß der Absender in der Lage ist, während derselben die formelle Verfügung durch die Versandstation nachzuholen.

4. Erfolgt die Nachbringung der im Abs. 3 vorgesehenen Verfügung durch die Versandstation nicht in der angemessenen Frist oder entspricht sie nicht den Erfordernissen des Abs. 3, so ist die Bestimmungsstation verpflichtet, nach den Ablieferungsvorschriften des § 76 zu verfahren.

Vgl. hierzu Allg. AusfBest. III S. 351.

359) In betreff der Ausübung dieser Verfügungsrechte unterscheidet die EVO. im Abs. 5 des § 73, ob ein Frachtbriefduplikat bzw. Aufnahmeschein ausgestellt ist oder nicht. Dies ist fakultativ, d. h. in die Wahl des Absenders gestellt (S. 354). Beantragt er die Ausstellung, so ist die Eisenbahn hierzu verpflichtet (HGB. § 455 Abs. 1, Thomé, Pr. EisenbArch. 1893 S. 239).

Ist ein Frachtbriefduplikat oder Aufnahmeschein nicht ausgestellt, so ist die Ausübung der Verfügungsrechte des Absenders lediglich von der Beobachtung der im § 73 Abs. 3 ff. (S. 361 ff.) des näheren erörterten Formen abhängig. Doch kann — wie neu im Satz 3 des Abs. 5 hinzugefügt ist — die Eisenbahn verlangen, daß sich der Absender entsprechend ausweist (Anm. 361).

Ist aber ein Frachtbriefduplikat oder Aufnahmeschein ausgestellt, so stehen nach Satz 1 des Abs. 5 — abgesehen von der Beobachtung dieser Formen — dem Absender die Verfügungsrechte nur dann zu, wenn er das Duplikat oder den Aufnahmeschein vorlegt (HGB. § 455 Abs. 2) und in dieselben die Verfügungen einträgt (Allg. Abf.-Vorschr. § 30 Ziff. 3). Dies ist — abgesehen von der Ausnahme des Abs. 6: Annahmeverweigerung des Empfängers (Anm. 362) — unbedingt formales Erfordernis. Die Annahme, daß dasselbe durch die Zustimmung des Empfängers ersetzt werden könne, ist unrichtig und widerspricht dem Sinn und Wortlaut der vorliegenden Vorschrift. Ist dem Absender das Duplikat in Verlust geraten, so kann es nur durch das Amortisationsverfahren 2c. ersetzt werden (s. auch Mittelstein, E. 18 175, a. M. Staub, HGB. § 456 Anm. 5, Makower 1584). Andere Personen als der Absender, also Empfänger oder Dritte, erlangen aus dem Besitze des Duplikats kein Verfügungsrecht, denn die Vorschrift bezweckt nur, Dritten die Möglichkeit zu geben, schon während der Beförderung die Verfügungsrechte des Absenders zu beschränken, nicht aber, selbst solche dadurch zu erwerben. Die Verfügung des Absenders ohne Vorlegung des Frachtbriefduplikats ist nichtig (s. in betreff des J.Ü.: Eger, J.Ü. 3. Aufl. S. 191 ff., Rosenthal 123 ff., a. M. Schwab 166 u. E. 11 267 ff.).

360) Nach Abs. 5 Satz 2 ist aber außerdem die Eisenbahn, wenn sie die Verfügungen des Absenders befolgt, ohne die Vorlegung zu verlangen, für den daraus entstehenden Schaden dem Empfänger, welchem der Absender die Urkunde übergeben hat, haftbar. Diesen besonderen Schadensanspruch hat derjenige Empfänger nicht, welchem der Absender das Duplikat nicht übergeben hat oder welcher auf andere Weise als durch den Absender in den Besitz des Duplikats gelangt ist. Alsdann können nur die allgemeinen zivilrechtlichen Folgen geltend gemacht werden. Der Empfänger braucht das Duplikat zur Zeit der Erhebung des Anspruchs nicht mehr zu besitzen, es genügt der Nachweis, daß es ihm übergeben worden ist. Doch liegt es im Interesse des Empfängers, dasselbe zu verwahren, weil, wenn es wieder in die Hände des Absenders zurückgelangt, dieser die Verfügungsrechte unbeschränkt auszuüben legitimiert ist. Die Haftung der Eisenbahn erstreckt sich auf allen daraus entstandenen Schaden ohne Beschränkung auf den § 88 EVO.

361) Nach Abs. 5 Satz 3 kann die Eisenbahn, wenn ein Frachtbriefduplikat oder ein Aufnahmeschein nicht ausgestellt ist, verlangen, daß sich der Absender „entsprechend ausweist". Diese neue Vorschrift ist nach der Begr. (113) im Verkehrsinteresse zur Vermeidung von Unzuträglichkeiten aufgenommen. Das Wort „entsprechend" ist ungenau und hätte durch eine klare Bestimmung ersetzt werden sollen. Den Negativbeweis, daß ein Frachtbriefduplikat oder ein Aufnahmeschein nicht ausgestellt ist, hat der Absender jedenfalls nicht zu führen (§ 433 HGB.), da sich die Eisenbahn im Besitze des Frachtbriefs befindet und aus diesem sich ergibt, ob die Ausstellung eines Frachtbriefduplikats oder Aufnahmescheins stattgefunden hat. Der Ausweis des Absenders kann sich daher nur darauf beschränken, daß er die im Frachtbriefe als Absender bezeichnete und unterschriebene Person (§ 56 Abs. 1) ist und sich als solche legitimiert. Die Eisenbahn kann diesen Ausweis verlangen, aber sie braucht es nicht, und wird in allen Fällen davon absehen, in welchen ihr der Absender persönlich bekannt ist.

362) Abs. 6 ist nach dem Vorgange des J.Ü. (Art. 24 Abs. 1 Satz 4) neu hinzugefügt und bildet die einzige Ausnahme von der Regel des Abs. 5, daß im Falle der Ausstellung eines Frachtbriefduplikats oder Aufnahmescheins dem Absender das Verfügungsrecht nur zusteht, wenn er diese Urkunden vorlegt (Anm. 359). Die Aufnahme dieser Bestimmung ist damit begründet, daß diese Befugnis für den Absender, wie der Handel geltend gemacht hat, von großem Werte ist, weil der Empfänger, der nach der Annahmeverweigerung kein weiteres Interesse an dem Gute hat, mit der Rücksendung des ihm übermittelten Duplikats häufig sehr säumig ist (Begr. 113). Diese Gründe waren auch für die Einfügung der in Rede stehenden Bestimmung in das J.Ü. maßgebend.

Indes ist die Bestimmung des Abs. 6 gemäß § 471 Abs. 1 HGB. nichtig, weil sie die durch § 455 Abs. 2 HGB. begründete Verpflichtung der Eisenbahn beschränkt. Denn nach § 455 Abs. 2 HGB. ist die Eisenbahn ausnahmslos in allen Fällen, in welchen ein Frachtbriefduplikat ausgestellt ist, verpflichtet, sich dasselbe vorlegen zu lassen, wenn der Absender von seinem Verfügungsrecht Gebrauch machen will, und haftbar, wenn sie die Anweisungen des Absenders befolgt, ohne die Vorlegung des Duplikats zu verlangen. Die Bestimmung des Art. 24 Abs. 1 Satz 4 des J.Ü. darf auf den internen Verkehr Deutschlands nicht angewendet werden. Die Eisenbahn hat also auch im Falle der Annahmeverweigerung des Empfängers bei Verfügungen des Absenders die Vorweisung des ausgestellten Frachtbriefduplikats oder den Aufnahmeschein zu verlangen und ist gemäß Abs. 5 Satz 2 haftbar, wenn sie, ohne die Vorlegung des Duplikats oder Aufnahmescheins zu verlangen, die Verfügungen des Absenders befolgt (Anm. 359, 360 S. 364, 365).

363) Neu ist ferner die Bestimmung des Abs. 7, welche bei Verfügungen des Absenders wegen Anhaltens des Gutes unterwegs oder Zurückhaltens auf der Bestimmungsstation die Eisenbahn berechtigt, für jede Verzögerung über 6 Stunden das tarifmäßige Stand- oder Lagergeld zu erheben (s. hierzu Allg. AusfBest. IV), und über 24 Stunden die Ausladung auf Gefahr und Kosten des Absenders und die Lagerung bei ihr oder einem Spediteur oder öffentlichen Lagerhaus zu bewirken (vgl. § 80 Abs. 6, § 81 Abs. 3). Die Bestimmung entspricht der Billigkeit und dem allgemeinen Grundsatze des Abs. 8 (Anm. 364). Ihre Aufnahme ist damit begründet, daß sie im Interesse der Aufrechthaltung eines ordentlichen Betriebs erforderlich ist. Sie ist aber lediglich auf die oben bezeichneten beiden Verfügungen beschränkt, und erstreckt sich nicht auf die anderen dem Absender zustehenden. Auch ist die Eisenbahn nur für berechtigt, nicht auch für verpflichtet erklärt, kann also aus Billigkeits- und Coulanzrücksichten von der Ausübung ihrer im Abs. 7 vorgesehenen Rechte absehen.

364) Abs. 8 gewährt, entsprechend dem bisherigen Abs. 8, der Eisenbahn das Recht für die Ausführung einer nachträglichen Verfügung, wenn sie nicht durch Verschulden der Eisenbahn veranlaßt ist, eine Entschädigung zu verlangen. Auch hier ist — wie im Abs. 7 — der Eisenbahn nur ein Recht, nicht auch eine Pflicht zugewiesen. Sie kann es ausüben, braucht es aber nicht. Klarer als der bisherige Abs. 8 spricht Satz 1 des neuen Abs. 8 durch die Worte: „Die Eisenbahn kann neben der Erstattung der erwachsenden Frachtkosten, Nebengebühren und Auslagen eine im Tarife festzusetzende Gebühr verlangen" aus, daß sich die Entschädigung unabhängig voneinander aus zwei selbständigen Faktoren zusammensetzt:

1. aus den erwachsenden Frachtkosten, Nebengebühren und Auslagen;
2. aus einer im Tarife festzusetzenden Gebühr (Begr. 113). Beide Forderungen können nebeneinander — kumulativ — von der Eisenbahn erhoben werden, die eine schließt die andere nicht aus.

Die erstere beruht auf dem Grundsatze, daß die rechtliche Lage der Eisenbahn durch die Ausführung der nachträglichen Verfügungen des Absenders nicht verschlechtert werden darf (Anm. 351). Durch die Ausführung der nachträglichen Verfügung können höhere Frachten entstehen, als die ursprünglichen, z. B. wenn durch die Ablieferung unterwegs statt des niedrigeren direkten Tarifs der höhere Lokaltarif zur Anwendung kommt, ferner höhere Nebengebühren — endlich bare Auslagen. Die Allg. AusfBest. V setzen die Erhebung der Frachtbeträge, Nebengebühren und Auslagen fest (S. 352).

Vgl. über die Erhebung der Frachtkosten, Auslagen, Gebühren: Allg. AbfVorschr. § 30 Ziff. 16.

Die zweite Forderung beruht auf der besonderen Leistung, welche von der Eisenbahn durch die Ausführung einer nachträglichen Verfügung beansprucht wird. Hierfür ist eine besondere Gebühr im Tarife festzusetzen. Die Festsetzung ist nach den Allg. AusfBest. VI im Nebengebührentarife (Teil I Abt. B D. EisenbGütTar.) erfolgt (S. 352).

Der Ersatzanspruch der Eisenbahn fällt fort, wenn die betreffenden Verfügungen durch ihr eigenes Verschulden veranlaßt worden sind. Es ist jede Art des Verschuldens gemeint, sei es daß die Verfügung des Absenders durch Verzug, mangelhafte Verladung, unrichtige Instradierung, Verlust der Zollpapiere, verschuldete Betriebsstörung ꝛc. seitens der Eisenbahn veranlaßt worden ist. Die vorstehend erörterten Forderungen der Eisenbahn gehen verloren, gleichviel, welche der beteiligten Eisenbahnen durch ihr Verschulden die Verfügung des Absenders verursacht hat.

Der Schlußsatz des Abs. 8 gestattet den Eisenbahnen, bei leicht verderblichen Gütern, sowie bei Sendungen, deren Wert die entstehenden Frachtkosten, Nebengebühren und Auslagen nicht deckt, Vorausbezahlung zu verlangen. Die Begr. (113) rechtfertigt dies mit der bestehenden Übung und dem Hinweis auf die gleiche Befugnis der Eisenbahn bei der Frachtzahlung (§ 68 Abs. 1).

365) Es ist bereits oben S. 353 darauf hingewiesen worden, daß die Sicherheit des Beförderungsverkehrs eine strikte Trennung der Vertragsrechte und -Pflichten des Absenders und des Empfängers aus dem Frachtvertrage, mithin auch der Verfügungsrechte erfordert. Diese Trennung ist im HGB. §§ 433 und 435 dadurch äußerlich gekennzeichnet, daß der Eintritt des Empfängers in den Frachtvertrag von bestimmten formellen Akten abhängig gemacht ist, welche den stillschweigenden Konsens des Empfängers (durch konkludente Handlungen) zum Eintritt in den Frachtvertrag nach gesetzlicher Bestimmung dokumentieren (S. 353). Diese beiden Akte sind: 1. Die Übergabe des Frachtbriefs seitens des Frachtführers an den Empfänger nach Ankunft des Gutes am Bestimmungsorte. 2. Die Erhebung der Klage des Empfängers gegen den Frachtführer auf Übergabe des Frachtbriefs und Auslieferung des Gutes. Durch einen dieser beiden Akte tritt der Empfänger in den Frachtvertrag als Kontrahent ein und erlangt die Vertragsrechte; es erlischt demgemäß das Vertrags- und Verfügungsrecht des Absenders.

Im Einklang damit bestimmt die EVO. § 73 Abs. 9 Satz 1, daß das Verfügungsrecht des Absenders erlischt (auch wenn er das Frachtbriefduplikat oder den Aufnahmeschein besitzt), wenn nach Ankunft des Gutes am Ort der Ablieferung der Frachtbrief dem Empfänger übergeben oder von dem letzteren — nach Maßgabe des § 76 Abs. 2 EVO. — Klage gegen die Eisenbahn erhoben wird (ZPO. §§ 253, 263, v. Hahn II 633, Thöl III § 15 S. 26, Rudbeschel 129, Makower 1526, 1527, Rundnagel 87ff.). Doch nur nach Ankunft des Gutes am Ablieferungsort haben die bezeichneten Akte diese Wirkung; also nicht die Übergabe oder Zusendung des Frachtbriefs vor der Ankunft des Gutes am Ablieferungsorte (Goldschmidt 747, Wehrmann 74, Endemann, R. d. E. 605). Denn erst mit diesem Zeitpunkte wird dem Empfänger die Offerte zum Eintritt in den Vertrag gemacht. Früher kann er dieselbe auch nicht annehmen. Hat er sie aber angenommen, so ist er alleiniger dominus negotii, die Vertragsrechte gehen mit den inhärierenden Pflichten (HGB. § 435, EVO. § 76 S. 384) auf ihn über, der Absender verliert dieselben, und zwar auch wenn er das Frachtbriefduplikat oder den Aufnahmeschein noch besitzt. Der Besitz desselben ist nach Eintritt des Empfängers in den Frachtvertrag für die Ausübung der Vertrags- und mithin auch der zu diesen gehörigen Verfügungsrechte irrelevant. Der Übergabe des Frachtbriefs steht nicht die Übergabe des Avisbriefes oder anderer Papiere (Begleitpapiere) gleich (Keyßner 456, Schott 393, ROHG. 3. XI. 1871 **3** 436, RG. 19. II. 1886, E. **4** 415). Wohl aber die Aushändigung des Gutes an den Empfänger nach der Ankunft (ROHG. **20** 194). Der Zeitpunkt der Ankunft des Gutes, auf der Bestimmungsstation, falls dieses verloren rc. gegangen ist, wird ersetzt durch den Zeitpunkt des fristmäßigen Ankommensollens des Gutes, d. h. den Ablauf der Lieferfrist (Goldschmidt I 748, v. Hahn II 653, Thöl III 65, Staub 974, 975, Rosenthal 141, E. 18 358. A. M. Makower 1526 und Düringer-Hachenburg zu § 433 Anm. V 2). Sind die Vertrags- und Verfügungsrechte des Absenders hiernach erloschen, so ist dies endgültig, sie können nicht wieder aufleben (E. 15 112, **19** 39, **24** 253). So auch die Begr. S. 116: „Mit der Einlösung des Frachtbriefs sind die Rechte des Absenders erloschen und auf den Empfänger übergegangen". Die Ansicht des ROHG. (E. **6** 276, vgl. v. Hahn II 634, Schott 394, Staub 972), wonach die Vertragsrechte des Absenders, mithin auch sein Dispositionsrecht nicht aufhören, sondern wieder in Kraft treten, wenn der Empfänger von seinem Verfügungsrecht keinen Gebrauch macht, kann nicht als zutreffend bezeichnet werden. Sie widerspricht den Bestimmungen der §§ 433, 435 und findet in den Protokollen keinen Anhalt (Anschütz III 415, Endemann 470 Anm. 16, Rundnagel 871. A. M. Makower 1528). Vgl. noch RG. 19. II. 1886, E. **4** 412 und hierzu Eger II 86 und RG. 25. IV. 1896 **13** 161.

Indem mit einem jener Akte die Rechte des Absenders erlöschen und der Empfänger allein vertragsberechtigt wird, ist er auch gemäß § 73 Abs. 9 Satz 2 (HGB. § 433 Abs. 2) von diesem Momente an allein befugt, der Eisenbahn Anweisungen zu erteilen und wird diese ihm für das Gut verhaftet, wenn sie andere Anweisungen, als die seinigen, beachtet (v. Hahn II 634, Schott 394, Puchelt II 490, OLG. Oldenburg 13. V. 1893, E. **11** 39, **17** 270). Jede Verfügung des Absenders ist fortan ausgeschlossen und ungültig (E. **10** 264, 368, **19** 39, **21** 127, **24** 253, 342). Der Empfänger besitzt nunmehr das Verfügungsrecht in gleichem Umfange wie vordem der Absender. Er kann nicht nur jede zulässige Anweisung erteilen, sondern auch die Rechte aus dem Frachtvertrage auf einen Dritten übertragen und besitzt allein das Klagerecht (E. **10** 66, 112, **19** 39). Doch sind die Anweisungen des Empfängers weder an den Besitz des Frachtbriefduplikats, noch an die übrigen erörterten Formenvorschriften gebunden, wohl aber ist es Sache der Eisenbahn, die Legitimation des Anweisenden als Empfänger zu prüfen, und Sache des Anweisenden, sich als Empfänger zu legitimieren. Die Eisenbahn haftet für den aus der Verletzung der in Rede stehenden Vorschrift entstandenen Schaden, und zwar in vollem Umfange (lucrum cessans und damnum emergens), ohne die in den §§ 88 ff. EVO. enthaltenen Einschränkungen (Lehmann-Ring zu § 433 Anm. 15. A. M. Staub Anm. 8, Düringer-Hachenburg VII, Makower 1528). Eine Verletzung liegt nicht allein dann vor, wenn die Eisenbahn die Anweisungen des Empfängers verzögert oder in abweichender Weise ausführt, sondern auch, wenn sie sie ganz unterläßt, oder wenn sie den Anweisungen anderer Personen, z. B. denen des Absenders, nach der Übergabe des Frachtbriefs oder Erhebung der Klage noch Folge leistet. Im Falle der Annahmeverweigerung oder des Annahmeverzuges kommt es darauf an, ob der Empfänger durch einen der vorbezeichneten Akte bereits in den Frachtvertrag eingetreten ist oder nicht. Ist ersteres der Fall, so ist er allein verfügungsberechtigt und die Eisenbahn ist berechtigt, ihn zur Annahme zc. eventuell im Rechtswege zu zwingen (E. 15 112, 19 39, 24 253). Lehnt aber der Empfänger den Eintritt in den Frachtvertrag ab, so gehen die Verfügungsrechte nicht auf ihn über und der Absender behält dieselben in vollem Umfange (Anm. 262, LG. München 15. III. 1895, E. 12 308).

Die Eisenbahn kann ihre Verpflichtung, Schadensersatz wegen Nichtbeachtung von Anweisungen des Absenders zu leisten, nicht gültig durch Vertrag ausschließen (ObLG. München 20. IV. 1889, ZHR. 40 546).

§ 74 [366]).

Beförderungshindernisse.

(1) Wird die Beförderung eines aufgelieferten Gutes auf dem vom Absender in zulässiger Weise vorgeschriebenen oder auf dem von der Eisenbahn bestimmten Wege verhindert, so hat die Eisenbahn das Gut ohne Erhebung von Mehrfracht auf einem Hilfswege der Bestimmungsstation zuzuführen. Den Bahnen bleibt überlassen, gegeneinander Rückgriff zu nehmen [367]).

(2) Ist kein Hilfsweg vorhanden, so hat die Eisenbahn den Absender um Verfügung zu ersuchen. Der Absender kann in diesem Falle auch vom Vertrage zurücktreten, muß dann aber der Eisenbahn, wenn sie kein Verschulden trifft, außer der Fracht für die etwa zurückgelegte Eisenbahnstrecke die tarifmäßigen Gebühren für die Vorbereitung der Beförderung und für das Wiederausladen entrichten [368]).

Die im Falle des Rücktritts vom Frachtvertrage vom Absender zu zahlende Gebühr für die Vorbereitung der Beförderung und das Wiederausladen ist im Nebengebührentarif (Teil I Abt. B) festgesetzt.

(3) Verfügt der Absender auf die Aufforderung der Eisenbahn über das Gut, legt aber das etwa ausgestellte Frachtbriefduplikat oder den Aufnahmeschein nicht vor, so darf er weder die Person des Empfängers noch den Bestimmungsort ändern [369]).

(4) Verfügt der Absender der Aufforderung ungeachtet nicht über das Gut, so ist damit nach den Vorschriften im § 81 zu verfahren [370]).

Alte EVO. § 65. HGB. § 428. J.Ü. Art. 18.

366) Die Ausführung der Beförderung kann nicht nur durch Überschreitung der Lieferfristen verzögert, sondern auch durch Verschulden der Kontrahenten, durch höhere Gewalt oder Zufall verhindert werden.

Das A. HGB. regelte nicht die Rechtsverhältnisse für alle diese Fälle der Beförderungsverhinderung, sondern traf nur für den Fall einer zeitweiligen Verhinderung der Beförderung durch Naturereignisse oder sonstige Zufälle Bestimmung. Der Gesetzgeber ging hierbei von der Annahme aus, daß für alle anderen Fälle die Landesgesetze bzw. das allgemeine bürgerliche Recht genügende Bestimmungen enthalten und daher auch weiterhin maßgebend bleiben sollen.

Das N. HGB. § 428 hat diese Fälle insofern wesentlich erweitert, als die Ursachen der Beförderungsverhinderung auch auf das Verschulden des Frachtführers ausgedehnt worden sind. Es fallen daher alle Ursachen der Beförderungsverhinderung unter die Vorschrift des § 428 Abs. 2 HGB., ausgenommen die durch Verschulden des Absenders herbeigeführten Fälle. Dagegen ist die Beschränkung auf die Fälle zeitweiliger Verhinderung der Beförderung im § 428 HGB. unverändert beibehalten worden. Bei einer dauernden Verhinderung des Antritts oder der Fortsetzung der Reise kommen also nach § 428 HGB. ganz ebenso wie bisher unter der Geltung des A.HGB. lediglich die Vorschriften des bürgerlichen Rechts zur Anwendung (§§ 323 ff., 645 BGB.). Dieser Tendenz gemäß bestimmt das N.HGB. § 428 Abs. 2, daß, wenn der Antritt oder die Fortsetzung der Reise ohne Verschulden des Absenders zeitweilig verhindert wird, der Absender von dem Vertrage zurücktreten kann; er hat jedoch den Frachtführer, wenn diesem kein Verschulden zur Last fällt, für die Vorbereitung der Reise, die Wiederausladung und den zurückgelegten Teil der Reise zu entschädigen. Über die Höhe der Entschädigung entscheidet der Ortsgebrauch; besteht ein Ortsgebrauch nicht, so ist eine den Umständen nach angemessene Entschädigung zu gewähren (v. Hahn' II 588 ff., Thöl III § 16, S. 66, 70, Goldschmidt, Hdbch. I 2' § 75 S. 747, Makower 1503). Es sind also nur die Fälle einer zeitweiligen Verhinderung geregelt und damit die Fälle einer erheblichen Verhinderung, d. h. Hindernisse gemeint, welche die Mitte halten zwischen geringfügigen Verzögerungen und gänzlicher Unmöglichkeit, also bedeutend genug, um dem Zwecke der Beförderung zu schaden bzw. ihn zu gefährden, und doch nicht so bedeutend, um dieselbe als vereitelt ansehen zu können (Schott 388, v. Hahn 591, Thöl 32, Staub 596, ROHG. 4 174).

§ 74 der neuen EVO. hat sowohl die bisherigen Vorschriften, wie auch die des § 428 HGB. erheblich geändert — was an sich zulässig ist, da § 428 nicht zu denjenigen Bestimmungen gehört, deren Änderung durch § 471 HGB. verboten sind. Die Änderungen sind im allgemeinen damit begründet, daß die bisherigen Vorschriften aus einer Zeit stammen, wo das deutsche Eisenbahnnetz noch wenig dicht gewesen. Während damals durch Sperrung des Betriebes auf einer Eisenbahnstrecke die Beförderung in der Regel unmöglich geworden sei, könne sie jetzt in den meisten Fällen über Hilfswege erfolgen. Den geänderten Verhältnissen trage die neue Fassung Rechnung (Begr. 113). Die neue Fassung weicht dadurch freilich in zwei wesentlichen Punkten von der entsprechenden Bestimmung des Art. 18 Abs. 1 des J.Ü. ab. Erstens ist die Anwendung der Bestimmungen des § 74 auf alle Ursachen der Beförderungsverhinderung — auch auf Verschulden des Absenders — ausgedehnt, während sich Art. 18 Abs. 1 J.Ü. nach wie vor nur auf die Fälle der höheren Gewalt und des Zufalls erstreckt. Zweitens ist das Rücktrittsrecht des Absenders, gleichviel ob dauernde oder zeitweilige Verhinderung vorliegt, lediglich von dem Umstande abhängig gemacht, ob ein Hilfsweg nach der Bestimmungsstation vorhanden ist, oder nicht. Ist ein Hilfsweg vorhanden, so hat der Absender kein Rücktrittsrecht. Die Eisenbahn ist verpflichtet, das Gut ohne Erhebung von Mehrfracht auf dem Hilfswege der Bestimmungsstation zuzuführen (§ 74 Abs. 1). Ist kein Hilfsweg vorhanden, so hat der Absender die Wahl zwischen Rücktritt oder anderweiter Verfügung über das Gut (§ 74 Abs. 2). Die erstere Bestimmung ist damit begründet, daß der Absender fast immer das größte Interesse daran habe, daß sein Gut so schnell wie möglich befördert werde; es erscheine daher zweckmäßig, die Eisenbahn zu verpflichten, ohne weiteres den Hilfsweg zu benutzen. Durch ein Anhalten des Gutes und durch das Einholen einer Verfügung des Absenders würde immer eine Verzögerung herbeigeführt werden. Indes unterliegt diese Abänderung der bisherigen Vorschrift schweren Bedenken. Es darf nicht außer acht gelassen werden, daß der Absender in vielen Fällen (z. B. bei Massengütern) ein wesentliches Interesse daran hat, auch bei Vorhandensein eines Hilfsweges anderweite Verfügung zu treffen, insbesondere wenn auf diesem das Gut verspätet eintreffen und die Frist der vertraglichen Lieferung überschritten werden, mithin die Rückbeförderung notwendig werden würde. Überdies tritt durch die neue Vorschrift eine wesentliche Beschränkung der dem Absender durch § 73 Abs. 1 gewährten Verfügungsbefugnisse ein, mithin eine erhebliche Verschlechterung seiner bisherigen Rechte. Der Grund, daß die Einholung einer Verfügung des Absenders fast immer eine Verzögerung herbeiführe, ist angesichts der Entwicklung des telegraphischen und telephonischen Verkehrs nicht stichhaltig.

367) Abs. 1 des § 74 regelt den ersten der beiden in der vorangehenden Anm. 366 bezeichneten Fälle, wenn bei Verhinderung der Beförderung eines aufgelieferten Gutes auf dem vom Absender in zulässiger Weise vorgeschriebenen oder auf dem von der Eisenbahn bestimmten Wege ein Hilfsweg vor-

handen ist. In diesem Falle hat der Absender kein Rücktrittsrecht. Vielmehr ist die Eisenbahn verpflichtet, das Gut auf dem Hilfswege der Bestimmungsstation zuzuführen. Es ist nicht mehr — wie nach dem entsprechenden Abs. 3 des bisherigen § 65 — ihrer Entscheidung überlassen, ob es dem Interesse des Absenders entspricht, den Hilfsweg zu benutzen oder das Gut anzuhalten und den Absender um anderweitige Anweisung anzugehen.

Erste Voraussetzung ist, daß die Beförderung eines aufgelieferten Gutes auf dem vom Absender zulässig vorgeschriebenen oder auf dem von der Eisenbahn bestimmten Wege verhindert wird, gleichviel ob die Verhinderung den Antritt oder die Fortsetzung der Beförderung betrifft, unterwegs oder bereits auf der Versandstation eintritt, zeitweilig oder dauernd ist, oder welche Ursache der Verhinderung vorliegt, ob Zufall, höhere Gewalt, Verschulden des Absenders oder der Eisenbahn. Abs. 1 spricht ganz allgemein und ohne Einschränkung von der „Verhinderung der Beförderung" auf dem bestimmungsmäßigen Wege. Keine Verhinderung ist eine für beide Teile unerhebliche Verzögerung.

Zweite Voraussetzung ist, daß ein Hilfsweg vorhanden ist. Es muß ein anderer, wenn auch längerer Weg vorhanden sein, welchen die Bahn an Stelle des ursprünglichen wählen kann. Es ist hierbei selbstverständlich ein anderer Schienenweg gemeint, nicht also etwa eine Weiterbeförderung durch Fuhrwerk, mit der Post oder zu Wasser, insoweit nicht letztere einen regelmäßigen und integrierenden Bestandteil der Eisenbahnroute bildet. In betreff des bahnseitig hierbei zu beobachtenden Verfahrens vgl. die Allg. AbfVorschr. § 29 Ziff. A bis E.

Liegen diese beiden Voraussetzungen vor, so ist die Eisenbahn verpflichtet, das Gut ohne Erhebung der Mehrfracht der Bestimmungsstation auf dem Hilfswege zuzuführen bzw. bei mehreren auf dem von ihr zu wählenden. Sie hat nicht wie früher die Wahl zwischen Zuführung auf dem Hilfswege und Einholung der Verfügung des Absenders, sondern muß den Hilfsweg unverzüglich benutzen und macht sich durch eine Verzögerung oder Einholung der Verfügung des Absenders haftbar, falls letzterer dies nicht ausdrücklich vorher im Frachtbriefe ꝛc. beantragt oder nachträglich ratihabiert. Bloßes Abwarten ist ihr nicht gestattet. Doch erscheint sie verpflichtet, den Absender von der Änderung des Weges zu benachrichtigen. Erläßt dieser infolge der Benachrichtigung eine Verfügung gemäß § 73 Abs. 1 u. 2, so muß die Eisenbahn diese in betreff des noch auf der Empfangs- oder Unterwegsstation befindlichen oder bereits auf dem Hilfswege weitergesandten Gutes nach § 73 Abs. 1 Satz 3 befolgen. Denn durch Abs. 1 des § 74 sind die Befugnisse des Absenders aus § 73 nicht aufgehoben.

Die Zuführung hat ohne Erhebung von Mehrfracht zu geschehen, d. h. der Absender bzw. Empfänger hat, auch wenn die Benutzung des Hilfsweges eine höhere Fracht erfordert, als die ursprüngliche, eine Mehrzahlung nicht zu leisten. Wohl aber kann er Rückerstattung beanspruchen, wenn die Fracht bei Benutzung des Hilfsweges eine geringere ist, als die ursprüngliche. Der Schlußsatz überläßt es den Bahnen, gegeneinander Rückgriff zu nehmen wegen der anteilweisen Tragung der Mehrfracht oder wegen Tragung der ganzen Mehrfracht bei nachweislichem Verschulden einer oder mehrerer der beteiligten Bahnen.

368) Abs. 2 des § 74 trifft über den zweiten der beiden in der Anm. 366 erörterten Fälle: wenn bei der Verhinderung kein Hilfsweg vorhanden ist, Bestimmung. In diesem Falle hat der Absender ein Rücktrittsrecht, und zwar hat er die Wahl, ob er von demselben Gebrauch machen oder eine anderweite Verfügung (§ 73 Abs. 1 u. 2) treffen will. Zu diesem Behufe bestimmt Satz 1, daß die Eisenbahn den Absender um Verfügung zu ersuchen hat. Sie darf also nicht ohne weiteres das Gut weitersenden, sondern hat zunächst die Verfügung des Absenders einzuholen und dieselbe abzuwarten.

Die Eisenbahn ist nicht allein verpflichtet, den Absender von der Beförderungsverhinderung zu verständigen, sondern auch ihn wegen anderweitiger Verfügung über das Gut anzufragen (Allg. AbfVorschr. § 29 Ziff. 7). Darin liegt implicite das Recht des Absenders, unter den formalen Voraussetzungen des § 73 (Anm. 357 ff. S. 361 ff.), § 74 Abs. 3 (Anm. 369 S. 374) EVO. Verfügung über das Gut zu treffen, und zwar jede Verfügung, durch welche die Rechtslage der Eisenbahn nicht erschwert wird. Die Form der Einholung der Disposition richtet sich nach den Bestimmungen der Station, wo das Hindernis eingetreten ist. Die Mitteilung muß jedenfalls so geschehen, daß sie den Absender sicher und schleunigst erreicht. Unterläßt die Eisenbahn die Einholung der Disposition, so ist sie dem Absender für allen Schaden haftbar. Die Eisenbahn muß den Verfügungen des Absenders Folge leisten; insoweit aber dadurch die Person des Empfängers oder der Bestimmungsort abgeändert wird, d. h. in den Fällen des § 73 Abs. 1 Satz 1 EVO. bei der Ausstellung eines Frachtbriefduplikats oder Aufnahmescheines nur, wenn sich der Absender im Besitze des Frachtbriefduplikats oder Aufnahmescheines befindet (§ 73 Abs. 5 Anm. 359 ff. S. 364, § 74 Abs. 3 Anm. 369 S. 374). Unterläßt dagegen der Absender, auf Erfordern der Eisenbahn anderweit über das Gut zu verfügen, so soll nach § 74 Abs. 4 damit nach den Vorschriften im § 81 über Ablieferungshindernisse verfahren werden (Anm. 370 S. 375).

Nach Satz 2 kann aber der Absender auch -- statt über das Gut anderweit zu verfügen — vom Vertrage zurücktreten. In diesem Falle muß er aber der Eisenbahn eine Entschädigung leisten, welche sich aus zwei Faktoren zusammensetzt:

1. aus der Fracht für die etwa zurückgelegte Eisenbahnstrecke,
2. aus den tarifmäßigen Gebühren für die Vorbereitung der Beförderung und für das Wiederausladen.

Beide Beträge sind nebeneinander — kumulativ — zu entrichten. Der eine schließt den anderen nicht aus.

Diese Bestimmungen beruhen auf § 428 Abs. 2 HGB. Doch wird die Entscheidung hier nicht, wie gemäß § 428 Abs. 2 HGB., durch Ortsgebrauch bzw. richterliches Ermessen bestimmt, sondern es müssen dafür Gebühren in den Tarifen festgesetzt sein (s. Allg. AusfBest. I zu § 74 EVO. Nebengebührentarif Teil I Abt. B). Fehlt diese Festsetzung, so darf eine Entschädigung für die Vorbereitung der Beförderung und für das Wiederausladen nicht gefordert werden. Auch für die zu zahlende Frachtvergütung für die etwa zurückgelegte

Eisenbahnstrecke sind die tarifarischen Bestimmungen entscheidend. Das Wort „etwa“ deutet darauf hin, daß Fracht nicht gefordert werden darf, wenn der Rücktritt bereits auf der Bestimmungsstation, also vor Beginn der Beförderung erfolgt. Der Absender hat hiernach nicht nur das anderweite Verfügungsrecht, sondern auch das Rücktrittsrecht, letzteres jedoch nur unter Leistung der vorbezeichneten Entschädigung an die Eisenbahn.

Von dieser Entschädigungspflicht ist er nur befreit, wenn die Eisenbahn ein Verschulden trifft, d. h. die Beförderungsverhinderung durch ein Verschulden der Eisenbahn entstanden ist. Trägt kein Teil ein Verschulden an dem Hindernis oder trifft das Verschulden den Absender allein, so ist er entschädigungspflichtig. Trifft das Verschulden die Eisenbahn allein, so fällt die Entschädigungspflicht fort. Bei konkurrierendem Verschulden kann § 254 BGB. Platz greifen. Die Ausübung des Rücktrittsrechts schließt jedes andere Verfügungsrecht aus; doch hat der Gesetzgeber diese Ausübung ohne Zweifel auch als eine Art Disposition über das Gut betrachtet, auf welche daher auch § 74 Abs. 3 EVO. (Besitz des Duplikats) Anwendung finden muß. Der Absender kann vom Vertrage zurücktreten, aber er muß nicht. Tritt er nicht zurück, so hat die Bahn zwar für die Wartezeit Lagergeld an sich nicht zu beanspruchen (Epstein, Österr. EisenbBetrRegl. 68, 78, Schott 391, Ruckdeschel 114). Aber sie kann, sofern er auf ihr Erfordern nicht anderweit über das Gut verfügt, mit demselben so verfahren, wie im § 81 EVO. für unanbringliche Güter vorgeschrieben ist (§ 74 Abs. 4 s. Anm. 370). Ob er in anderen Fällen zurücktreten kann oder muß, ist nach allgemeinem Zivilrechte zu beurteilen. Der Rücktritt muß in klarer und bestimmter Weise ausdrücklich (mündlich, schriftlich, telegraphisch 2c.) erklärt werden. Der Absender braucht das Recht nicht sofort auszuüben, sondern hat diese Befugnis während der ganzen Dauer des Hindernisses; nicht aber nach Wegfall desselben (OLG. Hamburg E. 11 316). Der Umfang der Entschädigung, welche der Empfänger bei Rücktritt an die Eisenbahn zu leisten hat, ist auf die angegebenen beiden Faktoren beschränkt und darf nicht erweitert werden. Für die Berechnung gelten die im § 53 EVO. enthaltenen Grundsätze. Verlangt der Absender nach erfolgtem Rücktritt die Rückbeförderung oder eine anderweite Beförderung, so ist die Bahn nur auf Grund eines neuen Frachtvertrages gegen entsprechende Frachtzahlung hierzu verpflichtet.

Über die Frage der Frachtzahlung beim Untergang des Gutes unterwegs vgl. Reindl, VZ. 1903 Nr. 82, Boethke, E. 24 302, 404, E. 20 211 und Z. 12 26.

369) Abs. 3 beschränkt das dem Absender gemäß Abs. 2 zustehende Verfügungsrecht für den Fall, daß ein Frachtbriefduplikat oder Aufnahmeschein ausgestellt worden ist. Ist dies der Fall gewesen und legt der Absender die ausgestellte Urkunde nicht vor, so dürfen die vorgesehenen Verfügungen weder die Person des Empfängers noch den Bestimmungsort abändern. Dies steht in Übereinstimmung mit den Normen des § 73 Abs. 5 EVO. Der Absender darf zwar in den vorerörterten Fällen des Abs. 2 Verfügungen an die Eisenbahn erteilen; insoweit aber dadurch die Person des Empfängers oder der Bestimmungsort geändert wird — und dies

geschieht in den im § 73 Abs. 1 Satz 1 EVO. bezeichneten Fällen — nur, wenn er das Frachtbriefduplikat oder den Aufnahmeschein vorlegt. Dazu gehört auch die Ausübung des Rücktrittsrechts, weil dadurch gleichfalls die Person des Empfängers bzw. der Bestimmungsort geändert wird. In allen anderen Fällen bedarf es der Vorlegung des Frachtbriefduplikats bzw. Aufnahmescheines nicht (also z. B. bei Verfügung von Sicherheitsmaßregeln, Lagerung des Gutes, Abwarten des Hindernisses, Benutzung einer Hilfsroute). Abs. 3 des § 74 bildet einen evidenten Beweis dafür, daß das Verfügungsrecht des Absenders keineswegs auf die im § 73 Abs. 1 bezeichneten Anweisungen beschränkt ist, sondern alle Anweisungen umfaßt, welche die rechtliche Lage der Eisenbahn nicht erschweren. Demgemäß stehen die Bestimmungen des § 73 Abs. 1 u. 2, welche nachträgliche Verfügungen des Absenders auf die dort bezeichneten beschränken, im Widerspruch mit § 74, welcher eine derartige Beschränkung des Anweisungsrechts des Absenders nicht kennt (s. S. 360, 361).

370) Die im Abs. 4 vorgesehene Bestimmung, daß, wenn der Absender der Aufforderung der Eisenbahn (Abs. 2 Satz 1) ungeachtet über das Gut nicht verfügt, d. h. weder eine anderweite Verfügung trifft, noch den Rücktritt erklärt, nach den Vorschriften des § 81 über unanbringliche Güter zu verfahren ist, war bisher in den Allg. ZusBest. II zu § 65 enthalten, gehört aber ihrem Wesen nach in die EVO. (Begr. 113) und ist daher in diese aufgenommen worden. Bevor jedoch die Eisenbahn die ihr nach § 81 Abs. 3 zugelassenen Schritte tut, muß sie eine den Umständen angemessene Zeit auf die Verfügung bzw. Rücktrittserklärung des Absenders warten. Erst wenn dieser eine solche in der bei ordnungsmäßigem Geschäftsgange üblichen Zeit nicht erteilt, dürfen die in § 81 Abs. 3 bezeichneten Maßregeln von der Eisenbahn getroffen werden (s. § 81 Anm. 429 und Allg. AbfVorschr. § 30 Ziff. 8).

§ 75.

Lieferfrist [371]).

(1) Die Lieferfristen dürfen die nachstehenden Höchstfristen nicht überschreiten [372]):

a) für Eilgut:

1. Abfertigungsfrist . . . . 1 Tag,
2. Beförderungsfrist für angefangene je 300 Tarifkilometer . . . . 1 Tag,

b) für Frachtgut:

1. Abfertigungsfrist . . . . 2 Tage,
2. Beförderungsfrist bei einer Entfernung bis zu 100 Tarifkilometern . . . . 1 Tag,
   bei größeren Entfernungen für weitere angefangene je 200 Tarifkilometer . . . . 1 Tag,

(2) Die Abfertigungsfrist wird ohne Rücksicht auf die Zahl der beteiligten Eisenbahnverwaltungen nur einmal berechnet. Die Beförderungsfrist wird nach der Gesamtentfernung zwischen der Versand- und der Bestimmungsstation berechnet[373]).

(3) Die Eisenbahn kann mit Genehmigung der Landesaufsichtsbehörde Zuschlagsfristen festsetzen:

1. für die Beförderung von und nach Güternebenstellen,
2. für den Übergang auf Bahnen mit anderer Spurweite,
3. für außergewöhnliche Verkehrsverhältnisse, wobei die Zuschlagsfristen ausnahmsweise vorbehaltlich der Genehmigung der Landesaufsichtsbehörde festgesetzt werden dürfen[374]).

(4) Die Abfertigungs- und Beförderungsfristen (Abs. (1)) sowie die Zuschlagsfristen im Abs. (3) Ziff. 1 und 2 sind durch den Tarif festzusetzen. Die Zuschlagsfristen in Abs. (3) Ziff. 3 sind besonders zu veröffentlichen und treten nicht vor der Veröffentlichung in Kraft. Aus der Veröffentlichung muß zu ersehen sein, ob die Genehmigung erteilt oder vorbehalten ist; wird die nachträgliche Genehmigung von der Landesaufsichtsbehörde versagt oder die Genehmigung nicht innerhalb 8 Tagen nach Veröffentlichung der Zuschlagsfristen bekannt gemacht, so ist die Festsetzung wirkungslos[375]).

(5) Die Lieferfrist beginnt für die im Laufe des Vormittags aufgelieferten Güter um 12 Uhr mittags, für die nachmittags aufgelieferten Güter um Mitternacht. Sie ist gewahrt, wenn vor ihrem Ablaufe das Gut dem Empfänger zugeführt ist. Für Güter, die nach den Bestimmungen der Empfangsbahn oder nach einer Verfügung des Empfängers nicht zugeführt werden, ist die Lieferfrist gewahrt, wenn vor ihrem Ablaufe der Empfänger von der Ankunft benachrichtigt (§ 79 (3)) und das Gut zur Auslieferung bereitgestellt ist[376]).

(6) Für bahnlagernd gestellte Güter, für die der Absender die Benachrichtigung des Empfängers nicht im Frachtbriefe vorgeschrieben hat, und für Güter, deren Empfänger auf die Benachrichtigung schriftlich verzichtet hat, ist die Lieferfrist gewahrt, wenn vor ihrem Ablaufe die Güter auf der Bestimmungsstation zur Auslieferung bereitgestellt sind[377]).

(7) Der Lauf der Lieferfristen ruht für die Dauer der zoll- oder steueramtlichen oder polizeilichen Abfertigung, für die Dauer einer durch nachträgliche Verfügung des Absenders verursachten Verzögerung und für die Dauer einer ohne Verschulden der Eisenbahn eingetretenen Be-

triebsstörung, durch die der Beginn oder die Fortsetzung der Beförderung zeitweilig verhindert wird [378]).

(8) Ist der auf die Auflieferung des Gutes folgende Tag ein Sonntag oder Festtag, so beginnt bei nachmittags aufgeliefertem Frachtgute die Lieferfrist einen Tag später [379]).

(9) Ist der letzte Tag der Lieferfrist ein Sonntag oder Festtag, so läuft bei Frachtgut die Lieferfrist erst mit der entsprechenden Stunde des nächsten Werktages ab [380]).

I. Als Lieferfristen gelten, sofern nicht besondere kürzere Fristen veröffentlicht sind, die vorstehend festgesetzten Höchstfristen mit Zurechnung der von den einzelnen Eisenbahnen mit Genehmigung ihrer Aufsichtsbehörden veröffentlichten Zuschlagsfristen.

II. (1) Die Lieferfrist für beschleunigtes Eilgut beträgt:

1. Abfertigungsfrist . . . . $1/2$ Tag,
2. Beförderungsfrist für je auch nur angefangene 300 Tarifkilometer . . . . $1/2$ Tag.

(2) Die Lieferfrist für beschleunigtes Eilgut gilt als gewahrt, wenn das Gut so schnell befördert wurde, wie es mit den dafür freigegebenen Zügen möglich war.

Alte EVO. § 63. HGB. § 428. J.Ü. Art. 14. AusfBest. z. J.Ü. § 6.

371) Ist das Gut vom Absender bestimmungsmäßig aufgeliefert und von der Eisenbahn zur Beförderung angenommen, so liegt letzterer die Pflicht ob, die Ausführung der Beförderung zu bewirken, d. h. das Gut vom Empfangsort rechtzeitig und unversehrt an den Bestimmungsort zu befördern und an den Empfänger abzuliefern. Was zunächst die Pflicht der rechtzeitigen Beförderung anlangt, so hat die Eisenbahn die Beförderung in der bestimmungsmäßigen Lieferzeit zu vollenden. Geschieht dies nicht, so tritt eine Lieferfristüberschreitung ein, welche die Haftpflicht der Eisenbahn und einen Schadensersatzanspruch gegen dieselbe nach Maßgabe der Bestimmungen des § 466 HGB. begründet (EVO. § 94, Schott § 339 S. 315, 319 ff., Makower 1610, Rundnagel 43).

Die EVO. § 75 schreibt für die Berechnung der Lieferfristen feste Normen vor. § 75 bestimmt aber nicht unmittelbar die Lieferfrist für den einzelnen Eisenbahnfrachtvertrag, sondern gibt nur Höchstfristen an, in deren Grenzen jede Bahnverwaltung durch die Tarife Lieferfristen festzusetzen hat (§ 75 Abs. 4). Indes durch die Bezugnahme auf § 75 und die hieraus hergeleiteten Bestimmungen der einzelnen Tarife im Eisenbahnfrachtbriefe ist vertragsmäßig die Lieferzeit für jede Beförderung bestimmt. Insofern ist jede Bahn an die Lieferfristen des § 75 gebunden, als sie deren Höchstmaß in ihren Tarifen nicht überschreiten darf (Muschweck, VZ. 1899 Nr. 41, 42, v. Rinaldini, Zeitschr. f. Eisenb. u. Dampfschiff. 1866 S. 553).

372) Abs. 1 bestimmt folgende Höchstfristen: a) für Eilgüter: 1. Abfertigungsfrist 1 Tag, 2. Beförderungsfrist für je auch nur angefangene 300 Tarifkilometer 1 Tag; b) für Frachtgüter: 1. Abfertigungsfrist 2 Tage, 2. Beförderungsfrist bei einer Entfernung bis zu 100 Tarifkilometern 1 Tag, bei größeren Entfernungen für je auch nur angefangene weitere 200 Tarifkilometer 1 Tag. Diese Bestimmung ist obligatorisch und enthält in Verbindung mit Abs. 4 für jede Bahn die bindende Verpflichtung, Lieferzeiten festzusetzen. Zur Beobachtung dieser Pflicht kann daher jede Bahn durch ihre Aufsichtsbehörde angehalten werden, auch würde die Unterlassung Schadensersatzansprüche begründen. Das J.Ü. AusfBest. § 5 weicht in betreff der Fristen ab: für je auch nur angefangene 250 km 1 Tag für Eilgüter, 2 Tage für Frachtgüter.

Die Form der Festsetzung ist vorgeschrieben. Sie muß ebenso wie die der Zuschlagsfristen für Güternebenstellen und den Übergang auf Bahnen mit anderer Spurweite (Abs. 3 Ziff. 1 und 2) durch die Tarife erfolgen, während die Zuschlagsfristen für außergewöhnliche Verkehrsverhältnisse (Abs. 3 Ziff. 3) durch besondere Bekanntmachung veröffentlicht werden (Abs. 4). Damit ist die Angabe der Lieferfrist — abgesehen von der Zuschlagsfrist Abs. 3 Ziff. 3 — zu einem integrierenden Bestandteil der Tarife gemacht. Es folgt daraus, daß, insoweit dies für die Tarife vorgeschrieben, auch die durch dieselben zu publizierenden Lieferfristen der Kontrolle und Genehmigung der betreffenden Aufsichtsbehörden mitunterworfen sind. Eine andere Form genügt nicht.

Die Lieferfristen setzen sich aus Abfertigungsfristen und Beförderungsfristen zusammen. Letztere entsprechen den Lauffristen, d. h. der wirklich auf das Laufen der Güter erforderlichen Zeit, erstere den Ladefristen, d. h. der für die Be- und Entladung des Gutes, sowie sämtliche damit zusammenhängende Manipulationen erforderlichen Zeit. Diese Fristen sind als Höchstfristen bezeichnet, d. h. jede Bahn ist an die hier vorgeschriebene Grenze gebunden, sie darf über dieselbe — abgesehen von den gemäß § 75 Abs. 3 zugelassenen Zuschlagfristen — nicht hinausgehen, d. h. nicht höhere Lieferungszeiten festsetzen und publizieren, als die Normen des § 75 vorschreiben, selbst nicht, wenn andere günstige Bedingungen dafür tarifmäßig gewährt werden. Die Allg. AusfBest. I und II zu § 75 EVO. bestimmen: „Als Lieferfristen gelten, sofern nicht besondere kürzere Fristen veröffentlicht sind, die vorstehend festgesetzten Höchstfristen, mit Zurechnung der von den einzelnen Eisenbahnen mit Genehmigung ihrer Aufsichtsbehörden veröffentlichten Zuschlagfristen. Die Lieferfrist für beschleunigtes Eilgut beträgt 1. Abfertigungsfrist ½ Tag, 2. Beförderungsfrist für je auch nur angefangene 300 Tarifkilometer ½ Tag. Die Lieferfrist für beschleunigtes Eilgut gilt als gewahrt, wenn das Gut so schnell befördert wurde, wie es mit dem dafür freigegebenen Zügen möglich war."

Unstatthaft ist es, bei Gütern, welche zu ermäßigten Frachtsätzen befördert werden, die Lieferungszeiten der EVO. zu verlängern oder ganz aufzuheben (REA. 22. III. 1876 und Erl. d. Pr. HandMin. v. 9. IV. 1876); und ebenso ist es unzulässig, die Sonn- und Feiertage bei Berechnung der Fristen außer Ansatz zu lassen (außer in den Fällen des § 75 Abs. 8 u. 9 EVO. s. Anm. 379 S. 384), oder für Güter, welche nur an bestimmten Tagen der Woche expediert werden (z. B. auf Haltestellen mit beschränktem Güterabfertigungsdienste, Jahrmarktsgüter rc.), eine Verlängerung der normalen Fristen in den Tarifen auszubedingen (vgl. Erl. d. Pr. HandMin. v. 16. XII. 1876, V 11956 und vom 31. III. 1877, V 2634, II 5845). Noch weniger ist es gestattet, die Lieferzeiten etwa ganz aufzuheben. Auch die Klausel „Verzicht auf Lieferzeit" ist unzulässig. Wohl aber darf jede Bahn unter die gegebene Grenze herabgehen und innerhalb derselben beliebig geringere Fristen normieren, nicht aber zugunsten eines einzelnen Absenders (E. 18 145).

373) Nach Abs. 2 wird die Abfertigungsfrist ohne Rücksicht auf die Zahl der beteiligten Eisenbahnverwaltungen nur einmal berechnet (Satz 1), während die Beförderungsfrist nach der Gesamtentfernung zwischen der Versand- und der Bestimmungsstation zur Berechnung kommt (Satz 2). Es ist also bei diesen Beförderungen ganz belanglos, wieviel Verwaltungen daran beteiligt sind und wie oft eine Übergangs- oder Umbehandlung unterwegs etwa erforderlich ist. Eine tarifarische Bestimmung, wonach die Lieferfristen, welche mehrere Bahn- oder Staatsgebiete berühren, sich zusammensetzen aus der Summe der für jedes Gebiet zulässigen Höchstfristen, ist unstatthaft. Die Berechnung der Lieferfristen soll vielmehr ohne Rücksicht auf die Überschreitung der betreffenden Bahn- und Landesgrenzen stattfinden (REA. 21. III. 1876 und d. Pr. HandMin. 10. IV. 1876 II 5656). Es wird lediglich die Gesamtentfernung zwischen der Aufgabe- und Bestimmungsstation in Betracht gezogen und der sich hieraus ergebenden Beförderungsfrist nur eine einmalige Abfertigungsfrist hinzugerechnet, wie wenn das Gut nur in einem einzigen Bahngebiete befördert worden wäre (Ruckdeschel 107). Ebenso ist es gleichgültig, ob die betreffenden Eisenbahnen in einem oder in mehreren Staatsgebieten liegen. Eine Fristersparnis der einen beteiligten Bahn kommt den anderen zugute (E. 22 38). Überhaupt ist daran festzuhalten, daß die Lieferfrist ein einheitliches Ganzes bildet und es gleichgültig ist, ob und wo etwa Verzögerungen vorgekommen sind, wenn nur die Lieferfrist gewahrt und die Bestimmungen des § 453 Abs. 3 und 4 HGB. nicht verletzt sind (Rundnagel 44).

Voraussetzung dieses Berechnungsmodus ist aber, daß die Beförderung mittels direkten Frachtbriefes ohne Vermittlungsadresse (EVO. § 53 Anm. 207 S. 199 ff.) übergeht. Wird ein neuer Frachtbrief unterwegs ausgestellt, so wird die Lieferzeit für jedes der beteiligten Bahngebiete getrennt berechnet (Z. 16 195). Für die Berechnung der Gesamtentfernung sind die behördlich genehmigten Entfernungsangaben der einzelnen Tarife und in deren Ermangelung die allgemeinen amtlichen Entfernungsangaben in erster Reihe maßgebend. Wenn innerhalb eines und desselben Bahngebietes oder Verbandes zwischen Aufgabe- und Bestimmungsstation verschiedene Beförderungswege bestehen, über welche Güter zu gleichen Frachtsätzen instradiert werden, wird nur die kürzere Entfernung eingestellt werden dürfen, selbst wenn ausnahmsweise aus besonderen Umständen die Bildung der Tarife nach der Entfernung der längeren Route von der Aufsichtsbehörde gestattet sein sollte. Wenn hingegen bei konkurrierenden Routen der Absender selbst die längere Route wählt, so muß er sich auch die längere Beförderungsfrist gefallen lassen (REA. 8. XII. 1874 Nr. 8252).

374) Abs. 3 gestattet den Eisenbahnverwaltungen mit Genehmigung der Landesaufsichtsbehörde Zuschlagsfristen für folgende Fälle festzusetzen: 1. für die Beförderung von und nach Güternebenstellen, 2. für den Übergang auf Bahnen mit anderer Spurweite, 3. für außergewöhnliche Verkehrsverhältnisse, wobei es zulässig ist, die Zuschlagsfristen ausnahmsweise vorbehaltlich der Genehmigung der Aufsichtsbehörde festzusetzen; 4. für den Übergang auf Bahnen mit anderer Spurweite. Die Festsetzung von Zuschlagsfristen setzt als Regel in allen vier Fällen die vorgängige Genehmigung der Landesaufsichtsbehörde voraus. (In Preußen ist dies der Minister der öffentlichen Arbeiten.) Von der Genehmigung ist dem REA. Mitteilung zu machen (REA. v. 9. I. 1876 Nr. 10; Erl. d. Hand.-Min. v. 28. I. 1876 V 319). Nur im Falle außergewöhnlicher Verkehrsverhältnisse ist es zulässig, ausnahmsweise die Zuschlagsfrist vorbehaltlich der Genehmigung der Landesaufsichtsbehörde festzusetzen, mithin die Genehmigung nachträglich einzuholen. Unter „außergewöhnlichen Verkehrsverhältnissen" sind hier alle Fälle vorübergehender Störung oder Verkehrshäufung gemeint, wohin auch Krieg, Mobilmachung, Wassernot und Güterstockungen jeder Art, z. B. infolge von Messen, Jahrmärkten zc. gehören, auch Streik (Z. 9 45), Einsturz eines Eisenbahntunnels (Z. 8 442), abnormer Frost (E. 21 57). Abs. 3 Ziff. 1 des § 6 der AusfBest. zum J.Ü. führt „Messen" ausdrücklich an. Die im § 6 Ziff. 3 u. 4 l. c. angeführten Fälle für nicht überbrückte Flußübergänge und Bahnen untergeordneter Bedeutung sind in die EVO. nicht aufgenommen. Eine Verlängerung der tarifarischen Lieferfristen für andere als die vorbezeichneten Fälle ist überhaupt nicht, also auch nicht mit Genehmigung der Landesaufsichtsbehörde gestattet (Erl. d. Pr. Hand.-Min. v. 6. VIII. 1874 II 16133. A. M. Ruckdeschel 108). Zuschlagsfristen, die nur für einen bestimmten Zeitabschnitt eingeführt werden, sind in einer für das Publikum erkennbaren zeitlichen Begrenzung — nach Tagen, Wochen, Monaten — anzugeben, nicht unbestimmt, wie z. B. bis zum vollendeten Umbau zc. (Erl. d. REA. 8. XII. 1874). Die Festsetzung der Zuschlagsfrist tritt gleichzeitig mit dem Tarif, in dem sie aufgenommen ist, in Kraft. Sie findet auf bereits vorher aufgegebene bzw. bereits auf der Beförderung befindliche Güter keine Anwendung. Denn die Eisenbahn darf nicht einseitig die Bedingungen, unter welchen der Frachtvertrag abgeschlossen ist, abändern, also auch nicht die bezügliche Lieferfrist modifizieren. Die Eisenbahn kann hiernach bei Eintritt eines plötzlichen Verkehrshindernisses betreffs der bereits vorher übernommenen Güter Schadensansprüche für Verspätung nur mit den aus § 466 Abs. 1 HGB., § 94 Abs. 4 EVO. entnommenen Einreden abwenden.

375) Abs. 4 betrifft im Satz 1 die Festsetzung der Abfertigungs- und Beförderungsfristen (Abs. 1), sowie der Zuschlagsfristen des Abs. 3 Ziff. 1 u. 2 (für Güternebenstellen und den Übergang auf Bahnen mit anderer Spurweite). Diese Fristen sind durch den Tarif festzusetzen und werden

mit ihm veröffentlicht und in Kraft gesetzt. Die Zuschlagsfristen im Abs. 3 Ziff. 3 für außergewöhnliche Verkehrsverhältnisse sind dagegen gemäß Satz 2 besonders zu veröffentlichen, und es ist neu hinzugefügt, daß diese Fristen nicht vor ihrer Veröffentlichung in Kraft treten.

Die Veröffentlichung muß in derselben Form, wie sonst in der Regel die öffentlichen Bekanntmachungen der betreffenden Bahn bewirkt werden bzw. vorgeschrieben sind, geschehen. Um ferner kontrollieren zu können, ob diejenige Bahn, welche von der Festsetzung von Zuschlagsfristen Gebrauch zu machen genötigt ist, die bezüglichen Voraussetzungen beobachtet und die Zuschlagsfristen innegehalten hat, ist bestimmt, daß aus der vorgeschriebenen Bekanntmachung zu ersehen sein müsse, ob die Genehmigung erteilt oder vorbehalten sei, so daß das Publikum in der Lage ist, die Legalität der Genehmigung bzw. im Falle des Vorbehalts derselben ihre nachträgliche Erteilung selbst zu prüfen. Daran knüpft sich ferner die noch strengere Vorschrift, daß beim Vorbehalt der Genehmigung deren nachträglich erfolgte Erteilung innerhalb acht Tagen durch eine besondere Bekanntmachung veröffentlicht werden muß, und endlich, daß, wenn die nachträgliche Genehmigung von der Aufsichtsbehörde versagt oder die erteilte Genehmigung nicht rechtzeitig veröffentlicht wird, die Festsetzung der Zuschlagsfristen wirkungslos ist. Sowohl mit der nachträglichen Ablehnung der Genehmigung, wie auch mit dem lediglich formellen Verstoß der verspäteten Publikation der erteilten Genehmigung ist also die Folge der Wirkungslosigkeit der provisorisch festgesetzten Zuschlagsfristen verbunden. Diese Bestimmung hat den Zweck, Mißbräuchen der Eisenbahnverwaltungen entgegenzutreten, sowie das Publikum über die Rechtsbeständigkeit der veröffentlichten Zuschlagsfristen in kürzester Zeit aufzuklären und dadurch ungerechtfertigte Reklamationen abzuschneiden. (Deshalb sind in der Regel schon vor oder doch spätestens gleichzeitig mit der Veröffentlichung die Anträge auf Genehmigung zu stellen und von den Aufsichtsbehörden ohne Verzug, nötigenfalls telegraphisch, zu erledigen (Erl. d. Pr. HandMin. vom 13. XI. 1874, V, 3982). Die Bahn, welche die Zuschlagsfristen unter Vorbehalt der Genehmigung vorläufig festsetzt und publiziert, trägt somit das volle Risiko, falls die Aufsichtsbehörde die für die beantragte Genehmigung geltend gemachten Gründe verwirft, oder die Publikation nicht rechtzeitig erfolgt. In diesem Falle kann sich mithin die Bahn betreffs der nach ihrer vorläufigen Festsetzung bereits behandelten Beförderungen auf die Zuschlagsfrist nicht berufen, muß vielmehr die gewöhnlichen Lieferungszeiten gegen sich gelten lassen und den aus der Überschreitung derselben entstandenen Schaden vertreten.

376) Abs. 5 enthält Bestimmungen über Beginn und Wahrung der Lieferfrist.

Die Lieferfrist beginnt für die im Laufe des Vormittags aufgelieferten Güter um 12 Uhr mittags, für die nachmittags aufgelieferten Güter um Mitternacht des Annahmetages. Bisher war dieser Unterschied nicht gemacht. Die Frist begann für alle Güter erst um Mitternacht. In der Begr. (114) ist die Änderung damit motiviert, daß sie einem dringenden Wunsche des Handelsstandes entspreche. Sie erscheine ohne erhebliche Opfer der Eisenbahnen möglich, während weitergehende Wünsche nicht für durchführbar gehalten wurden. Maßgebend für die Annahme ist der Tagesstempel der Abfertigungsstelle (§ 61 Abs. 1 u. 2 EVO., Z. 6 30, E. 24 24). Eine Vereinbarung mit dem Absender, daß die Lieferfrist später beginnen soll, ist unstatthaft (HGB. § 471, E. 10 85, 14 145, 15 52).

In der bisherigen EVO. (§ 63 Abs. 4) war ausdrücklich darauf hingewiesen, daß die Fälle der vorläufigen Einlagerung (§ 64 der neuen EVO.) ausgenommen seien, weil noch nicht eine Annahme zur Beförderung erfolgt. Dieser Hinweis ist in dem § 75 Abs. 5 der neuen EVO. als selbstverständlich fortgelassen. Abgesehen von diesen Ausnahmefällen, beginnt die Lieferfrist mit dem Mittag bzw. der Mitternacht des Annahmetages. Es soll mithin abweichend von der gewöhnlichen gesetzlichen Zeitrechnung gerechnet werden. Die Stunde und Minute der Auflieferung des Frachtgutes kommt für die Berechnung der Lieferfrist nicht in Betracht. Maßgebend ist allein der darauf folgende Mittag bzw. die darauf folgende Mitternacht. Ist hiernach die Aufgabe des Gutes mit dem Frachtbrief in den Vormittagsstunden bis 12 Uhr erfolgt, so beginnt die Frist erst um 12 Uhr mittags, wenn später, erst mit der nächsten Mitternacht. Die Zwischenzeit kommt der Eisenbahn zugute.

Die Lieferfrist ist gewahrt, wenn vor ihrem Ablaufe das Gut dem Empfänger bei bahnamtlich zuzustellenden Gütern zugeführt oder bei Gütern, die nach der Bestimmung der Empfangsbahn oder nach einer Verfügung des Empfängers nicht zugeführt werden, der Empfänger von der Ankunft gemäß § 79 Abs. 3 benachrichtigt (Anm. 410 S. 411) und das Gut zur Auslieferung bereitgestellt ist (E. 21 138). Die letztere Bestimmung ist neu hinzugefügt, um eine Lücke in den bisherigen Vorschriften, die zu Unzuträglichkeiten führen könnte, zu beseitigen (Begr. 114.). OLG. Hamburg 28. I. 1904 E. 21 138.

Aber auch innerhalb der Lieferfrist darf die Eisenbahn das Gut nicht unnötig zurückhalten oder die Avisierung oder Bereitstellung verzögern, wenngleich sie sich erst durch Überschreitung der Lieferfrist schadensersatzpflichtig macht (Rundnagel 43, E. 25 182, 257). Dem Empfänger gleichgestellt sind sowohl die Bevollmächtigten des Empfängers, wie die sonst usance- oder tarifmäßig für ihn zum Empfang berechtigt Erscheinenden nach Maßgabe des Rechts der Ablieferungsstation. Die Beurteilung der Legitimation ist daher Sache des konkreten Falles. Gewahrt ist die Lieferzeit prinzipaliter durch die Zuführung, eventualiter durch schriftliche Benachrichtigung und Bereitstellung. Bei der Zuführung hängt es gleichfalls von den konkreten Verhältnissen ab, ob dieselbe an die Behausung oder das Geschäftslokal, je nach Wunsch oder Stellung des Empfängers, zu erfolgen hat. Es ist Zuführung, nicht Ablieferung gesagt. Denn nur die erstere hat die Bahn in ihrer Hand, zur Ablieferung gehört auch die Annahme des Empfängers, und dessen Wille darf die Einhaltung der Lieferzeit nicht beeinflussen. Vgl. das Nähere über den Begriff der Ablieferung: § 84 Anm. 446.

377) Abs. 6 bestimmt, daß für bahnlagernd gestellte Güter, sowie für solche Güter, für die der Absender die Benachrichtigung des Empfängers nicht im Frachtbriefe vorgeschrieben hat, und für Güter, deren Empfänger auf die Benachrichtigung schriftlich verzichtet hat, die Lieferfrist gewahrt ist, wenn das

Gut vor ihrem Ablaufe auf der Bestimmungsstation zur Auslieferung bereitgestellt ist. Diese besondere Bestimmung war erforderlich, weil derartige Güter gemäß § 79 Abs. 5 (Anm. 413) der EVO. nicht avisiert werden. Für bahnlagernde Güter konnte also, da sie weder dem Empfänger zugeführt, noch avisiert werden, weder die Zuführung, noch die Avisierung bei Wahrung der Lieferfrist in Betracht gezogen werden. Für solche Güter mußte vielmehr lediglich der Zeitpunkt der Bereitstellung zur Auslieferung maßgebend sein. Selbstverständlich handelt es sich hier um die Bereitstellung auf der Bestimmungsstation. Die Lieferzeit ist gewahrt, wenn dieser Zeitpunkt noch in dieselbe fällt.

378) Abs. 7 bezeichnet diejenigen Fälle, in welchen ausnahmsweise ein Ruhen des Lieferfristenlaufes eintritt. Der Lauf der Lieferfristen ruht für die Dauer der zoll- oder steueramtlichen oder polizeilichen Abfertigung, für die Dauer einer durch nachträgliche Verfügung des Absenders verursachte Verzögerung und für die Dauer einer ohne Verschulden der Eisenbahn eingetretenen Betriebsstörung, durch welche der Beginn oder die Fortsetzung der Beförderung zeitweilig verhindert wird. In diesen Fällen entspricht es der Billigkeit, den Lauf der Lieferfristen nicht während einer Zeit fortsetzen zu lassen, in der die Eisenbahn durch gesetzliche Vorschrift, nachträgliche Verfügung des Absenders oder höhere Gewalt oder Zufall außer Stande gesetzt ist, die Beendigung der Beförderung herbeizuführen. Es soll alsdann ausnahmsweise ein Ruhen des Lieferfristenlaufes eintreten, d. h. der Fristenlauf knüpft nach Aufhebung des Hindernisses an den vorher bereits verstrichenen Teil der Lieferfrist an und wird mit Wegfall des Hindernisses unter Zurechnung der bereits vorher zum Teil verstrichenen Lieferfrist weiter fortgesetzt. Als solche Umstände, welche ein Ruhen des Lieferfristenlaufes zur Folge haben, bezeichnet Abs. 7: 1. die zoll- oder steueramtliche oder polizeiliche Abfertigung, 2. eine durch nachträgliche Verfügung des Absenders verursachte Verzögerung, 3. eine ohne Verschulden der Eisenbahn eingetretene Betriebsstörung, durch welche der Beginn oder die Fortsetzung der Beförderung zeitweilig verhindert wird.

Unter „zoll- oder steueramtlicher oder polizeilicher Abfertigung“ ist hierbei im weitesten Sinne jede durch die Steuer-, Zoll- und Polizeivorschriften der transitierten Länder erforderliche Behandlung des Gutes zu verstehen, also die ganze Zeit, innerhalb deren die Zollbehörde zu diesem Behufe das Gut in Verwahrung hat, nicht bloß die Zeit der eigentlichen Zollbehandlung. Ebenso ist „Betriebsstörung“ im weitesten Sinne aufzufassen, gleichviel also, ob dieselbe durch höhere Gewalt, Naturereignisse, Brand, Wassernot oder Zufälle irgendwelcher Art, sei es in den Leuten oder den Beförderungsmitteln der Bahn liegend, herbeigeführt ist. Bedingung ist nur, daß die Betriebsstörung „ohne Verschulden der Eisenbahn“ eingetreten ist. Den Beweis dafür, daß die beregten Hindernisse vorhanden gewesen sind und ohne ihr Verschulden die Beförderung aufgehalten haben, hat die Bahn zu führen. Es ist hierbei gleichgültig, ob das Hindernis vor oder bei Antritt der Beförderung oder erst unterwegs eingetreten ist. Die Frist ruht, wenn der Antritt oder die Fortsetzung der Bahnbeförderung dadurch verhindert wird, und zwar zeitweilig, d. h. weder eine ganz unerhebliche Störung, noch eine dauernde Verhinderung der Beförderung, welche dieselbe unmöglich macht bzw. ihren Zweck vereitelt, bedingen ein Ruhen der Frist (vgl. Muschweck, VZ. 1899 Nr. 97 und Sped.- u. Schiff-Ztg. 1896 Nr. 52).

379) Von der Regel, wonach die Lieferfrist mit dem auf die Annahme des Gutes nebst Frachtbrief folgenden Mittag oder der folgenden Mitternacht beginnt und dementsprechend mit dem Mittag bzw. der Mitternacht des letzten Tages der tarifmäßigen Lieferfrist endet, sind durch die Abs. 8 u. 9 für gewöhnliches Gut — nicht für Eilgut — zwei Ausnahmen geschaffen. Erstens beginnt die Lieferfrist bei nachmittags aufgeliefertem Frachtgute einen Tag später, wenn der auf die Auflieferung des Gutes zur Beförderung folgende Tag ein Sonn- oder Festtag ist, und zweitens endet die Lieferfrist, wenn der letzte Tag derselben ein Sonn- oder Festtag ist, erst mit der entsprechenden Stunde des nächsten Werktages. Über den Begriff „Sonn- oder Festtag" s. § 63 Abs. 3 Anm. 289 S. 283 und § 48 Abs. 2 Anm. 186 S. 187.

380) S. Anm. 379.

§ 76.

Ablieferung[381]).

(1) Die Eisenbahn ist verpflichtet, am Orte der Ablieferung dem Empfänger gegen Zahlung der durch den Frachtvertrag begründeten Forderungen und gegen Empfangsbescheinigung den Frachtbrief und das Gut zu übergeben[382]). Der Übergabe des Gutes an den Empfänger steht gleich die Übergabe an die Zoll- oder Steuerverwaltung in deren Abfertigungsräumen oder Niederlagen, wenn diese nicht unter Verschluß der Eisenbahn stehen, sowie die nach dieser Ordnung zulässige Hinterlegung bei einem Spediteur oder in einem öffentlichen Lagerhause[383]).

(2) Der Empfänger ist nach Ankunft des Gutes am Orte der Ablieferung berechtigt, die durch den Frachtvertrag begründeten Rechte gegen Erfüllung der sich daraus ergebenden Verpflichtungen im eigenen Namen gegen die Eisenbahn geltend zu machen, ohne Unterschied, ob er hierbei in eigenem oder fremdem Interesse handelt[384]). Er ist insbesondere berechtigt, von der Eisenbahn die Übergabe des Frachtbriefes und die Auslieferung des Gutes zu verlangen, wenn nicht der Absender der Eisenbahn eine nach § 73 noch zulässige entgegenstehende Verfügung erteilt hat[385]).

(3) Als Ort der Ablieferung im Sinne der Abs. (1) und (2) gilt, vorbehaltlich der Festsetzungen im § 78 Abs. (1) die vom Absender bezeichnete Bestimmungsstation oder Güternebenstelle auch dann, wenn im Frachtbrief ein anderer Bestimmungsort angegeben ist[386]).

(4) Durch Annahme des Frachtbriefes und des Gutes wird der Empfänger verpflichtet, der Eisenbahn nach Maßgabe des Frachtbriefes Zahlung zu leisten [vgl. jedoch § 70 Abs. (2) [387]].

(5) Die Empfangsbahn hat bei der Ablieferung alle durch den Frachtvertrag begründeten Forderungen, wie Fracht, Nebengebühren, Nachnahmen, Zollgelder und andere Auslagen einzuziehen [388]. Auch hat sie erforderlichenfalls das Pfandrecht an dem Gute geltend zu machen [389].

(6) Ob die Güter durch die Eisenbahn oder durch den Empfänger auszuladen sind, hat der Tarif zu bestimmen, soweit nicht diese Ordnung Vorschriften darüber enthält [390].

Welche Güter durch die Eisenbahn und welche Güter durch den Empfänger auszuladen sind, ist in Abschn. II der Allg. Tarifvorschriften (Teil I Abt. B) festgesetzt.

(7) Der Eisenbahn steht frei, Stückgüter, die von ihr auszuladen sind, dem Empfänger auf seine Kosten zuzuführen (§ 78) oder ihn von der Ankunft zu benachrichtigen. Auf den Stationen, wo Stückgüter dem Empfänger zugeführt werden, ist dies durch Aushang an den Abfertigungsstellen bekannt zu machen [391]. Von der Ankunft anderer Güter ist der Empfänger zu benachrichtigen [vgl. jedoch § 79 Abs. (5) [392]].

(8) Die Eisenbahn kann im Tarife vorschreiben, daß das Überladen von Gütern, die auf der Bestimmungsstation vom Eisenbahnwagen unmittelbar in Schiffe übergehen sollen, gegen Zahlung der im Tarif oder durch Aushang bekannt zu machenden Gebühren von ihr selbst oder durch besondere Unternehmer ausgeführt wird [393]. Die hierbei verwendeten Personen gelten als Leute der Eisenbahn im Sinne des § 5 [394].

(9) Ist am Bestimmungsorte keine Güterabfertigungs- oder Güternebenstelle vorhanden, hat die Eisenbahn auch keine allgemeinen Einrichtungen für die Weiterbeförderung der Güter dorthin getroffen (§ 78 Abs. (1)), und hat weder der Absender noch der Empfänger für die unmittelbare Weiterbeförderung gesorgt, so hat die Eisenbahn wegen der Weiterbeförderung die Pflichten des Spediteurs [§ 85 Abs. (1) [395]].

(10) Bei der Ablieferung dürfen außer der Empfangsbescheinigung weitere Erklärungen, namentlich über tadellose oder rechtzeitige Ablieferung, nicht verlangt werden. Vom Empfänger abzuholende Güter sind ihm, wenn die Eisenbahn sie auszuladen hat, auf den Güterböden, sonst auf den Entladeplätzen zur Verfügung zu stellen. Der Empfänger hat den eingelösten Frachtbrief vorzuzeigen [396].

Alte EVO. §§ 60 (3), 66, 67, 68 (1) (4) (7), 75 (2). HGB. §§ 435, 436, 441. J.Ü. Art. 16, 17, 19, 20, 21.

381) § 76 regelt in Verbindung mit den §§ 77—79 die Rechte und Pflichten der Eisenbahn und des Empfängers in betreff der Ablieferung des Gutes. Ist das Gut auf Grund des Frachtvertrages an den Bestimmungsort befördert und dort angekommen, so ist die Eisenbahn zur Ablieferung an den Empfänger verpflichtet. Daher erfordert — wie bereits § 73 Anm. 351, 365 erörtert — der ökonomische und rechtliche Zweck des Frachtgeschäfts, daß dieser Dritte rechtlich in der Lage sei, ohne besonderen Rechtsakt — unter Annahme einer fingierten bzw. stillschweigenden Zession — aktiv und passiv in den Frachtvertrag einzutreten (v. Hahn II § 7 S. 649, Anschütz und v. Völderndorff III 447, Dernburg II § 207 S. 594). Die Bestimmungen der §§ 433, 435 u. 436 HGB. verpflichten demgemäß einerseits die Eisenbahn, nach Ankunft des Gutes am Bestimmungsort, dem Empfänger den Eintritt in den Eisenbahnfrachtvertrag, d. h. in die gesamten Vertragsrechte gegen Übernahme aller Vertragspflichten zu offerieren, und berechtigen andererseits den Empfänger, diese Offerte anzunehmen, mithin selbständig und unabhängig vom Absender in den Vertrag durch Übernahme der Vertragsrechte und Erfüllung der Vertragspflichten einzutreten (RG. 11. XI. 1899, E. 16 339, Rundnagel 87). Erklärt er sich durch eine der im Art. 435 HGB. bezeichneten Handlungen zum Eintritt bereit, so haben beide Teile — Eisenbahn und Empfänger — nunmehr die Leistungen und Gegenleistungen, Zug um Zug zu erfüllen.

Die den §§ 76—79 entsprechenden §§ 66—68 der bisherigen EVO. sind in der Weise neu geordnet worden, daß im neuen § 76 die allgemeinen Vorschriften über die Ablieferung, im § 77 die Vorschriften über die Nachzählung und Nachwägung auf der Bestimmungsstation, im § 78 über die Zuführung und im § 79 über die Benachrichtigung des Empfängers von der Ankunft der Güter zusammengestellt sind, so daß die Ablieferungsvorschriften sich im wesentlichen an die aufeinanderfolgenden Vorgänge des Ablieferungsverfahrens anschließen (Begr.).

382) Was nun zunächst die Rechte und Pflichten der Eisenbahn anlangt, so gab das A.HGB. denselben nur unvollkommen Ausdruck, indem Art. 403 lediglich bestimmte, daß der Frachtführer verpflichtet ist, am Ort der Ablieferung dem durch den Frachtbrief bezeichneten Empfänger das Frachtgut auszuhändigen (Endemann, R. d. E. S. 591 f., Goldschmidt, Handb. I 2[1] § 75 S. 745, v. Hahn[3] II 603, Schott 351, Thöl, HR. III § 14, 17, 67). Denn einerseits sind hier nicht alle Verpflichtungen des Frachtführers bezeichnet, und andererseits sind die Rechte des Frachtführers, welche er Zug um Zug geltend zu machen befugt ist, nicht erwähnt (v. Hahn II 639, 648, ROHG. 8 28, Thöl III 27). Im Neuen HGB. ist daher dieser Artikel gänzlich gestrichen, zumal er schon mit Rücksicht auf Art. 405 — jetzt § 435 — überflüssig erschien. Daß die Aushändigung des Gutes nur gegen Empfangsbescheinigung zu geschehen braucht, ergibt sich aus dem § 368 des BGB. (s. Denkschr. zu §§ 408 ff. des Entw. eines HGB.).

Dagegen hat die EVO. im Hinblick auf ihren ausführenden Charakter im § 76 als Abs. 1 Satz 1 eine entsprechende Bestimmung in Anlehnung an Art. 16 Abs. 1 J.Ü. beibehalten. Doch sind zur Beseitigung des Widerspruchs mit dem Inhalte des § 76 Abs. 2 bzw. mit § 435 HGB. die Worte „gegen Bezahlung der im Frachtbriefe ersichtlich gemachten Beträge“ durch die Fassung: „gegen Bezahlung ihrer durch den Frachtvertrag begründeten Forderungen“ ersetzt worden. Denn die Eisenbahn ist nicht nur am Bestimmungsort zur Aushändigung des Gutes gegen Bezahlung der im Frachtbriefe ersichtlich gemachten Beträge und Empfangsbescheinigung verpflichtet, sondern sie ist weitergehend dem Empfänger gegenüber zur Erfüllung aller ihr obliegenden Vertragspflichten gegen die durch den Frachtvertrag begründeten Gegenleistungen verbunden — wie sich aus Art. 409 ff. A.HGB., §§ 440 ff. HGB. klar ergibt und im Einklang mit Art. 405 A.HGB., § 435 R.HGB. § 76 Abs. 2 EVO. steht. Nunmehr ist durch die bezeichnete Änderung Abs. 1 mit Abs. 2 des § 76 bzw. mit § 435 HGB. in Einklang gebracht.

Während aber durch § 435 R.HGB. bzw. § 76 Abs. 1 u. 2 EVO. die bezügliche im Art. 405 A.HGB. enthaltene Inkongruenz mit Recht beseitigt worden ist, ist im § 436 R.HGB. bzw. § 76 Abs. 4 diese Ungleichheit weiter aufrecht erhalten und die Zahlungspflicht des Empfängers auf die Frachtbriefbeträge beschränkt worden. Über das Verhältnis des § 435 zum § 436 HGB. bzw. des Abs. 1 u. 2 zum Abs. 4 des § 76 EVO., s. Abs. 4 Anm. 387 S. 396 (unrichtig RG. 16. VI. 1909, JW. S. 502).

Die Pflicht (und bzw. auch das Recht) der Eisenbahn zur Aushändigung des Gutes und des Frachtbriefs beginnt mit der Ankunft des Gutes am Bestimmungsorte. Kann die Eisenbahn das Gut nicht abliefern z. B. wegen Verlustes, so kann sie nicht auf Vertragserfüllung, sondern nur auf Schadensersatz belangt werden (RG. 4. III. 1893, E. 10 306). Der Empfänger ist der Eisenbahn gegenüber, solange er nicht durch einen der bezeichneten Akte in den Frachtvertrag eingetreten ist (s. die vorangehende Anm. 381), zur Annahme des ihm offerierten Gutes und Frachtbriefs nicht verpflichtet und kann eisenbahnseitig nicht darauf verklagt werden. Lehnt er ab bzw. weigert er sich, die kontraktlichen Gegenleistungen (Zahlung der Fracht, Empfangsbescheinigung ꝛc.) zu erfüllen, so steht dies der Bezugsverweigerung, also dem Nichteintritt in den Frachtvertrag gleich. Ob und inwieweit sich der Empfänger durch die Zurückweisung dem Absender gegenüber verantwortlich macht, hängt von dem zugrunde liegenden Geschäft (Kauf, Lieferung ꝛc.) ab (Thöl III 62, 64, 65, Puchelt II 499, Schott 354, 403, Endemann, R. d. E. 605, v. Hahn II 650 § 8). „Aushändigung“ ist gleichbedeutend mit Ablieferuug. (Über den Begriff der Ablieferung s. § 84 Anm. 446 vgl. auch Rundnagel 26 ff., Makower 1507). In der Pflicht zur Aushändigung liegt implicite auch die Pflicht, dem Empfänger die Ankunft des Gutes rechtzeitig anzuzeigen, zu avisieren (Anm. 409, 446). Die Aushändigung hat nach Ankunft des Gutes am Bestimmungsort, d. h. der Bestimmungsstation (§ 76 Abs. 3) zu erfolgen (Anm. 386 S. 395). Damit ist nicht nur der Ort, sondern auch die Zeit der Aushändigung bestimmt, weder an einem anderen Ort, noch zu einer anderen Zeit ist die Eisenbahn abzuliefern verpflichtet und berechtigt. Nicht der Ablauf der Lieferzeit, sondern die Ankunft am Bestimmungsort ist entscheidend (Schott 353, 402, a. M. Thöl III 67 u. Puchelt II 491, 500). Eine spätere ebenso wie eine frühere Aushändigung macht die Eisenbahn haftpflichtig (RG. 13. X. 1893 E. 11 302). „Dem Empfänger", d. h. dem im Frachtbriefe oder durch nachträgliche Verfügung (§ 73) bezeichneten Empfänger bzw. dessen Bevollmächtigten (Anm. 217 S. 223). Eine unrichtige Ablieferung macht die Eisenbahn haftpflichtig. Der Empfänger braucht nicht im Besitze des Frachtbriefduplikats oder Aufnahmescheins (§ 61 Abs. 5 u. 7) zu sein. Auszuhändigen ist der Frachtbrief, und zwar einschließlich der nicht etwa unterwegs 2c. verwendeten Begleitpapiere, und das Gut in dem der Empfangnahme entsprechenden Zustande. Denn die Eisenbahn haftet für den Schaden, der durch Verlust, Minderung oder Beschädigung des Gutes in der Zeit von der Annahme zur Beförderung bis zur Ablieferung entsteht (HGB. § 456, EVO. § 84). Über die Frage, ob die Eisenbahn verpflichtet ist, Gut und Frachtbrief vorher dem Empfänger vorzuzeigen, damit er sich über den Inhalt bzw. Zustand informiert, s. Anm. 385.

Die Aushändigung liegt nach Maßgabe des § 76 Abs. 1 der Eisenbahn nur ob „gegen Zahlung der durch den Frachtvertrag begründeten Forderungen". Insbesondere gehören dahin die Fracht- und Nachnahmeforderungen, Zollgefälle, Stempel- und Steuergebühren, Frachtzuschläge bzw. Konventionalstrafen, Assekuranzprämien, Auslagen und Spesen (§ 76 Abs. 5 Anm. 388). Doch sind die im Frachtbriefe verzeichneten Beträge nicht etwa skripturmäßig für die Zahlungspflicht maßgebend, sondern bei irriger Berechnung und Angabe auf dem Frachtbriefe entscheiden die in Betracht kommenden Tarife 2c. Bei teilweiser Aushändigung des Gutes kann auch nur entsprechende Teilzahlung beansprucht werden. Dagegen darf die Eisenbahn gegen Aushändigung des ganzen, wenngleich qualitativ und quantitativ mangelhaften Gutes vom Empfänger die Bezahlung aller durch den Frachtvertrag begründeten Forderungen verlangen. Denn das sog. Abandonsystem ist dem HGB. fremd. Doch kann der Empfänger wegen der im § 438 HGB., § 90 EVO. bezeichneten Ansprüche Gegenforderungen erheben. Die Zahlung hat bei Gütern, welche die Eisenbahn dem Empfänger zuführt, Zug um Zug gegen Verabfolgung des Gutes zu erfolgen; bei Gütern, welche der Empfänger abholt, ist Vorleistung derselben ausbedungen, indem § 76 Ziff. 10 EVO. bestimmt, daß der Empfänger — bei Abholung des Gutes — den eingelösten Frachtbrief vorzuzeigen hat. An sich ist der Empfänger zur Vorleistung zwar nicht verpflichtet. Die beiderseitigen Leistungen sollen vielmehr arg. § 435 HGB. „Zug um Zug" erfolgen. Indes gehört § 435 nicht zu denjenigen Bestimmungen, deren Abänderung durch die Verkehrsordnung oder durch Verträge zugunsten der Eisenbahnen untersagt ist. Voraussetzung der Auslieferung ist also die geschehene Frachtzahlung; daher muß zum Beweise dessen vor der Auslieferung die Vorzeigung des eingelösten Frachtbriefes erfolgen. Nach den allgemein bestehenden Verkehrseinrichtungen präsentiert der Empfänger den Avis bei der Güterkasse und erhält dort gegen bare Zahlung der Fracht 2c. den quittierten Frachtbrief. Gegen Vorzeigung des quittierten Frachtbriefes und Übergabe des den Empfang bescheinigenden Avises erfolgt sodann die Auslieferung des Gutes. Der quittierte Frachtbrief wird also nicht, wie der Avis, der Bahn zurückgestellt. Bei Frankofracht ist die Quittierung der Fracht bereits seitens der Aufgabeexpedition erfolgt. Bei Frachtkreditkonto bedarf es der Quittierung nicht. Die Quittung muß den Betrag der Frachtgelder &c. in Zahlen, das Datum und die Unterschrift des zur Einziehung befugten Amtes enthalten. Stellt es sich nach Einlösung des Frachtbriefes heraus, daß das Gut nicht vorhanden ist, so darf nach dem Ermessen des Güterexpedienten auf sofortigen Antrag die entrichtete Fracht zurückgezahlt werden, wobei der zurückzunehmende Frachtbrief mit einem entsprechenden Vermerk zu versehen und dem Interessenten die Quittung zurückzustellen ist.

Die Allg. AbfVorschr. § 39 Ziff. 1 u. 2 bestimmen:

1. Der Empfänger hat vor Einlösung des Frachtbriefes kein Recht auf das Gut. Die Empfangsabfertigung darf deshalb Anträgen auf Öffnung verbleiter Wagen zur Besichtigung des Gutes nicht entsprechen, auch die Entnahme von Proben nicht gestatten, bevor der Empfänger die Verpflichtungen, wie sie der Frachtbrief ergibt, erfüllt hat. Ebenso ist es nicht zulässig, daß der Empfänger vor der Einlösung des Frachtbriefes mit dem Wagen, in dem sich die Sendung befindet, oder mit dem Gute irgendwelche Veränderungen vornimmt.

2. Die zur Empfangnahme der angekommenen Güter berechtigten Personen haben, sofern ihnen Frachtstundung nicht bewilligt ist, die auf dem Frachtbriefe zur Einziehung verzeichneten Beträge an überwiesenen Frachten, Nachnahmen, zugesetzten Frankaturen, Stempelabgaben und Nebengebühren aller Art sowie die Auslagen der Eisenbahn (vgl. § 68 Abs. 2 EVO.) bar zu erlegen und die ihnen zugefertigte Benachrichtigung mit Empfangsbescheinigung versehen zurückzugeben, worauf ihnen der Frachtbrief ausgehändigt wird.

Die Zurverfügungstellung erfolgt in betreff der vom Empfänger auszuladenden Güter auf den Entladeplätzen (EVO. § 76 Abs. 10 Satz 2). Diese Worte beziehen sich im wesentlichen auf die Wagenladungsgüter. Es können aber auch Stückgüter hierher gehören. In betreff der übrigen &c., nicht vom Empfänger zu entladenden Güter geschieht die Zurverfügungstellung in den Abfertigungsräumen (auf den Güterböden). (EVO. § 76 Abs. 10). Dies schließt die Pflicht zur Überbringung in die Behausung des Empfängers mangels besonderer Abrede oder Einrichtungen generell aus (Thöl III 140 [das Eisenbahnfrachtgut ist Holgut], Endemann, R. d. E. S. 614).

Die Aushändigung liegt ferner der Eisenbahn nach § 76 Abs. 1 EVO. nur gegen Empfangsbescheinigung ob (EVO. § 78 Abs. 7: „Empfangsbescheinigung"). Die Empfangsbescheinigung dient als Beweismittel über die Auslieferung. Über die Form der Empfangsbescheinigung ist in der EVO. Bestimmung nicht getroffen. Aber es liegt im Begriffe der Bescheinigung, daß sie schriftlich erfolgen muß: BGB. § 368: „Der Gläubiger hat gegen Empfang der Leistung auf Verlangen ein schriftliches Empfangsbekenntnis (Quittung) zu erteilen." In der Regel auf dem Avise (Allg. AbfVorschr. § 39 Ziff. 4), d. h. die Quittung auf dem der Eisenbahn zurückgestellten Avise gilt als Empfangsbescheinigung. Damit ist jedoch nicht die Quittung über den Empfang des Avises selbst zu verwechseln. Letztere ersetzt die Bescheinigung über den Empfang des Gutes nicht. Indes ist auch besondere Quittung in schriftlicher Form zulässig, zumal nicht alle Güter avisiert werden (Allg. AbfVorschr.

§ 39 Ziff. 7). Über die Form der Quittungsleistung bestimmen die Allg. AbfVorschr. § 39 Ziff. 4 ff. folgendes: Der Überbringer der mit Empfangsbescheinigung versehenen Benachrichtigung gilt zur Einlösung des Frachtbriefes und zur Empfangnahme des Gutes für ermächtigt. Eine andere Empfangsbescheinigung ist nur dann als ausreichend anzuerkennen, wenn sie amtlich beglaubigt, oder die Handschrift des Empfängers genau bekannt, oder die Empfangsabfertigung in der Lage ist, sich sonst davon zu überzeugen, daß das Gut in die Hand des Empfangsberechtigten gelangt. Wird die Fracht gestundet, so hat die Empfangsabfertigung auf den Frachtbrief unter die Summe des Erhebungsbetrages den Vermerk „gestundet" zu setzen. In diesem Falle geben die Empfänger nur die mit Empfangsbescheinigung versehenen Benachrichtigungen zurück und erhalten die Frachtbriefe und auf Grund dieser die Güter ohne bare Zahlung der Fracht und der sonst auf dem Gute haftenden Forderungen ausgeliefert. Bar zu zahlen sind jedoch die eisenbahnseitig verauslagten und in den Frachtbriefen als von Stundung ausgeschlossen bezeichneten Zollbeträge. Wird die Fracht bar bezahlt, so ist auf dem Frachtbrief in einfachster Form zu quittieren. Auf Frachtbriefen an Reichs- oder Staatsbehörden ist auf Verlangen der gezahlte Betrag in der Quittung in Worten auszudrücken.

In Hinsicht auf die Zeit der Bescheinigung gilt dasselbe, was für die Zahlung bestimmt ist. Auch die Empfangsbescheinigung hat Zug um Zug gegen Aushändigung des Gutes zu erfolgen (EVO. § 76 Abs. 1).

Bezüglich des Inhalts endlich ist bestimmt, daß die Bescheinigung sich auf die einfache Anerkennung des Empfanges zu beschränken hat; weitere Erklärungen, namentlich über tadellose oder rechtzeitige Ablieferung, dürfen eisenbahnseitig nicht verlangt werden (§ 76 Abs. 10 Satz 1). Diese Bestimmung ist in Rücksicht auf die präjudizierende Vorschrift des § 438 HGB. § 97 EVO. notwendig, um die Empfänger gegen das Erfordern von Verzichtleistungen ꝛc. von oft nicht übersehbarer Tragweite seitens der Eisenbahn zu schützen. Es darf somit von der Bahnverwaltung nur eine Quittung gefordert werden, welche den Empfang der ausgelieferten Quantität unter näherer Bezeichnung der Kolli, der Verpackungsart und Merkzeichen, sowie das Datum der Empfangnahme bescheinigt. Ein Anerkenntnis der Qualität, der Einhaltung der Lieferfrist, der Unversehrtheit ꝛc. darf nicht verlangt werden. Ob und inwiefern umgekehrt der Empfänger befugt erscheint, in die Empfangsbescheinigung irgendwelche Bemängelungen aufzunehmen, um sich gegen das Präjudiz des § 438 HGB., § 97 Abs. 1 EVO. zu schützen, ist Anm. 513, 514 des näheren erörtert.

383) Als Satz 2 ist dem Abs. 1 neu hinzugefügt der hierher gehörige frühere § 75 Abs. 2. Weder § 456 HGB. noch § 84 Abs. 1 EVO. schreiben eine direkte Ablieferung an den Empfänger unbedingt vor, vielmehr kann unter den im § 84 Anm. 446 angeführten Kriterien die Ablieferung auch in anderer Weise — unmittelbar — bewirkt werden, und danach ist zu beurteilen, ob die Ablieferung an einen Dritten derjenigen an den Empfänger gleichsteht. Die Legitimation hierzu kann auf der ausdrücklichen oder stillschweigenden Einwilligung des Empfängers (Vollmacht, Anweisung ꝛc.), aber auch auf

öffentlichen Einrichtungen beruhen. Demgemäß ist es auch als gültige Ablieferung anzusehen, wenn das Frachtgut am Orte der Ablieferung der Steuer- oder Zollverwaltung nach Maßgabe der gesetzlichen Vorschriften zur Verabfolgung an den Adressaten übergeben und letzterer hiervon benachrichtigt worden ist. In diesem Sinne bestimmt die EVO. § 76 Abs. 1 Satz 2: „Der Übergabe des Gutes an den Empfänger steht gleich die Übergabe an die Zoll- oder Steuerverwaltung in deren Abfertigungsstellen oder Niederlagen ....". Zwar wird während der Dauer der Beförderung (unterwegs) die Haftpflicht der Eisenbahn nicht ohne weiteres und absolut dadurch ausgeschlossen, daß sie die Güter unterwegs zeitweise an die Zoll- oder Steuerbehörde abgeliefert hat. Wohl aber ist es mit § 456 HGB. vereinbar, die Ablieferungsfrist der Eisenbahn nach beendeter Beförderung, d. h. nach Ankunft des Gutes am Ablieferungsorte dahin zu präzisieren, daß die Zollstätte als der Ablieferungsort oder die Abladestelle zu erachten sei und mit der Ablieferung an diese die Haftpflicht der Eisenbahn ende, wenn sie zugleich den Empfänger durch Anzeige von der Ankunft des Gutes und durch Zustellung der erforderlichen Papiere in den Stand gesetzt hat, sowohl über das Gut zu verfügen, wie auch selbst die weitere Sorge für dasselbe zu übernehmen. In diesem Sinne ist die früher sehr kontroverse Frage vom ROHG. [E. 2 247 (252—255), 8 26] zutreffend entschieden worden. Dem ist auch das Reichsgericht (18. IX. 1880 und 15. V. 1885, E. 1 270, 4 163, 434) beigetreten (Rundnagel 35).

Vorausgesetzt ist aber, daß es sich um solche Räume handelt, die unter alleinigem Verschluß der Zoll- oder Steuerverwaltung stehen. Erfolgt die Übergabe in Räume, die unter Verschluß oder Mitverschluß der Eisenbahn (sog. Eisenbahnzollschuppen), so steht die Übergabe an dieselben der Übergabe an den Empfänger nicht gleich und ist die Haftpflicht der Eisenbahn nicht als beendet anzusehen. Zur Vermeidung von Zweifeln hierüber (Rundnagel 35, Ruckdeschel 182, ROHG. 14 295) sind die der bezüglichen bisherigen Vorschrift fehlenden Worte: „wenn diese nicht unter Verschluß der Eisenbahn stehen" hinzugefügt (Begr. 114). Ebenso liegt der Fall, wenn nach Übereinkunft mit dem Empfänger die Eisenbahn die zollamtlichen Manipulationen vornimmt, bevor sie diesem die Ankunft des Gutes avisiert. Alsdann liegt hierin eine Verschiebung der Avisierung und Auslieferungspflicht bis zur Erledigung des Verzollungsgeschäfts, und ist mit der Verabfolgung des Gutes an die Zoll- oder Steuerbehörde die Ablieferung an den Empfänger noch nicht bewirkt (RG. 19. II. 1886, E. 4 412). In betreff der Ablieferung des Gutes an öffentliche Lagerhäuser oder an einen Spediteur besteht dieser Unterschied nicht. Sie ist sowohl während der Beförderung (unterwegs auf Zwischenstationen bei Beförderungshindernissen: EVO. § 74), wie nach beendeter Beförderung (am Bestimmungsorte bei Ablieferungshindernissen: EVO. § 81) der Ablieferung an den Adressaten gleich zu achten, wenn sie nach der EVO. (s. § 81 Abs. 3) erfolgt. In diesen Fällen ist reglementarisch vereinbart, daß der Lagerhausinhaber oder Spediteur den Empfänger bei der Ablieferung vertrete. Insofernbefindet sich auch diese Bestimmung der

EVO. nicht im Widerspruche mit § 471 HGB. (Schott 337, 438, Ruckbeschel 183, ROHG. 14 293).

384) Was sodann die Rechte und Pflichten des Empfängers (s. Anm. 260 S. 261) hinsichtlich der Ablieferung des Gutes betrifft, so sind diese in Übereinstimmung mit der Regelung des Verfügungsrechts (HGB. § 433 und Art. 16 Abs. 2 J.Ü.) durch § 435 HGB. dahin bestimmt worden, daß der Empfänger nach Ankunft des Gutes am Ort der Ablieferung berechtigt ist, die durch den Frachtvertrag begründeten Rechte gegen Erfüllung der sich daraus ergebenden Verpflichtungen in eigenem Namen gegen die Eisenbahn geltend zu machen, ohne Unterschied, ob er hierbei im eigenen oder fremden Interesse handelt. Er ist insbesondere berechtigt, von der Eisenbahn die Übergabe des Frachtbriefes und die Auslieferung des Gutes zu verlangen, wenn nicht der Absender der Eisenbahn eine nach Maßgabe des § 73 zulässige entgegenstehende Verfügung erteilt hat.

Die EVO. § 76 Abs. 2 hat diese gesetzlichen Bestimmungen fast wörtlich aufgenommen. Die Bestimmung des § 435 HGB. und § 76 Abs. 2 der EVO. geht weiter als die des Art. 405 HGB. Denn während letzterer dem Empfänger das Recht zur selbständigen Geltendmachung der Vertragsrechte gegen Erfüllung der Verpflichtungen gewährt, wie sie der Frachtbrief ergibt, verleiht § 435 A.HGB. und § 76 Abs. 2 EVO. dem Empfänger dieses Recht nur gegen Erfüllung der sich aus dem Frachtvertrage ergebenden Verpflichtungen, also gleichviel ob sie aus dem Frachtbriefe sich ergeben oder nicht. Diese Erweiterung entspricht der bereits an früherer Stelle gegebenen Konstruktion des vorliegenden Rechtsverhältnisses (Anm. 351 S. 353). (Denkschr. zu den §§ 408 bis 410 des Entw. eines HGB. Unrichtig: RG. 16. VI. 1909, JW. S. 502, E. 28 189.)

Das Recht des Empfängers ist ein selbständiges, aus der stillschweigenden Zessionsofferte der Vertragsrechte mit den ihnen inhärierenden Vertragspflichten sich ergebendes. Es ist noch nicht das Recht aus dem Frachtvertrage selbst, sondern es ist nur die Legitimation, in denselben einzutreten, d. h. die selbständige Befugnis zum Erwerbe der Rechte aus dem Frachtvertrage durch Annahme der Offerte. Daher kann die Eisenbahn den Empfänger zur Geltendmachung dieses Rechts nicht zwingen bzw. auf Annahme nicht verklagen, solange nicht der Empfänger ausdrücklich oder durch eine konkludente Handlung die Zessionsofferte angenommen hat (RG. 15. II. 1900 JW. S. 314). Die Geltendmachung des in Rede stehenden Rechts durch den Empfänger ist eine freiwillige und nicht durch Klage der Eisenbahn zu provozieren. Die Offerte kann vom Empfänger abgelehnt werden und die Eisenbahn sich alsdann nur an ihren Mitkontrahenten, den Absender, halten (E. 21 62, Rundnagel 88). Vgl. über die Annahmeverweigerung des Empfängers entstehende Rechtsfrage: § 73 Abs. 9 Anm. 365 S. 367. Inwiefern alsdann der Absender aus dem dem Frachtvertrage zugrunde liegenden Geschäfte den Empfänger wegen unberechtigter Annahmeverweigerung belangen kann, bestimmt sich nach den Regeln dieses Geschäfts 2c. (v. Hahn II 650, Endemann, HR. 731, Schott 403b).

Das Recht des Empfängers wird existent mit der Ankunft des Gutes „am Bestimmungsorte", d. h. gemäß Abs. 3 auf dem Bahnhofe, auf der Station des Bestimmungsortes (s. Abs. 3 Anm. 386 S. 395), mithin nach beendeter Beförderung. Dies ist tatsächliche Voraussetzung. Mit der Ankunft des Gutes identisch ist nach der bisherigen konstanten Rechtsprechung und der Literatur die Zeit des Ankommensollens nach Maßgabe der Lieferzeit. Denn der Zweck, welchen man im Auge hat, indem man bei ordnungsmäßigem Verlauf der Beförderung dem Empfänger nach Ankunft des Gutes am Bestimmungsort ein selbständiges Recht einräumt, würde nicht erreicht werden, wenn man auch dann, wenn das Gut nicht rechtzeitig oder gar nicht ankommt, die Entstehung dieses Rechts an die Voraussetzung der tatsächlichen Ankunft des Gutes knüpfen würde. Für den Fall des Eintritts der gedachten Eventualität muß also diese Voraussetzung fallen und dem Empfänger ein selbständiges Recht schon von der Zeit angewährt werden, zu welcher das Gut nach dem Frachtvertrage hätte ankommen sollen (RG. 11. XI. 1899 E. 16 339). Vgl. Protok. d. Komm. z. Berat. d. HGB. Teil 9 S. 5009ff., Goldschmidt, Hdbch. I 2 745ff., Thöl III § 37 S. 65/66, Schott 401ff., Eger, D. Frachtr. II 285ff., insbesondere S. 294ff. (2. Aufl.), Hahn II § 1—6, § 10 zu Art. 405, Staub § 1 zu Art. 405, Goldmann § 435 N. 2, Hertzer 113. A. M. Lehmann-Ring II 342, Düringer-Hachenburg II 594, Rundnagel 249. Vor der Ankunft hat der Empfänger dieses Recht nicht, auch wenn er sich im Besitze eines Frachtbriefduplikats befindet. Würde die Eisenbahn vorher (z. B. am Versandorte oder unterwegs) ein derartiges Recht des Empfängers anerkennen, ihm die Verfügung über das Gut einräumen oder dasselbe ausliefern, so würde sie dem Absender haftbar sein. Auch aus der Übergabe des Frachtbriefes vor diesem Momente kann der Empfänger irgendwelche Rechte nicht herleiten. Die Übergabe eines etwa ausgestellten Duplikats seitens des Absenders an den Empfänger hat zwar die Wirkung, daß die Eisenbahn den Verfügungen des Absenders aus § 73 Abs. 1 nicht mehr Folge leisten darf und dem Empfänger, wenn sie dies dennoch tut, für den daraus entstandenen Schaden haftbar wird (§ 73 Abs. 5). Aber ein Recht auf Aushändigung des Gutes oder Eintritt in den Frachtvertrag unterwegs erwächst dem Empfänger daraus nicht.

385) Das Recht erstreckt sich auf die Geltendmachung aller durch den Frachtvertrag begründeten Forderungen, wobei der Frachtbrief zwar präsumtiv den Maßstab und Beweis bildet, aber in Rücksicht auf die Möglichkeit anderer Nebenabreden nicht unbedingt entscheidet. § 435 HGB., § 76 Abs. 2 EVO. führen speziell als solche dem Empfänger zustehenden Rechte die auf Übergabe des Frachtbriefes und Auslieferung des Gutes an. Wie aber die Worte des Satzes 2 „er ist insbesondere berechtigt" ergeben, ist damit der Inhalt der dem Empfänger gewährten Berechtigung keineswegs erschöpft, vielmehr sind nur zwei vorzugsweise wichtige Rechte speziell hervorgehoben. Das Recht erstreckt sich auch auf Schadensansprüche aus Verlust, Beschädigung, Verspätung 2c., aber andererseits auch lediglich auf die Frachtvertragsrechte, nicht auf andere, z. B. die aus der vorangegangenen einstweiligen Verwahrung (§ 64 EVO.). Das Recht kann ferner nur geltend

gemacht werden gegen Erfüllung der sich aus dem Frachtvertrage ergebenden Verpflichtungen, und zwar — mangels einer besonderen Bestimmung — gleichzeitig Zug um Zug. Weder die Eisenbahn noch der Empfänger haben nach § 435 HGB., § 76 Abs. 2 EVO. vorzuleisten. Weil aber nach der Natur des Eisenbahnverkehrs ein ganz gleichzeitiges Leisten zumeist unmöglich ist, so müssen über die Reihenfolge der beiderseitigen Leistungen ausführende Bestimmungen getroffen werden. § 76 Abs. 10 EVO. bestimmt demgemäß, daß der Empfänger vorzuleisten hat. Denn nur gegen Vorzeigung des eingelösten Frachtbriefes wird ihm das Gut verabfolgt (Anm. 396).

Die Geltendmachung der Rechte kann sowohl im Wege der einfachen Forderung wie — im Verweigerungsfalle — durch Klage, Widerklage, Kompensation 2c. erfolgen. Die Geltendmachung geschieht im eigenen Namen, nicht im Namen des Absenders, sondern auf Grund einer eigenen, selbständigen, nicht aus einem präsumtiven oder wirklichen Vollmachtsverhältnisse zum Absender hervorgegangenen Berechtigung. Dem Empfänger ist durch Gesetz ein eigenes Recht, unabhängig vom Absender, verliehen. Hierbei ist kein Unterschied, ob der Empfänger in eigenem Interesse (für eigene Rechnung) oder in fremdem Interesse (als Spediteur, Kommissionär 2c.) handelt (ROHG. 9. I. 1872 4 359, RG. 13 75, 43 172, Staub 1531). Die dem Frachtgeschäfte zugrunde liegenden Geschäfte (Kauf, Lieferung, Tausch 2c.) dürfen mit diesem nicht vermischt, die klare und präzise Trennung der Rechte und Pflichten der Frachtvertragskontrahenten darf nicht gestört werden. Die Eisenbahn kann daher dem auf Grund des Frachtvertrages seine Rechte geltend machenden Empfänger gegenüber nicht einwenden, daß der Empfänger nur fremdes, nicht eigenes Interesse wahrnehme, nicht selbst Eigentümer, Käufer 2c. des Gutes sei, und daß direkt an den eigentlichen Interessenten geleistet werden müsse (RG. 17. I. 1900, JW. S. 256, E. 19 144). Weder die obligatorischen Beziehungen, welche zwischen Absender, Empfänger oder Dritten aus einem dem Frachtvertrage zugrunde liegenden Rechtsgeschäfte (Kauf, Tausch, Lieferung 2c.) bestehen, noch die dinglichen Beziehungen, in welchen entweder die Frachtvertragskontrahenten (Absender, Eisenbahn, Empfänger) oder Dritte zum Frachtgute stehen (Eigentum, Pfandrecht 2c.), erleiden irgendeine Veränderung.

Über die Frage, ob der Empfänger berechtigt ist, vor Annahme des Frachtbriefes und des Gutes Besichtigung desselben zu verlangen, trifft weder das HGB., noch die EVO. Bestimmung. Es liegt in der Natur der Sache und in den Verhältnissen des Eisenbahnbetriebes, daß zwar eine vorgängige äußere Besichtigung verlangt werden kann und zu gestatten ist, nicht aber eine innere (Wehrmann 187, Rundnagel 239, Staub 1536, Hertzer, VZ. 1903 Nr. 75, Eger, J.Ü.[3] 208, 209, Denkschr. zum HGB. S. 3267). A. M. Schwab 204, Gerstner 402. Vgl. noch Ritter VZ. 1908, Nr. 27.

Nach Satz 2 besteht das Recht des Empfängers nicht bzw. es erlischt (§ 435 Satz 3 HGB.), wenn der Absender der Eisenbahn eine nach Maßgabe des § 73 EVO. zulässige entgegenstehende Verfügung erteilt hat, d. h. es hört vollständig zu bestehen auf und kann nicht wieder aufleben. Freilich kann der Absender die entgegenstehende Verfügung vor ihrer Ausführung durch die

Eisenbahn wieder zurücknehmen und eine neue Anweisung zur Ablieferung des Gutes &c. an den ursprünglichen Empfänger erteilen. Dadurch lebt aber das alte erloschene Recht des Empfängers nicht wieder auf, sondern dieser erlangt eine neue, auf der wiederholten Anweisung des Absenders beruhende Berechtigung. Dies ist aber die einzige Beschränkung des Rechts des Empfängers und eine notwendige Folge der dem Absender bis zum Eintritt des Empfängers in den Frachtvertrag zustehenden Vertrags- und Verfügungsrechte. Denn nach § 433 HGB. in Verbindung mit § 73 Abs. 9 EVO. hat auch nach der Ankunft des Gutes am Bestimmungsort der Absender das Verfügungsrecht über dasselbe nach Maßgabe des § 73 Abs. 1 u. 2 EVO. noch so lange, bis dem Empfänger der Frachtbrief übergeben oder der Eisenbahn die Klage des Empfängers auf Übergabe des Frachtbriefes und Auslieferung des Gutes zugestellt ist. Beide Akte — Übergabe des Frachtbriefes und Zustellung der Klage — stehen sich in ihrer Rechtswirkung gleich (Goldschmidt 748, Puchelt II 489, v. Hahn II 633, Thöl III 26, Schott 408, Endemann, R. d. E. 606). Folgerichtig zessiert das Recht des Empfängers auf Geltendmachung der Vertragsrechte gegen Erfüllung der Vertragspflichten, wenn der Absender der Eisenbahn eine nach Maßgabe des § 73 ihm noch zustehende Verfügung erteilt, d. h. in der Zwischenzeit zwischen der Ankunft des Gutes am Bestimmungsort und der Übergabe des Frachtbriefes an den Empfänger oder der Zustellung der Klage des Empfängers auf Übergabe des Frachtbriefes und Gutes eine Anweisung gemäß Abs. 1 des § 73 an die Eisenbahn erlassen hat (§ 73 Abs. 9 Anm. 365 S. 367, ROHG. 8 436, 20 192, RG. E. 1 132, Rundnagel 88). Voraussetzung ist, daß der Absender, insofern ein Frachtbriefduplikat oder Aufnahmeschein (§ 455 Abs. 1 HGB., § 61 Abs. 5 u. 7 Anm. 267 ff. S. 265 ff.) ausgestellt ist, sich bei Erlaß der entgegenstehenden Verfügung im Besitze des Duplikats bzw. Aufnahmescheines befindet, denn ohne dieses ist er im Falle der Ausstellung eines solchen gemäß § 455 Abs. 2 HGB., § 73 EVO. zur Ausübung der Vertrags- und Verfügungsrechte nicht befugt. Die Verfügung muß nach Zeit, Inhalt und Form den Vorschriften des § 73 l. c. (Anm. 357 ff. S. 361 ff.) entsprechen.

386) Nach Abs. 3 gilt als Ort der Ablieferung im Sinne der Abs. 1 und 2 die vom Absender bezeichnete Bestimmungsstation oder Güternebenstelle, und zwar auch dann, wenn im Frachtbrief ein anderer Bestimmungsort angegeben ist. Gleichviel also, ob der bezeichnete Bestimmungsort an der Eisenbahn belegen ist oder nicht, Ort der Ablieferung ist in jedem Falle die für den Bestimmungsort maßgebende Bestimmungsstation oder Güternebenstelle, d. h. der Bahnhof, wo der Schienenweg endet. Nur dort ist nach § 76 l. c. die Eisenbahn abzuliefern verpflichtet (RG. 13. X. 1893 E. 11 302). Ob ihr die weitergehende Pflicht obliegt, das Gut dem Empfänger bis in seine Behausung oder in sein Geschäftslokal oder nach einem nicht an der Eisenbahn belegenen Orte zuzuführen, richtet sich lediglich nach den für die abliefernde Bahn geltenden besonderen Bestimmungen bzw. von ihr getroffenen Einrichtungen (durch Bestellung von Rollfuhrunternehmern &c.). Um darauf hinzuweisen, daß nach den Bestimmungen des § 78 Abs. 1 im Falle bahnseitig bestellter Rollfuhrunternehmer oder eingerichteter

Güternebenstellen der Ort der Ablieferung ein anderer sein kann, als die vom Absender bezeichnete Bestimmungsstation, sind die Worte „vorbehaltlich der Festsetzungen im § 78 Abs. 1" in den hier in Rede stehenden Satz eingefügt worden (vgl. Rundnagel 29ff.).

Die Eisenbahn ist jeder weiteren Haftpflicht als Frachtführer über die Bestimmungsstation hinaus enthoben. Ebensowenig liegt ihr eine Verpflichtung ob, für die weitere Beförderung vom Abgabe- oder Abholungsort bis zu dem im Frachtbriefe angegebenen „anderen Bestimmungsort" Sorge zu tragen. Denn eine solche Beförderung hat sie nicht übernommen. Es handelt sich um eine Beförderung, die nur bis zu der vom Absender bezeichneten Bestimmungsstation oder Güternebenstelle übernommen ist, so daß die überdies im Frachtbriefe erfolgte Angabe eines anderen Bestimmungsortes außerhalb der übernommenen Beförderung steht und dieselbe nicht tangiert (Ruckdeschel 195). Die Bahnverwaltung ist zur Avisierung solcher Güter nur verpflichtet, wenn eine Avisadresse am Ablieferungsorte angegeben oder die Avisierung besonders vereinbart ist; zur Ermittelung des Empfängers ist sie nicht verpflichtet (s. auch Thöl III 236, Wehrmann 185).

Die Eisenbahn hat in betreff derartiger Güter die reglementarische Abholungs- bzw. Lagerfrist (s. § 80 EVO.) abzuwarten und alsdann so zu verfahren, wie dies in betreff der Güter, deren Ab- oder Annahme verweigert oder nicht rechtzeitig bewirkt wird, im § 81 EVO. vorgeschrieben ist. Dagegen ist sie nicht berechtigt, solche Güter, sei es während der Abholungsfrist oder nach Ablauf derselben, an den „im Frachtbrief angegebenen anderen Bestimmungsort" zu senden bzw. selbst zu transportieren. Tut sie dies dennoch und entsteht auf der Weiterbeförderung ein Verlust, so kann sie sich nicht darauf berufen, daß sie für diese Weiterbeförderung nur die Verpflichtungen eines Spediteurs zu tragen habe (§ 468 HGB., § 85 EVO. Anm. 454). Denn es liegen in diesem Falle die tatsächlichen Voraussetzungen des § 468 HGB. (§ 85 Abs. 1) nicht vor, da als Bestimmungsort ein an der Eisenbahn liegender Ort im Frachtbriefe bezeichnet ist. Sie hat also in diesem Falle den Frachtvertrag bzw. ihre Ablieferungspflicht aus demselben nicht gehörig erfüllt und muß daher für den entstandenen Verlust rc. als Frachtführer gemäß §§ 456ff. HGB., § 85 EVO. haften.

387) Bereits im § 69 Anm. 328ff. ist darauf hingewiesen, daß die Eisenbahn berechtigt ist, die Erfüllung aller aus dem Frachtvertrage sich ergebenden Forderungen, insbesondere die Fracht, die Gebühren für besondere Leistungen und die baren Auslagen vom Absender und, soweit dieser nicht bereits Erfüllung geleistet hat, von dem in den Frachtvertrag eingetretenen Empfänger zu verlangen. Während die Zahlungspflicht des Absenders als selbstverständlich und den Grundsätzen der loc. cond. operis entsprechend weder im HGB. noch in der EVO. durch eine positive Norm hervorgehoben ist, hat die Zahlungspflicht des Empfängers sowohl im HGB. § 436 wie auch wörtlich daran anschließend in der EVO. § 76 Abs. 4 in der Bestimmung besonderen Ausdruck gefunden, daß durch Annahme des Gutes und des Frachtbriefes der Empfänger verpflichtet wird, dem Frachtführer (der Eisenbahn) nach Maßgabe des Frachtbriefes Zahlung

zu leisten (Anschütz und v. Völdernborff III 449, Goldschmidt, Handb. I 2¹ S. 751, v. Hahn II 655, Thöl 19, 62, 64, 126, Schott 375, 409, 414, Makower 1536). Dieser Grundsatz ist in dem umfassenderen § 435 HGB., § 76 Abs. 2 EVO. (Anm. 384 S. 392 ff.) bereits mit enthalten, mithin nur ein besonderer Teil desselben. Mit Annahme der Vertragsleistungen ist Zug um Zug der Empfänger zur Erfüllung der Vertragspflichten verbunden (Goldschmidt § 75 S. 751 Anm. 405, Endemann, R. d. E. § 123). Die Vorschrift des § 436 HGB. bzw. § 76 Abs. 4 EVO. ist daher zu eng, denn einerseits können auch andere, als die angeführten beiden Handlungen den Vertragswillen des Empfängers dokumentieren und ihn zu den Gegenleistungen verpflichten. Andererseits bestehen diese nicht allein in der Zahlung der Beträge nach Maßgabe des Frachtbriefes, sondern in der Erfüllung aller durch den Frachtvertrag überhaupt begründeten Gegenforderungen der Eisenbahn. Während durch § 435 HGB. die bezügliche im Art. 405 HGB. enthaltene Inkongruenz mit Recht beseitigt und zur Begründung dieser Änderung insbesondere darauf hingewiesen ist, daß die bisherige Bestimmung mit dem § 440 HGB. nicht vereinigt werden kann (vgl. Anm. 384 S. 392 zu § 76 Abs. 2), ist im § 436 diese Ungleichheit weiter aufrecht erhalten und die Zahlungspflicht des Empfängers auf die Frachtbriefbeträge beschränkt worden. Über das Verhältnis des § 436 HGB. (§ 76 Abs. 4 EVO. 1, 2 zu Abs. 4) zum § 435 A.HGB. (§ 76 Abs. 1 EVO.), wonach die Geltendmachung der Rechte des Empfängers aus dem Frachtvertrage von der „Erfüllung der sich aus dem Frachtvertrag ergebenden Verpflichtungen" abhängig gemacht wird, ist in der Denkschrift zu dem dem Reichstage vorgelegten Entwurfe (Drucksache Nr. 632 1897 S. 261) folgendes bemerkt: „Da es sich im § 428 (jetzt 436) nicht um das Recht des Empfängers auf Auslieferung des Gutes und die dafür von ihm zu gewährende Gegenleistung, sondern lediglich um eine durch Annahme des Frachtbriefs begründete selbständige Verpflichtung des Empfängers handelt, so muß hier, im Gegensatze zum § 427 (jetzt 435), der Inhalt des Frachtbriefes für maßgebend erklärt werden." Diese Begründung, welcher sich auch ein kürzlich ergangenes Erkenntnis des 1. Ziv.-Sen. des RG. v. 16. VI. 1909 (JW. S. 502 E. 28 189) in vollem Widerspruch mit der gesamten Literatur und der konstanten Rechtsprechung des RG. anschließt, erscheint jedoch unzutreffend. Es ist nicht ersichtlich, weshalb die im § 435 HGB. (§ 76 Abs. 1 EVO.) bezeichnete Verpflichtung des Empfängers einen anderen Rechtscharakter haben soll, als die im § 436 HGB. (§ 76 Abs. 4 EVO.) bezeichnete, und aus welchem Grunde der angeblichen Selbständigkeit der Verpflichtung des Empfängers aus § 436 andere Rechtswirkungen beizulegen sind, als aus § 435. Ist der Empfänger nach Ankunft des Gutes nur berechtigt, die Vertragsrechte gegen Erfüllung der Vertragspflichten geltend zu machen, so kann darin die Tatsache nichts ändern, daß er durch Annahme des Frachtbriefes in den Frachtvertrag eingetreten ist. Die Denkschrift verkennt durch ihre Motivierung des § 436 das Wesen des Frachtvertrages. Es soll hier unverkennbar nur ausgesprochen werden, daß, wie bei allen Leistungsverträgen, auch beim Eisenbahnfrachtvertrage die Eisenbahn nicht eher berechtigt ist, die Frachtzahlung vom Empfänger zu beanspruchen, als bis sie selbst die Vertragsleistungen erfüllt, d. h. Gut und Frachtbrief übergibt, der Empfänger daher nicht eher zur Zahlung verpflichtet ist, als bis ihm die Eisenbahn leistet, und zwar gleichzeitig Zug um Zug. Doch ist im Eisenbahnverkehre — wie bereits hervorgehoben (S. 388) — ein gleichzeitiges Leisten in der Regel nicht ausführbar und Sache der reglementarischen Bestimmungen, die Aufeinanderfolge der beiderseitigen Leistungen zu bestimmen. Jedenfalls ist an sich nicht erforderlich, daß der Zahlung die Übergabe des Frachtbriefs vorangeht. Es genügt die Vorweisung desselben, damit sich der Empfänger über den Umfang seiner Zahlungspflicht informieren kann. Aber auch ohne vorgängige Kenntnisnahme wird der Empfänger durch Annahme des Gutes und des Frachtbriefs zahlungspflichtig. Der Empfänger weiß aus § 435 HGB., § 76 Abs. 1, 2 EVO., daß er nur gegen Erfüllung aller sich aus dem Frachtvertrage ergebenden Verpflichtungen die durch den Frachtvertrag begründeten Rechte geltend zu machen befugt ist. Nimmt er also Gut und Frachtbrief an, so hat er auch die frachtvertraglichen Verpflichtungen ganz zu erfüllen. Auch steht dem Frachtführer nicht nur gemäß § 440 Abs. 1 das Pfandrecht an dem Gute wegen aller durch den Frachtvertrag begründeten Forderungen zu, sondern er hat gemäß Abs. 3 des § 440 HGB. dieses Pfandrecht noch 3 Tage nach der Ablieferung an den Empfänger diesem gegenüber. Hiermit läßt sich die neue Theorie der Denkschrift und des I. Ziv.Sen. des RG. nicht vereinen, daß der Empfänger durch die Annahme des Gutes und Frachtbriefs eine selbständige Verpflichtung erlange, nur nach Maßgabe des Frachtbriefs Zahlung zu leisten.

Für die „Annahme des Gutes und Frachtbriefs" gilt das in Anm. 384 S. 392 ff. über die Aushändigung Gesagte. Die bloße Avisierung reicht nicht hin. Eine Teilannahme verpflichtet zur Zahlung nicht, wohl aber die Annahme eines qualitativ oder quantitativ beschädigten, verminderten 2c. Gutes. Zahlungsverpflichtet ist der Empfänger bzw. sein Bevollmächtigter oder Rechtsnachfolger, nicht aber der an der Ablieferung sonst Interessierte. Die Eisenbahn kann den Empfänger zur Annahme nicht zwingen. Verweigert er die Annahme, so kann sie sich bezüglich der Zahlung nur an den Absender halten. Hat er aber angenommen, bzw. sich zur Annahme bereit erklärt, so ist er zahlungspflichtig. Die Zahlung ist der abliefernden Bahn zu leisten, welche gemäß § 441 HGB., § 76 Abs. 5 EVO. zur Einziehung aller Vertragsforderungen verpflichtet ist.

Ihrem Umfange nach erstreckt sich die Zahlungspflicht des Empfängers nach § 436 HGB., § 76 EVO. auf die Beträge „nach Maßgabe des Frachtbriefs".

1. Durch die Hervorhebung der Pflicht zur Zahlung nach Maßgabe des Frachtbriefs ist zwar — wie sich aus dem Vorstehenden ergibt — die vornehmste Leistung des Empfängers bezeichnet, welche in der Regel den wesentlichen oder alleinigen Inhalt seiner Vertragspflicht bildet, aber es ist dadurch nicht ausgesprochen, daß sich dieselbe unbedingt und unter allen Umständen lediglich darauf beschränke und er die etwa sonst aus dem Vertrage sich ergebenden Pflichten nicht zu erfüllen habe.

2. Zu den Beträgen nach Maßgabe des Frachtbriefs gehören in der Regel folgende: a) Die Fracht, der Preis für die Beförderung, nach Maßgabe der zu Recht bestehenden, gehörig veröffentlichten Tarife (Anm. 324 S. 322). b) Beträge (Gebühren) für besondere Nebenleistungen der Bahn, welche gleichfalls im Tarife vorgesehen oder durch Aushang an den Abfertigungsstellen bekannt gemacht sein müssen (Anm. 324 S. 323). c) Bare Auslagen der Eisenbahn, welche zwar der Natur der Sache nach in den Tarifen nicht vorgesehen sind, aber in Bezug auf ihre Notwendigkeit und Angemessenheit gehörig festgestellt, im Frachtbrief ersichtlich gemacht und mit Beweisstücken versehen sein müssen (Anm. 325, 326 S. 324, 325). d) Nachnahmeforderungen (Anm. 344 ff. S. 343 ff.).

3. Unter der „Zahlungsleistung nach Maßgabe des Frachtbriefs" ist nicht skripturmäßig die Entrichtung der im Frachtbrief tatsächlich verzeichneten Beträge, sondern der sich aus der Eisenbahnverkehrsordnung und den in Bezug genommenen Tarifen zu berechnenden Beträge zu verstehen, auch wenn sie mit den im Frachtbriefe vermerkten zahlenmäßig nicht übereinstimmen (E. 22 295). Die Worte sind also nicht lediglich auf diejenigen Beträge zu beschränken, welche ausdrücklich in Zahlen bzw. zahlenmäßig im Frachtbriefe angegeben sind. Die Zahlungspflicht umfaßt vielmehr sowohl diejenigen Beträge, welche direkt, als auch, welche sich indirekt durch Bezugnahme auf andere Normen (Tarife) oder Schriftstücke (Begleitpapiere) aus dem Inhalt des Frachtbriefs ergeben, wenn auch der Betrag erst nachträglich ausgeworfen und festgestellt ist (v. Hahn II 658). Es ergeben sich daraus folgende Sätze:

a) Der Empfänger ist verpflichtet, die Fracht nach Maßgabe des Frachtbriefs zu zahlen, auch wenn der zu entrichtende Betrag nicht ohne weiteres aus dem Frachtbrief ersichtlich ist, sondern erst nach den darauf in Bezug genommenen Normen (Tarifen rc.) berechnet werden muß, und zwar auch dann, wenn der Empfänger den Inhalt dieser letzteren nicht gekannt hat (Puchelt II 504, Endemann, R. d. E. 627, ROHG. 9 73, 5. X. 1876 20 410, 20. X. 1876 21 181, RG. 10. XI. 1880 E. 1 304, 8. I. 1883 eod. 2 436). Dahin gehören Zollbeträge, wenn dieselben aus den reglementarischen rc. Bestimmungen, auf welche der Frachtbrief Bezug nimmt, hervorgehen (RG. 26. X. 1896 E. 13 324). Eine Prüfung, ob der Zoll von der Zollbehörde zu Recht erhoben ist, liegt weder der Bahn, noch dem Gerichte ob. Dem Empfänger bleibt Beschwerde bei der Zollbehörde (LG. Kassel 14. II. 1908 Sped.- u. SchiffZtg. S. 484).

b) Enthalten die in Bezug genommenen Tarife, Reglements rc. Druckfehler oder sonstige Unrichtigkeiten, so ist die Fracht nach dem richtigen Tarif- rc. Satze zu berechnen und zu zahlen, weil anzunehmen ist, daß dies der beiderseitige wahre Kontraktswille ist, die Eisenbahn nach dem festgestellten Tarife kontrahiert hat und die Bestimmung des § 6 Abs. 1 EVO. voraussetzt, daß die Publikation der Feststellung genau entspricht (RG. 11. III. 1882 E. 2 236, RG. 6 102).

c) Der vorstehend für die Frachtzahlung angenommene Grundsatz gilt ebenso auch für die Zahlung der Frachtzuschläge (Konventionalstrafen) wegen unrichtiger Inhaltsangabe oder Wagenüberlastung (§ 60 EVO.) — oder anderer Gebühren, welche sich aus den im Frachtbriefe in Bezug genommenen Normen ergeben (Schott 380, 412, Endemann, R. d. E. 637 und die vorstehend angeführten Entscheidungen), E. 22 295. Doch ist der Empfänger zur Haftung nicht verpflichtet, wenn das Gut ohne Erhebung der Frachtzuschläge ausgeliefert wird und diese nachträglich von ihm gefordert werden (Österr. ObGer. 30. VII. 1896, Z. 1897 S. 836 u. Ung. Kurie 19. II. 1902, Roll 16 417, Z. 13 Nr. 7 S. 237).

d) Aus diesem Grundsatze ergibt sich auch die Bestimmung des § 70 (Anm. 335) über die Ansprüche wegen unrichtiger Frachtberechnung, ROHG. 9 73, 21 187.

4. Die Frage, in welcher Frist die Frachtforderungen der Eisenbahn gegen den Empfänger verjähren, richtet sich nach dem BGB. (§ 196 Abs. 1 Nr. 3). Nur für die beiderseitigen Forderungen aus unrichtiger Anwendung des Tarifs oder Rechnungsfehlern bei der Festsetzung der Frachtgelder und Gebühren ist eine kurze einjährige Verjährungsfrist vom Tage der Zahlung an allgemein festgesetzt (§ 470 HGB., EVO. § 71). Diese Frist beginnt mit dem Ablaufe des Tages, an welchem die Zahlung der zu hoch oder zu niedrig berechneten Fracht erfolgt ist; bei Frankaturvorschüssen (§ 69 Abs. 7) sinngemäß erst von der definitiven Abrechnung an. Mit Ablauf dieser Frist erlischt jede derartige Forderung. Der allgemeine Grundsatz des Erlöschens aller Ansprüche gegen die Bahn durch Annahme des Gutes und Zahlung der Fracht (HGB. § 438 Abs. 1, EVO. § 97) greift hier nicht Platz. Nachforderungen gemäß § 40 Abs. 1 EVO. sind also bis zum Ablauf der einjährigen Verjährungsfrist gestattet. Die kurze einjährige Verjährung des § 98 bezieht sich nur auf Ansprüche des Beschädigten wegen Verlustes, Minderung, Beschädigung oder Verspätung, findet also weder auf Ansprüche der Eisenbahn gegen den Empfänger, noch auf sonstige Ansprüche des letzteren gegen die Eisenbahn Anwendung.

388) Abs. 5 gibt im Zusammenhang mit den Ablieferungsvorschriften den im § 441 Abs. 1 HGB. ausgesprochenen Grundsätzen über die Pflicht des letzten Frachtführers zur Einziehung der Forderungen der Vormänner und Ausübung ihrer Rechte, insbesondere des Pfandrechts, bei der Ablieferung in Bezug auf das Frachtrecht der Eisenbahnen besonderen Ausdruck. Im Anschluß an § 76 Abs. 1 u. 2 EVO. und in konsequenter Durchführung des Prinzips der Zwangsgemeinschaft (Solidarität) aller an einer Eisenbahnbeförderung beteiligten Bahnen (HGB. §§ 432, 469, EVO. § 100 Anm. 532) weist Abs. 5 Satz 1 der Empfangsbahn, d. h. der abliefernden Bahn das Recht und die Pflicht zu, bei der Ablieferung alle durch den Frachtvertrag begründeten Forderungen einzuziehen. Jede Eisenbahn, deren Mitwirkung an der Beförderung in Anspruch genommen wird, hat Anspruch auf einen verhältnismäßigen Teil der Beförderungskosten. Soweit diese Kosten nicht bei der Aufgabe des Gutes zur Beförderung vom Absender an die Versandbahn berichtigt werden (Frankofracht), gelten sie als auf den Empfänger angewiesen (s. § 69 Abs. 2), und dieser ist, wenn er in den Frachtvertrag eintritt, gemäß § 76 Abs. 1, 2 u. 4 verpflichtet, gegen Empfang des Gutes und des Frachtbriefs dieselben zu bezahlen. Die letzte Eisenbahn ist daher zur Ablieferung berechtigt und ver-

pflichtet, nicht allein gegen Zahlung des ihr zustehenden Teils der Frachtforderung, sondern der gesamten, noch nicht beglichenen Frachtforderungen.

Zur größeren Vereinfachung können nun die nachfolgenden Bahnen entweder den vorangehenden Bahnen bereits bei der jedesmaligen Übergabe des Gutes deren Forderungen auszahlen, so daß die letzte (abliefernde) Bahn die gesamten Forderungen der Vorbahnen verauslagt und bei der Ablieferung zugleich mit der eigenen für eigene Rechnung einzieht. Es kann aber auch die Auszahlung seitens der folgenden Bahnen bei der jedesmaligen Übernahme des Gutes von der Vorbahn unterbleiben, bis die Einziehung der Gesamtforderung seitens der Ablieferungsbahn vom Empfänger erfolgt ist.

Danach kann sich das Verhältnis der abliefernden Bahn zu den Vorbahnen in Bezug auf die Einziehung der Frachtvertragsforderungen verschieden gestalten, je nachdem die Forderungen der vorhergehenden Bahnen von der letzten noch nicht befriedigt oder bereits verauslagt sind. Im ersteren Falle ist die letzte Bahn Mandatar der vorangehenden, sie hat die Forderungen derselben für deren Rechnung einzuziehen und ihre Rechte, insbesondere auch das Pfandrecht (§ 441 Abs. 1 HGB., § 76 Abs. 5 Satz 2 EVO.) für sie auszuüben. Im letzteren Falle gehen Forderungen und Rechte der Vorbahnen auf sie ex lege über, sie macht dieselbe für eigene Rechnung geltend (Goldschmidt Syst. § 113, ROHG. 20 190, 24 288).

Nach Sinn und Wortlaut umfaßt § 76 Abs. 5 Satz 1, welcher dieses Verhältnis regelt, beide Fälle der Einziehung, indem der Empfangsbahn das Einziehungsrecht und die Einziehungspflicht für alle durch den Frachtvertrag begründeten Forderungen, d. h. sowohl für eigene Rechnung, wie für Rechnung der vorhergehenden Eisenbahnen rc. übertragen ist. Es sind damit, wie unten (S. 402 ff.) noch des näheren gezeigt werden wird, diejenigen gemeint, welche — abgesehen von den beteiligten Bahnen — kraft des Frachtvertrags und in Konnexität mit demselben Forderungen an den Empfänger haben, wie z. B. der Absender in betreff der Nachnahme, Personen, welche Reparaturkosten und sonstige Auslagen kreditiert haben, der Kommissionär (Spediteur) für Zollhandlungen und Auslagen unterwegs.

Die Einziehung liegt der Empfangsbahn ob. Es ist damit die abliefernde Bahn gemeint. Die Einziehung ist bei der Ablieferung zu bewirken. Die Worte „bei der Ablieferung" weisen auf die Zeit der Einziehung hin. Bei der Ablieferung des Gutes und des Frachtbriefs, Zug um Zug mit derselben (s. S. 398), soll die Einziehung der Forderungen erfolgen, nicht früher und nicht später. Die Worte „hat . . . einzuziehen" geben mithin der Empfangsbahn das Recht und die Pflicht zur Einziehung, und die Verbindung der Worte „sowohl für eigene Rechnung, als auch für Rechnung der vorhergehenden . . ." lassen erkennen, daß die Einziehung der Forderungen der Vormänner in Gemeinschaft mit den eigenen Forderungen gleichzeitig bei der Ablieferung des Gutes geschehen muß (E. 18 334). Verweigert der Empfänger die Annahme und damit den Eintritt in den Frachtvertrag, so bleibt der Absender allein zur Erfüllung der Vertragspflichten gegenüber der Eisenbahn verbunden. Alsdann liegt der Versandbahn das Recht und die Pflicht ob, diese gegen den Absender geltend zu machen (E. 21 61).

Bei Einspruch des Empfängers hat die Empfangsbahn die Berechtigung der von ihr erhobenen Frachtvertragsforderungen, sowohl der eigenen, wie der ihrer Vormänner, nachzuweisen. Dieser Nachweis hat sich jedoch nur auf die in den §§ 68 u. 72 EVO. angegebenen Voraussetzungen zu erstrecken, d. h. in betreff der Fracht und Nebengebühren auf deren Tarifmäßigkeit (§ 68 Abs. 1 u. 3), bezüglich der baren Auslagen auf ihre gehörige Feststellung und Kenntlichmachung im Frachtbriefe, sowie auf die Vorlegung der Beweisstücke (§ 68 Abs. 2), hinsichtlich der Nachnahmen endlich auf das Vorhandensein der im § 72 aufgeführten Bedingungen. Ein weitergehender Nachweis liegt der Empfangsbahn nicht ob, auch können Einreden aus anderen Frachtgeschäften nicht compensando geltend gemacht werden, weder gegen die eigene Forderung der Empfangsbahn, noch gegen die Forderungen der Vormänner.

Auf „alle durch den Frachtvertrag begründeten Forderungen" erstreckt sich das Einziehungsrecht bzw. die Einziehungspflicht der Empfangsbahn. Von diesen Forderungen sind durch den mit „insbesondere" beginnenden Zusatz eine Reihe nur beispielsweise, nicht erschöpfend, angeführt worden. Bereits an früherer Stelle (Anm. 385 S. 393) ist darauf hingewiesen worden, daß diese Worte bzw. der damit angedeutete Umfang der Zahlungspflicht des Empfängers nicht in Einklang stehen mit der Bestimmung des § 76 Abs. 4, welche den Empfänger nur zur Zahlung der Beträge nach Maßgabe des Frachtbriefs verpflichten, wohl aber in Übereinstimmung sind mit der Vorschrift des § 76 Abs. 1 u. 2, wonach der Empfänger nach Ankunft des Gutes am Bestimmungsorte nur berechtigt ist, die durch den Frachtvertrag begründeten Rechte gegen Erfüllung der sich daraus ergebenden Verpflichtungen geltend zu machen. Die Einziehungspflicht und das Einziehungsrecht der Empfangsbahn erstreckt sich also auf alle durch den Frachtvertrag begründeten Forderungen, auch wenn sie im Frachtbriefe nicht ersichtlich gemacht sein sollten (Goldschmidt Syst. 224).

Die Bedeutung der Worte: „alle durch den Frachtvertrag begründeten Forderungen" muß übrigens notwendig insofern eine Einschränkung erfahren, als sich das Recht und die Pflicht der Einziehung nur auf diejenigen durch den Frachtvertrag begründeten Forderungen bezieht, welche nicht bereits vorher, sei es bei der Aufgabe des Gutes (Frankosendung, Frankofracht) von der Versandbahn oder unterwegs (Provisionen zc.) von den Zwischenbahnen eingezogen worden sind, oder erst nach der Ablieferung eingezogen werden können, wie z. B. die Nachzahlung der Frachtdifferenz und des Frachtzuschlags wegen unrichtiger Deklaration (E. 20 53, 54). Nicht alle durch den Frachtvertrag überhaupt begründeten Forderungen hat mithin die Empfangsbahn einzuziehen und bei der Ablieferung geltend zu machen, sondern nur diejenigen, welche noch auf Grund des Frachtvertrages auf dem Gute haften, d. h. noch nicht eingezogen sind.

Die „durch den Frachtvertrag begründeten Forderungen" bedeuten, wie die mit dem Worte „insbesondere" eingeleitete Aufführung von Beispielen lehrt, alle mit dem Frachtgeschäft konnexen Forderungen,

d. h. alle Forderungen, welche eine Beziehung zu dem betreffenden speziellen und konkreten Frachtgeschäfte haben, d. h. mit demselben in Zusammenhang, in natürlicher oder gewollter Verbindung stehen, aus Anlaß des vorliegenden Frachtvertrages entstanden sind.

Alle Forderungen, auf welche diese Voraussetzung zutrifft, unterliegen dem Einziehungsrecht und der Einziehungspflicht der Empfangsbahn. Als Beispiele, mithin nicht erschöpfend und ohne etwa noch andere Forderungen auszuschließen, bezeichnet Abs. 4 Satz 1 insbesondere folgende Kategorien: 1. „Fracht und Nebengebühren", d. h. alle im § 68 Abs. 1 bezeichneten tarifmäßigen Frachtbeträge, sowie die im § 68 Abs. 2 erwähnten Vergütungen für besondere im Tarife vorgesehene Leistungen (vgl. § 68 Anm. 324 f. S. 321 f). 2. „Nachnahmen". Es sind mangels jeder Beschränkung ausnahmslos alle Arten von Nachnahmen im Umfange des § 72 Anm. 344 ff. gemeint. 3. „Zollgelder", d. h. alle infolge der Erfüllung der zollamtlichen Behandlung bzw. der Zollvorschriften von der Eisenbahn verlegten Beträge (vgl. § 65 Anm. 305, 301 f. S. 307 f.). 4. „Andere Auslagen." Hierher gehören alle im § 68 Abs. 2 aufgeführten baren Auslagen, soweit sie nicht als Zollbeträge bereits unter Ziff. 3 fallen (s. Anm. 325 S. 324 ff.).

Dahin ist ferner zu rechnen der ganze Kreis der dem betreffenden Frachtgeschäfte konnexen Forderungen. Vornehmlich die wegen unrichtiger Angabe des Inhalts einer Sendung, sowie wegen Überlastung zu zahlenden Schadensbeträge und Frachtzuschläge (Konventionalstrafen 2c., s. § 60 Abs. 1 ff. Anm. 249), Zollstrafen (§ 65 Abs. 1 Anm. 307), die durch Erfüllung der Steuer- und Polizeivorschriften erwachsenden Auslagen und eventuellen Strafgelder (§ 65 Abs. 2 Anm. 309 S. 307), statistische Gebühren, Kosten der Avisierung, Kosten, welche durch die Ausführung nachträglicher Verfügungen entstehen (§ 73 Abs. 8, Anm. 364 S. 366), Kosten der Feststellung von Mängeln in Verlust-, Minderungs- und Beschädigungsfällen (§ 83 Anm. 435 u. 438), Kosten der Bekanntgabe von Beförderungs- und Ablieferungshindernissen (§ 74 Abs. 1 und 2 Anm. 367, 368, § 81 Anm. 425), alle Schadensersatzforderungen für Schäden aus der dolosen oder kulposen Verletzung der Vertragspflichten des Absenders oder Empfängers, auch für die Zinsen und Lagerungskosten infolge der Rückhaltung des Frachtgutes als Pfand, Verzugskosten, Prozeßkosten 2c.

389) Satz 2 des Abs. 5 legt in Übereinstimmung mit § 441 Abs. 1 HGB. der Empfangsbahn (s. S. 401) die Pflicht auf, erforderlichenfalls das Pfandrecht der Eisenbahn an dem Gute geltend zu machen, d. h. nach den bezüglichen Bestimmungen des HGB. über das Pfandrecht des Frachtführers. Die Eisenbahn hat als Frachtführer gemäß § 440 HGB. wegen aller durch den Frachtvertrag begründeten Forderungen (s. S. 402) ein gesetzliches Pfandrecht am Frachtgut. Dieses Pfandrecht beschränkt sich aber nicht nur auf die eigenen bzw. für eigene Rechnung und im eigenen Namen geltend zu machenden Forderungen, sondern erstreckt sich auch auf die für fremde Rechnung der vorhergehenden Eisenbahnen und sonstiger Berechtigter, also für fremde Rechnung einzuziehenden Forderungen. Denn aus dem im § 76 Abs. 5 Satz 1 EVO., § 441 Abs. 1 Satz 1 HGB. ausgesprochenen Grundsatze, wonach die Empfangsbahn bei der Ablieferung aller durch den Frachtvertrag begründeten Forderungen

einzuziehen hat, folgt mit Notwendigkeit, daß ihr auch das Recht bzw. die Pflicht zugewiesen werden muß, wegen der Gesamtforderungen das Pfandrecht am Frachtgute geltend zu machen.

390) Abs. 6 schreibt als Regel vor, daß der Tarif darüber zu bestimmen hat, ob die Güter durch die Eisenbahn oder durch den Empfänger auszuladen sind. Diese Bestimmung ist obligatorisch. Die Eisenbahn ist zur Bestimmung verpflichtet, wie auch berechtigt. Eine Bestimmung in anderer Form wie durch den Tarif ist unzulässig und verboten. Für die Zuwiderhandlung ist die Eisenbahn verantwortlich und haftpflichtig. Diese Regel hat nur eine Ausnahme: die tarifarische Bestimmung greift nicht Platz, soweit die EVO. selbst Vorschriften über die Pflicht bzw. das Recht zur Ausladung enthält. Die Allg. AusfBest. zum Abs. 6 bemerken, daß im Abschn. II der Allg. Tarifvorschr. (Teil I Abt. B) — dem D. EisenbGütTar. — festgesetzt ist, welche Güter durch die Eisenbahn und welche durch den Empfänger auszuladen sind.

391) Abs. 7 trifft Bestimmung über die Zuführung der Güter und die Benachrichtigung des Empfängers von ihrer Ankunft (Avisierung). Hierbei wird unterschieden zwischen Stückgütern, die von der Eisenbahn auszuladen sind (Abs. 6), und anderen Gütern.

Bei Stückgütern, die eisenbahnseitig auszuladen sind, hat nach Satz 1 die Eisenbahn die Wahl, ob sie dieselben dem Empfänger auf seine Kosten zuführen oder ihn nur von der Ankunft — behufs Empfangnahme und Abholung vom Bahnhofe — benachrichtigen will. Zuführung oder Benachrichtigung haben an die richtige Adresse, d. h. an den rechten Ort und an die richtige Person zu erfolgen. Ist das Geschäftslokal des Empfängers nicht offen, so hat die Zuführung oder Benachrichtigung in der Wohnung zu erfolgen. Der Adressat ist nicht verpflichtet, eine Wohnung bei der Abfertigungsstelle anzugeben, also auch nicht den Wohnungswechsel, es sei denn, daß er sie beauftragt hat, ihm zuzustellen und in seiner Wohnung abzuliefern. Die Benachrichtigung soll an den Empfänger erfolgen bezw., wenn dieser ein für allemal oder im einzelnen Falle einen anderen bevollmächtigt hat, an den Bevollmächtigten (Allg. AbfVorschr. § 34 Ziff. 14—17 und in betreff des Musters der Vollmacht und des Vollmachtsstempels ZusBest. der pr.-hess. Staatsb. Ziff. IV u. V a—e); ist der Empfänger in Konkurs geraten, an den Konkursverwalter unter Mitteilung an den Absender. Die Benachrichtigung hat nach Maßgabe der EVO. § 79 (Anm. 309 ff.) und der Allg. AbfVorschr. § 34 zu geschehen.

Entscheidet sich die Eisenbahn für die Zuführung, so hat sie dies den Interessenten generell bekannt zu geben. Demgemäß bestimmt im Anschluß an Satz 1 der Satz 2, daß auf den Stationen, wo hiernach die Stückgüter dem Empfänger zugeführt werden sollen, dies durch Aushang an den Abfertigungsstellen bekannt zu machen ist. Daraus folgt, daß, wo eine derartige Bekanntmachung nicht erfolgt, die Ankunft dem Empfänger zu avisieren ist und ihm die Abholung überlassen wird. Die Bekanntmachung durch Aushang an der Abfertigungsstelle ist also das entscheidende Moment. Eine andere Art der Bekanntmachung ist wirkungslos und entbindet die

Eisenbahn von der Avisierungspflicht nicht (vgl. hierzu § 78 Abs. 2 EVO. Anm. 406).

392) Handelt es sich um andere, als von der Eisenbahn auszuladende Güter, so besteht ein Wahlrecht der Eisenbahn zwischen Zuführung und Avisierung nicht. Die Eisenbahn hat vielmehr nach Satz 3 stets — mit Ausnahme der im § 79 Abs. 5 (Anm. 413) bezeichneten Fälle — nach Maßgabe des § 79 Abs. 1—4 dem Empfänger Nachricht zu geben. Die Vorschrift des Satzes 3 ist obligatorisch. Diese Pflicht fällt nur fort, wenn die Güter durch einen bahnamtlichen Rollfuhrmann zuzuführen sind, wenn der Empfänger sich die Benachrichtigung schriftlich (Muster) verbeten hat, sowie bei bahnlagernd gestellten Gütern, wenn der Absender sie im Frachtbriefe nicht ausdrücklich vorgeschrieben hat (EVO. § 78 Abs. 1, § 79 Abs. 5, Allg. AbfVorschr. § 38 Ziff. 18). Die Avisierung — bemerkt Ruckdeschel 132 — darf im übrigen nicht unterlassen werden, und ohne solche wird die Verpflichtung des Adressaten, Gut zu beziehen, auszuladen, eventuell Lagergeld ꝛc. zu zahlen, nicht existent (vgl. § 80 Abs. 6 EVO.). Ob der Adressat durch den Absender von der Absendung des Gutes in Kenntnis gesetzt ist und die mutmaßliche Ankunft weiß, ist gleichgültig; er braucht nichts zur Abfuhr der Güter einzuleiten, bevor er nicht offiziell in Kenntnis gesetzt ist (ROHG. vom 31. I. 1879). Ist der Absender oder Adressat an der Unterlassung der Avisierung oder der mangelhaften Avisierung selbst schuldtragend, was nach den konkreten Umständen zu bemessen ist, so treffen die nachteiligen Folgen den Empfänger bzw. Absender.

393) Abs. 8 Satz 1 gewährt ferner der Eisenbahn die Befugnis, im Tarife vorzuschreiben, daß das Überladen von Gütern, die auf der Bestimmungsstation vom Eisenbahnwagen unmittelbar in Schiffe übergehen sollen, von ihr selbst oder durch besondere Unternehmer ausgeführt wird. Voraussetzung für diese Befugnis der Eisenbahn ist

1. daß das Überladen durch sie selbst oder besondere Unternehmer im Tarife vorgeschrieben ist und
2. gegen Zahlung der im Tarife oder durch Aushang bekannt zu machenden Gebühren.

Hiernach braucht im Tarife nur die Übernahme des Überladens durch die Eisenbahn ꝛc. vorgeschrieben zu werden. Dagegen ist die Aufnahme der Gebühren in den Tarif nicht erforderlich. Vielmehr ist ausnahmsweise die Bekanntmachung derselben durch Aushang der Aufnahme in die Tarife gleichgestellt.

394) Abs. 8 bestimmt im Satz 2, daß die hierbei, d. h. bei der Ausführung des Überladens (Satz 1) verwendeten Personen als Leute der Eisenbahn im Sinne des § 5 gelten, mithin die Eisenbahn für diese Personen ganz ebenso, wie für die im § 5 bezeichneten Personen haftet (Anm. 20 S. 16). Soweit die Ausführung besonderen Unternehmern bahnseitig übertragen ist, darf jedoch hieraus nicht gefolgert werden, daß diese zu den Bediensteten oder Leuten der Bahnverwaltung im Sinne des § 5 gehören. Es wird in betreff des Satzes 2 auf die Ausführungen zum § 78 Abs. 1 Satz 2 (Anm. 304) Bezug genommen.

395) Abs. 9 trifft Bestimmung für den Fall, daß am Bestimmungsort keine Güterabfertigungs- oder Güternebenstelle vorhanden, auch allgemeine Einrichtungen für die Weiterbeförderung der Güter nach dem Bestimmungsort gemäß § 78 Abs. 1 (Zuführung durch die Bahn selbst oder durch bahnseitig bestellte Rollfuhrunternehmer) nicht getroffen sind (vgl. hierzu Rundnagel 31 ff.). Es können alsdann zwei Fälle eintreten: 1. Der Absender bzw. Empfänger hat für die unmittelbare Weiterbeförderung der Güter gesorgt. Alsdann ist demgemäß zu verfahren. Weichen die Verfügungen des Absenders und Empfängers über die mit der Weiterbeförderung zu beauftragende Mittelsperson (Rollfuhrunternehmer oder Spediteur) voneinander ab, so ist die Verfügung des Absenders zu befolgen, vorausgesetzt, daß dieselbe vor Einlösung des Frachtbriefes durch den Empfänger getroffen ist (Allg. AbfVorschr. § 38 Ziff. 4 ff.). 2. Oder es ist keine Vorsorge für die Weiterbeförderung getroffen. In diesem Falle hat die Eisenbahn wegen der Weiterbeförderung die Pflichten des Spediteurs (§ 85 Abs. 1 Satz 2 Anm. 453). Die in dem bisherigen § 68 Abs. 4 enthaltene Bestimmung, wonach die Eisenbahn im letzteren Falle die Wahl hat zwischen Benachrichtigung bzw. Verfügungseinholung des Absenders und Weiterbeförderung als Spediteur ist hiernach abgeändert. Die Pflicht zur Benachrichtigung des Absenders ꝛc. ist fortgefallen, die Eisenbahn hat nur die Pflichten des Spediteurs (HGB. § 407).

396) Abs. 10 verbietet im Satz 1 der Eisenbahn, bei der Ablieferung außer der — einfachen — Empfangsbescheinigung noch weitere Erklärungen, namentlich über tadellose oder rechtzeitige Ablieferung, zu verlangen. Die Forderung der Eisenbahn hat sich also auf die bloße Quittung über den Empfang des Gutes zu beschränken (s. über Absicht und Inhalt dieses Verbotes Anm. 382 S. 388 ff. und über die Form der Empfangsbescheinigung Anm. 382 S. 389). Verlangt die Eisenbahn mehr und verweigert der Empfänger aus diesem Grunde die Annahme des Gutes, so ist sie für den Schaden verantwortlich.

Satz 2 trifft Bestimmung über die Art, in welcher die vom Empfänger abzuholenden Güter ihm zur Verfügung zu stellen sind. Es wird unterschieden zwischen Gütern, welche die Eisenbahn auszuladen hat, und solchen, bei welchen dies nicht der Fall ist. In betreff der ersteren erfolgt die Zurverfügungstellung auf den Güterböden, bei den anderen auf den Entladeplätzen (s. hierüber Anm. 382 S. 389).

Satz 3 schreibt vor, daß der Empfänger den eingelösten Frachtbrief vorzuzeigen, d. h. daß er vorzuleisten hat. Wie bereits oben Anm. 382 S. 386 erörtert, ist an sich der Empfänger zur Vorleistung nicht verpflichtet, vielmehr ist gemäß § 435 HGB. „Zug um Zug" zu leisten. Da aber die Abänderung des § 435 l. c. statthaft ist, so konnte in der EVO. die Vorleistung des Empfängers bestimmt werden. Demgemäß macht Satz 3 die Vorzeigung des eingelösten, d. h. bezahlten und quittierten Frachtbriefes zur Voraussetzung der Auslieferung. Nur gegen Vorzeigung desselben erfolgt die Auslieferung des Gutes. Bei Frankofracht ist die Quittierung bereits seitens der Versandstation geschehen, bei Frachtkreditkonto bedarf es der Quittung nicht (s. Anm. 382 S. 388, 389).

Hierzu bestimmen die Allg. AbfVorschr. § 40 (Auslieferung des Gutes): Gegen Vorzeigung des eingelösten Frachtbriefes wird das Gut ausgeliefert. Ausnahmsweise können Eilgüter, sofern hierdurch der Dienst nicht beeinträchtigt wird, auf Verlangen nach näherer Bestimmung der vorgesetzten Verwaltungsstelle sofort nach Ankunft an den Zügen ausgehändigt werden, wenn die Sendungen frankiert sind oder dem Empfänger Frachtstundung bewilligt ist; der Empfang des Gutes ist auch auf dem Frachtbriefe zu bescheinigen, der zunächst bei der Abfertigung zur Verrechnung zurückbleibt. Wird nach der Einlösung des Frachtbriefes festgestellt, daß das Gut nicht vorhanden ist, so darf nach dem Ermessen der Empfangsabfertigung auf sofortigen Antrag der entrichtete Betrag zurückgezahlt werden. Der Frachtbrief oder die mit Empfangsbescheinigung versehene Rechnung ist hierbei zurückzunehmen, mit einem die Zurücknahme begründenden Vermerk zu versehen und dem Empfangsberechtigten die Empfangsbescheinigung zurückzugeben. In anderen Fällen darf die Einlösung des Frachtbriefes nicht mehr rückgängig gemacht werden. Fehlt ein Teil einer Sendung, so darf das angekommene Gut dem Empfänger nur gegen Zahlung des gesamten Fracht- und Nachnahmebetrages ausgehändigt werden. Die fehlenden Gegenstände kann der Empfänger in der Empfangsbescheinigung als solche aufführen (vgl. § 97 Abs. (4) EVO.). Behauptet der Empfänger bei der Abnahme des Gutes das Vorhandensein von Mängeln, insbesondere eine Minderung oder Beschädigung, so hat die Empfangsabfertigung die in § 82 EVO. vorgeschriebene Feststellung nach Maßgabe der ErmV. ohne Verzug vorzunehmen. Wird eine zweifellos von dem Absender oder Empfänger verschuldete oder zu vertretende Beschädigung der Betriebsmittel, der Ausrüstungsgegenstände oder ein Verlust der letzteren festgestellt, so ist das Gut nur gegen Zahlung der mutmaßlichen Herstellungs- oder Ersatzkosten auszuhändigen. Verweigert der Empfänger die Zahlung dieser Kosten oder bei der Ablieferung von Gütern, für die Lager- oder Wagenstandgeld erwachsen ist, die Zahlung dieser Nebengebühren, so darf von der Sendung, wenn sie aus mehreren Stücken besteht, nur ein diese Kosten oder Gebühren sicher deckender Teil zurückbehalten werden. Wegen der Auslieferung von Gütern, bei deren Beförderung Zoll-, Steuer- oder Polizeivorschriften zu beachten sind, vgl. § 65 EVO. nebst AusfBest. sowie Allg. AbfVorschr. § 35.

§ 77.

Nachzählung und Nachwägung auf der Bestimmungsstation.

(1) Der Empfänger kann bei der Ablieferung verlangen, daß die Güter in seiner Gegenwart auf dem Bahnhofe nachgezählt und nachgewogen werden; er hat hierfür die tarifmäßige Gebühr zu zahlen [vgl. auch § 56 Abs. (6) 397)].

I. Für die Gewichtsermittelung oder Feststellung der Stückzahl der angekommenen Güter wird das im Nebengebührentarif

(Teil I Abt. B) bestimmte Wägegeld oder die Zählgebühr erhoben.

(2) Die Eisenbahn ist verpflichtet, bei Wagenladungen die beantragte Nachwägung und Nachzählung vorzunehmen, es sei denn, daß die vorhandenen Wägevorrichtungen nicht ausreichen oder die Beschaffenheit des Gutes oder die Betriebsverhältnisse die Feststellung der Stückzahl nicht gestatten [398]). Wird die Nachwägung abgelehnt, so kann der Empfänger das Gut auf der nächsten geeigneten Wage in Gegenwart eines Bevollmächtigten der Eisenbahn nachwägen. Er hat die hierdurch entstehenden Kosten einschließlich der Entschädigung für den Bevollmächtigten zu zahlen [399]).

(3) Für die Verwägung von Wagenladungsgütern gelten die Vorschriften des § 58 Abs. (5) [400]).

II. Die AusfBest. I und II zu § 58 gelten hier gleichfalls.

(4) Wird bei der Nachzählung oder Nachwägung eine Minderzahl oder ein Mindergewicht festgestellt, die von der Eisenbahn zu vertreten, aber noch nicht anerkannt sind, so darf die Eisenbahn für die Feststellung keine Gebühren erheben und hat dem Empfänger die ihm verursachten Kosten zu ersetzen [401]).

Alte EVO. §§ 53, 58.

397) Abs. 1 des § 77 spricht den Grundsatz aus, daß der Empfänger berechtigt ist, bei der Ablieferung von Gütern an ihn deren Nachzählung und Nachwägung in seiner Gegenwart auf dem Bahnhofe zu verlangen. Der Empfänger hat das Recht, nicht die Pflicht. „Eine Verpflichtung des Empfängers, der von ihm verlangten Nachzählung oder Nachwägung von Gütern (§ 58 Abs. 3) persönlich oder durch einen Bevollmächtigten beizuwohnen, besteht nicht" (REA. vom 12. IV. 1881 Nr. 3116, Erl. d. Pr. Min. d. öff. Arb. vom 23. V. 1881 II b. T. 3042). Macht der Empfänger also von seinem Rechte keinen Gebrauch, und weiß er sich auf anderem Wege die erforderlichen Beweismittel für das Gewicht des Gutes bei beendeter Beförderung zu sichern, so erleidet dadurch seine Rechtslage keine Veränderung. Die Bahn kann aus der Nichtausübung des Rechts einen Einwand nicht herleiten, besitzt aber auch ihrerseits die Befugnis, eine Nachzählung und Nachwägung des Gutes in Gegenwart des Empfängers zu veranlassen (s. § 58 Abs. 1 Anm. 241, 242 S. 239, 241). Mit Rücksicht auf § 438 HGB., § 97 Abs. 1 u. 2 Ziff. 4 EVO. erschien es aber um so notwendiger, dem Empfänger diese Befugnis zu gewähren, als eine spätere Nachwiegung ihn dem schwer zu widerlegenden Einwande der Bahn aussetzt, das Gewichtsmanko sei erst nach der Auslieferung, entweder auf der Beförderung bis in die Behausung oder auf den Lagerräumen ꝛc. des Empfängers entstanden. Durch eine vor der Auslieferung bahnseitig bewirkte Nachwägung wird diesem Ein-

wande vorgebeugt und für den Empfänger ein sicherer Beweis über das Gewicht des Gutes bei beendeter Beförderung geschaffen. Andererseits mußte dieses Recht des Empfängers auf Nachzählung und Nachwägung doch durch den Satz 2 (Anm. 398, 399) insofern eingeschränkt werden, als die Bahneinrichtungen für eine Nachwägung aller Güter nicht überall ausreichen. Der Empfänger darf das Recht, Nachzählung und Nachwägung zu verlangen, nur „bei der Ablieferung der Güter" (an ihn bzw. seinen Bevollmächtigten), also weder vor beendeter Beförderung, noch nach bereits erfolgter Auslieferung geltend machen. Er kann ferner verlangen, daß die Nachwägung in seiner (bzw. seines Bevollmächtigten) Gegenwart vor sich geht, ihm also auch der Zutritt zu den Wiegeräumen gestattet wird, und zwar „auf dem Bahnhofe". Daraus ist jedoch nicht zu folgern, daß etwa bei bahnamtlicher Zuführung der Empfänger das Nachwägerecht nicht ausüben dürfe, die Bahnverwaltung ist vielmehr alsdann verpflichtet, das Gut bei der Behausung des Empfängers wiegen oder eventuell zu diesem Behufe auf den Bahnhof zurückschaffen zu lassen (Ruckdeschel 139). Im übrigen ist bei Gewichtsprüfungen auf der Empfangsstation in gleicher Weise zu verfahren, wie bei Gewichtsprüfungen auf der Versandstation (s. EVO. § 58 Abs. 3 Anm. 243 S. 242 ff. und Allg. AbfVorschr. §§ 36, 6 u. 7).

398) Abs. 2 Satz 1 stellt dem Rechte des Absenders auf Nachzählung und Nachwiegung bei der Ablieferung (Abs. 1) die entsprechende Pflicht der Eisenbahn gegenüber. Wie bei der Annahme (s. § 58), so ist auch bei der Ablieferung die Eisenbahn zur Nachwägung und Nachzählung verpflichtet, und zwar — was hier als selbstverständlich nicht ausdrücklich ausgesprochen — bei Stückgütern stets (s. § 58 Abs. 2), bei Wagenladungsgütern nur dann, wenn die vorhandenen Wägevorrichtungen ausreichen oder die Beschaffenheit des Gutes oder die Betriebsverhältnisse die Feststellung der Stückzahl gestatten (s. das Nähere Anm. 243 S. 242). Wie das Recht des Empfängers, so mußte auch die Pflicht der Eisenbahn eine den vorbezeichneten Umständen entsprechende Einschränkung erfahren. Die Entscheidung hierüber liegt, mangels besonderer Vorschrift, der Bahnverwaltung ob, zumal dies teils von technischen Fragen (Tragkraft der Wage), teils von dem jedesmaligen Güterandrange abhängt. Indes bleibt dem Empfänger der Weg der Beschwerde bei der Aufsichtsbehörde.

Für besonders verlangte Gewichtsermittelung, Feststellung der Stückzahl, des Eigengewichts der Eisenbahnwagen werden tarifarisch bestimmte Gebühren erhoben (Allg. AusfBest. Ziff. I S. 407, s. jedoch § 77 Abs. 4 Anm. 401. Über die bahnamtliche Bescheinigung: Allg. AbfVorschr. § 36 Ziff. 1—3.)

399) Damit jedoch die auf den Mangel an ausreichenden Wägevorrichtungen gestützte Ablehnung der beantragten Nachwägung seitens der Eisenbahn den Empfänger von Wagenladungsgütern seines Nachwiegerechts nicht verlustig mache, verordnet Satz 2, daß er für diesen Fall die Verwiegung auf dem nächsten geeigneten Wege, d. h. wo derartige Wägevorrichtungen am nächsten zur Verfügung stehen, in Gegenwart eines Bevollmächtigten der Eisenbahn vornehmen kann (vgl. Allg. AbfVorschr. § 36 Ziff. 4). Voraussetzung dieses Rechts des Empfängers ist also die Ablehnung der beantragten Nachwägung

durch die Eisenbahn. Es ist alsdann lediglich Sache des Empfängers, die nächsten geeigneten Wägevorrichtungen ausfindig zu machen. Es müssen diejenigen sein, welche auf dem nächsten geeigneten Wege zu erlangen sind. Die Beteiligung bei entfernteren kann die Bahn ablehnen. Sind es aber die nächsten, so darf sich in Ermangelung einer einschränkenden Bestimmung die Bahn der Beteiligung selbst dann nicht entziehen, wenn die Entfernung von der Station für sie mit Unzuträglichkeiten verknüpft ist, wiewohl auch hierbei die bona fides und der vernünftige Verkehrswille eine angemessene Grenze ziehen wird. Überdies bildet die Bestimmung des Satzes 3 über die Kostentragung ein gewisses Korrektiv zum Schutze der Bahn gegen übermäßige Ansprüche, und endlich braucht der Bevollmächtigte der Eisenbahn nicht gerade ein Beamter zu sein. Vielmehr kann die Bahn irgendeinen Dritten bei der nächstbelegenen Wiegestelle ein für allemal zu diesem Behufe bestellen. Nur muß der Bestellte ermächtigt sein, im Namen der Bahn das Verwiegungsresultat anzuerkennen. Lehnt ohne Grund die Bahn die Beteiligung ab, so knüpft Satz 2 daran zwar nicht — als Folge der Kontumaz — das Anerkenntnis der Richtigkeit der Verwiegung, aber sie wird — abgesehen von Aufsichtsstrafen — alle Folgen ihrer Nichtbeteiligung zu tragen haben, z. B. die der Annahmeverweigerung, alle Kosten etwaiger nochmaliger Verwiegung, amtlicher Feststellung, der Erschwerung des dem Empfänger obliegenden Beweises 2c.

Das Resultat der Nachwiegung ist amtlich zu bescheinigen. Die Nachwiegung und amtliche Gewichtsbescheinigung wird übrigens auf Verlangen des Empfängers auch in dem Falle nicht versagt werden dürfen, wenn Teile der Frachtbriefsendungen fehlen oder das Frachtgut beschädigt ist. Nur hat sich die Bescheinigung lediglich auf das Faktum der Gewichtsermittelung, nicht auf die Ursachen des etwa ermittelten Mankos zu erstrecken (Allg. AbfVorschr. § 36 Ziff. 2, 3).

Satz 3 regelt im Anschluß an Satz 2 die Tragung der Kosten im Falle der durch den Empfänger veranlaßten Nachwägung des Gutes. Die Regel ist, daß der Empfänger die hierdurch entstandenen Kosten zu tragen hat (Ausnahme: Abs. 4 Anm. 401). Dieselben bestehen 1. in den gesamten, durch die Verwiegung entstandenen Aufwendungen — insbesondere Beförderung von und zur Wage, Auf- und Abladen, Gebühren für die Benutzung der Wageeinrichtungen — welche in der Regel tarifmäßig festgesetzt sind (s. Allg. AusfBest. I zu § 77 EVO. S. 407), 2. in der Entschädigung für den Bahnbevollmächtigten. Hierher gehören Stellvertretungs-, Zehrungs-, Reise- 2c. Kosten. 3. In der Entrichtung von Wagenstandgeld bei Fristüberschreitungen.

400) Abs. 3 verordnet, daß für die Verwägung von Wagenladungsgütern die Vorschriften des § 58 Abs. 5 gelten. Es wird daher auf die Erläuterung zum § 58 Abs. 5 Anm. 245 S. 243 verwiesen.

401) Abs. 4. Eine Ausnahme von der Regel des Abs. 2, wonach der Empfänger die Nachwiegungskosten zu tragen hat, setzt die Vorschrift des Abs. 4 fest. Der Eisenbahn fallen die Kosten für die Nachzählung oder Nachwiegung dann zur Last, wenn sich eine Minderzahl oder ein Mindergewicht ergibt, welche

1. von der Eisenbahn zu vertreten und
2. noch nicht von ihr anerkannt sind.

Beides muß zutreffen, um die Kostenpflicht der Eisenbahn zu begründen.

Zunächst, daß die Minderzahl oder das Mindergewicht von der Eisenbahn zu vertreten ist. Wenn also auch die Behauptung des Empfängers, daß ein Manko vorhanden sei, richtig ist, so hat er doch die Kosten zu tragen, wenn das Manko ein solches ist, welches die Eisenbahn nicht zu vertreten hat (vgl. z. B. HGB. § 459 Nr. 1, 2 u. 4, § 460, EVO. §§ 86, 87). Der Empfänger wird danach, wenn er nicht kostenpflichtig werden will, vorher zu prüfen haben, ob das Manko ein bahnseitig zu vertretendes ist. Daß ihn dies in der Ausübung seines Zähl- und Wiegerechts beschränkt, ist nicht zu verkennen. Denn er kann bei der Auslieferung gewöhnlich noch nicht wissen, welche die Vertretung aufhebenden Einreden die Bahn ihm etwa entgegensetzen wird (z. B. höhere Gewalt, Verschulden des Absenders rc.).

Sodann dürfen Minderzahl oder Mindergewicht noch nicht bahnseitig anerkannt sein. Denn hat die Eisenbahn dies vorher anerkannt, so ist die Nachzählung oder Nachwiegung überflüssig und kann nicht auf Kosten der Eisenbahn erfolgen.

Treffen beide Voraussetzungen zu, d. h. hat die Eisenbahn Minderzahl und Mindergewicht zu vertreten und auch nicht vorher anerkannt, dann erfolgen Nachwägung und Nachzählung für ihre Rechnung, und daraus ergibt sich, daß sie

1. für die Feststellung keine Gebühren erheben darf und
2. dem Empfänger die ihm verursachten Kosten zu ersetzen hat.

Zu letzteren gehören alle dem Empfänger durch die Verwiegung oder Nachzählung entstandenen Kosten (s. Anm. 399 S. 409). Auch hat der Empfänger die Entschädigung für den Bahnbevollmächtigten (Abs. 2 Anm. 399 S. 410) nicht zu zahlen.

§ 78[402]).

Zuführung.

(1) Die Eisenbahn kann die Stückgüter innerhalb des Stationsortes oder nach benachbarten Orten gegen eine durch Aushang bekannt zu machende Gebühr selbst zuführen oder Rollfuhrunternehmer dafür bestellen [§ 76 Abs. (7) und (9)[403])]. Die hierbei verwendeten Personen gelten als Leute der Eisenbahn im Sinne des § 5[404]). Die Rollfuhrleute haben ihren Gebührentarif bei sich zu tragen und auf Verlangen vorzuzeigen[405]).

Auch wenn für Zuführung von beschleunigtem Eilgut Rollfuhrunternehmer bestellt sind, ist die Eisenbahn berechtigt, an Stelle der Zuführung Benachrichtigung eintreten zu lassen.

(2) Auch auf den Stationen, wo die Eisenbahn für die Zuführung sorgt, sind die Empfänger berechtigt, ihre Güter selbst abzuholen oder

sie durch andere als die von der Eisenbahn bestellten Fuhrunternehmer abholen zu lassen. Wollen sie von diesem Rechte Gebrauch machen, so haben sie es der Abfertigungsstelle vor der Ankunft des Gutes schriftlich anzuzeigen. Die Eisenbahn kann jedoch im allgemeinen Verkehrsinteresse mit Genehmigung der Landesaufsichtsbehörde dieses Recht vorübergehend oder, wenn besondere Verhältnisse es erfordern, auch dauernd beschränken oder aufheben[406]).

(3) Müssen Güter nach Räumen der Zoll- oder Steuerverwaltung gebracht werden, die außerhalb der Bahnhöfe liegen, so kann dies die Eisenbahn gegen Erstattung der Kosten selbst besorgen oder unter ihrer Verantwortung auf Kosten des Verfügungsberechtigten durch einen Spediteur besorgen lassen, auch wenn der Empfänger sich die Selbstabholung vorbehalten hat[407]).

(4) Die Fristen, innerhalb deren die Güter dem Empfänger von der Eisenbahn zugeführt werden, sind durch Aushang an den Abfertigungsstellen bekannt zu machen[408]).

Alte EVO. § 68. J.Ü. Art. 19.

402) § 78 handelt von der Zuführung der Güter, welche nach Maßgabe der Bestimmungen des § 78 entweder 1. durch die Eisenbahn selbst, oder 2. durch von ihr bestellte Rollfuhrunternehmer (Abs. 1), oder 3. durch Abholung seitens der Empfänger oder 4. von ihnen ermächtigte Fuhrunternehmer (Abs. 2) bewirkt werden kann. In Verbindung damit ist Bestimmung getroffen über die Befugnisse der Eisenbahn in betreff derjenigen Güter, welche nach Räumen der Zoll- oder Steuerverwaltung gebracht werden müssen (Abs. 3), sowie über die Bekanntmachung der Zuführungsfristen (Abs. 4).

403) Abs. 1 Satz 1 gewährt der Eisenbahn in gleicher Weise, wie durch § 63 Abs. 8 das Anfuhrrecht (Anm. 299), auch das Zuführungsrecht, und zwar kann sie entweder die angekommenen Stückgüter innerhalb des Stationsortes oder nach benachbarten Orten dem Empfänger selbst zuführen oder Rollfuhrunternehmer dafür bestellen, jedoch unbeschadet des Rechtes der Empfänger, nach vorgängiger Anzeige an die Bahn ihre Güter selbst abzuholen oder durch andere als die bahnamtlichen Fuhrunternehmer abholen zu lassen (Abs. 2 Satz 1 u. 2), falls nicht dieses Recht der Empfänger mit Genehmigung der Landesaufsichtsbehörde vorübergehend oder dauernd beschränkt oder aufgehoben ist (Abs. 2 Satz 3) oder bei Gütern nach außerhalb des Bahnhofes liegenden Zoll- oder Steuerräumen die Eisenbahn die Zufuhr übernimmt (Abs. 3).

Die Ausübung des Rechts der Selbstzuführung wird dadurch bedingt, daß die Eisenbahn einen eigenen Beförderungsbetrieb einrichtet durch Fuhrwerke, Automobile zc. und das zugehörige Personal. Neben der Selbstzuführung ist sie behufs Zuführung zum Empfänger zur Bestellung von Rollfuhrunternehmern befugt.

Wenngleich bei der Bahnbeförderung das Gut an sich Holgut ist, d. h. die Beförderungspflicht am Bahnhofe endet und das Gut von dort seitens des Empfängers abgeholt werden muß, so ist doch nach Satz 1 die Eisenbahn befugt, die Güter dem Empfänger selbst zuzuführen oder Rollfuhrunternehmer hierzu zu bestellen.

Was diese Befugnis der Verwaltung anlangt, so ist dieselbe im Abs. 1 Satz 1 ganz allgemein anerkannt. Die Einrichtung ist an sich an eine Genehmigung der Aufsichtsbehörde nicht gebunden, sondern lediglich von dem Ermessen der Verwaltung abhängig. Es ist nur eine Befugnis, nicht eine Pflicht derselben. Sie kann also zur Selbstzuführung oder Bestellung bahnamtlicher Rollfuhrunternehmer nicht angehalten werden, selbst dann nicht, wenn der Empfänger erweislich zur Abholung nicht imstande ist. Die Eisenbahn kann, d. h. wo sie es, sei es in Rücksicht auf die lokalen und Verkehrsverhältnisse behufs prompter und regelmäßiger Abholung der Güter, zur Entlastung der Gütermagazine rc., für zweckmäßig und angemessen erachtet, diese Veranstaltung treffen. Präsumtiv wird die Zustimmung des Empfängers angenommen, soweit dieser nicht gemäß Abs. 2 Satz 1 u. 2 für anderweite Zuführung sorgt oder die bahnseitige Zuführung nach Abs. 2 Satz 3 obligatorisch gemacht ist, oder der Fall des Abs. 5 vorliegt.

Das Recht der Eisenbahn ist zwei Beschränkungen unterworfen. Zunächst besteht es nur für Stückgüter, nicht für Wagenladungsgüter (s. Anm. 299). Sodann erstreckt sich das Recht nur auf den Stationsort und die benachbarten Orte. Unter „Stationsort“ ist im allgemeinen der kommunale Bezirk zu verstehen, zu welchem die Station oder Güternebenstelle gehört. Indes wird bei der häufig aus technischen Gründen vom eigentlichen Verkehrszentrum entfernten Lage der Bahnhöfe und bei dem häufigen Ineinandergreifen von Gemeindebezirken die genaue Bestimmung der Grenzen dem Ermessen der Bahnverwaltung anheimgestellt bleiben müssen, desgleichen auch die der „benachbarten Orte“ (vgl. § 468 HGB., § 85 Abs. 2 EVO.). Daß nicht „angrenzend“, sondern „benachbart“ gesagt ist, deutet darauf hin, daß nicht bloß unmittelbar aneinander angrenzende, sondern auch mehrere in der Nähe, in einem nahen Umkreise belegene Orte (Gemeindebezirke) gemeint sind. Auf entfernter belegene Orte darf die Berechtigung der Bahn nicht ausgedehnt werden (Rundnagel 30). Im Zweifel entscheidet hierüber die Aufsichtsbehörde. Das REA. empfiehlt übrigens den Bahnen zur Bequemlichkeit des Publikums überall dort, wo Rollfuhren eingerichtet sind, und solche auch die Anfuhr (aus der Behausung der Absender nach den Bahnhöfen) bewirken (§ 63 Abs. 8 Anm. 299), durch periodische Bekanntmachungen oder kurze Notizen in den Lokalblättern auf die Art und Weise, wie Eisenbahnversandgüter zur Abholung aus der Behausung der Absender anzumelden sind, hinzuweisen (REA. 22. XII. 1874 Nr. 7951).

Unter „Rollfuhrunternehmer“ sind, wie der Ausdruck „Unternehmer“ klar erkennen läßt, selbständige Gewerbetreibende bzw. Frachtführer gemeint, nicht Bedienstete der Bahn. Letztere treten nur in Tätigkeit, wenn die Bahn die Güter selbst zuführt (s. S. 412 Anm. 403) RGSt. 32 22.

Der bisherigen entsprechenden Bestimmung des § 68 Abs. 3 Satz 1 ist noch — wie in § 63 Abs. 8 — eine Vorschrift hinzugefügt, wonach die Zuführung, d. h. die durch die Bahn selbst bewirkte, gegen eine Gebühr erfolgt, die durch Aushang an der Abfertigungsstelle bekannt zu machen ist. Eine Aufnahme in den Tarif ist nicht erforderlich. Mit dem — von der Eisenbahn genehmigten bzw. mit ihr vereinbarten — Gebührentarif der bahnamtlich bestellten Rollfuhrunternehmer kann sich der Empfänger nach Maßgabe des Satzes 3 bekannt machen.

404) Was sodann die Haftpflicht der Eisenbahn für die von ihr zur Zuführung der Güter verwendeten Personen anlangt, so bestimmt Satz 2, daß dieselben als Leute der Eisenbahn im Sinne des § 5 EVO. gelten. Es darf jedoch, wie bereits oben Anm. 394 S. 405 bemerkt, hieraus nicht gefolgert werden, daß der bahnamtliche Rollfuhrunternehmer zu den Bediensteten oder Leuten der Bahnverwaltung im Sinne des § 5 gehört. Derselbe ist vielmehr ein selbständiger Frachtführer, der als solcher die ursprüngliche Beförderung bis zur Behausung des Empfängers fortsetzt und in den von der Bahn (und ihren Vorbahnen) übernommenen Beförderungs- bzw. Frachtvertrag gemäß § 432 eintritt. Es wäre daher korrekter gewesen, in Abs. 1 des § 78 nicht auf § 5 der EVO. (bzw. § 458 HGB.), sondern auf § 432 HGB. Bezug zu nehmen. Daß der Rollfuhrunternehmer die selbständige Stellung eines nachfolgenden Frachtführers besitzt, ergibt sich einerseits aus der Fassung des Abs. 1 und den gewählten Ausdrücken, andererseits aber auch daraus, daß der Rollfuhrunternehmer gemäß Abs. 10 des § 76 den Frachtbrief auszulösen, sowie über den Empfang des Gutes zu quittieren hat und nunmehr auf Grund dieses ursprünglichen Frachtbriefes bzw. Frachtvertrages die Beförderung bis zur Behausung des Empfängers beendet. Allerdings ist es in Hinsicht der Haftung der Bahn für den Rollfuhrunternehmer gegenüber dem Empfänger ohne Belang, ob auf § 458 (§ 5 EVO.) oder § 432 Bezug genommen wird, da nach beiden Paragraphen die Bahn dem Empfänger für die zur Ausführung der übernommenen Beförderung benutzten Personen in gleichem Umfange haftet. Dagegen ist der Unterschied wesentlich, wenn es sich um die Frage handelt, ob der Rollfuhrunternehmer dem Empfänger direkt aus der qu. Beförderung haftet. Denn wäre der Fuhrunternehmer nur als ein Bediensteter der Bahn nach § 458 HGB., § 5 EVO. zu betrachten, so stände er mit dem Empfänger in keinem Vertragsverhältnisse und würde ihm aus dem Frachtvertrage an sich nicht haftbar sein. Wird er dagegen — wie für zutreffend erachtet werden muß — als ein der Bahn nachfolgender Frachtführer angesehen, welchem diese das Gut nebst Frachtbrief zur Weiterbeförderung übergibt, so tritt er gemäß § 432 Abs. 2 in den Frachtvertrag ein und wird dem Empfänger für alle Verbindlichkeiten aus demselben verhaftet. Aus § 432 folgt also:

1. Einerseits haftet die Bahn für den von ihr gemäß § 78 Abs. 1 besonders bestellten Rollfuhrunternehmer dem Empfänger gemäß § 458 bzw. § 432 Alin. 1 HGB. (§ 5 EVO.).
2. Andererseits haftet der so bestellte Rollfuhrunternehmer dem Empfänger aber auch direkt und selbständig, und zwar für die

ganze Beförderung einschließlich derjenigen der vorangehenden Bahnen nach Inhalt des Frachtbriefs gemäß § 432 Abs. 2 HGB. (W. Koch 55, Wolff § 5, Puchelt II 505, Senckpiehl, Sped.Gesch. § 128 S. 170, Staub[6] § 432 Nr. 1, Striethorst, Arch. 58 21, E. ROHG. 7 99, Seuffert Arch. 27 Nr. 249, BezG. Brünn 12. X. 1905, E. 22 372. A. M. Schott III 443, Düringer-Hachenburg Anm. III 3 b, Goldmann Nr. 2, Makower 1592 zu § 458 HGB., Rundnagel 16, OLG. Kiel 11. I. 1909, E. 26 258, Staub[8] S. 1917.)

Diese Konsequenzen treten jedoch auf Grund der EVO. § 78 Abs. 1 ohne weiteres nur ein, wenn die Bahnverwaltung von der ihr nach Abs. 1 zustehenden Befugnis Gebrauch macht und besondere Rollfuhrunternehmer bestellt hat. Hat sie aber eine derartige allgemeine Einrichtung nicht getroffen, so richtet sich die Haftpflicht danach, ob die Eisenbahn nach Maßgabe des konkreten Frachtvertrags die Beförderung bis zur Behausung des Empfängers ausdrücklich übernommen oder der Rollfuhrunternehmer die Beförderung im Auftrage bzw. in Vertretung des Empfängers ausgeführt hat.

405) Die Vorschrift des Satzes 3, welche den bahnamtlich bestellten Rollfuhrleuten die Verpflichtung auferlegt, ihren Gebührentarif, d. h. den mit der Eisenbahn vereinbarten, bei sich zu tragen und auf Verlangen vorzuzeigen, entspricht der für die Anfuhr bestehenden Vorschrift des § 63 Abs. 8 Satz 3, auf welche verwiesen wird (Anm. 299).

406) Abs. 5 bestimmt im Satz 1, daß die Empfänger an sich nicht verpflichtet sind, sich der Zuführung durch die Bahn selbst oder von ihr bestellten Rollfuhrunternehmer zu bedienen, sondern — unter der im Satz 1 vorgesehenen Voraussetzung — berechtigt sind, auf allen Stationen (und Güternebenstellen), auch auf denjenigen, auf welchen die Eisenbahn gemäß Abs. 1 Einrichtungen zur Zuführung getroffen hat, ihre Güter selbst abzuholen oder durch andere als die von der Bahn bestellten Fuhrunternehmer abholen zu lassen. Wenn der Empfänger in der im Satz 2 vorgeschriebenen Weise von seinem Abholungsrecht Gebrauch macht, zessiert die der Eisenbahn nach Satz 1 zustehende Befugnis, falls nicht in Gemäßheit des Satzes 3 das Abholungsrecht des Empfängers vorübergehend oder dauernd beschränkt oder aufgehoben, d. h. die Zuführung durch die Bahn oder bahnamtliche Rollfuhrunternehmer obligatorisch gemacht oder die Zufuhr gemäß Abs. 3 von der Eisenbahn übernommen ist. Macht der Empfänger von seinem Abholungsrecht Gebrauch, so findet die Ablieferung auf dem Bahnhofe statt und endet die Haftpflicht der Eisenbahn mit dem Zeitpunkte der Ablieferung an den Empfänger oder den von ihm bestellten Fuhrunternehmer. Für die Beförderung vom Bahnhofe nach der Behausung oder den Geschäftsräumen 2c. des Empfängers liegt hiernach der Eisenbahn weder die Eisenbahnhaftpflicht noch die eines gewöhnlichen Frachtführers ob.

Wollen die Empfänger von ihrem Rechte der Selbstabholung oder Abholung durch andere als die bahnamtlichen Rollfuhrunternehmer Gebrauch machen, so müssen sie dies der Abfertigungsstelle 2c. der Empfangsstation rechtzeitig vorher, jedenfalls noch vor der Ankunft des Gutes, anzeigen, und zwar schriftlich. Sache der Abfertigungsstelle ist es, sich von der Richtigkeit der Unterschrift in geeigneter Weise zu vergewissern. Für die Abholung durch andere Rollfuhrunternehmer schreiben die Allg. AbfVorschr. § 34 Ziff. 14 eine bestimmte Form der Anzeige vor und setzen fest, daß diesen auch die Avise zuzustellen sind. Die Anzeige kann sich generell auf alle für den betreffenden Empfänger ankommenden Güter beziehen oder speziell auf den einzelnen Fall. Ziff. 14 bestimmt: „Die Benachrichtigung für Empfänger, welche schriftlich ein für allemal oder für den einzelnen Fall einen andern zur Empfangnahme der für sie ankommenden Güter bevollmächtigt haben, wird nicht dem Empfänger, sondern dem zur Annahme Bevollmächtigten zugestellt. Der Empfänger hat in diesem Falle der Güterabfertigung folgende Erklärung auszustellen:

„Ich habe den N. N. zur Empfangnahme der für mich bei der Güterabfertigung . . . . ankommenden Güter und der Benachrichtungen sowie zur Quittungsleistung bevollmächtigt. Dieser ist auch zur Annahmeverweigerung berechtigt.

(Ort, Datum, Name, Stand und Wohnung.)"

Die Stempelpflicht dieser Vollmachten bestimmt sich nach Maßgabe der einzelnen Landesrechte, s. Pr.-hess. ZusBest. Ziff. V zum § 34 Ziff. 14 der Allg. AbfVorschr. (Stempelpflicht).

Zeigt der Empfänger seine Disposition nicht rechtzeitig und in der vorgeschriebenen Form an, so braucht seine Anzeige nicht berücksichtigt zu werden und muß er die Kosten der bahnamtlichen Abfuhr tragen, während ihm bei Nichtberücksichtigung einer vorschriftsmäßigen Anzeige die Bahn für die etwa daraus entstehenden Mehrkosten und sonstigen Schäden verhaftet ist.

Satz 3 bestimmt, daß die bahnamtliche Abfuhr auch obligatorisch gemacht werden kann, derartig, daß die im Satz 1 dem Empfänger unter gewissen Formen freigestellte Selbstabholung oder Abholung durch andere als die von der Bahnverwaltung bestellten Fuhrunternehmer, beschränkt oder auch aufgehoben wird (Thöl III § 68 S. 140 und Anm. 4, Schott 353, Endemann, R. d. E. 610). „Beschränkt" heißt, wenn die Selbstabholung ꝛc. nur zeitlich an gewissen Tagen, Stunden, für einzelne Züge oder räumlich von bestimmten Teilen des Bahnhofes, von einzelnen Magazinen ꝛc. nachgelassen wird; — „aufgehoben", wenn sie gänzlich untersagt ist. Dies darf jedoch seitens der Bahnverwaltung nur angeordnet werden im allgemeinen Verkehrsinteresse. Die Landesaufsichtsbehörde entscheidet darüber, ebenso ob nur Beschränkung oder gänzliche Aufhebung stattfinden soll und für welche Dauer (s. über einzelne Fälle der Einführung obligatorischer Güterbestätterung: Fleck, EisenBetrRegl. S. 302 c). Das Interesse muß ein allgemeines sein, z. B. drohende Stauung der Güter, bei Messen, Märkten, Überschwemmungen ꝛc., nicht aber privater Natur, z. B. Konkurrenzrücksichten, Begünstigung einzelner Fuhrunternehmer ꝛc. (Ruckdeschel 134).

Soll die Beschränkung oder Aufhebung nur vorübergehend sein, so genügt das allgemeine Verkehrsinteresse. Dagegen darf eine dauernde Beschränkung oder Aufhebung nur erfolgen, „wenn besondere Verhältnisse es erfordern". Diese Bestimmung ist auf Wunsch der Verkehrsinteressenten neu hinzugefügt (Begr. 115). Als „besondere" Verhältnisse kommen z. B.

in Betracht die ungünstige Lage eines Bahnhofs, welche die stete Gefährlichkeit der Selbstabholung durch Rangierbewegungen 2c. bedingt, die Unzulänglichkeit der Entladegleise, Zufuhrwege 2c., welche sich nicht erweitern lassen, bei Gebirgsbahnen in der Nähe von Bergwerken, Gewässern 2c.

407) Durch Abs. 3 erfährt sodann die Befugnis des Empfängers zur Selbstabholung (Abs. 2 Satz 1 u. 2) insofern noch eine weitere Einschränkung, als, wenn Güter nach Räumen der Zoll- oder Steuerverwaltung gebracht werden müssen, die außerhalb der Bahnhöfe liegen, die Eisenbahn berechtigt ist, dies gegen Erstattung der Kosten selbst zu besorgen oder unter ihrer Verantwortung auf Kosten des Verfügungsberechtigten besorgen zu lassen, und zwar auch dann, wenn der Empfänger sich die Selbstabholung vorbehalten hat. Die Eisenbahn ist zur Übernahme der Zufuhr selbst oder durch einen Spediteur berechtigt, aber nicht verpflichtet. Sie kann von ihrem Rechte — mangels einer einschränkenden Bestimmung — generell oder auch nur im Einzelfalle Gebrauch machen. Auch bedarf es hierzu nicht — wie im Falle des Abs. 2 Satz 3 — der Genehmigung der Landesaufsichtsbehörde und der dort vorgeschriebenen Voraussetzungen. Vielmehr hängt die Ausübung des Rechts lediglich von dem Ermessen der Eisenbahn ab. Aber das Recht ist beschränkt auf die Zuführung der Güter nach Räumen der Zoll- oder Steuerverwaltung, die außerhalb der Bahnhöfe liegen. Auf andere Räume und Orte erstreckt es sich nicht. Das Selbstabholungsrecht des Empfängers ist also nicht gänzlich aufgehoben, sondern nur bis zu den bezeichneten Räumen. Von dort aber bis zur Behausung des Empfängers finden nach beendeter steueramtlicher Abfertigung die Vorschriften des Abs. 2 wieder Anwendung. Da erst mit der Übergabe an die Zoll- oder Steuerverwaltung in deren Abfertigungsräumen oder Niederlagen die Ablieferung an den Empfänger als erfolgt gilt und auch dann nur, wenn dieselben nicht unter Verschluß bzw. Mitverschluß der Eisenbahn stehen (§ 76 Abs. 1 Anm. 383), so hat diese für die Zuführung, sei es selbst oder durch einen Spediteur, die Haftpflicht nach dem Eisenbahnfrachtvertrage zu tragen.

408) Die Vorschrift des Abs. 4, daß die Fristen, innerhalb deren die Güter dem Empfänger von der Eisenbahn zugeführt werden, durch Aushang an den Abfertigungsstellen bekannt zu machen sind, ist neu aufgenommen. In dem entsprechenden § 68 Abs. 2 der bisherigen EVO. war die Frist für die Zuführung von Eilgütern auf 6 Stunden nach der Ankunft festgesetzt, eine Frist für die Zuführung von gewöhnlichen Frachtgütern nicht vorgesehen. Der neue Abs. 4 enthält weder für Eilgut, noch für gewöhnliches Frachtgut eine Fristbestimmung. Für beides ist der Eisenbahn die Festsetzung überlassen. Dies ist damit begründet, daß die für Eilgut im § 68 Abs. 2 der bisherigen EVO. allgemein vorgeschriebene Zuführungsfrist von 6 Stunden sich der örtlichen Verhältnisse wegen vielfach nicht einhalten läßt, während es andererseits in manchen Orten angängig sei, sie abzukürzen. Aus diesem Grunde empfehle es sich, keine bestimmte Frist vorzuschreiben und ihre Festsetzung der Eisenbahn zu überlassen (Begr.). Ohne Zweifel liegt darin eine Verschlechterung der Lage der Empfänger, da die Festsetzung der Zuführungsfristen nunmehr sowohl für Eil- wie für gewöhnliches Gut ganz dem Ermessen der Eisenbahnen

überlassen ist. Indes ist zu beachten, daß nach § 75 Abs. 5 Satz 2 die Lieferfrist nur gewahrt ist, wenn vor ihrem Ablaufe das Gut dem Empfänger zugeführt ist, daß die Zuführung also spätestens mit Ablauf der Lieferfrist (§ 75 Abs. 1—3) erfolgt sein muß. Die Eisenbahn hat hiernach die Zuführungsfrist jedenfalls so zu bemessen, daß sie noch in die Lieferfrist fällt. Anderenfalls ist sie wegen Überschreitung der Lieferfrist haftbar, auch wenn sie die von ihr bekannt gemachten Zuführungsfristen innegehalten hat.

§ 79.

Benachrichtigung des Empfängers von der Ankunft.

(1) Die Benachrichtigung über die Ankunft des Gutes (§ 76 Abs. (7)) geschieht nach Wahl der Eisenbahn durch die Post, durch Fernsprecher oder schriftlich durch besonderen Boten unter Angabe der Frist, innerhalb deren das Gut abzunehmen ist. Auf schriftlichen Antrag des Empfängers kann die Abfertigungsstelle eine besondere Art der Benachrichtigung mit ihm vereinbaren [409]).

I. Wollen die Empfänger für den Einzelfall oder ein für allemal mit der Eisenbahn die Art der Benachrichtigung vereinbaren, so haben sie dies durch eine schriftliche Erklärung bei der Güterabfertigungsstelle rechtzeitig zu beantragen. Erklärungen, die ein für allemal abgegeben werden, sind nach dem Vordruck der Anlage VII auszustellen.

(2) Die Benachrichtigung hat bei Frachtgut nach der Ankunft, spätestens aber sofort nach der Bereitstellung, bei Eilgut binnen 2 Stunden nach der Ankunft zu erfolgen. Bei Eilgut, das an Werktagen nach 6 Uhr abends, an Sonn- und Festtagen nach 12 Uhr mittags ankommt, kann die Benachrichtigung erst am folgenden Morgen verlangt werden [410]).

(3) Die Benachrichtigung gilt als bewirkt:

a) bei Zustellung durch die Post 4 Stunden, durch Telegramm 1 Stunde nach der Aufgabe,

b) bei Zustellung durch Fernsprecher mit der Aufgabe,

c) bei anderer Zustellung mit der Aushändigung [411]).

(4) Ausgefertigt wird die Benachrichtigung unentgeltlich, für die Zustellung kann die Eisenbahn den Ersatz ihrer Auslagen verlangen [412]).

II. Die Gebühren für die Zustellung der Benachrichtigung sind im Nebengebührentarif (Teil I Abt. B) festgesetzt.

(5) Die Benachrichtigung unterbleibt, wenn der Empfänger schriftlich darauf verzichtet, und bei bahnlagernd gestellten Gütern, wenn der Absender sie im Frachtbriefe nicht ausdrücklich vorgeschrieben hat[413]).

(6) Ist eine Wagenladung wegen Laufunfähigkeit des Wagens unterwegs umgeladen worden, so muß das dem Empfänger bei der Benachrichtigung mitgeteilt werden[414]).

Alte EVO. § 68. J.Ü. Art. 19.

409) § 79 handelt von der Benachrichtigung des Empfängers von der Ankunft des Gutes (§ 76 Abs. 7), und zwar im Abs. 1 von der Art und Form der Benachrichtigung, Abs. 2 der Zeit, Abs. 3 den Kosten, Abs. 4 dem Fortfall der Benachrichtigung, Abs. 5 dem Inhalt der Benachrichtigung bei Umladung einer Wagenladung unterwegs.

Insoweit die Eisenbahn zur Benachrichtigung des Empfängers von der Ankunft des Gutes verpflichtet ist (§ 76 Abs. 3 Anm. 391, 392), sind ihr durch Abs. 1 des § 79 nach ihrer Wahl drei Formen der Benachrichtigung gestattet: 1. durch die Post, 2. durch Fernsprecher oder 3. schriftlich durch besonderen Boten. Eine dieser drei Arten der Benachrichtigung muß gewählt werden, eine andere (z. B. mündlich oder durch Telegramm) ist nicht zulässig, außer wenn sie gemäß Satz 2 dieses Absatzes auf schriftlichen Antrag des Empfängers von der Abfertigungsstelle mit ihm vereinbart worden ist. Eine Vereinbarung auf mündlichen Antrag oder stillschweigende Usance genügt nicht. Kein Teil kann sich auf eine solche berufen.

Die Benachrichtigung hat unter Angabe der Frist, innerhalb welcher nach § 80 EVO. (Anm. 415) das Gut abzunehmen ist, zu erfolgen. Die Angabe dieser Frist muß in der Benachrichtigung enthalten sein. Fehlt diese Angabe, so ist die Benachrichtigung wirkungslos. Dagegen ist eine Aufforderung zur Abnahme des Gutes nicht erforderlich, da das implizite schon in der Fristangabe liegt.

Vgl. über die Vereinbarung der Art der Benachrichtigung: Allg. AusfBest. I (S. 418).

Die Allg. AbfVorschr. § 34 Ziff. 2—4, 7, 12 u. 13 bestimmen: „Die Benachrichtigung hat so schleunig wie möglich zu geschehen. Unter allen Umständen sind die im § 79 Abs. 2 EVO. festgesetzten Fristen einzuhalten. Außerdem ist zur Vermeidung von Schadenersatzansprüchen gegen die Eisenbahn gemäß § 80 Abs. 7 EVO. dafür zu sorgen, daß das Gut rechtzeitig zur Abnahme bereitgestellt wird. Die Benachrichtigung hat durch die Post oder nach besonderer Anordnung der vorgesetzten Verwaltungsstelle durch Boten zu geschehen, wenn keine andere Benachrichtigungsart vereinbart ist. Ist der Empfänger an die öffentliche Fernsprecheinrichtung angeschlossen und erwachsen ihm keine höheren Gebühren als bei Benachrichtigung durch die Post, so ist zur Beschleunigung des Wagenumlaufs, bei Güteranstauungen oder wenn sonstige Gründe es geboten erscheinen lassen, der Fernsprecher zu benutzen und zu diesem Zwecke eine Vereinbarung (s. unten) herbeizuführen. Verweigert der Empfänger die Abgabe der Erklärung offenbar in der Absicht, sich eine längere Entladefrist zu sichern, so ist der vorgesetzten Verwaltungsstelle Anzeige zu machen. Ordnet diese die Benachrichtigung durch Fernsprecher an, so ist der Empfänger bei der Benachrichtigung durch den Fernsprecher jedesmal zu verständigen, bis wann der Frachtbrief einzulösen und das Gut abzunehmen ist, nötigenfalls auch, daß er sich hierbei über seine Empfangsberechtigung auszuweisen hat. Bei Benachrichtigung durch die Post am Stationsorte ist auf die postamtlichen Bestellzeiten und bei Benachrichtigung nach auswärts gelegenen Orten auf den Postenlauf Rücksicht zu nehmen. Wenn eine besondere Art der Benachrichtigung vereinbart werden soll, so hat der Empfänger dies gemäß § 79 EVO. AusfBest. I schriftlich zu erklären. Erklärungen, die ein für allemal abgegeben werden, sind nach dem Vordruck der Anlage VII zum D. EisenbGütTar. Teil I Abt. A auszustellen. Wird vom Empfänger ein für allemal Benachrichtigung durch Fernsprecher beantragt, so hat er bei der Empfangsabfertigung unter Hinterlegung einer Erklärung schriftlichen Antrag zu stellen. Die Benachrichtigung durch Fernsprecher kann nur mit den an die öffentliche Fernsprecheinrichtung angeschlossenen Empfängern vereinbart werden. Die Kosten der Benachrichtigung (Telegrammgebühr, Botenlohn, Postporto, Benachrichtigungsgebühr rc.) sind auf dem Benachrichtigungsschreiben und dem Frachtbrief anzugeben und bei dessen Einlösung von dem Empfänger einzuziehen.

Vgl. noch wegen der Benachrichtigung über die Ankunft der unter Zoll- oder Steuerkontrolle stehenden Güter: Allg. AbfVorschr. § 35 Ziff. 4.

410) Abs. 2 trifft über die Zeit Bestimmung, binnen welcher die Benachrichtigung an den Empfänger von der Ankunft des Gutes seitens der Eisenbahn zu geschehen hat, auch unterscheidet er hierbei zwischen gewöhnlichem Fracht- und Eilgut. Nach Satz 1 ist bei gewöhnlichem Frachtgut für die Benachrichtigung eine bestimmte Frist zwar nicht gesetzt. Die Eisenbahn ist — abgesehen von der Ausnahme des Abs. 5 — gehalten, die Benachrichtigung nach Ankunft des Gutes — im ordnungsmäßigen Geschäftsgange — zu bewirken, jedoch spätestens sofort nach der Bereitstellung des Gutes, macht sich also haftbar, wenn sie den letzteren Zeitpunkt überschreitet. Sie hat nicht erst den Ablauf der Lieferfrist abzuwarten, und wenn auch die Ankunft eine verfrühte sein sollte (Schott 353). Denn die Lieferfrist ist nach § 75 Abs. 5 Satz 3 nur gewahrt, wenn vor ihrem Ablaufe der Empfänger von der Ankunft gemäß § 79 Abs. 3 benachrichtigt und das Gut zur Auslieferung bereitgestellt ist. Die Eisenbahn wird also haftbar, wenn sie den Empfänger von der Ankunft des Gutes nicht innerhalb der Lieferfrist (§ 75) benachrichtigt, gleichviel ob und wann das Gut bereitgestellt ist. Das Wort „spätestens" deutet daraufhin, daß die Benachrichtigung zwischen der Ankunft und Bereitstellung des Gutes erfolgen kann, spätestens aber unmittelbar nach dem Zeitpunkt der Bereitstellung erfolgen muß, mithin die äußerste Grenze bildet, auch wenn die Lieferfrist noch eine spätere Benachrichtigung zulassen würde (E. 19 210. A. M. E. 19 239, Sped.- u. SchiffZtg. XI Nr. 6), ebenso, wenn noch nach erfolgter Avisierung das Gut nicht ordnungsmäßig bereitgestellt ist (E. 20 320, E. 23 355).

Während für gewöhnliches Frachtgut eine bestimmte Benachrichtigungsfrist nicht besteht, ist für Eilgut eine Benachrichtigungsfrist von zwei Stunden nach der Ankunft vorgeschrieben — ausgenommen im Falle des Abs. 5 (Anm. 413). Gleichviel, ob das Eilgut bereitgestellt ist oder die Lieferfrist noch einen längeren Zeitraum gestatten würde, in allen Fällen hat die Eisenbahn den Empfänger binnen 2 Stunden nach der Ankunft zu benachrichtigen, widrigenfalls sie sich haftbar macht. Aber auch wenn sie die 2-stündige Frist innehält, ist sie haftpflichtig, falls bei der Ankunft die Lieferfrist bereits abgelaufen war (§ 75 Abs. 5 Satz 3). Wie das Wort „binnen" andeutet, ist jene Frist als Höchstfrist anzusehen, innerhalb deren die Avisierung bewirkt sein muß, und zwar lediglich von der Ankunft, nicht von der Bereitstellung an gerechnet, und selbst dann, wenn die Lieferfrist noch nicht abgelaufen ist (Schott 353).

Satz 2 gewährt der Eisenbahn in Rücksicht auf die üblichen Geschäftsstunden und Abfertigungszeiten für Eilgut eine Verlängerung der 2-stündigen Benachrichtigungsfrist. Wenn Eilgut an Werktagen nach 6 Uhr abends, an Sonn- und Festtagen nach 12 Uhr mittags ankommt, so kann die Benachrichtigung erst „am folgenden Morgen" verlangt werden. Die Bestimmung ist ungenau, da nicht gesagt ist, binnen welcher Frist am folgenden Morgen die Benachrichtigung zu erfolgen hat. Es hat aber wohl in der Absicht gelegen, zu bestimmen, daß die 2stündige Frist in den beregten Fällen am folgenden Morgen vom Beginn der Geschäftsstunden an gerechnet werden soll (§ 63 Abs. 2 Anm. 288). Beginnt diese morgens um 8 Uhr, so muß hiernach die Benachrichtigung bis 10 Uhr erfolgt sein.

411) Abs. 3 ist aus den bisherigen tarifarischen Bestimmungen neu in die EVO. aufgenommen. Es hat sich als ein Bedürfnis ergeben, die Vorschriften darüber, wann die Benachrichtigung über die Ankunft des Gutes bei den verschiedenen Arten der Zustellung als erfolgt gilt, wegen ihrer rechtlichen Bedeutung in die EVO. selbst aufzunehmen (Begr. 115). Denn von dieser Bestimmung hängt die für die Haftpflicht der Eisenbahn wichtige Feststellung ab, ob gemäß § 75 Abs. 5 Satz 3 die Lieferfrist gewahrt ist.

Je nach der Art bzw. präsumtiven Schnelligkeit der Benachrichtigung ist der Zeitpunkt verschieden bestimmt, an welchem sie als geschehen angenommen wird. Sie gilt als bewirkt bei Zustellung durch die Post 4 Stunden, durch Telegramm 1 Stunde nach der Aufgabe, durch Fernsprecher mit der Aufgabe, bei allen anderen Arten der Zustellung, also z. B. durch Boten, erst mit der Aushändigung. Geht die zur Post gegebene Benachrichtigung verloren oder kommt sie verspätet an, so wird die Eisenbahn für den hieraus dem Empfänger entstandenen Schaden nicht haftbar zu machen sein, weil sie mit Absendung der Benachrichtigung ihren aus dem Frachtvertrage entspringenden Pflichten endgültig genügt hat (VZ. 1903 S. 741, Rundnagel 44, 50, Janzer u. Burger 185). Dagegen nehmen Hertzer (E. 19 274) und Senckpiehl (SpedZtg. 1903 S. 193) an, daß der Empfänger auf Grund § 278 BGB. berechtigt sei, in solchen Fällen Schadensersatz von der Eisenbahn zu verlangen (s. auch Z. 1903 S. 171). Die Eisenbahn hat aber nur die Aufgabe zur Post, nicht die Zustellung zu vertreten. Die Post ist nicht Erfüllungsgehilfe der Bahn im Sinne des § 278 BGB. (Rundnagel 51, Janzer u. Burger 185. A. M. Hertzer, E. 19 274, Sendpiehl 90). Sie gehört nicht zu den „Leuten" der Bahn (E. 24 280). Die Eisenbahn hat im Streitfalle die Art der Benachrichtigung und den Zeitpunkt der Aufgabe bzw. Aushändigung zu beweisen. Unter „Aushändigung" ist die übliche Zustellung, nicht die persönliche Übergabe zu verstehen (Rundnagel 50, Janzer und Burger 185).

412) Abs. 4 trifft über die Kosten der Benachrichtigung Bestimmung. Die Ausfertigung derselben ist unentgeltlich. Es darf eine Gebühr dafür nicht erhoben werden. Dagegen kann für die Zustellung die Eisenbahn den Ersatz ihrer Auslagen (Postporto, Telegramm, Fernsprechgebühr, Botenlohn) verlangen, der Empfänger hat diese Kosten zu tragen (Allg. AusfBest. II (S. 418).

413) Abs. 5 bestimmt die beiden Fälle, in welchen — abweichend von der Vorschrift des Abs. 1, über die Avisierungspflicht der Eisenbahn in betreff der vom Empfänger abzuladenden Güter — die Benachrichtigung unterbleibt: nämlich 1. wenn der Empfänger sich dieselbe schriftlich verbeten hat und 2. bei bahnlagernd gestellten Gütern, wenn der Absender sie im Frachtbriefe nicht ausdrücklich vorgeschrieben hat. In diesen beiden Fällen ist die Eisenbahn weder verpflichtet, noch berechtigt, dem Empfänger das Gut zu avisieren. Tut sie es dennoch, so treffen denselben die Kosten der Benachrichtigung (Abs. 4) nicht. Der vorliegende Abs. 5 bezieht sich nur auf die Fälle des § 79 Abs. 1, da in den Fällen des § 78 Abs. 1 die Eisenbahn die freie Wahl zwischen Zuführung und Avisierung hat, dem Empfänger hierüber also keine Bestimmung zusteht.

Die Ausnahme, daß bei bahnlagernd gestellten Gütern die Benachrichtigung zu erfolgen hat, wenn sie der Absender im Frachtbriefe ausdrücklich vorgeschrieben hat, ist neu in die EVO. aufgenommen worden und räumt ihm ein wichtiges Recht ein (Begr. 115). Der Empfänger hat ein entsprechendes Recht nicht, er kann weder generell noch speziell die Benachrichtigung von der Ankunft bahnlagernd gestellter Güter vorschreiben, die Eisenbahn ist nicht verpflichtet, einer solchen Vorschrift zu entsprechen.

Die Form, in welcher der Empfänger sich die Benachrichtigung zu verbitten hat, soll schriftlich sein. Eine andere Form (Telegramm, Fernsprecher 2c.) ist nicht gestattet und von der Eisenbahn nicht zu beachten.

414) Abs. 6 ordnet neu zugunsten der Empfänger eine Ergänzung der Benachrichtigung an. Für den Fall, daß eine Wagenladung wegen Laufunfähigkeit des Wagens unterwegs umgeladen worden ist, muß dem Empfänger dies bei der Benachrichtigung mitgeteilt werden. Die Aufnahme dieser Bestimmung ist damit begründet, daß die Empfänger von Wagenladungsgütern, die bei Umladungen erfahrungsgemäß leiden, großen Wert darauf legen, vor Einlösung des Frachtbriefs und Annahme der Sendung von der Umladung Kenntnis zu erhalten, um das Gut genau prüfen und etwaige Beschädigungen sofort feststellen zu können. Die Mitteilung hat nur bei der Umladung einer Wagenladung unterwegs wegen Laufunfähigkeit des Wagens zu erfolgen; also nicht bei Stückgut und auch nicht, wenn die Umladung aus einem anderen Grunde, z. B. wegen Heiß-

oder Feuchtwerdens von Getreide, Verschiebung von Hölzern oder Fässern rc. geschehen muß, obwohl in diesen Fällen die Empfänger gleichfalls ein wesentliches Interesse an der bezüglichen Mitteilung haben.

Die Eisenbahn ist in dem im Abs. 6 angegebenen Falle zu der Mitteilung, und zwar „bei der Benachrichtigung" über die Ankunft des Gutes, d. h. zugleich mit derselben verpflichtet. Unterläßt sie die Mitteilung, so ist sie dem Empfänger für die ihm daraus erwachsenden Schäden ersatzpflichtig.

§ 80[415]).

Fristen für die Abnahme der nicht zugerollten Güter.

(1) Die von der Eisenbahn auszuladenden Güter sind innerhalb der im Tarife festzusetzenden Frist während der Dienststunden (§ 63 Abs. (2)) abzunehmen. Die Frist beginnt mit der Benachrichtigung von der Ankunft des Gutes und muß mindestens 24 Stunden betragen[416]).

(2) Die Frist, innerhalb deren die vom Empfänger auszuladenden Güter abzunehmen sind, ist durch Aushang an der Abfertigungsstelle oder durch den Tarif bekannt zu machen. Die Frist beginnt mit der Benachrichtigung über die Ankunft des Gutes. Sind die zu entladenden Wagen nicht rechtzeitig bereitgestellt, so beginnt die Entladefrist erst mit dem Zeitpunkte der Bereitstellung. Die Eisenbahn kann verlangen, daß die Güter während der Dienststunden ausgeladen und abgefahren werden[417]).

(3) Sind die Güter bahnlagernd gestellt, und hat der Absender im Frachtbriefe die Benachrichtigung des Empfängers nicht ausdrücklich vorgeschrieben oder hat der Empfänger auf die Benachrichtigung schriftlich verzichtet oder ist die Benachrichtigung nicht möglich, so beginnt die Abnahmefrist mit der Bereitstellung des Gutes[418]).

I. (1) Die Dauer der Abnahmefristen ist in den Tarifteilen II festgesetzt.

(2) Für die Neuaufgabe beladener Wagen auf der Bestimmungsstation durch den Empfänger zur Weiterbeförderung ohne Umladung wird nur die einfache Entladefrist standgeldfrei gewährt; bei Überschreitung dieser Frist wird das im Nebengebührentarif (Teil I Abt. B) festgesetzte Wagenstandgeld erhoben. In gleicher Weise wird bei Weitersendung durch den Absender verfahren; nur wird in diesem Falle die Entladefrist bereits von Eingang der Sendung, nicht erst von der etwa erfolgten Benachrichtigung des Empfängers an berechnet.

(4) An Sonn- und Festtagen ist nur Eilgut auszuliefern, vorausgesetzt, daß seiner zoll- oder steueramtlichen Behandlung kein Hindernis entgegensteht[419]).

(5) Der Lauf der Abnahmefristen ruht während der Sonn- und Festtage, ferner während einer zoll- oder steueramtlichen oder polizeilichen Abfertigung, soweit sie nicht durch den Absender oder den Empfänger verzögert wird[420]).

(6) Wird das Gut nicht innerhalb der festgesetzten Frist abgenommen, so ist das tarifmäßige Lager- oder Wagenstandgeld verwirkt. Auch kann die Eisenbahn die vom Empfänger nicht rechtzeitig ausgeladenen Güter auf seine Gefahr und Kosten ausladen (vgl. auch § 81 Abs. (6)). Für Sonn- und Festtage ist Wagenstandgeld nur dann zu erheben, wenn die Entladefrist schon am Tage vorher, nachmittags 2 Uhr, abgelaufen ist. Folgen mehrere Sonn- und Festtage aufeinander, so ist nur für einen Tag Wagenstandgeld zu erheben[221]).

II. Das Lager-, Platz- und Wagenstandgeld, sowie das Standgeld für Eisenbahnfahrzeuge auf eigenen Rädern ist im Nebengebührentarif (Teil I Abt. B) festgesetzt.

(7) Meldet sich der benachrichtigte Empfänger zur Abnahme des Gutes und kann es ihm nicht innerhalb 1 Stunde nach seinem Eintreffen bereitgestellt werden, so hat die Eisenbahn ihm die Kosten der vergeblich versuchten Abholung zu ersetzen. Auf Verlangen des Empfängers hat die Eisenbahn die vergeblich versuchte Abholung auf dem Frachtbriefe zu bescheinigen[422]).

(8) Wenn die ordnungsmäßige Abwickelung des Verkehrs durch Güteranhäufungen gefährdet wird, so ist die Eisenbahn berechtigt, nach Maßgabe des Bedarfs die Entladefristen und die lagerzinsfreie Zeit abzukürzen, sowie das Wagenstandgeld und das Lagergeld zu erhöhen. Hierfür gelten sinngemäß die Vorschriften im § 75 Abs. (4) über Festsetzung, Genehmigung und Veröffentlichung von Zuschlagsfristen für außergewöhnliche Verkehrsverhältnisse[423]).

Alte EVO. §§ 69, 56 Abs. 3.

415) § 80 trifft in den Abs. 1—5 über die Fristen für die Abnahme der nicht zugerollten Güter Bestimmung, sodann in Abs. 6 u. 7 über die Folgen, welche im Falle der nicht fristzeitigen Abnahme für den Empfänger und der nicht rechtzeitigen Bereitstellung des Gutes für die Eisenbahn eintreten, endlich im Abs. 8 über die Befugnis der Eisenbahn zur Erhöhung der Lager- und Wagenstandgelder, sowie Verkürzung der Ladefristen und Beschränkung

der lagerzinsfreien Zeit, wenn der geregelte Verkehr durch Güteranhäufungen gefährdet wird.

416) Abs. 1 regelt die Abnahmefrist für die von der Eisenbahn auszuladenden Güter. Sie müssen nach Satz 1 innerhalb der im Tarife festzusetzenden Frist während der Dienststunden abgenommen werden. Durch die Hinweisung auf § 63 Abs. 2 ist angedeutet, daß unter Dienststunden die dort bezeichneten, d. h. von der Eisenbahn festgesetzten und durch Aushang bekannt gemachten gemeint sind (Anm. 288). Die Abnahmefrist muß im Tarife festgesetzt sein. Nach Ablauf dieser Frist ist die Bahn befugt, das tarifmäßige Lagergeld zu erheben (§ 80 Abs. 6). Maßgebend für die lagergeldfreie Zeit ist also der Tarif.

Satz 2 schreibt als Beginn der Frist den Zeitpunkt der Benachrichtigung von der Ankunft des Gutes vor, welcher je nach der Art der Benachrichtigung gemäß § 74 Abs. 3 verschieden ist (Anm. 411). Als Minimalfrist gelten 24 Stunden. Eine kürzere Frist darf selbst die Aufsichtsbehörde nur im Falle des § 80 Abs. 8 gewähren. Diese Frist wird a momento ad momentum gerechnet, d. h. strikte von der erfolgten Benachrichtigung ab, gleichviel ob in diese Frist auch Nichtdienststunden fallen, also z. B. bei allen Güterabfertigungsstellen, welche keinen Nachtdienst haben, auch die Nachtstunden, denn es ist „Stunden", nicht aber „Dienststunden" gesagt, wie e contrario in dem vorangehenden Satze. Damit ist allerdings in der Regel die Möglichkeit der Abholung auf einen Geschäftstag reduziert; indes ist dies unverkennbar die Absicht der EVO. und diese Zeit für genügend erachtet. Eine Ausnahme bilden nur zwischenfallende Sonn- und Festtage, insoweit sie in die lagergeldfreie Zeit fallen (s. hierüber Abs. 5 Anm. 420).

Vgl. über die Dauer der Frist: Allg. AusfBest. I zum § 80 EVO. (S. 423).

417) Abs. 2 trifft über die Abnahmefrist für die vom Empfänger auszuladenden Güter Bestimmung. Dies sind in der Regel Wagenladungsgüter, nur ausnahmsweise auch Stückgüter. Für Güter dieser Art ist die Festsetzung der Abnahmefrist den Vorschriften jeder Verwaltung überlassen. Sie braucht nicht durch den Tarif festgesetzt, muß aber nach Satz 1 entweder durch Aushang an der Abfertigungsstelle oder durch den Tarif bekannt gemacht werden. Diese Bekanntmachung ist obligatorisch.

Nach Satz 2 beginnt auch hier — wie nach Abs. 1 — die Abnahmefrist mit dem Zeitpunkt der Benachrichtigung von der Ankunft des Gutes (§ 79 Abs. 3 Anm. 411). Eine Minimalfrist ist nicht vorgeschrieben. Neu hinzugefügt ist die der Billigkeit entsprechende Vorschrift des Satzes 3, wonach die Entladefrist erst beginnt, wenn das Gut zum Ausladen bereitgestellt ist. Freilich setzt dies voraus, daß zur Vermeidung von Streitigkeiten der Zeitpunkt der Bereitstellung genau festgestellt wird. Neu eingeschaltet ist auch Satz 4, welcher der Eisenbahn das Recht verleiht, zu verlangen, daß die Güter während der Dienststunden ausgeladen und abgefahren werden. Die Begr. (115) nennt diese Bestimmung ohne weitere Motivierung „nicht unzweckmäßig". Indes ist ihre Zweckmäßigkeit nicht ersichtlich. Sie verschlechtert die Lage des Empfängers wesentlich, welcher nunmehr auf Verlangen der

Eisenbahn außerhalb der Dienststunden, also z. B. während der Mittagszeit, das Entladen und Abfahren unterbrechen und einstellen muß und dadurch Verzögerungen und Nachteile erleidet. In die Frist sind mangels besonderer Vorschrift nur die Dienststunden einzurechnen, und jedenfalls ist die Einreihung auf diese beschränkt, wenn die Eisenbahn die Ausladung und Abfuhr nur während der Dienststunden verlangt. Über die Nichteinrechnung der Sonn- und Festtage sowie der Zeit einer zoll- oder steueramtlichen oder polizeilichen Abfertigung s. § 80 Anm. 420.

Vgl. im übrigen über die Dauer und Beginn der Fristen: Allg. Ausf.-Best. I zu § 80 EVO. (S. 423) und Erl. d. Pr. Min. d. öff. Arb. vom 3. X. 1898, betr. Ladefristen für Güter, die von dem Publikum zu ver- und entladen sind (EVBl. S. 271).

418) Die Bestimmung des Anfanges der Abnahmefrist in Abs. 1 u. 2 paßt für solche abzuholende Güter nicht, welche nicht avisiert werden, nämlich:

1. bahnlagernd gestellte Güter — wenn der Absender im Frachtbriefe die Benachrichtigung des Empfängers nicht ausdrücklich vorgeschrieben hat (§ 79 Abs. 5 Anm. 413),
2. Güter, in betreff welcher der Empfänger auf die Benachrichtigung schriftlich verzichtet hat (§ 79 Abs. 5 Anm. 413),
3. Güter, bei welchen die Benachrichtigung nicht möglich ist.

Für diese Güter ist daher durch Abs. 3 an Stelle des Zeitpunktes der Benachrichtigung von der Ankunft des Gutes als Anfangspunkt der Abnahmefrist der Zeitpunkt der Bereitstellung des Gutes gesetzt. Von diesem Zeitpunkte an werden gemäß Abs. 1 u. 2 die Abnahmefristen berechnet. Die Abnahmefrist soll nicht mehr wie bisher mit der Ankunft, sondern erst mit der Bereitstellung des Gutes beginnen. Allg. Abf.-Vorschr. § 41 Ziff. 4. Allg. AusfBest. Ziff. I.

419) Wie zur Annahme (§ 63 Abs. 3), so ist auch zur Auslieferung gewöhnlichen Frachtgutes die Eisenbahn an Sonn- und Festtagen nicht verpflichtet. Vielmehr liegt ihr diese Verpflichtung wie für die Annahme (§ 63 Abs. 3) so auch für die Auslieferung nur für Eilgut gemäß Abs. 4 ob, unter der Voraussetzung, daß der zoll- oder steueramtlichen Behandlung derselben kein Hindernis entgegensteht. Es wird hier auf die Erläuterungen der Anm. 289 zu der entsprechenden Vorschrift des § 63 Abs. 3 für die Annahme von gewöhnlichem Frachtgut und Eilgut an Sonn- und Festtagen verwiesen.

420) Abs. 5 trifft Bestimmung über das Ruhen des Fristenlaufes und bezieht sich sowohl auf gewöhnliches Frachtgut, wie auf Eilgut. Der Lauf der Abnahmefristen (Abs. 1 u. 2) soll in zwei Fällen ruhen, nämlich: 1. während der Sonn- und Festtage (s. S. 187, 283, 384), 2. für die Dauer einer zoll-, steueramtlichen oder polizeilichen Abfertigung, soweit sie nicht durch den Absender oder den Empfänger verzögert wird. Ruhen des Fristenlaufes bedeutet, daß der Lauf nicht vollständig und derartig unterbrochen wird, daß etwa die ganze Frist nach dem Sonn- und Festtage oder nach der zoll- oder steueramtlichen Abfertigung von neuem zu laufen beginnt, sondern nur so, daß die Zeit vorher und nachher zusammen-

gerechnet wird und nur die dazwischen fallende Zeit hierbei unberücksichtigt bleibt.

1. Der Fristenlauf ruht erstens während der Sonn- und Festtage. Wenn die Eisenbahn an Sonn- und Festtagen gewöhnliches Frachtgut dem Adressaten nicht auszuliefern braucht (Anm. 419), so gebietet es die Billigkeit, während dieser Tage auch den Lauf der Abnahmefristen ruhen zu lassen. Doch ist nach der Absicht der Bestimmung anzunehmen, daß nur bei Berechnung der lagergeld- bzw. standgeldfreien Zeit die in diese zwischenfallenden Sonn- und Festtage nicht mit einzurechnen sind, wohl aber bei Berechnung der nach Ablauf dieser Zeit eintretenden lagerzins- rc. pflichtigen Verzögerung (so auch Fleck, BetrRegl. 312). Ist also die lagergeld- rc. freie Zeit bereits verstrichen, so kann für die Folgezeit und die Berechnung der danach zu bemessenden Strafgelder der Empfänger rc. nicht beanspruchen, daß während der nunmehr eintretenden Sonn- und Festtage die Frist ruht (REA. 14. I. 1875 Nr. 9596 und Pr. HandMin. vom 9. II. 1876 II 1690 V 733).

2. Der Fristenlauf ruht ferner für die Dauer der zoll-, steueramtlichen oder polizeilichen Abfertigung, sofern diese nicht durch den Absender oder Empfänger verzögert wird. Letzterer hat die Dauer der Abfertigung nachzuweisen. Dies braucht nicht ausdrücklich ausgesprochen zu werden (Begr. 115). Auch diese Bestimmung entspricht der Billigkeit. Die Vergünstigung zessiert, wenn Verzug des Absenders oder Empfängers vorliegt.

421) Abs. 6 u. 7 betreffen die Folgen verzögerter Abnahme des Gutes durch den Empfänger oder die Eisenbahn. Das weitere Verfahren gegen den Empfänger, welcher den Frachtbrief eingelöst, aber die Annahme nicht frühzeitig bewirkt hat, folgt aus dem in Bezug genommenen Abs. 6 des § 81.

Abs. 6 hat die Verzögerung durch den Empfänger zum Gegenstande. Die Eisenbahn hat das Recht, die Abnahme des Gutes zu verlangen, und zwar vom Empfänger (Adressaten), wenn dieser in den Frachtvertrag eingetreten ist (§ 76 Anm. 384), oder im Falle der Weigerung vom Absender. Erfolgt die Abnahme nicht, so bewirkt der Abnahmepflichtige, daß die Güter länger als erforderlich in den Lagerräumen oder Wagen der Bahn lagern müssen und hat dafür dieser gemäß Abs. 6 Satz 1 eine Entschädigung in Gestalt eines Lager- oder Wagenstandgeldes zu entrichten. Dasselbe hat nicht den Charakter einer Konventionalstrafe für schuldbare Versäumnis, sondern denjenigen einer Entschädigung für die längere Benutzung des Lagerraums bzw. Wagens (Miete). Die Eisenbahn ist zur Erhebung berechtigt, aber nicht verpflichtet. Auch darf nicht gleichzeitig Lager- und Standgeld gefordert werden. Voraussetzung der Forderung ist gehörige Benachrichtigung — abgesehen von den Fällen des Abs. 3 — Nichtabnahme innerhalb der vorgeschriebenen Frist, rechtzeitige und ordnungsmäßige Bereitstellung des Gutes seitens der Eisenbahn und Festsetzung des Lager- und Standgeldes in den Tarifen (Allg. AusfBest. II zu § 80 S. 424). Hierzu treten die Befugnisse der Eisenbahn aus § 81 EVO. Denn die Bestimmung des Abs. 6 Satz 1 schließt die weitergehenden Befugnisse der Bahn im Falle nicht rechtzeitig bewirkter oder verweigerter Ab- oder Annahme gemäß § 81 EVO. (Anm. 429 ff.) nicht aus; beide Vorschriften ergänzen sich vielmehr. Im § 80 Abs. 6 Satz 1 ist in Rücksicht auf den Zweck und Inhalt dieses Paragraphen nur die eine Befugnis der Bahn zur Erhebung von Lager- oder Standgeld ausgesprochen, die anderen folgen aus § 81 in Verbindung mit § 437 HGB. Demgemäß läßt Abs. 6 es auch unentschieden, wer das Lager- oder Standgeld zu zahlen hat, der Empfänger oder Absender. Nimmt der Empfänger definitiv nicht ab, so hat der Absender für das auflaufende Lager- oder Standgeld einzutreten (§ 81 Abs. 3—5). Übrigens ist unter „abgenommen" nicht bloß die Abnahme bei Abholung, sondern auch bei Zuführung zu verstehen. Nimmt der Empfänger ein ihm bahnseitig zugeführtes Gut nicht ab und muß dasselbe infolgedessen wieder in die Lagerräume der Bahn zurückgeführt und dort gelagert werden, so entsteht daraus gleichfalls die Lagergeldpflicht und es wird außerdem der Bahn das Recht auf Erstattung der Zu- und Zurückführungskosten nicht abgesprochen werden können. (Vgl. Senckpiehl, E. 25 Sonderheft S. 111 über Berechnung des Lagergeldes, insbesondere bei Nichteinlagerung, Zurücknahme, Fälligkeit der Lagergeldforderung, Leistungsort und Verjährung.)

In betreff der Berechnung und Erhebung von Lager- und Standgeld bestimmen die Allg. AbfVorschr. § 41: „Werden Stückgüter nicht innerhalb der lagerzinsfreien Zeit abgenommen, so ist das tarifmäßige Lagergeld zu erheben (Pr.-Hess. ZusBest. Ziff. I a—c). Die lagerzinsfreie Zeit beginnt mit der Stunde, zu der die Benachrichtigung des Empfängers von der Ankunft des Gutes gemäß § 79 Abs. (³) EVO. als bewirkt gilt (Anm. 411 S. 421). Sind die Stückgüter bahnlagernd gestellt und hat der Absender im Frachtbrief die Benachrichtigung des Empfängers nicht ausdrücklich vorgeschrieben oder hat der Empfänger auf die Benachrichtigung schriftlich verzichtet oder ist die Benachrichtigung nicht möglich, so beginnt die lagerzinsfreie Zeit mit dem Zeitpunkt der Bereitstellung des Gutes. Bei Stückgütern, deren Annahme bei der Zustellung verweigert wird oder die sonst nicht zugeführt werden können, endet die lagerzinsfreie Zeit bereits mit dem Zeitpunkt, zu dem das Gut nach versuchter Zuführung auf Lager genommen wird."

Satz 2 des Abs. 6 gewährt der Eisenbahn im Falle verzögerter Abnahme des Gutes durch den Empfänger — neben dem Rechte der Erhebung des tarifarischen Lager- oder Wagenstandgeldes (Satz 1) noch außerdem die Befugnis, die Ausladung der vom Empfänger nicht rechtzeitig ausgeladenen Güter auf dessen Gefahr und Kosten zu besorgen. Entscheidend für diese Befugnis der Bahn ist also die hiernach begründete Verbindlichkeit des Empfängers, die Ausladung fristzeitig selbst zu bewirken, und die Verletzung dieser Verbindlichkeit. Die Abnahmefristen für die vom Empfänger auszuladenden Güter werden gemäß Abs. 2 (s. Anm. 417 S. 425) von jeder Verwaltung durch besondere Vorschriften festgesetzt und durch Aushang an der Abfertigungsstelle oder durch den Tarif bekannt gemacht. Werden diese Fristen nicht eingehalten, so darf die Empfangsbahn die Ausladung auf Kosten und Gefahr des Empfängers vornehmen und hat von diesem Zeitpunkte an nicht mehr mit der strengen Haftpflicht des § 456 HGB., § 84 EVO., sondern nur noch als Verwahrer (§ 688 BGB.) für das Gut zu haften rc. Die Eisenbahn ist aber zu dieser Maßnahme nur berechtigt, nicht verpflichtet. Sie kann nach ihrer

Wahl entweder ausladen und das Entladene bei sich lagern lassen und dafür ein Lagergeld erheben oder sich der weiteren Fürsorge in Gemäßheit des § 80 Abs. 3ff. entziehen. Es steht ihr aber auch das Recht zu, die Wagen über die vorgeschriebene Frist weiter zur Disposition des Empfängers bzw. Absenders zu lassen und dafür, sowie für die bereits vorangegangene Säumnis gemäß Abs. 6 Satz 1 Wagenstandgeld bis zur Ausladung durch denselben einzuziehen.

Die Fassung des Satzes 2: „die vom Empfänger nicht rechtzeitig ausgeladenen Güter" ist übrigens ungenau. Denn wenn die Güter vom Empfänger — wenn auch nicht rechtzeitig — ausgeladen sind, so bedarf es der bahnseitigen Ausladung nicht mehr. Es muß richtig heißen: „Auch kann die Eisenbahn die vom Empfänger innerhalb der festgesetzten Fristen nicht ausgeladenen Güter auf seine Gefahr und Kosten ausladen."

Satz 3 u. 4 des Abs. 6 beschränken — in Übereinstimmung mit der entsprechenden Bestimmung des § 63 Abs. 6 (Anm. 296) für die Ladefrist — die Erhebung des Wagenstandgeldes für Sonn- und Festtage auch in betreff der Entladefrist. Nach Satz 3 ist von der Erhebung des Wagenstandgeldes für Sonn- und Festtage abzusehen, wenn die Entladefrist erst nach Mittags 12 Uhr am vorangegangenen Tage (Werktage) abgelaufen ist. Nur wenn die Entladefrist schon um 12 Uhr abgelaufen ist, ist auch für die darauffolgenden Sonn- und Festtage das Wagenstandgeld zu entrichten. Aber auch in diesem Falle soll nach Satz 4 die Zahlung sich nur auf einen Tag erstrecken, wenn mehrere Sonn- und Festtage aufeinander folgen. Durch diese Beschränkung der Wagenstandgelderhebung ist einem dringenden Wunsche der Interessenten entsprochen (Begr. 116).

422) Abs. 7 regelt die Folgen der nicht rechtzeitigen Bereitstellung des angekommenen und avisierten Gutes seitens der Eisenbahn. Wie einerseits der Empfänger im Falle des Abnahmeverzuges gemäß Abs. 6 der Eisenbahn durch Zahlung von Lager- oder Wagenstandgeld entschädigungspflichtig wird, so wird andererseits diese dem Empfänger durch Verzug in der Bereitstellung des Gutes ersatzpflichtig. Diese Ersatzpflicht der Eisenbahn folgt aus ihrer dem Inhalte des Frachtvertrages entspringenden Obliegenheit, die Güter — Stück- und Wagenladungsgüter — nach der Ankunft und Benachrichtigung abnahmebereit zu stellen. Voraussetzungen dieser Ersatzpflicht sind: 1. daß ein Gut auf Benachrichtigung des Empfängers von der Ankunft, nicht innerhalb einer Stunde nach dem Eintreffen des Abholers bereitgestellt ist; 2. daß durch die vergeblich versuchte Abholung des Gutes dem Empfänger Kosten erwachsen sind.

Ad 1 handelt es sich nur um ein Gut, von dessen Ankunft der Empfänger bereits benachrichtigt ist. Ist er noch nicht benachrichtigt, so ist also in der Regel die Bahn für vergebliche Abholung nicht ersatzpflichtig. Indes werden hiervon doch diejenigen Fälle eine Ausnahme machen, in welchen eine Benachrichtigung von der Ankunft des Gutes überhaupt nicht stattfindet oder nicht möglich ist (§ 79 Abs. 5, § 80 Abs. 3). Bei solchen Gütern wird die Bahn gleichfalls die Kosten vergeblicher Abholung zu ersetzen haben, wenn der Empfänger dieselben in der in den besonderen Vorschriften vorgesehenen (§ 80 Abs. 1 u. 2) bzw. üblichen Zeit abholt und nicht innerhalb einer Stunde nach seinem Eintreffen bereitgestellt findet. Aus den Worten „bereitgestellt" ergibt sich, daß die Vorschrift sowohl auf Stückgüter, welche in den Lagerräumen lagern, wie auch auf Wagenladungsgüter, welche sich noch auf den Wagen befinden, Bezug hat. Erstere sind nur dann bereitgestellt, wenn ihre Übergabe an den Abholenden ohne weiteres vom Abfertigungsraum rc erfolgen kann, letztere, wenn die zu entladenden Wagen ihrem Standorte nach so genau bezeichnet bzw. dort so aufgestellt (auf den Entladegleisen rc.) sind, daß der Entladung bzw. Umladung in die Beförderungsfuhrwerke rc. nichts entgegensteht. Für nicht bereitgestellt sind die Güter jedoch erst dann zu erachten, wenn eine Stunde seit dem Eintreffen des Abholers verstrichen ist, ohne daß die Entladung oder Abgabe erfolgen kann. Der Empfänger hat diese Voraussetzung zu beweisen.

Ad 2 muß die Abholung vergeblich versucht sein, d. h. in der vorgeschriebenen bzw. üblichen Zeit, mithin nicht außerhalb der festgesetzten Expeditionszeiten, nicht zu Zeiten, wo die Abfertigungsstellen geschlossen sind (Nachts, an Sonn- und Festtagen rc.), vgl. Schott 408. Die Bahn kann jedoch aus dem Umstande, daß der Empfänger die bestimmungsmäßige Abnahmefrist versäumt hat (§ 80 Abs. 1 u. 2), nicht etwa das Recht herleiten, ihn nunmehr beliebig lange warten zu lassen, wenn er sich zur Abnahme einfindet. Insoweit sie nicht etwa inzwischen bereits von den ihr nach § 80 Abs. 6 Satz 2 u. § 81 Abs. 3 zustehenden Befugnissen Gebrauch gemacht hat, ist sie vielmehr auch weiterhin verpflichtet, das Gut abgabebereit zu halten und eventuell die Abholungskosten zu ersetzen. „Vergeblich" bedeutet, daß die Abholung infolge mangelnder Bereitstellung nicht zu ermöglichen war oder doch sich verzögerte und deshalb mehr als die übliche Zeit in Anspruch nahm. Das Wort ist durch den vorangehenden Satz: „kann es ihm nicht .... bereitgestellt werden", näher präzisiert.

Sind die Voraussetzungen ad 1 u. 2 gegeben, so ist die Eisenbahnverwaltung zum Ersatze der Kosten der vergeblich versuchten Abholung verpflichtet. Abweichend von den vorhergehenden Bestimmungen, ist also hier der Ersatz nicht auf eine bestimmte tarifarische Gebühr beschränkt, sondern auf alle dem Abholer überhaupt entstandenen Kosten ausgedehnt. Wohl aber darf aus der Analogie der vorangegangenen Bestimmungen geschlossen werden, daß andere als die Abholungskosten, also z. B. sonstige geschäftliche Nachteile der Verzögerung — falls sie sich nicht etwa als eine Lieferungsfristversäumnis, Beschädigung oder Verlust des Gutes im Sinne der §§ 75, 88, 94 darstellen — nicht liquidiert werden dürfen. Die Kosten können in den Aufwendungen auf die Vorbereitung, Stellung bzw. Abnutzung, Miete der Beförderungsmittel, Futter und Verpflegung der Beförderungstiere, Lohn des Begleitpersonals, Chausseegelder rc. bestehen. Auch die bloße Verteuerung der Abholung, als Miete und sonstige Auslagen, welche durch das Warten über eine Stunde hinaus entsteht, gehört hierher, wenngleich die Abholung nicht ganz vergeblich war. Der Nachweis der Kosten liegt dem Empfänger ob; sie müssen genau spezialisiert und substantiiert sein. Es dürfen ferner, wenn dies auch der Wortlaut nicht erkennen läßt, nicht beliebig alle verwendeten Kosten gefordert werden, sondern selbstverständlich nur die angemessenen.

Neu ist der im Verkehrsinteresse und zur Substantiierung der Ersatzforderung dienende Schlußsatz, wonach die Eisenbahn auf Verlangen des Empfängers die vergeblich versuchte Abholung zu bescheinigen hat. Das Verlangen kann in beliebiger Form gestellt werden. Dagegen ist die Bescheinigung auf dem Frachtbriefe zu erteilen. Die Eisenbahn ist verpflichtet, sobald die Abholung später möglich geworden, d. h. das Gut abnahmebereitgestellt ist, den Empfänger nochmals zur Abholung aufzufordern.

423) Abs. 8 gewährt den Eisenbahnen die Befugnis zu einer Erhöhung der Entschädigungsgelder und Abkürzung der Entladefristen und der lagerzinsfreien Zeit, um bei Gefährdung des geregelten Verkehrs durch große Güteranhäufungen eine schnellere Evakuierung der Lagerräume und Zirkulation der Wagen durch diese Maßnahmen herbeiführen zu können.

Voraussetzung dieser Ausnahmebefugnisse ist nach Satz 1, daß „die ordnungsmäßige Abwicklung des Verkehrs durch Güteranhäufungen gefährdet wird". Darüber, ob dies der Fall, hat nach Maßgabe des Satzes 2 dieses Absatzes die Landesaufsichtsbehörde zu entscheiden. Es braucht übrigens nicht notwendig die Güteranhäufung gerade auf allen Stationen stattzufinden, für welche die Ausnahmemaßregeln eintreten. Eine Gefährdung des geregelten Verkehrs kann auch dann vorliegen, wenn auf Nachbarstationen derartige Anhäufungen vorhanden sind.

Die Maßregeln, welche unter vorstehender Voraussetzung „für die Dauer der Anhäufung" eintreten dürfen, sind: 1. Abkürzung der Entladefristen und der lagerzinsfreien Zeit, 2. Erhöhung des Wagenstandgeldes und des Lagergeldes. Die Worte „nach Maßgabe des Bedarfs" überlassen den Umfang der Abkürzung der Fristen und der Erhöhung des Wagenstand- und Lagergeldes der Bestimmung der Eisenbahn, ebenso auch, ob nur eine dieser Maßnahmen oder mehrere zu treffen sind, alles dies aber gemäß Satz 2 dieses Absatzes bzw. § 75 Abs. 4 mit Genehmigung der Landesaufsichtsbehörde. Unter „Lagergeld" und „Wagenstandgeld" sind alle in den vorstehenden Vorschriften erwähnten derartigen Gebühren gemeint.

Zu diesen Ausnahmemaßregeln ist die Bahn so lange berechtigt, als die Gefährdung der ordnungsmäßigen Abwicklung des Verkehrs durch Güteranhäufungen andauert. Umstände anderer Art gewähren der Eisenbahn diese Berechtigung nicht. Auch hierüber entscheidet, wie Satz 2: „Hierfür gelten sinngemäß die Vorschriften im § 75 Abs. 4 über Festsetzung, Genehmigung und Veröffentlichung von Zuschlagsfristen für außergewöhnliche Verkehrsverhältnisse", ergibt, die Landesaufsichtsbehörde. Es wird hierbei betreffs der Form und Wirkung der Genehmigung, sowie deren Versagung auf die Erläuterungen zu § 75 Abs. 4 Anm. 375 S. 380, 381 Bezug genommen.

Abs. 8 gestattet den Bahnen nicht, die tarifarischen und anderen Bedingungen, unter welchen Güter zur Beförderung aufgegeben worden sind, zum Nachteile der Empfänger rc. abzuändern. Die qu. Maßregeln haben somit nicht rückwirkende Kraft und können nur auf diejenigen Güter Anwendung finden, welche nach vorschriftsmäßiger Bekanntmachung der bezüglichen Abänderungen des Tarifs zur Beförderung aufgegeben worden sind. Will die Bahn ihre Lagerräume rc. auch von den früher erhaltenen Gütern

schneller evakuieren, als der bisherige Tarif es gestattet, so muß sie dieselben bis dahin auf ihre Gefahr und Kosten in andere Lagerräume zc. schaffen lassen und kann nach Ablauf der bisherigen Frist gemäß § 81 verfahren. Sie ist dagegen nicht befugt, bis zum Ablauf derselben dem Empfänger zc. kürzere Fristen oder höhere Gebühren aufzuerlegen.

§ 81[424]).

Ablieferungshindernisse. Verzögerung der Abnahme.

(1) Ist der Empfänger des Gutes nicht zu ermitteln, verweigert er die Annahme oder löst er den Frachtbrief nicht innerhalb der von der Eisenbahn im Tarife festzusetzenden Frist ein, oder ergibt sich ein sonstiges Ablieferungshindernis, so hat die Bestimmungsstation unverzüglich den Absender durch die Versandstation von der Ursache des Hindernisses zu benachrichtigen und seine Anweisung einzuholen (vgl. auch § 73 Abs. (6))[425]). Der Absender kann im Frachtbriefe vorschreiben, daß er auf seine Kosten unmittelbar telegraphisch oder durch die Post benachrichtigt werde; er ist in diesem Falle unter den im Tarife festzusetzenden Bedingungen berechtigt, seine Anweisung gleichfalls unmittelbar an die Bestimmungsstation zu richten[426]). Der Absender kann unter den im Tarife festzusetzenden Bedingungen im Frachtbrief auch vorschreiben, daß ihm das Gut bei Eintritt eines Ablieferungshindernisses ohne vorherige Benachrichtigung zurückgeschickt werde. Sonst darf das Gut nur zurückgeschickt werden, wenn es der Absender infolge der Benachrichtigung verlangt[427]).

I. Der Frachtbrief ist einzulösen

a) bei leicht verderblichen Gütern innerhalb der im § 80 bezeichneten Abnahmefristen;

b) bei anderen bahnlagernd gestellten Stückgütern, von deren Ankunft der Empfänger nicht benachrichtigt worden ist oder nicht benachrichtigt werden konnte (§ 80 (3)), innerhalb fünf Tage nach ihrer Bereitstellung;

c) sonst innerhalb zweier Tage nach Ablauf der im § 80 bezeichneten Abnahmefristen.

II. Die Kosten der Benachrichtigung hat der Absender zu ersetzen.

III. (1) Der Antrag auf unmittelbare Benachrichtigung durch die Bestimmungsstation oder auf Rücksendung des Gutes ohne Benachrichtigung ist unter „Zulässige oder vorgeschriebene Erklärungen“ wie folgt zu stellen:

„Bei Ablieferungshindernis unmittelbare telegraphische Benachrichtigung durch die Bestimmungsstation auf meine Kosten“

oder

„Bei Ablieferungshindernis unmittelbare briefliche Benachrichtigung durch die Bestimmungsstation auf meine Kosten“

oder

„Bei Ablieferungshindernis Rücksendung ohne vorherige Benachrichtigung.“

(2) Einem Antrag auf frachtfreie Auslieferung wird nur dann entsprochen, wenn der auf der Sendung haftende Betrag bei der Bestimmungsstation eingezahlt ist oder dieser die Zahlung an die Versandstation nachgewiesen wird.

(2) Hat der Empfänger die Annahme des Gutes verweigert und ist der Absender von dem Hindernis benachrichtigt, so darf das Gut nur mit seiner Zustimmung nachträglich abgeliefert werden. In allen übrigen Fällen wird das Gut dem nachträglich zur Annahme bereiten Empfänger abgeliefert, wenn nicht inzwischen eine andere Verfügung des Absenders auf der Bestimmungsstation eingetroffen ist[428]).

(3) Ist die Benachrichtigung des Absenders nicht tunlich oder ist der Absender mit der Erteilung der Anweisung säumig oder ist die Anweisung nicht ausführbar, so hat die Eisenbahn das Gut auf Gefahr und Kosten des Absenders auf Lager zu nehmen; sie hat in diesem Falle für die Sorgfalt eines ordentlichen Kaufmanns einzustehen[429]). Die Eisenbahn ist jedoch auch berechtigt, unanbringliche Güter unter Nachnahme der darauf lastenden Kosten und Auslagen bei einem Spediteur oder in einem öffentlichen Lagerhause für Rechnung und Gefahr des Verfügungsberechtigten zu hinterlegen[430]).

(4) Die Eisenbahn ist ferner berechtigt:

a) Güter, die nicht abgeliefert werden können, wenn sie schnellem Verderben unterliegen oder nach den örtlichen Verhältnissen weder einem Spediteur übergeben noch eingelagert werden können, sofort,

b) Güter, die nicht abgeliefert werden können und die vom Absender nicht zurückgenommen werden, 4 Wochen nach Ablauf der lagerzinsfreien Zeit, wenn aber ihr Wert durch längeres Lagern unverhältnismäßig vermindert würde oder wenn die Lagerkosten in keinem Verhältnisse zum Werte des Gutes stehen würden, schon früher ohne Förmlichkeit bestmöglich zu verkaufen. Von dem bevorstehenden Verkaufe sind der Absender und der Empfänger zu benachrichtigen, es sei denn, daß dies untunlich ist. Die Eisenbahn kann, wenn sie den Verkauf selbst vornimmt, außer den baren Auslagen eine im Tarife festzusetzende Gebühr erheben [431]).

IV. Wenn die Eisenbahn den Verkauf unanbringlicher Güter selbst vornimmt, wird außer den baren Auslagen die im Nebengebührentarif (Teil I Abt. B) festgesetzte Gebühr berechnet.

(5) Von der Hinterlegung und vom erfolgten Verkaufe des Gutes hat die Eisenbahn den Absender und den Empfänger unverzüglich zu benachrichtigen, es sei denn, daß dies untunlich ist; unterläßt sie es, so ist sie zum Schadensersatze verpflichtet. Dem Absender ist der Verkaufserlös nach Abzug der Auslagen und Gebühren zur Verfügung zu stellen [432]).

(6) Wird der Frachtbrief vom Empfänger eingelöst, das Gut aber nicht innerhalb der für die Abnahme festgesetzten Frist abgenommen, so ist der Empfänger nochmals zur Abnahme aufzufordern und zu benachrichtigen, daß das Gut auf seine Gefahr und Kosten lagere. Für die Lagerung solcher Güter, für ihre Überweisung an einen Spediteur oder an ein öffentliches Lagerhaus, sowie für ihren Verkauf gelten sinngemäß die Vorschriften der Absätze (3) bis (5). Im Falle des Verkaufs ist der Erlös nach Abzug der Kosten dem Empfänger zur Verfügung zu stellen [433]).

Alte EVO. § 70. HGB. § 437. J.Ü. Art. 24.

424) Nicht jeder Frachtvertrag wird in normaler Weise durch die bestimmungsmäßige Ablieferung des Gutes an den Empfänger zur Erfüllung gebracht. Nicht selten erreicht der Frachtvertrag diesen normalen Abschluß nicht, es treten vielmehr Hindernisse ein, welche der Ablieferung am Bestimmungsorte zeitweilig oder dauernd entgegenstehen.

Das A.HGB. enthielt zwar keine obligatorische Regelung des Verfahrens bei Ablieferungshindernissen, gewährte aber den Beteiligten und den Gerichten im Art. 407 bei Ablieferungshindernissen einige besondere Befugnisse, durch welche abweichend von den allgemeinen Prozeßregeln schon vor Beginn des Rechtsstreites die Feststellung des Zustandes des Gutes durch Sachverständige, die Niederlegung und der Verkauf des Gutes mit Hilfe des Gerichts ermöglicht wird (Goldschmidt, Handb. I 2[1] S. 562, 507, 1027, Hahn II 482, Thöl 59, 146, Schott 337, 354, Staub 978).

Das N.HGB. hat besondere Bestimmungen über die Befugnis der Beteiligten, den Zustand des Gutes durch Sachverständige mit Hilfe des Gerichts feststellen zu lassen, in Rücksicht auf § 488 ZivProzOrd. nicht aufgenommen. Ebenso ist von dem Erfordernis einer gerichtlichen Anordnung der Hinterlegung oder des Verkaufs im Anschluß an die für ähnliche Fälle geltenden Vorschriften der §§ 373, 379, 388 HGB. abgesehen worden. Dagegen wurde es für geboten erachtet, das Recht des Frachtführers, das Gut, falls die Ablieferung nicht ausführbar ist, zu hinterlegen und im Notfalle den Verkauf desselben zu bewirken, aufrecht zu erhalten, da die §§ 372, 383 bis 385 BGB. in dieser Beziehung nicht ausreichen. Neu hinzugetreten ist die Verpflichtung des Frachtführers, von dem Ablieferungshindernis den Absender unverzüglich in Kenntnis zu setzen und dessen Anweisung einzuholen. Im einzelnen lehnen sich die Bestimmungen des § 437 HGB. in betreff des Verhaltens des Frachtführers bei Ablieferungshindernissen an den § 52 des Binnenschiffahrtsgesetzes an. Auch der Art. 24 Abs. 1 des I.Ü. stimmt im wesentlichen hiermit überein. § 81 EVO. ist im einzelnen den Normen des § 437 HGB. tunlichst angepaßt. Nur in wenigen Punkten sind den Bedürfnissen des Eisenbahnverkehrs entsprechend Änderungen und Ergänzungen vorgenommen, was gesetzlich zulässig erscheint, da § 437 HGB. nicht zu den im § 471 l. c. bezeichneten Vorschriften gehört.

Die wesentlichste Änderung im Vergleich mit § 70 der bisherigen EVO. besteht darin, daß zur Beseitigung hervorgetretener Mißverständnisse und rechtlicher Bedenken in der neuen Fassung zwischen der „Annahme" und der „Abnahme" des Gutes, die bisher gleichmäßig behandelt waren, streng unterschieden ist. Die Absätze 1 bis 5, wonach die Verfügung des Absenders über das Gut einzuholen ist, das Gut auf Gefahr und Kosten des Absenders lagert und dem Absender der Verkaufserlös zuzustellen ist, können für Güter nicht gelten, die zwar angenommen, aber nicht abgenommen sind, weil mit der Einlösung des Frachtbriefs die Rechte des Absenders aus dem Frachtvertrage erloschen und auf den Empfänger übergegangen sind. Deshalb sind die Annahmeverzögerungen in den Abs. 1 bis 5 unberücksichtigt geblieben und in den Abs. 6 verwiesen (Begr. 116).

425) Nach § 81 EVO. regelt sich das Verfahren bei Ablieferungshindernissen in folgender Weise. Zunächst verpflichtet Abs. 1 Satz 1, welcher dem Abs. 1 des § 437 HGB. entspricht, die Empfangsstation, den Absender von der Ursache des Hindernisses unverzüglich in Kenntnis zu setzen und dessen Anweisung einzuholen.

Voraussetzung dieser Verpflichtung der Empfangsstation ist, daß ein Ablieferungshindernis vorliegt, sei es, daß der Empfänger des Gutes nicht zu ermitteln ist, die Annahme verweigert oder — wie neu hinzugefügt ist — den Frachtbrief nicht innerhalb der von der Eisenbahn im Tarife festzusetzenden Frist einlöst oder sich ein „sonstiges Ablieferungshindernis" ergibt. Hiernach begründet jedes Ablieferungshindernis die bezeichnete Verbindlichkeit der Eisenbahn. Nur beispielsweise sind die wichtigsten und häufigsten ausdrücklich angeführt. Auf welchem Umstande die „Nichtermittlung" beruht, ob auf unrichtiger, fehlender oder unvollständiger Adresse, inzwischen erfolgter Entfernung, Ableben, Verziehen, mangelnder Dispositionsfähigkeit (E. 9 83, 21 115) rc. des Adressaten, oder weil die zur Bezeichnung des Empfängers in

Aussicht gestellte Ordre der Eisenbahn nicht zugekommen ist oder weil bei bahnhoflagernd gestellten Sendungen der Empfänger sich nicht innerhalb der reglementarischen Frist gemeldet hat (Schott 355), kommt nicht in Betracht, ebensowenig, welchen der Beteiligten die Schuld der Nichtausmittlung trifft (Endemann, R. d. E. 628). Daß der Adressat sich in Untersuchungshaft befindet, ist nicht ohne weiteres identisch mit Nichtermittlung (RGA. 29. III. 1878). Unter „Annahmeverweigerung" ist jede ausdrücklich oder stillschweigend — durch konkludente Handlungen bzw. Unterlassungen — erfolgende Ablehnung und Zurückweisung der Annahme des Gutes zu verstehen, gleichviel aus welchen Gründen dies geschieht und ob die Gründe gerechtfertigt sind (OLG. Stuttgart 10. VI. 1898 E. 15 168); oder unter Einwendungen, die sich entweder gegen die Eisenbahn oder den Absender richten, weil das Gut z. B. nicht bestellt, verspätet eingetroffen sei (E. 20 349). Auch der Annahmeverzug ist hierher zu rechnen, wozu insbesondere die nicht fristzeitige Einlösung des Frachtbriefs gehört. Unter Annahmeverzug gehört auch der Fall, wenn bahnhoflagernd gestellte Güter über die reglementarische Frist hinaus ohne Meldung des Empfängers lagern (Anm. 418 S. 426 ff., ROHG. 8 320, Schott 355, Endemann, R. d. E. 628, 629).

Die Worte „oder ergibt sich ein sonstiges Ablieferungshindernis" deuten darauf hin, daß hier überhaupt alle Umstände gemeint sind, welche die Eisenbahn am Bestimmungsorte an der Erfüllung dieser Ablieferungsfrist verhindern. Es kommen also nur solche Umstände in Betracht, welche nach Ankunft des Gutes auf der Bestimmungsstation — sei es auf der im Frachtbrief ursprünglich angegebenen oder durch Verfügung des Absenders nachträglich bezeichneten — hervortreten, weil erst dort die Ablieferungspflicht existent wird. Dadurch unterscheiden sich die Ablieferungshindernisse von den Beförderungshindernissen, welche bei Antritt oder der Fortsetzung der Beförderung, also auf der Versandstation oder unterwegs, eintreten (§ 74 Anm. 366—368). Rosenthal 162, Lehmann-Ring 348. A. M. Makower 1541, Düringer-Hachenburg Anm. II 1 b.

Im übrigen ist der Begriff „Ablieferungshindernisse" im weitesten Sinne zu nehmen. Dahin gehört z. B., wenn höhere Gewalt (Krieg, Überschwemmung ꝛc.) die Ablieferung unmöglich macht, oder wenn Streit über die Annahme oder den Zustand des Gutes entsteht, sei es, daß sich Eisenbahn und Empfänger über die Modalitäten der Annahme nicht einigen können, nachträgliche Verfügungen des Absenders, Ansprüche, Arrestschläge oder Pfändungen Dritter hinzutreten, oder der Empfänger nicht legitimiert erscheint (ROHG. 25 330, Schott 355 c, Thöl III § 35 Nr. 1, Z. 2 33, 159, 3 172, 224, 320, 5 340, 6 526, E. 24 41) oder Einwendungen erhebt, weil die Qualität und Quantität des Gutes nicht der Vereinbarung, Probe, Usance ꝛc. entsprechend, es also nicht vertragsmäßig aufgegeben oder unterwegs durch die Beförderung verringert oder beschädigt ist (Schott 358, 359, Endemann, R. d. E. 629) oder das Gut nur annehmen will, wenn die Eisenbahn die angeblichen Schäden ꝛc. anerkennt, in einen Frachtabzug willigt ꝛc., ebenso, wenn der Adressat sich weigert, die Fracht ganz oder teilweise zu zahlen (ROHG. 2 417), desgleichen die Nebengebühren, Spesen, Auslagen, Zölle und Nachnahmen

(Z. 3 478), wenn Streit darüber entsteht, wer zuerst erfüllen soll ꝛc., und zwar gleichviel ob hierbei Verschulden der Eisenbahn, des Absenders oder Empfängers vorliegt (ROHG. 2 238, 20 377, 14 272, v. Hahn II 666 § 2, Puchelt II 508 Nr. 7) und gleichviel ob das Hindernis voraussichtlich ein dauerndes oder nur ein zeitweiliges ist. (S. auch über Annahmeverzug: Sped.- u. SchiffZtg. XI Nr. 10, 22 u. Muschweck, Über das Wesen der Ablieferungshindernisse, ebenda XIV Nr. 20—23.)

Wenn derartige Hindernisse sich bei der Ablieferung ergeben, so kann die Eisenbahn ihrer Ablieferungspflicht nicht genügen (§ 76), der Empfänger tritt in den Frachtvertrag nicht ein, der Absender bleibt der allein verpflichtete Kontrahent und die Eisenbahn kann sich wegen aller Frachtvertragsforderungen nur an diesen halten oder auch das ihr an dem Gute zustehende Pfandrecht geltend machen. Sowohl aus diesen Gründen, wie auch um in allen Fällen der Ablieferungshinderung die erforderlichen Schritte zur Feststellung des Tatbestandes, Sicherung der Beweismittel, Beseitigung der Hindernisse, weiteren Verfügung über das nicht abgelieferte Gut ꝛc. rechtzeitig tun zu können, ist es für den Absender von ganz besonderem Interesse, sobald wie möglich von der Ursache des Ablieferungshindernisses Kenntnis zu erlangen und um Einholung seiner Anweisung angegangen zu werden. Es ist daher, wenn ein Ablieferungshindernis vorliegt, der Bestimmungsstation durch Satz 1 eine zweifache Verbindlichkeit auferlegt, nämlich

1. den Absender durch die Versandstation von der Ursache des Hindernisses unverzüglich zu benachrichtigen, und
2. seine Anweisung einzuholen.

Beides — die Benachrichtigung und die Einholung der Anweisung, muß zugleich geschehen. Durch das eine oder das andere erfüllt die Eisenbahn die ihr durch Satz 1 auferlegte Verpflichtung nicht vollkommen. Die Benachrichtigung darf sich auch nicht auf die bloße Tatsache des Ablieferungshindernisses beschränken, sondern muß auch die Angabe der Ursache sowie in kenntlicher Weise die Einholung der Anweisung enthalten. Daß es auf die Einholung der Anweisung des Absenders wesentlich ankommt, ist daher hier und in Abs. 3 ausdrücklich betont. Die Kosten der Benachrichtigung hat der Absender zu ersetzen. Allg. AusfBest. II zu § 81 EVO. S. 432 (s. Allg. AbfVorschr. § 42 Ziff. 7, unten S. 439). Die Benachrichtigung hat unverzüglich zu erfolgen, d. h. mit größter Beschleunigung nach Maßgabe des ordnungsmäßigen Geschäftsganges (Thöl III § 71 S. 147, Schott 360, Endemann, R. d. E. 364, BGB. § 121, ROHG. 20 347). Sie hat von der Bestimmungsstation auszugehen, d. h. von der gemäß § 56 lit. b EVO. im Frachtbriefe (Anm. 118) oder durch nachträgliche Verfügung (§ 73 l. c.) bezeichneten Bestimmungsstation. Nur wenn der Absender im Frachtbriefe von vornherein auf die Benachrichtigung verzichtet oder der Eisenbahn bei Eintritt eines Ablieferungshindernisses die freie Verfügung überlassen hat oder der Fall des § 81 Abs. 1 Satz 3 (Anm. 327) vorliegt, bedarf es der Benachrichtigung nicht. Die Benachrichtigung hat an den gemäß § 56 lit. c im Frachtbriefe bezeichneten Absender (Spediteur ꝛc.) zu erfolgen, oder dessen daraus ersichtlichen Bevollmächtigten, nicht an den dahinter stehenden, an der

Beförderung interessierten Versender, auch nicht an dritte Personen, wenngleich sie zu den Leuten des Absenders gehören. Darauf, ob der Absender im Besitze des Frachtbriefduplikats ist (§ 73 Abs. 5), kommt es für die Benachrichtigung nicht an.

Die Benachrichtigung ist also in jedem Falle an den Absender zu richten, auch wenn die Ablieferungsstation weiß, daß er nicht im Besitze des Frachtbriefduplikats und somit eventuell zu den in § 73 Abs. 1 bezeichneten Verfügungen nicht berechtigt ist. (Zustimmend Düringer-Hachenburg Anm. II 2. A. M. Lehmann-Ring Nr. 7.) Denn mit diesen ist (Anm. 352 S. 354 ff.) — trotz der Bestimmung des § 73 Abs. 1 — das Verfügungsrecht des Absenders keineswegs erschöpft (vgl. § 65 Abs. 4; § 74 Abs. 2 u. 3; §§ 70, 71 Abs. 3, § 99). Die Ablieferungs- bzw. Versandstation macht sich somit haftpflichtig, wenn sie an Stelle des Absenders eine dritte Person (den Empfänger 2c.) benachrichtigt, weil diese sich im Besitze des Frachtbriefduplikats befindet. Dagegen steht nichts entgegen, daß außer dem Absender auch der Besitzer des Frachtbriefduplikats oder dritte Interessenten benachrichtigt werden. Insoweit aber der Absender eine der im § 73 Abs. 1 u. 2 bezeichneten Verfügungen treffen will, bedarf er hierzu gemäß § 73 Abs. 5 der Vorlegung des Frachtbriefduplikats oder des Aufnahmescheins und der übrigen im § 73 Abs. 3 vorgeschriebenen Formalitäten. Jede in anderer Form gegebene Verfügung des Absenders der im § 73 Abs. 1 u. 2 bezeichneten Art ist auch bei Ablieferungshindernissen nichtig und ihre Befolgung macht die Eisenbahn haftbar. Auch der Annahmeverzug des Empfängers oder seine ausdrückliche oder aus konkludenten Handlungen sich ergebende Annahmeverweigerung, in den Frachtvertrag einzutreten, vermag hieran nichts zu ändern. Der Absender muß auch in diesen Fällen die Konsequenzen des Umstandes, daß er sich des Frachtbriefduplikats begeben, tragen und kann Verfügungen über das Gut von der im § 73 Abs. 1 bezeichneten Art mangels des Duplikats bzw. Aufnahmescheins nur dann treffen, wenn er in legaler Form die Amortisation des Duplikats herbeigeführt hat. Die Bestimmung des § 73 Abs. 6 EVO., wonach bei Annahmeverweigerung des Empfängers dem Absender das volle Verfügungsrecht auch dann zusteht, wenn er das Frachtbriefduplikat oder den Aufnahmeschein nicht vorweisen kann, ist nichtig, weil sie gegen § 435 Abs. 2, § 471 Abs. 1 HGB. verstößt (s. § 73 Abs. 6 Anm. 362 S. 365). Daher ist auch die Verweisung des § 81 Abs. 1 Satz 1 auf § 73 Abs. 6 nichtig.

Die Benachrichtigung kann zwar — abgesehen von dem Falle des Satzes 2 (Anm. 426) — in jeder beliebigen Form — mündlich, durch Boten, schriftlich, telegraphisch 2c. bewirkt werden, aber sie muß durch die Versandstation geschehen. Die Bestimmungsstation ist weder berechtigt, noch verpflichtet, einen anderen Weg zu wählen. Unterläßt die Eisenbahn die Benachrichtigung gänzlich oder bewirkt sie dieselbe nicht unverzüglich oder nicht gehörig, so hat sie dem Absender allen ihm daraus erwachsenden Schaden zu ersetzen (ROHG. 20 347). Den Beweis über Existenz und Umfang des Schadens, sowie über das Verschulden der Bahn hat der klagende Absender zu führen (Schott 360, E 21 115, Schwab 220). Die Versandstation ist verpflichtet, die Benachrichtigung zu vermitteln (Rosenthal 163). Dagegen sind alle anderen Stationen berechtigt, die Vermittlung abzulehnen.

Hat die Eisenbahn die Benachrichtigung zur Post 2c. gegeben, so ist sie für den Schaden aus dem bestimmungsmäßigen Verkauf des Gutes nicht verantwortlich, wenn dem Absender die Benachrichtigung durch Verschulden der Post 2c. nicht zugegangen ist (E. 23 261). Ebenso nicht, wenn der Absender von dem Ablieferungshindernis bereits anderweit in Kenntnis gesetzt ist (E. 23 235). Auch kann das Gut unter der Voraussetzung des § 90 als in Verlust geraten betrachtet werden (Z. 9 83).

Vgl. hierzu die Allg. AusfBest. I—III (S. 432).

Die Allg. AbfVorschr. § 42 Ziff. 1—4, 6, 7, 12 u. 13 bestimmen über die Art, Form, Zeit und Kosten der Benachrichtigung, ferner Ziff. 5 über die Erinnerung des Absenders, wenn die Anweisung binnen der dort bestimmten Fristen nicht eingeht, und Ziff. 8 über die Wiederholung der Erinnerung.

Wenn der Empfänger, welcher die Annahme anfänglich verweigert hat, die Annahmeverweigerung zurücknimmt, bevor der um Verfügung angegangene Absender ein solche erteilt hat, so ist die Eisenbahn gemäß § 435 HGB., § 76 Abs. 2 EVO. berechtigt und verpflichtet, dem Empfänger Gut und Frachtbrief zu übergeben. Denn dieses Recht erlischt nach § 435 Satz 3 HGB., § 76 Abs. 2 Satz 3 EVO. erst, wenn der Absender der Eisenbahn eine nach Maßgabe des § 73 EVO. entgegengesetzte Verfügung erteilt hat. Dies ist aber durch die bloße Einholung der Verfügung noch nicht geschehen (s. § 73 Anm. 365 S. 367ff., Reindl, BZ. 1897 S. 491 und 1901 S. 1063, Bl. f. Rechtsanw. 72 578 Anm. 76, Schwab 202, Rosenthal 152, Gerstner, Suppl. 95 Bem. II, Entsch. des Zentralamtes vom 28. XII. 1893, Z. 2 30, E. 10 254 und des Österr. Oberst. Ger. 1. I. 1896, OLG. Karlsruhe Bad. Rechtsspr. 1903 S. 128 und AG. Tarnowitz E. 21 204, Zusatzbest. des internat. Eisenb.-Transp.-Verb. zu Art. 24 J.Ü. Z. 1903 S. 105; s. auch Z. 1906 S. 107ff.). Die zum Teil abweichende Annahme Senckpiehls, E. 21 204 und Rundnagels, daselbst S. 398 (s. auch LG. München v. 15. III. 1895, 6. XII. 1904, Z. 1897 S. 840 und HGer. Rouen 30. X. 1901), welche sich auf Bestimmungen des BGB. stützt, ist nicht zutreffend, da auf das BGB. nur dann zurückgegangen werden darf, wenn positive Bestimmungen des HGB. und der EVO. fehlen (vgl. hierzu Makower 1542). Unrichtig ist daher auch die Bestimmung der Allg. AbfVorschr. § 42 Ziff. 10, welche den Nachweis des Einverständnisses des Absenders zur nachträglichen Ablieferung erfordert.

426) Von der Regel des Satzes 1 des Abs. 1, daß die Bestimmungsstation die Benachrichtigung des Absenders durch die Versandstation in beliebiger Form zu bewirken hat, macht Satz 2 durch die Bestimmung eine Ausnahme, daß der Absender die unmittelbare Benachrichtigung durch die Post oder telegraphisch auf seine Kosten im Frachtbriefe vorschreiben und in diesem Falle auch seine Anweisung unter den im Tarife festzusetzenden Bedingungen gleichfalls unmittelbar an die Bestimmungsstation richten kann. Diese Bestimmung ist neu nach Analogie des Art. 24 Abs. 1 Satz 2 des J.Ü.

aufgenommen, weicht aber von diesem wesentlich dadurch ab, daß danach die Benachrichtigung nur auf telegraphischem Wege zu geschehen hat und ferner auch in diesem Falle durch die Versandstation (Eger, J.Ü.[a] 278. Übereinstimmend Z. 17 Nr. 11 S. 433). Die Bestimmung findet ihren Grund darin, daß der Absender sehr oft ein Interesse an schnellster Benachrichtigung zum Zwecke rechtzeitiger Verfügung über das unanbringliche Gut hat. Die Vorschrift des Absenders muß ausdrücklich im Frachtbrief, und zwar nach den Allg. AusfBest. III zum § 81 unter der Rubrik: „Zulässige oder vorgeschriebene Erklärungen" in der dort bezeichneten Form gestellt werden, und darf nur auf Benachrichtigung durch die Post oder Telegramm unter Übernahme der Kosten geschehen. „Unmittelbar" bedeutet ohne Vermittelung der Versandstation an den Absender selbst. Unter dieser Voraussetzung ist die Bestimmungsstation zur unmittelbaren Benachrichtigung des Absenders durch die Post oder Telegramm verpflichtet und macht sich durch Unterlassung der Benachrichtigung in der vorgeschriebenen Form haftpflichtig. Unter telegraphischer Benachrichtigung wird hierbei nach der Absicht der Bestimmung auch die telephonische zu begreifen sein. Diese Vorschrift des Absenders im Frachtbriefe gewährt ihm aber zugleich auch das Recht, seine Anweisung gleichfalls unmittelbar an die Bestimmungsstation zu richten, d. h. sie kann ebenso wie die Benachrichtigung ohne Vermittelung der Versandstation erfolgen. Die Bedingungen — in betreff der Form, der Kosten, Zeit rc. — sind im Tarife festzusetzen. Mangels einer bezüglichen Festsetzung kann die Anweisung in beliebiger Form erfolgen, ist also nicht auf Post oder Telegramm beschränkt; s. Allg. AusfBest. Ziff. IIIa (Antrag auf unmittelbare Benachrichtigung) und IIIb (Antrag auf frachtfreie Auslieferung). Vgl. hierzu: Allg. AbfVorschr. § 42 Ziff. 7.

427) Satz 3 des Abs. 1 ist — wie Satz 2 — neu in die EVO. aufgenommen und gewährt dem Absender das Recht, unter den im Tarife festzusetzenden Bedingungen im Frachtbrief vorzuschreiben, daß ihm das Gut bei Eintritt eines Ablieferungshindernisses ohne vorherige Benachrichtigung zurückgeschickt werde. Diese Vorschrift dient in zweifacher Hinsicht zur Beschleunigung, denn erstens bedarf es nicht der Benachrichtigung seitens der Bestimmungsstation und zweitens nicht der Anweisung des Absenders, weil diese bereits von vornherein im Frachtbriefe erteilt ist. Es wird also einerseits die Zeit der Benachrichtigung erspart und andererseits die Zeit, welche die Zurücksendungsanweisung gemäß § 73 EVO. braucht. Freilich hat nun der Absender ohne weitere Benachrichtigung und ohne seine Anweisung die Rücksendung des Gutes bei Eintritt des Ablieferungshindernisses, gleichviel welcher Art, zu gewärtigen. Doch begibt er sich durch die qu. Vorschrift nicht gänzlich seines Verfügungsrechtes. Erfährt er noch rechtzeitig vor der Rücksendung auf anderem Wege, als durch die Bestimmungsstation, von dem Ablieferungshindernisse, und will er entgegen seiner Vorschrift im Frachtbriefe die Rücksendung inhibieren und anderweit über das Gut verfügen, so ist er nach Maßgabe des § 73 hierzu berechtigt.

Die Vorschrift muß im Frachtbriefe geschehen, und zwar unter den im Tarife festzusetzenden Bedingungen — in betreff der Form, Rückfracht ꝛc. In Ziff. III der Allg. AusfBest. zu § 81 ist bestimmt, daß die Vorschrift im Frachtbriefe unter der Rubrik „Zulässige oder vorgeschriebene Erklärungen" zu erfolgen hat und in der dort angegebenen Form.

Zur Rücksendung bedarf es weder im Falle des Satzes 3, noch in den Fällen des Satzes 4 eines neuen Frachtvertrages oder eines neuen Frachtbriefes. Hat der Absender das bestimmungswidrig zurückgesandte Gut angenommen, so liegt in der Annahme die nachträgliche Genehmigung der Rückbeförderung. Ohne anderweite Weisung des Absenders hat die Rücksendung in derselben Weise (z. B. als Eilgut) zu erfolgen, wie die Sendung geschah (Z. 14 253, Sped. u. Schiff.-Ztg. 14 Nr. 20).

Satz 4 des Abs. 1 bestimmt im Zusammenhange mit Satz 3, daß „sonst", d. h. außer im Falle des Satzes 3, das Gut nur zurückgeschickt werden darf, wenn es der Absender infolge der Benachrichtigung verlangt. Die Worte „infolge der Benachrichtigung" sind unzulässig und stehen im Widerspruch mit § 73 Abs. 1 EVO., welcher dem Absender die Anweisung zur Zurücksendung uneingeschränkt gestattet, also auch ohne vorgängige Benachrichtigung bzw. infolge derselben. Unverkennbar ist der Ausdruck unrichtig gewählt. Es sollte nur im Gegensatz zu Satz 3 ausgesprochen werden, daß „sonst", d. h. ohne Vorschrift im Frachtbriefe (Satz 3), das Gut nur auf Verlangen bzw. Anweisung des Absenders, d. h. mit seinem Einverständnis, zurückgeschickt werden darf. Die Worte „infolge der Benachrichtigung" müssen in Fortfall kommen (s. J.Ü. Art. 24 Abs. 1 Satz 5).

Vgl. hierzu Makower 1542, Senckpiehl, E. 21 204, Rundnagel, E. 21 399.

428) Abs. 2 ist neu aufgenommen und bestimmt im Satz 1, daß für den Fall der Annahmeverweigerung des Empfängers und der Benachrichtigung des Absenders hiervon das Gut nur mit Zustimmung des Absenders abgeliefert werden darf, während nach Satz 2 in allen übrigen Fällen das Gut dem nachträglich zur Annahme bereiten Empfänger abgeliefert wird, wenn nicht inzwischen eine andere Verfügung des Absenders auf der Bestimmungsstation eingetroffen ist (Allg. AbfVorschr. § 42 Ziff. 10). Die Regel ist also, daß das Gut bei Ablieferungshindernissen — auch im Falle der Annahmeverweigerung — dem nachträglich zur Annahme bereiten Empfänger abgeliefert wird, wenn nicht inzwischen, d. h. während der Zeit von der Ankunft des Gutes bis zur Ablieferung, eine entgegenstehende Verfügung des Absenders bei der Bestimmungsstation eingetroffen ist. Dies entspricht den Bestimmungen des § 435 HGB. unter der Voraussetzung, daß die Verfügung des Absenders eine nach § 433 HGB. noch zulässige ist, insbesondere auch im Falle der Ausstellung eines Frachtbriefduplikats der Absender das Frachtbriefduplikat bei Erteilung seiner Anweisung vorlegt (§ 455 Abs. 2 HGB.). Denn die Bestimmung des § 73 Abs. 6 ist — wie in Anm. 362 S. 365 erörtert — nichtig.

Ausnahmsweise soll aber nach Satz 1 im Falle der Annahmeverweigerung des Empfängers die Ablieferung an den nachträglich zur Annahme bereiten Empfänger nur mit Zustimmung des Absenders erfolgen, wenn dieser von der Annahmeverweigerung benachrichtigt worden ist. Diese Ausnahmebestimmung ist zwar an sich zulässig, da § 435 HGB. nicht zu denjenigen Vorschriften gehört, deren Abänderung durch § 471 verboten ist. Da aber in der Zustimmung bzw. Nichtzustimmung zur Ablieferung an den nachträglich annahmebereiten Empfänger eine Anweisung an die Eisenbahn im Sinne des § 433 HGB. liegt, so ist im Falle der Ausstellung eines Frachtbriefduplikats die Vorlegung desselben gemäß § 455 Abs. 2 HGB. erforderlich (§ 471 HGB.).

429) Abs. 3 trifft Bestimmung über die Aufbewahrung und Hinterlegung der Güter bei Ablieferungshindernissen. Solche ist nicht erforderlich, wenn der Absender infolge der ihm gemäß Abs. 1 gewordenen Benachrichtigung alsbald eine ausführbare Anweisung erteilt, welche die Bestimmungsstation zu befolgen hat. Es kann aber zunächst der Fall eintreten, daß die Benachrichtigung des Absenders nicht tunlich ist, z. B. weil derselbe nicht zu ermitteln, verzogen, verstorben ist oder Verkehrsstörungen die Benachrichtigung unverhältnismäßig schwierig und kostspielig machen (Coermann, E. 16 181). Es kommt ferner der Fall in Betracht, daß der bestimmungsmäßig benachrichtigte Absender mit der Erteilung der Anweisung säumig ist, d. h. eine solche in der bei ordnungsmäßigem Geschäftsgange erforderlichen Zeit nicht erteilt (Allg. AbfVorschr. § 42 Ziff. 5 u. 8), sowie endlich, daß die Anweisung nicht ausführbar ist, sei es, daß sie gegen die Vorschriften des § 73 verstößt oder der Zustand der Güter oder andere konkrete Umstände die Ausführung nicht gestatten (tatsächliche oder rechtliche Nichtausführbarkeit). In diesen drei Fällen gibt § 437 Abs. 2 Satz 1 HGB. dem Frachtführer die Befugnis, das Gut in einem öffentlichen Lagerhaus oder sonst in sicherer Weise zu hinterlegen (vgl. § 373 Abs. 1 HGB.), und die EVO. ergänzt im § 81 Abs. 3 diese Bestimmung dahin, daß sie der Eisenbahn einerseits die Pflicht zuweist, das Gut auf Gefahr und Kosten des Absenders selbst auf Lager zu nehmen und dabei die Sorgfalt eines ordentlichen Kaufmannes anzuwenden, andererseits aber auch das Recht, nach ihrem Ermessen solche Güter, statt sie in eigene Lagerung zu nehmen, bei einem Spediteur oder in einem öffentlichen Lagerhause (s. Anm. 430) zu hinterlegen (Allg. AbfVorschr. § 42 Ziff. 14—16). Durch diese besonderen Vorschriften werden jedoch die Befugnisse nicht berührt, welche der Eisenbahn nach dem BGB. gegen den in Annahmeverzug befindlichen Empfänger bzw. Absender zustehen (arg. HGB. § 374, BGB. §§ 372ff., 383ff.).

Was die Pflicht der Eisenbahn anlangt, in den vorbezeichneten Fällen derartige Güter selbst auf Lager zu nehmen, so erfolgt gemäß Satz 1 die Lagerung auf Gefahr und Kosten des Absenders, doch mit der Sorgfalt eines ordentlichen Kaufmannes. Die Eisenbahn ist mit Beginn der Lagerung zwar von ihrer strengen Haftpflicht als Frachtführer (HGB. § 456, EVO. § 84) entbunden (Endemann, HR. 729, ROHG. 2 416, 11 290, RG. E. 1 270), und die Gefahren, welche trotz gehöriger, dem Gesetz entsprechender Verwahrung entstehen, treffen ebenso wie die Kosten der Lagerung, Verwahrung, Bewachung 2c. den Absender. Aber die Haftung als Verwahrerin (BGB. §§ 688ff.) hat die Eisenbahn bis zum Ende der Lagerung zu tragen, d. h. bis das Gut durch An- oder Abnahme seitens des Empfängers bzw.

Absenders oder durch Verkauf (EVO. § 81 Abs. 4) oder durch Niederlegung bei einem öffentlichen Lagerhause zc. (Abs. 3 Satz 2) aus ihrem Gewahrsam geht.

Die Allg. AbfVorschr. § 42 Ziff. 14 bestimmen, daß Wagenladungsgut zu entladen ist, soweit dies angängig und zweckmäßig ist.

430) Neben der Pflicht zur Lagerung in eigenen Räumen ist der Eisenbahn durch Satz 2 fakultativ das Recht gewährt, ohne Hilfe des Gerichts die Lagerung bei einem anderen zu bewirken (Thöl III 147, Endemann, R. d. E. 634, Allg. AbfVorschr. § 42 Ziff. 15, 16), aber auch in diesem Falle mit der Verbindlichkeit, für geeignete und sichere Unterbringung in anderen Räumen Sorge zu tragen. Die Hinterlegung darf daher nur bei einem Spediteur oder in einem öffentlichen Lagerhause erfolgen (vgl. § 373 Abs. 1 HGB.). Die Eisenbahn hat bei der Auswahl die Sorgfalt eines ordentlichen Kaufmannes zu prästieren (§ 347 HGB.). Einer gerichtlichen Verfügung dieser Maßnahme bedarf es nicht (Schott 360), ebensowenig vorheriger Benachrichtigung, abgesehen von der nach Abs. 1 erforderlichen. Die Eisenbahn darf die Übergabe unter Nachnahme der auf dem Gute haftenden Kosten und Auslagen bewirken, und zwar für Rechnung und Gefahr des Verfügungsberechtigten (§ 73).

Indem der Spediteur zc. diese Kosten zc. zahlt, tut er dies für den Absender und hat sich daher wegen Rückerstattung dieser Beträge und der ihm zustehenden Provision (§ 409) nur an diesen bzw. auf Grund seines Pfandrechts an das Gut (§ 410) zu halten. An die Eisenbahn hat er keinen weiteren Anspruch. Deckt also das Gut seine Forderung nicht und kann er auch anderweit vom Absender Befriedigung nicht erlangen, so hat er den Ausfall zu tragen (Ruckdeschel 155 ff., Wehrmann 193).

Die Allg. AbfVorschr. § 42 Ziff. 16 u. 19 bestimmen: „Mit der Überweisung an den Spediteur zc. erlöschen alle Verbindlichkeiten aus dem ursprünglichen Frachtvertrage, die weitere Regelung erfolgt lediglich durch Benehmen des Spediteurs oder des Lagerhausbesitzers unmittelbar mit dem Absender. Hierauf sind diese Personen bei der Überweisung ausdrücklich hinzuweisen. Von der Hinterlegung ist der Absender und der Empfänger unverzüglich und unmittelbar (nach Muster) zu benachrichtigen, es sei denn, daß dies untunlich ist. Von der Hinterlegung des Gutes ist der Versandstation (nach Muster) Mitteilung zu machen. Wird der Frachtbrief vom Empfänger eingelöst, das Gut jedoch nicht innerhalb der tarifmäßig festgesetzten Frist abgenommen, so ist nach § 81 Abs. (6) EVO. zu verfahren. Eine Mitteilung an die Versandstation findet in diesem Falle nicht statt."

431) Abs. 4 Satz 1 erklärt im Anschluß an § 437 Abs. 2 Satz 2 HGB., wonach der Frachtführer das Gut, falls es dem Verderben ausgesetzt und Gefahr im Verzuge ist, gemäß § 373 Abs. 2—4 HGB.*) verkaufen lassen kann

---

*) § 373 Abs. 2—4 HGB. lauten:

Er (sc. der Verkäufer) ist ferner befugt, nach vorgängiger Androhung die Ware öffentlich versteigern zu lassen; er kann, wenn die Ware einen Börsen- oder Marktpreis hat, nach vorgängiger Androhung den Verkauf auch aus freier Hand durch einen zu solchen Verkäufen öffentlich ermächtigten Handels-

(vgl. auch § 383 Satz 2 BGB.), die Eisenbahn auch für berechtigt, den Verkauf von Gütern, die nicht abgeliefert werden können, ohne Mitwirkung des Gerichts herbeizuführen. Die Eisenbahn ist berechtigt, aber nicht verpflichtet (Thöl III 147, Schott 360, 361) — außer wenn sie durch Verzögerung des Verkaufes (bei leicht verderblichen Waren) die Pflicht eines Verwahrers bzw. die Sorgfalt eines ordentlichen Kaufmannes verletzen würde (ROHG. 11 290). Dieses Recht steht der Eisenbahn nicht nur insoweit zu, als es zur Bezahlung der Fracht- rc. Forderungen unbedingt notwendig ist (ROHG. 8 318), sondern schlechthin unter folgenden Voraussetzungen:

In betreff der Zeit der Ausübung wird unterschieden: 1. Alle Güter, die nicht abgeliefert werden können (Abs. 1 Anm. 425), gleichviel welcher Art das Hindernis ist, dürfen, wenn sie dem schnellen Verderben unterliegen oder wenn sie nach den örtlichen Verhältnissen weder eingelagert, noch einem Spediteur übergeben werden können, sofort verkauft werden (Abs. 4 lit. a). Sobald eine dieser Voraussetzungen vorliegt, ist die Eisenbahn befugt, unverzüglich Anstalten zur Veräußerung zu treffen und diese zu bewirken, ohne den Beginn des Verderbens der Güter rc. abzuwarten. Es genügt die Neigung zum Verderb (das Unterliegen) oder die Unmöglichkeit der Lagerung bzw. Übergabe an einen Spediteur. Daß auch „Gefahr im Verzuge“ sei — wie nach § 437 Abs. 2 HGB. — ist nicht erforderlich. 2. Güter, bei welchen das Ablieferungshindernis in der Unmöglichkeit der Ablieferung an den Empfänger und in der Nichtzurücknahme durch den Absender besteht, dürfen, falls nicht eine der unter 1 bezeichneten Voraussetzungen (des schnellen Verderbs rc.) vorliegt, nicht sofort, sondern erst vier Wochen nach Ablauf der lagerzinsfreien Zeit verkauft werden. Beide Voraussetzungen müssen vereint vorliegen. Eine allein genügt nicht. Doch ist auch bei diesen ein früherer Verkauf gestattet, wenn der Wert solcher Güter durch längeres Lagern unverhältnismäßig vermindert würde oder wenn die Lagerkosten in keinem Verhältnisse zum Werte des Gutes stehen würden (Abs. 4 lit. b). Mit Rücksicht auf die allgemein gehaltene Fassung „schon früher“ kann also der Verkauf nach Maßgabe der Gefahr oder Wertverminderung entweder sofort (wie bei den Gütern Abs. 4a) oder innerhalb der lagerzinsfreien Zeit oder innerhalb vier Wochen nach Ablauf dieser Zeit stattfinden. Ob eine Wertverminderung zu befürchten ist, ist Tatfrage und bei Streit vom Richter nachträglich zu entscheiden. Was unter „lagerzinsfreier“ Zeit zu verstehen, ist Anm. 420 erörtert. Die Berechnung der vier Wochen beginnt mit dem auf den Ablauf der Lagerfrist folgenden Tag.

Die Eisenbahn ist befugt, den Verkauf bestmöglich ohne Förmlichkeit zu bewirken. § 437 (bzw. § 373 Abs. 2—4) HGB. ist nicht jus cogens, kann also

---

makler oder durch eine zur öffentlichen Versteigerung befugte Person zum laufenden Preise bewirken. Ist die Ware dem Verderb ausgesetzt und Gefahr im Verzuge, so bedarf es der vorgängigen Androhung nicht; dasselbe gilt, wenn die Androhung aus anderen Gründen untunlich ist.

Der Selbsthilfeverkauf erfolgt für Rechnung des säumigen Käufers.

Der Verkäufer und der Käufer können bei der öffentlichen Versteigerung mitbieten.

durch die EVO. abgeändert werden. „Bestmöglich“ geschieht der Verkauf, wenn er auf die den Interessen sämtlicher Beteiligten, des Absenders ꝛc. wie der Eisenbahn, nach Lage der Sache günstigste Weise, mit der Sorgfalt eines ordentlichen Kaufmannes erfolgt (Ruckdeschel 159 Nr. 13, Schott 361). Dies ist Tatfrage (ROHG. 8 323, vgl. auch 4 4). Der Geschädigte hat den Nachweis zu führen, daß der Verkauf nicht bestmöglich erfolgt sei. Daß ferner der Verkauf ohne Förmlichkeit erfolgen darf, gewährt der Eisenbahn volle Freiheit über Art und Form des Verkaufes. Sie darf gegebenenfalls sowohl im Wege der öffentlichen Versteigerung wie freihändig, auch wenn die Ware keinen Börsen- oder Marktpreis hat, und ohne jede vorgängige gerichtliche Anordnung, Publikation, Androhung, Anzeige ꝛc. den Verkauf herbeiführen, soweit nur die Sachlage dies als das günstigste erscheinen läßt. Auch braucht sie den Verkauf weder durch einen zu solchen Verkäufen öffentlich ermächtigten Handelsmakler, noch durch eine zu öffentlichen Versteigerungen befugte Person zu bewirken (BGB. §§ 383, 384, HGB. § 373).

Die einzige mit dem Verkaufe zusammenhängende Formvorschrift der EVO. ist die im Satz 2 des Abs. 4 enthaltene, daß von dem bevorstehenden Verkauf der Absender und der Empfänger, wenn dies tunlich, d. h. seine Adresse bekannt ist, die Dringlichkeit es zuläßt ꝛc., benachrichtigt werden soll (BGB. § 384 Abs. 2, 3, HGB. § 373 Abs. 5). Daß auch der Empfänger zu benachrichtigen ist, ist neu hinzugefügt, weil er — nach der Begr. 116 — „sich hierdurch noch zur Annahme der Sendung bestimmen lassen kann“. Doch ordnen die Allg. AbfVorschr. § 42 Ziff. 17 u. 18 an, daß der Verkauf unter Berücksichtigung der etwa bestehenden besonderen gesetzlichen Bestimmungen und nach vorheriger angemessener Bekanntmachung in geeigneten Kreisen — keinesfalls nur unter Heranziehung von Eisenbahnbediensteten — öffentlich gegen Meistgebot zu bewirken ist, sodann daß über jeden Verkauf eine Verhandlung aufzunehmen und in derselben unter Anschluß der Beläge die Art der Bekanntmachung, der Name des Käufers, sowie das Meistgebot ersichtlich zu machen ist. Die Verhandlung ist von zwei Beamten zu unterschreiben.

Ferner soll nach Abs. 11 l. c. bei leicht verderblichen Gegenständen in allen Fällen wie folgt verfahren werden: „Wenn die Annahme solcher Sendungen verweigert oder die Einlösung des Frachtbriefes nicht binnen der im § 81 EVO. bezeichneten Frist bewirkt wird, und nach dem pflichtmäßigen Ermessen der Abfertigungsstelle bzw. nach dem Gutachten eines erforderlichenfalls zugezogenen Sachverständigen, eine unverzügliche Verwertung des Gutes zur Verhütung des Verderbens oder einer erheblichen Wertminderung desselben geboten ist, so ist nach sofortiger unmittelbarer Benachrichtigung des Absenders durch gebührenpflichtiges Privattelegramm, sowie nach Benachrichtigung des Empfängers der Verkauf nach Maßgabe der hierfür erteilten Vorschriften vorzunehmen. Erscheint nach der Beschaffenheit des Gutes der Verkauf nicht dringlich, so ist die Anweisung des Absenders durch gebührenpflichtiges Privattelegramm einzuholen. Vor Eingang dieser Anweisung darf mit dem Verkaufe des Gutes nicht vorgegangen werden, falls sich nicht nachträglich herausstellen oder durch Sachverständige bestätigt werden sollte, daß bei längerer Zögerung der Verderb oder eine erhebliche Wertminderung des Gutes mit Sicherheit zu erwarten ist."

Auch durch die besonderen Vorschriften des Abs. 4 werden die Befugnisse nicht berührt, welche der Eisenbahn nach dem BGB. zustehen, wenn der Empfänger bzw. Absender im Annahmeverzuge ist (arg. HGB. § 374, s. BGB. §§ 372 ff., 386 ff., s. oben S. 442).

Neu hinzugefügt ist die Bestimmung des Satzes 3, welcher die Eisenbahn berechtigt, bei Selbstverkauf des Gutes außer den baren Auslagen eine im Tarife festzusetzende Gebühr zu erheben. Diese Bestimmung hat in betreff der Gebühr eine neue, bisher nicht vorhanden gewesene Belastung des Publikums zugunsten der Eisenbahnen zur Folge. Zur Begründung wird angeführt, die Gebühr sei erforderlich, weil dem „hier und da" bemerkten Bestreben, die Eisenbahn als Verkaufsvermittler für unbestellt abgesandte Waren zu benutzen, ein Riegel vorgeschoben werden müsse. Aber der Umstand, daß dies „hier und da" vorkommt, bildet keinen ausreichenden Grund zu einer allgemeinen Belastung der Beförderungsinteressenten.

Die Allg. AbfVorschr. § 42 Ziff. 20 regeln das Verfahren für den Fall, daß unanbringliche Güter vernichtet werden müssen.

432) In fast wörtlicher Übereinstimmung mit § 437 Abs. 3 HGB. (vgl. auch § 373 Abs. 5 l. c., § 374 Abs. 2, § 384 Abs. 2 u. 3, § 1220 Abs. 2 u. 3 BGB.) legt Abs. 5 § 81 Satz 1 EVO. der Eisenbahn die Verpflichtung auf, den Absender und den Empfänger von der Hinterlegung und vom erfolgten Verkaufe des Gutes unverzüglich zu benachrichtigen (Allg. AbfVorschr. § 42 Ziff. 16, 17, 18). Beiden — dem Absender und Empfänger — gegenüber hat die Eisenbahn nach Abs. 5 die Benachrichtigungspflicht, während sie ihr nach Abs. 1 nur dem Absender gegenüber obliegt. Dieselbe fällt nur dann fort, wenn die Benachrichtigung untunlich ist. Vgl. über unverzügliche Benachrichtigung Anm. 425 S. 437 und über die Untunlichkeit derselben Anm. 429 S. 442. Sowohl von der Hinterlegung, wie vom erfolgten Verkaufe ist Nachricht zu geben. Erfolgt aber zunächst Hinterlegung (Abs. 2 Satz 2) und sodann Verkauf durch den Spediteur ꝛc., so liegt der Eisenbahn nur die Benachrichtigung über die Hinterlegung, nicht auch über den Verkauf ob. Denn mit der Hinterlegung bei dem Spediteur ꝛc. erlöschen ihre Verbindlichkeiten aus dem Frachtvertrage und die weitere Regelung erfolgt lediglich durch Benehmen des Spediteurs oder des Lagerhauses unmittelbar mit dem Absender (Allg. AbfVorschr. § 42 Ziff. 16).

Unterläßt die Eisenbahn die unverzügliche Benachrichtigung sowohl der Hinterlegung, wie des erfolgten Verkaufes, und zwar gleichviel in welcher Form und Art, oder trifft sie ein Verschulden bei Ausführung der Hinterlegung und des Verkaufs, so ist sie dem dadurch Geschädigten ersatzpflichtig, und zwar nach BGB. §§ 249, 276, HGB. §§ 429, 425 für jedes Verschulden (z. B. bei Modewaren, welche durch längere Lagerung unmodern werden, ROHG. 15. III. 1876 20 347). Ist aber die Gegenpartei im Annahmeverzug, so haftet die Bahn ihr nur für Vorsatz und grobe Fahrlässigkeit (BGB. §§ 300, 324 Abs. 2). Die Ersatzpflicht erstreckt sich auf beide Fälle. Aber die Gültigkeit des Verkaufes wird durch die Unterlassung nicht berührt (HGB. § 373 Abs. 5 Satz 2, § 437 Schlußsatz).

Satz 2 verpflichtet ferner die Eisenbahn, dem Absender den Verkaufserlös nach Abzug der Auslagen und Gebühren zur Verfügung zu stellen. Unter „Gebühren" ist die durch Abs. 4 Satz 3 neu eingeführte Verkaufsgebühr (Anm. 431 S. 446) gemeint (Begr. 116).

Die Eisenbahn hat nach den Allg.AbfVorschr. § 42 Ziff. 18 den Verkaufserlös nach Abzug der Kosten (Insertions-, Versteigerungs- 2c. Kosten) und der auf dem Gute haftenden Frachten, Barvorschüsse, Nebengebühren und Auslagen, sowie der Verkaufsgebühr dem Absender zur Verfügung zu stellen, während die Nachnahme nach Eingang auf die Versandstation zurückzurechnen ist. Deckt der Erlös die auf dem Gute haftenden Frachtgebühren einschließlich aller Nebenkosten nicht, so ist der ungedeckt gebliebene Betrag — gegebenenfalls mit der Nachnahme nach Eingang — auf die Versandstation zurückzurechnen und vom Absender einzuziehen. Denn dieser wird durch den bahnseitigen Verkauf von seiner Zahlungspflicht nicht frei (ROHG. 15 35). Die Eisenbahn darf aber von dem Erlöse nur die durch den vorliegenden Frachtvertrag begründeten Forderungen 2c., bezüglich deren sie gemäß Art. 440 HGB. ein gesetzliches Pfandrecht hat, abziehen, nicht aber Forderungen 2c., die mit diesem Frachtvertrage nicht im Zusammenhange stehen. Ist der Absender nicht zu ermitteln, verweigert derselbe die Annahme oder ergeben sich andere Zahlungshindernisse, so muß die Eisenbahn mit dem Betrage nach Maßgabe der betreffenden Bestimmungen über Zahlungshindernisse (Hinterlegung 2c.) verfahren, um sich von der Zahlungspflicht zu befreien (ROHG. 15 35, Schott 361 Anm. 55).

433) Abs. 6 ist neu aufgenommen. Der entsprechende § 70 der bisherigen EVO. stellte die Verzögerung der Annahme und der Abnahme der Güter als Ablieferungshindernis gleich und regelte beide nach demselben Verfahren. Dies war unrichtig, weil zwar bis zum erfolgten Eintritt des Empfängers in den Vertrag die Vertragsrechte und Pflichten des Absenders, insbesondere seine Verfügungsrechte fortbestehen (§§ 433, 435, 455 HGB., § 73 EVO.), dagegen mit dem Eintritt des Empfängers erlöschen und der Empfänger allein berechtigt und verpflichtet ist, so daß die Verzögerung oder Verweigerung der Abnahme den Absender nicht mehr berührt. Mit Recht hat daher die neue EVO. eine Trennung des Verfahrens eintreten lassen, je nachdem es sich um die Annahme oder die Abnahme des Gutes handelt. Für die Verzögerung oder Verweigerung der Annahme gelten die Abs. 1—5 des § 81, während über die der Abnahme der neue Abs. 6 Bestimmung trifft. Ist der Empfänger durch Einlösung des Frachtbriefs in den Frachtvertrag eingetreten, (§ 433 Abs. 2, §§ 435, 436 HGB., § 73 Abs. 9, § 76 Abs. 2 u. 4 EVO.), so ist er zur Abnahme des Gutes verpflichtet und die Folgen der Verzögerung oder Verweigerung derselben treffen ihn allein. Die Annahme, daß der Empfänger nach der Übergabe des Frachtbriefs denselben wieder zurückgeben und dadurch auf seine Vertragsrechte und Pflichten, insbesondere das Verfügungsrecht und die Übergabe des Gutes verzichten könne (Makower 1528) ist unrichtig (s. § 73 Abs. 9 Anm. 365). Die Eisenbahn hat das nicht innerhalb der für die Abnahme festgesetzten Frist abgenommene Gut auf Gefahr und Kosten des Empfängers auf Lager zu

nehmen und den Empfänger nach Satz 1 — indem die Benachrichtigung von der Ankunft des Gutes als erste Aufforderung gilt — nochmals zur Abnahme das nicht fristzeitig abgenommenen Gutes aufzufordern und zu benachrichtigen, daß das Gut auf seine Gefahr und Kosten lagert. Freilich stimmt das Wort „nochmals" nicht für die Güter, bezüglich deren die Benachrichtigung unterbleibt (§ 79 Abs. 5), wäre also besser fortgeblieben.

Nach Satz 2 sollen für die Lagerung solcher nicht abgenommenen Güter, für die Überweisung an einen Spediteur oder an ein öffentliches Lagerhaus sowie für den Verkauf „sinngemäß" die Vorschriften der Abs. 3 bis 5 zur Anwendung kommen, d. h., was dort in Beziehung auf den Absender vorgeschrieben ist, soll hier in Beziehung auf den Empfänger, soweit dies dem Rechtsverhältnisse entspricht, gelten. Es ist nicht ersichtlich, weshalb im Falle der verzögerten oder verweigerten Abnahme des Empfängers dieser nochmals zur Abnahme aufgefordert werden soll, während der Absender nur einmal um seine Anweisung anzugehen ist. Ferner ist nicht bestimmt, wie lange nach Erlaß der zweiten Aufforderung mit den Maßregeln des Abs. 3—5 gewartet werden soll. Mangels einer Bestimmung ist anzunehmen, daß bei schnell verderblichen Gütern (Abs. 4 a) eine nochmalige Aufforderung überhaupt wegfällt, ferner, daß bei anderen Gütern (Abs. 4 b) die Wartezeit zur Abholung bzw. zum Verkauf des Gutes jedenfalls in die im Abs. 4 b angegebene Frist fällt. Die Erhebung einer Verkaufsgebühr ist hier nicht vorgeschrieben, obwohl der Grund hierfür ebenso zutrifft, wie im Falle des Abs. 4 Satz 3.

Satz 3 verpflichtet die Eisenbahn, im Falle des Verkaufs des nicht abgenommenen Gutes den Erlös dem Empfänger nach Abzug der Kosten zur Verfügung zu stellen. Verkaufsgebühren kommen hier nicht in Abzug (s. Satz 2), wohl aber die Kosten. Weshalb abweichend vom Abs. 5 (s. auch Abs. 4 Satz 3) statt „bare Auslagen" der Ausdruck „Kosten" gebraucht ist, ist nicht ersichtlich, soll aber ohne Zweifel dasselbe bedeuten.

§ 82.

Feststellung von Minderung, Beschädigung oder Verlust des Gutes durch die Eisenbahn[434]).

(1) Wird eine Minderung oder Beschädigung des Gutes von der Eisenbahn entdeckt oder vermutet oder vom Verfügungsberechtigten behauptet, so hat die Eisenbahn den Zustand des Gutes, den Betrag des Schadens und, soweit dies möglich, die Ursache und den Zeitpunkt der Minderung oder Beschädigung ohne Verzug schriftlich festzustellen. Eine Feststellung hat auch bei Verlust des Gutes stattzufinden[435]).

(2) Das Ergebnis ist den sich ausweisenden am Frachtvertrage Beteiligten auf Verlangen bekanntzugeben[436]).

(3) Zur Feststellung in Minderungs- oder Beschädigungsfällen sind unbeteiligte Zeugen oder Sachverständige und, wenn möglich, auch der Verfügungsberechtigte zuzuziehen[437]).

(4) Ergibt die auf Veranlassen des Verfügungsberechtigten vorgenommene Untersuchung keine oder nur eine von der Eisenbahn schon anerkannte Minderung oder Beschädigung, so hat er die entstandenen Kosten zu tragen[438]).

Alte EVO. § 71. HGB. § 464 Abs. 1, § 438 Abs. 4, § 471. J.Ü. Art. 25.

434) Unabhängig neben dem allen Beteiligten — also auch der Eisenbahn — bei Ablieferungshindernissen (HGB. § 437, EVO. § 81) zustehenden Rechte, eine Feststellung des Zustandes des Gutes unter Mitwirkung des Gerichts herbeizuführen, wenn die Voraussetzungen des § 485 ZPO. vorliegen, und dem Rechte der Eisenbahn aus § 488 l. c., die Beweisaufnahme zu beantragen, auch ohne daß die Voraussetzungen des § 485 vorliegen, steht die der Eisenbahn durch § 82 EVO. auferlegte Pflicht, außergerichtlich ohne Verzug eine schriftliche Feststellung des Zustandes des Gutes, des Betrages des Schadens und, soweit dies möglich, der Ursache und des Zeitpunktes der Minderung oder Beschädigung, vorzunehmen, wenn diese Schäden von der Eisenbahn entdeckt oder vermutet oder vom Verfügungsberechtigten behauptet werden, und auch bei Verlust des Gutes eine Feststellung zu bewirken. Daß von den entsprechenden, mit Art. 25 Abs. 1 u. 2 des J.Ü. übereinstimmenden Vorschriften des § 71 Abs. 1 u. 2 der bisherigen EVO. erheblich abgewichen ist, wird in den Motiven (S. 116) ganz kurz und beiläufig mit „Vereinfachungen der Fassung" begründet. Es ist zu bedauern, daß auch hier die mühsam hergestellte bisherige Übereinstimmung der bezüglichen Vorschriften des J.Ü. und der EVO. ohne jeden genügenden Grund wieder aufgehoben worden ist. Auch handelt es sich keineswegs um bloße „Vereinfachung der Fassung", sondern um wesentliche, materiellrechtliche Änderungen. Denn der im Art. 25 Abs. 1 J.Ü. und § 71 Abs. 1 der bisherigen EVO. an die Spitze gestellte Grundsatz, daß in allen Verlust-, Minderungs- und Beschädigungsfällen die Eisenbahnverwaltungen sofort eine eingehende Untersuchung vorzunehmen, das Ergebnis schriftlich festzustellen und dasselbe den Beteiligten auf ihr Verlangen mitzuteilen haben, ist aufgehoben und auf die oben angeführten, in § 82 Abs. 1 der neuen EVO. bezeichneten Sonderfälle beschränkt worden, und zwar mit der Modifikation, daß in diesen an die Stelle der protokollarischen Feststellung die schriftliche tritt. Irgendein Grund für diese Beschränkung, also z. B. für den Fall, daß die Minderung oder Beschädigung durch einen Dritten entdeckt wird usw., ist in den Motiven nicht angegeben. Es tritt also der Mißstand ein, daß die Pflicht der Eisenbahn zur Schadensfeststellung im internationalen Verkehre fortan eine weitergehende ist, als im internen Verkehre. Eine „eingehende Untersuchung" ist selbst für die im § 82 bezeichneten Sonderfälle nicht mehr vorgeschrieben, es soll lediglich eine „schriftliche Feststellung" stattfinden. Allg. AbfVorschr. § 37 Abs. 1. Das Verfahren regelt Anh. C zu den Allg. AbfVorschr. „Vorschriften über das Ermittlungsverfahren bei beschädigten oder mit Gewichtsverminderung vorgefundenen sowie bei fehlenden und überzähligen Gepäckstücken und Gütern."

Die Tatbestandsaufnahmen gemäß § 71 (jetzt 82) EVO. gehören zu den öffentlichen Urkunden im Sinne der ZPO. § 415, ohne daß es der Beeidigung der protokollierenden Beamten bedarf (LG. Mühlhausen 26. XI. 1901, E. 18 343, s. auch RGZ. 64 169).

435) Nach Abs. 1 Satz 1 soll in den besonderen Fällen, in welchen eine Minderung oder Beschädigung des Gutes von der Eisenbahn entdeckt oder vermutet oder vom Verfügungsberechtigten behauptet wird, eine schriftliche Feststellung in den nachstehend erörterten Richtungen erfolgen. Auf Lieferfristüberschreitung bezieht sich § 82 nicht. Sie unterliegt lediglich den allgemeinen Vorschriften.

Minderung ist teilweiser Verlust am Gewicht, Maß, Stückzahl, Beschädigung ist Verschlechterung, Verderb, Zerbrechen, Durchnässen, Faulen, Schwinden, Rosten rc., und zwar von der Annahme zur Beförderung bis zur Ablieferung, und gleichviel, ob ein Schadensanspruch zu gewärtigen ist und ob er gerichtlich oder außergerichtlich geltend gemacht werden wird. In betreff der Begriffe „Minderung und Beschädigung" wird auf die Erläuterung zu § 84 (Anm. 445) verwiesen.

Der erste Fall ist, daß eine Minderung oder Beschädigung des Gutes (s. über diese Begriffe § 84 Anm. 445) von der Eisenbahn entdeckt, d. h. von ihren Organen zuerst wahrgenommen wird (E. 24 65). Die Entdeckung muß von der Eisenbahn bzw. ihren Organen ausgehen, bei einer Entdeckung von dritter Seite, auch nicht von seiten des Verfügungsberechtigten, greift also Abs. 1 nicht Platz. Der zweite Fall besteht darin, daß Minderung, Beschädigung oder Verlust von der Eisenbahn vermutet, d. h. aus gewissen Indizien gefolgert wird (E. 24 65). Auch hier kommt es auf die Initiative der Eisenbahn bzw. ihrer Organe an. Auf Vermutungen seitens Dritter, gleichviel ob Beteiligter oder Unbeteiligter, findet Abs. 1 keine Anwendung. Der dritte Fall endlich ist, daß Minderung, Beschädigung oder Verlust seitens des Verfügungsberechtigten behauptet, d. h. der Eisenbahn bzw. ihren zuständigen Organen gegenüber in geeigneter Weise angegeben wird, es liege eine dieser Tatsachen vor. Die Behauptung darf nur vom Verfügungsberechtigten ausgehen, d. h. da es sich hier nicht um eine Anweisung im Sinne des § 73 handelt, bis zur Übergabe des Frachtbriefs an den Empfänger oder Zustellung der Klage desselben nach Ankunft des Gutes am Bestimmungsort nur vom Absender, von diesem Zeitpunkte ab nur vom Empfänger.

Liegt einer der drei vorerörterten Fälle vor, so tritt als Folge die Verpflichtung der Eisenbahn ein, eine schriftliche Feststellung zu bewirken, jedoch nicht in bezug auf alle, sondern nur in bezug auf folgende Tatumstände: 1. den Zustand des Gutes, 2. den Betrag des Schadens und — soweit möglich — 3. die Ursache und 4. den Zeitpunkt der Minderung oder Beschädigung. Auf diese vier Punkte kann sich die schriftliche Feststellung beschränken, in betreff aller übrigen Punkte ist es dem Ermessen der Bahn überlassen, ob und in welcher Form sie eine Feststellung veranlassen will. Während über die Möglichkeit, den Zustand des Gutes und den Schadensbetrag in vollem Umfange festzustellen, an sich kein

Zweifel besteht, ist in betreff der Feststellung der Punkte 3 und 4 (Ursache und Zeitpunkt) durch die Worte: „und soweit dies möglich" angedeutet, daß deren Feststellung unter Umständen überhaupt nicht oder doch nur teilweise, nicht vollständig möglich sein wird, mithin die Feststellungspflicht der Eisenbahn sich hier auf die Grenzen des — im gewöhnlichen Geschäftsgange — Möglichen zu beschränken hat. Außergewöhnliche, mit unverhältnismäßigen Mühewaltungen und Kosten verknüpfte Maßnahmen können den Eisenbahnen hierbei nicht zugemutet werden.

Während für die etwa erforderliche Untersuchung selbst eine Form nicht vorgeschrieben ist, mithin die erforderlichen Erhebungen in jeder beliebigen Form erfolgen können, ist für die Feststellung der vier im Abs. 1 bezeichneten Tatsachen eine bestimmte Form angeordnet, sie sollen schriftlich festgestellt werden, d. h. den Bahnverwaltungen liegt die Verpflichtung aktenmäßiger Feststellung ob. Daraus ergibt sich, daß es nicht zulässig ist, die Feststellung bloß auf den Frachtbriefen, Duplikaten, Frachtkarten 2c. zu notieren. Eine weitere Formvorschrift existiert aber nicht, es genügt die einfache schriftliche Form, eine besondere Art der Schriftlichkeit oder das Hinzutreten noch anderer Förmlichkeiten ist nicht angeordnet.

Die Feststellung soll ohne Verzug erfolgen, d. h. alsbald nach der Entdeckung oder Vermutung der Eisenbahn oder nach der Behauptung seitens des Verfügungsberechtigten, mit tunlichster Beschleunigung nach Maßgabe des ordnungsmäßigen Geschäftsganges (s. § 81 Anm. 425, BGB. § 121, ROHG. 20 347). (Allg. AbfVorschr. § 37 u. § 40 Ziff. 3—5.)

Nach Satz 2 hat auch bei Verlust des Gutes eine Feststellung des Gutes stattzufinden. Diese Bestimmung ist unklar. Es ist aus derselben nicht ersichtlich, ob auch bei Verlust des Gutes die Feststellung nur in den Sonderfällen des ersten Satzes stattfinden soll, und auch, wie in diesen, schriftlich und ohne Verzug. Man wird dies aber mit Rücksicht auf den engen Zusammenhang beider Sätze annehmen müssen, doch hat sich die Feststellung nur auf die Ursache und den Zeitpunkt des Verlustes zu beschränken, da der Zustand und der Schadensbetrag hier der Natur der Sache nach sich nicht feststellen läßt. Unter „Verlust" ist das Nichtvorhandensein des Gutes, gleichviel aus welchen Gründen, sei es durch Vernichtung, Abhandenkommen, Entwendung, Konfiskation 2c. zu verstehen (s. über diesen Begriff: § 84 Anm. 445 S. 459).

Für die Unterlassung oder Verzögerung der Feststellung ist die Eisenbahn dem Entschädigungsberechtigten schadensersatzpflichtig. Ob sich das Gut noch im Gewahrsam der Eisenbahn befindet, ist für ihre Feststellungspflicht ohne Belang.

436) Abs. 2 verpflichtet die Eisenbahn, „das Ergebnis — sc. der im Abs. 1 vorgeschriebenen schriftlichen Feststellung — den sich ausweisenden am Frachtvertrage Beteiligten auf Verlangen bekanntzugeben". Während die Verpflichtung der Eisenbahn aus Abs. 1 von Amts wegen zu erfüllen ist, ohne daß ein Antrag abgewartet werden darf, hat die Mitteilung des Ergebnisses an die Beteiligten nur auf deren Verlangen, also nicht von Amts wegen zu erfolgen. Alsdann darf sie aber nicht verweigert werden und muß gleichfalls sofort geschehen. Beteiligte sind alle, welche ein nachweislich

berechtigtes Interesse zur Sache haben, also nicht allein der forderungsberechtigte Absender bzw. Empfänger (wie Rundnagel 274 annimmt), sondern auch der Eigentümer, Verkäufer, Käufer des Gutes, der Zessionar, die Beförderungsversicherungsanstalt 2c. (A. M. Janzer und Burger 195.) Hierüber muß sich der Beteiligte in geeigneter Weise, z. B. durch Vorlegung des Frachtbriefduplikats, Avises 2c. ausweisen. Nach den Allg. AbfVorschr. § 37 Ziff. 3 ist über Beschädigungen und Verlust an Gütern, welche voraussichtlich Anlaß zu Entschädigungsforderungen geben, dem Empfänger (also auch ohne sein Verlangen) sofort nach geschehener Entdeckung Mitteilung zu machen, und sind bei der weiteren Regelung der Angelegenheit die in den §§ 82 u. 91 EVO. gegebenen Bestimmungen zu beachten. Für das „Verlangen" ist eine besondere Form nicht vorgeschrieben.

437) Abs. 3 schreibt obligatorisch vor, daß zu der nach Abs. 1 zu bewirkenden schriftlichen Feststellung in Minderungs- und Beschädigungsfällen unbeteiligte Zeugen oder Sachverständige und, wenn möglich, auch der Verfügungsberechtigte zuzuziehen sind. Es handelt sich hierbei nicht um eidlich zu vernehmende Zeugen und Sachverständige im Sinne der ZPO., sondern nur um Personen, die uneidlich über die bezüglichen Tatsachen, Beschaffenheit und Wert des Gutes 2c. Erklärungen abgeben können. Für Verlustfälle besteht diese Vorschrift nicht, obwohl auch in diesen die Vernehmung von Zeugen 2c. von Bedeutung sein kann. Jedenfalls ist es der Eisenbahn nicht benommen, auch in Verlustfällen Zeugen 2c. zuzuziehen.

Welche Rechtswirkungen mit der schriftlichen Feststellung sowie mit der Unterlassung derselben verknüpft sind, bestimmt die EVO. nur in betreff des Erlöschens der Entschädigungsansprüche für die Fälle des § 97 Abs. 2 Ziff. 3 u. 4, sowie der Annahme des Gutes im Falle des § 97 Abs. 3 EVO.

Da die Feststellung gemäß § 82 EVO. eine einseitige Maßnahme der Eisenbahnverwaltung ist, so wird dadurch weder die Verjährung der Entschädigungsansprüche unterbrochen, noch der Verlauf der Verjährung gehemmt. Auch sind diese Feststellungen und die Bekanntgabe des Ergebnisses — ebensowenig wie die gemäß § 488 ZPO. unter Mitwirkung des Gerichts bewirkten — für den künftigen Prozeß von entscheidender Bedeutung, sie enthalten an sich keine Anerkennung eines Schadensersatzanspruches (Rundnagel 276). Es bleibt somit dem Ermessen des Richters überlassen, ob und inwieweit er den Feststellungen beweisende Kraft einräumen oder absprechen will; die Eisenbahn wie die sonstigen Beteiligten können im Prozesse erneute Untersuchung verlangen; kein Teil ist an die Feststellung gebunden, sondern jeder darf im Prozesse dieselbe ergänzen und durch andere Beweismittel unterstützen, aber auch anfechten und entkräften; die Beteiligten — Eisenbahn und Gegenpartei 2c. — dürfen sich des Ergebnisses der bahnseitigen Feststellung als Beweismaterial im künftigen Prozesse zwar bedienen, aber weder die Beweiskraft dieses Materials ist irgendwie bestimmt, noch die Beibringung von Gegenbeweisen ausgeschlossen.

438) Abs. 4 enthält eine bisher in den Allg. ZusBest. enthaltene Vorschrift, wonach der Verfügungsberechtigte, der eine Minderung oder Beschädigung des Gutes behauptet und dadurch eine Untersuchung veranlaßt hat, die dadurch entstandenen Kosten zu tragen verpflichtet ist, wenn keine oder nur eine von der Eisenbahn schon anerkannte Minderung oder Beschädigung festgestellt wird.

Diese Bestimmung beschränkt die Verpflichtung der Eisenbahn aus § 438 Abs. 4 HGB. und ist daher gemäß § 471 HGB. nichtig. Die Bestimmung bedeutet auch eine Erschwerung für den Verfügungsberechtigten, da nach § 71 der bisherigen EVO. die Eisenbahn in allen Fällen, also auch wenn dieser die Untersuchung veranlaßt hat, die Kosten der Feststellung zu tragen hat. Der Verfügungsberechtigte hat nach Abs. 4 nur dann die Kosten zu tragen, wenn sich keine oder nur eine bereits eisenbahnseitig anerkannte Minderung oder Beschädigung ergibt. Ergibt sich also irgendeine, wenn auch noch so geringe, nicht anerkannte Minderung oder Beschädigung, so hat er die Kosten nicht zu tragen, auch wenn er einen weit größeren Schaden behauptet hat, aber dieser ganz anderer Art ist, als der von ihm behauptete.

§ 83[439]).

Feststellung von Mängeln des Gutes durch Sachverständige oder durch das Gericht.

Unbeschadet des im § 82 vorgesehenen Verfahrens kann jeder Beteiligte die Beschädigung oder Minderung des Gutes durch amtlich ernannte Sachverständige feststellen lassen[440]). Zu dieser Feststellung ist die Eisenbahn einzuladen[441]). Die Vorschriften der Zivilprozeßordnung über die Sicherung des Beweises bleiben unberührt[442]).

Alte EVO. § 72. HGB. §§ 438, 461, 471. J.Ü. Art. 25 Abs. 4.

439) Während § 82 den Eisenbahnen die Pflicht auferlegt, auf privatem Wege und soweit dies die Umstände des Falles erfordern, durch nach eigenem Ermessen zu wählende und beizuziehende Sachverständige in allen Verlust-, Minderungs- und Beschädigungsfällen eine eingehende Untersuchung und schriftliche bzw. protokollarische Feststellung herbeizuführen, gewährt § 83 allen Beteiligten das Recht, unbeschadet des in dem § 82 vorgesehenen, von Amtswegen eisenbahnseitig zu veranlassenden Verfahrens, auch die Feststellung einer Beschädigung oder Minderung des Gutes durch amtlich, d. h. vom Gerichte oder einer anderen zuständigen Behörde ernannte Sachverständige (HGB. § 438 Abs. 2) vornehmen zu lassen. Diese Bestimmung des § 83 war nach dem Fortfall des Art. 407 des A.HGB. erforderlich, um allen Beteiligten im Verkehrsinteresse die Befugnis zu sichern, abgesehen von dem nur eisenbahnseitig gemäß § 82 vorzunehmenden Feststellungsverfahren, eine für einen künftigen Prozeß verwertbare, durch amtlich ernannte Sachverständige zu bewirkende Feststellung einer Beschädigung oder Minderung des Gutes herbeizuführen, ohne an die schwierigeren Formalitäten der Sicherung des Beweises gemäß §§ 485—494 ZPO. gebunden zu sein.

Nach § 83 hat nur die Ernennung der Sachverständigen amtlich zu erfolgen, während die Vernehmung, Protokollierung, wie überhaupt das Feststellungsverfahren, den Beteiligten selbst ohne weitere amtliche Mitwirkung, lediglich unter Beobachtung der Vorschrift des Satzes 2 nach freiem Ermessen überlassen ist (Coermann, E. 16 181).

§ 83 spricht nur von einer von den Beteiligten vorzunehmenden Feststellung durch „amtlich ernannte“ Sachverständige. Es ist also grundsätzlich und an sich eine private Feststellung nach Art der im § 82 vorgesehenen, nur mit dem Unterschiede, daß es sich hier nicht um die Pflicht der Eisenbahn, sondern um ein Recht aller Beteiligten handelt und für die Feststellung amtlich ernannte Sachverständige beizuziehen sind. Daher kann diese Feststellung auch nicht die im § 464 Abs. 1 HGB., § 97 Abs. 2 Ziff. 4 EVO. vorgesehene, bei der Eisenbahn zu beantragende Untersuchung oder bei Gericht zu beantragende Besichtigung des Gutes durch Sachverständige ersetzen, weil in diesem Falle eine bahnamtliche oder gerichtliche Feststellung gesetzliches Erfordernis ist (Makower 1606, Rundnagel 247 N. 39). Selbstredend wird durch § 83 EVO. das Recht aller Beteiligten nicht aufgehoben oder berührt, unter den Voraussetzungen des § 485 ZPO. eine Sicherung des Beweises herbeizuführen (Satz 3), und ebensowenig das Recht der Eisenbahn auf Beweisaufnahme gemäß § 488 l. c. (Janzer und Burger 194).

440) Durch § 83 Satz 1 ist jedem Beteiligten das Recht gewährt, unbeschadet des ganz ohne Inanspruchnahme des Gerichts oder anderer Behörden im § 82 vorgesehenen Verfahrens, die Feststellung einer Beschädigung oder Minderung des Gutes durch Sachverständige, welche amtlich, d. h. von dem Gericht oder einer anderen zuständigen Behörde oder einem dazu ermächtigten Organe des Handelsstandes ernannt sind, vornehmen zu lassen. Wäre dieses Recht den Beteiligten durch die EVO. nicht gewährt, so würde ihnen zur Sicherung des Beweises nur das den Voraussetzungen und Formen der §§ 485 ff. ZPO. unterworfene Verfahren gegeben sein. Das Verfahren des § 83 ist ein dem Bedürfnisse des Eisenbahnverkehrs entsprechend vereinfachtes. Das Gericht oder die sonst zuständige Behörde hat auf Antrag der Beteiligten Sachverständige zu ernennen und diese haben die Feststellung vorzunehmen. Freilich steht es den Beteiligten frei, auf jedem beliebigen privaten Wege, durch Zuziehung von ihnen herbeigerufener Zeugen und Sachverständigen mündlich oder schriftlich den Zustand des Gutes feststellen zu lassen. Indes ist es klar, daß, wenn die Personen, welche das Gut untersuchen sollen, von der Partei selbst zugezogen sind, gerade aus diesem Grunde ihre Unbefangenheit leicht angefochten werden kann. Dieser Einwand kann dadurch beseitigt werden, daß nicht die Partei selbst, sondern das Gericht oder eine andere zuständige Behörde die betreffenden Personen auf besonderen Antrag ernennt oder ein für allemal amtlich ernannte Sachverständige die Feststellung bewirken (Denkschr. z. HGB. S. 3266). Aus diesem Grunde ist durch § 83 den Beteiligten das Recht gegeben, die Feststellung durch amtlich ernannte Sachverständige zu bewirken und implicite das Gericht ꝛc. gesetzlich verpflichtet, Sachverständige zu ernennen.

Das Recht steht „jedem Beteiligten“ zu, also mangels einer Einschränkung allen, welche an der Feststellung einer Beschädigung oder Minderung des Gutes ein eventuell nachweisbares rechtliches Interesse haben, mithin sowohl allen beteiligten Eisenbahnen, Absendern und Empfängern, sondern auch dritten Interessenten, z. B. der Beförderungsversicherungsgesellschaft, dem Spediteur, dem hinter dem Absender oder Empfänger stehenden Käufer bzw. Verkäufer (Puchelt II 388 Nr. 1, Ruckdeschel 152).

Durch die Worte „unbeschadet des im § 82 vorgesehenen Verfahrens“ ist angedeutet, daß das Recht der Beteiligten auf Feststellung durch gerichtlich oder behördlich ernannte Sachverständige neben der Pflicht der Eisenbahn, bzw. dem korrelaten Rechte der Gegenpartei auf außergerichtliche Feststellung (§ 82) bestehen soll, mithin die letztere die Feststellung gemäß § 83 nicht ausschließt oder erübrigt und dem Antrage auf Feststellung gemäß § 83 nicht etwa mit dem Einwande begegnet werden darf, daß eine Feststellung gemäß § 82 bereits stattgefunden habe, ebenso wie umgekehrt die Feststellung nach § 83 die Eisenbahn nicht von ihrer Pflicht zur Feststellung nach § 82 befreit.

§ 83 spricht nur von dem Rechte der Beteiligten, die Feststellung durch gerichtlich rc. ernannte Sachverständige vornehmen zu lassen. Nur das Recht, nicht auch die Pflicht zu dieser Art der Feststellung ist den Beteiligten durch § 83 zugewiesen. Also auch die Eisenbahn ist hierzu nur berechtigt, nicht, wie in den Fällen des § 82, verpflichtet. Die Beteiligten gehen daher ihrer Ansprüche aus dem Eisenbahnfrachtvertrage — abgesehen von dem Falle des § 438 Abs. 1 u. 2 HGB., § 97 Abs. 2 Ziff. 3 EVO. (Anm. 509) — dadurch nicht verlustig, daß sie es unterlassen, die Feststellung gemäß § 83 EVO. herbeizuführen.

Auch die Zeit der Feststellung ist ganz in das Ermessen der Beteiligten gestellt, sie ist nicht — wie im Falle des § 82 — auf den Zeitraum zwischen Annahme und Ablieferung des Gutes (Anm. 446 S. 461) beschränkt.

Ihrem Umfange nach erstreckt sich die Feststellung nur auf die Beschädigung und Minderung des Gutes; doch ist darin auch die Wertverringerung einzuschließen, welche das Gut durch die Beschädigung oder Minderung nach den Normen der §§ 88 ff. EVO. erleidet.

In dem Rechte der Beteiligten liegt auch implicite die Pflicht des Gerichts oder der sonst zuständigen Behörde, zum Zwecke der Feststellung, Sachverständige zu ernennen (ROHG. 2 269), falls solche hierzu nicht ein für allemal ernannt bzw. bestellt sind (vgl. Denkschr. z. Entw. d. HGB. S. 281, ZPO. § 404 Abs. 2, § 407 Abs. 1, § 410). Welches Gericht bzw. welche Behörde für die Ernennung der Sachverständigen zuständig ist, ist im § 83 nicht ausgesprochen. § 13 Abs. 4 des EinfGes. zur ZPO. kann nicht unmittelbar zur Anwendung kommen, da Art. 407 A.HGB. fortgefallen und im N.HGB. nicht ersetzt worden ist. Dagegen stehen der analogen Anwendung Bedenken nicht entgegen, und es erscheint die Annahme begründet, daß die Sachverständigen — und zwar auf Antrag der Beteiligten — von dem Amtsgericht bzw. der materiell kompetenten Behörde oder einem dazu ermächtigten Organe des Handelsstandes (Handelskammern rc.) ernannt werden, in deren Bezirk sich die mit der Feststellung zu betrauenden Personen aufhalten oder wo sich das zu untersuchende Gut befindet (§ 486 Abs. 2 ZPO.). (Makower 1548, Rundnagel 247.)

Zur Feststellung bedarf es mehrerer Sachverständigen nicht. Es kann auch einer genügen (Staub 1885, § 438 HGB., Düringer-Hachenburg 607, Makower 1548, Rundnagel 247).

Eine Form der Feststellung ist nicht vorgeschrieben. Doch liegt es in der Natur der Sache und dem Zwecke des Verfahrens, einen Beweis für den künftigen Prozeß zu sichern, daß die Feststellung bzw. die Tatbestandsaufnahme und Begutachtung durch die Sachverständigen nach Analogie des § 82 Abs. 1 schriftlich erfolgt.

Welche Rechtswirkungen mit der Feststellung gemäß § 83 verknüpft sind, bestimmt die EVO. nur in betreff des Erlöschens der Entschädigungsansprüche für die Fälle des § 97 Abs. 2 Ziff. 3. Danach erleidet der im § 97 Abs. 1 ausgesprochene Grundsatz, daß durch Zahlung der Fracht rc. und Annahme des Gutes alle Ansprüche gegen die Eisenbahn aus dem Frachtvertrage erlöschen, eine Ausnahme bei Entschädigungsansprüchen wegen solcher Mängel, die gemäß §§ 82, 83 festgestellt worden sind, bevor der Empfänger das Gut abgenommen hat. Dagegen hat ein Antrag auf Untersuchung gemäß § 83 nicht die im § 97 Abs. 2 Ziff. 4 EVO., § 464 HGB. bezeichnete Wirkung (s. oben S. 454). Im übrigen wird, da die Feststellung gemäß § 83 eine einseitige Maßnahme des betreffenden Beteiligten ist, dadurch weder die Verjährung der Entschädigungsansprüche unterbrochen, noch der Lauf der Verjährung gehemmt. Auch sind diese Feststellungen — ebensowenig wie die gemäß § 82 bewirkten — für den künftigen Prozeß von entscheidender Bedeutung, sie enthalten an sich keine Anerkennung eines Schadensanspruches, und es gilt daher für dieselben das bereits Anm. 437 S. 452, 453 über die Bedeutung der nach § 82 vorgenommenen Feststellungen für den künftigen Prozeß Gesagte.

441) Eine Mitteilung des Ergebnisses an die anderen Beteiligten ist nicht vorgeschrieben. Doch bestimmt Satz 2 des § 83, daß die Eisenbahn zu dem Feststellungsverfahren einzuladen ist. Über die Form der Einladung ist Bestimmung nicht getroffen. Sie kann daher in beliebiger Weise erfolgen, jedoch so, daß die zuständige Dienststelle nachweisbar rechtzeitig und nach Ort und Zeit bestimmt zur Teilnahme eingeladen und von dem Verfahren benachrichtigt worden ist. Diese Bestimmung enthält eine Beschränkung der Verpflichtung der Eisenbahn, indem sie zugunsten derselben dem Empfangsberechtigten eine Verpflichtung auferlegt, die im § 438 Abs. 2 HGB. nicht vorgesehen ist. Die Bestimmung des Satzes 2 ist also, soweit sie den Empfangsberechtigten — nicht auch sonstige Beteiligte — betrifft, gemäß § 471 HGB. nichtig (so auch Makower 1606. A. M. Rundnagel 247 N. 44, welcher dem Satz 2 des § 83 nur instruktionelle Bedeutung beimißt). Indes ist die Vorschrift obligatorisch gehalten und erschwert die Lage des Berechtigten.

Im übrigen bedarf es der Zuziehung oder Einladung der Beteiligten oder anderer Personen nicht (Lehmann-Ring, Bem. 11 zu § 438 S. 352, Rundnagel 247 Anm. 44).

442) Satz 3 fügt neu die Bestimmung hinzu, daß die Vorschriften der ZPO. über die Sicherung des Beweises (ZPO. §§ 485—494) unberührt bleiben. Dies ist — wie bereits oben Anm. 440 S. 455 bemerkt — selbstverständlich. Satz 3 konnte als überflüssig fortbleiben, da durch die EVO. überhaupt Vorschriften der ZPO. nicht abgeändert werden können.

Dem § 83 EVO. fehlt eine dem § 438 Abs. 4 entsprechende Bestimmung in betreff der Kostenpflicht der Eisenbahn. Diese Bestimmung ist aus § 438

Abs. 4 zu ergänzen. Wollte man dies nicht annehmen und in der Fortlassung eine Befreiung der Eisenbahn von der Kostenpflicht sehen, so würde § 83 insoweit, weil er die Verpflichtung der Eisenbahn aus § 438 Abs. 4 HGB. beschränkt, gemäß § 471 HGB. nichtig sein. (A. M. Rundnagel 275.)

§ 84.

Haftung der Eisenbahn für Verlust, Minderung oder Beschädigung des Gutes im allgemeinen[443]).

Die Eisenbahn haftet[444]) für den Schaden, der durch Verlust, Minderung oder Beschädigung des Gutes[445]) in der Zeit von der Annahme zur Beförderung bis zur Ablieferung entsteht[446]), es sei denn, daß der Schaden[447]) durch ein Verschulden oder eine nicht von der Eisenbahn verschuldete Anweisung des Verfügungsberechtigten[448]), durch höhere Gewalt[449]), durch äußerlich nicht erkennbare Mängel der Verpackung[450]) oder durch die natürliche Beschaffenheit des Gutes, namentlich durch inneren Verderb, Schwinden, gewöhnliche Leckage verursacht ist[451]).

Alte EVO. § 75. HGB. § 456 Abs. 1, § 471. J.Ü. Art. 30 Abs. 1.

443) § 84 trifft in weiterer Ausführung des bereits bei § 5 Anm. 20 entwickelten Haftpflichtprinzips Bestimmung über die Haftpflicht der Eisenbahnen für Verlust, Minderung oder Beschädigung des Gutes. Diesem Prinzipe (des receptum) gibt das HGB. § 456 Abs. 1 wörtlich übereinstimmend mit vorstehendem § 84 EVO. Ausdruck. Nur ist in letzterem das Wort „Minderung" hinter „Verlust" eingefügt. Bereits oben (§ 5 Anm. 20 S. 16) ist darauf hingewiesen worden, daß für den gewöhnlichen Frachtführer die bisher gemäß Art. 395 A.HGB. geltende strenge Haftpflicht ex recepto unter Gleichstellung der Haftung für Verlust, Beschädigung und Versäumung der Lieferfrist (Art. 397), durch § 429 wesentlich gemildert worden ist; sie tritt nicht ein, wenn der Verlust, die Beschädigung oder die Verspätung durch die Sorgfalt eines ordentlichen Frachtführers nicht abgewendet werden konnte. Dagegen ist für die Eisenbahnen die bisherige strenge Haftpflicht des Art. 395 A.HGB. im § 456 N.HGB. beibehalten und für den Fall der Verspätung die Haftung aus Art. 397 A.HGB. durch § 466 N.HGB. sogar noch verschärft worden. Als Grund für diese Unterscheidung ist in der Denkschr. z. Entw. eines HGB. (S. 519, 539, 540) angeführt, daß der Grundsatz der ausnahmsweisen Verschärfung der Haftpflicht den allgemeinen Rechtsgrundsätzen gegenüber durch die Natur des Frachtgeschäfts nicht bedingt werde. Dagegen erscheine für Eisenbahnen mit Rücksicht auf ihr tatsächliches Beförderungsmonopol und ihre Leistungsfähigkeit die weitergehende Haftung des bisherigen Rechts gerechtfertigt und auch, um die Übereinstimmung mit dem J.Ü. (Art. 30) zu wahren, geboten.

Der zu diesem Zwecke in den Abschnitt über die Eisenbahnbeförderung aufgenommene § 456 HGB. schließt sich daher in den Einzelheiten der Fassung an den Art. 30 des J.Ü. an, weicht aber sachlich von dem Art. 395 des A.HGB. nicht ab. Der Unterschied besteht vornehmlich darin, daß neben den befreienden Einreden der höheren Gewalt und der natürlichen Beschaffenheit des Gutes Art. 30 des J.Ü. die Einrede des eigenen Verschuldens allgemein aufführt, dagegen Art. 395 des A.HGB. dieselbe auf die Einrede der äußerlich nicht erkennbaren Mängel beschränkt, während § 456 HGB. beides zusammenfaßt, d. h. sowohl die Einrede des eigenen Verschuldens, wie auch — als besondere Art desselben — die der äußerlich nicht erkennbaren Mängel der Verpackung zum Ausdruck bringt. Im Anschluß daran ist auch der § 84 der EVO. durch die Einfügung der Einrede der äußerlich nicht erkennbaren Mängel der Verpackung vervollständigt und hierdurch wie durch einige unerhebliche redaktionelle Änderungen mit der Fassung des § 456 Abs. 1 HGB. in Einklang gesetzt worden (Gorden, E. 14 178). Der Eisenbahn ist danach die strengste Haftpflicht auferlegt, sie haftet sowohl für ihre Handlungen und Beförderungsmittel, wie auch für ihre Dienstorgane (Leute) unbedingt, und ferner für die Handlungen Dritter und für Naturereignisse insoweit, als dieselben durch menschenmögliche Vorsicht mit vernünftigen Mitteln überhaupt abgewendet oder in ihren Folgen unschädlich gemacht werden können. Durch die bloße Tatsache der Beschädigung oder des Verlustes des zur Beförderung aufgegebenen Gutes ist die Schadensersatzklage an sich begründet, ohne jeden Nachweis eines Verschuldens der Eisenbahn. Will diese gegenüber jener Tatsache ihre Haftpflicht dennoch ablehnen, so hat sie, da sie das Gut unversehrt abzuliefern verpflichtet ist, ihrerseits zu beweisen, daß der Schade aus einer Tatsache entstanden ist, welche sie gesetzlich nicht zu vertreten hat. Die Einreden aber, die ihr in dieser Hinsicht überhaupt gestattet sind und deren Beweis ihr ausschließlich obliegt, sind gesetzlich aufs äußerste beschränkt. Denn nach Maßgabe der Grundsätze des receptum hat sie an sich nur die Einrede der höheren Gewalt (wozu auch die der natürlichen Beschaffenheit des Gutes gehört) und die Einrede des eigenen Verschuldens (wozu auch die der äußerlich nicht erkennbaren Mängel der Verpackung zu rechnen ist). (Anschütz und v. Völderndorff III 432, Endemann, R. d. E. § 117, Goldschmidt, Handb. I 2[1] §§ 65, 75, v. Hahn II 591, Schott § 340, Puchelt II 460, Thöl III §§ 22—27, Staub-Makower 1586, Lehmann-Ring zu § 456 HGB., Düringer-Hachenburg zu § 456 HGB., Rundnagel 5ff.).

Mit Rücksicht auf diese überaus strenge und exzeptionelle Haftpflicht sind den Eisenbahnen einige den Eisenbahnverkehrsverhältnissen entsprechende Befreiungen ihrer Haftpflicht durch die §§ 459, 460, 467 HGB. gesetzlich zugestanden und in die §§ 86, 87, 96 EVO. übernommen. Diese Beschränkungen sind gesetzlich festgesetzt, erfordern mithin nicht eine besondere Vereinbarung in Tarifen, Reglements 2c. Vielmehr sind die Eisenbahnen in diesen Fällen ipsa lege und ohne weiteres in ihrer Haftbarkeit beschränkt (vgl. hierüber des näheren Anm. 455ff. zu § 86 EVO.).

444) Die strenge Haftpflicht der Eisenbahnen ex recepto, für welche § 84 die Voraussetzungen vorschreibt, tritt nur ein mit den Beschränkungen, welche die §§ 85ff. und mit der Schadensbemessung, welche die §§ 88ff. normieren.

Haftpflichtig ist jede an einer Eisenbahnbeförderung beteiligte Eisenbahn, sowohl die Annahme-(Versand-)Bahn, wie die Ablieferungs-(Bestimmungs-) Bahn, wie jede dazwischen liegende Bahn. Alle diese Bahnen haften nach den im § 100 Abs. 1 und 2 Anm. 533, 534 erörterten Grundsätzen solidarisch für den auf der ganzen Beförderungsstrecke eingetretenen Schaden ꝛc., jedoch mit der im § 100 Abs. 3 (Anm. 535) normierten Einschränkung der Passivlegitimation.

445) Die Eisenbahn haftet nach § 84 den Beteiligten für den Schaden, welchen sie durch Verlust, Minderung oder Beschädigung des Gutes erleiden. Die §§ 88 ff. EVO. bestimmen des näheren, in welchem Umfange und nach welchen Normen der Ersatz dieses Schadens zu bemessen ist (Anm. 473 ff.). Der Eisenbahn liegt nur der Ersatz des Schadens, nicht etwa eine Rückgewähr in natura ob. Ein auf letzteres gerichteter Anspruch ist unbegründet, außer im Falle der Wiederauffindung des in Verlust geratenen Gutes unter den Voraussetzungen des § 91 EVO. (Anm. 484 ff.). Ferner ist diese strenge Haftpflicht lediglich auf den Schaden durch Verlust, Minderung und Beschädigung des Gutes beschränkt. Daraus folgt e contrario, daß alle Schäden anderer Art nicht der strengen Haftung ex recepto aus § 456 HGB. bzw. § 84 EVO. unterworfen sind. Die Haftpflicht für Versäumung der Lieferfrist ist im § 466 HGB., § 94 EVO. besonders geregelt.

„Verlust" des Gutes liegt vor, wenn die Eisenbahn außer stande ist, dasselbe bestimmungsmäßig auszuhändigen und ihrer vertragsmäßigen Ablieferungspflicht zu genügen bzw. dasselbe an den Absender zurückzugeben — und zwar — ohne Unterschied, worin dies seinen Grund hat (Staub 1516, Lehmann-Ring 226, ROHG. 15 30). Es ist gleichgültig, ob das Gut bereits auf der Beförderung oder am Ablieferungsorte verloren gegangen ist, wenn der Verlust nur vor der Aushändigung eingetreten ist; ferner ob es mit Willen der Eisenbahn und in welcher Weise es abhanden gekommen ist, und ob der Grund aufgeklärt werden kann; ob das Gut vernichtet, konfisziert, verloren, entwendet, verwechselt, vertauscht, falsch dirigiert, unrichtig ausgeliefert, trotz rechtzeitig erhaltener Kontreordre an den im Frachtbriefe bezeichneten Empfänger ausgehändigt, veräußert, derelinquirt ist ꝛc. (ROHG. 1 157, 4 12, 7 55, 8 318, 12 136, 15 30, RG. E. 1 135, 10 306, 19 144, v. Hahn II 602, Puchelt II 462, Thöl III § 23, Schott 334). Das bloß zeitweilige Nichtabliefernkönnen z. B. infolge einer vorübergehenden Beschlagnahme (ROHG. 7 55, Allg. AbfVorschr. § 43) oder einer Verspätung der Ankunft begründet nicht die Annahme des Verlustes. Andererseits gehört zum Begriffe desselben weder der vollständige Untergang, die Vernichtung des Gutes, noch die unbedingte Unkenntnis über den Verbleib desselben. Entscheidend ist nur, daß es für den Eigentümer nicht mehr existiert und in Rücksicht auf den Beförderungszweck nicht mehr beschafft werden kann. Dies ist z. B. der Fall bei der im Wege der öffentlichen Versteigerung bewirkten Veräußerung des Gutes durch die Eisenbahn (ROHG. 8 327, 15 28), bei der Ablieferung an einen unrichtigen Empfänger (Puchelt II 462), bei gerichtlichem Arrest (RG. E. 10 306). Auch ist es hierbei unerheblich, ob die Eisenbahn freiwillig, ob in berechtigter oder unberechtigter Weise sich in diese Lage gebracht hat.

„Minderung" des Gutes ist begrifflich die rein quantitative Verringerung desselben ohne qualitative Veränderung bzw. Verschlechterung, also der teilweise Verlust (Manko, Partialverlust) an Menge, Gewicht, Maß ꝛc. (durch Zerstreuen, Eintrocknen, Schwinden, Abhandenkommen) (E. 19 44, 24 141). Dem § 456 Abs. 1 des HGB. fehlt der Ausdruck „Minderung", weil der Ausdruck „Verlust" die Minderung als teilweisen Verlust in sich schließt. § 84 EVO. hat aber der größeren Deutlichkeit wegen die Minderung neben Verlust und Beschädigung beibehalten. Voraussetzung ist, daß der verlorene Teil mit dem vorhandenen nicht in einer inneren (qualitativen) Wertverbindung steht, so daß durch den Verlust des ersteren der Wert des letzteren herabgemindert wird (Schott 335), wie z. B. bei Verlust eines integrierenden Teils einer Maschine ꝛc., denn alsdann liegt nicht Minderung, sondern Beschädigung der ganzen Sendung vor. Die Verbindung beider Teile muß also eine lediglich äußere sein, wie in der Regel bei fungibeln Sachen (Getreide, Holz, Mineralien ꝛc.). (Vgl. Reindl, VZ. 1900 Nr. 7.)

Unter „Beschädigung" des Gutes ist jede äußere oder innere Verschlechterung desselben (Verderben, Zerbrechen, Feuchtwerden, Rosten, Entzünden, Verschießen der Farbe, Leckage, Faulen ꝛc.) in qualitativer Hinsicht zu verstehen, jede nachteilige Veränderung des Gutes in betreff seiner Beschaffenheit (ROHG. 9 278, RG. E. 1 38, 19 127, 133, 210, 20 13, 222, 23 128). Dahin gehört z. B. auch die Werteinbuße, welche eine der Mode unterworfene Ware durch ungebührlich langes Lagern in ihrem Tauschwerte erleidet (ROHG. 20 347, Keyßner 445 Nr. 4, Puchelt II 463. A. M. Rosenthal 190, Staub 1516, Rundnagel 38). Besteht ein Beförderungsgut aus verschiedenen Gegenständen, so kann die Beschädigung einzelner dieser Gegenstände als Beschädigung des ganzen Gutes nur dann betrachtet werden, wenn sämtliche Gegenstände in der Weise zusammengehören, daß sie als ein untrennbares Ganzes erscheinen. Besteht der Komplex der Sendung aus physisch getrennten, und als selbständige Objekte käuflichen und verkäuflichen Gegenständen, so kann die Beschädigung eines dieser Gegenstände nicht ohne weiteres als Beschädigung (Entwertung) der ganzen Sendung angesehen werden (ROHG. 15 372, 16 42, RG. E. 2 416, v. Hahn II 611, Thöl III 37, Puchelt II 437, Schott 335).

Die Beweislast ist für die Klage auf Schadensersatz so verteilt, daß der Absender die Aufgabe des Gutes und dessen unversehrte Beschaffenheit, sowie die Tatsache der nicht erfolgten Ablieferung bzw. der Ablieferung in beschädigtem Zustande, also die Beschädigung oder den Verlust während der Beförderung (E. 18 32), dagegen die Eisenbahn die im § 456 HGB. (§ 84 EVO.) ihr gestatteten Einreden zu beweisen hat (ROHG. 5 90, Staub 1016 ff.). Entsteht also im Falle der Beschädigung über die Beschaffenheit des Gutes zur Zeit der Aufgabe Streit, so liegt die Beweislast hierfür dem Absender bzw. Empfänger — nicht der Eisenbahn — ob (soweit der Mangel nicht etwa äußerlich erkennbar). Denn § 456 HGB. enthält keine Präsumtion für den guten Zustand des Gutes, der erst durch Gegenbeweis von der Eisenbahn zu entkräften wäre. Im Falle des Verlustes wird sich in der Regel die Klage auf Werterſatz gegen die Eisenbahn zwar allein auf die Tatsache gründen lassen, daß die zur Beförderung nachweislich übergebenen Güter am Bestimmungsorte nicht eingetroffen bzw. nicht abgeliefert worden sind. Denn die Tatsache ist ein die Präsumtion des Verlustes rechtfertigendes Beweismoment. Weil jedoch ein voller Beweis für den Verlust darin noch nicht liegt und dieser Beweis sehr schwer zu führen ist, gewährt § 90 EVO. dem Entschädigungsberechtigten die Befugnis, unter bestimmten Voraussetzungen diesen Verlust als eingetreten zu betrachten (vgl. § 90 Anm. 481, 482).

446) Der Schade muß „in der Zeit von der Annahme zur Beförderung bis zur Ablieferung" entstanden sein. Damit ist der Beginn, die Dauer und das Ende der Haftpflicht der Eisenbahn präzisiert.

Der Beginn der Haftpflicht fällt zusammen mit der Annahme des Gutes zur Beförderung (§ 61 Abs. 1 Anm. 261 S. 261, E. **10** 183, **22** 162, 356, **23** 392). Wird das Gut nur zur vorläufigen Verwahrung angenommen (EVO. § 64 Anm. 303 S. 296 ff.), so beginnt mit einer solchen Annahme die Haftpflicht aus § 456 HGB., § 84 EVO. noch nicht. Vielmehr liegt darin lediglich ein vorangehender Aufbewahrungsvertrag, und die Eisenbahn haftet bis zu dem Momente, wo der Frachtvertrag abgeschlossen wird, nur als Verwahrer. Hat ein Verwahrungsvertrag nicht stattgefunden, so lagert das Gut lediglich auf Gefahr des Absenders (E. **22** 248). Ist aber das Gut mit Frachtbrief zur Beförderung angenommen, so kommt für die Haftpflicht der Eisenbahn nichts darauf an, ob dasselbe sich bereits in Beförderungsbewegung auf den Beförderungsmitteln befindet, mithin die Beförderung bereits begonnen hat, oder ob das Gut noch in den Räumen der Versandstation lagert (ROHG. **9** 301); ebensowenig, ob das aufgelieferte Gut bereits verladen ist (Schott 335, Staub 1017). Nur die Annahme zur Beförderung, nicht die Beförderung selbst bzw. der Beginn der Beförderung bildet den Anfang der Haftpflicht. Dagegen ist in der sukzessiven Auflieferung des Gutes eine Annahme zur Beförderung nicht zu finden. Eine solche liegt erst vor, wenn die Annahme des ganzen, mit einem Frachtbriefe aufgegebenen Gutes nebst diesem selbst zur Beförderung bahnseitig erfolgt ist. Bis zu diesem Momente befinden sich die einzelnen, sukzessive zur Auflieferung gelangenden Güter nur in Verwahrung der Bahn, und diese ist bis dahin lediglich als Verwahrer verantwortlich (E. **21** 46). Die Haftpflicht besteht nicht, wenn die Eisenbahn beweist, daß der Schaden vor der Annahme zur Beförderung vorhanden war, aber es ist ein strikter Beweis erforderlich (E. **18** 56, **19** 195).

Die Dauer der Haftpflicht erstreckt sich auf die ganze Zeit von der Annahme zur Beförderung bis zur Ablieferung des Gutes (E. **19** 44, 194), sie läuft ununterbrochen, sowohl während dasselbe nach der Annahme noch auf dem Gütermagazin lagert, als auch während der Verwiegung, Verladung ꝛc. daselbst, während der Beförderung unterwegs und noch nach der Ankunft am Bestimmungsort (Abladung, Nachwiegung) bis zur Ablieferung (RG. E. **2** 183). Insbesondere wird durch eine Umladung des Gutes unterwegs durch eine während der Beförderung stattfindende zollamtliche oder polizeiliche Revision, durch eine Unterbrechung der Beförderung infolge irgendwelcher Verkehrsstörungen während der Wartezeit die Haftpflicht der Eisenbahn an sich weder vermindert noch unterbrochen (Puchelt II 464, Staub 1017, Z. **13** 9, E. **21** 261). Auch ist z. B.

eine die Verantwortlichkeit der Eisenbahn aufhebende Ablieferung darin nicht zu finden, daß dieselbe das Gut nicht an das Steueramt des Destinationsortes, sondern bereits unterwegs an die Steuerbeamten aushändigt (ROHG. 14 1). Nur insofern erleidet ihre Haftpflicht als Frachtführerin eine Modifikation, als sie, wenn sie durch die gesetzlichen Zollvorschriften genötigt ist, unterwegs sich des Gewahrsams des Gutes zu begeben und dasselbe der Zollbehörde zu überlassen, so lange, bis das Gut wieder in ihren Gewahrsam übergegangen ist, nur die Verantwortlichkeit eines Spediteurs trägt (EVO. § 65 Abs. 2 Anm. 309 S. 307, 308).

Das Ende der Haftpflicht fällt zusammen mit dem Momente der Ablieferung des Gutes an den Empfänger (§ 435 HGB., Goldschmidt, Handb. I 2 § 65, S. 608 ff., Puchelt II 491, Endemann 729, Schott 336, v. Hahn II 603, v. d. Leyen, Zeitschr. f. HR. 16 86 ff.). Unter „Ablieferung" ist die unmittelbare reale Übergabe des Gutes seitens der Eisenbahn an den Empfänger von Hand zu Hand zu verstehen. Doch ist der Begriff der Ablieferung hierauf nicht beschränkt. Die direkte körperliche Übergabe (reelle Tradition, Naturalübergabe) an den Empfänger ist nicht unbedingt erforderlich. Es genügt auch, daß die Eisenbahn mit Wissen und Willen des Empfängers die Gewahrsam des Gutes wieder aufgibt und letzteren in den Stand setzt, selbst darüber zu verfügen (ROHG. 8 26, 14 293, 6 273, 2 158 u. RG. 21. IX. 1895 E. 13 16, Lehmann-Ring 324, Staub 1516, Düringer-Hachenburg 552, Rosenthal 159, Makower 1507, Rundnagel 26). Aber die bloße Benachrichtigung des Empfängers von der Ankunft des Frachtgutes, die Aufforderung an denselben, das Frachtgut abzuholen, und die Auslieferung des Frachtbriefs, überhaupt alle diejenigen Handlungen, welche bloß bezwecken, die Ablieferung vorzubereiten, können für sich allein nicht als Ablieferung gelten, noch eine solche ersetzen (s. Rundnagel 27, 28 u. Anm. 4). § 456 HGB. bzw. § 84 EVO. schreibt eine direkte Ablieferung an den Empfänger nicht vor, die Ablieferung kann unter den vorstehenden Kriterien auch in anderer Weise bewirkt werden, z. B. durch Auftrag zur Weiter- oder Rücksendung mit neuem Frachtbriefe (E. 19 147), aber nicht mit demselben Frachtbriefe (OHG. Hamburg, Zeitschr. f. HR. 40 542). Darnach ist zu beurteilen, ob die Ablieferung an einen Dritten derjenigen an den Empfänger gleichsteht. Die Legitimation dazu kann auf der ausdrücklichen oder stillschweigenden Einwilligung des Empfängers, sie kann aber auch auf öffentlichen Einrichtungen beruhen. Über die Ablieferung an Zoll- und Revisionsschuppen, an Lagerhäuser oder Spediteure s. § 76 Abs. 1 Satz 2 (Anm. 383 S. 390—392), an Rollfuhrleute § 78 EVO., ferner in betreff der Übergabe auf sog. Anschlußgleisen Rundnagel 28.

Begrifflich gehört zur Ablieferung, daß der rechte Gegenstand abgeliefert wird, und zwar am rechten Ort, an die rechte Person und zur rechten Zeit.

1. Was den rechten Gegenstand anlangt, so ist die Eisenbahn verpflichtet, dem Empfänger dasjenige Gut zu übergeben, welches sie zur Beförderung an den Empfänger nach Maßgabe des Frachtbriefs vom Absender angenommen hat (E. 19 44, 194, 24 141). Kann die Eisenbahn das Gut nicht

in natura abliefern, z. B. wegen Verlustes, so kann sie nicht auf Vertragserfüllung, sondern eventuell nur auf Schadensersatz belangt werden (E. 10 306). Ein anderes Gut aber ist der Empfänger berechtigt zurückzuweisen. Dagegen ist er nicht befugt, die Ablieferung bloß verminderten oder beschädigten Gutes abzulehnen. Das sogenannte Abandonsystem ist dem Deutschen Handelsgesetzbuch fremd (E. 18 161, 308). Der Empfänger muß in jedem Falle solches Gut unter Wahrung seiner Rechte (HGB. §§ 437, 448, EVO. §§ 82, 97) annehmen, sonst gerät er in Empfangsverzug (ROHG. 9 294, 13 414, 15 374, 16 43, RG. 1 341, Schott 340, Puchelt II 468, Makower 1508).

2. Was den rechten Ort betrifft, so ist als solcher durch § 76 Abs. 3 (Anm. 386) die vom Absender bezeichnete Bestimmungsstation oder Güternebenstelle (§ 56 Abs. 1 lit. b) hingestellt, d. h. der Bahnhof bzw. das Gütermagazin oder Gütergeleis, nicht die Behausung des Empfängers, und zwar auch dann, wenn der im Frachtbriefe angegebene Bestimmungsort ein anderer ist, als die Bestimmungsstation (§ 56 Abs. 1 lit. c). Grundsätzlich ist also die Eisenbahn hiernach nicht verpflichtet, am Bestimmungsort das Gut dem Empfänger zuzuführen bzw. zu bringen (Bringgut), sondern der Empfänger ist verpflichtet, das Gut von der Bestimmungsstation abzuholen (Holgut). Es hängt von den lokalen Bestimmungen der Eisenbahn ab, ob sie die Zuführung in die Behausung des Empfängers und damit auch die Haftpflicht bis zur Behausung (durch von ihr bestellte Rollführer ꝛc.) übernimmt oder ihm unter Avisierung der Ankunft des Gutes die Abholung von der Station überläßt (§ 79 Abs. 1, 3). (In betreff der Ablieferung an einen Bestimmungsort, wo sich keine für die Abfertigung des Gutes eingerichtete Güterabfertigungs- oder Nebenstelle befindet, s. § 85 Anm. 452—454.) Aus dem Umstande, daß als Ort der Ablieferung die Bestimmungsstation oder Güternebenstelle gilt (§ 76 Abs. 3) und von dieser das Gut abzuholen ist, folgt ferner, daß die abliefernde Eisenbahn grundsätzlich verpflichtet ist, den Empfänger von der Ankunft des Gutes am Bestimmungsort in Kenntnis zu setzen, ihm das Gut zu avisieren. Diese Verpflichtung entspringt mithin aus der der Eisenbahn obliegenden Ablieferungspflicht und gehört begrifflich zur Ablieferung. (EVO. § 79 Abs. 1, 2. Ausnahmen: § 79 Abs. 5, ROHG. 8 26, 14 277, RG. 4 412, Goldschmidt 749 Anm. 38, v. Hahn II 639, Thöl III 29, Schott 352).

3. Der rechte Empfänger ist nur der im Frachtbriefe oder durch nachträgliche rechtzeitige Disposition (HGB. § 432, EVO. § 73 Anm. 352 S. 357 ff.) vom Absender Bezeichnete, nicht der bloß tatsächlich Interessierte, z. B. der hinter dem Empfänger (Spediteur) stehende Käufer des Gutes oder der Eigentümer desselben (ROHG. Entsch. 15 141, RG. E. 1 132, 19 134). Der Aushändigung an den im Frachtbrief bezeichneten Empfänger steht die Aushändigung an eine von diesem zur Empfangnahme ermächtigte dritte Person gleich (EVO. § 56 Anm. 217 S. 222 f., Allg. AbfVorschr. § 34 Ziff. 14, ROHG. 8 25, 25 330, E. 19 337). Die Aushändigung an einen nicht bevollmächtigten Dritten — und wäre es auch der nachgewiesene Käufer des Gutes — ist nicht Ablieferung im Sinne des § 84 EVO., sondern Verlust (ROHG.

Entsch. 25 330, E. 19 144, 20 152, 327, 21 115); ebenso die Ablieferung an einen von zwei auf dem Frachtbrief bezeichneten Adressaten (OLG. Stuttgart 10. VI. 1898 E. 15 168). Schriftliche Vollmacht ist nicht erforderlich (ROHG. 22 133). Vor Erreichung des Bestimmungsortes ist die Eisenbahn — außer im Falle legaler nachträglicher Anweisung des Absenders — zur Ablieferung des Gutes an den Adressaten nicht befugt und dieser zur Annahme nicht legitimiert, auch wenn er sich im Besitze des Frachtbriefduplikats befindet, wohl aber nach Ankunft am Bestimmungsort, und zwar alsdann ohne Rücksicht auf den Besitz des Duplikats.

4. Erfolgt die Aushändigung nicht zur rechten Zeit — d. h. nicht innerhalb der tarifarischen Lieferfristen (s. § 75 Anm. 373 ff. S. 377 ff.) — aus Umständen, welche nicht in einem Verschulden des Empfängers ihren Grund haben, so endet die strenge Haftpflicht aus § 456 HGB., § 84 EVO. nicht schon mit dem Ende der Lieferfrist, sondern erst mit der erfolgten Ablieferung oder einem dieser gleichstehenden Akte (z. B. Verkauf unanbringlichen Gutes, Hinterlegung 2c.). Auch gilt alsdann die Präsumtion des § 90. Liegt dagegen das Hindernis und die Verzögerung in der Ablieferung in einem Verschulden des Empfängers (Annahmeverzug desselben, mora accipiendi), so endet mit Eintritt des Verzugs bzw. Hindernisses diese strenge Haftpflicht der Eisenbahn, welche nur bis zur Ablieferung bzw. bis zur Verzögerung derselben durch Verschulden des Empfängers nach der ratio legis gerechtfertigt erscheint, und verwandelt sich in die mildere Haftung aus dem Verwahrungsvertrage, nach Maßgabe des BGB. §§ 688 ff. (Puchelt II 494, Schott 408, Endemann, HR. 729, ROHG. 14 295, RG. E. 1 270). Es steht daher im Einklang mit § 471 eod., wenn § 81 Abs. 3 EVO. für den Fall eines Annahmeverzugs des Empfängers die Haftpflicht der Eisenbahn ex recepto auf das Maß der Verpflichtung eines bloßen Verwahrers, d. h. der Sorgfalt eines ordentlichen Kaufmannes herabmindert.

447) Der mit den Worten „es sei denn, daß der Schaden ... verursacht ist" beginnende Satz legt der Eisenbahn die Beweislast für diejenigen Einreden auf, welche ihr allein gegen den Haftpflichtanspruch des Absenders 2c. für Verlust, Minderung oder Beschädigung des Gutes zustehen. Die Beweislast ist also derartig verteilt, daß der Beschädigte zur Begründung seines Anspruches nur das Bestehen des Frachtvertrages und die einfache Tatsache des Verlustes 2c. seit der Annahme zur Beförderung bis zur Ablieferung, dagegen die Eisenbahn behufs Ablehnung des Anspruchs eine jener Einreden zu beweisen hat. Nur durch diesen Beweis wird die Eisenbahn von der Haftpflicht liberiert (ROHG. 5 89, 91). Es genügt somit einerseits für den Beschädigten nicht, daß er die unversehrte Aufgabe des Gutes nachweist, er hat vielmehr zugleich darzutun, daß das Gut überhaupt nicht oder in einem verminderten oder verschlechterten Zustande als dem zur Zeit der Aufgabe abgeliefert worden ist. Der Quantitäts- oder Qualitätsunterschied muß nachgewiesen werden (ROHG. 11 344, 17 40, 20 404, 25 333). Beweist aber der Aufgeber durch den Frachtbrief — abgesehen von dem Falle des § 61 Abs. 4 Anm. 266 S. 264 — die Aufgabe des behaupteten Gewichts bzw. der Stückzahl und andererseits das Vorhandensein eines Mankos bei der Ablieferung, so ist die Eisenbahn ersatz-

pflichtig (RG. E. 1 38—40, OLG. Lemberg E. 18 7). Andererseits kann sich letztere nicht etwa durch die bloße Einrede schützen, daß sie nicht wisse, wie die Beschädigung oder der Verlust des Gutes entstanden, bzw. daß die Schadensursache unbekannt, unaufgeklärt oder ungewiß sei, und daß sie kein Verschulden treffe; sondern sie kann nur durch den strikten Nachweis, daß seit der Annahme bis zur Ablieferung eine Beschädigung nicht stattgefunden hat oder haben kann, also z. B. das Manko durch irrige Abwägung entstanden ist (E. 18 56) oder durch die Erhebung und den Nachweis einer jener drei Einreden ihre Haftpflicht ablehnen (RG. E. 2 183, 1 123, 3 353, ROHG. 2 248 (260), 8 30, Puchelt II 464, v. Hahn II 595, Staub 1016, 1017).

448) 1. **Die erste Einrede ist, daß durch ein Verschulden oder eine nicht von der Eisenbahn verschuldete Anweisung des Verfügungsberechtigten der Schade herbeigeführt ist.**

Unter dem „Verfügungsberechtigten" ist hierbei sowohl der Absender, wie der in den Frachtvertrag eingetretene Empfänger zu verstehen, denn nur diese beiden können nach §§ 433, 435 HGB., § 73 EVO. (Anm. 351 S. 353 ff.) überhaupt Verfügungsrechte erlangen, und derjenige von beiden, welcher Schadensansprüche erhebt, muß sich auch das Verschulden des anderen entgegenhalten lassen. Aber nur der Nachweis eines Verschuldens des Verfügungsberechtigten befreit die Eisenbahn, nicht also der Nachweis, daß sie selbst ohne Verschulden sei oder daß das Verschulden irgendeines Dritten vorliege. Im übrigen kommt jedes Verschulden in Betracht, sofern es nur nachweislich in kausalem Zusammenhange mit dem Schaden steht; ein Unterschied nach dem Grade oder Umfange ist nicht gemacht. Auch auf den Vorsatz kommt es nicht an. Die Eisenbahn wird nicht allein durch das Verschulden des Verfügungsberechtigten von der Haftpflicht liberiert, sondern sie kann sogar ihrerseits denselben auf Schadensersatz in Anspruch nehmen, wenn ihr durch dieses Verschulden Schaden an ihren Beförderungsmitteln ꝛc. entstanden ist (E. 25 275). Trifft das Verschulden des Verfügungsberechtigten mit dem Verschulden der Eisenbahn oder ihrer Leute ꝛc. zusammen, so ist nach den Grundsätzen von der Konkurrenz des Verschuldens zu verfahren (BGB. § 254, E. 20 19, 23 155, 24 282, Makower 1586, Lehmann-Ring 378, Düringer-Hachenburg 654, Rundnagel 82, Staub 1915). Die Möglichkeiten eines Verschuldens bzw. einer Mitschuld des Verfügungsberechtigten sind der Natur der Sache nach unbegrenzt. Es gehören hierher auch die im HGB. § 456 Abs. 1, EVO. § 84 noch ausdrücklich hervorgehobenen, äußerlich nicht erkennbaren Mängel der Verpackung (s. die dritte Einrede Anm. 450 S. 468). Dagegen wird bei äußerlich erkennbaren Mängeln der Verpackung ein Verschulden des Absenders nur angenommen, wenn ihm Arglist zur Last fällt oder die Eisenbahn Anerkenntnis und Erklärung gemäß § 62 fordert. Anderenfalls liegt die Haftung der Eisenbahn ob (Anm. 273, 276 S. 272, 275).

Dem Verschulden des Verfügungsberechtigten ist im Anschluß an die analoge Bestimmung des Art. 30 des J.Ü. gleichgestellt: „eine nicht von der Eisenbahn verschuldete Anweisung des Verfügungsberechtigten". Damit ist aber der Einwand des Verschuldens über das nach dem receptum zulässige Maß erweitert und insoweit die strenge Haftpflicht der

Eisenbahn gemildert. Ist der Schade durch eine Anweisung des Verfügungsberechtigten herbeigeführt, so soll zur Liberierung der Eisenbahn schon genügen, daß sie als Ursache des Schadens eine nicht von ihr verschuldete Anweisung des Verfügungsberechtigten, d. h. ihr Nichtverschulden an der Anweisung, welche den Schaden herbeigeführt hat, dartut. Hierdurch ist die Einrede des Verschuldens modifiziert, d. h. auf einen Fall ausgedehnt, wo schon der Nachweis des Nichtverschuldens zur Liberierung der Eisenbahn ausreicht bzw. der Nachweis einer von ihr nicht verschuldeten Anweisung — selbst wenn der Verfügungsberechtigte seinerseits mit Erteilung der Anweisung ein Verschulden nicht begangen hat. Es genügt, daß die Eisenbahn nicht durch ein Verschulden irgendwelcher Art ihrerseits den Anlaß zu derjenigen Anweisung des Verfügungsberechtigten gegeben hat, welche den Schaden verursacht hat (Rosenthal 192, Reindl, E. 21 193, Lehmann-Ring 378). Die Annahme Rundnagels (82), daß hier nicht allein die Fälle gemeint sind, in welchen ein Verschulden vorliegt, sondern auch Ereignisse, die die Eisenbahn zu vertreten hat, steht mit Sinn und Wortlaut der vorliegenden Bestimmung nicht im Einklang. Ebenso muß seine Annahme (S. 83ff.) als durchaus verfehlt bezeichnet werden, daß hier unter Anweisungen nicht allein die nachträglichen Anweisungen im Sinne des § 433 HGB., § 73 EVO., sondern Anweisungen jeglicher Art, insbesondere auf das von der Eisenbahn angenommene Frachtvertragsangebot, anzusehen seien. Die Frachtbriefangaben sind begrifflich nicht Anweisungen und nirgends im HGB. oder in der EVO. als solche bezeichnet (Makower 1586 IVb, Reindl, E. 21 193).

449) 2. Die zweite Einrede ist, daß durch höhere Gewalt der Schade herbeigeführt worden ist. Ihr Begriff ergibt sich aus den bereits an früherer Stelle erörterten, für die Haftpflicht der Eisenbahnen maßgebenden Grundsätzen des receptum (Anm. 20 und 443). Danach haftet die Eisenbahn: a) unbedingt für ihre eigenen Handlungen, sowie für die Funktionen ihrer Betriebsmittel und die Handlungen ihrer Dienstorgane (Leute), d. i. für den sogenannten inneren Zufall, und b) bedingt auch für die Handlungen dritter Personen und für Naturereignisse, nämlich insoweit, als diese Handlungen bzw. Ereignisse durch menschenmögliche, durch die Umstände gebotene Vorsicht mit vernünftigen Mitteln überhaupt abgewendet oder in ihren Folgen unschädlich gemacht werden können, d. i. für den sogenannten äußeren Zufall. Damit ist zugleich der Begriff der höheren Gewalt gegeben. Er umfaßt alle hiernach nicht vertretbaren Handlungen und Ereignisse. Als höhere Gewalt sind diejenigen Naturereignisse und Handlungen Dritter anzusehen, welche ungeachtet aller irgend möglichen, durch die Umstände gebotenen Vorsicht weder abzuwenden, noch abzuwehren, noch in ihren schädlichen Folgen vermeidlich sind (v. Hahn, Komm. II 596ff., Goldschmidt, Zeitschr. f. d. ges. HR. 3 34—92, 16 287).

Die neuere Theorie hat im wesentlichen damit übereinstimmend angenommen, daß unter höherer Gewalt diejenigen äußeren Ereignisse verstanden werden, deren Vermeidung durch Vorkehrungen, welche im konkreten Falle zu dem durch dieselben zu erreichenden Erfolge nach der allgemeinen Verkehrsanschauung in vernünftigem Verhältnisse stehen, unmöglich ist (Schott 328,

Westerkamp 653, Staub 1561, Planck § 203 Anm. 1, Schneider, Z. f. HR. 44 380, Eger, RHaftpflG.[6], u. die dort S. 128 f., 136 f. angef. Literatur, Rosenthal 197). Und dieser Definition hat sich auch die Praxis des Reichs-Oberhandelsgerichts und Reichsgerichts angeschlossen. Sie geht dahin, daß die Frage, ob ein bestimmtes äußeres Ereignis als vis major aufzufassen ist, zwar nicht nach einem absoluten Maßstab, sondern nach der Besonderheit des Falles zu beantworten ist, daß aber die bejahende Antwort die Existenz zweier objektiver Requisiten, nämlich: 1. die Unanwendbarkeit des Ereignisses durch die nach Lage des Falles gebotene Vorsicht, 2. die Unüberwindlichkeit des eingetretenen Ereignisses resp. seiner Schadensfolgen durch menschliches Bemühen voraussetzt.

Die höhere Gewalt findet begrifflich ihre Grenzen in der relativen, nicht in der absoluten Unvermeidlichkeit. Bei der Beurteilung der Frage, ob eine Abwendung des in Frage stehenden Ereignisses möglich war, ist also ein relativer Maßstab anzulegen; insbesondere kommt die Verkehrsanschauung in Betracht, und es sind hiernach nur solche Mittel in Berücksichtigung zu ziehen, deren Anwendung möglich ist, ohne den wirtschaftlichen Erfolg des Unternehmens auszuschließen (ROHG. 2 259, 5 91, 8 159, 12 247, 20 104, 25 338, RG. E. 1 31, 148, 250, 360, 2 23, 291, 359, 3 86, 333, 4 336, 370, 6 102, 216, 222, 7 140, 8 9, 40, 51, 88, 9 109, 177, 371, 10 36, 58, 197, 270, 11 91, 337, 12 8, 18 156, 14 82, 15 138, 342). Danach ist also im Einzelfalle zu entscheiden, ob bei der Eisenbahnbeförderung ein Naturereignis (Erdrutsch, Felssturz, Blitz, Sturm, Überschwemmung 2c.) oder eine Handlung Dritter (Raub, Aufruhr, Brandlegung 2c.) oder eine unverschuldete Handlung des Beschädigten als höhere Gewalt zu erachten ist (E. 19 258, RGZ. 21 19, 54 406, 55 411). Eine solche liegt dann vor, wenn die Eisenbahn dartut, daß es in concreto nicht möglich war, mit vernünftigen Mitteln (Schutzvorkehrungen, Schutzbauten, Bewachungs- und Aufsichtspersonal 2c.) das Ereignis 2c. abzuwehren oder doch unschädlich zu machen.

Die Gewalt wird zwar in der Regel von außen kommen, aber notwendig ist es für den Begriff der höheren Gewalt nicht. Wird im Innern eines Eisenbahnmagazins von dritter Hand trotz aller möglichen Sicherheitsmaßregeln Feuer angelegt, werden im Innern eines Eisenbahnwagens infolge Explodierens (E. 18 204), plötzlicher Ohnmacht oder Geisteskrankheit eines Eisenbahnbediensteten (RGZ. 21 15), Auslaufens, Verdunstens, Faulens falsch deklarierter Güter andere Güter auf unabwendbare Weise beschädigt, so sind auch dies echte Fälle höherer Gewalt; ebenso, wenn der Schaden lediglich in der natürlichen Beschaffenheit eines beförderten Gutes und dessen naturgemäßer Entwickelung seinen Grund hat (Anm. 451 S. 469 ff.). (ROHG. 8 26, RG. E. 4 231.) Von diesem Gesichtspunkte aus ist auch die Frage zu beantworten, ob Beraubung oder Entwendung des zur Beförderung übernommenen Gutes ein Akt höherer Gewalt ist. Schon bei den Beratungen des HGB. wurde von der einen Seite bemerkt, daß beides schlechthin als unentschuldbar gelten müsse, dagegen von der anderen Seite dieser Ansicht widersprochen, es sei nicht zuzugeben, daß der Diebstahl 2c. unter allen Umständen nie als höhere Gewalt im Sinne des vorliegenden Artikels aufzufassen sei. Aus den oben angeführten Gründen und in Rücksicht auf den Begriff der höheren Gewalt erscheint die letztere Ansicht als die richtige (Prot. S. 4697, Thöl III 40 Anm. 4, Exner 68 f., Staub § 458 Anm. 3, Makower 1587).

Den relativen Standpunkt hat freilich das RG. durch die Annahme modifiziert, daß es Ereignisse, welche mit einer gewissen Häufigkeit beim Betriebe vorzukommen pflegen und nach der Natur des Betriebes zumeist nicht vermeidbar sind, die also die Eisenbahn von vornherein in Aussicht zu nehmen hat und mit denen sie rechnen muß, konstant nicht als Fälle der höheren Gewalt, sondern als auf der gefährlichen Natur des Unternehmens beruhende und daher zu vertretende Unfälle ansieht, z. B. Zusammenstöße, Entgleisungen (RG. 19 42, 44 30, 50 95, 54 406). Indes erscheint die Richtigkeit dieser Annahme sehr zweifelhaft und nicht mit dem Grundsatze vereinbar, daß die Verantwortlichkeit den Unternehmer nicht trifft, wenn er die Unabwendbarkeit des Ereignisses mit wirtschaftlich möglichen und rationellen Mitteln nachweist. Dieser Nachweis muß den Unternehmer auch in den angegebenen Fällen nach der konkreten Sachlage liberieren (Eger a. a. O. 146).

Zu den dritten Personen, deren störendes Eingreifen in den Beförderungsbetrieb dann als „höhere Gewalt" zu erachten ist, wenn es sich selbst bei größter Sorgfalt und den vernünftigsten Vorkehrungen nicht abwenden läßt, gehören auch die Leute der Eisenbahn, wenn sie nicht in Ausübung des Dienstes sind. Zwischen ihren Handlungen und den Handlungen beliebiger dritter Personen besteht in dieser Hinsicht kein Unterschied (ROHG. 21 287, v. Hahn II 627, Exner 63).

Die Beweislast ist derartig verteilt, daß seitens des Beklagten, welcher die Einrede erhebt, zwar nicht die nackte Erweisung der zur Entschuldigung aufgestellten Tatsachen, des angeblich unüberwindbaren Ereignisses genügt, sondern auch die Umstände dargelegt werden müssen, unter denen sie sich ereignet haben, um dem Richter die Möglichkeit einer Überzeugung hinsichtlich der Entschuldbarkeit zu gewähren (Goldschmidt a. a. O. 116 Anm. 3, Puchelt II 467, RG. E. 3 353, 4 236). Jedoch wird auch ohne letzteres der Nachweis solcher Ereignisse befreien, welche ihrer Natur nach unverschuldet zu sein pflegen; denn wenn Ereignisse dieser Art notorisch in der Regel unabwendbar und unvermeidlich sind (Blitzschlag), so wird es des Nachweises, daß dies auch im konkreten Falle zutrifft, nicht erst bedürfen, vielmehr die Vermutung dafür sprechen, und nun der Kläger replicando erweisen müssen, daß im vorliegenden Falle dennoch nur Verabsäumung möglicher Sorgfalt den Schaden bewirkt hat (Goldschmidt a. a. O. 87, 88, 116 und Anm. 104 eod. Vgl. auch ROHG. 5 91, 8 31, 20 104 f., 25 338, Exner 80, Staub 958 § 4). Andererseits kann die Bahn höhere Gewalt nicht einwenden, wenn die Ursache des Schadens nicht aufgeklärt worden ist (RG. 28. IX. 1895 GruchotsBeitr. 30 156).

450) 3. Die dritte Einrede ist, daß durch äußerlich nicht erkennbare Mängel der Verpackung der Schaden verursacht worden ist. Bereits oben S. 458 ist darauf hingewiesen worden, daß hierin eigentlich nur eine — wenn auch vielleicht die am häufigsten vorkommende — Art des Ver-

schuldens liegt (s. die erste Einrede Anm. 448 S. 465). Daher ist in dem entsprechenden Art. 30 des J.Ü. diese Einrede nicht als in der allgemeinen Einrede des Verschuldens inbegriffen überhaupt nicht besonders erwähnt, während wiederum Art. 395 A.HGB. sich auf die spezielle Einrede der äußerlich nicht erkennbaren Mängel der Verpackung beschränkt und der allgemeinen Einrede des Verschuldens keinen besonderen Ausdruck verliehen hat. Der § 456 HGB. hat dagegen zur Vermeidung aller Zweifel beide Einreden — die allgemeine Einrede des Verschuldens und die besondere der äußerlich nicht erkennbaren Mängel der Verpackung — aufgenommen. Der Grund für die spezielle Hervorhebung und Aufführung dieser Einrede neben der allgemeinen und sie umfassenden Einrede des Verschuldens mag wohl auch darin liegen, daß über den Fall der mangelhaften Verpackung der Güter als einen vornehmlich häufigen und wichtigen noch an anderen Stellen des HGB. (§ 459 Abs. Ziff. 2) bzw. der EVO. (§ 62 Abs. 2 u. 3, § 86 Abs. 1 Ziff. 2) Bestimmung getroffen ist. An sich ist der Absender zur gehörigen Verpackung des Gutes verpflichtet (§ 62 Abs. 1 EVO. Anm. 272 S. 271 f.). Prinzipiell begeht er also durch mangelhafte Verpackung des Gutes ein Verschulden (Lehmann-Ring § 456 Nr. 4. A. M. Düringer-Hachenburg III 3), welches — wenn dadurch eine Beschädigung herbeigeführt ist — die Eisenbahn von der Haftpflicht befreit und ihn selbst haftbar macht. Indes unterscheidet die EVO. § 62 Abs. 3 und § 86 Ziff. 2 nach dem Vorgange des HGB. (§§ 456, 459) zwischen Gütern, deren mangelhafte Verpackung äußerlich erkennbar ist oder nicht. Bei äußerlich erkennbaren Mängeln der Verpackung wird ein — das bezügliche Verschulden des Absenders gewissermaßen ausschließendes oder aufhebendes — Verschulden der Eisenbahn angenommen, wenn sie die Annahme derartiger Güter trotz der äußerlich erkennbaren Mängel der Verpackung weder verweigert, noch sich bei der Annahme — wozu sie berechtigt ist — ein Anerkenntnis (Bescheinigung) der mangelhaften Verpackung in Gemäßheit des § 62 Abs. 2, § 86 Ziff. 2 EVO., § 459 Ziff. 2 HGB. vom Absender ausstellen läßt (Anm. 273 S. 272 f.). Tut sie keines von beiden, so muß sie also bei eingetretenem Schaden haften, außer wenn dem Absender ein arglistiges Verfahren zur Last fällt. Läßt sie sich aber bei äußerlich erkennbaren Mängeln der Verpackung eine Bescheinigung gemäß § 62 Abs. 2 EVO. vom Absender ausstellen, oder handelt es sich um äußerlich nicht erkennbare Mängel der Verpackung, so haftet sie nicht, sondern muß der Absender haften, d. h. kann nicht nur einen Schadensersatz nicht beanspruchen, sondern muß überdies auch noch der Eisenbahn für den ihr oder dritten Versendern dadurch entstandenen Schaden aufkommen (EVO. § 62 Abs. 3 Anm. 275 S. 274 f.; vgl. hierzu noch HGB. § 459 Abs. 1 Ziff. 2 und Abs. 2, EVO. § 86 Abs. 1 Ziff. 2 und Abs. 2 Anm. 457, 463).

Über den Begriff der mangelhaften Verpackung und äußerlich nicht erkennbaren Mängel der Verpackung s. EVO. § 62 Abs. 3 Anm. 273 S. 272 ff.

451) 4. Die vierte Einrede ist, daß durch die natürliche Beschaffenheit des Gutes der Schaden herbeigeführt ist. Diese Einrede stellt sich eigentlich nur als eine besondere Art der Einrede der höheren Gewalt dar (s. S. 458 ff.). (Thöl III 42 Ziff. 5, Schott 330, RG. E. 4 238). Denn die

höhere Gewalt besteht nicht allein in einem äußeren, sondern auch in einem inneren, d. h. von innen kommenden, unabwendbaren und unvermeidlichen Ereignisse. Die natürliche Entwicklung, welche das Gut während der Beförderung an sich bzw. in Verbindung mit den unvermeidlichen Bewegungen und Einwirkungen desselben, rüttelnde und schütternde Bewegung, Einfluß der Zeit, des Klimas, der Temperatur, insbesondere Sonnenhitze und Kälte, Berührung mit anderen Beförderungsobjekten usw., d. h. Schäden bzw. Veränderungen aus der Natur der Sache notwendig nimmt, bildet in der Regel ein nicht abwendbares und nicht vermeidliches Ereignis, für welches die Eisenbahn ebensowenig wie für andere derartige Ereignisse zu haften verpflichtet ist. Ganz dieselben Regeln, wie für die Einrede der höheren Gewalt, gelten daher auch für die vorliegende Einrede. Nur dann erscheint dieselbe begründet, wenn die Eisenbahn in Rücksicht auf die natürliche Beschaffenheit des speziellen Gutes alles getan hat, was nach der allgemeinen Verkehrsanschauung und mit vernünftigen Mitteln von einem Frachtführer zum Schutze des Gutes erwartet werden kann (Staub § 457 Anm. 10, Makower 1588). Wie weit die Eisenbahn darin zu gehen hat, kann allerdings nur nach Lage des konkreten Falles durch richterliches Ermessen entschieden werden. Als Prinzip ist anzunehmen, daß sie diejenigen Schäden aus der natürlichen Beschaffenheit des Gutes nicht zu vertreten hat, welche bei ordnungsmäßiger Eisenbahnbeförderung nicht zu vermeiden waren und trotz derselben eingetreten sind (Rosenthal 192).

Die Beweislast ist derart verteilt, daß der Beschädigte die Aufgabe des Gutes in guter Beschaffenheit, in ordnungsmäßiger Verpackung und mit allen denjenigen Vorkehrungen versehen nachzuweisen hat, die reglements- und usancemäßig dem Absender obliegen. Dagegen hat die Eisenbahn darzulegen, daß sie betreffs des so übernommenen Gutes alle verkehrs- und bestimmungsmäßig nach der Beschaffenheit des Gutes eisenbahnseitig während der Beförderung zu verrichtenden Vorkehrungen getroffen habe und das Gut demungeachtet infolge seiner natürlichen Beschaffenheit beschädigt oder vernichtet sei (E. 19 239, 22 140, 23 142).

§ 84 führt die wesentlichsten Arten der Beschädigung aus der inneren Beschaffenheit des Gutes ausdrücklich auf, jedoch nur beispielsweise und nicht erschöpfend. Namentlich ist aufgeführt die Beschädigung: 1. durch inneren Verderb, d. i. Schaden, welcher aus inneren Stoffprozessen entsteht, also durch Gären, Faulen, Frieren, Verschimmeln, Zersetzen, Explodieren, Selbstentzünden (infolge von Hitze, Frost, Feuchtigkeit). Auch Zerbrechlichkeit des Gutes kann hierher gehören; 2. durch Schwinden, d. i. die natürliche Verminderung, der natürliche Abgang der Ware sowohl durch Witterungsverhältnisse (Eintrocknen, Verdunsten, Einrosten), wie durch die notwendigen Beförderungsmanipulationen (Ausstreuen, Verschütten, Auslaufen); 3. durch gewöhnliche Leckage, d. i. das regelmäßige Dringen (Sickern, Laufen) gewisser Flüssigkeiten durch die Fugen der Gebinde ohne äußere Beschädigung, im Gegensatze zu einem durch äußere, gewaltsame Beschädigung der Fastage herbeigeführten, außergewöhnlich starken Auslaufen der Flüssigkeit — außergewöhnliche Leckage (RGZ. 56 402, OLG. Hamburg 20. VI. 1903, OLG.

Rspr. 7 390). Nur das gewöhnliche, natürliche und daher unvermeidliche Durchsickern der Flüssigkeiten durch die Fugen soll den Eisenbahnen zur Befreiung dienen. Doch ist diese Einrede der natürlichen Beschaffenheit des Gutes durch § 459 Abs. 1 Ziff. 4 HGB., § 86 Abs. 1 Ziff. 4 EVO. erweitert, d. h. die Haftpflicht der Eisenbahnen insoweit beschränkt, als sie in Ansehung der Güter, welche vermöge ihrer eigentümlichen natürlichen Beschaffenheit der besonderen Gefahr ausgesetzt sind, gänzlichen oder teilweisen Verlust oder Beschädigung, namentlich Bruch, Rost, inneren Verderb, außergewöhnliche Leckage, Austrocknung und Verstreuung zu erleiden, für den Schaden nicht haften, welcher aus dieser Gefahr entsteht, und zwar mit der im § 459 Abs. 2 HGB., § 86 Abs. 2 EVO. zugunsten der Eisenbahnen aufgestellten Beweisvermutung.

§ 85.

Beschränkung der Haftung hinsichtlich des Bestimmungsortes.

(1) Ist auf dem Frachtbrief ein Bestimmungsort angegeben, wo sich keine für die Abfertigung des Gutes eingerichtete Güterabfertigungs- oder Nebenstelle befindet, so haftet die Eisenbahn als Frachtführer nur bis zur letzten dafür eingerichteten Eisenbahnstation oder Güternebenstelle[452]). Wegen der Weiterbeförderung hat sie die Pflichten des Spediteurs[453]).

(2) Hat die Eisenbahn Einrichtungen zur Weiterbeförderung des Gutes nach solchen Orten getroffen (§ 78 Abs. (1)), so haftet sie bis zum Bestimmungsort als Frachtführer[454]).

Alte EVO. § 76. HGB. §§ 468, 471. J.Ü. Art. 30 Abs. 2.

452) Wie jeder Frachtführer, haftet auch die Eisenbahn in Ansehung der von ihr übernommenen Beförderung bis zu dem bezeichneten Orte der Ablieferung. Ist dieser Ort an einer Eisenbahn gelegen (d. h. an einer für den Güterverkehr eingerichteten Station bzw. Güternebenstelle: arg. § 453 HGB.), so haftet sie nur bis zur Station (Bahnhof ꝛc.) des Ablieferungsortes, d. i. bis zur Bestimmungsstation bzw. Güternebenstelle, da im Eisenbahnverkehre das Gut Holgut, nicht Bringgut ist (S. 463). (§ 76 Abs. 3 Anm. 386 S. 395). Ist dieser Ort aber nicht an einer Eisenbahn (d. h. einer für den Güterverkehr eingerichteten Station oder Güternebenstelle) gelegen, so würde ihr an sich auch die Haftpflicht von der letzten Bahnstation bis zu dem bezeichneten Ablieferungsort obliegen, und zwar gleichviel ob diese Station an der eigenen Bahn oder an einer Anschlußbahn oder an einer anderen Bahn liegt, welche nur durch einen Land- oder Wasserweg mit den vorangehenden Bahnen verbunden ist. Weil es jedoch in der Natur und im Wesen der Betriebseinrichtungen der Eisenbahnen liegt, daß sie nur für denjenigen Teil einer durch verschiedene Beförderungsmittel auszuführenden Beförderung als Frachtführer mit Sicherheit einzustehen vermögen, welche mittelst der Eisenbahn selbst und auf den Eisenbahnstrecken bewirkt wird, so ist der Eisenbahn

hier eine räumliche Einschränkung ihrer Haftpflicht als Frachtführer auf die eigentliche Eisenbahnbeförderungsstrecke gesetzlich gestattet. Nach § 468 HGB., welcher an die Stelle des Art. 430 A.HGB. getreten ist, „kann“ daher für den Fall, daß auf dem Frachtbrief als Ort der Ablieferung ein nicht an der Eisenbahn liegender Ort bezeichnet wird, bestimmt werden, daß die Eisenbahn als Frachtführer nur für die Beförderung bis zur letzten Eisenbahnstation haften, bezüglich der Weiterbeförderung dagegen die Verpflichtungen des Spediteurs übernehmen soll (Endemann, R. d. E. 614, v. Hahn II 756, Puchelt II 587, Thöl III 138, 232, Schott 511, Ruckdeschel 194, Wehrmann 184, Staub 1076). Die §§ 461 u. 468 HGB. bzw. §§ 76 u. 81 EVO. sind die einzigen, in welchen die modifizierte Haftpflicht der Eisenbahn nicht gesetzlich vorgeschrieben, sondern nur ihre Festsetzung durch Vereinbarung gestattet ist.

Von der Befugnis des § 468 HGB. ist in der EVO. § 85 Abs. 1 Gebrauch gemacht und bestimmt, daß, wenn auf dem Frachtbriefe ein Bestimmungsort angegeben ist, wo sich keine für die Abfertigung des Gutes eingerichtete Güterabfertigungs- oder Nebenstelle befindet, die Eisenbahn als Frachtführer nur bis zur letzten dafür eingerichteten Eisenbahnstation oder Güternebenstelle haftet und wegen der Weiterbeförderung nur die Pflichten des Spediteurs hat.

Zutreffend ist die Fassung des entsprechenden § 76 der bisherigen EVO. „Ist auf dem Frachtbrief als Ort der Ablieferung ein nicht an der Eisenbahn liegender Ort bezeichnet“ in die deutlichere: „Ist auf dem Frachtbriefe ein Bestimmungsort angegeben, wo sich keine für die Abfertigung des Gutes eingerichtete Güterabfertigungs- oder Nebenstelle befindet“, abgeändert, weil nach einer Reihe von Orten, welche an der Eisenbahn liegen, Güter wegen fehlender Einrichtungen nicht abgefertigt werden können. Da aber auch diese Orte nach Sinn und Zweck des § 468 HGB. in Verbindung mit § 53 EVO. so anzusehen sind, als wenn sie nicht an der Eisenbahn lägen, während andererseits für die Beförderung nach abseits der Bahn liegenden Orten mit Güternebenstellen die Haftpflicht der Eisenbahn als Frachtführer bis zur Güternebenstelle besteht, so war die Änderung des bisherigen Wortlautes erforderlich (Begr. 117).

Die Eisenbahn haftet hiernach als Frachtführer (§ 84) nur bis zur Ablieferung auf der vom Absender bezeichneten Bestimmungsstation (Güterabfertigungsstelle) oder Güternebenstelle (§ 56 Abs. 1 lit. b), auch wenn im Frachtbriefe ein anderer Bestimmungsort (§ 56 Abs. 1 lit. c) angegeben ist (§ 76 Abs. 3). Indes erfährt die Haftpflicht der Eisenbahn als Frachtführer dann eine Erweiterung, wenn sie nach solchen Orten, sei es innerhalb des Stationsortes oder nach benachbarten Orten Güter selbst zuführt oder Rollfuhrunternehmer dafür bestellt (§ 78 Abs. 1). Für ihre Haftung ist dann zu unterscheiden:

Hat die Eisenbahn Zuführungseinrichtungen getroffen und führt sie das Gut von der Bestimmungsstation dem Empfänger selbst oder durch von ihr bestellte Rollfuhrunternehmer zu, so haftet sie als Frachtführer bis zum Bestimmungsort gemäß § 78 Abs. 1, § 85 Abs. 2 (s. Anm. 454).

Hat die Eisenbahn Zuführungseinrichtungen nicht getroffen, so haftet sie als Frachtführer nur bis zur Ablieferung auf der Bestimmungsstation oder Güternebenstelle. In betreff der Weiterbeförderung bis zur Bestimmungsstation steht ihr frei, wenn weder der Absender noch der Empfänger für die unmittelbare Weiterbeförderung gesorgt hat, entweder den Empfänger zu benachrichtigen und die Verfügung desselben bis zum Ablauf der bestimmungsmäßigen Abholungsfrist (Thöl III 138 Nr. 4) abzuwarten oder die Weiterbeförderung nach dem Bestimmungsort mit den Pflichten eines Spediteurs zu besorgen (§ 85 Abs. 1 Satz 2 — in Verbindung mit § 76 Abs. 7 u. 9).

453) Nach Satz 2 hat die Eisenbahn im Falle des Satzes 1 wegen der Weiterbeförderung die Pflichten des Spediteurs (§§ 470 ff. HGB.), jedoch nur die Verpflichtungen, nicht auch die besonderen Berechtigungen, z. B. die Provisionsforderung § 409 HGB. (v. Hahn II 553, Staub Anm. 2, Düringer-Hachenburg Anm. 2, Makower 1615, Endemann, R. d. E. 614). Aus der Verpflichtung der Eisenbahn zur Spedition solcher Güter folgt übrigens auch zugleich ihre Berechtigung, in geeigneter Weise, also mittelst eines Spediteurs oder einer anderen Gelegenheit, die Fortsetzung der Beförderung bis zum Bestimmungsort herbeizuführen, mithin das Speditionsrecht der Eisenbahn, sofern nicht wegen sofortiger Weiterbeförderung vom Absender oder Empfänger Verfügung getroffen ist (EVO. § 76 Abs. 9, Thöl III 138). Ihre Speditionspflicht kann die Eisenbahn auch im Falle des § 76 Abs. 9 (s. Anm. 395 i. f.) nicht ablehnen (HGB. § 471), wohl aber von vornherein die Annahme des Gutes nach einem nicht an der Bahn gelegenen Bestimmungsort (§ 53 EVO., s. Staub u. Förtsch z. Art. 430 A.HGB., Thöl III 138, Schott 511).

454) In Ausnahme von der Regel des Abs. 1 hält für Sendungen nach solchen im Abs. 1 bezeichneten Bestimmungsorten, nach welchen die Eisenbahn Einrichtungen für die Weiterbeförderung getroffen hat, Abs. 2 die Haftpflicht der Eisenbahn als Frachtführer für die ganze Beförderung, d. h. bis zum Ablieferungsort, aufrecht (Schott 411). Es sind hier die in der EVO. § 78 Abs. 1 (§ 76 Abs. 7 u. 9) bezeichneten Einrichtungen zur Selbstzuführung oder durch Rollfuhrunternehmer gemeint (Anm. 391 u. 395). Wenngleich selbständige Frachtführer, werden sie doch durch die bahnamtliche Bestellung als Organe der Eisenbahnverwaltung und den Leuten derselben gleichgestellt erachtet (§ 78 Abs. 1, § 5 EVO.), derartig, daß die Fortsetzung der Beförderung durch die bahnamtlich bestellten Rollfuhrunternehmer gewissermaßen als ein integrierender Teil der eigentlichen Eisenbahnbeförderung gilt (Anm. 304, Rudbeschel 195, v. Hahn II 757, Schott § 349 S. 443, § 358 S. 511, Makower 1615). Die Eisenbahn verpflichtet sich, indem sie ihren Rollführern die Beförderung überträgt, dieselbe selbst als Frachtführer zu Ende zu führen und demgemäß auch die Haftpflicht als Frachtführer bis zum Ablieferungsort zu tragen. Die Annahme, daß dies auch für die Übertragung der Weiterbeförderung an andere Personen gilt (Düringer-Hachenburg Anm. II 3, Makower 1615), ist nicht zutreffend (E. 25 5).

§ 86.
Beschränkung der Haftpflicht bei besonderen Gefahren[455].

(1) Die Eisenbahn haftet nicht:

1. bei Gütern, die nach den Vorschriften dieser Ordnung oder des Tarifs oder nach einer in den Frachtbrief aufgenommenen Vereinbarung mit dem Absender in offenen Wagen befördert werden[456],

   für den Schaden, der aus der mit dieser Beförderungsart verbundenen Gefahr entsteht; hierunter ist auffallender Gewichtsabgang oder der Verlust ganzer Stücke nicht zu verstehen[457];

I. Wenn die Eisenbahn dem Absender auf dessen im Frachtbriefe zu stellenden Antrag Decken überläßt, so übernimmt sie dadurch auch bei solchen Gütern, die nach Abschn. III der Allgemeinen Tarifvorschriften (Teil I Abt. B) in bedeckten Wagen zu befördern wären, keine weitergehende Haftpflicht, als ihr bei Beförderung in offenen Wagen ohne Decken obliegt.

2. bei Gütern, die, obgleich ihre Natur eine Verpackung zum Schutze gegen Verlust, Minderung oder Beschädigung während der Beförderung erfordert, nach Erklärung des Absenders im Frachtbrief unverpackt oder mit mangelhafter Verpackung zur Beförderung aufgegeben sind,

   für den Schaden, der aus der mit dem Mangel oder mit der mangelhaften Beschaffenheit der Verpackung verbundenen Gefahr entsteht[458];

3. bei Gütern, deren Auf- und Abladen nach der Vorschrift dieser Ordnung oder des Tarifs oder nach einer in den Frachtbrief aufgenommenen Vereinbarung mit dem Absender von diesem oder von dem Empfänger besorgt wird,

   für den Schaden, der aus der mit dem Auf- und Abladen oder mit einer mangelhaften Verladung verbundenen Gefahr entsteht[459];

4. bei Gütern, die vermöge ihrer eigentümlichen natürlichen Beschaffenheit der besonderen Gefahr ausgesetzt sind, Verlust, Minderung oder Beschädigung, namentlich Bruch, Rost, inneren Verderb, außergewöhnliche Leckage, Austrocknung und Verstreuung zu erleiden,

   für den Schaden, der aus dieser Gefahr entsteht[460].

II. Wenn Eisengußwaren oder gußeiserne Bestandteile anderer Waren, die nach Erklärung des Absenders auf dem Frachtbriefe unverpackt oder mit mangelhafter Verpackung aufgegeben wurden, bei der Eisenbahnbeförderung beschädigt worden sind, so werden die beschädigten Stücke auf Verlangen des Absenders oder des Empfängers als Frachtgut von der Bestimmungsstation nach der Versandstation frachtfrei befördert. Der Antrag auf frachtfreie Beförderung ist in den Frachtbrief aufzunehmen. Die frachtfreie Beförderung tritt nicht ein, wenn das Interesse an der Lieferung angegeben wird.

5. bei lebenden Tieren,

für den Schaden, der aus der für sie mit der Beförderung verbundenen besonderen Gefahr entsteht[461];

6. bei Gütern, einschließlich der Tiere, denen nach dieser Ordnung, nach dem Tarif oder nach einer in den Frachtbrief aufgenommenen Vereinbarung mit dem Absender ein Begleiter beizugeben ist,

für den Schaden, der aus der Gefahr entsteht, deren Abwendung durch die Begleitung bezweckt wird[462].

(2) Konnte ein Schaden den Umständen nach aus einer der im Abs. (1) bezeichneten Gefahren entstehen, so wird vermutet, daß er aus dieser Gefahr entstanden sei[463].

(3) Eine Befreiung von der Haftung kann auf Grund dieser Vorschriften nicht geltend gemacht werden, wenn der Schaden durch Verschulden der Eisenbahn entstanden ist[464].

Alte EVO. § 77. HGB. § 459. J.Ü. Art. 31.

455) § 459 des HGB. setzt für eine Reihe von Gefahren, welchen die Güter ausgesetzt sind, Beschränkungen der im § 456 normierten Haftpflicht fest. Da die Eisenbahnen der äußerst strengen Haftpflicht des receptum unterliegen, d. h. nicht nur für ihre Leute und Beförderungsmittel, sondern auch selbst für den Zufall bis an die Grenze der höheren Gewalt eintreten müssen, da sie ferner in Rücksicht auf ihr Monopol im Gegensatz zum gewöhnlichen Frachtführer zur Übernahme der ihrer Natur nach besonders gefährlichen Beförderung gesetzlich verpflichtet sind, so gewährt § 459 HGB. nach Analogie des Art. 424 A.HGB. den Eisenbahnen insoweit Beschränkungen ihrer Haftpflicht, als der Absender freiwillig zur Erlangung billigerer Beförderungspreise oder bestimmungsmäßig auf die erforderlichen Sicherheitsvorkehrungen (z. B. Verpackung, Begleitung, Deckung) oder Funktionen der Bahnorgane (Auf- und Abladen) verzichtet und sich gewissermaßen mit einer geringeren Diligenz der Bahn begnügt, oder Güter zur Beförderung aufgibt, die sich nach

ihrer eigentümlichen Beschaffenheit (zerbrechliche, verderbliche ꝛc. Waren, lebende Tiere) zur Beförderung nicht eignen. Zugleich ist auch im § 459 Abs. 2 für die Fälle des § 459 Abs. 1 eine Änderung der gewöhnlichen Beweislast zugunsten der Eisenbahnen normiert. Die Bestimmungen des § 459 HGB. unterscheiden sich jedoch dadurch wesentlich von den ihnen zugrunde liegenden des Art. 424 A.HGB., daß letztere den Bahnen die bezüglichen Beschränkungen der Haftpflicht im Vertragswege nur gestatten („Es kann bedungen werden"), es also auf Grund dieser Gesetzesbestimmungen nur überlassen, von dieser Erlaubnis durch entsprechende Vereinbarungen (Reglements ꝛc.) Gebrauch zu machen. Diese Befugnis ist von jeher in der Weise ausgeübt worden, daß die betreffenden Beschränkungen der Haftpflicht in die Beförderungs- und Vertragsbedingungen der Eisenbahnen aufgenommen und hierdurch zum Bestandteile jedes einzelnen Frachtvertrages gemacht wurden (vgl. ROHG. 6 176). Mit der wirklichen Sachlage stand jedoch diese Regelung nicht mehr im Einklang; denn tatsächlich war die Befugnis der Eisenbahnen, den Umfang ihrer Haftpflicht innerhalb der im HGB. gezogenen Grenzen durch Vertrag festzusetzen, weggefallen, seitdem die den Vertragsinhalt bildenden Bestimmungen im Verordnungswege in bindender Weise den Eisenbahnen vorgeschrieben waren. Unter diesen Umständen erschien es einfacher, die Haftung der Eisenbahnen derartig zu regeln, daß die betreffenden Vorschriften unmittelbar, d. h. ohne den Umweg einer Aufnahme in den Frachtvertrag zur Anwendung kommen (Denkschr. S. 287). Im Gegensatz zu Art. 424 A.HGB. sind daher im § 459 N.HGB. die Haftpflichtbeschränkungen der Eisenbahnen unmittelbar gesetzlich festgesetzt bzw. generalisiert, d. h. zu allgemeinen gesetzlichen Beschränkungen erhoben („Die Eisenbahn haftet nicht . . ."), mithin eine Vereinbarung über dieselben in Tarifen, Reglements ꝛc. nicht mehr erforderlich ist derartig, daß die Eisenbahnen in diesen Fällen ipsa lege und ohne weiteres in ihrer Haftpflicht beschränkt sind. Einer weitergehenden Beschränkung derselben durch die EVO. oder durch Verträge steht das prinzipielle Verbot des § 471 HGB. entgegen; nicht aber einer Ausdehnung zugunsten des Publikums (S. 5).

§ 86 EVO. hat daher im wesentlichen wörtlich die Bestimmungen des § 459 HGB. aufgenommen und nur im Abs. 1 Ziff. 1 u. 3 durch einige Zusätze ergänzt. Von diesen Zusätzen sind jedoch die im Abs. 1 Ziff. 1 u. 3 enthaltenen, wonach die von der Haftung befreiende Beförderung im offen gebauten Wagen (Ziff. 1) und das Auf- und Abladen durch den Absender oder Empfänger (Ziff. 3) auch auf Bestimmungen der Verkehrsordnung beruhen kann, ungültig, weil dadurch die Kategorien der Güter, für deren Beschädigung die Haftpflicht der Eisenbahnen ausgeschlossen wird, vermehrt, mithin die Verpflichtungen der Eisenbahnen in einer mit § 471 HGB. unvereinbaren Weise durch die EVO. beschränkt werden (übereinstimmend Hertzer 137, 138). Die Annahme Rundnagels (162), daß hier „ein offenbares Flüchtigkeitsversehen" des Gesetzgebers vorliege (s. auch Makower 1576, Reindl, E. 21 188) ist unbegründet, und die Annahme, es sei demungeachtet zulässig, derartige Bestimmungen in der EVO. zu treffen, verfehlt. Die Fassungsverschiedenheit in § 459 Ziff. 1 u. 3 und § 459 Ziff. 6 ist eine so auffällige und prägnante (s. auch Makower a. a. O.), daß von einem bloßen — an zwei verschiedenen Stellen des Gesetzes begangenen — Fassungsfehler nicht die Rede sein kann. Anderenfalls wäre es doch richtiger, da es sich um zwei Stellen gegen eine handelt, den Fassungsfehler in § 459 Nr. 6 zu sehen. Aber es erscheint an sich überhaupt ungerechtfertigt und ausgeschlossen, bei dem ganz klaren und zweifellosen Wortlaute dem HGB. den Vorwurf eines Flüchtigkeitsversehens zu machen und willkürlich Änderungen bzw. Zusätze vorzunehmen. Dagegen ist der im Abs. 1 Ziff. 1 enthaltene Zusatz, wonach unter dem Schaden, welcher aus der mit der Beförderung im offenen Wagen verbundenen Gefahr entsteht, auffallender Gewichtsabgang oder Verlust nicht zu verstehen ist, rechtsgültig, weil durch diesen interpretativen Satz in einer nach § 471 HGB. zulässigen Weise die Verpflichtungen der Eisenbahnen nicht beschränkt, sondern einer zu weitgehenden Haftbeschränkung entgegengetreten werden soll. (Übereinstimmend: Staub § 459 Anm. 19, Düringer-Hachenburg Anm. II zu Ziff. 1. Unrichtig Makower 1594, 1620.)

456) Ziff. 1 enthält die erste Beschränkung der Haftpflicht. Die Beförderungsgefahr liegt in dem Offensein, d. h. in dem offenen Bau der zur Beförderung verwendeten Wagen.

Die erste Voraussetzung dieser Haftbeschränkung ist die Beförderung in offenen, d. h. in offen gebauten Wagen (Reindl, Bayr. VerkBl. 19 1903 Nr. 12). Sowohl das J.Ü. (Art. 31 Abs. 1 Ziff. 1) wie das HGB. (§ 459 Abs. 1 Ziff. 1) und die bisherige EVO. (§ 477 Abs. 1 Ziff. 1) enthalten übereinstimmend die Fassung „in offen gebauten" Wagen. Es sollte damit zur Vermeidung von Zweifeln klar ausgesprochen werden, daß die Haftbeschränkung sich auch auf vorübergehend bedeckte, d. h. mit Decken (Teerplanen, Persenningen 2c.) versehene, aber offen gebaute Wagen bezieht, im Gegensatz von solchen Wagen, die gedeckt gebaut, d. h. mit einer dauernden Bedachung niet- und nagelfest versehen sind. Hiervon ist die neue EVO. ohne jeden ersichtlichen Grund und Zweck durch die Fassung „in offenen Wagen" abgewichen und hat damit von neuem Zweifel hervorgerufen. Es ist dies um so mehr zu mißbilligen, als — wie wiederholt hervorgehoben — im Interesse der Rechtssicherheit jede unbegründete Abweichung von der Fassung des HGB. und des J.Ü. vermieden werden mußte. Da indes die Motive (117) nur kurz bemerken: „Die mit § 459 des HGB. gleichlautenden(?) Bestimmungen sind beibehalten", so ist anzunehmen, daß die Verschiedenheit im Wortlaute eine materiell-rechtliche Änderung nicht bedeuten soll, mithin unter offenen Wagen offen gebaute im Sinne des HGB. zu verstehen sind. Man unterscheidet geschlossen (bedeckt) und offen (unbedeckt) gebaute Wagen. Geschlossen (bedeckt) gebaute Wagen sind nur solche, die nach ihrer Konstruktion und Bauart mit einer dauernden, einen integrierenden Teil des Wagens bildenden, niet- und nagelfest mit den übrigen Teilen des Wagens verbundenen Bedachung versehen werden (Thöl III 173, v. Hahn II 736, ROHG. 13 430, 14 219, 20 239, RG. E. 8 171). Alle anderen Wagen sind offen gebaute (unbedeckte) im Sinne des § 459 HGB., bzw. offene im Sinne des § 86 EVO., gleichviel, ob sie ganz offen benutzt oder ohne Änderung ihrer offenen Bauart vorübergehend mit Decken versehen werden. Sie bleiben auch im letzteren Falle offen gebaute bzw. offene Wagen (Puchelt II 565, Endemann, R. d. E. 574, ROHG. 3 101, 12 116, 13 430, 14 219, RG. E. 3 171, RGZ. 10 105, E. 10 15, 181, 20 13, 222).

§ 86 Ziff. 1 (§ 459 Ziff. 1 HGB.) findet daher auch Anwendung, wenn ein verschlossener Möbelwagen auf offen gebauten Eisenbahnwagen befördert wird, und zwar auch auf den Inhalt des Möbelwagens (RG. 10. XI. 1894, RGZ. 34 42, E. 11 339).

Die zweite Voraussetzung ist, daß die Beförderung im offen gebauten Wagen nach der Bestimmung der Verkehrsordnung oder des Tarifs oder nach einer in den Frachtbrief aufgenommenen Vereinbarung mit dem Absender geschieht. Hiervon ist jedoch die Vorschrift, daß diese Beförderung auf der Bestimmung der Verkehrsordnung beruhen kann, bereits oben S. 476 als unvereinbar mit § 459 Abs. 1 Ziff. 1 und § 471 HGB. und daher als ungültig bezeichnet worden (ebenso Hertzer 137. A. M. Rundnagel 174, Makower 1576, Reindl, E. 21 188). Diese Art der Beförderung muß vielmehr entweder generell durch den Tarif oder durch besondere Vereinbarung mit dem Absender bestimmt sein. Letztere war früher formlos (A.HGB. Art. 424), ist aber durch § 459 N.HGB. zur Verhütung von Zweifeln und Streitigkeiten ausdrücklich an die Form der Aufnahme in den Frachtbrief gebunden (Denkschr. S. 287, RG. 11. XI. 1905, JW. 1906 S. 12). Sonstige, wenn auch schriftliche Vereinbarungen haben daher nicht die im § 459 HGB., § 86 EVO. bezeichneten Wirkungen; ebensowenig die in die EVO. aufgenommenen Bestimmungen. Denn diese haben nach der Rechtsnatur der EVO. weder den Charakter tarifarischer Vorschriften, noch besonderer Vereinbarungen mit dem Absender. Die einseitige Konstatierung der Eisenbahn auf dem Frachtbriefe genügt nicht (Reindl, E. 16 Anl. Heft 1 S. 15. A. M. RG. E. 20 336), ebensowenig ein bloß mündlicher Auftrag, er vermag nicht die Einrede zu begründen, daß der Schaden infolge einer nicht von der Eisenbahn verschuldeten Anweisung des Verfügungsberechtigten entstanden sei; denn es handelt sich hier nicht um eine einseitige Anweisung (Reindl, 21 189). Dem Absender ist an sich aber nicht freigestellt, nach seinem Belieben offen gebaute (unbedeckte) oder geschlossen gebaute (bedeckte) Wagen zu wählen. Letztere braucht — abgesehen von etwa durch den Tarif bestimmten höheren Beförderungspreisen — die Bahn nur zu gewähren, soweit ihre bedeckten Wagen hierzu ausreichen (§ 453 Abs. 1 Ziff. 4 A.HGB. und § 3 Ziff. 2, § 64 Abs. 1, § 66 EVO.). Reichen sie nicht aus, so muß der Absender warten oder sich mit der Beförderung in unbedeckten Wagen begnügen (v. Hahn II 725, Ruckdeschel 205, Wehrmann 111). Die tarifarische Bestimmung kann auch summarisch dahin gehen, daß, wenn der Absender nicht ausdrücklich bedeckte Wagen verlangt, die Beförderung in unbedeckten Wagen als vereinbart gilt (RG. E. 3 171). Der Vermerk „zwei Wagendecken" im Frachtbrief enthält eine in denselben aufgenommene genügend deutliche Anweisung zur Beförderung in offenem Wagen (RG. 11. XI. 1905, JW. 1906 S. 12). Die Vereinbarung gilt für die ganze Dauer der übernommenen Beförderung, und zwar nicht nur dem Absender, sondern auch dem Empfänger gegenüber. Das Verlangen, das Gut mit Decken zu versehen, steht nicht gleich dem

Verlangen der Beförderung in bedeckten Wagen (ROHG. 13 430, 14 219, E. 7 12, 10 358, 22 293; vgl. hierzu die Allg. AusfBest. Nr. I zum § 86 Abs. 1 Ziff. 1 der EVO.). Nur wird, wenn die erforderlichen Decken von der Bahn gegen Entgelt gestellt und befestigt werden, die letztere für deren Güte und ordnungsmäßige Befestigung verantwortlich und daher dem Vorwurfe eines eigenen Verschuldens, welches die Haftbefreiung ausschließt (BGB. § 459 Abs. 3), leichter ausgesetzt sein, als bei offen gebauten Wagen ohne Decken (ROHG. Entsch. 13 433, 20 239, RG. Entsch. 34 46, OLG. Kolmar 21. XII. 1896 E. 14 49, Thöl III 177). Verwendet die Eisenbahn freiwillig — trotz der Vereinbarung der Beförderung in offen gebauten Wagen — bedeckte Wagen, so findet die vorliegende Haftbeschränkung dennoch Anwendung. Denn rechtlich erscheint diese Verwendung als eine bloße Liberalität. Daher kann der Eisenbahn in einem solchen Falle eine Haftung dafür, daß der verwendete bedeckte Wagen gegen diejenige Gefahr, für welche sie bei der Beförderung in offen gebauten Wagen nicht zu haften hat, ausreichenden Schutz gewähre, nicht obliegen (RG. RGZ. 1 14, 10 105, E. 1 9, 3 171; s. auch Wehrmann 111, v. Hahn II 726, Endemann, R. d. E. 574, Thöl 177, Rundnagel 170, Makower 1595, ROHG. 13 430, 14 218, 20 238). Freilich dürfte aber, wenn die Bahn von dem Recht zur Benutzung offen gebauter Wagen tatsächlich keinen Gebrauch macht, die Vermutung des Abs. 2 des § 86 bei Stellung eines völlig fehlerfreien bedeckten Wagens ausgeschlossen sein (ROHG. 25 170, 172). Kommen mehrere Eisenbahnstrecken in Betracht und gilt die Vereinbarung nur für eine derselben, so kann die Haftbeschränkung nur eintreten, wenn feststeht, daß gerade auf dieser Strecke der Schaden stattgefunden hat (ROHG. 3 61), ebenso nur, wenn nachgewiesen ist, daß der Schaden auf der Strecke, nicht später, z. B. beim Ablieferungsverzug, eingetreten ist (ROHG. 11 296, 13 433).

Liegen beide Voraussetzungen vor, so haftet die Eisenbahn nicht für den Schaden, welcher aus der mit dieser Beförderungsart verbundenen Gefahr entstanden ist. Also nicht Haftbefreiung von jedem Schaden, sondern nur von den mit dieser Beförderungsart im Zusammenhange stehenden, wie vornehmlich Schäden durch Nässe, Hitze, Kälte, infolge von Regen, Schnee, Sonnenglut, Frost ꝛc., aber auch durch Diebstahl, Herabfallen, Entzündung durch Lokomotivfunken ꝛc. — wobei überall der Eisenbahn noch die gesetzliche Vermutung des Abs. 2 (Anm. 463) zugute kommt (Thöl 175, Schott 490, ROHG. 3 59, 101, 11 296, 13 430, 15 83, 17 300, RG. E. 5 272, 15 140, OLG. Hamburg 15 113). Für Schäden aus anderen Gefahren haftet die Eisenbahn nach den allgemeinen Regeln der §§ 456, 466 (ROHG. 12 24).

Daher überhebt eine Bestimmung oder Vereinbarung der unter Ziff. 1 gedachten Art die Bahn keineswegs und schlechthin der Fürsorge für den Schutz des verladenen Gutes gegen Nässe ꝛc. (ROHG. 17 296). Auch kann die Abrede der Beförderung in offen gebauten Wagen bei Feuergefährlichkeit des Gutes als ein Versehen des Absenders, welches die Bahn von der Vertretung eigenen Verschuldens befreit, nicht angesehen werden (ROHG. 15 89, RGZ. 20 122, 34 46, E. 18 124, 21 120, 23 155). In Rücksicht auf die ihr zur Seite stehende Vermutung liegt übrigens der Eisenbahn die Beweislast dafür nicht ob, daß im konkreten Falle die Ausführung des Diebstahls durch die Beförderung in unbedeckten Wagen erleichtert sei (v. Hahn II 727 § 5, ROHG. Entsch. 6 175, 19 133).

Zugleich sind in dem bereits an früherer Stelle erörterten § 66 EVO. (Anm. 314 ff. S. 312 ff.) Bestimmungen über den Umfang des Rechtes des Absenders getroffen, die Beförderung bei denjenigen Gütern, welche in gedeckt gebauten Wagen nach dem Tarife befördert werden, in offen gebauten Wagen zu verlangen, wie auch umgekehrt, und über die Form dieses Verlangens (vgl. noch Allg. AbfVorschr. § 3 Ziff. 7 u. 8).

457) Im Satz 2 der Ziff. 1 ist zusätzlich bestimmt, daß unter der in Ziff. 1 in Rede stehenden Gefahr auffallender Gewichtsabgang oder Verlust ganzer Stücke nicht zu verstehen ist. An sich ist zwar die Gefahr der Beförderung in unbedeckten Wagen nicht auf Schäden durch Witterungseinflüsse beschränkt, kann sich vielmehr nach den Umständen des Falles auch auf das Abhandenkommen ganzer Stücke oder großer Teile derselben namentlich durch Diebstahl erstrecken (s. die vorangehende Anm. 456 i. f.). Doch ist hier unter Verlust nicht die gänzliche oder teilweise Vernichtung des Gutes durch eine bekannte Tatsache, z. B. durch Feuer (Lokomotivfunken), sondern nur das Abhandenkommen, Fehlen des Gutes ohne Kenntnis der Ursache gemeint (RGZ. 70 175, E. 25 393). Dieser interpretative Zusatz der zugrunde liegenden Bestimmung des § 459 Ziff. 1 HGB. ist, wie bereits oben S. 477 bemerkt, gültig, weil darin eine Verschärfung der Verpflichtungen der Eisenbahnen ausgesprochen ist (§ 471 HGB.).

458) Ziff. 2 enthält die zweite Beschränkung der Haftpflicht. Die Beförderungsgefahr liegt in dem Fehlen oder in der Mangelhaftigkeit der Verpackung von Gütern, welche einer solchen während der Beförderung zum Schutze gegen gänzlichen oder teilweisen Verlust oder Beschädigung bedürfen (Ruckdeschel 210, Endemann, R. d. E. 574, E. 21 21).

Die erste Voraussetzung ist die Aufgabe unverpackter oder mangelhaft verpackter Güter der angegebenen Art. Welche Güter hierher gehören, was insbesondere unter „mangelhafter Verpackung" zu verstehen ist, und wer hierüber im Zweifel zu entscheiden hat, ist oben § 62 S. 271 ff. erörtert (Allg. AbfVorschr. § 5).

Die zweite Voraussetzung ist, daß über die Aufgabe in unverpacktem oder mangelhaftem Zustande eine Erklärung des Absenders auf dem Frachtbriefe enthalten sein muß. Die Form, die schriftliche oder gestempelte, gedruckte 2c. Erklärung auf dem Frachtbriefe ist notwendig und obligatorisch (Fuld in E. 19 172, 24 341). Nach § 62 Abs. 2 EVO. ist die Eisenbahn berechtigt, zu verlangen, daß der Absender im Frachtbriefe das Fehlen oder die Mängel der Verpackung anerkennt (Allg. AbfVorschr. § 5 Ziff. 8—11). Jede andere Form macht die Beschränkung ungültig. Sie kann daher nicht durch mündliche Erklärung oder durch eine bezügliche Bestimmung in Reglements oder Tarifen oder ein neben dem Frachtbrief herlaufendes 2c. Schriftstück ersetzt werden (Endemann, R. d. E. 575). Andererseits braucht die Erklärung nicht die Form einer Vereinbarung zu haben. Es kann zwar zu dieser Erklärung kumulativ noch eine andere aus irgendwelchen Gründen hinzutreten, wie z. B. die im § 62 Abs. 2 EVO. angeordnete allgemeine Erklärung nach Maßgabe der vorgeschriebenen Formulare (Anlage F). Indes haben diese Erklärungen lediglich den Zweck, der Eisenbahn nach Abgabe des Frachtbriefes an den Adressaten noch einen besonderen schriftlichen Beweis jener obligatorischen Erklärung zu sichern (s. Anm. 273 S. 273, Allg. AbfVorschr. § 5 Abs. 9—11), sind mithin für die Gültigkeit des Befreiungsvertrages nicht notwendig, auch nicht geeignet, die Erklärung des Absenders auf dem Frachtbriefe zu ersetzen (Thöl III 178, v. Hahn II 728 § 7, Schott 492, Lehmann-Ring 384, Rundnagel 126, E. 24 341).

Liegen diese beiden Voraussetzungen vor, so haftet die Eisenbahn nicht für den Schaden, welcher aus der mit dem Mangel oder der mangelhaften Verpackung verbundenen Gefahr entstanden ist; also nicht Haftbefreiung von jedem Schaden überhaupt, sondern nur von dem solchergestalt entstandenen tritt ein, also z. B. nicht für den auf sachwidrige Handlungen der Leute der Bahn zurückzuführenden (E. 20 37, 25 10). Es bedarf aber keiner besonderen aus dieser Beförderungsart entstandenen Gefahr, sondern es genügt, daß der Schaden überhaupt daraus entstanden ist. Es ist auch nicht erforderlich, daß der Schaden ein unabwendbarer sei, sondern es reicht aus, daß er mit dem Fehlen oder der Mangelhaftigkeit der Verpackung in Kausalnexus steht. Von diesem Gesichtspunkte aus kommen auch hier vornehmlich Witterungseinflüsse in Betracht, aber auch Diebstahl (ROHG. 6 175), Bruch, Entzündung, Gewichtsmanko durch Leckage, Verstreuen, Verschütten &c. (E. 23 186, 28 375). Konkurrierendes Verschulden der Bahn, wenn sie derartige Güter in besondere Nähe der Lokomotive stellt (E. 28 155; s. Reindl, Bayr. VerkBl. 19 1903 Nr. 12).

459) Ziff. 3 enthält die dritte Beschränkung der Haftpflicht. Die Beförderungsgefahr liegt in dem Auf- und Abladen der Güter seitens des Absenders (oder Empfängers) — also ohne die Tätigkeit der Eisenbahn bzw. ihrer Organe.

Die erste Voraussetzung ist, daß es sich um Güter handelt, deren Auf- oder Abladen von dem Absender oder Empfänger besorgt wird. Der Natur der Sache nach sind, wie die Worte „besorgt wird" andeuten, nicht nur der Absender bzw. Empfänger persönlich, sondern auch die von ihnen hiermit Beauftragten (ihre Leute, Organe, ja auch die Arbeiter der Bahn, wenn sie zu diesem Behufe dem Absender oder Empfänger mit oder ohne Entgelt überlassen werden (Ruckdeschel 211, Thöl 181, Rosenthal 206, Rundnagel 160, Schott 492, ROHG. 18 131) gemeint. Es fallen unter Ziff. 3 alle Fälle, in welchen das Frachtgut im Zustande der Verladung übernommen wird und mit Rücksicht darauf die Bahn der Sorge für die Verladung und der Haftung für sachgemäße Verladung enthoben ist. Es gehören dahin auch Sammelladungsgüter (obwohl sie an sich Stückgut sind, Senckpiehl § 101). Das Auf- und Abladen besteht in allen Funktionen, Vorkehrungen und Maßnahmen, welche auf das Hineinbringen der Güter in die Eisenbahnwagen am Versandort und das Wiederherausbringen aus denselben am Bestimmungsort gerichtet sind. Es begreift auch die Verladung in sich, d. h. das geeignete Arrangement, die Befestigung, Bedeckung &c. der Güter im Wagen. Für schadhaft gelieferte Decken hat die Bahn aufzukommen, nicht aber für mangelhafte Auflegung an sich guter Decken durch den Absender (RG. 18. IV. 1891, JW. 298). An welchem Ort, wann und von wem die Verladung besorgt wird, ist gleichgültig. Die Selbstverladung braucht also nicht gerade am Versandorte zu erfolgen. Auch die Weiterversendung des angekommenen Gutes ohne Umladung mit neuem Frachtbriefe kann als Selbstverladung gelten. Dies ist Tatfrage (ROHG. 18 134, Keyßner 485, Wehrmann 119, v. Hahn II 728, Makower 1598).

Zweite Voraussetzung ist, daß das Auf- und Abladen nach der Bestimmung der EVO. oder des Tarifes oder nach einer in den Frachtbrief aufgenommenen Vereinbarung mit dem Absender von diesem oder dem Empfänger besorgt wird. Einerseits muß also die Eisenbahn mit dem Absender die Selbstbesorgung des Auf- und Abladens vereinbart haben, und zwar entweder generell durch Bestimmung des Tarifes oder speziell durch besondere Vereinbarung. Es gilt hierüber das oben zu Ziff. 1 Anm. 456 S. 478 Gesagte, auch in betreff der Ungültigkeit der Einschaltung „nach Bestimmung der EVO.", weil dies mit § 459 Abs. 1 Ziff. 3 und § 471 HGB. nicht vereinbar ist (S. 476). Es bedarf der Bestimmung durch den Tarif oder durch eine in den Frachtbrief aufgenommene Vereinbarung mit dem Absender (E. 19 44, 20 336, 24 58, 25 49, ROHG. 21 108). Bestimmungen in irgendeiner anderen Form haben nicht die im § 459 HGB., § 86 EVO. vorgesehenen Wirkungen; also auch nicht die in die EVO. aufgenommenen Bestimmungen. Die Beschränkung der Haft wird aber dadurch nicht beseitigt, daß die Eisenbahn ihren Leuten gestattet, dem Absender oder Empfänger beim Auf- oder Abladen mit oder ohne Entgelt behülflich zu sein bzw. sich ihm zu diesem Zwecke zu vermieten (E. 18 244). Es kann dies nicht aus der dienstlichen Beziehung dieser Leute zur Eisenbahn gefolgert werden. Auch wenn die Bahn selbst zu diesem Behufe dem Absender 2c. gegen eine Gebühr die erforderlichen Leute stellt, geht damit die Haftung nicht auf sie über, denn sie übernimmt damit nicht das Aufladen 2c. unter eigener Verantwortlichkeit und Kontrolle (Wehrmann 118, Keyßner 485), auch dann nicht, wenn die Beschädigung durch die schlechte Beschaffenheit der Werkzeuge ihrer Leute verursacht wurde (E. 10 210). Ebensowenig zessiert die Haftbeschränkung dadurch, daß die Eisenbahn trotz tarifarischer Bestimmung oder besonderer Vereinbarung freiwillig aus Liberalität, Gefälligkeit das dem Absender 2c. obliegende Auf- bzw. Abladen selbst ausführt (ROHG. 20 238, RG. 1 15, 16).

Liegen die beiden vorbezeichneten Voraussetzungen vor, so haftet die Eisenbahn nicht für den Schaden, welcher aus der mit dem Auf- und Abladen oder mit mangelhafter Verladung verbundenen Gefahr entstanden ist. Es ist also nicht die Haftpflicht für jeden Schaden überhaupt aufgehoben, sondern nur für den aus dem Auf- oder Abladen bzw. mangelhafter Verladung entstandenen (E. 21 46, 24 375, VZ. 1904 Nr. 14). Der Schaden braucht sich auch nicht als ein unabwendbarer darzustellen, sondern es genügt, daß er mit der übernommenen Gefahr in kausalem Zusammenhange steht, wobei der Eisenbahn die Erleichterung der Beweiskraft aus Abs. 2 (Anm. 463) zur Seite steht. Ist aber der Schaden nachweislich durch Verschulden der Eisenbahn entstanden, z. B. mangelhafte Verladungseinrichtungen (E. 20 351, 23 288, 24 345), Lieferung schlechter Decken (E. 14 49, 24 144), so kann sie sich auf die vorliegende Haftbeschränkung nicht berufen. Der Schaden umfaßt nicht allein die Beschädigungen und Nachteile, welche bei und durch die Manipulation des eigentlichen Ein- und Ausladens der Güter — vor Beginn und nach Beendigung der Beförderung — entstehen, sondern auch die weiteren Unregelmäßigkeiten, welche während der Beförderung, also unterwegs aus der unzweckmäßigen Verladungsweise hervorgehen, z. B. Umfallen, Abstoßen von zerbrechlichen Gegenständen (E. 24 375), Überlastung, Beschädigung durch schlechtes oder ungenügendes Verschließen der Türen, Schaden durch mangelnden Schutz gegen die Witterung (E. 20 222, 24 58), fehlende oder unvollständige Bedeckung (E. 20 309), Verstreuen, Beschädigung der Verpackung. Über Diebstahl: Rundnagel 155 und E. 19 94.

In engem Zusammenhange mit dieser Bestimmung der EVO. bzw. mit § 459 Abs. 1 Ziff. 3 HGB. steht auch die bereits in Anm. 266 S. 264 erörterte Vorschrift des § 61 Abs. 4 EVO.

460) Ziff. 4 enthält die vierte Beschränkung der Haftpflicht. Die Beförderungsgefahr liegt in der eigentümlichen natürlichen Beschaffenheit dieser Güter, welche sie für die Eisenbahnbeförderung wenig geeignet macht.

Die alleinige Voraussetzung dieser Haftbeschränkung ist die Beförderung von Gütern, welche vermöge ihrer eigentümlichen, natürlichen Beschaffenheit der besonderen Gefahr des gänzlichen oder teilweisen Verlustes oder der Beschädigung ausgesetzt sind. Der Vergleich mit § 84 Abs. 1 EVO. läßt erkennen, daß die Haftbefreiung hier eine in gewissen Beziehungen weitergehende sein soll, wie im § 84, daß die hier und dort gemeinten Fälle nicht zusammenfallen, vielmehr die Eisenbahn berechtigt sein soll, ihre Haftung auf Grund des § 86 Ziff. 4 in manchen Fällen abzulehnen bzw. sich auf die Beweiserleichterung des Art. 86 Abs. 2 zu berufen, in welchen ihr dies auf Grund des § 84 nicht gestattet sein würde (v. Hahn II 730, Puchelt II 567, Endemann, R. d. E. 576). Immerhin ist die Grenze zwischen § 84 und § 86 Ziff. 4 nicht leicht zu ziehen. Man wird sie vornehmlich darin finden müssen, daß im § 86 Ziff. 4 nicht diejenigen Güter zu verstehen sind, welche infolge ihrer natürlichen Beschaffenheit nach der regelmäßigen Entwicklung der Dinge einen gewöhnlich zu gewärtigenden Verlust (gewöhnliche Leckage 2c.) erleiden (s. § 84), sondern Güter, welche infolge ihrer eigentümlich gearteten Natur durch Einflüsse, die anderem Gut überhaupt nicht oder nur unerheblichen Schaden zufügen, der ganz besonderen, außergewöhnlichen Gefahr des Verlustes oder der Beschädigung (außergewöhnliche Leckage) ausgesetzt sind — für welche z. B. die gewöhnliche rüttelnde Beförderungsbewegung, leichte Stöße beim Rangieren, Einflüsse der Witterung 2c., die anderem Gute wenig oder gar nicht gefährlich sind, die besondere Gefahr des Verlustes oder der Beschädigung mit sich führen (Keyßner 486, Ruckdeschel 199, Staub 1567, Makower 1506, Düringer-Hachenburg 667, Rosenthal 206, Cosack 450, RG. E. 4 410, 5 136, 20 335, 23 283. A. M. Rundnagel 133). § 86 Abs. 1 Ziff. 4 führt einige derjenigen Schäden an, welche sich als Folge der eigentümlichen natürlichen Beschaffenheit gewisser Güter — ihrer leichten Verletzbarkeit oder natürlichen Empfindlichkeit — zu zeigen pflegen. Es sind dies „Bruch, Rost, innerer Verderb, außergewöhnliche Leckage, Austrocknung und Verstreuung" (E. 20 342). Die Aufführung ist jedoch nur beispielsweise und nicht erschöpfend. Die Haftbeschränkung der Ziff. 4 für diese Schäden tritt also nicht bei allen Gütern ein, sondern nur bei solchen, welche ihrer eigentümlichen natürlichen Beschaffenheit nach der besonderen Gefahr ausgesetzt sind, einen derartigen Schaden zu erleiden, d. h. also nicht überhaupt und möglicherweise, sondern welche leicht rosten, brechen, verderben (RGZ. 15 146, 149, E. 5 136, 15 322, 20 137) ꝛc. Über beide Fragen, ob ein Gut jene eigentümliche natürliche Beschaffenheit besitzt, sowie ob der eingetretene Schade eine Folge derselben ist, hat im Streitfalle nur der Richter zu entscheiden.

Liegt die dargestellte Voraussetzung vor, so haftet die Eisenbahn nicht für den Schaden, der aus dieser Gefahr entstanden ist. Nicht die Haft für jeden Schaden ist somit etwa ausgeschlossen, sondern nur für denjenigen, der sich als Folge dieser leichten Verletzbarkeit darstellt (Thöl III 184, E. 23 283, 288), wobei der Eisenbahn die Beweisführung gemäß § 86 Abs. 2 erleichtert ist. Der Schaden braucht nicht unabwendbar zu sein, es reicht aus, daß er mit der eigentümlichen natürlichen Beschaffenheit des Gutes erkennbar in kausalem Zusammenhange steht, also z. B. erfahrungsmäßig: Bruch bei Glas (E. 17 340, 18 159, 19 60, 20 17, 122, 124, 21 161); — Rost bei Metall; — innerer Verderb bei Obst, Fleisch (E. 12 291, 23 142, 283, 24 163, 375); — außergewöhnliche Leckage bei Sprit (E. 10 22, 20 336) — Austrocknung bei frischem Getreide, Wolle, Holz; — Verstreuung bei Körnerfrüchten (Schott 493 und Note 44, Endemann, R. d. E. 576). — Selbstentzündung (RGZ. 15 149).

461) Ziff. 5 enthält die fünfte Beschränkung der Haftpflicht. Die Beförderungsgefahr liegt in der eigentümlichen natürlichen Beschaffenheit der zu befördernden Güter als lebender Tiere, und insoweit ist Ziff. 5 eigentlich nur eine besondere Anwendung, ein spezieller Fall der Ziff. 4 (W. Koch 108, v. Hahn II 732).

Die alleinige Voraussetzung ist die Beförderung von lebenden Tieren. Es genügt die begriffliche Feststellung, daß das Beförderungsobjekt ein lebendes Tier ist, um die Haftbeschränkung der Ziff. 5 darauf in Anwendung zu bringen, gleichviel welcher Art, mithin nicht bloß Nutz- und Haustiere bzw. Tiere, welche im Handels- und Beförderungsverkehr gewöhnlich vorkommen, sondern auch Tiere jeder Art und Gattung (wilde Tiere, Vögel, bzw. Geflügel (E. 22 141, 153), Fische (Z. 9 366), auch Insekten, z. B. Bienen). (Endemann, R. d. E. 576).

Liegt diese Voraussetzung vor, so haftet die Eisenbahn nicht für den Schaden, der aus der mit der Beförderung dieser Tiere für dieselben verbundenen besonderen Gefahr entstanden ist. Auch hier ist nicht Befreiung von jeder Haftbarkeit, sondern nur für Schäden gemeint, welche mit der eigentümlichen natürlichen Beschaffenheit gerade dieses Beförderungsobjekts zusammenhängen (Z. 5 843). Dieser Einschränkung ist noch durch die Worte „besonderen Gefahr" Ausdruck gegeben. Es kommt aber nicht darauf an, daß die besondere Natur gerade dieses beförderten Tieres oder dieser Tiergattung die Gefahr bzw. den Schaden bedingt habe (also bei Springtieren das Entspringen, bei Vögeln das Entfliegen rc.), sondern daß ein Schade vorliegt, der überhaupt mit der Beförderung — gleichviel welcher Art — verbunden zu sein pflegt (v. Hahn II 732, E. 18 253, 308, 20 330, 21 255, 22 141, 153, 269. A. M. Thöl III 190, Schott 494). Über die Frage, ob ein derartiger Schaden vorliegt bzw. ob der Schaden sich als eine Folge gerade der Beförderung lebender Tiere darstellt, hat im konkreten Falle der Richter zu entscheiden. Durch besondere Vereinbarung oder tarifarische Bestimmung darf über die auszuschließenden Schäden nicht vorher stipuliert werden. Erfahrungsgemäß werden zwar dieselben in Entspringen, Entfliegen, Fallen, Stoßen, Ersticken, Verdursten, Verhungern rc. bestehen. Sind aber diese Schäden in tarifarischen Bestimmungen als unbedingt von der Haft befreiend aufgeführt, so kann denselben eine bindende Kraft nicht beigelegt werden (Puchelt II 586, Endemann, R. d. E. 670). Vielmehr ist in jedem konkreten Falle von der Eisenbahn zu beweisen, ob der eingetretene Schaden mit den besonderen Gefahren der Beförderung lebender Tiere verbunden zu sein pflegt. Die bloße Bezugnahme auf Vereinbarung oder Tarif erübrigt diesen Beweis nicht. Verwechslung bei der Ausladung z. B. ist nicht hierher zu rechnen (OLG. Darmstadt 5. III. 1897, E. 15 108). Der Schaden braucht aber nicht unabwendbar zu sein, es genügt, daß er mit den besonderen Gefahren der Beförderung lebender Tiere in kausalem Zusammenhange steht. In diesem Falle ist es auch gleichgültig, ob der Schaden beim Auf- oder Abladen, beim Warten auf dem Bahnhofe oder in den Wagen während der Beförderung entstanden ist (C. F. Koch 432, v. Kräwel 605). Die Eisenbahn kann sich aber auf den qu. Befreiungsgrund nicht berufen, wenn der Schaden erweislich durch ihr oder ihrer Leute rc. Verschulden herbeigeführt ist, z. B. durch kulpose Ausladung des Viehes seitens der Bahnorgane auf einer Unterwegsstation (OLG. Darmstadt E. 15 108), oder durch sach- und vorschriftswidrige Tränkung oder mangelhafte Verladungseinrichtungen (E. 20 357, 24 345, 25 10) oder Zuladung offensichtlich kranker Tiere (Rundnagel 142, s. auch E. 25 375).

462) Ziff. 6 enthält die sechste Beschränkung der Haftpflicht. Die Beförderungsgefahr liegt in der mit Rücksicht auf die beigegebene Begleitung bahnseitig befugterweise eintretenden entsprechenden Verminderung der Obhut der Eisenbahn (v. Hahn II 734, Endemann, R. d. E. 671, Thöl III 192).

Nach Ziff. 6 § 86 EVO. ist die alleinige Voraussetzung dieser Haftpflicht die Beförderung von Gütern einschließlich der Tiere, welchen nach der Verkehrsordnung, dem Tarif oder einer in den Frachtbrief aufgenommenen Vereinbarung mit dem Absender ein Begleiter beizugeben ist. Nicht die Tatsache der Begleitung ist entscheidend, sondern das Bestehen der Verpflichtung, den Gütern einen Begleiter beizugeben (Makower 1598, Rundnagel 148. A. M. Lehmann-Ring 385).

Ist diese Voraussetzung — die Beförderung begleiteter Güter einschließlich Tiere — gegeben, so haftet die Eisenbahn nicht für den Schaden, welcher aus der Gefahr entstanden ist, deren Abwendung durch die Begleitung bezweckt wird. Welche Schäden hierher gehören, ist dem richterlichen Ermessen überlassen und hängt von der Art der begleiteten Güter und den sonstigen Tatumständen ab. Vereinbarungen oder tarifarische Bestimmungen hierüber haben keine bindende Kraft, bedürfen daher im konkreten Falle stets der richterlichen Prüfung und Feststellung. Es ist nicht notwendig, daß der Schaden sich als ein unabwendbarer darstellt, sondern es genügt, daß er mit den durch die Begleitung abzuwendenden Gefahren im Kausalnexus steht. Ein erweisliches Verschulden der Bahn oder ihrer Leute an dem Schaden hebt die Haftbeschränkung auf (E. 15 108). Der Regel nach ist anzunehmen, daß die Begleitung Schutz gegen Diebstahl und sodann auch je nach der Art der Güter gegen Witterungseinflüsse bezweckt, dergestalt, daß es dem Begleiter obliegt, bei Hitze, Kälte oder Nässe für die entsprechenden Schutzmaßregeln zu sorgen; ferner bei Tieren für Obhut, Pflege, Wartung, sodann für das Befestigen im Wagen gegen Herausfallen, Entspringen, Entfliegen, für ausreichenden Verschluß, Lüftung gegen Ersticken ꝛc. (Wehrmann 123, Endemann, R. d. E. 671, Rosenthal 209, E. 20 330, 331, 22 121).

463) § 86 EVO. enthält nicht nur im Abs. 1 sechs wesentliche Beschränkungen der im § 84 prinzipiell normierten Haftpflicht der Eisenbahn, sondern auch im Abs. 2 zu deren Gunsten eine Änderung der gewöhnlichen Beweislast, indem gemäß § 459 Abs. 2 HGB. die Vermutung aufgestellt ist: daß, wenn ein eingetretener Schaden den Umständen nach aus einer der im Abs. 1 bezeichneten Gefahren entstehen konnte, vermutet wird, daß der Schaden aus der betreffenden Gefahr entstanden sei. Hierfür war die Erwägung maßgebend, daß ohne diese Präsumtion die bezüglichen Haftpflichtbeschränkungen der Ziff. 1—6 für die Eisenbahnen illusorisch sein würden (Schott 486, RG. E. 5 136). Da es unmöglich ist, jedes einzelne Gut fortwährend unter spezieller Aufsicht zu halten, so ist es auch unmöglich, den strikten Nachweis (durch Zeugen, Wetterberichte ꝛc.) zu liefern, daß dasselbe im Falle der Beschädigung die betreffende Gefahr wirklich erlitten hat, also z. B. im Falle der Durchnässung, der Verbrennung im offen gebauten Wagen, wirklich durch Regen, Funkensprühen mangels der Deckung beschädigt worden ist. Es muß also der Nachweis genügen, daß der Schaden aus dieser Beförderungsart entstehen konnte (ROHG. 17 304, E. 20 336).

Die bei Auslegung des entsprechenden, bisher geltenden Abs. 2 des Art. 424 A.HGB. entstandene Streitfrage, ob es für die Annahme dieser Vermutung genügt, daß die Möglichkeit des eingetretenen Schadens aus der nicht übernommenen Gefahr überhaupt und losgelöst von den Umständen des besonderen Falles, gleichviel an welchem Orte, zu welcher Zeit und unter welchen Umständen ꝛc. denkbar oder ob es erforderlich ist, daß die Möglichkeit nach Maßgabe der Umstände und Besonderheiten des konkreten Falles begründet sein muß, ist nach Analogie des Art. 31 Abs. 2 J.Ü. im § 459 Abs. 2 HGB. und § 86 Abs. 2 EVO. durch Einfügung der Worte „den Umständen nach“ zugunsten der letzteren Alternative entschieden. Danach ist der Richter berechtigt, die individuellen Verhältnisse in Betracht zu ziehen und die Bahn verpflichtet, sie ihm darzulegen. Es braucht zwar nicht erwiesen zu sein, daß der Schaden eine absolute Folge der besonderen Beförderungsart sei, wohl aber, daß er mit letzterer im konkreten Falle in erkennbarem Zusammenhange stehe. Ergibt die konkrete Sachlage also das Unzutreffende der Präsumtion, so darf sie nicht zur Anwendung gebracht werden (RG. 18. IV. 1891, JW. 297, E. 19 194, 24 237, Fuld in E. 19 171).

Die Vermutung erstreckt sich auf alle Schäden bzw. Schadensursachen, welche aus den im § 86 EVO. bezeichneten Gefahren entstehen können, insoweit ein Zusammenhang damit nach den Umständen des Falles im Bereich der Möglichkeit liegt. Sie dauert, da sie gesetzlich in unmittelbarem Zusammenhange mit einer Vertragsbestimmung steht, solange der Vertrag selbst bzw. die damit verknüpfte Vertragsbedingung wirkt. Sie greift nicht nur für die vereinbarte Beförderungszeit Platz, sondern ist auch für die Zeit der unverschuldeten Verzögerung der Beförderung wirksam. Es ist also gleichgültig, ob der Schaden während der Beförderung oder am Bestimmungsorte in der Zeit von der Ankunft bis zur Abnahme erfolgt ist, vorausgesetzt, daß die Bahn bei der ihr obliegenden Avisierung von der Ankunft des Gutes dem Adressaten gegenüber sich nicht säumig erwies (ROHG. 13 433, 4 424 (427), Schott 489, Endemann, R. d. E. 578. A. M. Thöl III 169ff.). Doch kommen nur Ersatzansprüche des Absenders bzw. Empfängers gegen die Eisenbahn wegen Schäden &c. am Frachtgut in Betracht; nicht auch umgekehrt Ersatzansprüche der Eisenbahn gegen den Absender &c. (RG. E. 4 424, 5 136). Nicht notwendig ist es, daß die betreffende Gefahr sich als die alleinige Ursache des Schadens darstellen muß, um die Vermutung zu begründen. Auch wenn damit andere Ursachen ersichtlich konkurrieren, greift die Vermutung Platz. Sie wird nur durch den Nachweis beseitigt, daß eine andere Ursache die alleinige Ursache sei (Thöl III 168, 169).

Daß die Vermutung nur bis zum Nachweise des Gegenteils gilt, folgt aus ihrer Rechtsnatur. Die Beweislast gestaltet sich also so, daß nach der Sachdarstellung des Klägers die Eisenbahn sich einredeweise auf eine der Beschränkungen der Haftpflicht beruft. Ergibt nun die Sachdarstellung für den Richter an sich die Möglichkeit der Entstehung des Schadens aus der bezeichneten — nicht übernommenen — Gefahr, oder ist diese Möglichkeit eventuell von der Eisenbahn erweislich gemacht (ROHG. 6 175, 17 296, RGZ. 10 108), dann tritt die Präsumtion ein, und gegen diese kann der Kläger den Gegenbeweis führen (Staub 1586, E. 18 135, 19 21, 20 136, 23 142, 283, 25 49, 26 63). Dieser Gegenbeweis kann sich in zwiefacher Richtung bewegen (Fuld in E. 19 171, Lehmann-Ring 386, Rosenthal 211). Entweder kann er darauf hinauslaufen, daß in concreto der Schaden durch ein bestimmtes von der Eisenbahn zu vertretendes Ereignis entstanden sei, oder daß er aus der nicht übernommenen Gefahr in concreto nicht habe entstehen können, d. h. durch den Nachweis von Tatsachen, aus denen sich ergibt, daß der gefährliche Umstand, für welchen die Haftung ausgeschlossen ist, nach den konkreten Verhältnissen die Ursache des Unfalls nicht gewesen sein kann, und hiergegen steht dann wieder der Eisenbahn der Gegenbeweis aus § 456 HGB., § 84 EVO. offen (v. Hahn II 736, III 172, Schott 488, Endemann, R. d. E. 577, ROHG. 17 304, 25 172, RG. E. 1 11, 8 171, 5 272, 10 22, 18 124). Insbesondere kann also die Bahn dann immer noch beweisen, daß der Schaden durch höhere Gewalt herbeigeführt sei (E. 10 299).

464) In Übereinstimmung mit § 459 Abs. 3 des HGB. bestimmt § 86 Abs. 3 EVO., daß eine Befreiung von der Haftpflicht auf Grund dieser sc. der vorangehenden Vorschriften (Abs. 1 u. 2) nicht geltend gemacht werden kann, wenn der Schaden durch Verschulden der Eisenbahn entstanden ist (Makower 1599, ROHG. 12 24, E. 10 22). Diese Bestimmung ist an sich zwar selbstverständlich. Indes dient doch die Bestimmung zur Beseitigung von Zweifeln bei konkurrierendem Verschulden, indem Inhalts derselben die bedungene Befreiung von der Haftpflicht nicht geltend gemacht werden kann, wenn irgendein Verschulden der Eisenbahn als Ursache des Schadens vorliegt, also gleichviel, ob als mitwirkende oder alleinige Ursache (Thöl III 172, Eger III 304, Makower 1599). Im Hinblick auf § 471 folgt daraus weiter, daß das Einstehen der Eisenbahn für Verschulden der Verwaltung oder ihrer Leute nicht wirksam ausgeschlossen werden kann, d. h. für den Fall erwiesenen Verschuldens eine Ablehnung des Schadensersatzes weder durch die EVO. noch durch Verträge bestimmt werden darf (v. Hahn II 737, Schott 488, ROHG. 15 83).

Als Verschulden gilt zwar jede culpa der Eisenbahn (oder ihrer Leute HGB. § 457, EVO. § 5) ohne Rücksicht auf den Grad. Aber es darf nicht außer Betracht bleiben, daß im Vergleich mit der strengen Haftpflicht ex recepto, welche die Bahn zum Schutze gegen alle Gefahren der Beförderung gemäß § 456 HGB., § 84 EVO. verpflichtet, die Haftpflicht durch § 459 HGB., § 86 EVO. gemildert, d. h. die Bahn nicht verpflichtet ist, gegen die aus der vom Absender gewählten besonderen Beförderungsart sich ergebenden besonderen Beförderungsgefahren Schutz zu gewähren und demgemäß die dadurch bedingten Sicherheitsmaßregeln zu ergreifen. Daraus folgt, daß hier auch das Verschulden der Bahn begrifflich modifiziert erscheint und nicht in dem Unterlassen von Sicherheitsmaßregeln gegen die bezüglichen Beförderungsgefahren bestehen kann, sondern auf die Unterlassung derjenigen Sicherheitsmaßregeln beschränkt ist, welche von der Eisenbahn auch dann zu ergreifen gewesen wären, wenn der Absender jene besondere Beförderungsart nicht gewählt hätte, also z. B. im Falle des § 459 HGB. bzw. § 86 EVO. Ziff. 1 auch bei Beförderungen in bedeckten Wagen rc. (Eger III 305, 306, a. M. Schott 489 und das RG. E. 6 122).

Die Beweislast des Verschuldens liegt hier im Gegensatze zur Normierung der Beweislast in § 456 HGB. bzw. § 84 EVO. dem Beschädigten ob (Schott 488, 489). Dies folgt aus der durch § 459 HGB. bzw. § 86 Abs. 2 EVO. normierten Änderung der Beweislast. Es muß zur Entkräftung der gesetzlichen Vermutung der Gegenbeweis geführt werden, daß ein anderer Umstand (als der nicht übernommene gefährliche) den Schaden verursacht habe. Ist dieser andere Umstand nun eine schuldbare Handlung der Bahn rc., so involviert dies lediglich eine besondere Kategorie der dem Absender obliegenden Gegenbeweise (v. Hahn II 737, Thöl III 172). Auch den Kausalnexus zwischen Schaden und Verschulden hat der Beschädigte zu erweisen. Es genügt nicht der bloße Nachweis irgendeines bei der Beförderung vorgefallenen Verschuldens, sondern, daß durch ein solches Verschulden der Schaden entstanden ist (ROHG. 9 337, 13 393, 15 83f., 17 296, 19

133, 20 283, RG. E. 1 14, 122, 8 171. 18 159). So ist z. B. die Berufung auf die Haftbeschränkung des § 77 Ziff. 1 u. 3 nicht anerkannt worden in einem Falle, in welchem nachweislich die Eisenbahn mangelhafte Decken geliefert hatte und durch deren Mängel nachweislich der Schaden (Durchnässung) entstanden war (OLG. Kolmar 21. XII. 1896, E. 14 49). Bei unzweckmäßiger Behandlung von Feld- und Gartenfrüchten (OLG. München 22. IV. 1908, E. 25 159). Verspätung bei leichtverderblichen Gütern (Österr. ObGer. 8. I. 1910, E. 26 419); grobe Fahrlässigkeit bei der Beförderung eines Pferdes (Ung. Kur. 13. I. 1910, E. 26 425).

§ 87.

Beschränkung der Haftung bei Gewichtsverlusten[465]).

(1) Bei Gütern, die nach ihrer natürlichen Beschaffenheit bei der Beförderung regelmäßig einen Gewichtsverlust erleiden, ist die Haftung der Eisenbahn für Gewichtsverluste bis zu nachstehenden Normalsätzen ausgeschlossen[466]).

Bis 2 Prozent bei flüssigen, bei feuchten und bei folgenden trockenen Gütern: geraspelten und gemahlenen Farbhölzern, Rinden, Wurzeln, Süßholz, geschnittenem Tabak, Fettwaren, Seifen und erhärteten Ölen, frischen Früchten, frischen Tabakblättern, Schafwolle, Häuten, Fellen, Leder, getrocknetem und gebackenem Obst, Tierflechsen, Hörnern und Klauen, Knochen (ganz und gemahlen), getrockneten Fischen, Hopfen, frischen Kitten[467]);

bis 1 Prozent bei allen übrigen trockenen Gütern der eingangs bezeichneten Art[468]);

(2) Der Normalsatz wird, falls mehrere Stücke auf denselben Frachtbrief befördert werden, für jedes Stück besonders berechnet, wenn das Gewicht der einzelnen Stücke im Frachtbriefe bezeichnet ist oder sonst festgestellt werden kann[469]).

(3) Die Beschränkung der Haftung tritt nicht ein, soweit der Verlust den Umständen nach nicht infolge der natürlichen Beschaffenheit des Gutes entstanden ist, oder soweit der angenommene Satz dieser Beschaffenheit oder den sonstigen Umständen des Falles nicht entspricht[470]).

(4) Ist das Gut verloren gegangen, so wird für Gewichtsverlust nichts abgezogen[471]).

(5) Die weitergehende Haftbefreiung der Eisenbahn gemäß § 86 Abs. (1) Ziffer 4 wird hierdurch nicht berührt[472]).

Alte EVO. § 78. HGB. § 460, 471. J.Ü. Art. 32. AusfBest. § 8.

465) Das HGB. § 460 Abs. 1 setzt im Anschluß an § 459 eine weitere Haftbeschränkung bei Gütern fest, die nach ihrer natürlichen Beschaffenheit bei

der Beförderung regelmäßig einen Gewichtsverlust erleiden. Bei diesen Gütern ist die Haftpflicht der Eisenbahn für Gewichtsverluste bis zu den aus der EVO. sich ergebenden Normalsätzen ausgeschlossen (v. Hahn' II 744, Thöl III 184, Schott 500, Staub § 460 Ziff. 2, Makower 1600).

466) Die EVO. § 87 Abs. 1 Satz 1 wiederholt wörtlich die Bestimmung des § 460 Abs. 1 HGB. zugleich unter Hinweis auf die von ihr danach in den folgenden Sätzen bestimmten Normalsätze.

Die alleinige Voraussetzung für die vorliegende Haftbeschränkung ist die Beförderung von „Gütern, die nach ihrer natürlichen Beschaffenheit bei der Beförderung regelmäßig einen Gewichtsverlust erleiden". Welche Güter zu dieser Kategorie gehören, läßt sich im einzelnen nicht angeben. Eine Anzahl von Kategorien trockener Güter wird im § 87 Abs. 1 (Anm. 467 S. 489) genannt. Die entscheidenden Merkmale sind folgende: Zunächst muß der Verlust aus der natürlichen Beschaffenheit der Güter folgen, er darf also nicht Resultat eines spontanen, von außen wirkenden Eingriffes, eines Unfalles oder äußeren Ereignisses sein. Ferner soll der Verlust ein regelmäßiger, fast immer bei der Beförderung eintretender sein. Die natürliche Beschaffenheit soll nicht (wie z. B. bei Explosivstoffen) in Verbindung mit irgendwelchen spontanen Ereignissen oder Einwirkungen zu einem außerordentlichen Verluste Anlaß geben, sondern im Zusammenhange mit den gewöhnlichen, stetigen Einflüssen der Witterung und den Beförderungsmanipulationen einen regelmäßig eintretenden Abgang der Ware zur Folge haben. Endlich muß es sich um einen Verlust an Gewicht handeln, nicht um andere Schäden. Hauptsächlich kommt also Schwinden, Verduften, Verdunsten, Eintrocknen, Leckage ꝛc. in Betracht: „schwindende Güter" (Thöl III 185, E. 22 373). Treffen nun bei einem Gute erfahrungsgemäß die eben gedachten Merkmale zu, dann gehört es zu denjenigen, in Ansehung deren die Haftpflicht der Eisenbahn für Gewichtsverluste nach Maßgabe des § 87 ausgeschlossen ist. Ob aber ein Gut in concreto zu den im § 87 gemeinten gehört, hat im Streitfalle der Richter zu entscheiden. Die Beweislast liegt der Eisenbahn ob (E. 20 175, 264, 22 374, Rundnagel 144, Lehmann-Ring 388).

Liegt die vorgedachte tatsächliche Voraussetzung vor, so ist die Haftpflicht der Eisenbahn bis zu den in den Sätzen 2 und 3 bezeichneten Normalsätzen ausgeschlossen. Es ist nicht die Zulassung einer absoluten Ausschließung der Haftpflicht beabsichtigt, sondern nur einer Vermutung, welche den Zweck hat, den Eisenbahnen die ihnen nach § 84 obliegende Beweislast und dadurch mittelbar ihre Haftpflicht zu erleichtern, aber durch Gegenbeweis beseitigt werden kann (Thöl III 185, Schott 501, Reindl, BZ. 1900 S. 221).

467) Nach Satz 2 u. 3 beträgt der Ausschluß der Haftpflicht der Eisenbahn für Gewichtsverluste zwei Prozent bei flüssigen und feuchten, sowie bei den speziell aufgeführten trockenen Gütern. Bei allen übrigen trockenen Gütern beträgt der Normalsatz ein Prozent. Der Eisenbahn liegt, wenngleich in der EVO. gewisse Güter als solche bezeichnet sind, welche regelmäßig einen Verlust an Gewicht erleiden, dennoch im Streitfalle noch der Beweis dafür ob, daß es sich in concreto um ein Gut von der fraglichen Beschaffenheit handelt. Von diesem Gesichtspunkte aus ist die Bestimmung des Abs. 1,

daß alle trockenen und nassen Güter zu denjenigen gehören sollen, welche regelmäßig einen Verlust an Gewicht erleiden, und die Hinzufügung einer Anzahl namentlich bezeichneter Arten von trockenen Gütern zu weitgehend, bzw. es wird trotz dieser Bestimmung der Eisenbahn im Streitfalle der Beweis nicht erspart, daß das betreffende trockene oder nasse Gut zu den im § 460 HGB. bezeichneten gehört, worüber erforderlichenfalls der Richter nach sachverständigem Ermessen zu entscheiden hat (W. Koch 116, Puchelt II 577, Ruckdeschel 215). Anderenfalls würde in Abs. 1 ein Verstoß gegen § 471 Abs. 1 HGB. liegen, weil alsdann die der Eisenbahn gemäß §§ 456, 460 obliegende Haftpflicht eine Erleichterung erfahren würde. Wohl aber ist es zulässig, in der EVO. die Höhe des Normalsatzes gültig festzusetzen, innerhalb dessen ein entstandener Verlust als durch die natürliche Beschaffenheit des Gutes eingetreten gelten soll. Daher ist (unter der Voraussetzung, daß das Gut erwiesenermaßen zu den im § 460 HGB. bzw. § 87 EVO. bezeichneten gehört) die Festsetzung des Normalsatzes von 1 Proz. bei trockenen und von 2 Proz. bei nassen Gütern, welchen eine Anzahl von Gütern namentlich beigefügt ist, gültig, und es kann die Höhe dieses Satzes gegebenenfalls nur durch Gegenbeweis (generell oder speziell) angefochten werden (Wehrmann 103, Thöl III 186). Will die Eisenbahn aber einen höheren Prozentsatz in Anspruch nehmen, dann muß sie den Beweis der Angemessenheit führen, weil ihr für diesen Fall § 87 nicht zur Seite steht (E. **19** 197, **22** 374, Rundnagel 143, 144).

468) Vgl. die vorangehende Anm. 467.

469) Um einen Mißbrauch der durch § 460 Abs. 1 Satz 1 HGB. bestimmten — im § 87 Abs. 1 EVO. vorgesehenen — Haftbeschränkung zu verhüten, indem die Eisenbahn einen nicht aus der natürlichen Beschaffenheit des Gutes originierenden erheblicheren Abgang an dem Gewicht eines Stückes mit dem vollgewichtigen rc. Inhalte anderer Stücke gewissermaßen aufzurechnen sucht, d. h. den Normalsatz in einen Pauschalsatz verwandelt (Schott 501, v. Hahn II 746), schreibt § 460 Abs. 2 HGB. und damit fast wörtlich übereinstimmend § 87 Abs. 2 EVO. für den Fall, daß mehrere Stücke auf denselben Frachtbrief befördert worden sind, einen bestimmten Berechnungsmodus des Normalsatzes vor. Es soll alsdann bei eingetretenem Verluste der Normalsatz für jedes einzelne Stück besonders berechnet werden, wenn das Gewicht der einzelnen Stücke im Frachtbriefe verzeichnet ist oder sonst festgestellt werden kann. Die in Rede stehende Berechnungsweise des Normalsatzes hängt hiernach von zwei Voraussetzungen ab: 1. Erstens kann sie der Natur der Sache nach nur zur Anwendung kommen, „wenn mehrere Stücke auf denselben Frachtbrief befördert worden sind“. Es ist damit gemeint, daß eine vom Absender in einer Gesamtladung mittelst ein und desselben Frachtvertrages bzw. Frachtbriefes aufgegebene Anzahl von Stücken (Säcken, Paketen, Tonnen, Kisten rc.) befördert wird. Ob die Beförderung der einzelnen Stücke in demselben oder in mehreren Wagen, zur selben oder zu verschiedener Zeit, auf derselben Strecke oder auf verschiedenen geschieht, ist gleichgültig. 2. Sodann ist Voraussetzung, daß „das Gewicht der einzelnen Stücke im Frachtbriefe verzeichnet oder sonst festgestellt werden kann“. Denn die Vorschrift des ersten Satzes ist der

Natur der Sache nach überhaupt nur anwendbar, wenn das Gewicht oder Maß der einzelnen Stücke festzustellen ist. Zulässig ist hierbei jede Art der Feststellung für das Gewicht der einzelnen Stücke, sei es durch Berufung auf die Angaben des Frachtbriefes, sei es auf sonstige Beweismittel. Sind diese beiden Voraussetzungen vorhanden, so muß der Normalsatz für jedes einzelne Stück besonders berechnet werden.

470) Die Beschränkung der Haftpflicht aus § 87 Abs. 1 u. 2 tritt jedoch nach Abs. 3 in Übereinstimmung mit § 460 Abs. 3 HGB. nicht ein, soweit der Verlust den Umständen nach nicht infolge der natürlichen Beschaffenheit des Gutes entstanden ist oder soweit der angenommene Prozentsatz dieser Beschaffenheit oder den sonstigen Umständen des Falles nicht entspricht. Es ist hiernach die Widerlegung bzw. der Gegenbeweis gegen die Vermutung des § 460 Abs. 1 HGB. § 87 Abs. 1 EVO. zugelassen und gestattet (v. Hahn II 745). Diese Widerlegung bzw. Gegenbeweisführung kann sich in folgenden Richtungen bewegen: 1. daß der Verlust nach den Umständen des Falles nicht in der natürlichen Beschaffenheit des Gutes (E. 20 175), sondern in einer bestimmten anderen, von der Eisenbahn zu vertretenden Ursache (Zufall, Verschulden der Leute) liegt (Düringer-Hachenburg 671), 2. daß der angenommene Prozentsatz der Beschaffenheit des Gutes überhaupt nicht entspricht, 3. daß der angenommene Prozentsatz den sonstigen Umständen des Falles nicht entspricht (E. 20 264). Die Beweislast verteilt sich hiernach derartig, daß gegenüber einem Schadensersatzanspruche die Eisenbahn für die aus § 87 Abs. 1 hergeleitete Einrede nur die tatsächliche Voraussetzung darzutun hat, daß Güter von der dort bezeichneten Art zur Beförderung aufgegeben worden sind. Ist dies nachgewiesen, so ist die Vermutung, daß der Schade bis zur Höhe des Normalsatzes aus der natürlichen Beschaffenheit der Güter herrühre, begründet, und es liegt dem Absender zur Entkräftung dieser Vermutung der vorstehende Gegenbeweis ob (Thöl III 186, Ruckdeschel 215). Der Gegenbeweis, daß der Verlust durch eine andere von der Eisenbahn zu vertretende Ursache herbeigeführt worden sei, wird in der Regel darin bestehen, daß ein Verschulden der Eisenbahn oder ihrer Leute an dem Schaden — sei es ganz oder zum Teil — dargetan wird, oder irgendeine Schadensursache, welche nicht zu den gemäß § 456 HGB., § 84 EVO. die Haftpflicht der Eisenbahn ausschließenden Momenten (höhere Gewalt 2c.) gehört. Der Gegenbeweis gegen die Höhe des Normalsatzes kann in den meisten Fällen nur durch Berufung auf das Gutachten Sachverständiger geführt werden. Ist der Gegenbeweis nach der einen oder anderen Richtung hin geführt, so ist die zugunsten der Eisenbahn vereinbarte Vermutung beseitigt, und die Eisenbahn trifft alsdann, wenn sie sich von ihrer Haftpflicht liberieren will, die volle Beweislast für einen der ihr zustehenden Befreiungsgründe (§ 84) so, wie wenn die fragliche Bestimmung überhaupt nicht getroffen wäre (Thöl III 188).

471) Bei der Berechnung des Normalsatzes für jedes einzelne Stück besonders — unter den in Abs. 2 bezeichneten Voraussetzungen (s. Anm. 469 S. 491 ff.) versteht es sich von selbst, daß die Berechnung niemals das Manko eines ganzen von mehreren Stücken als Resultat ergeben kann, vielmehr — wenn auch möglicherweise verringert — doch immer dieselbe Anzahl von

Stücken, welche zur Beförderung übernommen worden, auch abzuliefern ist. Denn der natürliche Verlust an Gewicht kommt nie so vor, daß z. B. von 100 Säcken der ganze Inhalt eines Sackes oder gar auch der Sack selbst wegtrocknet, so daß bei der Ablieferung die Leere oder das Fehlen eines Sackes als natürlicher Gewichtsverlust (von 1 Proz.) entschuldigt wäre (Thöl III 188 Anm. 107). In Rücksicht auf diesen Umstand erklärt § 460 Abs. 4 HGB., daß bei gänzlichem Verlust des Gutes (worunter auch ein einzelnes Stück der Ladung zu verstehen) ein Abzug für Gewichtsverlust nicht stattfindet. Die Haftausschließung nach den vorangehenden Bestimmungen tritt also in diesem Falle nicht ein, mithin ist für die Schadensberechnung alsdann das volle Gewicht ohne jeden Abzug entscheidend (v. Hahn II 746, Schott 501). Der Abs. 4 des § 78 der bisherigen EVO. stimmte mit § 460 Abs. 4 HGB. wörtlich überein. Ganz ohne Grund und Zweck weicht dagegen § 87 Abs. 4 der neuen EVO. hiervon ab und bestimmt, daß, wenn das Gut verloren gegangen ist, für Gewichtsverlust nichts abgezogen wird. Im § 460 HGB. sind unverkennbar mit Absicht die Worte „bei gänzlichem Verlust“ gewählt, um e contr. klarzustellen, daß bei teilweisem Verluste sc. eines Stückes, wozu auch jede Art der Minderung gehört, der Abzug statthaft ist. Diese Klarstellung wird durch die Fassung des Abs. 4 des § 87 der neuen EVO. verwischt, da unter den allgemeinen Worten: „ist das Gut verloren gegangen“ auch ein teilweiser Verlust verstanden werden kann. Wenn nun auch mangels jeder Begründung der abweichenden Fassung und im Hinblick auf § 471 HGB. eine materiellrechtliche Abweichung von § 460 Abs. 4 HGB. ohne Zweifel nicht beabsichtigt ist, so hätte doch die unnötige und zugleich zweckwidrige Abweichung vom Wortlaute des HGB. vermieden werden sollen.

472) Mit Abs. 1 ist keineswegs ausgesprochen, daß die Haftbefreiung der Eisenbahn lediglich auf den vorgeschriebenen Normalsatz beschränkt sei und über denselben nicht weiter ausgedehnt werden dürfe. Um der irrigen Auffassung zu begegnen, daß bei derartigen Gütern höchstens 2 bzw. 1 Proz. Kalo abgezogen werden dürfen, also auch bei solchen Gütern, die erfahrungsmäßig einen größeren Gewichtsverlust erleiden können, z. B. Eis, frische Knochen, ist als Abs. 5 die Bestimmung neu hinzugefügt, daß die weitergehende Haftbefreiung der Eisenbahn gemäß § 86 Abs. 1 Ziff. 4 durch die Vorschriften des § 87 nicht berührt wird (Begr.). Liegen also die Voraussetzungen des § 86 Abs. 1 Ziff. 4 vor, so greift unbeschränkt für den ganzen Schaden die Vermutung des § 86 Abs. 2 Platz, welche vom Beschädigten durch den Gegenbeweis oder durch den Beweis des Verschuldens der Eisenbahn zu entkräften ist.

§ 88.

Höhe des Schadensersatzes bei Verlust, Minderung oder Beschädigung des Gutes [473]).

(1) Muß auf Grund des Frachtvertrages von der Eisenbahn für Verlust oder Minderung des Gutes Ersatz geleistet werden, so ist der gemeine Handelswert und in dessen Ermangelung der gemeine Wert zu

ersetzen, den Gut derselben Art und Beschaffenheit am Orte der Absendung in dem Zeitpunkte der Annahme zur Beförderung hatte; ferner ist zu ersetzen, was an Zöllen und sonstigen Kosten sowie an Fracht schon bezahlt oder noch zu bezahlen ist[474]).

(2) Bei Beschädigung des Gutes ist für die Verminderung des im Abs. (1) bezeichneten Wertes Ersatz zu leisten[475]).

(3) Wegen der Fälle, in denen voller Ersatz zu leisten ist, vgl. § 95[476]).

Alte EVO. §§ 80, 83. HGB. §§ 457, 471. J.Ü. Art. 34, 37.

Vorbemerkung zu den §§ 88 bis 93 der Eisenbahnverkehrsordnung.

473) War der Frachtführer für den Schaden aus Verlust oder Beschädigung des Gutes auf Grund des Art. 395 A.HGB. aus dem Frachtvertrage haftpflichtig geworden, so hatte er dem Beschädigten Ersatz zu leisten. Den Umfang der Ersatzleistung normierte Art. 396 A.HGB. (Endemann, HR. § 155, R. d. E., § 117 S. 564f., Goldschmidt 274—606, v. Hahn II² 609, Thöl III §§ 28, 29, Schott § 340, S. 338f., Staub Art. 396 § 1). Danach ist der Berechnung des Schadens nur der gemeine Handelswert des Gutes zugrunde zu legen, und mangels eines Handelswerts der gemeine Wert. Wenn dem Frachtführer eine bösliche Handlungsweise nachgewiesen wird, so hat er den Schaden zu ersetzen.

Der gewöhnliche Frachtführer durfte den in dieser Weise gesetzlich normierten Umfang der Schadensersatzleistung gültigerweise durch Vertrag beschränken und vermindern. Der Eisenbahn hingegen war dies durch Art. 423 A.HGB. grundsätzlich verboten. Indes machte sich für die Milderung dieses Verbotes die Erwägung geltend, daß die gefährliche Natur des Eisenbahnbetriebes die Gefahr einer Beschädigung sehr erhöht, daß die Eisenbahnen diese riskante Beförderung nicht ablehnen dürfen und endlich jede Vermehrung des Umfanges der Entschädigungspflicht notwendig eine dem Verkehre nachteilige Erhöhung der Beförderungspreise nach sich zieht (Schott 338, 339, Ruckdeschel 219, Wehrmann 127ff.). Aus diesen Gründen hatte das A.HGB. den Eisenbahnen eine vertragliche Beschränkung des aus Art. 396 folgenden regelmäßigen Umfangs der Entschädigung in gewissen Grenzen gestattet, und zwar durch die Einführung der Wertdeklaration in Verbindung mit dem Normalsatze. Durch Art. 427 Ziff. 1 A.HGB. war den Eisenbahnen — ausgenommen im Falle böslicher Handlungsweise — eine Vereinbarung erlaubt, wonach der der Schadensberechnung zugrunde zu legende Wert (Art. 396) einen im Frachtbriefe angegebenen Mehrbetrag (Wertdeklaration) und in Ermangelung dessen einen im voraus bestimmten Normalsatz nicht übersteigen sollte (Schott 350, Thöl III 210f., v. Hahn II 748, ROHG. **11** 229, 423, **17** 128, **20** 404f.).

In der Verkehrsordnung v. 15. XI. 1892 war von dieser Befugnis Gebrauch gemacht, d. h. es waren grundsätzlich die Schadensersatznormen des Art. 395 A.HGB. mit unwesentlichen Modifikationen aufgenommen, zugleich aber die durch Art. 427 Ziff. 1 l. c. vertragsmäßig gestatteten Beschränkungen ausbedungen worden. Aber schon die Verkehrsordnung vom 15. XI. 1892 hatte im Interesse einer möglichsten Annäherung und einheitlichen Gestaltung des internen und des internationalen Eisenbahnfrachtrechts hierbei diese Vereinbarungen so gestaltet, daß sie zugleich auch dem Entschädigungssystem des J.Ü. über den Eisenbahnfrachtverkehr (J.Ü. Art. 34—43) tunlichst und soweit das alte Handelsgesetzbuch dies zuließ, entsprachen. Nach diesem System ist nun zwar auch als Regel die Entschädigung nach Maßgabe des wirklichen Schadens angenommen und Maßstab für die Bemessung desselben der gemeine Handelswert bzw. der gemeine Wert (Schwab 268, Eger, J.Ü.[2] Art. 34, 37, Rosenthal 216ff.). Aber im Wege des Kompromisses behufs Vereinigung mit den bezüglichen Entschädigungsnormen des französischen Rechts ist dennoch nach zwiefacher Richtung der Umfang des Schadensersatzes zugunsten des Publikums erheblich weiter gefaßt, als nach dem System des alten deutschen Handelsgesetzbuchs.

1. Das alte deutsche System des Normalsatzes ist einer wesentlichen Beschränkung unterworfen worden, den Eisenbahnen ist die Einführung eines Normalsatzes nur gestattet in Spezialtarifen und unter der Voraussetzung, daß dieselben eine Preisermäßigung für die ganze Beförderung gegenüber den gewöhnlichen Tarifen enthalten und der gleiche Normalsatz auf die ganze Beförderungsstrecke Anwendung findet (J.Ü. Art. 35).

2. Das alte deutsche System der Wert- und Interessendeklaration hat eine vollständige Umwandlung erfahren. An Stelle dieser beiden Deklarationen ist eine neue umfassende Deklaration: „die Deklaration des Interesses an der Lieferung" eingeführt worden. Für den Fall der Deklaration des Interesses an der Lieferung ist danach nicht nur der wirkliche Schaden (gemeine Handelswert bzw. gemeine Wert), sondern über diesen hinaus auch der nachweislich weitere Schaden (entgangene Gewinn) bis zur Höhe des deklarierten Betrages zu ersetzen (Art. 38 l. c.). Diese Deklaration schließt auch die Deklaration des Interesses an der rechtzeitigen Lieferung (A.HGB. Art. 427 Abs. 1 Ziff. 2) in sich, welche als eine für sich bestehende besondere Deklaration in Wegfall gekommen ist. Der deklarierte Betrag des Interesses an der Lieferung bildet hiernach die Maximalgrenze für jeden erweislichen Schaden einschließlich des entgangenen Gewinnes.

Indem die Verkehrsordnung vom 15. XI. 1892 auf Grund des Art. 427 Ziff. 1 A.HGB. den Normalsatz und die Angabe des Interesses an der Lieferung nach Maßgabe der vorstehenden Normen des J.Ü. einführte, hat sie die den Eisenbahnen durch die Art. 423, 427 A.HGB. gezogenen Grenzen nicht überschritten.

Das N.HGB. (§§ 457, 461—463) hat im Interesse der Einheitlichkeit des internen und internationalen Eisenbahnfrachtrechts, dem Vorgange der EVO. v. 15. XI. 1892 folgend, für die Eisenbahnen vollständig, auch im Punkte der Wertbemessung nach Ort und Zeit der Absendung die Entschädigungsnormen des J.Ü. (Art. 34—38) adoptiert (Denkschr. S. 520, 521, 541, 542), und dadurch ermöglicht, daß auch die EVO. v. 26. X. 1899 und v. 23. XII. 1908 in volle Übereinstimmung mit den bezüglichen Satzungen des

F.Ü. gebracht werden konnten. Indem aber für den gewöhnlichen Frachtführer Zeit und Ort der Ablieferung beibehalten wurde (§ 430 HGB.), ist freilich in den Entschädigungsgrundsätzen des internen Frachtrechts zwischen Eisenbahnen und gewöhnlichen Frachtführern eine erhebliche, höchst mißliche Verschiedenheit hervorgerufen worden, deren Beseitigung de leg. fer. ein dringendes Erfordernis ist.

Der von den Eisenbahnen im Falle des Verlustes oder der Beschädigung zu leistende Schadensersatz ist hiernach entweder der regelmäßige (HGB. § 457, EVO. § 88) oder der auf der Festsetzung eines Höchstbetrages in Ausnahmetarifen und auf der Angabe des Interesses an der Lieferung beruhende (HGB. §§ 461, 463, EVO. §§ 89, 92, 93). Der regelmäßige Schadensersatz greift Platz, wenn weder durch Stipulation eines Höchstbetrages eine Beschränkung, noch durch die Angabe des Interesses an der Lieferung eine Erhöhung des normalen Ersatzes eintritt, und wenn ferner der Schaden nicht durch Vorsatz oder grobe Fahrlässigkeit der Eisenbahn (HGB. § 457 Abs. 3, EVO. § 95 Abs. 3) entstanden ist. In letzterem Falle kann die Vergütung des vollen Schadens gefordert werden (HGB. § 457 Abs. 3, EVO. § 95 Anm. 501, 502).

474) Der regelmäßige Schadensersatz besteht in dem Ersatze des wirklichen Schadens, nicht des entgangenen Gewinnes. Als Maßstab für diesen Schaden stellt das HGB. (§ 457) und die EVO. (§ 88 Abs. 1) übereinstimmend den gemeinen Handelswert und in dessen Ermangelung den gemeinen Wert hin, welchen Gut derselben Art und Beschaffenheit am Orte der Absendung in dem Zeitpunkte der Annahme zur Beförderung hatte, unter Hinzurechnung dessen, was an Zöllen und sonstigen Kosten sowie an Fracht bereits bezahlt ist und — wie die EVO. richtig hinzusetzt — noch zu bezahlen ist (Begr. 117, Rundnagel 192).

Voraussetzung ist die Haftpflicht der Eisenbahn, wenn aus dem Eisenbahnfrachtvertrage auf Grund des § 456 HGB., §§ 84 ff. EVO. Schadensersatz für Verlust oder Beschädigung verlangt wird. Nur der Nachweis der als Vorsatz oder grobe Fahrlässigkeit qualifizierbaren Handlungsweise der Eisenbahn ꝛc. begründet nach § 457 Abs. 3 HGB. § 95 EVO. den Anspruch auf Ersatz des vollen Schadens (v. Hahn II 610, Thöl III 44), jedes andere geringere Verschulden in Beziehung auf das Beförderungsverhältnis nur auf Ersatz des wirklichen Schadens gemäß § 457 Abs. 1 HGB., § 88 EVO. Dagegen wird durch § 457 HGB., § 88 Abs. 1 EVO. der Fall nicht berührt, wo der Verlust ꝛc. durch irgendein von dem Beförderungsverhältnis unabhängiges rechtswidriges Handeln (Verschulden) verursacht ist (Schott 346). Für die außervertragsmäßige Inanspruchnahme der Eisenbahn gelten diese Schadensersatznormen nicht (Makower § 457, Ruckdeschel 218, ROHG. 8 271). Was unter Verlust und Beschädigung zu verstehen, ist bereits an früherer Stelle (Anm. 445 S. 459 ff.) erörtert. Ist nicht hierdurch, sondern durch Überschreitung der Lieferzeit der Schaden entstanden, so finden die Schadensersatznormen des § 466 HGB., § 94 EVO. Anwendung (ROHG. 13. III. 1875 in Buchelts Zeitschr. f. franz. Zivilr. 4 237 ff.). Beide Schadensersatzansprüche stehen ganz selbständig nebeneinander, sie können daher entweder jeder für sich und unabhängig voneinander verfolgt oder auch in betreff desselben Beförderungsobjekts kumuliert werden, und zwar gleichviel, ob der Verlust vor oder nach Versäumung der Lieferzeit eingetreten oder eine Folge der letzteren ist. Die Kumulierung von Ansprüchen wegen Beschädigung und Verspätung ist allseitig anerkannt (Schott 346, v. Hahn II 622, Thöl III 51, Puchelt II 476, Reindl, VZ. 1896 Nr. 27), dagegen wegen Verlusts und Verspätung verneint, v. Hahn II 622 Anm. 11, Staub § 430 Ziff. 1 und Schott 316, 346, wenn der Verlust während der Lieferzeit eingetreten ist (s. auch ROHG. 18 235), jedoch mit unzutreffender Begründung (s. Thöl III 52, Eger I 319ff., 385, Puchelt II 477, ROHG. 11 XI. 1876. VZ. 1877 S. 63). Die EVO. hat im § 94 Abs. 3 diese Streitfrage zugunsten der Geltendmachung beider Ansprüche beseitigt (Anm. 398 u. 399, E. 26 430).

Der Berechnung des Schadens soll nur der gemeine Handelswert und in dessen Ermangelung der gemeine Wert des Gutes zugrunde gelegt werden. Dieser Wert ist absolut maßgebend, das individuelle Interesse kommt nicht in Betracht, gleichviel ob es höher oder geringer ist; — außer wenn im Falle des § 461 HGB. § 89 EVO. eine Beschränkung oder im Falle des § 462 HGB. § 92 EVO. eine Erhöhung dieser normalen Entschädigung vereinbart ist (ROHG. 2 360, 13 393, Schott 341, 350, v. Hahn II 611, ROHG. 11 423, 12 23, 17 128). Der gemeine Wert ist — im Gegensatz zum außerordentlichen Wert und individuellen Interesse — der wirkliche allgemeine Tauschwert, der abstrakte, absolute Wert des Gutes für jedermann (Prot. S. 5095, Goldschmidt, Handb. I² S. 95, Thöl III 46, Schott 342, v. Hahn II 614). Dieser Wert ist „gemeiner Handelswert“, wenn das Gut im Handel und Verkehr einen Durchschnitts- oder laufenden Preis — Markt- oder Handelspreis — hat (Prot. z. A.HGB. S. 4571, 4574, Endemann, R. d. E. 565, Wehrmann 128). Die Feststellung erfolgt in erster Reihe nach den örtlichen Einrichtungen (durch Börsen, Märkte etc.), und in deren Ermangelung durch Sachverständige, kaufmännische Korporationen, Polizeibehörden etc. (Goldschmidt 586, 587, Anschütz und v. Völderndorff, Anm. z. Art. 343, ROHG. 2 194, 7 174, 8 100, 9 129, 14 7, 17 305, RG. 30. IX. 1882, E. 3 358). Auch die dem Empfänger zugestellte Rechnung ist ein Beweismittel (Puchelt-Förtsch 1201, Staub 1521, E. 2 358).

Setzt sich das Beförderungsobjekt aus mehreren Gegenständen zusammen, so ist es quaestio facti, ob gänzlicher oder teilweiser Verlust eines derselben als Verlust eines selbständigen Stücks oder eines integrierenden Teils des Gesamtobjekts zu betrachten ist (E. 21 269, 23 397, 24 11). Die Ausstellung eines einzigen Frachtbriefes für mehrere Gegenstände, welche separate Merkzeichen und Nummern tragen, begründet an sich nicht den Charakter der Zusammengehörigkeit derselben. Wenn dies dargetan ist, so richtet sich die Höhe der Ersatzverbindlichkeit der Eisenbahn für den Verlust eines Frachtstücks, welches ihr als Bestandteil einer aus mehreren Kollis bestehenden, zu einer Gesamtsumme mit einem Gesamtgewichte deklarierten Sendung zur Beförderung übergeben ist, nicht nach dem Verhältnis des Gewichts des verlorenen Stücks zu dem deklarierten Gesamtgewichte, sondern nach der Differenz zwischen dem Werte der abgelieferten Stücke zu dem deklarierten Gesamtwerte (Lehmann-Ring 329, Staub 1521, ROHG. 15 372, 16 44, RG. E. 4 416).

Im Gegensatze zu der im § 430 HGB. (übereinstimmend mit Art. 396 A.HGB.) für den gewöhnlichen Frachtführer bestehenden Bestimmung (Art. 396), wonach der Wert am Orte und zur Zeit der Ablieferung maßgebend ist, soll nach Art. 34 des J.Ü. der Wert ersetzt werden, „welchen Gut derselben Art und Beschaffenheit am Orte der Absendung in dem Zeitpunkte der Annahme zur Beförderung hatte", d. h. zur Zeit des Vertragsabschlusses (§ 61 Abs. 1, 2 Anm. 161 f.). Diese wesentliche Abweichung von der bisher (§ 396 A.HGB.) und weiter (HGB. § 430) für den gewöhnlichen Frachtführer geltenden Bestimmung ist mit Hinweis auf die bezügliche Regelung im J.Ü. (Art. 34) und die Notwendigkeit der Wahrung der Einheitlichkeit des internen und internationalen Eisenbahnbeförderungsrechts in einem so wichtigen Punkte begründet worden (Denkschr. S. 520, 521).

Unter „Ort der Absendung" ist die Abgangs-, Annahme-, Versandstation, Abfertigungsstelle (§ 61 Abs. 1 Anm. 161, 162) zu verstehen. Der „Zeitpunkt der Annahme zur Beförderung" ist der des Vertragsschlusses und wird durch den Datumstempel der Abfertigungsstelle festgestellt (§ 61 Abs. 1, 2 Anm. 261 f. S. 261 f.). Dieser Wert ist unbedingt entscheidend, gleichviel ob das Gut nach erfolgter Annahme zur Beförderung vom Versandorte oder unterwegs oder am Bestimmungsorte überhaupt nicht angelangt ist (E. 24 379). Bei der Feststellung des gemeinen Handelswerts ist also der Ort der Absendung, d. h. der Ort (2c. die Station), von welchem ab vertragsmäßig die Beförderung des Gutes zu erfolgen hat, und ferner der Zeitpunkt, an welchem das Gut zur Beförderung angenommen worden ist, genau in Betracht zu ziehen (ROHG. 8 317, 328). Die Annahmezeit ist nach Maßgabe des § 88, sowie der lokalen tarifarischen bzw. reglementarischen Vorschriften genau festzustellen. Nur die Annahme zur Beförderung, nicht die zur vorläufigen Verwahrung des Gutes (§ 64 Anm. 303 S. 296 f.) ist entscheidend.

Zu dem am Versandorte und zur Annahmezeit geltenden gemeinen Handelswerte des Gutes tritt noch der Ersatz desjenigen hinzu, was an Zöllen und sonstigen Kosten, sowie an Fracht bereits bezahlt oder noch zu bezahlen ist. Dies ist eine notwendige Folge der vom § 430 HGB. abweichenden Bestimmung, daß der Wert am Versandorte und zur Annahmezeit maßgebend ist, während § 430 HGB., welcher für den gewöhnlichen Frachtführer den Wert am Ablieferungsorte und zur Ablieferungszeit zugrunde legt, gerade umgekehrt von diesem Werte in Abzug bringt, was infolge des Verlustes an Zöllen und Unkosten sowie an Fracht erspart ist. Denn abgesehen von dem Werte des Gutes am Versandorte verliert der Entschädigungsberechtigte auch diejenigen Beträge, die er an Fracht, Zöllen und sonstigen Unkosten für das Gut bereits bezahlt oder noch zu bezahlen hat. Dem im § 88 zum Ausdrucke gebrachten Prinzipe des Ersatzes des gesamten wirklichen Schadens entspricht es hiernach, daß dem Berechtigten auch diese Beträge ersetzt werden. Dem § 457 HGB. und dem § 80 der bisherigen EVO. fehlten die Worte „oder noch zu bezahlen ist" und sind im § 88 der neuen EVO. mit Recht ergänzend hinzugefügt worden mit der Begründung (117), daß bei Sendungen auf Zollbegleitschein II z. B. die Zollgebühren sichergestellt, aber noch nicht bezahlt sein können und ähnlich bei Frachtstundungen (s. auch Rundnagel 192).

Mangels jeglicher einschränkenden Bestimmung hat die Eisenbahn neben dem gemeinen Handelswert bzw. gemeinen Wert am Versandorte und zur Annahmezeit dem Ersatzberechtigten ohne jeden Abzug den gesamten Betrag zu erstatten, welchen derselbe an Zöllen, sonstigen Kosten und Fracht etwa bereits bezahlt oder noch zu bezahlen hat. Für den Anspruch des Ersatzberechtigten ist es gleichgültig, ob die in Anspruch genommene Eisenbahn in der Lage ist, sich ihrerseits die Erstattung der Zölle, Frachten rc. von den betreffenden Zollbehörden, Eisenbahnen rc. im Regreßwege zu verschaffen. Soweit die Eisenbahn selbst die betreffenden Beträge für den Absender rc. gezahlt bzw. verauslagt hat, kann sie weder deren Rückerstattung vom Berechtigten fordern, noch den Betrag vom gemeinen Handelswert rc. in Abzug bringen. Die Beträge brauchen auch nicht notwendig an die Bahn gezahlt oder noch zu zahlen sein. Auch Auslagen an dritte, z. B. für Sack- oder Deckenmiete oder Sonderwagen rc. gehören hierher (Makower 1589). Die Beweislast für die Höhe der Zoll- und Frachtbeträge sowie sonstiger Unkosten liegt dem Ersatzfordernden ob; er muß die bezügliche Forderung ebenso wie die des gemeinen Handelswerts rc. geltend machen und gehörig substantiieren, d. h. die Richtigkeit und Angemessenheit der Beträge dartun. Die Eisenbahn ist berechtigt, von diesen Beträgen compensando solche Forderungen in Abzug zu bringen, welche, wie z. B. die Nachforderung irrtümlich zu niedrig berechneter Fracht oder von Frachtzuschlägen (Konventionalstrafen) wegen nachträglich entdeckter unrichtiger Deklaration, Wagenüberlastung rc. mit dem Frachtvertrage im Zusammenhange stehen.

Der Schadensersatz für gänzlichen und teilweisen Verlust des Gutes in Gemäßheit des § 457 HGB., § 88 EVO. muß von der Eisenbahn geleistet werden, nachdem der Schaden am Bestimmungsort sich herausgestellt hat. Dies ist präsumtiv anzunehmen, wenn die Lieferzeit verstrichen ist. Die Eisenbahn kann sich also gegen den Ersatzanspruch nicht vorläufig mit dem Einwande schützen, daß der Ersatzberechtigte abwarten müsse, ob und was vielleicht von dem Gute etwa noch später zurückerlangt werden könne (z. B. von dem inzwischen entdeckten Diebe). Wohl aber steht der Eisenbahn gegenüber jener Präsumtion der Gegenbeweis frei, daß das Gut trotz der Verspätung tatsächlich nicht beschädigt bzw. verloren ist. Mit Rücksicht auf § 471 HGB. hat jedoch die Eisenbahn nicht das Recht, sich von vornherein eine Frist für die Aufsuchung des etwa verspätet eingehenden Gutes auszubedingen. Wohl aber hat der zur Klage Berechtigte gemäß § 90 EVO. die Befugnis, das Gut ohne weiteren Nachweis als in Verlust geraten zu betrachten, wenn es nicht spätestens am 30. Tage nach Ablauf der Lieferfrist abgeliefert werden kann (EVO. § 75 Anm. 376ff., § 90 Anm. 483).

Die Beweislast für die Höhe der Ersatzforderung in quali et quanto liegt dem Entschädigungsberechtigten ob (Goldschmidt 588, v. Hahn II 613), ebenso auch, wenn der Entschädigungsberechtigte auf Grund einer

Angabe des Interesses an der Lieferung (EVO. §§ 92, 93) eine den gemeinen Handelswert übersteigenden Wert fordert, während andererseits der verklagten Eisenbahn der Beweis dann zufällt, wenn sie auf Grund der Festsetzung eines Höchstbetrages in Ausnahmetarifen einredeweise die Berechnung nach einem geringeren Maßstabe geltend macht (EVO. § 89). Der Schadensersatz ist nur in Geld zu leisten. Einen Ersatz in natura zu verlangen (ein Gut von gleicher Qualität und Quantität) ist der Beschädigte nicht berechtigt (Endemann, R. d. E. 564, Schott 338, Makower 1515, 1590, ROHG. 6 372, 11 294, 13 416, 16 42). Ebensowenig ist er aber zur Annahme eines solchen an Stelle baren Geldes verpflichtet. Wohl aber gewährt die EVO. § 91 Anm. 484ff. dem Entschädigungsberechtigten unter bestimmten Voraussetzungen das Recht der Rückforderung des wiedergefundenen Gutes in natura gegen Rückgabe der Entschädigung.

475) Abs. 2 des § 88 spricht den Grundsatz aus, daß im Falle der Beschädigung für die Minderung des im Abs. 1 bezeichneten Wertes Ersatz zu leisten ist. Die frühere sich genau an Art. 37 Satz 1 des J.Ü. anschließende Fassung, wonach die Eisenbahn „den ganzen Betrag des Minderwertes" des Gutes zu bezahlen hat, war in ihrer Allgemeinheit und Unbestimmtheit zum Gegenstand erheblicher Zweifel und Kontroversen geworden. Diese bezogen sich erstens auf die Frage, ob auch im Beschädigungsfalle ebenso wie bei Verlust (Abs. 1) der gemeine Handelswert bzw. gemeine Wert der Schadensbemessung zugrunde zu legen ist, zweitens auf die Frage, ob der Wert am Ort und zur Zeit der Absendung oder der Ablieferung maßgebend sein soll, und drittens auf die Frage, wie auf dieser Grundlage die Wertverminderung zu berechnen ist.

Was die erste und zweite Frage anlangt, so geht schon aus den Verhandlungen über den dem § 88 Abs. 2 zugrunde liegenden analogen Art. 37 J.Ü. klar hervor, daß für den Fall der Beschädigung die für den Verlustfall angenommenen Grundsätze (§ 88 Abs. 1, §§ 89, 92, 93) in sinngemäßer Weise zur Anwendung zu bringen sind. Den gleichen Standpunkt nimmt auch das HGB. (§ 457 Abs. 2) und damit übereinstimmend die EVO. § 88 Abs. 2 ein. Hiernach beantworten sich gemäß § 457 Abs. 2 HGB. und § 88 Abs. 2 EVO. die beiden ersten Fragen dahin, daß auch im Falle der Beschädigung für die Bemessung des Schadensersatzes der gemeine Handelswert bzw. gemeine Wert des Gutes, und zwar am Ort und zur Zeit der Absendung zugrunde zu legen ist.

Dagegen hat die dritte streitige Frage, wie auf dieser Grundlage im Beschädigungsfalle die Wertsverminderung zu berechnen ist, eine klare und bestimmte Lösung weder im HGB. noch in der EVO. gefunden. Die Denkschr. d. Entw. eines HGB. (S. 521, 522) geht davon aus, daß dies im Gesetz nicht näher bestimmt zu werden brauche, und sich hierzu verschiedene Wege böten. Entweder werde unmittelbar der Wert festgestellt, welchen das Gut in dem beschädigten Zustande am Absendungsorte in dem Zeitpunkte der Annahme zur Beförderung gehabt haben würde, und sodann dieser Betrag von dem Werte abgezogen, den das Gut in unbeschädigtem Zustande an dem angegebenen Orte und zu der angegebenen Zeit gehabt habe, oder es werde der durch den Verkauf des beschädigten Gutes am Ablieferungsorte ermittelte Wert desselben der Berechnung zugrunde gelegt. Freilich könne das letztere nicht in der Weise geschehen, daß der so ermittelte Verkaufswert einfach von dem Werte des unbeschädigten Gutes am Absendungsorte in Abzug gebracht werde; denn eine solche Berechnungsart würde zu unrichtigen Ergebnissen führen, bei einer großen Verschiedenheit der Preise am Absendungs- und Bestimmungsorte sogar unter Umständen den Frachtführer von jeder Ersatzpflicht für die Beschädigung befreien. Vielmehr werde zunächst das Verhältnis des Wertes des beschädigten Gutes zu dem Werte des unbeschädigten Gutes am Ablieferungsorte ermittelt und nach diesem Verhältnisse sodann die Minderung des Absendungswertes berechnet werden müssen. Bleibe z. B. der bei dem Verkaufe des beschädigten Gutes am Ablieferungsorte erzielte Erlös um zwei Drittel hinter dem Werte zurück, welchen das Gut in unbeschädigtem Zustande am Orte und zur Zeit der Ablieferung gehabt haben würde, so könne es der Regel nach keinem Bedenken unterliegen, auch die Minderung des Wertes, den das Gut am Abgangsorte hatte, auf zwei Drittel anzusetzen. Bei jeder dieser Berechnungsarten gehöre indessen zu dem zu ersetzenden Minderwert auch ein verhältnismäßiger Teil, in dem vorstehenden Beispiel zwei Drittel des von dem Absender etwa bereits für Zölle, Fracht und Unkosten gezahlten Betrages.

Indes erscheinen diese Ausführungen nicht zutreffend. Denn der erste von der Denkschrift vorgeschlagene Weg ist nicht gangbar, weil es in der Regel unmöglich ist, den Wert des beschädigten Gutes, welches bereits am Ablieferungsorte eingetroffen ist, am Ort und zur Zeit der Absendung festzustellen. Der zweite Weg aber führt im Widerspruch mit der Absicht des Gesetzes gerade dahin, in Wirklichkeit nicht den Wert am Ort und zur Zeit der Absendung, sondern am Ort und zur Zeit der Ablieferung zum entscheidenden zu machen.

Vielmehr ist von folgenden Erwägungen auszugehen: Im Falle der Beschädigung ist ganz ebenso wie im Falle des Verlustes der gemeine Handelswert bzw. gemeine Wert des Gutes am Ort und zur Zeit der Absendung zugrunde zu legen. Jedoch kann der volle Betrag des gemeinen Handelswertes nicht gefordert werden. Denn das Gut ist noch vorhanden. Aber es ist in beschädigtem Zustande vorhanden. Folglich muß unter Anwendung des allgemeinen Prinzips der Betrag des gemeinen Handelswertes des Gutes am Ort und zur Zeit der Absendung in präsumtiv unbeschädigtem Zustande abzüglich desjenigen Wertes ersetzt werden, welchen das Gut am Ablieferungsorte in beschädigtem Zustande noch tatsächlich hat. Der Unterschied zwischen beiden Werten bildet den zu ersetzenden Schadensbetrag gemäß § 88 Abs. 2 EVO. Beschädigtes Gut hat in der Regel keinen gemeinen Handelswert. Der Wert beschädigter Güter ist ihr Verkaufswert, d. h. der Wert, der sich faktisch bei einem Verkaufe, und zwar am Ablieferungsorte und zur Ablieferungszeit herausstellt oder doch durch einen Verkauf nachweislich sicher zu erlangen sein würde (Thöl III 45, v. Hahn II 614). Hiernach ist also gerade die von der Denkschrift angefochtene Art der Wertberechnung die allein richtige und der Absicht des Gesetzes entsprechende (s. Eger, J.Ü.[3] 402 und übereinstimmend Rosenthal 221, 222, Schwab

278ff., v. Kautsch, E. 12 169ff., Düringer-Hachenburg, HGB. § 457, Goldmann, HGB. § 457 Bem. 3 S. 1785, Hertzer 145, Boethke, E. 24 407, Strauß, JurBl. 1899 Nr. 9, Österr. Oberst. Gerichtshof vom 16. X. 1907 Z. 16 231, E. 25 10 und 8. I. 1910 Allg.TarAnz. 29 136, E. 26 419. A. M. Gerstner 371, Rundnagel 197, Makower 1590).

Von den vorstehend erörterten Grundsätzen ausgehend, ist zwischen Angabe des Interesses an der Lieferung (§§ 92, 93) und Nichtangabe zu unterscheiden. Ohne Angabe beschränkt sich daher auch hier die Entschädigung auf den Ersatz des wirklichen Schadens, d. h. die wirkliche Wertsverminderung ohne Berücksichtigung des entgangenen Gewinnes, und ist der Berechnung der Wertsverminderung der gemeine Handelswert bzw. gemeine Wert nach Maßgabe des § 88 Abs. 1 zugrunde zu legen, und zwar im Falle des § 89 mit der dort normierten Beschränkung. Mit Angabe greift dagegen die Erhöhung gemäß §§ 92, 93 Platz. Der regelmäßige (normale) Ersatz für Beschädigung besteht danach in dem für den Verlustfall gemäß § 88 Abs. 1 zu ersetzenden Wertbetrage, d. h. dem gemeinen Handelswert bzw. gemeinen Wert des Gutes am Orte und zur Zeit der Absendung zuzüglich der bereits bezahlten oder noch zu zahlenden Beträge an Zöllen, sonstigen Kosten, Fracht, und abzüglich desjenigen Verkaufswertes, welchen das beschädigte Gut am Bestimmungsorte noch tatsächlich hat.

Die Annahme Rundnagels (198, s. auch Makower 1590), das Gesetz rechne nicht mit konkreten, sondern nur mit abstrakten Werten, und ebenso wie an Stelle des subjektiven Interesses des Beschädigten an der Erfüllung des Frachtvertrages ein abstrakter Wert, nämlich der Versandwert trete, müsse auch bei der Bewertung der Beförderung ein solcher eingesetzt werden, ist unrichtig. Rundnagel übersieht, daß zwar der Wert des unbeschädigten Gutes — weil es einen Marktwert hat — sich unter Zusatz der Kosten abstrakt nach dem Marktwert feststellen läßt, nicht aber der Wert des beschädigten Gutes, welches keinen Marktwert besitzt. Der Wert des beschädigten Gutes muß in jedem einzelnen Fall durch Verkauf oder Sachverständige &c. am Empfangsorte konkret festgestellt werden, und in dieser Wertbestimmung ist der Wert der Leistung der Bahn (Beförderung) bereits inbegriffen. Damit fällt die komplizierte Berechnungsweise Rundnagels in sich zusammen.

Ein Recht auf Übernahme des beschädigten Gutes gegen Ersatz des ganzen Wertes steht der Eisenbahn nicht zu (Schott 341), sie ist vielmehr lediglich verpflichtet, den in dem Wertsunterschiede zu unbeschädigtem Gute liegenden Schaden zu ersetzen. Ein Wahlrecht zwischen beiden Entschädigungsmodalitäten ist ihr nicht eingeräumt. Umgekehrt hat aber auch der Beschädigte nicht das Recht, das beschädigte Gut der Eisenbahn zu überlassen, zu abandonnieren und den Ersatz des Gesamtwertes des Gutes zu verlangen. Der Destinatär muß vielmehr das beschädigte Gut abnehmen (EVO. §§ 78—81) — wobei ihm die im § 97 Abs. 3, 4 l. c. vorgesehenen Befugnisse zustehen — sonst gerät er in Annahmeverzug (S. 464), und sein Schadensersatzanspruch ist lediglich auf den im § 457 Abs. 2 HGB., § 83 EVO. präzisierten, erweislich erlittenen Schaden beschränkt (Endemann, R. d. E. 366, Staub § 430 Ziff. 2a, ROHG. 11 290 (294), 13 414 (516), RG. E. 1 341).

Der Begriff der Beschädigung ist bereits an früherer Stelle (§ 84 Anm. 445 S. 460) ausführlich erläutert worden. Nur für Beschädigung während der Beförderung kann aber auf Grund des § 83 Schadensersatz gefordert werden. Ist also nicht hierdurch, sondern durch Überschreitung der Lieferzeit eine Beschädigung des Gutes entstanden, so ist der Ersatz nicht nach Maßgabe des § 88, sondern des § 94 zu fordern. Beide Schadensansprüche stehen ganz selbständig nebeneinander, sie können daher jeder für sich und unabhängig voneinander verfolgt oder auch in betreff desselben Beförderungsobjektes kumuliert werden (§ 94 Abs. 3 EVO.). Nur muß im Falle der Kumulierung der besondere Schaden aus der Versäumung genau nachgewiesen werden (§ 88 Anm. 474 S. 496, 497).

476) Abs. 3 des § 88 verweist auf § 95, welcher entsprechend dem § 430 Abs. 3, § 457 Abs. 3 HGB. dem Grundsatze Ausdruck gibt, daß alle Beschränkungen des Schadensersatzes fortfallen und der Ersatz des vollen Schadens gefordert werden kann, wenn der Schaden durch Vorsatz oder grobe Fahrlässigkeit der Eisenbahn herbeigeführt worden ist (Anm. 501, 502 S. 531 ff.).

§ 89.

Beschränkung der Höhe des Schadensersatzes durch den Tarif[477]).

(1) Die Eisenbahn kann in besonderen Bedingungen (Ausnahmetarifen) einen im Falle des Verlustes, der Minderung oder der Beschädigung zu erstattenden Höchstbetrag festsetzen, wenn diese Ausnahmetarife eine Preisermäßigung für die ganze Beförderungsstrecke gegenüber den gewöhnlichen Tarifen enthalten, und wenn der gleiche Höchstbetrag auf die ganze Beförderungsstrecke Anwendung findet[478]). Verlangt der Absender die Anwendung eines solchen Ausnahmetarifes, so hat er dies im Frachtbrief unter der Bezeichnung des Tarifes zu vermerken[479]).

Ob und für welche Güter solche Ausnahmetarife mit beschränkter Haftung bestehen, ist in den Tarifteilen II bestimmt.

(2) Die Eisenbahn kann ferner die bei Verlust, Minderung oder Beschädigung von Gegenständen des § 54 Abs. (2) B Ziff. 1 zu leistende Entschädigung im Tarif auf einen Höchstbetrag beschränken[480]).

(3) Wegen der Fälle, in denen voller Ersatz zu leisten ist, vgl. § 95[481]).

Alte EVO. § 81. HGB. §§ 461, 462, 471. J.Ü. Art. 35.

477) Der Schadensersatz für Verlust, Minderung und Beschädigung des Gutes kann — wie in § 88 Anm. 473 S. 494 ff. erörtert — ein regelmäßiger (HGB. § 457, EVO. § 88 Abs. 1 Satz 1), lediglich dem gemeinen Handelswerte entsprechender, er kann aber auch ein durch die Festsetzung eines Höchst-

betrages beschränkter (HGB. §§ 461, 462, EVO. § 89 Satz 2), oder durch die Angabe des Interesses an der Lieferung erhöhter sein (HGB. § 463, EVO. §§ 92, 93). § 461 Abs. 1 und § 462 HGB., § 89 EVO. sehen die Beschränkung des Schadensersatzes auf einen Höchstbetrag im Abs. 1 für Güter im allgemeinen und im Abs. 2 für die im § 54 Abs. 2 B Ziff. 1 bezeichneten Gegenstände (Gold- und Silberbarren rc.) vor.

478) In fast wörtlicher Übereinstimmung mit Art. 35 J.Ü. (§ 88 Anm. 473 S. 495 ff.) bestimmt zunächst § 461 Abs. 1 HGB., daß die Eisenbahnen in besonderen Bedingungen (Ausnahmetarifen) einen im Falle des Verlustes oder der Beschädigung zu erstattenden Höchstbetrag festsetzen können, sofern diese Ausnahmetarife veröffentlicht werden, eine Preisermäßigung für die ganze Beförderungsstrecke gegenüber den gewöhnlichen Tarifen der Eisenbahn enthalten und der gleiche Höchstbetrag auf die ganze Beförderungsstrecke Anwendung findet. Auf Grund dieser Bestimmung des HGB. gestattet auch die EVO. § 89 Abs. 1 Satz 1 den Eisenbahnen eine entsprechende Beschränkung des regelmäßigen, durch § 457 HGB., § 88 EVO. begrenzten Schadensersatzes, doch ist das Erfordernis der Veröffentlichung dieser Ausnahmetarife nicht besonders hervorgehoben, da dies mit Rücksicht auf die allgemeine Vorschrift des § 6 Abs. 1 EVO. überflüssig erschien (Makower 1601, Staub, HGB. § 461 Anm. 2).

Nach § 89 Abs. 1 Satz 1 EVO. ist den Eisenbahnen erlaubt, für den zu ersetzenden gemeinen Handelswert bzw. gemeinen Wert in besonderen Bedingungen (Ausnahmetarifen) einen Höchstbetrag im Falle des Verlustes, der Minderung oder Beschädigung festzusetzen, über dessen Betrag hinaus vom Entschädigungsberechtigten unter keinen Umständen Schadensersatz gefordert werden darf — ohne Rücksicht auf den wirklichen Schaden nach Maßgabe des gemeinen Handelswertes bzw. gemeinen Wertes (E. 10 76, 20 59, 215). Ein Höchstbetrag muß jedenfalls festgesetzt sein. Die Wegbedingung aller Verantwortlichkeit und jeder Entschädigung ist nicht gestattet. Übereinstimmend mit § 461 HGB. bildet also dieser durch die EVO. gestattete Höchstbetrag nicht etwa unbedingt den zu ersetzenden Wertbetrag, sondern nur die Maximalgrenze, innerhalb deren der Ersatzberechtigte die Höhe seines Schadens, und zwar unter Zugrundelegung des gemeinen Handelswertes bzw. gemeinen Wertes nach Maßgabe des § 457 HGB., § 88 EVO. nachzuweisen hat (ROHG. 11 229, 20 404). Nur innerhalb dieser Grenze hat er Anspruch auf Ersatz des Schadens. Es darf weder ohne weiteres der Betrag des Höchstbetrages unter Ausschluß des Beweises über Schadenshöhe und auch des Gegenbeweises gefordert werden, noch ist eine solche Forderung unter Zulassung des Gegenbeweises begründet. Auch ist den Eisenbahnen durch § 461 HGB., § 89 Abs. 1 Satz 1 EVO. die Festsetzung des Höchstbetrages unter den im folgenden erörterten Voraussetzungen nur gestattet, nicht zur Pflicht gemacht. Auf Grund des § 89 kann also die Festsetzung von Höchstbeträgen nicht gefordert werden (s. Allg. AusfBest. zu § 89 S. 503).

Die Voraussetzungen, unter welchen die Einführung eines Höchstbetrages des Schadensersatzes nach Maßgabe des Abs. 1 Satz 1 des § 89 EVO. den Eisenbahnen gestattet ist, sind folgende:

1. Der Höchstbetrag darf nur in besonderen Bedingungen (Ausnahmetarifen) festgesetzt werden, welche zu veröffentlichen sind (§ 6 Anm. 22 S. 20 ff.). Es genügt die Aufnahme in die Ausnahmetarife und deren Veröffentlichung. Eine spezielle Angabe im Frachtbriefe — wie bei der Interessedeklaration (EVO. § 92 Abs. 2) ist nicht erforderlich.

2. Die Spezialtarife müssen eine Preisermäßigung für die ganze Beförderungsstrecke gegenüber den „gewöhnlichen Tarifen" enthalten, d. h. die Gestattung solcher Höchstbeträge ist von der Anwendung billigerer, als der gewöhnlichen Tarife abhängig gemacht. Hierbei sind unter den „gewöhnlichen Tarifen" nicht die gesetzlichen oder konzessionsmäßigen Maximaltarife gemeint, sondern die regelmäßig für ein bestimmtes Gut im internen Verkehr zur Anwendung kommenden, also die tatsächlich bestehenden normalen Lokaltarife einschließlich der allgemeinen Ausnahmetarife. Die Preisermäßigung muß für die ganze Beförderung, also von jeder der an der Beförderung beteiligten Eisenbahnen gewährt werden. Schließt sich auch nur eine der beteiligten Eisenbahnen aus, so ist die Einführung eines solchen Höchstbetrages nicht statthaft. Insbesondere genügt nicht etwa eine Gesamtpreisermäßigung, zu der nur einzelne der beteiligten Bahnen billigere Tarife erstellen (Z. 1 144, 202, 403, E. 10 90).

3. Der gleiche Höchstbetrag muß auf die ganze Beförderungsstrecke Anwendung finden, d. h. sämtliche beteiligten Bahnen müssen sich über den gleichen Höchstbetrag einigen. Verschiedene Höchstbeträge für die einzelnen beteiligten Bahnen sind unzulässig.

Im übrigen ist zu beachten, daß, wenn die Ersatzpflicht nach den Vorschriften des § 461 HGB., § 89 Abs. 1 Satz 1 EVO. auf einen Höchstbetrag beschränkt ist, gemäß § 463 Abs. 2 HGB., § 92 Abs. 4 EVO. eine Angabe des Interesses an der Lieferung über diesen Betrag hinaus nicht stattfindet. Die Angabe des Interesses an der Lieferung ist also an sich zwar nicht ausgeschlossen, aber sie darf den gemäß § 89 festgesetzten Höchstbetrag nicht überschreiten. Dies ist insofern von Bedeutung, als die Beschränkung auf den Höchstbetrag sich nur auf Verlust, Minderung oder Beschädigung des Gutes, nicht auch auf Versäumung der Lieferfrist bezieht.

Die Festsetzung von Höchstbeträgen in ermäßigten Ausnahmetarifen ist den Eisenbahnen sowohl für den Fall des gänzlichen Verlustes des Gutes, wie auch der Minderung (des teilweisen Verlustes) und der Beschädigung gestattet. Im Falle der Beschädigung wird folgerichtig der zu ersetzende Schadensbetrag gegenüber dem bei gewöhnlicher Beförderung (EVO. § 88 Abs. 2 Anm. 474, 475 S. 496, 506) zu zahlenden Schadensbetrag verhältnismäßig herabgemindert.

479) Die nach § 89 Abs. 1 Satz 1 EVO. aufgestellten Ausnahmetarife mit dem Maximalsatze finden nicht ohne weiteres Anwendung, sondern nur, wenn der Absender gemäß Satz 2 im Frachtbriefe das Verlangen ausspricht, die Ausnahmetarife unter den im § 89 Abs. 1 Satz 1 für zulässig erklärten Bedingungen zur Anwendung zu bringen. Aus dem Wortlaute ergibt sich, daß dieses Verlangen ausdrücklich im Frachtbriefe ausgesprochen sein muß, und zwar unter Bezeichnung des zur Anwendung zu bringenden

Tarifes. In der bloßen Zahlung des ermäßigten Frachtsatzes liegt das Verlangen auf Anwendung der Ausnahmetarife nicht ohne weiteres ausgesprochen. Denn der Absender kann, aber er braucht nicht die Anwendung der Ausnahmetarife des § 89 zu wählen. Tut er es nicht durch ausdrückliches Verlangen, so finden die Normaltarife unter der vollen Ersatzpflicht des § 88 bzw. der §§ 92 ff. Anwendung.

Das Frachtbriefformular enthält links unmittelbar unter der Rubrik „Zeichen und Nummer" eine besondere Rubrik „Zulässige oder vorgeschriebene Erklärungen". Bei Inanspruchnahme eines solchen Ausnahmetarifes wird zweckmäßig in den Frachtbrief der Vermerk etwa in folgender Form: „Es wird die Anwendung des Ausnahmetarifes ... verlangt" an dieser für „Zulässige oder vorgeschriebene Erklärungen" vorgesehenen Stelle einzutragen sein. Indes kann ein bezüglicher Vermerk auch an anderer Stelle des Frachtbriefes oder in anderer Form und Fassung angebracht werden. Erfolgt die Eintragung des Vermerks in klar erkennbarer Fassung, so findet der Ausnahmetarif mit dem festgesetzten Höchstbetrage Anwendung. Ist die Anwendung der gewöhnlichen Tarife ausdrücklich gefordert, so fällt die Anwendung der Ausnahmetarife fort.

Endlich könnte noch in Frage kommen, ob die Eisenbahn etwa gehalten sei, zwischen der Anwendung der gewöhnlichen und Ausnahmetarife für den Absender zu wählen. Indes liegt kein Grund vor, der Eisenbahn diese Verpflichtung aufzuerlegen. Sie würde sich vielmehr haftpflichtig machen, wenn sie mangels eines bezüglichen Vermerks im Frachtbriefe gemäß § 89 Abs. 1 Satz 2 an Stelle der gewöhnlichen Tarife Ausnahmetarife mit Höchstbetrag zur Anwendung brächte.

480) Sodann hat § 462 Satz 1 HGB. eine neue, weder im J.Ü. noch im A.HGB. enthaltene Bestimmung über die Beschränkung des Schadensersatzes auf einen Höchstbetrag bei Kostbarkeiten, Kunstgegenständen, Geld- und Wertpapieren aufgenommen. Danach soll die EVO. bestimmen, inwieweit für den Fall des Verlustes oder der Beschädigung dieser vorbezeichneten Gegenstände die zu leistende Entschädigung auf einen Höchstbetrag beschränkt werden kann. In der Begründung (Denkschr. S. 541, 542) wird darauf hingewiesen, daß Gründe der Billigkeit und der Zweckmäßigkeit für eine Regelung in diesem Sinne sprechen. Auch liege es im Interesse des Publikums, daß die Eisenbahnen in die Lage versetzt würden, mit Rücksicht auf die Beschränkung des für Wertsachen zu leistenden Schadensersatzes die besonderen Bedingungen für die Beförderung solcher Gegenstände zu erleichtern.

Auf Grund dieser Vorschrift des § 462 Satz 2 HGB. gewährt nun § 89 Abs. 2 EVO. der Eisenbahn das Recht, die bei Verlust, Minderung oder Beschädigung von Gegenständen des § 54 Abs. 2B Ziff. 1 (Gold- und Silberbarren, Platina, Gold rc. Anm. 209 S. 210) zu leistende Entschädigung im Tarif auf einen Höchstbetrag zu beschränken. Diese Bestimmung entspricht jedoch nicht der Absicht und dem Wortlaute des Gesetzes. Denn im unverkennbar bewußten Gegensatze zum § 461 Abs. 1 HGB., welcher den Eisenbahnen die Festsetzung eines Höchstbetrages in Ausnahmetarifen bei Gütern im allgemeinen überläßt, verordnet § 462 Satz 1 l. c. ausdrücklich, daß bei Verlust oder Beschädigung von Kostbarkeiten rc. die EVO. bestimmt, d. h. zu bestimmen hat, inwieweit die zu leistende Entschädigung auf einen Höchstbetrag beschränkt werden kann. Die EVO. begnügt sich jedoch damit, diese Bestimmung den Eisenbahnen in ihren Tarifen zu überlassen. Eine derartige Delegation einer der EVO. durch das HGB. eingeräumten Befugnis auf die Eisenbahnen erscheint nicht statthaft und mit §§ 462, 471 Abs. 1 HGB. nicht vereinbar, ebensowenig, wie es angängig sein würde, die der EVO. durch § 460 Abs. 1, § 463 Abs. 1, § 464 Abs. 1, § 465 Abs. 2, § 466 Abs. 2, § 472 HGB. gewährten Befugnisse einfach den Eisenbahnen zu delegieren. Wäre dies beabsichtigt, so hätte es — wie im Falle des § 461 Abs. 1 — ausdrücklich im HGB. ausgesprochen werden müssen (vgl. auch EVO. § 35 Abs. 2 Anm. 140 S. 144). Nach der Absicht des HGB. sollten in den vorbezeichneten Fällen mittelst der EVO. einheitliche Normen durch den Bundesrat geschaffen, nicht aber die Verschiedenheit tarifarischer Bestimmungen der einzelnen Eisenbahnverwaltungen zugelassen werden. Übereinstimmend Hertzer 143, a. M. Rundnagel 207, Makower 1600, welche übersehen, daß das HGB. § 462 Satz 1 der EVO. die Bestimmung überträgt, inwieweit die Haftung der Eisenbahn beschränkt werden kann.

Die Voraussetzungen, unter welchen nach § 89 Abs. 2 EVO. den Eisenbahnen die Einführung des in Rede stehenden Höchstbetrages gestattet sein soll, sind folgende:

1. Die Beschränkung findet nur bei Verlust, Minderung oder Beschädigung (s. Begriff Anm. 445 S. 459ff.) von Gegenständen des § 54 Abs. 2B Ziff. 1 (s. Begriff Anm. 209 S. 210ff.) Anwendung, nicht auf andere, wenngleich ebenso wertvolle Gegenstände. Diese Wertsachen müssen als solche im Frachtbriefe ausdrücklich bezeichnet, dürfen nicht bahnlagernd gestellt und der Wert, welcher den Höchstbetrag einer Entschädigung bilden soll, muß in der Spalte „Inhalt" angegeben werden (EVO. § 54 Abs. 2 B 1 und Allg. Ausf.-Best. III 1, s. oben S. 205, 206). Ist die Angabe nicht erfolgt, so greift § 96 EVO. Platz. Über Form und Stelle der Angabe des Höchstbetrages vgl. jedoch Abs. 1 Anm. 478 S. 504, 505.

2. Der Höchstbetrag muß im Tarif festgesetzt sein, die Festsetzung also den Erfordernissen des § 6 EVO. entsprechen (Anm. 21ff. S. 19ff.).

3. Eine Angabe des Interesses an der Lieferung (§§ 92, 93) über den Höchstbetrag hinaus ist unzulässig (§ 92 Abs. 4). Doch bezieht sich § 89 Abs. 2 nur auf Verlust oder Beschädigung, nicht auf Schaden durch Versäumung der Lieferfrist (S. 516).

481) Abs. 3 des § 89 EVO. verweist in Übereinstimmung mit § 461 Abs. 2 und § 462 Satz 2 HGB. auf die mit § 461 Abs. 2 HGB. konforme Vorschrift des § 95 EVO., wonach, wenn der Schaden durch Vorsatz oder grobe Fahrlässigkeit der Eisenbahn herbeigeführt ist, in allen Fällen Ersatz des vollen Schadens gefordert werden kann (vgl. § 95 EVO. Anm. 501, 502). Mit diesem Hinweis ist der an sich selbstverständliche Satz ausgesprochen, daß, wenn die Ursache des Schadens in Vorsatz oder grober Fahrlässigkeit der Eisenbahn

liegt, die nach § 89 Abs. 1 u. 2 EVO. zugelassenen und festgesetzten Beschränkungen der Entschädigung nicht Platz greifen.

§ 90.

Vermutung für den Verlust des Gutes[482]).

Der zum Empfange Berechtigte kann das Gut ohne weiteren Nachweis als verloren betrachten, wenn es nicht spätestens am dreißigsten Tage nach Ablauf der Lieferfrist abgeliefert werden kann[483]).

Alte EVO. § 79. J.Ü. Art. 33.

482) § 90 enthält eine Rechtsfiktion zugunsten „des zum Empfange Berechtigten". Dieser ist an die Stelle des „zur Klage Berechtigten" (§ 79 bisher. EVO.) getreten. Der Grund für diese Änderung ist in den Mot. (117) nicht angegeben. Es ist nur — wie üblich — ganz allgemein gesagt „ohne sachliche Änderung ist die Fassung verbessert". In der Tat liegt aber eine wesentliche sachliche Änderung vor. Denn zur Geltendmachung der Verlustklage aus dem Frachtvertrage, für welche nach der Absicht des § 90 die Substantiierung erleichtert werden soll, war bisher nur der zur Klage Berechtigte, d. i. der Verfügungsberechtigte (bisher § 73 Abs. 1, jetzt § 99 Abs. 1), legitimiert. Empfangsberechtigt kann aber auch der nicht Verfügungsberechtigte sein, denn der Adressat ist gemäß HGB. § 433 Abs. 2, § 435, EVO. § 73 Abs. 9, § 76 Abs. 2 empfangsberechtigt, d. h. kann auf Ausantwortung des Gutes gegen die Eisenbahn klagen, ohne verfügungsberechtigt zu sein. Dagegen steht die Verlustklage dem Empfänger, der den Frachtbrief noch nicht eingelöst, d. h. noch nicht in den Frachtvertrag eingetreten ist, nicht zu. Folglich ist durch die unbegründete Abweichung vom Wortlaute des § 79 der bisherigen EVO. und vom Art. 33 J.Ü. die Bestimmung des § 90 irrig auf Fälle ausgedehnt worden, für welche sie nicht beabsichtigt ist und nicht paßt, und geeignet, Verwirrung und Kontroversen hervorzurufen.

483) An sich liegt dem Berechtigten (§ 99 Abs. 1 EVO., wenn er für Verlust des Gutes Ersatz beansprucht, der Beweis sowohl über die unversehrte Aufgabe wie auch über den Verlust des verlorenen Gutes ob (§ 84 Anm. 445 S. 460). Dieser Verlust kann nun zwar durch den Nachweis glaubhaft gemacht werden, daß das aufgegebene Gut am Bestimmungsorte bei Ablauf der tarifarischen Lieferfrist weder eingetroffen, noch dem Adressaten abgeliefert worden ist. Indes ein voller Beweis für den Verlust liegt darin nicht. Die Eisenbahn würde den Einwand erheben können, daß es sich nur um eine Verspätung, nicht um einen Verlust des Gutes handelt. Um nun den Ersatzberechtigten nicht für unbegrenzte Zeit diesem Einwande auszusetzen, und weil nach der Verkehrsanschauung eine zu weit gehende Verspätung das Gut für den Empfänger häufig wertlos macht, ist im § 90 die Bestimmung getroffen, daß der Berechtigte das Gut ohne weiteren Nachweis als verloren betrachten kann, wenn es nicht spätestens am 30. Tage nach Ablauf der Lieferfrist (§ 75) abgeliefert werden kann.

Aus § 90 folgt: 1. Nur nach Ablauf des 30. Tages — von der Beendigung der Lieferfrist (§ 75) ab gerechnet — hat der Berechtigte die Befugnis, das Gut ohne weiteren Nachweis des Verlustes als verloren zu betrachten (Z. 6 442, E. 10 124, 164). Während dieses Zeitraums muß er den Nachweis des Verlustes führen. Ist das Gut innerhalb der gedachten Frist nur teilweise abgeliefert, teilweise nicht, so bedarf es für die Frage, ob auf den nicht abgelieferten Teil § 90 Anwendung findet, der Feststellung, ob der nicht abgelieferte Teil eine ganz für sich bestehende selbständige Sache ist, ob er nur zufällig mit anderen Sachen zu einer Sendung (durch gemeinschaftliche Verpackung, gemeinsamen Frachtbrief, Waggon usw.) vereinigt ist oder Teil einer anderen Sache bildet. Setzt sich das Beförderungsobjekt aus mehreren Gegenständen zusammen, so ist es quaestio facti, ob Verlust eines derselben als Verlust eines selbständigen Stückes oder als Beschädigung eines integrierenden Teiles des Gesamtobjekts zu betrachten ist. Bei Annahmeverzug oder -Verweigerung ist eine Verzögerung der Ablieferung im Sinne des § 90 dann nicht anzunehmen, wenn dem Absender die Nachricht hierüber vor Ablauf der Frist von 30 Tagen zugegangen ist (Z. 4 129); wohl aber, wenn die Annahmeverweigerung darauf beruht, daß die Bahn das Gut mit einem ungerechtfertigten Frachtzuschlag wegen angeblich unrichtiger Deklaration belastet hat und ohne Zahlung des Zuschlags die Ablieferung verweigert (Z. 8 101), oder wenn das Gut im Zollmagazin liegen geblieben ist (Z. 8 287).

2. Es ist eine Fiktion, keine Rechtsvermutung, daher steht der Eisenbahn nach Ablauf des 30. Tages der Gegenbeweis, daß das Gut noch vorhanden (nicht verloren) sei, nicht zu. Doch ist ausnahmsweise dem Berechtigten, auch wenn er von der Fiktion des § 90 Gebrauch macht, das Recht gegeben, unter den Voraussetzungen des § 91 bei späterem Wiederfinden des Gutes Rückgabe desselben in natura zu fordern.

3. Die Fiktion besteht ausschließlich zugunsten des Berechtigten, nicht auch der Eisenbahn. Denn es ist nicht, wie im § 64 Abs. 4 des ehemaligen Betriebsreglements gesagt: „Als in Verlust geraten ist das Gut erst vier Wochen nach Ablauf der Lieferfrist zu betrachten", sondern „der Berechtigte kann das Gut ohne weiteren Nachweis als verloren betrachten . . ." Darin liegt der wesentliche Unterschied beider Bestimmungen. Nach § 90 darf die Eisenbahn nicht — wie nach § 64 Abs. 4 des ehemaligen Betriebsreglements — den Berechtigten nötigen, mit seinem Verlustanspruche bis 30 Tage nach Ablauf der Lieferfrist zu warten. Vielmehr kann der Berechtigte auch innerhalb dieses Zeitraums seinen Verlustanspruch geltend machen, nur hat er in diesem Falle den Nachweis des Verlustes zu führen. § 90 enthält eine Fiktion zugunsten des Berechtigten, während der anscheinend zugrunde liegende § 64 Abs. 4 des alten Betriebsreglements gerade umgekehrt eine Fiktion zugunsten der Eisenbahn enthielt.

4. Wird das Gut nach Ablauf der 30-tägigen Frist, aber vor Auszahlung der Entschädigung wieder aufgefunden, so hat der Berechtigte die Wahl zwischen Ersatz für Verlust oder Rücknahme des Gutes und Ersatz für Lieferfristüberschreitung (Rosenthal 187, Rundnagel 53, Schwab 255).

§ 91.

Wiederauffinden des Gutes[484]).

(1) Der Entschädigungsberechtigte kann bei Empfang der Entschädigung für das verlorene Gut in der Quittung verlangen, daß er sofort benachrichtigt werde, wenn das Gut wiedergefunden wird. Hierüber ist ihm eine Bescheinigung zu erteilen[485]).

(2) Innerhalb 30 Tagen nach erhaltener Nachricht kann der Entschädigungsberechtigte beanspruchen, daß ihm das Gut nach seiner Wahl auf der im Frachtbrief angegebenen Versand- oder Bestimmungsstation kostenfrei ausgeliefert werde. Die erhaltene Entschädigung hat er nach Abzug des gemäß § 94 für die Überschreitung der Lieferfrist zu gewährenden Schadensersatzes zurückzuzahlen[486]).

(3) In allen anderen Fällen kann die Eisenbahn über das wiederaufgefundene Gut frei verfügen[487]).

Alte EVO. § 82. J.Ü. Art. 36.

484) Wie bei § 88 Anm. 474 S. 500 erörtert, ist der Schadensersatz, welchen die Eisenbahn für Verlust zc. des Gutes zu leisten hat, grundsätzlich in Geld zu gewähren. Einen Ersatz in natura zu verlangen, ist der Beschädigte an sich nicht berechtigt. Hiervon bildet § 91 eine Ausnahme. § 91 gewährt dem Entschädigungsberechtigten, wenn er die Beschädigung für das verlorene Gut in Empfang genommen hat und dasselbe später wiedergefunden wird, unter bestimmten Voraussetzungen das Recht, das Gut in natura gegen Rückgabe der um die Vergütung für Lieferfristversäumnis gekürzte Entschädigung zurückzuverlangen, und zwar gleichviel, ob er von seinem Rechte aus § 90 EVO. (Anm. 483 S. 509ff.) Gebrauch gemacht hat oder nicht. Nur der Entschädigungsberechtigte aber ist zur Rücknahme, nicht auch die Eisenbahn zur Rückgabe befugt (übereinstimmend Rundnagel 231). Unter „Wiederfindung“ ist hier die Wiedererlangung des in Verlust geratenen Gutes, für welches bereits Entschädigung geleistet ist, zur Verfügung der beteiligten Eisenbahnen zu verstehen. Weder die §§ 965ff., noch die §§ 978ff. BGB. sind anwendbar, weil die Voraussetzungen andere sind. Es war daher geboten, für den hier in Rede stehenden Fall nach Analogie des Art. 36 J.Ü. durch § 91 EVO. zugunsten des Entschädigungsberechtigten eine einheitliche Bestimmung zu treffen.

485) Abs. 1 des § 91 stellt als formelle Voraussetzung für die spätere Geltendmachung dieser Rückforderung hin, daß der Entschädigungsberechtigte bei Empfang der Entschädigung für das verlorene Gut in der Quittung über dieselbe verlangt, daß er, wenn das Gut wiedergefunden wird, hiervon sofort benachrichtigt werde. Abs. 1 gewährt nur dem Entschädigungsberechtigten das Recht, die sofortige Benachrichtigung zu verlangen. Er kann, aber er braucht es nicht zu verlangen. Das Verlangen muß, wenn es rechtswirksam sein soll, rechtzeitig, d. h. bei Empfang der Entschädigung,

also nicht früher und nicht später ausgesprochen werden, ferner schriftlich in der Quittung über die Entschädigung. Wird das Verlangen nicht rechtzeitig oder nicht in der vorgeschriebenen Form oder überhaupt nicht ausgesprochen, so tritt die im Abs. 3 bezeichnete Folge ein. Die Annahme Rundnagels (230), daß auch eine mit der Quittung vorgelegte schriftliche Erklärung ausreicht, ist unzutreffend, da es sich um eine absolute Formvorschrift handelt. Es ist dies als ein Verzicht auf die Rückgabe des Gutes im Falle der Wiederauffindung anzusehen. Es genügt aber das Verlangen im Falle der Wiederauffindung im allgemeinen, eine besondere Bezugnahme auf § 91 ist nicht erforderlich, vielmehr hat der Ausdruck des Verlangens ohne weiteres diese Bedeutung. Das Recht war im § 82 der bisherigen EVO. — übereinstimmend mit Art. 36 J.Ü. — auf den Fall beschränkt, daß das Gut binnen vier Monaten nach Ablauf der Lieferfrist wieder aufgefunden wird, also nicht für unbegrenzte Zeit, sondern lediglich für diesen Zeitraum. Diese zeitliche Begrenzung ist im § 91 der neuen EVO. fortgefallen. Nach der Begr. (117, 118) ist dies „auf Wunsch der Interessenten" geschehen. Indes bildet die Verlängerung des Rechts eine sehr erhebliche Belastung der Eisenbahnen, welche dadurch genötigt sind, sämtliche Quittungen, in welchen das bezügliche Verlangen ausgesprochen ist, während der regelmäßigen Verjährungsfrist von 30 Jahren (BGB. § 195) aufzubewahren, bei jedem gefundenen Gut festzustellen, ob es zu den in den Quittungen bezeichneten gehört, gegebenenfalls — vielleicht erst nach Jahrzehnten — die Adresse des Entschädigten zu ermitteln und ihn sofort von der Wiederauffindung zu benachrichtigen — um nicht regreßpflichtig zu werden. Es ist dies für die Eisenbahnen eine nicht durchführbare Aufgabe und daher de lege fer. die Wiedereinführung einer Frist notwendig.

§ 91 trifft keine Bestimmung über die Folgen, welche eintreten, wenn die Eisenbahn die Benachrichtigung verzögert oder gänzlich unterläßt. Es ist aber nicht zweifelhaft, daß alsdann der Berechtigte die Wahl hat, entweder Ersatz für den ihm nachweislich hieraus entstandenen Schaden zu verlangen oder auch noch nachträglich von dem ihm gemäß Abs. 2 zustehenden Rechte Gebrauch zu machen. Auch über die Form der Benachrichtigung ist nichts bestimmt. Sie ist also der Eisenbahn überlassen, muß aber jedenfalls so geschehen, daß sie ihren Zweck gehörig erfüllt. Sofortige Benachrichtigung ist eine so schleunige, wie sie nach dem ordentlichen Geschäftsgange möglich ist. Gemäß Satz 2 ist die Eisenbahn verpflichtet, eine Bescheinigung über das in der Quittung ausgesprochene Verlangen zu erteilen. Ist diese in Verlust geraten, so ist die Eisenbahn im Streitfalle zur Produzierung der in ihren Händen befindlichen Quittung verpflichtet.

486) Abs. 2 Satz 1 des § 91 bestimmt, daß der Berechtigte, wenn er das Verlangen gemäß Abs. 1 ausgesprochen und die bezügliche Nachricht von der Wiederauffindung des Gutes erhalten hat, die Auslieferung des Gutes kostenfrei beanspruchen kann. Er kann dieselbe verlangen, aber er braucht es nicht. Tut er es nicht unter den im Abs. 2 vorgeschriebenen Modalitäten oder überhaupt nicht, so treten die im Abs. 3 vorgesehenen Folgen ein. Die Forderung steht ihm nur innerhalb 30 Tagen nach erhaltener Nach-

richt zu. Daher ist es für beide Teile wichtig, den Empfang der Nachricht, gleichviel ob dieselbe mündlich oder schriftlich ꝛc. erfolgt, in geeigneter Weise festzustellen. Das Verlangen muß der Natur der Sache nach an dasjenige Organ der Eisenbahn gerichtet sein, von welchem dem Berechtigten die Nachricht zugegangen ist. In betreff des Ortes der Auslieferung hat der Berechtigte die Wahl. Er kann nach seiner Wahl die Auslieferung auf der Versand- oder auf der im Frachtbriefe angegebenen — bzw. durch nachträgliche Verfügung (§ 73 Abs. 1) bezeichneten — Bestimmungsstation verlangen. An beiden Stationen hat die Rücklieferung kostenfrei zu erfolgen. Die kostenfreie Zuführung nach der Behausung kann nicht beansprucht werden (Rundnagel 229), wohl aber die kostenfreie Verwahrung während der 30 Tage nach erhaltener Nachricht (Rundnagel 231). Verlangt aber der Berechtigte die Rücklieferung auf einer anderen, als der Versand- oder Bestimmungsstation, so entsteht ein neuer Frachtvertrag und hat der Berechtigte die Fracht zu zahlen und die sonstigen Rechte und Pflichten des Absenders. Dagegen geschieht die Beförderung nach der Versand- oder Bestimmungsstation weder auf seine Kosten noch auf sein Risiko, denn er hat lediglich die unversehrte Lieferung nach einer dieser Stationen kostenfrei zu fordern (Boethke, E. 14 407, Rundnagel 230).

Nach Satz 2 des Abs. 2 hat die Auslieferung des wiedergefundenen Gutes Zug um Zug gegen Zurückzahlung der dem Berechtigten gezahlten Entschädigung, jedoch unter Abzug des ihm gemäß § 94 für die Überschreitung der Lieferfrist zu gewährenden Schadensersatzes, zu erfolgen. Dieser Abzug war bereits im § 64 Abs. 8 des alten Betriebsreglements gestattet, aber im § 82 der bisherigen EVO. in Fortfall gebracht und ist nunmehr billigerweise wieder vorgeschrieben. Denn anderenfalls würde der Berechtigte ohne Grund um die ihm nach § 94 zustehende Entschädigung für die Überschreitung der Lieferfrist kommen (so auch Rundnagel 231). Dagegen muß die infolge der Interessedeklaration (EVO. §§ 92, 93) oder wegen Vorsatz oder grober Fahrlässigkeit (§ 95 l. c.) erhöhte Entschädigung mangels einer einschränkenden Bestimmung voll zurückerstattet werden, wenngleich in dieser nicht nur der Wert des Gutes, sondern auch der weitere Schaden (z. B. Konventionalstrafe, Verzugs- und geschäftliche Nachteile ꝛc.) vergütet worden ist, und eine Rückerstattung der darauf entfallenden Beträge nicht der Billigkeit entspricht.

487) Abs. 3 des § 91 bestimmt, daß in allen anderen Fällen, d. h. wenn der Berechtigte 1. das Verlangen nach sofortiger Benachrichtigung von der Wiederauffindung des verlorenen Gutes bei Empfang der Entschädigung in der Quittung nicht ausgesprochen (Abs. 1) oder 2. die Rückforderung innerhalb 30 Tagen nach erhaltener Nachricht nicht gestellt hat (Abs. 2), die Eisenbahn über das wiederaufgefundene Gut frei verfügen kann. Dem ersten dieser Fälle ist es auch gleichzuachten, wenn der Berechtigte das Verlangen nicht rechtzeitig, d. h. nicht bei der Empfangnahme der Entschädigung oder nicht formell gehörig, d. h. nicht in der Quittung gestellt hat. Da die Entschädigung geleistet und auf die Rückgabe des Gutes endgültig verzichtet ist, so kann hier unter dem Rechte der Eisenbahn zur freien Verfügung über

das Gut nichts anderes verstanden werden, als daß die Bahn das Eigentum an dem Gute erwirbt (§§ 929, 932 BGB., s. auch Makower 1589, Rundnagel 230). Haben mehrere Eisenbahnen die Entschädigung getragen, so ist auch ihr Recht an dem Gute ein verhältnismäßig (d. h. pro rata des Entschädigungsbetrages) gemeinsames (§§ 1008 ff. BGB.).

Das freie Verfügungsrecht hat die Eisenbahn sowohl gegenüber dem Absender, wie dem Empfänger. Hat aber die Eisenbahn den Ersatzanspruch abgelehnt, so findet § 91 EVO. keine Anwendung. In diesem Falle ist sie zur Auslieferung des wiedergefundenen Gutes, soweit nicht § 98 Platz greift, verpflichtet (Rundnagel 230).

§ 92.

Angabe des Interesses an der Lieferung[488]).

(1) Der Absender kann das Interesse an der Lieferung im Frachtbrief angeben[489]). Hierfür ist eine im Tarife festzusetzende Gebühr zu zahlen[490]).

(2) Der Betrag, der das Interesse an der Lieferung darstellt, ist in den Frachtbrief an der dafür vorgesehenen Stelle mit Buchstaben einzutragen[491]).

(3) Die Gebühr ist für unteilbare Einheiten von je 10 Mark und 10 Tarifkilometer zu berechnen und darf 0,2 Pfennig für die Einheit nicht übersteigen. Überschießende Beträge werden auf 10 Pfennig aufgerundet. Als Mindestbetrag für die Beförderungsstrecke von der Versand- bis zur Bestimmungsstation werden 40 Pfennig erhoben[492]).

Die Gebühr für Angabe des Interesses an der Lieferung ist im Nebengebührentarif (Teil I Abt. B) festgesetzt.

(4) Ist die Ersatzpflicht nach § 89 auf einen Höchstbetrag beschränkt, so ist eine Angabe des Interesses an der Lieferung über diesen Betrag hinaus unzulässig[493]).

Alte EVO. § 85. HGB. §§ 463, 471. J.Ü. Art. 38.

488) Der Schadensersatz für Verlust, Minderung oder Beschädigung des Gutes kann entweder ein regelmäßiger, lediglich dem gemeinen Handelswert bzw. gemeinen Wert entsprechender (HGB. § 457, EVO. § 88 Abs. 1, 2), aber auch ein durch Festsetzung eines Höchstbetrages der Entschädigung in Ausnahmetarifen beschränkter (HGB. §§ 461, 462, EVO. § 89) oder durch die Angabe des Interesses an der Lieferung erhöhter (HGB. § 463, EVO. §§ 92, 93) sein. Auf Grund des § 463 HGB., welcher dem Art. 38 J.Ü. entspricht, gestattet § 92 EVO. dem Absender, sich eine Erhöhung des regelmäßigen, durch § 457 HGB., § 88 EVO. begrenzten Schadensersatzes mittelst der Angabe des Interesses an der Lieferung auszubedingen. Ist das Interesse angegeben, so kann der Berechtigte außer der normalen Entschädi-

gung noch einen weiteren Schadensersatz bis zur Höhe des in der Angabe festgesetzten Betrages beanspruchen. Damit hat die im Art. 427 Ziff. 1 A.HGB. vorgesehene Deklaration eine wesentliche Veränderung nach Analogie des Art. 38 J.Ü. erfahren (s. § 88 Vorbemerk. S. 495). Denn einerseits ist der Ersatz nicht auf den gemeinen Handelswert beschränkt, sondern es ist außer diesem jeder weitere Schaden bis zur Höhe des deklarierten Betrages zu ersetzen. Andererseits ist zugleich die Unterscheidung zwischen Wert- und Verzugs-Interessedeklaration fortgefallen. Die Angabe des Interesses an der Lieferung gemäß § 463 HGB., § 92 EVO. umfaßt vielmehr beide Deklarationen. Der angegebene Betrag des Interesses an der Lieferung bildet sonach die Maximalgrenze für jeden erweislichen Schaden einschließlich des entgangenen Gewinnes, es ist derjenige im Frachtbriefe angegebene Geldbetrag, bis zu dessen Höhe jeder Schaden zu ersetzen ist, der über die normale Entschädigung hinausgeht (§ 88 Vorbemerk. S. 495ff.), also nicht nur in den Grenzen der § 457 HGB., § 88 EVO., sondern in den Grenzen der §§ 249ff. BGB. Bei Vorsatz oder grober Fahrlässigkeit der Eisenbahn fällt auch diese Grenze fort und kann voller Schadensersatz gefordert werden (HGB. §§ 457, 461, EVO. § 95).

Ein Schaden durch Minderung oder Beschädigung ist nicht verhältnismäßig (wie gemäß §§ 461, 462 HGB., § 88 Abs. 2 EVO.), sondern innerhalb der Interesseangabe voll zu ersetzen (Makower 1604, Cosack § 90 II 2f., Staub § 463 Anm. 4, Düringer-Hachenburg Anm. II). Die Höhe des Schadens hat der Ersatzberechtigte zu erweisen.

489) Nach Abs. 1 Satz 1 kann der Absender das Interesse an der Lieferung — mit den in dem § 93 (für Verlust, Minderung oder Beschädigung des Gutes) und § 94 (für Versäumung der Lieferfrist) vorgesehenen Rechtswirkungen — angeben. Diese Angabe muß zugelassen werden. Ihre Zulassung ist nicht — wie die Festsetzung von Höchstbeträgen in ermäßigten Ausnahmetarifen (EVO. § 89) — in das Belieben der einzelnen Bahnverwaltungen gestellt oder Sondervereinbarungen anheimgegeben. Sie ist auch nicht von der Festsetzung von Höchstbeträgen abhängig. Vielmehr ist die Angabe ein dem Absender durch § 92 EVO. gewährtes Recht, welches ihm weder entzogen noch erschwert, noch von anderen Voraussetzungen als den in der EVO. enthaltenen abhängig gemacht werden darf. Die Angabe darf auch nicht dadurch verhindert oder illusorisch gemacht werden, daß die Festsetzung der Gebühr in den Tarifen (EVO. § 92 Abs. 1 Satz 2) unterlassen wird. Ist eine Gebühr bahnseitig nicht wirksam festgesetzt oder unterlassen, so kann die Angabe ohne Zahlung einer Gebühr erfolgen, und die Bahn muß mit der Haftung gemäß § 463 HGB. befördern (Makower 1604, Staub § 463 Ziff. 1). Die Angabe darf weder in betreff ihrer Zeitdauer Einschränkungen unterworfen werden, noch in betreff der Beförderungsgegenstände, der Tarife und der Eisenbahnstrecken (ROHG. 9 301, 12 280, 7 99). Nur insofern tritt eine Einschränkung ein, als, wenn die Ersatzpflicht nach den Vorschriften des § 461 HGB., § 89 Abs. 1 EVO. auf einen Höchstbetrag beschränkt ist, gemäß § 463 Abs. 2 HGB., § 92 Abs. 4 EVO. eine Angabe des Interesses an der Lieferung über diesen Betrag hinaus unzulässig ist (vgl. § 89 Anm. 478 und § 92 Abs. 4 Anm. 493).

Die Angabe kann für Güter aller Art erfolgen, auch ist kein Unterschied, ob es gewöhnliche oder Eilgüter, Stück- oder Wagenladungsgüter sind; sie gilt für die ganze Dauer der Haftpflicht von der vertragsmäßigen Annahme des Gutes zur Beförderung bis zur Ablieferung desselben (Anm. 446). Dagegen findet die Angabe auf Verluste und Beschädigungen während der der Annahme zur Beförderung vorangehenden vorläufigen Verwahrung (Anm. 303), ebensowenig Anwendung, wie auf solche nach erfolgter Ablieferung.

490) Nach Abs. 1 Satz 2 ist im Falle der Angabe eine im Tarif festzusetzende Gebühr (bisher Frachtzuschlag) zu entrichten (s. über deren Höhe Abs. 3 und Allg. AusfBest. S. 513), und zwar vom Absender bzw. — wenn nicht Frankierung vorliegt — vom Empfänger. Die Bestimmung ist ungültig, da § 463 HGB. auf die Vorschriften der EVO. verweist, nicht auf die Tarife (s. Anm. 480 S. 506ff.). Die Gebühr gehört zu den durch den Frachtvertrag begründeten Forderungen, betreffs deren der Eisenbahn das gesetzliche Pfandrecht (HGB. § 440, EVO. § 76 Abs. 5) zusteht. Sie muß in die Tarife aufgenommen und, wie diese, veröffentlicht sein. Die Gebühr ist stets aus Anlaß der Angabe des Interesses zu entrichten, ohne daß sich die Eisenbahnen zu besonderen Sicherungsmaßregeln rechtlich verpflichten oder tatsächlich solche eintreten lassen, also lediglich für das höhere Risiko, für die vermehrte Haftung bzw. die Gewähr einer höheren Maximalgrenze des Ersatzes. Es ist Sache der Eisenbahn, die Gebühr zu verlangen bzw. einzuziehen und, wenn die Entrichtung verweigert wird, die Angabe nicht zu gestatten. Unterläßt die Eisenbahn daher die Einziehung, so kann sie im Falle des Eintritts eines Schadens von der Nichtzahlung der Gebühr die Gewährung der höheren Ersatzleistung nicht abhängig machen.

Die Zahlung der Frachtgebühr ist nicht ausschließlich Pflicht des Absenders (Rosenthal 232, Schwab 286, Rundnagel 210, E. 10 170). Insoweit nicht Frankierung vorliegt, vielmehr die Anweisung der Frachtgelder auf den Empfänger (§ 69 Abs. 2) stattgefunden hat, ist vielmehr dieser, wenn er in den Frachtvertrag eingetreten ist (§ 76), auch zur Zahlung der Gebühr verpflichtet.

491) Abs. 2 bestimmt in bezug auf die Form der Angabe, daß der Betrag, der das Interesse an der Lieferung darstellt, in den Frachtbrief an der dafür vorgesehenen Stelle mit Buchstaben einzutragen ist. Die Verletzung dieser Form hat die Ungültigkeit der Deklaration zur Folge (Goldschmidt, Zeitschr. 26 612, 28 453, Staub 1572, Goldmann § 463 Anm. 3, Eger III 481, Puchelt II 580, Steinbach in Grünhuts Zeitschr. 10 218, Schott 505, v. Hahn 749, 750, Makower 1604, Düringer-Hachenburg 675. A. M. Thöl III 214 und Handelsrechtl. Erört. S. 20, 21, Rosenthal 230, Rundnagel 211), und zwar sowohl zugunsten der Bahn, wie des anderen Teiles. Setzt der Absender die Angabe in ungültiger Form auf den Frachtbrief, so gilt sie als non scripta, d. h. das Gut als nicht deklariert, berechtigt aber die Eisenbahn nicht zur Zurückweisung der Beförderung (Staub 1572, Düringer-Hachenburg 675, Hertzer 84. A. M. Rosenthal 230, Rundnagel 211).

492) Abs. 3 normiert die Gebühr, welche gemäß Abs. 1 Satz 2 (Anm. 490) für die Angabe des Interesses an der Lieferung zu bezahlen ist. Diese Gebühr

ist für unteilbare Einheiten von je 10 M. und 10 Tarifkilometer zu berechnen und darf 0,2 Pfg. für die Einheit nicht übersteigen. Überschießende Beträge werden auf 10 Pfg. abgerundet. Als Mindestbetrag für die Beförderungsstrecke von der Versand- bis zur Bestimmungsstation werden 40 Pfg. erhoben. Es ist hiernach für die tarifarisch festzusetzende Gebühr eine Maximal- und eine Minimalgrenze vorgeschrieben. Weder darf über die eine hinaus-, noch unter die andere herabgegangen werden. Innerhalb dieser Grenzen können aber die Eisenbahnen sich frei bewegen. Aus § 68 in Verbindung mit § 6 der EVO. ergibt sich, daß die Gebühr für die Angabe — als integrierender Bestandteil der Tarife — wie diese von der Eisenbahn aufgestellt und gehörig veröffentlicht sein muß. Sie bedarf also der behördlichen Feststellung und Genehmigung — soweit diese landesrechtlich vorgeschrieben ist — und diese muß aus den Tarifen ersichtlich sein. Die Allg. AusfBest. zu § 92 EVO. S. 513 verweisen in betreff der Gebühr auf den Nebengebührentarif (Teil I Abt. B des D. EisenbGütTar.).

493) Abs. 4 bestimmt im wörtlichen Anschluß an § 463 Abs. 2 HGB., daß, wenn die Ersatzpflicht nach den Vorschriften des § 89 (HGB. §§ 461, 462) auf einen Höchstbetrag beschränkt ist, eine Angabe des Interesses an der Lieferung über diesen Betrag hinaus unzulässig ist, d. h. soweit die Angabe den Höchstbetrag übersteigt, ist sie unwirksam (Makower 1604). Dieser Satz steht im Einklang mit dem internat. Eisenbahnfrachtrecht. Zwar ist derselbe im J.Ü. nicht ausdrücklich ausgesprochen, aber die Verhandlungen und Beschlüsse zu Art. 35 desselben lassen keinen Zweifel, daß im internationalen Rechte eine Deklaration des Interesses an der Lieferung (Art. 38) neben der Beschränkung auf den Maximalsatz des Art. 35 ausgeschlossen sein soll (Rosenthal 228, Eger, J.Ü.[3] 390, 391). Die Aufnahme einer ausdrücklichen Vorschrift hierüber in das HGB. und die EVO. war um so mehr erforderlich, als nach dem A.HGB. gerade im Gegensatz hierzu auch bei Festsetzung von Maximalbeträgen (Normalsätzen) gemäß § 89 EVO. die Deklaration zugelassen werden mußte, weil Art. 427 Abs. 1 A.HGB. die Ausbedingung von Maximalsätzen nur unter Zulassung der Deklaration gestattete (v. Hahn II 748, Schott 502, RG. E. 6 118).

Im übrigen darf nicht außer Betracht bleiben, daß der Ausschluß der Deklaration sich nur auf Verlust, Minderung oder Beschädigung des Gutes, nicht auch auf Versäumung der Lieferfrist bezieht. Für letztere ist also die Deklaration gestattet (s. § 89 Anm. 480 S. 507).

§ 93.

Höhe des Schadensersatzes für Verlust, Minderung oder Beschädigung bei Angabe des Interesses an der Lieferung.

Ist das Interesse an der Lieferung angegeben, so kann bei Verlust, Minderung oder Beschädigung des Gutes außer der im § 88 bezeichneten Entschädigung der Ersatz des weiter entstandenen Schadens bis zu dem angegebenen Betrage beansprucht werden[494]).

Alte EVO. § 85. HGB. §§ 461, 471. J.Ü. Art. 38.

494) § 93, dessen prinzipielle Bedeutung sich aus den Ausführungen zu § 88 (Anm. 473 ff. S. 494) ergibt, bestimmt im Anschluß an § 463 HGB. (Art. 38 J.Ü.) die Rechtswirkungen (§ 92 Abs. 1), welche im Falle des Verlustes, der Minderung oder der Beschädigung des Gutes durch die im § 92 dem Absender gestattete Angabe des Interesses an der Lieferung entstehen. Es kann alsdann eine Erhöhung der regelmäßigen Entschädigung des § 88 gefordert werden.

§ 93 schreibt für die Geltendmachung eines weiteren Schadensersatzanspruches — außer der durch § 88 begründeten normalen Entschädigung — zwei Voraussetzungen vor. Die erste Voraussetzung ist, daß eine Angabe des Interesses an der Lieferung nach Maßgabe des § 92 (Anm. 488 ff.) stattgefunden hat. Die zweite Voraussetzung ist, daß ein Fall des Verlustes, der Minderung oder der Beschädigung des Gutes vorliegt, für welche die Eisenbahn auf Grund des Frachtvertrages haftpflichtig ist (§ 84 Anm. 443 ff.). Der Ersatzberechtigte hat den Verlust, die Minderung oder Beschädigung behufs Substantiierung seines Anspruches darzutun.

Liegen diese beiden Voraussetzungen vor, so kann der Berechtigte außer der normalen, durch den § 88 festgesetzten Entschädigung noch einen weiteren Schadensersatz bis zur Höhe des in der Angabe festgesetzten Betrages beanspruchen. Die Eisenbahn ist ihm bis zu dieser Höhe ersatzpflichtig. Der Anspruch auf Grund der Angabe erstreckt sich nur auf den weiteren Schadensersatz, nicht den gesamten Schadensersatz — normalen und weiteren zusammengefaßt. Denn auf die normale Entschädigung hat der Berechtigte auch ohne Angabe Anspruch. Abweichend also von der Deklaration des Art. 427 A.HGB., welche beides in sich schließt, ist die Angabe des Interesses an der Lieferung gemäß § 463 HGB., §§ 92, 93 EVO. eine Angabe des Mehrwertes, nicht des Gesamtwertes, sie begreift nur den die normale Entschädigung übersteigenden Mehrbetrag (E. 10 57, 356, 19 357). Worin dieser weitere Schaden besteht, ob in unmittelbarem oder mittelbarem, in damnum emergens oder lucrum cessans, entgangenem Geschäftsgewinn, Verlust an Kundschaft, verfallener Konventionalstrafe, ist irrelevant (Rosenthal 231). Nicht die § 457 HGB., § 88 EVO., sondern §§ 249 ff. BGB. bilden die Grenze, welche bei Vorsatz oder grober Fahrlässigkeit der Bahn überhaupt fortfällt. Es genügt, daß es ein in Geld schätzbarer Nachteil ist, welcher mit dem Verluste, der Minderung oder Beschädigung des Gutes in ursächlichem Zusammenhange steht. Auch bei Minderung oder Beschädigung des Gutes ist hiernach ebenso wie bei Verlust der volle Schaden bis zur Höhe des angegebenen Betrages zu ersetzen. Gegen die Annahme, daß in diesen Fällen nur eine verhältnismäßige Erhöhung des Schadensersatzes eintritt, spricht sowohl der Wortlaut des § 93 EVO., wie auch der Zweck und das Wesen der Interessedeklaration. Der Ersatz des weiteren Schadens darf uneingeschränkt bis zur vollen Höhe des deklarierten Betrages beansprucht werden (Cosack 453, Staub § 463 Ziff. 4, Makower 1604, Düringer-Hachenburg Anm. II).

Dem Schadensersatzberechtigten und — mangels freiwilliger Leistung der Eisenbahn — dem zur Geltendmachung der Vertragsforderungen gemäß § 99 aktiv Legitimierten (Anm. 527ff.) liegt die Beweislast dafür ob, daß ein weiterer Schaden überhaupt sowie in welcher Höhe derselbe entstanden ist (RZPO. §§ 286, 287). Denn die Angabe enthält nur die Maximalgrenze, innerhalb deren der weitere Schaden zu erweisen ist bzw. bis zu welcher der Schadensersatz gefordert werden darf, die Angabe fixiert keineswegs etwa im voraus unabänderlich das Quantum des zu leistenden Ersatzes; sie ist nicht eine vertragsmäßige Festsetzung der von der Eisenbahn im Verlust- oder Beschädigungsfalle zu gewährenden Leistung, sondern nur eine Begrenzung, bis zu welchem höchsten Betrage Ersatz des weiteren Schadens geleistet wird. Der Ersatzberechtigte wird daher nicht von der Pflicht entbunden, den Schaden nach Existenz und Höhe nachzuweisen. Er hat keinen unbedingten Anspruch auf den angegebenen Betrag, er kann nicht ohne weiteres die angegebene Summe fordern, sondern es liegt ihm ob, seinen weiteren Schaden bis zur Grenze der angegebenen Wertsumme nach Existenz und Höhe darzutun, und er hat immer nur Anspruch auf Ersatz des auf diese Weise nachgewiesenen Schadens. Übersteigt aber der nachgewiesene Schaden den angegebenen Betrag, so kann nur der letztere beansprucht werden. Denn nicht jeder weitere nachgewiesene Schaden ist im Falle der Angabe zu ersetzen, sondern nur der bis zur Höhe des angegebenen Betrages nachgewiesene.

Ein „weiterer" Schaden kann aber nach Sinn und Wortlaut nur vorliegen, wenn der normale Schadensbetrag feststeht und erwiesen ist. Denn der weitere Schaden besteht eben in dem über die durch § 88 festgesetzte (normale) Entschädigung hinausgehenden Schaden. Es darf „außer" dieser normalen Entschädigung noch ein weiterer Schadensersatz beansprucht werden. Daraus folgt, daß der Berechtigte 1. nicht allein diesen weiteren Schaden, sondern 2. der Natur der Sache nach auch den normalen Schaden gemäß § 88 zu erweisen hat, und endlich 3. dartun muß, daß beide Schäden mit dem Verlust, der Minderung oder Beschädigung des Gutes in ursächlichem Zusammenhange stehen.

§ 94.

Haftung für Überschreitung der Lieferfrist [495]).

(1) Bei Überschreitung der Lieferfrist hat die Eisenbahn den nachgewiesenen Schaden zu ersetzen, und zwar:

a) wenn das Interesse der Lieferung nicht angegeben ist, bis zur Höhe der Fracht,

b) wenn das Interesse an der Lieferung angegeben ist, bis zum angegebenen Betrage. Ist dieser niedriger als die unter a) bestimmte Entschädigung, so kann letztere beansprucht werden [496]).

(2) Ist ein Schaden nicht entstanden oder nicht nachgewiesen, so hat die Eisenbahn zu zahlen:

a) wenn das Interesse an der Lieferung nicht angegeben ist,

bei einer Fristüberschreitung bis einschließlich	1 Tag	$^{1}/_{10}$ der Fracht
„ „ „ „ „	2 Tage	$^{2}/_{10}$ „ „
„ „ „ „ „	3 „	$^{3}/_{10}$ „ „
„ „ „ „ „	4 „	$^{4}/_{10}$ „ „
„ „ „	von längerer Dauer	$^{5}/_{10}$ „ „

b) wenn das Interesse der Lieferung angegeben ist,

bei einer Fristüberschreitung bis einschließlich	1 Tag	$^{2}/_{10}$ der Fracht
„ „ „ „ „	2 Tage	$^{4}/_{10}$ „ „
„ „ „ „ „	3 „	$^{6}/_{10}$ „ „
„ „ „ „ „	4 „	$^{8}/_{10}$ „ „
„ „ „	von längerer Dauer	die ganze Fracht,

jedoch nicht mehr als den angegebenen Betrag. Ist dieser niedriger als die unter a) bestimmte Entschädigung, so kann letztere beansprucht werden [497]).

(3) Die aus diesen Bestimmungen sich ergebenden Ansprüche können auch neben etwaigen Ansprüchen wegen Verlustes, Minderung oder Beschädigung des Gutes geltend gemacht werden. Ist das Interesse an der Lieferung angegeben, so kann außer dem nach § 88 zu berechnenden Schadensersatz als Ersatz für den gesamten weiteren Schaden (§ 93), einschließlich des durch die Überschreitung der Lieferfrist entstandenen, höchstens der angegebene Betrag des Interesses gefordert werden. Sinngemäß gilt die Vorschrift des zweiten Satzes im Abs. (1) b [498]).

(4) Die Haftung der Eisenbahn ist ausgeschlossen, wenn die Fristüberschreitung von einem Ereignisse herrührt, das die Eisenbahn weder herbeigeführt hat, noch abzuwenden vermochte [499]).

(5) Wegen der Fälle, in denen voller Ersatz zu leisten ist, vgl. § 95 [500]).

Alte EVO. §§ 86, 87. HGB. §§ 466, 471. J.Ü. Art. 39, 40.

496) Das A.HGB. Art. 397 beschränkte den Umfang des Schadensersatzes für Versäumung der Lieferzeit nicht — wie für Verlust und Beschädigung (Art. 396) — auf den wirklichen Schaden, sondern dehnte ihn auf den vollen Schaden, also auch den entgangenen Gewinn, das individuelle Interesse, d. h. auf alle aus der Versäumung entstandenen direkten und indirekten Nachteile aus. Der gewöhnliche Frachtführer durfte den in dieser Weise gesetzlich normierten Umfang des Schadensersatzes durch Vertrag beliebig beschränken und vermindern. Den Eisenbahnen hingegen war dies durch Art. 423 A.HGB.

zwar grundsätzlich verboten. Doch wird ihnen eine vertragliche Beschränkung des aus Art. 397 folgenden regelmäßigen Umfangs der Entschädigung in gewissen Grenzen durch die Einführung der Deklaration des Interesses an der rechtzeitigen Lieferung in Verbindung mit dem Normalsatze gestattet (Art. 427 Ziff. 2 A.HGB.). Wie bei Verlust und Beschädigung, bildete auch bei Versäumung der Lieferzeit der deklarierte Betrag bzw. der Normalsatz nur die Maximalgrenze, bis zu welcher überhaupt die Eisenbahn Schadensersatz leistete, nicht aber ohne weiteres das im voraus vertragsmäßig fixierte Quantum der im Verspätungsfalle zu leistenden Entschädigung (ROHG. 11 229). Dem Beschädigten lag daher nicht allein die Pflicht ob, den Schaden, für welchen Ersatz gefordert wurde, nachzuweisen, sondern auch, daß dieser Schadensanspruch sich innerhalb der gezogenen Grenzen hielt, den als Maximum festgesetzten Betrag nicht überstieg. Auch durfte die Vereinbarung eines Normalsatzes nur geschehen, wenn zugleich die Möglichkeit einer Deklaration des Lieferungsinteresses gegeben war. Die Vereinbarung eines Normalsatzes unter Ausschluß der Deklaration des Lieferungsinteresses war unzulässig (v. Hahn II 778, Schott 502, 508).

Das N.HGB. hat sich im § 466 Abs. 2ff. dem System des J.Ü. (Art. 40) angeschlossen, welches im wesentlichen auf den Prinzipien des A.HGB. Art. 397, 427 Ziff. 2 beruht. Während der Grad der Haftpflicht geringer ist als im Falle des Verlustes und der Beschädigung (s. Anm. 443 S. 457, Anm. 499 S. 526), ist der Umfang des Schadensersatzes erweitert. Er beschränkt sich nicht auf den wirklichen Schaden, d. h. den gemeinen Handelswert oder gemeinen Wert des Gutes, sondern umfaßt den vollen Schaden, also auch den entgangenen Gewinn, das individuelle Interesse (damnum emergens und lucrum cessans). Die Eisenbahn hat danach den vollen Schaden zu ersetzen, welcher durch Versäumung der Lieferfrist entstanden ist, sofern sie nicht beweist, daß die Verspätung von einem Ereignisse herrührt, welches sie weder herbeigeführt hat, noch abzuwenden vermochte. Der Ersatzberechtigte hat seinerseits die Höhe des entstandenen Schadens nachzuweisen. Nach diesem System ist also auch als Regel die Entschädigung nach dem vollen Schaden angenommen, und ebenso sind Normalsätze in Gestalt von aliquoten Teilen der Fracht eingeführt. Aber an die Stelle der besonderen Deklaration des Interesses an der rechtzeitigen Lieferung ist die zugleich auch für Verlust und Beschädigung geltende Angabe des Interesses an der Lieferung getreten, welche nicht den Gesamtbetrag, sondern den Mehr-(Maximal-)Betrag bildet, bis zu dessen Höhe jeder weitere, die normale Entschädigung übersteigende Schaden beansprucht werden kann, derartig, daß die Maximal-(Normal-)Sätze 1. die Maximalgrenze der zu gewährenden Entschädigung bilden sollen und 2. innerhalb dieser Grenze der Ersatzberechtigte prinzipiell seinen Schaden unter Zugrundelegung der Bestimmungen des Art. 39 nachzuweisen hat. Hiervon ist jedoch insofern abgewichen, als in betreff des Normalsatzes unter gewissen Voraussetzungen und bis zu einer gewissen Höhe von dem Schadensnachweis Abstand genommen und ohne diesen Nachweis schlechthin und unbedingt der eingeführte Normalsatz als Schadensersatz gefordert werden darf.

Das HGB. § 466 Abs. 2—4 hat bei Annahme des Systems des J.Ü. die ins einzelne gehenden Bestimmungen des Art. 40 desselben vermieden, und sich auf folgende grundsätzliche Bestimmungen beschränkt:

„Der Schaden wird nur insoweit ersetzt, als er den im Frachtbriefe, dem Gepäckschein oder dem Beförderungsschein als Interesse an der Lieferung nach Maßgabe der EVO. angegebenen Betrag und in Ermangelung einer solchen Angabe den Betrag der Fracht nicht übersteigt. Für das Reisegepäck kann an Stelle der Fracht durch die EVO. ein anderer Höchstbetrag bestimmt werden.

Inwieweit ohne den Nachweis eines Schadens eine Vergütung zu gewähren ist, bestimmt die EVO.

Der Ersatz des vollen Schadens kann gefordert werden, wenn die Versäumung der Lieferfrist durch Vorsatz oder grobe Fahrlässigkeit der Eisenbahn herbeigeführt ist."

In der Begr. (Denkschr. S. 544) wird kurz hervorgehoben, daß die Vorschriften, welche in den Abs. 2—4 bezüglich der Höhe des zu leistenden Ersatzes getroffen sind, sich dem Art. 427 Abs. 1 Nr. 2 und Abs. 2 des A.HGB., sowie den entsprechenden Bestimmungen des Berner Vertrages und der EVO. anschließen, und daß die näheren Vorschriften der EVO. zu überlassen sind.

Die EVO. regelt dementsprechend im § 94 von vorstehenden Erwägungen ausgehend auf Grund des § 466 Abs. 2—4 HGB. den Umfang des Schadensersatzes bei Lieferfristversäumung — welche sie — ohne Grund von der Fassung des Art. 40 J.Ü. und § 466 HGB. abweichend — als „Überschreitung der Lieferfrist" bezeichnet — und zwar unterscheiden die Abs. 1 u. 2 die Fälle des Nachweises eines Schadens und die Fälle des Nichtnachweises oder Nichtentstandenseins eines Schadens, und bei beiden Gruppen wiederum die Fälle der Nichtangabe des Interesses an der Lieferung, und die Fälle der Angabe des Interesses an der Lieferung, indem auch hier ohne Anlaß die Legalfolge des J.Ü. Art. 40 verlassen worden ist. Die Vorschrift des § 87 der bisherigen EVO., wonach — ohne Schadensnachweis — sowohl bei Angabe, wie bei Nichtangabe des Lieferungsinteresses, falls die Verspätung 12 Stunden nicht übersteigt, eine Vergütung nicht verlangt werden konnte, ist fortgefallen (Begr. 118).

496) Abs. 1 regelt den Schadensersatz für Überschreitung der Lieferfrist für die Fälle des Nachweises eines Schadens. Alsdann ist der Schaden in folgender Weise zu ersetzen.

Voraussetzungen sind: 1. daß die Haftung der Eisenbahn für Überschreitung der Lieferfrist nicht gemäß § 94 Abs. 4 ausgeschlossen ist (Anm. 499 S. 526), und 2. daß ein Schaden nach Existenz und Höhe aus der Überschreitung der Lieferfrist nachgewiesen ist.

Sind diese beiden Voraussetzungen vorhanden, so unterscheidet § 94 Abs. 1 nach den bereits erörterten Grundsätzen Vergütungen, welche bei Nichtangabe und bei Angabe des Interesses an der Lieferung gefordert werden können.

a) Wenn das Interesse an der Lieferung nicht angegeben ist, so ist der nachgewiesene Schaden bis zur Höhe der Fracht zu ersetzen. Unter „Fracht" ist die nach den Tarifsätzen gemäß §§ 6, 68 EVO. berechnete reine Eisenbahnfracht zu verstehen, nicht auch der Betrag der Nebengebühren und baren Auslagen (§ 68 Abs. 2), Vorfracht ꝛc. (ROHG. 14 200, v. Hahn II 752, Schott 509, Rundnagel 204). Die Fracht bildet die Höchstgrenze des zu ersetzenden Schadens, dessen Nachweis dem Berechtigten obliegt. Der Schaden darf also nicht schlechthin und unbedingt mit Ausschluß des Gegenbeweises und ohne Rücksicht darauf, ob überhaupt und in welcher Höhe ein Schaden wirklich entstanden ist, gefordert werden. Der Berechtigte hat vielmehr, wenn er einen Schadensersatz beansprucht, seinen Schaden nach Existenz und Höhe darzutun. Die Höhe des Ersatzes bestimmt sich hiernach durch die Höhe des nachgewiesenen Schadens, nur mit der Maßgabe, daß der Betrag der ganzen Fracht die Höchstgrenze der zu gewährenden Entschädigung bildet. Über diesen Betrag darf, gleichviel auf wie hoch sich der nachgewiesene Schaden beläuft, nicht hinausgegangen werden (Z. 4 441, 5 438, 604, 6 408, 8 283, 12 355, E. 21 126). Erscheint dem Absender dieser Betrag als Maß des Höchstersatzes nicht ausreichend, so bleibt ihm der Weg der Interesseangabe (lit. b) offen. Zwischen Eil- und gewöhnlichem Gut wird nicht unterschieden, ebensowenig besteht eine entschädigungsfreie Verspätung. Daneben kann der Schaden aus der Beförderung (§§ 84 ff.) gefordert werden. Ist jedoch für diesen die Eisenbahn nicht haftbar (z. B. in den Fällen des § 86), so beschränkt sich der Schaden im Höchstbetrage auf die volle Fracht (Z. 15 432).

b) Wenn das Interesse an der Lieferung angegeben ist, so ist der nachgewiesene Schaden bis zum angegebenen Betrage zu ersetzen. Mit Schadensnachweis kann also der Betrag des Schadens, und zwar des vollen Schadens bis zur Höhe des deklarierten Betrages gefordert werden. Der Anspruch ist nicht auf einen Frachtbetrag beschränkt. Es kann vielmehr außer dem normalen Ersatze der ganzen Fracht noch ein Mehrersatz bis zur Höhe des deklarierten Betrages verlangt werden. Es darf also der beanspruchte Schadensbetrag nicht schlechthin und unbedingt mit Ausschluß des Gegenbeweises, sowie ohne Rücksicht auf die Existenz und Höhe des Schadens gefordert werden, sondern es ist der Schaden in Gemäßheit des § 94 Abs. 4 (d. i. der volle Schaden) nach Existenz und Höhe darzutun. Die Höhe des zu leistenden Ersatzes bestimmt sich somit durch die Höhe des nachgewiesenen Schadens, jedoch mit der Maßgabe, daß der deklarierte Betrag drs Interesses — der den normalen Ersatz übersteigende Mehrbetrag — die Maximalgrenze der zu leistenden Entschädigung bildet. Über diesen Betrag darf, gleichviel auf wie hoch sich der nachgewiesene Schaden beläuft, und wenn er auch den Normalersatz zuzüglich des deklarierten Betrages übersteigt, nicht hinausgegangen werden. Kommt das Gut sowohl beschädigt wie verspätet an, so kann der angegebene Betrag nur einmal begehrt werden (Rundnagel 219. A. M. Rosenthal 243, Schwab 306, Nehse in VZ. 1908 S. 1601).

Als Satz 2 ist hier nach Analogie des Schlußsatzes des Art. 40 des J.Ü. aus Billigkeitsrücksichten eine Vorschrift neu aufgenommen worden, wonach bei einer zu niedrigen Angabe des Interesses an der Lieferung mindestens die ohne Angabe des Interesses zu leistende Frachtvergütung beansprucht werden kann. Hierdurch soll die Annahme beseitigt werden, daß, wenn der deklarierte Betrag niedriger ist, als die ohne Interessedeklaration zu leistende Frachtvergütung, nur der erstere beansprucht werden könne. Indes bedurfte es hierzu dieses Zusatzes nicht. Denn schon nach der bisherigen Fassung ist es selbstverständlich, daß unter allen Umständen die normale Frachtvergütung zu leisten ist, auch wenn dieselbe höher ist als der deklarierte Betrag. Der Berechtigte darf durch die Deklaration nicht schlechter gestellt werden. Durch die Deklaration kann zwar die Maximalgrenze des normalen Schadensersatzes erhöht, nicht aber erniedrigt werden. Der Rechtszustand, welchen der Zusatz schaffen soll, war also bereits vorhanden (s. Eger, Komm. zum J.Ü. ² 545, 546, Rundnagel 220, Hand.- u. Wechs.Ger. Budapest 31. I. 1908, E. 24 391). Die Vorschrift ist hiernach lediglich eine Deklaration zur Beseitigung etwaiger Zweifel.

497) Abs. 2 trifft Bestimmung über den Schadensersatz für Überschreitung der Lieferfrist für die Fälle des Nichtentstandenseins oder des Nichtnachweises eines Schadens. In diesen Fällen gestaltet sich der Schadensanspruch, wie folgt:

Voraussetzungen sind 1. daß die Haftung der Eisenbahn für Überschreitung der Lieferfrist nicht gemäß § 94 Abs. 4 ausgeschlossen ist (Anm. 499 S. 526), und 2. daß ein Schaden aus der Überschreitung der Lieferfrist nicht entstanden oder nicht nachgewiesen ist.

Sind diese beiden Voraussetzungen vorhanden, so unterscheidet § 94 Abs. 2 nach den bereits erörterten Grundsätzen Vergütungen, welche bei Nichtangabe und bei Angabe des Interesses an der Lieferung gefordert werden können.

a) Wenn das Interesse an der Lieferung nicht angegeben ist, so darf mangels des Vorhandenseins oder des Nachweises eines Schadens der Anspruch bestimmte aliquote, mit der Dauer der Versäumnis im Verhältnis stehende Teile der Fracht bis zur Hälfte derselben nicht übersteigen. „Nicht entstanden“ bedeutet überhaupt nicht vorhanden, „nicht nachgewiesen“ bedeutet, daß damit auch der Gegenbeweis der Eisenbahn ausgeschlossen ist, d. h. der Betrag der vorbezeichneten Normalsätze kann schlechthin und unanfechtbar ohne einen zu führenden Schadensnachweis und mit Ausschluß des Gegenbeweises beansprucht werden. Der Zweifel hierüber ist durch die neu hinzugefügten Worte „nicht entstanden“ beseitigt. Denn sind die bezüglichen Beträge auch dann zu zahlen, wenn ein Schaden überhaupt nicht entstanden ist, dann hat der Gegenbeweis, er sei nicht oder nur in geringerem Maße entstanden, keinen Zweck. Die Annahme, es sei hier nur eine Vermutung hingestellt, gegen welche der Eisenbahn der Gegenbeweis offenstehe, ist also unzutreffend. Vielmehr liegt hier ganz wie im Falle des § 90 (Anm. 482 S. 509) eine zugunsten des Entschädigungsberechtigten eingeführte Rechtsfiktion in betreff der Existenz und Höhe des Schadens vor, gegen welche ein Gegenbeweis ausgeschlossen ist. Denn der Zweck dieser Vorschrift besteht, wie sich aus den Materialien des zugrunde liegenden Art. 40 J.Ü. ergibt, gerade darin, bei Versäumung der Lieferfrist behufs Vereinfachung des

Entschädigungsverfahrens im Verkehrsinteresse langwierige Streitigkeiten und Beweisführungen über Existenz und Höhe des Schadens zu vermeiden und deshalb, wenn die Versäumung der Lieferfrist feststeht, verhältnismäßig geringfügige Teile der Fracht als Vergütung auch mangels eines Schadens oder Schadensnachweises zu gewähren. Würde der Gegenbeweis zugelassen werden, so würde der Zweck dieser Bestimmungen illusorisch sein. Die Bestimmung des Abs. 2 § 87 der bisherigen EVO., wonach im Falle des Gegenbeweises der Eisenbahn keine Vergütung zu leisten ist, war daher, weil im Widerspruch mit § 466 Abs. 3, § 471 Abs. 1 HGB. stehend, nichtig und ist in die neue EVO. nicht aufgenommen worden.

Es sind je nach dem Umfange der Verspätung (1—5 Tage) fünf Normalsätze bestimmt, welche in Frachtanteilen bestehen, nämlich $^1/_{10}$, $^2/_{10}$, $^3/_{10}$, $^4/_{10}$ und $^5/_{10}$ der Fracht. (Über den Begriff der Fracht s. Anm. 496 S. 522.) Mehr als die Hälfte der Fracht darf ohne Schadensnachweis und ohne Interessedeklaration unter keinen Umständen gefordert werden, wie groß auch immer die Lieferfristüberschreitung sei (Rundnagel 204). Den Nachweis für die Lieferfristüberschreitung und ihren Umfang, sowie die Höhe des entsprechenden Frachtbruchteils hat der Ersatzberechtigte im Streitfalle zu führen, nach beiden Richtungen steht der Eisenbahn der Gegenbeweis zu. Es besteht kein Unterschied zwischen Eilgut und gewöhnlichem Gute, ebensowenig eine entschädigungsfreie Verspätung.

b) Wenn das Interesse an der Lieferung angegeben ist, so darf mangels des Vorhandenseins oder des Nachweises eines Schadens der Anspruch bestimmte aliquote, das Doppelte der unter Abs. 2 lit. a normierten Teile der Fracht betragende Frachtteile bis zur Höhe der ganzen Fracht nicht übersteigen. Die Höhe der Vergütung ist zugleich aber auch dadurch begrenzt, daß sie den deklarierten Betrag des Interesses nicht übersteigen darf. Nach dem Charakter der Interesseangabe, welche nur das Maß des den normalen Ersatz übersteigenden Mehrersatzes angibt, darf mithin die Vergütung nicht mehr betragen als die normale, ohne Schadensnachweis zu ersetzende Frachtquote zuzüglich der deklarierten Summe. Übersteigt die zu gewährende Vergütung der doppelten Frachtquote diesen Betrag, so muß sie auf letzteren reduziert werden. Im übrigen bedeutet auch hier „ohne Nachweis eines Schadens", daß die Vergütung in der angegebenen Höhe schlechthin und unbedingt unter Ausschluß eines Gegenbeweises über Existenz und Höhe des Schadens gefordert werden darf (s. Anm. 497 S. 523 und Anm. 495 S. 520). Nur in bezug auf den Umfang der Lieferfristversäumung, sowie die Höhe des entsprechenden Frachtbruchteils hat der Ersatzberechtigte im Streitfalle die Beweislast und steht der Eisenbahn der Gegenbeweis zu. Außerdem hat sie nur insofern den Gegenbeweis, als sie behauptet, daß die beanspruchte Vergütung den deklarierten Betrag des Interesses übersteige. Es besteht kein Unterschied zwischen Eilgut und gewöhnlichem Gute, ebensowenig aber eine entschädigungsfreie Verspätung.

Auch hier ist nach Analogie des Abs. 1 als Satz 2 die Vorschrift neu hinzugefügt, daß bei einer niedrigeren als die unter Abs. 2 lit. a bestimmten Entschädigung die letztere beansprucht werden kann. Es wird auf die Erläuterung zum Satz 2 des Abs. 1 Anm. 496 S. 522, 523 Bezug genommen (Rundnagel 220, 221).

498) Abs. 3, welcher neu in die EVO. aufgenommen ist, bestimmt im Satz 1, daß die aus den Vorschriften des Abs. 1 u. 2 sich ergebenden Ansprüche aus der Lieferfristüberschreitung auch neben den etwaigen Ansprüchen wegen Verlust, Minderung oder Beschädigung des Gutes gegen die Eisenbahn geltend gemacht werden können. Diese Bestimmung entscheidet die wichtige Streitfrage, ob eine Kumulierung der vorbezeichneten Ansprüche in betreff desselben Beförderungsobjekts zulässig ist (s. Anm. 474 S. 496ff.), in bejahendem Sinne (Begr. 118). Beide Schadensersatzansprüche stehen ganz selbständig nebeneinander, sie können daher entweder jeder für sich und unabhängig voneinander verfolgt oder auch in betreff desselben Beförderungsobjekts kumuliert werden, und zwar gleichviel, ob der Verlust vor oder nach Versäumung der Lieferzeit eingetreten oder eine Folge der letzteren ist. Auch der Verlust des Gutes unterwegs begründet eine Versäumung der Lieferfrist, es kann daher die Eisenbahn in diesem Falle kumulativ für Verlust des Gutes und für Versäumung der Lieferfrist haftpflichtig werden, vorausgesetzt, daß sich tatsächlich neben dem Schaden aus dem Verlust des Gutes noch ein besonderer Schaden aus der Versäumung der Lieferfrist nachweisen läßt. Die Kumulierung von Ansprüchen wegen Beschädigung und Verspätung war schon bisher allseitig anerkannt (Schott 346, v. Hahn II 622, Thöl III 51, Puchelt II 476, Reindl, VZ. 1896 Nr. 27). Dagegen ist die Frage der Kumulierung von Ansprüchen wegen Verlust und Verspätung von mehreren Seiten verneint worden (v. Hahn II 622 Anm. 11, Staub § 430 Ziff. 1, Rundnagel 51ff., Schott 316, 346), wenn der Verlust während der Lieferfrist eingetreten ist (s. auch ROHG. 18 235), jedoch mit unzutreffender Begründung, und nunmehr durch Abs. 3 Satz 1 des § 94 EVO. positiv bejaht (vgl. auch Thöl III 52, Puchelt II 477, Eger I 319ff., 385, Rinaldini 251, ROHG. 11. XI. 1876 VZ. 1877 S. 63, RG. 11. XI. 1908, E. 26, 24).

Durch Satz 2 wird der Betrag der nach Satz 1 kumulierten Ansprüche dahin begrenzt, daß bei Angabe des Interesses an der Lieferung außer dem normalen Schadensersatz für Verlust, Minderung oder Beschädigung (§ 88) als Ersatz für den gesamten weiteren Schaden (§ 93) einschließlich des durch die Überschreitung der Lieferfrist entstandenen höchstens der angegebene Interessebetrag gefordert werden kann. Diese Bestimmung entspricht folgerichtig der Natur der Interessedeklaration. Wie bereits hervorgehoben, kennt die EVO. nur eine Angabe des Interesses an der Lieferung, welche sonach auf die Fälle des Verlustes und der Beschädigung (§ 88) wie der Versäumung der Lieferfrist (§ 94 Abs. 4) gleichermaßen Anwendung findet und denselben Rechtscharakter besitzt. Es ist nicht angängig, der Interesseangabe des § 93 eine andere Bedeutung beizulegen wie der Interesseangabe des § 94. Wie sie einen einheitlichen Betrag bildet, so hat sie auch die nämliche rechtliche Natur (Rundnagel 218, 219). Für die gegenteilige Annahme (Schwab 300f., Rosenthal 243, Nehse, VZ. 1908 S. 1601) beruft man sich zu Unrecht auf den Wortlaut des zugrunde liegenden Art. 40 des J.Ü. — im Gegensatz zu Art. 38. In den Verhandlungen über beide Artikel ist wiederholt aufs deutlichste die Absicht der Gesetzgeber ausgesprochen worden, daß die Deklaration der Art. 38 u. 40 die gleiche und von nämlichem Charakter sein solle. In beiden Fällen bezeichnet daher der deklarierte Betrag nicht den Gesamtersatzbetrag, sondern nur den Mehrersatzbetrag, bis zu dessen Höhe — außer der normalen Entschädigung — jeder weitere nachgewiesene Schaden, einschließlich des durch die Überschreitung der Lieferfrist entstandenen, zu ersetzen ist.

Satz 3 bestimmt, daß auch in diesen Fällen sinngemäß die Vorschrift des Satzes 2 des Abs. 1 (Anm. 496 S. 522, 523) gilt.

499) Abs. 4 normiert nach Maßgabe des § 466 Abs. 1 HGB. und Art. 39 J.Ü. die Gründe, aus welchen die Haftung der Eisenbahn für Überschreitung der Lieferfrist ausgeschlossen ist. Weshalb grundlos von der Fassung, dem Wortlaut und der Legalfolge der vorbezeichneten Gesetzesbestimmungen abgewichen ist, ist nicht ersichtlich. Es wäre logisch richtig und zweckmäßig gewesen, den Grundsatz der Haftung sowie der Ausschließung von derselben, und zwar in der Fassung der Gesetze — wie in der bisherigen EVO. (§ 86) — voranzustellen und hierauf die Normen der Schadensbemessung folgen zu lassen.

Nach den, dem Abs. 4 zugrunde liegenden § 466 Abs. 1 HGB. und Art. 39 J.Ü. liegt der Eisenbahn nicht nur ob, das Frachtgut in unversehrtem Zustande am Bestimmungsorte an den Empfänger abzuliefern und für Verlust und Beschädigung vom Empfang bis zur Ablieferung Ersatz zu leisten (HGB. § 429, EVO. §§ 88ff.), sondern auch die Pflicht, das Gut rechtzeitig an den Empfänger abzuliefern, d. h. die Beförderung in der bestimmungsmäßigen Lieferfrist zu vollenden (HGB. § 428 Abs. 1, EVO. § 75), und daher die Verantwortung für den Schaden, der durch Versäumung der Lieferfrist entstanden ist Während abweichend vom A.HGB., welches die Haftung des gewöhnlichen Frachtführers für Verspätung milder gestaltete als für Verlust und Beschädigung (Art. 395—397), das N.HGB. (§ 429) der Haftpflicht des gewöhnlichen Frachtführers sowohl für Verspätung, wie für Verlust und Beschädigung gleichermaßen den Satz zugrunde legt, daß der Frachtführer für den hierdurch entstehenden Schaden haftet, es sei denn, daß der Verlust, die Beschädigung oder Verspätung auf Umständen beruht, die durch die Sorgfalt eines ordentlichen Frachtführers nicht abgewendet werden konnten, unterscheidet das J.Ü. in betreff der Eisenbahnen die Haftpflicht für Verlust oder Beschädigung (Art. 30) und die Haftpflicht für Versäumung der Lieferfrist (Art. 39). Während für erstere die strengen Grundsätze des receptum beibehalten wurden, wurde bei Verspätung eine Milderung der Haftpflicht adoptiert. Bei dieser Milderung ist — wie im A.HGB. — von der Annahme ausgegangen, daß es im allgemeinen leichter ist, sich gegen Beschädigung und Verlust des Gutes zu schützen, als gegen Verspätung. Aber abweichend vom Art. 397 A.HGB. wählte man mit Rücksicht darauf, daß der Begriff der „Sorgfalt eines ordentlichen Frachtführers" für nicht deutlich genug erachtet und eine Klarstellung dieses Begriffes verlangt wurde, an Stelle desselben die Fassung: . . . „sofern sie nicht beweist, daß die Verspätung von einem Ereignisse herrührt, welches sie weder herbeigeführt hat, noch abzuwenden vermochte". Zwar wurde hierbei in den

Verhandlungen ausdrücklich konstatiert, daß mit dieser redaktionellen Änderung eine Änderung in dem Sinne des bisherigen Prinzips („Sorgfalt eines ordentlichen Frachtführers") nicht beabsichtigt sei. Aber, wenngleich diese Absicht betont wurde, so läßt sich doch nicht verkennen, daß durch die gewählte Fassung die Haftpflicht der Eisenbahn strenger gestaltet ist als nach dem zugrunde liegenden Art. 397 A.HGB. und im Vergleich zu diesem eine Verschärfung erfahren hat (s. Anm. 443 S. 457, Kaufmann, JW. 29 106 Ziff. 9a, Eger, J.Ü.[3] 413ff., Mittelstein, Zeitschr. f. HR. 48 442, Makower 1610, Staub § 466 Ziff. 1. — A. M. Rosenthal 237, Rundnagel 184, Lehmann-Ring 395, Düringer-Hachenburg 683, Goldmann 1799, Pappenheim 72ff., Cosack 454).

Das HGB. (§§ 456 u. 466) und übereinstimmend damit die EVO. v. 1899 (§§ 75 u. 86) und 1909 (§§ 84 u. 94) haben sich vollständig der von dem J.Ü. getroffenen Unterscheidung angeschlossen und auch mit geringen redaktionellen Abweichungen die Fassung des Art. 39 der Haftpflicht der Eisenbahn für Verspätung zugrunde gelegt.

Haftpflichtig ist jede an der betreffenden Beförderung beteiligte Eisenbahn; sind es also mehrere mit durchgehendem Frachtbriefe, so haftet sowohl die Annahme-(Versand-)Bahn, wie die Ablieferungs-(Bestimmungs- oder Empfangs-)Bahn, wie auch jede dazwischen liegende Bahn. Alle diese Bahnen haften nach den § 100 (Anm. 532ff.) erörterten Grundsätzen solidarisch für die auf der ganzen Beförderungsstrecke eingetretene Versäumung der Lieferfrist (§ 75), jedoch mit der im § 100 Abs. 3 (Anm. 535ff.) normierten Einschränkung der Passivlegitimation.

Es muß eine Versäumung bzw. Überschreitung der Lieferfrist stattgefunden haben. Die Haftpflicht für den Schaden aus Verlust, Minderung oder Beschädigung des Gutes ist in den §§ 84—87 normiert. Eine „Versäumung (Überschreitung) der Lieferfrist" liegt vor, wenn die tarifarische Lieferfrist (§ 75) abgelaufen ist (E. 20 320, 22 39, 23 29, 24 138), ohne daß die Ablieferung des Gutes erfolgt ist, gleichviel ob und wann später abgeliefert worden ist, und gleichviel ob die Verspätung unterwegs oder am Bestimmungsort durch verzögerte Ablieferung bzw. Bereitstellung (E. 20 320) oder an Übergangsstationen durch verzögerte Weiterbeförderung (Z. 13 172, E. 22 39) entstanden ist. Auf Verzögerungen in Unterwegsstationen usw. kommt es nicht an, wenn die Lieferfrist im ganzen eingehalten ist (Z. 11 316, E. 20 126, 22 36, 25 182, 257), auch nicht auf die Wahl einer längeren, als der im Frachtbrief vorgeschriebenen Route, wenn eine Überschreitung der Lieferfrist nicht erfolgt ist (Z. 11 270, E. 20 119), die Eisenbahn kann die volle Lieferfrist ausnutzen (E. 20 330, Z. 6 270). Auch wenn das Gut in Verlust geraten oder aus anderen Gründen nicht fristzeitig oder überhaupt nicht angelangt ist, findet Versäumung der Lieferfrist statt. Denn daß die Lieferfrist nicht innegehalten, d. i. versäumt oder überschritten ist, wenn das Gut überhaupt nicht am Bestimmungsort eintrifft bzw. dort nicht zur Ablieferung gelangt, kann keinem Zweifel unterliegen (s. arg.: § 98 Abs. 2). Daher begründet auch der Verlust des Gutes unterwegs eine Versäumung der Lieferfrist, und es kann die Eisenbahn in diesem Falle kumulativ für Verlust und für Versäumung der

Lieferfrist haftpflichtig werden, vorausgesetzt, daß sich tatsächlich neben dem Schaden aus dem Verlust des Gutes noch ein besonderer Schaden aus der Versäumung der Lieferfrist erweisen läßt (s. § 88 Anm. 474 S. 496 ff.) — wie auch die Deklaration des Interesses an der Lieferung Schäden aus Verlust und Beschädigung wie aus Versäumung der Lieferfrist zusammen begreift. Die gegenteilige Annahme (Schwab 290, Reindl, BZ. 1896 Nr. 27, Rundnagel 52) kann nicht gebilligt werden. Zur Entscheidung dieser wichtigen Streitfrage ist die Bestimmung des Abs. 3 neu in den § 94 EVO. aufgenommen worden, wonach die Ansprüche aus der Lieferfristüberschreitung auch neben etwaigen Ansprüchen wegen Verlustes, Minderung oder Beschädigung des Gutes geltend gemacht werden können (s. Anm. 498 S. 525). Dadurch wird auch die Annahme, der Ersatz könne unter Umständen höher sein für verspätete Ablieferung wie für Nichtablieferung (Cosack 444, Staub § 430 Ziff. 1 b) hinfällig.

Es muß ferner durch die Versäumung der Lieferfrist dem Berechtigten (Absender bzw. Empfänger) ein Schaden entstanden sein, dieser mit jener in ursächlichem Zusammenhange stehen. Mangels einer Einschränkung ist unbegrenzt für jeden Schaden zu haften, welcher nachweislich eine Folge der Versäumung ist. Die Haftpflicht erstreckt sich auf Schäden jeder Art, sowohl unmittelbare wie mittelbare, und in vollem Umfange, nicht nur auf den wirklichen Schaden, sondern auch auf den entgangenen Gewinn, also z. B. auf den Nachteil, daß der Absender oder Empfänger verhindert war, den Erlös aus den verspätet eingetroffenen Gütern inzwischen zu verwerten, daß er Konventionalstrafen für die Verspätung seinerseits entrichten, daß er sich sein Bedürfnis bereits anderweit zu teuereren Preisen decken mußte, daß er die ihm aufgetragenen Bestellungen nicht ausführen, der Nachfrage nicht genügen konnte, die Kundschaft verloren hat, daß die Preise herabgegangen sind, die Mode gewechselt hat 2c. (ROHG. **18** 237, BGB. §§ 249 ff., Z. **2** 329, **3** 71, **6** 277, **15** 433, E. **20** 126, 234). Der Schaden kann aber auch in dem Verluste oder der quantitativen bzw. qualitativen Verringerung (Beschädigung) des Gutes bestehen. Die Ware kann infolge der Verspätung verderben, verfaulen, vertrocknen 2c. (Puchelt-Förtsch 1205, E. **21** 26, **23** 29). Es ist aber hierbei nach Lage des konkreten Falles sorgfältig zu unterscheiden, ob der Verlust oder die Beschädigung lediglich eine Folge der Beförderung oder der stattgehabten Lieferfristversäumung ist (Endemann, HR. § 152 S. 727). Ist der Verlust 2c. nicht durch die Lieferfristversäumung, sondern durch die Beförderung überhaupt verursacht, d. h. wäre er auch ohne jede Verspätung durch die Gefährlichkeiten derselben an sich (durch die Bewegung, Hitze, die Manipulationen der Be- oder Entladung) eingetreten, so greifen die Bestimmungen der §§ 457 ff. HGB., §§ 88 ff. EVO., nicht die des § 466 HGB., § 94 EVO. Platz (Thöl III 51, v. Hahn II 620, Schott 322, 346, 489, Rundnagel 53, Rinaldini 250, ROHG. **2** 355, **13** 393, **20** 347, E. **12** 252, **19** 215, Z. **15** 430, 432. A. M. Lehmann-Ring 327, Schumann, Z. **15** 431, E. **16** 321).

Nur insofern erleidet die Regel, daß für die Verspätung voller Schadensersatz zu leisten ist, eine Einschränkung, als § 466 Abs. 2, 3 HGB. und in

Ausführung desselben § 94 EVO. Normalsätze und die Angabe des Interesses an der Lieferung vorsehen, welche die Maximalgrenzen für den Umfang des Schadensersatzes bilden (Anm. 495 ff. S. 520). Nur in diesen Grenzen kann der Ersatz des vollen Schadens beansprucht werden, außer wenn die Versäumung der Lieferfrist durch Vorsatz oder grobe Fahrlässigkeit der Eisenbahn herbeigeführt ist (§ 466 Abs. 4 HGB., § 95 EVO., Z. 7 383, 11 345, E. 19 215, 20 16, 234, 23 29, 24 117, Z. 15 433).

Die Beweislast für die Art und den Umfang des Schadens liegt hier ebenso, wie in den Fällen des Verlustes und der Beschädigung (Anm. 474 ff. S. 499 ff.), dem Entschädigungsberechtigten ob (s. jedoch über die Fälle ohne Schadensnachweis: § 94 Abs. 2 Anm. 497 S. 523).

Sind die vorerörterten Voraussetzungen erwiesen, so ist der Haftpflichtanspruch an sich begründet. Die Eisenbahn ist für den Schaden verantwortlich, „es sei denn, daß die Verspätung von einem Ereignisse herrührt, welches sie weder herbeigeführt hat, noch abzuwenden vermochte". Diesen Beweis hat die Eisenbahn zu führen. Bereits oben (Anm. 499 S. 526 ff.) ist darauf hingewiesen worden, daß, wenngleich hiermit eine strengere Haftpflicht, als die aus der Sorgfalt eines ordentlichen Frachtführers gemäß Art. 397 A.HGB. sich ergebende, an sich nicht beabsichtigt war, doch durch die gewählte Fassung die Haftpflicht der Eisenbahnen strenger gestaltet ist, als nach Art. 397 A.HGB. und im Vergleich zu diesem eine Verschärfung erfahren hat. Denn der Beweis, daß die Verspätung von einem Ereignis herrührt, welches die Eisenbahn weder herbeigeführt hat, noch abzuwenden vermochte, umfaßt unverkennbar mehr als den Beweis, daß sie die Verspätung durch die Sorgfalt eines ordentlichen Frachtführers nicht habe abwenden können. Die Eisenbahn hat einerseits den Negativbeweis zu führen, daß das die Verspätung verursachende Ereignis nicht von ihr herbeigeführt ist, und andererseits den positiven Beweis zu erbringen, daß sie dieses Ereignis nicht abzuwenden vermochte, und zwar — mangels jeder Einschränkung — nicht bloß mit der Sorgfalt eines ordentlichen Frachtführers, sondern mit allen nach vernünftiger Verkehrsanschauung überhaupt möglichen Mitteln (Anm. 449 S. 466 ff., Makower 1610. A. M. Düringer-Hachenburg § 466 Anm. II 2, Goldmann Nr. 2).

„Von einem Ereignisse herrührt", d. h. von einem bestimmten, konkreten Ereignisse. Es ist der besondere Nachweis erforderlich, daß im konkreten Falle die Verspätung die Folge eines bestimmten, bei der vorliegenden Beförderung eingetretenen Ereignisses ist, daß mit diesem Ereignisse die Verspätung in ursächlichem Zusammenhange steht, durch dasselbe tatsächlich die Überschreitung verursacht ist (E. 21 168). Der Beweis, daß die Einhaltung der Lieferzeit nur im allgemeinen unmöglich gewesen sei, genügt nicht (E. 19 4). Die Tatsache einer Betriebsstörung usw. hebt also an sich die Haftung der Bahn nicht auf, es muß vielmehr der vorstehende Nachweis hinzutreten (E. 24 343).

1. Kann sie den Beweis nicht erbringen, daß das qu. Ereignis nicht von ihr herbeigeführt worden, dann haftet sie, gleichviel ob die Herbeiführung von ihr verschuldet ist oder nicht, für den Schaden aus der Ver-

spätung. Als nicht von ihr herbeigeführt sind auch diejenigen Ereignisse bzw. Handlungen zu betrachten, die durch das eigene Verschulden des Verfügungsberechtigten oder durch eine nicht von der Eisenbahn verschuldete Weisung desselben (nachträgliche Verfügungen: EVO. § 73 ꝛc.) verursacht sind.

2. Kann sie aber den Beweis erbringen, daß das qu. Ereignis nicht von ihr herbeigeführt worden ist, oder ist dies — wie bei Naturereignissen — an sich ersichtlich, dann muß sie noch den Nachweis führen, daß sie dieses Ereignis nicht abzuwenden vermochte. Kann sie letzteres nicht dartun, so haftet sie für den Schaden aus der Verspätung. Dieser Nachweis muß sich darauf erstrecken, daß sie weder den Eintritt noch die Folgen des Ereignisses abzuwenden vermochte. Andererseits hat die Eisenbahn nicht darzutun, daß das Ereignis weder in seinem Eintritt noch in seinen Folgen unbedingt und unter allen Umständen unabwendbar gewesen sei. Vielmehr genügt der Nachweis, daß dies mit vernünftigen Mitteln und unter Anwendung der größten Sorgfalt nach Lage der Sache nicht möglich war. Kann die Eisenbahn diesen Nachweis führen, dann ist sie von der Haftpflicht befreit, gleichviel ob sich das betreffende Ereignis als ein innerer oder äußerer Zufall darstellt, d. h. ob es die Handlungen der eigenen Leute der Eisenbahn und die Funktionen ihrer Betriebsmittel oder ob es Naturereignisse und Handlungen Dritter betrifft (Z. 7 601, 9 85, 110, E. 23 388, 401). Bei Beschlagnahme des Gutes ist angenommen worden, daß die Herbeiführung der Aufhebung des Arrestes nicht Sache der Eisenbahn, sondern des unverzüglich benachrichtigten Spediteurs ist (Z. 14 175, E. 22 354). Dagegen ist beim Einsturz eines Tunnels die Möglichkeit rechtzeitiger Lieferung in einem Falle angenommen worden, wo der Eisenbahn noch zwei andere Linien zur Verfügung standen und auf diesen andere Güter rechtzeitig befördert worden sind (Z. 8 442, E. 19 4). Ebenso fällt ihr eine Versäumnis zur Last, welche durch unberechtigte Leitung der Beförderung über eine längere Route seitens ihrer Leute entstanden ist (E. 22 262), oder wenn die Reparatur eines unterwegs schadhaft gewordenen Wagens oder die Umladung in kurzer Zeit möglich war (E. 19 135), oder wenn sie bei abnormer Kälte die Arbeiterzahl nicht erhöht (E. 19 57) oder die längst erforderliche Reparatur einer Brücke unterlassen hat (Z. 10 19, E. 18 254). Ebenso auch — in der Regel — bei Streik und sog. passiver Resistenz (E. 23 372, 399. A. M. 25 140, 197, 264, Baumgarten, Sonderheft z. E. 25 1 ff., s. § 5 Anm. 20 S. 17).

500) Abs. 5 nimmt in Übereinstimmung mit § 466 Abs. 4 HGB. auf die mit diesem konforme Vorschrift des § 95 EVO. Bezug, wonach, wenn der Schaden durch Vorsatz oder grobe Fahrlässigkeit der Eisenbahn herbeigeführt ist, in allen Fällen Ersatz des vollen Schadens gefordert werden kann (vgl. § 95 Anm. 501 S. 531 ff.). Mit dieser Bezugnahme ist der an sich selbstverständliche Satz ausgesprochen, daß, wenn die Ursache des Schadens aus der Lieferfristversäumnis in Vorsatz oder grober Fahrlässigkeit der Eisenbahn liegt, die nach § 94 Abs. 1 und 2 zugelassenen und festgesetzten Beschränkungen der Entschädigung nicht Platz greifen, vielmehr der volle Schaden — d. i. der wirkliche Schaden und der entgangene Gewinn — gefordert werden kann.

§ 95.

Schadensersatz bei Vorsatz oder grober Fahrlässigkeit der Eisenbahn[501]).

Ist der Schaden durch Vorsatz oder grobe Fahrlässigkeit der Eisenbahn herbeigeführt, so ist in allen Fällen der volle Schaden zu ersetzen[502]).

Alte EVO. § 88. HGB. § 438 Abs. 5, § 457 Abs. 3, § 461 Abs. 2, § 464 Abs. 2, § 465 Abs. 2, § 466 Abs. 4. J.Ü. Art. 41.

501) Die Beschränkung des Schadensersatzes auf den wirklichen Schaden, welche das HGB. zugunsten der Eisenbahn im § 457 Abs. 1 u. 2 vorsieht und die noch weitergehenden Beschränkungen, welche die §§ 461 Abs. 1, 462 Satz 1, §§ 463, 464, 465 Abs. 2 Satz 1, § 466 Abs. 2 u. 3 durch Einführung von Normal-(Maximal-)Sätzen und Angaben des Interesses an der Lieferung zulassen, fallen fort, und es tritt in Gemäßheit des § 457 Abs. 3, § 461 Abs. 2, § 462 Satz 2, § 464 Abs. 2. § 465 Abs. 2 Satz 2, § 466 Abs. 4 die Verpflichtung zum Ersatze des vollen Schadens ein, wenn derselbe durch Vorsatz oder grobe Fahrlässigkeit der Eisenbahn herbeigeführt ist. Der § 95 EVO. gibt demgemäß im Anschluß an Art. 41 J.Ü. und die vorbezeichneten Stellen des HGB. dem Grundsatze Ausdruck, daß, wenn der Schaden durch Vorsatz oder grobe Fahrlässigkeit der Eisenbahn herbeigeführt ist, in allen Fällen Ersatz des vollen Schadens gefordert werden kann. Nur insofern findet eine Abweichung vom Art. 41 des J.Ü. statt, als dieses den Ersatz des vollen Schadens von der Herbeiführung desselben durch Arglist oder grobe Fahrlässigkeit abhängig macht, während das R.HGB. und die EVO. Vorsatz statt Arglist gesetzt haben. Dadurch ist die Haftung der Eisenbahnen aus § 457 Abs. 3 rc. HGB. und § 95 der EVO. im Vergleich mit Art. 41 des J.Ü. verschärft. Denn die Begriffe „Arglist" (dolus) des J.Ü. und „Vorsatz" des HGB. decken sich nicht. Unter „Arglist" ist „die böse auf die Schadenszufügung abzielende Absicht" (böswillige Beschädigung) zu verstehen (RGZ. 18 71, 116, 21 243, 23 137, Dernburg, Pand. 2 348), während zum Begriff des „Vorsatzes" die Absicht der Schädigung nicht gehört. Beide sind also keineswegs gleichbedeutend. Arglist ist die unsittliche, auf bestimmte rechtswidrige Schädigung gerichtete Absicht, welche dem „Vorsatz" fehlt (F. Endemann, Einf. in d. BGB. I § 112 Anm. 6).

502) Die Voraussetzungen für den Anspruch auf Vergütung des vollen Schadens sind folgende:

1. Die erste Voraussetzung ist, daß überhaupt ein von der Eisenbahn zu vertretender Schaden entstanden ist, d. h. ein aus der internen Eisenbahnbeförderung herrührender, auf die Bestimmungen des HGB. und der EVO. sich gründender Schaden. Es sind hier nicht nur Schäden aus Verlust, Minderung und Beschädigung des Gutes, sowie aus der Versäumung der Lieferfrist gemeint, sondern — wie der Wortlaut „in allen Fällen" klar ergibt — alle Schäden aus der Eisenbahnbeförderung, welche durch Vorsatz oder grobe Fahrlässigkeit der Eisenbahn verursacht sind, gleichviel ob durch Verletzung der Vertragspflichten oder nicht (Z. 11 345. E. 20 16, 234), ob durch die Ausführung oder Nichtausführung des Frachtvertrages, ob ein Fracht-

vertrag abgeschlossen ist oder nicht, ob die Forderung also auf Grund des Vertrages oder außervertragsmäßig (ex pacto oder ex lege) geltend gemacht wird, mithin nicht nur in Fällen des ganzen oder teilweisen Verlustes, der Beschädigung oder Verspätung, sondern auch bei Zuwiderhandlungen gegen die Bestimmungen des § 453 HGB., § 3 EVO., z. B. bei unberechtigter Ablehnung der Beförderung, Verletzung der Reihenfolge ꝛc., Befolgung der Verfügungen des Absenders ohne Vorweisung des Frachtbriefduplikats (§ 73 Abs. 5 EVO.), einstweiliger Verwahrung des Gutes (§ 64 l. c.) ꝛc. Stets aber muß es sich um Schäden aus den Beförderungsbeziehungen zwischen der Eisenbahn und dem Absender bzw. Empfänger handeln, nicht aus den hinter dem Frachtvertrage liegenden anderweiten Rechtsbeziehungen (E. 19 144).

2. Die zweite Voraussetzung ist, daß der Schaden durch Vorsatz oder grobe Fahrlässigkeit der Eisenbahn herbeigeführt ist. „Vorsatz" ist die wissentliche rechtswidrige Handlungsweise derartig, daß der Handelnde den Erfolg seines Handelns erkennt und voraussieht, das bewußte Wollen der Rechtswidrigkeit. Es gehört hierzu weder die böse Absicht der Schädigung, noch ein haftbar machendes persönliches Verschulden. „Grobe Fahrlässigkeit" dagegen ist ein besonders hoher Grad der Außerachtlassung der im Verkehre erforderlichen Sorgfalt, ein erhebliches Maß von Nachlässigkeit, schuldbarer Unwissenheit oder Mangel an gehöriger Aufmerksamkeit (Z. 6 334, E. 17 260). Es ist kein ganz fest umgrenzter Rechtsbegriff; der Maßstab der im Verkehre erforderlichen Sorgfalt ist anzulegen. Ist diese in besonders schwerer Weise nach den von der Verkehrsanschauung gestellten objektiven Anforderungen verletzt, so liegt grobe Fahrlässigkeit vor. Grobe Fahrlässigkeit wird häufig sich dem wissentlichen Vorsatz nähern; im BGB. werden beide regelmäßig nebeneinander gestellt. Dennoch sind beide Begriffe nicht gleichbedeutend; es bleibt eine Grenze zwischen dem wissentlichen und dem nicht wissentlichen, wenngleich grobfahrlässigen Handeln (F. Endemann a. a. O. I § 114 Anm. 2). Beides kann in positiven Handlungen, aber auch in Unterlassungen bestehen. Leichte Fehler, geringfügige Versehen und unerhebliche Pflichtwidrigkeiten gehören nicht zum Begriffe der groben Fahrlässigkeit. Es liegt auf der Hand, daß hier für die richterliche Beurteilung im Streitfalle nach Lage der konkreten Verhältnisse ein weiter Spielraum bleibt. Danach kann je nach Lage des einzelnen Falls die Beurteilung, ob unrichtige, ungeeignete oder verspätete Verladung oder sonstige Fehler derselben, Verwechslung und Fehldirigierung der Güter, Verschleppungen, unrichtiges oder verspätetes Avisieren, Expedieren, Abliefern, ungenügende Schutzmaßregeln ꝛc. als auf grober Fahrlässigkeit oder leichtem Verschulden beruhend zu erachten sind, eine sehr verschiedenartige sein (s. über einzelne Fälle Eger F.Ü.[3] S. 430). Auch der Vorsatz der Leute der Eisenbahn und anderer Personen, deren sie sich bei Ausführung der von ihr übernommenen Beförderung bedient, fällt hierunter (arg. § 458 HGB., § 5 EVO.). Anderenfalls würde § 95 EVO. eine unzulässige Beschränkung des § 458 HGB. enthalten (ROHG. 6 427, 8 317 (326), v. Hahn II 616, Schott 344, Makower 1515). Die Eisenbahn kann, wenn die schädigende Handlung unter der Voraussetzung, daß sie von ihr selbst ausgegangen wäre, als Vorsatz oder grobe Fahrlässigkeit erscheinen würde, diese Qualifikation der Handlung

nicht deshalb bestreiten, weil sie von einem ihrer Leute ausgegangen ist. Ebensowenig kann sie geltend machen, die betreffende Handlung beruhe deshalb nicht auf Vorsatz oder grober Fahrlässigkeit, weil, wenn man nur die Person ihres Organs in Betracht ziehe, es nach Lage der Sache an einer Voraussetzung seiner Qualifikation fehlen würde (RG. E. 2 354). Es genügt nicht daß die bezügliche Handlung rc. bei der Beförderung überhaupt vorgekommen zeitlich oder örtlich damit zusammengefallen ist; vielmehr ist erforderlich, daß durch dieselbe der Schaden herbeigeführt ist. Aber er braucht nur die wirkliche, nicht die notwendige Folge gewesen zu sein. Ebensowenig gehört es zum ursächlichen Zusammenhange, daß die Handlung die alleinige Ursache gewesen. Es können zu der Handlung noch andere Tatsachen als mitwirkend hinzugetreten sein, gleichviel ob der Eintritt dieser mitwirkenden Tatsachen durch jene Handlung bedingt war oder nicht (RG. E. 1 270).

Bei konkurrierendem Verschulden der Eisenbahn und des Absenders bzw. Empfängers ist nach Lage des konkreten Falls entscheidend, wessen Verschulden als das vorwiegende den Schaden verursacht hat, als die eigentliche causa efficiens desselben zu betrachten ist. Für die Bemessung des Umfangs des zu leistenden Schadensersatzes ist in diesem Falle insbesondere der Umstand entscheidend, inwieweit der Schaden vorwiegend von dem einen oder anderen Teile verursacht worden ist. In Gemäßheit des Art. 2 des EinfGes. zum HGB. vom 10. V. 1897 (RGBl. S. 437) gelten hier mangels einer anderweitigen Bestimmung im HGB. oder im EinfGes. zu demselben die Vorschriften des § 254 BGB. (vgl. F. Endemann a. a. O. I § 132).

3. Der Entschädigungsberechtigte hat den Nachweis für das Vorhandensein der beiden Voraussetzungen zu erbringen, also sowohl dafür, daß ein Schaden überhaupt entstanden, wie auch dafür, daß er durch Vorsatz oder grobe Fahrlässigkeit der Eisenbahn bzw. ihrer Leute verursacht ist; und zwar durch Anführung bestimmter Tatsachen (Makower 1515, 1516, ROHG. 6 429, 21 21). Der Beweis hat sich auf das Vorhandensein und die Höhe des Schadens, sowie auf die vorsätzliche oder grobfahrlässige Handlung bzw. Unterlassung der Eisenbahn oder ihrer Leute und den ursächlichen Zusammenhang zwischen beiden zu erstrecken. Sind mehrere derartige Handlungen vorgekommen, so wird der Nachweis einer derselben genügen, wenn sie die Ursache des Schadens ausreichend begründet (ROHG. 23 309). Eines besonderen Nachweises des Entschädigungsberechtigten bedarf es nur dann nicht, wenn beides — Schaden und vorsätzliche oder grobfahrlässige Handlungsweise und der ursächliche Zusammenhang zwischen diesen — sich als aus den unstreitigen und notorischen tatsächlichen Verhältnissen von selbst erwiesen ergibt (Schott 344, ROHG. 13 320, 21 21, RG. 17. IX. 1898, JW. 577).

4. Liegen die beiden vorerörterten Voraussetzungen vor, so kann die Vergütung des vollen Schadens gefordert werden (BGB. § 249 ff., § 252, RG. E. 2 357). Die Forderung ist alsdann nicht auf die in den §§ 88—94 EVO. bezeichneten Wertgrenzen, den normalen Ersatz des gemeinen Handelswerts bzw. gemeinen Werts (§ 88), den verringerten des § 89, den bis zum deklarierten Maximum gesteigerten der §§ 92, 93 oder die aliquoten Fracht-

anteile des § 94 beschränkt. „Voller Schaden" bedeutet mehr als diese begrenzten Beträge; es kann frei von allen Schranken sowohl der wirkliche Schaden (damnum emergens), wie auch der entgangene Gewinn (lucrum cessans), das ganze individuelle Interesse des Berechtigten, insoweit es überhaupt nach irgendwelcher Richtung hin durch die vorsätzliche oder grobfahrlässige Handlungsweise der Eisenbahn oder ihrer Leute verletzt ist, gefordert werden (BGB. § 262, F. Endemann, Einf. ꝛc. I § 128, Thöl III 47, Schott 344, W. Endemann, R. d. E. 566), also auch der nicht vorauszusehende Schaden (abweichend vom Art. 1150 code civil). Es gehören dahin Nachteile durch Konventionalstrafen, Verlust an Kundschaft, Reisekosten, Entwertung der Ware durch Änderung der Konjunktur, der Mode ꝛc. Ist der volle Schaden geringer, als der nach § 430 Abs. 1 bzw. 2 zu vergütende, so kann dennoch der letztere beansprucht werden, da § 430 Abs. 3 HGB. bzw. § 95 EVO. nach der Absicht des Gesetzes eine Verschärfung der Haftung, nicht eine Milderung bezweckt (Staub § 430 Anm. 9, Düringer-Hachenburg Anm. V 4, Makower 1516). Den Beweis für den vollen Schaden und für die Höhe der danach beanspruchten Entschädigungsbeträge hat der Entschädigungsberechtigte zu führen.

Die Vergütung des vollen Schadens kann „in allen Fällen" gefordert werden, beschränkt sich also keineswegs auf die in den §§ 85 ff. EVO. (§§ 456 ff. HGB.) bezeichneten Schäden aus Verlust, Beschädigung und Verspätung aus dem Eisenbahnfrachtvertrage, sondern erstreckt sich auf alle Fälle, in welchen überhaupt aus der Eisenbahnbeförderung auf Grund der §§ 453 ff. HGB. und der EVO. durch Vorsatz oder grobe Fahrlässigkeit der Eisenbahn ein Schaden entstanden ist, und gleichviel, ob durch Verletzung der Vertragspflichten oder nicht. Denn anderenfalls würde die Hinzufügung der Worte „in allen Fällen" ohne Zweck und daher überflüssig sein (S. 531). § 95 findet hiernach uneingeschränkt und ausnahmlos in allen Fällen Anwendung, wo überhaupt nach Maßgabe der vorstehenden Normen ein Schadensersatz zu leisten ist (s. oben Ziff. 1 S. 532).

§ 96.

Verwirkung der Ersatzansprüche[503]).

Werden Gegenstände, deren Beförderung nach gesetzlicher Vorschrift oder aus Gründen der öffentlichen Ordnung verboten ist oder die von der Beförderung ausgeschlossen oder nur bedingungsweise zur Beförderung zugelassen sind, unter unrichtiger Bezeichnung aufgegeben oder werden die für diese Gegenstände vorgesehenen Sicherheitsmaßregeln vom Absender unterlassen, so ist die Haftung der Eisenbahn auf Grund des Frachtvertrages ausgeschlossen[504]).

Alte EVO. § 89. HGB. § 467. I.Ü. Art. 43.

503) Neben den Haftbefreiungsgründen, welche Art. 395 Abs. 1 A.HGB. für den Frachtführer vorsah, stellte Art. 395 Abs. 2 A.HGB. noch einen

besonderen Haftausschließungsgrund auf: „Für Kostbarkeiten, Gelder und Wertpapiere haftet der Frachtführer nur dann, wenn ihm diese Beschaffenheit oder der Wert des Gutes angegeben ist" (s. entsprechend § 429 Abs. 2 HGB.). Das J.Ü. über den Eisenbahnfrachtverkehr hat für Eisenbahnen diesen Haftausschließungsgrund erweitert. Nach Art. 43 J.Ü. ist für alle Gegenstände, welche von der Beförderung ausgeschlossen oder zu derselben nur bedingungsweise zugelassen sind, wenn sie unter unrichtiger oder ungenauer Deklaration zur Beförderung aufgegeben oder wenn die für dieselben vorgesehenen Sicherheitsvorschriften vom Absender außer acht gelassen werden, jede Haftpflicht der Eisenbahn auf Grund des Frachtvertrages ausgeschlossen. Die EVO. vom 15. XI. 1892 § 89 hatte diese Bestimmung des Art. 43 J.Ü. wörtlich aufgenommen und dadurch zu einer reglementarisch vereinbarten gemacht. Diese Vereinbarung war jedoch mit Rücksicht auf das Vertragsverbot des Art. 423 A.HGB., soweit sie die Haftausschließung des Art. 395 A.HGB. für die dort bezeichneten Gegenstände überschritt, nicht gültig (s. hierzu noch Rundnagel 62 ff.). Denn sie schloß die Haftpflicht der Eisenbahn zu ihrem Vorteil über die durch Art. 423 A.HGB. gestatteten Grenzen und daher in unzulässiger Weise aus (s. Eger, E. 12 360). Um diese nach Maßgabe des Art. 423 A.HGB. ungültige Bestimmung des § 89 der EVO. vom 15. XI. 1892 zu einer legalen zu machen, ist daher in das N.HGB. § 467 eine wörtlich gleichlautende Vorschrift aufgenommen und damit der bezüglichen Bestimmung der EVO. die erforderliche gesetzliche Grundlage gegeben worden (s. Denkschr. zu § 440 des Entw. eines HGB.).

Der § 96 der neuen EVO. hat den Ausschluß der Haftung der Eisenbahn auf Grund des Frachtvertrages auch noch auf diejenigen Gegenstände ausgedehnt, deren Beförderung nach gesetzlicher Vorschrift oder aus Gründen der öffentlichen Ordnung verboten ist (§ 3 Abs. 1 Nr. 2). Die Hinzufügung dieser Gegenstände ist nach der Begr. (118) zur Vermeidung von Mißverständnissen erfolgt. Indes ist die Hinzufügung unrichtig und zwecklos, weil in betreff dieser Gegenstände ein Eisenbahnfrachtvertrag überhaupt nicht zustande kommt, folglich auch die Haftung der Eisenbahn auf Grund des Frachtvertrages nicht ausgeschlossen werden kann. Nehmen aber die Motive an, daß ein Eisenbahnfrachtvertrag auch betreffs dieser Gegenstände abgeschlossen werden kann, dann ist der Zusatz ungültig, weil er die Haftung der Eisenbahn zu ihrem Vorteil über die durch § 467 HGB. gestatteten Grenzen und daher in unzulässiger Weise ausschließen würde (§ 471 HGB.).

Während einerseits § 95 zugunsten des Forderungsberechtigten der Eisenbahn die Vergütung des vollen Schadens auferlegt, wenn derselbe durch Vorsatz oder grobe Fahrlässigkeit herbeigeführt ist, entzieht andererseits als Korrelat § 96 zugunsten der Eisenbahn dem Forderungsberechtigten jeden Haftpflichtanspruch gegen die Eisenbahn auf Grund des Frachtvertrages, wenn Gegenstände, deren Beförderung nach gesetzlicher Vorschrift oder aus Gründen des öffentlichen Wohles verboten ist oder die von der Beförderung ausgeschlossen oder nur bedingungsweise zu derselben zugelassen sind, unter unrichtiger oder ungenauer Bezeichnung der Beförderung aufgegeben oder die dafür vorgesehenen Sicherheitsmaßregeln vom Absender unterlassen werden. Weder aus dem Wortlaute des § 96, noch aus den Verhandlungen, welche dem zugrunde liegenden Art. 43 J.Ü. vorangingen, geht hervor, daß unter den Voraussetzungen des § 96 der Frachtvertrag überhaupt nicht als abgeschlossen angesehen werden sollte, derartig, daß Rechte und Pflichten der Kontrahenten aus dem Frachtvertrage an sich nicht entstehen. Wäre dies die Absicht des Gesetzes gewesen, so hätte es bei der Bedeutung dieser Frage klaren und bestimmten Ausdruck im § 467 HGB. bzw. § 96 EVO. finden müssen. Da sich aber § 96 lediglich auf die Ausschließung der Haftpflicht aus dem Frachtvertrage beschränkt, alle übrigen Pflichten und Rechte aus demselben aber unberührt läßt, so erscheint die gegenteilige Annahme unzutreffend. § 96 spricht ausdrücklich von dem Frachtvertrage, der Ausschluß der Haftpflicht aus dem Frachtvertrage setzt folgerichtig das Bestehen eines solchen voraus, denn bestände in den Fällen des § 96 ein Frachtvertrag nicht, so bedürfte es auch der Ausschließung der Haftpflicht aus demselben nicht. (Dies trifft für den unrichtigen Zusatz des § 96 hinsichtlich der Gegenstände, deren Beförderung nach gesetzlicher Vorschrift oder aus Gründen der öffentlichen Ordnung verboten ist, zu; s. oben S. 535). Der Frachtvertrag an sich besteht also auch unter den Voraussetzungen des § 96, nur die Haftpflicht der Eisenbahn aus dem Frachtvertrage ist ausgeschlossen (s. Staub Bem. 1—4 zu § 467 (S. 1931 ff.), Lehmann-Ring Bem. 3 zu § 467 (S. 396), Makower Bem. III a zu 467 (S. 1613). A. M. Rundnagel 64 ff., Gerstner § 61 S. 392 ff. und Hilscher § 54 Anm. 1 S. 207). Daraus ergibt sich auch, daß auf einen vorangehenden Verwahrungsvertrag (EVO. § 64) die Bestimmung des § 96 nicht Anwendung findet (Rundnagel 67 Anm. 8), sondern erst auf den darauf folgenden Frachtvertrag (EVO. § 61 Abs. 1).

504) Voraussetzung des im § 96 normierten Haftausschlusses ist die Aufgabe derartiger Gegenstände unter unrichtiger (oder ungenauer) Bezeichnung oder unter Unterlassung der für dieselben vorgeschriebenen Sicherheitsmaßregeln. Weshalb im § 96 ohne Grund der fast übereinstimmende Wortlaut des Art. 43 J.Ü. und § 467 HGB. geändert worden ist, ist nicht erfindlich. „Unrichtig" ist die Bezeichnung, wenn sie den Gegenstand, der gemäß § 56 lit. d im Frachtbriefe nach seinem Inhalte ꝛc. bezeichnet werden muß (Anm. 220 S. 225 ff.), falsch bezeichnet; „ungenau" (HGB. u. J.Ü.), wenn die Bezeichnung des Gegenstandes zu berechtigten Zweifeln und Irrtümern Anlaß gibt, insbesondere die Qualität und Natur des Gutes nicht erkennbar macht (E. 21 9, 23 137). Dahin gehört auch die gänzliche Unterlassung der Bezeichnung (E. 25 120). Die vorgeschriebenen Sicherheitsvorschriften sind vornehmlich die in der Anlage C zur EVO. enthaltenen, aber auch die im übrigen von den Eisenbahnen besonders zu erlassenden (z. B. auf Grund der EVO. § 54 Abs. 2 A u. B). Die von der Beförderung ausgeschlossenen oder nur bedingungsweise zugelassenen Gegenstände sind im § 54 Abs. 1 u. 2 EVO. aufgeführt. Die bloße Auflieferung genügt zum Ausschluß der Haftpflicht nicht, es ist die Aufgabe zur Beförderung, d. h. der Vertragsabschluß erforderlich. Andererseits reicht die bloße Tatsache der Aufgabe zur Beförderung aus, gleichviel ob böse Absicht, grobe oder geringe Fahrlässigkeit, Irrtum oder Zufall vorliegt (Thöl III 119 f., RG. E.

1 199), ob ein Schaden wirklich entstanden ist, ob die Beförderung begonnen oder wirklich stattgefunden hat. Daher ist es auch irrelevant, ob die Kontravention vom Absender selbst oder seinen Leuten begangen ist. Der Geschäftsherr kann sich nicht mit der Einrede schützen, daß die qu. Bezeichnung ohne sein Wissen und Wollen erfolgt sei (RG. E. 1 244). Entscheidend ist allein, daß die Bezeichnung objektiv unrichtig oder ungenau ist. Selbst bei konkurrierendem Verschulden der Bahn findet § 96 Anwendung, nicht aber wenn sie allein die unrichtige Bezeichnung verschuldet (Staub § 467 Anm. 1, Makower 1613) oder dieselbe gekannt hat (Düringer-Hachenburg § 467 Anm. II 2 S. 685, Staub Anm. 1 S. 1931. A. M. Makower 1613, Rudorf 325, Rundnagel 67, OLG. München 14. XII. 1900 E. 17 357). Denn in der Kenntnisnahme ohne Zurückweisung liegt die Einwilligung in die Beförderung.

Liegt die bezeichnete Voraussetzung vor, so ist nach § 96 die Haftung der Eisenbahn auf Grund des Frachtvertrages ausgeschlossen. Das Bestehen des Frachtvertrages an sich ist nicht berührt (Staub, HGB. § 467 Anm. 4, Makower 1613 III a). Aber der Wegfall der Haftung aus demselben ist bestimmt. „Die Haftung" ist ausgeschlossen, mithin nicht allein für Verlust, Minderung und Beschädigung, sondern auch für Versäumung der Lieferfrist, und sowohl in betreff des Grades wie des Umfanges der Schadensersatzpflicht, gleichviel ob eine Angabe des Interesses an der Lieferung stattgefunden oder nicht; und auch für diejenigen Fälle, in denen die Schadensursache eine andere Gefahr ist als diejenige, wegen welcher der betreffende Gegenstand von der Beförderung ausgeschlossen oder nur bedingt zugelassen ist (Staub Anm. 3, Düringer-Hachenburg Anm. II 2, Goldmann Nr. 2, Makower 1613). Aber andererseits ist nur die Haftung auf Grund des Frachtvertrages ausgeschlossen. Die anderen Pflichten aus dem Frachtvertrage — z. B. die Pflicht zur Ablieferung (EVO. §§ 76—79), zur Befolgung der Verfügungen des Absenders bzw. Empfängers (§ 73), zur Erfüllung der Zoll-, Steuer- und Polizeivorschriften (§ 65), zur Einziehung der Nachnahmen (§ 75) 2c. — sind ebensowenig wie die Vertragsrechte ausgeschlossen, insoweit nicht durch den Ausschluß der Haftung die beiderseitigen Rechte und Pflichten notwendig eine Modifikation erfahren (Staub Anm. 4, Makower 1613). Auch erstreckt sich der Ausschluß nur auf die Haftung aus dem konkreten Frachtvertrage; soweit außervertragsmäßig ex lege acquilia oder aus einem anderen Vertragsverhältnisse (ex deposito) der Eisenbahn eine Haftung für das Gut obliegt, wird dieselbe durch die Bestimmung des § 96 nicht berührt. Die Eisenbahn darf daher solche Güter nicht etwa ohne weiteres derelinquieren, der Zerstörung 2c. preisgeben, vorsätzlich oder fahrlässig beschädigen 2c. (§§ 823 ff. BGB.). Dies ist durch die Worte: „auf Grund des Frachtvertrages" ausgesprochen. Der Ausschluß der Haftung kann von sämtlichen an dem Frachtvertrage beteiligten Eisenbahnen geltend gemacht werden, er trifft sowohl den Absender wie auch den Empfänger. Auch werden dadurch die sonst aus unrichtigen, ungenauen oder ungenügenden Angaben des Absenders im Frachtbriefe oder aus der Unterlassung vorgesehener Sicherheitsmaßregeln sich ergebenden Rechtsfolgen, die Pflicht zur Zahlung von

Konventionalstrafen (Frachtzuschlägen), Frachtdifferenzen, sowie zur Tragung des etwa entstandenen Schadens, der durch strafgesetzliche oder polizeiliche Bestimmungen vorgesehenen Strafen, der Zollstrafen zc. nicht aufgehoben (EVO. § 60 Abs. 1 Anm. 248 ff. S. 251 ff., RG. E. 5 141). Der Ausschluß der Haftung erstreckt sich nur auf die im § 96 bezeichneten Gegenstände. Sind derartige Gegenstände mit anderen, auf welche die Voraussetzungen des § 96 nicht zutreffen, zu einer Gesamtsendung vereinigt (z. B. Schießpulver und Getreide), in ein Kollo verpackt, auf einen Frachtbrief aufgegeben, in einer Wagenladung befördert, so ist nur für diejenigen Teile der Sendung bzw. für diejenigen Gegenstände, auf welche § 96 Anwendung findet, die Haftung ausgeschlossen, nicht aber für die anderen Güter. Denn § 96 ist eine Ausnahmebestimmung und als solche eingeschränkt auszulegen. (Zustimmend Staub Anm. 5, Rundnagel 67 Anm. 7. A. M. Hilscher 208.)

§ 97.

Erlöschen der Ansprüche nach Bezahlung der Fracht und Abnahme des Gutes.

(1) Ist die Fracht nebst den sonst auf dem Gute haftenden Forderungen bezahlt und das Gut abgenommen, so sind alle Ansprüche gegen die Eisenbahn aus dem Frachtvertrag erloschen [505]).

(2) Hiervon sind ausgenommen [506]):

1. Entschädigungsansprüche für Schäden, die durch Vorsatz oder grobe Fahrlässigkeit der Eisenbahn herbeigeführt sind [507]).
2. Entschädigungsansprüche wegen Überschreitung der Lieferfrist, wenn sie spätestens am vierzehnten Tage, den Tag der Abnahme nicht mitgerechnet, bei einer der nach § 100 in Anspruch zu nehmenden Eisenbahnen schriftlich angebracht werden [508]).
3. Entschädigungsansprüche wegen solcher Mängel, die nach § 82 oder § 83 vor der Abnahme des Gutes festgestellt worden sind oder deren Feststellung entgegen der Vorschrift im § 82 durch Verschulden der Eisenbahn unterblieben ist [509]).
4. Entschädigungsansprüche wegen solcher Mängel, die bei der Abnahme äußerlich nicht erkennbar waren, wenn der Berechtigte unverzüglich nach der Entdeckung und spätestens binnen einer Woche nach der Abnahme entweder schriftlich bei der Eisenbahn eine nach § 82 vorzunehmende Untersuchung oder bei Gericht die Besichtigung des Gutes durch Sachverständige beantragt und beweist, daß der Mangel in der Zeit zwischen der Annahme und der Ablieferung entstanden ist [510]). Ist der Eisenbahn der Mangel un-

verzüglich nach der Entdeckung und binnen der bezeichneten Frist angezeigt, so genügt es, wenn die Feststellung unverzüglich nach dem Zeitpunkte beantragt wird, bis zu dem der Eingang einer Antwort der Eisenbahn unter regelmäßigen Umständen erwartet werden darf[511]).

5. Ansprüche wegen zu Unrecht erhobener Frachtzuschläge und unrichtiger Berechnung von Fracht und Gebühren[512]).

(3) Der Empfänger kann die Abnahme des Gutes auch nach Annahme des Frachtbriefes und Bezahlung der Fracht so lange ablehnen, bis seinem Antrag auf Feststellung der behaupteten Mängel stattgegeben ist[513]). Vorbehalte bei der Abnahme des Gutes sind nur wirksam, wenn sie unter Zustimmung der Eisenbahn gemacht sind[514]).

(4) Wenn von mehreren im Frachtbriefe verzeichneten Gegenständen einer Sendung bei der Ablieferung einzelne fehlen, so kann sie der Empfänger in der Empfangsbescheinigung als fehlend aufführen[515]).

Alte EVO. § 90. HGB. §§ 438, 464, 471. J.Ü. Art. 44.

505) § 438 Abs. 1 HGB. spricht in Übereinstimmung mit Art. 44 Abs. 1 des J.Ü. den Grundsatz aus, daß, wenn die Fracht nebst den sonst auf dem Gute haftenden Forderungen bezahlt und das Gut angenommen ist, alle Ansprüche gegen die Eisenbahn aus dem Frachtvertrage erloschen sind. Dieser Grundsatz beruht auf der Erwägung, daß die Eisenbahn, welche ein großes und berechtigtes Interesse daran hat, daß die von ihr ausgeführten Beförderungsgeschäfte tunlichst bald zur endgültigen Erledigung kommen, gegen jeden Anspruch aus denselben regelmäßig schon dann geschützt sein soll, wenn eine tatsächliche Billigung der ausgeführten Beförderung stattgefunden hat. Eine solche Billigung sieht das HGB. und das J.Ü. übereinstimmend in der Annahme des Gutes und Bezahlung der Fracht. Wenn diese beiden Handlungen nach der Ausführung der Beförderung vereint zusammentreffen, sollen sie die stillschweigende Willenserklärung des Empfängers bedeuten, daß er mit der Ausführung der Beförderung zufrieden sei und demgemäß jedem Anspruche aus dem Vertragsverhältnisse entsage (Z. 6 599).

Dieser ohne Zweifel strenge Grundsatz hat jedoch aus Rücksichten der Billigkeit eine Reihe von Ausnahmen und Einschränkungen erfahren, welche sowohl im HGB. wie im J.Ü. und der EVO. im wesentlichen übereinstimmend positiven Ausdruck gefunden haben.

§ 97 Abs. 1 EVO. weicht von der obigen Fassung des § 438 Abs. 1 HGB. und Art. 44 Abs. 1 J.Ü. nur insofern ab, als statt „angenommen" bezw. „Annahme" des Gutes wiederholt im Texte die Worte „abgenommen" und „Abnahme" gebraucht sind. Mit Rundnagel (S. 241 ff.) ist aber anzunehmen, daß unter „Abnahme" hier nichts anderes verstanden sein soll, als was das HGB. unter Annahme versteht. Wäre es anders, so würde die EVO. von der bezüglichen Bestimmung des § 438 Abs. 1 HGB. in unzulässiger Weise wesentlich materiellrechtlich abweichen. Denn das HGB. bestimmt als diejenigen beiden Billigungshandlungen, welche das Erlöschen der Ansprüche aus dem Frachtvertrage gegen die Eisenbahn zur Folge haben, die Bezahlung der Fracht und die Annahme des Gutes. In diesen beiden Handlungen soll nach dem Gesetz die Billigung des Empfängers ausgesprochen werden. Die Bezahlung der Fracht bzw. die Einlösung des Frachtbriefes für sich allein hat diese Rechtswirkung nicht, es muß die Annahme des Gutes in der ihr gesetzlich beigelegten Bedeutung hinzutreten. Der Abnahme des Gutes, welche erst eine Folge der Annahme ist, hat weder § 438 HGB. noch Art. 44 J.Ü. diese Bedeutung beigelegt, und es ist ohne ausdrückliche Hinweisung und Begründung in den Motiven nicht anzunehmen, daß die EVO. von den gesetzlichen Bestimmungen habe abweichen wollen. Hiernach ist also beides als identisch zu betrachten und wird in den folgenden Erläuterungen als gleichbedeutend behandelt werden.

In den beiden Handlungen: Bezahlung der Fracht ꝛc. und Annahme des Gutes spricht der Empfänger seine tatsächliche Billigung der vertragsmäßigen Leistungen der Eisenbahn, eine Genehmigung der Beförderung aus, er gibt damit stillschweigend die Erklärung ab, daß eisenbahnseitig der Frachtvertrag vollständig erfüllt sei, mithin Ansprüche aus demselben gegen die Eisenbahn nicht mehr bestehen, die Verzichtleistung auf derartige Ansprüche (RGZ. 6 104, 25 32, E. 2 239, 7 350). Voraussetzung hierfür ist aber das kumulative Zusammentreffen beider Handlungen: Bezahlung der Fracht ꝛc. und Annahme des Gutes. Sie müssen der ratio legis gemäß nach beendeter Beförderung vorgenommen sein (sei es nach der ursprünglichen Bestimmung oder nachträglicher Verfügung: Rundnagel 241, Makower 1546, Düringer-Hachenburg 605), nicht etwa bereits bei Beginn derselben oder unterwegs. Denn anderenfalls kann eine Billigung der vollendeten Beförderung nicht vorliegen (Keyßner 465, Puchelt II 515, Ruckdeschel 185, v. Hahn II 662, Schott 367, Thöl 68, RG. 2. II. 1889 E. 6 449). Die Vornahme einer dieser beiden Handlungen für sich allein zieht die qu. Rechtsfolge nicht nach sich (ROHG. 14 295). Einerseits ist erforderlich die Annahme des Gutes, und zwar des ganzen, wenngleich beschädigten oder unvollständigen Gutes seitens des Absenders oder seines legitimierten Vertreters (abgesehen von dem Falle des Abs. 4 Anm. 510 S. 544; s. über den Begriff der Annahme: §§ 61, 84 Anm. 261, 446, ROHG. 11 34, Rundnagel 240 ff.). Daher findet die Vorschrift keine Anwendung bei Totalverlust (Z. 6 599, E. 22 371, 26 404), wozu auch das Fehlen eines von mehreren mittelst desselben Frachtbriefes übersandten Kollis gehört (ROHG. 11 35, 15 141, Makower 1545). Vorbehalte irgendwelcher Art hierbei sind wirkungslos, außer unter Zustimmung der Eisenbahn (Abs. 3 Satz 2 Anm. 514 S. 547). Die bloße Annahme des Frachtbriefes ohne Gut genügt nicht (Abs. 3 Satz 1 S. 546); ebensowenig die bloße Quittungsleistung ohne wirkliche Annahme (Keyßner 465 Nr. 2, Goldschmidt, Zeitschr. 21 287, 22 247) oder die bloße Annahme des Avises (ROHG. 14 293). Andererseits ist vorgeschrieben die Bezahlung der Fracht nebst den sonst auf dem Gute haftenden Forderungen (Anm. 324, 331, 387). Der Zahlung ist gleichzustellen Novation und Aufrechnung (BGB. §§ 387 ff.). Dagegen ist weder Vorausbezahlung (Frankierung) noch teilweise Bezahlung der Fracht ꝛc. ausreichend, ebensowenig ein bloßes Zahlungsversprechen — auch nicht in Gestalt einer Wechselerklärung (Lehmann-Ring, HGB. § 438 Nr. 3, Düringer-Hachenburg Anm. II 1a, Makower 1545. A. M. Staub Anm. 5) — oder eine a conto-Zahlung, wohl aber die bahnseitige Kreditierung nach beendeter Beförderung (Wolff in Buschs Arch. 19 163, 490, v. Kräwell 571, Schott 367, Hilscher 218, Rinaldini 255, ROHG. 13 414, RGZ. 25 32, E. 7 350. A. M. Rundnagel 240, Makower 1545, Staub 1883). Auch hier bedarf es der Zahlung durch den Empfänger selbst oder einen von ihm legitimierten Vertreter. Beide Akte müssen willensfreie sein, weder auf Irrtum, noch Betrug, noch Zwang beruhen (Eger II 549, Schott 368, E. 26 404) und vom Empfangsberechtigten bewiesen werden (Makower 1545).

Die in der Literatur und Rechtsprechung, sowie auch in den Kommissionsberatungen der II. Revisionskonferenz des I.Ü. vertretene Auffassung, daß Abs. 1 auch auf Frankosendungen Anwendung finde, ist aus den vorstehenden Gründen unrichtig. Liegt es — wie auch in jener Kommission zutreffend ausgeführt wurde — in der Absicht des Gesetzes, daß durch beide Tatsachen — Zahlung der Fracht und Annahme des Gutes — die Billigung der Beförderung ausgesprochen werden solle, so ist allein die Ansicht richtig, daß beides nach beendeter Beförderung erfolgt sein muß.

Gegen die Anwendung auf Frankierungsfälle haben sich erklärt: v. Hahn II 662, Thöl 68, Keyßner 465, Staub 1884, Puchelt II 515, Schott III 367, Ruckdeschel, Leutke 102, Lehmann-Ring 351, Makower 1545, Litthauer 572, Düringer-Hachenburg 605, Entsch. ROHG. 22. V. 1874 13 414, GR. 2. II. 1889 und 15. I 1890, E. 6 449, 7 350, 25 2, OLG. Darmstadt 11. V. 1895, E. 12 215.

Für die Anwendung auf Frankosendungen: Rosenthal 249, Gerstner 397 und Suppl. 122, Hilscher 219, Schwab 332, Rinaldini 255, Cosack 445, Rundnagel 238, Reindl, BZ. 1897 S. 101 und E. 19 365 (unklar Hertzer 153), Oberger. Schaffhausen Z. 19 111, E. 18 37, OLG. Naumburg E. 24 175.

Liegt die vorbezeichnete Voraussetzung vor, so sind — abgesehen von den im Abs. 2 Anm. 507 ff. S. 542 ff. aufgeführten Ausnahmen — alle Ansprüche gegen die Eisenbahn aus dem Frachtvertrage erloschen (E. 20 35, 155), und zwar gegenüber allen Beteiligten (Makower 1547). Nicht alle Ansprüche erlöschen, nicht die der Eisenbahn gegen Absender und Empfänger, oder die beider unter einander, sondern nur die Ansprüche der letzteren gegen die Eisenbahn, ferner nur Ansprüche aus dem Eisenbahnfrachtvertrage, also nur frachtvertragsmäßige Ansprüche (ROHG. 7 102, 15 28, RG. E. 3 87), nicht außervertragsmäßige oder Rechte aus anderen Verträgen, auch wenn solche Rechte mit dem Frachtvertrage in Beziehung oder Zusammenhang stehen, z. B. aus einem vorangehenden oder nachfolgenden Verwahrungsvertrage, aus unerlaubten Handlungen, ungerechtfertigter Bereicherung ꝛc. (§ 84 Anm. 303 S. 296 ff., ROHG. 24 305, Eger II 560, Gorden, E. 15 79), oder Frachtrückerstattungsansprüche (§ 70 Abs. 1 Anm. 335, s. RG. E. 6 104, 2 239). Im übrigen aber erlöschen ausnahmslos alle Frachtvertragsansprüche (Lehmann-Ring 352, Makower 1547, Rundnagel 245, E. 20 59), insbesondere auf Schadensersatz für (teilweisen) Verlust, Beschädigung, Minderung, Verwechslung des Gutes (Z. 12 353, E. 21 155), Kosten aus vergeblich versuchter Abholung (E. 22 24. A. M. 23 355), Nichterfüllung der Zoll-, Steuer- und Polizeivorschriften, Nichteinziehung von Nachnahmen, Nichtausführung oder Verzögerung nachträglicher Anweisungen usw. — und zwar nicht bloß die klage- bzw. reklamationsweise Geltendmachung, sondern auch die Geltendmachung im Wege der Widerklage oder Einrede. Der Richter hat aber nicht von Amtswegen die Tatsachen der Annahme des Gutes und Zahlung der Fracht bzw. das daraus folgende Erlöschen der Ansprüche zu berücksichtigen, vielmehr ist es Sache der Partei, das Erlöschen zu behaupten und die Voraussetzungen dafür zu erweisen (Staub 1884, Wolff a. a. O. S. 494, Ruckdeschel 185, Eger, D. Frachtr. II 564, Schott 370, Rosenthal 250, Lehmann-Ring 352, RGZ. 1 3).

506) Von der Regel des Abs. 1 — Erlöschen der Frachtvertragsansprüche gegen die Eisenbahn durch Annahme des Gutes und Bezahlung der Fracht ꝛc. — statuiert Abs. 2 in den Ziff. 1—5 (s. Anm. 507—512) fünf Ausnahmen. Für die Erhebung der unter Ziff. 2 u. 4 bezeichneten Ansprüche ist das Erfordernis der schriftlichen Anbringung an den betreffenden Stellen ausgesprochen (s. Anm. 508 S. 543 u. Anm. 510 S. 544).

507) Nach Abs. 2 Ziff. 1 bilden die erste Ausnahme, die durch Vorsatz oder grobe Fahrlässigkeit der Eisenbahn (§ 95 Anm. 501, 502) herbeigeführten Entschädigungsansprüche (§ 438 Abs. 5, § 464 Abs. 2 HGB.), nicht bloß für Minderung und Beschädigung, sondern auch für Lieferfristüberschreitung (Rundnagel 245). Sie können auch nach Annahme des Gutes und Bezahlung der Fracht ꝛc. gegen die Eisenbahn vom Ersatzberechtigten während der ganzen Verjährungszeit geltend gemacht werden (§ 98 Abs. 6 EVO. Anm. 525). In diesem Falle kommt es auf die Innehaltung der Fristen und Voraussetzungen der Ziff. 2 u. 4 nicht an (E. 24 63). Nicht bloß strafrechtlicher (Diebstahl, Unterschlagung, Betrug), sondern auch zivilrechtlicher dolus kommt in Betracht (E. 17 260). Über den Begriff des Vorsatzes (E. 24 233) und der groben Fahrlässigkeit (Z. 13 298), sowie den Kausalzusammenhang mit dem Schaden s. § 95 Anm. 501, 502.

508) Abs. 2 Ziff. 2 betrifft als zweite Ausnahme die Entschädigungsansprüche wegen Überschreitung der Lieferfrist (§ 94 Anm. 496 ff.), jedoch nur unter zwei Voraussetzungen: 1. daß diese Ansprüche spätestens am vierzehnten Tage, den Tag der Annahme des Gutes nicht mitgerechnet, schriftlich angebracht werden, und 2. bei einer der nach § 100 EVO. in Anspruch zu nehmenden Eisenbahnen (Anm. 535—537). Eine gerichtliche Geltendmachung ist nicht erforderlich, es genügt die schriftliche Anbringung bei der passivlegitimierten Eisenbahn (Z. 10 94, E. 18 217). Wird die Frist überschritten oder erfolgt die Anbringung an einer anderen Stelle, so greift die Ausnahme nicht Platz (E. 17 261). Entscheidend ist nicht die Hingabe zur Post, sondern der Eingang bei der Eisenbahn (Z. 6 407, 2 427, E. 11 253)

am letzten Tage der Frist (Z. 8 372). Über die Begründung der Reklamation: E. 20 352. Irrtümlich zu niedrige Reklamation des Schadensersatzes schließt die Nachforderung nach Ablauf der Präklusivfrist innerhalb der Verjährungsfrist nicht aus (E. 20 352). Der Reklamation ist eine gerichtliche Geltendmachung des Anspruchs nur dann gleichzuachten, wenn die betreffende Klage (Klageanmeldung usw.) einer der bezeichneten Bahnen in der angegebenen Frist zugestellt worden ist. Nur der Zeitpunkt der Annahme des Gutes, nicht der Frachtzahlung, ist für den Beginn der Frist entscheidend. Die Ansprüche müssen, um sie von dem Präjudize des Abs. 1 zu liberieren, schriftlich angebracht werden. Ist die Reklamation rechtzeitig angebracht, so können die betreffenden Ansprüche während der ganzen Verjährungszeit (§ 98 Anm. 517 ff. S. 549 ff.) erhoben werden, auch wenn der Frachtbrief erst nachträglich beigebracht wird (E. 18 68). Bei Vorsatz oder grober Fahrlässigkeit (Ziff. 1) kommt es auf die Innehaltung der 14-tägigen Frist nicht an (E. 24 63).

509) Gemäß Abs. 2 Ziff. 3 bezieht sich im Anschluß an Art. 44 Abs. 2 Ziff. 3 des J.Ü. und § 438 Abs. 2 HGB. die dritte Ausnahme auf Entschädigungsansprüche wegen solcher Mängel, deren Feststellung gemäß § 82 oder § 83 vor der Annahme des Gutes erfolgt oder deren Feststellung entgegen der Vorschrift im § 82 durch Verschulden der Bahn unterblieben ist. Der Hinweis auf die §§ 82 und 83 umfaßt ausnahmslos alle in diesen Paragraphen bezeichneten Verlust-, Minderungs- und Beschädigungsfälle (nicht Lieferfristüberschreitung, auf welche sich Ziff. 2 bezieht), d. h. sowohl die, welche gemäß § 82 seitens der Eisenbahn schriftlich festzustellen sind (Anm. 434 ff. S. 449), als auch die, welche gemäß § 83 jeder Beteiligte durch amtlich ernannte Sachverständige feststellen lassen kann (Anm. 439 ff. S. 453).

Voraussetzung ist also nur, daß vor Annahme des Gutes durch den Empfänger diese Fälle entweder auf Grund des § 82 pflichtgemäß von der Eisenbahn oder auf Grund des § 83 von einem Beteiligten festgestellt worden sind oder daß ihre Feststellung durch Verschulden der Eisenbahn unterblieben ist. Zur Feststellung ist aber die Eisenbahn in allen Minderungs- oder Beschädigungsfällen verpflichtet, welche sich von der Zeit der Aufgabe des Gutes bis zur Ablieferung wirklich ereignet haben oder von der Bahn entdeckt oder vermutet, oder von dem Verfügungsberechtigten behauptet sind (Anm. 435 S. 450 ff., E. 24 64). Für Mängel, bei welchen diese Voraussetzung nicht zutrifft (s. Z. 7 401), liegt ihr eine Feststellungspflicht nicht ob und besteht in der Unterlassung einer Feststellung daher auch kein Verschulden der Eisenbahn (E. 20 35); ebensowenig, wenn aus anderen von der Eisenbahn nicht zu vertretenden Umständen, z. B. infolge höherer Gewalt, Verschulden des Absenders oder eines anderen Beteiligten &c. die Feststellung nicht stattfinden konnte. Die Feststellung der Mängel ist für die Entschädigungsansprüche nicht präjudizierend. Auch liegt in der darauffolgenden Annahme kein Anerkenntnis der Richtigkeit der Feststellung (Rundnagel 248. A. M. Makower 1548, Lehmann-Ring 353, Düringer-Hachenburg 607). Die Geltendmachung der hiernach nicht erlöschenden Entschädigungsansprüche ist an keine besondere

Frist gebunden, sondern kann vielmehr während der ganzen Verjährungsfrist erfolgen (§ 98 Anm. 517 ff. S. 549 ff.).

510) Die vierte in Abs. 2 Ziff. 4 Satz 1 enthaltene Ausnahme betrifft — im Anschluß an Art. 44 Abs. 2 Ziff. 4 des J.Ü. und § 438 Abs. 3 u. 4, § 464 HGB. — Entschädigungsansprüche wegen solcher Mängel, welche bei der Annahme äußerlich nicht erkennbar waren und — wie hinzugefügt werden muß — erst später entdeckt worden sind (Thöl III 69, Eger II 566). „Äußerlich nicht erkennbar" sind diejenigen Mängel, welche im ordnungsmäßigen Geschäftsbetriebe bei äußerlicher Prüfung und Besichtigung (durch Auge, Gefühl, Geruch ꝛc.) nicht wahrgenommen werden können (v. Hahn II 607, Schott 330), vornehmlich also alle inneren Schäden und Mängel des Inhalts (bei unversehrter Verpackung, Z. 4 88, 217), bloße Gewichtsdefekte, innerer Verderb, Bruch ꝛc. Die Mängel können in Beschädigung, Minderung (Manko), teilweisem Verlust oder qualitativem Wertverlust (Verderb, Fäulnis, Bruch ꝛc.), nicht aber in Totalverlust des Gutes selbst bestehen. Denn in letzterem Falle ist eine Annahme überhaupt nicht möglich.

Bei äußerlich nicht erkennbaren Mängeln kann nach § 438 Abs. 3 u. 4 HGB. — im wesentlichen übereinstimmend mit Art. 408 Abs. 2 A.HGB. — der gewöhnliche Frachtführer auch noch nachträglich, d. h. nach oder trotz der Annahme des Gutes und der Bezahlung der Fracht in Anspruch genommen werden, wenn zwei Voraussetzungen erfüllt sind: 1. wenn der Mangel in der Zeit zwischen der Übernahme des Gutes durch den Frachtführer und der Ablieferung entstanden ist und 2. die Feststellung des Mangels durch amtlich bestellte Sachverständige unverzüglich nach der Entdeckung und spätestens binnen einer Woche nach der Annahme beantragt wird.

Für die Eisenbahnen ist im Anschluß an Art. 44 Abs. 2 Ziff. 4 des J.Ü. und § 61 Abs. 2 des Binnenschiffahrtsgesetzes durch § 464 Abs. 1 HGB. die zweite der oben angegebenen Voraussetzungen dahin abgeändert worden, daß die in Rede stehenden Ansprüche gegen die Eisenbahn nach § 438 Abs. 3 nur geltend gemacht werden können, wenn binnen einer Woche nach der Annahme zur Feststellung des Mangels entweder bei Gericht die Besichtigung des Gutes durch Sachverständige oder schriftlich bei der Eisenbahn eine von dieser nach den Vorschriften der EVO. vorzunehmende Untersuchung beantragt wird.

Die EVO. hat im § 97 Abs. 2 Ziff. 4 diese Ausnahme auf der Grundlage und in Ausführung des § 438 Abs. 3, § 464 HGB. des näheren präzisiert. Danach ist die Ausnahme von folgenden Voraussetzungen abhängig:

a) Der Berechtigte muß unverzüglich nach der Entdeckung des Mangels und spätestens binnen einer Woche nach der Abnahme entweder schriftlich bei der Eisenbahn eine nach § 82 vorzunehmende Untersuchung oder bei Gericht (ZPO. §§ 485 ff.) die Besichtigung des Gutes durch Sachverständige beantragen (E. 18 117). Nur der Antrag auf Untersuchung des Gutes gemäß § 82 bei der Eisenbahn oder auf Besichtigung des Gutes durch Sachverständige bei Gericht, nicht der Schadensanspruch selbst ist anzubringen. Der Antrag ist bei einer der an der Beförderung beteiligten Bahnen oder bei dem zuständigen Gericht zu stellen, und zwar unverzüglich, d. h.

ohne schuldhaftes Zögern (BGB. § 121) nach der Entdeckung des Mangels. Die Bestimmung „unverzüglich nach der Entdeckung" ist aber nichtig, weil sie dem § 464 HGB. fehlt und die Verpflichtung der Eisenbahn beschränkt (§ 471 HGB. Düringer-Hachenburg 676. A. M. Makower 1605, Rundnagel 251). Es kann nicht angenommen werden, daß eine so wichtige Bestimmung ohne Absicht im § 464 fortgelassen und stillschweigend aus § 438 HGB. zu ergänzen sei. Übrigens ist hervorzuheben, daß es nicht darauf ankommt, daß die Feststellung unverzüglich nach der Entdeckung wirklich stattgefunden, sondern nur, daß sie beantragt worden ist. Nicht die Annahme, sondern die Entdeckung ist entscheidend, weil es der Geschäftsbetrieb nicht immer zuläßt, sofort nach der Annahme zur Prüfung der Waren zu schreiten (s. jedoch die Fristbestimmung unter b). Die Beweislast liegt dem Ersatzberechtigten ob. Es genügt nicht eine bloße Feststellung gemäß §§ 82, 83 EVO., sondern es ist der Antrag bei der Eisenbahn oder bei Gericht erforderlich. Die Feststellung durch amtlich ernannte Sachverständige ist eine private und kann die gerichtliche Feststellung nicht ersetzen (s. § 83 Anm. 439 S. 445, Makower 1606, Rundnagel 251). Ob ein Antrag auf Feststellung vorliegt, ist Tatfrage (Rundnagel 252, 253). Inwieweit eine Anzeige vorläufig genügt, ist im Satz 2 (Anm. 511) bestimmt.

b) Der Antrag auf Feststellung unverzüglich nach der Entdeckung muß spätestens eine Woche nach der Abnahme des Gutes bei der Bahn oder dem zuständigen Gericht gestellt werden (E. 18 117). Um das unbestimmte Moment der Entdeckung zugunsten der Bahn durch eine Fristbestimmung zu begrenzen, ist die Antragstellung auch durch eine vom Moment der Empfangnahme laufende Maximalzeitbestimmung befristet. Der Tag der Empfangnahme wird nicht mitgerechnet (BGB. § 187 Abs. 1, § 188 Abs. 2, § 193). Es genügt nicht, daß der Antrag zur Post gegeben, er muß innerhalb der Frist der Eisenbahn oder dem Gericht vorliegen (Ung. Sen. d. Budapest. Hand.- u. Wechs.-Ger. in Tar. u. VerkAnz. 14 Nr. 7). Der Empfänger ist zur Prüfung innerhalb dieser Maximalfrist genötigt. Denn, wenn die Prüfung bzw. Entdeckung später erfolgt, so ist der Anspruch erloschen; während anderenfalls die Entdeckung und der Antrag auf Feststellung innerhalb der qu. Frist ihm die Geltendmachung des Anspruchs für die ganze Verjährungsfrist sichert. Maßgebend ist aber der Zeitpunkt der Entdeckung. Ist diese erfolgt und erwiesenermaßen nicht unmittelbar darauf der Antrag auf Feststellung gestellt, so ist der Anspruch auch dann erloschen, wenn die einwöchentliche Frist seit der Empfangnahme noch nicht abgelaufen ist (Makower 1549 Ziff. 2, Rundnagel 250, 251).

c) Der Berechtigte muß beweisen, daß der Mängel während der Zeit zwischen der Annahme zur Beförderung und der Ablieferung entstanden ist. Denn nur für die Entstehung eines während dieser Zeit entstandenen Verlustes, einer Minderung oder Beschädigung des Gutes, besteht die Haftpflicht der Eisenbahn (§ 84 Anm. 446 S. 461 ff., E. 18 146, 21 210, 22 256). Der Beweis wird sich aber dann erübrigen, wenn die Tatumstände, die Art der Beschädigung, Anerkenntnis der Eisenbahn rc. ohne weiteres die Zeit der Beschädigung klarstellen (Schott 369, Thöl III 69, Rosenthal 253).

Auf die von dem Empfangsberechtigten gemäß Ziff. 4 beantragte Feststellung findet die Bestimmung des § 438 Abs. 4 HGB. Anwendung, daß von dem Frachtführer (der Eisenbahn) die Kosten der Feststellung — sc. im Rückgriffswege (Makower 1550) — zu tragen sind, wenn ein Verlust oder eine Beschädigung ermittelt wird, für welche der Frachtführer (die Eisenbahn) Ersatz leisten muß. Eine Abänderung dieser Bestimmung durch die EVO. oder Verträge ist gemäß § 471 HGB. unzulässig und nichtig.

Die weitere Bestimmung des § 464 Abs. 2 (§ 438 Abs. 5) HGB., daß, wenn der Schaden durch Vorsatz oder grobe Fahrlässigkeit der Eisenbahn herbeigeführt ist, sie sich auf die Vorschrift des § 464 Abs. 1 HGB. bzw. § 97 Abs. 2 Ziff. 4 EVO. nicht berufen kann, bedurfte mit Rücksicht auf die generelle Bestimmung des § 88 l. c. einer besonderen Hervorhebung im § 97 nicht.

511) Satz 2 der Ziff. 4 wiederholt die im § 438 Abs. 3 Satz 2 HGB. enthaltene Bestimmung, daß es, falls dem Frachtführer der Mangel unverzüglich nach der Entdeckung und binnen der bezeichneten Frist angezeigt ist, genügt, wenn die Feststellung unverzüglich nach dem Zeitpunkte beantragt wird, bis zu welchem der Eingang einer Antwort des Frachtführers unter regelmäßigen Umständen erwartet werden darf. Diese letztere Vorschrift ist in das HGB. aufgenommen worden, weil sie nach den Motiven (Denkschr. S. 528) im Interesse der Beteiligten liegt. Denn häufig werde dadurch, daß sich der Empfänger zunächst an den Frachtführer wendet, eine Verständigung erzielt werden.

Wenngleich diese Bestimmung ohne weiteres auch für Eisenbahnen gilt (HGB. § 471), so ist es für zweckmäßig erachtet worden, sie im Interesse der Verfrachter hier noch ausdrücklich hervorzuheben (Begr. 118).

512) Als fünfte in den Abs. 2 Ziff. 5 aufgenommene Ausnahme schließen sich die Ansprüche wegen zu Unrecht erhobener Frachtzuschläge und unrichtiger Berechnung von Fracht und Gebühren an. Daß auf diese Ansprüche der Grundsatz des § 97 Abs. 1 (früher § 90 Abs. 1) nicht Anwendung finden soll, war in der bisherigen EVO. § 61 Abs. 4 Satz 4 ausgesprochen. Nachdem diese Bestimmung in dem entsprechenden § 70 der neuen EVO. fortgefallen war, erschien es zweckmäßig, sie zur Vermeidung von Irrtümern hier zu erwähnen (Begr. 118). Streng genommen sind diese Ansprüche überhaupt nicht Vertragsansprüche, sondern Zurückforderungen von ohne Grund geleisteten Zahlungen (condictiones indebiti: RGZ. 6 100, E. 2 236, 239). Die EVO. betrachtet sie aber als Ansprüche aus dem Frachtvertrage (§ 70 Abs. 4 Begr. 112).

513) Abs. 3 gewährt im Satz 1 dem Empfänger das Recht, auch nach Annahme des Frachtbriefes und Bezahlung der Fracht, die Abnahme des Gutes so lange abzulehnen, bis seinem Antrage auf Feststellung der behaupteten Mängel stattgegeben ist. An sich ist dem deutschen Beförderungsrecht das sogenannte Abandonsystem fremd. Der Empfänger ist grundsätzlich zur Annahme auch beschädigten oder geminderten Gutes ohne Verzug verpflichtet und darf die Annahme desselben nicht verweigern, wenn er durch Übergabe des Frachtbriefs oder Klage hierauf in den Frachtvertrag eingetreten

ist (§ 73 Abs. 4, § 76 Abs. 2). Aber andererseits ist die Eisenbahn zur Feststellung der vom Empfänger behaupteten Mängel gemäß § 82 verpflichtet. Diese Feststellung vor Abnahme des Gutes zu fordern, muß er mit Rücksicht auf § 97 Abs. 1 und Abs. 2 Ziff. 3 berechtigt sein, weil er anderenfalls seiner Entschädigungsansprüche verlustig gehen würde. Demgemäß ist ihm folgerichtig durch Abs. 3 Satz 1 die Befugnis verliehen, selbst wenn er bereits den Frachtbrief angenommen und Zahlung der Fracht geleistet hat, doch die Annahme des Gutes so lange zu verweigern, bis die Eisenbahn seinem Verlangen auf Feststellung der angegebenen Mängel gemäß § 82 und § 97 Abs. 2 Ziff. 3 entsprochen hat. Zugleich steht ihm das Recht zu, die Feststellung durch amtlich ernannte Sachverständige gemäß § 83 zu veranlassen. Ist aber die bahnseitige Feststellung erfolgt, so fällt der Grund zur Verweigerung der Abnahme fort und treffen den Empfänger die Folgen der weiteren Verweigerung, insbesondere die des Annahmeverzugs (s. Anm. 446 S. 464, E. 23 357).

514) Abs. 3 bestimmt in seinem Satz 2, daß Vorbehalte bei der Abnahme des Gutes nur wirksam sind, wenn sie unter Zustimmung der Eisenbahn gemacht sind. Wie aus Abs. 1 ersichtlich und bereits in Anm. 505 S. 539 erörtert, gilt die Annahme des Gutes in Verbindung mit der Frachtzahlung als stillschweigende Genehmigung der Beförderung und Verzicht auf alle weiteren Ansprüche aus dem Frachtvertrage, welche damit erlöschen. Diese Rechtswirkung kann dadurch nicht beseitigt werden, daß der Empfänger bei der Annahme irgendwelche Vorbehalte macht. Alle derartigen Vorbehalte, insoweit sie einseitig und willkürlich vom Empfänger ausgehen — gleichviel in welcher Art und Form, ob schriftlich, mündlich, als Protest, Verwahrung, auf dem Frachtbriefe oder in besonderer Erklärung 2c. — sind daher durch Abs. 3 Satz 2 für rechtlich wirkungslos erklärt; die Annahme selbst als billigende Handlung widerspricht derartigen Vorbehalten. Nur insofern also der Vorbehalt unter Zustimmung der Eisenbahn gemacht ist, nicht einseitig vom Empfänger ausgeht, sondern zweiseitig vertragsmäßig durch gütliches Übereinkommen zwischen Empfänger und Eisenbahn bewirkt wird, hebt er die Wirkung der Annahme auf und hat zur Folge, daß die Ansprüche aus dem Frachtvertrage trotz Annahme und Zahlung nicht erlöschen, das Präjudiz des Abs. 1 fortfällt und beseitigt wird (v. Hahn II 662, Anschütz und v. Völdernndorff III 452, Wehrmann 209, Makower 1546, ROHG. 1 178, 13 414, 15 28, 142, 25 33, E. 20 314).

Da über die Form des Vorbehalts und der Zustimmung der Eisenbahn nichts bestimmt ist, so ist dieser vertragsmäßige Vorbehalt an eine bestimmte Form nicht gebunden (Thöl 68, Rundnagel 244). Den Beweis des mit Zustimmung der Eisenbahn erfolgten Vorbehalts hat in jedem Falle der Empfänger zu führen. Der Eisenbahn liegt nicht etwa umgekehrt der Negativbeweis ob, daß die Annahme des Gutes ohne Vorbehalt erfolgt sei. Der vertragsmäßige, d. h. mit Zustimmung der Eisenbahn geschehene Vorbehalt hebt übrigens die Verjährungsfristen des § 98 nicht auf. Denn der Vorbehalt hat an sich nur den Zweck, das Präjudiz des § 97 Abs. 1 zu beseitigen, nicht aber die Verjährungsvorschriften abzuändern.

515) Durch Abs. 4 ist dem Empfänger die Befugnis gegeben, sich, im Falle eine Beförderung mehrerer selbständiger Gegenstände auf einen Frachtbrief stattgefunden hat und davon einzelne bei der Ablieferung fehlen, gegen das Präjudiz bei Annahme der noch vorhandenen Gegenstände zu schützen. Da der Empfänger die Annahme derselben grundsätzlich nicht verweigern darf (s. S. 546), so gewährt ihm für diesen Fall die EVO. § 97 Abs. 4 das Recht, in der Empfangsbescheinigung die fehlenden Gegenstände als solche aufzuführen und sich dadurch seine Ersatzansprüche zu wahren. Die Annahme der vorhandenen bildet alsdann kein Präjudiz in bezug auf die fehlenden. Die Aufführung der fehlenden muß aber in der Empfangsbescheinigung geschehen. Sie darf unter der Voraussetzung erfolgen, daß „von mehreren im Frachtbriefe verzeichneten Gegenständen einer Sendung bei der Ablieferung einzelne fehlen". Aber nicht einseitig und willkürlich darf der Empfänger einen derartigen Vermerk in die Empfangsbescheinigung aufnehmen, sondern nur im Einverständnis mit der Bahn, oder, falls diese das Fehlen der bezeichneten Gegenstände bestreitet, nach vorgängiger Feststellung.

Insofern in dem Fehlen einzelner Gegenstände Vollverlust derselben liegt, enthält Abs. 4 eine Beschränkung der Rechte des Ersatzberechtigten aus § 438 Abs. 1 HGB. und ist gemäß § 471 HGB. nichtig (Makower 1606).

§ 98[516]).

Verjährung der Ansprüche gegen die Eisenbahn wegen Verlustes, Minderung oder Beschädigung des Gutes oder wegen Überschreitung der Lieferfrist.

(1) Die Ansprüche gegen die Eisenbahn wegen Verlustes, Minderung oder Beschädigung des Gutes oder wegen Überschreitung der Lieferfrist verjähren in einem Jahre[517]).

(2) Die Verjährung beginnt bei Beschädigung oder Minderung mit dem Ablaufe des Tages, an dem abgeliefert ist, bei Verlust oder bei Überschreitung der Lieferfrist mit dem Ablaufe der Lieferfrist[518]).

(3) Die Verjährung wird durch die schriftliche Anmeldung des Anspruches bei der Eisenbahn gehemmt[519]). Ergeht auf die Anmeldung ein abschlägiger Bescheid, so läuft die Verjährungsfrist von dem Tage ab weiter, an dem die Eisenbahn ihre Entscheidung dem Anmeldenden schriftlich bekannt macht und ihm die der Anmeldung etwa angeschlossenen Beweisstücke zurückstellt[520]). Weitere Gesuche, die an die Eisenbahn oder an die vorgesetzten Behörden gerichtet werden, hemmen die Verjährung nicht[521]).

(4) Wegen der Unterbrechung der Verjährung bewendet es bei den allgemeinen Vorschriften[522]).

(5) Die im Abs. (1) bezeichneten Ansprüche können nach der Vollendung der Verjährung nur aufgerechnet werden, wenn vorher der Verlust, die Minderung, die Beschädigung oder die Überschreitung der Lieferfrist der Eisenbahn angezeigt oder die Anzeige an sie abgesendet worden ist [523]). Der Anzeige an die Eisenbahn steht es gleich, wenn gerichtliche Beweisaufnahme zur Sicherung des Beweises beantragt oder wenn in einem zwischen dem Absender und dem Empfänger oder einem späteren Erwerber des Gutes wegen des Verlustes, der Minderung, der Beschädigung oder der Fristüberschreitung anhängigen Rechtsstreite der Eisenbahn der Streit verkündet wird [524]).

(6) Die Vorschriften dieses Paragraphen finden keine Anwendung, wenn die Eisenbahn den Verlust, die Minderung, die Beschädigung oder die Fristüberschreitung vorsätzlich herbeigeführt hat [525]). Sie finden ferner keine Anwendung auf Rückgriffsansprüche der Eisenbahnen untereinander (§ 100) [526]).

Alte EVO. § 91. HGB. §§ 414, 439, 470 Abs. 2, 471. J.Ü. Art. 45, 46.

516) § 98 EVO. enthält Vorschriften über die Verjährung der Entschädigungsansprüche gegen die Eisenbahn wegen Verlustes, Minderung, Beschädigung des Gutes oder wegen Überschreitung der Lieferfrist (s. Anm. 445, S. 459 ff.). Diese Normen sind aus den §§ 414, 439, 470 Abs. 2 HGB. in Verbindung mit Art. 45 J.Ü. entnommen. Bezüglich derselben war die Erwägung maßgebend, daß das Verkehrsinteresse möglichst glatt und rasch eine definitive Erledigung der Frachtgeschäfte erfordere und deshalb eine kurze Verjährung der Ansprüche aus denselben notwendig sei.

517) Abs. 1 bestimmt im Anschluß an §§ 439, 414 HGB. die Dauer der Verjährungsfrist.

1. An die Stelle des Wortes „Klagen" (A.HGB. Art. 408 Abs. 3, Art. 386 Abs. 1 u. 2, § 91 Abs. 1 EVO. v. 1892) ist zutreffend das Wort „Ansprüche" getreten und damit zur Beseitigung etwaiger Zweifel ausdrücklich ausgesprochen, daß es sich nicht um eine bloße Klagenverjährung handelt, vielmehr nicht nur die Klagen, sondern die Ansprüche bzw. die Forderungen selbst und damit auch die Widerklagen und Einreden auf Grund derselben erloschen bzw. verjährt sein sollen. (Vgl. jedoch die Ausnahme des Abs. 5 Anm. 523 S. 554 ff.)

2. Die Ansprüche . . . . . verjähren in einem Jahre. Von welchem Zeitpunkte ab diese Frist beginnt, ist im Abs. 2 (Anm. 518 S. 551) bestimmt. Für die Berechnung der Frist sind die Vorschriften des § 187 Abs. 1, § 188, § 191, § 193 BGB. maßgebend (Makower 1452). Auch in betreff der anderen Erfordernisse der Verjährung, namentlich der Frage der Unterbrechung, kommen die allgemeinen gesetzlichen Vorschriften sc. des BGB. zur Anwendung (s. Abs. 4 Anm. 522 S. 553 und § 71 Anm. 343 S. 340 ff.).

3. Die kurze Verjährung muß von der Eisenbahn gegen die Entschädigungsansprüche bzw. Klagen im Wege der Einrede geltend gemacht werden. Der Richter hat die Verjährung bzw. den Ablauf der Frist nicht von Amtswegen zu berücksichtigen, sondern das Vorbringen der verklagten Eisenbahn abzuwarten. (So auch Rundnagel 261.) Es ist also Sache der Eisenbahn, den Verjährungseinwand tatsächlich zu begründen und mit Beweis zu unterstützen, insbesondere den Zeitpunkt des Beginns der Verjährung zu erweisen (ROHG. 2 118, 124, 3 124, 131, 6 228, 11 347, 351, 13 50, 14 217, 257, 16 181, 21 337).

4. Die einjährige Verjährung trifft nur Ansprüche „gegen" die Eisenbahn. Daraus folgt, daß Ansprüche der Eisenbahn selbst gegen den Absender, Empfänger ꝛc. auf Zahlung des Frachtgeldes, der Auslagen, Spesen oder Schadensersatzklagen von dieser kurzen Verjährung nicht betroffen werden. Für solche Ansprüche ist vielmehr das BGB. § 196 Ziff. 3 maßgebend. Danach verjähren die Ansprüche der Eisenbahnunternehmungen wegen des Fahrgeldes, der Fracht, des Fuhr- und Botenlohnes mit Einschluß der Auslagen in zwei Jahren (vgl. noch BGB. §§ 198, 201, Staub § 439 Ziff. 2). Der Verjährungseinwand steht der Eisenbahn gegen jeden Schadensersatzberechtigten zu, gleichviel ob es der Absender, Empfänger ꝛc. ist (Eger, D. Frachtr. 2 579, 580).

5. Die kurze Verjährung erstreckt sich nicht auf alle Ansprüche aus dem Eisenbahnfrachtgeschäft, sondern nur auf solche wegen Verlustes, Minderung, Beschädigung oder Überschreitung der Lieferfrist des Gutes (ROHG. 4 14, 12 136, Schott 371, Endemann, R. d. E. 568), d. h. die sich aus § 84 und § 94 EVO. ergebenden Frachtvertragsforderungen, und zwar gegen die Eisenbahn, soweit sie nicht gemäß § 97 l. c. erloschen sind (Gorden, E. 15 79). Andere Ansprüche, wenngleich sie mit der Eisenbahnbeförderung im Zusammenhange stehen, sind sonach der kurzen Verjährung nicht unterworfen, z. B. aus selbständigen Delikten (ROHG. 15 32), aus einem vorangehenden oder folgenden Verwahrungsvertrage (EVO. § 55 Abs. 2, ROHG. 24 306), aus Eigentums-, Pfand- oder Besitzrecht (Wehrmann 215, Makower 1450, 1451, ROHG. 10 302), aus der Verletzung der gesetzlichen Beförderungspflicht (HGB. Art. 422, EVO. § 3), der Erfüllung der Zoll-, Steuer- ꝛc. Vorschriften (EVO. § 65), Ausführung nachträglicher Verfügungen (§ 73 l. c.), Auslieferung des Gutes, des Frachtbriefes, der Begleitpapiere, der Nachnahme ꝛc. (Schott 375). Für alle diese Ansprüche sind die allgemeinen Verjährungsvorschriften maßgebend. Eine Ausnahme bilden nur die Ansprüche auf Zahlung oder Rückzahlung des Frachtzuschlags, sowie die Frachtnachzahlungs- und Rückerstattungsansprüche, für welche § 60 Abs. 5 und § 71 eine dem § 98 adäquate kurze einjährige Verjährungsfrist gewährt (Anm. 259 S. 259 und Anm. 339 ff. S. 338 ff.)

6. Die Geltendmachung nur einer Forderung hält die Verjährung der übrigen Forderungen nicht auf. Es kann also derjenige, welcher nur auf Ersatz wegen Verminderung oder Beschädigung innerhalb des Jahres geklagt hat, nicht nach Ablauf desselben auf Ersatz für Verspätung oder gänzlichen Verlust klagen. Letztere beiden Ansprüche sind alsdann erloschen. Denn jede

Kategorie besteht selbständig für sich, und die Geltendmachung der einen tangiert die andere nicht. Wohl aber reicht die Geltendmachung eines Teiles der Forderung zur Wahrung derselben in ihrem gesamten Umfange hin, da im Zweifel in ihr eine Manifestation der auf Erhaltung des Gesamtrechtes gerichteten Absicht liegt.

7. Eine vertragsmäßige Verkürzung der einjährigen Verjährungsfrist ist nicht gestattet, weil darin eine nach § 471 HGB. unzulässige Beschränkung der Verpflichtungen der Eisenbahnen aus § 439 (§ 414 Abs. 1) l. c. liegen würde. Dagegen ist eine vertragsmäßige Verlängerung der einjährigen Verjährungsfrist zulässig, weil § 439 ausdrücklich auf die Anwendung des § 414 verweist und dieser im Abs. 1 Satz 2 eine Verlängerung der einjährigen Verjährungsfrist durch Vertrag gestattet. Man kann dagegen nicht einwenden, daß die EVO. im § 98 Abs. 1 die Verjährungsfrist auf ein Jahr festgesetzt hat. Denn dies ist lediglich im Anschluß an §§ 439, 414 HGB. geschehen, ohne die Zulässigkeit der Verlängerung der Frist gemäß § 414 Abs. 1 Satz 2 auszuschließen. Und sodann stehen — wie bereits an früherer Stelle (Anm. 4 S. 5) eingehend begründet — Vertragsbestimmungen, welche die Verpflichtungen der Eisenbahnen zugunsten des Publikums erhöhen bzw. verschärfen, mit der EVO. nicht im Widerspruch. Würde man mit Makower (S. 1618) annehmen, daß die Bestimmung des § 414 Abs. 1 Satz 2 HGB. im § 98 Abs. 1 EVO. absichtlich weggelassen sei, so würde hierin eine ungültige Änderung des § 439 HGB. zugunsten der Bahn liegen.

518) Abs. 2 des § 98 EVO. trifft im Anschluß an § 439 bzw. § 414 Abs. 2 HGB. Bestimmung über den Beginn der einjährigen Verjährungsfrist.

I. Die EVO. unterscheidet — dem Art. 45 Abs. 2 J.Ü. und § 414 Abs. 2 HGB. folgend — zwischen Beschädigung und Minderung einerseits und Verlust und Überschreitung der Lieferfrist andererseits. Im Falle der Beschädigung oder Minderung beginnt die Verjährung mit dem Ablaufe des Tages, an welchem abgeliefert ist, d. i. mit dem Tage der Ablieferung, im Falle des Verlustes oder der Lieferfristüberschreitung dagegen mit dem Ablaufe der Lieferfrist, d. h. des Tages, an welchem die Ablieferung tarif- bzw. reglementsmäßig spätestens hätte bewirkt sein müssen. Damit ist, um der Eisenbahn eine strikte und kurze Verjährungsfrist zu sichern, der Beginn derselben von bestimmten tatsächlichen Momenten abhängig gemacht. Den Beginn muß beweisen, wer sich auf die Verjährung beruft (ROHG. 49 95).

II. Im Falle der Beschädigung oder Minderung beginnt die Verjährung „mit dem Ablaufe des Tages, an dem abgeliefert ist" (ROHG. 17 80), d. i. mit dem Ablaufe des Ablieferungstages; bei Ablieferungshindernissen des Tages der Einlagerung, Hinterlegung, Veräußerung, welche der Ablieferung gleichstehen (EVO. § 81 Abs. 3, Makower 1452, Rundnagel 257, OLG. Hamburg E. 14 306), bei Annahmeverzug des Tages, an welchem das Ablieferungsanerbieten der Bahn erfolgt (Rosenthal 257, Schwab 347, RGZ. 34 260, E. 12 36. A. M. Rundnagel 257). Vgl. im übrigen über den Begriff der Ablieferung Anm. 381 ff., 446 S. 386 ff., 461 ff. (s. auch Puchelt II 434, Thöl III § 17). Der Tag der Ablieferung wird in die Frist nicht mit eingerechnet (Epstein 103). Dauert die Ablieferung sukzessive mehrere

Tage, so beginnt die Verjährung mit dem Ablaufe des letzten Ablieferungstages. Erst mit dem Momente der vollständigen Ablieferung beginnt die Verjährung, denn erst dann kann der Berechtigte ganz übersehen, ob und inwieweit eine zur Ersatzforderung berechtigende Beschädigung oder Verminderung eingetreten ist. Vorausgesetzt ist ferner, daß bei der Ablieferung die Fracht noch nicht oder nur mit vertragsmäßigem Vorbehalt bezahlt ist, oder daß es sich um äußerlich nicht erkennbare Schäden handelt, denn wenn die Fracht bei der Ablieferung anstandslos entrichtet ist und auch der Ausnahmefall des § 97 Abs. 2 Ziff. 4 EVO. nicht vorliegt, ist der Anspruch gemäß HGB. § 438 Abs. 1, EVO. § 97 Abs. 1 alsbald erloschen und kann von einer Verjährungsfrist nicht mehr die Rede sein (vgl. § 97 Anm. 505ff.).

III. Im Falle des Verlustes (totalen, quantitativen Verlustes, Nichtvorhandenseins des Gutes) oder der Lieferfristüberschreitung ist für den Beginn der Verjährung der Ablauf der Lieferfrist, d. h. der reglements- bzw. tarifmäßigen Lieferfrist (§ 75 Anm. 371ff.) entscheidend. Vom Ablaufe des Schlußtages dieser Frist, welcher nicht mitzuzählen ist, läuft unbedingt die Verjährung. Zwar gewährt § 90 dem zur Klage Berechtigten die Befugnis, das Gut ohne weiteren Nachweis 30 Tage nach Ablauf der Lieferfrist als in Verlust geraten zu betrachten. Aber nicht von diesem Zeitpunkte ab, sondern bereits vom Ablauf der Lieferfrist beginnt und läuft in Verlust- und Verspätungsfällen die Verjährung (so auch Rundnagel 257, Rosenthal 257).

IV. In allen Fällen ist die Verjährungsfrist eine absolute, d. h. sie ist weder vom Tage der Kenntnis, noch der Entstehung des Schadens, noch davon abhängig, ob sich der Berechtigte in der faktischen oder rechtlichen Möglichkeit befindet, seine Forderungen geltend zu machen; die Frist beginnt vielmehr unbedingt an den vorbezeichneten Zeitpunkten und läuft in der einjährigen Frist ab (ROHG. 15 126, Staub § 414 Anm. 6, Lehmann-Ring Nr. 11, Makower 1452). Ob die Verminderung oder Beschädigung während der Beförderung oder nach Ankunft des Gutes am Bestimmungsorte — aber vor dessen Ablieferung an den Empfänger — eingetreten ist, macht keinen Unterschied; ebensowenig, ob dem Schaden ein Versehen der Eisenbahnorgane zugrunde liegt, auch ist es gleichgültig, ob die Beschädigung äußerlich erkennbar war (Schott 371, Rosenthal 257) oder erst nach der Ablieferung entdeckt werden konnte oder entdeckt worden ist. Selbst wenn dies der Fall, und obwohl den Empfänger an der späteren Entdeckung keine Schuld trifft, ist die einjährige Frist die äußerste Grenze für den Entschädigungsanspruch. (C. F. Koch 414, Makower 415, Wolff a. a. O. 492, Puchelt II 435, ROHG. 15 126.) Auch die Annahme Schotts (S. 371), daß, wenn der Klage wegen Verlustes eine dilatorische Einrede entgegenstehe, die Verjährung erst mit der Beseitigung derselben beginne, ist irrig und widerspricht dem absoluten Charakter der Verjährung. Die von ihm angeführten Fälle (Krieg, Blokade, Ausfuhrverbot, Eisgang, Überschwemmung) involvieren nicht dilatorische Einreden gegen die Verlustklage, sondern Fälle, welche nach dem Gesetz oder Vertrag die Lieferfrist entsprechend verlängern oder suspendieren. Auch in diesen Fällen beginnt die Verjährung mit Ablauf der — verlängerten oder suspendierten — Lieferfrist. (Nichts anderes besagt die Bemerkung v. Hahns 568,

569 und die Entsch. d. ROHG. 15 31.) Aus dem absoluten Charakter dieser Verjährung folgt endlich auch, daß es nicht genügt, die Klage während der Verjährungsfrist nur ganz allgemein auf Anerkennung der Entschädigungsfrist zu richten und sich die Klage auf speziellen Schadensersatz bzw. separate Schadensfeststellung für spätere Zeit vorzubehalten.

V. Erfolgt die Ablieferung beschädigten oder verminderten Gutes erst nach Ablauf der Lieferzeit (z. B. im Falle des § 91 EVO.), so beginnt und läuft die Verjährung doch auch für diese Fälle vom Ablauf der Lieferzeit, weil der weitergehende Fall des Verlustes die Fälle der Beschädigung und Minderung in sich schließt, und es unverkennbar in der Absicht des § 98 liegt, daß spätestens ein Jahr nach Ablauf der Lieferzeit sämtliche Entschädigungsforderungen verjährt sein sollen, mithin dies die äußerste Zeitgrenze der Verjährung ist. (A. M. Rundnagel 257.) Würde man dies nicht annehmen, so würde, wenn der Berechtigte von der nur ihm zustehenden Befugnis aus § 90 nicht Gebrauch machen will und andererseits die Eisenbahn nicht imstande ist, den positiven Nachweis für den Verlust des Gutes zu führen, der Entschädigungsanspruch des Berechtigten überhaupt niemals beginnen, sondern in infinitum fortbestehen. Erfolgt also z. B. die Ablieferung wieder aufgefundenen Gutes auf Wunsch des Empfängers erst ein Jahr nach Ablauf der Lieferzeit, so kann er weder Ansprüche wegen Verlustes und Verspätung, noch wegen Beschädigung oder Verminderung geltend machen, es sei denn, daß ein Fall der Abs. 3—6 vorliegt.

VI. Hervorzuheben ist, daß der Beginn der Verjährung für Beschädigung (oder Verminderung) und für Verspätung ein verschiedener ist, und, wenn bei einer Beförderung beide Ansprüche geltend zu machen sind, demgemäß auch der Ablauf der Verjährungsfrist nicht zu gleicher Zeit erfolgt (so auch Rosenthal 257).

519) Abs. 3 führt für die Verjährung der Ansprüche gegen die Eisenbahn wegen Verlustes, Minderung, Beschädigung oder Lieferfristüberschreitung (§ 98 Abs. 1 Anm. 517 S. 550) nach Maßgabe des Art. 45 Abs. 4 J.Ü. und § 470 Abs. 2 HGB. — in gleicher Weise, wie dies für die Verjährung des Anspruches auf Rückerstattung zu viel erhobener Fracht und Gebühren durch § 71 Abs. 2 EVO. geschehen — eine Hemmung (Ruhen) des Fristenlaufes durch schriftliche Anmeldung des Anspruches bei der Eisenbahn ein, d. h. zu den allgemeinen Vorschriften des BGB. über Hemmung der Verjährung tritt noch der im § 98 Abs. 3 bestimmte Hemmungsgrund. Beide Vorschriften (§ 71 Abs. 2 und § 98 Abs. 3 u. 4 EVO.) stimmen wörtlich überein, so daß auf die Erörterungen zum § 71 (s. Anm. 340—343 S. 339—341) bezug genommen werden kann.

Vgl. zu Satz 1 des Abs. 3 den Satz 1 des Abs. 2 des § 71 (Anm. 340).

520) Vgl. zu Satz 2 des Abs. 3 den Satz 2 des Abs. 2 des § 71 (Anm. 341).

521) Vgl. zu Satz 3 des Abs. 3 den Satz 3 des Abs. 2 des § 71 (Anm. 342).

522) Abs. 4 bestimmt gleichlautend mit Satz 4 des Abs. 2 des § 71, daß es für die Unterbrechung der Verjährung bei den allgemein gesetzlichen Vorschriften bewendet. Es sind hiernach seit dem 1. I. 1900 ausschließlich die bezüglichen Vorschriften des BGB. (§§ 202—217) maßgebend (EVO. § 71 Anm. 343,

Makower 1452, Rundnagel 258). Die Einrede der Verjährung wird beseitigt durch den Nachweis, daß die Unterbrechung der Verjährung durch Arglist verhindert worden ist (RG. 26. X. 1906, JW. 735, E. 24 233).

523) Während nach Art. 46 des J.Ü. verjährte Entschädigungsansprüche auch im Wege einer Widerklage oder Einrede unter keinen Umständen geltend gemacht werden können, schließt nach § 390 BGB. die Verjährung die Aufrechnung mit der verjährten Forderung nicht aus, wenn die verjährte Forderung zu der Zeit, zu welcher sie gegen die Gegenforderung aufgerechnet werden konnte, noch nicht verjährt war. In Modifikation dieser Bestimmung gewährt § 414 Abs. 3 (§ 439) HGB. dem Entschädigungsberechtigten das Recht der Aufrechnung, wenn der Eisenbahn während der Verjährungsfrist der Verlust, die Minderung, Beschädigung oder verspätete Ablieferung angezeigt oder — wie noch erweiternd hinzugefügt ist — gerichtliche Beweisaufnahme zur Sicherung des Beweises beantragt oder der Eisenbahn in einem bezüglichen Rechtsstreite zwischen Absender und Empfänger oder späteren Erwerber des Gutes der Streit verkündet ist. Entscheidend für die Aufnahme der bezüglichen Bestimmung in den § 414 HGB. war der Umstand, daß nach § 196 BGB. die Ansprüche des Spediteurs und des Frachtführers bzw. der Eisenbahn gegen den Absender erst nach 2 Jahren verjähren und es unbillig erschien, diesen nach eingetretener einjähriger Verjährung seiner Ansprüche gegen die Eisenbahn den noch nicht verjährten Forderungen der Eisenbahn ohne jede Möglichkeit der Geltendmachung seiner Ansprüche im Wege der Aufrechnung auszusetzen (Denkschr. z. § 388 des Entw. eines HGB.).

Im Abs. 5 des § 98 EVO. sind nach Maßgabe des § 439 HGB. die Bestimmungen des § 414 Abs. 3 l. c. fast wörtlich gleichlautend wiedergegeben. Diese Bestimmung ist auf den Fall der Aufrechnungseinrede beschränkt und darf nicht auf alle Einreden wegen Verlustes ꝛc. ausgedehnt werden (Lehmann-Ring 288, Rundnagel 261, Düringer-Hachenburg § 414 Anm. Va. A. M. Makower 1453). Grundsätzlich verjähren hiernach die im Abs. 1 des § 98 bezeichneten Ansprüche gegen die Eisenbahn nach den in den Abs. 1—4 aufgestellten Normen, gleichviel ob sie im Wege der Klage oder einredeweise der Aufrechnung (BGB. §§ 387 ff.) gegen bezügliche Forderungen der Eisenbahn geltend gemacht werden. Aber ausnahmsweise ist durch Abs. 5 aus den vorerörterten Gründen eine Aufrechnung auch nach vollendeter Verjährung gestattet, wenn vorher a) eine Anzeige an die Eisenbahn oder b) ein Antrag auf gerichtliche Beweisaufnahme zur Sicherung des Beweises oder c) eine Streitverkündung an die Eisenbahn in einem bezüglichen Rechtsstreite zwischen Absender und Empfänger oder späteren Erwerber des Gutes erfolgt ist. Jeder dieser drei Akte, wenn er „vorher“, d. h. vor der Vollendung der Verjährung stattgefunden hat, sichert dem von der Eisenbahn in Anspruch Genommenen das Recht der Aufrechnung auch bereits verjährter Ansprüche.

Satz 1 des Abs. 5 legt zunächst der Anzeige an die Eisenbahn, d. h. eine der an fraglicher Beförderung beteiligten Eisenbahnen (Anm. 240 S. 339, a. M. Rundnagel 261) vor Ablauf der Verjährung, sei es daß die Anzeige an die Eisenbahn gelangt oder doch an dieselbe abgesandt worden ist, die beregte Wirkung bei. Sie erstreckt sich ausschließlich auf die im Abs. 1 bezeichneten Ansprüche gegen die Eisenbahn wegen Verlustes ꝛc., nicht auf Ansprüche anderer Art. Die Anzeige bzw. deren Absendung muß „vorher", d. h. — wie die unmittelbar vorangehenden Worte „nach Vollendung der Verjährung" klar ergeben — vor der Vollendung der Verjährung geschehen sein (Epstein, E. 21 95, 22 320, Reindl das. 320, Rundnagel 261, Makower 1454). Dies soll ausdrücken, daß, wenn die Verjährung sich wegen Hemmung (§ 98 Abs. 3) oder Unterbrechung (§ 98 Abs. 4) über die einjährige Frist hinaus ausgedehnt hat, die Anzeige auch noch während der späteren bis zur endgültigen Vollendung der Verjährung laufenden Zeit genügt. Es braucht ferner der Eisenbahn während dieser Zeit nur die bloße Tatsache des Verlustes, der Minderung, Beschädigung oder verspäteten Ablieferung angezeigt zu sein, nicht der Anspruch daraus oder die denselben nach Inhalt und Umfang substantiierenden Umstände, Beweismittel ꝛc. Die Anzeige muß entweder bei der Eisenbahn unmittelbar angebracht oder an dieselbe abgesendet worden sein. Der Beweis für das eine oder andere liegt dem die Aufrechnung Beanspruchenden ob. Ist die Anzeige oder Absendung der Anzeige rechtzeitig und ordnungsmäßig erfolgt, so ist die einredeweise Aufrechnung des Anspruchs an die kurze Verjährungsfrist nicht gebunden, sondern in den allgemeinen Verjährungsfristen gestattet. Die Einrede ist alsdann nicht erloschen, sondern perpetua geworden (Keyßner 433, Nr. 4, Anschütz und v. Völderndorff III 423, Schott 373, Endemann, R. d. E. 569).

Ist die Anzeige erweislich ordnungsmäßig abgesandt, so kommt es nicht darauf an, ob sie auch innerhalb der qu. Frist an die Eisenbahn wirklich gelangt ist, gleichviel ob sie angekommen ist (ROHG. 19 155). Auch bedarf es keineswegs der Anzeige oder der Absendung der Anzeige sofort nach der Entdeckung des Mangels. Vielmehr kann zwischen der Entdeckung und Anzeige eine geraume Zeit verstreichen, wenn nur die Anzeige noch in die Zeit vor der Vollendung der Verjährung fällt.

Über die Form der Anzeige und die Art der Absendung enthält Abs. 3 keine Bestimmung. Es ist daher jede für geschäftliche Anzeigen im Verkehr mit Eisenbahnverwaltungen usancemäßige Form und Art anzunehmen. Die Anzeige muß insbesondere genau die bezügliche Tatsache enthalten. Ist die Anzeige nur auf eine einzelne Tatsache gerichtet, z. B. Verlust oder Beschädigung, so ist damit die Verjährung der Einrede wegen der anderen, z. B. wegen Verspätung, nicht unterbrochen. Denn diese Ansprüche stehen selbständig nebeneinander (s. oben S. 525). Für die Art der Absendung sind besondere Kautelen nicht erforderlich. Es bedarf hierzu also nicht eines eingeschriebenen Briefes, sondern es genügt ein gewöhnlicher (ROHG. 19 153). Wohl aber entspricht es der bona fides, daß der Absender seine Anzeige wiederholt, wenn er Grund hat, anzunehmen, daß dieselbe nicht an ihre Adresse gelangt sei (v. Hahn II a. a. O). Die Anzeige muß an die zuständige Eisenbahndienststelle gerichtet sein, wenn sie die Wirkung der Unterbrechung nach sich ziehen soll (GOHG. 6 105), und von dem aus dem Frachtvertrage Berechtigten oder dessen Bevollmächtigten ausgehen (Puchelt II 436, Makower 1454, Rundnagel 262. A. M. Lehmann 289).

524) Satz 2 des Abs. 5 stellt der Anzeige an die Eisenbahn bezüglich der Zulässigkeit der Aufrechnung noch zwei weitere Akte gleich, nämlich

1. wenn gerichtliche Beweisaufnahme zur Sicherung des Beweises beantragt, oder
2. der Eisenbahn in einem zwischen dem Absender und dem Empfänger oder einem späteren Erwerber des Gutes wegen des Verlustes, der Minderung, der Beschädigung oder der verspäteten Ablieferung anhängigen Rechtsstreite der Streit verkündet wird.

Beide Akte stehen der vorerörterten Anzeige an die Eisenbahn bzw. Absendung der Anzeige (Anm. 523 S. 554), gleich, d. h. sie haben dieselbe Rechtswirkung, ihre Vornahme vor Vollendung der Verjährung hat, wie die Anzeige, zur Folge, daß die Aufrechnung auch bereits verjährter Ansprüche gegen die Forderungen der Eisenbahn zulässig ist.

Was den Antrag auf gerichtliche Beweisaufnahme zur Sicherung des Beweises anlangt, so muß derselbe von dem Berechtigten, dessen Bevollmächtigten oder Rechtsnachfolger (Rundnagel 262, Makower 1454. A. M. Lehmann-Ring 288) bei dem zuständigen Gerichte angebracht sein und in Form und Inhalt den Vorschriften der ZPO. (§§ 485 ff.) entsprechen. Ist dies erweislich der Fall gewesen, so ist es nicht von Belang, ob das Gericht dem Antrage entsprochen hat, da § 414 Abs. 3 HGB., § 98 Abs. 5 EVO. nur die Stellung des Antrages, nicht die Durchführung der Beweisaufnahme erfordern. Ist aber der Antrag nicht bei dem zuständigen Gericht (§ 486 ZPO.) angebracht oder nach Form und Inhalt nicht den Vorschriften der §§ 487 ff. l. c. entsprechend, so hat er nicht die im § 99 Abs. 5 bezeichnete Rechtswirkung. Ein Antrag auf Feststellung gemäß §§ 82 oder 83 EVO. genügt zur Erzielung der hier in Rede stehenden Rechtswirkung nicht.

Ebenso muß die Streitverkündung an die Eisenbahn den Vorschriften der ZPO. (§§ 72 ff.) in Form und Inhalt genau entsprechen, wenn sie von der im § 98 Abs. 5 bezeichneten Rechtswirkung begleitet sein soll. Auch hat sie nur dann diesen Erfolg, wenn sie in einem Streite entweder zwischen dem Absender und dem Empfänger oder zwischen dem Absender und einem späteren Erwerber des Gutes stattfindet und dieser Streit den Verlust, die Minderung, die Beschädigung oder die verspätete Ablieferung des Gutes zum Gegenstande hat. Spielt sich der Streit zwischen anderen Parteien, als den vorgenannten ab, oder bezieht er sich auf andere Objekte, so ist mit der Streitverkündung die Rechtswirkung des § 98 Abs. 5 nicht verbunden.

525) Abs. 6 des § 98 schließt die in den vorangehenden Absätzen normierten Vorschriften über die kurze Verjährung in zwei Fällen aus: 1. bei vorsätzlicher Herbeiführung des Schadens oder der Verspätung durch die Eisenbahn und 2. bei Rückgriffsansprüchen der Eisenbahnen.

Satz 1 erklärt die Vorschriften dieses Paragraphen für nicht anwendbar, wenn die Eisenbahn den Verlust, die Minderung, die Beschädigung oder die

Fristüberschreitung vorsätzlich herbeigeführt hat. Das J.Ü. schließt die einjährige Verjährung für Entschädigungsansprüche aus, wenn der Schaden durch „Arglist oder grobe Fahrlässigkeit" der Eisenbahn herbeigeführt worden ist, sieht aber zugleich für diese Fälle eine besondere dreijährige Verjährung vor (Art. 45 Abs. 1 — Art. 44 Abs. 2 Nr. 1). Der § 414 Abs. 4 (§ 439) HGB. nähert sich dem J.Ü. insofern, als die einjährige Verjährung in allen Fällen ausgeschlossen ist, wenn der Spediteur (Frachtführer) den Schaden vorsätzlich herbeigeführt hat, indem in Konsequenz der Bestimmungen des § 459 Abs. 3 HGB., § 95 EVO. (s. Anm. 501, 502 S. 531 ff.) an die Stelle des Begriffes der Arglist der Begriff des Vorsatzes getreten ist. Dagegen ist davon Abstand genommen, hierbei die grobe Fahrlässigkeit dem Vorsatze gleichzustellen oder in beiden Fällen eine besondere dreijährige Verjährung, wie nach Art. 45 J.Ü., einzuführen. Hiernach finden also bei Schäden aus grober Fahrlässigkeit der Eisenbahn oder ihrer Leute die Vorschriften des § 98 Abs. 1—5 über die kurze Verjährung unbeschränkt Anwendung (ROHG. 12 137, 15 32). Dagegen sind dieselben ausgeschlossen bei vorsätzlicher Herbeiführung des Schadens durch die Eisenbahn oder ihre Leute. Der Begriff des Vorsatzes ist Anm. 501 S. 532 des näheren erörtert. In diesem Falle ist die Anwendung der Vorschriften des § 98 über die kurze Verjährung (Dauer, Beginn, Hemmung ꝛc.) ausgeschlossen, und es greifen die allgemeinen Bestimmungen des BGB. über Verjährung Platz (BGB. § 852). Der Vorsatz ist beschränkt auf ein bezügliches Verhalten beim Abschlusse oder bei der Erfüllung des Vertrages, nicht auf frühere oder spätere Handlungen oder Unterlassungen (Anschütz und v. Völdernndorff III 313, ROHG. 2 194, 4 188). Die Beweislast liegt dem Entschädigungsberechtigten ob, welcher daraufhin den Nichteintritt der kurzen Verjährung behauptet (Keyßner 433, Puchelt II 437, Schott 374, Rundnagel 263). Die Behauptung darf nicht auf bloße Möglichkeiten, sondern muß auf spezielle und positive Tatsachen gestützt sein (ROHG. 12 137). Liegt Vorsatz vor, so tritt die allgemeine Verjährungsfrist ein (BGB. § 195, Rundnagel 263. A. M. Coermann, VZ. 42 387 und Hertzer das. 628), welche übersehen, daß es sich um eine vertragliche Haftung handelt.

526) Satz 2 schließt die Anwendung der Vorschriften des § 98 bei Rückgriffsansprüchen der Eisenbahnen untereinander aus. Diese Vorschrift ist entsprechend dem § 439 Satz 2 HGB. neu hinzugefügt worden. Da im § 432 Abs. 3 HGB., § 100 Abs. 5 EVO. (Anm. 538—541 S. 571 ff.) Bestimmungen über den Rückgriff der Eisenbahnen untereinander getroffen sind, lag es nahe, auch die Vorschriften über die kurze Verjährung der Ansprüche gegen die Eisenbahnen auf die Rückgriffsansprüche der Eisenbahnen untereinander in Anwendung zu bringen. Um dieser irrigen Folgerung, zu der die ratio legis keinen Anlaß bietet, zu begegnen, ist daher ausdrücklich bestimmt, daß die Vorschriften des § 98 auf Rückgriffsansprüche der Eisenbahnen untereinander keine Anwendung finden. Für diese Ansprüche gelten daher lediglich die allgemeinen Verjährungsvorschriften des BGB.

§ 99.

Geltendmachung der Rechte aus dem Frachtvertrage[527]).

(1) Zur Geltendmachung der Rechte aus dem Frachtvertrage gegenüber der Eisenbahn ist nur der befugt, dem das Verfügungsrecht über das Gut zusteht (vgl. aber §§ 60 u. 70)[528]).

(2) Vermag der Absender, dem an sich das Verfügungsrecht zusteht, das Frachtbriefduplikat, den Aufnahmeschein oder eine Bescheinigung der Versandstation, daß eine solche Urkunde nicht ausgestellt ist, nicht vorzuzeigen, so kann er seinen Anspruch nur mit Zustimmung des Empfängers geltend machen, es sei denn, er wiese nach, daß der Empfänger die Annahme des Gutes verweigert hat[529]).

(3) Außergerichtliche Ansprüche sind schriftlich bei der nach § 100 zuständigen Eisenbahn geltend zu machen. War der Frachtbrief dem Empfänger übergeben, so ist er vorzulegen. Handelt es sich um eine Entschädigung wegen Verlustes, Minderung oder Beschädigung, so ist eine Bescheinigung über den Wert des Gutes beizufügen[530]).

(4) Die Eisenbahn hat die Ansprüche mit tunlichster Beschleunigung zu prüfen und den Antragsteller, wenn keine Verständigung erfolgt, schriftlich zu bescheiden[531]).

Alte EVO. § 73. J.Ü. Art. 26.

527) Im § 99 ist über die Aktivlegitimation für die Geltendmachung — gerichtliche und außergerichtliche — aller aus dem Eisenbahnfrachtvertrage gegenüber der Eisenbahn entspringenden Rechte Bestimmung getroffen.

528) Für die Regelung der Aktivlegitimation ist der ꝛc. Grundsatz angenommen worden, daß aktivlegitimiert derjenige ist, welchem das Verfügungsrecht über das Frachtgut zusteht, d. h. daß die Aktivlegitimation auf dem Verfügungsrecht über das Frachtgut beruht. Dies hängt mit der eigenartigen Rechtsnatur des Frachtvertrages zusammen, nach dessen Zweck und Wesen die Rechte und Pflichten aus dem Vertrage notwendig vom Absender auf den Empfänger übergehen müssen. Indem das HGB. in den §§ 433, 435 für das wichtigste dieser Vertragsrechte — das Verfügungsrecht — den Zeitpunkt des Übergangs durch bestimmte formelle Akte genau festsetzt, stellt in weiterer Ausdehnung dieses Grundsatzes die EVO. § 99 zugleich den hiernach Verfügungsberechtigten als den zur gerichtlichen Geltendmachung aller Vertragsrechte überhaupt Legitimierten hin. Eine Ausnahme von diesem Grundsatze ist nur bezüglich der Frachterstattungsansprüche (§ 70 Abs. 3 EVO.) gemacht, für deren Erhebung nicht der Verfügungsberechtigte, sondern derjenige, welcher die Mehrzahlung geleistet hat, aktivlegitimiert ist (Anm. 337 S. 336).

Das Verfügungsrecht ist aber durch die §§ 433, 435, 455 HGB. in Verbindung mit § 73 EVO. folgendermaßen geregelt: Ist ein Frachtbriefduplikat oder Aufnahmeschein nicht ausgestellt, so steht dem Absender das Verfügungsrecht zu, bis nach Ankunft des Gutes am Bestimmungsorte Frachtbriefübergabe an den Empfänger oder Klagezustellung desselben an die Eisenbahn erfolgt; von diesem Zeitpunkte ab dem Empfänger (§ 73 Anm. 351 S. 353 ff.). Ist ein Frachtbriefduplikat oder Aufnahmeschein ausgestellt, so steht für die im Art. 433 Abs. 1 HGB., § 73 Abs. 1 EVO. aufgeführten Befugnisse dem Absender bis zu dem vorbezeichneten Zeitpunkte das Verfügungsrecht zu, wenn er das Duplikat oder den Aufnahmeschein vorweist. Nach jenem Zeitpunkte stehen ausnahmslos alle Verfügungsbefugnisse dem Empfänger zu, gleichviel in wessen Besitz sich Duplikat oder Aufnahmeschein befindet. Die Annahme, daß das Vertragsrecht des Absenders fortbestehen bleibt bzw. wieder auflebt, auch nachdem der Empfänger durch einen der gesetzlich bzw. reglementarisch vorgeschriebenen Annahmeakte in den Frachtvertrag eingetreten ist, wenn er von den durch diesen Eintritt erworbenen Rechten keinen Gebrauch macht (ROHG. 24. V. 1872, E. 6 273, 275, v. Hahn II 634, Schott 394), ist weder mit Sinn und Wortlaut des HGB. noch mit dem Wesen und der Konstruktion des Frachtvertrages vereinbar. Mit dem Eintritt des Empfängers in den Frachtvertrag sind vielmehr die Vertragsrechte und Pflichten des Absenders erloschen und können weder wiederaufleben, noch neben den Rechten und Pflichten des Empfängers fortbestehen (Endemann, HR. S. 740 Anm. 16, Anschütz III 415, Rundnagel 87, E. 15 112, 19 39, 24 253, Protok. z. A.HGB. S. 1232, 4732, Begr. d. Entw. der EVO. v. 1908 S. 116. A. M. Staub, Art. 402 § 5, Makower 1528).

Abs. 1 betrifft nur die „Rechte aus dem Frachtvertrage gegenüber der Eisenbahn". Es kommen nur Rechte gegenüber der Eisenbahn, also solche in Betracht, bei deren Geltendmachung die Eisenbahn die verpflichtete bzw. die Schuldnerin, die passivlegitimierte ist. Rechte der Eisenbahn gegenüber den Parteien (Absender, Empfänger, Bevollmächtigten und Sukzessoren derselben) stehen hier nicht in Frage (E. 20 53). Ferner bezieht sich Abs. 1 ausschließlich auf Rechte aus dem Frachtvertrage, d. h. aus einem gemäß § 61 abgeschlossenen Frachtvertrage. Die Rechte müssen durch den Frachtvertrag begründete, frachtvertragsmäßige sein, gleichviel ob sie auf Erfüllung oder Schadenersatz wegen Nichterfüllung gerichtet sind. Handelt es sich um Rechte, die zwar aus der Beförderung herrühren bzw. mit dieser im Zusammenhange stehen, aber nicht aus dem Frachtvertrage sich ergeben, wie z. B. aus der Verletzung der gesetzlichen Beförderungspflicht vor Abschluß des Frachtvertrages (HGB. § 453 Abs. 1, EVO. §§ 3, 64 Abs. 1 s. Anm. 11 S. 11 ff.), oder aus einem diesem vorangehenden oder nachfolgenden Verwahrungsvertrage (EVO. § 64 Abs. 1 s. Anm. 303 ff. S. 296 ff.), so richtet sich die Aktivlegitimation nicht nach dem Verfügungsrechte. Im übrigen ist dasselbe aber für die Geltendmachung aller frachtvertragsmäßigen Rechte entscheidend, umfaßt mithin nicht allein Entschädigungsforderungen gegen die Eisenbahnen aus Verlust, Minderung oder Beschädigung des Gutes, sowie aus Versäumung der Lieferfrist (§§ 84 ff.), sondern auch Forderungen aus vertragswidriger Handlungsweise ihrer Leute und anderer Personen, deren sie sich bei Ausführung der übernommenen Beförderung bedienen (§ 5), aus der Auflage gesetz- und reglementswidriger Beförderungsbedingungen, sowie aus der Bevorzugung eines Absenders vor dem anderen in der Beförderung, nach Abschluß des Frachtvertrages (HGB. § 453 Abs. 3. EVO. §§ 3, 67 Abs. 4), ferner aus der Verzögerung oder Unterlassung der Abstempelung des Frachtbriefes oder der Bescheinigung des Empfanges auf dem Frachtbriefduplikate (§ 61 Abs. 1, 2, 5), aus der Nichterfüllung der Zoll-, Steuer- und Polizeivorschriften (§ 65).

Auch die Erstattungsansprüche aus gesetz- und reglementswidriger oder irriger Festsetzung, Publikation, Anwendung und Berechnung der Tarife, Gebühren, baren Auslagen (§§ 70, 71) zc. gehören folgerichtig hierher. Die EVO. hat aber im § 70 Abs. 3 für diese Ansprüche eine Ausnahme geschaffen und die Aktivlegitimation nicht vom Verfügungsrechte, sondern davon abhängig gemacht, welcher von beiden — Absender oder Empfänger — irrtümlich zc. die Mehrzahlung geleistet hat. Dieser soll die Aktivlegitimation besitzen (Anm. 337 S. 336). Dies gilt auch für Frachtzuschläge (§ 60 Abs. 4). Um Mißverständnisse zu vermeiden, ist daher durch einen Zusatz zu Abs. 1 („vgl. aber §§ 60 und 70") auf diese Ausnahmen ausdrücklich hingewiesen.

529) Abs. 2 enthält für den Fall, daß ein Frachtbriefduplikat oder Aufnahmeschein ausgestellt ist, eine Ausnahme von dem Grundsatze, wonach aktivlegitimiert nur derjenige ist, welchem das Verfügungsrecht über das Frachtgut zusteht. Da in betreff der im § 433 Abs. 1 HGB., § 73 Abs. 1 EVO. bezeichneten Befugnisse das Verfügungsrecht des Absenders im Falle der Ausstellung des Frachtbriefduplikats bzw. Aufnahmescheines von der Vorweisung desselben abhängig ist, so würde der Absender hinsichtlich jener Befugnisse ohne die Vorweisung des Duplikats zc. auch nicht zur Geltendmachung der betreffenden Ansprüche aktivlegitimiert sein. Die EVO. § 99. Abs. 2 gewährt ihm aber ausnahmsweise — auch wenn er das Duplikat, den Aufnahmeschein oder eine Bescheinigung der Versandstation, daß eine solche Urkunde nicht ausgestellt ist, nicht vorzuzeigen vermag — mit Zustimmung des Empfängers diese Legitimation. Der Absender soll also in diesen Fällen legitimiert sein, obwohl er gemäß § 73 Abs. 5 nicht verfügungsberechtigt ist. Der Mangel seiner Verfügungsberechtigung wird hier ersetzt durch die Zustimmung des Empfängers. Diese ist aber nur insoweit erforderlich, als der Absender für die Ausübung seines Verfügungsrechts der Vorweisung des Duplikats überhaupt bedarf, also nur für die Fälle des § 73 Abs. 1. Für alle anderen Fälle ist der Absender auch ohne Duplikat zc. verfügungsberechtigt, mithin aktivlegitimiert und bedarf der Zustimmung des Empfängers nicht.

Die Bestimmung des Abs. 2 ist strikte zu interpretieren, d. h. der Mangel des etwa ausgestellten Frachtbriefduplikats oder Aufnahmescheines zc. darf vom Absender zur Führung seiner Aktivlegitimation nur ausschließlich durch den Nachweis der Zustimmung des Empfängers, nicht durch einen adäquat erscheinenden Nachweis, z. B. daß das Duplikat verloren gegangen, einem Dritten übergeben worden, dem Empfänger nicht übergeben worden ist usw. ersetzt werden. Vielmehr ist jede andere Führung der Aktivlegitimation nach dem klaren Wortlaut des Abs. 2 und seiner Eigenschaft als strikte zu interpretierender Ausnahmevorschrift unbedingt ausgeschlossen (Rosenthal 276, E. 18 319). Mithin ist auch im Falle des Verlustes des Duplikats, der Nichtübergabe desselben an den Empfänger ꝛc., obwohl in diesen Fällen der Empfänger ein rechtliches Interesse an der Ausübung des Verfügungs- oder Klagerechts nicht hat bzw. noch nicht hat, die Zustimmung des Empfängers zur Klage des Absenders, welcher das Frachtbriefduplikat nicht vorzuweisen vermag, erforderlich. Dem Absender bleibt gegenüber dem Empfänger, welcher ohne Grund die Zustimmung verweigert, kein anderes Mittel, als diesen wegen der ungerechtfertigten Weigerung regreßpflichtig zu machen oder auf Erteilung der Zustimmung zu verklagen oder die Amortisation des Duplikats herbeizuführen (§ 73 Anm. 359 S. 364).

In Rücksicht aber auf die Härte, die für den Absender darin liegt, daß der Empfänger, welchem der Absender den Duplikatfrachtbrief oder Aufnahmeschein übermittelt hat, die Annahme des Gutes verweigern, gleichzeitig aber das Duplikat ꝛc. nicht zurückstellen und dem Absender die erforderliche Zustimmung zur gerichtlichen Geltendmachung seiner Ansprüche dennoch nicht erteilen könnte, ist nach Analogie des Art. 26 Abs. 2 J.Ü. der Zusatz aufgenommen worden: „es sei denn, er wiese nach, daß der Empfänger die Annahme des Gutes verweigert hat". Indes ist die Fassung dieser Ausnahmevorschrift keine glückliche und korrekte. Denn das Verfügungsrecht des Absenders erlischt und dasjenige des Empfängers beginnt nach § 435 HGB., § 73 Abs. 9 mit der Übergabe des Frachtbriefes, nicht mit der Übergabe des Gutes. Die Annahme des Gutes verweigern kann der Empfänger, auch wenn er bereits durch Annahme des Frachtbriefes in den Frachtvertrag eingetreten ist (§ 97 Abs. 3 EVO.) und an der Erfüllung des Frachtvertrages ein wesentliches Interesse hat. Die Verweigerung des Eintritts in den Frachtvertrag, nicht die der Annahme des Gutes sollte das Entscheidende sein; es hätte also korrekt und der ratio legis entsprechend heißen müssen: „es sei denn, er wiese nach, daß der Empfänger die Annahme des Frachtbriefes verweigert hat" (unklar Rundnagel 267 Anm. 7). Dem unzweifelhaften und klaren Wortlaute gegenüber bleibt aber nun freilich nichts anderes übrig, als die gegebenen Konsequenzen zu ziehen, d. h. in allen Fällen, in welchen der Empfänger die Annahme des Gutes verweigert hat — also auch wenn er demungeachtet durch Annahme des Frachtbriefes bereits in den Frachtvertrag eingetreten ist — dem Absender die Aktivlegitimation einzuräumen. Daß hiernach gleichzeitig zwei Aktivlegitimierte — der Absender und der Empfänger — mit gleichen oder auch verschiedenen Ansprüchen aus dem Frachtvertrage die Eisenbahn im Rechtswege in Anspruch zu nehmen befugt sind, und die Eisenbahn zwiefachen Prozessen ausgesetzt ist, mithin Komplikationen und Unzuträglichkeiten erheblicher Art aus dieser beiden zugleich gewährten Aktivlegitimation entstehen können, ist unvermeidlich. Dagegen wird durch den Nachweis der Verweigerung der Annahme des Frachtbriefes die Zustimmung des Empfängers nicht ersetzt, wenngleich gerade in diesem Falle feststeht, daß der Empfänger in den Frachtvertrag nicht eingetreten und an Ansprüchen aus demselben nicht interessiert ist. De lege ferenda ist eine Änderung des Schlußsatzes des Abs. 2 durchaus geboten.

Die Bestimmung des Abs. 2 darf im übrigen nicht zu dem Rückschlusse verleiten, daß auch in betreff der Ausübung des Verfügungsrechtes des Absenders (§ 73 Abs. 1 u. 5) der Mangel des Frachtbriefduplikats durch die Zustimmung des Empfängers ersetzt werde. Nur für die Aktivlegitimation, nicht für die Ausübung des Verfügungsrechtes, kann die Zustimmung des Empfängers an die Stelle des Frachtbriefduplikats oder Aufnahmescheines treten bzw. diese Papiere ersetzen.

530) Die Bestimmungen der vorangehenden Abs. 1 u. 2 erstrecken sich in gleicher Weise sowohl auf die gerichtliche wie außergerichtliche Geltendmachung der Frachtvertragsansprüche. Bezüglich der außergerichtlichen Geltendmachung, d. h. im Reklamationswege trifft Abs. 3 noch einige besondere Bestimmungen über die dabei zu beobachtenden Formalitäten. Abs. 3 Satz 1 verpflichtet den Reklamanten, außergerichtliche Ansprüche (Reklamationen) schriftlich, und zwar bei einer der nach § 100 zuständigen Eisenbahn geltend zu machen. Daß die Reklamation schriftlich anzubringen ist, entspricht der bestehenden Übung. Als schriftlich erhoben ist auch ein bei der Eisenbahn zu Protokoll gegebener Anspruch zu betrachten.

Satz 2 verpflichtet ferner den Reklamanten, den Frachtbrief, wenn er dem Empfänger übergeben worden ist, vorzulegen. Wenn also der Absender reklamiert, muß er sich den dem Empfänger übergebenen Frachtbrief zu diesem Behufe beschaffen. Endlich ist nach Satz 3 bei Entschädigungen wegen Verlustes, Minderung oder Beschädigung eine Bescheinigung über den Wert des Gutes beizufügen.

Über Art und Form der Bescheiniguug ist Bestimmung nicht getroffen. Sie wird zweckmäßig in der Faktura oder in der gutachtlichen Äußerung eines Sachverständigen oder in einem Verzeichnisse der Markt- und Börsenpreise ꝛc. bestehen.

531) Nach Abs. 4 sind die Eisenbahnen gehalten, derartige ꝛc. außergerichtliche Ansprüche mit tunlichster Beschleunigung zu prüfen und, wenn nicht eine Verständigung erfolgt, den Antragsteller schriftlich zu bescheiden. Beide Verpflichtungen sind obligatorisch. Einerseits darf die Eisenbahn Reklamationen zurückweisen, denen die im Abs. 3 bezeichneten Erfordernisse fehlen. Andererseits ist der Reklamant berechtigt, die Eisenbahn zu den ihr durch Abs. 4 zugewiesenen Obliegenheiten im Beschwerde- bzw. auch im Rechtswege anzuhalten.

§ 100.

Haftung mehrerer an der Beförderung beteiligter Eisenbahnen [532]).

(1) Die Versandbahn haftet für die Ausführung der Beförderung bis zur Ablieferung des Gutes an den Empfänger, ohne Rücksicht darauf, ob nur eigene oder auch fremde Strecken benutzt werden [533]).

(2) Jede nachfolgende Bahn tritt dadurch, daß sie das Gut mit dem ursprünglichen Frachtbrief annimmt, diesem gemäß in den Frachtvertrag

ein und übernimmt die selbständige Verpflichtung, die Beförderung nach dem Inhalte des Frachtbriefes auszuführen [534]).

(3) Die Ansprüche aus dem Frachtvertrage können jedoch — unbeschadet des Rückgriffes der Bahnen untereinander — im Wege der Klage nur gegen die Versandbahn oder gegen die Bahn, die das Gut zuletzt mit dem Frachtbrief übernommen hat, oder gegen die Bahn, auf deren Strecke sich der Schaden ereignet hat, gerichtet werden [535]). Unter diesen Bahnen hat der Kläger die Wahl [536]). Das Wahlrecht erlischt mit Erhebung der Klage [537]).

(4) Durch Widerklage oder Aufrechnung können Ansprüche aus dem Frachtvertrag auch gegen eine andere Bahn geltend gemacht werden, wenn deren Klage sich auf denselben Frachtvertrag gründet [538]).

(5) Hat auf Grund dieser Vorschriften eine der beteiligten Bahnen Schadensersatz geleistet, so steht ihr der Rückgriff gegen die Bahn zu, die den Schaden verschuldet hat [539]). Kann diese nicht ermittelt werden, so haben die beteiligten Bahnen den Schaden nach dem Verhältnis ihrer Streckenlängen, mit denen sie an der Beförderung beteiligt sind, gemeinsam zu tragen, soweit nicht festgestellt wird, daß der Schaden nicht auf ihren Strecken entstanden ist [540]). Die Befugnis der Eisenbahnen, über den Rückgriff im voraus oder im einzelnen Falle andere Vereinbarungen zu treffen, wird hierdurch nicht berührt [541]).

Alte EVO. § 74. HGB. §§ 432, 469, 471. J.Ü. Art. 27, 28, 47.

532) Das HGB. trifft nicht nur im § 431 (EVO. § 5 Anm. 20 S. 16ff.) über die Haftpflicht des Frachtführers für das unselbständige Personal Bestimmung, sondern auch im § 432 über die Haftpflicht für andere selbständige Frachtführer, deren er sich zur Ausführung der übernommenen Beförderung bedient, zugleich aber auch über die Haftpflicht dieser anderen an der Beförderung beteiligten Frachtführer in betreff der auf sie übergegangenen Beförderung (§ 432 Abs. 1 u. 2). Während Abs. 1 die Haftung des ersten — Annahmefrachtführers — für die folgenden bestimmt, liegt implicite in der Bestimmung des Abs. 2 die Haftung der folgenden sowohl für ihre Vorwie Nachmänner (Goldschmidt, Hdb. I 2¹ § 75 S. 753, v. Hahn II 627, Thöl III §§ 3, 32, 73, 77, 79, 114, Schott 435f., Staub 968, Makower 1521, Rundnagel 267, Düringer-Hachenburg § 470 Anm. III). Da der Frachtvertrag begrifflich ein Werkvertrag (loc. cond. operis) ist (s. Anm. 20 S. 16) und die Beförderung des Gutes auf der ganzen übernommenen Strecke vom Annahme- bis zum Bestimmungsort zum Gegenstande hat, so läßt sich zwar die Haftung des ersten Frachtführers für die folgenden juristisch wohl erklären. Denn der erste Frachtführer übernimmt die Beförderung als ein ganzes Werk und haftet demgemäß für die Ausführung desselben, gleichviel ob er sich seiner eigenen Organe (Leute 2c.) oder anderer Frachtführer hierzu

bedient. Doch erklärt diese Haftung des ersten Frachtführers für die folgenden aus dem Frachtvertrage nicht zugleich auch die im Abs. 2 des § 432 enthaltene solidarische Haftung aller folgenden Frachtführer, welche — unmittelbar wenigstens — einen Vertrag mit dem Absender nicht abgeschlossen haben, für die ganze Beförderung. Zahlreiche Versuche zur juristischen Konstruktion dieses Verhältnisses sind gemacht worden. Von diesen erscheint die Annahme am meisten begründet, daß der erste Frachtführer bei dem Vertragsabschluß mit Wissen und Zustimmung des Absenders zugleich als Vertreter der folgenden, bzw. als Mitglied einer Frachtführergemeinschaft auftritt, welche sich durch einen gleichartigen Willensakt — die Übernahme des Gutes mit dem ursprünglichen Frachtbriefe — für die ganze Beförderungsstrecke sukzessive und stillschweigend bildet und die gemeinsame Ausführung des Beförderungsvertrages mittels der Willenserklärung des ersten Frachtführers und der sich daranschließenden der folgenden Frachtführer übernimmt. Aus diesem gemeinsamen Frachtvertrage — Samtfrachtvertrag (Schott 439, Eger, J.Ü.[3] Art. 27, Rosenthal 49, Meili, Internat. EisenbVertr. 45) — ergibt sich mit Notwendigkeit die solidarische Haftung aller beteiligten Frachtführer für die ganze übernommene Beförderung (vgl. noch Hilscher, JurBl. Wien 1895 und E. 12 185).

Die EVO. § 100 Abs. 1 u. 2 gibt diese Grundsätze in unwesentlich veränderter Fassung wieder. Auch besitzen dieselben für die Haftung der Eisenbahn eine viel weitgehendere Bedeutung als für die Haftung gewöhnlicher Frachtführer, weil die Übernahme des Gutes mit dem ursprünglichen Frachtbriefe nicht, wie bei letzteren, in das Belieben des folgenden gestellt ist, sondern die Eisenbahnen durch § 453 HGB. und § 53 EVO. (Anm. 207 S. 199ff.) gesetzlich verpflichtet sind, Güter zur Beförderung von und nach allen für den Güterverkehr eingerichteten Stationen innerhalb des Deutschen Reiches anzunehmen, ohne daß es für den Übergang von einer Bahn auf die andere einer Vermittelungsadresse bedarf. Demgemäß ist den deutschen Bahnen die Pflicht auferlegt, Güterbeförderungen nicht nur für die eigene Strecke, sondern auch darüber hinaus nach den Stationen sämtlicher anschließenden Bahnen innerhalb des deutschen Reichsgebietes zu übernehmen und ohne jede Vermittelung, d. h. ohne neuen Frachtvertrag bzw. Frachtbrief durch einen einheitlichen, die ganze Beförderungsstrecke umfassenden Frachtvertrag mit dem ursprünglichen, von der Annahme- bis zur Bestimmungsstation geltenden Frachtbrief selbst auseinander überzuleiten (v. Hahn II 700, Ruckdeschel 20, Schott 478, Endemann, R. d. E. 531). Die Eisenbahnen sind hiernach verpflichtet, sich zur gemeinsamen Übernahme von Beförderungen zu vereinigen, eine Frachtführer-(Beförderungs-)Gemeinschaft zu bilden, welche durch die Annahmebahn mit dem Absender einen einheitlichen Frachtvertrag für die Gesamtstrecke abschließt, und damit auch die solidarische Haftpflicht (Zwangsgemeinschaft) zu übernehmen.

533) Abs. 1 trifft über die Haftung der ersten — der Versand- oder Annahmebahn — für die folgenden Bahnen Bestimmung, und zwar dahin, daß die erste, die Beförderung übernehmende Bahn, die Versandbahn, für die Ausführung der Beförderung bis zur Auslieferung des Gutes an den Em-

pfänger haftet, ohne Rücksicht darauf, ob nur eigene oder auch fremde Strecken benutzt werden. Es ist damit unter unnötiger und unbegründeter Abweichung in der Fassung ganz dasselbe gesagt, was § 432 Abs. 1 HGB. und Art. 27 Abs. 1 J.Ü. klarer und deutlicher aussprechen. Denn unter Versandbahn ist nichts anderes zu verstehen, als diejenige Bahn, welche das Gut mit dem Frachtbrief zur Beförderung an den Empfänger angenommen hat. Tatsächliche Voraussetzung dieser Haftung ist also, daß die Bahn das Gut mit dem Frachtbrief zur Beförderung angenommen hat, beides, das Gut mit dem Frachtbrief, und zwar mit dem vorgeschriebenen Eisenbahnfrachtbrief (§§ 55, 56) und zur Beförderung (§ 61 Abs. 1), nicht bloß zur vorläufigen Verwahrung (§ 64 Abs. 1). In letzterem Falle ist nur die Haftung nach den Normen des Verwahrungsvertrages begründet (§ 64 Abs. 1 s. Anm. 303 S. 296, Anm. 446 S. 461). Liegt die vorbezeichnete tatsächliche Voraussetzung vor, so haftet die Versandbahn für sich, wie auch für die folgenden bis zur Ablieferung des Gutes an dem Empfänger oder, wie die neue EVO. sich ausdrückt, „ohne Rücksicht darauf, ob nur eigene oder auch fremde Strecken benutzt werden". Vielleicht soll damit angedeutet sein, daß die Versandbahn auch in Verschleppungsfällen auf fremden Strecken haftet. Aber dies liegt bereits in ihrer Haftpflicht für sich und die folgenden Bahnen. Auch ist in der Begr. nicht darauf hingewiesen. Indem die erste Bahn das Gut mit dem Frachtbriefe annimmt, schließt sie mit dem Absender einen Gesamtfrachtvertrag sowohl für sich, wie für alle anderen an der Beförderung beteiligten Bahnen für die ganze Strecke. Sie kann sich von dieser hiernach für die ganze Beförderung obliegenden Haftpflicht gemäß § 471 HGB. nicht durch irgendeine Stipulation befreien. Es kommt auch nicht darauf an, daß die Versandbahn und die ihr folgenden Bahnen zu einem Eisenbahnverbande (Vereinigung mehrerer Bahnen zur Beförderung mit direkten Frachtsätzen) verbunden sind. Auch für die nicht im Verbandverkehre miteinander stehenden Bahnen ist die Versandbahn zu haften verpflichtet.

Für die Haftung der Versandbahn gelten folgende Grundsätze:

1. Die Versandbahn haftet nur nach Maßgabe des mit ihr selbst abgeschlossenen, ursprünglichen Frachtvertrages bzw. Frachtbriefes, nicht nach etwaigen späteren Vereinbarungen der folgenden Bahnen. Da aber der Frachtbrief bereits die Bezugnahme auf die EVO., sowie auf die Tarife der betreffenden Bahnen enthält, indem die Eingangsworte des Frachtbriefes lauten: „Für den Frachtvertrag gelten die EVO. und die in Betracht kommenden Tarife", so gilt der gesamte Inhalt aller für die betreffende Beförderung maßgebenden Tarife der beteiligten Bahnen als vereinbart, vorausgesetzt, daß sie nicht gegen das HGB. bzw. die EVO. verstoßen. Das Prinzip der Einheit des Frachtvertrages wird dadurch nicht verletzt, daß die verschiedenen Tarife der aufeinanderfolgenden Bahnen zum Inhalt desselben erklärt werden (ROHG. 3 59, 21 57).

2. In den vorbezeichneten Grenzen haftet die Versandbahn solidarisch für die Ausführung der Beförderung ganz ebenso, wie wenn sie selbst die Beförderung bis zur Ablieferung des Gutes an den Empfänger ausgeführt hätte. Ihre Haftung ist nicht bloß eine subsidiäre, sondern eine direkte und prinzipale,

sie umfaßt gemäß § 431 HGB., § 5 EVO. auch alle bei der Ausführung beteiligten Organe und gemäß §§ 456ff. HGB., §§ 84ff. EVO. Verlust, Minderung, Beschädigung des Gutes, sowie Überschreitung der Lieferfrist, überhaupt die Erfüllung aller Vertragspflichten (Schott 437, Thöl III 55). Die Höhe des Schadensersatzes richtet sich nach §§ 457ff. HGB., §§ 88ff., 94ff. EVO.

3. Die Versandbahn haftet „ohne Rücksicht darauf, ob nur eigene oder auch fremde Strecken benutzt werden", d. h. für die Beförderung auf der eigenen Bahn, wie auch auf den folgenden Bahnen bis zur Ablieferung des Gutes an den Empfänger. Die Haftung der Versandbahn erstreckt sich hiernach auf alle an der betreffenden Beförderung nach Maßgabe des Frachtbriefes oder der nachträglich legal gegebenen Anweisungen (EVO. § 73) beteiligten Eisenbahnen bzw. Eisenbahnstrecken. Aber auf diese ist auch die Haftung beschränkt, bezieht sich also nicht auf etwa nachfolgende andere Frachtführer (See- und Binnenschiffahrtsbeförderung, Spediteure, Kommissionäre 2c.). Bedienen sich aber die folgenden Eisenbahnen bei vorhandener Unterbrechung zweier Strecken unterwegs irgendwelcher Zwischenfrachtführer, Dampfschiffe, Rollfuhrunternehmer, Pferdebahnen, Trajektanstalten, so daß diese nur verbindende bzw. vermittelnde Hilfsorgane der Eisenbahnbeförderung bilden, so unterliegt es keinem Zweifel, daß die Versandbahn auch für diese Zwischenbeförderungen in Gemäßheit des § 100 Abs. 1 EVO. haftet. Schon aus diesem Grunde wäre die alte Fassung „auf den folgenden Bahnen" der neuen Fassung „fremden Strecken" vorzuziehen gewesen.

4. Die Versandbahn haftet „bis zur Ablieferung des Gutes an den Empfänger". Hiernach ist Beginn, Dauer und Ende der Haftpflicht der Versandbahn für die folgenden gleichfalls ganz nach den Grundsätzen über die Haftung der von ihr selbst ausgeführten Beförderung zu beurteilen, d. h. die Haftung beginnt mit der Annahme des Gutes und Frachtbriefes zur Beförderung (EVO. § 61), sie läuft während der ganzen Dauer der Beförderung und endet mit der Ablieferung des Gutes an den legitimierten Empfänger zur rechten Zeit und am rechten Ort (§ 84 Anm. 446 S. 461—464). Die Versandbahn haftet mithin auch für die Ablieferungsbahn und die dieser in betreff der Ablieferung obliegenden Pflichten.

534) Aus dem Prinzip der Zwangsgemeinschaft (Anm. 207, 532 S. 200, 564) folgt ferner die Bestimmung des Abs. 2, daß jede nachfolgende Bahn dadurch, daß sie das Gut mit dem ursprünglichen Frachtbriefe annimmt, diesem gemäß in den Frachtvertrag eintritt und die selbständige Verpflichtung übernimmt, die Beförderung nach dem Inhalt des Frachtbriefes auszuführen. Darin liegt implicite die Haftung jeder folgenden Bahn für alle vorangehenden und noch weiter folgenden bis zur Ablieferung.

I. Tatsächliche Voraussetzung dieser Haftung ist, daß die folgende Bahn das Gut mit dem ursprünglichen Frachtbriefe annimmt.

1. Einerseits ist eine Aufeinanderfolge von Bahnen vorausgesetzt. Es dürfen nur Bahnen sein, und zwar eine ununterbrochen sich folgende Reihe von Bahnen. Geht also das Gut dazwischen auch in die Hände von Spediteuren, Kommissionären 2c. über, so findet — abgesehen von denjenigen Fällen, wo diese nur Hülfsorgane der beteiligten Bahnen sind, wie

z. B. im Falle des § 59 Abs. 3 — Abs. 2 des § 74 keine Anwendung. Es darf nicht eine Beförderung durch andere selbständige Frachtführer — wie Post, Dampfschiffahrtsgesellschaft, Flußschiffer ꝛc. — oder Seebeförderung dazwischen liegen. Doch ist ununterbrochene Schienenverbindung nicht unbedingt notwendig. Bedienen sich die aufeinanderfolgenden Eisenbahnen bei vorhandener Unterbrechung ihrer Strecken der Beförderung durch Trajektanstalten, Rollfuhrwerke, Dampffähren, Verbindungsbahnen mit Pferdebetrieb ꝛc., so sind diese als integrierende Teile der Eisenbahnbeförderung zu betrachten und gilt die Aufeinanderfolge der Bahnen nicht als unterbrochen.

2. Andererseits ist die Annahme des Gutes mit dem ursprünglichen Frachtbriefe vorausgesetzt, d. h. beider vereint. Wird nur eines angenommen, so tritt die Haftung nicht ein. „Ursprünglich" ist jedoch nicht wörtlich zu nehmen; ist der ursprüngliche Frachtbrief unterwegs beschädigt, aber durch eine unveränderte Kopie ersetzt, so kann auch diese als ursprünglicher Frachtbrief gelten (RG. E. 1 1, Lehmann-Ring 333, Staub 1525, Rundnagel 255). Die Annahme muß ohne jeden Protest und ohne jeden Vorbehalt erfolgen, sei es daß er gegen die Beschaffenheit des Gutes, die Lieferzeit oder irgendeine andere Bedingung bzw. Angabe des Frachtbriefes gerichtet sei, eine Beschränkung der Beförderungs- und Haftpflicht auf eine Teilstrecke enthalte ꝛc. Daraus folgt: a) Jede derartige Veränderung, Substituierung, modifizierte Erneuerung oder Beschränkung (Vorbehalt, Protest) des ursprünglichen Frachtbriefs ist, wenn sie ohne Wissen des Absenders oder Empfängers geschieht, diesen gegenüber wirkungslos. b) Sie kann, wenn sie im Einvernehmen mit der vorangehenden Bahn erfolgt, lediglich für die Regreßansprüche der Bahnen untereinander von Belang sein. c) Wird bei dem Übergange des Gutes auf eine folgende Bahn der ursprüngliche Frachtbrief mit Genehmigung des Absenders geändert, so liegt nicht mehr der ursprüngliche, sondern ein neuer Frachtbrief vor und ist die Anwendung des Abs. 2 § 100 ausgeschlossen (ROHG. E. 7 216). Es entstehen dann eine Anzahl selbständiger und unabhängig aufeinanderfolgender Verträge verschiedenen Inhalts.

II. Wenn die vorerörterte tatsächliche Voraussetzung gegeben ist, so tritt jede nachfolgende Bahn nach Maßgabe des ursprünglichen Frachtbriefs in den Frachtvertrag ein und übernimmt die selbständige Verpflichtung, die Beförderung nach dem Inhalt des Frachtbriefs auszuführen. Diese Rechtswirkungen sind die der Korrealobligation (v. Hahn II 630, Goldschmidt § 75 S. 753, Thöl III 56, Wehrmann 167, Schott 440, ROHG. 7 216, 11 209, 212, 24 210). Alle beteiligten Eisenbahnen treten durch die Übernahme des Gutes mit dem ursprünglichen Frachtbriefe in ein Gesamtschuldverhältnis zum Absender (bzw. Empfänger). Daraus ergeben sich folgende Konsequenzen:

1. Der ursprüngliche Frachtvertrag (Frachtbrief) ist als ein einheitlicher allein entscheidend für den Umfang und die Höhe der Haftung einer jeden einzelnen Bahn. Der Eintritt in den Frachtvertrag erfolgt „dem Frachtbriefe gemäß", d. h. in alle Bedingungen des ursprünglichen Frachtvertrages, die lex der Obligation ist ausschließlich der Frachtbrief,

und zwar seinem ganzen Inhalte nach derartig, daß die Angaben des Frachtbriefs allein maßgebend für Ort und Zeit der Empfangnahme und Ablieferung, wie für die Qualität und Quantität des Gutes, für die Frachtberechnung, die Person des Destinatärs, für Verlust, Beschädigung, Verspätung, wie für alle sonstigen Beförderungsbedingungen sind (ROHG. E. 11 209, 212).

2. Der ursprüngliche Frachtvertrag (Frachtbrief) darf nicht einseitig — d. i. nicht ohne Einwilligung des Absenders — von einer der beteiligten Bahnen (durch Vorbehalte, Proteste, Beschränkungen) abgeändert werden. Jede derartige Änderung des Frachtbriefs ist dem Absender bzw. Empfänger gegenüber rechtlich wirkungslos und das Rechtsverhältnis so zu beurteilen, als sei der ursprüngliche Frachtbrief ohne jede Änderung angenommen worden. Geschieht die Änderung im Einvernehmen mit den vorangehenden Bahnen, so kann sie unter Umständen zwar für die Regreßansprüche der Bahnen untereinander, nicht aber für die Forderungen des Absenders bzw. Empfängers von Bedeutung sein. Mit Einwilligung des Absenders dürfen die Verpflichtungen aus dem ursprünglichen Frachtvertrage zwar zugunsten der anderen beteiligten Bahnen vermindert, aber nicht zu deren Nachteil erschwert oder erweitert werden.

3. Jede an der Beförderung beteiligte Bahn haftet selbständig für die Erfüllung des ganzen ursprünglichen Frachtvertrages. Sie haftet also nicht nur für ihre eigene Beförderungsstrecke, sondern auch für die bereits ausgeführte Beförderung ihrer Vorgänger und für die noch auszuführende ihrer Nachmänner. Die Worte „selbständige Verpflichtung" deuten auf ein wirkliches Korrealverhältnis, nicht auf ein bloßes del credere-Stehen. Jede beteiligte Bahn — auch die erste — ist für die ganze Ausführung der Beförderung nach Maßgabe des ursprünglichen Frachtbriefes verantwortlich (Thöl III 56, v. Hahn II 630, Puchelt II 485).

4. Der vom Absender bzw. Empfänger in Anspruch genommenen Bahn steht weder die Einrede der Teilung, noch der Vorausklage in Rücksicht auf die anderen Bahnen zu (ROHG. 3 59, 7 99, 216, 8 192, 11 209, 13 317, 393, 21 57, RG. E. 1 1, 2 136).

535) Da jede an der Beförderung beteiligte Bahn selbständig für die Erfüllung des ganzen ursprünglichen Frachtvertrages haftet, würde der Berechtigte — Absender bzw. Empfänger — gemäß § 432 Abs. 2 HGB. an sich befugt sein, jede der beteiligten Eisenbahnen nach seiner Wahl in Anspruch zu nehmen. Es machte sich aber die Erwägung geltend, daß es sich im Interesse des Eisenbahnverkehrs, in welchem zumeist eine große Anzahl von Eisenbahnen an der Beförderung beteiligt sind, nicht empfehle, dem Berechtigten so viele Verpflichtete gegenüberzustellen, vielmehr erschien es geboten, den Eisenbahnen durch eine Ausnahmebestimmung zu gestatten, die Rechtsfolgen des aus Abs. 2 des § 432 sich ergebenden Korrealverhältnisses zu modifizieren, d. h. eine gewisse Beschränkung in der Zahl bzw. in der Auswahl der vom Berechtigten in Anspruch zu nehmenden Eisenbahnen eintreten zu lassen (Prot. S. 4702, 5030 A.HGB.). Demgemäß bestimmt das N.HGB. § 469 Abs. 1 — in der Fassung übereinstimmend mit Art. 27 Abs. 3 Satz 1 des J.Ü. — daß,

wenn die Beförderung auf Grund desselben Frachtbriefes nach § 432 Abs. 2 durch mehrere aufeinanderfolgende Eisenbahnen bewirkt wird, die Ansprüche aus dem Frachtvertrage, unbeschadet des Rückgriffs der Bahnen untereinander, im Wege der Klage nur gegen die erste Bahn oder gegen diejenige, welche das Gut zuletzt mit dem Frachtbrief übernommen hat oder gegen diejenige, auf deren Betriebsstrecke sich der Schaden ereignet hat, gerichtet werden können.

Abs. 3 § 100 EVO. hat im Satz 1 diese Bestimmung wiederholt. Hierdurch ist aber nur dem Absender gegenüber die formelle Passivlegitimation beschränkt, in materieller Hinsicht bleibt dagegen im übrigen — wie die ausdrückliche Hervorhebung: „unbeschadet des Rückgriffs der Bahnen untereinander" erkennen läßt — die solidarische Haftung aller beteiligten Bahnen unverändert und unbeschränkt (v. Hahn II 631, 755, Wehrmann 168, 173, Schott 442, 511, Ruckdeschel 165, ROHG. 24 206, 210, OLG. Kolmar 9. XII. 1892, E. 10 299). Die vom Absender in Anspruch genommene Bahn kann sich also im Rückgriffswege auch an die vorstehend nicht bezeichneten Bahnen halten, soweit sich ein Regreßrecht aus der gemeinsamen Haftpflicht gemäß § 432 HGB., § 100 Abs. 5 EVO. begründen läßt. Die Beschränkung der Passivlegitimation auf die drei bezeichneten Bahnen soll sich ferner nur auf Ansprüche beziehen, welche „im Wege der Klage" geltend gemacht werden. Daraus würde e contr. folgen, daß die Beschränkung fortfällt, bzw. Abs. 3 nicht Anwendung findet, wenn es sich um Widerklage oder Aufrechnung handelt. Wie indes § 469 Abs. 3 HGB., § 100 Abs. 4 EVO. (Anm. 538 S. 571) ergeben, dürfen prinzipiell auch im Wege der Widerklage oder Aufrechnung Ansprüche nur gegen eine der im § 469 Abs. 1 HGB., § 100 Abs. 3 EVO. bezeichneten Bahnen geltend gemacht werden. Nur ausnahmsweise können Ansprüche im Wege der Widerklage oder Aufrechnung auch gegen eine andere beteiligte Bahn erhoben werden, wenn nämlich die Klage einer solchen Bahn sich auf denselben Frachtvertrag gründet (s. Anm. 538). Auf außergerichtliche (reklamationsweise) Geltendmachung von Ansprüchen bezieht sich die Beschränkung des Abs. 3 nicht.

Die Beschränkung der Passivlegitimation erstreckt sich nur auf Ansprüche gegen die Eisenbahnen, mithin nicht auf Ansprüche der Eisenbahnen gegen Absender bzw. Empfänger. Es stehen auch hier also nur solche Ansprüche in Frage, bei deren Geltendmachung die Eisenbahnen die Verpflichteten sind. Sodann bezieht sich die Beschränkung nur auf Ansprüche aus dem Eisenbahnfrachtvertrage (§ 61 EVO.). Daraus ergibt sich, daß Abs. 3 auf Geltendmachung aller derjenigen Ansprüche keine Anwendung findet, welche nicht aus dem Eisenbahnfrachtvertrage hervorgehen, wenngleich sie aus der Eisenbahnbeförderung herrühren bzw. mit dieser im Zusammenhange stehen. Für derartige Ansprüche (s. Anm. 528 S. 599) bleiben die Bestimmungen des bürgerlichen Rechtes in betreff der Passivlegitimation unverändert in Geltung.

Die Ansprüche aus dem Eisenbahnfrachtvertrage können nur gegen eine beschränkte Zahl der an der Beförderung beteiligten Bahnen gerichtet werden, und zwar höchstens gegen drei Bahnen, nämlich: a) Die Versandbahn, d. h. diejenige, welche zuerst das Gut mit dem Frachtbrief übernommen, den Frachtvertrag durch Annahme des Gutes mit dem Frachtbriefe abgeschlossen hat. b) Diejenige Bahn, welche das Gut zuletzt mit dem Frachtbriefe übernommen hat. Diese Bahn wird häufig, muß aber nicht identisch sein mit der letzten Bahn, welche nach Maßgabe des Frachtbriefs das Gut an den Adressaten abzuliefern hat, mit der Empfangs-, Ankunfts-, Ablieferungsbahn (Thöl III 231, v. Hahn II 755, Puchelt II 586). Es ist stets diejenige Bahn die mithaftpflichtige, welche das Gut und den Frachtbrief zusammen erweislich zuletzt übernommen hat, gleichviel ob beides unterwegs oder erst am Ablieferungsort beschädigt oder in Verlust geraten ist, und gleichviel welche Bahn das Gut oder den Frachtbrief abgeliefert hat. Zur Inanspruchnahme der betreffenden Bahn ist der Nachweis erforderlich, daß sie Gut und Frachtbrief zuletzt übernommen hat, d. h. daß sich bei ihr die Tatsache der gemeinschaftlichen Übernahme beider Objekte zum letzten Male vollzogen hat. c) Diejenige Bahn, auf deren Strecke sich der Schaden ereignet hat, d. h. jede der an der Beförderung beteiligten Bahnen, auf deren Linien die Tatsache des Schadens eingetreten ist, gleichviel ob dies mit oder ohne ihr oder ihrer Leute Verschulden, durch Zufall 2c. geschehen ist (E. **10** 299, Rosenthal 281). Dem Kläger liegt der Nachweis ob, daß der Schaden sich auf der Strecke der in Anspruch genommenen Bahn ereignet hat. Festzuhalten ist hierbei, daß es sich nicht um diejenige Bahn handelt, welche den Schaden durch ihr Verschulden herbeigeführt hat, sondern lediglich um diejenige, auf deren Strecke der Schaden sich ereignet hat, ein Umstand, der dann von Erheblichkeit ist, wenn die Schadensursache und der faktische Eintritt des Schadens verschiedenen Bahnen angehören (Staub 1933, Düringer-Hachenburg 689, Rundnagel 271).

536) Nach Abs. 3 Satz 2 — welcher dem § 469 Abs. 2 Satz 1 HGB. entspricht — hat der Kläger unter den bezeichneten Bahnen die Wahl. An sich steht nach den Regeln der Korrealität dem Berechtigten nach seiner Wahl die Inanspruchnahme aller Verpflichteten zu. Nachdem durch Abs. 3 die Passivlegitimation auf die drei dort bezeichneten Bahnen beschränkt worden ist, ist folgerichtig auch die Wahl des Klägers auf diese drei Bahnen beschränkt. Weiter aber geht die Beschränkung nicht. Unter jenen drei Bahnen kann er beliebig wählen, von der getroffenen Wahl wieder abgehen und so lange wählen, bis er seine volle Befriedigung erlangt hat (s. Anm. 537).

537) Abs. 3 Satz 3 (vgl. § 469 Abs. 2 Satz 2 des HGB.) bestimmt — abweichend von dem allgemeinen Grundsatze der Korrealität — daß das Wahlrecht mit Erhebung der Klage erlischt. Hat er durch die Klageerhebung einmal die Wahl getroffen, so darf er nicht mehr davon abgehen und eine der beiden anderen Bahnen wählen bzw. verklagen (Rosenthal 281). Welcher Zeitpunkt als der der Klageerhebung anzusehen, richtet sich nach den §§ 253, 499, 500 ZPO. Der Klage steht aber die Streitverkündung, der Antrag auf Beweissicherung (§ 485 ZPO.) nicht gleich (Lehmann-Ring 398, Rundnagel 269).

538) Wie bereits Anm. 535 S. 569 bemerkt, könnte es nach dem Wortlaut des § 469 Abs. 1 HGB., § 100 Abs. 3 EVO. scheinen, als sei nur der Klageweg für Ansprüche aus dem Frachtvertrage auf die dort bezeichneten drei Bahnen beschränkt. Daraus würde e contr. folgen, daß auf anderem prozessualischen Wege, d. h. im Wege der Widerklage oder mittelst Aufrechnung die Vertragsansprüche nicht auf jene drei Bahnen beschränkt sind, sondern gegen alle nach Abs. 1 und 2 des § 100 EVO. solidarisch verpflichteten Bahnen geltend gemacht werden dürfen. Dies lag aber nicht in der Absicht des Gesetzes, vielmehr sollte die Beschränkung der Passivlegitimation sich grundsätzlich nicht allein auf die Klage, sondern auf jede Art der prozessualischen Geltendmachung, insbesondere auch auf Widerklage oder Aufrechnung beziehen. Aus Billigkeitsrücksichten konstituiert jedoch Abs. 4 (in Übereinstimmung mit § 469 Abs. 3 HGB.) von diesem Grundsatze eine Ausnahme, nämlich wenn die Klage, welche eine der anderen beteiligten Bahnen gegen den Forderungsberechtigten — an Fracht, (§§ 68—70) Schadensersatz für mangelhafte Verpackung, (§ 62) Kosten nachträglicher Verfügungen (§ 73 Abs. 8) 2c. erhebt, sich auf denselben Frachtvertrag gründet, wie die Widerklage oder Aufrechnung desselben wegen Rückzahlung zu viel erhobener Fracht (§ 70 Abs. 4), Schadensersatz wegen Verlust, Beschädigung, Verspätung 2c. (§§ 84 ff.). Es würde unbillig sein, in diesem Falle, den Verklagten mit seinen bezüglichen Gegenansprüchen an eine der drei im Abs. 3 bezeichneten Bahnen zu verweisen. Aus diesem Grunde ist durch Abs. 4 ausnahmsweise der Geltendmachung von Ansprüchen aus dem Frachtvertrage im Wege der Widerklage oder mittelst Aufrechnung auch gegen eine andere Bahn — als die im Abs. 3 bezeichneten Bahnen — dann gestattet, wenn die Klage der betreffenden Bahn auf denselben Frachtvertrag sich gründet, wie die im Wege der Widerklage oder mittelst Aufrechnung geltend gemachten Ansprüche des Verklagten. Beruhen die Klage einerseits und die Widerklage oder Aufrechnung andererseits auf verschiedenen Frachtverträgen, so sind letztere gegen erstere nicht statthaft. Voraussetzung ist aber notwendig, daß der Widerkläger überhaupt gemäß § 99 aktivlegitimiert ist, denn daran wird durch Abs. 4 nichts geändert. Ist er also nicht aktivlegitimiert, so darf er gegen die Klage einer an der Beförderung beteiligten Bahn — gleichviel ob sie zu den im Abs. 3 bezeichneten Bahnen gehört oder nicht — eine Widerklage oder Aufrechnung nicht geltend machen, wenngleich sie auf denselben Frachtvertrag sich gründet, wie die Klage. Im übrigen ist Abs. 4 als Ausnahmevorschrift stricte auszulegen, d. h. 1.: Abs. 4 bezieht sich nur auf Ansprüche aus dem Frachtvertrage; 2.: Abs. 4 beschränkt sich lediglich auf den Weg der Widerklage oder der Aufrechnung; 3.: Abs. 4 findet ausschließlich in dem einen Falle Anwendung, wenn die Klage der betreffenden Bahn sich auf denselben Frachtvertrag gründet, wie die vom Verklagten erhobene Widerklage oder entgegengehaltene Aufrechnung, d. h. beide die Eigenschaft der Konnexität besitzen.

539) Bezüglich des Rückgriffes der an der Beförderung beteiligten Eisenbahnen, auf welchen § 469 Abs. 1 HGB. und § 100 Abs. 3 EVO. hinweisen, empfahl es sich nach dem Vorgange des J.Ü. (Art. 47 ff.), in dem HGB. und im Anschluß daran in der EVO. das materiellrechtliche Rück-

griffsrecht durch grundsätzliche Bestimmungen zu regeln. Eine mehr ins einzelne gehende Regelung des Rückgriffes insbesondere in bezug auf das formelle Rückgriffsverfahren, wie sie in den Art. 49ff. des J.Ü. erfolgt ist, wurde für das interne Recht nicht für erforderlich erachtet, auch nicht für die Eisenbahnen, für welche die betreffenden Fragen durch das Vereinsübereinkommen eine ausreichende Ordnung gefunden haben. Doch erschien es angezeigt, etwaige Zweifel über die Gültigkeit derartiger Abreden durch eine ausdrückliche Bestimmung in der EVO. zu beseitigen.

§ 100 Abs. 5 Satz 1 u. 2 EVO. stellt demgemäß in Übereinstimmung mit § 432 Abs. 3 HGB. für das materielle Rückgriffsrecht der Eisenbahnen in betreff aller Entschädigungsleistungen auf Grund der Vorschriften des § 100 Abs. 1—4 EVO., § 432 Abs. 1 u. 2 HGB. das grundlegende Prinzip auf, daß für den Rückgriff bzw. die endgültige Tragung der Entschädigung das Moment des Verschuldens entscheidend sein soll, nicht also die strenge Haftpflicht aus § 456 HGB., § 84 EVO., welche dem Entschädigungsberechtigten gegenüber zu prästieren ist und auch ohne Verschulden die Eisenbahnen trifft. Davon gehen nun die beiden Sätze aus 1. daß, wenn eine der an der Beförderung beteiligten Bahnen den Schaden verschuldet hat, diese die Entschädigung zu tragen hat und daher gegen die schuldtragende Bahn derjenigen, welche den Schadensersatz geleistet hat, der Rückgriff zusteht. 2. daß, wenn die schuldtragende Bahn nicht ermittelt werden kann, sämtliche beteiligte Bahnen — mit Ausnahme derjenigen, bei welchen das Nichtentstandensein des Schadens auf ihrer Strecke festgestellt ist — den Schaden gemeinsam nach dem Verhältnis ihrer Streckenlängen, mit denen sie an der Beförderung beteiligt sind, zu tragen haben; und daran knüpft sich noch der Schlußsatz des § 100 der EVO.: 3. daß hierdurch die Befugnis der Eisenbahnen, über den Rückgriff andere Vereinbarungen zu treffen, nicht berührt wird.

Satz 1 des Abs. 5 gewährt das Rückgriffsrecht derjenigen an der Beförderung beteiligten Bahn, welche auf Grund der vorangehenden Vorschriften (Abs. 1—4) Schadensersatz geleistet hat. Dieser Voraussetzung nach muß es eine an der konkreten Beförderung beteiligte Bahn sein, welche bereits die Entschädigung geleistet hat, nicht bloß entschädigungspflichtig ist oder für entschädigungspflichtig erklärt ist, eventuell also hat sie die von ihr bewirkte Entschädigungsleistung zu erweisen. Sie muß endlich die Entschädigung auf Grund der dem Abs. 5 vorangehenden Vorschriften (Abs. 1—4) über die Haftpflicht mehrerer an der Beförderung beteiligten Eisenbahnen geleistet haben — nicht auf Grund irgendwelcher anderen Rechtsnormen oder in liberaler Absicht. Es genügt aber jede hiernach die Eisenbahn zur Entschädigung verpflichtende Bestimmung des HGB. bzw. der EVO., nicht bloß soweit sie sich auf Verlust, Beschädigung, Minderung oder Verspätung (§§ 84ff.) bezieht, sondern auch z. B. auf Entschädigung wegen Verletzung der Pflicht zur Annahme und Beförderung (§§ 3, 33), Erfüllung der Zoll-, Steuer- und Polizeivorschriften (§ 65), Befolgung nachträglicher Verfügungen (§ 73), Anzeige von Beförderungshindernissen (§ 74), Meldung von Ablieferungshindernissen (§ 81) und von dem Auffinden in Verlust geratenen Gutes (§ 91) ꝛc. Auch muß nicht bloß die Pflicht, sondern auch die Höhe (der Umfang) der Entschädigungsleistung nach Maßgabe der Normen der EVO. gerechtfertigt sein (z. B. §§ 88 ff.).

Liegt diese vorerörterte Voraussetzung vor, so steht der rückgriffsberechtigten Bahn der Rückgriff gegen die Bahn zu, welche den Schaden verschuldet hat. Es genügt also nicht, daß der Schade auf ihrer Strecke entstanden oder entdeckt oder herbeigeführt ist, sondern es bedarf der Feststellung, daß der Schade durch ihr bzw. ihrer Leute Verschulden verursacht ist. Dies ist von der rückgriffnehmenden Bahn zu beweisen. Die angegriffene Bahn kann sich durch den Gegenbeweis schützen, daß nicht sie, sondern eine oder mehrere andere Bahnen oder die regreßnehmende Bahn selbst den Schaden verschuldet haben. Steht aber das Verschulden der in Rückgriff genommenen Bahn fest, so haftet sie ausschließlich, d. h. sie hat endgültig allein den Schaden zu tragen bzw. der rückgriffnehmenden Bahn zu erstatten ohne Rückgriff gegen andere Bahnen und ohne den Einwand der Teilung, der Vorausklage 2c. Für den Begriff des Verschuldens ist das BGB. maßgebend.

§ 432 HGB. und § 100 EVO. treffen nicht — wie Art. 47 Abs. 1 Ziff. 2 J.Ü. — besondere Bestimmung für den Fall, daß mehrere der beteiligten Bahnen erweislich den Schaden zusammen verschuldet haben, z. B. die eine durch Verschulden bei der Beladung, die andere durch Verschulden bei der Entladung. Es ist nicht anzunehmen, daß in diesem Falle Satz 2 (s. Anm. 540 S. 573 ff.) zur Anwendung zu bringen ist, denn die Voraussetzung, daß die schuldtragende Bahn nicht ermittelt werden kann, liegt nicht vor. Vielmehr ist zu unterscheiden, ob der Schade aus der Verschuldung mehrerer beteiligter Bahnen trennbar ist oder nicht. Ist ersteres der Fall, indem z. B. die eine Bahn erweislich den Verlust des einen Teiles bei der Beladung, die andere den Bruch des anderen Teiles der Sendung bei der Entladung verschuldet hat, so hat nach Satz 1 die rückgriffsberechtigte Bahn den Ersatzanspruch gegen jede der schuldtragenden Bahnen in Höhe des durch ihr Verschulden herbeigeführten Schadens (§ 420 BGB.). Ist aber der Schade nicht trennbar, z. B. durch das erweislich beiderseitige Verschulden beim Zusammenstoß zweier Züge 2c., so kann die rückgriffberechtigte Bahn den Ersatzanspruch nach ihrem Belieben von jeder der schuldtragenden Bahnen ganz oder zu einem Teile fordern und diese bleiben ihr bis zur Erfüllung des ganzen Anspruches sämtlich verpflichtet (§ 421 BGB.). Das Verhältnis der schuldtragenden Bahnen regelt sich alsdann nach § 426 BGB.

540) Satz 2 des Abs. 5 trifft Bestimmung für den Fall, daß die Bahn, welche den Schaden verschuldet hat, nicht ermittelt werden kann. Nur dann findet Satz 2 Anwendung, wenn diese überhaupt nicht zu ermitteln ist. Kann also zwar eine Mehrheit am Schaden schuldtragender Bahnen ermittelt werden, nicht aber ihr besonderer Anteil an dem entstandenen Schaden, z. B. wenn zwei der beteiligten Bahnen undichte Wagen oder Decken stellen und das Gut durchnäßt wird, so findet Satz 2 keine Anwendung, sondern die in der vorangehenden Anm. 539 bezeichneten Bestimmungen des BGB. Nur wenn keiner der beteiligten Bahnen ein Verschulden an dem Schaden nachgewiesen werden kann, greift Satz 2 Platz, d. h. es haften sämtliche an der betreffenden Beförderung beteiligten Bahnen — auch die regreßnehmende als beteiligte — anteilweise für den Schaden. Ausgenommen von der Haftung bzw. Mithaftung sind nur diejenigen beteiligten Bahnen, bezüglich deren festgestellt ist, daß der Schade auf ihren Strecken nicht entstanden ist. Ihnen liegt es ob, dies bei erfolgter gemeinsamer Inanspruchnahme — der rückgriffnehmenden Bahn gegenüber — im Wege der Einrede nachzuweisen. Es wird also mangels einer oder mehrerer nachweislich am Schaden schuldtragenden Bahnen gesetzlich das Verschulden sämtlicher beteiligten Bahnen präsumiert und gegen diese gesetzliche Präsumtion können sich nur diejenigen Bahnen schützen und von der Mithaftung befreien, welche den strikten Gegenbeweis führen, daß der Schade auf ihrer Strecke nicht entstanden, mithin ein Verschulden ihrerseits ausgeschlossen ist, bzw. wenn dies in anderer Weise festgestellt ist. In den bei weitem meisten Fällen, namentlich bei allen inneren (äußerlich nicht wahrnehmbaren) Schäden, bei Diebstahl, Abhandenkommen, Verminderung ꝛc. wird aber dieser Negativbeweis sehr schwer zu erbringen, in der Regel unmöglich sein. Auch ist die Ausnahme mit den Grundsätzen der Billigkeit nicht vereinbar. Denn es kann sehr wohl der Schade durch ein Verschulden einer beteiligten Bahn (z. B. schlechte Verladung, mangelhafte Prüfung der Sendung, Fehldirigierung) verursacht sein, ohne daß er auf ihrer Strecke entstanden ist. Es ist ohne genügenden Grund hier mit dem Prinzip, daß das Verschulden entscheidet, gebrochen und an dessen Stelle der Zufall gesetzt worden (Schwab 362, Rosenthal 267, Eger, J.Ü.[3] S. 471).

Die Haftung der beteiligten Bahnen bestimmt sich nach dem Verhältnis ihrer Streckenlängen, mit denen sie an der Beförderung beteiligt sind. Sowohl nach dem HGB. § 432 Abs. 3 Satz 2, wie nach dem J.Ü. Art. 47 Abs. 1 Ziff. 3 und der bisherigen EVO. § 74 Abs. 5 Satz 2 ist das Verhältnis der Anteile der beteiligten Bahnen an der Fracht maßgebend. Die Abweichung der neuen EVO. ist damit begründet, daß dadurch das Abrechnungsgeschäft wesentlich gefördert wird, weil die Anteilszahlen häufig erst jahrelang nach der Herausgabe des Tarifes festgestellt werden (Begr. 118). Maßgebend sind diejenigen Streckenlängen, welche das Gut bei ordnungsmäßiger Ausführung der Beförderung durchlaufen haben würde, nicht diejenigen Streckenlängen, welche es tatsächlich durchlaufen hat. Dies ergeben auch klar die Worte „mit denen sie an der Beförderung beteiligt sind". Da auch die regreßnehmende Eisenbahn als an der Beförderung beteiligte im vorliegenden Falle für den Schaden mitaufzukommen hat, wenn nicht festgestellt wird, daß der Schade nicht auf ihrer Beförderungsstrecke entstanden ist, so geht von der Regreßforderung der auf sie selbst im Verhältnis ihrer Strecken entfallende Anteil an der Gesamtentschädigung in Abzug, bzw. sie hat ihren Anteil selbst zu tragen. Kann von einer der beteiligten Bahnen der auf sie entfallende Beitrag nicht erlangt werden, so ist der Ausfall von den übrigen zur gemeinsamen Tragung des Schadens verpflichteten Bahnen zu übernehmen (BGB. § 426 Abs. 1 Satz 2).

541) Satz 3 bestimmt, daß die Befugnis der Eisenbahnen, über den Rückgriff im voraus oder im einzelnen Falle andere Vereinbarungen zu treffen, durch die beiden vorangehenden Sätze nicht berührt wird. Diese dem Art. 54 des J.Ü. nachgebildete Bestimmung ist mit Rücksicht auf § 471 Abs. 2 Satz 2 HGB. aufgenommen, um jeden Zweifel über die Gültigkeit derartiger Vereinbarungen zu beseitigen. Es können hiernach die der EVO. unterworfenen Bahnen Vereinbarungen über den Rückgriff treffen, und zwar sowohl in materiellrechtlicher Hinsicht (Haftung, Verteilung, Höhe der Erstattung rc.), wie auch in formellrechtlicher Beziehung (Ausschluß des gerichtlichen Verfahrens, Entscheidung durch Schiedsspruch, Gerichtsstand, Fristen rc.). Diese Vereinbarungen können „im voraus", d. h. generell und für alle oder auch bestimmte Kategorien von Rückgriffsfällen (im Wege ständiger, reglementarischer Abmachungen) oder „im einzelnen Falle", d. h. nach Entstehung eines einzelnen Rückgriffsfalles im Wege des Vergleiches, Anerkenntnisses, durch periodisch zusammentretende Konferenzen, Kommissionen rc. getroffen werden. Sind sie gültig zustande gekommen, so gehen sie den Vorschriften der Sätze 1 u. 2 prinzipaliter vor. Insoweit die Vereinbarungen aber unvollständig sind, treten die Sätze 1 u. 2 subsidiär und ergänzend ein. Häufig wird die Vereinbarung dahin gehen, daß der Rückgriffsfall nicht durch gerichtliche Entscheidung, sondern durch Schiedsspruch zu entscheiden ist, und entweder der Schiedsrichter von vornherein ein für allemal bestimmt oder die Form angegeben sein, in welcher er im Einzelfalle zu wählen ist. (Vgl. Übereink. z. BetrRegl. d. Ver. D. EisenbVerw. Art. 17 u. 23.)

Anlagen.

Anlage A.
(Zu § 44 EVO.)

Leichenpaß.

Die nach Vorschrift eingesargte Leiche de am .... ten

.... 19............ in ....(Ort)..................................

an ....(Todesursache)........................... verstorbenen ....(Alter)......... jährigen

..........(Stand, Vor- und Zuname des Verstorbenen, bei Kindern Stand der Eltern)..........

soll mit der Eisenbahn von .... über ....

nach .... zur Bestattung befördert werden. Nachdem diese Überführung der Leiche genehmigt worden ist, werden sämtliche Behörden, deren Bezirke durch den Transport berührt werden, ersucht, ihn ungehindert und ohne Aufenthalt weitergehen zu lassen.

................................., den .... ten .... 19.....

(Siegel.) (Unterschrift.)

Anlage B.

(§ 49, (2), EVO.)

Nähere Bestimmungen über die Beförderung von lebenden Tieren.

I. Verladung.

§ 1.

(1) Soweit die Stationen nach dem Tarif unbeschränkt oder beschränkt für den Viehverkehr bestimmt sind, müssen sie mit Vorrichtungen versehen sein, die, den Abfertigungsbefugnissen entsprechend, ein zweckmäßiges Ein- und Ausladen der Tiere gestatten.

(2) Auf der Oberfläche hölzerner Verladerampen müssen in angemessenen Zwischenräumen schmale Latten mit abgerundeten Kanten angebracht sein, damit die Tiere sicher fußen können.

(3) Die Oberfläche fester Rampen darf höchstens 1 : 8, die der beweglichen Vorrichtungen höchstens 1 : 3 geneigt sein.

(4) Die Ladebrücken müssen hinreichend breit und mit mindestens 20 Zentimeter hohen Schutzleisten an beiden Seiten sowie mit Trittlatten [Abs. (2)] versehen sein. Auch müssen Vorkehrungen zum Schutze gegen seitliches Abdrängen der Tiere getroffen sein.

(5) Auf Stationen mit regelmäßigem größerem Viehversand sowie auf den Tränkstationen (§ 6) oder in deren Nähe müssen zur vorübergehenden Unterbringung des Viehes eingefriedigte Räume (Buchten oder Bansen) vorhanden sein, von denen ein angemessener Teil überdeckt sein muß. Diese von der Eisenbahn zu schaffenden Räume müssen Brunnen oder Wasserleitung sowie Vorrichtungen zum Anbinden, Füttern und Tränken der Tiere enthalten. Sie müssen in kleinere Abteilungen geteilt sein, in denen die Tiere verschiedener Gattung und das Großvieh (Pferde einschließlich Ponies, auch Fohlen, ferner Rindvieh, Maultiere, Esel u. dgl.), vom Kleinvieh (Schweine, Kälber, Schafe, Ziegen, Hunde, Geflügel u. dgl.) getrennt unterzubringen sind; Muttertiere mit saugenden Jungen bleiben zusammen. Der Fußboden muß so beschaffen sein, daß eine ordnungsmäßige Reinigung möglich ist.

(6) Für die vorübergehende Unterbringung der Tiere in überdeckten Räumen kann eine im Tarife festzusetzende Gebühr erhoben werden. Sie dient zugleich als Vergütung für die Benutzung der Einrichtungen zum Füttern und Tränken.

§ 2.

(1) Die Tiere sind in bedeckten oder in hochbordigen offenen Wagen zu befördern. In den Monaten Januar, Februar, März, November und Dezember dürfen offene Wagen nur auf Antrag des Absenders gestellt werden. Geflügel darf nur in bedeckten Wagen befördert werden.

(2) Mehrbödige Wagen dürfen nur verwendet werden, wenn sie an den Seiten Lattenwände haben; diese müssen so weit aus dichten Brettern bestehen oder mit dichten Klappen versehen sein, daß die Tiere gegen Zugluft von unten geschützt sind und das Herausfallen von Kot und Streu verhindert wird. Diese Bestimmung gilt nicht für die mehr als zweibödigen zur Geflügelbeförderung bestimmten Wagen. Doch müssen auch bei diesen Wagen die Seitenwände aus Latten bestehen und mit Schutzleisten versehen sein, die das Herausfallen von Kot und Streu verhindern.

(3) Die Unterkästen der Wagen dürfen nur zur Beförderung einzelner unterwegs erkrankter Tiere benutzt werden.

(4) Die lichte Breite der zur Beförderung von Großvieh dienenden Wagen muß mindestens 2,60 m betragen.

(5) Bei Verwendung bedeckter Wagen zur Viehbeförderung sind solche Wagen auszuwählen, die in der Nähe der Wagendecke an den Längs- oder Stirnseiten je zwei verschließbare Öffnungen von je mindestens 0,40 m Länge

und 0,30 m Breite haben und außerdem an den Türen mit Vorrichtungen versehen sind, die ihr Offenhalten in einer Breite von 0,35 m bei Großvieh und 0,15 m bei Kleinvieh ermöglichen. Bleiben die Türen während der Fahrt ganz geöffnet, so müssen die Türöffnungen durch einen 1,50 m hohen Bretterverschlag oder durch Lattengitter verstellt sein.

(6) Die offenen Türen müssen bei Verwendung für Großvieh eine Bordhöhe von mindestens 1,50 m und bei Verwendung für Kleinvieh eine Bordhöhe von mindestens 0,75 m über dem Fußboden haben.

(7) Zum Festbinden der Tiere müssen Vorrichtungen, wie eiserne Ringe oder dgl., in den Wagen angebracht sein.

(8) Die Ladefläche der zur Beförderung von Tieren dienenden Wagen muß an der Außenseite angegeben sein, und zwar bei mehrbödigen und bei den in mehrere Abteile geteilten Wagen derart, daß die Größe eines jeden Raumes ersichtlich ist.

(9) Bezüglich der vorhandenen alten Wagen können Abweichungen von den Vorschriften in Abs. (4) und (5) von den Landesaufsichtsbehörden nach Zustimmung des Reichs-Eisenbahnamtes zugelassen werden.

§ 3.

(1) Die zur Beförderung von Tieren dienenden Käfige, Kisten, Körbe, Säcke oder anderen Behälter müssen geräumig und luftig sein. Die Tiere dürfen nicht geknebelt aufgegeben werden.

(2) Käfige oder ähnliche Behälter müssen einen dichten Boden und so weit hinauf dichte Wände haben, daß eine Verunreinigung des Wagens durch Kot und Streu möglichst ausgeschlossen ist. Diese Vorschrift gilt nicht für Geflügel in Wagenladungen. Der Boden der Behälter muß mit Heu, Stroh, Sand, Torfmull oder Sägespänen bedeckt sein. Bei der Verladung ist darauf zu achten, daß zu den Tieren ausreichend frische Luft treten kann; insbesondere dürfen andere Güter nicht auf die Behälter und diese nur dann übereinander verladen werden, wenn durch Leisten oder dgl. dafür gesorgt ist, daß zwischen dem Boden des oberen und dem Deckel des unteren Behälters ein Luftraum von mindestens 3 cm Höhe frei bleibt. Behälter, die ganz oder zum Teil aus Latten bestehen, müssen so beschaffen sein, daß die Tiere nicht einzelne Körperteile hindurchzwängen können, auch müssen sie so hoch sein, daß die Tiere zwanglos darin stehen können. Gebrauchte Käfige, Kisten, Körbe, Säcke oder dgl. dürfen nur nach gründlicher Reinigung wieder benutzt werden. Ferner müssen Käfige oder ähnliche Behälter, wenn die Beförderung voraussichtlich mehr als 36 Stunden dauert, mit zweckmäßigen Vorrichtungen zum Tränken und bei Kleinvieh auch zum Füttern der Tiere versehen sein, sofern nicht der Absender für die Fütterung und Tränkung auf Unterwegsstationen in anderer Weise gesorgt hat.

(3) Bei Festsetzung der größten Zahl der in einen Wagen zu verladenden Tiere ist zu berücksichtigen, daß Großvieh nicht aneinander und gegen die Wandung des Wagens gepreßt stehen darf. Dieser Vorschrift ist genügt, wenn sich ein Mann zwischen den eingeladenen Tieren hindurch bewegen kann. Bei der Querverladung muß außerdem zwischen den Tieren und den Wagenwänden so viel Raum bleiben, daß eine Verletzung der Tiere durch Aufscheuern oder dgl. am Kopf oder am Hinterteile vermieden wird. Kleinvieh muß die Möglichkeit haben, sich zu legen. Die Entscheidung darüber, ob diesen Vorschriften entsprochen ist, steht dem Aufsichtsbeamten zu.

(4) Großvieh und Kleinvieh sowie Tiere verschiedener Gattung dürfen in denselben Wagen nur dann verladen werden, wenn jede Gattung durch Schranken, Bretter- oder Lattenverschläge von der anderen getrennt wird. Auch in Käfigen oder ähnlichen Behältern müssen Tiere verschiedener Gattung durch Verschläge oder dgl. voneinander getrennt werden. Bei der Beförderung von Muttertieren mit saugenden Jungen fallen diese Beschränkungen weg.

(5) Die mit unverpacktem Geflügel beladenen Wagen sind unter Bleiverschluß zu befördern.

(6) Die Fußböden der offenen Wagen und derjenigen bedeckten Wagen, die Lattenwände haben, dürfen nicht mit leicht entzündlichen Stoffen bestreut werden.

II. Beförderung.

§ 4.

(1) Lebende Tiere werden in Viehzügen und Güterzügen, nach näherer Bestimmung der Eisenbahn auch in Personenzügen befördert.

(2) Viehzüge müssen auf Strecken mit regelmäßigem starkem Viehverkehr an bestimmten von der Eisenbahn bekannt zu machenden Tagen — regelmäßig oder nur nach Bedarf — nach den bei jedem Fahrplanwechsel festzusetzenden Fahrplänen verkehren; sie müssen derart gelegt sein, daß der Aufenthalt für das auf den Anschlußlinien zu- und abgehende Vieh auf das unbedingt nötige Maß beschränkt wird. Bei Aufstellung der Fahrpläne ist für die Tränkstationen (§ 6) ein ausreichender Aufenthalt vorzusehen.

(3) Steht so viel Vieh zur Beförderung, daß zu seiner Verladung mindestens 20 Achsen erforderlich sind, so ist in Ermangelung anderer Beförderungsgelegenheiten ein besonderer Viehzug abzulassen.

§ 5.

(1) Die durchschnittliche Geschwindigkeit der Viehzüge [§ 4 Abs. (2)] darf — vorbehaltlich der Befugnis der Landes-Aufsichtsbehörde, bei besonderen Verhältnissen nach Genehmigung des Reichs-Eisenbahnamtes Abweichungen zu gestatten — nicht weniger als 25 Kilometer in der Stunde betragen. Soweit Bestimmungen der Eisenbahn-Bau- und Betriebsordnung dieser Geschwindigkeit entgegenstehen, ist sie zu ermäßigen.

(2) Die für die Tränkstationen vorzusehenden Aufenthalte [§ 4 Abs. (2)] bleiben bei Berechnung der durchschnittlichen Geschwindigkeit außer Betracht.

(3) Für die Viehzüge der Militärverwaltung gilt die Vorschrift im Abs. (1) nicht.

§ 6.

(1) Alle Tiere, deren Beförderung 24 Stunden oder länger in Anspruch nimmt, sollen vor der Verladung vom Absender gefüttert und getränkt werden. Dauert die Beförderung in Viehzügen mehr als 36 Stunden, so sind die Tiere spätestens nach je 36 Stunden zu füttern und zu tränken. Für die Beförderung von Militärpferden in Viehzügen gelten vorstehende Bestimmungen nicht.

(2) Für die unterwegs erforderliche Fütterung und Tränkung sind nach Bedarf besondere Stationen mit Einrichtungen zu versehen. Diese Stationen (sogenannte Tränkstationen) werden vom Reichs-Eisenbahnamte nach Anhörung der beteiligten Bundesregierung bestimmt und sind in den Tarifen bekannt zu machen.

§ 7

(1) Das Verschieben der mit Tieren beladenen Wagen ist auf das dringendste Bedürfnis zu beschränken und stets mit besonderer Vorsicht vorzunehmen; heftiges Anstoßen ist unbedingt zu vermeiden.

(2) Die Behälter mit Tieren dürfen beim Ein- und Ausladen nicht gestoßen, geworfen oder gestürzt werden.

§ 8.

Bei Beförderung zur Nachtzeit müssen die Begleiter von Viehsendungen gut brennende Laternen mit sich führen, wobei leicht entzündliche Brennstoffe, wie Petroleum oder dgl., verboten sind.

Anlage C.

Vorschriften über bedingungsweise zur Beförderung zugelassene Gegenstände (s. Anm. 209 S. 210). [§ 54 Abs. (3) A.]

Bemerkung: Die stark umrahmten Teile sind durch die Eisenbahn, die übrigen durch den Absender auszufüllen. Bei

Kurswagen Nr. ...

Abgefertigt nach ...

über ...

Zoll- od. Steuerabf. auf Station ...

Abgangsbuch Nr. ...

Prüfungsstempel der Bahn

Frachtbrief

(Für den Frachtvertrag gelten die EVO. und die in Betracht kommenden Tarife.)

An ...

in ...

(Wohnung) ...

Bestimmungsstation ...

Bestimmungsort ...
(Nur anzugeben, wenn er ein anderer ist als die Bestimmungsstation.)

Nummer	Eigentumsmerkmale	Ladegewicht (Ladefläche) kg (qm)
des Wagens		

Zulässige oder vorgeschriebene Erklärungen wie: bahnlagernd, Anschlußgleis, Zoll- oder Steuerabfertigung in ..., mit Kleinbahn weiter nach ... u. dgl.

Adresse oder Zeichen	Nummer	Anzahl	Art der Verpackung	Inhalt	Wirkliches Rohgewicht kg

..., den ... ten ...

Unterschrift des Absenders.

...

Wohnung ...

Stempel der Umlade- und Umbehandlungsstationen.

ütern, die der Absender verladen hat, sind von ihm auch Nummer und Eigentumsmerkmale des Wagens einzutragen.

Freivermerk .... | Duplikat (Aufnahmeschein) beantragt?

Interesse an der Lieferung } in Buchstaben

Nachnahme

Einzelnachweis .... ℳ | Pf.

Gesamtbetrag in Buchstaben { Barvorschuß / nach Eingang

Berechnung: abgerundetes Gewicht kg	Tarifklasse	Frachtsatz für 100 kg ℳ	Vom Absender bezahlt ℳ	Pf.	Rechnung	Vom Empfänger zu erheben ℳ	Pf.
					Gebühr für das Interesse an der Lieferung		
					Nachnahme { Barvorschuß		
					nach Eingang		
					Nachnahmegebühr		
					Fracht bis		

Stempel der **Versand**station	**Wäge**stempel	**Duplikat-** (Aufnahmeschein-) Stempel	Stempel der **Bestimmungs**station

Höhe: 30 cm

Papierbreite: 38 cm

Anlage E: Eilfrachtbrief (Muster wie vor mit einem roten Streifen oben und unten, auf der Vorder- und Rückseite).

Anlage F.

Allgemeine Erklärung über die Verpackung des Gutes.

Ich erkenne an, daß die von mir bei der Güterabfertigungsstelle der

Eisenbahn in ....

aufgelieferten Güter, und zwar: ....

unverpackt
in nachbeschriebener mangelhafter Verpackung *)

.... aufgegeben sind,

wenn im Frachtbrief auf diese Erklärung Bezug genommen ist.

...., den ....ten.................................. 19.....

(Unterschrift.)

*) Je nach der Beschaffenheit der Sendungen sind entweder das Wort „unverpackt" oder die Worte „in nachbeschriebener mangelhafter Verpackung" zu streichen.

Anhang.

Auszug aus dem deutschen Handelsgesetzbuch.

Vom 10. Mai 1897.

(Reichs-Gesetzblatt Nr. 23 S. 219.)

Gültig vom 1. Januar 1900.

Drittes Buch.

(Handelsgeschäfte.)

Sechster Abschnitt.

Frachtgeschäft.

§ 425.

Frachtführer ist, wer es gewerbsmäßig übernimmt, die Beförderung von Gütern zu Lande oder auf Flüssen oder sonstigen Binnengewässern auszuführen.

§ 426.

Der Frachtführer kann die Ausstellung eines Frachtbriefes verlangen.

Der Frachtbrief soll enthalten:

1. den Ort und den Tag der Ausstellung;
2. den Namen und den Wohnort des Frachtführers;
3. den Namen dessen, an welchen das Gut abgeliefert werden soll (des Empfängers);
4. den Ort der Ablieferung;
5. die Bezeichnung des Gutes nach Beschaffenheit, Menge und Merkzeichen;
6. die Bezeichnung der für eine zoll- oder steueramtliche Behandlung oder polizeiliche Prüfung nötigen Begleitpapiere;
7. die Bestimmung über die Fracht, sowie im Falle ihrer Vorausbezahlung einen Vermerk über die Vorausbezahlung;
8. die besonderen Vereinbarungen, welche die Beteiligten über andere Punkte, namentlich über die Zeit, innerhalb welcher die Beförderung bewirkt werden soll, über die Entschädigung wegen verspäteter Ablieferung und über die auf dem Gute haftenden Nachnahmen getroffen haben;
9. die Unterschrift des Absenders; eine im Wege der mechanischen Vervielfältigung hergestellte Unterschrift ist genügend.

Der Absender haftet dem Frachtführer für die Richtigkeit und die Vollständigkeit der in den Frachtbrief aufgenommenen Angaben.

§ 427.

Der Absender ist verpflichtet, dem Frachtführer die Begleitpapiere zu übergeben, welche zur Erfüllung der Zoll-, Steuer- oder Polizeivorschriften vor der

Ablieferung an den Empfänger erforderlich sind. Er haftet dem Frachtführer, sofern nicht diesem ein Verschulden zur Last fällt, für alle Folgen, die aus dem Mangel, der Unzulänglichkeit oder der Unrichtigkeit der Papiere entstehen.

§ 428.

Ist über die Zeit, binnen welcher der Frachtführer die Beförderung bewirken soll, nichts bedungen, so bestimmt sich die Frist, innerhalb deren er die Reise anzutreten und zu vollenden hat, nach dem Ortsgebrauche. Besteht ein Ortsgebrauch nicht, so ist die Beförderung binnen einer den Umständen nach angemessenen Frist zu bewirken.

Wird der Antritt oder die Fortsetzung der Reise ohne Verschulden des Absenders zeitweilig verhindert, so kann der Absender von dem Vertrage zurücktreten; er hat jedoch den Frachtführer, wenn diesem kein Verschulden zur Last fällt, für die Vorbereitung der Reise, die Wiederausladung und den zurückgelegten Teil der Reise zu entschädigen. Über die Höhe der Entschädigung entscheidet der Ortsgebrauch; besteht ein Ortsgebrauch nicht, so ist eine den Umständen nach angemessene Entschädigung zu gewähren.

§ 429.

Der Frachtführer haftet für den Schaden, der durch Verlust oder Beschädigung des Gutes in der Zeit von der Annahme bis zur Ablieferung oder durch Versäumung der Lieferzeit entsteht, es sei denn, daß der Verlust, die Beschädigung oder die Verspätung auf Umständen beruht, die durch die Sorgfalt eines ordentlichen Frachtführers nicht abgewendet werden konnten.

Für den Verlust oder die Beschädigung von Kostbarkeiten, Kunstgegenständen, Geld und Wertpapieren haftet der Frachtführer nur, wenn ihm diese Beschaffenheit oder der Wert des Gutes bei der Übergabe zur Beförderung angegeben worden ist.

§ 430.

Muß auf Grund des Frachtvertrages von dem Frachtführer für gänzlichen oder teilweisen Verlust des Gutes Ersatz geleistet werden, so ist der gemeine Handelswert und in dessen Ermangelung der gemeine Wert zu ersetzen, welchen Gut derselben Art und Beschaffenheit am Orte der Ablieferung in dem Zeitpunkte hatte, in welchem die Ablieferung zu bewirken war; hiervon kommt in Abzug, was infolge des Verlustes an Zöllen und sonstigen Kosten sowie an Fracht erspart ist.

Im Falle der Beschädigung ist der Unterschied zwischen dem Verkaufswerte des Gutes im beschädigten Zustand und dem gemeinen Handelswert oder dem gemeinen Werte zu ersetzen, welchen das Gut ohne die Beschädigung am Orte und zur Zeit der Ablieferung gehabt haben würde; hiervon kommt in Abzug, was infolge der Beschädigung an Zöllen und sonstigen Kosten erspart ist.

Ist der Schaden durch Vorsatz oder grobe Fahrlässigkeit des Frachtführers herbeigeführt, so kann Ersatz des vollen Schadens gefordert werden.

§ 431.

Der Frachtführer hat ein Verschulden seiner Leute und ein Verschulden anderer Personen, deren er sich bei der Ausführung der Beförderung bedient, in gleichem Umfange zu vertreten wie eigenes Verschulden.

§ 432.

Übergibt der Frachtführer zur Ausführung der von ihm übernommenen Beförderung das Gut einem anderen Frachtführer, so haftet er für die Ausführung der Beförderung bis zur Ablieferung des Gutes an den Empfänger.

Der nachfolgende Frachtführer tritt dadurch, daß er das Gut mit dem ursprünglichen Frachtbrief annimmt, diesem gemäß in den Frachtvertrag ein und übernimmt die selbständige Verpflichtung, die Beförderung nach dem Inhalte des Frachtbriefes auszuführen.

Hat auf Grund dieser Vorschriften einer der beteiligten Frachtführer Schadensersatz geleistet, so steht ihm der Rückgriff gegen denjenigen zu, welcher den Schaden verschuldet hat. Kann dieser nicht ermittelt werden, so haben die beteiligten Frachtführer den Schaden nach dem Verhältnis ihrer Anteile an der Fracht gemeinsam zu tragen, soweit nicht festgestellt wird, daß der Schaden nicht auf ihrer Beförderungsstrecke entstanden ist.

§ 433.

Der Absender kann den Frachtführer anweisen, das Gut anzuhalten, zurückzugeben oder an einen anderen als den im Frachtbriefe bezeichneten Empfänger auszuliefern. Die Mehrkosten, die durch eine solche Verfügung entstehen, sind dem Frachtführer zu erstatten.

Das Verfügungsrecht des Absenders erlischt, wenn nach der Ankunft des Gutes am Orte der Ablieferung der Frachtbrief dem Empfänger übergeben oder von dem Empfänger Klage gemäß § 435 gegen den Frachtführer erhoben wird. Der Frachtführer hat in einem solchen Falle nur die Anweisungen des Empfängers zu beachten; verletzt er diese Verpflichtung, so ist er dem Empfänger für das Gut verhaftet.

§ 434.

Der Empfänger ist vor der Ankunft des Gutes am Orte der Ablieferung dem Frachtführer gegenüber berechtigt, alle zur Sicherstellung des Gutes erforderlichen Maßregeln zu ergreifen und dem Frachtführer die zu diesem Zwecke notwendigen Anweisungen zu erteilen. Die Auslieferung des Gutes kann er vor dessen Ankunft am Orte der Ablieferung nur fordern, wenn der Absender den Frachtführer dazu ermächtigt hat.

§ 435.

Nach der Ankunft des Gutes am Orte der Ablieferung ist der Empfänger berechtigt, die durch den Frachtvertrag begründeten Rechte gegen Erfüllung der sich daraus ergebenden Verpflichtungen in eigenem Namen gegen den Frachtführer geltend zu machen, ohne Unterschied, ob er hierbei in eigenem oder fremdem Interesse handelt. Er ist insbesondere berechtigt, von dem Frachtführer die Übergabe des Frachtbriefes und die Auslieferung des Gutes zu verlangen. Dieses Recht erlischt, wenn der Absender dem Frachtführer eine nach § 433 noch zulässige entgegenstehende Anweisung erteilt.

§ 436.

Durch Annahme des Gutes und des Frachtbriefes wird der Empfänger verpflichtet, dem Frachtführer nach Maßgabe des Frachtbriefes Zahlung zu leisten.

§ 437.

Ist der Empfänger des Gutes nicht zu ermitteln oder verweigert er die Annahme oder ergibt sich ein sonstiges Ablieferungshindernis, so hat der Frachtführer den Absender unverzüglich hiervon in Kenntnis zu setzen und dessen Anweisung einzuholen.

Ist dies den Umständen nach nicht tunlich oder der Absender mit der Erteilung der Anweisung säumig oder die Anweisung nicht ausführbar, so ist der Frachtführer befugt, das Gut in einem öffentlichen Lagerhaus oder sonst in sicherer Weise zu hinterlegen. Er kann, falls das Gut dem Verderben ausgesetzt und Gefahr im Verzug ist, das Gut auch gemäß § 373 Abs. 2 bis 4 verkaufen lassen.

Von der Hinterlegung und dem Verkaufe des Gutes hat der Frachtführer den Absender und den Empfänger unverzüglich zu benachrichtigen, es sei denn, daß dies untunlich ist; im Falle der Unterlassung ist er zum Schadensersatze verpflichtet.

§ 438.

Ist die Fracht nebst den sonst auf dem Gute haftenden Forderungen bezahlt und das Gut angenommen, so sind alle Ansprüche gegen den Frachtführer aus dem Frachtvertrag erloschen.

Diese Vorschrift findet keine Anwendung, soweit die Beschädigung oder Minderung des Gutes vor dessen Annahme durch amtlich bestellte Sachverständige festgestellt ist.

Wegen einer Beschädigung oder Minderung des Gutes, die bei der Annahme äußerlich nicht erkennbar ist, kann der Frachtführer auch nach der Annahme des Gutes und der Bezahlung der Fracht in Anspruch genommen werden, wenn der Mangel in der Zeit zwischen der Übernahme des Gutes durch den Frachtführer und der Ablieferung entstanden ist und die Feststellung des Mangels durch amtlich bestellte Sachverständige unverzüglich nach der Entdeckung und spätestens binnen einer Woche nach der Annahme beantragt wird. Ist dem Frachtführer der Mangel unverzüglich nach der Entdeckung und binnen der bezeichneten Frist angezeigt, so genügt es, wenn die Feststellung unverzüglich nach dem Zeitpunkte beantragt wird, bis zu welchem der Eingang einer Antwort des Frachtführers unter regelmäßigen Umständen erwartet werden darf.

Die Kosten einer von dem Empfangsberechtigten beantragten Feststellung sind von dem Frachtführer zu tragen, wenn ein Verlust oder eine Beschädigung ermittelt wird, für welche der Frachtführer Ersatz leisten muß.

Der Frachtführer kann sich auf diese Vorschriften nicht berufen, wenn er den Schaden durch Vorsatz oder grobe Fahrlässigkeit herbeigeführt hat.

§ 439.

Auf die Verjährung der Ansprüche gegen den Frachtführer wegen Verlustes, Minderung, Beschädigung oder verspäteter Ablieferung des Gutes finden die Vorschriften des § 414 entsprechende Anwendung. Dies gilt nicht für die im § 432 Abs. 3 bezeichneten Ansprüche.

§ 440

Der Frachtführer hat wegen aller durch den Frachtvertrag begründeten Forderungen, insbesondere der Fracht- und Liegegelder, der Zollgelder und anderer Auslagen, sowie wegen der auf das Gut geleisteten Vorschüsse ein Pfandrecht an dem Gute.

Das Pfandrecht besteht, solange der Frachtführer das Gut noch im Besitze hat, insbesondere mittelst Konnossements, Ladescheines oder Lagerscheines darüber verfügen kann.

Auch nach der Ablieferung dauert das Pfandrecht fort, sofern der Frachtführer es binnen drei Tagen nach der Ablieferung gerichtlich geltend macht und das Gut noch im Besitze des Empfängers ist.

Die im § 1234 Abs. 1 des Bürgerlichen Gesetzbuchs bezeichnete Androhung des Pfandverkaufes, sowie die in den §§ 1237, 1241 des Bürgerlichen Gesetzbuchs vorgesehenen Benachrichtigungen sind an den Empfänger zu richten. Ist dieser nicht zu ermitteln oder verweigert er die Annahme des Gutes, so hat die Androhung und Benachrichtigung gegenüber dem Absender zu erfolgen.

§ 441.

Der letzte Frachtführer hat, falls nicht im Frachtbrief ein anderes bestimmt ist, bei der Ablieferung auch die Forderungen der Vormänner, sowie die auf dem Gute haftenden Nachnahmen einzuziehen und die Rechte der Vormänner, insbesondere auch das Pfandrecht, auszuüben. Das Pfandrecht der Vormänner besteht so lange als das Pfandrecht des letzten Frachtführers.

Wird der vorhergehende Frachtführer von dem nachfolgenden befriedigt, so gehen seine Forderung und sein Pfandrecht auf den letzteren über.

In gleicher Art gehen die Forderung und das Pfandrecht des Spediteurs auf den nachfolgenden Spediteur und den nachfolgenden Frachtführer über.

§ 442.

Der Frachtführer, welcher das Gut ohne Bezahlung abliefert und das Pfandrecht nicht binnen drei Tagen nach der Ablieferung gerichtlich geltend macht, ist den Vormännern verantwortlich. Er wird, ebenso wie die vorhergehenden Frachtführer und Spediteure, des Rückgriffes gegen die Vormänner verlustig. Der Anspruch gegen den Empfänger bleibt in Kraft.

§ 443.

Bestehen an demselben Gute mehrere nach den §§ 397, 410, 421, 440 begründete Pfandrechte, so geht unter denjenigen Pfandrechten, welche durch die Versendung oder durch die Beförderung des Gutes entstanden sind, das später entstandene dem früher entstandenen vor.

Diese Pfandrechte haben sämtlich den Vorrang vor dem nicht aus der Versendung entstandenen Pfandrechte des Kommissionärs und des Lagerhalters sowie vor dem Pfandrechte des Spediteurs und des Frachtführers für Vorschüsse.

§ 444.

Über die Verpflichtung zur Auslieferung des Gutes kann von dem Frachtführer ein Ladeschein ausgestellt werden.

§ 445.

Der Ladeschein soll enthalten:

1. den Ort und den Tag der Ausstellung;
2. den Namen und den Wohnort des Frachtführers;
3. den Namen des Absenders;
4. den Namen desjenigen, an welchen oder an dessen Order das Gut abgeliefert werden soll; als solcher gilt der Absender, wenn der Ladeschein nur an Order gestellt ist;
5. den Ort der Ablieferung;
6. die Bezeichnung des Gutes nach Beschaffenheit, Menge und Merkzeichen;
7. die Bestimmung über die Fracht und über die auf dem Gute haftenden Nachnahmen, sowie im Falle der Vorausbezahlung der Fracht einen Vermerk über die Vorausbezahlung.

Der Ladeschein muß von dem Frachtführer unterzeichnet sein.

Der Absender hat dem Frachtführer auf Verlangen eine von ihm unterschriebene Abschrift des Ladescheines auszuhändigen.

§ 446.

Der Ladeschein entscheidet für das Rechtsverhältnis zwischen dem Frachtführer und dem Empfänger des Gutes; die nicht in den Ladeschein aufgenommenen Bestimmungen des Frachtvertrages sind dem Empfänger gegenüber unwirksam, sofern nicht der Ladeschein ausdrücklich auf sie Bezug nimmt.

Für das Rechtsverhältnis zwischen dem Frachtführer und dem Absender bleiben die Bestimmungen des Frachtvertrages maßgebend.

§ 447.

Zum Empfange des Gutes legitimiert ist derjenige, an welchen das Gut nach dem Ladeschein abgeliefert werden soll oder auf welchen der Ladeschein, wenn er an Order lautet, durch Indossament übertragen ist.

Der zum Empfange Legitimierte hat schon vor Ankunft des Gutes am Ablieferungsorte die Rechte, welche dem Absender in Ansehung der Verfügung über das Gut zustehen, wenn ein Ladeschein nicht ausgestellt ist.

Der Frachtführer darf einer Anweisung des Absenders, das Gut anzuhalten, zurückzugeben oder an einen anderen als den durch den Ladeschein legitimierten Empfänger auszuliefern, nur Folge leisten, wenn ihm der Ladeschein zurückgegeben wird; verletzt er diese Verpflichtung, so ist er dem rechtmäßigen Besitzer des Ladescheines für das Gut verhaftet.

§ 448.

Der Frachtführer ist zur Ablieferung des Gutes nur gegen Rückgabe des Ladescheines, auf dem die Ablieferung des Gutes bescheinigt ist, verpflichtet.

§ 449.

Im Falle des § 432 Abs. 1 wird der nachfolgende Frachtführer, der das Gut auf Grund des Ladescheines übernimmt, nach Maßgabe des Scheines verpflichtet.

§ 450.

Die Übergabe des Ladescheines an denjenigen, welcher durch den Schein zur Empfangnahme des Gutes legitimiert wird, hat, wenn das Gut von dem Frachtführer übernommen ist, für den Erwerb von Rechten an dem Gute dieselben Wirkungen wie die Übergabe des Gutes.

§ 451.

Die Vorschriften der §§ 426 bis 450 kommen auch zur Anwendung, wenn ein Kaufmann, der nicht Frachtführer ist, im Betriebe seines Handelsgewerbe eine Beförderung von Gütern zu Lande oder auf Flüssen oder sonstigen Binnengewässern auszuführen übernimmt.

§ 452.

Auf die Beförderung von Gütern durch die Postverwaltungen des Reiches und der Bundesstaaten finden die Vorschriften dieses Abschnittes keine Anwendung. Die bezeichneten Postverwaltungen gelten nicht als Kaufleute im Sinne dieses Gesetzbuches.

Siebenter Abschnitt.

Beförderung von Gütern und Personen auf den Eisenbahnen.

§ 453.

Eine dem öffentlichen Güterverkehre dienende Eisenbahn darf die Übernahme von Gütern zur Beförderung nach einer für den Güterverkehr eingerichteten Station innerhalb des Deutschen Reiches nicht verweigern, sofern

1. der Absender sich den geltenden Beförderungsbedingungen und den sonstigen allgemeinen Anordnungen der Eisenbahn unterwirft;
2. die Beförderung nicht nach gesetzlicher Vorschrift oder aus Gründen der öffentlichen Ordnung verboten ist;
3. die Güter nach der Eisenbahnverkehrsordnung oder den gemäß der Verkehrsordnung erlassenen Vorschriften und, soweit diese keinen Anhalt

gewähren, nach der Anlage und dem Betriebe der beteiligten Bahnen sich zur Beförderung eignen;
4. die Beförderung mit den regelmäßigen Beförderungsmitteln möglich ist;
5. die Beförderung nicht durch Umstände, die als höhere Gewalt zu betrachten sind, verhindert wird.

Die Eisenbahn ist nur insoweit verpflichtet, Güter zur Beförderung anzunehmen, als die Beförderung sofort erfolgen kann. Inwieweit sie verpflichtet ist, Güter, deren Beförderung nicht sofort erfolgen kann, in einstweilige Verwahrung zu nehmen, bestimmt die Eisenbahnverkehrsordnung.

Die Beförderung der Güter findet in der Reihenfolge statt, in welcher sie zur Beförderung angenommen worden sind, sofern nicht zwingende Gründe des Eisenbahnbetriebs oder das öffentliche Interesse eine Ausnahme rechtfertigen.

Eine Zuwiderhandlung gegen diese Vorschriften begründet den Anspruch auf Ersatz des entstehenden Schadens.

§ 454.

Auf das Frachtgeschäft der dem öffentlichen Güterverkehre dienenden Eisenbahnen finden die Vorschriften des vorigen Abschnittes insoweit Anwendung, als nicht in diesem Abschnitt oder in der Eisenbahnverkehrsordnung ein anderes bestimmt ist.

§ 455.

Die Eisenbahn ist verpflichtet, auf Verlangen des Absenders den Empfang des Gutes unter Angabe des Tages, an welchem es zur Beförderung angenommen ist, auf einem Duplikate des Frachtbriefes zu bescheinigen; das Duplikat ist von dem Absender mit dem Frachtbriefe vorzulegen.

Im Falle der Ausstellung eines Frachtbriefduplikats steht dem Absender das im § 433 bezeichnete Verfügungsrecht nur zu, wenn er das Duplikat vorlegt. Befolgt die Eisenbahn die Anweisungen des Absenders, ohne die Vorlegung des Duplikates zu verlangen, so ist sie für den daraus entstehenden Schaden dem Empfänger, welchem der Absender die Urkunde übergeben hat, haftbar.

§ 456.

Die Eisenbahn haftet für den Schaden, der durch Verlust oder Beschädigung des Gutes in der Zeit von der Annahme zur Beförderung bis zur Ablieferung entsteht, es sei denn, daß der Schaden durch ein Verschulden oder eine nicht von der Eisenbahn verschuldete Anweisung des Verfügungsberechtigten, durch höhere Gewalt, durch äußerlich nicht erkennbare Mängel der Verpackung oder durch die natürliche Beschaffenheit des Gutes, namentlich durch inneren Verderb, Schwinden, gewöhnliche Leckage, verursacht ist.

Die Vorschrift des § 429 Abs. 2 findet Anwendung.

§ 457.

Muß auf Grund des Frachtvertrages von der Eisenbahn für gänzlichen oder teilweisen Verlust des Gutes Ersatz geleistet werden, so ist der gemeine Handelswert und in dessen Ermangelung der gemeine Wert zu ersetzen, welchen Gut derselben Art und Beschaffenheit am Orte der Absendung in dem Zeitpunkte der Annahme zur Beförderung hatte, unter Hinzurechnung dessen, was an Zöllen und sonstigen Kosten sowie an Fracht bereits bezahlt ist.

Im Falle der Beschädigung ist für die Minderung des im Abs. 1 bezeichneten Wertes Ersatz zu leisten.

Ist der Schaden durch Vorsatz oder grobe Fahrlässigkeit der Eisenbahn herbeigeführt, so kann Ersatz des vollen Schadens gefordert werden.

§ 458.

Die Eisenbahn haftet für ihre Leute und für andere Personen, deren sie sich bei der Ausführung der Beförderung bedient.

§ 459.

Die Eisenbahn haftet nicht:

1. in Ansehung der Güter, die nach der Bestimmung des Tarifes oder nach einer in den Frachtbrief aufgenommenen Vereinbarung mit dem Absender in offen gebauten Wagen befördert werden,
   für den Schaden, welcher aus der mit dieser Beförderungsart verbundenen Gefahr entsteht;
2. in Ansehung der Güter, die, obgleich ihre Natur eine Verpackung zum Schutze gegen Verlust oder Beschädigung während der Beförderung erfordert, nach Erklärung des Absenders auf dem Frachtbrief unverpackt oder mit mangelhafter Verpackung zur Beförderung aufgegeben worden sind,
   für den Schaden, welcher aus der mit dem Mangel oder mit der mangelhaften Beschaffenheit der Verpackung verbundenen Gefahr entsteht;
3. in Ansehung der Güter, deren Aufladen und Abladen nach der Bestimmung des Tarifes oder nach einer in den Frachtbrief aufgenommenen Vereinbarung mit dem Absender von diesem oder von dem Empfänger besorgt wird,
   für den Schaden, welcher aus der mit dem Aufladen und Abladen oder mit einer mangelhaften Verladung verbundenen Gefahr entsteht;
4. in Ansehung der Güter, die vermöge ihrer eigentümlichen natürlichen Beschaffenheit der besonderen Gefahr ausgesetzt sind, Verlust oder Beschädigung, namentlich Bruch, Rost, inneren Verderb, außergewöhnliche Leckage, Austrocknung und Verstreuung, zu erleiden,
   für den Schaden, welcher aus dieser Gefahr entsteht;
5. in Ansehung lebender Tiere
   für den Schaden, welcher aus der für sie mit der Beförderung verbundenen besonderen Gefahr entsteht;
6. in Ansehung derjenigen Güter, einschließlich der Tiere, welchen nach der Eisenbahnverkehrsordnung, dem Tarif oder nach einer in den Frachtbrief aufgenommenen Vereinbarung mit dem Absender ein Begleiter beizugeben ist,
   für den Schaden, welcher aus der Gefahr entsteht, deren Abwendung durch die Begleitung bezweckt wird.

Konnte ein eingetretener Schaden den Umständen nach aus einer der in Abs. 1 bezeichneten Gefahren entstehen, so wird vermutet, daß er aus dieser Gefahr entstanden sei.

Eine Befreiung von der Haftpflicht kann auf Grund dieser Vorschriften nicht geltend gemacht werden, wenn der Schaden durch Verschulden der Eisenbahn entstanden ist.

§ 460.

Bei Gütern, die nach ihrer natürlichen Beschaffenheit bei der Beförderung regelmäßig einen Gewichtsverlust erleiden, ist die Haftpflicht der Eisenbahn für Gewichtsverluste bis zu den aus der Eisenbahnverkehrsordnung sich ergebenden Normalsätzen ausgeschlossen.

Der Normalsatz wird, falls mehrere Stücke auf denselben Frachtbrief befördert werden, für jedes Stück besonders berechnet, wenn das Gewicht der einzelnen Stücke im Frachtbriefe bezeichnet oder sonst festgestellt werden kann.

Die Beschränkung der Haftpflicht tritt nicht ein, soweit der Verlust den Umständen nach nicht infolge der natürlichen Beschaffenheit des Gutes entstanden ist oder soweit der angenommene Satz dieser Beschaffenheit oder den sonstigen Umständen des Falles nicht entspricht.

Bei gänzlichem Verluste des Gutes findet ein Abzug für Gewichtsverlust nicht statt.

§ 461.

Die Eisenbahnen können in besonderen Bedingungen (Ausnahmetarifen) einen im Falle des Verlustes oder der Beschädigung zu erstattenden Höchstbetrag festsetzen, sofern diese Ausnahmetarife veröffentlicht werden, eine Preisermäßigung für die ganze Beförderung gegenüber den gewöhnlichen Tarifen der Eisenbahn enthalten und der gleiche Höchstbetrag auf die ganze Beförderungsstrecke Anwendung findet.

Ist der Schaden durch Vorsatz oder grobe Fahrlässigkeit der Eisenbahn herbeigeführt, so kann die Beschränkung auf den Höchstbetrag nicht geltend gemacht werden.

§ 462.

Inwieweit für den Fall des Verlustes oder der Beschädigung von Kostbarkeiten, Kunstgegenständen, Geld und Wertpapieren die zu leistende Entschädigung auf einen Höchstbetrag beschränkt werden kann, bestimmt die Eisenbahnverkehrsordnung. Die Vorschrift des § 461 Abs. 2 findet entsprechende Anwendung.

§ 463.

Ist das Interesse an der Lieferung nach Maßgabe der Vorschriften der Eisenbahnverkehrsordnung in dem Frachtbriefe, dem Gepäckschein oder dem Beförderungsschein angegeben, so kann im Falle des Verlustes oder der Beschädigung des Gutes außer der im § 457 Abs. 1, 2 bezeichneten Entschädigung der Ersatz des weiter entstandenen Schadens bis zu dem angegebenen Betrage beansprucht werden.

Ist die Ersatzpflicht nach den Vorschriften des § 461 oder des § 462 auf einen Höchstbetrag beschränkt, so findet eine Angabe des Interesses an der Lieferung über diesen Betrag hinaus nicht statt.

§ 464.

Wegen einer Beschädigung oder Minderung, die bei der Annahme des Gutes durch den Empfänger äußerlich nicht erkennbar ist, können Ansprüche gegen die Eisenbahn nach § 438 Abs. 3 nur geltend gemacht werden, wenn binnen einer Woche nach der Annahme zur Feststellung des Mangels entweder bei Gericht die Besichtigung des Gutes durch Sachverständige oder schriftlich bei der Eisenbahn eine von dieser nach den Vorschriften der Eisenbahnverkehrsordnung vorzunehmende Untersuchung beantragt wird.

Ist der Schaden durch Vorsatz oder grobe Fahrlässigkeit der Eisenbahn herbeigeführt, so kann sie sich auf diese Vorschrift nicht berufen.

§ 465.

Für den Verlust von Reisegepäck, das zur Beförderung aufgegeben ist, haftet die Eisenbahn nur, wenn das Gepäck binnen acht Tagen nach der Ankunft des Zuges, zu welchem es aufgegeben ist, auf der Bestimmungsstation abgefordert wird.

Inwieweit für den Fall des Verlustes oder der Beschädigung von Reisegepäck, das zur Beförderung aufgegeben ist, die zu leistende Entschädigung auf einen Höchstbetrag beschränkt werden kann, bestimmt die Eisenbahnverkehrsordnung. Ist der Schaden durch Vorsatz oder grobe Fahrlässigkeit der Eisenbahn herbeigeführt, so kann die Beschränkung auf den Höchstbetrag nicht geltend gemacht werden.

Für den Verlust oder die Beschädigung von Reisegepäck, das nicht zur Beförderung aufgegeben ist, sowie von Gegenständen, die in beförderten Fahrzeugen belassen sind, haftet die Eisenbahn nur, wenn ihr ein Verschulden zur Last fällt.

§ 466.

Die Eisenbahn haftet für den Schaden, welcher durch Versäumung der Lieferfrist entsteht, es sei denn, daß die Verspätung von einem Ereignisse herrührt, welches sie weder herbeigeführt hat noch abzuwenden vermochte.

Der Schaden wird nur insoweit ersetzt, als er den in dem Frachtbriefe, dem Gepäckschein oder dem Beförderungsschein als Interesse an der Lieferung nach Maßgabe der Eisenbahnverkehrsordnung angegebenen Betrag und in Ermangelung einer solchen Angabe den Betrag der Fracht nicht übersteigt. Für das Reisegepäck kann an Stelle der Fracht durch die Eisenbahnverkehrsordnung ein anderer Höchstbetrag bestimmt werden.

Inwieweit ohne den Nachweis eines Schadens eine Vergütung zu gewähren ist, bestimmt die Eisenbahnverkehrsordnung.

Der Ersatz des vollen Schadens kann gefordert werden, wenn die Versäumung der Lieferfrist durch Vorsatz oder grobe Fahrlässigkeit der Eisenbahn herbeigeführt ist.

§ 467.

Werden Gegenstände, die von der Beförderung ausgeschlossen oder zur Beförderung nur bedingungsweise zugelassen sind, unter unrichtiger oder ungenauer Bezeichnung aufgegeben oder werden die für diese Gegenstände vorgesehenen Sicherheitsmaßregeln von dem Absender unterlassen, so ist die Haftpflicht der Eisenbahn auf Grund des Frachtvertrages ausgeschlossen.

§ 468.

Für den Fall, daß auf dem Frachtbrief als Ort der Ablieferung ein nicht an der Eisenbahn liegender Ort bezeichnet wird, kann bestimmt werden, daß die Eisenbahn als Frachtführer nur für die Beförderung bis zur letzten Eisenbahnstation haften, bezüglich der Weiterbeförderung dagegen die Verpflichtungen des Spediteurs übernehmen soll.

§ 469.

Wird die Beförderung auf Grund desselben Frachtbriefes nach § 432 Abs. 2 durch mehrere aufeinanderfolgende Eisenbahnen bewirkt, so können die Ansprüche aus dem Frachtvertrag, unbeschadet des Rückgriffes der Bahnen untereinander, im Wege der Klage nur gegen die erste Bahn oder gegen diejenige, welche das Gut zuletzt mit dem Frachtbrief übernommen hat, oder gegen diejenige, auf deren Betriebsstrecke sich der Schaden ereignet hat, gerichtet werden.

Unter den bezeichneten Bahnen steht dem Kläger die Wahl zu; das Wahlrecht erlischt mit der Erhebung der Klage.

Im Wege der Widerklage oder mittelst Aufrechnung können Ansprüche aus dem Frachtvertrag auch gegen eine andere als die bezeichneten Bahnen geltend gemacht werden, wenn die Klage sich auf denselben Frachtvertrag gründet.

§ 470.

Ansprüche der Eisenbahn auf Nachzahlung zu wenig erhobener Fracht oder Gebühren sowie Ansprüche gegen die Eisenbahn auf Rückerstattung zu viel erhobener Fracht oder Gebühren verjähren in einem Jahre, sofern der Anspruch auf eine unrichtige Anwendung der Tarife oder auf Fehler bei der Berechnung gestützt wird. Die Verjährung beginnt mit dem Ablaufe des Tages, an welchem die Zahlung erfolgt ist.

Die Verjährung des Anspruches auf Rückerstattung zu viel erhobener Fracht oder Gebühren sowie die Verjährung der im § 439 Satz 1 bezeichneten Ansprüche wird durch die schriftliche Anmeldung des Anspruches bei der Eisenbahn gehemmt. Ergeht auf die Anmeldung ein abschlägiger Bescheid, so beginnt der Lauf der Verjährungsfrist wieder mit dem Tage, an welchem die Eisenbahn ihre Entscheidung dem Anmeldenden schriftlich bekannt macht und ihm die der Anmeldung etwa angeschlossenen Beweisstücke zurückstellt. Weitere Gesuche, die an die Eisenbahn oder an die vorgesetzten Behörden gerichtet werden, bewirken keine Hemmung der Verjährung.

§ 471.

Die nach den Vorschriften des § 432 Abs. 1, 2, der §§ 438, 439, 453, 455 bis 470 begründeten Verpflichtungen der Eisenbahnen können weder durch die Eisenbahnverkehrsordnung noch durch Verträge ausgeschlossen oder beschränkt werden.

Bestimmungen, welche dieser Vorschrift zuwiderlaufen, sind nichtig. Das Gleiche gilt von Vereinbarungen, die mit den Vorschriften der Eisenbahnverkehrsordnung im Widerspruche stehen.

§ 472.

Die Vorschriften über die Beförderung von Personen auf den Eisenbahnen werden durch die Eisenbahnverkehrsordnung getroffen.

§ 473.

Bei einer dem öffentlichen Verkehre dienenden Bahnunternehmung, welche der Eisenbahnverkehrsordnung nicht unterliegt (Kleinbahn), sind insoweit, als in den §§ 453, 459, 460, 462 bis 466 auf die Vorschriften der Eisenbahnverkehrsordnung verwiesen ist, an deren Stelle die Beförderungsbedingungen der Bahnunternehmung maßgebend.

Den Vorschriften des § 453 unterliegt eine solche Bahnunternehmung nur mit der Maßgabe, daß sie die Übernahme von Gütern zur Beförderung auf ihrer Bahnstrecke nicht verweigern darf.

Sachregister.

(Die Zahlen bedeuten die Seiten.)

A.

B.

C.

D.

F.

G.

H.

J.

M.

P.

S.

U.

Frommannsche Buchdruckerei (Hermann Pohle) in Jena — 3301

Kolibri 360 GmbH
Ferdinand-Jühlke-Straße 7
99095 Erfurt, Deutschland
produktsicherheit@kolibri360.de